新世纪法学教材

顾功耘　主编

Shangfa Jiaocheng

商法教程

（第二版）

上海人民出版社
北京大学出版社

华东政法大学课程和教材建设委员会

主　编　顾功耘
副主编　杨忠孝　张　璎

参　编　（以写作分工为序）
顾功耘　张　璎　罗培新　杨忠孝
李伟群　方乐华　伍　坚　唐　波

第二版前言

本教程自世纪初出版以来，已经多次印刷发行，取得了良好的社会效益。这次之所以修订再版，是因为近两年我国的商法部门法因应发展改革的需要作了比较大幅的修订，使得原先的教程内容与我国的现实法制实践有些脱节。相信本次修订会使教材体系更趋完善，内容更具有实用性。

在理论上，我们坚持认为：商法是调整市场运行机制之法。没有商法，在一个国家建立市场运行机制是无法想象，也是无法达成的。譬如，没有《公司法》，就没有规范的市场主体；没有《证券法》，就没有规范的企业筹资渠道和投资者的投资场所；没有《破产法》，就不能使那些经营失败的企业及时退出市场，保持市场的纯洁性。完善的商法，能够为一国市场的运行提供一整套可以遵循的基本规则，能够为一国建立市场的秩序提供切实的保障。同时，商法的适应性特点要求商法必须紧紧跟随一国的经济发展实际，当国际国内市场以及科学技术水平发生变化时，我们的规则就不能一成不变。进入新的世纪，我国的一些商法部门法作较多的修订就是基于这样的缘由。商法的完善是相对的，渐进的。市场机制的完善也是相对的，渐进的。商法的进步影响市场机制的改善，人们对市场规律以及市场机制的认识，反过来也促进我们对商法理论的认识和商法的完善。商法与市场机制两者有不解之缘，它们的发展是相辅相成的。尽管现实经济生活丰富多彩、变化多端，但我们不得不承认，商法理论的总结则远远落后于现实。这些年法律尽管多次修订，但商法理论的变化不大。这里既有商法理论工作者努力开拓不足的问题，也有传统法律观念和理论对人们重新认识商法的羁绊问题。在某种程度上说，后者的问题更为严重。在中国，缺乏法治的传统，尤其缺乏商法法治的传统。至今,我们有相当多的政府官员和实业界的人士不知商法为何物,有相当多的法律法学界人士不认可商法的独立地位和功能。要解决商法与经济发展协调的问题,一方面有待于理论工作者继续进行艰苦的理论探索,另一方面有待于我们在更广大的范围为普及商法知识、传播市场经济理念作出不懈的努力。本书修订,我们基本保留了原书的理论框架,自信原理论框架还是符合实际需要的。我们会加紧学习和研究,争取吸收更多更好的学术观点,丰富商法的基本理论。

本次修订在体系结构上作了重大调整。原书七编改为九编。删除了海商法一编,增加了商业银行法、信托法和期货法三编。删除海商法一编,是因为海商法内容很多,它与合同法一样,可以作为一门独立的课程,因而可以单独出版教材。增加三编,是因为这几个部门法在商法体系中有其特殊的重要地位。我国商业银行法和信托法早已颁布,期货法也在酝酿之中。商法教材中没有这些部门法,显得很不完整。

根据2005年修订的公司法、证券法,2006年新颁布的企业破产法,我们对相关编章的教学内容作了调整。考虑到理论的指导性和相对稳定性,书中保留了必要的学术探讨内容,这些内容也许与现行的法律规范不完全一致,有的则完全不一致,请读者阅读和运用时加以注意。由于时间较紧,修订中还难免存在错漏和缺陷,敬请读者批评指正。

本次修订,得到众多学者和同仁的积极支持,得到上海人民出版社王舒娟等编辑的积极支持,博士生伍坚协助我作了大量的稿件整理和文字编辑工作,在此一并表示衷心的感谢!

期望修订后的本教程在传播商法知识和理念、培训法律高级人才方面发挥更大的作用。

顾功耘

2006年8月30日于上海

第一版前言

我们华东政法学院法学专业在20世纪80年代后期，就率先开设了《金融法》、《保险法》、《公司法》课程，90年代初又开设了《证券法》、《期货法》、《票据法》、《破产法》等课程。十余年来，我们在一批老专家、老教授的引领下，努力开拓进取，出版了一批商法方面的教材和著作，积累了一些商法特色教学的经验，在全国享有较好的声誉。我们培养的一大批有专业特色的学生正在立法机关、司法机关、政府机关尤其是在金融界、律师界发挥着重要作用。我们之所以起步早、见效快，完全是因为占尽了天时、地利、人和的光。天时，正是赶上改革开放之时；地利，正是处在上海这块改革开放前沿之热土；人和，正是有一个愿为商法学科发展而团结奋进的团队。

几年前，教育部对法学专业的核心课程提出了调整的建议，其中《商法》课程首次被明确列为核心课程之一。在教育部讨论法学专业核心课程教学纲要过程中，我荣幸地被邀请参加了专家组对《经济法》、《商法》两门课程大纲的论证。至此，更坚定了我们对提高《商法》学科层次的信心。我们在组织编写出版《商法丛书》(共十种)的同时，完成了本书《商法教程》的写作工程，意在为系统学习商法课程的大学本科生以及广大自学法律的读者提供一本入门教材或参考书。

《商法教程》的第一编是基本理论部分，我们力求用新的理论对商法的内容、结构、体系作出科学说明。其余各编相当于教程的分论，涉及的领域很广、知识点很多，我们力求结合实务的操作对商法的基本概念、基本原理、基本观点作出准确的概括和阐述。当然，本书也难以避免存在错误和缺漏，我们殷切期望读者诸君对本书的问题提出指教，以便我们在再版时得以修正。

本书的分工如下：第一编总论、第三编证券法由顾功耘撰写；第二编公司法由张璎撰写；第四编票据法由杨忠孝撰写；第五编破产法由夏松撰写；第六编保险法由方乐华撰写；第七编海商法由陈宪民撰写。

在本书写作过程中，得到了众多院外专家以及院内领导、教授的关心和支持。经济法系办公室冯树宏先生、胡叶小姐做了大量辅助性工作。《上海商业》杂志资深编辑汪从容先生、上海人民出版社的有关领导何元龙先生、范蔚文先生以及责任编辑王舒娟女士为本书的出版作出了很艰辛的努力。在此，我们一并表示衷心的感谢。

顾功耘

2001年7月8日于华政园

目　　录

第一编　总　　论

第二编　公　司　法

第三编　证　券　法

第四编　商业银行法

第五编 信 托 法

第六编 期 货 法

第七编　票　据　法

第八编　破　产　法

第九编　保　险　法

第一编

总论

1

第一章
商法概述

第一节 商法的概念与特征

一、“商”的概念

研究商法,必先研究“商”的内涵和外延。“商”是一种经济现象。在商品经济社会,“商”又是一个复杂而不断发展变化的经济现象。我国清代学者郑观应曾经这样描述过:“商理极深,商务极博,商心极密,商情极幻。”①我们要探索“商”的真谛,并在此基础上探索商法的精神,非下一番工夫不行。

一般常识的“商”,经济学上的“商”和商法上的“商”是有不同涵义的。一般常识的“商”,可解释为“买卖”。早在中国的古代,就有“通财鬻货曰商”②、“章其远近,度其有无,通四方之物,故谓之商”③、“商欲农,则草必垦矣”④等记载。经济学上的“商”在早期是指沟通生产与消费的中间环节,是产品由生产者手中流转到消费者手中的渠道、桥梁、中介,即买卖商。这种理解虽然与一般常识的“商”近似,但它已是特定人的行为,是以商人、商业和货币为中介的商品交换形式。到了近现代,社会化大生产与社会分工导致商品经济的巨大发展,使整个人类生活由谋求基本生存条件为主向优化资源配置,追求财富的增值和生活的高需求发展,“商”的内涵随之极度扩充。这时的商品流通形式已由过去的货币为媒介转变为以商品为媒介,即商品变货币的形式。商品流通的目的不再是为买而卖,而是为卖而买,实现货币资本的增值。马克思指出:这样具有商人资本特征的运动,是“商品交换的发达形式”。⑤这是对现代意义的“商”的最新概括。⑥

商法上的“商”与经济学意义上的“商”有密切的联系,但又有所区别。商法上的

---

① 转引自黄国雄、曹厚昌著:《现代商学通论》,人民日报出版社 1997 年版,序言,第 1 页。

② 《汉书·食货志》(下)。

③ 《白虎通义》。

④ 《商君书·垦令》。

⑤ 《马克思恩格斯全集》第 23 卷,人民出版社 1974 年版,第 182 页。

⑥ 王保树主编:《商事法论集》第 2 卷,法律出版社 1997 年版,第 3 页。

“商”具有两重涵义:其一,由于商法是近现代商品经济发展的产物,“商”反映的是近现代商品经济活动中的经常性营利行为。也就是说,凡以营利为目的的营业行为,不管是买卖、制造还是投资、服务等,均属“商”的范畴;其二,凡以营利为目的的营业主体,均是“商”。例如从事买卖活动的主体称为“买卖商”,从事制造活动的主体称为“制造商”,等等。为了区分“商”的两种不同含义,商法上使用两个不同的概念,前一种“商”称为“商行为”或“商事”,后一种“商”称为“商人”。

近年来,我国学者大多对商法上的“商”的本质作了揭示。王保树教授在对“商”进行考察的基础上,对商的性质、范围和特点作了全面分析。他认为:“在近代经济发展中,人们已将营利视为‘商’的本质,这种行为不仅表现在买卖之中,也发展到批发商、货物运送、仓库业、银行业、损害保险业等。并且,发展到与商业没有直接关系的人身保险、旅客运送、制造加工业、印刷业、出版业等。”①徐学鹿教授认为:“现代商人,除了经销商人以外,还包括制造商、证券商、保险商、运输商(含海商)、广告商、代理商等。”因此,“完善的现代商人制度,就是经济学上的现代企业制度的法律用语”。②通过研究,徐教授进一步指出:“现代市场主体(商人)是资本经营者,现代市场行为(商行为)是资本经营行为。”③

按照商法学者们的通说,现代商法中的“商”的范围大致可以分为四种:第一种为“固有商”,是指直接媒介财货交易的基本商行为,主要包括商品交易、证券交易、票据交易以及海商交易等等;第二种为“辅助商”,也称“第二种商”,是指间接以媒介货物交易为目的的行为,它是使“固有商”得以实现其目的的某种辅助行为,如货物运送、仓储保管、居间、行纪、包装、装卸等;第三种为“第三种商”,是指虽不具有直接或间接媒介货物交易之行为目的,但其行为性质与固有商和辅助商有密切联系或者为其提供商业条件的营业活动,如银行、融资、信托、承揽、制造、加工、出版、印刷、摄影等;第四种为“第四种商”,是指仅与辅助商或第三种商有牵连关系的营业,如广告宣传、人身与财产保险、旅馆、饭店酒楼、戏院舞厅、旅游服务、娱乐、信息咨询等。④随着商品经济的进一步繁荣和发展,“商”的范围还在不断扩大。法律上界定“商”的范围,世界各国并没有一个统一的标准,各国只能依据当时当地的情况而定。

分析各个国家和地区立法对“商”的范围确定,有三种不同方法:

1. 概括主义。对商的范围作出广泛的概括性规定。如美国《统一商法典》第1-102条中就认可“经习惯、惯例和当事人协议而不断扩大的商业上的做法”。

2. 列举主义。通过立法对商的范围以具体详细列举的方法,一一加以阐明。1985年《联合国国际贸易法委员会国际商事仲裁示范规则》列明的商的事项包括:(1)任何提供或交换商品或劳务的贸易交易;(2)销售协议;(3)商事代表或代理;(4)

---

① 王保树主编:《中国商事法》,人民法院出版社1996年版,第4页。

② 徐学鹿:《商法是市场经济的内在要求》,载于《南京大学法学评论》,1995年。

③ 徐学鹿主编:《商法学》,中国财政经济出版社1998年版,第7—8页。

④ 董安生等:《中国商法总论》,吉林人民出版社1994年版,第7—8页。

保付代理;(5)租赁;(6)工程建造;(7)咨询;(8)设计;(9)许可;(10)投资;(11)融资;(12)银行;(13)保险;(14)开采协议或特许权;(15)合营企业或其他形式的工业或商业合作;(16)客货的航空、海洋、铁路或公路运输等。我国台湾地区的《商业登记法》第2条所列举的各种商业,竟达32款之多。[①]我国《企业法人登记管理条例实施细则》第2条和第3条的规定可以视为是对"商"的范围的界定。其中包括:农林牧渔、水利及其服务业、工业、地质普查和勘探业、建筑业、交通运输业、商业、公共饮食业、物资供销业、仓储业、房地产经营业、居间服务业、咨询服务业、金融保险业等,凡法人欲以营业目的执此业务者必须履行企业法人登记程序。另外,欲从事某些公用事业或非营利事业的法人,如果"实行企业化经营"也必须履行企业法人登记程序。

3. 折中主义。综合采用上述两种方法,对"商"的范围进行界定。如德国《商法》第1条规定任何营利事业,但企业依种类或范围不要求以商人方式进行经营的除外。第3条规定,对于农业和林业事业,不适用第1条的规定。对于依种类和范围要求以商人方式进行经营的农业或林业企业,适用第2条的规定。[②]

通过上述对"商"的理论分析和立法考察,我们可以对商法上的"商"作出如下阐释:经商业登记的商主体(商人),在法律规定的范围内,所从事的一切营利性营业活动(商行为)。它由四种要素构成:(1)经登记的商主体;(2)以营利为目的;(3)以商业方法进行营业;(4)从事规定范围内的事业。

二、商法的概念

在国际上,商法是一个历史比较悠久的概念,但在我国,商法则是一个少有人熟悉的名词。1984年8月中国经济法学会召开成立大会,当时的名誉会长谷牧明确提出:"要制定我国的商法,并让法学界充分研究论证。"[③]嗣后,也有不少学者发出呼吁:发展商品经济,不能没有商法。[④]但因当时经济改革仍在计划与市场两种体制的选择上徘徊,商事立法没有大的进展。党的十四届三中全会于1993年11月通过的《中共中央关于建立社会主义市场经济体制若干问题的决定》明确提出,要遵循宪法规定的原则,加快经济立法,进一步完善民商法。此后商事单行法的立法步伐加快。仅几年时间,立法机关就通过了《公司法》(1993年)、《商业银行法》(1995年)、《票据法》(1995年)、《保险法》(1995年)、《证券法》(1998年)等重要法律。然而,我国要否制定类似于民法通则的商法通则,将来要否编纂商法典,这样的问题则很少有人研究。在少数有兴趣进行研究的学者中其基本观点甚是相左。直到1999年,培养法律人才的高等院校仍普遍没有开设"商法"这样的课程。在现实社会中,商法的意识、商

① 覃有土主编:《商法学》,中国政法大学出版社1999年版,第2页。
② 杜景林、卢谌译:《德国商法典》,中国政法大学出版社2000年版,第3页。
③ 雷兴虎主编:《商法学教程》,中国政法大学出版社1999年版,第1页。
④ 顾功耘:《发展商品经济,不能没有商法》,载于《社会科学报》1987年7月16日。

法的理念远未被人们所认识、所接受。

值得庆幸的是，20世纪末中国商法的发展出现了三件大事：(1)1999年6月30日，深圳市人民代表大会常务委员会通过并公布了《深圳经济特区商事条例》，这为我国制定商法通则提供了一个很好的范本；(2)根据教育部的要求，1999年秋季开始，“商法”成为高等学校法学专业的一门核心课程，这为培养商法人才、吸引更多的学者开展对商法的研究提供了有利条件；(3)1999年10月31日，全国人大常委会举办第十一次法制讲座，讲座的内容是中国商事法律制度，主讲人是清华大学法学院教授王保树先生，这为在全社会普及商法知识起到了良好的示范作用。

商法是发展市场经济的必然选择，是市场经济条件下一项重要的法律制度。王保树教授在讲座中指出：“在高度集中的计划经济体制下，没有也不可能有商事法律制度。在我国，商事法律制度的建立得益于改革开放，特别是得益于实行社会主义市场经济体制。”时任全国人大常委会委员长李鹏主持讲座时发表了重要讲话。他说：“商法是社会主义市场经济法律制度的重要组成部分，是在民法的基础上，适应现代商事交易的需要发展起来的。它调整平等商事主体之间的商事关系。企业是最重要的市场主体，有关企业的法律，如公司法、合伙企业法、个人独资企业法、商业银行法、破产法等都是商法的重要组成部分。”①只有正确认识商法与市场经济的关系，正确认识商法的重要地位，我们才有可能对商法的一些基本问题得出准确的判断。

关于商法的概念，商法学者们有许多不同的论述。按照我国台湾学者张国健先生的看法，商法“为规定关于商事之法律”，其内容或是规制商主体，或是规制商行为，所以又称“商事法”。②大陆学者也多将商法称为“商事法”。覃有土教授认为：“商法，亦称商事法，是调整商事关系的法律规范的总称。”③王保树教授认为：“商事法即商法”，“作为特殊法域存在的商法是调整商事关系的法律规范的总和”。④王卫国教授也认为：“商法或称商事法，是指以民商事方法调整商事关系的法律规范。”⑤

商法即商事法，这是否意味着“商”与“商事”这两个概念可以通用？“商”可以解释成商行为，也可以解释成商人。当“商”解释成商行为时，可与“商事”通用；但当“商”解释为商人时，则不能通用。“商事”有时还被用于与商行为有关的场合，如商事登记、商事仲裁、商事主体、商事监督管理等等，但这不等于说商事登记、商事仲裁就是“商事”。

我们认为，商法是适应商品经济发展的不同阶段，由立法机关制定或认可的有关调整商人从事商事交易活动所发生的社会关系的法律规范的总称。在这个定义中，我们强调了两点：(1)商法与商品经济发展阶段相联系。商品经济发展阶段不同，商法的具体内容、表现形式也会有很大不同。(2)商法是由立法机关制定和认可的。商

① 转引自《人民日报》1999年11月1日，第4版。

② 张国健著：《商事法论》，台北三民书局1980年版，第6—7页。

③ 覃有土主编：《商法学》，中国政法大学出版社1999年版，第2页。

④ 王保树主编：《中国商事法》，人民法院出版社1996年版，第1—2页。

⑤ 王卫国主编：《商法概论》，中国政法大学出版社1999年版，第1页。

法有多种渊源，其中最重要的是商事习惯，但最终均需一国的立法机关制定、承认或认可。否则，不能成为一国法律体系的重要组成部分。

商法有形式意义上的商法与实质意义上的商法之分。形式意义上的商法着眼于规范的表现形式和法律的编纂结构，有一个以商法为名称的成文法典。此种法典独立于民法法典，自成一体。形式意义上的商法通常包括：总则、公司、保险、破产、票据和海商等基本法律制度。有形式意义上的商法的国家主要是大陆法系国家，如德国、法国、日本、比利时、意大利等。实质意义上的商法着眼于规范的性质、构成和作用理念的统一，不一定存在以商法命名的法典，其表现形式包括各种商事的专门法律、法规，或散见于民法、行政法和其他法律中的有关商事的规定。在市场经济国家，可能没有商法典，但不可能没有关于商事的法律和法规。

理论上，商法还有商私法与商公法、国内商法与国际商法之分。商私法是指私法上关于商事的法律规范的总称，如一些大陆法系国家的商法典、英美法系国家的商事习惯法及商事的单行法；商公法是指公法上关于商事的法律规范的总称，如行政法、刑法关于破坏商事关系的行政处罚与刑事处罚规定。国内商法是一国规定国内商事的法律规范的总称；国际商法是国际法上关于商事的法律规范的总称，如国际贸易中有关海事、票据、商品买卖等商事的公约及其他国际间所遵守的商事习惯法。本书所讨论的重点是国内商事私法。

三、商法的特征

商法的特征是区别于商法以外的其他部门法的个性表现。商法学者们对此的讨论有多种意见。有的提出“四特征说”，这些特征包括：营利性、技术性、公法性、国际性。①有的提出“五特征说”，这些特征包括：营利性、技术性、组织法与行为法的结合、变动较为频繁、国际性。②有的则提出“七特征说”，这些特征包括：同源性、兼容性、协调性、技术性、进步性、国际性和营利性。③这些学者概括的特征之间有相同之处，也有不同之处，有的差异还很大。还有的学者在概括了一般特征后强调了一个特征。如徐学鹿教授提出：“现代商法不同于简单商品生产完善法的最本质的特征，是资本经营性。”“资本经营是现代商法的精髓。商法就是资本经营法。”④

通过对上述各种观点的比较和分析，可以发现，商法的特征应包括：

1. 规范的重点是商人的营利活动。商人从事商事交易活动的目的主要在于营利，这一事实已为各国商法所确认。商人追求利益，是社会经济发展的重要动力，承认并保障商人追求利益是商品经济社会发展必然的要求。为了保证商人的商事交易

---

① 赵万一主编：《商法学》，中国法制出版社 1999 年版，第 14—18 页。

② 黎燕主编：《商法》，中央民族大学出版社 1999 年版，第 2—4 页。

③ 李玉泉、何绍军主编：《中国商事法》，武汉大学出版社 1995 年版，第 12—13 页。

④ 徐学鹿主编：《商法学》，中国财政经济出版社 1998 年版，第 7—8 页。

活动的正常开展，商法要求人们通过合法的途径取得商人资格，并在取得商人资格的基础上，按照一定的商法规范从事商事交易活动，以确保营利目标的实现。凡不依商法所进行的营利活动不受法律保护。需要提出的是，不少学者将商法的这一特征概括成"营利性"，这是不够准确的，法律本身不可能具有营利性。

2. 组织法规范与行为法规范相结合。商人或商事组织是商事交易的基础，商事交易是商人的最基本活动，组织与交易行为都是商法规制的内容。组织法是解决市场主体的规范问题，即解决"市场进入"问题。行为法是解决主体进入市场后的"游戏规则"问题。作为规制组织的法，要求商人组织体的健全，以保障交易的安全性；作为规制交易行为的法，要求商行为的自由选择，简便快捷，以促进交易的达成。组织法与行为法的结合，实际也是严格性与灵活性的结合。正如德国商法学者德恩(Dahn)所说："商法是一切法律中最为自由，同时又是最为严格的法律。"[①]

3. 规范的技术性。商法规范是关于市场机制运作的一整套制度规范，从市场主体的设立到撤销，从证券筹资到票据行为、破产行为、保险行为，从陆上交易到海商活动，这套规范相互衔接，缜密系统，可谓是人类对经济活动的最精巧的制度设计。商法规范又是相当实用且操作性很强的规范。无论从整体还是从个体考察，商法规范均贯穿着促进交易安全、效益、迅捷等重要原则，对商事组织的构成、商人各种交易行为的方式、方法及程序等均作出具体安排。如公司法中关于股东会的召集程序与决议方法，董事、监事的选举方法，商业账簿中的造具要求，证券法中的证券交易程序和清算规则，票据法中关于票据的签发、背书、承兑及追索，海商法中关于船舶碰撞、理算规则，保险法中的精算、理赔等，无不体现出很强的技术性特点。

4. 对经济生活的适应性。商法规范的对象是社会经济生活，而社会经济生活随着科学技术的进步则加速发生着变化。在现实发生改变的情况下，原有的商法规范往往不能继续适用，这就需要法律适应现实生活作出适当的修改和补充。如果固守原有的商法规范，不仅不能促进经济的发展，反而导致商事交易受阻、市场秩序混乱。比较各种法律，现实对商法的要求更高，因而其修改也更为频繁。以日本商法为例，自日本商法典施行以来，已经过 35 次修改或补充，是日本大型法律中修改、补充次数最多的法律。特别是在第二次世界大战以后，日本立法者大量吸收英美法主要是美国商法的立法成果，补充了许多新的商事法律制度。另一方面，日本立法者又根据本国商事实践的发展，以革新精神，创立了许多新的商事法律制度。[②]《法国商法典》1807 年颁布时共有 648 条，目前商法典绝大多数的条款已被废除或修改，继续有效的仅有 140 条，其中只有约 30 个条款保留了 1807 年的行文。商法典现存的条款涉及商人、商业会计、商品交易所、居间商、担保和行纪商、商行为证据、汇票和本票等，但现存条款对这些方面的规定大多很原则，有的仅有个别条款，已远不能适应实践的

---

① 张国健著：《商事法论》，台北三民书局 1980 年版，第 24 页。

② 王书江、殷建平译：《日本商法典》，中国法制出版社 2000 年版，译者序，第 3 页。

需要。大量的商事立法包括商法典已经涉及的立法,均未编入商法典。①

5. 含有公法化因素。前文已经论及,商法有商公法与商私法之分。但即使是商私法,其中仍有公法因素。如证券法中对证券发行与交易的监管的规定,公司法中对公司违法的行政处罚,对设立、变更登记的强行性规定等。鉴于社会经济生活的深刻变化,加之社会本位法律思想的影响,许多国家在商法领域逐渐改变了以往放任主义的态度,而采取了积极干预主义的政策。这种现象,学者们称为“商法公法化”。我国台湾学者李宜琛认为:“现代各国的商法虽以私法规定为中心,但为保障私法规定之实现,颇多属于公法性质的条款,几乎与行政法、刑法等有不可分离之关系,却已形成‘商事法之公法化’。”②现代商法虽带有公法色彩或含有公法因素,然而,其本质仍属私法,称“商法公法化”有言过其实之嫌。强调商法的私法性质,是要突出商人的法律地位,使其在商事交易中具有独立性、自主性和平等性。承认商法含有公法化因素,是要兼及现代社会经济生活的复杂性和风险性,对商事交易活动加以适当引导和监管,最终仍是为了维护交易者的利益。强调“商法公法化”,将会模糊商法与经济法的界限。

6. 规范的可借鉴性。这一特征是由世界各国经济发展的规律性、商事活动的类同性所决定的。重视资源的市场配置,最大限度调动商人在商事活动中的积极性,是任何明智的政府所采取的基本政策。随着国际经济一体化进程的推进,国际贸易、国际投资活动日益频繁,商法中的技术规范也逾越了一国的界限,被国际交往双方或多方所采用。国际的分工和合作,随着21世纪的开始必将加速发展,任何国家和地区的商事活动,都不可能在封闭状态下进行。寻求国际经济优势的互补,遵守统一的商事规则,将成为不可阻挡的历史潮流。强调商法规范的可借鉴性,可以有力地推动国际经济的一体化。尽管国际社会已经订立了大量有关商事活动的公约,成立了一系列旨在推动“商法一体化”的国际商事组织,但现实中的商法规范,绝大多数仍属国内规范,体现了本国统治者的意志,说商法已经具有了国际性特征为时过早。商法的“世界统一性”或“国际性”是我们努力的一个目标。

第二节 商法的调整对象

一、商法的调整对象

商法有没有特定的调整对象,是决定商法能否成为独立的法律部门和独立的法学学科的关键点。准确把握商法的调整对象,对于确定商法在法律体系中的地位、发

① 金邦贵译:《法国商法典》,国际文化出版公司1995年版,译者的话。

② 李宜琛著:《民法总则》,(台)中正书局1997年版,第3—4页。

挥商法在市场经济中的功能作用具有重要的意义。

目前我国学者对商法调整对象的总体概括大体是一致的,认为商法是调整商事关系的法律,但对商事关系的具体分解及表述则有不同。第一种观点认为,商事关系包括商事财产关系和与商事财产关系密切联系的商事人身关系。①第二种观点认为,商事关系是因从事营业行为所引起的社会经济关系以及与此相联系的社会关系的总和。②第三种观点认为,商事关系包括:商事组织关系、商事交易关系、商事代理关系、商事自律关系和商事监管关系等五种类型。③第四种观点认为,商法的调整对象有以下三种关系:(1)调整商事主体内部在商品交易过程中对自身的管理关系和组织关系;(2)调整主体基于营利行为所产生的各种关系;(3)商业管理关系。④第五种观点认为,现代商事关系包括现代商事组织关系和现代商事行为关系。⑤

由于人们的实践和认识问题的角度不同,对商事关系的理解各异是很正常的。日本学者对商事关系的研究也出现了多种学说,如"历史说"、"媒介说"、"企业说"、"实证说"、"集团交易说"和"商的色彩说"。⑥其中值得注意的一种学说是西原宽一所创立的"企业说"。该学说把经济学上发展起来的企业概念转用于商法研究,将商法的对象看成是企业。企业是持续地、有计划地实现营利目的的统一的、独立的经济单位。从社会实在的企业出发,可以捕捉生活需要的各个方面,以适应商法发展的可能性。该学说还认为商法具有私益调整法的性质,从企业出发,可以调整围绕企业的各种利益和矛盾。这一学说抓住了商事活动中最活跃的因素企业,也较好地揭示了商事关系中的商事主体与商事行为的本质特征,所以得到了广泛的认同。⑦

"企业说"用企业的概念取代传统商人的概念,虽说有相当的进步意义,但给我们的印象仍然是停留在名词的替换上。因为商人概念本身不可能是一成不变的。传统商人以自然人为主,现代商人已以公司法人为主;传统商人与雇员的关系是一种纯雇佣的关系,现代商人与雇员的关系也许已发生某些变化。我们完全可以赋予"商人"概念新的涵义。那么,现代商法与传统商法相比,调整对象究竟发生了什么变化?它与民法所调整的对象明显的区别在哪里?

商法调整的对象是商事关系或是商人从事商事交易活动所产生的社会关系。这种社会关系是由一定商品经济发展阶段的生产力水平决定的。生产力水平在不断地提高,分工越来越细,人们在生产经营活动过程中产生的社会关系也会呈现越来越程式化、越来越多样化的局面。简单商品经济条件下没有的现象,现代商品经济条件下

① 王卫国主编:《商法概论》,中国政法大学出版社 1999 年版,第 20 页。
② 赵中孚主编:《商法总论》,中国人民大学出版社 1999 年版,第 5 页。
③ 雷兴虎主编:《商法学教程》,中国政法大学出版社 1999 年版,第 4 页。
④ 黎燕主编:《商法》,中央民族大学出版社 1999 年版,第 13—14 页。
⑤ 徐学鹿著:《商法总论》,人民法院出版社 1999 年版,第 10—14 页。
⑥ 黎燕主编:《商法》,中央民族大学出版社 1999 年版,第 10 页。
⑦ 王保树主编:《中国商事法》,人民法院出版社 1996 年版,第 5—7 页。

出现了,并且层出不穷。如简单商品经济时代只有买卖、现货交易,现代商品经济时代既有先租后买、先包后转,也有商品期货交易、金融期货期权交易,还有 BOT 形式等等。租赁也有多种,过去是单纯的实物租赁,现在是各式的融资租赁。商事交易形式多样化,必然要求法律的调整越来越精细,越来越缜密。另一方面,商法所调整的各式社会关系之间也不是杂乱无章的,而是有规律可循的。各类商事活动的共同特征是以个体营利为目的,除此以外,还有一个特征就是,各类商事活动都是市场机制运行过程中的一个环节,由各类商事活动产生的各式社会关系也都是某一时代社会经济关系的一个重要组成部分。缺少任何一个环节和组成部分,都会使市场机制的运行发生障碍或使市场机制难以充分发挥作用。如没有证券活动,企业所需的大量资本就难以在短时期内聚集,规模经营就不能开展;没有保险活动,经营风险就难以分散,社会稳定就不能实现;没有信托活动,缺乏经营能力的人所掌握的资源就无法最大限度地增值和利用;没有破产活动,债权人的利益就无法得到应有的保护,市场竞争规律也就不能最终体现。因此,商法所调整的商事关系不是静止的孤立的无统一目标的社会经济关系,而是动态发展的、相互紧密联系的,同时旨在努力建立一个完善的市场运行机制的社会经济关系。

应当承认,民法所调整的民事关系也包括一部分商品交换关系。其原因在于民法所调整的民事关系先于商法所调整的商事关系产生,民法在调整人身家庭婚姻关系的同时,必然涉及与自然人人身家庭相联系的财产关系。在商品经济萌芽时期,由民法调整简单的商品交换是完全可以胜任的。商品经济的发展,伴随着社会经济结构发生了变化,交易形式也多样化起来。商品交换的本质从为了消费发展成为了营利,并且逐渐建立起了一整套为了最大限度运用资源的市场机制,在这样的情况下,商品交换关系再由民法进行调整已经不能胜任。这种商品交换关系或称商事关系需要由新的法律部门——商法来进行调整。在商法调整商事关系的同时,是否排斥民法对商品交换关系的调整呢?回答是否定的。理由是在新型的商品交换关系产生后,简单的商品交换关系依旧存在,它可以也应当由民法继续调整。

比较民事关系和商事关系,两者的区别有:(1)从主体上看,民事关系大多是以自然人为基本主体;商事关系则以商法人为基本主体。(2)从客体上看,民事关系的客体一般为特定物;而现代社会化的生产以批量和规模的极大化为基本追求,各类商品普遍采用行业、国家甚至国际标准,所以商事关系的客体具有明显的种类化趋势。金融产品的定型化、标准化则更是与传统商品的特征相异。(3)从目的性上看,民事关系一般以满足主体的自身消费需求为目的,而商事关系则以营利即资本增值为目的。(4)从对价关系上看,民事关系受市场波动影响较小,对价关系基本上由价值决定;而商事关系完全受市场的操纵,其对价关系主要受供求关系决定。(5)从交易链上看,民事关系以消费为目的,追求使用价值,交换一经完成,便进入消费过程,所以民事关系一般形不成交易链;而商事关系以营利为目的,追求交换价值,买进是为了卖出营利,所以,一宗商品往往要几经转手,形成一定的交易链。(6)从交易形式上看,民事交易具有个别的和偶然的性质;而商事交易则表现为同种交易大量反复进行，从而具有集团交易和个性丧失的特点。[①](7)从交易方式上看，民事交易均是现货交易，商事交易既有现货交易，也有期货期权交易，还有其他复杂的金融衍生产品的交易。(8)从交易种类上看，民事交易仅有简单的买卖、租赁、借贷等几种，商事交易的种类繁多，从买卖商发展到投资商、服务商，从制造商发展到经纪商、运输商、保险商、证券商、广告商、管理商等。(9)从功能上看，民事交易是为了稳定个人、家族等基本的生活秩序，商事交易则是为了建立一种以现代企业组织为核心的合理利用有限资源的市场运行机制和社会经济秩序。

二、商法的地位

(一) 国外商法的地位

商法的地位是指商法在法律体系中所处的位置和重要程度。从世界范围考察，商法在法律体系中的地位有以下四种模式[②]：

1. 民商分立模式。采用民商分立模式的国家主要有法国、德国、日本、西班牙、葡萄牙等四十多个国家。它们既制定民法典，又制定商法典，商法是其法律体系中一个独立的法律部门。具体分析，民商分立又有三种模式：(1)商行为法模式，又称为客观主义模式(或称法国商法模式)。1807 年颁布的法国商法典，创大陆法系国家民商分立之先河。该法典在法国大革命关于革除阶级、主张人权平等等思想的影响下，摈弃了中世纪以来商法只适用于商人阶层的商人法观念，而将商人法改为商行为法，其编制的内容，大多采用客观主义原则，即以商行为概念为其立法基础。按照这种立法体例，只要行为的性质属于商行为，无论行为人是否商人都将其认定为商行为而适用商法。该法典是近代商法典的始祖，对欧洲大陆乃至其他洲的许多国家的商法典的制定产生了巨大影响。(2)商人法模式，又称为主观主义模式(或称德国商法模式)。1861 年，德国以 1794 年的《普鲁士普通法》为基础制定了《普通商法法典》(史称“德国旧商法典”)。该法典仿效法国立法例，采用客观主义原则，以商行为观念为其立法基础。1871 年统一的德意志帝国成立后，开始修订《普通商法法典》，1897 年 5 月颁布了《德国商法典》(史称“德国新商法典”)，新商法典则改采商人法模式，其编制的内容，大多采取主观主义，即以商人观念为其立法基础。按照这种立法体例，同一行为，商人所为，适用商法，非商人所为，则适用民法或其他法律。(3)折中商法模式，又称客观主义与主观主义相结合模式。采用这种模式的典型国家是日本。日本商法典既采用法国商法模式，又仿效德国商法模式，将商行为观念和商人观念同时作为其立法基础。

2. 民商合一模式。采用这种模式的国家实行民商法合一的立法模式，即只制定民法典，而不再另定商法典。它们把商法的有关内容看作是民法的重要组成部分，或

---

① 苏惠祥主编：《中国商法概论》，吉林人民出版社 1996 年版，第 14—15 页。

② 雷兴虎主编：《商法学教程》，中国政法大学出版社 1999 年版，第 14—16 页。

制定民法典，或制定单行法。瑞士首开民商合一先河，1872年颁布的《瑞士债务法》，其内容包括：总则，契约各则(包括行纪、仓库、寄托、运送、承揽运送、经理权等)，公司，有价证券及商号等。1907年瑞士颁布民法典。1911年瑞士将债务法纳入民法典第五编之中。另有意大利、泰国等均属民商合一模式。

3. 示范商法典模式。采用这种模式的典型代表是美国。美国虽然没有民法典，但却有示范性质的统一商法典。依照美国宪法的规定，美国联邦议会仅对国际、州际及州与印第安人部落之间的通商有商事立法权，而州内通商之商事立法权则分别由各州议会行使。然而各州商事立法的内容多不相同，很是不便。为了克服州际商法差异给商事交易带来的不利影响，美国力谋各州商事立法之统一。从1940年开始，由各州政府代表组成的"统一州法全国委员会"与美国法学会通力合作，终于在1952年第一次公布了《统一商法典》，经修改后又于1957年第二次公布，1958年和1962年又对第二次公布的内容进行了修改。由于该法典并非联邦议会或州议会所制定，故属于民间示范法的性质，并没有法律约束力。只有在州议会予以承认后，才能成为适用于该州的商法典。1962年，纽约州议会率先承认《统一商法典》为纽约州法律，此后各州纷纷效仿，现在除路易斯安那州部分接受外，其他各州均承认该法典为本州商法典。除《统一商法典》外，美国还有一些有关商事方面的示范法，如1914年的《统一合伙法》、1916年的《统一有限合伙法》和1979年的《统一商事公司法》等。美国也有一些联邦议会制定的在全美适用的商事立法，如1887年的《州际通商法》、1889年的《破产法》、1916年的《载货证券法》、1933年的《证券法》、1934年的《证券交易法》等。

4. 单行商事法模式。采用这种模式的典型代表是英国。在英国，既没有民法典，也没有商法典，而是在总结有关商事习惯和判例的基础上，制定了一系列单行商事法，如1882年的《票据法》、1885年的《载货证券法》、1889年的《行纪法》、1890年的《合伙法》、1893年的《商品买卖法》、1894年的《商船法》和《破产法》、1906年的《海上保险法》、1907年的《有限合伙法》、1929年的《公司法》等。

(二) 我国商法的地位

围绕着商法在我国法律体系中的地位问题，法学界一直存在着激烈的争论。归纳起来有以下三种不同观点：

1. "民商合一论"。该观点认为，民法与商法的分立并不是出于科学的构造，而是历史的产物。商法不管如何，仅是民法的特别法，是民法的组成部分。中国人民大学赵中孚教授主编的《商法总论》在编写说明中就明确指出：本书根据"民商合一"的指导思想，依照我国民商法律、法规概述相关内容。该书在论述民商合一的理论基础时认为："自成一体的部门法应有它自身固有的一般原理，这些一般原理与适用于其他部门法的一般原理有泾渭分明的区别，法的每一领域都有它自身的精神实质和基本特征。而民法和商法之间根本不存在明确的划分，随着生产社会化的发展，使它们之间的划分越来越困难。我们发现：民商分立的国家商法所选定的那些标准本身就缺乏明确的定义，如何规定‘商人’和‘商业交易’等术语的定义，法学界对此几乎是一筹莫展。所有抽象定义都是含糊其辞，由于经济生活发展迅猛，这些定义往往很快就过时，从而给社会生活造成诸多不便，繁复冗杂的标准、层出不穷的例外规定只能使定义显得毫无科学价值，重新开始有关商法自立的论战现在看来是毫无价值了。商业交易在本质上属于民法范畴。”“相对之下，民商合一是进步的趋势，特别是对于避免民事法院和商事法院在司法管辖上的争议，是十分必要的。台湾商法学者张国健把民商合一的理论根据概括为八条，颇有说服力。同时当前西欧共同市场成员国之间为消除外贸障碍，使商品和货币交易更简便易行，也都要求法律统一，使民法和商法统一起来，可见民商合一正是经济发展需要而形成，正是当代法律发展的一种趋势。”①

2. “民商分立论”。该观点认为，在商事关系高度发达的今天，再把商法视为民事特别法就欠科学了，而且十分不利于商法制度的完善和商法观念的形成，从而不利于现代市场经济的发展。商法与民法一样，是我国私法领域的两项基本法，是两个并行的、相互规定不同的法律部门，共同实现对经济关系的调整。徐学鹿教授认为：“现代商法根本区别于简单商品生产完善法和近代‘民商法’，在于它彻底以家庭为本位，与家商一体的市场交易方式划清了界线，使家庭和市场交易变得毫不相干。家庭人作为消费者进入市场受到特殊的保护，市场交易者作为商人要求具有特殊的素质和技能。”“民法要现代化，要与简单商品生产完善法划清界限，唯一的出路就是净化其近代民法中有关市场交易的内容；还民法为家庭法、婚姻法、继承法的本来面貌；商法要现代化，要与简单商品生产完善法划清界限，在于净化近代商法中有关家庭人身财产的内容。”在徐教授看来，坚持“民商法”的概念，坚持商法是民法的特别法，根本是与“净化”背道而驰的教条。坚持这种落后的、陈旧的法律理念，其实质是在新形势下仍然坚持简单商品生产完善法，是违背时代潮流的，实际是“两个凡是”的哲学思维在商法领域的具体反映，它既不利于民法的现代化，更不利于商法的现代化。②

3. “商经合一论”。该观点认为，商法与经济法均以企业为规范对象，两者具有许多共同属性，商法应是我国经济法的重要组成部分。这就意味着商法在我国法律体系中不是一个独立的法律部门，而是包括在经济法之内的若干法规领域或大的类别之一，并以单行法的形式存在。③这种观点在 20 世纪末经济法教科书中占了主流。由于我国改革开放后，对商法缺乏研究，也少有这方面的立法、司法实践，经济法的兴起就将商法的内容一起囊括了。随着市场经济的发展和商法学的应运而生，相信坚持“商经一体”观点的学者会越来越少。

我们认为，商法应当也完全可能成为我国法律体系中的一个独立的法律部门。理由主要是：(1)无论是承认民商分立的国家，还是承认民商合一的国家，客观上都存

① 赵中孚主编：《商法总论》，中国人民大学出版社 1999 年版，第 32—33 页。

② 徐学鹿主编：《商法研究》第一辑，人民法院出版社 2000 年版，第 16—18、第 21 页。

③ 《法学研究》编辑部编著：《新中国民法学研究综述》，中国社会科学出版社 1990 年版，第 851 页。

在实质意义上的商法。商法不是依人们的主观意志存在和发展,它是商品经济发展尤其是市场经济发展的必然选择。(2)民法适应了简单商品经济时期调整以自然人、家庭为中心的商品交换关系的需要,而市场经济是发达的商品经济,是高度组织化的商品经济,是法制经济,民法的基本理念和原则不能适应现代市场经济的要求。就市场主体而言,现代企业组织的形式主要是公司法人。就市场交易而言,无论是形式还是内容都发生了惊人的变化,需要新的部门法律——商法予以系统地调整。(3)民法规范偏重于伦理性,反映了一国民族的文化特征,带有很强的地区性、传统性;商法规范偏重于技术性,反映了现代经济讲求效率和便于国际贸易交往的要求,带有很强的通用性和创新性。(4)商法有自己的独立调整对象,这种调整对象可以与民法的调整对象分清界限。更为重要的是,商法调整对象以其独特的市场调节机制保证市场运行的整体性和协调性。而民法只能分散地、个别地保障私法主体利益。(5)中国的商法没有历史的包袱,没有传统的羁绊,民法制度也是在改革开放后逐渐建立起来的,难为商法提供足够的立法基础。中国商法完全可以在借鉴国际上最先进的商法制度基础上直接创新,独立发展。

三、商法与相近部门法律的关系

(一) 商法与民法的关系

商法和民法共同调整商品经济关系,同属私法,两者有着密切的联系。商法大量使用民法的某些原则、制度、规范,同时,属于商法的一些原则、制度和规范也不断地被民法所吸收。在主张民商合一论的学者们看来,无论民法大量吸收商法的最新成果,还是商法大量吸收民法已有的原则和制度,都是民商合一的重要表现。前者是"民法商法化"的合一论(德国学者李赛尔是代表人物),后者是"商法民法化"的合一论(我国民国时期林森、胡汉民是代表人物)。①我们认为,商法与民法相互借鉴,可以共存,可以共同提高,并不意味着非得合一。商品经济关系在不同时期、不同地区的发展程度和水平是有很大差异的,当我们面对跨国公司和交易所这些高度发达的商品经济现象时,决不能忽视在其背后大量存在的一般商品交换关系。法国历史学家费尔南·布罗代尔把并存于同一经济形态下的高度发达的商品经济和简单商品经济形象地比喻成经济的"高级齿轮"和"低级齿轮",两者具有不同的特点和运行规律。②在法律制度层次上,两者也有不同的反映和要求。民法反映了简单商品经济的规律和要求,而商法则反映了高度发达的商品经济的规律和要求。19 世纪德国学者李赛尔为代表的"民法商法化"的民商合一论,其实质是以"高级齿轮"取代"低级齿轮",其结果必然是"拔苗助长";在我国这样一个商品经济欠发达的国家,一些学者所倡导的民商合一论,是"商法民法化"的合一论,其实质是以"低级齿轮"取代"高级齿轮",其

---

① 苏惠祥主编:《中国商法概论》,吉林人民出版社 1996 年版,第 100 页。

② 同上书,第 101 页。

结果必然是削足适履。在商品经济发展的任何一个阶段、任何一个区域,经济的“低级齿轮”和“高级齿轮”都是同时并存、互为条件和协调发展的。商品经济的发展,不是发达商品经济消灭简单商品经济,而是在简单商品经济的坚实底座上构筑发达商品经济的高楼大厦。无论是“民法商法化”的合一论,还是“商法民法化”的合一论,在对待商品经济的基本认识上都是简单化的,他们不认为嘈杂的集贸市场上发生的交易和现代化的期货交易所中进行的交易有什么不同。应当承认,适应简单商品经济的法律制度,对高度发达的商品经济关系来说,相当部分已经失去了积极意义,而适应高度发达的商品经济关系的法律制度,对于简单商品经济关系来说,也有不能适应的问题。我们要致力于研究简单商品经济和发达商品经济即市场经济的不同特点、规律和对法律制度的不同需求,使民法成为适应“低级齿轮”运转的法律,使商法成为适应“高级齿轮”运转的法律。两者互有分工却相互衔接,共同完成调整商品经济关系的任务。

(二)商法与经济法的关系

19 世纪末 20 世纪初,西方资本主义经济进入垄断阶段。垄断严重破坏了自由竞争,从而使整个资本主义世界各种矛盾尖锐化起来,社会经济秩序面临着严峻的考验。为此,各国政府转而实行积极的经济干预,相继制定了一系列旨在抑制垄断的经济法规。德国率先承认经济法部门。这一创举对各资本主义国家的法律体系产生了重要影响,日本、法国等国纷纷效仿。经济法作为独立的法律部门出现后,成为各国学者所关注的新课题。商法与经济法的关系也成为学者争议的焦点。

关于商法与经济法的关系,主要有以下两种学术主张:

1. “分离说”。该说认为商法和经济法调整社会经济关系的目的和方法是完全不同的。商法是无形之手的法律体现,商法调整的是商人之间的商事交易关系,其性质是自由竞争性的经济关系,价值规律、竞争规律、供求规律等“无形之手”发挥着作用,促进交易主体减少交易成本,实现交易主体的营利目的。经济法是“有形之手”的法律工具。交易主体在组织或行为中出现了垄断、不正当竞争和其他受价值规律、竞争规律、供求规律的影响,产生了诸多盲目性行为时,国家要运用“有形之手”,通过规划和计划、法律和法规,运用价格、利率、汇率、税率与产业政策等来调整市场。国家运用“有形之手”是要消除市场自发发挥作用所带来的消极影响,维护社会经济的整体利益。商法是私法,经济法是公法,两者不可混为一谈。本书作者也持“分离说”的观点。

2. “合一说”。该说认为商法与经济法都是以企业为对象的,两者应“合一”或总合把握。①“合一说”又可分为两派观点:一是经济法学界部分学者倡导商法应发展并融会于经济法中,即以经济法包容并取代商法,以捍卫经济法的独立地位及“势力范围”;二是民法学界部分学者主张扩充商法概念为企业法,并将经济法的领域亦包括

① 王保树主编:《中国商事法》,人民法院出版社 1996 年版,第 13 页。

在商法之中，即以商法包容并取代经济法，以否定经济法的独立性及其存在的必要性。

商法不能替代经济法，经济法也不能替代商法，其主要理由是：(1)从两法产生的原因分析，商法的产生是对民法一般性调整而不能适应具有风险性、规模性、集团性商事活动简捷、高效、安全、营利要求的扬弃和发展；而经济法的形成，则是对商法强调商人营利和商事行为自由、安全、迅捷的私益倾向而难以避免走向垄断、妨碍竞争、滥用权利，造成整体不平衡的纠正。对社会经济关系的法律调整，必然发展为从个体性到社会化、从私益性到公序化、从局部活跃到整体平衡这么一种局面。在一定意义上讲，商法的调整具有基础性、前置性，经济法的调整具有矫正性和后续性。(2)从两法作用的过程分析，商法的作用在于从保护商人的利益出发，维护商事交易的秩序；经济法的作用在于从保护社会利益出发，维护市场的整体秩序。商法的作用过程是立足个别，兼顾一般；经济法的作用过程是立足一般，兼顾个别。两者在功能上是互补关系。[1](3)从两法规范的内容上分析，商法主要包括商人、商行为的原则规定、公司法、证券法、票据法、破产法、保险法和海商法等；经济法主要包括经济法主体及其经济职能的原则规定、宏观经济调控法（主要有财政税收法、中央银行法、产业政策法、国民经济发展促进法等）、微观经济规制法（主要有反垄断法、反不正当竞争法、消费者权益保护法等）、国有经济参与法（主要有国有资产管理法、国有企业经营法、国有投资控股法等）、涉外经济管制法（主要有外商投资保护法、外汇管制法、海关法等）和经济运行监管法（主要有工商管理法、金融监管法、会计监督法、审计监督法等）。(4)从两法调整的对象上分析，商法调整的对象是商人在现代市场经济条件下从事商事交易活动中产生的社会关系；经济法调整的对象是国家为了履行经济职能，进行宏观调控、微观规制、国有参与、涉外管制和经济监管过程中产生的社会关系。两法作用的对象同是企业，但调整社会关系的性质却迥然不同，商法调整的关系基本上是横向的，经济法调整的关系基本上是纵向的。

（三）商法与企业法的关系

自1807年《法国商法典》第632条使用“企业”概念以来，商人、商主体、商事组织、企业等概念常常被交叉使用，由此形成了有关商法与企业法关系的不同学术观点。一种观点认为商法应转化为企业法，因为现代商法的对象主要是企业及企业的经营活动。该观点主要在日本流行。另一种观点认为商法即企业法，有了商法就无需企业法。该观点主要在德国流行。再一种观点认为商法与企业法不属同一范畴，不能融为一体。因为商法与企业法调整的对象和宗旨完全不同。该观点在美国流行，《美国统一商法典》就没有公司法的规定。

在我国，企业有多种形态。按经济学的观点，企业有竞争性企业和非竞争性企业之分。竞争性企业是商事企业，应属于商法调整的对象；非竞争性企业是公益性企

① 覃有土主编：《商法学》，中国政法大学出版社1999年版，第65页。

业,生产公共产品,不应归商法调整,而应归经济法调整。具体地说,自然人企业、合伙企业、公司企业均是商人的表现形式,有关规范这些企业的企业法(包括公司法)是商法的组成部分。现实中的国有企业,其中一部分参与市场竞争,应归商法调整;一部分是国家独占经营的,应归经济法调整。从国有企业改革的方向来看,参与市场竞争的国有企业的数量将会越来越少。

(四)商法与劳动法的关系

在资本主义初期,并不存在保护劳动者的劳动法。劳动者与资本家(企业主)的关系是以契约原则建立起来的雇佣关系,这种关系或由民法调整,或由商法调整。英国产业革命后,劳资冲突日益尖锐和扩大,资产阶级为了缓和矛盾,被迫接受劳动者一方的合理要求,这样,就形成了调整企业劳动关系的劳动法。商法与劳动法虽然调整的对象不同,但都涉及企业主体。按照西方国家的一般理论,企业的劳动者可分成三个部分,一部分是普通职工(或称雇员),另一部分是高级职员,如经理或秘书(或称高级雇员),还有一部分是经营管理者如董事、监事等。普通职工、高级职员受聘于企业,与企业之间的关系是劳动关系,由劳动法调整。经营管理者不是受聘于企业,而是由企业委任或委托,与企业之间的关系是委任关系(主要是大陆法系国家)或信托关系(主要是英美法系国家),由商法调整。涉及职工参与董事会、监事会,涉及经理、秘书等法定职责等内容,不由劳动法调整,而由商法予以调整。

第三节　商法的基本原则

一、商法基本原则的概念及意义

(一)商法基本原则的概念

商法的基本原则是指反映商事关系的本质特性,体现商法的基本内容,统帅商法的具体制度,并贯穿于商法规范始终的共同准则。商法的基本原则还反映商法的基本宗旨,对于各类商事关系均具有普遍适用意义,对于有关执法、司法活动具有指导意义。无论是在民商分立国家的形式商法中,还是在民商合一国家的实质商法中,都存在着统帅商法具体规则的某些基本原则。

商法的基本原则与民法的基本原则既有联系,也有区别。民法和商法同属私法性质,民法在私法领域始终处于基础地位。原因在于现代发达的商品经济仍然是建立在传统的简单商品经济基础之上的,商法虽有自己独立的调整对象,但它又与民法所调整的对象有千丝万缕的联系。商人在商事活动过程中要遵守商法的基本原则,决不意味着可以排斥、放弃一切民事的基本原则。商法的基本原则与民法的基本原则并不抵触,商法并不排斥平等自愿、公平诚信、私权神圣、公序良俗等民法原则。但民法的基本原则对商事关系作用有限，它不能完全反映营利性这一商事关系的本质要求。商法首先要保障营利的实现和交易的安全、便利和效率，从而创造出自身的价值体系和新的原则。商法把营利性视为商事主体的活动宗旨，追求的是经济效益。要营利就要遵守市场经济的规律，通过规范企业的组织行为和营业行为，实现资源的优化配置。要营利，就要保障交易的平等、自由、效率、安全和秩序，这是商品和生产要素自由流动和优化配置的前提。民法的基本原则终究不能取代商法的基本原则。如果说民法的基本原则作用于一切私法领域，那么，商法的基本原则仅仅作用于商人和商事领域。商法原则不是民法原则在商法领域的具体体现，而是商事关系客观要求的集中反映，是商法基本精神的科学抽象。①

（二）商法基本原则的意义

商法基本原则在商法理论与商法实践上均具有重要的价值。(1)商法基本原则是构造商法理论体系与规范体系的基础。缺乏商法基本原则的理论指导，商法学不可能建立起科学的理论体系；同理，缺乏商法基本原则的统帅，商法规范也不可能建立起一个完善的体系。(2)商法基本原则是商法理念与商法精神的集中体现。民法基本原则是平等自由的民法理念和家庭伦理的民法精神的集中体现，而商法的基本原则正是效率优先、兼顾公平的商法理念与追求增值、敢于冒险和不断创新的商法精神的集中体现。在我国，重视商法理念与商法精神，其意义远远大于建立一个法律部门和一个法学学科。它对于改变我国重义轻利、重官轻商的传统观念，使我国早日步入商法时代，具有重要的实践意义。(3)商法基本原则是商事活动的行为规则和商事纠纷的裁判准则。商法基本原则不仅可用以指导商事立法活动和商法研究，还用以指导商事执法和司法活动。在商法基本原则的指导下，商法有序地调整各种商事关系，保护各种商事主体，规范各种商事行为，解决各种商事纠纷，保证市场经济的功能充分地发挥。

二、商法基本原则的确定

商法基本原则应是商事法律规范的高度抽象和概括，必须集中体现商法的基本价值观念。商法的基本原则是由商法的本质所决定的，它来自于商事活动一体化的实践。这样的实践既包括我国建立市场经济的社会实践，也包括国际间从事商贸交往的社会实践。然而，商法的基本原则不可能自发地产生，要靠人们以科学的判断标准加以总结和选择。有的学者指出，商法基本原则的确立，应遵循下述四项标准：(1)反映商事关系的本质特性，这个本质特性就是商事关系的营利性；(2)体现商法的基本内容，这个基本内容就是商事组织法和商事行为法；(3)统辖商法的基本制度，这些具体制度包括商事登记制度、商业账簿制度、公司法律制度、证券法律制度、破产法律

① 张秀全：《商法基本原则研究》，载于《现代法学》1999 年第 5 期。

制度、票据法律制度、保险法律制度、海商法律制度等等;(4)适应商法的国际化趋势,这种国际化趋势就是各国商法的共同性和相容性。[①]有的学者提出,确定我国商法的基本原则应综合考虑以下几个因素:(1)商事立法的指导思想;(2)国外成功的立法经验;(3)商事活动运营的基本规律;(4)繁荣我国社会主义市场经济的客观需要;(5)准则的根本性;(6)效力贯彻的始终性;(7)内容的特有性;(8)对立法、司法活动的普遍指导意义。[②]这些观点无疑是正确的,应当引起重视。

除了上述观点,我们认为在研究商法基本原则时,还应对以下几个具体问题加以注意:(1)不要将民法的基本原则当成商法的基本原则重复加以表述;(2)不要将商法的具体规则或制度拔高为商法的基本原则;(3)不要机械地理解商法基本原则贯穿于商法规范的始终。不同的商法规范其价值取向仍然有不同的重心。适用于商事主体规范的基本原则与适用于商行为规范的基本原则应存有差异。

三、商法基本原则的内容

由于学者采取的标准不同、分析问题的角度不同,对商法基本原则的表述出现较大差异。归纳起来主要有:(1)"二原则说",即保障交易便捷原则和维护交易安全原则[③];(2)"三原则说",即保障交易简捷原则、维护交易安全原则和商事主体的法定与维持原则[④];(3)"四原则说",即强化商事组织原则、维持交易安全原则、促进交易迅捷原则和维护交易公平原则[⑤];(4)"五原则说",即市场准入严格法定原则、确认营利保护营利原则、促使交易简便迅捷原则、维护交易公平原则和保障交易安全原则。[⑥]我们认为,商法基本原则应包括以下几项:

(一)维护市场正常运行原则

商品经济发展到今天,要求实现高度组织化、市场化和法制化。建立市场经济体制、运用市场机制来促进经济繁荣已经成为我们的选择。在这一过程中,市场体制如何建立以及这种体制如何运转,虽然不全是法律要解决的问题,但离开法律手段也是不可想象的。市场体制的建立和运转要靠一系列法律分工协调,其中商法是起着基础性作用的。宪法指明了市场经济体制发展的总目标和方向,但不可能对市场构成的具体要素及其活动加以具体设计。民法提供了商品经济运行的最一般规则,但正如前文所指出的,简单商品经济与发达商品经济并存,不存在可同时调整简单商品经济与发达商品经济的法律原则和制度,发达商品经济需要有不同于简单商品经济运

---

① 张秀全:《商法基本原则研究》,载于《现代法学》1999年第5期。

② 雷兴虎:《略论我国商法的基本原则》,载于《中外法学》1999年第4期。

③ 赵中孚主编:《商法总论》,中国人民大学出版社1999年版,第23页。

④ 黎燕主编:《商法》,中央民族大学出版社1999年版,第47—51页。

⑤ 覃有土主编:《商法学》,中国政法大学出版社1999年版,第8—14页。

⑥ 雷兴虎主编:《商法学教程》,中国政法大学出版社1999年版,第19—25页。

行的法律原则和制度。这就只能由商法担当此任。商法对市场主体及其形式、种类作出选择,这实际是在塑造市场的基本体制;商法对各市场主体的活动内容和程序加以设计,这实际就是在塑造市场运行的机制。这种选择和设计越精细、越合理,市场体制及其机制运行就越科学、越健全。商法完成了一定时期一定社会市场体制与机制的选择和设计后,就需要我们通过贯彻执行这种规范来维护市场的正常运行和健康的发展。维护市场正常运行原则主要包括以下内容:

1. 市场准入。参与市场活动需要有"准入证"。凡进入市场的主体必须按照法定的条件,选择法定的形式,履行法定的手续。对主体进入市场作出规定并不是要把他们当成一个特殊的阶层来保护,而是出于现代市场运行对主体素质特殊要求的考虑。如对公司法定最低资本金的要求,这是公司从事营业活动的最基本条件。从事特殊行业的经营,不仅要求企业主体符合法定若干条件,还要求企业从业人员具备特殊的资格。

2. 商事分解。现代化商事经营专业分工越来越细,以便降低运作成本,提高运作效率。传统商法将商事行为分解为固有商(买卖商)、辅助商、第三种商、第四种商等。现代商法根据各种商事行为在市场上的功能进一步细分为:制造商、销售商、证券商、期货商、租赁商、信托商、担保商、保险商、广告商、代理商、咨询商以及其他各种服务商。随着人们的生产经营活动的继续,这种市场分工还会进一步细化。分工越细,商事关系越来越多样化,商法也会使人感觉到越来越复杂,但现实的各种生产经营活动会越来越专业,越来越便于操作。

3. 风险分散。现代市场客观存在着经营风险,为了使投资创办公司的人的风险降低到最低限度,法律确立了有限责任制度。创办公司的风险首先分散给众多的投资者;当投资者认股缴资后,风险集中由公司承受;当公司资产不足以承受风险(抵偿债务)时,风险由公司债权人承担。商法中还设置各种保险制度,当市场主体面临重大财产损失时,可以通过保险索赔恢复生产经营,或使人员得到妥善安排。另外,海商法中关于共同海损制度,证券法中关于风险基金制度等都是分散风险的制度。

4. 市场退出。市场的正常运行不仅需要有规范的主体进入机制,而且还需要有不符合规范的主体或已经完成经营使命的主体,从市场顺畅地退出的机制。现代商法有股权(产权)转让的规定,有兼并收购的规定,有解散破产的规定,这都是为商事主体(商人)退出提供的合法路径。值得强调的是,设立兼并、破产制度是市场竞争的客观要求,要竞争,就要实行优胜劣汰;劣不能汰,优的地位就难以巩固,社会资源就难以实现优化配置。

商法对市场准入、商事分散、风险分散和市场退出进行全面规范,使市场主体符合一定标准,使市场活动形成良性的循环,从而维护整个市场正常运行。

(二)提高商事交易效益原则

商人从事商事交易要追求的最终目的是经济效益,即盈利。经济效益的好坏、盈利的多少取决于交易的简便和迅捷,取决于交易成本的降低和利润率的提高。为了反映这一要求，商法应当确认提高商事交易效率和效益的原则。商法的效益原则具体包括以下内容：

1. 保护营利。商人追求盈利的最大化，是天经地义的事。"天下熙熙，皆为利来；天下攘攘，皆为利往"，就是对商人趋利行为的真实写照。[1]商法不仅认可商人的这种营利行为，而且为商人的营利行为提供法律上的保障。商人经商的目的是营利，商人开展的营业活动就是营利活动，投资者分红是实现盈利，可以说商法的全部规范就是围绕着商人的营利行为设置的。商法保护盈利是保护通过合法经营而取得的利润，非法经营或通过不合法的途径所获得的利益是不受商法保护的。商法保护营利，说到底，是维护人类生存和发展的基本条件。法律不保护营利，人类的物质文明、精神文明的进步就缺少基本的动力，市场的繁荣、经济的发展都将成为空话。

2. 交易简便。前文已经论述，专业化分工越细，经营活动就越简便。商法为交易简便，除了强调意思自治以外，还设置了三种基本的手段提供选择。这三种手段是：交易方式定型、交易客体定型以及契约定型。交易方式的定型是指商法将交易的方式预先规定为若干类型，使任何商事主体无论何时交易都可以获得同样的效果。例如批发与零售的划分，买卖商与投资商、服务商的划分，不同类型的交易有不同的操作规范与服务规范。再如，同一商品的销售有统一的标识和定价，等等。客体定型是指商法对交易客体的商品化与证券化。大宗实物商品的交易均有统一的包装和规格，不同的商品还有不同的质量标准。有些商品、资产不便流通，可以使之证券化再行流通，如股票、债券、各种结算票据等。契约定型是指商法对交易双方达成的契约条文化和格式化，例如保险单、运输单、提单、仓单以及其他格式合同，商法均规定了一定的内容和格式，使之定型化，便于使用或流通。再如，期货交易的客体就是特定商品的合约，它也是定型化的。除了价格随行就市，对其他条款当事人均不能变更。

3. 交易迅捷。现代市场交易信息传递快，交易的节奏也加快，市场机会瞬息万变，如果交易者不能迅速决策，必然坐失良机，影响营利。交易迅捷就是商法对市场交易节奏的反映。交易迅捷主要是指交易周期的缩短、交易次数的增多，以及交易行为所产生的请求权时效期间的缩短。一般情况下，交易迅捷与交易简便是联系在一起的，交易的定型化必定能提高交易的速度，简化交易的程序，从而使货币流转加快，效率和效益显著提高。但交易迅捷还取决于立法对时效的选择。商法采取短期时效主义的规定。短期时效最长一年，最短的仅有一至二个月。例如，公司股东对公司的诉讼，有关公司董事、监事的诉讼，其时效应当远远短于一般交易纠纷，以维护公司的正常经营秩序，稳定现实的经济关系。票据法关于票据权利行使的规定，保险法中有关被保险人或者受益人对保险人请求给付保险金权利的规定，均有一定的时效要求，超过一定的期限，权利人即丧失请求权。我国海商法对短期时效还作了专章规定。

---

① 雷兴虎：《略论我国商法的基本原则》，载于《中外法学》1999年第4期。

（三）保障商事交易安全原则

商事交易过程中，由于存在信息获取、自然灾害、人为破坏、交易者的道德、政府政策变化等众多不确定因素或风险因素，时常会导致商人的利益受损。在利用现代化交易手段的情况下，如交易所的电脑交易、网上购物与结算、金融衍生工具的运用等更增添了商人的系统风险。因此，现代商人在讲究交易灵活、迅捷的同时，还特别注重交易的安全。如果离开了交易的安全，一笔交易不仅会使商人眼前的利益损失，有时也会导致商人组织的彻底清盘。商法保障交易安全就是要减少和消除商事交易活动的不安全因素，确保交易行为的法律效力和法律后果的可预见性。其内容主要包括：

1. 公示主义。所谓公示主义是指商人在依照商法规定从事商事交易时，应当公开交易中公众所应知的重要事项，以增强市场的透明度。在交易过程中，交易者往往需要事先获得有关相对人及其商品、服务的可靠信息，如了解交易对方的法律地位、资信能力、产品品质等等，否则无法作出交易的正确判断。商法中有关公示或称信息披露的规定主要有：(1)公司登记的公示，即公司的设立、变更、注销应向主管机关登记并公告；(2)股份有限公司发行股票的招股说明书，上市公司的上市公告书以及年度报告、中期报告和临时报告等必须依法报告并公告，另在公司的固定场所备置供公众查阅；(3)企业募集债券的有关公告；(4)公司合并、分立和宣告破产的公告；(5)船舶登记的公告；(6)公司不动产的抵押担保的登记及查询等等。通过一系列公示，交易各方可以平等地获取相关信息，从而有利于交易的达成。凡因公告中有虚假记载而致使交易对方遭受损失的，公示者必须承担赔偿责任。

2. 要式主义(或称强制主义)。要式主义是指国家通过公法手段对于商事关系施以强制性影响和控制。这是商法公法化的重要表现。如对公司章程条款的规定，公司账簿设置的规定，公告文件格式的规定，票据应记载事项的规定，海商、海事合同应记载事项的规定等均具有强制性。这些强制性规定既有便利交易的功效，也有提高交易安全度的功能，它可防止当事人因不熟悉专业或一方当事人的故意造成合约错漏，最终遭致损失。

3. 外观主义。所谓外观主义是指以交易当事人行为的外观为准去认定其行为所产生的法律效果。英美法上则称为禁止反言。在法律行为中，内心意思和外观表示不相一致的情况时常发生。假如允许当事人以外观表示与真实意思不符而撤销商事行为，则显然不利于交易关系的稳固，从而造成交易的不安全性。民法中有表见代理的规定，商法则进一步贯彻了外观主义原则。如在票据法上表现为对票据行为的解释应遵循外观解释原则。因为票据属于文义证券，一切票据行为的意思表示都是通过证券上的记载反映出来的，因此，通过票据证券解释票据行为人的意思表示的内容时，只能就票据上记载的文字解释。商法中关于不实登记的责任，表见经理人或代表董事、自称股东的责任等都体现了外观主义的要求。

4. 严格责任。严格责任是指商法对商事交易的当事人规定了严格的义务和责任。如公司的行为大多依赖于公司负责人，对负责人的责任，若不予以严格规定，势必妨碍商事交易的安全。我国《公司法》第150条规定:“董事、监事、高级管理人员执行公司职务时违反法律、行政法规或者公司章程的规定,给公司造成损失的,应当承担赔偿责任。”第95条又规定,股份有限公司的发起人,在公司不能成立时,对设立行为所产生的债务和费用负连带责任;在公司不能成立时,对认股人已缴纳的股款,负返还股款并加算银行同期存款利息的连带责任;在公司设立过程中,由于发起人的过失致使公司利益受到损害的,应当对公司承担赔偿责任。再如,保险法上保险人对于由于不可预料或不可抗力事故所致的损失,均应负赔偿责任;票据法上汇票的出票人、承兑人、背书人及其他票据债务人对执票人均承担连带责任;海商法上船舶所有人或承运人在发船前或发船时对船舶的安全航海能力及其相应的设备负有担保责任等。

第四节 商法发展简史

一、大陆法系国家商法发展简史

哪里有贸易,哪里就有法律。“商法的形成实际上来自于实践,它们的系统化过程不是由于民法学者的传播,而是由于其推行者的努力”。[①]法国学者丹尼斯·特伦的这段话非常精辟地概括了商法产生的原因。在古罗马时代,法律已对货币借贷、海陆运输和其他商业服务业的商事交往进行规范,不过,这些规范还属于普通民法的范畴。中世纪以后,地中海等沿岸国家的海上贸易开始活跃,因为地理位置等优势,威尼斯、热那亚、佛罗伦萨等许多沿海城市遂成为经济发达、商业繁华的交易中心。商人们为了摆脱封建势力尤其是教会势力的束缚,争取和保护自身的利益,组成了各种被称为“基尔特”的商会组织。他们凭借自己的经济实力,对商业活动中产生的经济纠纷和其他商业事务进行自治裁判。此时,与商贸事业长足发展状况相比,旧时私法范畴中的罗马法及教会法已严重不适应经济发展的实际,越来越不能满足商业发展的要求,如放贷收息、借本经营、商业投机和各种转手营利活动均受到明令禁止,有的国家的法律甚至对商人还加以种种歧视。在贸易发展与封建法制的尖锐冲突的背景下,商会不得不另立规范。由于商会在自身发展中形成了自己的自治权和裁判权,有条件将商事生活习惯上升为自治规约,并实施于本商会内。这些自治规约就是商人习惯法,它大致形成于14世纪。学者们普遍认为,中世纪的商人习惯法是近代商法的起源,对近代西欧各国商事立法尤其是法国的商事立法影响至深。

(一)法国商法

15世纪,地中海沿岸的商业城市开始衰落。各中央集权的统一国家确立后,商

---

① 《中国大百科全书·法学卷》,中国大百科全书出版社1985年版,第505页。

人团体的自治地位丧失，商事立法权也随之归于国家。这一时期，西班牙、荷兰、德国以及斯堪的那维亚各国都开始制定一些商事法规，但内容很不完备，主要是对中世纪商人习惯法的确认。真正称得上近代商法的，还是法国商法典，它为后来的大陆法系国家进行商事立法树立了良好的典范。

1673年，法国国王路易十四颁布了著名的《陆上商事条例》，该条例的内容包括商人、票据、破产、商事裁判与管辖等。当条例未作规定时，仍可适用商人习惯法，商事法院的法官也多由商人担任。1681年，路易十四又颁布了法国《海事条例》，其内容共计五编，分别规定了海上裁判所、海员及船员、海事契约、港口警察、海上渔猎。该条例颁布的目的在于加强王室对海事贸易活动的控制，排除地中海等沿岸盛行的习惯法对法国海商活动的适用。在拿破仑时期，拿破仑将这两个条例加以修改并编纂，于1807年颁布了《法国商法典》，开创了大陆法系国家民商分立体制的先河。该法典总共四编，共计648条。第一编为通则，共九章，内容包括商人、商业账簿、公司、商业交易所及票据经纪人、行纪、买卖、汇票、本票及时效。第二编为海商，共十四章，内容包括船舶、船舶抵押、船舶所有人、船长、海员、佣船契约、载货证券、租船契约、以船舶为抵押而设定的借贷、海上保险、海损、货物投弃、时效、拒诉。第三编为破产，共三章，包括家资分散、破产、复权。第四编为商事法院。

《法国商法典》是一部划时代的法典。它否定了中世纪以来商法只适用于商人阶层的传统，体现了“私法自治”的原则，从而把商业从国家的监护下解放出来；以商行为为立法基础，凡实施商行为者不论是否是商人，都适用商法，从而将商人法扩展为商行为法。这部法典也存在一些缺陷：(1)法典中包含了诉讼法的内容；(2)股份公司的规范比较少；(3)陆商规范较海商规范薄弱；(4)海商规范的部分内容不能适应当时的需要。在商法典实施近两百年时间里，这些缺陷也在不断得到弥补。学术界虽不断发生私法一元化、二元化的争议，但法国商法的独立性没有发生动摇。商法中大多数条款由于不适应商品经济发展的需要已被废除或被修改，有的条款已被单行的法律所代替，另外也补充了相当多的条款或单行的法律。在商法典之外制定的单行商事法主要有：1867年的《商事公司法》、1885年的《期货交易法》、1917年的《工人参加股份公司法》、1919年的《商业登记法》、1925年的《有限责任公司法》、1955年修订的《保险契约法》、1988年修订的《证券交易所法》等等。这一切都说明，商法在其演变过程中，形式和内容也许会不断发生变化，但其根本精神犹存。

(二) 德国商法

德国未统一时，仅有普鲁士一邦，普鲁士着手制定了成文商事法，如1727年的《普鲁士海商法》、1751年的《普鲁士票据法》、1776年的《普鲁士保险法》和1794年的《普鲁士普通法》等。而《普鲁士普通法》则是一部包括民事法规范在内的综合法律。其中有关商事的规定，与法国路易十四时期的商事条例相似。德国于1848年和1861年先后制定了《普通票据条例》和《普通商法法典》。

《普通商法法典》是以普鲁士邦的普通法为基础的,这个法典公布后,曾被大多数州所采用。其内容包括五编,计 911 条。第一编,商人地位;第二编,商事公司;第三编,合伙;第四编,商行为;第五编,海商。票据、破产及商事诉讼均未列入。该法典被称为"德国旧商法典"。

1871 年统一的德意志帝国成立后,开始了新商法的编纂工作。受法国商法典的影响,德国学者极其活跃,不仅著书立说,而且为制定德国商法做了大量的准备工作。1897 年德国终于颁布了《德意志普通商法典》,并于 1900 年 1 月 1 日起与民法典同时施行。新商法典共四编 905 条。第一编"商人"分八章,内容包括商人、商业登记簿、商号、商业账簿、经理权及代理权、商业使用人、代理商和商业居间人。第二编"商事公司及隐名合伙"分五章,内容包括无限公司、两合公司、股份公司、股份两合公司、隐名合伙。第三编"商事行为"分七章,内容包括总则、商业买卖、行纪营业、承揽运送业、仓库营业、运送营业和铁路运送。第四编"海商"分十一章,内容包括总则、船舶所有人及船舶共有,船长、物品运送、旅客运送、风险借贷、共同海损、海难救助、船舶债权人、海上保险和时效。德国新商法典与法国新商法典、德国旧商法典相比,体现了较好的立法技术,是一部更加纯粹的商法典。德国旧商法仿效法国商法典模式,采用客观主义,以商事行为为立法基点,而新商法则改而采取主观主义,以商人身份为立法基点。根据新商法,同一行为,如果是商人实施则适用商法,如果是非商人实施,则适用民法及其他法规,不适用商法。

德国新商法典的大部分规定现在仍然有效,部分内容作过修改。与此同时,德国还颁布了许多单行法规,以弥补商法典的不足,如 1892 年的《有限责任公司法》、1895 年的《内水航行法》、1901 年的《保险业法》、1908 年的《保险契约法》、1933 年的《票据法》、《支票法》、1965 年的《股份法》。

为适应经济改革和商法现代化的需要,德国于 1998 年还颁布了《商法改革法》。这次改革主要涉及商人的概念、商号法、人合公司和商事登记程序等方面。(1)商人概念的简化。改革后的《德国商法典》完全摈弃了封闭式列举的定义方法,仅保留了经营的方式与规模作为区分商人与非商人的唯一标准。同时,改革后的商法还完全取消了小商人的概念。原则上,把所有小规模经营者都看成"非商人",适用民法。但他们可以通过自愿申请登记的方式取得商人资格。(2)《商号法》的改革。改革后的商法放宽了对商号的要求,一个商号能否被登记主要看它是否满足下面三个条件:具有区别力和表明特征的作用,明晰公司关系和表明责任关系。(3)人合公司的改革,这方面的改革主要有三:向小规模经营者开放人合商事公司;向财产管理公司开放人合商事公司;人合商事公司存续原则倒转,即合伙人的退伙除非有约定,原则上不导致公司的解散。(4)商事登记程序和费用法的简化。这次商法改革完善了商法体系,突出了商法的特点,加强了商法的功能,从各界的反映来看,是一次相当成功的改革。[1]

---

① 卜元石:《德国商法的改革》,载于《德国研究》1999 年第 1 期。

（三）日本商法

日本长期处于闭关锁国的封建社会，几乎无近代意义上的商事立法。明治维新以后，日本政府才开始着手商法典的起草工作。明治十四年(1881年)日本政府聘请德国学者海尔曼·罗思来(Harmann Roesler)起草商法典。明治二十三年(1890年)商法典获得通过并公布。日本法史称这个商法典为旧商法典。旧商法典共三编，第一编为商通则，第二编为海商，第三编为破产，全法典共1064条。由于"民法论争"的影响，日本法学界与议会对旧商法典是否应如期施行展开了激烈的争论，几次决定延期施行，最后又决定部分内容提前施行。

明治二十六年(1893年)，日本政府又成立新商法典起草委员会起草商法典。明治三十二年(1899年)商法典获得议会通过。旧商法典除第三编破产以外，其余废止。新商法典共分五编，689条。第一编总则，第二编公司，第三编商行为，第四编票据，第五编海商。日本商法典的特点是以商行为观念和商人身份同时作为立法基础，体系也更加完整。

为了适应商贸发展的要求，日本后来又对新商法典进行过三十多次修改和补充。因昭和七年(1932年)及昭和八年(1933年)分别制定了票据法和支票法，因此商法删去了票据编。

现行商法典于平成十一年(1999年)修订而成，计四编947条。第一编为总则，共51条，主要内容包括商人、商业登记、商号、商业账簿、商业使用人和代理商。第二编为公司，共566条，内容包括总则、无限公司、两合公司、股份公司、外国公司以及罚则。第三编为商行为，共183条，其内容涉及总则、买卖、交互计算、隐名合伙、居间营业、行纪营业、承揽运输业、运输营业、寄托和保险。第四编为海商，共147条，内容包括船舶及船舶所有人，船员、运输、海损、海难救助、保险和船舶债权人。①

日本商法典近年修改与补充的内容主要有：(1)创设一人股份公司制度。允许一人公司的创设，主要目的在便于中小投资者创设不愿他人入股的股份公司，便于现存企业创设全资子公司；(2)创设股份交换制度及移转制度，为现存两个以上公司建立全资母子公司关系、现存公司创设全资母公司提供简便的法律程序，促进以全资母子公司关系为纽带的企业联合；(3)放松对自己股份持有的限制。公司可到市场收购不超过已发行股份总数百分之十的股份，然后出售给本公司的董事及从业人员，公司也可以通过期权方式，向本公司董事及从业人员出售股份；(4)加重发起人的责任。为维护新设公司的资本充实原则，公司成立时的第一任董事及监察人和发起人一样负有资本充实的责任。另外，发起人责任除了认购和缴纳股款外，还负有给付担保及差额填补责任。②

随着社会生活的发展，日本立法者还制定了许多单行法规，用以修订、补充商法典，其中以法命名者就有三十余件，如昭和四十九年(1974年)制定的《商法典特例

① 王书江、殷建平译：《日本商法典》，中国法制出版社2000年版，译者序，第1—3页。

② 同上书，第3—8页。

法》，昭和十三年(1938 年)颁布的《有限公司法》，昭和七年(1932 年)颁布的《票据法》，昭和八年(1933 年)颁布的《支票法》，平成八年(1996 年)修订的《破产法》、《和解法》，平成九年(1997 年)修订的《公司更生法》等。

二、英美法系国家商法发展简史

英美法系相对于大陆法系被称为海洋法系。开放的海洋与商法有不解之缘，封闭的大陆与民法息息相关。因此，大陆法系又被称为民法法系，海洋法系理当称为商法法系。[①]在 11 世纪晚期，英格兰等地就出现了康孟达组织，这种组织实际是长距离的海上贸易经营形式。海上贸易产生一整套海事惯例，后成为英国海商法的基础。人们认为"海商法是商人们自己发展起来的，它不是各地王侯们的法律"。[②]商法法系是以普通法和衡平法判例为基础，由成文法修订补充组成的商法法律体系。商法法系没有民法的概念，以商法为立国之本。美国作为英国的殖民地，普遍适用英国法律制度，大多数涉及商业交易的法律都起源于早期的英国商业习惯法。美国南北战争以后，法律制度开始独立发展，但仍然深受英国判例法、制度法等影响。英美两国的法律构成了一个相互关联的与大陆法系传统显然不同的英美法系。

(一) 英国商法

英国法是当今世界主要法系的典型代表，而其商法则被认为是"英国法中的精华"。[③]早在 17 世纪初，商法是涉及海外贸易商人的法律。由商人在国际商业贸易活动中发展起来的惯例和通则后来逐渐被普通法院引用。海事法院的管辖权最终被削弱。到了 18 世纪，各种各样的商业惯例已经很容易被法院采用，并开始将其运用到所有参与商业交易的人中。19 世纪，英国的许多商法进一步理性化并且表现为一系列法典化的法规。1893 年制定了《货物买卖法》，这部法确立了交易自由和合同自由的基本原则。除非有欺诈和违法的情况，法律不应当干预交易行为。目前英国货物买卖合同由 1979 年《货物买卖法》调整，而租赁合同和承揽合同则主要由 1982 年《货物与劳务供应法》调整。英国的合伙制度由 1890 年《合伙法》与 1907 年《有限合伙法》等组成。英国最早的公司立法可追溯到 1825 年，但现行公司法却是以 1948 年《公司法》为主体，以 1967 年、1976 年、1980 年《公司法》修正条款为补充构成的。1963 年《股份转让制》、1958 年《防止欺诈(投资)法》、1949 年《公司清算规则》等也是英国公司法制度的组成部分。1906 年《海上保险法》、1982 年《保险公司法》以及 1975 年《投保人保险法》等确立了一系列英国保险制度。1882 年《汇票法》是一部具有重要影响的成文法例，在英联邦国家也有广泛的适用性。另外，还有 1957 年《支票

① 徐学鹿著:《商法总论》，人民法院出版社 1999 年版，第 41 页。
② [英]施米托夫著，赵秀文译:《国际贸易法文选》，中国大百科全书出版社 1993 年版，第 4 页。
③ 董安生等编译:《英国商法》，法律出版社 1991 年版，前言第 1 页。

法》、1974年《消费者借贷法》等成文法。由于英国商法实际上是以普通法和衡平法判例为基础，并由成文法不断修订补充而组成的部门性法律规则体系，我们除了了解英国成文法典外，还必须大量阅读英国法判例规则，这样才可能全面掌握英国商法的实际内容。

（二）美国商法

如大家所知道的，美国联邦除了在国际贸易和州际商业外，没有统一的商事立法权。为克服州际商法差异给商事交易带来的不便，从19世纪末开始，美国统一州法委员会起草并颁布了各种有关商事交易的统一州法，如《统一合伙法》、《统一有限合伙法》等。最值得一提的是，1952年美国制定了《统一商法典》。除《统一商法典》外，美国还有《公司法》、《联邦破产法》等，其商法形成了一个庞大的体系。这些统一法对各州来说，并不是当然有效，而要根据对统一法的承认和采用而定。经过几十年的努力，美国统一商法典已被路易斯安那州以外的其他各州所采用。

《统一商法典》共计11篇418条。可分为三大部分：第一部分是总则，由该法典的第一篇构成，主要涉及该法典被引用时的名称、该法典的宗旨、普遍的适用原则、一些有较普遍意义的用语的定义、解释规则等诸方面，同时也包括解决法律冲突时适用的一些基本原则。第二部分是实体规定，包括该法典的第二篇至第九篇。这部分的各篇基本上是围绕货物买卖展开的。由于货物买卖一般都是以签订货物买卖合同为开端的，因此，第二篇主要规定了货物买卖合同。鉴于货物买卖必然会带来价款的支付和方式问题，第三、四、五篇分别为调整商业票据、银行存款和收款、信用证。第六篇大宗转让规定了对商人在买卖合同交易中两种欺诈行为即虚假出卖和携款潜逃的处理方法。第七篇规定了仓单、提单和其他所有权凭证。第八篇投资证券规定了证券持有人与证券发行人各自的权利与义务关系和投资证券转让时各利害关系人相互之间的权利与义务关系。第九篇担保交易、偿债和动产文书的买卖，对在交易中就动产为债权和其他利益设定担保权益，主要是在商业买卖中为买价和付款设定担保权益等问题进行调整。第三部分是附则性的杂项规定，由该法典的最后两篇即第十篇和第十一篇构成，涉及法典的生效日期、以前的法律的撤销以及过渡的规定。①该法典尽管包含的内容较多，但概括得相当精练，整体结构十分严谨，条理清楚，是现代西方国家最先进的商法典。正如徐学鹿教授论述的那样："《统一商法典》结束了现代人让简单商品生产完善法统治的扭曲的近代商法的旧时代，开创了现代人以现代交易规则从事市场交易的文明的现代商法的新时代。《统一商法典》对现代市场交易，从法律理念到法律原则，再到具体交易规则的设计、规范，在20世纪的立法史上是怎么估价也不过分的伟大事件之一，是商法在演进中的一个新的里程碑。"②

---

① 吴志忠著：《美国商事法研究》，武汉大学出版社1998年版，第8—10页。

② 徐学鹿著：《商法总论》，人民法院出版社1999年版，第118页。

三、我国商法发展简史

（一）清朝末年的商法

我国的封建社会延续了两千余年，在这漫长的历史长河中，自给自足的自然经济一直占据主导地位，商品生产和商品交换很不发达。刑民不分、诸法合体的法制形态反映了我国封建社会长期处于商品经济极度落后的实际状况。历代封建王朝大多奉行重农抑商和闭关锁国的政策，许多重要产品多由政府专营专卖，禁止民间经营，这样的政策与官商垄断严重阻碍了我国工商业的发展。某些散见于律令中的有关牲畜买卖、钱庄银票等规定，主要涉及债权债务关系及刑法处罚，不是我们所说的商法意义上的法律规定。我国商事立法开始于清朝末年。清末海禁大开，中外商事交易增多。为了“慎重商政，力图振兴”，清朝光绪皇帝派戴振、伍廷芳、袁世凯等编定商律。1904年公布了《大清商律》，其中包括《公司律》9条和《商人通例》131条。这是我国历史上第一部单行的商法。1906年公布了《破产律》。后来，又聘请日本学者，于1909年拟出《大清商律草案》，共1008条，内容包括总则、商行为、公司法、海船法及票据法。这部商律未及颁布，清朝政府即告覆灭。

（二）中华民国的商法

辛亥革命成功后，中华民国宣布，凡清代法律不与国体抵触者，仍然有效，故《大清商律》暂准援用。到1914年，民国政府在对《大清商律草案》进行修改的基础上，先后颁布了《中华民国公司条例》和《中华民国商人通例》，均自当年9月1日施行。

国民党政府建都南京后，立法院组织制定民法典。在起草民法典的过程中，首先要解决的问题是民商合一还是民商分立的问题。讨论的结果是民商合一观点占了上风。1929年《中华民国民法》第一编总则公布。立法院院长胡汉民等人又向国民党中央政治会议提交了一份关于制定民商统一法典的提案，该提案从历史关系、社会进步、世界交通、各国立法趋势、人民平等、编订标准、编订体例、商法与民法之关系等八个方面详细阐述了实行民商合一的理由。①政治会议审查通过了该提案。依照民商法统一决议，立法院将通常属于商法总则的经理人及代办商和属于商行为编中的买卖、交互计算、行纪、仓库、运送及承揽运送等一并纳入民法债编之中，凡不宜在民法中合一规定的商法制度则分别另定单行法，如1929年的《票据法》、《公司法》、《海商法》、《保险法》和1937年公布的《商业登记法》等均属单行商事法的范畴，从而形成了中华民国民商法典合一与单行商事法相结合的立法格局。

（三）新中国的商事立法

新中国成立后，废除了国民党的“六法全书”。但由于一直实行中央高度集权的

① 黎燕主编：《商法》，中央民族大学出版社1999年版，第40—42页。

计划经济体制，商法失去了存在的基础。20 世纪 50 年代初期，我国的商品流通是由国营商业、供销合作社、私人资本主义商业、小商小贩等组成的，经过社会主义改造，私人资本主义商业改造成为公私合营商业，小商小贩组成了合作社，工农业产品的收购、推销由国营商业和供销社承担。社会主义改造基本完成后，国家已开始对商业实行统一的领导和管理，形成了国营商业和供销合作社实质上的独家经营，产品的生产基本上按计划进行，产品的销售也是按计划调拨，商法的观念、商法的规范，均无从谈起。

我国进入改革开放时期，经济建设、法制建设同时展开。实质意义上的商法，尤其是规范企业组织关系的法律陆续被制定出来。1979 年《中外合资经营企业法》、1981 年的《经济合同法》、1986 年《外资企业法》、1988 年《中外合作经营企业法》等相继出台。当时由于改革的最终目标不够明确，商事立法的探索也缺乏明确的方向。在相当长的时间内，商法概念仍少有人问津。到了 20 世纪 80 年代后期，学术界仍有人将商业法与商法看成是社会主义和资本主义立法的分野，认为我国只能有商业法不能有商法，“它们分别在不同社会制度的国家里适用”。[①]1992 年 10 月召开的党的十四大，确定在我国实行社会主义市场经济。从此，我国的经济体制改革迅速向新的阶段推进，商事立法的步伐也明显加快。仅几年时间，立法机关就通过了公司法(1993 年)、商业银行法(1995 年)、票据法(1995 年)、保险法(1995 年)、海商法(1992 年)、证券法(1998 年)、合同法(1999 年)、信托法(2001 年)等一系列重要的商事法律。除以上立法外，我国的基金法、期货法、破产法等也在抓紧制定。这些单行的商事法律正在构成相对完善的中国商法体系。经过努力，编纂一部统一的《商法通则》或商法典是完全可以实现的。这是跨入 21 世纪、融入世界经济一体化必然要解决的课题。

第五节　商法体系与商法学科体系

一、商法体系

商法体系有狭义和广义之分。狭义的商法体系是指在一国范围内，由商事法律的各种原则、制度和规范等组成的一个相互衔接、和谐统一的完整系统。广义的商法体系除了包括狭义商法体系涵义外，还包括商法理念和精神的传播、商法规范的执行和法律适用的一整套设施、程式和秩序。商法体系不仅仅是纸面上的东西，它是以商法或商法典为核心组成的包括观念的、法条的和现存的商事法律秩序，应当成为人们在商事活动中自觉遵守的现实。

① 转引自徐学鹿著：《改革开放中的商法理论与实践》，中国法制出版社 1991 年版，第 33 页。

建立商法体系并不容易，建立现代化商法体系更不容易。在我国，由于商品经济发展的滞后，传统体制和思想观念的影响，商法的地位、功能、作用远没有被人们所认识，学术界至今还受困于“民商合一”抑或“民商分立”之争。使我们看到希望的是，现实经济生活以及商事立法的现状已经走在了前面。只要我们解放思想、实事求是，正确认清形势，认清我们所处的时代和面临的任务，就一定能克服观念的障碍，走出理论的陷阱。

我国商事立法已走在我们思想认识的前面，是改革的现实所迫，这并不意味着这些立法已经形成完善的体系，已经现代化了。观念、法规规范以及秩序是互动的。在观念意识没有完全现代化的情况下，法规规范、秩序是不可能现代化的。我们研究商法体系就要研究商法观念、商法规范以及商事秩序如何适应现代化所要求的和谐统一、互动发展。我们已经制定了一定数量的单行的商事法，这些法不是完美无缺的，进一步的工作是要研究如何用正确的思想观念指导我们的商法完善工作，不仅是要使每一个单行的商事法适应当今市场经济发展的要求，而且要使这些单行法统一在现代商法精神和原则之下，形成相互协调、具有严密逻辑联系的法律规范体系。商法规范体系是商法体系的重要组成部分，它必须与现代市场体制和机制的运行要求相对应。就目前我们已有的立法分析，商法规范体系已经初见端倪。市场活动存在商主体，目前有了公司法、合伙法等；公司必须通过市场筹集资金，目前有了证券法；公司从事市场交易，目前有了合同法；合同履行时必须结算，目前有了票据法；票据支付不能，目前有了破产法；破产加剧交易风险，目前有了保险法；国际间的商品交易须通过海上进行，目前有了海商法。诸法的内在逻辑联系是显而易见的。在现有立法体系中，我们还需要进一步修改、补充和丰富相关内容。

商事立法的执行情况是令人忧虑的。不少法律是有了，但没有能够真正成为人们的行为依据。这里有两方面问题：一是法律本身没有能真实反映商事实践的要求，人们自然不愿意执行；一是法律反映了实践的要求但没有得到执行，人们轻视法律，有的甚至视法律为儿戏。后一个问题除了加强法制教育外，还应从立法本身找原因，因为有违反法律的人和行为存在，从法律中就应找到相关的解决办法。如果法律被违反了，法律又无可奈何，也没有人去追究，这样的法律就不能算是有效的、完善的法律。加强执法的力度和完善法律自身这两个方面是并行不悖的，法律的条文不能成为现实的法律秩序，就无法证明我们已经建立起了完善的商法体系。

二、商法学科体系

商法学科体系是指为探索商事立法、执法、司法规律，为传授商法这门学科，经研究而建立起来的一整套知识理论体系。不同的学者会对商法学科体系作出不同的设计。我们是搞社会主义的市场经济，研究商法学科体系必须从中国的实际情况出发，坚持用马列主义理论、观点来指导。同时，也须借鉴国外学者研究商法学科的成果。

本书所设计的商法学科体系由九编组成，第一编为总论，主要阐述商法的基本理论和基本制度，第二编为公司法，第三编为证券法，第四编为商业银行法，第五编为票据法，第六编为信托法，第七编为期货法，第八编为破产法，第九编为保险法。建立这样的体系出于以下几个方面的考虑：(1)符合建立市场经济运行机制的基本要求，各个组成部分之间构成市场运行的逻辑的内在联系。(2)与其他已有学科的协调和衔接。如合同法、海商法应成为商法的重要内容，但因为合同法、海商法的内容涉及面广，一般大学教学均将其作为独立学科，这里未再列入。(3)商法内容浩繁，现只能择其要者加以介绍和阐述。如租赁法、基金法等也是市场经济所需要的商事法律，但比起证券法、保险法、票据法来，则处次要地位。加之这些立法仍未通过，本书暂未列入。(4)既要使学生比较全面地了解商法学科全貌，比较深入地学习各商法部门的理论知识，又不能篇幅过长、规模过大，这就决定了本书对商法内容必须有所取舍。

学生在学习商法课程时，必须注意掌握的几种研究方法有：(1)规范研究方法；(2)实证研究方法；(3)阶级分析方法；(4)经济分析方法[①]；(5)比较研究方法；(6)历史研究方法。

① 孙宪忠：《关于民商法的研究方法》，载于《法律科学》1999年第2期。

第二章
商法基本制度

第一节　商人制度概述

一、商人的定义、科学分类及其意义

（一）商人的定义和特征

商人，是商事关系的主体，因而又被称为商主体。在不同历史时期，对商人的理解是不同的。在早期，商人被理解为是一群具有特殊身份的人，他们享有从事商事交易的特权。在现代商法上，商人被定义为依法从事商事交易业务的具有专门知识或技能的人。所有符合法律规定资格的商人，其地位均是平等的；他们与非商人交易时，与非商人的地位也是平等的。

凡大陆法系颁布商法典的国家，均有法定的商人概念。《法国商法典》第1条规定："以实施商行为作为其经常职业的人就是商人。"《德国商法典》第1条规定："在本法典意义上，商人是指为商事经营者。"《日本商法典》第4条规定："本法所谓商人是指用自己的名义，以从事商行为为职业的人。"《美国统一商法典》第2-104条规定："商人是指经营实物货物买卖的人；或者在其他方面因职业而对交易实践或货物具有特殊知识或技能的人；或者那些由于雇佣代理人、经纪人或居间人——这些人因其职业是具有这种特殊知识或技能的——而可以得到这种特殊知识或技能的人。"①从这些国家有关商人定义的分析中可以看出，理解商人需把握如下几个要点：(1)必须实施商行为；(2)必须以实施商行为为其经常职业；(3)必须以自己的名义实施商行为②；(4)必须运用特殊知识或技能实施商行为。

国内不同的学者对商人也有不同的表述，但其精神大体是一致的。覃有土主编的《商法学》一书认为，商人是指依商事法规定，参加商事活动，享有权利并承担义务的人，简言之，即商事法上的权利义务的归属者。③赵中孚主编的《商法总论》一书认

① 石云山等译：《美国统一商法典》，上海翻译出版公司1990年版，第13页。
② 徐学鹿主编：《商法学》，中国财政经济出版社1998年版，第66页。
③ 覃有土主编：《商法学》，中国政法大学出版社1999年版，第15页。

为，商人是指具有商事权利能力，依法独立享有商事权利和承担商事义务的个人和组织。[1]范健主编的《商法》则用商主体概念替代商人概念。他认为，商主体是指依照法律规定参与商事法律关系，能够以自己的名义从事商行为，享受权利和承担义务的人，包括个人和组织。[2]

从上述表述中，我们可对商人进一步归纳出以下几个基本特征：

1. 行为特征。商人总是要实施一定的经营行为的。至于商人的哪些行为是经营行为即商行为，则应由法律法规明确加以规定。有的国家的商法对商行为作概括性规定，有的则作列举性规定，有的是同时采用概括性规定与列举性规定。对商人的认定，我们不能仅从身份出发，而要从行为的内容和性质出发。不实施特定商行为的人不能被认定为商人。

2. 职业特征。商人必须是以实施商业交易为其职业。职业是该商人所经常从事的或赖以谋生的活动。如果偶尔从事交易行为，如农民将自留地上种的菜拿到集市出卖，就不是我们这里所讨论的职业行为，因而偶尔出卖蔬菜的农民就不是商人。

3. 营业特征。商人的活动总是以营业的方式去进行。所谓营业的方式，是指商人以获取利益为目的反复不断地从事同一性质的经营活动。在时间上考察，这种活动可以有一定期限，也可以是无限期的，但不能是偶尔的。在内容上考察，这种活动是有一定范围的，而不是毫无限制的。也就是说，营业行为是在较长时期内反复实施相同类别的商业交易行为。

4. 技能特征。商人从事商行为必须具备相应的知识、信息、经验、技术和能力。随着商品经济的发展，对商人必须具备某种知识与能力的要求会越来越高。在商品经济发展的初期，对商人的这种要求并不突出，法律上也没有明确。但在现代商品经济条件下，缺乏相应的知识技能而能从事商事活动是不可想象的。

5. 注册特征。取得商人资格必须先向政府注册部门办理注册登记。政府注册部门要对欲从事某种商行为的人所应具备的条件进行审核。一般来说，未经政府注册部门注册，不能从事商业性活动。

6. 资格特征。商人经注册登记才具有商事权利能力和行为能力，在商法上享有商事权利和承担商事义务。商人的商事权利能力和行为能力限制在注册登记的范围内。商人以自己的名义实施商行为，其后果也由自己独立承受。

（二）商人的科学分类

商人因采用不同标准，可以有不同的分类。

1. 以商人是自然人还是组织体以及组织形态为标准，可将商人分为商个人、商合伙和商法人。也有学者以此标准，将商人分为商自然人和商法人两类。按后一种分法解释，商自然人包括个体商人、独资企业、合伙企业。本书论述按通常分类法，即

① 赵中孚主编：《商法总论》，中国人民大学出版社 1999 年版，第 71 页。

② 范健主编：《商法》，高等教育出版社、北京大学出版社 2000 年版，第 22 页。

将商人划为三类：商个人、商合伙和商法人（以后各节详细阐明）。

2. 以商人是否以注册登记为要件为标准，可将商人分为法定商人、注册商人和任意商人。法定商人是指从事法定商事行为的商人。该种商人以从事法律规定的特定商行为为要件，而不以在注册登记机关进行注册登记为要件。只要当事人从事这种行为，就自动取得商人的地位。但法定商人也有进行注册登记的义务。[①]该登记具有公示性效力，不具有创设效力。注册商人是指依法进行注册登记，并以其核准的营业范围为其商事行为的商人。该种商人以注册登记为其要件，只有在登记后才成为商人。该登记具有创设效力。如未成年人、监护人为被监护人，从事商业营业时必须进行登记。任意商人是指依法由其自主决定是否注册登记的商人。该种商人以商人经营方式为其要件，大多从事农业、林业等方面的经营。不注册而从事这些业务的经营，则不适用商法；如果选择注册而从事这些业务的经营，则作为商人而适用商法。

3. 以商人的规模为标准，可将商人分为大商人和小商人。大商人是指具有一定经营规模，有固定的场所和相应的机构，依法设立的商人。在学理上又被称为完全商人，它是相对小商人而言的。小商人是指资本规模很小，通常没有固定营业场所而依赖简单交易行为谋生的商人。它从事的也是法定的商行为，但一般均是沿街叫卖的行商。商法中关于商号、商业账簿、经理人等规定不适用小商人。小商人在学理上也称为不完全商人。

4. 从商人所营事业要否经政府主管部门的特别批准或许可，可将商人分为普通商人与许可商人。普通商人是指在一般行业从事经营的商人。法律对这种行业的经营未作任何限制，市场准入的门槛较低。商人经营业登记即可经营，不需要经任何主管部门批准。许可商人是指在一些特殊行业被许可从事经营的商人。这些特殊行业均是法律或法规明确规定需经批准才可被允许经营的，它多少带有垄断性质，如金融、保险、邮电、公用事业、危险品以及专卖品的经营。政府对这些行业和产品经营加以严格控制，是为了防止过度的竞争和资源的浪费，维护国家、社会和消费者的利益。

5. 以被认定为商人的原因为标准，可将商人分为完全商人、拟制商人和表见商人。完全商人是指依法组织完整的机构，在经营中全部法律行为适用商法的商人。它包括法定商人、注册商人和任意商人。拟制商人是指虽经商事登记，但仅从事小商人的业务或不从事商行为的商人。这是德国商法所涉及的一种商人。根据德国商法的规定，如果企业已经在商事登记簿上登记注册并且正在从事经营活动，即使这种经营不属完全商人所营事业之范围，该企业应被视为商人即拟制商人。表见商人是指未经办理注册登记手续，但已经以商人的身份从事经营活动而在事实上应被视为商人的人。在实践中确认表见商人的目的在于保护善意的第三人，维护交易的安全。根据商法理论，认定表见商人必须具备四个条件：(1)企业已经造成它是一个完全商人的法律表象；(2)法律表象与企业的行为之间存在一种因果关系；(3)第三人基于法律表象而

① [英]施米托夫著，赵秀文译：《国际贸易法文选》，中国大百科全书出版社1993年版，第57页。

善意地相信企业为商人;(4)法律表象必须是造成第三人行为的根本原因。①

(三) 界定商人的意义

对商人及其分类加以科学阐述,具有十分重要的意义。

1. 有利于人们正确认识商人,准确把握商人的特征。商人是商事法律关系的主体,它不同于民事法律关系的主体。商人可以成为民事法律关系的主体,但民事法律关系的主体不一定都能充任商事法律关系的主体即商人。

2. 有利于政企分开、官商分离,促进我国的经济体制改革和政府职能转变。商人实施商行为的目的是营利,这是与政府行为的目标完全不一样的。立法机关实施立法行为,行政机关实施行政行为,司法机关实施司法行为,军事机关实施军事行为,它们均不能实施商事行为。只有依商法确认的商人才能进入市场从事商业性营利活动,否则,机关经商、以权谋利、官商不分、权力腐败问题就会泛滥成灾,市场竞争的秩序就将被破坏无遗。当然,出于公共利益和安全的考虑,实行政府垄断经营的应当除外。

3. 有利于确定商法适用的对象和范围。由于存在民法、商法分与合的问题,准确界定商人的内涵与外延就显得特别必要。如果商人与民法上的主体混淆不清,要分清民法与商法的界限是不可能的,要准确选择法律适用也是不可能的。

二、商个人

(一) 商个人的范围

商个人是指具有商事权利能力和商事行为能力,独立从事商行为,依法履行商法上的权利和承担商法上的义务的自然人。商个人是个体工商户和个人独资企业在商法上的用语。自然人在社会经济生活中通常只具有民事主体的身份,他以消费者名义参与社会商品交易。这种交易完全是为了满足自身或家庭的物质文化生活的需要或社会人际关系的需要,消费者的交易行为与商人所从事交易行为的目的是完全不同的。自然人有时又可以具有双重身份,当他以商品生产者或经营者的身份参与社会商品生产和商品经营活动时,他又具有商人的身份。这类商人主要分成两类,一类是个体工商户,一类是个人独资企业。

(二) 商个人的特点

商个人的主要特点有:

1. 个人直接拥有生产资料。无论是个体工商户还是个人独资企业,其用于生产经营的投资均属其个人所有或家庭所有。拥有生产资料的个人或家长通常被称为"业主"。

① 赵中孚主编:《商法总论》,中国人民大学出版社 1999 年版,第 76 页。

2. 业主以自己的名义实施商行为。

3. 须经核准登记。按我国法律规定,个体工商户和个人独资企业从事经营活动均须登记。未履行登记手续的个人不得从事营利性活动。履行登记手续的,其经营活动应限制在营业执照核准的经营范围内。经登记取得商人资格的,要接受工商、税务、环保卫生等部门的监督和管理。

4. 对债务承担无限责任。个体工商户、个人独资企业开展生产经营活动,如果形成负债,应以个人或家庭投入经营的资产承担还债义务,如果投入经营的资产不能清偿债务,则应以个人或家庭的财产来清偿。

(三) 个体工商户

个体工商户是个体经济的主要存在形式。它是自然人以个人财产或家庭财产作为经营资本、依法经核准登记,并在法定的范围内从事非农业性经营活动的个人或家庭。个体工商户可以是个人经营,可以是家庭经营,也可以是请帮手、带学徒经营。其特点是:

1. 生产资料归个人或家庭所有。我国现阶段个人或家庭所拥有的生产资料仍然是少量的,因而属于小生产的范围。正如马克思所指出的,劳动者对它的生产资料的私有权是小生产的基础。这种个人占有生产资料的形式,可使经营者同生产资料直接结合。

2. 生产经营的主体是个体劳动者或家庭成员。无论是以个体劳动者还是以家庭为单位从事生产经营活动,他们都是以自己的劳动为基础作为占有产品的主要形式。同时,法律允许个体工商户雇请帮手或带学徒,但通常不得超过 7 人。

3. 个体工商户对劳动所得拥有完全的支配权。

4. 个体工商户以个人或家庭的全部财产对外承担无限责任。这里还需注意分清个人经营与家庭经营的责任界限。对个体工商户以个人名义经营的,原则上以个人的全部财产承担无限责任;以家庭名义经营的,以家庭共有财产承担无限责任。

凡以家庭财产共同投资的,共同经营或经营的收入之主要部分归家庭成员共同享用的,均视为家庭经营。

申请个体工商户的主体应是具有权利能力和行为能力的城市待业青年或其他居民、农村居民以及侨居我国的外国人。党政机关的在职干部和职工、现役军人不得申请。

我国经济生活中还有农村承包经营户的经营形式,它与个体工商户经营比较有很大不同。其主要区别在于农村承包经营户一般不是商人,它们对土地承包经营不需进行工商登记。但是承包经营户从事农副产品贩运的,必须履行开业登记手续,取得执照后方可经营。

(四) 个人独资企业

个人独资企业是指依法由一个自然人投资,财产为投资人个人所有,投资人以其个人财产对企业债务承担无限责任的经营实体。在我国,设立个人独资企业依据的是 1999 年 8 月 30 日第九届全国人大常委会第十一次会议通过的《中华人民共和国个人独资企业法》。个人独资企业具有以下几个特征:

1. 企业由一个自然人投资。个人独资企业的财产是企业投资人个人财产的一部分,两者不能截然分开。这里没有提及以个人名义将家庭财产投入企业的情形(从理论上讲,将家庭财产投入建立个人独资企业是可以的,这与个体工商户应有相似之处)。

2. 投资人对企业债务承担无限责任。由于个人独资企业的财产与个人财产并无明显界限,当企业财产不足以清偿债务时,要求投资人以自己的其他财产承担责任也是理所当然的。

3. 个人独资企业具有商事主体资格。设立个人独资企业必须依法进行工商登记,取得经营资格。在企业经营过程中,企业有一定的相对独立可供支配的财产,投资人也不得随意抽回。通常情况下,企业只需以自己的财产对外承担责任;只有在这部分财产不足清偿债务时,才连带追溯到投资人的其他财产。

4. 个人独资企业是一种经营实体。作为经营实体,个人独资企业首先具有组织性。它与公司企业、合伙企业并列,成为市场经济条件下重要的企业形式之一。个人独资企业与个体工商户的区别主要在于:前者有较严密的组织与分工,后者内部组织结构比较简单;前者有一定的规模,受雇或受聘的人员得超过 8 人。

在实践中,严格区分个体工商户与个人独资企业还是有一定困难的。符合设立个人独资企业条件的个体工商户,应尽量依法登记为个人独资企业。不符合设立个人独资企业条件的个体工商户,主要是指那些没有字号、没有固定经营场所的个体经营者,其中包括:走街串巷的游商,从事季节性经营的商户,自给自足少量参与交易的经营者。

个人独资企业与独资企业的概念不一样。个人独资企业仅是独资企业之一种。除了个人独资企业外,独资企业还包括国有独资企业、集体独资企业以及外商独资企业。在现行法律法规中,国有独资企业、集体独资企业是具有法人地位的企业。外商独资企业具备法人条件的可取得法人地位,不具备法人条件的则与个人独资企业类似,没有法人地位。未取得法人地位的外商独资企业与个人独资企业的不同在于,投资人的国籍不同,因而适用的法律规定也不相同。

三、商合伙

(一) 商合伙的定义与法律特征

商合伙,又称合伙企业,是指依法设立的由各合伙人订立合伙协议,共同出资、合伙经营、共享效益、共担风险,并对合伙企业债务承担无限连带责任的营利性组织。在我国,设立商合伙的法律依据是 1997 年 2 月 23 日第八届全国人大常委会第二十四次会议通过的《中华人民共和国合伙企业法》(简称《合伙企业法》)。商合伙的法律特征是：

1. 由两个以上的自然人自愿投资组成。作为个人合伙的成员，应具有完全的民事行为能力，限制行为能力人、无行为能力人不能参加合伙。合伙投资至少应有两人，他们通过协商就合伙经营事宜须达成一致意见。

2. 合伙人共同出资。合伙人各自提供资金、实物、土地使用权、技术等，形成共同出资的关系。出资可以是有形的物质，也可以是无形的资产，如专利技术、劳务、商标、商誉等。

3. 合伙人共同经营。每个合伙人既可以参与经营决策，也可以具体执行业务或监督，还可以直接参加技术性劳动及体力劳动。合伙人参加劳动与帮工、学徒参加劳动具有不同的意义。

4. 经营成果归合伙人共有。经营成果是合伙人的共同成果，如要分配，应按协议进行。

5. 合伙人对合伙债务承担无限的清偿责任。

商合伙是不具有法人资格的企业，有独立的商事主体地位。首先，商合伙是各合伙人为了共同的目的，基于彼此间的信任和依赖而组成的，具有人合性。其次，商合伙有自己的商号，有相对独立的组织体，它可以以商号的名义对外开展交易活动。再次，商合伙可以持有合伙财产，经营过程中有自己的权利和利益，因而在司法机关可以起诉和应诉。法律上未赋予商合伙法人资格，主要考虑是，商合伙缺乏独立的财产，不能依自己独立的意思表示来独立承担责任。

国际上对商合伙的法律地位大致有两种态度。一是以法国、日本为代表，不仅在其《商法典》中确立了合伙企业的商事主体资格，而且将商合伙的具体形式——无限公司与两合公司均赋予了独立的法人资格。二是以德国为代表，包括英美法系，均承认商合伙的主体地位，但认为其不具备法人资格。①

（二）商合伙与民事合伙的区别

我国《民法通则》第30条规定："个人合伙是指两个以上公民按照协议，各自提供资金、实物、技术等，合伙经营，共同劳动。"这里所说的个人合伙，可以有两种理解：一是指单纯的合伙行为，二是指合伙企业。前者属于民事合伙，后者则属于商合伙。

商合伙区别于民事合伙起因于目的不同，完成于具体形式的组织性差异。大陆法系立法确认这一分化现实，将商合伙纳入商法典，上升到组织高度加以利用，另将民事合伙归于民法典。这样，商合伙与民事合伙的分立格局成为大陆法系的基本法律现象。在民商分立的体制下，商合伙与民事合伙的区别体现在：

1. 适用的法律不同。民事合伙由民法典调整，一般多由民法典债权编中的合伙合同规范；商合伙由商法典或商事公司法调整。

2. 商合伙的成立必须进行商业登记，而且必须有商号和商业簿记。换句话说，

① 任先行、周林彬著：《比较商法导论》，北京大学出版社2000年版，第303页。

商合伙是一种企业组织体;而民事合伙的成立是一个合同,不必进行商业登记,也不具有商号,更不一定是一个组织体。

3. 商合伙以营利为目的,民事合伙则不得以营利为目的。①当然也有人认为,民事合伙可以是以营利为目的,但经营未达到一定程度和规模。②

(三)商合伙的类别

商合伙可以区分为普通合伙、有限合伙和隐名合伙等类别。

1. 普通合伙是指所有参与合伙经营的合伙人,根据约定均对合伙企业的债务承担无限连带责任的合伙。这种合伙在有些国家的公司法上称为“无限公司”。

2. 有限合伙是指参与合伙的人约定,一部分合伙人对合伙企业的债务承担出资范围内的有限责任,另一部分合伙人(至少一人)对合伙企业的债务承担无限连带责任(无限责任)的合伙。这种合伙在有些国家的公司法上称为“两合公司”。

3. 隐名合伙是指当事人双方约定,一方对于他方所经营的合伙企业出资而分享其利益并分担其损失的合伙。隐名合伙的当事人包括隐名合伙人和出名营业人。其中,隐名合伙人是出资人,出名营业人通常不出资,也可以部分出资。在隐名合伙中,出名营业人通常对合伙企业的债务承担无限责任,有数人时数人承担无限连带责任;隐名合伙人通常对合伙企业的债务承担有限责任,或者根据约定分担责任。

(四)合伙人的资格

毫无疑问,自然人可以充任商合伙的合伙人。但法人、合伙人是否有资格成为商合伙的合伙人呢?这在理论上是一个值得探讨的问题。

法人能否参与商合伙,取决于法人作为合伙人承担责任的范围。如果按约定仅承担出资范围内的有限责任,法人则可以成为合伙人。因为根据公司法的规定,公司可以有限度地实施转投资行为;如果按约定需要承担无限连带责任,法人则不能成为合伙人。原因在于法人对另一经营实体承担无限连带责任,不仅使法人的经营活动受制于全体合伙人的意志,降低法人自身对外偿债的能力,而且对股东产生不利影响,使股东的投资行为承受双重经营的风险。

合伙人参与商合伙的问题,是指已经参与合伙的人能否再次参与一个新的合伙,有的理论称此为“复合伙”。从现代各国的立法例来看,对于复合伙一般采取的是认可的态度,如美国、德国和法国均有允许合伙人再次参加合伙的规定。③在我国,信用制度还很不发达,允许合伙人再次参加合伙经营,会带来相当不良的后果。由于合伙人参与第一个商合伙已经承担了无限连带责任,当他第二次参与合伙时,又需对第二个商合伙承担无限连带责任,这就降低了合伙人对这两个商合伙承担债务责任的能

① 马强著:《合伙法律制度研究》,人民法院出版社 2000 年版,第 353 页。
② 彭万林主编:《民法学》,中国政法大学出版社 1999 年版,第 108 页。
③ 任先行、周林彬著:《比较商法导论》,北京大学出版社 2000 年版,第 308 页。

力,同时也增加了这两个商合伙的其余合伙人的经营风险。假如两个商合伙中任一商合伙发生债务危机的问题,均会因承担连带责任给另一商合伙的合伙人带来意想不到的损失。

(五)商合伙协议

商合伙协议是合伙人为共同经营合伙企业而签订的明确各自权利义务的书面协议。商合伙协议的有效条件是:(1)订立协议的全体合伙人意思表示真实一致;(2)协议的必要条款齐备;(3)协议内容符合国家法律法规的规定,符合国家、社会公共利益;(4)协议采用书面形式;(5)协议依法定程序签订。合伙协议应由全体合伙人签章,并报工商管理部门审核,领取营业执照后生效。

商合伙协议的必要条款包括:合伙企业的名称和主要经营场所的地点;合伙目的和合伙企业的经营范围;合伙人的姓名及其住所;合伙人出资的方式、数额和缴付出资的期限;利润分配和亏损分担办法;合伙企业事务的执行;入伙与退伙;合伙企业的解散与清算;违约责任;争议的解决等。有的合伙还可约定经营期限。

(六)合伙企业的财产

合伙企业的财产主要有两个来源:一是合伙人的初始投资,二是运用投资经营而增值的财产。关于增值的这部分财产,归于合伙人共同共有,理论上并无争议。但对于合伙人的初始投资所有权属于谁,争议则比较大。一说认为,合伙人投入的财产是各合伙人所有,由合伙人统一管理和使用。此说在我国的《民法通则》第32条中可找到依据。另一说认为,合伙人投入的财产应归合伙人按份共有,也就是说,合伙人的财产投入合伙企业后,已经不能按各合伙人原先投资区分所有权归属,而应对合伙人总和的投资按份额共同享有。

我们认为,合伙人的初始投资,原则上应归合伙人共有,但合伙人在合伙协议中有约定的除外。初始投资归合伙人共有,便于合伙企业统一管理和使用,强化组织体的观念。同时,我们应当考虑到某些合伙人投资的特殊性。如果合伙人投入的是现金,当然就没有区分个人所有权的必要;但是如果合伙人投入的是特定物,具有特定的功能,在当事者有要求时这就需要特殊对待。一方面合伙企业运用时需要给予特别注意以维持其特定功能,另一方面,当合伙人退伙或散伙时,允许该合伙人对特定的财产优先行使权利。

(七)合伙企业债务分担

合伙企业的债务是由合伙人用自己的财产最终承担的。合伙人的财产可分为三种形式:合伙人个人所有的财产、合伙人按份共有的财产、合伙人共同共有的财产。由于客观上存在几种不同性质的合伙人财产,合伙企业欠债时,究竟先用什么财产偿还,债权人有无选择的余地,理论上则未完全讲清楚。

合伙人共同共有和按份共有的财产存在于合伙企业,是与合伙人个人单独所有的财产相对独立的。在合伙企业发生债务的时候，应首先用存在于合伙企业的财产来偿还。合伙企业偿债时，尽可能先以合伙人共同共有的财产支付，然后是用合伙人按份共有的财产支付。在合伙企业的财产不足以偿还债务时，再由合伙人个人偿还。

当各合伙人需要用单个人财产偿还债务时，债务责任如何分担？理论上有分担说和连带说之分。分担说认为，合伙的债权人请求清偿时，对于每一个合伙人仅能按其出资比例或损益分配比例请求清偿，要求其承担无限责任。连带说认为，合伙企业的债权人可以向任何一个合伙人请求清偿合伙企业的全部债务，而合伙企业的每一个合伙人也有义务在受到请求时以其全部财产承担无限责任。①

分担说和连带说各有利弊。分担说对合伙人较有利，但加重了债权人的负担。在实践中，债权人一般无法知晓合伙人的分担比例；在合伙人按比例分担时，因有的合伙人欠缺清偿能力，可能导致债权人无法及时受偿的结果。连带说对债权人较有利，避免了讼累，但相对来讲，增添了合伙人的麻烦。有清偿能力的合伙人先行承担债务，就等于承担了自己应负那部分责任以外的责任，如果没有清偿能力的合伙人长期不能给以补回，便又加大了有清偿能力的合伙人的风险。同时，先行承担债务的合伙人为使自己的利益得到保护，还需通过诉讼程序解决。

我国的《合伙企业法》第 39 条、第 40 条结合以上两种学说的优点，作了这样的规定："合伙企业对其债务，应先以其全部财产进行清偿。合伙企业财产不足清偿到期债务的，各合伙人应当承担无限连带清偿责任。"以合伙企业财产清偿合伙企业债务时，其不足的部分，由各合伙人按照约定的利润分配和亏损分担比例，用其在合伙企业出资以外的财产承担清偿责任；如果各合伙人未约定比例，则由各合伙人平均承担。"合伙人由于承担连带责任，所清偿数额超过其应当承担的数额时，有权向其他合伙人追偿"。

四、商法人

（一）商法人的定义和法律特征

商法人是依法具有商事权利能力和行为能力，独立享有商事权利和承担商事义务的营利性组织。"人"在商法中是商事主体。自然人根据法律规定选择成为商事主体，法人则是自然人依照法律创设的商事主体。

商法人具有以下特征：

1. 商法人是人们为了从事商事交易活动而组织起来的。

2. 商法人的独立法律地位由法律所赋予，并受法律规范和保护。

3. 商法人有自己的独立财产。这些财产首先是由投资人投资形成，其次是投资增值积累起来的。投资人个人财产与商法人的财产应严格分开。

4. 商法人可以自己的财产独立承担债务责任。当商法人经营对外负债时，投资

① 任先行、周林彬著：《比较商法导论》，北京大学出版社 2000 年版，第 312 页。

人除了对企业承担出资责任外，不再承担偿债的责任。

5. 商法人以自己的名义实施商事交易行为，并在诉讼上独立起诉和应诉。

（二）商法人与民事法人的区别

民事法人是民事法律关系的主体。根据《民法通则》的规定，民事法人实际包括机关法人、企业法人、事业单位法人以及社会团体法人4种。这些民事法人只有企业法人可以成为商法上的商法人，特殊情况下经过办理商事登记的事业单位法人也可以成为商法上的商法人。

机关法人包括各级党的机关、国家权力机关、行政机关、司法机关、军事机关等法人，这些法人主要靠国家财政拨款从事活动。根据1989年8月17日《中共中央、国务院关于进一步清理整顿公司的决定》所规定的精神，这些机关法人不得用行政经费、事业费、专项拨款、预算外资金、银行贷款、自有资金以任何方式开办公司，也不得向公司投资入股。国家实施投资行为，不是以国家机关名义进行的，而是通过授权投资机构和部门进行的。

国家可否成为商法人，学术上有不同观点。各国立法也不尽一致。我们认为，国家依法律特别规定可以成为商法人，如国家为了实现宏观调控而采购物资。至于国家为应付战争或自然灾害而储备、采购物资等，因不是为卖而买，不能认为是商人的行为。社会团体法人也不得成为商法人。商法人一定是民事法人，但民事法人不一定是商法人，判断的主要标准是是否以营利作为设立法人的目的。

（三）商法人的分类

商法人按不同标准可有不同的分类。从我国的实际情况来看，商法人以是否以公司形式出现为标准分为公司法人与非公司法人。公司法人是严格依公司法组织、成立和开展活动的商法人。非公司法人是依公司法以外的有关企业法成立起来的商法人，其中包括全民所有制企业法人、集体所有制企业法人、私营企业法人等等。在改革过程中，这些非公司法人将逐渐按公司法进行改造，其中相当部分已经改造成为公司法人。

商法人中主要是公司法人，对公司法人的分类以及具体内容将在本书第二编“公司法”中详细阐述。

五、商中间人、商辅助人

（一）概述

商中间人仍然是商人，商辅助人则不是商人。商中间人是根据这种商人是否实施直接商行为来作出判断的。如果实施的不是直接商行为，而是间接商行为即为直接商行为提供中介服务和条件的行为，其主体就是商中间人。商中间人是相对于直接从事商品生产和经营的商人来讲的。它不是以商人的地位，而是以行为的性质所作出的分类。

商辅助人是指辅助商人活动的内部使用人。它不是商主体,没有独立的商人地位。商人与商辅助人的关系通常是委任或支配的关系,商辅助人以商人的名义开展商事活动,其后果由商人承受。

也有学者将上述商中间人和商辅助人统称为“商事辅助人”,进而将“商事辅助人”分为独立辅助人与非独立辅助人。独立辅助人自己就是商事主体,其开展的营业就是辅助其他商事主体的营业。非独立辅助人是指参加商事主体的营业组织而辅助其营业的人。①

(二) 商中间人

商中间人是从事中介活动的商人,也可以说,是辅助商人从事商事活动的商人。它通常包括代理商、居间商和行纪商三类。

1. 代理商。代理商是接受其他商人即被代理人的委托,在代理权限内,以被代理人的名义实施商行为的商人。代理商受人之托,从事贸易联系和贸易缔结,而不直接从事商品的生产和经营。代理商与其他商人相比,有如下几个特征:(1)代理商的行为方式是促成交易或以被代理人的名义缔结交易。促成交易是指通过代理商的介绍活动,直接或间接地影响到有意向缔结交易的第三人,从而使被代理人和第三人达成交易协议。缔结交易是指代理商以被代理人的名义提出缔约表示(交易要约),以及代理商为被代理人接受他人的缔约表示(交易承诺)。(2)代理商必须固定地从事受人之托促成交易或缔结交易的活动。代理商与被代理人之间的契约应是一种持续的、完整的委托关系。(3)代理商是独立的商事经营者。这里所说的“独立”,是指代理商可以自由决定自己的活动和支配自己的时间。代理商有自己的营业地和商号,有自己独立的账簿,自己承担费用。它可以同时成为多个被代理人的代理商。

代理商还可根据不同标准细分为单一代理商、区域代理商、独家代理商和总代理商。

2. 居间商。居间商是指为获取佣金而从事契约缔结之促成活动的商人。所谓居间是居间人向委托人报告订立合同的机会或者提供订立合同的媒介服务,委托人支付报酬的行为。大陆法系国家商法典中通常均有居间商的规定。居间商的特点是:(1)居间商不以自己的名义,也不以他人的名义为他人从事契约的缔结,它并不直接介入缔约的任何一方。(2)居间商的任务是从事缔约中介。也就是说,它仅为缔约的双方提供缔约的信息、帮助联系。对于缔约双方因缔约而产生的法律后果,居间人并不承受。(3)居间商是独立的商人,并不依附于缔约的任何一方。居间人以居间为营业。居间人在缔约双方达成协议并达到预期的法律结果后,可从一方或双方取得相应的中介报酬。

3. 行纪商。行纪商是指以自己的名义为他人即委托人购买或销售货物、有价证

---

① 赵中孚主编:《商法总论》,中国人民大学出版社 1999 年版,第 116 页。

券,并以此作为职业的商人。行纪商所从事的行纪活动,在有些国家被称为"间接代理"。其特点是:(1)行纪商必须以自己的名义为委托人实施交易行为。交易行为的后果不是为行纪商本人,而是归于委托人。(2)行纪商是契约的当事人一方,交易的结果与自身有密切关系。行纪商与第三人发生的交易,对自己产生直接的权利义务,而委托人与第三人间并不当然地、直接地产生这种权利义务关系。(3)行纪商可以委托人的费用办理行纪业务,它与第三人所订契约也可以直接转让给委托人,并由委托人承担最后的交易结果。

(三) 商辅助人

商辅助人,又称商使用人。它是受商人支配和委任的人,以商人的名义从事法律行为,行为的后果则由商人承担。因商人授权的方式和范围不同,商辅助人在商主体内部形成的关系也有不同。这种关系通常分为两种,一种是委任关系,另一种是雇佣关系。

委任关系是指因商人委任商使用人所产生的权利与义务关系。商使用人根据商人的委任或授权,有以商人的名义对外开展商事活动的权利。基于这种关系而形成的商使用人,主要是经理人和代办人两种。

雇佣关系是指因商人雇佣商使用人所产生的法律关系。商人对商使用人不存在授权和委任,但存在着劳务的雇佣。商使用人是提供劳务的人。雇佣关系受劳工法调整,各国商法对此一般不作规定。

1. 经理人。经理人是基于商人的委任和授权而产生的特殊行为主体。商法中关于经理人和经理权的规定是一切类似经理职位的人行使职权的基本依据。经理人在大陆法系的商法中所享有的经理权有这样几个特点:(1)经理人是典型的直接代理人。它由商人通过特殊方式授予经理权,以被代理商的名义实施法律行为。(2)经理人在行使权利时,必须将自己的签名附于商号,以与个人行为相区别。(3)经理人是为商人执行业务及管理事务。(4)经理人除法律有明确规定外,必须由商人通过明确意思表示方式授予经理权。(5)经理人的权限在商人组织内部是受到明确限制的,但这种限制仅在内部有效,对第三人没有效力,除非第三人明知经理权受限制。(6)商人可同时委任多个经理人。①

2. 代办人。代办人是基于商人的特别授权而产生的行为主体。它与经理人有相似之处,都存在着商人的授权,都是行使代理权。但是经理人被授权的权限相对来说比较广泛,经理人的活动对商人直接生效,一旦授权,商人便承担一切后果。代办人被授权的范围是特定的,在与第三人交往中,代办人不能逾越授权范围,越权由代办人自己承担责任。在一些国家的商法中,对代办人的授权有明确限制,如代办人不享有不动产的转让与抵押,汇票、本票债务的接受,消费贷款的接纳,起诉应诉等方面的权利。

代办人由于授权范围有限,实施特殊的商事代办行为时,应提示特别的授权文

---

① 范健主编:《商法》,高等教育出版社、北京大学出版社 2000 年版,第 35 页。

件。第三人不能轻信代办人具有类似代理人的同样授权。在商事代办中，可以存在表见代办权，如商店店员和从事外勤业务的雇员实践中往往被视为具有代办权。

第二节　商事登记制度

一、商事登记概述

商事登记是指依照法律或法规的规定，由商人的筹办人或商人为设立、变更或终止商事主体资格，将应当登记的事项向登记机关申请登记于登记簿，并被登记机关核准登记公告的法律行为。

商事登记具有以下几个法律特征：(1)商事登记是设立、变更或终止商事主体资格的法律行为。商人的权利能力和行为能力始于登记，特定的商人资格及其商事能力的起始取决于商事登记行为生效的时间。(2)商事登记是要式行为。登记是由特定机关就特定内容以特定形式实施的，登记的事项发生变化，要立即进行登记，登记的事项与事实不符，行为人要承担相应的责任。(3)商事登记也是一种公法上的行为。它是国家利用公权干预商事活动的行为，由管理相对人的申请登记行为和行政主管机关的审核登记注册行为共同构成。

我国涉及商事登记的法规规章较多，如《中华人民共和国企业法人登记管理条例》、《中华人民共和国企业法人登记管理条例实施细则》、《中华人民共和国公司登记管理条例》、《中华人民共和国合伙企业登记管理办法》、《企业名称登记管理规定》、《企业法人法定代表人登记管理规定》《企业登记程序规定》等。这些规定有不少不相协调和与实际不适应之处。我国有必要制定一部统一的《商事登记法》。

运用商事登记法规范商事登记的目的在于：(1)保护社会公众的利益，实现交易的安全。商事登记的作用在于公示商人的营业状态，使社会公众周知商人的有关事项。这样，社会公众在与商人进行交易行为时可根据已知信息进行正确的判断，最终实现交易的安全。(2)昭示商人的商事信用，实现商人的交易目的。合法登记的事项均是确定的事项，商人可依据这些事项对抗第三人。通过商事登记，取得商人资格的商人，可以进一步创造商誉，积累无形资产，扩大经营影响。(3)方便政府的行政管理，提高政府的运作效率。凡经登记取得商人资格的商人，才可营业；未经登记，则不得营业。主管机关对商人进行登记，同时就取得了有关商人的信息，这便于政府及时掌握社会经济情况，从宏观上科学地作出决策。

二、商事登记的范围与种类

商事登记的对象是商人，但哪些商人必须履行商事登记，履行何种登记，则各国规定不尽一致。多数国家法律规定:只要行为人从事了商事活动,并符合商事登记条件,则必须履行商事登记。也有的国家或地方对必须履行登记的商人作了一些限定。完全商人必须履行登记手续,而对不完全商人(主要是小商人)则任由自己选择。

我国法律确定的商人登记的范围主要有两方面:一方面是各类具有法人资格的企业,包括全民所有制企业、集体所有制企业、私营企业、联营企业、三资企业等;另一方面是各类不具有法人资格的企业,包括企业法人的分支机构、不具有法人资格的合伙企业、个人独资企业以及个体工商户等。

商事登记的种类在各国商法中的规定也不尽一致。我国商事登记的种类主要是设立登记、变更登记和注销登记。

(一) 设立登记

设立登记又称开业登记。内资企业设立登记的主要事项包括:企业名称、住所、经营场所、法定代表人、经济性质、经营范围、经营方式、注册资本、从业人员、经营期限、分支机构、有限责任公司股东或者股份有限公司发起人的姓名或者名称等。外商投资企业设立登记的主要事项包括:企业名称、住所、经营范围、投资总额、企业类别、董事长、副董事长、总经理、副总经理、经营期限、分支机构等。外商投资企业的分支机构设立登记的主要事项包括:企业名称、地址、负责人、经营范围、经营期限、隶属企业、隶属企业的注册资本、核算形式等。

不同种类的企业,其设立登记的事项有一些差异。这些差异的存在是否必要和合理,应当从理论上加以深入研究。如经营方式的登记,究竟有无必要就值得推敲。经营范围确定了,以怎样的方式经营是企业自己的事,它可以自由选择和随时改变。要求登记经营方式,不利于企业随市场变化迅速作出反应。再如经营范围的登记,实践中受到越来越多的人批判,有的地方打出改革的旗号,认为经营范围束缚企业手脚,应当废除。我们的观点是,经营范围决定了企业的权利能力和行为能力的大小,如不作规定,恐难以确定企业的信用,难以保护交易的第三人,政府也无法实行管理。但可以将经营范围从类别划分上适当放宽口径,不要限制过死。

(二) 变更登记

企业已经登记之事项,如要进行变更,需要向行政登记机关提出申请,经核准作相应的变更登记后进行变更。未经申请核准,企业擅自作变更的,应当承担由此而造成的法律后果。要求企业作变更登记的事项主要有:改变企业名称、住所、经营场所、法定代表人、经济性质、经营范围、经营方式、注册资本、经营期限,增设或撤销分支机构,股份或出资转让发生股东变化,以及企业的合并、分立等。另外,公司章程修改未涉及登记事项的,公司应当将修改后的公司章程或者公司章程修正案送原登记机关备案;公司董事、监事、经理发生变动的,也应向原登记机关备案。

哪些事项变更需事先作变更登记?哪些事项变更需作事后报备?这里的界限是需要具体展开研究的。比如注册资本的变化,公司将 550 万元资本金改变为 560 万元，是事先报备变更登记还是事后报备？现规定只说资本金变更就必须申请变更，未作量的区分。这是不合理的，公司根据实际情况变更少量的资本金数额，事后报备未尝不可。

（三）注销登记

注销登记是指商人歇业、被撤销、宣告破产或其他原因解散，并依法完成清算工作后，向登记机关办理注销主体资格的行为。商人领取营业执照后满六个月未开展任何经营活动或者停止经营活动满一年的，视为歇业，也应办理注销登记手续。

注销登记首先应是商人主动提出申请的行为，然后才是登记机关予以核准且作注销登记的行为。现实中常常有这样的情况发生，如登记机关主动吊销商人的营业执照，商人自动歇业但不作注销登记等。对于如何认定主体资格消灭的时点，理论上需要进一步说明。

三、商事登记机关与程序

商事登记机关是指按照商事登记法的规定，接受商事登记的申请，并负责办理商事登记的国家行政管理机关，也称注册机关。

在国外，负责主管商事登记的机关并不一样。其主要有三种模式：(1)法院登记。如德国和日本，商事登记由地方法院负责。(2)法院与行政机关分工负责登记。法院负责办理一般商事登记，行政机关办理公司商事登记。(3)商事登记由行政机关统一办理。如美国、英国均是如此。①

我国的登记机关是国家工商行政管理机关和地方工商行政管理机关。地方工商行政管理机关分两级：省、自治区、直辖市一级，市、县一级。

按有关公司登记管理的规定，国家工商行政管理局负责登记国务院授权部门批准设立的股份有限公司、国务院授权投资的公司、国务院授权投资的机构或者部门单独投资或共同投资设立的有限责任公司、外商投资的有限责任公司等。地方两级工商行政管理局负责登记除国家工商行政管理局登记以外的公司及其他商事主体。

商事登记的程序大致包括：申请、审查、登记和公告等。

1. 申请。商人及其发起人或负责人向登记主管机关提交商事登记的申请书以及有关申请的证件或证明文书。登记主管机关应当在受理申请后一定期间内（一般为三十日）作出核准登记或不予核准登记的决定。

2. 审查。登记机关接受商事登记申请后，应对有关申请登记事项进行审查。各国对商事登记的审查有不同的做法。(1)形式审查。这种审查是指登记机关仅对申请人主体及申请人的书面资料从形式上作是否合法的判断。内容的合法性由申请人自己承担；申请人往往请公证机关对文件证件予以公证，或通过其他形式保证文件证

---

① 范健主编：《商法》，高等教育出版社、北京大学出版社 2000 年版，第 49 页。

件的合法性。(2)实质审查。这种审查不仅要对申请文件作形式审查,而且要对申请文件的内容作合法性审查。登记机关对登记申请作实质审查不利于提高行政效率,加重了政府的负担和责任。同时,这种做法会导致市场交易者对政府审查结果的过于信赖而疏于对交易对方资信的调查。(3)折中审查。这种审查根据被审查对象的情况选择形式审查或实质审查。对一般登记事项进行形式审查,对商法人尤其是股份公司的登记事项进行实质审查。目前,我国工商行政管理机关对商事登记采取的是实质审查。

3. 登记。登记机关核准登记的,应当自核准登记之日起一定期间内(一般为十五日)通知申请人,发给、换发或者收缴营业执照。登记机关应当将核准登记的事项记载于商事登记簿上,供社会公众查阅、复制。

4. 公告。公告是指将已经登记机关登记的事项通过媒体向社会公众发布,让社会公众知悉的行为。根据《中华人民共和国公司登记管理条例》的规定,股份有限公司应当在其设立、变更、注销登记被核准后的三十日内发布设立、变更、注销登记公告,并应当自发布公告之日起三十日内将发布的公告报送公司登记机关备案。公司发布的设立、变更、注销登记公告的内容应当与公司登记机关核准登记的内容一致;不一致的,公司登记机关有权要求公司更正。吊销营业执照的公告由登记机关发布。根据《中华人民共和国企业法人登记管理条例》的规定,企业开业、变更名称、注销,由登记主管机关发布企业法人登记公告。未经登记主管机关批准,其他单位不得发布企业法人登记公告。

四、商事登记的效力

商事登记究竟产生何种法律效力?一般认为是,已登记之事项对第三人具有对抗效力。所谓对抗效力,是指对于某种权利的内容,可向特定人或不特定人有法律上主张的效力。已登记之事项对知情的第三人和不知情的第三人,均有对抗权。反之,未登记之事项,无论对何人均不得享有对抗权。这里并未区别说明登记效力和公告效力,也未说明登记不实和公告不实的效力。尤其需要提出的是,登记的效力是否仅限于对善意第三人的对抗效力,仍值得深究。

前文已经论及,商事登记中应包括商人的登记与商行为的登记两类。商人登记是取得主体的资格,如果具备法人条件则取得法人资格;商行为的登记主要是营业的登记,商人通过营业登记则取得营业的资格。商人登记首先是具有创设效力,然后是公示的效力;商行为登记不一定具有创设效力,有的有,有的没有,但主要的是具有公示的效力。营业登记的效力两者兼而有之。有的国家法人登记与营业登记是分开的,但在我国两者是合一的,商人在取得主体资格的同时即取得营业资格。这样做简化了行政程序,但却混淆了登记的两种不同效力。

取得主体资格与取得营业资格的法律效果是不同的。就公司主体分析,取得法人资格后,公司即具有权利能力和行为能力。权利能力的终止应是在法人资格注销之时。而法人的行为能力需受法律的限制,其中要受到营业范围的限制。如果登记主管机关吊销法人的营业执照,此时,法人的行为能力应受限制,营业行为停止,即有关营业活动必须终止。但是法人营业执照被吊销,因企业并未进行清算,法人的权利能力和营业以外的行为能力应仍然存在。也就是说,法人虽然可经行政机关吊销营业的资格,但并不能被取消法人的资格。

民法理论一向认为,法人的权利能力与行为能力始于成立,终于注销,同时产生,同时消灭。法人与自然人不同,法人无限制行为能力和无行为能力问题。我们认为,这一理论在市场经济的条件下遇到了挑战。登记主管机关吊销企业法人营业执照,如果连同法人资格一起被吊销,对于该企业未了结事务的处理、债权债务的安排以及剩余财产的处置都是非常不利的。从公司法的一般理论分析,公司未经清算和注销,其法人资格是应当存在的。为什么在主管机关吊销执照而未经清算的情况下,就不认为法人资格仍然存在呢?我们找不出有足够的理由支撑。实践中所出现的问题与法人理论不成熟有关。法人当有完全行为能力、限制行为能力之分。如法人在重整期间、清算期间即属限制行为能力阶段,有的行为不能实施,原有代表机关还要停止行使职权。在特殊情况下,法人也会有无行为能力的问题,如清算时发现法人财产已不足以支付清算费用,企业自动歇业而未经清算已无人管事或已无剩余财产等。因此我们认为,商人登记和商行为登记有必要分开进行。商人设立登记的效力在于取得主体资格,注销登记的效力在于消灭主体资格。营业开业登记的效力在于取得营业的资格,吊销营业执照的效力在于取消营业的资格;在法人资格注销的同时,营业的资格当然随之消灭。

登记效力与公告效力应当是有区别的。登记仅是在登记机关有记载,有关当事者可以查阅,但并不表明所记载事项已经被公众所知晓。要求不知情者完全接受由交易对方所登记之事项而产生的不利后果,有失公允。法律除了要求当事人履行商事登记之义务外,还要求将登记之事项依法予以公告。然而,我国行政法规规章并没有将公告义务完全地赋予给当事人,公告义务的主要承担者是登记主管机关。这样,登记效力与公告效力绝大多数情况下是一致的,当事人履行了登记手续,也即产生对任何善意第三人的对抗效力。由于公告是政府行为,有无按要求作出公告是政府的事,当事人登记后而无公告,其登记效力与有公告情形下的效力就不存在差异。假如当事人具有公告义务,则只有公告后,登记事项才完全具有对第三人的对抗效力。

如果登记不实,不实部分不能对第三人产生对抗效力,但不真实的登记对第三人有利,则不作对第三人的不利解释。作对第三人的有利解释是为了增强登记的公信力,更好地保护善意第三人。如经理没有解职,作了解职登记,不能用解职的登记事项对抗善意第三人;如果注册资金作虚假登记,实际二百万元,登记一千万元,在当事人被追偿债务时,则不得以登记一千万元虚假来对抗第三人。作不实登记者应受到法律的追究。

登记是真实的,但作了不实的公告,不实公告的效力如何?一般情况下应以登记事实为准,不实公告不产生法律效力。但是不实公告的内容对善意第三人有利,则不得作对第三人不利的解释。假如不实公告是登记机关作出的,情形又有所复杂。由此当事人所承担的不应有损失,应向登记机关追偿。

五、商事登记的监督管理

商事登记的监督管理是指登记主管机关对商事登记的有关事项所应履行的事前与事后的监督检查职责。

我国的登记主管机关是各级工商行政管理部门。它对商事登记应履行的监督管理职责主要包括下列几项:

1. 年度检验。这是指已登记之企业在每一年度终了以后,必须按照登记主管机关的要求提交年检报告书,资产负债表、损益表等主要财务报表,营业执照副本等,由登记机关对企业已登记之事项进行核查的制度。

2. 证照管理。企业在领取营业执照后,应将营业执照置于住所或营业场所的醒目位置。任何单位和个人不得伪造、涂改、出租、出借、转让营业执照。登记主管机关有权对任何人所持营业执照及其副本的真实性予以核查。

3. 处罚。登记主管机关对于企业违反法律行政法规的行为有权根据有关规定实施行政处罚。处罚的类别包括:警告、罚款、没收非法所得、停业整顿、扣缴、吊销营业执照。

第三节　商号与营业转让

一、商号

(一) 商号的概念与法律特征

商号,即商人名称,它是指商人在从事商行为时所使用的名称。商人使用名称的意义在于区分不同的市场交易主体,使市场交易主体特定化、个性化。

商号的法律特征包括:(1)标志性。商号不等于商人,商号本身不是法律上权利义务的承受者。商号是商人的指称,它依附于商人即商主体,是商人相互区别的外在标志。(2)专有性。商号与商人不可分离,具体的商号总是对应于特定的商人。商人不能没有商号,商号不能脱离商人而独立存在。商人的商行为必须以自己商号的名义进行。(3)有用性。具体的商号在特定的商人那里具有特定的使用价值,其价值的大小是随着商人经营状况的优劣、信誉的好坏而变化的。

商号与字号应有所区别。字号是商号的重要组成部分,它是区别不同商号所特有的文字组合。商号与字号的关系类似于自然人的姓与名字的关系,不同的自然人可以有相同的姓,但名字则应有所不同。

商号与商标也是不同的。商标是商品和服务的标识,注册商标是经商标注册部门审查注册后,由商人所使用在特定商品和服务上面的标记。而商号是生产经营主体的标志。商标可以以文字、图案或文字、图案共同组合等形式表现,商号只能以文字形式表现。商号权使用无年限限制,而商标权的使用有年限的限制。另外,两者的效力、所适用的法律等方面均有不同。

(二)商号的构成

商号的选择遵循自由的原则。即是说,任何商人均可以依法按照自己的意愿选择合适的商号。

商号的选择受到法律的规范与限制。商号构成的形式应符合法律或法规规定的要求,同时,商号构成的文意也不得与法律或法规规定的限制相违背。

根据我国《企业名称登记管理规定》的规定,商号的构成应符合下列要求:(1)商号的构成通常应有四个部分,第一部分是地区名称,通常是用商人所在地的省、自治区、直辖市或市、州或者县、市辖区等行政区划名称,经批准有的可用中国、中华、国际等名称;第二部分是字号;第三部分是行业或经营特点;第四部分是企业的性质或形式。商号的构成公式可以表示为:

商号 = 地区名称 + 字号 + 行业或经营特点 + 组织形式

商号的第一部分是可以选择事项,其余三个部分是必选事项。字号部分应当由两个或两个以上的文字组成。为了加强企业名称的宣传效果,企业可以自动选择自己企业的文字商标或经营者个人的姓名作字号。

对商号的限制,各国的规定是有很大的区别的。我国的有关法规规定:(1)一个商人原则上只允许使用一个商号,如有特殊需要,商人可以在规定范围内使用一个从属商号。在同一工商行政管理机关辖区内,商号不得相同或相似。(2)商号的内容与文字的使用不得违反下列禁止性规定:不得有损于国家和社会公共利益;不得对公众和社会造成欺骗或误解;不得含有封建迷信色彩;不得违背社会公德和善良风俗;不得使用外国(地区)名称、国际组织名称;不得使用党政名称、党政机关名称、群众组织名称、社会团体名称及部队番号;不得使用汉语拼音字母、数字或其他符号(外文名称除外)等等。(3)商号需用规范的汉语文字。民族自治地方的商号可使用少数民族所在地的通用语言文字。商号需要使用外文的,其外文的商号与中文商号应当一致。(4)商人设立分支机构的,其分支机构的商号应冠以总机构的商号。独立承担责任的分支机构应有自己的独立商号。

(三)商号的登记、变更和废止

为防止商号的重复登记,商人在进行设立登记前,应先行商号的核准登记。此谓商号的预先核准程序。登记机关核准后应发给申请人商号使用文件。商号或名称的预先核准并不发生创设的效力,更不发生公示的效力,它仅意味着申请人在一定的时期内,有权以此核准的商号申请商人的设立登记。只有经预先核准登记的商号,才能用于商人的设立登记申请。在商人设立登记时,仍应将核准的商号即名称当作登记事项予以登记。在经过设立登记核准后,商号才具有法律上的对抗效力。商人才享有对已登记之商号的专有使用权。

商号的变更和转让,应当办理相关变更手续。商号的变更是指选择新商号同时放弃旧商号的法律行为。未经变更登记的商号,不得对抗善意第三人。商号的转让通常是与营业转让一并进行的,但在商人终止的情况下,商号可以单独转让。

商号在下列几种情形下应当废止:(1)实施了商号申请登记或预先登记者,在登记之后的法定期限内不使用该商号;(2)已登记之商人在清算后办理了注销登记手续;(3)已登记之商人未办理注销登记手续而自行歇业;(4)商主体发生变更,或商主体虽没有变更,而商号已发生变更。

(四)商号权及其法律保护

商号权是指商人依法享有的对商号的专有权和使用权。专有权具有排除他人使用相同或相近商号的功能;使用权具有防止他人妨碍商人使用其商号的功能。商号权的取得以商人登记为始点。但也有国家规定,在登记前就使用商号的,可以取得该商号权。履行登记旨在加强对该商号权的法律保护。

商号权是兼具人身权和财产权性质的权利。从人身权方面分析,只有依法登记或合法取得商号权的商人才有权使用该商号。商号总是附属于一定的商人主体,离开了商人主体,商号就纯粹成为文字组合。从财产权方面分析,商人在冠以特定商号后从事商行为,便有利于与交易他方往来。在商人享有优良商誉的情况下,商号便同时积淀了极高的价值。人们乐于与有商誉的商人交易,往往不是因为先知悉该商人如何,而是先知悉该商人的商号。在某种意义上说,商人财产收益中的相当部分要归功于商号及其知名度。

商号权是可以转让的一种权利。商号权既然能给商人带来利益,它就可以通过合法程序实行有偿或无偿的转让。商号权的转让是指允许他人在商品或服务上使用自己的商号,即商号使用权的转让。对这种权利的转让,转让人会对受让人设置一定的条件,如保证商品与服务质量达到一定的要求。它与商号的转让是不同的。商号的转让不仅是使用权的转让,也包括专有权的转让。商号转让人在转让商号后,不能继续使用该转让的商号。

商号权的保护受区域的限制。由于商号权是在一定国家的一定行政区域的主管机关登记取得,其公示后的影响范围也只限于一定的行政区域内,因而商号权只能在一定的区域内受到法律保护。超越一定区域,该商号权就不具有对抗善意第三人的效力。当然,国际国内知名企业的商号则另当别论。全国知名企业的商号在全国范围内享有受保护的权利,国际知名企业的商号权也应在域外受到法律的保护。这种商号权受保护的缘由在于:知名企业的公示已在事实上超越了登记时所应涉足的区域范围。加强商号权的保护,有利于鼓励人们创名牌企业的积极性,给社会带来更多的信誉产品。

擅自使用他人已登记之商号或者有其他侵犯他人商号专用权行为的,商号拥有人有权请求侵权人所在地的登记主管机关对侵权人作出处理。登记机关有权责令侵权人停止侵权行为,赔偿被侵权人的损失,对侵权人作出行政处罚等。被侵权人也可以直接向法院提起诉讼,请求侵权人赔偿因商号侵权所受的损失。

二、营业的转让

(一) 营业、营业组织及营业财产

营业,顾名思义,是经营之事业。我们从不同角度可对营业作出不同的解释与说明。

从动态的角度理解,营业是指商人所经营和掌管的全部要素的总和,全部要素的总和就是商人组织体——营业组织。一个营业组织,既有人的要素,又有财、物的要素,还要有人、财、物组织起来从事某种事业的目的要素。它们相互联系,共同作用。这些要素是开展营业活动的必要条件,缺一不可。所以,营业离不开营业的组织活动,营业组织活动的全部内容在于营业。

从静态的角度理解,营业是指商人为了开展经营活动所组织起来的全部财产,这些财产就是商人主体所占有的财产的总和——营业财产。营业财产有多种表现形式,有有形的,也有无形的;有先期投入的资本金,也有后来经过经营而实现增值的盈利;有以股权形式存在的,也有以债权形式存在的。营业财产既反映过去营业的全部积累,也反映将来继续营业的基本条件。可以说,无营业财产就无营业可言。营业以营业财产为生存依据和发展的起点。

有的学者将组织的营业解释为客观意义的营业,将活动的营业解释为主观意义的营业。①

研究营业的不同表现形式和内容,在法律上是具有重要意义的。研究营业组织的构成和规律,有利于规范设立营业组织的条件和规范组织体的经营行为;研究营业财产的构成和规律,有利于调整营业组织的资金构成和规范营业资本的运作制度。

(二) 营业转让的定义与性质

营业转让是指对所经营的事业的转让,它既包括营业组织的转让,又包括营业财产的转让。营业转让既不同于单纯资产或产权的转让,也不同于企业间的组织合并,它是作为统一体的组织起来的营业财产的移转。

资产转让,或称产权转让,是指商人将属于自己所有的单项或多项资产依法通过评估、协商、签订转让协议转让给受让人的法律行为。这种转让的最大特点是,转让的标的是孤立的资产或财产权利。一项资产或多项资产均可单独评估、单独出售。全部资产的总价是每项资产评估价值的总和。作为受让人,接受这些资产后并不能

① 王保树主编:《中国商事法》,人民法院出版社 1996 年版,第 54—56 页。

直接利用这些资产从事营业活动,它必须将受让的资产与其他要素结合,通过重新组织,才能营业。资产转让或产权转让,一般不涉及协议转让的资产以外的要素,诸如人员的安排、债务的偿还、商号的转让等等问题,在协议转让时均不会涉及。

企业的合并是指两个或两个以上的企业依法合并为一个企业的法律行为。合并有吸收合并和新设合并之分。无论哪种合并,都是两个或两个以上企业的共同行为。合并有的是付出对价的行为,有的则是单纯的组织合并行为,并不付出对价。在企业合并的情况下,被合并企业的权利、义务由合并后存续或新设的企业概括承受。被合并企业的股东当然成为存续公司或新设公司的股东。被并企业的劳动关系一般也延续至存续公司或新设公司。

营业的转让与上述资产或产权转让以及企业合并比较,有下列特点:(1)营业转让的标的可以是商人营业的全部财产,也可以是商人从事某一事业的全部财产。当营业的全部财产转让时,与企业合并行为类似;当某一方面的事业财产转让时,与资产转让行为类似。(2)营业转让的财产是组织起来的财产或称结合财产,它与所营业务密切联系,受让人接受后可以很容易地组织某一方面或某些方面的经营活动。更确切地说,营业的转让不仅是结合财产的转让,而且是与结合财产有密切联系的经营业务的转让。就这点来讲,与资产转让完全不同,而与企业合并行为接近。(3)营业转让的具体事项是可以由转让双方自愿协商选择的。对营业财产之上的权利与义务可以经双方协商予以调整。转让一方往往不以转让债权债务为营业转让的条件。从受让者角度看,实际受让的标的基本上是可以利用的资源。而企业的合并是对原企业各种要素的整体接受,无论是可资利用还是不能利用,存续企业或新设企业均无从选择。(4)营业转让的一方在业务转让后将全部或部分退出市场,不参与受让一方的继续经营。企业合并的情形下,合并方与被合并方都将程度不同地继续参与存续公司或新设公司的营业。一般来说,原企业股东不会退出,原企业职工也不会退出,除非在重组业务时有更妥当的安排。

在研究营业转让的有关问题时,要特别注意营业转让与连锁经营、特许经营之间的联系和区别。

(三) 营业转让的效力

对转让当事人的效力。营业转让合同一经生效,营业转让方应向受让方交付所营之财产,并依法办理相关法律手续。如果涉及营业商号之转让,应相应办理商号变更或注销的手续。有关合同的转让,转让方应根据协议移交给受让方履行,但需得到交易对方当事人的同意。转让方将营业转让后,除非特别约定,不得再次经营已经转让的业务。即是说,转让方须向受让方承担竞业禁止之义务。

对第三人的效力。在营业转让的情况下,营业之上的债权人通常应向转让人主张债权。但是,债权人不知悉营业转让实情,尤其是在商号连同营业一并转移的情况下,可向受让人主张债权。受让人在履行了债务后,再向转让人追索。营业转让的受让人未使用转让取得的商号但公告承担转让人所负债务的,债权人可以向受让人请求偿还转让人所负债务。如果营业之上的债务人在不知情的情况下向受让人履行了债务,则视为已经履行,营业转让人不得对债务人再次提出偿债请求。

第四节　商事账簿制度

一、商事账簿的意义

商事账簿是商人用以记载其营业活动和财产状况,依法制作的书面簿册。商事账簿制度是指商人编制商事账簿活动的规范及体制的全部总和。

各国商法对于商人是否必须制作商事账簿,采取不同的立法原则。一是强制主义,大陆法系国家多数采行这一原则。这一原则既规定商人必须制作商事账簿,又规定商事账簿记载的内容与方法,还规定国家有关部门对商事账簿制作及其内容进行审查与监督。二是自由主义,英美法系国家多数采行这一原则。即法律不要求商人必须制作商事账簿,但是诉讼中商人不能提供商事账簿,在法律上将导致对其不利的后果。三是折中主义,日本是采行这一原则的典型国家。这一原则仅要求商人必须制作商事账簿,但未规定制作商事账簿的内容与形式,也未规定国家主管机关的监管。另外,从事小规模商事交易活动的商个人,一般均不要求制作商事账簿。

我国关于商事账簿的管理制度是比较严格的,但由于人员素质、技术手段及法制环境等多种因素的影响,这项制度执行的结果并不理想。设置严格的商事账簿制度,具有十分重要的意义。(1)有利于商人加强内部管理,进行成本核算,提高管理人员的工作效率和决策能力;(2)有利于投资者了解商人的财产、营业和盈利状况,维护投资者的权益;(3)有利于交易相对人通过基本的财务指标,掌握商人的资信情况;(4)有利于政府主管部门对商人实施监督管理,降低整个市场的交易风险;(5)有利于国家税收部门依法征税,为征税提供可靠数据。

二、商事账簿的种类与内容

商事账簿主要有三类:会计凭证、会计账簿和会计报表。

1. 会计凭证,是记录商人从事经营活动及收支情况的原始凭据和证明。根据规定,商人在开展经营活动时的货币收付、款项结算、货物进出、财产增减等等都必须由经办人取得或填制会计凭证,并以此作为结算的依据。没有会计凭证,商人不得收付款项、不得进出财物。会计凭证所记载的内容必须真实、客观和可靠。任何人不得提供和制作虚假会计凭证。

2. 会计账簿,是商人的会计人员按照一定的程序和方法制作的,连续、分类记载商人经营活动的簿册。固定格式的簿册通常是由主管部门统一印制且提供。会计账簿分为序时账簿、分类账簿和备查账簿等。序时账簿又分普通日记账、特种日记账两种。商人应当根据自己的组织形式、营业性质以及状况等实际情况,选择制作适合的会计账簿。会计账簿所记载的各项内容都是商人编制会计报表、进行经营活动分析、审计评估资产的基本资料,也是处理法律争议的重要参考证据。

3. 会计报表,是运用货币形式综合反映商人在一定时期内的生产经营活动和财务状况的书面报告和表册。它的格式和内容也是由主管部门依统一规定提出的。会计报表主要包括资产负债表、损益表、财务状况变动表、财务状况说明书以及利润分配表。会计报表的编制应当遵循连续性原则、以账簿为根据的原则、真实性原则以及公开性原则。①会计报表是商人总结经营成果和分析财务状况的工具,也是商人对股东、社会提供以及向政府报告经营和财务状况的重要文件。

三、商事账簿的保管

商事账簿在管理上具有极其重要的价值,在法律上具有证据效力,因而各国法律均规定商人有保管商事账簿的义务。多数国家的商事账簿保管实行期限制,即明确规定各种商事账簿应保存的最短期间。德、意、法、比、日等国均规定为十年;西班牙规定的期限较短,为五年;荷兰规定的期限最长,为三十年。也有国家规定以商人营业继续期限为准。

我国对商事账簿的保管也采取期限制,但所确定的期限因对象不同而有所区别。年度决算报表永久保存。各种账簿和凭证至少保存十年。月报、季报保存三年至五年。在保管期限内,商人应当妥善保管有关商事账簿,不得销毁、损坏和遗失。如果商人未尽妥善保管之义务,将被追究严格的法律责任;造成严重后果的,还将追究有关人员的刑事责任。

第五节　商行为制度概述

一、商行为的概念及分类

(一) 商行为概念

不同的国家认定商行为有不同的标准。以法国为代表的客观主义标准主张,判定商行为应根据客观行为的内容和形式,而不问其是否由商人所实施;以德国为代表的主观主义标准主张,判定商行为应根据行为主体的身份,即看参加法律行为的两方或一方是否是商人;以日本为代表的折中主义标准主张,判定商行为既应根据行为的

---

① 任先行、周林彬著:《比较商法导论》,北京大学出版社 2000 年版,第 276 页。

内容和形式，也应结合考虑行为人的主体身份。

不同的学者对商行为的解释也有相当的差别。我国台湾学者张国健先生认为："商行为，系与民事行为对立，商行为，须受商法法典及其特别法、习惯法支配，并以营利为目的，及与其有关之一切行为而言。"①我国大陆学者对商行为也有多种定义。有的认为，商事行为是商事主体设立、变更、终止商事上的权利义务关系的法律行为，事实上即属于商事主体的对外经营行为。②有的认为，商行为是指以营业为目的的行为。③也有的认为，商行为是商人资本经营的行为，是商人为了确立、变更或终止商事法律关系而实施的行为。④这些观点尽管有很大差异，但基本精神还是大体一致的：商行为具有营利目的，能够引起商事上的权利义务关系的设立、变更与终止，是商事主体的对外经营行为。

归纳起来，商行为可定义为：是商人所实施的以营利为目的的，能够引起商事上的权利与义务关系的设立或变更或终止的营业行为。

(二) 商行为的分类

从不同的角度依不同的标准，可将商行为划分出不同的种类。

1. 绝对商行为与相对商行为。绝对商行为，是依法律列举的规定就可直接认定的商行为，而不必考虑这种行为是商人实施还是非商人实施。任何人只要实施了法律中明确规定的行为，这一行为就适用商法。在大陆法系的多数国家，均规定证券交易、票据行为、融资租赁、保险行为、海商行为等为商行为。日本商法典明确列举的绝对商行为有：以转让而获得利益为目的，有偿取得动产、不动产或有价证券的行为，或以转让其已取得的物品为目的的行为；取得他人的动产或有价证券而订立的给付合同及为履行其合同以有偿取得为目的的行为；在交易所进行的交易；取得票据和其他商业证券的行为等。⑤

相对商行为，是依行为的主观性和行为自身的性质而认定的商行为。对这类行为的认定要考虑行为主体是否是商人、行为的目的是否具有营利性。从这个特点出发，可以推断：凡商人所实施的以营利为目的的行为就是商行为；凡非商人所实施的，尽管是同一行为，也不被认作是商行为。相对商行为可依人、依活动方式、依不同国家的法律规定而有所不同。日本商法典规定的相对商行为（也称营业商行为）有十二种之多，如出租行为、为他人制造或加工的行为、运输行为等等。

2. 基本商行为与辅助商行为。基本商行为，是直接从事营利性经营活动的商行为。这类行为多强调行为的直接媒介商品交易的属性。传统理论将之称为"买卖商行为"或"固有商行为"。

---

① 任先行、周林彬著：《比较商法导论》，北京大学出版社 2000 年版，第 382 页。
② 李玉泉、何绍军主编：《中国商事法》，武汉大学出版社 2000 年版，第 54 页。
③ 王保树主编：《中国商事法》，人民法院出版社 1996 年版，第 46 页。
④ 徐学鹿主编：《商法学》，中国财政经济出版社 1998 年版，第 223 页。
⑤ 任先行、周林彬著：《比较商法导论》，北京大学出版社 2000 年版，第 387 页。

辅助商行为，是一种从属性商行为，相对于主商行为而言。其行为本身并不直接达到商人所要达到的经营目的，但对经营目的的实现起辅助作用。如商人为了推销商品而实施广告行为、仓储保管行为等。

3. 完全商行为与推定商行为。完全商行为，是法律所确定的商行为或商人所实施的营业行为。

推定商行为，亦称准商行为，是不能单纯根据法律规定认定，而要同时根据对事实的推定方可认定的商行为。完全商行为当然适用商法，但推定商行为多指拟制商人的行为，需根据其他具体情况推定具有商事性质从而准用商法。如科研组织并不是商事组织，其从事的活动一般来说不是商事活动，但是它为了营利而开展的咨询服务、信息传递、技术出售等行为，被推定为是商行为。因此，商法对科研组织的这类行为也可准用。

4. 单方商行为与双方商行为。单方商行为，是根据交易当事人一方是商人或一方所从事的行为是商行为而认定的行为。在单方商行为的交易中，交易对方不是商人或所实施的行为不是商行为。这种交易又被称为"混合的交易"。在现实生活中，单方商行为大量存在，如商店与消费者之间的交易、银行与顾客之间的交易等。对于单方商行为如何适用法律，有两种不同的做法：实行民商合一的国家由民法统一调整；实行民商分立的国家由商法统一调整。为了防止因统一适用商法而造成不平等，有的国家的商法对单方商行为的当事人设定了不同的权利和义务，如德国和美国。

双方商行为，是根据交易当事人双方均为商人或双方所从事的行为均是商行为而认定的行为。双方商行为完全适用商法。

二、一般商行为

一般商行为是相对于特殊商行为而提出的，它并不是一种严格意义上的商行为分类。这里所说的一般商行为，是商事领域所共有的广泛存在的行为。有的不仅是商事领域共有，而且在民事领域也存在。不过，这种在民事领域并存的行为在商事领域表现出来并不适用民法规范，而是适用商法规范。

哪些行为是一般商行为？学者的概括有较大差异。有的学者将一般商行为概括为四个方面，即以缄默形式所为的意思表示、商事留置权、善意取得和约定利息的请求等。①有的学者概括为三个方面，即商法上的债权行为、商法上的物权行为和商事交互计算等。②还有的学者提出，一般商行为是主体或行为不为法律加以限制的商行为，在市场经济条件下，这种行为应当是大量的、普遍的交易行为。③

我们的看法，一般商行为主要包括下列几项：要约与承诺行为、给付行为、交互计

① 黎燕主编：《商法》，中央民族大学出版社1999年版，第88—92页。

② 范健主编：《商法》，高等教育出版社、北京大学出版社2000年版，第41—42页。

③ 徐学鹿著：《商法总论》，人民法院出版社1999年版，第293页。

算等。这种行为的特点是:基础性、普遍适用性以及非行业经营性。

(一)要约与承诺行为

商行为与民事行为一样,都是一种契约法律行为,通过契约形成、变更和终止当事人双方的债权债务关系。在商行为中,意思表示是行为的关键内容,当事人的合意是行为生效的基本条件。能够导致商行为法律后果的意思表示通常包括:契约当事人一方为订立契约所提出的要约,契约当事人另一方为同意订立契约而对要约人的要约所作出的承诺。要约人发出要约至要约失效为止,要约内容始终对要约人具有约束力。承诺的内容需与要约内容相一致,如不一致视为拒绝原要约,提出了新的要约。

商行为中的意思表示与民事行为中的意思表示比较,其差异表现在缄默问题上。一般地说,缄默作为未作出反应的行为,不具有意思表示之效果。例外情况下,如双方已有约定或法律已有明确规定,可把缄默当作对要约的承诺。在德国商法中,对缄默作了三种规定[①]:

1. 对事务处理要约的缄默。无论是完全商人还是小商人,只要有人向其提出缔结事务处理契约之要约,他们则必须对要约作出回答,如果他们对要约示以缄默,按法律规定,则可认为他们已接受要约。

2. 对交易确认证书的缄默。在商事交往中,当事人往往先就交易内容口头协商,在达成一致意向后,其中一方当事人则会通过书面方式来确认口头谈判结果。这种书面形式就是"确认证书"。它以文字形式记载双方当事人是否已经缔结契约以及契约的内容。确认证书的内容也可以偏离或修改事先的约定。当接受人接到证书时,发现内容不能接受,应毫不迟疑地作出否定性反应。否则,他的缄默则作为同意看待。

3. 缄默错误。在民事契约缔结时,如果表意人由于疏忽过失或其他种种原因,在意思表示中发生错误,即意思与表示不相一致,通常可以撤销。但是商法人对他人之要约,以及商人对他人提供的交易确认证书示以缄默时,其意思表示发生错误,则不能撤销,除非是对要约内容而不是对缔约结果产生错误。

(二)给付行为

商事交易中的行为人对交易契约中所约定的给付予以实施,这就是商行为之履行。给付行为必须符合法定要求,这与民法中的债的履行有许多共同之处。但是,商法上的给付也有特别要求。

1. 正确给付。商法的给付必须是商事交易物。当债务人为非商人时,商事交易中的债务给付则不需为商事交易物。给付标的物的大小或重量规格、给付的货币种类、给付的时间计算或纪年,以及给付的路程,通常以契约履行地的规定为依据。在

① 范健著:《德国商法》,中国大百科全书出版社 1993 年版,第 203—212 页。

有疑义时，以契约上约定的条款为准。

2. 正确的给付期。在商法上，债务标的物之给付只能是在正常的营业时间内进行，营业时间之外的其他时间可以停止给付。

3. 给付的有偿性。在通常情况下，商人所作出的给付，商人所提供的劳务，应该得到对待偿付，获得相应的报酬。在商行为中，报酬以请求权为给付依据，而不以事先约定为前提条件。报酬的数额以当地的惯行规定来确定。

通过交易的给付，不仅可以享有报酬的请求权，还可享有利息请求权。如果商人在交易中为他人提供了借贷、预先支付、垫款或为他人花费了其他费用等，有权向交易对方提出利息的请求。

（三）交互计算

所谓交互计算，是指通过双方约定，以结算结果和结算后所产生的余额的确定来实现债务了结的一种方式。它实际上是一种活期账务结算。交互计算借助于定期结算，使交易双方当事人在商事业务来往中形成的债权债务不断得以清算，从而避免单方面独立的债权或债务生效。

交互计算的前提条件是：持续不断的业务往来；交易双方对交互计算的明确约定。这些约定包括账户、计算的期间以及对余额结果的认可。

三、特殊商行为

特殊商行为是指在商事领域，只有专门的商人组织依据商法的特别规定才可以实施的行为。这种行为的特点是：专业性、服务配套性以及行业经营性。

学者们对特殊商行为的理解和列举也有很大差别。有的认为，特殊商行为包括商事代理、交互计算、融资租赁、最高额保证、企业抵押、最高额抵押、所有权保留等。[①]有的认为，特殊商行为包括商事买卖、商事代理、商事行纪、商事居间、商事信托、商事信用、商事期货交易、融资租赁、商事仓储、商事货运等。[②]还有的学者提出，特别商行为是市场进入要经政府特别许可或审批，或者交易行为要受特别控制的行为。例如，电力、自来水、邮电通讯、公交运输、煤气供应等公用事业，金融保险业、烟草专卖业等，其组织或行为要分别从市场准入、产品或服务价格，或者其他交易条件上，给予不同程度的限制。[③]

我们的看法，特殊商行为应包括商事代理、商事行纪、商事居间、商事信托、商事担保、商事咨询、商事买卖、融资租赁、证券交易、期货交易、商事仓储、商事运输、商业保险、票据交换、海商等等。这些行为都是商人经营可能要涉及的，如果商人在经营中需

① 黎燕主编：《商法》，中央民族大学出版社 1999 年版，第 92—105 页。

② 范健主编：《商法学》，高等教育出版社、北京大学出版社 2000 年版，第 41—46 页。

③ 徐学鹿著：《商法总论》，人民法院出版社 1999 年版，第 293 页。

要实施这些行为,可以利用自己的人力和财力加以解决。但是靠自己投入并不经济,效果也不一定好。在实践中,上述行为均形成相当的专业特点,均有一定的专业机构,商人完全可以借助商事的专门机构、在专门机构中聘请专业人员为自己配套服务。专业机构实施特殊商行为均需按要求取得专业营业资格,未取得专业营业资格不可对外提供服务。政府对这些行业的监督管理趋向严格,法律通常为其提供专门的调整。

对一部分特殊商行为,如商事代理、证券交易、票据行为、保险行为、海商等,将在本书后面的章节中作详细讨论,以下将对不作详细讨论的一部分特殊商行为作简略介绍。

(一) 商事行纪

商事行纪是指商人以自己的名义为委托人购买或销售货物、有价证券,进而获取报酬,并以此作为职业性经营的行为。商事行纪是大陆法系国家商法中规定的一种典型的商行为。研究商事行纪与研究行纪商具有不同的意义。

(二) 商事居间

商事居间是指商人为获取一定的佣金而从事的为委托人与第三人订立合同提供缔约机会或者进行信息介绍,以促成合同订立的行为。商事居间具有营利性,它在行为的构成、行为的有效性、行为的后果等方面均与民事居间有很大不同。

(三) 商事信托

商事信托是指委托人将其财产移转给受托人,受托人以自己的名义依照委托人的指定,为受益人的利益或特定目的,管理或者处理财产的行为,同时,受托人获取一定的商业利益。商事信托在现代市场经济活动中运用得十分广泛,其种类繁多。常见的商事信托有:投资基金信托、附担保的公司债信托、贷款信托、表决权信托、管理信托等。

(四) 商事担保

商事担保是指商人以营利为目的而从事的专为经营过程中的债务人提供债的担保的行为,在担保过程中,担保人负有督促债务人履行债务、保障债权人的特定债权得以实现的义务和责任。商事担保有信用保证、不动产的抵押、动产和权利的质押、物品的留置以及定金等多种形式。

(五) 商事咨询

商事咨询是指商人以营利为目的而从事的知识、技术、信息等服务的行为。商事咨询可细分许多种类,如财务咨询、法律咨询、金融咨询、工程技术咨询、经济技术分析、商情预测以及各种信息咨询等等。

（六）商事买卖

商事买卖是最常见的特殊商行为。它是指以赚取利润为目的的商人专门从事货物及有价证券买卖的行为。商人实施这种行为的特征就是为卖而买。欧洲大陆法系国家在商法典中都有关于买卖行为的特别规定。由于商事交易追求迅速、明确、安全，商事买卖关于迟延责任、给付标的物瑕疵责任等均与民事买卖有明显不同。

（七）融资租赁

融资租赁，是指经融租人和承租人双方约定，融租人根据承租人的要求，向承租人选定的供货方购买承租人选定的物件，然后将其租赁给承租人使用，以承租人支付租金的方式来收回投资的一种商行为。融资租赁，实质是一种复合的商行为，它由买卖、租赁以及信贷行为三者合并而成。

（八）期货交易

期货交易是指按照期货交易所的规定，由期货买卖双方在交易所内通过竞价方式买卖期货合约的行为。期货交易的标的物是一种特殊的商品——期货合约。这种合约是由期货交易所统一制定的、规定在将来某一特定时间和地点交割一定数量和质量商品的标准化合约。期货交易的功能在于发现价格、分散风险以及调整商品供需矛盾。

（九）商事仓储

商事仓储是指由商人利用仓库、场地等设施和条件所从事的货物储存和保管行为。商事仓储实际包含了两种不同的行为，一是寄存，二是保管。在研究时，要注意它们之间的不同意义和联系。

（十）商事运输

商事运输是指承运商人利用必要的运输设施将旅客或者货物从起运地点运输到约定地点，旅客、托运人或者收货人支付票款或者运输费用的行为。商事运输中有两种不同的运输要注意加以区分，一是客运，二是货运。另外，由于使用不同的运输工具（如陆上运输、水上运输、航空运输等），当事人所遵循的规则及当事人间形成的权利与义务也会有所不同。

第六节　商 事 代 理

一、商事代理的定义与法律特征

商事代理，通常是指代理商在代理权限内以委托人的名义为委托人买卖商品或提供服务，并从中获取报酬的经营活动。对商事代理下一个准确的定义是困难的，因为世界上存在着两大法系，两大法系对商事代理的理解有很大不同；即使在同一国家，商事代理之外也还存在民事代理。

德国商法典对代理商下了明确的定义："代理商是指一种独立的商事经营者，他接受委托，固定地为其他企业主促成交易，或者以其他企业主的名义缔结交易。"[①]《国际货物销售代理公约》也明确规定：代理是"当某人——代理人，有权或表示有权代理另一人——本人，与第三人订立的货物销售合同所从事的任何行为"。我们从这两个重要文件所表述的涵义分析，商事代理确实也难以形成一个各国都认可的统一的定义。

在经济生活中，商事代理现象大量存在，并有继续向复杂化、现代化方向发展之趋势。为了能够较好把握和运用商事代理，尝试对其法律特征分析如下：

1. 代理商是在被代理人明确委托授权的情况下代替被代理人实施行为。代理商代理被代理人实施的行为视为被代理人自己实施的行为。

2. 代理商必须以被代理人的名义实施行为。代理商以自己的名义实施行为，其法律后果就必须自己承受。也有理论称代理商接受被代理人委托以自己的名义实施行为为"间接代理"。

3. 代理商在代理权限内独立实施行为。代理商能以被代理人名义实施行为而将结果归属于被代理人，是因为代理商拥有代理权。同时，代理商在行使代理权过程中，有权在代理范围内独立为意思表示，独立地决定代理行为的内容和方式。

4. 代理行为产生的法律后果直接由被代理人承担。代理商实施的行为在被代理人与第三人之间设立、变更、终止相应的权利与义务关系。

5. 商事代理是有偿的代理。代理商实施的行为是被代理人委托实施的，被代理人必须向代理商支付报酬。如果事先未约定报酬，被代理人也必须按惯常做法支付。

二、商事代理法律关系

商事代理中，有三方当事人，即代理商、被代理人以及第三人。他们在实施具体行为过程中，产生了三种不同的法律关系。

1. 被代理人与代理商之间的授权关系。这种关系是基于被代理人对代理商的明确委托授权产生的，是商事代理中的基础关系。

2. 代理商与第三人之间的关系。代理商依据代理权，以被代理人的名义向第三人为意思表示或受领第三人所为意思表示。这种关系是形式上的交易关系，代理商一般并不承受行为所产生的后果。如果代理商超越代理权，而被代理人不予追认时，代理人与第三人的形式关系就转变为具有实质内容的法律关系了，即由该无权代理的代理商作为法律关系的当事人并对第三人承担责任。

---

① 杜景林、卢谌译：《德国商法典》，中国政法大学出版社 2000 年版，第 33 页。

3. 被代理人与第三人之间的关系。被代理人承受代理商为意思表示或受领意思表示所致的法律后果,即对第三人享有一定的权利或承担一定的义务。这种关系是实质上的交易关系。

以上三方关系又可以归纳为两层关系:一层是代理商与被代理人之间的内部关系;另一层是代理商及被代理人与第三人之间的外部关系。前者是基于商事代理契约而成立,后者则是基于买卖商品等商行为或提供某种服务契约而成立。

三、商事代理的范围

能够从事商事代理的人,应当是经过商人登记且可以从事商事代理业务的商人,即代理商。代理商所能从事的代理业务应当限制在合法的商行为范围内。由于代理商代理商行为需受到知识、信息、经验和能力等主客观因素的限制,任一代理商均不可能是万能代理商,它只能是某一方面或某几方面的专业代理商。

代理商能够选择代理的业务范围主要有两方面:一是各种商事交易行为,如买卖、承揽、运输等;二是提供各种服务,如代理商事登记、税金缴纳、商标注册等。

以下几种行为不适用商事代理:(1)具有人身性质的行为,如约稿、预约演出等;(2)按照当事人约定,不得由他人代理的行为;(3)内容违法的行为;(4)侵权的行为等。

四、商事代理与民事代理的区别

商事代理与民事代理比较,尽管均是代理,但还是存在着相当多的不同点。这些不同点表现在:

1. 产生的根据不同。商事代理产生的唯一依据是被代理人的委托授权。而民事代理可以是法定代理、委托代理和指定代理,产生依据有多个。

2. 代理人实施代理的目的不同。商事代理的目的是为了取得报酬。民事代理中的法定代理、指定代理均是无偿的,而委托代理也可能是无偿的。

3. 对代理人的资格要求不同。民事代理可以是任何公民个人,也可以是任何法人。商事代理的主体只能是商人,并且是具有一定专业知识和能力的从业人员。

4. 代理的内容不同。商事代理是营业,代理本身是实施商行为,是有偿行为。而民事代理限于民事行为,有的是财产关系,有的是非财产的人身关系;有的是有偿,有的是无偿。

5. 对转委托的要求不同。转委托又称复代理,是指委托代理人为了被代理人的利益的需要,将其所享有的代理权的一部分或者全部转托他人。因转委托而享有代理权的人,称复代理人。在民事代理中,复代理须符合下列两项条件:(1)必须是为了被代理人的利益;(2)应事先取得被代理人的同意,紧急情况下未经被代理人同意而转委托的,应尽快通知被代理人并作出说明。在商事代理中,代理商有权选任自己的代理商，只要被代理人在合同中没有禁止性约定，代理商转委托就有效。

五、商事代理的分类

商事代理可分为独家代理、普通代理和总代理。这里所讨论的分类不是按代理业务的种类所作的分类，而是按代理商代理权限的大小所作的分类。

独家代理，是指在约定地区和一定时期内，享有某种或某些指定商品的专营权的代理。专营权，是指独家代理商行使专卖或专买的权利，即在代理合同有效期限内，所代理商品在该地区只能通过该“独家代理”商经营。被代理人在该地区和合同期限内，不得再委派第二个代理商从事同类业务，被代理人自己也不得在该地区和合同期限内直接从事这种业务。如果直接从事业务，被代理人仍应向独家代理商支付这些业务的佣金。

普通代理，是指不具有排他性代理权的代理。按照这种方式，被代理人可以在同一市场上同时建立多家代理关系，也可超越代理商直接销售商品却不向代理商支付佣金。普通代理和独家代理的区别主要在于：代理权不同，收取佣金的范围不同。

总代理，亦称全权代理。它是指由委托商在特定地区和特定时间内设立的，代理商既能够享有专营权，又可以代表委托商从事签约、履约以及处理货物等各种商务活动的代理。由于总代理赋予代理商较大的权限，被代理人委托授权时要十分谨慎。

第二编

公司法

2

第三章

公司法概述

第一节 公司法的概念与性质

一、公司法的概念

所谓“公司法”，是指规定各种公司在设立、运营及解散过程中所发生的各种对内对外关系的法律规范的总称。因此，就“公司法”这个词的字面意思而言，可将其作广义及狭义两种不同的解释。

广义上的“公司法”，是指一个国家颁布的所有关于公司这类商事组织的法律、行政法规、部门规章、司法解释等法律、法规性文件。所以，广义上的“公司法”，必然表现为法律文件的多层次及多样化。在我国，广义上看，《中华人民共和国公司法》、《中华人民共和国公司登记管理条例》等法律法规都属于公司法的范畴。而狭义上的“公司法”，仅指体系化地制定于一个文件内的关于公司的设立、运营、解散等基本规则的单行法律。

我国第一部狭义上的公司法是在 1993 年 12 月 29 日第八届全国人大常委会第五次会议通过后颁布、并于 1994 年 7 月 1 日起正式生效的。此后，经过 1999 年 12 月、2004 年 8 月及 2005 年 10 月的前后三次修改，形成了现行《中华人民共和国公司法》(以下简称《公司法》)。我国现行《公司法》是经 2005 年 10 月 27 日第十届全国人大常委会第十八次会议修订、颁布后，于 2006 年 1 月 1 日起生效的。该法共设十三章 219 条，规定了有限责任公司和股份有限公司两种基本公司类型，并对两类公司的法律地位，设立条件和程序，公司组织机构，股东权利、义务和责任，公司的财务会计，公司的合并、分立、解散、清算等基本规则作了全面、系统的规定，是我国最重要的商事组织法之一。

公司法理论研究的对象不仅是狭义上的公司法，也包括广义上的公司法。

二、公司法的调整对象

公司法作为规范各种公司内外关系的专门法，有其特定的调整对象。公司法的调整对象可按其设立及存续阶段的不同分为以下几种。

(一)公司设立阶段的内外关系

设立公司是一件复杂的经济和法律行为。在公司设立过程中发生的各种内外关系应由公司法加以调整。可能发生于这个阶段并由公司法调整的关系是:

1. 发起人相互之间的关系。设立公司必须有发起人,但创办公司毕竟是一件复杂且带有风险性的事业,并不是人人都能做发起人的。因此,哪些人(包括自然人和法人)可以做发起人,哪些人不能做发起人,得由公司法来加以明确。虽然,一人公司已得到包括我国在内的许多国家公司法的确认,但除了独资公司以外,多个发起人共同创办公司的情况仍然很普遍。我国《公司法》第79条甚至明确要求:设立股份有限公司,应当有二人以上二百人以下的发起人。当多个发起人共同创办公司时,发起人相互之间的权利、义务、责任关系就需要法律来调整。我国《公司法》第80条就要求发起人“应当签订发起人协议,明确各自在公司设立过程中的权利和义务”。

2. 发起人与设立中的公司之间的关系。设立中的“公司”类似于尚未出生的胎儿,还不是真正法律意义上的公司,所以,其内部关系相对简单。除了上述发起人相互之间的关系外,主要就是发起人整体与设立中的公司之间的关系。全体发起人的地位、发起人以设立中的公司名义实施的行为的效力、发起人以设立公司的名义所作的侵害设立中公司利益行为的处理等,都属公司法律规则中应有的内容。我国《公司法》95条第(3)项是一款调整发起人与设立中公司之间关系的典型规则。

3. 发起人与第三人之间的关系。发起人与第三人之间的关系主要有:发起人与认股人的关系、发起人与设立中的公司债权人的关系,发起人与证券承销商之间的关系,等等。我国《公司法》第86条、87条、88条、89条、90条、91条、95条第(1)(2)项等的规定,调整的就属这类关系。

4. 设立中的公司与公司登记机关的关系。设立中的公司要想正式取得公司法人资格,就必须到公司登记机关办理设立登记,这就必然要与公司登记机关发生某种关系。设立中的公司在何种情况下可以申请设立登记,到哪个机构或部门去登记,登记时需提交哪些文件,登记主管机关应按何种程序处理公司的登记申请等,都由公司法来加以规定。

(二)公司存续阶段的内外关系

公司存续阶段是指公司正式成立后到公司终止前的整个阶段。在此阶段,公司作为独立的法人,为开展生产经营活动,必然要与其内部及外部各类主体发生各种关系。下列几种内外关系由公司法调整:

1. 公司股东相互间的关系。公司成立后至公司终止前的整个存续阶段,公司内部各股东之间会因为管理权、监督权、收益分配权、股份转让权等的行使而产生各种各样的人身及财产关系。为公平地保护所有股东的合法权益,防止控制股东滥用控制权,公司法对各种公司不同股东的股权内容、股权行使方式、股东的义务与责任等都作了全面的规定,以确保股东之间能建立起平等、和谐的投资合作关系,并进而推动公司的良性和持续发展。

2. 股东与公司之间的关系。虽然公司是全体股东共同投资设立的,股东是公司财产的终极所有人,但毕竟在法律上公司享有独立的人格,公司是独立于所有股东的企业法人。为规范公司和股东之间的关系,防止股东(尤其是一人公司的股东)滥用公司独立人格谋取私利,公司法对公司法人的权利、义务和责任,公司的经营管理规则等都作了相应的规定,从而确保股东和公司不仅各自的人格独立,而且权利、义务、责任也分明。

3. 公司内部各机构相互之间的关系。公司内部机构主要是指股东会、董事会和监事会等权力、决策及监督机构。为使公司内部形成一套高效、有序的决策、监督、制约机制,公司法对各个机构的法律地位、职权范围及议事规则等都作了全面规定,从而使公司内部各个机构相互之间关系的处理也纳入了公司法的调整范围。

4. 公司与社会公众之间的关系。传统公司法并不直接、明确地调整公司与社会公众之间的关系。但近几年来,公司社会责任问题越来越多地引起各国公司法学者、立法者、公司经营者、股东和社会各界的关注。作为以营利为目的的经济组织,公司在谋求股东利益最大化的同时,是否也应当最大限度地增进股东利益之外的其他社会公众的利益?虽然各界对此问题的看法和争论难分伯仲,但有一点很明确,即2005年10月27日中国第十届全国人大常委会第十八次会议审议通过的修订后的《中华人民共和国公司法》首次以确凿无疑的法条确立起了公司应承担的社会责任。该法第5条规定:“公司从事经营活动,必须遵守法律、行政法规,遵守社会公德、商业道德,诚实守信,接受政府和社会公众的监督,承担社会责任。”该项规定表明:公司与社会公众之间的关系已被正式纳入公司法的调整范围。虽然此处所谓的“公司与社会公众的关系”的范围究竟该作何种理解,上述法条并未给予明确的解释,但我们认为,就上述法条的内容来看,“公司与社会公众的关系”的范围起码应该包括以下几种关系:公司与其雇员之间的关系,公司与使用其产品或接受其服务的消费者之间的关系,公司与其债权人之间的关系,公司与其竞争者之间的关系,公司与其所在地社区民众之间的关系,等等。

5. 公司与国家相关职能部门之间的关系。作为社会经济细胞的公司,在其整个存续阶段必然要像其他社会主体一样接受国家的监管。由于公司本身的特殊性质,国家对公司的监管主要是通过工商登记监管、经营特殊行业的营业许可监管、税务监管、产品质量监管等内容来实现的。这样,公司就不可避免地要与国家各级工商行政管理局及相关职能部门发生关系。虽然《公司法》并未详细涉及上述监管关系的具体内容,但第5条确立了公司与上述国家职能部门关系处理的基本准则,即“公司从事经营活动,必须遵守法律、行政法规……接受政府的监督”。

三、公司法的性质

(一) 公司法是包含有部分行为规则的商事组织法

公司法本质上属商事组织法。准确地说,公司法属于商事组织法的一个组成部分。“公司法”与《合伙企业法》、《个人独资企业法》、《中外合资经营企业法》、《中外合作经营企业法》、《外商投资企业法》等法律一起构成我国最基本的商事组织法。有学者甚至直接将规制公司制企业的规则称为“公司商事组织法”,以区别规制个人独资及合伙企业的“非公司商事组织法”。①

作为商事组织法,公司法不仅规定了公司这种商事组织的基本类型(如有限责任公司与股份有限公司),还对各类公司的设立条件和设立程序、内部组织机构的设置及运作、公司类型的变更及终止等问题都作了明确的规定,有极其明显的组织法特征。

然而,公司毕竟是商事组织,它设立的目的是通过开展商事经营活动来为股东谋取利益,这就决定了公司法的内容不能仅包含各类公司的基本组织制度,还必须包含公司这种特殊商事组织的特殊行为(如股票的发行和交易行为等)规则。因此,总体上属于商事组织法的“公司法”不可避免地含有一些行为法的内容,但以组织法为主,以行为法为辅。

(二) 公司法是包含些许程序规则的实体法

整体上看,公司法属实体法,但又包含些许程序规则。这是因为,公司法作为规范包括公司本身在内的各类相关主体行为的法律,必然将其重心放在对各类相关主体的权利、义务、责任等实体方面的规定上。然而,作为法人的公司其实是个虚拟的“人”,其权益的实现、其行为的作出,都有赖于公司内部相关主体的行为。为避免公司内部股东、董事、监事、经理等人的滥权行为,规范公司法人的行为,公平保护所有股东、董事、监事、经理以及公司本身的合法权益,公司法必须就公司及相关主体的行为方式、行权程序等作出相应规定,从而使公司法在整体上体现出实体法特质的同时,又不可避免地包含了些许程序性规则。

(三) 公司法是带有一定公法色彩的私法

作为商法领域里的一个部门法,公司法的私法属性很明显。这不仅表现在公司设立人有在法定范围内自主决定何时、何地设立何种公司的权利,还表现在公司成立后,很多具体、复杂的公司内部甚至部分外部关系,都可以按照意思自治的私法原则通过公司内部或外部契约来解决。例如,依我国《公司法》第 12 条规定,“公司的经营范围由公司章程规定……公司可以修改公司章程,改变经营范围”。又如,《公司法》

---

① 董学立编著:《商事组织法》,北京大学出版社 2004 年版,第 91、139 页。

第 13 条允许“公司法定代表人依照公司章程的规定，由董事长、执行董事或者经理担任”；《公司法》第 35 条明示股东可以按照全体股东约定的比例分取红利，而不是非得按照其出资比例分红；《公司法》第 106 条准许股份公司股东大会在选举董事、监事时依公司章程或依股东大会决议而采取累积投票制等规则，都是公司法私法属性的具体表现。

但意思自治不是无边界的。作为社会经济细胞的公司，必须遵守其所处社会的整体规则，才能确保其个体的生存和发展。而这种社会规则，各国除了以专门的法律法规的形式(如反不正当竞争法、市场管理法等)表现外，还通过各个部门法影响并渗透到各个领域，以确保整个社会经济活动的有序进行。正因为如此，各国公司法中都不可避免地带有一些具有公法色彩的规则。如公司只有经代表国家公权力的特定机构核准登记后才正式取得法人资格及合法经营权的规则，就是一项典型的具有公法色彩的规则。

第二节　公司法的地位与作用

一、公司法的地位

所谓公司法的地位，是指公司法在一国法律体系中的表现形式及其与相关部门法的关系。

(一) 公司法的表现形式

公司法的表现形式，因各国的立法体例及所属法系的不同而各有差异。但归纳起来，主要有以下几种表现形式：

1. 公司法以民法或民法典的组成部分的形式出现。在实行民商合一的一些国家(如瑞士、意大利等国)，形式意义上的公司法，即以“公司法”命名的单行法律并不存在，但实质意义上的公司法，即规范公司这种商事组织的法律是有的，只不过它是以民法或民法典的组成部分的形式存在而已。

2. 公司法以商法或商法典的组成部分的形式出现。在实行民商分立的一些国家，形式意义上的公司法，即以“公司法”命名统一规范各种公司的单行法律也不存在，但实质意义上的公司法，即规范公司这种商事组织的法律同样是有的，只不过它们是以商法或商法典的组成部分的形式存在而已。

3. 公司法以单行法律的形式出现。除上述两种类型以外，公司法的第三种表现形式就是以独立的单行法的形式出现。美国、英国、瑞典、丹麦、挪威等国及我国的公司法就是以单行法律的形式表现出来的。

4. 以民法或民法典中关于公司的规定为基础，辅之以单行法律，进而构成完整的公司法律体系，如法国。

5. 以商法或商法典中关于公司的规定为基础，辅之以单行法律，进而构成完整的公司法律体系，如日本。

（二）公司法与相关部门法的关系

1. 公司法与民法。公司法与民法有着特别的渊源，两者的关系犹如特别法与普通法的关系。公司法是特别法，民法是普通法。公司法可说是在民法的基础上发展而成的。民法中的很多制度（如法人制度、代理制度、损害赔偿制度、无过错责任制度等等），或者被直接引入公司法中，或者被公司法学界改革、发展后成为独特的公司法律制度的组成部分。不仅如此，无论是在民商合一、民商分立，还是在公司法作为独立部门法的国家，当现实的公司法或商法不足以解决实际中碰到的公司法律问题时，无论是法官、律师还是法学家，都会到民法里面去寻求解决问题的钥匙。这是因为，"公司"本来就是民事主体的一部分，当然可以像其他民事主体一样，通过适用民法来解决其碰到的法律问题。当然，公司毕竟与一般的民事主体有所不同，若对涉及公司的某种社会关系的规制，公司法与民法的规定不一致时，公司还是应当选择优先适用公司法的规定。只有当公司法不足以解决相关问题时，公司选择适用民法才是适当的；否则，则会混淆两个部门法的关系。

2. 公司法与企业法。从学理上讲，企业法是指规范各类企业在设立、存续和终止过程中所发生的各类社会关系的法律规范的总称。由于企业的法律形态可以是公司，也可以是合伙、合作、合资或独资企业，所以，企业法应当包括公司法、合伙企业法、独资企业法等各种单项企业法律和法规，它是各类单项企业法律法规的总称。但"世界上没有一个国家曾经制定过一部统一的名叫企业法的法律，甚至在有的国家和地区的立法和实践中不存在'企业法'这一法律术语"。[①]我国迄今为止，也没有颁布过一部包括各类企业的大企业法。但在我国的立法和实践中，"企业法"这个术语却广为人知。人们习惯称之为"企业法"的法律主要是指我国计划经济时期颁布的《全民所有制工业企业法》、《城镇集体所有制企业条例》、《乡村集体所有制企业条例》以及《私营企业暂行条例》等法律法规。显然，我国现实中的《公司法》与"企业法"的关系与上述学理上的关系完全不同。它们之间并不存在包容与从属关系，而是各自调整各个特定范围内的社会关系。

3. 公司法与证券法。公司法与证券法有着密切的联系。证券法可以说是在公司法的基础上逐渐形成的。这也是为什么有学者将两者称为"姐妹法"或"母女法"的原因。[②]不仅如此，公司法与证券法在内容上也存有一定的交叉之处。公司法就公司发行股票、债券的原则作了规定，而证券法则对包括公司股票、债券在内的各类证券

① 甘培忠著：《企业与公司法学》，北京大学出版社 2000 年版，第 12 页。

② 江平主编：《新编公司法教程》，法律出版社 2003 年版，第 8 页。

发行的具体条件和程序、证券的交易规则等作了明确规定。

二、公司法的作用

(一) 规范公司的设立

公司法的首要作用就是规范公司的设立。这是因为,规范公司组织必须从源头抓起。为确保新设立的公司都具备基本的资质,各国公司法一般都对设立公司的基本条件和程序有明确的规定。理论上讲,只有符合法定条件的公司才能获准成立。否则,不仅公司本身的设立目的难以实现,还有可能扰乱正常的经济秩序。为确保法定的公司设立条件都被遵守,一些国家的立法还对违规设立公司的人或行为规定了严格的法律责任。如按法国《公司法》第432条的规定,股份有限公司的发起人、董事长、董事或总经理,以欺诈手段获准公司注册登记的,将被处以六万法郎的罚金。发起人在未缴足其所认购的货币股的至少四分之一股款的情况下,或在注册前未全部缴足其所认购的实物股的情况下发行股份的话,还可以被判监禁三个月至一年。①我国《公司法》不仅明确规定了各类公司的设立条件和设立程序,还特别强调:"不符合本法规定的设立条件的,不得登记为有限责任公司或者股份有限公司。"《公司法》第199条更是对以弄虚作假的手段取得公司登记的行为规定了"责令改正"、"处以罚款"、"撤销公司登记"、"吊销营业执照"等处罚方式,以威慑企图不轨者。

(二) 规范公司的行为

虽然公司一经成立即取得法人资格,并拥有了相应的权利能力和行为能力,但公司法人的权利能力和行为能力是要通过公司机关成员的行为来加以实现的。为防止因公司机关成员滥用权利而导致的公司法人违规违法,公司法不仅需要对公司法人的权利、义务和责任加以确定,还要对公司行使权利、承担义务和责任的方式作出规定。规范公司行为,主要是通过规范公司内部治理、强化内部监督制约机制来实现的。在各国现有的公司立法中,有大量篇幅的法条是用来规定公司内部各机构的法律地位、职权范围、议事规则等内容的,目的就是通过规制公司内部治理来达到规范公司法人行为这一目标。

(三) 保护股东的合法权益

保护股东合法权益是各国公司法最重要的任务之一,我国也一样。我国《公司法》不仅赋予了股东各项应有的权利(如资产收益、参与重大决策、选择管理者等权利),还对股东权利得不到实现时的补救措施及他人侵犯股东合法权利的法律责任等作了规定,从而使《公司法》真正成为一部股东权益保护法。

---

① 卞耀武主编、李萍译:《法国公司法规范》,法律出版社1999年版,第238页。

(四) 保护公司债权人的合法利益

我国《公司法》对公司债权人利益的保护主要体现在以下几方面:一是明确赋予了所有公司"遵守社会公德、商业道德、诚实守信"的法定义务[①],从而在整体上控制或降低了公司债权人因公司不道德或不诚信经营而产生的风险;二是确立了公司变更时的债务处理准则,即"公司变更前的债权、债务由变更后的公司承继"[②],这将使之前常发生的因公司变更而导致的债权人的债权落空的现象彻底杜绝;三是正式确立了公司人格否认原则,即对可能出现的股东滥用公司人格、滥用有限责任以逃避债务,并使公司债权人利益遭受严重损失的违法行为,规定了其对公司债务的连带责任[③];四是对公司发行债券规定了严格的条件和审核程序,以确保公司债券持有人的合法权益。

(五) 维护社会经济秩序

公司法除了具有上述规范公司设立、规范公司行为、保护公司股东及债权人合法权益的直接作用外,还可因其本身的适用,间接地达到维护社会经济秩序的作用。

---

① 《中华人民共和国公司法》第 5 条。
② 《中华人民共和国公司法》第 9 条。
③ 《中华人民共和国公司法》第 20 条。

第四章
公 司 概 述

第一节 公司的概念与特征

一、公司的概念

什么是公司?学术界对此有不同的表述。美国学者罗伯特·W.汉密尔顿认为,认识公司最简单并且通常也是最有用的方法,是把它看作一个独立于它的所有者或投资者的拟制人(artificial person)或人造实体(artificial entity),这个拟制人可以像一个"真实的人"那样以自己的名义从事各种经营活动。①我国公司法专家顾功耘教授认为,"公司是依照公司法律规定组织、成立和从事活动的、以营利为目的且兼顾社会利益的、具有法人资格的企业"。②除了学者的表述各不相同外,各国立法对公司的定义也有差异。《日本商法典》第52条指出:"本法所称公司,谓以实施商行为为目的而设立的社团。"③《韩国商法》的规定是:"公司是指以商行为及其他营利为目的而设立的社团。公司是法人。"④《中华人民共和国公司法》(以下简称《公司法》)并未直接给公司下定义,而仅在各有关条款中揭示了公司的一些本质特征。

《公司法》第2条规定:"本法所称公司是指依照本法在中国境内设立的有限责任公司和股份有限公司。"第3条规定:"公司是企业法人。"第5条第1款规定:"公司从事经营活动,必须遵守法律、行政法规……承担社会责任。"

综合我国《公司法》的上述有关规定和学术理论,我们可以给公司作如下定义:公司是依法设立、从事经营活动、以营利为目的,且兼顾社会利益的企业法人。

二、公司的特征

依我国现行法律规定,公司的基本特征是:

---

① [美]罗伯特·W.汉密尔顿著:《公司法》,法律出版社1999年版,第1页。

② 顾功耘主编:《公司法》,北京大学出版社2004年版,第5页。

③ 王书江、殷建平译:《日本商法典》,中国法制出版社2000年版,第12页。

④ [韩]李哲松著、吴日焕译:《韩国公司法》,中国政法大学出版社2000年版,第30页。

1. 公司是从事经济活动,并以营利为目的的经济组织。公司作为企业的一种具体形式,当然具有所有企业都具备的重要特征,这就是从事经济活动并以营利为自己的设立目的。所谓从事经济活动,是指公司连续地从事某一特定范围内的经济活动,并将此作为自己存续的理由。所谓以营利为目的,是指公司以股东的共同出资来经营某项事业,并将经营该项事业所获之利益分配给各股东为目的。故以营利为目的,一是强调经营的连续性而非偶尔性,二是说明连续经营所希望达到的境地是盈利。依法成立的公益社团法人,如各类慈善机构为救济社会弱势群体而办的工厂,对外亦有营利行为,似乎亦具有营利之目的,但其营利所得并不分配于其社员,而是用以充实救济之基金,故仍不失为公益社团法人。医院、学校等事业单位,虽也讲究经济效益,但它们从事的不是经济活动,因而不以"公司"谓之;同理,不直接从事经济活动的党政机关及各类事业法人都不是公司。总之,一些看似从事一定的经营活动,但不以营利为目的的组织,或者虽在一定程度上讲求经济效益,但并不直接、连续地从事经济活动的组织、机构等,都不是公司。

2. 公司是具有独立法人资格的企业。我国立法关于公司是"企业法人"的规定表明:公司一旦成立即取得独立法人资格。公司的独立人格意味着:公司虽由股东投资组建,但在法律人格上却与股东完全分离。它可以拥有自己的名称和住所,享有由股东投资形成的全部法人财产权,并通过运用自己的财产自主经营,自负盈亏,独立承担民事、经济及刑事法律责任。一句话,公司是一个独立于股东且拥有权利能力和行为能力的人造实体。

3. 公司股东以其出资额或所持股份为限对公司承担责任。我国《公司法》并未确立无限公司、两合公司为合法的公司形态,而只规定了有限责任公司与股份有限公司两种公司形式。因此,公司股东承担的都是有限责任。具体而言,有限责任公司的股东是以其对公司的出资额为限承担责任,股份有限公司的股东以其所持股份为限对公司承担责任。这就意味着,除非出现法定的否定公司独立人格的例外情况,股东通常不对公司债务负直接责任。我国《公司法》在借鉴了欧美各国的成文法和判例法的基础上,适时地引进了公司人格否认原则。按《公司法》第 20 条第 3 款的规定:"公司股东滥用公司法人独立地位和股东有限责任,逃避债务,严重损害公司债权人利益的,应当对公司债务承担连带责任。"

三、公司与其他商事组织的区别

市场经济环境中的商事组织,除了公司外,还有其他一些形式,其中最主要的是合伙企业及个人独资企业。要全面把握公司的特征,就必须注意它与其他商事组织——特别是它与合伙企业及个人独资企业——的区别。

(一) 公司与个人独资企业的区别

依 1999 年 8 月 30 日第九届全国人民代表大会常务委员会第十一次会议通过的

《中华人民共和国个人独资企业法》(以下简称《独资企业法》)的规定,独资企业是指依法在中国境内设立,由一个自然人投资,财产为投资人个人所有,投资人以其个人财产对企业债务承担无限责任的经营实体。由此可知,公司与个人独资企业的主要区别是:

1. 投资者性质不同。依我国《公司法》的规定,公司的股东可以是自然人,也可以是法人;而独资企业的投资人只能是自然人,不能是法人。

2. 企业财产权归属不同。公司享有由股东投资形成的全部法人财产权。股东身份的取得,实际上是以一定数量的财产所有权为对价换来的。所以,股东对其投入到公司中的财产不再享有所有权,而只拥有公司部分股权。因此,股东不得随意占有、使用、处置其投资于公司且已归属于公司的财产,否则,即构成对公司法人财产权的侵犯。独资企业的投资人对其投入企业用作经营的财产仍然享有所有权,从而决定了独资企业主仍可自由支配和处置其虽已投入到企业中但仍属于其所有的财产。

3. 投资者的责任形式不同。如上所述,除非法定原因出现,公司股东通常是按其出资额或所持股份为限对公司承担责任,亦即有限责任;独资企业的投资人则必须以其个人财产对企业债务负无限责任。故公司的债权人,除法定情形外,一般不得直接向公司的股东追索其对公司的债权,而独资企业的债权人,则可就其对独资企业的债权,直接向该企业的投资人求偿。

4. 企业的法律地位不同。公司是享有独立法人资格的企业,而独资企业却不具有法人资格。

5. 企业的设立条件和设立程序不同。公司的设立条件严格、设立程序复杂;独资企业的设立条件和设立程序则要简单得多。

6. 企业内部的管理方式不同。公司必须依法建立科学合理的内部管理体制,通过股东会、董事会、总经理、监事会等机构,实行重大问题的决定权、经营决策权、日常事务管理权及监督权的分而置之;独资企业却可灵活自主地决定企业的管理方式。很多情况下,独资企业主会集决策、执行、监督权于一身,以便全面控制企业。而在公司制企业,这是绝对不允许的。

(二)公司与合伙企业的区别

根据2006年8月27日中华人民共和国第十届全国人民代表大会常务委员会第二十三次会议修订通过《中华人民共和国合伙企业法》(以下简称新《合伙企业法》)的规定,合伙企业,是指自然人、法人和其他组织依法在中国境内设立的普通合伙企业和有限合伙企业。普通合伙企业由普通合伙人组成,合伙人对合伙企业债务承担无限连带责任。有限合伙企业由普通合伙人和有限合伙人组成,普通合伙人对合伙企业债务承担无限连带责任,有限合伙人以其认缴的出资额为限对合伙企业债务承担责任。虽然我国新《合伙企业法》规定的两种合伙企业形式存在着明显的差异,但他们仍有着共同的特质,而这些特质也是公司制企业与合伙企业的最大区别。具体而言,公司与合伙企业的区别是:

1. 企业的法律地位不同。公司具有独立的法人资格，而合伙企业则属于非法人企业。因此，公司要依法缴纳企业法人所得税，而"合伙企业的生产经营所得和其他所得，按照国家有关税收规定，由合伙人分别缴纳所得税"(新《合伙企业法》第6条)。

2. 企业的设立条件和程序不同。如，法律对设立公司有最低注册资本额的要求，而对合伙企业则无此规定。公司股东不能以劳务的形式出资，而合伙企业的合伙人则可以用劳务出资。

3. 企业投资人的责任类型不同。公司股东的责任形式单一，而合伙企业的合伙人则可能存在不同的责任类型。因为依我国《公司法》的规定，无论是有限责任公司还是股份有限公司，所有的公司股东都是以其出资额或所持股份数为限承担责任；而在有限合伙中，则同时存在承担有限责任和无限责任的合伙人。

4. 企业内部的管理方式不同。公司的管理方式(如前所述)是法定的；合伙企业的管理方式可由全体合伙人按合伙协议的约定执行。

5. 企业的稳定性不同。一般而言，公司制企业的稳定性要大于合伙企业。公司一旦成立即与股东人格分离，公司存续时间的长短与谁是它的股东无关。股东出售或转让其股份也好，自然人股东死亡也罢，公司照样可以继续存在。除非因法定事由出现而解散，否则，公司可以无限期地存续下去(perpetual existence)。而合伙企业因其性质决定，很容易因某个合伙人的死亡、离去而导致整个企业的解体，从而使合伙企业在整体上不如公司制企业那样稳定。

当然，这并不是说公司就绝对优越于合伙企业，合伙企业与公司相比就一无是处。事实上，合伙企业也有一些公司不具备的长处。如上所述，从税收角度看，合伙企业就比公司优越。公司作为独立的法律主体，依法必须缴纳法人所得税，税后利润分配给股东后，股东还需缴纳个人所得税，因而对公司的投资人来说，经营所得有双重纳税之虞。相反，合伙企业因其非法人地位而无须缴纳企业所得税，而是由各合伙人分别纳税，从而可以避免双重纳税。另外，合伙企业较低的设立门槛、较简单的设立程序及较灵活的管理方式，对投资者来说也是极具吸引力的。

第二节 公司的种类

一、我国法律上的分类

公司的分类方法很多。从我国现行《公司法》所涉及的公司种类来看，我国的公司可按以下几种不同的标准分类。

(一) 按公司是否以发行股份的方式筹资为标准，可将公司分为股份有限公司和有限责任公司

1. 股份有限公司。

股份有限公司是由二个以上二百个以下的发起人发起，公司资本分为等额股份，股东以其所持股份为限承担责任，公司以其全部资产对公司债务承担责任的企业法人。与其他公司相比，股份有限公司具有以下特点：

(1) 公司性质的资合性。股份有限公司是最典型的资合公司。股份有限公司对外信用的基础不在于股东个人信用如何，而在于公司资本总额的多少。正因为如此，公司对股东个人的身份、地位并不计较，任何承认公司章程，愿意出资一股以上的人，都可以在履行了相应的法律手续后成为公司股东。正是公司的资合性，才使分散在世界各地的股东们的不大的零星资本得以集合成公司经营所需的巨额资本。

(2) 股东人数的无穷性。股东人数无穷性的含义是：各国立法通常对股份有限公司的股东人数有法定最低限额的要求，但无最高人数的限制。这是由股份公司的资合性所决定。因为一定人数的股东的联合，才能实现资本的集合。从有关国家公司法的规定来看，股东人数不得少于二人的有荷兰、奥地利、意大利等国；不得低于三人的有丹麦、瑞士、西班牙等国；不得低于七人的有英国、法国、日本等国。我国《公司法》第 79 条关于"设立股份有限公司，应当有二人以上二百人以下为发起人"的规定，实际上是强调股份有限公司的股东人数不得低于二人。至于股东人数的上限，一般立法都不作限制，我国也同样未予限制。按我国现行法律规定，即使某股份有限公司是由法定最高限额二百个发起人共同发起设立的，也不意味着该公司的股东人数就不得超过二百人。因为"发起人"与"股东"的法律含义还不完全一样。二百个发起人发起设立的公司，成立后，可因股份的转让而导致公司股东人数超出二百个。法律不限制股份公司股东人数的上限，目的是为了满足公司最大可能的筹资需求。这也许是股份有限公司常常是由成千上万个互不相识的股东组成的原因。

(3) 公司资本的股份性。股份有限公司的资本总额划分为金额相等的股份，且每股金额均等，这是股份有限公司区别于其他各种公司的最突出的特点。在股份有限公司里，各股东所持股份数可以不同，但每股所代表的资本额必须完全相同。股东行使表决权、股利分配请求权等各项股东权时，均以其所持股份数为标准计算。公司发行的股份总数乘以每股金额即是公司资本总额。这也是公司被称为"股份有限公司"的主要原因。

(4) 股份形式的证券性。不同种类的公司，其股份的表现形式是不同的。有限责任公司以"出资证明书"作为股东出资的凭证。而在股份有限公司，《公司法》第 126 条明确规定："公司的股份采取股票的形式，股票是公司签发的证明股东所持股份的凭证。"公司股票不是一般的权利证书，而是法定的有价证券，该种有价证券具有极强的流通性，可以在证券市场依法自由转让。

2. 有限责任公司。

有限责任公司是由不超过法定人数的股东出资组成，股东以其所认缴的出资额为限对公司承担责任，公司以其全部资产对公司债务承担责任的企业法人。有限责任公司的特征是：

(1) 股东人数的限制性。各国立法对有限责任公司的股东人数都有上限限制，我国也一样。我国《公司法》第 24 条规定，“有限责任公司由五十个以下股东出资设立”，但我国立法并未对有限责任公司成立后出现的超出五十个股东的情况如何处置作出规定。这方面，法国《商事公司法》的做法值得我们借鉴。按法国《商事公司法》第 36 条的规定，有限责任公司的股东人数不得超过五十人。如果公司股东人数超过五十人时，应于两年内或者将公司转变为股份有限公司，或者使公司股东人数重新变为等于或低于五十人，否则公司应当解散。①

(2) 公司性质的两合性。此处的“两合性”是指“人合兼资合性”。有限责任公司可以说是一种典型的人合兼资合性公司。该类公司既具资合公司的特点，又带有人合公司的色彩。其资合性的表现是：每个股东都必须出资，不出资的人是不能成为公司股东的；而人合性的含义是指，并非任何愿意或能够出资的人，都能成为有限责任公司的股东。当一个人仅有资金可出，而与其他出资人不存在任何信任关系时，是不可能被他人接纳为公司股东的。因为他人对能否与其建立良好的合作投资关系无把握，担心他的加入会影响公司的正常经营。因此，股东之间的相互信任及良好关系是有限责任公司得以成立的重要前提，也是它不同于股份有限公司的特别之处。

(3) 公司运作的封闭性。我国的有限责任公司，与美国的 Closed Corporation 及西欧的 Private Company 类似，总体上讲，是一种封闭式的公司。其封闭性表现在：第一，公司只能采取发起方式设立，不得以募集方式设立；第二，无论在公司设立阶段还是在公司成立以后，都不得公开邀请公众认购其股份；第三，因公司本身不可能成为上市公司，所以，股东出资的转让不能通过开放的证券市场完成；第四，公司财务会计报告等内部信息无需向社会公众披露。

(4) 公司机构设置的灵活性。总体上讲，《公司法》对有限责任公司组织机构的规定要比对股份有限公司组织机构的规定灵活许多。股份有限公司必须建立健全股东大会、董事会、监事会等完整的管理系统，而有限责任公司却可以根据公司股东人数及规模选择性地建立最适合自己的组织管理系统。

(二) 按公司股东人数的多少为标准，可以将公司分为一人公司和多人公司

一人有限责任公司，在我国是指只有一个自然人股东或者一个法人股东的有限责任公司。②其中，一个法人股东设立的有限责任公司，又可以分为一个非国有法人股东设立的有限责任公司和一个国有法人股东设立的有限责任公司。一个国有法人股东设立的有限责任公司称为国有独资公司，“是指国家单独出资、由国务

① 卞耀武主编、李萍译：《法国公司法规范》，法律出版社 1999 年版，第 36 页。

② 《中华人民共和国公司法》第 58 条。

院或者地方人民政府授权本级人民政府国有资产监督管理机构履行出资人职责的有限责任公司”。[①]我国《公司法》只允许设立一人有限责任公司，不允许设立一人股份有限公司。所以，多人公司是指二个以上五十个以下的股东设立的有限责任公司和所有的股份有限公司。

（三）按公司股票是否上市流通为标准，可将公司分为上市公司和非上市公司

上市公司，是指其股票在证券交易所上市交易的股份有限公司。由于并非所有的股份有限公司都具备上市资格，所以，非上市公司是指除上市公司以外的所有有限责任公司和其他不上市的股份有限公司。

（四）按公司与公司之间的控制与依附关系为标准，可将公司分为母公司和子公司

母公司，通常是指拥有另一公司半数以上股份并能实际控制其经营活动的公司。子公司，是指其半数以上股份被另一公司持有并受其控制的公司。我国《公司法》虽未对母公司和子公司下定义，但对两者关系的法律特征是有明确定论的。《公司法》第 14 条第 2 款规定：“公司可以设立子公司，子公司具有法人资格，依法独立承担民事责任。”由此可知，母公司虽能控制子公司，却不对子公司的债务负直接责任，而是以其出资额或所持股份为限对子公司承担责任。因此，母、子公司相互间的关系，本质上就是股东(或者说是控股股东)与公司间的关系，其相互之间权利与义务的处理，通常情况下，与一般股东与公司间的权利与义务关系的处理原则是一样的。当然，母公司因其能实际控制子公司，而使其有着不同于子公司其他小股东的特殊地位。为把可能出现的母公司滥用控制权侵犯子公司其他小股东权益的现象控制在最低程度，各国立法已确立了包括公司独立人格否定原则、累积投票制、股东派生诉讼制等一系列有效的控制和防范制度。

（五）按公司是否受除《公司法》外的其他特别法调整为标准，可将公司分为公司法上的公司和特别法上的公司

公司法上的公司，是指依公司法设立、仅受公司法调整的公司。特别法上的公司，是指主要依特别法设立、受特别法调整，同时也受公司法调整的公司。按我国现行商事组织法体系来看，中外合资有限责任公司、中外合资股份有限公司、保险公司、商业银行等都属特别法上的公司。

（六）按公司国籍为标准，可将公司分为本国公司和外国公司

本国公司，是指按本国法律登记成立的公司。所有依中国法律在中国境内登记成立的公司，都具有中国国籍，属中国公司。而外国公司，是指依照外国法律在中国

---

① 《中华人民共和国公司法》第 65 条。

境外登记成立的公司。我国《公司法》允许外国公司在中国境内设立分支机构。

二、我国立法未涉及的公司种类

我国立法未涉及而国外较常见的公司种类有:

1. 无限公司。无限公司是无限责任公司的简称,指由两个以上股东投资设立,全体股东都对公司债务负无限连带责任的公司。无限公司最显著的特点是:全体股东,无论出资多少,一律对公司债务负无限连带责任。对投资者而言,风险大、责任不确定是无限公司的最大的弊端;而其长处则表现在股东可选择的出资形式较广泛、股东间的关系密切、公司内部关系的处理亦较灵活。日、韩、德等国的商法都允许无限公司内部关系的处理准用民法中关于合伙的规定。至于无限公司的性质,各国、各地区的立法规定存在着一定的差异。我国台湾地区、日本、韩国等都确定其为法人,德国、匈牙利等国家认为无限公司是公司的一种,但它不是法人,而美国、英国则根本不承认无限公司是公司。

2. 两合公司。两合公司是指一个以上承担有限责任的股东和一个以上承担无限责任的股东所组织,有限责任股东以其对公司的出资额为限承担责任,无限责任股东对公司债务负无限连带责任的公司。两合公司与其他类型的公司相比,其最主要的特点是:第一,公司内部同时存在着两种不同责任形式的股东,并且各自按其约定的形式承担责任。第二,不同责任形式的股东在公司内部的地位是不同的。两合公司是以无限责任股东为主的公司。大陆法系各国公司法一般均规定,两合公司中,有限责任股东不得执行公司业务、不得对外代表公司。公司业务均由无限责任股东执行,亦由无限责任股东对外代表公司。有限责任股东可行使监督权。

三、学理上的分类

依公司对外信用基础为标准,可以把公司分为人合公司、资合公司及人合兼资合公司。

1. 人合公司,是指以股东个人信用为公司信用基础的公司。人合公司中的股东信用高,公司信用就高;反之,股东信用低,公司信用也就低。学者多认为无限公司是最典型的人合公司。

2. 资合公司,是指以公司资本为公司信用基础的公司。在资合公司中,股东个人信用无关紧要,每个股东均以其出资额为限对公司承担责任,公司则以其全部资产对公司债务负责。因此,公司资本实力越强大,其信用程度就高。股份有限公司被认为是最典型的资合公司。

3. 人合兼资合公司,是指股东信用及资本信用同为公司对外信用基础的公司。大陆法系国家的两合公司以及我国的有限责任公司,都属于人合兼资合公司。

第三节　公司的权利、义务和责任

一、公司的权利

公司作为独立的法律主体，理所当然地享有一系列法定权利。各国立法一般都会从不同的角度或多或少地规定一些公司的权利，并给予相应的保护，以便公司的经营活动得以顺利进行。依我国《公司法》及有关法律的规定，公司的权利主要有以下几项。

（一）公司享有与自然属性无关的人身权

作为法人，公司不同于自然人的主要表现就是它不具有自然生命，它是个虚拟的"人"，因而它不享有自然人基于其自然属性而产生的权利。例如，公司不享有婚姻权、继承权、肖像权等权利。但作为法律拟制的"人"，公司完全可以享有一切与自然属性无关的法律人能够享有的人身权。例如，公司法人可以拥有名称权、名誉权、住所权、收赠与权等等。公司法人的上述各项合法权利，都受我国法律的保护。

（二）公司享有法人财产权

我国《公司法》第3条明确规定，公司"有独立的法人财产，享有法人财产权"。这就意味着：公司全体股东把原来分别属于其所有的财产投入到公司后，就丧失了对该部分财产的所有权，公司则取代股东获得了相应的财产权。公司财产权的客体是股东投资形成的全部财产。任何股东非经公司授权而以所有者身份直接占有、使用或处分原来属于其所有而现在已归公司法人所有的财产的行为，都构成对公司法人财产权的侵犯，都应当承担相应的法律责任。法人财产权不仅是公司成立的必要条件，也是公司得以存续的物质基础。

（三）公司享有自治权

公司法人行使自治权的依据是《公司法》、公司章程及股东会决议。其具体内容包括：

1. 依法选择确定经营范围的权利。我国《公司法》第12条规定，公司的经营范围由公司章程规定，并依法登记。公司可以修改公司章程，改变经营范围，但是应当办理变更登记。

2. 依法确定法定代表人的权利。公司法定代表人可以依章程规定，由董事长、执行董事或者经理担任，但应依法登记。[①]公司可以变更法定代表人。变更法定代表

---

① 《中华人民共和国公司法》第13条。

人的，也应当办理变更登记。

3. 公司有依法设立分公司的权利。虽然，分公司不具有独立的法律地位，但分公司是公司在法定住所地以外开拓的新的经营场所。所以，设立分公司也是公司行使自主经营权的一种表现。

4. 公司享有对外投资权。公司可以通过设立子公司或参股公司等形式对外投资。但是，除法律另有规定外，公司不得成为对所投资企业的债务承担连带责任的出资人。

二、公司的义务

我国法律在赋予了公司法人一系列法定权利的同时，亦对其作出了相应的义务要求。公司的法定义务可以按内容和对象分为下列两大类。

(一) 按内容的不同，可将公司义务分为守法义务、守德义务及守信义务三类

1. 守法义务是指：公司从事经营活动，必须遵守法律、行政法规。[①]公司的守法义务，不仅仅是指其负有遵守《公司法》、《公司登记管理条例》等法律法规的义务，还包括负有遵守诸如《产品质量法》、《消费者权益保护法》、《反不正当竞争法》、《价格法》《劳动法》等一切相关法律法规的义务。

2. 守德义务是说：公司从事经营活动，应当遵守社会公德、商业道德。[②]严把产品及服务质量关，不假冒、不仿冒他人优质产品，不生产、不提供伪劣商品；不以不正当手段进行商业竞争，在追求自身经济利益的同时，切实维护消费者的合法权益，为营造良好的市场氛围尽自己最大的努力。

3. 守信义务要求：公司在从事经营活动的过程中，诚实地对待与之发生关系的包括股东、职工、债权人等在内的各类主体，坚守自己依法作出的各种承诺。不违约、不毁约、不欺诈、不赖账，不以次充好、不掩盖真相、不逃避责任。一句话，不以任何方式直接或间接地损毁诚信原则。

(二) 按对象的不同，可把公司的义务主要分为对股东的义务、对职工的义务、对债权人的义务和对社会公众的义务四类

1. 公司对股东的义务。

公司是由全体股东共同投资设立的。虽然，理论上讲股东的法律地位是平等的，全体股东的共同利益与公司的长远利益是一致的，但由于股东出资或所持股份数量的差异，导致股东在公司的实际地位有所不同。另外，因股东性质（如自然人股东与法人股东）的差异，亦使各自追求的目标有别。为确保各种不同的股东的合法权益都能得到基本的保障，国家法律对公司法人设定了一系列相关的义务。我国《公司法》

---

① 《中华人民共和国公司法》第 5 条。

② 同上。

规定的公司法人应对股东承担的义务有：

(1) 适时向股东签发"出资证明书"或"股票"的义务。"出资证明书"是有限责任公司股东的身份凭证，"股票"是股份有限公司股东的身份凭证。为避免因公司行为不规范而产生股东身份的争议，《公司法》第 32 条规定"有限责任公司成立后，应当向股东签发出资证明书"。该条款还对出资证明书应当载明的事项作了明确规定。《公司法》第 133 条规定："股份有限公司成立后，即向股东正式交付股票。公司成立前不得向股东交付股票。"《公司法》同样对股票应载明的事项也作了明确规定。因此，不适时地向股东签发出资证明书或股票，或者出资证明书或股票的记载事项不合法，即表明公司法人违背了该项法定义务。

(2) 公平、公正地对待所有股东的义务。按《公司法》第 127 条的规定，股份的发行，实行公平、公正的原则，同种类的每一股份应当具有同等权利。公司同次发行的同种类股票，每股的发行条件和价格应当相同；任何单位或者个人所认购的股份，每股应当支付相同价额。

(3) 公司在具备法定分配条件时，负有按法定规则向股东分配利润的义务。①如果公司在连续五年盈利、且具备法定分配利润条件的情况下，连续五年不向股东分配利润的，异议股东可以向公司主张股份回购请求权。

(4) 依法建立公司内部财务会计制度的义务。公司的股东、尤其是人数众多的股份公司的股东，并不都参与公司事务的管理，所以，通过建立规范的财务会计制度来约束公司的经营管理者就显得尤为重要。为此，我国《公司法》设了专章来规定公司法人的该项义务。按《公司法》第 164 条的规定，公司应当依照法律、行政法规和国务院财政部门的规定建立本公司的财务、会计制度。而依法建立财务会计制度的标志之一，就是依法编制公司的财务会计报告。因此，《公司法》第 165 条又进一步规定：公司应当在每一会计年度终了时编制财务会计报告，并依法经会计师事务所审计。财务会计报告应当依照法律、行政法规和国务院财政部门的规定制作。

(5) 依法向股东披露公司内部信息的义务。作为投资者，股东当然享有知晓公司经营状况的权利。为此，《公司法》第 34 条、第 98 条及第 117 条分别规定了有限责任公司股东及股份有限公司股东知情权的范围。为确保股东知情权的实现，公司应当运用各种合法手段，及时地向股东传递有关公司的经营状况及各类相关信息，以加强公司与股东之间的信息沟通与交流。因此，依法披露相关信息就理所当然地成为公司对股东的另一项重要义务。为此，《公司法》第 166 条、第 97 条及第 117 条等条款分别就此作了相应的规定。按上述相关法条的规定，有限责任公司应当依照公司章程规定的期限将财务会计报告送交各股东。股份有限公司的财务会计报告应当在召开股东大会年会的二十日前置备于本公司，供股东查阅；公开发行股票的股份有限公司必须公告其财务会计报告。股份有限公司还应当将公司章程、股东名册、公司债券存根、股东大会会议记录、董事会会议记录、监事会会议记录等文件置备于本公司，

① 《中华人民共和国公司法》第 75 条。

以供股东查阅。此外,公司还应当定期向股东披露董事、监事、高级管理人员从公司获得报酬的情况。

2. 公司对本公司职工的义务。

公司与其职工的关系是公司内部关系中的重要组成部分。公司内部的这一关系处理的好坏,将直接影响到公司能否正常运行以及其设立目标能否实现的问题。现代公司法理论认为,公司不仅是股东的公司,也是职工的公司。为使公司内部各种不同利益主体能和谐相处、各自的权益都得到应有的保障,《公司法》还就公司法人对内部职工应承担的义务作了明确规定。公司对职工的义务主要是:

(1) 依法保护职工的合法权益。《公司法》第 17 条明确规定:公司必须保护职工的合法权益,依法与职工签订劳动合同,参加社会保险,加强劳动保护,实现安全生产。公司应当采用多种形式,加强公司职工的职业教育和岗位培训,提高职工素质。

(2) 为本公司工会提供必要的活动条件。工会是公司职工依照《中华人民共和国工会法》组织起来的职工群众组织。凡是依法建立工会组织的,公司都应当依法为其提供必要的活动条件。

(3) 让职工通过法定途径参与公司民主管理。我国《宪法》、《全民所有制工业企业法》等法律赋予了企业职工以民主管理权。《公司法》亦确定了职工的该项权利,并要求公司"通过职工代表大会或者其他形式,实行民主管理"。①此处的"其他形式",以我们之见,应当包含通过职工董事、职工监事制度等形式实现的职工对公司的民主管理。

3. 公司对债权人的义务。

我国《公司法》规定的公司对债权人的义务主要有:(1)按公司债券券面约定的期限还本付息的义务。②(2)发行可转换为股票的公司债券的公司,应当按照其转换办法向请求转换股票的债券持有人换发股票。③(3)对因合并或分立而解体的公司的债权人的义务:公司合并时,合并各方的债务由合并后存续或新设的公司承继;公司分立前的债务,由分立后的公司承担连带偿还义务。④

4. 对社会公众的义务。

公司对社会公众的义务主要是诚信义务。公司对公众的诚信义务的内容,除了上面提到的外,此处主要是指:公司应当依法诚实地向公众披露其内部相关信息,不用误导性语言或文字对其内部经济状况作任何虚假陈述。我国《公司登记管理条例》第 2 条规定:"申请办理公司登记,申请人应当对申请文件、材料的真实性负责。"与此同时,《公司法》第 6 条又规定,"公众可以向公司登记机关申请查询公司登记事项"。另外,《公司法》第 135 条、第 155 条分别要求公司在公开发行股票及债券时,应当公告招股说明书、财务会计报告、公司债券募集办法等文件。上述信息或文件,对社会

---

① 《中华人民共和国公司法》第 18 条。
② 《中华人民共和国公司法》第 154 条。
③ 《中华人民共和国公司法》第 163 条。
④ 《中华人民共和国公司法》第 175 条、第 177 条。

公众，尤其是对那部分准备与该公司建立相应经济关系的公众来讲，是其判断风险大小的重要依据。因此，公司必须本着诚实信用的原则实事求是地披露其内部信息，对社会公众负责。

三、公司的责任

（一）公司的经济责任

公司的经济责任是指公司对以其名义所发生的债务的责任。有限责任公司和股份有限公司都是企业法人，依法都应当以其全部资产对其债务承担责任。公司股东一般不对公司债务负直接责任，只有当公司的独立人格被否定时，滥用公司独立人格的股东才需要依法对公司债务承担连带责任。因此，通常情况下，如果公司全部资产都不足以清偿其债务，且又无其他解决债务的办法时，公司法人就只能破产还债而别无他法了，公司债权人一般无权直接要求公司股东承担公司的债务责任。

（二）公司的社会责任

所谓公司的社会责任，"是指公司不能仅仅以最大限度地为股东们营利或赚钱作为自己的唯一存在目的，而应当最大限度地增进股东利益之外的其他所有社会利益。这种社会利益包括雇员（职工）利益、消费者利益、债权人利益、中小竞争者利益、当地社区利益、环境利益、社会弱者利益及整个社会公共利益等内容"。[①]我国《公司法》第5条对公司社会责任问题作了原则规定，即公司应当在国家宏观调控下，按照市场需求组织生产经营，以提高经济效益、劳动生产率和实现资产保值增值为目的。其中，接受国家宏观调控、按市场需求组织生产经营、提高经济效益和劳动生产率等，都属于立法对公司社会责任的要求。

（三）公司的法律责任

法律责任一般是指法律主体违反法律义务时所应承担的对其不利的法律后果，公司的法律责任是指公司违背法定义务时其所应该承担的法律后果。公司法律责任的类型通常有民事责任、刑事责任和行政责任三种。公司违反法定义务时的具体责任，要根据其行为的性质及程度而定。理论上讲，公司不尽上述任何一项法定义务时，都应当追究其相应的法律责任；否则，法律对公司义务的规定，就会变得形同虚设。但我国《公司法》在为公司设定了上述各项义务的同时，却并未对其所列举的公司义务不被遵守时的法律责任都一一作出明确的规定。对此，我们在寄希望于《公司法》的下一次修订的同时，盼望国家有关部门能通过颁布相应的行政法规、部门规章、司法解释等形式来解决《公司法》尚未完全解决的公司法律责任问题，以确实达到依法规范公司行为、维护社会主义市场经济秩序的目的。

---

① 刘俊海著：《公司的社会责任》，法律出版社 1999 年版，第 6 页。

第五章
公司设立制度

第一节 公司设立概述

一、公司设立的概念

公司设立,是指公司发起人为达到成立公司的目的而依法所实施的一系列法律行为的总称。这一系列法律行为通常始于公司发起人的发起,终于公司登记成立。其内容一般包括:发起人签订发起人协议、制定公司章程、筹备具体的生产经营条件、发起人及认股人认缴出资、申请设立登记等等。

公司设立的法律特征是:设立行为的主体是公司发起人;设立行为的目的是成立公司;设立行为的内容及程序有严格的法律规定,并且可因公司种类的不同而不同。

公司设立不同于公司成立。公司设立,强调的是发起人创办公司的过程,而公司成立指的是已经完成整个设立过程后的结果。虽然公司发起人实施设立行为的最初目的是成立公司,但设立行为的后果,并不必然导致公司成立结果的发生。发起人实施发起行为后,可能因发起人半途自动中止设立行为、某个设立环节失败(如无人响应招股邀约)或未被核准登记等原因而不产生公司成立的后果。因此,公司设立,既是一种法律行为,也是一种风险性经济行为。

二、公司设立原则

(一) 公司设立原则的沿革

1. 自由设立原则。自由设立原则又称放任主义设立原则,意指国家法律对公司的设立不加任何限制,公司如何设立、何时成立等,完全由设立人自由决定,无需履行任何法律手续,公司即可成立。这一原则盛行于欧洲中世纪末的自由贸易时代。它虽在一定程度上促进了当时经济的发展,但却导致了滥设公司的不良后果,危及了社会交易的安全。近代以后,该原则即为各国所抛弃。

2. 特许主义设立原则。特许主义设立原则是指设立公司必须经国家元首或议会以颁布特许令、或通过特别法令的形式予以许可,方可为之。未得特许令者,不得以公司形式开展商事活动。此种原则起源于13世纪至15世纪,盛行于17世纪至19世纪初的英国、荷兰等国。它虽克服了自由设立原则的缺陷,有效地控制了一度蔓延的滥设公司现象,但因每设立一个公司,都必须由国家元首或议会颁布特许令,其手续之烦琐、时间之缓慢,严重制约了公司这种商事组织的发展,也影响了自由资本主义经济的繁荣。因此,19世纪后,该原则逐渐被各国放弃。

3. 核准主义设立原则。核准主义原则是指:设立公司所应具备的基本条件都统一地规定于一个法律文件内,并公布于众。任何人欲设立公司,除应具备法定的设立条件外,还必须经过政府的逐个审核、批准,否则不得成立公司。此种设立原则最初产生于法国,体现于法国路易十四时代的《商事条例》,18世纪时的德国亦曾采用过。该原则虽在很大程度上降低了特许主义设立原则盛行时给公司设立人带来的设立公司的不确定性,但却没有解决设立公司仍需经过烦琐的审批手续的问题。不仅如此,严格的核准主义设立原则还为行使审批权的政府机构及其工作人员滥用权力、以权谋私提供了条件。因此,客观上讲,它与市场经济环境下讲求公平、效率的商法原则仍存不协调之处。

4. 准则主义设立原则。准则主义设立原则又称登记主义设立原则。该原则的含义是:设立公司无需经政府的审核、批准,只要符合法律规定的各项条件(亦即法定的各项准则),设立人即可直接登记成立公司。准则主义设立原则始创于1862年的英国公司法。19世纪末以来,西方各国纷纷效仿,是当今世界各国最为普遍采用的一种公司设立原则。其之所以广为各国所接受,主要是因为:一方面,法律规定了公司的设立条件和程序、设立人的法律责任等,能有效地控制滥设公司现象的出现;另一方面,因免去了获取特许令、或获得批准的烦琐手续而使设立公司变得灵活、方便,极大地促进了社会经济活动的繁荣和发展,有助于各国政府对社会经济活动的监管所希望达到的"管而不死,活而不乱"的境界。

(二) 我国的公司设立原则

在《公司法》颁布之前的较长一段历史时期内,我国实行的是计划经济体制,与此相适应,立法对包括公司在内的各类企业的设立,奉行的是核准主义设立原则,各类公司、企业的设立,除具备法律规定的实质条件外,还必须经政府有关主管部门批准,然后公司或企业的设立人才能凭批准文件申请登记。在我国当时的经济环境下普遍适用这种设立原则,是有其积极的历史意义的。但自我国确立要建立社会主义市场经济体制的目标后,该设立原则显然不再适应了。因此,我国1993年颁布的《公司法》,在公司设立原则问题上有了历史性的突破,一改延续了几十年的设立公司必须先行审批的核准主义设立原则,采取了核准主义与准则主义并行原则。按2005年修订前《公司法》第8条和第77条的规定可知,适用核准主义设立原则的是:所有的股份有限公司和部分特殊的有限责任公司(如中外合资有限责任公司、保险公司、证券公司等);适用准则主义设立原则的公司主要是处于一般行业的有限责任公司。

2005年10月,我国第10届全国人大常委会第18次会议修订通过的《公司法》

第 6 条明确规定："设立公司，应当依法向公司登记机关申请设立登记。符合本法规定的设立条件的，由公司登记机关分别登记为有限责任公司或者股份有限公司；不符合本法规定的设立条件的，不得登记为有限责任公司或者股份有限公司。法律、行政法规规定设立公司必须报经批准的，应当在公司登记前依法办理批准手续。"由此可知，我国 2005 年 10 月修订后的《公司法》所采取的公司设立原则，应属准则主义设立原则，但该原则并不排除那些确实需要经国家审批的特殊公司的设立，仍按特殊法规履行审批手续。与修订前的《公司法》相比，在公司设立原则的选择上，修订后的《公司法》不仅仅是在立法原则的选择上有了突破，而且在立法技术及适用效果上都做到了兼顾，既符合市场经济的基本要求，又能满足我国社会主义市场经济不同于一般市场经济的特殊要求。

三、公司设立方式

以设立公司时是否向发起人以外的人募集股份为标准，可将公司设立方式分为发起设立和募集设立两种。

（一）发起设立

发起设立，是指由发起人认购公司应发行的全部股份而设立公司的方式。其主要特征是：公司全部股份都由发起人认购，除发起人之外，没有其他认股人。这种设立方式可为各种类型的公司所采用。按我国《公司法》的规定，有限责任公司只能采取此种设立方式，而股份有限公司，可自行决定是否采取此方式设立。

（二）募集设立

募集设立，是指由发起人认购公司应发行股份的一部分，其余股份向社会公开募集或者向特定对象募集而设立公司的方式。①其主要特征是：公司全部股份分别由发起人及发起人以外的其他人（包括自然人和法人）认购。我国《公司法》允许股份有限公司采取募集设立方式设立，其他公司不得以募集方式设立。

发起设立与募集设立方式各具利弊。采取发起设立方式设立公司的好处是设立程序简单、设立成本低，但不足之处是此种方式的集资功能有限。因此，对资金需求较高的公司显然不宜用此种方式设立。而采取募集方式设立公司的最大好处，就是能募集到巨额资金以满足公司大规模生产经营的需要，但以此种方式设立公司时，必须遵守烦琐的设立程序及承担较高的设立费用，因而对发起人而言，风险相对较大。因此，以哪种方式设立公司，应由发起人根据自身情况及公司的设立目的等因素，综合考虑后决定。

---

① 《中华人民共和国公司法》第 78 条。

四、公司设立要件

公司设立要件，是指各种不同种类的公司设立时都必须具备的重要条件。虽然，各国法律一般都对不同种类的公司（如有限责任公司与股份有限责任公司）规定不同的设立条件，但当你透过现象看本质时会发现，其中有些条件是各类公司设立时都必不可少的。如发起人、资本、公司章程、公司名称、公司住所、公司登记等条件，不仅在设立股份公司时是需要的，就是在设立有限责任公司时也是不可缺少的。只是在不同种类、不同规模的公司中，这些条件的具体运用略有差异而已。因此，公司设立要件，是对公司设立条件的理性概括，它一定包含在法定的各类公司的具体设立条件中；而公司设立条件则是法律对公司设立要件具体化的体现。为便于阅读理解，“资本”要件将在“公司资本”一章中论述，本章将重点阐述发起人、公司章程、公司名称、公司住所、公司登记等设立要件。

第二节　公司发起人

一、发起人的概念

设立公司必须得有发起人，否则，公司将无法成立。虽然我国《公司法》仅在股份有限公司的设立制度中使用了“发起人”这一术语，而未在有限责任公司的设立制度中使用“发起人”这一概念，但这不等于说有限责任公司的设立无须发起人。相反，“设立任何公司，都需要有公司的创办人或发起人。在无限公司、两合公司与有限责任公司，发起事宜由股东直接承办，因而无发起人的专门规定”。[①]我们需要指出的是：有限公司法律制度中的有些内容显然是属于未标明“发起人”的发起人制度，如我国《公司法》第 24 条关于“有限责任公司由五十个以下股东出资设立”的规定，实质上也是关于有限责任公司发起人人数的规定。

我国《公司法》虽然规定了股份有限公司的发起人制度，却没有直接给发起人下定义。但根据《公司法》第 77 条第 2 项、第 77 条第 4 项及第 80 条的规定可知，发起人是指参与制定公司章程、依法认购其应认购的股份，并承担公司筹办事务的人。由于制定公司章程本质上属于筹办公司的事务之一，因此，发起人的基本构成要件（依我国《公司法》的规定）主要有两项：一是认购一定数量的股份；二是承担包括制定公司章程在内的筹办事务。凡不同时具备上述两个要件的，就不是公司发起人，从而不享有发起人的权利，也不必承担发起人的义务和责任。

① 徐燕著：《公司法原理》，法律出版社 1997 年版，第 140 页。

二、发起人的种类、资格及人数

公司发起人可以是自然人，也可以是法人，甚至合伙组织[①]；既可以由本国人，也可以由外国人担当。至于公司发起人的资格问题，各国及各地区公司法的规定不尽一致，但不外乎是围绕以下几方面来规定的：

1. 关于发起人的行为能力问题。自然人作为公司发起人的，该自然人是否必须具备完全的行为能力？对此，各国及各地区的规定可说是大相径庭。有的要求自然人作为公司发起人的，该自然人应该具有完全行为能力。无行为能力或限制行为能力的人不得作为公司发起人。[②]美国有些州的公司法亦对行为能力欠缺者充任公司发起人有限制。此外，在比利时、葡萄牙等国的法律中，规定未成年人无商事行为能力，由此，自然否定了其成为公司发起人的可能性。[③]而有的则并无此要求，无行为能力者，亦可为发起人。[④]

2. 关于部分特殊人群的公司发起人资格问题。有些国家的公司法明令禁止一些人的发起人资格。如《法国商事公司法》第 74 条规定："丧失管理或经营公司权利的人或被禁止行使管理或经营公司职责的人，不得成为发起人。"[⑤]

关于发起人的人数，各国规定更是规定不一。德国股份公司法允许一名以上的发起人发起设立公司[⑥]，我国台湾地区公司法要求股份有限公司应有二人以上为发起人[⑦]，法国则规定不得低于七人。[⑧]

我国《公司法》并未就发起人的资格问题作出详细规定，但根据《公司法》中的一人有限责任公司及国有独资公司法律制度的规定来看，自然人和法人都可以成为公司发起人是毫无疑问的。至于发起人的人数，则要根据公司种类的不同区别掌握。具体而言，有限责任公司的发起人不超过五十人，股份有限公司的发起人应为二人以上二百人以下，其中必须有半数以上的发起人在中国境内有住所。

三、发起人的权利、义务与责任

（一）发起人的权利

各国立法对公司发起人的权利都有所规定，我国亦同。但各国立法赋予发起人

---

① 卞耀武主编、左羽译：《特拉华州普通公司法》，法律出版社 2001 年版，第 1 页。
② 柯芳枝著：《公司法论》，中国政法大学出版社 2004 年版，第 135 页。
③ 蒋大兴：《行为能力欠缺者的公司发起人资格》，载于《甘肃政法学院学报》2005 年第 3 期。
④ [日]末永敏和著：《现代日本公司法》，人民法院出版社 2000 年版，第 38 页。
⑤ 卞耀武主编、李萍译：《法国公司法规范》，法律出版社 1999 年版，第 55 页。
⑥ 卞耀武主编，贾红梅、郑冲译：《德国股份公司法》，法律出版社 1999 年版，第 5 页。
⑦ 柯芳枝著：《公司法论》，中国政法大学出版社 2004 年版，第 135 页。
⑧ 卞耀武主编、李萍译：《法国公司法规范》，法律出版社 1999 年版，第 55 页。

的权利又不尽相同。归纳起来,发起人的基本权利主要有以下几项:

1. 设立方式的选择权。《公司法》规定了股份有限公司的两种设立方式,但某一具体的股份有限公司的设立,是采取发起设立方式还是采取募集设立方式设立,实际上是由发起人选择决定的。

2. 出资形式的选择权。如依我国《公司法》第27条、第83条的规定,发起人可以用货币出资,也可以选择用实物、知识产权、土地使用权等形式作价出资。《日本商法》第168条第2款甚至明确规定,"可以现物出资的,仅限于发起人"。①

3. 设立报酬请求权。如果设立行为完成,公司正式成立的话,发起人为设立公司而付出的劳动是可以向公司请求适当的报酬的。《日本商法》第168条就允许公司章程记载"发起人应得报酬的数额"。②

4. 设立费用偿还权。如果发起人为设立公司预先垫付了费用的话,有权在公司成立后请求公司偿还。对发起人此项权利的行使,日本商法要求事先在公司章程中记载"应当由公司负担的设立费用",并列举了不得作为设立费用的费用范围。③

5. 优先认股权。无论是在设立过程中,还是在公司成立后增资扩股时,发起人都享有事实上的优先认股权。

(二)发起人的义务

由于发起人在设立公司时,对其他投资者、将来成立的公司以及公司债权人的利益都会产生一定的影响,因此,发起人在享有一些特权的同时,也应当负有相当的义务。各国立法对发起人义务的规定也各不相同。依我国《公司法》的规定,发起人的义务主要有以下几方面:

1. 签订发起人协议的义务。除了一人有限责任公司外,其他有限责任公司和股份有限公司的设立,都需要有两个以上的发起人,为了明确各个发起人在公司设立过程中的权利和义务,便于设立行为的顺利完成,发起人应当依法签订发起人协议。

2. 依法承担公司筹办事务的义务。包括起草公司章程、选择确定经营范围、经营方式、经营场所、认缴出资、发行股份、召集创立大会、申请公司名称的预先核准登记及公司设立登记等等。

3. 依法履行认缴出资的义务。与所有的普通认股人、普通股东一样,公司发起人也负有依法认缴出资的义务。以发起设立方式设立股份有限公司的,发起人应当书面认足公司章程规定其认购的股份;一次缴纳的,应即缴纳全部出资;分期缴纳的,应即缴纳首期出资。以非货币财产出资的,应当依法办理其财产权的转移手续。以

① 吴建斌主编:《日本公司法规范》,法律出版社2003年版,第41页。

② 同上。

③ 同上。

募集设立方式设立股份有限公司的，发起人认购的股份不得少于公司股份总数的35%；但是，法律、行政法规另有规定的，从其规定。

此外，有学者认为，发起人整体作为设立中的公司机关，在设立公司过程中，对设立中的公司及相关主体负有忠实、勤勉的义务。[①]忠实、勤勉的义务的含义包括：首先，发起人的出资必须真实、不得虚假，除法定情形外，不得抽回其股本；其次，以募集方式设立股份有限公司的，在募股之前，发起人制作并公告的招股说明书内容应当真实，不得有虚假记载，也不得有任何对投资者进行误导的言词，更不得借募股之名来进行诈骗活动；再次，发起人在设立股份有限公司的过程中应当勤勤恳恳，尽职尽责，不迟延地履行各项法定的设立程序，以确保公司顺利成立。

（三）发起人的责任

按我国《公司法》第84条、第94条、第95条、第199条、第200条、第201条等条款的规定，公司发起人责任的性质和内容，主要是经济责任和法律责任两大类。按责任发生的时间来看，发起人的责任既可能发生在公司不成立的情况下，也可能发生于公司成立之后。发起人的经济责任是指：公司不能成立时，对设立行为所产生的债务和费用负连带责任；公司不能成立时，对认股人已缴纳的股款，负返还股款并加算银行同期存款利息的连带责任。发起人的法律责任是指：发起人不依法行为所产生的后果。根据发起人违法行为的性质，发起人的法律责任又可进一步分为行政法律责任、民事法律责任等。

1. 发起人的行政法律责任。如果发起人在设立公司的过程中，虚假出资、不交付或不按期交付作为出资的货币或非货币财产的，公司登记机关可以责令其改正、处以虚假出资金额百分之五以上百分之十五以下的罚款。公司发起人在公司成立后抽逃其出资的，除了由公司登记机关责令改正外，也可处以所抽逃出资金额百分之五以上百分之十五以下的罚款。

2. 发起人的民事法律责任。发起人的民事责任主要有违约责任、连带债务责任及损害赔偿责任。

(1) 发起人的违约责任。在设立公司过程中，发起人不按发起人协议约定缴纳出资的，应当按照发起人协议承担违约责任。

(2) 发起人补交出资的连带责任。公司成立后，发起人未按照公司章程的规定缴足出资的，应当补缴；其他发起人对该部分应当补缴的出资承担连带责任。

(3) 发起人的损害赔偿责任。在设立公司过程中，由于发起人的过失致使公司利益受到损害的，发起人应当对公司承担赔偿责任。

---

① 金朝武：《公司发起人初论》，载于《广州大学学报（社会科学版）》1999年第1期。

第三节 公 司 章 程

一、公司章程的概念及性质

公司章程是由公司全体发起人(或全体股东)依法共同制定的、规范公司组织与行为、调整公司与股东之间、公司与管理者之间、股东与股东之间、股东与管理者之间关系的公司内部活动准则,是公司必不可少的纲领性文件。设立公司必须依法制定公司章程。

形式上,公司章程的制定人,可因公司种类的不同而有所差异,如有限责任公司的章程是由公司全体股东共同制定的,股份有限公司在发起设立时由发起人制定公司章程,在募集设立时,由发起人制定章程后,经创立大会通过。[①]但本质上讲,公司章程是由全体原始股东共同制定的行为准则。也许正因为如此,引发了学界对公司章程性质问题的争论,章程契约说和章程宪章说两种不同观点由此而生。

章程契约说的主要理由是:章程不仅是由全体股东共同制定、并由全体制定人签名、盖章、且对全体股东都具有约束力的法律文件,其本质就是股东间的合约。而章程宪章说(又称自治法说)则认为,合约只对签约人有效,不对其他未签约者产生约束力。但事实是,各国立法一般都强调,章程不仅对全体股东具有约束力,而且对董事、监事、经理等公司内部管理者,甚至对公司法人本身都有约束力,故应认定为是公司内部的自治性规章,即内部宪章。我们赞同第二种观点。公司章程确实不宜简单地定性为股东间的契约,而应该视其为公司内部的自治性规章(或自治性法规)比较合理。事实上,我国《公司法》中的很多条款都体现出了公司章程的自治性法规的特质。如除法定职权外,公司章程可以赋予股东会、董事会其他职权[②],股东会的召集规则、表决方式,除法律有规定的外,可由公司章程规定[③],公司法定代表人依照公司章程的规定确定[④],等等。

另外,从学理上讲,公司章程和契约也有着下列明显的差异:

1. 国家法律对两者的干预程度不同。各国立法对公司章程的形式、内容、制定及修改程序等都有一系列明确的规定,任何主体要设立公司,必须按国家法律的规定来制定其章程,否则,公司将不可能顺利成立。而法律对契约的形式、内容、签订、生效及修改等问题的规定,则更多的是强调意思自治的私法原则,即关于契约的强制性规则要比关于公司章程的强制性规则少许多。

---

① 《中华人民共和国公司法》第 77 条。

② 《中华人民共和国公司法》第 38 条、第 47 条。

③ 《中华人民共和国公司法》第 42 条、第 43 条、第 44 条。

④ 《中华人民共和国公司法》第 13 条。

2. 章程和契约两者的效力范围不同。公司章程不仅对在章程上签章的股东具有约束力,而且对未在章程上签章的公司法人本身、董事、监事、高级管理人员等亦具有约束力。[①]而按契约原则,任何契约只对在契约上签章的当事人具有约束力,未在契约上签字的人,不受该契约约束。显然,公司章程的效力范围要比契约的效力范围大很多。

3. 两者的生效时间不同。按我国法律的规定来看,公司章程虽然是在公司设立过程中就得完成制作的法律文件,但其正式生效则是在公司成立以后。因为公司尚未成立时,规范公司行为的章程也就不具备生效的基础了。有的国家还要求公司章程必须经过公证才发生法律效力。[②]而契约,除另有约定的外,一般随签约各方签字而立即生效。

4. 两者的公开程度不同。契约是签约各方当事人就相互间的权利义务而达成的合约,它与签约人之外的其他人无任何关系,所以一般不需要向他人(尤其是公众)公开。而公司章程不仅是公司内部的自治性法规,对外还具有相当的公示作用。公司章程中记载的关于公司的资本状况、经营范围、股东、董事、监事及高级管理者等的基本信息,公众(尤其公司债权人、已经或正打算与公司建立交易关系的相对人等)是有权知悉的。多数国家的法律是允许公众通过法定途径查阅公司章程,以判断、控制交易风险,我国也一样。

综上所述,章程性质的契约说显然站不住脚,相反,章程性质的宪章说(或称自治法说)则有相当的说服力。

二、公司章程的制定

(一) 公司章程的制定人

如上所述,公司章程本质上是全体股东共同制定的行为规则,但因公司形式、规模及设立方式的差异,股东参与公司章程制定的形式及程序也各不相同。二个以上五十个以下股东设立的有限责任公司,其章程是由公司全体原始股东共同制定,并通过参与制定者的签名、盖章来证明的。一人有限责任公司的章程,就由该唯一股东制定。国有独资公司的章程,由国有资产监督管理机构制定,或者由董事会制定报国有资产监督管理机构批准。股份有限公司的章程,在发起设立的情况下,由发起人制定;采取募集方式设立的,发起人制定的公司章程须经出席创立大会的认股人所持表决权的过半数通过才算有效。[③]

(二) 公司章程的形式

我国《公司法》虽然没有直接规定公司章程的形式,但从《公司法》第 25 条关于

---

① 《中华人民共和国公司法》第 11 条。

② 《日本商法》第 167 条。

③ 《中华人民共和国公司法》第 25 条、第 61 条、第 66 条、第 77 条、第 91 条。

"股东应当在公司章程上签名、盖章",第25条、第82条关于有限责任公司及股份有限公司章程应当载明的事项的规定,《中华人民共和国公司登记管理条例》第20条、第21条关于公司设立登记应提交的文件来看,公司章程毫无疑问应该采取书面形式,不得以口头形式表示。

(三) 公司章程的内容

公司章程的内容,是指公司章程应记载的事项。对此,各国的规定各不相同。按我国《公司法》的规定来看,公司章程的内容可分为法定记载事项和任意记载事项两部分。法定记载事项的内容主要包含四大类:一是有关公司本身的基本信息,如公司名称、住所、经营范围、注册资本数,公司法定代表人等等;二是有关公司股东的基本情况,如发起人及股东的姓名或名称、发起人及股东的出资方式、出资额(或所持股份数)等等;三是公司组织机构的产生及运行方式,如董事会、监事会的组成、职权及议事规则等等;四是有关公司其他重要事项的处理规则,如公司的解散事由及清算办法等等。[①]除了法定记载事项外,公司章程还可根据其各公司内部情况的不同,任意选择记载一些事项。但任意事项的记载,也不能违背一般的法律准则及良俗公德。

(四) 公司章程的修改

公司章程的修改,是指公司章程记载事项的变动。由于章程具有公司内部自治性法规的属性,所以,章程应具有相对稳定性,以保持其权威性。公司章程一经完成制定,非经法定机构、法定程序不得随意修改。按我国《公司法》的规定,有权修改公司章程的机构是股东会或股东大会。有限责任公司股东会若作出修改公司章程的决议的话,必须经代表三分之二以上表决权的股东通过[②];股份有限公司的股东大会作出修改公司章程的决议的,必须经出席会议的股东所持表决权的三分之二以上通过[③],否则,对章程的修改无效。

三、公司章程的作用

公司章程的作用主要体现在对内和对外两个方面。

(一) 公司章程的对内作用

公司章程的对内作用主要表现在以下几点:

1. 确立公司的存续目标。没有明确的设立目标的公司是无法生存的。通过公司章程来规定公司的经营范围、经营方式、经营规模等内容,可以为公司树立起明确、

① 《中华人民共和国公司法》第25条、第82条。
② 《中华人民共和国公司法》第44条。
③ 《中华人民共和国公司法》第104条。

长远的发展目标，也是对股东投资负责的表现。

2. 确立公司内部的管理体制及运行方式。虽然《公司法》对公司内部的管理模式有原则性规定，但每个公司的具体情况都不一样，每个公司都必须在国家法律的指导下建立起一套适合自身情况的特殊运行机制，以确保公司行为的规范。用公司章程来规定公司内部各机构的地位、职权、规模、议事规则等内容，就能使公司建立起一套科学合理的内部管理和运行机制。

3. 公平保护包括股东、董事、监事、高级管理者等在内的公司内部各种不同主体的合法权益。通过公司章程来明确规定公司内部各类主体的权利、义务和责任，有助于平衡内部关系，明辨内部是非，化解内部矛盾，从而在公司内部各类主体之间建立起一种和谐的互助合作关系，达到促进公司良性发展的目的。

（二）公司章程的对外作用

公司章程的对外作用主要表现在：公司章程具有通过揭示公司内部基本信息来促进交易的功能。众所周知，公司有类型之分、大小之别，资信情况不一，承担责任的能力及形式也不相同。而公司作为营利性经济组织，需要不断地与人发生交易以维持其生存，但相对方又会因为对公司情况的不了解而畏缩不前，导致交易迟缓、萎缩，阻碍社会经济的繁荣。因此，公司潜在的投资者或交易方需要有个常规且畅通的渠道来了解公司的基本信息，以便估计或判断自己可能承担的交易风险，避免盲目交易而可能导致的经济损失。但公众可资利用的这个渠道应具有简便性和可信度。公司章程正是公司潜在投资者和交易方获取公司相关信息的最简便、最安全的渠道。因为公开生效的国家法律明确规定"设立公司必须依法制定公司章程"，因为公司登记时必须要向国家登记机关提交公司章程，公众有理由信赖通过国家登记机关核准的公司章程中的信息。因此，通过章程来揭示公司基本信息，将有助于促进社会经济活动的繁荣。

第四节　公 司 名 称

犹如自然人一样，公司法人也必须有一个名称，作为此公司区别于彼公司的标志。设立公司必须先依法确定一个合格的公司名称，这是整个公司设立行为的组成部分。公司名称在各国公司法中都占有一席之地。这不仅是因为公司名称是公司成立的先决条件、是区分不同公司的标志，还因为它是公司开展经营活动、与他人建立各种法律关系（如订立合同、进行诉讼）的前提条件。同时，在市场经济条件下，随着公司财富的积累，公司名称所蕴涵的无形价值也会逐渐提高，一个好的公司名称本身就是一种财富，它可以作为资本直接用以投资，也可以通过转让获得经济利益。正因为如此，各国立法对公司名称的选择、确定、使用及保护等，都有一系列的规定。

为规范公司名称的使用，我国颁布了一系列相关法律法规，其中最重要的，除《公司法》、《中华人民共和国公司登记管理条例》(以下简称《公司登记管理条例》)外，还有 1991 年 5 月，国家工商行政管理总局发布的《企业名称登记管理规定》及 2004 年 6 月国家工商行政管理总局修订后发布的《企业名称登记管理实施办法》等法规。上述法律法规，为我国各类公司确定了起名规则。

一、公司名称的构造

(一) 形式构造

形式上，公司名称应依法定格式构造。除法律法规另有规定的外，我国公司名称一般应由所在地行政区划的名称、字号、行业或者经营特点、组织形式等四部分依次组成。

1. 公司所在地行政区划的名称。公司名称中的行政区划是本公司所在地县级以上行政区划的名称或地名，如上海、常州等。市辖区的名称不能单独用作公司名称中的行政区划。

2. 字号(或商号)。公司名称可以使用自然人投资人的姓名作字号。字号部分应由两个以上中文字组成，如“长虹”、“海尔”、“新希望”等。行政区划不得用作字号，但县以上行政区划的地名具有其他含义的除外，如上海兰州拉面馆、上海四川火锅城等。

3. 行业或者经营特点。公司名称中的行业表述应当是反映公司经济活动性质所属国民经济行业或者公司经营特点的用语。公司名称中行业用语表述的内容应当与公司经营范围一致，公司名称不应当明示或者暗示有超越其经营范围的业务。公司经济活动性质分别属于国民经济行业不同大类的，应当选择主要经济活动性质所属国民经济行业类别用语表述公司名称中的行业。符合法定条件的公司，其名称中可以不使用国民经济行业类别用语表述其所从事的行业。①

4. 公司的组织形式。公司名称中有关组织形式的表述，应符合国家法律法规的规定，而且，组织形式不得联用或混用。我国《公司法》第 8 条规定：“依照本法设立的有限责任公司，必须在公司名称中标明有限责任公司或者有限公司字样。依照本法设立的股份有限公司，必须在公司名称中标明股份有限公司或者股份公司字样。”

综上所述，在我国，规范的公司名称通常是由上述四部分依次构成的。但这不等于说没有例外。考虑到历史原因、国际惯例等因素，我国的法律法规在规定了公司名称构成的一般规则的同时，亦允许有若干例外。如《企业名称登记管理实施办法》第 13 条规定，经国家工商行政管理总局核准，符合下列条件之一的企业法人，可以使用不含行政区划的企业名称：(1)国务院批准的；(2)国家工商行政管理总局登记注册的；(3)注册资本(或注册资金)不少于五千万元人民币的；(4)国家工商行政管理总局

① 《企业名称登记管理实施办法》第 18 条。

另有规定的。另外,历史悠久、字号驰名的公司等,其名称中的行政区划亦可省略。

(二) 内容构造

在内容上,公司名称不得包含法律法规禁止出现的内容和文字;限制使用的文字,应在具备条件时使用。

按《企业名称登记管理规定》第 9 条的规定,公司名称不得含有下列内容和文字:(1)有损于国家、社会公共利益的;(2)可能对公众造成欺骗或者误解的;(3)外国国家(地区)名称、国际组织名称;(4)政党名称、党政军机关名称、群众组织名称、社会团体及部队编号;(5)汉语拼音字母(外文名称中使用的除外)、数字;(6)其他法律、行政法规规定禁止的。

除国家工商行政管理总局另有规定的外,公司法人名称中不得含有其他法人的名称,不得含有另一个企业的名称。

只有具备了一定条件时,才可以在公司名称中使用的文字,主要是指"中国"、"中华"、"国际"、"总公司"等词。依照《企业名称登记管理实施办法》第 10 条的规定,除国务院决定设立的企业外,企业名称不得冠以"中国"、"中华"、"全国"、"国家"、"国际"等字样。设有三个以上分支机构的公司才能称作"××××总公司"。投资者在创设公司过程中必须自觉遵守上述法定的起名规则,否则,自己选择的公司名称很可能因为不符合国家法规的要求而被拒绝注册。

二、公司名称的取得

公司名称的取得是指公司对其选择、确定的合格名称获得法律意义上所有及专有权的过程。对此,我国法律规定了公司名称预先核准及公司名称正式注册登记制度。公司名称预先核准是设立公司的法定步骤,是公司名称被正式注册登记的前提;而公司名称的正式注册登记,是用预先核准的公司名称完成了公司设立行为的结果。

我国《企业名称登记管理实施办法》第 22 条规定,设立公司应当申请名称预先核准。法律、行政法规规定设立企业必须报经审批或者企业经营范围中有法律、行政法规规定必须报经审批项目的,应当在报送审批前办理企业名称预先核准,并以工商行政管理机关核准的企业名称报送审批。

按《企业名称登记管理实施办法》第 23 条的规定,申请公司名称预先核准,应当由全体投资人指定的代表或者委托的代理人,向有名称核准管辖权的工商行政管理机关提交企业名称预先核准申请书。企业名称预先核准申请书应当载明公司的名称(可以载明备选名称)、住所、注册资本、经营范围、投资人名称或者姓名、投资额和投资比例、授权委托意见(指定的代表或者委托的代理人姓名、权限和期限),并由全体投资人签名盖章。企业名称预先核准申请书上应当粘贴指定的代表或者委托的代理人身份证复印件。

投资者申请公司名称预先核准的,既可直接到工商行政管理机关办理,也可通过邮寄、传真、电子数据交换等方式申请公司名称预先核准,由工商行政管理机关对申请预先核准的公司名称作出核准或者驳回的决定。工商行政管理机关予以核准的,发给《企业名称预先核准通知书》;予以驳回的,发给《企业名称驳回通知书》。

被预先核准的公司名称,有效期为六个月。预先核准的公司名称在有效期内,不得用于经营活动,不得转让。有效期满,设立中的公司未正式申请设立登记的,或公司的设立登记申请未被核准的,已被预先核准的公司名称自动失效。有效期届满之前,设立中的公司正式完成设立登记的,从公司被核准登记之日起,公司正式取得其选择、确定的公司名称的所有及专有权。

必须强调的是,无论是公司名称的预先核准申请,还是公司正式设立登记申请,按《企业名称登记管理实施办法》第31条的规定,工商行政管理机关对申请人提出的有下列情形之一的公司名称,将不予核准:(1)与同一工商行政管理机关核准或者登记注册的同行业企业名称字号相同,有投资关系的除外;(2)与同一工商行政管理机关核准或者登记注册符合本办法第18条的企业名称字号相同,有投资关系的除外;(3)与其他企业变更名称未满一年的原名称相同;(4)与注销登记或者被吊销营业执照未满三年的企业名称相同;(5)其他违反法律、行政法规的。

可见,公司名称的预先核准与公司设立登记是公司正式取得其心仪名称的必不可少的两大法定程序。公司对依法取得的名称享有专用权,但应依法使用其名称,不得滥用、不得违规处置其名称,否则,将被追究法律责任。

第五节 公司住所

住所是公司成立的必备条件之一。因此,设立公司的一系列法律行为中,理所当然地包括选择、确定公司住所这一内容。

一、公司住所的确定

虽然各国法律一般都把"公司住所"作为公司章程必备条款及公司注册登记事项之一来要求,但关于公司住所的确定方法,各国的规定却不尽相同,主要有以下三种方法:

一是将公司管理机构所在地确认为公司住所地。该模式的优点在于公司住所较易确定,缺点是公司法人很容易通过将管理机构迁至设立地之外的地方来逃避法律责任,甚至可以通过迁址于海外来逃避原所在国的法律管制。

二是把公司的实际经营场所确认为公司住所地。其优点在于便于国家掌握公司的真实经营状况,并能对其实施有效的税收监管。缺点在于当公司有两个以上营业场所时,不容易确定公司的住所。另外,按照美国著名公司法学者罗伯特·W.汉密尔顿的说法,“这样做的最大不便是有可能将法院传票、法律文书或其他重要信函与普通的日常业务信函混杂在一起,并因此而得不到应有的注意”。①

三是按公司章程的规定来确定公司住所。《德国股份公司法》第5条就规定,“公司所在地是章程所确定的地点”。②章程既可以把公司的注册地确定为公司住所,也可以将生产经营场所定为公司住所,还可以确定除上述地点外的其他地点为公司法定住所。

我国《公司法》第10条规定,“公司以其主要办事机构所在地为住所”。所谓“主要办事机构所在地”,是指决定和处理公司全部事务的机构(亦即中枢机构)的所在地。这实质上是属于上述三种方式中的第一种,即将公司管理机构所在地确认为公司住所地。

我国《公司登记管理条例》第12条规定:“经公司登记机关登记的公司的住所只能有一个。公司的住所应当在其公司登记机关辖区内。”公司设立人为完成设立行为而申请设立登记时,必须提交“公司住所证明”,亦即“能够证明公司对其住所享有使用权的文件”。③公司住所一旦依法确定后,不得随意变更。确实需要“变更住所的,应当在迁入新住所前申请变更登记,并提交新住所使用证明”。④与此同时,我国《公司法》第14条规定,“公司可以设立分公司”,而《公司登记管理条例》第46条、第47条及第48条又分别指出,“分公司是指公司在其住所以外设立的从事经营活动的机构”,“分公司的登记事项包括:名称、营业场所、负责人、经营范围”,“设立分公司,应当向公司登记机关提交……营业场所使用证明”。由此可见,我国法律是严格区分“住所”与“营业场所”这两个既有联系,又有区别的概念的。而且,国家法律并不禁止公司拥有两个以上的“营业场所”,但强调一个公司只能拥有一个法定“住所”。

二、公司住所的法律意义

首先,可以据此确定日常信函、法律文书的送达地以及诉讼管辖地。公司成立后,为开展生产经营活动,需要不断地与外界建立各种联系。因此,与外界的日常信函往来是必不可少的。另外,我国《民事诉讼法》第22条规定:“对法人或者其他组织提起的民事诉讼,由被告住所地人民法院管辖。”因此,没有明确的住所的话,公司不仅无法与外界保持必要的信函联系,而且一旦涉讼,就无法确定哪个法院有管辖权,也无法及时地将有关法律文书送达公司。

其次,可以据此确定国家有关机关对公司的行政管辖。我国各级政府的相关职能部门依法对其辖区内的相关主体拥有管辖权。国家有关机关对公司的行政管辖主

① [美]罗伯特·W.汉密尔顿著:《公司法》,法律出版社1999年版,第59页。
② 卞耀武主编,贾红梅、郑冲译:《德国股份公司法》,法律出版社1999年版,第5页。
③ 《公司登记管理条例》第20条、第24条。
④ 《公司登记管理条例》第29条。

要包括:国家工商行政管理部门对公司的登记管辖、国家税务部门对公司的税收征管管辖、国家质监部门对公司的质量监督管理等等。判定国家某工商局、某税务局或某质监局等机构对某一公司是否拥有管辖权的依据是:该公司的法定住所是否在其辖区内。我国《公司登记管理条例》第12条明确规定:"公司的住所应当在其公司登记机关辖区内。"这不仅有利于国家对公司的行政监管,有利于维护良好的经济秩序,也有利于公司合法权益的保护。

第三,可以据此确定合同履行地。合同是公司建立各种内外关系的最常用的法律手段。作为签约方的公司所签订各种合同,若出现履行地点不明确的话,依我国《合同法》第62条的规定,给付货币的,在接受货币一方所在地履行;其他标的,在履行义务一方所在地履行。因此,公司住所地是解决合同履行地不明确时的合同履行问题的关键。

第四,在涉外民事法律关系中,公司住所是确定适用法律的依据之一。

第六节 公司登记

一、公司登记概述

公司登记,是设立中的公司为取得公司法人资格或成立后的公司为变更公司注册登记事项或终止公司法人资格而依法向公司登记主管机关申请并被核准登记的法律行为。根据登记的内容和目的的不同,我们可以把公司登记分为设立登记、变更登记以及注销登记等若干种类型。作为公司设立制度构成部分的公司登记,主要是指公司的设立登记。

公司设立登记,实质上是一种私法上主体(公司创立人)就其依法所实施的行为(设立行为)争取获得公法上主体(国家)确认的过程。所以,虽然其中有一些实体性规则在内,但它本质上是一种程序性制度。其内容包括登记主管机关、登记程序、登记的效力等等。

设立登记的意义主要表现在:凡是公司设立登记被核准的,就意味着国家认可了创立人的设立行为,公司即合法成立;相反,若公司设立登记未被核准的,则说明国家否定了设立行为的后果,与此相应,公司即不能正式成立,设立行为失败。所以,公司设立登记具有创设公司法人的积极作用。不仅如此,随着公司被正式核准成立,在取得公司法人资格的同时,公司还获得了公司名称专用权及核准范围内的生产经营权。

我国规范公司登记的法律法规,除了《公司法》以外,主要有《公司登记管理条例》、《企业登记程序规定》、《企业经营范围登记管理规定》、《企业名称登记管理实施办法》、《公司注册资本登记管理规定》等。包括公司设立登记、变更登记、注销登记等在内的所有公司登记行为,都得按上述相关法规进行。

二、公司登记主管机关

(一) 公司登记主管机关概述

各国立法关于公司登记主管机关的规定各不相同。有的规定法院是登记主管机关,如德国和日本。有的规定法院和行政机关同为登记主管机关,但各自负责不同种类商事主体的登记工作。例如,法国商法规定,法院负责一般的商事登记,行政机关专门办理公司的登记。还有的规定,登记主管机关为特定的国家行政机构,美国、英国以及我国都属这一类。在我国,工商行政管理机关是公司登记主管机关,依法负责各类公司、企业的登记工作。其中,国家工商行政管理总局是国务院直属职能机构,主管全国的公司登记工作,省、自治区、直辖市等的工商行政管理局(以下简称省级工商行政管理局)是同级人民政府的职能机构,负责本行政辖区内的公司登记工作,对同级人民政府和国家工商行政管理总局负责并报告工作,业务工作接受国家工商行政管理总局指导。

(二) 登记管辖

1. 国家工商行政管理总局负责下列公司的登记:(1)国务院国有资产监督管理机构履行出资人职责的公司以及该公司投资设立并持有百分之五十以上股份的公司;(2)外商投资的公司;(3)依照法律、行政法规或者国务院决定的规定,应当由国家工商行政管理总局登记的公司;(4)国家工商行政管理总局规定应当由其登记的其他公司。

2. 省、自治区、直辖市工商行政管理局负责本辖区内下列公司的登记:(1)省、自治区、直辖市人民政府国有资产监督管理机构履行出资人职责的公司以及该公司投资设立并持有百分之五十以上股份的公司;(2)省、自治区、直辖市工商行政管理局规定由其登记的自然人投资设立的公司;(3)依照法律、行政法规或者国务院决定的规定,应当由省、自治区、直辖市工商行政管理局登记的公司;(4)国家工商行政管理总局授权登记的其他公司。

3. 设区的市(地区)工商行政管理局、县工商行政管理局,以及直辖市的工商行政管理分局、设区的市工商行政管理局的区分局,负责本辖区内下列公司的登记:(1)上述第1项、第2项中所列公司以外的其他公司;(2)国家工商行政管理总局和省、自治区、直辖市工商行政管理局授权登记的公司。

三、公司登记事项

公司登记事项,是指法律规定的公司登记申请人必须向公司登记主管机关申报的有关公司的基本信息。公司的登记事项必须符合法律、行政法规的规定。否则,公司登记机关有权不予登记。按我国《公司登记管理条例》第9条的规定,公司的登记事项包括下列各项：

1. 公司名称。公司名称应当符合国家有关规定，且公司只能使用一个名称。经公司登记机关核准登记的公司名称受法律保护。

2. 公司住所。公司的住所是公司主要办事机构所在地。经公司登记机关登记的公司的住所只能有一个。公司的住所应当在其公司登记机关辖区内。

3. 公司法定代表人姓名。公司法定代表人依照公司章程的规定，由董事长、执行董事或者经理担任。公司自己确定的法定代表人，必须经依法登记后，才享有代表公司行为的权利。登记后，公司法定代表人发生变更的，应当办理变更登记。

4. 公司注册资本。不同公司注册资本的内涵是不一样的。有限责任公司的注册资本为在公司登记机关登记的全体股东认缴的出资额。①股份有限公司，采取发起设立方式设立的，注册资本为在公司登记机关登记的全体发起人认购的股本总额；采取募集方式设立的，注册资本为在公司登记机关登记的实收股本总额。②无论是有限责任公司还是股份有限公司，除法律、行政法规另有规定的外，注册登记时，公司注册资本应当以人民币表示。

5. 公司实收资本。除采取募集方式设立的股份有限公司以外，我国法律允许有限责任公司及采取发起方式设立的股份有限公司的发起人及股东分期缴纳股款。所以，凡是设立登记时，发起人或股东认缴的出资及股份未缴足的，应同时登记实收资本。除法律、行政法规另有规定的外，公司实收资本的登记，亦应以人民币表示。

6. 公司类型。公司类型包括有限责任公司和股份有限公司。一人有限责任公司应当在公司登记中注明是自然人一人独资公司还是法人一人独资公司。

7. 公司经营范围。公司的经营范围虽有公司章程规定，但必须依法登记。有关公司经营范围的用语应当规范，并应当参照国民经济行业分类标准来表述。

8. 营业期限。如果公司章程明确规定了公司的营业期限的，登记时必须注册该事项。

9. 有限责任公司或者股份有限公司发起人的姓名或者名称，以及认缴和实缴的出资额、出资时间、出资方式。

四、公司设立登记程序

（一）公司名称的预先核准登记

设立公司应当申请名称的预先核准登记。设立有限责任公司的，应当由全体股东指定的代表或者共同委托的代理人向公司登记机关申请名称预先核准；设立股份有限公司的，应当由全体发起人指定的代表或者共同委托的代理人向公司登记机关申请名称预先核准。

---

① 《中华人民共和国公司法》第 26 条。

② 《中华人民共和国公司法》第 81 条。

申请名称预先核准应当提交下列文件:(1)有限责任公司的全体股东或者股份有限公司的全体发起人签署的公司名称预先核准申请书;(2)全体股东或者发起人指定代表或者共同委托代理人的证明;(3)国家工商行政管理总局规定要求提交的其他文件。

公司登记机关作出准予公司名称预先核准决定的,应当出具《企业名称预先核准通知书》。预先核准的公司名称保留期为六个月。预先核准的公司名称在保留期内,不得用于从事经营活动,不得转让。

公司登记机关作出不予名称预先核准决定的,应当出具《企业名称驳回通知书》,并说明不予核准的理由,并告知申请人享有依法申请行政复议或者提起行政诉讼的权利。

(二) 履行必要的行政审批手续

法律、行政法规或者国务院决定规定设立公司必须报经批准,或者公司经营范围中属于法律、行政法规或者国务院决定规定在登记前须经批准的项目的,应当在办理完公司名称预先核准后,以公司登记机关核准的公司名称报送审批。

(三) 公司设立登记申请

1. 有限责任公司的设立登记申请。

设立有限责任公司,应当由全体股东指定的代表或者共同委托的代理人向公司登记机关申请设立登记。设立国有独资公司,应当由国务院或者地方人民政府授权的本级人民政府国有资产监督管理机构作为申请人,申请设立登记。法律、行政法规或者国务院决定规定设立有限责任公司必须报经批准的,应当自批准之日起九十日内向公司登记机关申请设立登记;逾期申请设立登记的,申请人应当报批准机关确认原批准文件的效力或者另行报批。

申请设立有限责任公司,应当向公司登记机关提交下列文件:(1)公司法定代表人签署的设立登记申请书;(2)全体股东指定代表或者共同委托代理人的证明;(3)公司章程;(4)依法设立的验资机构出具的验资证明,法律、行政法规另有规定的除外;(5)股东首次出资是非货币财产的,应当在公司设立登记时提交已办理其财产权转移手续的证明文件;(6)股东的主体资格证明或者自然人身份证明;(7)载明公司董事、监事、经理的姓名、住所的文件以及有关委派、选举或者聘用的证明;(8)公司法定代表人任职文件和身份证明;(9)企业名称预先核准通知书;(10)公司住所证明;(11)国家工商行政管理总局规定要求提交的其他文件。法律、行政法规或者国务院决定规定设立有限责任公司必须报经批准的,还应当提交有关批准文件。

2. 股份有限公司的设立登记申请。

设立股份有限公司,应当由董事会向公司登记机关申请设立登记。以募集方式设立股份有限公司的,应当于创立大会结束后三十日内向公司登记机关申请设立登记。

申请设立股份有限公司,应当向公司登记机关提交下列文件:(1)公司法定代表人签署的设立登记申请书;(2)董事会指定代表或者共同委托代理人的证明;(3)公司章程;(4)依法设立的验资机构出具的验资证明;(5)发起人首次出资是非货币财产的,应当在公司设立登记时提交已办理其财产权转移手续的证明文件;(6)发起人的主体资格证明或者自然人身份证明;(7)载明公司董事、监事、经理姓名、住所的文件以及有关委派、选举或者聘用的证明;(8)公司法定代表人任职文件和身份证明;(9)企业名称预先核准通知书;(10)公司住所证明(即能够证明公司对其住所享有使用权的文件);(11)国家工商行政管理总局规定要求提交的其他文件。以募集方式设立股份有限公司的,还应当提交创立大会的会议记录;以募集方式设立股份有限公司公开发行股票的,还应当提交国务院证券监督管理机构的核准文件。法律、行政法规或者国务院决定规定设立股份有限公司必须报经批准的,还应当提交有关批准文件。

公司申请登记的经营范围中属于法律、行政法规或者国务院决定规定在登记前须经批准的项目的,应当在申请登记前报经国家有关部门批准,并向公司登记机关提交有关批准文件。

3. 分公司的设立登记申请。

分公司是指公司在其住所以外设立的从事经营活动、不具有企业法人资格的机构。分公司的登记事项包括:分公司名称、营业场所、负责人、经营范围。分公司的经营范围不得超出公司的经营范围。

公司设立分公司的,应当自作出决定之日起三十日内向分公司所在地的公司登记机关申请登记。法律、行政法规或者国务院决定规定必须报经有关部门批准的,应当自批准之日起三十日内向公司登记机关申请登记。

设立分公司,应当向公司登记机关提交下列文件:(1)公司法定代表人签署的设立分公司的登记申请书;(2)公司章程以及加盖公司印章的《企业法人营业执照》复印件;(3)营业场所使用证明;(4)分公司负责人任职文件和身份证明;(5)国家工商行政管理总局规定要求提交的其他文件。法律、行政法规或者国务院决定规定设立分公司必须报经批准,或者分公司经营范围中属于法律、行政法规或者国务院决定规定在登记前须经批准的项目的,还应当提交有关批准文件。

4. 申请方式。

申请公司、分公司的设立登记,申请人可以到公司登记机关提交申请,也可以通过信函、电报、电传、传真、电子数据交换和电子邮件等方式提出申请。

通过电报、电传、传真、电子数据交换和电子邮件等方式提出申请的,应当提供申请人的联系方式以及通讯地址。

(四)公司登记机关的受理程序

1. 依法作出是否受理的决定。

依我国《公司登记管理条例》第52条的规定,公司登记机关面对各种公司的设立登记申请,应当根据下列情况分别作出是否受理的决定:(1)申请文件、材料齐全,符合法定形式的,或者申请人按照公司登记机关的要求提交全部补正申请文件、材料的，应当决定予以受理。(2)申请文件、材料齐全，符合法定形式，但公司登记机关认为申请文件、材料需要核实的，应当决定予以受理，同时书面告知申请人需要核实的事项、理由以及时间。(3)申请文件、材料存在可以当场更正的错误的，应当允许申请人当场予以更正，由申请人在更正处签名或者盖章，注明更正日期；经确认申请文件、材料齐全，符合法定形式的，应当决定予以受理。(4)申请文件、材料不齐全或者不符合法定形式的，应当当场或者在五日内一次告知申请人需要补正的全部内容；当场告知时，应当将申请文件、材料退回申请人；属于五日内告知的，应当收取申请文件、材料并出具收到申请文件、材料的凭据，逾期不告知的，自收到申请文件、材料之日起即为受理。(5)不属于公司登记范畴或者不属于本机关登记管辖范围的事项，应当即时决定不予受理，并告知申请人向有关行政机关申请。

公司登记机关对通过信函、电报、电传、传真、电子数据交换和电子邮件等方式提出申请的，应当自收到申请文件、材料之日起五日内作出是否受理的决定。

公司登记机关决定予以受理的，应当出具《受理通知书》；决定不予受理的，应当出具《不予受理通知书》，说明不予受理的理由，并告知申请人享有依法申请行政复议或者提起行政诉讼的权利。

2. 依法作出是否准予登记的决定。

公司登记机关对决定予以受理的登记申请，应当分别情况在规定的期限内作出是否准予登记的决定。我国《公司登记管理条例》第 54 条规定:(1)对申请人到公司登记机关提出的申请予以受理的，应当当场作出准予登记的决定。(2)对申请人通过信函方式提交的申请予以受理的，应当自受理之日起十五日内作出准予登记的决定。(3)通过电报、电传、传真、电子数据交换和电子邮件等方式提交申请的，申请人应当自收到《受理通知书》之日起十五日内，提交与电报、电传、传真、电子数据交换和电子邮件等内容一致并符合法定形式的申请文件、材料原件；申请人到公司登记机关提交申请文件、材料原件的，应当当场作出准予登记的决定；申请人通过信函方式提交申请文件、材料原件的，应当自受理之日起十五日内作出准予登记的决定。(4)公司登记机关自发出《受理通知书》之日起六十日内，未收到申请文件、材料原件，或者申请文件、材料原件与公司登记机关所受理的申请文件、材料不一致的，应当作出不予登记的决定。

公司登记机关需要对申请文件、材料核实的，应当自受理之日起十五日内作出是否准予登记的决定。公司登记机关作出不予登记决定的，应当出具《登记驳回通知书》，说明不予登记的理由，并告知申请人享有依法申请行政复议或者提起行政诉讼的权利。公司登记机关作出准予公司设立登记决定的，应当出具《准予设立登记通知书》，并告知申请人自决定之日起十日内，领取营业执照。与此同时，公司登记机关应当将登记的公司登记事项记载于公司登记簿上，供社会公众查阅、复制。

第六章
公 司 资 本

第一节　公司资本制度概述

一、公司资本的概念及意义

(一) 公司资本及相关概念辨析

虽然不少学者都认为,“公司资本”在公司法上有其特定的含义①,但对到底什么叫“公司资本”,国内外学者却有着各自不同的说法。有的说,它“是经政府批准的公司章程所确定的由股东认购股份出资所构成的公司财产总额”。②有的说,它是指“由章程确定的股东将要认缴或已经认缴的出资总额”。③还有学者说,“在严格的法律意义上说,公司资本仅指‘股权资本’而言……因其需要登记注册,所以又称之为注册资本”。④英国《伯尔门公司法》一书说:“资本一词在公司法中当然有各种说法,但严格地来说,它仅仅是指公司的股本。”⑤

我们认为,上述观点各有一定的道理,但都不很准确。要给公司资本下定义的话,必须将其放在一个具体的法律环境下去考察,否则很难做到定义恰当。参照我国《公司法》的相关规定,我们可以给“公司资本”作如下定义:公司资本,是注册资本的简称,又称股本,是指由公司章程确定的全体股东认缴或实缴的出资总额。其基本特征是:(1)公司资本仅指来源于全体股东出资构成的那部分公司资产,具体表现为法律允许的货币、实物、知识产权、土地使用权等若干种形式。(2)公司资本数额是由公司章程规定,并经注册登记后确定的。(3)公司资本所有权归属于公司法人,而非公司股东。除非公司法人解散,否则公司可以无限期地拥有并使用这些资产。(4)公司资本“为一定不变之计算上数额”⑥,若欲变动其数额,必须履行严格的法定增资或减资程序。

---

① 徐燕著:《公司法原理》,法律出版社 1997 年版,第 305 页;石少侠主编:《公司法教程》,中国政法大学出版社 2002 年版,第 67 页。

② 秦琪、汤家栋主编:《股份知识手册》,经济日报出版社 1991 年版,第 17 页。

③ 徐燕著:《公司法原理》,法律出版社 1997 年版,第 305 页。

④ 施天涛著:《公司法论》,法律出版社 2005 年版,第 199 页。

⑤ 沈四宝编著:《西方国家公司法概论》,北京大学出版社 1986 年版,第 77 页。

⑥ 柯芳枝著:《公司法论》,中国政法大学出版社 2004 年版,第 127 页。

在实行授权资本制的国家，注册资本(registered capital)常被称为核准资本(authorized capital)及名义资本(nominal capital)。这是因为，在授权资本制下，公司注册资本并不需要全部认足，发起人或股东只需认购公司注册资本中的一部分，公司即可成立。其余部分可以待公司成立后再发行。所以，注册资本只不过是政府允许公司发行资本的最高限额或公司预计将要发行(或筹足)的自有资本总额，"核准资本"的概念由此而生。另外，只要注册资本没有发行完毕，章程中所记载的公司注册资本就是个名义上的资本数，而不是公司真实拥有的资本数，只有当公司注册资本全部发行并募集完后，公司资本与公司注册资本在数量上才相等。这就是为什么注册资本又被称作"名义资本"的理由。

与公司资本(capital)密切相关的一个概念是公司资产(assets)，但两者的内涵有很大区别。

公司资产，既包括由股东出资构成的公司自有财产——公司资本，也包括由公司对外发行债券、向银行贷款等以负债形式形成的公司财产。其具体形态包括固定资产、流动资产、货币资产、实物资产、不动产、甚至无形资产等等。

公司资本与公司资产不仅内涵不同，法律对它们的规制方法也不同。对公司资本，一般有法定最低限额的要求，这一限额是章程确定公司资本数额的依据，是公司成立和存在的必不可少的条件。它不会因公司经营状况的好坏和公司实有资产的增减而变动。相反，只要公司权力机构股东会决定不增加或减少公司资本，则公司资本会持续地保持原有的数额。而法律对公司资产并无最低数额的要求，公司资产总量的增加或减少，很大程度上不取决于人为的主观意愿，而是与决策的正确与否、管理的方式方法、政策的调整、市场的变化等因素密切相关的。客观上讲，与相对恒定的公司资本不同，公司资产始终处于一种不断的变化之中。法律对公司资产的规定，也仅限于对公司一段时间内的大宗资产的购买、出售或运作行为。如《公司法》第 122 条规定："上市公司在一年内购买、出售重大资产或者担保金额超过公司资产总额百分之三十的，应当由股东大会作出决议，并经出席会议的股东所持表决权的三分之二以上通过。"

一般而言，公司实有资产的数额应该大于公司资本数额。但如果公司经营不善，亏损严重时，则有可能出现公司资产小于公司资本的情况。所以，公司资本与公司资产是既有联系又有区别的两个概念，不可将它们混为一谈。

与公司资本及公司资产相关的另一个概念是公司净资产(net assets)。公司净资产是指公司资产总额减去公司负债总额后的余额。与公司注册资本数及资产总额相比，净资产数才是判断公司真实实力的依据。一般来说，在公司刚成立且无任何外债的情况下，当公司资本未发行完，或发行资本未缴足时，公司的净资产额小于其注册资本数；在公司资本发行完毕且所有发行资本都缴足的情况下，公司净资产额等于公司注册资本数①；而当

① 我国不允许折价发行股份。所以，只要全部股份都发行完毕，且所有已发行的股份都已缴足的情况下，公司的净资产额应该等于其注册资本额。但若在一些允许折价发行股份的国家，即使股份全发行完，且所有已发行股份都已缴足时，亦可能出现净资产额小于注册资本数的现象。

公司开始营业后，随着盈亏的发生和变化，公司净资产总额也会随之增减。因此，公司的净资产额既可能大于、等于，也可能小于其注册资本数。当公司资产总额等于负债总额时，其净资产额等于零，而当公司资产总额小于其负债总额时，公司的净资产将为负值。与此同时，只要公司未履行法定减资手续，则其注册资本仍为设立登记时注册登记的数额。

公司资本与公司发行资本(issued capital)的概念亦有区别。发行资本，是指公司依法律或公司章程的规定，在注册资本额度内已经发行的、由股东认购的资本总额。由于注册资本限定了发行资本的数额，发行资本总额不可能超过注册资本总额。在公司资本没有全部发行完毕之前，发行资本总是小于注册资本的，而当公司资本全部发行完时，发行资本数就等于注册资本额了。但是，公司的发行资本永远不会大于其注册资本数。

公司资本与实缴或实收资本(paid-up capital)也不相同。不少国家的公司法不仅允许公司资本分次发行，而且允许已发行的资本分期缴纳股款。所以，实缴(收)资本，就是指全体股东实际缴纳的或者公司实际收到的资本总额。除非发行资本一次缴清，否则，实缴资本总是小于发行资本。当发行资本全部缴清时，实收资本就等于发行资本。因此，实缴(收)资本不会大于发行资本。溢价发行股份时的溢价部分收入，由公司依法列入资本公积金。

公司资本与催缴资本(uncalled capital)的差异较明显。催缴资本又称未收资本，是指股东已经认购但尚未缴纳股款、而公司可依法向股东催缴的那部分资本。所以，催缴资本总是等于发行资本减去实缴资本后的余额。

(二) 公司资本的意义

公司资本是公司得以成立并运营的物质基础。不少国家的公司法都规定，设立公司必须有一定数量的自有资本，否则公司不能成立，也无法获得合法的经营主体资格。作为以营利为目的的经济组织，若没有一定数量的公司资本，公司也无法开展正常的生产经营活动，而无法正常运营，就失去了其存续的理由。

公司资本还是公司承担其债务责任的基础。我国《公司法》第 3 条明确规定："公司以其全部财产对公司的债务承担责任。"由于公司资本是构成公司财产的基础，因而公司资本也是公司承担其债务责任的基础。没有公司资本，公司债权人的利益就毫无保障。

二、公司资本制度的类型

(一) 法定资本制

法定资本制，又称确定资本制，是大陆法系国家首创的一种资本制度，曾对欧亚各国公司资本制度的确立产生过重要影响。法定资本制的核心内容是资本三原则，即资本确定原则、资本维持原则及资本不变原则。

资本确定原则是指:发起人在设立公司时,必须在公司章程中对公司资本总额作出明确的规定,而且由章程规定的资本总额必须由发起人和认股人全部认足并缴足,否则,公司即不能成立。该原则的目的是:确保公司资本的真实可靠,防止公司设立中的欺诈和投机行为。

资本维持原则是指:公司在存续过程中,应经常注意保持与其注册资本额相当的财产。其目的,一方面是为了保证公司有足够的偿债能力,以达到保护公司债权人利益、维护公司信用基础的目的;另一方面,也是为了防止股东对盈余分配的过高要求而可能导致的公司资本的实质性减少。

资本不变原则是指:公司资本一经确定,非依法定程序变更章程,不得改变。所以,资本不变原则强调的不是资本的绝对不能变,而是不能随意变。究其本意,一是为了防止公司因随意减资而危及债权人的利益,二是为了避免出现因资本过剩而带给股东的低投资回报率。

综上所述,以资本三原则为核心内容的法定资本制,其最大特点是强调公司资本的真实与可靠,因而能较有效地保障债权人的利益及社会交易的安全。但又因其固守资本的确定、不变和维持之理念,往往导致公司的设立周期延长、设立成本提高、公司成立困难及成立后变更资本的麻烦,也与市场经济环境所要求的效率原则不相吻合。因此,其已被不少国家的公司法所部分甚至全部放弃。

(二)授权资本制

授权资本制是英美法系国家创设并采用的一种公司资本制度。其含义是:设立公司时,虽然应在公司章程中载明资本总额,但不必发行资本的全部,而只要发行其中的一部分,公司即可成立。其余部分,授权董事会在公司成立后,一次或分次发行完毕。

与法定资本制相比,授权资本制因其并不强求发起人和认股人在公司成立之前一次性全部认足公司的所有资本或股份,从而使得公司的成立较为容易,并可避免因全部资本都发行及募集完毕而可能出现的资金闲置的状况;同时,因成立时尚未认足的那部分资本已记载在公司章程资本总额之内,故再次发行时,无需变更章程,亦不必履行增资程序,其便利性是显而易见的。但实行授权资本制,在公司成立之初,极有可能因其发行及实有资本与注册的账面资本不一致而给债权人带来一定的风险;再则,将发行新股的权利完全赋予董事会,对股东权益的保护也会带来一定的影响。

(三)折中资本制

关于折中资本制,其实并没有一个准确的定义,它实际上是各国在法定资本制和授权资本制基础上所作的一种趋利除弊性选择的结果。学界谓之以"折中资本制",是因为:它既吸收了法定资本制的合理内容,又与它不完全相同;既有授权资本制的特点,又与其不完全一致;它"是介于法定资本制和授权资本制之间的一种公司资本制度，是两种制度的有机结合”。① 至于各国公司法对法定资本制和授权资本制的具体取舍，则各不相同。有的是对授权数额作了规定②，有的则是对被授权限的使用期限作了规定。③总体而言，区别取决于立法者的立法意图及各国不同的法律制度。

（四）我国的公司资本制度

我国1993年《公司法》所确定的公司资本制度，比较接近法定资本制，但又与大陆法系的法定资本制不完全相同，其主要表现为：在规定了较高的法定最低资本额的同时，既不允许授权发行资本，又不准予分期缴纳股款，从而构成了较为严格而独特的中国公司资本制度。2005年10月修订后的我国《公司法》，对公司资本制度作了修正，从而使我国的公司资本制度更适合我国市场经济体制的需要。修订后的《公司法》所确立起来的我国公司资本制度的显著特点是：

1. 坚持法定资本制的同时，引进分期缴纳制。总体上看，我国的公司资本制度仍属法定资本制，授权资本制依然未被确立，这可从《公司法》第26条、第81条的有关规定看出。《公司法》第26条规定：“有限责任公司的注册资本为在公司登记机关登记的全体股东认缴的出资额。”《公司法》第81条规定：“股份有限公司采取发起设立方式设立的，注册资本为在公司登记机关登记的全体发起人认购的股本总额……股份有限公司采取募集方式设立的，注册资本为在公司登记机关登记的实收股本总额。”《公司法》不允许公司授权发行资本已成定局。但与此同时，《公司法》第26条又规定：“公司全体股东的首次出资额不得低于注册资本的百分之二十，也不得低于法定的注册资本最低限额，其余部分由股东自公司成立之日起两年内缴足；其中，投资公司可以在五年内缴足。”《公司法》第81条也作了类似规定：“公司全体发起人的首次出资额不得低于注册资本的百分之二十，其余部分由发起人自公司成立之日起两年内缴足；其中，投资公司可以在五年内缴足。在缴足前，不得向他人募集股份。”发起人和股东可以分期缴纳出资已是毫无疑义的了，与以前相比，新《公司法》所确立的法定资本制可谓较为宽松的法定资本制。

2. 出资制度凸显原则性与灵活性相结合的态势。在股东出资制度上，修订前的《公司法》实行严格的出资形式法定主义，且只规定了货币、实物、工业产权、非专利技术和土地使用权等五种出资形式，并对工业产权、非专利技术等无形资产出资的最高比例作了限制，排除了股权、债权等其他经营要素出资的可能性。而修订后的《公司法》不仅将工业产权扩大到整个知识产权，还取消了原先对无形资产出资比例的限制，更为重要的是，彻底改变了对股东出资形式的立法方式，即不再以机械而固定的方式规定出资形式，而是在简单列举的基础上，再用一个富有弹性的

① 石少侠主编：《公司法教程》，中国政法大学出版社2002年版，第74页。

② 《日本商法》第166条。

③ 《德国股份公司法》第202条。

抽象标准"可以用货币估价并可以依法转让的非货币财产"来概括表达股东的出资形式①,从而使得股东可选择的出资形式更灵活、范围更广。

3. 内资公司与外资公司的资本制度实行双轨制。我国《公司法》关于公司资本制度的规定,只适用于境内投资者投资设立的公司,不适用于外商投资组建的公司。外商投资设立的公司,其资本制度适用有关《中外合资经营企业法》、《中外合作经营企业法》及《外商投资企业法》的规定(以下简称《外资法》)。总体上讲,《公司法》上的资本制度相对灵活,而外资法中的资本制度则要严格得多。如公司增加或减少注册资本等资本变更行为,按《公司法》的规定,只要股东会作出决定、并依法办理变更登记手续就可以了,而外资公司除了内部权力机构决定外,还必须办理审批手续,否则不允许变更公司资本。

第二节　公司资本的具体形式

公司资本虽然应以一定的货币金额来表示,但就其具体构成而言,并不以货币为限。各国公司法除了允许资合公司的股东以货币(现金)、实物、知识产权、土地使用权等形式出资外,还允许人合公司的股东以信用和劳务等形式出资。可见,公司资本的具体构成形式是多种多样的。之所以是这样,主要是因为两大因素:(1)公司的设立目的各不相同,从而使维持公司正常运作所需要的具体条件也各不相同。如果立法无视这一客观现实而强求所有公司股东必须一律以现金形式出资的话,那么在公司成立后,为了开展及维持正常的生产经营活动,公司必须用其现金资本中的一部分去购买各种必要的其他形式的财产或实物,这样不仅耗时费力,增加经营成本,还可能坐失良机,造成公司及股东利益的受损。(2)因经济发展不平衡及其他原因而导致的公众投资者实际拥有或控制社会财富的数量及形式的巨大差异,决定了其投资能力及形式的不同。如果立法无视这一客观现实而强求所有公司股东必须一律以现金形式出资的话,会限制相当部分公众投资者投资愿望的实现,不利于最大限度地利用社会闲散资金发展经济,也不利于缓解社会就业压力。正因为如此,在公司资本的构成形式问题上,各国立法大都采取原则性与灵活性相结合的原则,即一方面要求公司资本中有一定比例的货币资本,另一方面又允许股东以各种其他形式向公司出资。我国也一样。按我国《公司法》的规定,公司资本的构成形式可以是货币、实物、知识产权、土地使用权等可以用货币估价并可以依法转让的非货币财产。

一、货币

货币是公司资本中最常见也是最基本的一种构成形式,几乎所有不同类型的公

① 《中华人民共和国公司法》第 27 条。

司都离不开货币资本。这是因为货币具有其他形式的资本所不具有的一些优点。正因为如此,我国及世界上大多数国家的公司法都允许股东以货币的形式出资。

为保证公司资本中有足够的货币资本来满足公司的经营需要,许多国家的公司法还对货币资本占公司资本的法定比例作了明确规定。如奥地利《股份有限公司法》第 28 条规定:“在公司成立或资本增加时,每一股份(加上其溢价,如有的话)面值的百分之二十五的股款,必须以现金形式缴付。”[①]法国、德国、意大利等国公司法也有类似规定。

我国《公司法》第 27 条规定,股东可以用货币出资,全体股东的货币出资金额不得低于有限责任公司注册资本的百分之三十。

二、实物

实物,主要是指建筑物、厂房和机器设备等有形资产。股东的实物形态出资是公司资本中不可或缺的重要组成部分。包括我国在内的各国公司法都普遍规定股东可以实物出资。因为实物出资不仅方便了股东,也在一定程度上为公司减少了麻烦,可说是一举两得的好事。虽然我国《公司法》没有直接规定哪些实物可以作为股东的出资,但从学理上讲,股东用作出资的实物应具备经济上的有益性及法律权属上的无争议性两要件。

所谓经济上的有益性是指:该实物是公司所需要的,是可以直接投入到生产经营活动中去使用的。如果某类实物虽有价值,但对公司来讲并不需要的话,则该类实物就不能作为该公司股东的出资。理由很简单,因为那样的话,不仅会增加公司的经营成本,还会使公司资本的确定性及真实性受到影响。

所谓法律权属上的无争议性是指:被用作出资的实物应该是出资人所有并可依法处置的财产。因此,共有财产在未行分割或未征得共有人同意之前、权属不明或权属有争议的财产、已经设定了抵押权的财产等,是不能作为股东对公司的出资的。否则,极易在其他权利人与出资人之间造成纠纷,并进而导致公司权益受损。

三、知识产权

知识产权是我国《公司法》明文规定的一类资本构成形式。但关于知识产权的定义问题,我国相关的立法并未给出明确的规定,只是在《民法通则》中用了四个条款(第 94 条至 97 条)以列举的方式简要地指出了知识产权的范围。按我国《民法通则》的规定,知识产权包括著作权(版权)、专利权、商标专用权、发现权、发明权及其他科技成果权。

从国际上看,对规范知识产权领域的立法、执法和一般民事行为影响重大的《世

① 李功国、周林彬、陈志刚等编译:《欧洲十二国公司法》,兰州大学出版社 1998 年版,第 21 页。

界知识产权组织公约》及《世界贸易组织与贸易有关的知识产权协议》(以下简称"TRIPS 协议")本身亦未给知识产权下概括性的定义,而只是列举了知识产权应当包括的范围和权利种类。按照《世界知识产权组织公约》第 2 条第 8 款的规定来看,知识产权包括下列权利:(1)与文学、艺术及科学作品有关的权利,即版权或著作权;(2)与表演艺术家的表演活动、与录音制品及广播有关的权利,即邻接权;(3)与人类创造性活动的一切领域的发明有关的权利,即专利权(包括发明专利、实用新型和非专利发明的权利);(4)与科学发现有关的权利;(5)与工业品外观设计有关的权利;(6)与商品商标、服务商标、商号及其他商业标记有关的权利;(7)与防止不正当竞争有关的权利;(8)一切其他来自工业、科学及文学艺术领域的智力创作活动所产生的权利。

TRIPS 协议中所谓的知识产权是指:(1)版权与邻接权;(2)商标权;(3)地理标志权;(4)工业品外观设计权;(5)专利权、(6)集成电路布图设计权;(7)未披露过的信息权。

虽然,上述两个国际公约和条约中关于知识产权的具体范围和种类的规定有所差异,但有一点很明显,即国际上公认的知识产权的范围和种类比我国《民法通则》中列举的知识产权的范围更广、种类更多。由于《民法通则》颁布至今已经二十多年,我国社会的经济状况已经发生了翻天覆地的变化,《公司法》上的知识产权是否就是《民法通则》中列举的这些,立法并不明确。但从我国学界及现实的经济、法律实践来看,国人对"知识产权"的理解与运用显然已经不局限于《民法通则》中所列举的这些。因此,《公司法》上的"知识产权"的概念如何理解的问题、可以构成公司资本部分的"知识产权"的范围又该如何掌握的问题,在相关解释性法律法规出台之前,我们只能大致上按照《公司法》第 27 条的规定来判断。根据《公司法》第 27 条的规定,我们认为,可以作为公司资本构成部分的"知识产权"应该是"可以用货币估价并可以依法转让的"知识产权,但法律、行政法规规定不得作为出资的知识产权除外。

四、土地使用权

依我国《宪法》的规定,土地所有权属于国家或集体,各类社会经济组织不能获得土地所有权,而只能获得土地使用权。公司取得土地使用权的方式有两种:一种是以公司作为受让方或承租方,通过与出让方或出租方签订土地使用权出让合同或土地使用权租赁合同,并缴纳土地使用权出让金或租金后获得土地使用权。此种方式不是本书讨论的重点,暂且不论。第二种是股东以土地使用权作价后向公司出资而使公司获得土地使用权。作为公司资本构成部分的土地使用权仅指第二种情况。

以土地使用权出资的,股东或者发起人应当拥有土地使用权,以土地使用权作为出资的股东,可以是国有性质的投资机构或部门,也可以是一般的企业或个人。其他企业或个人以土地使用权作为出资的,必须事先依法取得合法的土地使用权,并经有资格的评估机构评估作价,否则,不得作为其对公司的出资。

股东以土地使用权作价入股后,应由公司持有关文件,按国家有关法律规定和

《土地登记规则》的要求，向县级以上人民政府土地管理部门申请变更土地登记。

至于实物、知识产权、土地使用权等形态的资本占公司注册资本的比例问题，我国立法虽未直接规定，但从全体股东的货币出资金额不得低于公司注册资本百分之三十的规定来看，公司除货币以外的其他形态的资本占公司注册资本的比例，最多不得超过百分之七十。

此外，股东除货币以外的其他形式出资的，除必须依法进行资产的评估作价外，还应及时办理财产所有权的转移手续，否则，可能被追究虚假出资或出资不到位的法律责任。

第三节　公司资本的增减

一、公司最低注册资本额

我国《公司法》规定的设立各种公司都必须具备的条件之一，是股东的出资达到法定资本最低限额。这个最低限额，因公司种类的不同而不同。

依我国《公司法》的相关规定，二个以上、五十个以下股东共同投资设立的有限责任公司，其注册资本的最低限额为人民币三万元。一人有限责任公司的注册资本最低限额为人民币十万元。股份有限公司注册资本的最低限额为人民币五百万元。法律、行政法规对有限责任公司或股份有限公司注册资本的最低限额有较高规定的，从其规定。各种公司的注册资本额都不得低于法定的最低限额。并且，公司一旦确定了注册资本额后，不依法定程序，既不能随意增加注册资本，也不得任意减少注册资本，这是资本不变原则的要求。但一味地强调公司资本不变，不利于公司根据内外情况的变化调整、运作资本。于是，增资和减资制度应运而生。

二、公司增资

公司增资，是指公司依法增加注册资本的行为。公司成立后，为了扩大经营规模、拓展市场，往往需要通过追加资本来提高公司的资本信用及经济实力。各国立法一般都允许公司依法增加资本，我国亦如此。由于公司种类及规模的差异，公司增资的方式也是各不相同。就增资本身而言，既可以不打破原有的股权比例、仅在现有股东间完成，亦可通过公开发行新股或接纳新出资人的方式实现。上市公司一般是通过公开发行新股的方式增资，而有限责任公司和不上市的股份有限公司则可以原股东追加投资或接纳新出资人的方式完成增资。从理论上讲，各种公司的增资主要涉及的都是增资条件和增资程序两大问题。但我国法律并未遵循这样一种思路来作统一的规定，而是分别就有限责任公司及股份有限公司的增资问题作了不同的规定。

按我国《公司法》的规定，有限责任公司增加注册资本时，必须遵循下列规定：(1)增资决议应由股东会作出(《公司法》第38条)，而且股东会作出增加资本的决议，必须经代表三分之二以上表决权的股东通过(《公司法》第44条)；国有独资公司增加注册资本的，必须由国有资产监督管理机构决定(《公司法》第67条)。(2)公司增加注册资本时，股东认缴新增资本的出资，依照《公司法》关于设立有限责任公司缴纳出资的有关规定执行。(3)公司增加注册资本的，应当依法向公司登记机关办理变更登记(《公司法》第180条)。

股份有限公司(包括上市公司)增加资本时，除应遵循上述《公司法》中对有限责任公司增资时的一般规定外，还应遵照《证券法》中的相关规定完成增资行为。按我国《证券法》第13条的规定，公司公开发行新股，应当符合下列条件：(1)具备健全且运行良好的组织机构；(2)具有持续盈利能力，财务状况良好；(3)最近三年财务会计文件无虚假记载，无其他重大违法行为；(4)经国务院批准的国务院证券监督管理机构规定的其他条件。

上市公司非公开发行新股，应当符合经国务院批准的国务院证券监督管理机构规定的条件，并报国务院证券监督管理机构核准。

三、公司减资

公司减资，是指公司依法减少注册资本的行为。公司成立后，或因原定资本过高而形成资本闲置，或因经营不善而严重亏损时，都可通过减资而解决问题。从学理上看，公司减资可因其具体原因的不同而分为实质上的减资和名义上的减资两类。

实质上的减资，是因为公司原定资本过高而形成大量的过剩资本时，为避免资本的闲置而由公司将多余的资本返还给股东的行为。

名义上的减资，一般是由于公司经营不佳、亏损过多、造成公司实有资产大大低于注册资本总额时，公司以减少注册资本总额的方法来弥补亏损的行为；在实行授权资本制的国家，减资还可能是因为已发行资本已足够，在核准资本范围内的尚未发行部分不再需要发行而导致的。所以，名义上的减资，并不会出现公司实有资产返还给股东的情况，也不会造成减资时公司实有资产的减少，而只是从名义上减少了公司注册资本的数额。从理论上讲，公司可以依情况决定减资方式。但当某种特定条件出现时，公司只能按法定类型减资。如当公司严重亏损时，就不能进行实质性的减资，而只能是名义上的减资。

无论是上述哪一种情况下的减资，按照“资本维持”及“资本不变”原则的要求，都是不能随意发生的，而必须依法定的条件及程序进行。从理论上来说，立法就公司减资的实质性规定，至少应包括下列内容：

1. 公司减资的法定事由。这方面德国、法国、西班牙等国公司法的有关规定很值得我们借鉴。按《德国股份公司法》第222条规定，公司的减资决定不仅应当有代表四分之三以上表决权的多数来决定，而且应当明确“为了什么目的削减资本”。[①] 按法国公司法的规定，当股份有限公司的净资产少于其注册资本总额的一半以上时，该公司必须减资。[②]西班牙公司法规定，当公司累计亏损额持续两年以上达股本总额的三分之一以上时，该公司必须减资。此时，债权人无权反对公司减资。[③]由此可知，以成文法的形式明确规定公司的减资事由，并要求公司在法定减资事由出现时依法减资，是不少欧洲国家公司法的共同特点。

2. 公司减资的法定方式。从各国公司法的有关规定来看，减资不外乎有减少股份总数、减少每股金额或既减少股份总数又减少每股金额等若干种方法。一般来讲，公司可以自由选择具体的减资方式。

3. 公司减资的法定程序及注意事项。公司减资是公司内部的重大事项，各国立法通常要求公司遵循一定的程序。常见的法定程序有：公司股东大会的特别决议、专项审计报告、债权人特别保护程序、减资后的变更登记等。

但必须注意的是，股东平等原则在减资过程中同样适用。所有股东都享有按同等比例减少股份数或按同等比例减少每股金额的权利，公司不得以股东大会决议或公司章程的形式，强制部分股东以高于或低于应有的比例减资。除非股东自愿，任何公司不得通过减资来剥夺某个(或某部分)股东的股东资格。

4. 法律责任。为了规范公司的减资行为，各国立法还就公司减资过程中可能出现的违法行为规定了相应的法律责任，如《法国商事公司法》第 454 条规定，股份有限公司的董事长或董事在减资过程中未遵守股东平等原则，或未将减资决定依法进行公告的，将被处以六万法郎的罚金。[④]

我国《公司法》对减资的实质性条件的规定较为简单，仅要求“公司减资后的注册资本不得低于法定的最低限额”[⑤]，但对公司减资应当遵循的程序作了明确规定。我国公司减资的法定程序是：(1)董事会制订公司减资方案(《公司法》第 47 条)。(2)股东会对公司减少注册资本作出决议(《公司法》第 38 条)。(3)编制资产负债表及财产清单(《公司法》第 178 条)。(4)通知债权人，并公告(《公司法》第 178 条)。公司应当自作出减少注册资本决议之日起十日内通知债权人，并于三十日内在报纸上公告。债权人自接到通知书之日起三十日内，未接到通知书的自公告之日起四十五日内，有权要求公司清偿债务或者提供相应的担保。我国《公司法》第 205 条还规定，公司减少注册资本时不依法通知或者公告债权人的，由公司登记机关责令改正，对公司处以一万元以上十万元以下罚款。(5)办理变更登记并公告。按我国《公司法》第 212 条的规定，公司因减少注册资本而导致注册登记事项发生变更的，应当依法办理变更登记手续。公司不依法办理变更登记的，由公司登记机关责令限期登记；逾期不登记

① 卞耀武主编，贾红梅、郑冲译：《德国股份公司法》，法律出版社 1999 年版，第 133 页。

② Adriaan Dorresteijn, Ina Kuiper Geoffrey Morse, *European Corporate Law*, Kluwer Law and Taxation Publishers Deventer, Boston, 1994, p. 86.

③ 同上书，第 89 页。

④ 卞耀武主编、李萍译：《法国公司法规范》，法律出版社 1999 年版，第 247 页。

⑤ 《中华人民共和国公司法》第 178 条第 3 款。

的，处以一万元以上十万元以下的罚款。

上述减资程序的规定，适用不同类型的公司所有的减资场合，其目的是保护公司债权人的利益。但如上所述，因名义上的减资并不会发生公司实有资产返还给股东的情况，也不会造成减资时公司实有资产的减少，因此，不加区别地要求公司在所有的减资场合都适用这一规则，就显得不尽合理。这是因为，名义上的减资并不会造成公司偿债能力的下降，却还要依法履行对债权人的通知、公告程序，它无疑会增加公司的减资成本并影响公司股东的利益，这对进行名义减资的公司来讲，无异于雪上加霜。因此，我国公司减资程序的规则还应该进一步完善。

第四节　公司股份与股票

一、股份的定义、特点及表现形式

（一）股份的定义及特点

"股份"一词虽无法定定义，但依我国《公司法》第 126 条的规定，可从学理上作如下定义：所谓股份，是指均分股份有限公司全部资本的最小单位。有限责任公司的资本一般不划分为股份。

"股份"在法律上有两层意义：第一，股份是股份有限公司资本的构成单位。公司全部资本分为金额均等的若干份股份，全部股份金额的总和即为公司资本总额。第二，股份是股东行使权利、履行义务的基本依据。

股份的基本特点是：

1. 金额性。股份既然是公司资本的构成单位，也就表示它代表一定量的公司资本，而一定量的公司资本通常是以一定的货币金额来表示的。所以，金额性是股份最直观的一个特征。

2. 平等性。股份的平等性是指每份股份所代表的公司资本额相等。因此，同次发行的同种类股票，每股的发行条件和价格应当相同。任何单位或个人所认购的股份，每股应当支付相同价额。股份的平等性是股份最重要的特征之一。

3. 不可分性。股份既然是均分公司全部资本的最小单位，也就表明每一份股份都不能再行分割了，否则即失去了其所谓"最小"及"均等"的本质。但股份的不可分性，并不排斥数人共有一份股份的可能性。如因继承法律关系而产生的若干名继承人共有一份股份的现象，应属合法。但此时的共有人不能主张分割股份，只能推荐一人行使股东权，以保持这一股份与其他股份在金额上的相等性，从而维持住这一股份作为公司资本"最小"构成单位的完整性。股份的不可分性与股份的拆细是两个完全不同的概念。股份的拆细属于公司资本最小计量单位的划小，各国法律对此一般不予禁止，故不能将股份的不可分性与股份的拆细混为一谈。

4. 可转让性。由于股份有限公司是典型的资合公司,公司以其资本而非股东个人的身份与地位为其对外信用的基础,所以,股份原则上均可自由转让。除法律有特别规定的外,公司一般不得以章程或其他方式限制股份的转让。当然,不同种类的股份,其转让的条件、方式及程序亦有所不同。

(二) 股份的表现形式——股票

股份的表现形式是股票,这由《公司法》第 126 条的规定为证:"公司的股份采取股票的形式。股票是公司签发的证明股东所持股份的凭证。"由此可知,股份与股票的关系形同表里,股票不能离开公司股份而存在,没有股份也就没有股票。正因为两者间的密切关系,当涉及股份的种类、发行及转让问题时,无论是法律规定还是我们的学术研究,往往将它与股票的种类、发行及转让问题合并阐述。但股票毕竟是股份的表现形式,因而有其不同于股份的固有特征。这些特征是:

1. 股票只能是股份有限公司成立后签发给股东的证明其所持股份的凭证。除了股份有限公司,其他各种公司都不得以股票的形式作为股东身份的凭证。股票本身是非设权证券,股东权并非股票所创,股票仅仅是把已经存在着的股东权表现出来而已。而且,股份有限公司只有在其登记成立后,才能向股东正式交付股票,"公司成立前不得向股东交付股票"(《公司法》第 133 条)。

2. 股票是一种有价证券。股票是股份的表现形式,而股份的获得是以一定的财产为对价的。拥有股票,不仅表明持有者已经付出了相应的对价,而且表明持有者还可进一步凭此获得相应的经济利益,从而使股票具有一定的投资价值和市场价格。

3. 股票是一种要式证券。根据《公司法》第 129 条的规定,股票采用纸面形式或者国务院证券监督管理机构规定的其他形式。股票应当载明下列主要事项;(1)公司名称;(2)公司成立日期;(3)股票种类、票面金额及代表的股份数;(4)股票的编号。股票由法定代表人签名,公司盖章。发起人的股票应当标明发起人股票字样。

4. 股票是一种无限期证券。股票没有固定期限,除非公司终止,否则,它将一直存在。股票的持有者可以依法转让股票,却不能要求公司到期还本付息,因为股票是没有到期日的,这也是股票与公司债券这种有价证券的最大区别。

二、股份(票)的种类

股份有限公司的股份可作多种分类,各国立法的规定虽有差异,但较具代表性的分类有下列几种。

(一) 按股份所代表的股东权的内容的不同,可将股份分为普通股和特别股

1. 普通股。普通股是指股东拥有的权利、义务相等、无差别待遇的股份,它是各国股份有限公司发行的股份中最为普通的一种股份,也是构成公司资本的最基本部

分。普通股的最大特点是资产收益率不固定，随公司盈利的多少而变化，且收益权的行使次序排在优先股后，但普通股通常享有表决权。

2. 特别股。特别股是指股份所代表的权利、义务不同于普通股的股份，主要可分为优先股与劣后股两类。以普通股为基准，凡在分配收益及分配剩余资产等方面比普通股享有优先权的股份，即为优先股；而在分配收益及分配剩余资产方面逊后于普通股的股份，即为劣后股。优先股通常没有表决权，虽有优先于普通股股东参与公司分配的权利，但其收益率固定且一般较低，故其投资风险要小于普通股。但当公司盈利丰厚时，则可能出现其收益率显著低于普通股的情况。劣后股因参与分配的顺序须排在优先股及普通股之后，故其风险更大。但若公司某年度经营状况极佳，劣后股股东的收益亦颇可观。

我国《公司法》没有对发行特别股作出直接规定，但《公司法》第 132 条规定："国务院可以对公司发行本法规定以外的其他种类的股份，另行作出规定。"这说明我国《公司法》并不绝对禁止公司发行特别股，只是当公司有此需求时，应根据国务院的特别规定实施发行行为。

(二) 依股东姓名是否记载于股票上为标准，可将股份分为记名股与无记名股

记名股是将股东的姓名或名称记载于股票上的股份。无记名股是股票上不记载股东姓名或名称的股份。两者的主要区别在于：

1. 权利的依附程序不同。无记名股的权利完全依附于股票之上，持有股票者即享有股东权。而记名股的权利并不全依附于股票之上，股票实际持有人若非股票上载明之人，则无资格行使股东权。

2. 股份转让的方式不同。无记名股的转让只需交付股票，转让即发生法律效力。记名股的转让必须将受让人的姓名或名称记载于公司股票之上，并将受让人的姓名或名称记载于公司股东名册之中，否则，转让不发生法律效力。可见，无记名股的转让方便，记名股转让手续较繁琐。

3. 安全性不同。记名股比无记名股更安全。因为一旦记名股票被盗、遗失或者灭失，股东可以依照《中华人民共和国民事诉讼法》规定的公示催告程序，请求人民法院宣告该股票失效。人民法院宣告该股票失效后，股东可以向公司申请补发股票。而无记名股票被盗、遗失或者灭失的话，股东却无法按照类似程序获得补救。

我国《公司法》允许公司发行记名股和无记名股，并明确规定，公司向发起人、法人发行的股票，应当为记名股票，并应当记载该发起人和法人的名称或姓名，不得另立户名或者以代表人姓名记名。

(三) 依股份是否以金额表示为标准，可将股份分为额面股和无额面股

额面股，也称金额股，是指在股票票面上标明了一定金额的股份。无额面股，亦称比例股或分数股，是指股票票面上并不标明具体金额，而只标明每股占公司资本总额的一定比例的股份，如百万分之一股。我国 1993 年《公司法》不允许公司发行无额

面股,但修订后的《公司法》对此未作规定。

(四)依持股主体的不同为标准,可将股份分为国有股、法人股、个人股及外资股

1. 国有股。国有股又可依投资主体和产权管理主体的不同分为"国家股"和"国有法人股"。国家股是指有权代表国家投资的机构或部门向股份公司出资形成或依法定程序取得的股份,在股份公司股权登记上记名为该机构或部门持有的股份。国有法人股是指具有法人资格的国有企业、事业及其他单位以其依法占用的法人资产向独立于自己的股份公司出资形成或依法定程序取得的股份,在股份公司股权登记上记名为该国有企业或事业及其他单位持有的股份。

2. 法人股。法人股是指一般的法人企业或具有法人资格的事业单位和社会团体以其依法可支配的资产向股份公司出资形成或依法定程序取得的股份。

3. 个人股。个人股是指单个自然人以其合法财产向股份公司投资形成或依法定程序取得的股份。在我国的股份制试点过程中,个人股又被进一步分为社会个人股和企业内部职工股。这种区分的主要目的是为了提高职工对企业资产的关切度,调动职工的积极性和创造性,以提高企业的劳动生产率。

4. 外资股。外资股是指由外国和我国香港、澳门、台湾地区的投资者向公司投资形成或依法定程序取得的股份。

依投资主体的不同,把股份有限公司的股份分为国家股、法人股、个人股及外资股,可说是一种具有中国特色的股份分类方法,从 1992 年至今,国家所颁布的一系列关于股份有限公司的政策、法律及法规的规定来看,区分国家股、法人股、个人股、外资股的目的,并不是想使它们成为不同类别的股份,因为不同类别的股份(如普通股和优先股)的权利和义务是不同的。这样分类,主要是通过区分投资主体的经济性质来把握公司的股权结构,以便国家的宏观调控。

(五)依是否以人民币认购和交易股份为标准,可将股份分为人民币股和人民币特别股,这也是我国较具特色的一种分类法

1. 人民币股。人民币股又称 A 股,是指专供我国的法人和公民(不含我国港、澳、台地区的投资者)以人民币认购和交易的股份。

2. 人民币特种股。人民币特种股是指以人民币标明面值,以外币或以港元认购和交易、分别供境内外投资者买卖的股份。人民币特种股又有 B 股、H 股、N 股等之分。B 股是以人民币标明面值,以美元认购和交易,在我国境内证券交易所上市交易的人民币特种股。H 股是以人民币标明面值,以港元认购和交易,在香港联合交易所上市交易的人民币特种股。

股份的种类不止本书所提到的这些。我们研究股份的分类也不仅仅是为了分类而分类,而是想通过对股份种类的研究达到全面掌握并理解公司内部各种关系的处理准则,并进而指导我们的实践。

三、股份的发行

(一) 股份发行概述

股份的发行,是指股份有限公司为筹集资金,或为其他目的而向投资者出售或分配自己股份的行为。股份发行制度是股份有限公司资本制度中的重要组成部分。在股份发行关系中,为筹集资金而出售股份的公司(亦即资金需求者)是股份发行人,应发行人邀请而购买股份的人(亦即资金供应者)则称为认股人或股东。股份公司发行股份时,可以选择不同的投资者作为发行对象。凡发行人通过中介机构向不特定的社会公众公开发售股份的,称为股份的公开发行;而发行人只对少数特定的投资者出售或分配股份的,叫股份的定向募集。理论上讲,股份的公开发行与股份的定向募集是利弊兼具的。公开发行的好处是筹资功能强,不利因素是发行程序复杂、发行费用较高,而且,因投资者的范围不确定,拟发行的股份能否顺利发行完,结果不确定;而定向募集的优点是有确定的投资人,发行手续简单,发行费用低、发行时间短,但其不足之处是,因投资者数量有限而使该种发行方式的筹资功能降低。另外,对扩大发行人的社会影响作用有限。

至于股份发行的具体原因和主要目的不外乎有以下几种:(1)为设立公司而筹集资本。为设立股份有限公司而在设立过程中发行股份的,称为设立发行。设立发行的目的是筹集到足够的资本以达到成立公司的目的。(2)为追加投资而扩充股本。为追加投资而在公司成立后发行股份以扩充股本的,称为增资发行,又叫新股发行。当然,增资发行只是新股发行的一种原因,除增资发行外,新股发行还可能因其他原因而起。(3)为其他目的而发行股份。例如,用发放股票股利来代替现金分红时的股份发行及为实现换股合并而进行的股份发行就属于此类发行。

(二) 股份发行的原则

我国《公司法》第127条规定,股份的发行,实行公平、公正的原则。

1. 公平原则。公平原则,是指发行人在发行同种性质的股份时所提供的条件、价格完全相同,不因认股人的不同而设置差异的原则。公平原则从认股人的角度来看,主要体现为同股同价,这是股权平等原则的客观要求,也是股份顺利发行的保证。

2. 公正原则。公正原则,是指申请发行股份的股份有限公司或发起人,依法应当受到政府的公正对等。由于发行股份须经政府有关部门的核准,所以,当发行人向政府有关部门提出发行申请时,政府应当公正地对待不同的申请人,无论其作出核准与否的决定,依据只能是一个,即申请人是否实质上具备法定的发行资格和条件。只有政府首先做到公正地对待所有的股份发行人,才能促使发行人公平、公正地对待所有的认股人,从而保证整个发行过程的公正有序。

(三) 股票的发行价格

股票的发行价格和股票的票面金额往往是不一致的。股票的票面金额是每一单位股份所代表的资本额,而股票的发行价格则是发行人在向投资者出售股票时所收取的价格。所有的发行人在发行股票前都会面临一个按什么价格来发行的问题。因为发行价格不仅与发行公司的利益密切相关,而且也直接影响到投资者(即认股人)的利益。因此,各国公司法对此都有一些具体规定。纵观各国的有关规定,股份的发行价格不外乎有平价发行、溢价发行及折价发行三种价格。

1. 平价发行。平价发行也称面额发行,是指发行人以票面上所记载的金额作为发行价格而实施的股票发行。例如,面额 1 元的股票以 1 元的价格发售就属于平价发行。平价发行因其低廉的发行价格而较易吸引投资者,但对发行公司而言,其主要缺陷是发行人筹集的资金较少。

2. 溢价发行。溢价发行是指发行人以高于股票票面金额的价格发行股票。例如,面额 1 元的股票,以 5 元的价格发行就属溢价发行。溢价发行,能使公司以少量股票筹措到较多的资金。因此,筹资成本低是溢价发行的长处。但对投资者来讲,投资风险增加是明摆着的。

3. 折价发行。折价发行是指发行人以低于股票票面金额的价格发行股票。例如,面额 1 元的股票以 0.85 元的价格发售即属折价发行。折价发行一般是在发行困难,但发行公司确有一定的发展前途的情况下,发行人所采取的吸引投资者的一种发行价格。现在,允许折价发行股份的国家已很少。股票发行价格的选择与确定,除了取决于国家法律法规的规定、发行人与承销商的约定外,具体发行价格的制定往往还要考虑多种其他因素,如发行人所属的行业及发行人的业绩、市场利率行情及证券市场上的供求关系等。

我国《公司法》第 128 条规定:“股票发行价格可以按票面金额,也可以超过票面金额,但不得低于票面金额。”这就是说,在我国,股票的平价发行和溢价发行都是允许的,但折价发行却不允许。如果哪家公司以折价方式发行股份,即构成违法发行,依法要承担相应的法律责任。

第七章

公　司　债

第一节　公司债概述

一、公司债的概念及表现形式

公司债是公司法上一个特定的概念，它并不泛指所有以公司作为债务人对外所形成的债，而是仅指以有价证券这种特定形式所形成的公司债务。对此，一些国家的立法讲得很清楚，如《法国商法典》第284条就规定："公司债是在同一次发行中赋予同等面值以同等债权的可转让证券。"日本学者末永敏和在其著的《现代日本公司法》一书中更是直接而明确地把公司债定义为："为了从广大社会公众筹集资金，就其所需资金总额分割为多数单位金额而发行的股份公司的债务。公司债是表彰公司债权利的有价证券，又叫公司债证券"。[①]而公司债券，按我国《公司法》的规定，"是指公司依照法定程序发行、约定在一定期限还本付息的有价证券"。[②]由此可知，公司债券这种有价证券，是公司债的法定形式，而公司债是公司债券的实质内容，两者的关系，形同表里。正因为如此，各国关于公司债的立法，有的取其实质内容"公司债"来表述，有的则以其形式"公司债券"来特指。我国《公司法》取第二种做法，即直接以"公司债券"来特指公司法上的公司债。但从学理上讲，我们还是可以给公司债下一定义：公司债是公司依照法定的条件及程序，并通过发行有价证券的形式，以债务人身份与不特定的社会公众之间所形成的一种金钱债务。

二、公司债的特征

（一）公司债的法律特点

1. 公司债是公司依法发行公司债券而形成的公司债务。公司债的发行主体必须是公司，而不能是其他主体，或者说，其他主体发行的债券就不能称其为公司债。

① 末永敏和著、金洪玉译：《现代日本公司法》，人民法院出版社2000年版，第216页。

② 《中华人民共和国公司法》第154条。

2. 公司债是以公司债券这种要式有价证券的形式表示的,不以公司债券形式形成的公司债务就不是公司法上的公司债。正因为公司债券是表彰公司债的形式,所以,它表明了持券人对公司拥有一定数量的债权,也即公司欠了持券人一定数量的债务,这是它的有价性。为了便于发行、认购和交易,各国立法一般要求公司债券的票面格式按规定的要求制作。虽然各国立法关于公司债券票面格式的规定存在着一些差异,但总体上看不外乎要求公司债券的券面载明公司债的种类、面值、利率、期限、发行人等事项。按我国《公司法》第156条的规定,公司债券上应载明的事项有:公司的名称、债券票面金额、利率、偿还期限等事项,并由法定代表人签名,公司盖章。

3. 公司债券是有一定的还本付息期限的有价证券。持券人对公司拥有的债权不是无限期的,持券人把一定数量的资金借给公司亦非无偿的。当公司以债务人身份向公众发行公司债券时,就承诺一定期限到来时不仅还本,还将支付一定量的利息作为债权人把资金借给公司的代价。而所有公司债券的持券人,不论身份与地位如何,都享有到期要求公司还本付息的权利。正因为这种有期限且有偿借用资金的鲜明特点,才使公司债券具有强大的生命力和吸引力。

(二) 公司债与公司其他一般借贷之债的区别

公司债作为公司债务的一种,与公司其他一般的借贷之债有相同的地方,如均以金钱给付作为借贷标的,均以公司作为债务人等。但两者仍有很大的不同,区别主要是:

1. 债权主体不同。公司债的债权主体是不特定的社会公众。所谓"不特定的社会公众",可从两方面去看:一是公众范围不特定。所有自然人和法人及非法人团体,都属此处所谓的"社会公众",他们只要依法认购公司债券,就可以成为公司的债权人。二是债权人身份不稳定。如上所述,公司债券是一种有价证券,依法可以上市交易,且债权人转让其债权无需经过债务人的同意,从而使得公司债的转让非常方便。正因为其所具有的极强的流通性,导致公司债从发行完毕之日起至其还本付息日届满为止,债权人可能发生多次变更,处于极不稳定状态。而公司其他的一般借贷之债的债权人则是相对特定和稳定的,债权人也不得随意转让债权。

2. 债权凭证不同。公司债的债权凭证是公司债券。公司债券是一种要式有价证券,这种要式性是法定的,是发行人必须全面、完整、准确地遵照执行的,债权人和债务人之间不允许就债权凭证的内容进行协商确定;而且,该凭证通常可以在依法设立的证券交易所自由转让。而公司其他一般的借贷之债的债权凭证则是借款合同。借款合同仅是债权人和债务人双方就相关权利与义务的书面证明,而非有价证券。因此,法律虽然对其内容亦有规定,但由合同的性质决定,具体债权债务关系形成时,合同内容仍然可由双方协商确定。因此,常用来证明债权债务关系的合同并不具有法定要式性,合同也不能在证券交易所自由转让。

3. 债权债务关系形成及处理的法律依据不同。公司债是公司依据《公司法》、《证券法》所规定的条件和程序,通过发行公司债券而与不特定的社会公众之间形成的一种债权债务关系,这种债权债务关系的形成及了结的整个过程都适用《公司法》和《证券法》等特别法的规定。而公司其他一般的借贷之债的形成及处理依据主要是民法、合同法等一般法。

(三)公司债与公司股份的区别

无论是站在公司还是投资者的立场上看,公司债与公司股份都有一些相似的地方。从公司这方面看,公司债与公司股份都是其融资的一种手段,因而都以公司作为发行人,以公众为发行对象,以有价证券的形式表示,都具有流通性。而对投资者而言,公司债与公司股份是证券市场上最主要的两种投资品种。但两者是有着本质区别的,这些区别是主要是:

1. 投资主体的法律地位不同。公司债券的投资人与公司之间是一种债权债务关系,因而投资人是公司的债权人,其与公司之间关系的处理准则适用法律关于债权债务关系处理的一般原则。公司股份的持有者是公司的股东,是公司财产的终极所有者,与公司之间是一种因财产所有权转化而形成的股权关系。并且,股东和公司分别是独立的"人",股东与公司之间的投资关系不是债权债务关系,因而也不适用法律关于债权债务关系处理的一般准则,而是适用公司法关于股东与公司关系的处理原则来解决双方的权利与义务关系。

2. 投资主体的权利内容不同。公司债券持有人因其享有的是债权,故不享有公司事务的经营决策权,也不得干预公司内部事务的决定及执行。其对公司的权利就是按期收回本息,而公司对公司债券持有人则负有无论经营好坏必须按时偿还本息的义务,否则,公司将承担违约责任。若公司在债券偿还期限届满之前实施清算,债券持有人享有优先于股东受偿的权利;尤其是在公司破产的情况下,债权人可能部分受偿,而股份持有人则可能血本无归。而公司的股份持有人——股东——则可以通过行使表决权的方式来控制、经营、监督公司的活动,股东依法享有资产受益、重大决策及选择管理者等一系列股东权。其中的资产受益权实现的程度取决于公司经营业绩的好坏,并随之而变动。而且,股权是没有到期日和偿还期的,股东通常无权要求公司"还本付息"。在公司清算时,股东必须在债权人之后行使其对公司剩余资产的分配权。

3. 获得权利的对价形式不同。公司债券的认购仅限于金钱给付,而股权的获得,其对价可以是现金,也可以是法律允许的实物、知识产权、土地使用权等财产权利。

4. 发行时间上的差异。公司债券只能在公司成立后,而不能在公司成立前发行;而股票既可在公司设立过程中(即公司成立前)发行,也可在公司成立之后发行。

(四)公司以公司债券融资的利弊分析

公司债券作为公司融资的一种手段,已被包括我国在内的世界上大多数国家的公司法所确认。总体上看,公司以发行公司债券的方式来融资是利弊兼备的。

1. 利用公司债券融资的优势。

(1) 利用资金的成本较低。发行公司债券要比发行新股融资的成本低。这主要是因为:债券利息是在税前支付的,从而使发行费用降低;而股息和红利的发放则必须在公司缴纳所得税后,从公司税后利润中支付。因此,发行公司债与发行股份相比,前者更能降低公司的实际负担。另外,债券利息是固定的,无论公司盈利多少都只需按事先确定的利率支付给债券持有人;而股东对获得股息、红利的要求往往随公司营利能力的提高而"水涨船高",这对公司及其经营者都是一种不小的压力。

(2) 有利于维持现有股权比例及控股股东的控制权。发行公司债券不增加公司资本,故原有股东的持股或控股比例不会改变。发行新股可能因为原有股东追加投资能力的有限而导致持股比例下降,进而使得其原先拥有的控股权旁落他人之手。

(3) 有利于提高公司的信誉。由于我国法律规定了较为严格的公司债券发行条件,获准发行公司债券的往往是一些经营业绩较好、市场前景乐观、偿还能力较强的大公司,它们本身就有一定的社会知名度。随着债券的发行及上市交易,其社会影响、产品的销路及经济实力都将进一步提高,从而使公司信誉不断提高。

2. 利用公司债券融资的弊端。

除上述有利之处外,公司发行债券的弊端也是不容忽视的。这些弊端主要是:

(1) 经济风险增大。所有公司债券都有明确的到期日,期限一到,不论公司当年经营业绩如何,都必须如数还本付息。这对碰巧陷入财务困境的公司而言,经济状况可能会更加恶化,甚至会引起公司破产。

(2) 所筹资金的用途限制。发行新股无严格的用途限制,即使有,也可以股东大会决议的形式加以变更。但发行公司债券所筹资金的投向必须用于核准的用途[①],故公司对发行债券所筹得的资金的使用缺乏灵活性也是一个不利因素。

总之,以发行公司债券的形式筹资,对公司既有利也有弊。每个公司在急需资金的时候采用什么方式筹集资金,应结合自身及市场的情况、国家的产业及金融政策,作出科学合理的决定。只有这样,才能最大限度地利用不同筹资方式的长处,降低筹资及经营风险。

三、公司债的种类

(一) 记名公司债与无记名公司债

依公司债券上是否记载持券人的姓名或名称,可把公司债分为记名公司债和无记名公司债。凡公司债券上记载持券人姓名或名称的为记名公司债;反之,则是无记名公司债。

区分记名债券与无记名债券的法律意义在于:这两种债券的转让方式不同。记名公司债券以背书方式或者法律、行政法规规定的其他方式转让,转让后由公司将受

① 《中华人民共和国证券法》第 16 条。

让人的姓名或者名称及住所记载于公司债券存根簿。而无记名债券的转让,由债券持有人将该债券交付给受让人后即发生转让的效力。所以,无记名公司债持券人的权利与债券不可分离,谁持有债券,谁就是公司的债权人。

(二) 担保公司债与无担保公司债

依公司债券有无担保为标准,可把公司债分为担保公司债和无担保公司债。担保公司债是指公司在发行债券时以特定财产或第三人对该债券的还本付息作出担保的公司债券。其中,以特定财产作担保而发行的公司债券又称抵押公司债券。充当抵押品的特定财产,既可以是不动产,也可以是动产。由第三人对该券作出担保的称保证债券。而无担保公司债是指,既没有提供任何特定财产作抵押,也没有第三人作保证,仅以公司的信用为基础所发行的公司债券。

区分担保公司债和无担保公司债的法律意义在于,这两种公司债不能按期受偿时的法律后果不同。担保公司债在发行公司到期不能还本付息时,若是抵押公司债券,持券人有权对发行公司所提供的抵押财产依法予以处理以实现自己的债权;若是保证公司债券,持券人有权请求保证人偿还。而无担保公司债在发行公司到期不能还本付息时,持券人只能以普通债权人的身份提出偿债要求。因此,对投资者来讲,担保公司债比无担保公司债的风险小。

(三) 可转换公司债和非转换公司债

依公司债券能否转换为公司股票为标准,可把公司债分为可转换公司债与非转换公司债。可转换公司债,是指公司债债权人在一定条件下可将其持有的公司债券转换为发行公司股票的公司债。而非转换公司债,是指不能转换为发行公司股票的普通公司债。

区分可转换公司债与非转换公司债的法律意义在于:两种公司债的债权人享有的权利不同。可转换公司债的债权人享有就其所持债券是否转换为股票的选择权,并依其选择结果而享受相应的权利——非债权即股权;而非转换公司债的债权人,则只能享有到期受偿的权利。

除上述几种分类外,公司债还有固定利率公司债与浮动利率公司债、附息票公司债与贴息公司债、普通公司债与参加公司债、附新股认购权公司债等多种类型。我国《公司法》只规定了记名公司债与无记名公司债以及可转换公司债与非转换公司债等两种分类。

第二节 公司债的发行

一、普通公司债的发行条件

(一) 发行普通公司债的积极要件

发行公司债,虽是各国立法允许的一种公司融资手段,但由于公司债本身的债务性特点,为防止一些不具备偿债能力的公司滥用发行权以损害公众投资者的利益,各国法律对公司债的发行条件都作了一些具体规定,这些规定不外乎涉及发行主体的资格、条件及偿债能力等方面的内容。

我国《证券法》第16条规定了公开发行公司债券应当具备的积极要件,它们是:(1)股份有限公司的净资产不低于人民币三千万元,有限责任公司的净资产不低于人民币六千万元;(2)累计债券余额不超过公司净资产的百分之四十;(3)最近三年平均可分配利润足以支付公司债券一年的利息;(4)筹集的资金投向符合国家产业政策;(5)债券的利率不超过国务院限定的利率水平;(6)国务院规定的其他条件。

从上述规定来看,我国法定的发行公司债券的积极要件具有以下特点:

1. 发行主体既可以是股份有限公司,也可以是有限责任公司。因公司本身性质的差异,各国公司法一般都规定,只有股份有限公司可以发行公司债券,其他种类的公司不能发行公司债。法国公司法不仅明确规定,任何有限责任公司都不能发行公司债,而且规定,有限责任公司的任何企图发行公司债的行为都是一种刑事犯罪。[①]而我国的《证券法》不仅允许股份有限公司发行公司债券,而且也准许具备条件的有限责任公司发行公司债券,这不能不说是我国立法的一大特色。

2. 有限责任公司须具备比股份有限公司更强的实力才可能被批准发行公司债券。净资产额不仅能反映公司的经营规模,也是判断公司偿债能力的一个基本依据,所以,我国《证券法》对拟发行债券公司的净资产额作出一定的要求也是合情合理的。但我国立法的特色之处在于:分别对股份有限公司与有限责任公司提出了不同的净资产标准,而且对有限责任公司设定了比股份有限公司更高的标准,这实际上是要求有限责任公司必须具备比股份有限公司更强的实力才可能被批准发行公司债券。

3. 通过设定累计债券余额及利润指标这一双保险达到控制风险、保障债权的目的。任何公司的过度负债都会给其债权人造成极大风险。为防止出现因公司的过度负债而导致的其偿债能力的减弱,我国《证券法》对拟发行债券公司的累计债券余额作了强制性规定,即"累计债券余额不超过公司净资产的百分之四十"。所谓"累计债券余额",是指公司已经发行但尚未偿还的债券额加上此次拟发行债券额之和。将"累计债券余额"控制在净资产的百分之四十的目的,是希望公司把以债券形式负债的数额控制在一个合理的范围内,从而避免因过多负债而可能给债权人带来的风险。此外,再设定一个盈利指标,即"最近三年平均可分配利润足以支付公司债券一年的利息"。这对债权人来讲,犹如设定了控制风险的双保险,极大地降低了投资公司债券的风险。所谓"可分配利润",是指公司依法纳税、弥补亏损、提取公积金之后,可用于分配给股东的利润。要求公司"最近三年平均可分配利润足以支付公司债券一年

① Adriaan Dorresteijn, Ina Kuiper, Geoffrey Morse, *Eeropean Corporate Law*, Deventer, The Netherlands, Kluwer Law and Taxation Publishers, 1995, p. 96.

的利息”,是一种原则性与灵活性相结合的规定,既保障了债权人的利益,又保障了公司以债券形式融资的权利。

4. 通过对所筹资金的投向及债券利率水平的限制来确保国家对公司债券融资行为的宏观调控。所筹资金的投向,是指发行公司债券后所筹得的资金的用途。产业政策是指国家根据国民经济发展战略和计划而对产业结构、产业布局以及不同产业的发展目标和方向所制定的包括鼓励、支持、允许、限制及禁止等一系列宏观经济政策。要求公司发行债券所筹资金的投向符合国家产业政策,其实质是通过立法的形式实现国家对社会闲散资金的合理引导,以最大限度地发挥资金应有的效用。为避免发行公司滥用所筹得的资金,《证券法》第 16 条还特别强调:公开发行公司债券筹集的资金,必须用于核准的用途,不得用于弥补亏损和非生产性支出。而明文规定公司所发行的“债券的利率不得超过国务院限定的利率水平”,更是出于确保国家对社会经济进行有效的宏观调控的需要。因为如果法律对公司债券的利率毫无限制的话,一方面,公司有可能对其经营收入作不恰当的分配,进而侵占国家的税收收入,因为公司债券的利息是在税前支付的,债券利率过高,则必然导致国家税收收入的减少;另一方面,过高的公司债券利率可能导致整个国家金融市场利率的抬高,从而降低国家对金融市场的调控力。

5. 为国务院规定特殊条件留有余地。我国《证券法》在规定了发行公司债券的一般条件的同时,还为政府制定特殊规则留有了余地,以适应特殊需求。这不仅为国务院结合新情况及时颁布一些新规定提供了法律依据,也为发行债券的公司适用国务院规定的其他条件提供了法律依据。

(二) 发行普通公司债券的消极要件

公司债的发行,必将涉及公众投资者的利益及安全,为控制投资风险、保护债权人利益,我国《证券法》在规定了发行公司债所应具备的积极要件的同时,还对发行公司债券的消极要件作了规定。依《证券法》第 18 条的规定,公司有下列情形之一的,不得再次公开发行公司债:(1)前一次公开发行的公司债券尚未募足;(2)对已公开发行的公司债券或者其他债务有违约或者延迟支付本息的事实,仍处于继续状态;(3)违反法律规定,改变公开发行公司债券所募资金的用途。

综上所述,只有完全具备所有的法定积极要件,同时又无任何法定消极要件的公司,才真正具备公开发行公司债券的条件。

二、可转换公司债的发行条件

(一) 可转换公司债的概念及特点

从字面上来讲,“可转换公司债”一词可作广义上的理解,也可作狭义上的理解。广义上的可转换公司债,是指各种赋予了债券持有人用其所持债券转换为约定的他种证券权利的公司债券,包括可转换为发行公司股票的可转换公司债券(convertible bonds)、可转换为发行公司所持有的其他公司证券的可兑换债券(exchangeable bonds),以及可转换为发行公司发行的其他种类债券的公司债等。而狭义上的可转换公司债,仅指公司债债权人在一定条件下可将其持有的公司债券转换为发行公司股票的公司债。根据2006年5月7日中国证监会发布的《上市公司证券发行管理办法》第14条的规定可知,我国立法上所谓的可转换公司债券,是指发行公司依法发行、在一定期间内依据约定的条件可以转换成股份的公司债券。因此,我国可转换公司债的基本特点是:

1. 债券持有人在一定期间内享有是否按约定的条件将其所持债券转换为公司股份的选择权。这就是说,虽然可转换债券是一种可能转换为股票的特殊债券,“但债券持有人对转换股票或者不转换股票有选择权”。可转换公司债券的发行人,一般没有权利强迫持券人转换或不转换为股票。持券人若选择转换为股票的,应在一定期限内依据约定的条件向发行人提出并实施债转股。过了法定的期限,或虽未过法定期限但不按约定条件提出或进行转换的,发行人有权不予以转换。

2. 可转换公司债券只能采取记名式无纸化发行方式。这是我国可转换公司债券区别于非转换公司债券的一个显著的特点。非转换公司债券可以是记名债券,也可以为无记名债券,既可以实物形式发行,也可以无纸化形式发行;而可转换公司债券只能以记名式无纸化发行,而不得以无记名实物券形式发行。

3. 可转换公司债券的期限不得低于或高于法定年限。一般公司债券的期限法律不作限定,由发行公司自行决定。但可转换公司债券的期限依《上市公司证券发行管理办法》第15条的规定最短为一年,最长期限为六年。因此,发行公司只能在法定范围内确定一个具体年限,不得发行低于或高于法定年限的可转换公司债券。

(二)可转换公司债券的种类

由于可转换公司债券在我国的实际运用还不普遍,对其的理论研究也相当缺乏,加上《公司法》没有涉及其种类问题,因此,不少人认为可转换公司债券就只有一种类型。其实,可转换公司债券在欧洲许多国家都属颇受投资者欢迎且很常见的一种公司债券。为迎合不同的投资需求及公司本身的利益需要,各国立法对其转换条件及方式的规定也各有差异,从而形成了各具特点的若干种可转换公司债券。

1. 以转换期限的不同为标准,可分为无固定转换期限的可转换公司债和有固定转换期限的可转换公司债。无固定转换期限的可转换公司债,一般是从公司股票上市日或者可转债发行完第二天开始至可转债到期日止的整个期间,持券人可随时提出转换请求;有固定转换期限的可转换公司债,是指持券人只能在规定的转换期内提出转换请求,转换时间未到或过了转换期,都不得再行转换请求权的可转换公司债。

2. 若以持券人的权利不同为标准,可分为可选择性的可转换公司债和非选择性可转换公司债。所谓可选择性的可转换公司债,是指持券人享有是否将其债券转换为股票的选择权的可转换公司债,这是包括我国在内的许多国家立法普遍确认的一种最普通的可转换公司债。该种债券的持券人既可依照一定的条件将其债券转换为股票,也可依其意愿保持其作为公司债权人的身份而直至债券期满,接受公司的还本付息。所谓非选择性可转换公司债是指持券人没有其他选择权而必须将其债券转换为公司股票的可转换公司债,法国《公司法》就规定了这种特殊的可转换公司债。其基本特点是,债券期满前不得转换为公司股票,而当债券的偿还期届满时,持券人除了接受发行公司的股票外无其他选择余地。故其实质是公司用股票而非现金来偿还债券的本息。

3. 根据可转债转换频率的不同,可分为转换频率受限制的可转换公司债和转换频率无限制的可转换公司债。所谓转换频率受限制的可转换公司债,是指持券人行使转换权时,必须按债券募集办法中规定的频率分期分批地将其债券转换为发行公司股票的可转换公司债,而不得一次完成转换。如东方电子就规定,其所发行的可转债,在转换期内,第一年持有可转债者可根据其所持有可转债数额,按不超过百分之二十的比例申请转换;第二年按不超过持有可转债百分之三十的比例申请转换;从转换期内的第三年起,持有可转债者可不受比例限制随时申请转换。所谓转换频率无限制的可转换公司债,是指在转换期内可一次全部转换完的可转换公司债。

4. 依可转债的利率不同,可分为固定利率可转债和变动利率可转债。所谓固定利率可转债,是指债券的票面利率是固定的可转换公司债,持券人只能要求公司支付固定的利息。而变动利率可转换公司债,是指票面利率不固定、持券人可依持券时间的长短按约定的不同利率请求支付的可转换公司债。如我国公司实务中的威孚高科可转债,其五年的利率依次是1%, 1.1%, 1.3%, 1.6%, 1.9%;西宁特钢,首年的利率为1.2%,以后四年每年增加0.2个百分点。这些就属于变动利率可转债。

(三)可转换公司债的发行条件

1. 发行主体。

由于可转换公司债是一种可以转换成发行公司股票的特殊公司债,所以,各国法律一般都规定只有上市公司才有发行资格。按我国《证券法》第16条的规定及《上市公司证券发行管理办法》可知,在我国,原则上只有上市公司才可以发行可转换公司债。

2. 其他条件。

我国《证券法》第16条第3款规定:“上市公司发行可转换为股票的公司债券,除应当符合第一款规定的条件外,还应当符合本法关于公开发行股票的条件,并报国务院证券监督管理机构核准。”因此,发行可转换公司债的其他条件又可分为两大部分:一是上述普通公司债的所有发行条件;二是《证券法》规定的公开发行股票的所有条件。按《证券法》第13条的规定,公司公开发行新股,应当符合下列条件:(1)具备健全且运行良好的组织机构;(2)具有持续盈利能力,财务状况良好;(3)最近三年财务会计文件无虚假记载,无其他重大违法行为;(4)经国务院批准的国务院证券监督管理机构规定的其他条件。

三、公司债的发行程序

按我国《公司法》、《证券法》的规定,符合条件的公司公开发行公司债时,应遵循下列程序:

1. 公司董事会制定发行公司债券的方案。发行方案应包括:发行公司债券的目的,拟发行债券的数量、面额、期限及利率,承销机构,发行起止日期等内容。制定详细的发行方案,既便于公司股东大会审议通过,又利于政府有关部门审查批准。

2. 股东大会审议通过公司债券发行方案。根据《公司法》第 38 条、第 100 条的规定,决定公司是否申请发行公司债的权力属于公司内部权力机构——股东会或股东大会。国有独资公司发行公司债券,必须由国有资产监督管理机构决定。故董事会制定的发行方案,在未经过股东会或股东大会审议通过前,是不能作为公司法人的正式意思定下来的,否则,政府有关机构应拒绝行使审批权。

3. 报经国务院证券监督管理机构或者国务院授权的部门核准。按我国《证券法》第 10 条的规定,公开发行公司债券,必须符合法律、行政法规规定的条件,并依法报经国务院证券监督管理机构或者国务院授权的部门核准。未经依法核准,任何单位和个人不得公开发行公司债券。

申请公开发行公司债券,应当向国务院证券监督管理机构或者国务院授权的部门报送下列文件:(1)公司营业执照;(2)公司章程;(3)公司债券募集办法;(4)资产评估报告和验资报告;(5)国务院授权的部门或者国务院证券监督管理机构规定的其他文件;(6)依法聘请保荐人的,还应当报送保荐人出具的发行保荐书。

发行人申请人向国务院证券监督管理机构或者国务院授权的部门报送的债券发行申请文件,必须真实、准确、完整。

国务院证券监督管理机构或者国务院授权的部门,应当自受理债券发行申请文件之日起三个月内,依照法定条件和法定程序作出予以核准或者不予核准的决定,发行申请人根据要求补充、修改发行申请文件的时间不计算在内;不予核准的,应当说明理由。

4. 公告公司债券募集办法。公司公开发行债券的申请被核准后,发行公司应及时公告其公司债券募集办法,并将该文件置备于指定场所供公众查阅。

公告公司债券募集办法的主要目的,一是作为公司对社会公众发出的认购其即将发行的公司债券的要约邀请;二是便于社会公众了解和掌握发行公司的有关财务信息及所发行的债券的基本情况,以便作出认购与否的决定;三是便于政府有关部门对整个发行过程进行监督,以维护公众利益和社会经济秩序。《证券法》第 25 条还规定:“发行证券的信息依法公开前,任何知情人不得公开或者泄露该信息。发行人不得在公告公开发行募集文件前发行证券。”

5. 证券经营机构承销发售公司债券。证券经营机构对公司债券的代销、包销期最长不得超过九十日。证券经营机构在代销、包销期内,对所代销、包销的公司债券,应当保证先行出售给认购人,不得为自己预留所代销的债券和预先购入并留存所包销的债券。

6. 公众认购债券。社会公众应按公告的债券募集办法中规定的时间、地点、价格、缴款方式等,实施债券的认购行为,否则,其认购愿望无法实现。

7. 发行公司依法备置公司债券存根簿。依我国《公司法》第158条的规定,公司发行完公司债券后应当备置公司债券存根簿,记载法定事项。发行记名公司债券的,应当在公司债券存根簿上载明下列事项:(1)债券持有人的姓名或者名称及住所;(2)债券持有人取得债券的日期及债券的编号;(3)债券总额,债券的票面金额、利率、还本付息的期限和方式;(4)债券的发行日期。发行无记名公司债券的,应当在公司债券存根簿上载明债券总额、利率、偿还期限和方式、发行日期及债券的编号。

第三节　公司债的转让

公司债的转让,是指通过法定手续,使公司债券由持有人一方转让给受让方的法律行为。我国《公司法》第160条明确规定:“公司债券可以转让。”但作为有价证券的一种,公司债券的转让须遵循法定规则。我国现行立法对公司债的转让规则作了以下规定。

一、公司债的转让场所

转让公司债券应当在依法设立的证券交易场所进行。按我国《证券法》第39条的规定,依法公开发行的公司债券,应当在依法设立的证券交易所上市交易,或者在国务院批准的其他证券交易场所转让。

二、公司债的转让价格

公司债券的转让价格由转让人与受让人约定。公司债券的转让价格除受其本身的面值及发行价格的影响外,还会受到发行债券公司的经营状况、盈利水平、国内外证券市场行情变化及重大政治、经济事件等的影响,所以债券的转让价格与债券面值或发行价格的不一致,是债券转让市场的普遍现象。为了有利于债券的流通,也为了方便不同投资者的投资需求,我国法律按国际惯例并不硬性统一规定公司债券的转让价格,而是允许转让方与受让方自由约定转让价格。由于我国《证券法》规定转让债券必须在依法设立的证券交易场所进行,所以双方约定转让价格的具体方式大多采用集合竞价的方式。

三、公司债的转让方式

不同种类的公司债券,应按不同的法定方式进行转让,否则,该转让就不能发生法律效力。

依《公司法》第 161 条的规定,记名公司债券,由债券持有人以背书方式或者法律、行政法规规定的其他方式转让,转让后由公司将受让人的姓名或者名称及住所记载于公司债券存根簿。无记名公司债券的转让,由债券持有人将该债券交付给受让人后即发生转让的效力。

由于公司债券是有价证券的一种,所以除受《公司法》的规定外,公司债券的转让方式还应受《证券法》上有关证券交易规则的约束。按《证券法》第 40 条、第 41 条及第 42 条的有关规定,证券在证券交易所上市交易,应当采用公开的集中交易方式或者国务院证券监督管理机构批准的其他方式。证券交易当事人买卖的证券可以采用纸面形式或者国务院证券监督管理机构规定的其他形式。证券交易以现货和国务院规定的其他方式进行交易。

第八章
股东及股东的权利、义务、责任

第一节 股 东

一、股东的界定

(一) 股东的概念

股东是公司存在的必要条件之一,没有股东也就没有公司。虽然股东是一种看似人人皆知的主体,但到底什么叫股东,不仅我国法律未作规定,学界对此也是各有不同的表述。有的把股东简单地称为"公司之构成员"[①],有的把股东概括为是"向公司投入资金并依法享有权利、承担义务的人"。[②]我们认为,股东是指因依法持有一定份额的公司股本而对公司享有权利并承担义务的主体。这种主体可以是自然人,也可以是法人;既可以是本国人,也可以是外国人。

与"股东"密切相关但又有区别的两个概念是"发起人"和"认股人"。发起人和认股人都是公司设立阶段的特定主体,他们依发起行为或认购股份行为而取得发起人或认股人身份,并随公司成立而从发起人或认股人转变为公司股东。因此,发起人和认股人可说是公司股东的前身。但公司股东并非都由发起人和认股人转化而来,如继受取得股东资格的人就与发起人或认股人无关。因此,不能把股东与发起人、认股人混为一谈,他们的权利、义务、责任是不完全相同的。

(二) 股东身份的认定

由于我国法律并没有对股东的概念、股东身份的认定标准等问题作出明确规定,学界对此也有不同的观点,造成各地司法部门在解决因股东身份引发的争议案件时出现了大相径庭的结论。因此,有必要从理论上来研究一下股东身份的认定标准问题。我们认为,认定某人是否是股东,应从实质及形式要件等方面综合考察,不能仅以其中一个形式或实质要件来简单断定。

① 柯芳枝著:《公司法论》,中国政法大学出版社 2004 年版,第 547 页。
② 江平主编:《新编公司法教程》,法律出版社 2003 年版,第 137 页。

1. 实质要件。

就实质要件而言,股东身份的取得必然基于其对公司的出资,未出资者是不能取得股东身份的(起码在我国目前的法律框架下是这样)。虽然,在继受取得股东资格时,形式上受让方股东并不直接向公司出资,但因出让方的股权是已经向公司投入了资金后取得的,所以,受让方只需将相应的对价支付给出让方即可(受赠和继承股权时除外)。因此,当就某个股东身份产生争议时,首先应该考察的是该系争股东是否已经具备取得股东身份的实质性要件,即其是否已经履行了对公司的出资义务(包括在原始取得股权时对公司的出资义务及继受取得股权时向出让方支付对价)。但是,无论系争股东是否具备出资要件,都不足以就此认定或否定其股东身份,还得考察若干形式要件是否具备。

2. 形式要件。

从形式上讲,投资人因向公司投资而成为股东的,必须借助于外观形式才能得以表彰。这种外观形式包括:

(1) 公司章程上的签章。依我国《公司法》第 25 条规定,有限责任公司的"股东应当在公司章程上签名、盖章"。因此,未在章程上签名、盖章的有限责任公司股东的股东身份即存在形式上的瑕疵。

(2) "出资证明书"或"股票"的证明。"出资证明书"或"股票"是我国《公司法》规定证明有限责任公司股东或股份有限公司股东身份的有效证明。虽有投资而未能出具有效的"出资证明书"或"股票"的公司投资者,其股东身份亦存在形式上的瑕疵。

(3) 公司股东名册上的记载。股东名册是公司依照法律要求设置的记载股东姓名或名称及其所持股份的簿册。我国《公司法》第 33 条明确规定,"记载于股东名册的股东,可以依照股东名册主张行使股东权利"。因此,公司股东名册上有记载,是股东主张其股东身份的形式要件之一。

(4) 工商登记资料中的记载。按我国《公司登记管理条例》第 9 条的规定,公司的登记事项包括"有限责任公司或者股份有限公司发起人的姓名或者名称,以及认缴和实缴的出资额、出资时间、出资方式"等。因此,有限责任公司的原始股东以及发起设立时的股份有限公司的原始股东,主张其股东身份的依据之一是注册登记事项中的记载。若公司的工商登记资料中未记载某股东的姓名或名称,则该股东证明其身份的形式要件就有瑕疵。

在一个设立、运行都规范的公司里,股东应具备的实质要件与形式要件应该是一致的。但在一个设立或运行不很规范的公司里,反映股东身份的实质要件和形式要件往往会不一致。此时,对股东身份的认定就会出现困难。例如,某人虽履行了出资义务,但却未被记载于股东名册,或虽被记载于股东名册,却未见工商登记资料中有记载。又如,某人虽被记载于工商登记资料中,但却根本未履行过对公司的出资义务,此时,能否认定上述或者是形式要件、或者是实质要件欠缺者的股东资格?对此,我国立法并不明确,理论界的观点也是各不相同。我们认为,在国家相关立法进一步完善之前,在涉及股东身份认定上的争议时,应区别争议双方的关系而采取不同的标准来认定。若系争双方属外部关系(如公司债权人因股东虚假出资而要求股东对公司债务承担连带责任时),应以形式要件尤其是工商登记资料中记载的情况来认定股东;而当系争双方属公司内部关系(如股东之间转让股权)时,则应主要以实质要件及内部文件(如股东名册的记载)为依据来认定。

二、股东资格的取得与丧失

(一) 股东资格的取得方式

股东资格可因原始投资或其他合法原因而取得。

1. 原始取得。

所谓股东资格的原始取得,是指股东身份是在公司成立时,因认购了公司首次出售(或发行)的股权(或股份)而取得的。因此,原始取得的构成要件有两个:一是股东身份的取得是因其直接向公司认购股权(或股份),而非通过受让别人的股权而获得的;二是股东身份的取得,是因投资人认购了公司第一次发售(或发行)的股权(或股份),而非认购了公司第二次及以后发售(或发行)的股权(或股份)而取得的。原始取得股东身份的投资者,通常被称为原始股东。有限责任公司及发起设立时的股份有限公司的原始股东就是有限责任公司及股份有限公司的全体发起人;而募集设立时的股份有限公司的原始股东,除了全体发起人外,还包括在募集设立过程中认购股份的所有认股人。

2. 继受取得。

所谓股东资格的继受取得,是指股东身份是在公司成立后,因股权(或股份)的有偿转让、赠与、继承等原因而取得的。因此,继受取得的特点是:第一,股东身份并非是因投资者直接向公司认购股权(或股份)而取得的,而是通过受让原有股东的股权(或股份)而取得的;第二,导致股东资格继受取得的具体原因,可以是有偿转让、赠与、继承等多种法律行为。

众所周知,股东在公司成立后是不能抽回自己的投资的,已经取得股东身份的投资者,要想退出公司,可以通过依法转让自己持有的公司股份来达到目的,也可以通过将自有股份赠与他人而使自己与公司脱离关系。所以,有偿转让股权(或股份),股权(或股份)的赠与、继承等行为,不仅是股东退出公司的法定途径,客观上也就成了一种股东资格的取得方式。

3. 因公司增资扩股而取得。

股东资格除了原始取得、继受取得外,还可以是在公司成立后,因公司增资扩股,认购公司新发行的股份而取得的。也有学者把增资扩股时取得股东资格的类型归在原始取得一类[①],这虽然有一定的道理(因为股东是直接向公司而非向其他股东购买

---

① 张民安、蔡元庆主编:《公司法》,中山大学出版社 2003 年版,第 174 页;施天涛著:《公司法论》,法律出版社 2005 年版,第 279 页。

公司股份而成为股东的)，但我们认为，“原始”即“开始”、“初始”的意思，在公司成立之初未取得股东资格，而在公司存续一段时间后才取得股东资格的，都不能称其为“原始股东”，以这种方式取得股东资格的，当然也就不能称其为“原始取得”，而只能算是取得股东资格的第三种途径。

(二) 股东资格的限制

就股东资格而言，各国立法并无太多的限制，这是因为：一方面，尽可能多地吸引各类不同主体对公司的投资是公司制企业的本质特征和需要；另一方面，公民、法人的投资自主权也是各国法律赋予其的基本权利之一。但这不等于说股东资格的取得是毫无限制的。事实上，无论是基于法律还是出于法理，股东资格都会受到一些限制。常见的限制主要有以下几种情况：

1. 公司本身不得成为自己公司的股东。任何一个公司都可以因投资行为或其他合法原因而成为别的公司的股东，但一般不得成为自己公司的股东。这不仅是为了防止出现内幕交易、操纵股价等损害中小股东利益的行为，也是贯彻资本维持原则、保护公司债权人利益的需要。虽然，包括我国在内的不少国家都允许公司在一定条件下收购本公司股份，但被公司收购的本公司股份必须依法处理。并且，公司持有的本公司股份在股东大会上是没有表决权的。

2. 受特别法限制的法人和自然人不得成为公司股东。我国有关政策、法律禁止党政机关法人办企业，实质上就是禁止这类法人成为公司股东。另外，我国有关组织法也禁止公务员、检察官、法官等自然人成为公司股东。因此，上述法人和自然人依法就不得成为公司股东。这样限制的目的是为营造公平的竞争环境和防止以权谋私、滥用公权行为的发生。

3. 公司章程规定不得成为股东的人即不得成为该公司股东。有限责任公司、无限公司等具有典型人合因素的公司，可依章程的规定而限制某些主体成为该公司股东。

(三) 股东资格的丧失

股东资格的丧失是指因法定原因的出现而导致的股东失去其股东身份的事实。导致股东资格丧失的常见原因有：(1)因自然人股东死亡或法人股东终止而导致该自然人或法人失去公司股东资格的；(2)因股东将其全部股权或股份转让与他人而使其丧失股东资格的；(3)因股东未依公司章程规定履行出资义务而被公司除名的；(4)股东因违法而被依法没收包括股权在内的所有私有财产，从而导致其失去股东资格的；(5)因公司本身解散而导致解散公司的全体股东失去股东资格的；(6)股东因行使股份回购请求权而被公司回购全部股份的。

第二节　股东的权利、义务与责任

一、股东的权利

(一) 股东权利的概念及种类

股东权利是指股东基于其身份和地位而享有的从公司获取经济利益并参与公司经营管理的权利。①不仅不同国家的立法赋予股东的权利内容各不相同,就是同一国家中不同类型的公司,股东享有的权利也有差别。因此,用内容丰富、种类多样来描述股东权利绝不为过。常见的股东权的分类有以下几种:

1. 自益权与共益权。

这是根据股东行使权利的目的的不同而作的分类。自益权,是指股东为了自己的利益而主张和行使的权利,如股利分配请求权、剩余资产分配权等是典型的自益权。共益权,是指股东不仅为了自己的利益,还兼以公司的利益为目的而主张和行使的权利,如请求召集股东会的权利、选择管理者的权利、派生诉权等。就内容而言,自益权多属财产权,而共益权则多为管理权。当然,自益权与共益权的界限有时并不是绝对的。

2. 固有权与非固有权。

这是根据股东权的性质不同而作的分类。固有权又称不可剥夺权,是指公司法赋予股东的、公司不得以章程或股东会决议予以剥夺或限制的权利。②非固有权又称可剥夺权,是指可由公司章程或股东会决议加以限制或予以剥夺的股东权。共益权多属固有权,而自益权则多属非固有权。区分固有权与非固有权的意义在于增强股东的维权意识。当股东的固有权被限制或剥夺时,股东可依法采取补救措施。

3. 单独股东权与少数股东权。

这是根据股权行使的方式不同而作的分类。单独股东权,虽然被不少学者解释为"可以由股东一人单独行使的权利"③,但我们认为,其更确切的含义是指:仅持一股的股东就可以单独主张和行使的权利,如资产收益权、表决权等。少数股东权是指持有已发行股份一定比例以上的股东才能行使的权利,如我国《公司法》第 102 条规定的股东对股东大会的特别召集权、第 103 条规定的股东的临时提案权等,都属少数股东权。

① 刘俊海著:《股份有限公司股东权的保护》,法律出版社 1997 年版,第 11 页。

② 石少侠主编:《公司法教程》,中国政法大学出版社 2002 年版,第 117 页。

③ 石少侠主编:《公司法教程》,中国政法大学出版社 2002 年版,第 117 页;赵旭东主编:《公司法学》,高等教育出版社 2003 年版,第 282 页。

4. 一般股东权与特别股东权。

这是根据股权行使主体的不同而作的分类。一般股东权是指公司普通股东依法享有的权利;而特别股东权是指依法专属于特别股东的权利,如发起人股东、优先股股东通常享有一般股东不享有的一些特权。

(二) 股东权利的内容

股东权的具体内容取决于各国公司法的具体规定。依我国《公司法》的规定,股东权利内容主要有以下几项:

1. 资产收益权。

资产收益权是股东基于其对公司的投资而享有的请求公司将经营所得向自己分配的权利,在实践中,资产收益权一般是通过股利分配请求权而实现的。按《公司法》第 35 条及第 167 条的规定,有限责任公司的股东,按照实缴的出资比例分取红利,但是全体股东约定不按照出资比例分取红利的除外。股份有限公司的股东,按照其持有的股份比例分配,但股份有限公司章程规定不按持股比例分配的除外。

2. 选择管理者的权利。

就《公司法》第 38 条的规定来看,股东有权选择的管理者是指非由职工代表担任的董事及监事。根据《公司法》第 106 条的规定,股东大会在选举董事及监事时,可以根据公司章程的规定或者股东大会的决议,实行累积投票制。如果公司实行累积投票制,则股东大会选举董事或者监事时,股东拥有的每一股份享有与应选董事或者监事人数相同的表决权,股东拥有的表决权可以集中使用,以选出其放心的经营管理者。

3. 参与重大决策权。

股东的这项权利主要是通过出席股东会或股东大会,并在股东会或股东大会上对法定的属于股东会职权范围内的公司重大事项以行使表决权的方式参与决策。通常,股东参与重大决策权下的子权利有:

(1) 委托他人出席股东会或股东大会的权利。这是股东参与重大决策权实现的基础。

(2) 临时提案权。按《公司法》第 103 条的规定,单独或者合计持有公司百分之三以上股份的股份有限公司股东,可以在股东大会召开十日前提出临时提案并书面提交董事会。当然,临时提案的内容应当属于股东大会职权范围,并且临时提案应有明确的议题和需要决议的具体事项。

(3) 质询权。股东对应邀列席股东会会议的董事、监事、高级管理人员,有就公司事务提出质询的权利。

(4) 表决权。股东对股东会或者股东大会上决议的事项行使表决的权利,是股东参与公司重大决策的根本途径。有限责任公司股东,除公司章程另有规定的外,按照出资比例行使表决权;股份有限公司的股东,所持每一股份有一表决权。但是,公司持有的本公司股份没有表决权。

4. 股东大会的特别召集权。

依我国《公司法》的规定，一般情况下，股东大会的召集权是属于董事会的，但当董事会不能履行或者不履行召集股东大会会议职责时，监事会应当及时履行召集职责，监事会也不履行召集股东大会职责的，代表十分之一以上表决权的有限责任公司股东或连续九十日以上单独或者合计持有公司百分之十以上股份的股份有限公司股东可以自行召集和主持股东大会。

5. 决议撤销请求权。

《公司法》第 22 条规定，公司股东会或者股东大会、董事会的决议内容违反法律、行政法规的无效。股东会或者股东大会、董事会的会议召集程序、表决方式违反法律、行政法规或者公司章程，或者决议内容违反公司章程的，股东可以自决议作出之日起六十日内，请求人民法院撤销。

6. 知情权。

《公司法》第 34 条和第 98 条分别就有限责任公司股东及股份有限公司股东知情权的范围及行使方式作了规定。

《公司法》第 34 条规定：股东有权查阅、复制公司章程、股东会会议记录、董事会会议决议、监事会会议决议和财务会计报告。股东可以要求查阅公司会计账簿。股东要求查阅公司会计账簿的，应当向公司提出书面请求，说明目的。公司有合理根据认为股东查阅会计账簿有不正当目的，可能损害公司合法利益的，可以拒绝提供查阅，并应当自股东提出书面请求之日起十五日内书面答复股东并说明理由。公司拒绝提供查阅的，股东可以请求人民法院要求公司提供查阅。《公司法》第 98 条规定：股东有权查阅公司章程、股东名册、公司债券存根、股东大会会议记录、董事会会议决议、监事会会议决议、财务会计报告，对公司的经营提出建议或者质询。

由此可知，虽然《公司法》赋予了所有股东以知情权，但不同公司股东知情权的范围及行使方式是不同的，这与公司的性质有关。公司股东应按相应的规定来行使知情权。

7. 转让股权或股份的权利。

原则上讲，所有股东都享有转让股权或股份的权利，但不同公司的股东行使该权利时应遵循的规则是不同的。

(1) 有限责任公司股东股权的转让。按《公司法》第 72 条的规定，有限责任公司的股东之间可以相互转让其全部或者部分股权。股东向股东以外的人转让股权，应当经其他股东过半数同意。股东应就其股权转让事项书面通知其他股东征求同意，其他股东自接到书面通知之日起满三十日未答复的，视为同意转让。其他股东半数以上不同意转让的，不同意的股东应当购买该转让的股权；不购买的，视为同意转让。经股东同意转让的股权，在同等条件下，其他股东有优先购买权。两个以上股东主张行使优先购买权的，协商确定各自的购买比例；协商不成的，按照转让时各自的出资比例行使优先购买权。公司章程对股权转让另有规定的,从其规定。

人民法院依照法律规定的强制执行程序转让股东的股权时,应当通知公司及全体股东,其他股东在同等条件下有优先购买权。其他股东自人民法院通知之日起满二十日不行使优先购买权的,视为放弃优先购买权。

(2) 股份有限公司股东股份的转让。股份有限公司股东转让其股份,应当在依法设立的证券交易场所进行或者按照国务院规定的其他方式进行。记名股票,由股东以背书方式或者法律、行政法规规定的其他方式转让;转让后由公司将受让人的姓名或者名称及住所记载于股东名册。无记名股票的转让,由股东将该股票交付给受让人后即发生转让的效力。

股份有限公司发起人持有的本公司股份,自公司成立之日起一年内不得转让。公司公开发行股份前已发行的股份,自公司股票在证券交易所上市交易之日起一年内不得转让。

公司董事、监事、高级管理人员所持有的本公司的股份,在任职期间每年转让的股份数不得超过其所持有本公司股份总数的百分之二十五;所持本公司股份自公司股票上市交易之日起一年内不得转让。上述人员离职后半年内,不得转让其所持有的本公司股份。公司章程可以对公司董事、监事、高级管理人员转让其所持有的本公司股份作出其他限制性规定。

8. 优先认股权。

公司新增资本时,股东有权优先按照实缴的出资比例认缴出资。但是,全体股东约定不按照出资比例优先认缴出资的除外。

9. 股份回购请求权。

有下列情形之一的,对股东会该项决议投反对票的股东可以请求公司按照合理的价格收购其股权:(1)公司连续五年不向股东分配利润,而该公司五年连续盈利,并且符合本法规定的分配利润条件的;(2)公司合并、分立、转让主要财产的;(3)公司章程规定的营业期限届满或者章程规定的其他解散事由出现,股东会会议通过决议修改章程使公司存续的。

10. 诉权。

股东享有包括直接诉权和派生诉权在内的完整诉权。(1)股东的直接诉权。当董事、高级管理人员违反法律、行政法规或者公司章程的规定,损害股东利益时,股东可以直接向人民法院提起诉讼,通过行使直接诉权的方式维护自己的权益。(2)股东的派生诉权。董事、监事、高级管理人员执行公司职务时违反法律、行政法规或者公司章程的规定,给公司造成损失的,应当承担赔偿责任。但如果此时公司董事会不采取任何措施追究有关人员对公司的损害赔偿责任的,有限责任公司的股东、股份有限公司连续一百八十日以上单独或者合计持有公司百分之一以上股份的股东,可以书面请求监事会或者不设监事会的有限责任公司的监事向人民法院提起诉讼。监事有损害公司利益行为且应承担损害赔偿责任的,前述股东可以书面请求董事会或者不设董事会的有限责任公司的执行董事向人民法院提起诉讼。

监事会、不设监事会的有限责任公司的监事，或者董事会、执行董事收到前述股东书面请求后拒绝提起诉讼，或者自收到请求之日起三十日内未提起诉讼，或者情况紧急、不立即提起诉讼将会使公司利益受到难以弥补的损害的，前述股东有权为了公司的利益以自己的名义直接向人民法院提起诉讼。

他人侵犯公司合法权益，给公司造成损失的，上述股东也可以依法向人民法院提起诉讼。

11. 诉请解散公司的权利。

依《公司法》第183条的规定，当公司经营管理发生严重困难，继续存续会使股东利益受到重大损失，通过其他途径不能解决的，持有公司全部股东表决权百分之十以上的股东，可以请求人民法院解散公司。

12. 公司终止后对公司剩余财产的分配权。

公司解散后，必须依法进行清算。公司财产在分别支付清算费用、职工的工资、社会保险费用和法定补偿金，缴纳所欠税款，清偿公司债务后的剩余财产，有限责任公司按照股东的出资比例分配，股份有限公司按照股东持有的股份比例分配。

二、股东的义务

股东的义务可以说是股东行使权利的代价，它是指股东基于其股东身份而必须依法作出一定行为或不得作出一定行为的约束。所有公司股东都应该自觉履行下列义务。

（一）遵守法律和公司章程、依法行权的义务

公司的所有股东都应当遵守法律、行政法规和公司章程，依法行使股东权利，不得滥用股东权利损害公司或者其他股东的利益，不得滥用公司法人独立地位和股东有限责任损害公司债权人的利益。

（二）适时、恰当、足额地履行出资义务

股东应当按期、恰当、足额地缴纳公司章程中规定的各自所认缴（或认购）的出资额（或股份）。公司章程规定一次缴纳的，应即时缴纳全部出资；公司章程规定分期缴纳的，应依规定的期限按时缴纳各期应缴的出资。股东以货币出资的，应当将货币出资足额存入公司在银行开设的账户；以非货币财产出资的，在确保出资的财产确实达到了足够的数额的同时，还应当依法办理其财产权的转移手续。公司成立后，若发现股东用作出资的非货币财产的实际价额显著低于公司章程所定价额的，交付该出资的股东应当履行补足其差额的义务；公司设立时的其他股东对此承担连带责任。

（三）不抽逃出资的义务

股东不仅要履行足额缴纳出资的义务，对已经缴纳给公司的出资，还负有不得抽逃的义务，否则，即构成股东对公司法人财产权的侵权。

（四）违法所得退还公司的义务

按我国《公司法》第167条的规定，股东会、股东大会或者董事会违反规定，在公司弥补亏损和提取法定公积金之前向股东分配利润的，股东必须将违反规定分得的利润退还公司。

三、股东的责任

（一）股东的有限责任

由于我国《公司法》只规定了有限责任公司和股份有限公司两种公司，没有无限公司、两合公司的规定，所以，依我国《公司法》成立的公司，股东承担的都是有限责任。具体而言，有限责任公司的股东是以其认缴的出资额为限对公司承担责任；股份有限公司的股东是以其认购的股份为限对公司承担责任。无论是有限责任公司的股东，还是股份有限公司的股东，通常都不对公司债务负直接责任，这就是股东有限责任的含义。

（二）有限责任的例外——连带责任

公司的独立人格和股东的有限责任是现代公司法的两大基石。股东的有限责任是建筑在股东财产与公司财产分离、股东人格与公司法人人格分离的基础上的。如果公司的财产与股东的财产无法分离，则公司的人格也就无法真正独立于股东的人格，相应地，公司的责任必然与股东的责任发生牵连。因此，我国《公司法》在总结了多年来我国公司实践的基础上，借鉴他国已有的司法判例，第一次以成文法的方式确立了揭开公司面纱原则及揭开公司面纱时的股东对公司债务的连带责任制度。依《公司法》的规定，下列两种情况下，公司股东不享受有限责任的保护，必须对以公司名义发生的债务负连带责任：(1)当一人有限责任公司的股东不能证明公司财产独立于股东自己财产的，应当对公司债务承担连带责任。(2)公司股东滥用公司法人独立地位和股东有限责任，逃避债务，严重损害公司债权人利益的，应当对公司债务承担连带责任。

（三）股东虚假出资、抽逃出资时的法律责任

如上所述，足额出资、不抽逃出资是所有股东的法定义务，股东必须认真履行。但如果股东不履行该项法定义务，虚假出资、抽逃出资的，必须为此承担相应的法律责任。股东虚假出资，未交付或者未按期交付作为出资的货币或者非货币财产的，由公司登记机关责令改正，处以虚假出资金额百分之五以上百分之十五以下的罚款。

股东在公司成立后,抽逃其出资的,由公司登记机关责令改正,处以所抽逃出资金额百分之五以上百分之十五以下的罚款。

(四)股东的损害赔偿责任

公司股东滥用股东权利给公司或者其他股东造成损失的,应当依法承担赔偿责任。

第九章
公司组织机构

公司组织机构是对公司内部权力机构、经营决策机构及监督机构的总称。虽然公司存在种类的差异、规模的区别，但《公司法》所体现的公司内部组织机构的设置及运行原则是相同的，即重视股东作为公司所有者的地位、强调股东在公司治理中的作用，并在各国立法由股东会中心主义向董事会中心主义演化的过程中，坚持对董事、经理等经营管理层的激励与约束并举的权力制衡原则及利益相关者参与公司治理的原则，以促使我国各类公司内部达到决策及管理的民主性、科学性及效率性的完美结合。

第一节 股东(大)会[①]

一、股东会的性质和特征

除了一人公司外，各类公司都应当建立股东会或股东大会。依我国《公司法》第37条、第99条的规定，无论是有限责任公司的股东会还是股份有限公司股东大会，都是由全体股东组成的公司权力机构，并享有一系列法定职权。

作为法定的公司内部权力机构，股东会的基本特征是：

1. 由全体股东所组成。公司在法律上虽具有独立人格，但股东是公司实际上的所有者。而且，股东除被选为董事或监事外，几乎无机会参与公司的经营活动。因此，股东会就成了绝大多数股东参与公司重大决策的唯一场合。各国公司法一般都确认股东作为股东会成员的当然资格，我国也不例外。

2. 股东会是集中反映股东意志的公司内部权力机构。对于每一个股东来说，其对公司事务的权利，主要是通过参加股东会并行使表决权以形成股东会决议的方式实现的。股东会决议并非全体股东个别意志的简单相加，而是通过法定表决制所形成的代表多数股东意愿的决定。故其一经作出，就被认为是代表全体股东的共同意

① 按我国《公司法》的规定，有限责任公司的权力机构是股东会，股份有限公司的权力是股东大会，为叙述简便起见，以下统称“股东会”。

愿而对全体(包括持有不同意见的)股东产生约束力,从而体现了股东会作为公司内部最高权力机构的权威性。

3. 股东会是非常设机构。股东会虽是公司的权力机构,但它却不是一个常设机构,而是依公司法或公司章程规定的时间或条件定期或不定期召集的一个议会式机构。

二、股东会的职权

股东会的职权,是指依法或者依章程规定必须由股东会决定的事项。由于股东是公司实际上的所有者,所以,从理论上说,股东会对公司的一切重要事务均可作出决议。但若公司的所有事宜都要由股东会来决定的话,公司决策的民主性是有保证了,但决策的科学性及效率性会大大降低。因为股东并不都是经营能手,且在股东人数众多的公司里,不仅股东意见难以统一,而且股东会的召集须遵循一定的程序,这样一来,反而不利于股东利益的保护。有鉴于此,各国立法目前的通行做法是,只把与股东利益密切相关的特别重大问题交由股东会来决定,其他次重要的问题都交给董事会来决策。我国《公司法》所规定的股东会的法定职权是:(1)决定公司的经营方针和投资计划;(2)选举和更换非由职工代表担任的董事、监事,决定有关董事、监事的报酬事项;(3)审议批准董事会的报告;(4)审议批准监事会或者监事的报告;(5)审议批准公司的年度财务预算方案、决算方案;(6)审议批准公司的利润分配方案和弥补亏损方案;(7)对公司增加或者减少注册资本作出决议;(8)对发行公司债券作出决议;(9)对公司合并、分立、变更公司形式、解散和清算等事项作出决议;(10)修改公司章程;(11)公司章程规定的其他职权。

至于股东会的职权是否仅限于上述法定范围?或者说,除了法律赋予公司股东会的上述职权外,各公司股东会是否还可以根据本公司章程或本公司股东会决议的规定行使职权?我们认为,股东会的职权,来源于法律的规定和公司内部的授权。除了法定职权外,公司章程或股东会决议当然可以授权本公司股东会行使法定职权以外的其他权力。

三、股东会的种类

股东会会议通常可分为定期会议和临时会议。

(一)定期会议

定期会议,是指公司依照法律或公司章程规定的期限定期召开的股东会。有限责任公司的定期股东会,依法应当按照公司章程的规定按时召开①;而股份有限公司

① 《中华人民共和国公司法》第40条。

的定期股东会则“应当每年召开一次年会”。[①]由于股份有限公司的定期会议通常一年召开一次，所以，股份有限公司的定期股东会又称作股东大会年会。但《公司法》对股东年会的召开时间及不按时召开时的处理等问题没作具体规定。2006 年 3 月中国证监会发布了《上市公司股东大会规则》，对上市公司年度股东大会的召开问题作了较为明确的规定。按该《规则》第 4 条的规定：“年度股东大会每年召开一次，应当于上一会计年度结束后的六个月内举行。上市公司在上述期限内不能召开股东大会的，应当报告公司所在地中国证监会派出机构和公司股票挂牌交易的证券交易所，说明原因并公告。在上述期限内，上市公司无正当理由不召开股东大会的，证券交易所有权对该公司挂牌交易的股票及衍生品种予以停牌，并要求董事会作出解释并公告。”该规定虽在一定程度上弥补了《公司法》的不足，但其适用范围仅限于上市公司，不上市的股份有限公司股东年会的时间限制问题仍然有待立法的进一步明确。

其实，关于股东年会的召集时限及不按时召集的法律责任问题，不少国家或地区的公司法都有明确规定，这些规定可兹借鉴。如英国公司法规定，两次普通年会之间的间隔自上一年度大会举行之日起，不得超过十五个月。美国大多数州的公司法令规定其间隔不得超过十三个月。[②]我国台湾地区“公司法”第 170 条规定：“股东常会应于每营业年度终结后六个月内召开。但有正当事由经报请主管机关核准者，不在此限。代表公司之董事违反前项召开期限之规定者，处新台币一万元以上五万元以下罚款。”我国香港地区《香港公司条例》更进一步规定了过期不召集股东年会时的补救措施，即“法庭准据该公司股东同人之申请，得为该公司召开或指令召开此项平常会议”。[③]

股东年会的主要议题是讨论决定公司的常规性事务，如年度财务预决算方案、年度利润分配或亏损弥补方案、重大投资计划等。

（二）临时会议

临时股东会，是指在两次定期会议之间，因法定事由的出现而临时召开的股东会。我国《公司法》分别就有限责任公司临时股东会及股份有限公司临时股东大会的召集事由作了规定。

有限责任公司代表十分之一以上表决权的股东，三分之一以上的董事，监事会或者不设监事会的公司的监事提议召开临时会议的，应当召开临时会议。[④]

股份有限公司有下列情形之一的，应当在两个月内召开临时股东大会：(1)董事人数不足本法规定人数或者公司章程所定人数的三分之二时；(2)公司未弥补的亏损达实收股本总额三分之一时；(3)单独或者合计持有公司百分之十以上股份的股东请

① 《中华人民共和国公司法》第 101 条。

② 石少侠主编：《公司法》，吉林人民出版社 1994 年版，第 215 页。

③ 《香港公司条例》第 111 条，转引自江平主编：《商法全书》，中国广播电视出版社 1995 年版，第 1324 页。

④ 《中华人民共和国公司法》第 40 条。

求时;(4)董事会认为必要时;(5)监事会提议召开时;(6)公司章程规定的其他情形。

四、股东会的召集

(一)召集权人

从各国公司法的规定来看,股东大会通常由董事会召集,特别情况下,监事会、代表一定股权比例的股东、清算人、重整人等也可依法律或公司章程的规定召集股东大会。我国《公司法》第41条及第102条分别就有限责任公司和股份有限公司股东会的召集权人作了规定。按上述规定,股东会的召集权人依次如下:

1. 董事会。除了不设董事会的有限责任公司,股东会会议由执行董事召集和主持外,各种公司的股东会会议都由董事会召集,董事长主持。董事长不能履行主持职责或者不履行主持职责的,由副董事长主持;副董事长不能履行主持职责或者不履行主持职责的,由半数以上董事共同推举一名董事主持。

2. 监事会或者不设监事会的公司监事。董事会或者执行董事不能履行或者不履行召集股东会会议职责的,由监事会或者不设监事会的有限责任公司的监事召集和主持。

3. 持股达法定比例的股东。监事会或者监事不召集和主持的,代表十分之一以上表决权的有限责任公司股东及连续九十日以上单独或者合计持有公司百分之十以上股份的股份有限公司股东可以自行召集和主持。

(二)召集通知

由于股东会并非公司常设机构,股东也非公司工作人员,为确保股东都能按时出席会议,真正行使参与公司决策的权利,而不是搞走过场式的形式主义,更是为了提高股东会开会的效率,我国《公司法》对股东会召开前的通知规则作出了明确规定。

有限责任公司召开股东会会议,应当于会议召开十五日以前通知全体股东,但是公司章程另有规定或者全体股东另有约定的除外。①股份有限公司召开股东大会会议,应当将会议召开的时间、地点和审议的事项于会议召开二十日前通知各股东;临时股东大会应当于会议召开十五日前通知各股东;发行无记名股票的,应当于会议召开三十日前公告会议召开的时间、地点和审议事项。②单独或者合计持有公司百分之三以上股份的股东,可以在股东大会召开十日前提出临时提案并书面提交董事会;董事会应当在收到提案后二日内通知其他股东,并将该临时提案提交股东大会审议。临时提案的内容应当属于股东大会职权范围,并有明确议题和具体决议事项。

---

① 《中华人民共和国公司法》第42条。

② 《中华人民共和国公司法》第103条。

五、股东会决议

(一) 股东会的表决方式

股东会的表决方式可以是传统的会议现场表决,也可以通过由股东在需决议的文件上以签名、盖章的方式表决,还可以用电话、传真、网络等现代通讯方式表决。

有限责任公司因股东人数较少,其股东会的表决方式除了传统的会议现场表决外,依《公司法》第 38 条的规定,属于股东会法定职权范围内的事项,股东以书面形式一致表示同意的,可以不召开股东会会议,直接作出决定,并由全体股东在决定文件上签名、盖章。

股份有限公司因股东人数众多,显然不适宜用由全体股东在需决议的文件上签名、盖章的方式表决,而传统的会议现场表决方式及网络等现代通讯方式表决无疑是较合适的。但要注意的是,用不同的方式表决,应遵循的具体规则是不同的。如《上海证券交易所上市公司股东大会网络投票实施细则》(以下简称《实施细则》)第 4 条规定,股东大会股权登记日登记在册的所有股东,均有权通过股东大会网络投票系统行使表决权,但同一股份只能选择一种表决方式。如果同一股份通过现场和网络重复进行表决,以现场表决为准。该《实施细则》第 11 条还规定,同时持有一家上市公司 A 股和 B 股的股东,应通过证券交易所的 A 股和 B 股交易系统分别投票。

(二) 股东行使表决权的依据

股东会决议以股东表决的方式通过。但股东行使表决权的依据,却可以因法律或章程的规定及公司种类的不同而不同。

我国《公司法》第 43 条规定:"股东会会议由股东按照出资比例行使表决权;但是,公司章程另有规定的除外。"而《公司法》第 104 条规定:"股东出席股东大会会议,所持每一股份有一表决权。但是,公司持有的本公司股份没有表决权。"由此可见,我国公司股东行使表决权的依据有两个:一是公司法的规定,即按照出资比例或所持股份行使表决权;二是公司章程规定,即不按出资比例而是按公司章程规定的比例行使表决权。但《公司法》只将按章程规定的比例行使表决权这种方式,授予了有限责任公司,而没有明确给予股份有限公司。与此同时,《公司法》明确规定股份有限公司持有的本公司股份没有表决权,却未禁止有限责任公司持有的本公司股权的表决权,这究竟是一种疏忽还是有意安排的结果,不得而知。

(三) 股东表决权的运用

股东出席股东会,对其参与表决的重大事项,享有依法自主运用表决权的权利。原则上股东表决权既不能被随意剥夺,也不能无故受限制,更不能重复计算和使用。但下列情况下,股东表决权的运用将突破上述一般原则,而按特殊规则运用。

1. 股东表决权的剥夺。

为公平地保护所有股东的合法权益,在坚持一股一权、一股一票原则的前提下,不少国家的立法都设置了特殊情况下的特殊股东表决权剥夺制度,我国也一样。按我国《公司法》的规定,下列两种情况下,股东的表决权将被剥夺:一是利害关系股东表决权的剥夺;二是公司自有股份表决权的剥夺。

所谓利害关系股东表决权的剥夺是指:与表决事项有利害关系的股东,在公司股东会就该利害事项表决时,其表决权将被剥夺。《公司法》第16条规定,公司为公司股东或者实际控制人提供担保的,必须经股东会或者股东大会决议。拟被担保的公司股东或者受拟被担保的实际控制人支配的股东,不得参加有关担保事项的表决。该项表决由出席会议的其他股东所持表决权的过半数通过。此外,《上市公司股东大会规则》第31条也对股东大会就关联交易的表决规则作出了类似规定,股东与股东大会拟审议事项有关联关系时,应当回避表决,其所持有表决权的股份不计入出席股东大会有表决权的股份总数。

所谓公司自有股份表决权的剥夺是指:公司因各种合法原因而持有的本公司的股份,在股东会上没有表决权。[①]这对防止内幕交易、操纵股价等违法行为有积极的意义和作用。

2. 股东表决权的累积运用。

股东表决权的累积运用,主要是指公司股东会在选举董事、监事时所采取的一种特别表决机制,又叫累积投票制。我国《公司法》第106条规定,股东大会选举董事、监事,可以根据公司章程的规定或者股东大会的决议,实行累积投票制。所谓累积投票制,是指股东大会选举董事或者监事时,每一股份拥有与应选董事或者监事人数相同的表决权,股东拥有的表决权可以集中使用。累积投票制创造、形成于19世纪的美国,20世纪为其他发达国家的公司法普遍采用。[②]我国引入累积投票制,有利于中小股东的代言人被选进董事会,从而确保董事会的决策能真正体现包括中小股东在内的所有股东的意愿。

(四)股东会决议种类及决议效力

股东会决议可分为普通决议和特别决议。普通决议是指决定公司普通事项时采用的以股东表决权的简单多数通过的决议。在我国,所谓"简单多数通过"是指"经出席会议的股东所持表决权过半数通过"(《公司法》第104条)。特别决议是指决定公司重要事项时采用的以股东表决权的绝对多数通过的决议。不同国家的公司法,对"特别事项"的范围及"绝对多数"的数量要求是不同的。依我国《公司法》第44条和第104条的规定,股东会会议作出修改公司章程、增加或者减少注册资本的决议,以及公司合并、分立、解散或者变更公司形式的决议的,有限责任公司,必须经代表三分

---

① 《中华人民共和国公司法》第104条。
② 赵旭东主编:《公司法学》,高等教育出版社2003年版,第337页。

之二以上表决权的股东通过；股份有限公司，必须经出席会议的股东所持表决权的三分之二以上通过。除此之外，股东会可以按照公司章程的规定决定必须以普通决议或特别决议通过的决议事项。

公司股东会或者股东大会的决议内容违反法律、行政法规的无效。只要股东会决议不存在内容违法或程序违规现象的，一经通过，即对全体股东具有约束力。

股东会或者股东大会的会议召集程序、表决方式违反法律、行政法规或者公司章程，或者决议内容违反公司章程的，股东可以自决议作出之日起六十日内，请求人民法院撤销。股东拟诉请撤销股东会决议的，应当在规定的时效内向人民法院提起诉讼，超过公司法规定期限的，人民法院将不予受理。[①]股东依法提起诉讼的，人民法院可以应公司的请求，要求股东提供相应担保。若公司根据股东会或者股东大会决议已办理变更登记的，人民法院宣告该决议无效或者撤销该决议后，公司应当向公司登记机关申请撤销变更登记。

(五) 股东会的会议记录

股份有限公司的股东大会应当对所议事项的决定作成会议记录，主持人、出席会议的董事应当在会议记录上签名。会议记录应当与出席股东的签名册及代理出席的委托书一并保存，以便必要时供股东及有关人员查阅。

第二节　董事会及经理

一、董事会的概念及特点

董事会，是公司依法选举产生的若干名董事所组成的，负责执行股东会决议，对外代表公司并享有公司经营决策权的常设机构。其基本特点如下：

1. 董事会是公司的常设机关。作为注册登记事项之一，公司首届董事会实际上是在公司注册登记前就选举产生的，自公司正式登记成立之日起，董事会即作为一个稳定的机构存在，只要公司存在一天，董事会就存在一天，公司注销登记，董事会才解散。

2. 董事会是公司的业务执行机关。董事会主要是由股东会选举产生的董事组成的，所以，其首要任务就是执行股东会的各项决议，并对股东会负责。

3. 董事会是公司的经营决策机关。董事会不仅负责执行股东会的决议，各国立法还从公司经营活动的实际需要出发，赋予了董事会对公司事务的广泛决策权。除

① 参见最高人民法院关于适用《中华人民共和国公司法》若干问题的规定(一)(2006 年 3 月 27 日最高人民法审判委员会第 1382 次会议通过)第 3 条。

法律和公司章程规定必须由股东会决议的事项外,公司的其他一切事务都可由董事会行使经营决策权。

4. 董事会是公司的对外代表机关。由执行董事或董事会而不是股东会作为公司的对外代表机关,几乎是各国公司法的共同之处。我国《公司法》也赋予了董事会代表公司处理内外事务的广泛权力。

二、董事会的职权

关于董事会的职权范围,各国立法不外乎采取列举式(即在公司法中明确列举董事会的职权)及排除式(即除由股东会行使的权力之外的一切职权)等方式规定。我国《公司法》关于董事会职权的规定可属列举式与排除式并用。一方面,《公司法》第38条有关股东会职权的规定,明确排除了董事会涉足的可能性;另一方面,《公司法》第47条又明确列举了董事会的法定职权。依该条规定,我国各类公司董事会的法定职权是:(1)召集股东会会议,并向股东会报告工作;(2)执行股东会的决议;(3)决定公司的经营计划和投资方案;(4)制定公司的年度财务预算方案、决算方案;(5)制定公司的利润分配方案和弥补亏损方案;(6)制定公司增加或者减少注册资本以及发行公司债券的方案;(7)制定公司合并、分立、变更公司形式、解散的方案;(8)决定公司内部管理机构的设置;(9)决定聘任或者解聘公司经理及其报酬事项,并根据经理的提名决定聘任或者解聘公司副经理、财务负责人及其报酬事项;(10)制定公司的基本管理制度;(11)公司章程规定的其他职权。除此之外,若公司章程赋予董事会一定范围的职权,亦属合法。

上述职权是属于整个董事会的,至于董事会中的每个成员享有哪些职权,《公司法》并未直接规定。因此,包括董事长、副董事长在内的所有公司董事,都不能把属于整个董事会的职权直接看成是每个董事个人的职权。事实上,董事们都只能通过参加董事会、以董事会成员的身份共同参与属于董事会职权范围的决策。当然,若某个董事受董事会委托行使某项属于董事会的职权的,应属合法。

不过,《公司法》对董事长、副董事长的职责还是作了规定。依《公司法》第110条的规定,董事长召集和主持董事会会议,检查董事会决议的实施情况。副董事长协助董事长工作,董事长不能履行职务或者不履行职务的,由副董事长履行职务;副董事长不能履行职务或者不履行职务的,由半数以上董事共同推举一名董事履行职务。

三、董事会的组成

董事会由符合法定任职资格的若干名董事所组成。

(一) 董事的概念及种类

董事,是公司经营决策机构的成员。但到底何谓“董事”,我国《公司法》并未给出明确的界定。《布莱克法律大辞典》对此的解释是：董事是指根据法律被任命或选举并授权管理和经营公司事务的人。①

董事可因其产生方式、在公司中的地位及与公司的关系等的不同而被分成不同的种类。从我国《公司法》的规定来看，我国董事可作以下几种分类：

1. 根据董事产生方式的不同，可把董事分为由股东会选举产生的代表股东利益的董事及由职工大会(或职工代表大会)选举产生的职工董事。这种分类的意义在于，确保不同利益代表都能参与公司的决策和管理。但在董事会内部，无论是代表股东的董事还是职工董事，在法律地位上都是平等的。

传统意义上考察，公司董事会是由股东会选举产生的若干名董事组成的行使经营决策权和管理权的公司常设机关。但为了体现利益相关者参与公司治理的原则，现代各国公司法都强调职工在公司治理中的地位和作用，职工董事制度由此而生。我国《公司法》亦明确规定，国有独资公司、两个以上的国有企业或者其他两个以上的国有投资主体投资设立的有限责任公司，其董事会成员中应当有公司职工代表；其他有限责任公司、股份有限公司董事会成员中也可以有公司职工代表。董事会中的职工代表由公司职工通过职工代表大会、职工大会或者其他形式民主选举产生。因此，在我国，国有有限责任公司的董事会中，必须有一定数量的职工董事；其他公司，由公司自主决定是否建立职工董事。至于建立职工董事制度的公司，职工董事占公司董事会总人数的比例问题，法律未作明确规定，应该由公司章程加以确定。但董事会成员中代表股东的董事占绝大多数，代表职工的董事占少数。

2. 根据董事是否享有公司法定代表人的身份为标准，可把董事分为法定代表人董事和普通董事。这种分类的意义在于：取得法定代表人身份的董事，享有直接对外代表公司行为的权力，而普通董事只有在得到法定代表人的授权后，才能在授权范围内对外代表公司。根据我国《公司法》第13条的规定，公司法定代表人可以依照公司章程的规定，由董事长、执行董事或者经理担任。一个公司只能有一个法定代表人，所以，董事会中享有公司法定代表人身份的董事只有一个，其他董事都是普通董事。

3. 根据担任董事职务的人是否是本公司股东为标准，可以把董事分为持股董事和非持股董事。这种分类的意义在于：持股董事除了享有董事的权力、承担董事的义务和责任外，还得根据其所持股权(或股份)的多少享有股东的权利，并承担股东的义务和责任；而非持股董事，则只享有董事的权力，并承担董事的义务和责任。虽然中国证监会要求上市公司董事持有一定数量的公司股份，但由于我国现行《公司法》并未将持有一定数量的任职公司的股权(或股份)作为取得董事身份的先决条件，所以，事实上，我国各类公司的董事会中同时存在着持股和非持股两大类董事。

4. 根据董事与公司之间的关系不同为标准，可以把董事分为独立董事与非独立

① *Black' Law Dictionary*, West Publishing Co., Fifth Edition, 1979, p. 415.

董事。独立董事是指不在公司担任除董事外的其他职务,并与其所受聘的上市公司及其主要股东不存在可能妨碍其进行独立客观判断关系的董事。[①]非独立董事是指除独立董事外的其他一般董事。我国相关政策、法规只要求上市公司建立独立董事制度,而对非上市公司,并无建立独立董事的要求。

(二)董事的人数及任期

董事会虽由股东会选举产生的董事与职工民主选举产生的职工董事共同组成,但董事会规模的大小却没有统一的标准。我国《公司法》对不同种类公司的董事会分别规定了不同的规模。除了股东人数较少或者规模较小的有限责任公司可以不设董事会只设一名执行董事外[②],一般的有限责任公司董事会的成员为三人至十三人[③];股份有限公司董事会成员为五人至十九人[④],董事会成员的具体人数由各公司依其实际需要在法定范围内决定。为避免董事会表决时陷入同意者与反对者的人数相同的僵局,保证董事会决议的顺利通过,公司在确定董事会成员的具体人数时,应取上述法定范围内的奇数为好。

董事的任期由公司章程规定,但每届任期不得超过三年。董事任期届满,连选可以连任。董事任期届满未及时改选,或者董事在任期内辞职导致董事会成员低于法定人数的,在改选出的董事就任前,原董事仍应当依照法律、行政法规和公司章程的规定,履行董事职务,以确保董事会的工作能正常进行。

(三)董事的资格

无论是董事长还是普通董事,都必须具备相应的任职资格。从理论上讲,董事的任职资格可分为积极资格要件与消极资格要件两方面。

所谓积极资格要件,是指担任董事必须具备的任职条件。各国有关董事任职资格的积极要件的规定,不外乎是品行、年龄、学历、职业背景及资格股等的要求。虽然我国《公司法》没有直接规定董事的积极资格要件,但这不等于我国法律对此毫无要求,更不等于公司章程也不能对此作出规定。事实上,董事积极资格要件问题,我国的相关法规、政策对一些特殊公司还是有规定的。如中国证监会 2002 年发布的《上市公司治理准则》第 41 条就规定:“董事会应具备合理的专业结构,其成员应具备履行职务所必需的知识、技能和素质。”

所谓消极资格要件,是指担任董事职务时不得具备的情况。我国《公司法》第 147 条规定了不得担任公司董事的几种情形:(1)无民事行为能力或者限制民事行为能力;(2)因贪污、贿赂、侵占财产、挪用财产或者破坏社会主义市场经济秩序,被判处

---

① 中国证监会 2001 年 8 月 21 日发布的《关于在上市公司建立独立董事制度的指导意见》第 1 条。

② 《中华人民共和国公司法》第 51 条。

③ 《中华人民共和国公司法》第 45 条。

④ 《中华人民共和国公司法》第 109 条。

刑罚,执行期满未逾五年,或者因犯罪被剥夺政治权利,执行期满未逾五年;(3)担任破产清算的公司、企业的董事或者厂长、经理,对该公司、企业的破产负有个人责任的,自该公司、企业破产清算完结之日起未逾三年;(4)担任因违法被吊销营业执照、责令关闭的公司、企业的法定代表人,并负有个人责任的,自该公司、企业被吊销营业执照之日起未逾三年;(5)个人所负数额较大的债务到期未清偿。

公司违反前款规定选举、委派董事的,该选举、委派或者聘任无效。董事在任职期间出现上述情形的,公司应当解除其职务。

(四)董事长的产生

董事会设董事长一人,可以设副董事长。我国《公司法》规定,有限责任公司的董事长和副董事长的产生办法由公司章程规定;国有独资公司的董事长和副董事长,由国有资产监督管理机构从董事会成员中指定;股份有限公司的董事长和副董事长由董事会以全体董事的过半数选举产生。

(五)董事与公司关系的几种学说

关于董事与公司之间的关系属于何种性质的关系问题,不同的法系及学界对此有以下几种不同学说:

1. 信托关系说。

信托关系说源于英美衡平法,是早期英美公司法理论中董事与公司法律关系的主导学说。照此学说,董事类似于信托关系中的受托人,而公司类似于信托关系中的委托人,董事是受公司委托、并以受托人的身份经营管理公司财产的。但信托说无法解释董事并不取得其受托财产所有权,不以自己的名义而以公司名义持有受托财产,且其职责也不像信托关系中的受托人那样仅限于消极的保管之责,而是负有积极的运用其受托财产为公司谋取最大利益的责任。显然,信托关系说不能令人信服。

2. 代理关系说。

代理关系说是建立在公司法人拟制说基础上的。按此学说,公司虽为独立的法律主体,具有民事权利能力和民事行为能力,但因其是拟制的主体,无法亲自、独立地完成民事行为,所以,只能通过董事或董事会等公司经营管理者或经营管理机构的行为来代表公司与他人建立法律关系,董事代表公司与他人建立起来的各种法律关系的后果,并不由代表公司行为的董事承担,而是由公司承担。因此,董事及董事会成了事实上的公司代理人。代理关系说虽有一定的道理,但无法解释下列事实:一是按照代理规则,代理人是应受本人的控制,但董事除了因任命或罢免而受公司控制外,在其执行职务的大多数时候并不受公司的直接控制;二是代理人是不能有自己的意思的,它必须完全按照本人的意思行为,而董事为达到公司及股东利益最大化的目的,在很大程度上必须依自己的意思行为。例如,董事行使经营决策权时,往往是根据自己的判断而不是公司的判断行事的。因此,董事与公司关系的代理关系说也有不能自圆其说之处。

3. 委任关系说。

大陆法系国家在公司与董事关系问题上一般采用委任关系说的观点。《日本商法典》第254条之一第3项规定:"公司和董事之间的关系,依照关于委任的规定。"我国台湾地区"公司法"第192条第3款规定,"公司与董事之间的关系,除本法另有规定外,依民法关于委任之规定"。我国《公司法》虽没有规定,但学者们大多支持委任关系说。①按委任关系说,公司是委任人,董事是受任人,委任的标的是公司财产的经营管理,即董事因委任而取得对公司财产的经营权和对公司事务的管理权。但委任关系说所不能解决的是:第一,在一般的委任关系中,委托人和受托人的法律地位是平等的,而公司和董事之间的关系并不平等;第二,一般委任关系中的受任人的权利直接来源于委任合同,而公司董事的权利虽然也有依公司章程的规定而产生,但董事的基本权利是法律直接规定的,并不是由委任合同规定的;第三,一般的受托人只有在完成委托事务后才享有支付报酬的请求权,而董事在接受委任后尚未完成委托事务时就享有报酬请求权。所以,董事与公司关系的委任关系说也存在缺陷。

四、董事会会议的召集及议事规则

(一) 董事会会议的召集

因有限责任公司的规模通常较小,股东人数也较少,法律对其内部机构的运行规则也相对宽松,很多问题允许公司以章程的形式来规定。而股份有限公司就不一样了,在董事会会议的召集问题上,我国《公司法》对股份有限公司的规定要比对有限责任公司的规定具体明确得多。

按《公司法》第111条的规定,董事会每年度至少召开两次会议,每次会议应当于会议召开十日前通知全体董事和监事。代表十分之一以上表决权的股东、三分之一以上董事或者监事会,可以提议召开董事会临时会议。董事长应当自接到提议后十日内,召集和主持董事会会议。董事会召开临时会议,可以另定召集董事会的通知方式和通知时限。

董事会会议由董事长召集和主持,董事长不能召集或者不召集的,由副董事长召集和主持;副董事长不能召集或者不召集的,可以由半数以上董事共同推举一名董事召集和主持董事会会议。

(二) 董事会会议的议事规则

我国《公司法》明确规定的董事会会议的议事规则有:

1. 董事会会议,应由过半数的董事出席方可举行。

2. 董事会会议,应由董事本人出席。董事因故不能亲自出席时,可以书面委托其他董事代为出席董事会,委托书中应载明授权范围。

---

① 张民安、蔡元庆主编:《公司法》,中山大学出版社2003年版,第232页。

3. 经理及监事均应列席董事会会议。

4. 董事会研究决定改制以及经营方面的重大问题、制定重要的规章制度时，应当听取公司工会的意见，并通过职工代表大会或者其他形式听取职工的意见和建议。

5. 董事会决议的表决，实行一人一票。

6. 董事会作出决议，必须经全体董事的过半数通过。列席人员无表决权。

7. 董事会应当对会议所议事项的决定作成会议记录，出席会议的董事应在会议记录上签名。

董事应当对董事会的决议承担责任。董事会的决议违反法律、行政法规或者公司章程、股东大会决议，致使公司遭受严重损失的，参加决议的董事对公司负赔偿责任。但经证明在表决时曾表明异议并记载于会议记录的，该董事可以免除责任。

五、经理

经理是法定的公司内部辅助执行业务机关。有限责任公司和股份有限公司都应当设置经理。经理是受聘于董事会、负责公司日常事务管理的高级行政管理人员。经理对董事会负责，执行董事会的决议。在不设董事会而只设一名执行董事的规模较小或者人数较少的有限责任公司里，执行董事可以兼任经理。当公司规模较大时，公司董事会下设总经理、副总经理及部门经理和副经理等若干经理人，以便分工协作、各司其职，共同完成公司日常事务的管理。董事会成员可以兼任经理。

根据我国《公司法》第 50 条的规定，公司经理行使下列职权：(1)主持公司的生产经营管理工作，组织实施董事会决议；(2)组织实施公司年度经营计划和投资方案；(3)拟订公司内部管理机构设置方案；(4)拟订公司的基本管理制度；(5)制定公司的具体规章；(6)提请聘任或者解聘公司副经理、财务负责人；(7)决定聘任或者解聘除应由董事会决定聘任或者解聘以外的负责管理人员；(8)董事会授予的其他职权。公司章程对经理职权另有规定的，从其规定。

第三节 监 事 会

一、监事会的概念及性质

监事会是公司依法设立的对公司经营管理机构及经营管理者的经营行为进行监督，并直接对股东会负责的公司必设机关。

监事会的性质表现在以下几点：

1. 它是法定的公司内部监督机构。虽然依《公司法》第 52 条规定，股东人数较少或者规模较小的有限责任公司可以不设监事会，只设一名至二名监事，但这只是表明这类公司监督机构的规模可以小于一般的公司，而决不是说这类公司可以不设监督机构。凡是依我国《公司法》设立的各类公司，都应当依法建立监督机构。

2. 它是独立于公司董事会、并直接对股东会负责的机构。监事会有独立的法律地位，其行使职权不受董事会的制约，监事会直接对权力机构股东会负责。

公司法之所以规定公司必须设置监事会，是因为在公司里，经营者(包括董事、经理)并不拥有整个公司，有时甚至不拥有公司的任何股权，经营者的个人利益与公司的利益经常会发生冲突。为了防止公司经营者为了个人利益而牺牲公司或股东的利益，也为了及时发现并纠正经营者可能作出的错误决策，设置一个专门的机构来负责监督经营者的经营行为就显得很有必要。监事会这个机构的设立，有助于在公司内部建立起一个权力制衡和制约机制，保证公司行为的规范及实现公司和股东利益的最大化。

二、监事会的组成

依我国《公司法》的规定，公司监事会成员不得少于三人，由股东代表和适当比例的公司职工代表组成，其中职工代表的比例不得低于三分之一，具体比例由公司章程规定。监事会中的职工代表由公司职工通过职工代表大会、职工大会或者其他形式民主选举产生。股东人数较少或者规模较小的有限责任公司，可以设一名至二名监事，不设立监事会。

监事会设主席一人，可以设副主席，监事会主席和副主席由全体监事过半数选举产生。前述关于董事消极资格的规定，适用于监事。此外，董事、高级管理人员不得兼任监事。

监事的任期每届为三年。监事任期届满，连选可以连任。监事任期届满未及时改选，或者监事在任期内辞职导致监事会成员低于法定人数的，在改选出的监事就任前，原监事仍应当依照法律、行政法规和公司章程的规定，履行监事职务。

三、监事会的职权

监事会、不设监事会的公司的监事行使下列职权：(1)检查公司财务；(2)对董事、高级管理人员执行公司职务的行为进行监督，对违反法律、行政法规、公司章程或者股东会决议的董事、高级管理人员提出罢免的建议；(3)当董事、高级管理人员的行为损害公司的利益时，要求董事、高级管理人员予以纠正；(4)提议召开临时股东会会议，在董事会不履行本法规定的召集和主持股东会会议职责时召集和主持股东会会议；(5)向股东会会议提出提案；(6)依照《公司法》第152条的规定，对董事、高级管理人员提起诉讼；(7)公司章程规定的其他职权。

监事可以列席董事会会议，并对董事会决议事项提出质询或者建议。

监事会、不设监事会的公司的监事发现公司经营情况异常,可以进行调查,必要时,可以聘请会计师事务所等协助其工作,监事会行使职权所必需的费用由公司承担。

四、监事会的议事规则

有限责任公司的监事会,每年度至少召开一次会议;股份有限公司的监事会,每六个月至少召开一次会议。监事可以提议召开临时监事会会议。

监事会会议由监事会主席召集和主持;监事会主席不能召集和主持或者不召集和主持的,由监事会副主席召集和主持监事会会议;监事会副主席不能召集和主持或者不召集和主持的,由半数以上监事共同推举一名监事召集和主持监事会会议。

监事会决议应当经半数以上监事通过。监事会的议事方式和表决程序,除《公司法》有规定的外,可由公司章程作具体规定。

监事会应当对所议事项的决定作成会议记录,出席会议的监事应当在会议记录上签名,并对监事会决议承担责任。

第四节　董事、监事、经理等公司高级管理人员的义务和责任

一、董事、监事、经理等公司高级管理人员的义务

我国《公司法》规定的公司董事、监事、经理等公司高级管理人员的义务有:

1. 忠实义务。董事、监事、经理应当遵守公司章程,忠实履行职务,维护公司利益,不得利用职权收受贿赂或者其他非法收入,不得侵占公司的财产。不得有下列行为:(1)挪用公司资金;(2)将公司资金以其个人名义或者以其他个人名义开立账户存储;(3)违反公司章程的规定,未经股东会、股东大会或者董事会同意,将公司资金借贷给他人或者以公司财产为他人提供担保;(4)违反公司章程的规定或者未经股东会、股东大会同意,与本公司订立合同或者进行交易;(5)未经股东会或者股东大会同意,利用职务便利为自己或者他人谋取属于公司的商业机会,自营或者为他人经营与所任职公司同类的业务;(6)接受他人与公司交易的佣金归为己有;(7)擅自披露公司秘密;(8)违反对公司忠实义务的其他行为。董事、高级管理人员违反前款规定所得的收入,应当归公司所有。

2. 勤勉义务。股东会或者股东大会要求董事、监事、高级管理人员列席会议的,董事、监事、高级管理人员应当列席并接受股东的质询。董事、高级管理人员应当如

实向监事会或者不设监事会的有限责任公司的监事提供有关情况和资料，不得妨碍监事会或者监事行使职权。

二、董事、监事、经理等公司高级管理人员的责任

董事、监事、高级管理人员执行公司职务时违反法律、行政法规或者公司章程的规定，给公司造成损失的，应当承担赔偿责任。

第十章

公司的财务会计制度

第一节　公司财务会计制度概述

一、公司财务会计制度的概念及意义

(一) 公司财务会计制度的概念

公司财务会计制度是公司财务制度和会计制度的统称,具体指法律、法规及公司章程中所确立的一系列公司财务会计规程。

公司财务制度,是指关于公司资金管理、成本费用的计算、营业收入的分配货币的管理、公司的财务报告、公司纳税等方面的规程。

公司会计制度,是指会计记账、会计核算等方面的规程。它是公司生产经营过程中各种财务制度的具体反映。公司的财务制度正是通过公司的会计制度来实现的。

《公司法》第 164 条规定:“公司应当依照法律、行政法规和国务院财政部门的规定建立本公司的财务、会计制度。”这一条中所要求的公司建立财会制度时应依照的法律、行政法规及规定主要是指《中华人民共和国会计法》、《企业财务通则》、《企业会计准则》、《企业财务会计报告条例》等法律和法规。

(二) 建立公司财会制度的法律意义

建立公司财务会计制度,看似公司内部事务,其实不然。因为它不仅涉及公司全体股东的利益,而且与公司债权人乃至社会公众的利益都息息相关。所以,包括我国在内的各国公司法对此都作了明确而严格的规定。建立规范的公司内部财务会计制度的积极意义在于:

1. 有利于保护公司股东的利益。公司的特点之一是“两权分离”,即股东虽然投资于公司,但却不一定亲自去经营,特别是在股份有限公司,绝大多数股东都没有机会直接参与公司的经营管理。公司的经营活动是由董事会及经理系统控制的。为了防止因所有权和经营权的分离而可能产生的董事、经理对股东利益的侵犯,为了保证由股东们投资而成的公司财产权不被滥用,必须有一个较为明确的便于股东查询、了解公司经营状况的财会制度。通过统一规则的财会制度,可使股东及时掌握公司的

经营状况及自己的投资境况和权益，以便对董事、经理的经营行为实行有效的监督。

2. 有利于保护公司债权人的利益。公司最显著的特点之一就是以其全部资产对外承担责任，因此，公司债权人的最大保证就是公司的资产。对公司债权人来说，公司资产种类、数量及其变动情况、公司的盈亏状况、股票与债券的发行及转让等情况，都是其所关心的问题。而要想较为明确、规范地反映公司资产对外往来的变动及盈亏情况，就必须建立健全统一的公司财会制度，以便债权人及时、准确地了解公司的财务状况，并在必要时依法采取相应的措施来保护自己的权益。

3. 有利于政府有关部门的监督。政府各有关部门，依其职责负有法定范围内监督、管理公司经营活动的义务，以维持社会交易的安全。而这一职责的有效行使也有赖于规范的公司内部财会制度的建立与健全。

二、公司财务会计报告

(一) 公司财务会计报告的内容

公司建立财务会计制度的显著标志，是依法编制公司的财务会计报告。从国家财政部发布的《企业财务会计报告条例》的规定来看，财务会计报告，是指企业对外提供的反映企业某一特定日期财务状况和某一会计期间经营成果、现金流量的文件。财务会计报告分为年度、半年度、季度和月度财务报告。年度、半年度财务会计报告应当包括会计报表、会计报表附注、财务情况说明书。季度、月度财务会计报告通常仅指会计报表。

1. 会计报表。

会计报表应当包括资产负债表、利润表、现金流量表及相关附表。

(1) 资产负债表。资产负债表是反映企业在某一特定日期财务状况的报表。它是根据“资产＝负债＋所有者权益”这一会计等式，按一定的分类标准和一定的秩序，把公司在特定日期的资产、负债和所有者权益项目予以适当排列，并按规定的编制要求编制而成的。

(2) 利润表。利润表是反映企业在一定会计期间经营成果的报表。利润表应当按照各项收入、费用以及构成利润的各个项目分类分项列示。

(3) 现金流量表。现金流量表是反映企业一定会计期间现金和现金等价物流入和流出的报表。

(4) 相关附表。相关附表是反映企业财务状况、经营成果和现金流量的补充报表，主要包括利润分配表以及国家统一的会计制度规定的其他附表。其中，利润分配表是反映企业一定会计期间对实现净利润以及以前年度末分配利润的分配或者亏损弥补的报表，应当按照利润分配各个项目分类分项列示。

2. 会计报表附注。

会计报表附注是对会计报表的编制基础、编制依据、编制原则和方法及主要项目所作的解释。会计报表附注至少应当包括下列内容：(1)不符合基本会计假设的说明;(2)重要会计政策和会计估计及其变更情况、变更原因及其对财务状况和经营成果的影响;(3)有关事项和资产负债表日后事项的说明;(4)关联方关系及其交易说明;(5)重要资产的转让及其出售情况;(6)企业合并、分立;(7)重大投资、融资活动;(8)会计报表中重要项目的明细资料;(9)有助于理解和分析会计报表需要说明的其他事项。

3. 财务情况说明书。

财务情况说明书至少应当对下列情况作出说明:(1)企业生产经营的基本情况;(2)利润实现和分配情况;(3)资金增减和周转情况;(4)对企业财务状况、经营成果和先进流量有重大影响的其他事项。

(二) 公司财务会计报告的编制

公司在制作上述财务会计报告时应注意下列几个法律问题:

1. 关于公司财务会计报告的制作时间及结账日期。《公司法》第 165 条规定:“公司应当在每一会计年度终了时编制财务会计报告。”根据《股份有限公司会计制度》第 8 条“年度会计报告应在年度终了后四个月内报出”的规定,公司每一会计年度的财务会计报告,最迟应在次年的 4 月 30 日前制作完成并依法提交给有关主体。逾期未完成制作的,应以公司未履行法定义务论处,并可依法追究公司及有关主体的法律责任。至于公司财务会计报告的结账日期,应当依照有关法律、行政法规规定的结账日进行结账,不得提前或者延迟。年度结账日为公历年度每年的 12 月 31 日;半年度、季度、月度结账日分别为公历年度每半年、每季、每月的最后一天。

2. 关于公司财务会计报告的编制依据。公司编制财务会计报告,应当依据真实的交易、事项以及完整、准确的账簿记录等资料,并按照国家统一的会计制度规定的编制基础、编制依据、编制原则和方法编制。任何公司不得违反国家统一的会计制度规定,随意改变财务会计报告的编制基础、编制依据、编制原则和方法。任何组织或者各人不得授意、指使、强令公司违反国家统一的会计制度规定,改变财务会计报告的编制基础、编制依据、编制原则和方法。

3. 关于公司财务会计报告的形式问题。公司应当依法编制形式统一、格式规范、内容全面、能真实反映公司经营状况的财务会计报告,不得擅自制作分别应对不同主体、或满足不同需要的多文本财会报告。《公司法》第 172 条特别强调指出,“公司除法定的会计账簿外,不得另立会计账簿”。公司若违反法律规定,在法定的会计账簿外另立会计账簿的,由县级以上人民政府财政部门责令改正,并处以五万元以上五十万元以下的罚款。构成犯罪的,依法追究刑事责任。

4. 关于公司的财务会计报告的审计。按《公司法》第 165 条的规定,公司在每一会计年度终了时编制的财务会计报告,依法应当经过会计师事务所审计。为确保审计结果的真实性,公司应当向聘用的会计师事务所提供真实、完整的会计凭证、会计账簿、财务会计报告及其他会计资料,不得拒绝、隐匿、谎报相关信息。

(三) 股东对公司财务会计报告的查阅权

我国《公司法》明确赋予了股东对公司财务会计报告的查阅权。但不同种类的公司,其股东查阅权的实现途径是不一样的。《公司法》第 166 条规定:“有限责任公司应当按照公司章程规定的期限将财务会计报告送交各股东。股份有限公司的财务会计报告应当在召开股东大会年会的二十日前置备于本公司,供股东查阅。公开发行股票的股份有限公司必须公告其财务会计报告。”公司必须按法定要求履行提交财务会计报告的义务,以保证股东查阅权的实现。

第二节 公积金制度

一、公积金的定义

公积金,是公司依照法律、公司章程或股东大会决议而从公司营业利润或其他收入中提取的一种储备金。公积金制度是公司财务会计制度的重要组成部分。

我国《公司法》之所以确立公积金制度,是因为它对公司的持续、健康发展意义重大。在我国,公司股东除认购股份或出资外,对公司无任何责任。而公司的信用基础,除其财产外又别无所依。然而,市场经济存在诸多风险,任何强大的公司也不可能完全避免。公司所从事的经营活动,在一定时期内可能盈利,也可能亏损。一旦出现亏损,不仅会影响公司下一轮的生产经营活动,损及公司的信誉,还会给股东和公司债权人带来损失。建立了公积金制度后,当出现亏损时用公积金弥补亏损,就可达到充实公司资本、增强公司信用的目的,并进而降低甚至完全避免可能造成的股东和公司债权人的损失。即使公司从未遭遇经营风险,设置公积金也是有利无害的。因为公司可以用历年积累的公积金追加投资,以扩大经营规模。正因为如此,公积金制度自 1807 年法国商法典初创以后,很快就被各大陆法系国家公司法所确认,我国也借鉴引进,并将其作为一种强制性规范,不论当事人的意志如何,一律适用。其目的不仅在于确保公司的持续发展,还为了维护社会经济秩序的稳定。

二、公积金的种类及来源

(一) 公积金的分类标准

按不同的分类标准,可对公积金作不同的分类。常见的分类方法有下列两种:

1. 以是否依法律规定强制提取为标准,可把公积金分为法定公积金和任意公积金。

法定公积金,是指依据法律规定必须提取的公积金。其提取比例(或数额)及用途，都由法律直接规定，所有公司都必须遵守，不允许任何公司以公司章程或股东大会决议的形式予以取消或加以变通，故法定公积金亦称“强制公积金”。

任意公积金，是指公司根据公司章程或股东大会决议于法定公积金外自由设置或提取的公积金。任意公积金是否设置及如何提取和使用全凭公司自由决定，法律不加干涉。但必须强调的是，任意公积金的提留不得影响或挤占法定公积金的提留。公司每年的经营利润，必须首先依法提取法定公积金，然后才能提取任意公积金。另外，任意公积金的设置与否及其提取比例及用途，决非公司经营者可“任意”决定的，而是由公司章程或股东大会决议确定的。故非经修改公司章程或通过新的股东大会决议，公司经营者不得任意取消或设置任意公积金，也不得任意改变其提取比例或用途。

2. 以公积金的来源为标准，可把公积金分为盈余公积金和资本公积金。

盈余公积金，是指公司从其税后的营业利润中提取的公积金，其来源只能是公司的盈余。

资本公积金，是指从公司非营业活动所产生的收益中提取的公积金。用台湾学者郑玉波先生的话来说，它是“公司盈余外之财源中所提出之金额也”。[①]其实际来源不止一个，但依公司之性质，其主要来源有：(1)超过票面金额发行股票所得的溢价收入；(2)公司资产评估后的增值额；(3)处分公司资产所得的溢价收入；(4)因公司合并而接受被吸收公司的财产减去公司因合并而增加的债务和对被吸收公司股东的结付后的余额；(5)公司接受赠与的财产。

上述关于公积金的两大分类，为我们提供了学习和研究公积金的不同视角。事实上，这些分类并非截然不相关的，而是相互交叉的。例如，依法必须强制提取的法定公积金，既可包括法定盈余公积金，也可包括资本公积金；而盈余公积金中，有法定盈余公积金，也有任意公积金。我国《公司法》关于公积金的种类和规定就体现了这种学理上的相互交叉的种类特点。

（二）我国公积金的种类及其来源

我国现行《公司法》规定了“法定公积金”、“资本公积金”，并允许公司自设“任意公积金”。

1. 法定公积金。我国《公司法》第 167 条规定的“法定公积金”实际上属于学理上的法定盈余公积金的范畴，因为它是从公司当年的税后利润中提取的，其性质不言而喻。至于其提取的比例及总额，按《公司法》第 167 条的规定，应为公司当年税后利润的百分之十，公司法定公积金累计额为公司注册资本的百分之五十以上时，可不再提取。

2. 资本公积金。《公司法》第 168 条对资本公积金及其来源作了规定：“股份有限公司以超过股票票面金额的发行价格发行股份所得的溢价款以及国务院财政部门

① 郑玉波著：《公司法》，台北三民书局 1980 年版，第 154 页。

规定列入资本公积金的其他收入,应当列为公司资本公积金。”《企业会计准则》第40条规定:“资本公积金包括股本溢价、法定财产重估增值、接受捐赠的资产价值等。”由此可知,我国法律对资本公积金的来源及设置是有明确规定的,任何公司,只要有上述非营业活动所产生的收入,就应当依法设置资本公积金,而不得违规不设。因此,我国的资本公积金实际上属于法定公积金的范畴。

3. 任意公积金。《公司法》第167条第3款规定:“公司从税后利润中提取法定公积金后,经股东会或者股东大会决议,还可以从税后利润中提取任意公积金。”显然,《公司法》中提到的任意公积金属于盈余公积金的范畴,其来源是公司的税后利润。至于公司是否设置及提取比例的问题,法律不作强制规定,而由公司的股东会决定。

三、公积金的用途

公积金作为公司内部的一种储备金,并非积而不用,相反,在必要时,其可发挥巨大的作用,以帮助公司渡过难关或壮大实力。依我国《公司法》第169条的规定,公积金的用途主要是:

1. 弥补亏损。公司的经营活动不可能总是一帆风顺的,其在一定时期内的经营,可能盈利,也可能亏损。当公司出现亏损时,必须设法弥补,否则有违资本维持原则的要求。但用于弥补亏损的,只能是法定公积金和任意公积金,资本公积金不得用于弥补亏损。

2. 扩大公司生产经营。公司要提高自身的竞争实力,就必须不断求发展,要发展,就得不断扩大生产经营规模。在不增加资本的情况下,用历年所提取的公积金来扩大公司的生产经营,无疑是一条方便而又快捷的重要途径。

3. 增加资本。公司可在需要时将公积金转增股本。但用公积金转增股本时,应注意以下几点:(1)转增股本前须由股东大会就此问题通过决议,董事会无权擅自决定用公积金转增股本。(2)转增股本时,应按股东原有股份比例派送新股或者增加每股面值。(3)法定公积金转增股本时,所留存的该项公积金不得少于转增前公司注册资本的百分之二十五。

4. 特殊情况下可用于分配股利。一般来说,公司当年无利润时,不得分配股利。但公司为维护股票信誉,在已用盈余公积金弥补亏损后,经股东会特别决议,可按不超过股票面值百分之六的比例用盈余公积金分配股利,但分配股利后,公司法定盈余公积金不得低于注册资本的百分之二十五。①

由于《公司法》中的“法定公积金”和“资本公积金”都属法定公积金的范畴,故其用途只能限于法定范围。除非法律有特别规定,任何违背法定用途使用法定公积金或资本公积金的行为都属违法行为。至于任意公积金的用途,因该种公积金的性质

① 《股份制试点企业财务管理若干问题的暂行规定》第52条。

决定可由公司自主决定,故此处不再赘述。

第三节 公 司 分 配

一、公司分配的原则

“公司分配”有广义和狭义之分。广义上的公司分配,是指公司将其经营所得依法进行分割的整个过程,包括纳税、弥补亏损、提取法定公积金、向股东分配股利等内容。狭义上的公司分配,仅指公司向股东分配股利。公司分配的原则,主要是指公司向股东分配股利时所应遵循的基本准则。

(一) 非有盈余不得分配原则

这一原则强调的是公司向股东分配股利的前提条件。公司当年无盈利时,原则上是不得分配股利的,除非法定原因出现。[①]公司当年有盈利的,也并非就一定能分配股利,因为此时还得看公司有否历年遗留的尚未弥补的亏损。从《公司法》第 167 条第 3 款的规定来看,公司弥补亏损和提取公积金后,有所余税后利润的,股东才能依法定或约定比例分配。虽有盈利,但若公司有尚未弥补之亏损存在时,则不得将亏损递延而先行分配股利。这也是为什么我们称此原则为“非有盈余(而不是非有盈利)不得分配”的原因。

非有盈余不得分配原则的目的是为了维护公司的财产基础及其信用能力。一般情况下,各国立法都要求公司应当自觉遵循,否则要承担相应的法律责任。但该原则也有例外情形,我国立法上未确立的建业股息的分配即属“非有盈余不得分配原则”的例外,但因我国目前法律对此无规定,故本书不讨论此问题。

(二) 按法定顺序分配的原则

公司的分配,无论从广义上还是狭义上去理解,都应坚持按法定顺序分配的原则。按我国《公司法》的规定,通常,公司应按下列顺序分配:(1)依法缴纳所得税。(2)用当年的税后利润弥补历年所留的亏损。(3)提取法定公积金。公司税后利润补亏后的余额,应当先提取百分之十列入公司法定公积金。法定公积金累计额达到公司注册资本的百分之五十以上时,可不再提取。(4)提取任意公积金。公司提取法定公积金之后,经股东会或者股东大会决议,可以提取任意公积金,提取比例由公司股东会或者股东大会确定。(5)向股东分配股利。公司利润在弥补亏损、提取法定公积

---

① 《股份制试点企业财务管理若干问题的暂行规定》第 52 条。

金和任意公积金之后，即可向股东分配股利。有限责任公司按照股东实缴的出资比例或者按照全体股东约定的比例分取红利[①]；股份有限公司按照股东持有的股份比例或者公司章程规定的比例分配。[②]

《公司法》未涉及优先股的问题，但1992年国家经济体制改革委员会等部门联合发布的《股份有限公司规范意见》、《股份制试点企业财务管理若干问题的暂行规定》等法规中都有关于优先股的规定。按《股份制试点企业财务管理若干问题的暂行规定》第47条的规定，公司若发行优先股的话，其税后利润在提取法定公积金之后，应当支付优先股股利，然后再提取任意公积金，最后支付普通股股利。因此，若从狭义上去理解公司分配的话，按法定顺序分配的含义是，优先股股东有优于普通股股东而先得到分配的权利，公司在向优先股股东分配股利后仍有盈余时，才能向普通股股东支付股利。

经以上各项顺序分配后所余利润，可由公司以未分配利润结转到下一会计年度。

（三）同股同权、同股同利原则

同股同权，是指公司应给予所有持有相同性质股权的股东以同一顺序分配的机会；而同股同利，则是指除非公司全体股东有约定或者公司章程有规定，否则，所有股东都享有按其出资或所持股份比例参加公司税后利润分配的权利，但"公司持有的本公司股份不得分配利润"。[③]

二、公司分配的形式

公司分配形式是指公司将其利润作为股利而分配给股东的具体方式。虽然我国《公司法》对此问题没有作出具体规定，但从学理上及公司实务来看，公司分配形式主要有以下四种：

1. 现金股利。现金股利是公司以现金形式支付给股东的股利，是公司股利分配中最常见的一种形式，也是最受股东欢迎的一种分配形式。现金股利的发放与否及发放多少，往往会在一定程度上影响股东对公司的信心，并进而影响到公司在资本市场上的形象。因此，在具备条件的情况下，公司宜尽量采取现金股利的方式进行分配。

2. 股票股利。股票股利是指通过发给股票的形式向股东支付股利，这是股份有限公司尤其是上市公司常用的一种分配方式，通常按现有股东所持股份的比例分派。因此，获得股票股利的股东，其所持有的股票数量虽有所增加，但其在公司所占权益的份额依旧不变。从公司的角度看，发放股票股利，既不减少公司资产，也不增加公司负债，股东权益总额并不改变。它只是在股东权益账户内部，把一个项目转为另一

---

① 《中华人民共和国公司法》第35条。

②③ 《中华人民共和国公司法》第167条。

个项目,即减少了留存收益,增加了股本。因此,股票股利并没有增加股东的实际收入,股东获得的只是增加未来股利收入的一种可能性。而要实现这种可能性,则有赖于公司未来时期的良好业绩。股票股利除了具有现金股利替代物的作用外,还有调整公司股票市价的作用。

3. 财产股利。财产股利是公司以现金以外的财产向股东发放股利,通常是以支付公司所持有的其他公司的证券这一方式来实现的。被公司用作支付股利的证券的作价,一般以市价为准。如证券的账面价值与市场价格有距离时,先将证券的账面价值按市价调整,然后按市价计算支付股利。如同先将证券售出,再以售出所得现金支付股利一样。

4. 负债股利。负债股利是指公司以负债方式向股东发放的股利。因其通常是以应付票据的形式来支付的,故负债股利亦称票据股利。作为票据股利的票据,有的带息,有的不带息;有时有规定的到期日,有时无到期日。发放负债(票据)股利,大多是因公司已经宣布发放股利,又面临现金不足,处于难以支付的困境,为了如期发放股利,不得不采取的权宜之计。

我国《公司法》及有关法规,对公司分配形式问题并未作明确规定。公司实务中较常见的分配形式是现金股利和股票股利。

三、违法分配的法律责任

公司违法分配行为的种类,应包括所有违背公司分配原则的行为,如无盈余而分配,不按法定顺序分配,同股不同权或同股不同利,等等。从学理上看,对各种违法分配行为,除了追究有关主体的法律责任外,还应对违法分配的后果采取必要的补救措施,以达到惩罚违法者、警示其他公司的目的。

我国《公司法》第167条和第204条规定了公司的两种违法分配行为:一是“股东会、股东大会或者董事会违反法律规定,在公司弥补亏损和提取法定公积金之前向股东分配利润”;二是“公司不依照本法规定提取法定公积金”。第一种违法分配行为属于典型的不按法定顺序分配的行为,而第二种行为既可能是指在提取法定公积金之前向股东分配利润这一不按法定顺序分配的行为,也可能是指虽依法定顺序却没依法定比例提取法定公积金的行为。因此,从内容上看,《公司法》第167条和第204条的规定有重叠的部分。

对于公司在弥补亏损和提取法定公积金之前向股东分配利润的违法分配行为,《公司法》规定的补救措施是“股东必须将违反规定分配的利润退还公司”(《公司法》第167条第5款);而《公司法》对公司违法分配行为的第二种情况所规定的法律责任是,“由县级以上人民政府财政部门责令如数补足应当提取的金额,可以对公司处以二十万元以下的罚款”。

第十一章
公司的变更、解散与清算

第一节　公司的变更

一、公司变更的概念及形式

什么叫“公司变更”？我国目前立法没有对此作出明确界定。但从《公司法》第180条关于“公司合并或者分立,登记事项发生变更的,应当依法向公司登记机关办理变更登记”的规定来看,“公司变更”是指已经合法成立的公司的注册登记事项或公司组织体本身的变化。

因此,公司变更的形式可分为两大类。一类是指公司组织体的变更,包括公司合并、公司分立及公司组织形式的变更(即公司由一种形态变更为另一种形态,如有限责任公司变更为股份有限公司)等;另一类是公司注册登记事项的变更,包括公司名称、住所、法定代表人、注册资本、经营范围、营业期限等在内的任何一项登记事项的变化。

当然,上述两大类公司变更的界限,有时是很难绝对分清的。例如,公司合并或分立通常会导致公司注册资本的增加或减少,也会引起公司经营范围或法定代表人的变化等。此时,从参与合并或分立的公司来看,它既发生了组织体的变更,同时又导致了公司注册登记事项的变更。但有时公司仅仅是因为内部关系的调整而导致注册登记事项发生变化,如有限责任公司可因股东转让出资而导致登记在册的股东姓名或名称发生变化。

公司变更,是市场经济条件下最常见的公司自我调整现象。但公司对自己内部或外部关系的调整不能随心所欲,而是必须依法进行。

二、公司合并

(一) 公司合并的概念与特征

公司合并,是指两个或两个以上的公司依法合并为一个公司的法律行为。其基本特征是:

1. 参与合并的主体是两个或两个以上独立的公司。

2. 参与合并的公司将随合并的完成而部分或全部解体。

3. 因合并而归于消灭的公司，其权利、义务（包括但不限于债权债务）均由因合并而存续或新设的公司一并承受。

(二) 公司合并的形式

公司合并的形式有以下两种：

1. 吸收合并。吸收合并(merger)也叫存续合并，它是指一个或一个以上的公司并入另一公司，并入方解散，接纳方存续的合并。

2. 新设合并。新设合并(consolidation)又称创立合并，它是指两个或两个以上的公司合并为一个新公司的同时，各原有公司全部解散的合并。

无论是吸收合并还是新设合并，参与合并的公司本身是否必须是同种类型的公司，不同种类的公司之间能否进行合并，对此，各国立法的规定各不相同。有的国家规定，公司合并，只能发生在相同类型的公司之间，不同类型的公司不能合并；而有的国家既允许相同类型的公司合并，也允许不同种类公司间的合并。前者属于合并种类限制主义，后者属合并种类无限制主义。种类限制与种类不限制各有利弊。种类限制类立法，目的是使合并手续简便，合并过程中的公司间关系易处理，但却使不同种类公司之间的合并成为不可能。而种类不限制合并，虽为各类公司之间的合并提供了机会，却也会因各合并方种类的不同而导致合并事务处理的难度加大及合并的风险增加。

我国《公司法》仅规定了公司合并的形式，没有明确规定不同种类的公司能否以及如何合并的问题。按照法不明令禁止即为不违法的理论，可以推定：我国并不禁止不同种类公司间的合并。

(三) 我国公司合并的法定程序

按《公司法》的规定，我国公司合并应遵循以下程序：(1)董事会制定公司合并方案；(2)股东会或股东大会通过合并决议；(3)合并各方签订合并协议；(4)编制资产负债表及财产清单；(5)将公司的合并决定通知、公告债权人，并依债权人的请求清偿债务或提供担保；(6)履行变更登记手续。

三、公司分立

(一) 公司分立的概念及特征

公司分立，是指一个公司依法分成两个或两个以上公司的法律行为。其基本特征是：

1. 公司分立必将导致新公司的诞生。公司分立是在一个现有公司的基础上分裂为两个或两个以上公司的法律行为，因此，分立必将导致具有独立法人资格的新公司的诞生,这与合并必将导致至少一个或一个以上公司的解体正好相反。但分立前原公司的法人资格是否随公司分立而消灭,则取决于公司分立的具体形式。

2. 公司分立是一个公司内部决策的后果,因此,无须与其他公司协商,但必须依法定程序进行。

3. 公司分立,其财产必须作相应的分割。分立前公司的债务由分立后诞生和存续的所有公司承担连带责任,但前述公司之间可以根据分割财产的比例或内部约定承担原公司的债务。

(二) 公司分立的形式

根据分立是否导致分立前公司的解体为标准,可以把公司分立分为存续分立和解散分立两种形式。

1. 存续分立。存续分立是指公司将其一部分财产依协议分出去,成立一个或一个以上新公司的同时,原公司仍继续保留法人资格的一种分立。

2. 解散分立。解散分立是指公司将其全部财产依约分割后分别成立两个或两个以上的新公司,同时解散原有公司的一种分立。解散分立以原有公司法人资格的消灭为特征。

(三) 我国公司分立的法定程序

按《公司法》的规定,我国公司分立应遵循以下程序:(1)董事会制定公司分立方案;(2)股东会或股东大会通过公司分立决议;(3)编制资产负债表及财产清单;(4)按股东会或股东大会决议对公司财产作相应的分割;(5)将公司的分立决定通知、公告债权人;(6)履行变更登记手续。

四、公司组织形式的变更

公司组织形式的变更,是指一个公司由一种类型依法变更为另一种类型的法律行为,如有限责任公司变更为股份有限公司,或股份有限公司变更为有限责任公司,等等。公司组织形式变更的基本特征是:原公司的正常的生产经营活动持续进行,公司无需解散和清算,并在保持其法人格的前提下完成公司从一种形态向另一种形态的转换。

允许公司组织形式变更是公司持续发展、社会经济秩序稳定维护的需要。众所周知,各国法定的公司种类通常都有若干种,而各种不同种类的公司都各具利弊,创立时公司发起人选择确定的公司形式,可能在公司成立后的一定环境下不再适合了,此时,若不允许公司根据自身及市场情况的变化调整公司组织形式,则将导致公司生产经营活动的中断及解散、清算等程序的发生,并对公司本身及公司债权人、公司员工等各种相关主体的利益带来严重影响。为此,法国、比利时、奥地利、德国、丹麦等一些欧洲国家的公司法都对公司形式的变更问题作了明确规定,允许公司依法变更公司形式。

与许多欧洲国家一样,我国《公司法》既允许有限责任公司变更为股份有限公司,也允许股份有限公司变更为有限责任公司。不仅如此,《公司法》还就公司变更形式时所应遵循的条件和程序作了原则性的规定。

依我国《公司法》第 9 条及第 96 条的规定，有限责任公司变更为股份有限公司的，应当符合法定的股份有限公司的设立条件。而且，有限责任公司变更为股份有限公司时，折合的实收股本总额不得高于公司净资产额，为增加资本而公开发行股份的，应当依法办理。

股份有限公司变更为有限责任公司，应当符合法定的有限责任公司的设立条件。

无论是有限责任公司变更为股份有限公司，还是股份有限公司变更为有限责任公司，公司变更前的债权、债务由变更后的公司承继。

至于公司变更形式时所应遵循的程序，《公司法》的规定较为简单，概括起来，主要有三大步：一是由董事会制定变更公司形式的方案（《公司法》第 47 条第 7 款）；二是由股东会对变更公司形式作出决议（《公司法》第 38 条第 9 款）；三是由公司履行变更登记手续（《公司登记管理条例》第 9 条、第 26 条）。公司形式的变更只有依法定的条件和程序进行，其效果才受法律保护。

五、公司注册登记事项的变更

如前所述，公司注册登记事项的变更，也属公司变更的类型之一。按我国《公司登记管理条例》第 9 条的规定，我国法定的公司注册登记事项包括：公司名称、公司住所、法定代表人姓名、注册资本、实收资本、公司类型、经营范围、营业期限、有限责任公司股东或者股份有限公司发起人的姓名或者名称、股东或发起人认缴和实缴的出资额、出资时间、出资方式等。

上述公司登记事项中的任何一项发生变化，就构成公司法意义上的公司变更，公司依法就应当履行变更登记手续。“未经变更登记，公司不得擅自改变登记事项。”①

按《公司登记管理条例》第 73 条的规定，公司登记事项发生变更时，不依法办理有关变更登记的，由公司登记机关责令限期登记；逾期不登记的，处以一万元以上十万元以下的罚款。其中，变更经营范围涉及法律、行政法规或者国务院决定规定须经批准的项目而未取得批准，擅自从事相关经营活动，情节严重的，吊销营业执照。

第二节　公司的解散与清算

一、公司解散

（一）公司解散的概念及特征

① 《公司登记管理条例》第 26 条。

公司解散，是公司清算的前置性程序。它是指已经合法成立的公司，因发生法律或公司章程规定的解散事由而宣告停止其积极主动的营业活动，并将进行清算的特定状态。公司法意义上的公司解散具有以下特征：

1. 公司解散是针对已经合法成立的公司而言的。未合法成立而以“公司”名义对外进行活动的，由工商行政管理部门予以强制取缔。非法组织因被强制取缔而结束其非法经营活动的，不属于公司法上的公司解散。对此，我国《公司法》第211条作了明确规定：“未依法登记为有限责任公司或者股份有限公司，而冒用有限责任公司或者股份有限公司名义的，或者未依法登记为有限责任公司或者股份有限公司的分公司，而冒用有限责任公司或者股份有限公司的分公司名义的，由公司登记机关责令改正或者予以取缔，可以并处十万元以下的罚款。”

2. 公司解散是因法定解散事由的出现而导致的。未出现法定解散事由的公司，用美国学者罗伯特·W.汉密尔顿的话来说，是可以永久存续下去的(It has perpetual existence)。①

3. 除因合并、分立而导致的解散外，公司解散的直接后果是：停止积极主动的营业活动，并进入清算程序。公司解散的最终目的是消灭其法人格。

4. 解散后进入清算阶段的公司，在注销登记前，仍享有法人资格，但公司法人的权利能力受到限制。我国《公司法》第187条规定，“清算期间，公司存续，但不得开展与清算无关的经营活动”。因此，清算中的公司，其权利能力仅限于清算事务。

（二）公司解散的种类及原因

依是否出于公司法人自愿，可把公司解散分为自愿解散及强制解散两大类。

1. 自愿解散。

公司的自愿解散，是指出于公司法人的自愿而导致的解散。而“公司法人的自愿”，通常是通过其章程的事先规定或股东会的决议而体现的。常见的公司自愿解散原因有以下几种：(1)公司章程中规定的营业期限届满，期满后公司无改变原规定、无继续营业的打算；(2)公司章程规定的其他解散事由出现；(3)股东会或者股东大会决议解散公司；(4)公司因合并或分立而导致解散的。

2. 强制解散。

公司的强制解散，是指非因公司法人的自愿，而是公司法人意志以外的强制力迫使公司作出的一种解散。常见的强制解散的原因有：(1)公司登记机关依法撤销公司登记、吊销公司营业执照；(2)法院因股东请求而判决解散公司；(3)公司被依法宣告破产。

当然，上述强制解散原因的出现，本身需要具备一定的基础条件和程序。例如，公司登记机关虽有权力撤销公司登记、吊销公司的营业执照，但登记机关必须在公司出现了法定的可以撤销登记、可以吊销营业执照的情节时，才能撤销公司登记和吊销其营业执照。又如，公司只有在具备破产条件时，人民法院才能宣告其破产。

---

① [美]罗伯特·W.汉密尔顿著：《公司法》，法律出版社1999年版，第2页。

二、公司清算

(一) 公司清算的概念及意义

公司清算,是指为终结已解散公司的经济和法律关系而清理其债权债务并处分其财产、最终消灭其法人资格的程序。

如前所述,公司解散是公司清算的前置性程序,而公司清算是公司解散的后果。除因公司合并或分立而导致的解散外,公司因其他原因而解散的,都必须进行清算。公司清算的法律意义在于:

1. 了结各种经济或法律关系。公司解散就意味着公司已不再继续从事原先的经营活动了。但公司停止经营活动本身,并不会使之前建立起来的各种经济或法律关系(包括因经营活动而产生的各种债权债务关系、公司与职工之间的劳动关系、公司与国家之间的税收关系,等等)立即随之终止。因此,需要有一个了结上述各种关系的程序,以保护各类相关主体的合法权益。清算,正是各国公司法为了结解散后公司的各种经济或法律关系而确立的一种程序。通过清算,可以使公司对解散前建立起来但尚未终结的各种关系作个了断,以便公司法人顺利退出市场,并确保不留任何后遗症给退出市场后的原公司的相关主体。

2. 处理公司剩余资产,实现股东的权利。公司资产的最初来源是全体股东的投资,除非公司破产,否则,解散后的公司,在了结了各类经济关系后,多少会有些剩余资产。按照谁投资谁收回的原则,通过清算程序,不仅可以弄清公司是否有以及有多少剩余资产,还可以在处理完所有债权债务仍有剩余资产时,通过向股东按比例分配公司的剩余资产来达到保护股东最后权利的目的。

(二) 公司清算的种类

公司清算,总体上可分为破产清算和非破产清算两大类。由于破产清算在本书的破产法一编中有详细阐述,所以,本章只涉及公司的非破产清算。

公司的非破产清算又叫普通清算,可分为法定清算和任意清算两大类。所谓法定清算,是指公司依照法定程序进行的清算。而任意清算,是指公司按照公司章程确定的或股东会决议通过的方式进行的清算。法定清算可适用于任何公司,任意清算通常只适用于人合公司。一些国家的立法甚至规定,资合公司只能进行法定清算而不得进行任意清算,而人合公司既可选择法定清算,也可进行任意清算。我国立法没有任意清算的明文规定,所有公司的清算,都得依法进行。所以,客观上讲,现阶段我国公司的清算都属法定清算。

(三) 清算机构

清算机构,是指公司解散后为进行清算而依法成立的对内执行清算事务、对外代表清算中的公司法人表示意思的专门机构。在我国,清算机构的法定名称叫清算组。

1. 清算组的产生。

各国立法对清算机构的产生时间及方式有不同的规定。按我国《公司法》第184条的规定,除因破产而导致的解散外,公司应当在解散事由出现之日起十五日内成立清算组,开始清算。有限责任公司的清算组由股东组成,股份有限公司的清算组由董事或者股东大会确定的人员组成。逾期不成立清算组进行清算的,债权人可以申请人民法院指定有关人员组成清算组进行清算。人民法院应当受理该申请,并及时组织清算组进行清算。

清算组一旦成立,所有清算组成员就负有法定义务。我国《公司法》要求清算组成员忠于职守,依法履行清算义务。清算组成员不得利用职权收受贿赂或者其他非法收入,不得侵占公司财产。清算组成员因故意或者重大过失给公司或者债权人造成损失的,应当承担赔偿责任。

2. 清算组的职权。

清算组在清算期间行使下列职权:(1)清理公司财产,分别编制资产负债表和财产清单;(2)通知、公告债权人;(3)处理与清算有关的公司未了结的业务;(4)清缴所欠税款以及清算过程中产生的税款;(5)清理债权、债务;(6)处理公司清偿债务后的剩余财产;(7)代表公司参与民事诉讼活动。

(四) 清算程序

1. 在法定期限(即公司解散后的十五天)内依法成立清算组。

2. 通知、公告债权人申报债权。清算组应当自成立之日起十日内通知债权人,并于六十日内在报纸上公告。债权人应当自接到通知书之日起三十内,未接到通知书的自公告之日起四十五日内,向清算组申报其债权。

债权人申报债权时,应当说明债权的有关事项,并提供证明材料。清算组应当对债权进行登记。在申报债权期间,清算组不得对债权人进行清偿。

3. 清算组在清理公司财产、编制资产负债表和财产清单后,制定清算方案,并报股东会或者人民法院确认。

4. 依法定顺序清偿公司债务。公司财产应分别支付清算费用、职工的工资、社会保险费用和法定补偿金,缴纳所欠税款,清偿公司债务。

5. 向股东分配公司剩余资产。清偿完上述各项债务后的剩余财产,有限责任公司按照股东的出资比例、股份有限公司按照股东持有的股份比例分配公司剩余资产。公司财产在未按法定顺序清偿其债务前,不得分配给股东。

6. 公司清算结束后,清算组应当制作清算报告,报股东会或者人民法院确认,并报送公司登记机关,申请注销公司登记,公告公司终止。

7. 具备条件时向法院申请破产。清算组在清理公司财产、编制资产负债表和财产清单后,发现公司财产不足清偿债务的,应当依法向人民法院申请宣告破产。公司经人民法院裁定宣告破产后,清算组应当将清算事务移交给人民法院。公司被依法宣告破产的,依照有关企业破产的法律实施破产清算。

第十二章
外国公司分支机构

第一节　外国公司分支机构概述

一、外国公司分支机构的概念及特点

（一）外国公司分支机构的概念

外国公司，是指依照外国法律在中国境外设立的公司。外国公司欲在中国境内开展生产经营活动，不外乎采取以下两种方式之一：一是依中国法律在中国境内设立一个相对独立的合资或全资子公司；二是依中国法律在中国境内设立一个不具有独立人格的分支机构。若采取第一种方式经营，则该外国公司在中国境内设立的合资或独资公司，实际上已是公司法意义上的中国公司了，不属于本章研究的对象。若外国公司采取第二种方式，在中国境内设立一个不具有独立人格的分支机构开展经营活动，则该分支机构即属于本章研究的对象。

广义上讲，外国公司分支机构包括下列两种：一种是直接从事营利性活动的分支机构，如外国公司的分公司；另一种是不直接从事营利性活动而只是外国公司派驻我国境内的办事机构，如某外国公司驻上海办事处或某外国公司北京代表处等等。这类以外国公司办事处、代表处、联络处等名义设立在我国境内的机构，也是外国公司的分支机构，但其本身并不直接从事营利性活动，因此，不是我国《公司法》意义上的外国公司分支机构。公司法意义上的外国公司分支机构仅指：外国公司依照中国法律在中国境内设立的直接从事营利性活动而又不具备中国法人资格的分支机构。

（二）外国公司分支机构的特点

《公司法》意义上的外国公司分支机构具有如下特点：

1. 外国公司分支机构是某个不具有中国国籍的外国公司而不是中国公司设立的。

2. 外国公司分支机构的经营场所是设在中国境内而不是设在中国境外的。如果外国公司分支机构的经营场所是设在中国境外的话，这就不是我国《公司法》意义

上的外国公司分支机构了。

3. 外国公司分支机构是依照中国法律而不是依照外国法律设立的。虽然,外国公司分支机构的设立者本身是依照外国法律在中国境外成立的公司,但它在中国境内设立分支机构时所依据的法律只能是中国法律而不是外国法律。

4. 外国公司分支机构是以营利为目的的经济组织,而不是非营利性机构。

5. 外国公司分支机构具备公司分支机构的一般特征。它没有独立的法人资格,其经营所需的资金是总部拨付的;外国公司分支机构没有独立的公司名称,其名称与设立它的某个外国公司的名称具有明显的关联性和从属性;外国公司分支机构没有独立的公司章程,设立它的外国公司的章程就是该分支机构的章程;外国公司分支机构内部不设股东会、董事会、监事会等公司法意义上的完整的公司内部组织管理机构,而只有公司总部指定或委派的负责人;外国公司分支机构既没有完全独立的经营自主权(其经营活动受外国总公司的控制),也没有独立的责任能力,其民事责任由设立它的外国公司承担。

二、外国公司分支机构的法律地位

外国公司分支机构的法律地位是指:外国公司分支机构本身的法律属性及其与经营所在地国家的法律关系。

(一) 外国公司分支机构本身的法律属性

我国《公司法》第 196 条规定:"外国公司在中国境内设立的分支机构不具有中国法人资格。外国公司对其分支机构在中国境内进行经营活动承担民事责任。"这一规定明确地揭示了外国公司分支机构本身的法律属性。第一,外国公司分支机构不具有独立的法人资格,它是设立它的外国公司的组成部分,没有独立的责任能力;第二,外国公司分支机构不具有中国国籍,它的国籍与设立它的外国公司的国籍相同,简单地说,它就是一家外国公司;第三,它属于设在中国却拥有外国国籍的非法人型经济组织。

(二) 外国公司分支机构与中国政府的关系

我国《公司法》第 197 条规定:"经批准设立的外国公司分支机构,在中国境内从事业务活动,必须遵守中国的法律,不得损害中国的社会公共利益,其合法权益受中国法律保护。"这说明:第一,外国公司在中国境内设立分支机构须经中国政府的批准,未经批准的不得设立外国公司分支机构;第二,经批准设立在我国境内的外国公司分支机构,受我国法律的管辖,其在中国境内从事经营活动,必须遵守中国的法律;第三,其在从事经营活动的过程中不得损害中国的社会公共利益;第四,其合法权益受中国法律保护。由此可知,外国公司分支机构与中国政府的关系可以简单地概括为:经营行为受我管辖、合法权益受我保护。

第三编

证券法

3

第十三章

证券法的基本问题

第一节　证 券 概 述

一、证券的概念及法律特征

证券是一个外延很广的概念。从大类来分,证券可分为有价证券与无价证券,有价证券又可分为价值证券和实物证券,而价值证券还可分为货币证券和资本证券。我们所讨论的“证券”,是资本证券。除非特别说明,本编中所提的“证券”,均指资本证券。

证券是证券法律关系的客体之一。研究证券法,首先必须弄清楚证券的含义。所谓证券,是指资金需求者为了筹措长期资金而向社会公众发放由社会公众购买且能对一定的收入拥有请求权的投资凭证。这里,筹措长期资金是资金需求者的目的;拥有对一定收入的请求权是投资者的目的,证券则是为筹资者和投资者达到各自目的而设置的手段。

证券具有以下几个法律特征:

1. 证券是一种投资权利证书。证券代表了投资者的一定权利,如请求分配股息的权利,请求还本付息的权利,等等。投资者的权利是通过证券记载的,证券是投资者权利的载体。因此,证券是一定投资权利内容和形式的统一。

2. 证券是一种可转让的权利证书。所谓可转让,是指证券可以根据当事人的意志在不同的主体间无偿或有偿地转让。通过转让,当事人可使自身权利随时得以实现。证券的可转让性是证券生命力之所在。

3. 证券是一种面值均等的权利证书。证券在其票面上一般均标明特定的金额,同一种证券所标明的金额都是相等的。少数证券不标明金额,但它所代表的实际价值仍然是相等的。面值均等,便于当事人履行义务和计算利益,也便于流通。

4. 证券是一种含有风险的权利证书。证券投资是一项具有市场风险的行为。投资者可能因为证券行市的跌落而亏损,也可能因为证券发行者经营不善而不能得到预期收益,甚至可能因证券发行者破产而蚀本。当然,投资不同的证券,风险是不同的。

二、证券的分类

依据不同的标准,可对证券作出不同的分类。依证券上是否记载面值,证券可分为有面值证券和无面值证券;依持券人的姓名是否记载在证券上,证券可分为记名证券和不记名证券;依发行人发行证券时是否向证券购买者提供担保,证券可分为担保证券和无担保证券;依持券人享有权利的性质为标准,证券分为股票、债券、新股认购权利证书、投资基金证券及其他派生金融工具等。以股权为内容的证券主要是股票,以债权为内容的证券主要是债券。《中华人民共和国证券法》(以下简称《证券法》)所涉及的证券包括股票、公司债券、政府债券、证券投资基金份额、证券衍生品种和国务院依法认定的其他证券。①以下我们着重介绍股票和债券。

(一) 股票

股票是指股份有限公司依法发行的,表明股东所持股份数额和权益的一种有价证券。其特点是:

1. 股票是股份有限公司发行的证券。股份有限公司以外的任何经济组织均无权发行股票。证券经营机构,受股份有限公司委托,才可发行股票,发行股票后所筹资金仍归股份有限公司所有。

2. 股票是股东权凭证。它代表股东对发行股票的公司投资的份额,股东凭借所持股票享有股东权。股东权通常包括参与股份有限公司的管理权和取得红利的权利等。股票反映了股东和股份有限公司一种较稳定的经济法律关系。一般情况下,每张有一定价值的股票在股东大会上有一个投票权,股票越多,掌握的投票权就越多。少数股东只要掌握一定数量的股票,对股份有限公司就有控制权。

3. 股票是无期限的投资证券。股东一旦投资购买某一公司股票,在一般情况下,其就不能在中途要求公司退股,抽回投资。由于股票具有流通性,股东欲收回投资,可以通过证券市场将股票卖出而转让给其他投资者。当股东大量抛售某一股份有限公司股票时,会对公司的声誉造成极大的损害,使公司难以通过证券市场或银行筹措必要的资金而面临巨大的经营风险。

股票根据股东所享有权利的不同,可分为普通股和优先股。持有普通股的股东对公司的管理和收益享有平等权利,在公司中的法律地位一律平等。普通股分红多少随经营效益而定,承担的风险较大。持有优先股的股东对公司资产、利润分配等享有比普通股优先的权利。优先权包括:优先取得股息的权利;当公司解散而

---

① 《中华人民共和国证券法》(2005年10月27日中华人民共和国第十届全国人民代表大会常务委员会第十八次会议修订通过)第2条:"在中华人民共和国境内,股票、公司债券和国务院依法认定的其他证券的发行和交易,适用本法;本法未规定的,适用《中华人民共和国公司法》和其他法律、行政法规的规定。政府债券、证券投资基金份额的上市交易,适用本法;其他法律、行政法规另有规定的,适用其规定。证券衍生品种发行、交易的管理办法,由国务院依照本法的原则规定。"

清算时，优先分配公司剩余资产的权利。优先股分红多少，预先规定，承担的风险较小。

（二）债券

债券是指政府，或金融机构，或公司依法向投资者出具的、在一定时期内按约定的条件履行还本付息义务的一种有价证券。其特点是：

1. 债券的发行人可以是中央或地方政府，也可以是金融机构或企业。由国家发行的，并由国家财政负责其本息偿还的是国债；由地方政府发行的，并由地方财政负责其本息偿还的是地方债；由银行和非银行金融机构发行并负责其本息偿还的是金融债，由公司发行并负责其本息偿还的是公司债（也称“企业债”）。

2. 债券是债权凭证。它对投资者来说是金融资产，对发行者来说是金融负债。债券持有人是债券发行人的债权人，债券发行人是债券持有人的债务人。债券体现的是投资人和筹资人之间的债权债务关系。一旦约定条件具备，筹资人必须履行还本付息的义务。

3. 债券是有期限的投资证券。无论什么样的债券都有一定的偿还期限。偿还期限届满，发行人就应向持券人偿还本金。有的债券在发行一段时间之后未到期之前，可开始部分偿还本金。

（三）股票与债券的区别

股票与债券作为有价证券，对发行人来说都是筹资工具；对投资人来说都是投资工具，它们有许多共同点，但它们也存在着不少区别。除了可以从上述发行主体、权利性质、偿还期限上分析它们的不同点外，还可以从下列几方面分析：

1. 收益的多少不同。债券所得到的收益通常是固定不变的。股票所得到的收益通常是根据公司的经营业绩而定的，公司经营状况不佳，可能少于同期债券的收益；反之，可能远远多于同期债券的收益。

2. 风险的大小不同。由于债券发行的条件是预先约定的，收益跟发行人的经营业绩不发生直接联系，发行人无论盈亏如何，一般都须全面履行还本付息的义务。政府债券、金融债券有国家财政和政府的信誉作担保，一般来说几乎没有风险。公司债券相对于政府债券和金融债券来说风险要大一些。如果公司倒闭，债券持有人就无法要求它全面履行义务了。股票投资比债券投资风险要大得多，公司倒闭，股东固然要蚀掉资本金；公司在经营年度内没有盈利，股东也不能得到任何利益。

3. 持券人与发行人之间所生的法律关系不同。由于股东享有的权利是股东权，债券持有人享有的权利是债权，权利性质不同，权利的内容就有很大不同。股东可对公司的经营活动依法干预，如投票表决、发表意见、进行监督等等，而债券人一般则没有这些权利。在公司倒闭时，债权人可以请求用公司现实资产先行偿还，而股东必须在满足了债权人的要求后，才有权要求分配剩余资产。

三、证券市场及其结构

（一）证券市场与金融市场

证券市场是包括证券投资活动全过程在内的证券供求交易的网络和体系，它是金融市场的重要组成部分。要了解证券市场，首先应了解金融市场。

金融市场是资金供求双方运用资金工具进行各种金融交易活动的总和。它的构成有三个要素：市场主体，主要是资金需求者和资金供给者；市场客体，即金融工具，所谓金融工具是指交易双方在交易活动中按照一定的格式明确各自权利义务的书面凭证，如股票、债券；市场组织方式，金融市场的组织方式主要有证券交易所方式和柜台交易方式。

金融市场根据不同的标准，也可作出不同的分类。依融资期限的长短，金融市场可分为供给一年以下短期资金的货币市场和供给一年以上中长期资金的资本市场；依交易对象的不同，金融市场可分为股票市场、债券市场、黄金市场等；根据交易的目的不同，金融市场可分为即期买卖的现货市场和主要为保值、套利及投机的期货、期权市场等。

证券市场是供给中长期资金的金融市场，它通过买卖各种中长期债券、股票，满足政府或企业对中长期资金的需要。因所筹资金通常被用作固定资产投资，所以证券市场被称为“资本市场”，这种证券又称为“资本证券”。

（二）证券市场的法律特征

1. 市场主体广泛。在交易过程中，除了证券买卖双方参与，还有各种中介机构参与。政府也要对交易活动进行监督管理。

2. 市场客体特殊。一般商品交易市场买卖的是具有使用价值的生产原材料和消费资料；证券市场上买卖的是特殊商品，即股票与债券等。

3. 交易方式多样。证券交易可在交易所进行，也可在交易所以外的场所进行；交易双方可直接交易，也可委托经纪人代理交易；既可搞现货交易，也可搞期货期权交易。

4. 交易过程较长。一般商品交易，双方达成协议即很快履行，银货两讫之后，法律关系就此结束。证券交易过程较长。在一方交付金钱，另一方交付证券的情况下，法律关系并未结束。证券持有人有权请求发行人定期支付利息或红利。债券持有人还有权请求发行人最终还本。股票持有人作为股东，还有权参与对发行人的管理监督事务。

（三）证券市场的内部结构

证券市场有两个组成部分，一个是发行市场，另一个是交易市场。没有发行市场，资金需求者就无法筹集资金，资金供给者就无法进行证券投资。发行市场的存在是交易市场运行的前提。从发行市场购买的证券，要通过在交易市场上出售转让给第三者，才能收回投资。交易市场又是发行市场得以保持和繁荣的条件。

1. 证券发行市场。

在西方国家，又称"初级市场"或"一级市场"。发行市场是一个由发行者、投资者及证券公司(或投资银行)三者构成的市场，它为发行者筹集资金提供便利的条件。在美国，证券发行市场必须有两个必要条件：其一，凡证券的出售，必须有管理机构的许可；其二，证券公司包销或承购证券，必须领有执照。这是为了防止商业上的欺诈和保护投资者。发行市场筹集的资金，除政府用于弥补开支外，主要用于企业的创建、更新扩充生产设备及储存原料，它大体反映了社会资本的增量。投资者购入证券，其缴入的资金便成为生产中的真实资本，而与证券市场无关。投资者手中保有的证券成为权益凭证。发行市场的结构如表 13.1 所示。

表 13.1

证券发行市场		
发行者	中　介	投资者
政府、金融机构、公司——→	证券公司等——→	原始投资者

2. 证券交易市场。

在西方国家，证券交易市场又称"次级市场"或"二级市场"。交易市场是一个由证券出让者、交易场所、证券购买者三者构成的市场，它为投资者转让所持证券收回本金提供便利的条件。交易场所可以是证券交易所有组织的集中市场，也可以是以证券公司柜台为中心的店头市场，还可以是法律允许的其他市场。不论在哪个市场上，证券公司作为投资者的中介均有使证券流通正常、价格形成公正合理的职责。证券市场的交易量，只代表现有证券所有权的转移，不代表社会资本存量的增加。交易市场是各种证券保持其生命力的场所，证券在这里形成公认的价格，并被随时变现。各种投资者包括出让者和购买者均在交易市场上满足各自的要求。交易市场的结构如表 13.2 所示。

表 13.2

证券交易市场		
出让者	交易场所(中介)	购买者
原始投资者——→	证券公司/交易所/其他——→	其他投资者

(四) 国外证券市场的最新发展

第二次世界大战以后，国外证券市场发展迅速。随着西欧和日本经济的恢复，证券发行量不断增加，证券交易开始复苏，证券规模越来越大，买卖越来越活跃，证券市场出现了前所未有的新局面。

1. 融资技术多样化。第二次世界大战前，证券一般分为股票、债券，战后则花样翻新，出现了“分期股票”、“分期债券”、“可转换股票”、“可转换债券”、“浮动利率债券”、“零息债券”、“复合证券”等。后来还出现了“调换业务”和期权交易。融资技术的多样化，增强了证券市场的活力，提高了对投资者的吸引力。

2. 证券市场的现代化。目前世界上主要的金融中心都用电脑、卫星通讯和电讯网络相联系，如1970年英国的伦敦证券交易所建成的价格显示装置，1971年美国在康涅狄格州的特鲁姆尔建成的全国证券商协会自动报价系统，1978年美国的纽约证券交易所创设的市场间交易系统等。这些现代化手段的运用，为证券公司和投资者及时掌握信息、提高效率、改变区域分割的状况提供了十分便利的条件。

3. 证券市场的国际化。由于电脑系统装置在证券业务中的广泛运用，世界上主要证券市场的经纪人可以通过设在本国的电子计算机系统与国外的分支机构进行昼夜24小时连续不断的业务联系。因此，越来越多的公司到本国以外的证券市场上销售股票和债券，各国证券市场之间的联系日益密切，证券市场国际化趋势日益明显。

国外证券市场的最新发展，使我国刚刚起步的证券市场面临着严峻的挑战，当然，也为我国证券市场的发展带来了很好的机遇。如何运用法律手段规范我国的证券市场，有许多全新课题，需要我们正视并尽快设法解决。

四、证券市场的功能与法律控制

对证券市场实施法律控制，其目标是发挥证券市场的正面功能，抑制证券市场的负面功能，使证券市场保持旺盛的活力。

（一）证券市场的正面功能

1. 证券市场是筹资和投资的重要渠道。人们将闲散资金存入银行，银行再将集中的资金投入企业生产过程，这种单一方式已不能满足企业对资金日益增长的需要。开拓证券市场，为企业提供了一条新的集资渠道。人们在证券市场上购买股票、债券，承担经营上的一定风险，同时也得到相应的收益，而企业则在证券市场上获得大量资金。国家财政由于先付后收等原因造成暂时周转的困难，也可通过发行公债、国库券等办法筹集到资金。

2. 证券市场是有效分配资金的重要手段。证券市场拥有复杂的价格机制、广泛的信息来源和众多的各类投资者，因而能使那些有前途的企业，获得价格合理的、充裕的资本供给，同时，使那些没有前途的企业逐渐减少资本供给直到关闭。资金在证券市场上的流动，必然促进社会资源的合理配置，提高社会资金的使用效益。

3. 证券市场是传播经济信息的重要场所。参与证券市场的主体来自于各方，从不同的角度对政治、经济、金融的动态进行调查研究、分析判断，于是证券市场自然成为相互交流、传播信息的场所。这些信息不仅为筹资者和投资者提供了决策参考，而且为政府实现宏观的调控奠定了决策基础。

(二) 证券市场的负面功能

1. 加剧投机欺诈。证券发行者不仅可通过股票价格总额和实际资本之间的差额来获取差额利润,而且可利用资本掺水等手段侵占普通股东的利益。在证券市场上,尤其是在西方资本主义国家的证券市场上,投机欺诈屡见不鲜。一些人在金钱的诱惑下,尔虞我诈、弱肉强食、内外勾结、伪造和传播谣言,故意哄抬或压低证券价格,制造混乱。

2. 加剧社会矛盾。证券市场在促进资本集中的同时,也促进了资本走向垄断,加深了社会矛盾。一些金融机构、大企业利用自己的优势,控制和支配小企业,排挤和兼并小企业,牟取更多的利益。而被控制的小企业及广大的中小投资者,则可能赔光资本。一些人大发横财,另一些则倾家荡产,就会产生众多的不安定因素。

3. 加剧经济波动。证券市场的运行受政治、军事、经济诸因素的影响很大。股市陡涨陡落,必然引起社会大众心理的恐慌,助长金融危机和经济的不稳定。

证券市场的负面功能并不可怕,只要我们注意运用法律控制,加强管理和监督,负面功能就可以降到最低限度。

(三) 证券市场的法律控制

由于证券市场瞬息万变,对其实施有效的法律控制是件非常困难的事。一般来说,运用商事法律规范,可以维护证券交易各方的平等地位(这是本篇以下各章研究的重点);运用刑事法律规范,可以制裁扰乱证券市场秩序的行为。然而,为控制证券市场的安全运行,还需运用相对灵活的行政法律规范。行政法律控制往往与偏离市场规律的行政干预不易区分,而它又是一个不可或缺的手段,这里有必要附带分析。

证券市场作为国家宏观经济政策控制的一个子系统,几乎涉及财政、货币、信贷、投资等所有方面。行政法律控制大致包括:

1. 财政法律控制。国债的发行可弥补财政赤字,调节国民收入分配结构和格局。企业债券的发行可减轻国家财政的压力,为生产建设提供稳定、长期、低利率的资金来源。企业股票的发行,也可减轻国家财政增拨流动资金的支出项目。这样,国家财政就有财力驾驭整体经济运行。同时,国家财政还要通过税收参与和调节证券市场的利益分配。

2. 货币法律控制。证券市场的发展开拓了居民闲散资金储蓄以外的投资通道,这对完善和优化金融结构起了重要作用。在没有证券市场的情况下,银行对货币供应量的调节也比较简单机械,易产生负面效应。在市场机制发育的条件下,中央银行实行货币调控,除了运用增减贷款手段,还可有吞吐证券的手段。证券市场的开放影响货币的流量,动荡的股市还会影响金融的稳定,因此货币政策与法律的良好运用,显得十分重要。

3. 信贷法律控制。证券市场的资金流向与银行贷款的流向基本上是一致的,但通过银行贷款和通过证券市场集资,其成本是不一样的。银行贷款利率的高低将直接影响证券投资的流量。国家的信贷规模、流向、利率的调整,可使证券市场按照正常轨道运行。

4. 投资法律控制。开放证券市场,改变了长期以来投资主体单一的状况,调动了社会各方面的投资积极性,国家不再为投资机制僵化、资金缺口大、投资效益差而烦恼。对关系国计民生的企业及关键性行业,国家可掌握绝对控股权;对一般企业,国家可掌握少数参股权或不参股。国家以投资法律控制总量,优化结构,必将推动国民经济在良性循环中持续发展。

第二节 证券法概述

一、证券法的概念与调整对象

所谓证券法,包括一切有关资本证券的法律规范。具体地说,证券法是关于证券募集、发行、交易、服务以及对证券市场进行监督管理的法律规范的总和。

证券的募集是资金需求者(发行人)设法从资金供给者(投资者)那里筹集资金的活动,它包括资金需求者进行资金筹措的可行性论证,制定招募章程或说明书,报请主管机构审核,备置证券及其认购书,公告招募认购等步骤。

证券的发行是证券供给者直接或委托证券发行中介人代理将证券出售,由证券需求者购买证券的活动。证券的发行与证券的募集是紧密联系的。证券募集是证券发行的起因,证券发行是证券募集的结果;证券募集表示资金运动的过程,证券发行表示证券运动的过程,它们是一个问题的两个方面。

证券的交易是持有证券的人在证券市场上出让证券,由其他投资者买受证券的活动。证券的交易与证券的发行也是紧密联系的。证券发行是证券供给者与需求者之间的最初交易;证券发行是证券交易的"源",证券交易则是证券发行的"流"。

证券的服务是为便于证券发行与交易,而向有关方面提供的诸如资产评估、证券评级、咨询、登记、公证、清算服务等辅助活动。

证券的监督管理是国家根据市场的现状和发展趋势,运用政权的力量对证券市场进行规划、调控和监督的活动。证券监督可分行政性监督和司法性监督,它们各自都包括了检查、告诉、处理等阶段。证券监督是证券管理的一个很重要的方面,监督管理是指以监督为主的管理。

证券法的任务就是规范上述的证券募集、发行、交易、服务、监督管理等活动,引导社会资金合理配置,保障证券市场的参与者各方的权益,促进证券市场的繁荣和经济的发展。

法律的调整对象总是一定的社会关系。证券法的调整对象就是指证券市场的参与者和监督管理者在证券的募集、发行、交易、服务、监督管理过程中所发生的各种经济社会关系,这些关系可统称为"证券关系"。从它的内容来看,可分为证券募集、发行关系，证券交易关系，证券服务关系，证券监督管理关系。证券关系一经法律调整，便上升为证券法律关系。

证券法律关系的构成有三个要素：证券及证券行为，这是证券法律关系的客体；证券市场的参与者和监督管理者，这是证券法律关系的主体；证券市场的参与者和监督管理者所享有的权利（权力）和承担的义务，这是证券法律关系的内容。

证券法所调整的证券关系是一种相当繁杂的经济社会关系，它既有平等主体之间发生的物质利益关系（如证券的买方与卖方、证券服务方与服务受益方），又有不平等主体之间发生的行政管理关系（如证券主管机关与证券经营机构、行使管理权的政府部门与证券市场的参与者），还有刑事司法机关运用强制力对证券犯罪进行处罚的刑事制裁关系。平等主体间的物质利益关系，运用商法规范进行调整，因而属于商事证券关系；不平等主体之间的行政管理关系，运用行政法规范进行调整，因而属于行政证券关系；司法机关对犯罪者的制裁关系，运用刑法规范进行调整，因而属于刑事证券关系。证券关系的复杂性决定了法律调整方法的多样性。在证券领域，民商法、行政法、刑法综合调整，商事、行政、刑事制裁手段并用，这是建立社会主义市场经济体制的内在要求和必然选择。

二、证券法的原则

证券法的原则是为了实现证券法的任务，要求证券市场的参与者和监督管理者必须遵守的最基本的活动准则，它是证券法的精神所在，贯穿了证券法律法规的始终。证券法有几项原则，不同的学者会有不同的论述。但公开、公平、公正原则（即“三公原则”），无疑是公认的最重要的原则。

（一）公开原则

公开原则亦称为信息公开制度。它是指证券发行者在证券发行前或发行后根据法定的要求和程序向证券监督管理机构和证券投资者提供规定的能够影响证券价格的有关信息资料。证券不同于一般的实物商品，购买者在不了解发行者的财务状况、经营状况和信用状况的情况下，是无法判定其价值的。没有信息公开制度，发行者就得不到应有的外部约束，虚假证券就难免招摇过市，投机、行骗、欺诈行为就会兴风作浪。确立公开原则的宗旨是，保护投资者的利益，完善投资环境，维护证券市场的稳定。

信息公开通常是对发行证券的企业而言的。政府机构发行的证券，收益低，风险低，安全度高，人们一般不担心还本付息。要求政府机构公开财务信息是没有意义的。公开原则要求企业所公开的信息做到：

1. 真实。公开的企业财务等内容必须准确、真实，不得有虚假不实记载。

2. 全面。所有与证券价格有关的信息资料应尽可能详细地公开，不得故意隐瞒、遗漏。

3. 及时。企业的有关信息应以最快的速度传达到接受者,不得故意拖延迟缓。

4. 易得。信息资料应以广大投资者最易获得的形式加以公开,发行者应设法通过各种宣传媒体进行传播。

5. 易解。信息内容的表述应通俗简明,易被大众理解,不得使用深奥、容易引起误解的字句。

(二)公平原则

公平原则是指证券商事关系主体在证券募集、发行、交易、服务活动中应公平合理,照顾各方的权利和利益。其具体含义包括:证券商事关系主体参加证券市场活动的机会均等;证券商事关系主体在商事权利的享有和义务的承担上对等;证券商事关系主体在承担商事责任上要合理;在仲裁、司法工作中,仲裁人员、司法人员应实事求是秉公办案,合情合理地处理商事纠纷。公平原则要求证券商事关系主体做到:

1. 平等。当事人无论其身份、经济实力等存在何种差异,在商事活动中的地位平等。证券商事关系主体应相互尊重,平等协商。

2. 自愿。当事人可依法行使自己的商事权利,按照自己的意愿参与商事活动。证券商事关系主体在商事活动中要真实表达自己的意志,切忌一方当事人将自己的意志强加于另一方当事人。

3. 等价有偿。证券商事关系主体在从事商事活动中要按照价值规律的要求进行等价交换,除法律另有规定或合同另有约定者外,取得他人财产利益或得到他人的劳动服务必须向对方支付相应的价款或酬金。当事人一方不得无偿占有、剥夺他方的财产,损害他人利益。

4. 诚实守信。证券商事关系主体在从事商事活动时,应讲诚实,守信用,以善意的方式履行其义务,不得规避法律和合同。

(三)公正原则

公正原则是指证券监督管理机构及其他组织和人员应充分运用法律,采取有效措施,对证券市场的违法犯罪活动进行制止和查处,以确保投资者得到公正的对待。公正原则要求证券监督管理机构及其他组织和人员做到:

1. 反欺诈。证券监督管理机构不仅要求信息得到充分公开,而且要求这些公开的信息是真实的,严禁发行者或出售者制造或散布虚假的或使人迷误的信息,并严禁某些不正当的证券销售技术。

2. 反操纵。法律禁止一切使用直接或间接方法操纵市场、扰乱市场的行为,如连续抬价买入或压价卖出同一种证券,联手买卖证券等。

3. 反内幕交易。公司的董事、高级职员、对公司有控制权的股东,利用未公开的情报进行证券买卖以图获利或避免损失,或将秘密情报透露给他人,使他人据此进行证券买卖,就构成内幕交易。证券法律应对“内幕人士”从事证券买卖施以严格的限制。

我国《证券法》总则从第3条至第9条规定了证券市场活动须遵守的七项基本原则。这七项原则是:(1)“三公原则”;(2)自愿、有偿、诚实信用原则;(3)“三禁原则”,即“禁止欺诈、内幕交易和操纵证券市场的行为”的原则;(4)证券业和银行业、信托业、保险业实行分业经营、分业管理的原则;(5)集中统一监督管理原则;(6)自律原则;(7)国家审计监督原则。理解证券法,首先必须从理解这些原则着手。

三、证券法的体系与结构

(一)证券法体系的基本含义

证券法体系是指国家通过制定法律、法规或认可规章、守则对证券行业进行制度化管理、调节、监督的有机整体。它包括对证券募集发行、交易和服务,证券经营机构的成立及活动,证券交易场所的组成与运行,证券从业人员的资格与行为规范,以及其他与证券业有关的组织或行为进行管理、控制、协调和监督的所有政府部门和自律性组织。这里既有硬件,即各种证券立法、执法、监督主体及其设施,又有软件,即各种证券法律制度和规范。正是这些硬件和软件的合理组织和运行,构成了一国的证券法体系。

我国正处于社会主义市场经济发展的初级阶段,证券市场发展的历史还不长,证券法制有待在实践中总结提高、发展完善。我国的证券法将在大胆借鉴国外经验,结合我国国情的基础上产生和完善。

(二)国外证券法体系

由于历史原因和各国具体情况不同,世界各国的证券管理及其法律制度存在着一定的差异,形成了各具特色的证券法律体系。但从总体上考察,它们大致可分为三个不同的体系。

1. 美国证券法体系。此体系对证券及其交易管理制度制定有专门法律,如1933年的《证券法》、1934年的《证券交易法》等。这些法律由美国联邦证券交易委员会负责统一执行。在联邦政府监督下,美国各州有权制定证券法,证券商自律组织有权制定证券交易规则。实行专门证券管理机构体制或类似这种体制的国家,还有加拿大、日本、韩国等。

2. 英国证券法体系。此体系的证券法律规定在公司法中,外加若干单行法规,如1958年的《防止欺诈(投资)法》、1963年的《英国保护储户法》、1986年的《金融服务法》等。英国的证券管理体制传统上以证券交易所“自律”为主,政府并无专门的证券管理机构。证券发行登记是由英国贸易部下属公司登记处兼管。英格兰银行只是根据金融政策的需要,对一定金额以上的证券发行行使审批权。证券交易所内部有严格的交易规则,有较高水准的专业性证券商,采取严格的自律制度和公开说明书制度。实行类似这种体制的国家,还有荷兰及英联邦成员。

3. 法国证券法体系。此体系的证券法律最初反映在商法典里,后在20世纪60

年代通过若干单行的法规对证券体制加以改革。目前,法国的证券管制主要有两个机构,即交易所活动委员会和证券经纪人公司。交易所活动委员会受法国财政部长的一般监督,并由其任命成员,但财政部长通常不干预该委员会的业务决策。证券经纪人公司不直接受财政部管辖,但财政部长可发放、取消经纪人的执照,对经纪人进行惩罚,决定开设和关闭证券交易所,并制定适用于它们的规章。类似这种体制的国家主要是欧洲大陆的一些国家。

(三) 我国证券法结构

证券法结构是证券法的内容与表现形式的有机统一体。我国的证券法结构,从内容来看,应包括:

1. 总则。规定我国证券及其市场活动与监督管理的根本宗旨、指导思想和基本原则。

2. 证券的发行。规定证券募集发行的主体资格,条件和程序,证券承销,证券募集发行的法律效力和责任等。

3. 证券的交易。规定证券上市交易的条件和程序,交易的形式,交易各方及有关人员的交易活动程序和行为准则等。

4. 证券经营机构。规定证券经营机构设立的条件和程序,证券经营机构的种类,各种证券经营机构及其人员的管理及活动准则和程序等。

5. 证券服务机构。规定证券服务机构的设立条件和程序,服务机构的种类,各种服务机构的职能、活动准则、程序及法律责任等。

6. 证券交易所。规定证券交易所的设立条件和程序,交易所的管理体制和活动原则,国家对证券交易所的管理等。

7. 证券管理机构。规定证券监督管理机构的职能、权力范围和实施监督管理的准则与程序等。

8. 证券业协会。规定证券业协会的性质、职能,国家对证券业协会的管理等。

9. 证券仲裁与诉讼。规定证券纠纷处理机构及其职权,证券仲裁与诉讼的程序,裁决的执行等。

10. 境外证券投资。规定境外证券投资的种类,发行与管理的规则和程序,准据法及仲裁等。

我国的证券法结构,从表现形式来看,应包括:国家立法机关制定的《公司法》、《证券法》及其他有关证券的商事、行政、刑事法律法规;国家行政机关及其部门制定的有关证券监督管理的行政法规规章;地方立法机关与行政机关制定的有关证券的法规规章;经证券监督管理机构认可的证券业协会、证券交易所制定的自律规章、守则等。

(四) 证券法与相关法律部门的关系

证券法是以综合调整的方法对证券领域的业务活动和管理活动产生的各种关系

加以限定的。它跟各种专门商事的法律规范、行政的法律规范和刑事的法律规范有着割不断的联系。

1. 与公司法的关系。公司法是规范各种公司的设立、组织、经营、解散、清算等活动的一种法律,其中关于证券募集和发行的活动准则,自然成为证券法的重要组成部分。公司法与证券法互有交叉,但法律调整的内容各有侧重。

2. 与行政法的关系。证券法有关行政的法律规范是行政法的组成部分,它体现加强证券业管理的国家意志。其内容主要包括:证券监督管理机构对证券市场的管理监督;有关具有行政管理权的政府部门对证券业的税费征管、协调、控制等。

3. 与刑法的关系。证券法有关刑事的法律规范是刑法的特别法。当然,它也可在刑法典中反映。证券市场秩序的建立仅靠商事法律规范和行政法律规范是不够的,证券刑事法律规范是维护市场秩序必备的强有力工具。

最后,需要强调的是,证券法与上述各种相关法律部门的关系,是由证券法的特定调整对象与特殊的调整方法所决定的。证券关系既可以通过专门的证券法律法规加以调整,也可以通过上述各种相关法律部门加以调整。我们之所以将这些分散调整证券关系的法律法规纳入证券法体系,完全是基于这样的考虑:证券领域有其自身的运营规律,理论上将各种证券关系联系起来考察,有利于用系统的方法探寻其中的规律性,协调好各方的关系,避免法律法规间的矛盾和冲突。

四、我国证券立法的历史与现状

(一) 旧中国证券立法的历史发展

1. 从证券的出现到第一部证券交易所法的诞生。

旧中国最早出现的股票是外商股票。鸦片战争以后,帝国主义用战舰大炮打开了中国的国门,外商开始在中国被迫开辟的商埠兴办公司,进行经济掠夺,如英国的怡和洋行、太古洋行、美国的旗昌轮船公司等相继在上海设立,并在广州、天津等地设立分支机构,从而把资本主义国家的集股筹资的做法带入了中国。当时,购买外商公司股票的,主要是在华的外国人,也有在洋行充当买办或接近他们的中国人。到1870年前后,出现了买卖外商公司股票的经纪人,后来出现了由这些经纪人组织的“上海股份公所”。到1905年,这个旧中国第一家外商经营的证券交易所——上海股份公所在香港注册定名为“上海众业公所”。

中国人自己发行、利用股票的历史开始于“洋务运动”。上海轮船招商总局,是华人最早采用集股筹资创办的,它成立于1873年(同治十二年)。后来,中兴煤矿公司、汉冶萍煤铁厂矿公司、大生纱厂等也相继发行了股票。

旧中国发行的债券也是随外国入侵者而传入的。1867年,清政府第一次向外商借款四百余万两白银用于军费开支。在国内发行债券则始于1894年(光绪二十年),当时是为了应付甲午战争,由户部建议向“富商巨贾”借款,每券为一百两白银。

随股票和债券的出现,买卖活动也产生了。一些钱商、茶商、皮货商和一些商品经纪人开始是兼营证券的买卖，到 1914 年这些商号便正式组成“上海股票商业公会”。同年，北洋政府颁布了《证券交易所法》。这部法是旧中国第一部关于证券交易所的立法，它使证券交易所第一次以法律的形式予以承认。1920 年成立“上海证券物品交易所”，同时，上海股票商业公会改组为上海华商证券交易所。

2. 交易所时代。

上海证券交易所的成立，标志着旧中国证券市场发展进入了交易所时代。到 1921 年末，上海就拥有各种交易所 140 多家。交易所之风迅速从上海吹向全国各地。不幸的是，随着交易所大量出现，投机盛行，信用发生危机，交易所从红极一时的顶峰又迅速跌落下来，历史上称之为“信交风潮”。

3. 国民党政府的证券立法。

“信交风潮”以后，证券交易市场趋于稳定并又开始活跃。自国民政府定都南京时起，国家大量发行公债，促进了证券业务的发展。

1929 年 10 月，国民党政府将北洋政府的《证券交易所法》和《物品交易法》合并成《交易所法》，从而迫使“上海证券物品交易所”并入“上海华商证券交易所”，形成了统一的证券市场。1935 年，国民党政府对交易所法作了修正。

抗日战争中，伪币大量出笼，囤积之风大起，公司股票价格也随之上升，证券贸易行相继出现，旧中国证券市场掀起第二次高潮。敌伪当局先是制止交易兴起，勒令股票商停业，后是害怕影响日寇军需物资的收购和储存，又通令上海华商证券交易所复业。最终因时局动荡，证券经营又趋冷淡。

继《证券交易所法》以后，国民党政府为使中国股份公司的发展走上正轨，又于 1946 年颁布实施了公司法。该法共分十章，与证券市场管理有关的内容，主要是关于股份有限公司股票、债券发行的管理。同年 5 月，国民党政府行政院发布“训令”，设立上海证券交易所股份有限公司。交易所订有较详细的章程，对交易所的组织与资本，经纪人的资格、责任、权利，经营证券的对象与证券上市的条件，交易方式方法，甚至交易员进出入市场等方面都一一作了规定。1948 年以后，国民党军队不断战败，给证券市场以巨大的震动。国民党政府加紧对交易所的管制，命令交易所经纪人增加资本，取缔期货业务，禁止经纪人进行场外交易，致使股票价格全面下跌，从此，证券交易一蹶不振。到 1949 年 5 月，上海解放，交易所停业。

旧中国关于证券交易所和股份公司的法律规定，是适应政府之统治需要而制定的，带有强烈的历史烙印，客观上促进了股份经济在中国的发展。

（二）新中国证券立法的历史与现状

1. 建国初期的证券市场。

国民党政府给新政权留下的是一个烂摊子：生产萎缩、通货膨胀、物价飞涨、投机倒把、囤积居奇之风盛行。为了扭转这一被动局面，人民政府于 1949 年 6 月成立了天津证券交易所，1950 年 2 月成立了北京证券交易所。当时，建立证券交易市场的基本目的是通过证券交易所这一形式引导社会游资的流向，使之纳入生产轨道，根治黑市投机倒把活动的滋生。这些目的达到后，这两个交易所于 1952 年 7 至 8 月间相继撤销。

2. 证券制度在传统体制下的逐步取消。

证券市场的直接基础是市场机制和多层次信用制度。随着商品、货币、市场、多层次信用形式的被否定，证券市场逐步被排斥在社会主义经济之外。1958 年，国家停止了向外借款，1959 年终止了国内政府债券的发行，在 1959 年至 1978 年的二十年间，国家没有利用国内债券这一形式，使本来并不完全的证券制度也基本在中国消失。

3. 新时期的证券市场与立法现状。

改革开放以后，证券市场又逐步形成和发展起来。1981 年我国开始发行国库券。1984 年，随着企业自主权的扩大，一些企业采取了利用债券、股票直接筹集资金的方式，证券发行市场迅速发展。1986 年 8 月，沈阳市信托投资公司首先开办了证券交易业务。随即，深圳、重庆、太原、北京、武汉等我国大中城市也相继开发了各具特色的证券交易市场。

大量的场外交易，引发了一系列的问题，股价坚挺上扬，持续不下，形成了难以遏制的“股票热”。证券交易的迅速发展，急需建立规范的证券交易所和制定相应的法律法规。1990 年 12 月全国证券交易自动报价系统在北京正式开通。同月，上海建立了新时期我国第一家证券交易所。1991 年 7 月深圳证券交易所建立。同年 8 月，中国证券业协会宣告成立。风风雨雨十数年，证券市场的规模迅速扩大。到目前为止，在证券交易所上市的股份有限公司已超过 1 300 余家，登记在册的股东人数已超过 7 000 余万，股票市值达 50 000 多亿元。

在我国第一部《证券法》实施日以前即 1999 年 7 月 1 日前，我国证券发行和交易的主要依据是国务院及财政部、国务院证券委员会、中国证券监督管理委员会、中国人民银行颁发的 250 余项零散的法规、规章。其中，最具代表性的证券市场法规是《股票发行与交易管理暂行条例》。[①]上海和深圳市人民政府均分别制定了证券交易的管理办法等。

在众多证券法规、规章实施的同时，我国证券法的起草工作也在抓紧进行。早在 1993 年 8 月，全国人大常委会就对证券法草案作了第一次审议，其后全国人大常委会又作了四次审议，终于在 1998 年 12 月 29 日通过了我国第一部《证券法》。这部法律的出台和实施对规范我国证券市场的发行和交易行为，保护投资者合法权益，维护社会经济秩序和社会公共利益，促进社会主义市场经济的发展，发挥了积极作用。但是随着我国经济和金融体制改革的不断深化，证券市场中潜在的问题和风险也明显地暴露了出来：一是部分上市公司质量不高，信息披露机制不完善；二是部分证券公司内控机制不严，经营活动不规范；三是监管机构的监管权力和手段不到位，对违法

① 《股票发行与交易管理暂行条例》，1993 年 4 月 22 日国务院发布。

违规行为打击不力;四是保护投资者特别是中小投资者合法权益的机制不健全,缺乏有效的制度安排;五是缺乏创新机制,在一定程度上束缚了证券市场发展的手脚。该《证券法》已经不能完全适应证券市场进一步发展的需要。[①]

根据我国市场经济发展的情况,并为落实行政许可法关于行政许可制度改革的要求,2004 年 8 月 28 日,第十届全国人大常委会第十一次会议通过了《关于修改〈中华人民共和国证券法〉的决定》,对《证券法》个别条款作了修改。

2005 年 10 月 27 日,第十届全国人大常委会第十八次会议根据新时期我国证券市场规范发展的需要,审议通过了经过修订的证券法,自 2006 年 1 月 1 日起施行。这是继 2004 年之后,对证券法的一次重大修正。这次修正结合证券市场发展的实际情况和证券法实施六年来的实践,对证券法的内容作出了较多的增删,必将会对我国证券市场的发展产生重大影响,对于保护市场各方参与者的切身利益,建立一个良好的市场法制环境,促进证券市场的健康发展具有重大意义。

第三节　证券监督管理机构

一、证券监督管理机构的性质

证券市场的健康运作对于促进资金流通、发展市场经济具有重大的意义。很难想象,证券市场充满欺诈、内幕交易、操纵价格等不正当行为,投资者仍然会有极大的投资热情。若不对这些不正当行为加以国家干预,证券市场就不可能继续存在,通过资金的筹措和流动促进经济的发展就必然成为一句空话。美国出现的 1929 年股市大崩溃,中国出现的 1995 年"327 国债事件",都曾给市场带来灾难性的后果。中外证券市场的实践都证明,对证券市场施以监督管理是必要的。

我国《证券法》规定,国务院证券监督管理机构依法对证券市场实行监督管理,维护证券市场秩序,保障其合法运行。由此分析,证券监督管理机构是依法对证券市场实行监督管理的行政性执法机构。其性质可从以下几方面来认识:

1. 专业性。证券监督管理机构为专门针对证券市场设置的监督管理机构。证券市场是一个专业性很强的市场,对这个市场进行监督管理的人员需要具备金融证券的专业知识。没有金融专业知识,监督管理就难以奏效。

2. 行政性。证券监督管理机构是行政管理机构,它所从事的证券监督管理行为是代表国家所进行的行政干预行为,它以国家权力来查处违法行为,从而保障投资者权益,维护证券市场秩序。

3. 执法性。证券监督管理机构是证券法的执法机构,一方面,它享有行政机关

① 参见《中华人民共和国证券法释义》,中国法制出版社 2005 年版,第 2 页。

的执法权，对证券违法事件主动调查，可以根据法律法规予以处罚；另一方面，证券监督管理机构的职权是法律赋予的，它不能超越法律法规越权行事。

二、证券监督管理体制

证券监督管理体制是指一国范围内以证券法为基础而构成的证券监督管理体系、层次结构、功能模式以及运行机制的统一体。

纵观世界各国对证券市场的监管体制，主要分为自律性管理体制和集中型管理体制。[①]自律性管理体制的特点是：除了必要的国家立法外，政府较少干预证券市场，对证券市场的管理主要由证券交易所和证券商协会等组织进行自律管理。集中性管理体制的特点是：政府通过制定专门的证券市场管理法规，并设立全国性的证券监督管理机构来实现对全国证券市场的管理。我国证券法确立的证券监督管理体制属于集中型管理体制一类。

我国证券监督管理体制的确立经历了一个从多头到统一、从分散到集中的过程。1992 年以前，证券市场是由中国人民银行主管的，所依据的规定是国务院 1986 年 1 月 7 日发布的《中华人民共和国银行管理暂行条例》。中央政府的其他部门（如国家体改委、国家计委等）以及沪深地方政府参与管理。作为国家的中央银行，负有对金融市场全面管理的职责，难以胜任对日益发展的证券市场进行监管的重任，银行业与证券业的分业管理逐渐被提上议事日程。1992 年 7 月，国务院建立证券管理办公会议制度。同年 10 月，国务院决定成立专门的国家证券监管机构——国务院证券委员会（简称“证券委”），对全国证券市场进行统一的宏观管理，同时成立证券的监管执行机构中国证券监督管理委员会（简称“中国证监会”）。在成立证券委和中国证监会的同时，国务院赋予其他有关部门和地方人民政府部分证券监管的职责。随着监管证券市场任务的加重，仅靠中国证监会监管市场难以适应客观需要。1996 年 3 月与 11 月中国证监会两次授权部分省、自治区、直辖市、计划单列市的证券监管部门对证券市场行使部分监管职责。1997 年 11 月，国务院批准了经修改的《证券交易所管理办法》，明确对证券交易所的管理由地方政府转为中国证监会。

1998 年 8 月，国务院批准了《证券监管机构体制改革方案》，决定完善监管体系，实行集中统一领导，有效防范和化解风险，逐步建立与社会主义市场经济相适应的证券监管体制。理顺中央和地方监管部门的关系，对地方证券监管部门实行由证监会统一领导的管理体制，同时根据各地区证券业发展的实际情况，在部分中心城市设立中国证监会派出机构。至此，我国的证券监督管理体制基本形成，并最终通过《证券法》予以确认。

---

① 吴志攀主编：《国际金融法》，法律出版社 1999 年版，第 164 页。

三、证券监督管理机构的职责范围

由于各国(地区)证券监督管理体制不同,证券监督管理机构的职责范围也会有所不同。美国证券交易委员会(SEC)是根据《1934 年证券交易法》规定而设立的专门管理和执行证券法律、法规的机构。它是一个独立的、准司法性质的执法机构。除了负责对证券交易所、上市公司以及证券商日常监管外,另有两项重要职权一项是调查权,一项是处罚权。①

我国香港特别行政区的证监会是根据《证券及期货事务监察委员会条例》(简称《证监会条例》)建立的法定监管机构。香港证监会不是政府部门,但通过各种不同方式对政府负责。它的主要职能是根据相关法律,执行有关香港证券和期货市场的条例。所谓的相关法律主要是有关保护投资者不受金融界不法行为危害的法律。《证监会条例》的第 4 条规定了香港证监会的具体职能。这些职能包括:(1)就所有关于证券、期货合约及财产投资安排的事宜向财政司提供意见;(2)负责确保条例中有关证券、期货合约及财产的投资安排的部分为人遵守;(3)就证券市场发生的内幕交易向财政司报告;(4)负责监管联合交易所、期货交易所和票据结算所的业务活动;(5)采取一切合理步骤,以保障进行证券交易、期货合约买卖,或参与财产投资安排的人的利益;(6)促进和鼓励联合交易所、期货交易所和结算所会员及其他注册人持正当操守经营业务;(7)遏止在证券交易、期货合约买卖或财产投资安排的参与方面,及就证券、期货合约及财产投资安排提供投资意见或其他服务方面,采取非法、不名誉和不正当的手法;(8)促使注册人员行事持正,并使他们保持这种良好操守,鼓励注册人向客户和一般公众人士提供不偏不倚的、有根据的意见;(9)考虑和建议怎样改革证券、期货合约及财产投资安排方面的法律;(10)鼓励香港证券及期货市场的发展,鼓励更多香港和外地投资者参与这些市场;(11)促进及推动证券及期货行业中的市场团体自律;(12)对在香港或其他地方有关证券及期货业、银行业、保险业或其他金融服务或法团事业的主管当局或监管组织,予以协助;(13)执行其他条例所授予的其他职能。②

我国《证券法》对国务院证券监督管理机构在证券市场实施监督管理的职责作了如下规定:(1)依法制定有关证券市场监督管理的规章、规则,并依法行使审批或者核准权;(2)依法对证券的发行、上市、交易、登记、存管、结算,进行监督管理;(3)依法对证券发行人、上市公司、证券交易所、证券公司、证券投资基金管理公司、证券服务机构、证券交易所、证券登记结算机构的证券业务活动,进行监督管理;(4)依法制定从事证券业务人员的资格标准和行为准则,并监督实施;(5)依法监督检查证券发行和交易的信息公开情况;(6)依法对证券业协会的活动进行指导和监督;(7)依法对违反

---

① 徐冬根、陈慧谷等主编:《美国证券法律与实务》,上海社会科学院出版社 1997 年版,第 41—51 页。

② 郭琳广、区沛达著:《香港公司证券法》,法律出版社 1999 年版,第 3—5 页。

证券市场监督管理法律、行政法规的行为进行查处;(8)法律、行政法规规定的其他职责。

为了保证国务院证券监督管理机构依法履行职责,《证券法》还授权监管机构采取下列措施:(1)现场检查权。即对证券发行人、上市公司、证券公司、证券投资基金管理公司、证券服务机构、证券交易所、证券登记结算机构进行现场检查。(2)调查取证权。即进入涉嫌违法行为发生场所调查取证。(3)询问权。即调查当事人和与被调查事件有关的单位及个人,要求其对与被调查的事件有关的事项作出说明。(4)查阅、复制和封存权。即查阅、复制与被调查事件有关的财产权登记、通讯记录等资料;查阅、复制当事人和与被调查事件有关的单位及个人的证券交易记录、登记过户记录、财务会计资料及其他相关文件和资料;对可能被转移或者毁损的文件和资料,可以予以封存。(5)查询账户与申请司法机关冻结权。即查询当事人和与被调查事件有关的单位及个人的资金账户、证券账户和银行账户,对有证据证明有转移或者隐匿违法资金、证券等涉案财产或者隐匿、伪造、毁损重要证据的,经国务院证券监督管理机构主要负责人批准,可以冻结或者查封。(6)限制证券买卖权。在调查操纵证券市场、内幕交易等重大证券违法行为时,经国务院证券监督管理机构主要负责人批准,可以限制被调查事件当事人的证券买卖,但限制的期限不得超过十五个交易日;案情复杂的,可以延长十五个交易日。

四、证券监督管理机构工作人员的行为准则

证券监督管理机构的职权要靠其工作人员来行使,对工作人员的行为从法律上进行约束,才能保证证券监督管理机构发挥应有的作用。我国证券监督管理机构的工作人员应遵守下列几项基本准则:

1. 符合检查、调查程序要求的义务。证券监管机构依法履行职责,进行监督检查或者调查时,其监督检查、调查人员不得少于两人,并应当出示合法证件和监督检查、调查通知书。监督检查、调查的人员少于两人或者未出示合法证件和监督检查、调查通知书的,被检查、调查的单位有权拒绝。

2. 保守商业秘密的义务。证券监管机构工作人员依法履行自己的职责时,必须对知悉的有关单位和个人的商业秘密予以保密。

3. 忠于职守的义务。证券监管机构工作人员必须忠于职守,依法办事,公正廉洁,不得利用自己的职权牟取不正当的利益。

4. 办事公开的义务。证券监管机构及其工作人员的行为是行政执法行为,应当受到公众监督,以防职权被滥用。办事公开涉及三个方面内容:(1)办事所依据的监管机构的规章、规定要公开;(2)监督管理工作制度要公开;(3)对当事人的处罚结果要公开。

5. 兼职禁止的义务。证券监督管理机构的工作人员不得在被监管的机构中兼任任何职务,以确保执法的公正性。

五、证券监管的国际合作

近几年来各国对金融业的监管和相关的国际立法有两个趋势很值得引起我们的重视:一是金融监管的重心转向证券市场;二是全球金融一体化带动金融监管尤其是证券监管的全球化。[①]中国的证券市场是一个新兴的市场,不仅市场防范风险的能力、应对违法犯罪的经验不足,而且市场管理的体制不完善,国际化的水平低。如何顺应证券全球化的趋势,与国际证券监管组织加强合作,与各国证券主管机关加强合作,如何遵循国际组织制定的各项准则、借鉴别国的监管经验,是我们面临的新课题。

(一)国际证券监管组织的现状

总部设在加拿大蒙特利尔市的证监会国际组织(IOSCO)是一个常设的国际性组织,它成立于1983年。截止到2006年8月,该组织共有108个正式会员、10个联系会员和65个附属会员。其亚太地区委员会共有亚太地区25个成员机构[②]。此组织的宗旨是帮助其成员:(1)加强合作,确保无论在国内范围还是国际范围,都能更好地监管证券市场,从而维护证券市场的公平与效率;(2)交换信息,促进各成员国内证券市场的发展;(3)共同努力,制定国际证券交易的标准和有效的监管机制;(4)互相协助,通过严格执行有关标准和对违反者的有效处罚,确保证券交易的公正。中国证监会于1995年7月加入证监会国际组织,是亚太地区委员会的正式会员。[③]

近几年来,证监会国际组织对涉及国际会计标准、清算与结算、跨国证券与期货欺诈、对金融集团的监管等事项作出过一系列的决定。1998年2月11日至14日,证监会国际组织亚太地区委员会会议及其执法会议在印度孟买举行,来自16个国家和地区的证券监管机构负责人出席了会议。会议就东南亚金融危机进行了深入的讨论,对亚太证券市场的最新发展以及市场监管等内容进行了广泛的交流。[④]

(二)国际监管的标准

各国的证券市场虽然有不同的监管模式,这些监管模式又体现出各自的监管理念,但也会有共同的监管理念。这些共同的监管理念可引申出共同的法律框架,共同的管理制度,共同的执行方法。正是基于这一考虑,证监会国际组织经过十八个月的酝酿,于1998年9月通过了一项国际监管的标准《证券监管的目标和原则》,[⑤]其内容见表13.3。

---

① 曹建明:《金融安全与法制建设》,载于顾功耘主编:《金融市场运行与法律监管》,世界图书出版公司1999年版,第10—12页。

② 资料来源:国际证监会组织网站 http://www.iosco.org/。

③ 吴志攀主编:《国际金融法》,法律出版社1999年版,第176页。

④ 同上书,第177页。

⑤ 参见《梁定邦先生纵谈证券法与证券监管》,载于《证券市场导报(深圳)》1999年第1期。

表 13.3

证券监管的目标(三个目标)
一、保护投资者
投资者应受到保护,免受因误导、操纵或欺诈(包括内幕交易、抢跑道和非正当挪用客户资产等)造成的损失。 要保护投资者,最重要的是需要上市公司完全披露影响投资者投资抉择的重要信息。这样,投资者才能更好地保护自己的利益。作为披露要求的重要组成部分,应具备会计和审计的标准,且应是高水平、得到国际认可的标准。 只有正式获得执照或得到授权的人员才准许公开地提供投资服务,例如,市场中介机构或交易所运营者。对这些执照持有人和获得授权者,应要求他们起始和持续的资本达到其交易对手的需要,以确保不给客户造成损失。 要通过为市场参与者设立最低标准来监督市场中介机构,以保护投资人。中介机构应根据商业准则规定的标准以公正和平等的方式对待投资者。这就需要一套全面的关于检查、监督及相关项目的制度。 证券投资者尤其容易受到中介机构及其他机构行为不当的影响,而个人投资者所能采取行动的能力可能有限。此外,由于证券交易和欺诈行为的复杂特性,需要坚决地执行证券法。当出现违反法律的行为时,要严格执法来保护投资者。 投资者应有权与中立机构(如法院或其他解决争议机构)取得联系或对其遭受不当行为的损害要求补救和赔偿。 有效的监督和执法有赖于国内和国际层次的监管机构之间密切的合作。
二、确保公正、有效和透明的市场
有关交易所、交易系统运营者和交易规则的建立应征得监管机构的同意,这有助于确保市场的公止。 市场的公平与对投资者的保护,特别是与防止不正当交易紧紧联系在一起。市场的机制不应过分地向一些市场使用者倾斜。监管应包括对市场操纵及其他不公平交易的发觉、阻止和惩罚。 监管应确保投资者拥有平等的机会使用市场设施和了解市场及价格信息。监管还应促进市场运作以确保对客户定单公平处理和可靠的定价程序。 在一个有效的市场内,相关信息的传播应是及时的和广泛的,并可以反映在定价程序。监管应提高市场的效率。 透明度可以被定义为有关交易的信息(包括交易前和交易后的信息)在实时的基础上公之于众的程度。交易前的信息包括确定的买价和卖价,以便于投资者较为确定地了解他们是否能按此价格以及在什么价格下可以交易。交易后的信息应是关于所有实际完成的交易额和交易量。监管应确保最高的透明度。
三、减少系统风险
尽管我们不能期待监管机构防止市场中介机构出现倒闭,但监管应旨在减少倒闭的风险(包括通过资金和内部控制要求)。尽管财务倒闭会出现,监管应减少该倒闭所造成的影响。因此,市场中介机构应须有充足和持续的资金并满足其他审慎性的要求。必要的话,中介机构应做到逐渐停止业务,不让客户或交易对方有丝毫损失,或造成任何系统性破坏。 对一个积极的市场来说,存在投机套利是必要的。所以,监管应不必抑制合法投机套利的存在。反之,监管机构应促进和允许对风险的有效管理,确保有足够的资金和其他审慎要求以允许适度的投机套利,可以消化一些损失和阻止过度投机。因此,有必要建立一套有效和精确的清算、结算程序。这套程序应得到正确的监督,并运用有效的风险管理工具。

（续表）

对拖欠的处理必须有具有效力和法律上安全的安排。这超出了证券法的范围而涉及了一个国家（地区）内无偿债能力处理的规定。 在另一国家（地区）或跨几国（地区）区域内，可能会出现由于一些问题引起的不稳定性，所以监管机构对市场混乱的反应应是通过相互间的合作与信息分享寻求促进国内和国际市场的稳定。

证券监管的原则（三十项原则）
一、与监管机构有关的原则
1. 监管机构的责任应当明确、目的性强。 2. 监管机构在运作上应保持独立，对其职能和权力的行使负责。 3. 监管机构应具备足够的权力、适当的资源以及行使其职能和权力的能力。 4. 监管机构应当采取明晰和一贯的监管程序。 5. 监管机构的工作人员应当遵循最高的职业规范，包括适当的保密标准。
二、自律的原则
6. 根据市场的规模和发达程度，监管体制应当允许自律组织在其胜任的领域承担一些直接监管的责任。 7. 自律组织应受监管机构的监管，在行使监管职责及指定任务的时候应遵循公正、保密的原则。
三、证券监管执行的原则
8. 监管机构应当具有进行全面的检查、调查和监控的权力。 9. 监管机构应当有全面的执法权力。 10. 监管体系应当保证监管机构有效地使用检查、调查、监控和执法等权力，保证有效的稽核程序的实施。
四、监管合作的原则
11. 监管机构应具有同本国或外国对口机构共享公开和非公开信息的权利。 12. 监管机构之间应建立信息共享的机制，并规定它们在什么情况下，如何同本国（地区）和外国（地区）对口机构共享公开和非公开信息。 13. 外国监管机构为行使监管职责需要取证时，监管体系应允许本国（地区）监管机构向其提供协助。
五、发行人的原则
14. 发行人应全面、准确、及时地披露其对于投资者决策有重大影响的财务报告和其他信息。 15. 公司的证券持有人均应享有公平、平等的待遇。 16. 会计和审计标准应确保高质量并得到国际认可。
六、集体投资组合
17. 监管体制应建立向希望出售或管理集体投资组合的个人或机构发牌并实施监管的一套标准。

（续表）

18. 监管体制应制定关于集体投资组合的法定模式、构成以及分离和保护客户资产的法规。 19. 监管应依据要求发行人信息披露的相同原则要求投资组合进行披露，从而判断集体投资组合是否适于一个特定投资者并评估投资者在该组合中权益的价值。 20. 监管应确立集体投资组合资产评估、基金单位定价和赎回的一个适当和透明的依据。
七、市场中介机构
21. 监管应为市场中介机构制定最低的入场标准。 22. 对市场中介机构应有初始、持续资本及其他审慎要求。 23. 应要求市场中介机构遵循旨在保护客户利益的内部组织、运作行为的标准，据此运作的中介机构承担这些方面的基本责任。 24. 应有处理市场中介机构破产的程序，以便把对投资者造成的破坏和损失降至最低限度，并控制系统风险。
八、二级市场的原则
25. 交易系统(包括证券交易所)的建立应获得监管机构的批准与监管。 26. 应对交易所及交易系统进行持续监管，目的在于通过公平、公正的规则建立不同的市场参与者需求的适当平衡，确保交易的健全。 27. 监管应促进交易的透明度。 28. 监管应察觉、阻止操纵及其他不公平交易行为。 29. 监管应着眼于确保妥善控制大额风险、违规风险和市场崩溃。 30. 证券交易的清算、结算系统应接受监管机构的监管，该系统的设计应确保其公平、有效并减少系统风险。

（三）国家间的监管合作

中国证监会成立以后，一直十分重视与证监会国际组织成员之间的交流与合作，截止到 2006 年 8 月已同美国、英国、日本、德国、新加坡等 26 个国家(地区)的证券监管机构签署了 29 个监管合作谅解备忘录。备忘录所涉及的主要内容包括：签订备忘录要遵循的一般原则、法律实施的合作与磋商、信息的交流与资料的交换、技术援助的范围和方式等等。

第十四章

证券市场主体法律制度

第一节　证券交易所

一、证券交易所的概念及法律特征

证券交易所是依据国家有关法律设立的,为证券集中交易提供场所和设施,组织和监督证券交易,实行自律管理的法人。证券交易所既不直接买卖证券,也不决定证券价格,而只为买卖证券的当事人提供场所和各种必要的条件及服务。

证券交易所具有以下特征:

1. 证券交易所一般都是依法设立的法人组织。关于交易所的设立,国际上通行三种制度:一种是以美国为代表的注册制;另一种是以英国为代表的承认制;再一种是以日本为代表的特许制。[①]前两种制度的采用有其特殊的背景,因为英美证券市场是自然产生的,交易所成立在先,有关监管的立法在后。新兴市场国家一般均采用特许制。不论采取何种设立制度,一国的证券法总要对证券交易所的设立及运作作出明确的规定。根据我国《证券法》的规定,证券交易所的设立和解散,由国务院决定。由此可见,我国交易所的设立也是采取特许制。

2. 证券交易所是证券集中交易的场所。证券交易的场所一般分为场内市场和场外市场,证券交易所属于场内交易市场。从各国情况看,证券交易以场内交易为主,主要在证券交易所进行。证券交易所为证券交易提供必备的交易设施、通讯设备和服务等。目前,在我国证券交易所内进行的主要是集中竞价交易和大宗交易、协议转让等非集中竞价交易。

3. 证券交易所是证券交易的组织者和监督者。交易所不仅提供有形的交易场所、现代化设施,而且要组织、监督证券交易活动。组织证券交易,主要包括接受申报、撮合成交、发布证券交易行情、公布证券交易信息、制定证券交易规则等。监管证券交易,主要包括实时监控证券交易、监督证券发行人履行信息披露义务、处理异常交易等。证券交易所对证券交易实行组织和监督,从而维护证券市场交易秩序,保护

① 阎达伍、刘文华主编:《证券法与证券会计全书》,中国物价出版社 1995 年版,第 78 页。

投资者利益。

4. 证券交易所是自律管理的法人。自律管理，是指证券交易所出于维护证券交易市场秩序的需要，对证券市场上的证券发行人、市场交易主体以及其他市场参与人进行一线的监督管理，以维护证券市场的交易秩序，促进证券交易公平、有序地发展。证券交易所实行自律管理，弥补了政府监管的不足，有利于弥补市场失灵，维护市场秩序。但同时，证券交易所作为市场主体，也要接受政府监管部门的依法监管，其设立和解散、章程的制定和修改、总经理的任免、突发事件的处理以及制定规则等自律管理活动都要受到中国证监会的监管。证券交易所的这种自律监管者和被监管者的双重身份和职能，有利于其在证券市场上发挥承上启下的桥梁和纽带作用。

二、证券交易所的功能

证券交易所是交易市场的核心，在证券市场中历来占有极其重要的地位。早在20世纪20年代我国的培训交易所所员的讲义中就曾这样表述道："盖交易所者，为商业上一种保证信托之特殊机关，所以平准物价，调剂供求，指导投资者之方向，减少营业上之危险。"[①]现今，证券交易所的主要功能可概括为：创造持续、高效的证券交易市场，提供便利的交易条件，形成公平的市场价格环境，为筹集融通资金和经济发展服务等。[②]

1. 创造持续、高效的证券交易市场。由于这一市场的存在，买方可以随时运用现金选择购买证券，卖方可以随时将自己持有的证券抛出变现，保证证券流通的持续不断进行。同时，由于实行集中竞价，成交节奏快，交易效率高，买卖双方均可在自己意欲买卖时取得市场中的一个最好价格，从而大大降低交易成本。

2. 提供便利的交易条件。证券交易所有很好的交易设施和条件，如卫星通信系统、电子计算机等，这为投资者快捷便利地得到交易消息从而及时作出投资选择提供了可能。

3. 形成公平的市场价格和环境。证券交易所的交易价格不是人为制定的，而是根据市场供需情况通过多个买方和多个卖方，以集中竞价的方式产生的。这种价格及时向社会公告，便成为各种相关经济活动的重要依据。

4. 引导投资的合理流向。证券交易所的存在不仅能够吸引众多的投资者前来投资，而且可以引导大众资金的投向，从而促进社会资源的合理配置，有效地为经济建设服务。

5. 维护证券市场的健康有序发展。由于证券交易所的自律监管的职能，使其能够在一线实时监控证券市场情况，对证券交易行为进行规范，有利于证券市场健康稳

---

① 王恩良著：《交易所大全》，中国物资出版社1993年版，第1页。

② 成涛等主编：《证券法通论》，中国大百科全书出版社上海分社1994年版，第104页。

定发展。

三、证券交易所的设立和解散

设立证券交易所首先涉及组织形式的选择。就国际上现有交易所来看,主要有两种形式,一种是会员制,一种是公司制。

会员制的证券交易所不以营利为目的,其会员是各证券商。会员必须向证券交易所交纳会费。在会员制证券交易所中,只有会员才能进入证券交易所大厅参与交易活动。会员通常派出一名或若干名场内交易员代表证券商参加场内交易。目前,世界上较多国家采用这种形式。

公司制的证券交易所是以营利为目的的企业法人。它是由银行、证券公司、投资信托公司等各类商事组织共同出资建立起来的股份有限公司。投资者参与公司的决策,但不得委派自己的股东、职员或雇员直接担任证券交易所的高级职员,以确保交易所的公正性。目前,世界上有越来越多的国家和地区采用这种形式。

我国上海、深圳两个证券交易所都在其章程中规定其为"实行自律管理的会员制法人",因此,我国证券交易所目前的组织形式为会员制。证券交易所的积累归会员所有,其权益由会员共同享有,在其存续期间,不得将其积累分配给会员。但是新《证券法》删去了原有的"(证券交易所)不以营利为目的"的内容,这就使证券交易所今后采用会员制以外的其他组织形式成为可能,为证券交易所的发展和市场化预留了一定的空间。

设立证券交易所应当遵循必要的程序。根据有关规定①,设立证券交易所须由国务院证券监督管理机构审核,报国务院决定。申请设立证券交易所,应当向证券监督管理机构提交下列文件:(1)申请书;(2)章程和主要业务规则草案;(3)拟加入会员名单;(4)理事会候选人名单及简历;(5)场地、设备及资金情况说明;(6)拟任用管理人员的情况说明;(7)证券监督管理机构要求提交的其他文件。

证券交易所章程,应当包括下列事项:(1)设立目的;(2)名称;(3)主要办公及交易场所和设施所在地;(4)职能范围;(5)会员的资格和加入、退出程序;(6)会员的权利和义务;(7)对会员的纪律处分;(8)组织机构及其职权;(9)高级管理人员的产生、任免及其职责;(10)资本和财务事项;(11)解散的条件和程序;(12)其他需要在章程中规定的事项。

证券交易所存在条件发生改变,不符合国家法律规定的,或者遇有不可抗力的事件发生,致使交易所无法运转,或者会员大会通过决议解散的,可以予以解散。在我国,解散证券交易所,应经国务院证券监督管理机构审核后,报国务院决定。

---

① 1997年11月30日国务院批准,同年12月10日国务院证券委员会发布的《证券交易所管理办法》,因在《证券法》颁布前制定,部分内容需加以调整。

四、证券交易所的职责范围与法定义务

证券交易所的职责范围主要包括:(1)提供证券交易的场所和设施;(2)制定证券交易所的业务规则;(3)接受上市申请,安排证券上市;(4)组织、监督证券交易;(5)对会员进行监管;(6)对上市公司进行监管;(7)管理和公布市场信息;(8)依照规定办理股票、公司债券的暂停上市、恢复上市或者终止上市的事务;(9)在突发性事件发生时采取技术性停牌措施或者决定临时停布;(10)对上市公司及相关信息披露义务人披露信息进行监督;(11)根据需要可以对出现重大异常交易情况的证券账户限制交易,并报国务院证券监督管理机构备案;(12)证券监督管理机构赋予的其他职能。

证券交易所在执行上述业务时还须履行以下义务:(1)对交易所进行的证券交易实行实时监控,并按照国务院证券监督管理机构的要求,对异常的交易情况提出报告;(2)从收取的交易费用和会员费、席位费中提取一定比例的资金设立风险基金;(3)收存的风险基金应存入开户银行专门账户,不得擅自使用;(4)按照依法制定的交易规则进行的交易,不得改变交易结果。对交易中违规交易者应负的民事责任不得免除;在违规交易中所获利益,依照有关规定处理;对违反交易所有关交易规则的人员,应给予纪律处分,情节严重的,撤销其资格,禁止其入场进行证券交易。

五、证券交易所的组织机构

会员制的证券交易所,其组织机构通常包括会员大会、理事会、总经理以及专门委员会。

会员大会为证券交易所的最高权力机构,其职权主要包括:(1)制定和修改证券交易所章程;(2)选举和罢免会员理事;(3)审议和通过理事会、总经理的工作报告;(4)审议和通过证券交易所的财务预算、决算报告;(5)决定证券交易所的其他重大事项。

理事会是证券交易所的执行机构,其职责是:(1)执行会员大会的决议;(2)制定、修改证券交易所的业务规则;(3)审定总经理提出的工作计划;(4)审定总经理提出的财务预算、决算方案;(5)审定对会员的接纳;(6)审定对会员的处分;(7)会员大会授予的其他职责。

总经理是理事会的辅助机构,负责交易所的日常管理工作,通常由理事会聘任。根据我国《证券法》的规定,证券交易所的总经理由国务院证券监督管理机构任免。

专门委员会根据需要设置,在证券交易所章程中明确规定。从国际上来看,证券交易所一般设有监察委员会、上市委员会、预算委员会、工资委员会、规则委员会等等。

对证券交易所的负责人和其他从业人员的任职资格,法律上有严格的要求。《证券法》规定:(1)除了《公司法》第 147 条规定的情形外,因违法行为或者违纪行为被解

除职务的证券交易所、证券登记结算机构的负责人或者证券公司的董事、监事、高级管理人员,自被解除职务之日起未逾五年的,不得担任证券交易所的负责人;因违法行为或违纪行为被撤销资格的律师、注册会计师或者投资咨询机构、财务顾问机构、资信评级机构、资产评估机构、验证机构的专业人员,自被撤销资格之日起未逾五年的,也不得担任证券交易所的负责人。(2)因违法行为或者违纪行为被开除的证券交易所、证券登记结算机构、证券服务机构、证券公司的从业人员和被开除的国家机关工作人员,不得招聘为证券交易所的从业人员。

第二节　证券公司

一、证券公司的概念及法律地位

证券公司是指依照公司法规定,经证券监督管理机构批准设立的从事证券经营业务的有限责任公司或者股份有限公司。

证券公司在部分国家仅是证券商的一种。所谓证券商,是指依法设立的以证券承销、证券自营、证券经纪为其核心业务的商事主体,它既包括公司,也包括合伙和个人。日本、韩国以及东南亚一些国家的证券商均为公司。在西欧一些国家如比利时、丹麦允许采用独资(个人)或合伙形式。英国、爱尔兰的证券商不得为个人,但可以是合伙。[①]根据我国《证券法》的规定,个人与合伙组织不能经营证券业务。

证券公司在我国的独立法律地位是逐步得到确立的。1987 年,经中国人民银行批准,我国第一家证券公司——深圳证券公司在深圳市成立。1988 年 4 月,经国务院批准,国库券转让开始在部分城市进行试点。中国人民银行同时批准成立了 33 家证券公司。各试点城市还批准了部分信托投资公司、综合性银行设立证券交易柜台,办理转让业务。另外,根据需要中国人民银行还设立了一些证券交易代办点,接受证券公司、信托投资公司和综合性银行的委托,代办证券交易业务。1990 年 10 月 12 日中国人民银行颁布实施《证券公司管理暂行办法》,同年 11 月 27 日颁发《证券交易营业部管理暂行办法》,10 月 19 日颁发《关于设立证券交易代办点有关问题的通知》。此后,证券业务要否与信托业务、银行业务分开经营,证券经营机构要否归口证券监管机构统一管理,一直成为人们关注的焦点。证券法的颁布与实施为证券公司的独立经营奠定了牢固的法律基础。

进入 21 世纪,我国证券公司曾发展到一百余家。但由于证券市场一度失却控制,这些证券公司本身的治理也存在严重问题,出现了大量亏损情况。其中相当一部分破产,一些勉强生存下来的公司也需要通过注资或重组,才能恢复正常经营。这一

① 顾功耘主编:《金融市场运行与法律监管》,世界图书出版公司 1999 年版,第 196—197 页。

教训是需要牢牢记取的。

二、证券公司的种类和业务范围

美国纽约证券交易所会员证券商最具代表性。其主要分六种:(1)佣金经纪商,是接受公众投资者委托,在证券交易所代为买卖有价证券,成交后依规定收取佣金的证券商;(2)专业会员,是兼有经纪商与自营商双重职能的证券商;(3)零数自营商,其交易对象为佣金经纪商,当佣金经纪商接到客户不足一个成交单位的委托时,即向零数自营商进行交易;(4)交易厅经纪商,交易对象为佣金经纪商,佣金经纪商接受公众客户委托后,由交易厅经纪商代替其进行交易,从中收取佣金,实为经纪商之经纪商;(5)注册交易商,是以个人身份获得交易所会员席位,在交易厅自由活动,觅取交易机会,谋求利润的证券商;(6)债券经纪商,是在债券交易室从事债券交易的证券商。此外还有执行其他业务的证券商。①

我国证券公司目前可以从事的证券业务有:(1)证券经纪;(2)证券投资咨询;(3)与证券交易、证券投资活动有关的财务顾问;(4)证券承销与保荐;(5)证券自营;(6)证券资产管理;(7)其他证券业务。经国务院证券监督管理机构批准,证券公司可以经营上述部分或者全部业务。

另外,根据我国《证券法》规定:经国务院证券监督管理机构的批准,证券公司可以提供融资融券服务。融资融券交易,又称保证金交易或者信用交易,是指客户按照法律规定,在买卖证券时只向证券公司支付一定数额的保证金或交付部分证券,由证券公司为其垫付不足的价款或证券的一种交易方式。由于融资融券交易存在较大风险,证券公司要从事融资融券活动,必须经国务院证券监督管理机构批准。

证券公司所从事的上述业务在证券市场上起着联系证券投资者和证券筹资者的桥梁与纽带作用,是沟通证券买卖交易双方的中间环节。因此,证券公司一般可被称为证券市场的中介机构。

三、证券公司的设立条件和程序

设立证券公司,应当具备下列条件:(1)有符合法律、行政法规规定的公司章程;(2)主要股东具有持续盈利能力,信誉良好,最近三年无重大违法违规记录,净资产不低于人民币二亿元;(3)有符合法律规定的注册资本;(4)董事、监事、高级管理人员具备任职资格,从业人员具有证券从业资格;(5)有完善的风险管理与内部控制制度;(6)有合格的经营场所和业务设施;(7)法律、行政法规规定的和经国务院批准的国务院证券监督管理机构规定的其他条件。

证券公司经营证券经纪、证券投资咨询以及与证券交易、证券投资活动有关的财

---

① 杨志华著:《证券法律制度研究》,中国政法大学出版社 1995 年版,第 147—150 页。

务顾问这三项业务中的一项或者多项的,注册资本不得低于人民币五千万元。经营证券承销与保荐、证券自营、证券资产管理、其他证券业务之一的,注册资本不得低于人民币一亿元;经营其中两项以上的,注册资本不得低于人民币五亿元。不论是经营何种证券业务的证券公司,其注册资本都应当是实缴资本。国务院证券监督管理机构根据审慎监管原则和各项业务的风险程度,可以调整注册资本最低限额,但不得少于上述规定的限额。

证券公司必须在其名称中标明证券有限责任公司或者证券股份有限公司字样。经纪类证券公司必须在其名称中标明经纪字样。

证券公司的设立在我国采取特许制。公司发起人应向国务院证券监督管理机构提出申请,国务院证券监督管理机构应当自受理证券公司设立申请之日起六个月内,依照法定条件和法定程序并根据审慎监管原则进行审查,作出批准或者不予批准的决定,并通知申请人;不予批准的,应当说明理由。证券公司设立申请获得批准的,申请人应当在规定的期限内向公司登记机关申请设立登记,领取营业执照。证券公司应当自领取营业执照之日起十五日内,向国务院证券监督管理机构申请经营证券业务许可证。未取得经营证券业务许可证,证券公司不得经营证券业务。

证券公司设立、收购或者撤销分支机构,变更业务范围或者注册资本,变更持有百分之五以上股权的股东、实际控制人,变更公司章程中的重要条款,合并、分立、变更公司形式、停业、解散、破产,必须经国务院证券监督管理机构批准。

证券公司在境外设立、收购或者参股证券经营机构,必须经国务院证券监督管理机构批准。

四、证券公司的业务管理

(一) 证券公司的负债管理

鉴于我国证券公司运营资本不足以及负债率高等实际情况,《证券法》对证券公司的负债作出了严格的限制:(1)国务院证券监督管理机构应当对证券公司的净资本,净资本与负债的比例,净资本与净资产的比例,净资本与自营、承销、资产管理等业务规模的比例,负债与净资产的比例,以及流动资产与流动负债的比例等风险控制指标作出规定;(2)证券公司不得为其股东或者股东的关联人提供融资或者担保。这对证券公司提高经营能力,降低经营风险是很有必要的。

(二) 证券公司的风险管理

证券市场充满着风险,为防止市场交易风险形成对证券公司的冲击,需要公司自身筑起一道防线。

1. 风险准备金制度。证券公司应从每年的税后利润中提取交易风险准备金,用于弥补证券交易的损失。提取风险准备金后仍要依公司法提取法定公积金。其风险准备金只能用于弥补证券交易损失,不能挪作他用,并应执行国务院证券监督管理机

第二节 外国公司分支机构的设立

外国公司分支机构的设立,是指外国公司为在我国境内取得分支机构的经营资格而依照我国法律所实施的一系列法律行为。

一、外国公司分支机构的设立条件

各国或各地区法律对拟在其境内设立分支机构的外国公司都规定了一定的设立条件,我国也一样。按我国《公司法》的规定,外国公司在中国境内设立分支机构应具备下列条件:(1)设立者本身必须是在所属国获得合法登记的公司,并能提交其所属国的公司登记证书;(2)设立意向要经过中国政府的批准;(3)拟设立的外国公司分支机构的名称应表明其所属公司的国籍及责任形式;(4)拟设立的外国公司分支机构,应具备与其经营活动相适应的资金,我国法律对外国公司分支机构的经营资金有最低限额要求的,经营资金不得低于法定最低限额;(5)有公司章程,并应将该外国公司章程置备于分支机构所在地内;(6)有外国公司在中国境内指定的负责该分支机构的代表人或者代理人;(7)法律或行政法规规定的其他条件。

上述条件必须同时具备,否则,外国公司将无法在中国境内设立起分支机构。

二、外国公司分支机构的设立程序

我国《公司法》第193条规定:"外国公司在中国境内设立分支机构,必须向中国主管机关提出申请,并提交其公司章程、所属国的公司登记证书等有关文件,经批准后,向公司登记机关依法办理登记,领取营业执照。"由此可知,外国公司拟在中国境内设立分支机构的,应遵循下列程序。

(一) 外国公司向中国政府主管机关提出设立申请

外国公司拟在中国境内设立分支机构的,必须向中国政府主管机关提出设立申请,在获得中国政府主管机关的批准后,才能实施进一步的设立行为。至于外国公司应向中国政府的哪个机构提出申请,则取决于其拟设的分支机构的经营范围。例如,设立金融机构的,由中国人民银行审批;设立贸易机构的,则由商务部审批。

外国公司设立分支机构的申请,应以书面的形式提出。申请书应载明的内容包括:(1)申请人的基本情况,如该外国公司的名称、住所、种类、国籍,公司的经营范围、资本总额、法定代表人等等。(2)拟设立的分支机构的基本情况,如分支机构的名称、住所、经营范围、资金数额、负责人等。此外,根据我国的法律规定,申请人还必须向主管机关提交该外国公司的公司章程和所属国的公司登记证书等文件。

（二）中国政府主管机关的审批

我国法律对外国公司分支机构的设立采取的是核准主义设立原则。因此，外国公司分支机构在申请登记前必须获得政府主管机关的批准，否则，登记主管机关将不予受理分支机构的设立登记申请。行使审批职能的中国政府主管机关，对符合法定条件的设立申请会予以批准，并发给批准证书；对不符合法定条件的设立申请，将不予批准。

（三）外国公司分支机构的设立登记

经中国政府有关主管机关批准后，外国公司应持批准证书及有关文件到我国工商行政管理部门申请设立登记。经核准登记并核发营业执照后，外国公司分支机构即告成立，并得以在中国境内开展经营活动。

第三节　外国公司分支机构的撤销与清算

一、外国公司分支机构的撤销

外国公司分支机构的撤销，是指已经合法成立的外国公司分支机构因法定事由的出现而归于消灭的情形。导致外国公司分支机构被撤销的具体事由是各种各样的，但归纳起来不外乎有以下两大类原因。

（一）分支机构所属的外国公司本身的原因

因分支机构所属的外国公司本身的原因而导致的撤销，又有两种情况：一是该外国公司出于调整经营策略或调整内部机构的需要而主动撤销其在中国的分支机构的；二是因该外国公司本身解散而导致的其分支机构的撤销。由于分支机构没有独立的人格，它是依赖于外国公司的存在而存在的，如果它所依赖的主体被依法解散时，该分支机构当然也要被撤销。

（二）其他法定事由的出现

可能导致外国公司分支机构被撤销的其他法定事由有：

1. 外国公司分支机构因违法经营而被撤销。外国公司分支机构在我国境内开展经营活动必须遵守我国的法律法规，若违反我国法律法规，且情节严重的，我国有关行政主管部门可责令其停止经营，并由公司登记机关吊销其营业执照。

2. 外国公司分支机构因无故歇业而被撤销。根据我国法律规定，外国公司分支机构成立后，无正当理由超过六个月未开业，或者开业后自行停业连续六个月以上的，视为歇业，可以由公司登记机关吊销其营业执照。

二、外国公司分支机构的清算

外国公司分支机构的清算，是指外国公司分支机构被撤销后，为了终结其现存的各种法律关系、了结分支机构的债权债务而进行的清理行为。我国《公司法》第198条规定："外国公司撤销其在中国境内的分支机构时，必须依法清偿债务，依照本法有关公司清算程序的规定进行清算。未清偿债务之前，不得将其分支机构的财产移至中国境外。"由此可知，《公司法》上有关我国公司清算程序的规定同样适用外国公司分支机构的清算。外国公司分支机构的清算程序如下：

1. 在解散后的法定期限内成立清算组。

2. 通知、公告债权人申报债权。清算组应当自成立之日起十日内通知债权人，并于六十日内在报纸上公告。债权人应当自接到通知书之日起三十内，未接到通知书的自公告之日起四十五日内，向清算组申报其债权。

3. 清算组在清理公司财产、编制资产负债表和财产清单后，制定清算方案。

4. 依法定顺序清偿分支机构的债务。

5. 清算结束后，外国公司分支机构应制作清算报告报有关主管机关确认，并向原登记机关申请注销登记、缴销营业执照，正式注销登记后，公告分支机构的终止。

构有关提取比例的规定。

2. 风险隔离制度。证券公司应当建立健全内部控制制度,采取有效隔离措施,防范公司与客户之间、不同客户之间的利益冲突。证券公司必须将其证券经纪业务、证券承销业务、证券自营业务和证券资产管理业务分开办理,不得混合操作。

(三) 证券公司的账户管理

加强账户管理的宗旨是保护客户的利益,促进证券公司规范经营。证券公司客户的交易结算资金应当存放在商业银行,以每个客户的名义单独立户管理。证券公司不得将客户的交易结算资金和证券归入其自有财产,禁止任何单位或者个人以任何形式挪用客户的交易结算资金和证券。证券公司破产或者清算时,客户的交易结算资金和证券不属于其破产财产或者清算财产。非因客户本身的债务或者法律规定的其他情形,不得查封、冻结、扣划或者强制执行客户的交易结算资金和证券。

(四) 证券公司禁止的业务行为

在开展业务活动中,证券公司除了加强上述业务管理外,还应注意:(1)不得接受全权委托买卖证券。证券公司办理经纪业务,不得接受客户的全权委托而决定证券买卖、选择证券种类、决定买卖数量或者买卖价格。(2)不得以任何方式对客户证券买卖的收益或者赔偿证券买卖的损失作出承诺。投资风险应由投资者自己承担。证券公司作出承诺不仅增大了自身的经营风险,而且破坏了公平竞争的秩序。(3)不得私下接受委托。证券公司及其从业人员不得未经过其依法设立的营业场所私下接受客户委托买卖证券。这是为了保证证券交易的公开性,确保监管机构的有效监管。

证券公司的从业人员在证券交易活动中,执行其所属的证券公司的指令或者利用职务违反交易规则的,由所属的证券公司承担全部责任。

五、对证券公司违规操作的监管措施

(一) 对证券公司违规行为的监管措施

1. 证券公司的从业人员在证券交易活动中,执行所属的证券公司的指令或者利用职务违反交易规则的,由所属的证券公司承担全部责任。

2. 证券公司的净资本或者其他风险控制指标不符合规定的,国务院证券监督管理机构应当责令其限期改正;逾期未改正,或者其行为严重危及该证券公司的稳健运行、损害客户合法权益的,国务院证券监督管理机构可以区别情形,对其采取限制其业务、限制分配红利,责令调整董事、监事以及高级管理人员,责令控股股东转让股权、撤销业务许可等行政监管措施。

3. 证券公司违法经营或者出现重大风险,严重危害证券市场秩序、损害投资者利益的,国务院证券监督管理机构可以对该证券公司采取责令停业整顿,指定其他机

构托管、接管或者撤销等监管措施。

（二）对证券公司股东违规行为的监管措施

证券公司的股东有虚假出资、抽逃出资行为的，国务院证券监督管理机构应当责令其限期改正，并可责令其转让所持证券公司的股权。在该股东按照要求改正违法行为、转让所持证券公司的股权前，国务院证券监督管理机构可以限制其股东权利。这样的规定是为了防止证券公司股东的虚假出资和抽逃资金的行为，从而降低证券市场风险，保护广大投资者的利益。

（三）对证券公司董事、监事、高管人员违规行为采取的措施

1. 证券公司的董事、监事、高级管理人员未能勤勉尽责，致使证券公司存在重大违法违规行为或者重大风险的，国务院证券监督管理机构可以撤销其任职资格，并责令公司予以更换。

2. 在证券公司被责令停业整顿，被依法指定托管、接管或者清算期间，或者出现重大风险时，经国务院证券监督管理机构批准，可以对该证券公司直接负责的董事、监事、高级管理人员和其他直接责任人员采取通知出境管理机关依法阻止其出境，申请司法机关禁止其转移、转让或者以其他方式处分财产，或者在财产上设定其他权利等措施。

对证券公司违规操作的这些监管措施补充了日常监管和风险处置的手段，强化了监管部分的权力，能够有效处理证券业的违法行为，完善对证券公司的监管，对证券公司董事、监事、高级管理人员的管理，为及时防范和处置风险提供了制度保障。

第三节　证券登记结算机构

一、证券登记结算机构的概念及职能

证券登记结算机构是指为证券交易提供集中的登记、存管与结算服务的不以营利为目的的法人。所谓“不以营利为目的”，是指不为设立人赚取利润，而并非指开展自己的业务活动时不收取有关的费用。从证券登记结算机构所从事的服务以及所选择的组织形式来看，似应归为企业法人一类。但是，证券登记结算机构是经国务院证券监督管理机构特许设立的，它又不以营利为目的，因此应作为特殊法人对待。

我国在建立证券交易所初期，上海证券交易所和深圳证券交易所都有各自成体系的结算系统，负责各自的登记结算工作。我国《证券法》规定：证券登记结算采取全

国集中统一的运营方式。根据《证券法》的规定，我国的登记结算机构很快进行了改革，成立了中央登记结算公司。这对于提高结算效率、加强监管、降低风险，维护正常交易秩序具有很重要的意义。

证券登记结算机构一般具有登记、存管和结算三项职能。所谓登记职能，是指证券登记结算机构具有记录并确定当事人证券账户、证券持有情况及相关权益的职责与功能；所谓存管职能，是指证券登记结算机构代为保管证券持有人的证券的职责与功能；所谓结算职能，是指证券登记结算机构具有协助证券交易的双方相互交付证券与价款的职责与功能。

我国证券登记结算机构履行的职能包括：(1)证券账户、结算账户的设立；(2)证券的存管和过户；(3)证券持有人名册登记；(4)证券交易所上市证券交易的清算和交收；(5)受发行人的委托派发证券权益；(6)办理与上述业务有关的查询；(7)国务院证券监督管理机构批准的其他业务。

二、证券登记结算机构的设立条件和程序

设立证券登记结算机构，应当具备下列条件：(1)自有资金 不少于人民币二亿元；(2)具有证券登记、存管和结算服务所必需的场所和设施；(3)主要管理人员和业务人员必须具有证券从业资格；(4)证券监督管理机构规定的其他条件。

证券登记结算机构的名称中应当标明证券登记结算字样。

设立证券登记结算机构的程序主要包括：(1)设立人向国务院证券监督管理机构提出申请。提出申请时，应提交设立申请书、证券登记结算机构的章程草案等文件；(2)国务院证券监督管理机构审查批准；(3)持国务院证券监督管理机构的批准文件及经批准的章程向国家工商行政管理机构申请设立登记；(4)经核准登记，证券登记结算机构投入运营。

证券登记结算机构申请解散，应当经国务院证券监督管理机构批准。

三、证券登记结算机构的风险防范及业务管理

证券结算是证券市场的高风险活动，这种风险来自于信用风险，来自于技术故障、操作失误以及不可抗力等因素。一方面，证券登记结算机构应当采取有力措施保证业务的正常进行，如设置必要的服务设备和完善的数据安全保护措施，建立健全的业务、财务和安全防范等管理制度，建立完善的风险管理系统等；另一方面，证券登记结算机构应当设立证券结算风险基金。

证券结算风险基金是指证券登记结算机构依法设立的用于补偿证券登记结算机构损失的一种基金。风险基金的资金来源有两个：一是从证券登记结算机构的业务收入和收益中提取；二是由证券公司按证券交易业务量的一定比例缴纳。第二个来源是否利用，由证券登记结算机构自主决定，法律上未作强制规定。

对结算风险基金应当严格管理:(1)基金应当依法筹集,提取的比例以及征缴的办法必须依章办理;(2)基金应当存入指定银行的专门账户,确保基金安全;(3)基金必须专款专用;(4)向责任人追偿。如果风险损失是人为的因素造成,证券登记结算机构运用基金赔偿后,应当向有关责任人提出追偿。

证券登记结算机构的业务是多方面的,但其核心的内容是为证券客户提供全面而周到的服务。在业务管理过程中,还要严格遵守以下几项规则:(1)不得将客户的证券用于质押或者出借给他人;(2)不得伪造、篡改、毁坏证券持有人名册和登记过户记录,确保名册、记录真实、准确和完整;(3)妥善保管登记、存管和结算的原始凭证。重要的原始凭证的保存期不应少于二十年。

证券登记结算机构为证券交易提供净额结算服务时,应当要求结算参与人按照货银对付的原则,足额交付证券和资金,并提供交收担保。在交收完成之前,任何人不得动用用于交收的证券、资金和担保物。结算参与人未按时履行交收义务的,证券登记结算机构有权按照业务规则处理上述财产。"货银对付"通俗地说,就是"一手交钱,一手交货"。在该机制下,如果结算参与人发生资金或证券交收违约,证券登记结算机构可以暂不向违约参与人交付其买入的证券或应收的资金,从而保障结算机构在结算参与人违约时不会发生本金的损失。"货银对付"和"交收担保"的原则能够有效地防范和化解证券登记结算系统的交收风险,极大地改善了证券登记结算系统的法律环境。

证券登记结算机构按照业务规则收取的各类结算资金和证券,必须存放于专门的清算交收账户,不得与证券登记结算机构的自有资金混合存放;并且只能按业务规则用于已成交的证券交易的清算交收,不得被强制执行,即证券交易结算履约优先。这样就大大提高了证券登记结算机构维护正常交收秩序的权威性,保证了业务规则的严肃性,为证券登记结算系统安全运营、切实保护投资者的利益提供了法律保障。

第四节　证券服务机构

一、证券服务机构概述

证券服务机构是指专门从事证券投资咨询业务、证券资信评级业务、证券发行与交易的会计、审计及法律业务的机构,主要包括投资咨询机构、财务顾问机构、资信评级机构、会计师事务所、律师事务所、资产评估机构等。证券服务机构在整个证券市场中的作用是不可低估的。在证券的发行市场上,它们能为投资者提供准确的投资信息,帮助投资者作出正确的投资决策,使证券的发行工作得以顺利进行;在证券的交易市场中,它们能够协助上市公司及时而准确地披露经营、财务和资产状况,为政府的监督管理提供依据,从而使投资者的权益得到切实的维护。

二、证券投资咨询机构

(一) 证券投资咨询机构的概念及从业资格

证券投资咨询机构,也称“证券投资顾问机构”,是指依法成立的,为证券投资人或者客户提供证券投资分析、预测或者建议,以营利为目的的经济组织。

证券投资咨询机构提供咨询服务的主要形式包括:(1)直接接受投资人或者客户委托;(2)举办讲座、报告会、分析会等;(3)在报刊上发表文章、评论、报告,以及通过电台、电视台等公众传播媒体发表谈话、文章等;(4)通过电话、传真、电脑网络等电信设备系统提供服务等。从事证券投资咨询业务,应当取得中国证监会的业务许可。未经中国证监会许可,任何机构和个人均不得从事各种形式的证券投资咨询业务。

投资咨询机构及其从业人员从事证券服务业务不得有下列行为:(1)代理委托人从事证券投资;(2)与委托人约定分享证券投资收益或者分担证券投资损失;(3)买卖本咨询机构提供服务的上市公司股票;(4)利用传播媒介或者通过其他方式提供、传播虚假或者误导投资者的信息;(5)法律、行政法规禁止的其他行为。有上述行为之一,给投资者造成损失的,依法承担赔偿责任。

在我国,申请证券投资咨询从业资格的机构,应当具备以下条件:(1)有五名以上取得证券投资咨询从业资格的专职人员,其高级管理人员中,至少有一名取得证券投资咨询从业资格;(2)有一百万元人民币以上的注册资本;(3)有固定的业务场所和与业务相适应的通讯及其他信息传递设施;(4)有公司章程;(5)有健全的内部管理制度;(6)具备中国证监会要求的其他条件。

证券投资咨询机构有专营和兼营之分。从事证券经营和其他咨询业务的机构,符合上述规定条件的,可以申请兼营证券投资咨询业务。

(二) 证券投资咨询人员

从事证券投资咨询业务的人员,必须取得证券投资咨询从业资格并加入一家有从业资格的证券咨询机构后,方可从事证券投资咨询业务。证券投资咨询人员申请取得证券投资咨询从业资格,必须具备一定的条件。这些条件主要包括:(1)具有中国国籍;(2)品行良好、正直诚实,具有良好的职业道德;(3)具有大学本科以上学历;(4)具有从事证券业务两年以上的经历;(5)通过中国证监会统一组织的证券从业人员资格考试等。取得证券投资咨询从业资格的人员申请执业的,由所参加的证券投资咨询机构向中国证监会提出申请,经中国证监会审批后,颁发执业证书。

(三) 证券投资咨询业务管理

证券投资咨询机构应当要求所属咨询人员,严格遵守国家的法律法规,认真履行证券投资咨询的职责。

证券投资咨询机构及其投资咨询人员，应当以行业公认的谨慎、诚实和勤勉尽责的态度，为投资人或者客户提供证券、期货投资咨询服务，不得断章取义地引用或者篡改有关信息、资格；不得以虚假信息、市场传言或者内幕信息为依据向投资人或者客户提供投资分析、预测或建议；不得代理投资人从事证券买卖；不得向投资人承诺证券投资收益；不得与投资人约定分享投资收益或者分担投资损失；不得为自己买卖股票及具有股票性质、功能的证券；不得利用咨询服务与他人合谋操纵市场或者进行内幕交易等。证券投资咨询机构及其投资咨询人员违反规定的，由中国证监会及其派出机构立案调查，依法作出行政处罚；构成犯罪的，依法追究刑事责任。

三、证券资信评估机构

证券资信评估机构是依法设立的对证券质量进行评价从而确定证券投资价值的以营利为目的的经济组织。资信评估机构是一个承担特殊责任的社会性咨询服务机构，它不经营证券的发行与买卖，仅向证券投资者和证券市场提供某一证券的信用等级评定结果。按国际上通行的做法，资信评估机构对证券信用等级进行评定一般采取三等九级制，最高为AAA级，最低为C级。

证券资信评估机构具有中立性和非单一性的特征。[①]所谓"中立性"，是指评估机构应尽最大努力使自己在人员或资金方面不和与自己存在着利害关系的各方当事人以及政府主管部门发生任何关系。如果评估机构过分倾向于投资者一方而对证券评级要求得过严，则不利于证券的顺利发行，筹资者很难筹集到资金；如果评估机构过分倾向于政府主管部门以及客户一方而对评级要求得过宽，则可能导致"垃圾证券"泛滥，最终将导致投资者对市场失去信心。所谓"非单一性"，是指在证券市场上应设立多家资信评估机构。评估机构的单一，容易导致对证券评级的偏差，而使投资者以及客户失去选择的余地。

国外的证券评级制度源于美国，目前资信评估业以美国最为发达。20世纪初，美国就先后成立了多家评估机构。《投资顾问法》(1940年)颁布以后，美国两家主要的证券评级公司穆迪公司和标准普尔公司分别按照该法第203条规定作为投资咨询公司进行了注册登记。这两家公司已在世界范围内开展评估活动，建立了良好的市场信誉，积累了丰富的评估经验。

从我国的实践看，证券资信评估刚刚起步，评级制度不健全，评级市场的需求不足，人们对评级的认识不高，评估公司之间利用非市场因素竞争，有影响力的资信评估公司还未形成。随着市场化程度的提高和市场竞争的加剧，证券资信评估业也将会得到长足的发展。

---

① 顾功耘等主编：《中国证券法学》，中国政法大学出版社1993年版，第93页。

对证券资信评估机构的管理,原则上与证券投资咨询机构相同,但还应当明确:(1)财政部会同中国证监会对申请机构的资格进行确认;(2)境外的资信评估机构为境内企业提供评级服务,需先向财政部提出申请,提交该评估机构主要情况的资料,由财政部进行审核,同意后会同证监会确认;(3)获得业务许可的资信评估机构每个会计年度结束后须经年检,重新确认其证券业评估资格;(4)在股票公开发行、交易中,资信评估机构不得与审计机构合二为一;(5)证券资信评估机构如有严重误导、重大疏漏、弄虚作假等违法违规行为,必须承担法律责任。

四、其他证券交易服务机构

在证券市场中,除上述证券投资咨询机构、证券资信评估机构提供咨询服务外,还有会计师事务所、律师事务所提供审计、咨询评估和法律等服务。

(一)会计师事务所

会计师事务所是注册会计师执行业务的工作机构。会计师在证券市场中的作用主要是通过审查发行人或上市公司的财务资料并以此为基础作出鉴定结论,从而增强发行人或上市公司的公信力,为投资者提供相应的数据资料,维护市场正常的秩序。

会计师事务所及其注册会计师要从事证券业务,必须根据规定的条件,向财政部和中国证监会提出申请,分别取得证券业务许可证。

从事证券业务的会计师事务所及其注册会计师的主要职责有:(1)向上市公司、投资人及有关中介机构提供有关会计事务的管理咨询;(2)办理资产评估业务,并对新建或改组的股份有限公司的资产评估结果进行检查验证工作;(3)股份有限公司投入资本的验资工作;(4)对股份有限公司的会计科目、会计报表和其他财务资料做常年会计查账验证工作;(5)对发行股票的公司的招股说明书进行审核并签证;(6)协助办理股份有限公司股票上市的有关财务会计业务;(7)协助办理股权转让的有关财务会计工作;(8)接受股份有限公司、有关管理机构和投资人的委托,对公司会计报告、营业报告、利润分配方案和其他财务资料的复审;(9)协助股份有限公司及有关当事人办理公司收购与兼并的有关事项;(10)协助办理股份有限公司的终止与清算事项等等。

注册会计师本着独立审计的要求,对证券发行人的会计报表发表审计意见,提出书面审计报告。注册会计师需针对不同的审计结果,出具以下四种审计报告:(1)无保留意见的审计报告。这意味着会计师对证券发行人的会计报表的全面肯定。(2)保留意见的审计报告。这意味着会计师对证券发行人的会计报表的基本肯定,但又存在个别财务会计事项的处理或个别重要报表不符合有关会计法规规定的情况。(3)否定意见的审计报告。即认为证券发行人的会计报表不符合合法、公允原则,不能一贯地反映其财务状况、经营状况等。(4)无法表示审计意见的审计报告。由于审计受到委托人、被审计单位或客观情况的限制，不能取得有关数据，无法发表意见。

（二）律师事务所

律师事务所是注册律师执行业务的工作机构。律师在证券市场中主要是通过提供法律咨询、起草必备的文件、出具法律意见书等体现自身的作用。律师的参与有利于促进和推动证券市场的法制化。

律师事务所及其律师从事证券业务必须符合有关规定。

律师证券业务主要包括在股票发行、上市中的法律事务，上市公司在配股中的法律事务，上市公司的组建、改造、购并及经营中的法律业务。

根据法律法规的规定，从事证券业务的律师可以受聘担任发行人的法律顾问，就其发行股票提供律师工作报告出具法律意见书；可以就有关证券法律业务提供咨询，制作、审查、修改有关证券上市及上市公司信息披露的文件；参与起草、审查或签订证券承销、收购、合并等协议。律师在上市公司配股业务中的主要职责是出具配股法律意见书。律师工作报告是律师事务所向证监会出具的说明发行人情况的法律文件；法律意见书是律师签发的由所在律师事务所加以确认的对发行人能否发行股票或能否配股进行审查作出的结论性意见。律师工作报告和法律意见书的内容和格式应当符合中国证监会《公开发行股票发行披露的内容与格式准则》提出的要求。

（三）法律责任

证券服务机构为证券的发行、上市、交易等证券业务活动制作、出具审计报告、资产评估报告、财务顾问报告、资信评级报告或者法律意见书等文件，应当勤勉尽责，对所依据的文件资料内容的真实性、准确性、完整性进行核查和验证。其制作、出具的文件有虚假记载、误导性陈述或者重大遗漏，给他人造成损失的，应当与发行人、上市公司承担连带赔偿责任，但是能够证明自己没有过错的除外。

第五节　证券业协会

一、证券业协会的性质和职责

证券业协会，也称“证券业同业公会”，是依法设立的旨在对证券业进行自律性管理的具有法人资格的社会团体组织。

作为社会团体法人，证券业协会是由证券公司和其他证券经营、服务机构及其人员自愿组织成立的。它有自己的独立财产或基金，有成员共同制定的团体章程，其活动不以营利为目的。所谓自律,是指该组织由协会会员实行自我管理、自我约束。

证券业协会分为全国性证券业协会和地方性证券业协会两种。中国证券业协会作为全国证券行业的自律性管理组织,已于1991年8月28日正式宣告成立。地方性证券业协会有的已成立,有的正准备成立。

证券业协会的职责主要包括:(1)教育和组织会员遵守证券法律、行政法规;(2)依法维护会员的合法权益,向证券监督管理机构反映会员的建议和要求;(3)搜集整理证券信息,为会员提供服务;(4)制定会员应遵守的规则,组织会员单位从业人员的业务培训,开展会员的业务交流;(5)对会员之间、会员与客户之间发生的证券业务纠纷进行调解;(6)组织会员就证券业的发展、运作及有关内容进行研究;(7)监督、检查会员行为,对违反法律、行政法规或者协会章程的,按照规定给予纪律处分;(8)证券业协会章程规定的其他职责,等等。

二、证券业协会的会员及内部管理

证券业协会的会员主要是证券公司。我国《证券法》规定:证券公司应当加入证券业协会。除了证券公司外,证券登记结算机构、证券交易服务机构及其人员也可成为证券业协会的会员。可见,我国《证券法》采取的是自愿入会与强制入会相结合的办法。

证券业协会应当制定章程,章程由会员大会通过,并报证券监督管理机构备案。章程一经通过,对全体会员具有约束力。

证券业协会的权力机构是由全体会员组成的会员大会。会员大会有权决定协会的重大问题。这些重大问题包括制定和修改章程,选举理事会理事,审查理事会工作报告,确定会费的收取标准等。

理事会是证券业协会的常设机构,负责执行协会章程和会员大会的各项决议。理事会理事的任期、职权及工作程序等均应由章程具体规定,以保证协会的正常运行。

第十五章

证券发行与承销法律制度

第一节 证 券 发 行

一、证券发行的概念及法律意义

证券发行是指证券的发行者为筹集资金依法向投资者以同一条件招募和出售股票、公司债券以及其他证券的活动。证券发行有宣示权利的法律意义。所谓宣示指把权利表彰于证券之上,使无形的权利有形于纸上。公司债券宣示的权利为以金钱请求权为内容的债权请求权。股票宣示的权利为股东权。由于这种债权请求权与股东权先于证券发行存在,故发行证券只是宣示权利的存在。①

二、证券发行的分类

依发行者主体的不同,证券发行可分为公司发行、金融机构发行以及政府发行。公司金融机构主要是发行股票和债券;政府发行国债、国库券。

依发行对象的不同,证券发行可分为公募和私募。公募即公开发行,是发行者向不特定的社会公众广泛出售证券的行为;私募即非公开发行,是指面向少数特定的投资者发行证券的行为。我国《证券法》对公开发行作了明确的界定。有下列情形之一的,为公开发行:(1)向不特定对象发行证券的;(2)向特定对象发行证券累计超过二百人的;(3)法律、行政法规规定的其他发行行为。并对非公开发行作出了限制:非公开发行证券,不得采用广告、公开劝诱和变相公开方式。

依发行目的不同,证券发行可分为设立发行和增资发行。这种分类适用于股票发行。设立发行有两种方法,一种是发起设立发行,即全体发起人认购首期发行股份总额的全部;另一种是募集设立发行,部分股份由发起人认购,其余招募社会公众认购。增资发行是指老股份公司续发的新股份。增资发行也有两种方法,一种是有偿增资发行,由投资者出资认购(如果向原有的股东发售称为"配股");另一种是无偿增

---

① 杨志华著:《证券法律制度研究》,中国政法大学出版社 1995 年版,第 55—56 页。

资发行，由公司的公积金或盈余转为资本，发行对象通常是公司的原有股东（这种发行又称为“送红股”）。

依发行是否借助证券发行中介机构的不同，证券发行可分为直接发行和间接发行。直接发行是证券发行人不通过证券承销机构，由自己承担发行风险，办理发行事宜。这种方式发行费用低廉，但要求发行者经营业绩优良并有较高知名度。间接发行是发行人委托证券承销机构发行证券（详见本章第二节）。

依发行价格与证券票面金额或贴现金额的关系不同，证券发行可分为平价发行、溢价发行、折价发行。平价发行，又称面值发行，是指证券发行价格与票面金额相同的发行；溢价发行是指证券发行价格高于票面金额的发行；折价发行是指证券发行价格低于票面金额的发行。

依发行地点不同，证券发行可分为国内发行和国外发行。前者如国库券、保值公债以及人民币普通股的发行，后者如 B 股以及外国债券的发行。

三、证券发行保荐制度

保荐制度又称保荐人(sponsor)制度，源于英国，是指证券发行人申请其证券上市交易，必须聘请依法取得保荐资格的保荐人为其出具保荐意见，证明其发行文件中所载材料真实、完整、准确，符合在交易所上市的条件，从而由保荐人协助发行人建立严格的信息披露制度，承担风险防范责任。我国《证券法》第 11 条规定：“发行人申请公开发行股票、可转换为股票的公司债券，依法采取承销方式的，或者公开发行法律、行政法规规定实行保荐制度的其他证券的，应当聘请具有保荐资格的机构担任保荐人。”建立保荐制度的目的是为了充分利用中介机构的中介地位、职业水平和声誉机制，把好证券发行关，并以此提升公司发行证券的质量，提高市场诚信度，增强市场吸引力。①

在适用范围上，保荐制度适用于两种情况：(1)公开发行股票、可转换为股票的公司债券，依法采取承销方式的。也就是说，如果申请发行一般的（非可转换为股票的）公司债券，不需要采用保荐制度。因为一般的公司债券在发行时设有担保，而且发行人到期还本付息，债券持有人的利益可以得到保障，因此无需采用保荐制度。而且，如果公开发行股票、可转换为股票的公司债券，依法不采取承销方式的，也不需要采用保荐制度。(2)公开发行法律、行政法规规定实行保荐制度的其他证券。

证券发行的保荐人包括保荐机构和保荐代表人。从事保荐工作的人，必须是经中国证监会注册登记并列入保荐机构、保荐代表人名单的证券经营机构和个人。保荐人应当遵守业务规则和行业规范，诚实守信，勤勉尽责，对发行人的申请文件和信息披露资料进行审慎核查，督导发行人规范运作。

① 罗培新、卢文道等著：《最新证券法解读》，北京大学出版社 2006 年版。

四、证券发行核准

国际上证券发行审核主要存在两种不同的体制：一是以美国1933年《证券法》与日本《证券交易法》为代表的公开主义，并在此基础上形成的证券发行注册制度；二是以美国部分州的"蓝天法"和欧陆国家公司法为代表的准则主义，所采取的证券发行核准制度。[①]注册制的理论依据是：证券发行只受信息公开制度的约束，证券管理机构的职责是审查信息资料的全面性、真实性、准确性和及时性，政府并不对证券自身的价值作出任何判断。投资者根据公开的信息作出选择，风险自负。投资者要求发行人承担法律责任的前提是发行人违反信息公开义务和注册制度。核准制的理论依据是：证券发行涉及公共利益和社会安全，审核机构应在公开原则基础上，考察发行者的具体情形，并由此作出是否符合发行实质条件的价值判断。两相比较，注册制比较符合效率原则，核准制比较符合安全原则，各有利弊。

我国《证券法》规定，我国证券市场的发行审查制度是核准制。国务院证券监督管理机构依照法定条件负责核准股票发行申请。这里的"审核"既有形式意义上的审核，又有实质意义上的审核，体现了我国现阶段证券市场对监督管理的客观要求。如果在制度不健全的情况下，监管不严，难免给市场带来副作用。

国务院证券监督管理机构设发行审核委员会，依法审核股票发行申请。这是为了提高决策的科学性和充分发挥专家的作用，使股票的发行更符合最广大的投资者的利益，更符合国民经济发展的要求。发行审核委员会由国务院证券监督管理机构的专业人员和所聘请的该机构外的有关专家组成，以投票方式对股票发行申请进行表决，提出审核意见。发行审核委员会提出审核意见是核准程序的第一步，第二步是由国务院证券监督管理机构根据发行审核委员会的意见，对是否准予发行作出最终决定。其核准程序应当公开，依法接受监督。而且参与审核和核准股票发行申请的人员，不得与发行申请人有利害关系，不得直接或者间接接受发行申请人的馈赠，不得持有所核准的发行申请的股票，不得私下与发行申请人进行接触。

公司债券发行申请的核准，由国务院授权的部门作为核准机构。其核准程序同样应当公开，并依法接受监督。

公司债券发行核准制与前述的股票发行核准制有很大的不同：(1)行为主体不同。公司债券发行核准的主体是国务院授权的部门(可以是中国人民银行，也可以是财政部)，股票发行核准是国务院证券监督管理机构。(2)行为的程序不同。公司债券发行核准的程序比较简单，国务院授权的部门可直接审查批准；股票发行核准的程序必须分两步走，发行审核委员会必须严格遵守国务院批准的由证券监督管理机构制定的专门工作程序。

---

① 杨志华著：《证券法律制度研究》，中国政法大学出版社1995年版，第63页。

五、证券发行核准的法律依据、条件和应提交的文件

(一) 法律依据

我国《证券法》规定:公开发行证券,必须符合法律、行政法规规定的条件,并依法报经国务院证券监督管理机构或者国务院授权的部门核准。可见,发行者能否提出发行证券的申请,国务院证券监督管理机构或国务院授权的部门对发行证券的申请能否给予核准,衡量的标准是证券法、公司法的相关规定和国务院制定的有关行政法规的规定。

(二) 股票设立发行的条件和应提交的文件

设立股份有限公司公开发行股票,应当符合《中华人民共和国公司法》规定的条件和经国务院批准的国务院证券监督管理机构规定的其他条件。这里的条件主要是指:发起人应当在二人以上二百人以下,其中须有半数以上的发起人在中国境内有住所;有符合法定要求的公司章程;除法律、行政法规另有规定外,发起人认购的股份不得少于公司股份总数的百分之三十五;应当由依法设立的证券公司承销证券,签订承销协议;应当与银行签订代售股款协议等。

设立股份有限公司公开发行股票,应当向国务院证券监督管理机构报送募股申请和下列文件:(1)公司章程;(2)发起人协议;(3)发起人姓名或者名称,发起人认购的股份数、出资种类及验资证明;(4)招股说明书;(5)代收股款银行的名称及地址;(6)承销机构名称及有关的协议。另外,依照法律规定聘请保荐人的,还应当报送保荐人出具的发行保荐书。法律、行政法规规定设立公司必须报经批准的,还应当提交相应的批准文件。

(三) 新股发行的条件和应提交的文件

公司公开发行新股,应当符合下列条件:(1)具备健全且运行良好的组织机构;(2)具有持续盈利能力,财务状况良好;(3)最近三年财务会计文件无虚假记载,无其他重大违法行为;(4)经国务院批准的国务院证券监督管理机构规定的其他条件。上市公司非公开发行新股,应当符合经国务院批准的国务院证券监督管理机构规定的条件,并报国务院证券监督管理机构核准。公司对公开发行股票所募集资金,必须按照招股说明书所列资金用途使用。改变招股说明书所列资金用途,必须经股东大会作出决议。擅自改变用途而未作纠正的,或者未经股东大会认可的,不得公开发行新股。

公司公开发行新股,应当向国务院证券监督管理机构报送募股申请和下列文件:(1)公司营业执照;(2)公司章程;(3)股东大会决议;(4)招股说明书;(5)财务会计报告;(6)代收股款银行的名称及地址;(7)承销机构名称及有关的协议。另外,依照法律规定聘请保荐人的,还应当报送保荐人出具的发行保荐书。

(四) 公司债券发行的条件和应提交的文件

公开发行公司债券,应当符合下列条件:(1)股份有限公司的净资产不低于人民币三千万元,有限责任公司的净资产不低于人民币六千万元;(2)累计债券余额不超过公司净资产的百分之四十;(3)最近三年平均可分配利润足以支付公司债券一年的利息;(4)筹集的资金投向符合国家产业政策;(5)债券的利率不超过国务院限定的利率水平;(6)国务院规定的其他条件。公开发行公司债券筹集的资金,必须用于核准的用途,不得用于弥补亏损和非生产性支出。上市公司发行可转换为股票的公司债券,除应当符合上述规定的条件外,还应当符合法律关于公开发行股票的条件,并报国务院证券监督管理机构核准。

有下列情形之一的,不得再次公开发行公司债券:(1)前一次公开发行的公司债券尚未募足;(2)对已公开发行的公司债券或者其他债务有违约或者延迟支付本息的事实,仍处于继续状态;(3)违反法律规定,改变公开发行公司债券所募资金的用途。

申请公开发行公司债券,应当向国务院授权的部门或者国务院证券监督管理机构报送下列文件:(1)公司营业执照;(2)公司章程;(3)公司债券募集办法;(4)资产评估报告和验资报告;(5)国务院授权的部门或者国务院证券监督管理机构规定的其他文件。另外,依照法律规定聘请保荐人的,还应当报送保荐人出具的发行保荐书。

(五) 制作报批文件的要求

发行人向国务院证券监督管理机构或者国务院授权的部门提交的证券发行法文件,必须真实、准确、完整。为证券发行出具有关文件的证券服务机构和人员,必须严格履行法定职责,保证其所出具文件的真实性、准确性和完整性。

六、证券发行信息公开

(一) 证券发行信息公开的意义

证券发行信息公开,是指证券发行人按照法律、行政法规的规定,在证券公开发行前,公告公开发行募集文件,并将该文件置备于指定场所供公众查阅的制度。建立证券发行信息公开制度的意义在于:(1)有利于投资者作出正确的投资选择。通过对发行公司的资信、资产负债情况及经营状况的公开,投资者可以全面了解,从而决定是否投资以及投资多少。(2)保证所有投资者有均等获得信息的权利。一切对投资者进行投资判断有重大影响的信息予以公开,有助于解决信息不对称的问题,防止操纵市场、内幕交易等不公平现象的发生。(3)有利于规范发行公司的行为。信息的公开,可使发行公司受到公众的监督,从而保证发行公司在规范的轨道上运行。

(二) 预披露制度

所谓预披露,是指申请人首次公开发行证券的,在按照法律规定向国务院证券监督管理机构报送有关申请文件并在其受理后,将有关申请文件向社会公众披露,而不必等到国务院证券监督管理机构对发行文件审核完毕,作出核准发行的决定后再进行披露。预披露制度提前了公开披露发行文件的时间,具有以下优点:(1)对于发行审核而言,在发行申请人的申请被受理以后就将有关的发行申请文件,包括公开发行募集文件公之于众,可以对发行审核工作形成监督,从而比较有效地避免了发行审核中可能出现的有关问题。(2)将申请材料提前披露,社会公众可以对发行申请人文件中的问题进行举报,适合核准机构能够提前了解、调查有关情况,有利于缩短审核时间,提高发行审核的效率。(3)提前披露发行文件,可以使社会公众提前了解发行文件的内容,有助于其进行投资决策。①

(三) 证券发行需公开的信息

证券发行需公开的信息主要是指募集文件的内容。募集文件是指证券发行人发行证券时依法向社会公众公开的有关书面性的材料,它是信息内容的载体。信息的公开就是指募集文件的公告或置备于指定的场所供公众查阅。

募集文件主要包括招股说明书、配股说明书、公司债券募集办法等。对于上述文件的内容和格式,中国证监会及国务院授权部门均有明确要求。

(四) 募集文件公开的具体要求

募集文件公开的具体要求包括:(1)公开的募集文件必须经过核准。未经国务院证券监督管理机构或者国务院授权的部门核准,任何单位和个人不得向社会公开募集文件或公开发行证券。(2)公开募集文件必须在证券公开发行前一定时间里进行。要留有足够的时间让投资者“消化”。通常在发行前二至五个工作日内将募集文件(或概要)登载在至少一种指定的全国性报刊上,同时将募集文件置备于指定的场所。(3)发行证券的信息依法公开前,任何知情人不得公开或者泄露该信息。(4)发行人不得在公告公开发行募集文件前发行证券。上述要求任何发行人均不得违反,违反者应承担相应的法律责任。

七、发行中的几个特殊问题

(一) 关于选择企业标准

股票与公司债券的发行条件,证券法有明确规定。为利用证券市场促进经济的改革与发展,证券发行除了遵循证券法的规定外,还应注意重点支持关系国民经济命脉、具有经济规模、处于行业排头兵地位的大中型企业。在产业政策方面,证券发行仍要重点支持农业、能源、交通、通讯、重要原材料等基础产业和高新技术产业的企业,从严控制一般加工工业及商品流通性企业。申请证券发行的企业应当主业突出,效益良好,有发展前景,在行业中占有一定的地位。

---

① 参见《中华人民共和国证券法释义》,中国法制出版社 2005 年版,第 34 页。

(二) 关于企业改制

企业要按照国家有关法律、法规进行改制。改制后的股份公司应具有独立完整的供应、生产、销售系统和直接面向市场独立经营的能力。原则上不允许将部分车间、厂房或部分生产线包装上市,也不允许将互不相关的生产企业捆绑在一起上市。

公司重组方案要科学完整。要贯彻鼓励兼并、下岗分流、减员增效的原则,对非经营性资产原则上应剥离。要把改革、改组、改造和加强企业管理有机结合起来,提高企业整体素质。在涉及关联交易时,应签订关联协议。关联协议应具体明确,要按市场原则来确定关联交易中提供产品或劳务的价格,以杜绝侵害股份公司或中小股东利益的不正当的关联交易发生。

(三) 关于发行方式①

股票发行有多种方式。我国近几年采取的主要方式有:(1)"上网定价"发行方式。这是指主承销商利用证券交易所的交易系统,由主承销商作为股票的唯一"卖方",投资者在指定的时间内,按现行委托买入股票的方式进行股票申购。主承销商在"上网定价"发行前应在证券交易所设立股票发行专户和申购资金专户。申购结束后,根据实际到位资金,由证券交易所主机确认有效申购。(2)"全额预缴款"的方式。这是指投资者在规定的申购时间内,将全额申购款存入主承销商在收款银行设立的专户中,申购结束后转存冻结银行专户进行冻结,在对到账资金进行验资和确定有效申购后,根据股票发行量和申购总量计算配售比例,进行股票配售,余额转为存款或返还投资者的股票发行方式。(3)与储蓄存款挂钩发行方式。这是指在规定期限内无限量发售专项定期定额存单,根据存单发售数量、批准发行股票数量及每张中签存单可认购股份数量的多少确定中签率,通过公开摇号抽签方式决定中签者,中签者按规定要求办理缴款手续的新股发行方式。

上述三种方式中"上网定价"是最通行的形式。随着实践的发展,可以用更好的方式替代现行方式。但新方式的发行方案必须报中国证监会批准后才能实施。

(四) 关于发行定价②

理论上讲,股票发行价格=每股税后利润×市盈率。其中,每股税后利润=发行前一年每股税后利润×70%+发行当年摊薄后的预测每股税后利润×30%。市盈率,也称本益比,是价格盈利指数,即衡量股价与股票收益之间关系的指标。市盈率=当期设定的市盈率的最大值-(计算日前三十天上市公司分行业平均收市价的最大值-计算日前三十天发行公司所属行业上市公司平均收市价)×调整系数+修正值。调整系数=(当期设定的市盈率的最大值-当期设定的市盈率的最小值)/(计算日前三十天上市公司分行业平均股市价的最大值-计算日前三十天上市公司分行

① 参见《关于股票发行与认购方式的暂行规定》(1996年12月26日,中国证监会发布)。

② 参见《关于做好1997年股票发行工作的通知》(1997年9月10日,中国证监会发布)。

业平均收市价的最小值)。

从实践情况来看,高溢价发行是个突出的问题。首先,市盈率的确定是依据其他上市公司的市盈率水平,不尽合理,因为相关行业的不同公司在不同时期的市盈率水平会有很大差异①;其次,政府主管部门对发行价的介入较深,发行价较大程度上取决于政府主管部门的意志;第三,发行公司自身千方百计包装,一心"圈钱",结果定价不合理,损害投资者利益。

在确定发行价时,应考虑发行公司过去的业绩、发行后每股净资产、每股税后利润、行业前景、公司管理层的经验和能力以及行业风险因素等等。②我国《证券法》规定:"股票发行采取溢价发行的,其发行价格由发行人与承销的证券公司协商确定,报国务院证券监督管理机构批准。"这里所说的"协商确定",决不是随意的,一方面要考虑有一定的科学依据,另一方面还要考虑市场因素。中国证监会已经明确提出:各申请公开发行股票的公司,在报送材料时,应提供定价分析报告。③

(五) 关于募集资金投向和使用

在选择发行企业时,要严格审查募集资金的投向。企业发行股票所筹资金必须有明确的使用方向。要优先支持发行企业将募集资金用于兼并企业和技术改造,发展规模经济。对搞"大而全"、"小而全",进行低水平重复建设的企业,不批准发行上市。

企业发行股票所募资金必须按招股说明书的承诺使用,如有特殊情况需要改变,要向中国证监会事先报告,对未经同意擅自改变募股资金用途的,中国证监会将按有关法规进行处罚。

第二节 证券承销

一、证券承销概述

证券承销是指发行人委托证券公司(亦称承销商)向证券市场上不特定的投资人公开销售股票、债券及其他投资证券的活动。

证券承销又称间接发行,它与直接发行有着明显的区别:(1)直接发行由发行人自销,也可由信托投资等机构帮助其选择投资者,促成交易,但不代理发行;证券承销则由证券公司承办发行事宜。(2)直接发行往往只适用于对少数特定投资人的私募

---

① 吴弘主编:《证券法论》,世界图书出版公司1998年版,第87—88页。

② 同上书,第88页。

③ 《股票发行定价分析报告指引(试行)》(1999年2月12日,中国证监会发布)。

证券;证券承销适用于所有证券尤其适用于那些资金数额大的或准备上市的证券。(3)直接发行虽省时省力,但所筹资金有限,证券持有人也过于集中;证券承销发行虽然成本增加,但由于证券公司以其丰富的证券推销经验和较广泛的销售网点推销,可在较短的时间内筹集较多的资金。证券承销发行既可扩大发行人的社会影响,同时,证券公司还分担了发行人的发行风险。

在我国,凡向社会公开发行的证券一般均需证券公司承销。发行证券数量较大者,还需多家证券公司组成承销团共同承销。

二、证券承销资格

证券承销资格是指证券公司可以从事证券承销业务所应具备的条件。由于证券公司是证券发行人和投资人的中介,对于发行人来说,需要证券公司具备一定的人、财、物等条件将其发行的证券顺利销售出去以筹集所需资金;对于投资人来说,也需要证券公司具备专业素质,让投资人可以安全、有效地认购所发行的证券。

我国《证券经营机构股票承销业务管理办法》①专章规定了证券经营机构的承销资格。根据该办法,从事股票承销业务的证券经营机构应同时具备以下条件:(1)证券专营机构具有不低于人民币二千万元的净资产,证券兼营机构具有不低于人民币二千万元的证券营运资金。(2)证券专营机构具有不低于人民币一千万元的净资本,证券兼营机构具有不低于人民币一千万元的净证券营运资金。(3)三分之二以上的高级管理人员和主要业务人员获得中国证监会颁发的《证券业从业人员资格证书》。在未取得《证券从业人员资格证书》前,应当具备以下条件:一是高级管理人员具备必要的证券、金融、法律等有关知识,近年内没有严重违法违规行为,其中三分之二以上具有三年以上证券业务或五年以上金融业务工作经历;二是主要业务人员熟悉有关的业务规则及业务操作程序,近两年内没有严重违法违规行为,其中三分之二以上具有两年以上证券业务或三年以上金融业务的工作经历。(4)证券经营机构在近一年内无严重的违法违规行为或在近两年内未受到规定的取消股票承销业务资格的处罚。(5)证券经营机构成立并且正式开业已超过半年;证券兼营机构的证券业务与其他业务分开经营、分账管理。(6)具有完善的内部风险管理与财务管理制度,财务状况符合规定的风险管理要求。(7)具有能够保障正常营业的场所和设备。(8)中国证监会规定的其他条件。

对在股票承销业务中担任主承销商的证券经营机构,还有特别要求的条件。这些条件是:(1)证券专营机构具有不低于人民币五千万元的净资产和不低于人民币二千万元的净资本,证券兼营机构具有不低于人民币五千万元的证券营运资金;(2)取得证券承销从业资格的专业人员或符合条件的主要承销业务人员至少六名,并且应当有具备一定的会计、法律知识的专业人员;(3)参与过三只以上股票承销或具有三

---

① 国务院证券委员会于1996年6月17日发布。

年以上证券承销业绩;(4)在最近的半年内没有出现过作为发行人和首次公开发行股票的主承销商在规定的承销期内售出股票不足本次公开发行总数百分之二十的记录。这里所说的“主承销商”,是指牵头组织承销团的证券经营机构或独家承销某一只股票的证券经营机构。

三、证券承销方式

证券承销,通常有四种方式:代销、助销、包销和承销团承销。

(一)证券代销

所谓证券代销,是指承销商代理发售证券,并于发售期结束后,将未销售部分证券退还发行人的承销方式。

证券代销的特点是:(1)发行人与承销商之间建立的是一种委托代理关系。代销过程中,未售出证券的所有权属于发行人,承销商仅是受委托办理证券销售事务。(2)承销商作为发行人的推销者,不垫资金,对不能售完的证券不负任何责任。证券发行的风险基本上是由发行人自己承担。(3)由于承销商不承担主要风险,相对包销而言,所得收入(手续费)也少。由于承销商不能保证使发行人及时全部获得所需款项,代销方式只有那些知名度高或信用等级高、市场信息充分并相信证券能在短期内顺利售出的发行人才会选择。在分销的情况下,包销商与分销商之间也可形成代销关系。

(二)证券助销

所谓证券助销,是指承销商按承销合同规定,在约定的承销期满后对剩余的证券出资买进(余额包销),或者按剩余部分的数额向发行人贷款,以保证发行人的筹资、用资计划顺利实现。

证券助销的特点是:(1)发行人与承销者之间先是建立一种委托代理关系,在承销期满后,才可能转为证券的买卖关系或借贷关系。(2)承销商承担着一定的风险,即当承销期内不能全部售出证券时,所剩证券或由承销商购买,或由承销商贷出相应的资金给发行人。在助销的情况下,发行人的风险相对于代销方式要小。(3)因为承销商承担着或然的风险,其助销费高于代销费。

我国的证券法将余额包销归入包销方式。

(三)证券包销

所谓证券包销是指在证券发行时,承销商以自己的资金购买计划发行的全部或部分证券,然后再向公众出售,承销期满后未出售部分仍由承销商自己持有的一种承销方式。

证券包销又分两种方式:一种是全额包销;另一种是定额包销。全额包销是承销商承购发行人发行的全部证券,承销商将按合同约定支付给发行人证券的资金总额。这种方式包销可使发行人及时得到所需资金,而不必承担市场风险。但因承销商承担较大风险,要求发行人支付的承销费用也较高。定额包销是承销商承购发行人发行的部分证券。承销商没有包销的部分可通过协议由承销商代销。定额包销方式,市场的风险由发行人和承销商分担。无论是全额包销,还是定额包销,发行人与承销商之间形成的关系都是证券买卖关系。在承销过程中未售出的证券,其所有权属于承销商。

(四) 承销团承销

承销团承销,亦称"联合承销",是指两个以上的证券承销商共同接受发行人的委托向社会公开发售某一证券的承销方式。由两个以上的承销商临时组成的一个承销机构称为承销团。承销团成员根据分工及承担责任的不同,可分为主承销商和分销商。主承销商由发行人按照公平竞争的原则,通过竞标或者协商的方式确定。主承销商是承销团的发起人,在承销过程中,主承销商起组织协调作用,承担着主要的风险。分销商参与承销,与主承销商的关系通过合同确定。

承销团承销有着单个证券商承销不能具有的优势。它有能力承销发行量大的证券,能确保发行人迅速筹集巨额资金,能大大分散证券发行的市场风险。世界上绝大多数国家法规中都限定巨额证券的发行应实行承销团承销。我国《证券法》也规定:向社会公开发行的证券票面总值超过人民币五千万元的,应当由承销团承销。

承销团承销一般分两步进行:第一步是发行人与主承销商签订总包协议,即承销团承销协议;第二步是主承销商与分销商签订分销协议,分销协议可以由主承销商与众多分销商总括签订,也可以与个别分销商单独签订。

四、证券承销合同

(一) 证券承销合同的概念及法律特征

证券承销合同是指证券发行人与证券承销商或是主承销商与分销商就证券承销的有关内容所达成的明确双方权利义务的书面协议。发行人可以选择与一个证券承销商签订协议,也可选择与多个证券承销商分别签订协议。

证券承销合同的法律特征主要有:(1)合同主体是特定的。协议的一方为经过核准或审批的股票、债券的发行公司或其他合法主体;另一方为依法设立、具有承销资格的证券承销商。(2)合同性质是多种的。有的承销合同具有买卖性质,如包销合同;有的合同具有委托代理性质,如代销合同。承销团承销合同的性质可能具有一定的综合性。(3)合同的内容是法定的。

(二) 证券承销合同的法定内容

证券公司承销证券,应当同发行人签订代销或包销协议,载明以下内容:(1)当事人的名称、住所及法定代表人姓名;(2)代销、包销证券的种类、数量、金额及发行价格;(3)代销、包销的期限及起止日期;(4)代销、包销的付款方式及日期;(5)代销、包销的费用和结算办法;(6)违约责任;(7)国务院证券监督管理机构规定的其他事项。

承销团承销协议的内容一般应载明以下内容:(1)当事人的名称、住所及法定代表人姓名;(2)承销股票的种类、数量、金额及发行价格;(3)包销的具体方式、包销过程中剩余股票的认购方法,或代销过程中剩余股票的退还方法;(4)承销份额;(5)承销组织工作的分工;(6)承销期及起止日期;(7)承销付款的日期及方式;(8)承销缴款的程序和日期;(9)承销费用的计算、支付方式和日期;(10)违约责任;(11)证券监督管理机构规定的其他事项。

五、证券承销需注意的几个问题

(一)发行人有权自主选择承销商

证券发行人选择合适的承销商,是顺利发行证券、募集资金的重要环节。证券发行人一般会考虑承销商的声誉、已有的经验、所能提供的服务、销售网点的多少与分布以及承销费用等因素。证券承销商接受发行人的承销委托具有一定的风险,一般也应考虑发行人的知名度、信用等级、发行人的资金需求量和市场可筹资金数量、投资人的偏好、证券市场的走势以及承销可得到的利益等因素。证券发行人与承销商建立承销关系的途径有两种:一是协商;二是招标投标。签订承销合同应当双方自愿。实践中突出的问题是,一些承销商采取不正当竞争的手段招揽证券承销业务。这些手段包括:(1)迎合或鼓励企业的不合理的高溢价发行股票;(2)贬损同行;(3)向企业承诺在股票上市后维持其股票价格;(4)利用行政干预;(5)给有关当事人回扣;(6)违反规定降低费用或者免费承销等等。因此,法律必须明确禁止这些行为,并赋予证券发行人自主选择承销商的权利。

(二)证券承销商对公开发行募集文件负有核查的责任

公开发行募集文件是发行人对外募集资金的合法依据,也是投资者作出投资选择的判断依据,必须设置多重关口严格审查,保证募集文件的真实性、准确性和完整性。证券承销商在承销前有相当多的准备工作要做,如调查了解发行人的基本情况,辅导发行人及其管理人员的证券知识,协助可行性分析等等。一般来说,证券承销商比较容易掌握发行人的真实情况,公开发行募集文件大多数就是承销商起草的,法律上要求证券承销商对募集文件的真实性、准确性和完整性进行核查,具有现实条件和客观基础。证券承销商的核查工作应当贯穿承销的全过程。对发行募集文件,在国务院证券监督管理机构或国务院授权的部门核准或审批前要核查,在核准或审批后也要核查。发现有虚假记载、误导性陈述或者重大遗漏的应随时采取纠正措施。证券尚未销售的,不得进行销售活动;已经销售的,必须立即停止销售活动。

（三）承销商不得预留承销的证券

预留证券是指证券承销商将从发行人那里取得的证券先留存在自己手里，不向投资者出售。这种现象通常发生在发行的证券价格向好（看涨）的情况下。证券承销商通过预留证券可牟取巨大的商业利润，从而损害投资者的利益，影响市场的健康发展。我国《证券法》从三方面对证券承销商的预留行为加以限制：(1)明确规定承销期限。证券的代销、包销期最长不得超过九十日，这是为了防止承销商无限期地将证券留在自己手中，待价格上涨时出售。(2)承销期内，证券承销商应保证将所代销、包销的证券先行出售给认购人。(3)承销期内，证券承销商不得为本公司事先预留所代销的证券和预先购入并留存所包销的证券。

（四）发行失败的规定

股票发行采用代销方式，代销期限届满，向投资者出售的股票数量未达到拟公开发行股票数量百分之七十的，为发行失败。发行人应当按照发行价并加算银行同期存款利息返还股票认购人。由于在代销方式中，证券公司与股票发行人之间是一种委托—代理关系，证券公司的责任是在承销期内尽力销售股票，期限届满时尚未售出的证券全部退还发行人，风险由其承担。如果发行期限届满时，向投资者出售的股票未达到拟公开发行股票数量百分之七十的，视为发行失败，此时，发行人应当按照发行价并加算银行同期存款利息返还股票认购人。这样的规定能促使发行人和承销商充分考虑市场需求，确定适当的发行价格。如果其价格定得过高，则很可能因为无法售出足够的股票而承担发行失败的风险，这有利于促成股票发行的合理定价机制，保护公众投资者利益。

（五）承销期满，应当报告证券承销情况

证券承销商在承销业务期限届满时，应当将承销证券的情况报国务院证券监督管理机构备案。这是政府对证券发行活动进行监督管理的一项措施。政府一方面要防止弄虚作假欺骗投资者的行为发生，另一方面要掌握证券发行的真实情况和数据，以利于对证券市场实行科学的调控。

承销商报告的承销情况主要是指承销合同履行情况，其核心内容涉及证券发行的数量、比例和所筹得的资金，以及有无违法或违约。

第十六章

证券上市与交易法律制度

第一节 证 券 上 市

一、证券上市的概念及意义

证券上市是指发行人发行的证券，依法定条件和程序，在证券交易所或其他法定交易市场公开挂牌交易的法律行为。它与证券的发行有明显的区别：(1)证券发行的对象是初始投资者，这些投资者要通过申购程序产生。证券上市的对象是市场的所有投资者，欲购买证券的人通过交易场所均可购得。(2)证券发行的价格一般是事先确定的，而证券上市的价格则通过交易场所竞价产生，由供求情况决定。(3)证券发行的卖方是特定的，买方是不特定的，而证券上市的买卖双方均是不特定的。证券发行也可以与证券上市合并进行。

证券上市具有重要的意义：(1)它使证券的流通（自由的买卖）成为可能，市场的作用可以得到广泛充分的发挥；(2)扩大了上市公司的影响，为上市公司进一步筹资提供了更多的机会；(3)使投资者的投资可得到及时的变现，同时也为投资者避险提供了条件；(4)使上市公司置于公众的监督之下，有利于规范上市公司的行为，提高上市公司的素质。

二、证券上市的标准

证券上市的标准是指具备怎样的条件才能在法定的交易场所上市。各国规定的上市标准有很大差异。一般来说，股票上市的标准要严于公司债券上市的标准；第一部上市的标准要严于第二部上市的标准。①政府债券的上市享有审核豁免的权利。

股票上市的基准（即“基本标准”）通常包括以下几方面。

---

① 有的证券交易所将股票按不同的资本总额、盈利能力、股权分布等分为多种部类，进入第一部市场的标准最高，其余依次类推。

(一) 规模基准

规模基准的指标一般以公司资本额(净资产)或证券发行量来衡量,也有同时用两个指标衡量的。如在纽约证交所上市要求公司具有一千八百万美元的净资产,在东京证交所第一部上市要求公司具有十亿日元的股本总数,我国《公司法》规定的上市规模为人民币三千万元的股本。如果上市规模达不到一定的标准,潜在的交易量很小,就会造成“有行无市”的结局,上市公司也会遭受不应有的损失。

(二) 经营基础基准

经营基础基准一般指公司的资本结构、盈利水平等。资本结构以资产负债率表示;盈利水平以年利润数额表示,有时用若干年的利润数合并考虑。

(三) 股权分布基准

股权分布基准是对最低持股人数及公众持股比例或持股数的要求。如果股权过分集中在少数人手中,不利于证券的流通。纽约证交所规定,持股人数不得低于二千二百人,且公众持股股数不得低于一百一十万美元。我国台湾地区规定,第一部上市持股人数不得低于二千人,且公众股持股比例不得低于百分之二十或者持股数不得低于一千万美元。我国香港地区规定,市值四十亿港元以上时,公众持股比例不得低于百分之十,市值四十亿港元以下时,公众持股比例不得低于百分之二十五。[①]我国大陆法律规定,公开发行的股份须达到公司股份总数的百分之二十五以上;公司股本总额超过人民币四亿元的,公开发行股份的比例为百分之十以上。

(四) 其他基准

其他基准包括:公司最近三年的财务报表中没有虚假记载,财务报表经注册会计师验证;上市证券的设计符合证交所的要求,对证券的转让未加限制等。[②]

另外,我国《证券法》规定,证券交易所可以规定高于上述规定的上市条件,并报国务院证券监督管理机构批准。

公司债券的上市也要符合一定的标准。这些标准主要包括:债券的发行量、期限、信用等级和发行公司的资本规模、偿还本金利息的能力等等。我国《证券法》规定:公司申请其公司债券上市交易必须符合下列条件:(1)公司债券的期限为一年以上;(2)公司债券实际发行额不少于人民币五千万元;(3)公司申请其债券上市时需符合法定的公司债券发行条件。

三、证券上市的程序

(一) 股票上市的程序

---

① 吴弘主编:《证券法论》,世界图书出版公司 1998 年版,第 91 页。

② 顾功耘等主编:《中国证券法学》,中国政法大学出版社 1993 年版,第 126—128 页。

1. 申请核准。

证券发行人向证券交易所或证券监督管理机构提出上市的申请，接受上市核准。在日本、韩国以及我国的台湾地区都是先由上市公司向证券交易所提出申请，再由证券交易所提交证券主管机关进行审核批准。美国的上市公司则必须到联邦证券交易委员会进行交易注册，然后正式向证券交易所提出上市申请，由证券交易所审查同意。

在我国，股份有限公司申请其股票上市交易，应向证券交易所提出申请，由证券交易所依法审核同意，并由双方签订上市协议。申请股票上市交易，应当向证券交易所报送下列文件：(1)上市报告书；(2)申请上市的股东大会决议；(3)公司章程；(4)公司营业执照；(5)依法经会计师事务所审计的公司最近三年的财务会计报告；(6)法律意见书和证券公司的推荐书；(7)最近一次的招股说明书；(8)证券交易所上市规则规定的其他文件。

2. 签署上市协议。

按国际上证券交易所的惯例，上市申请人应当与证券交易所签署上市协议，以明确各自的权利和义务。依此协议，上市公司承诺接受证券交易所的管理，承担上市协议或交易所自律规章所规定的义务，上市公司证券有权在证券交易所集中交易市场挂牌买卖。

上市协议的主要内容应包括：(1)上市公司申请上市的证券种类、发行日期、发行股数、每股金额；(2)上市费用的数额及其交纳办法；(3)上市公司定期报告的要求；(4)上市公司临时报告的要求；(5)证交所质询、调查上市公司的事宜；(6)股票停牌、复牌事宜；(7)违反上市协议的处理办法；(8)解决争议的仲裁条款；(9)双方认为应增列的其他事项。①

3. 公告上市。

股票上市交易申请经证券交易所同意并签署上市协议后，签订上市协议的公司应当在规定的期限内公告经核准的股票上市的有关文件，并将该文件置备于指定场所供公众查阅。签订上市协议的公司除公告上市申请文件外，还应公告下列事项：(1)股票获准在证券交易所交易的日期；(2)持有公司股份最多的前十名股东的名单和持股数额；(3)公司的实际控制人；(4)董事、监事、经理、高级管理人员的姓名及其持有本公司股票和债券的情况等。

4. 挂牌交易(详见本章第二节内容)。

(二) 公司债券上市的程序

1. 申请核准。

在我国，公司申请其发行的公司债券上市交易，应当向证券交易所提出申请，由证券交易所依法审核同意，并由双方签订上市协议。

---

① 在我国，上市协议的签署应当符合《证券交易所管理办法》规定的要求。

申请公司向证券交易所提出公司债券上市交易申请时,应当提交下列文件:(1)上市报告书;(2)申请公司债券上市的董事会决议;(3)公司章程;(4)公司营业风险;(5)公司债券募集办法(或募债章程);(6)公司债券的实际发行数额;(7)证券交易所上市规则规定的其他文件。另外,申请可转换为股票的公司债券上市交易,还应当报送保荐人出具的上市保荐书。

上市报告书,是上市公司债券的申请人请求核准机关核准的申请文书。该报告应写明本公司的基本概况、上市的原因、上市的条件等内容。

2. 公告上市。

公司债券上市交易申请经证券交易所审核同意后,签订上市协议的公司应当在规定的期限内公告公司债券上市文件及有关文件,并将其申请文件置备于指定场所供公众查阅。

(三) 政府债券上市

基于债券主体的特殊性,政府债券信用度高,由中央财政来担保,其发行方式、时间、对象和还款期限都是中央政府财政部门具体规定,因此可豁免证券交易所的发行及上市审查。证券交易所根据国务院授权的部门的决定安排政府债券上市交易。

四、证券上市的暂停与终止

证券上市的暂停与上市的终止是既有联系又有区别的两个概念。前者是指上市公司发生法定原因时,上市证券暂时停止在证券交易所挂牌交易的情形,一旦暂停原因消除,证券即可恢复上市。后者是指发生法定原因后,原上市证券不得继续在证券交易所交易的情形。两者的共同点是上市证券的停止交易活动,区别点是上市暂停可在具备法定条件时证券恢复上市交易,而上市终止不能恢复上市。

(一) 证券上市的暂停

证券上市的暂停有三种形式:申请上市暂停、法定上市暂停和自动上市暂停。

申请上市暂停是指上市公司主动向证券交易所请求暂停其证券上市交易的行为。上市公司可以依据与证券交易所签署的上市协议提出停牌申请,证券交易所应当暂停其股票交易。其申请原因可能是上市公司计划重组,也可能是派发利息等。

法定上市暂停是指发生了法律、法规和规章规定的暂停上市原因时,由证券交易所决定暂停证券上市交易的行为。我国《证券法》规定了五种股票上市暂停的情形:(1)公司股本总额、股权分布等发生变化不再具备上市条件;(2)公司不按照规定公开其财务状况,或者对财务会计报告作虚假记载,可能误导投资者;(3)公司有重大违法行为;(4)公司最近三年连续亏损;(5)证券交易所上市规则规定的其他情形。同时,我国《证券法》也规定了五种公司债券上市暂停的情形:(1)公司有重大违法行为;(2)公司情况发生重大变化不符合公司债券上市条件;(3)发行公司债券所募集的资金不按照核准的用途使用;(4)未按照公司债券募集办法履行义务;(5)公司最近两年连续亏损。

自动上市暂停是指上市证券在具备法定条件时,其上市交易自动暂停。如在证券交易价格实行涨跌停板制度下,一旦交易报价超出规定的涨跌幅度,该证券的交易自动暂停。

(二) 证券上市的终止

证券上市的终止也有三种形式:申请上市终止、法定上市终止和自动上市终止。

1. 申请上市终止。理论上讲是应当允许的,因为公司应有经营上的自主权,其中包括上市与否的选择权。但实际上,公司股票、债券上市涉及大众的利益,如无法定理由发生是不能批准上市终止的。

2. 法定上市终止。如果法定情形造成严重后果,在暂停上市期间未能消除被暂停的原因,公司解散或破产清算,或有其他必须终止上市的原因,证券交易所可依法决定证券终止上市。我国《证券法》规定了五种股票上市终止的情形:(1)公司股本总额、股权分布等发生变化不再具备上市条件,在证券交易所规定的期限内仍不能达到上市条件;(2)公司不按照规定公开其财务状况,或者对财务会计报告作虚假记载,且拒绝纠正;(3)公司最近三年连续亏损,在其后一个年度内未能恢复盈利;(4)公司解散或者被宣告破产;(5)证券交易所上市规则规定的其他情形。我国证券法也规定了公司债券终止上市的情形,即出现公司有重大违法行为或未按照公司债券募集办法履行义务,经查实后果严重的,或者出现公司情况发生重大变化、不符合公司债券上市条件的,或发行公司债券所募集的资金不按照何种用途使用的,或公司最近两年连续亏损的,在限期内未能消除的,由证券交易所决定终止其公司债券上市交易。另外,公司解散或者被宣告破产的,由证券交易所终止其公司债券上市交易。

3. 自动上市终止。债券于本息兑付日前一定期间自动终止上市。

第二节　证 券 交 易

一、证券交易概述

(一) 证券交易的概念与特征

证券交易是指对已经依法发行并经投资者认购的证券进行买卖的行为。证券交易是转让的一种。证券转让除了证券交易以外,还有赠与、继承等。

证券交易的主要特征是:(1)它是一种具有财产价值的特定权利的买卖。也就是说,证券交易不仅仅是有一定价值的财产的买卖,而且是与财产相关的权利的买卖,如股票上的股权、债券中的债权等。(2)它是一种标准化合同的买卖。由于每一种证券的面值设计是一致的，所代表的权利内容也是一致的，所以证券具有标准化合同的性质，当事人买卖证券时除了可以选择品种数量和价格以外，其他均须依统一的规则进行。(3)它是一种已经依法发行并经投资者认购的证券的买卖。无论是证券内容还是证券形式，都是经法定的主管部门审查认可的；证券已经依法发行且已经到达原始投资者手中。

(二) 证券交易的分类

证券交易依不同的标准可作不同的分类。从交易场所的角度来看，可分为集中交易市场和分散交易市场；从买卖双方交易主体结合方式来看，可分为议价交易和竞价交易；从达成交易的方式来看，可分为直接交易和间接交易(委托交易)；按交割期限和投资方式的不同，可分为现货交易、期货交易、期权交易、信用交易和回购。①

现货交易，是指买卖双方在成交后很短的时间内进行交割，买者付出现金，卖者交付证券。期货交易，又称期货合约交易，是指交易双方成交后，交割和清算要按契约中规定的价格在远期进行。期货交易与现货交易的不同点在于：(1)期货交易可以用少量资金进行较大数额的投资。由于期货交易是远期交割，投资者即使不持有足够的现金和证券，只要支付少量的保证金，就可以买较多的证券；(2)在交割日之前可以通过对冲买卖卖出和买进期货，只进行差额清算。投资者利用期货交易可以转移风险、确保价格的稳定，而期货交易中的投机者则是为了赚取在买卖期货合同期间价格上升或下降的差价。

期权交易，又称选择权交易，是指金融商品交易权利的一种买卖。这种权利就是以未来特定时间为行使期限，以协定价格(即履约价格)买卖特定数量的某种金融商品的权利。金融期权通常有外汇期权、利率期权、股票期权及股价指数期权等。

信用交易，也称保证金交易，是指证券交易者在买卖证券时只向经纪人交付欲交易总量一定百分比的现款或证券(称为保证金)，不足部分由经纪人或是通过银行贷款提供而进行的交易。

回购，是指在卖出(或买入)证券的同时，事先约定到一定时间后按规定的价格买回(或卖出)这笔证券，实际上就是附有购回(或卖出)条件的证券交易。

二、证券交易的一般规则

(一) 非依法发行的证券不得买卖

证券的严格监管是为了保护广大投资者的利益，如果允许非依法发行的证券买卖，整个金融市场就无秩序可言。在市场上交易的任何证券都必须是合法的证券，即已经法定的主管部门核准或批准且已经发行的证券。

---

① 萧灼基主编：《中华人民共和国证券法实务全书》，中国民主法制出版社 1999 年版，第 882—884 页。

(二) 转让期限有限制性规定的证券,在限定期内不得买卖

有转让限定期的证券,主要是指公司发起人从公司成立起一年内持有的本公司股票,上市公司董事、监事、高级管理人员在公司股票上市交易之日起一年内、离职后半年内所持有的股票等。规定这些股票在一定期限内不得买卖,主要是防止利用特殊地位谋取利益,而影响市场的健康发展。

(三) 证券从业人员不得买卖股票

证券交易所、证券公司和证券登记结算机构的从业人员、证券监督管理机构的工作人员以及法律、行政法规禁止参与股票交易的其他人员,在任期或者法定限期内,不得直接或者以化名、借他人名义持有、买卖股票,不得收受他人赠送的股票。任何人在成为上述所列人员时,其原已持有的股票,必须依法转让。另外,为股票发行出具审计报告、资产评估报告或者法律意见书等文件的证券服务机构和人员,在该股票承销期内和期满后六个月内,不得买卖该种股票。为上市公司出具审计报告、资产评估报告或者法律意见书等文件的证券服务机构和人员,自接受上市公司委托之日起至上述文件公开后五日内,不得买卖该种股票。

(四) 依法公开发行的证券应在证券交易所上市交易或在国务院批准的其他证券场所转让

在我国,依法公开发行的股票、公司债券及其他证券,应当在依法设立的上海证券交易所或深圳证券交易所上市交易;或者在国务院批准的其他证券交易场所转让。目前,在我国交易所之外的合法证券交易,主要包括两大类:一是通过产权交易所进行的非上市公司股份的转让;二是证券公司的带办股份转让业务。即我国目前存在两个合法的场外市场,即产权交易所和代办股份转让系统。[①]交易场所的多元化,有利于多层次资本市场的形成和培育,为发展多层次资本市场留下了法律空间。

(五) 上市交易的证券应采用公开的集中交易方式或国务院证券监督管理机构批准的其他方式

我国《证券法》规定,证券交易的方式可以采用集中交易的方式或中国证监会批准的其他方式。集中交易的方式是指在集中交易市场以竞价交易的方式进行交易,可以分为集中竞价交易和大宗交易。集中竞价又称集合竞价,是指在证券交易所市场内,所有参与证券买卖的各方当事人公开报价,按照价格优先、时间优先的原则撮合成交的证券交易方式。所谓价格优先,即买方出价高的优先于买方出价低的,卖方出价低的优先于卖方出价高的,多数卖方中出价最低的与多数买方中出价最高的优先成交,以此类推,连续竞价。所谓时间优先,是指出价相同时,以最先出价者优先成交。大宗交易是指证券单笔买卖申报达到交易所规定的数额规模时,交易所采用的

---

① 罗培新、卢文道等著:《最新证券法解读》,北京大学出版社 2006 年版,第 68 页。

与通常交易方式不同的交易方式。大宗交易的成交价格，由买卖双方在当日已成交的最高和最低成交价格之间确定。该证券当日无成交的，以前收盘价为成交价。大宗交易由买卖双方达成一致，并由交易所确认后方可成交。我国上海和深圳两个证券交易所已于 2002 年联合发布的《交易规则》中确立了大宗交易的方式，并先后颁布了《大宗交易实施细则》，对大宗交易的具体规则作出规定。

除了集中交易方式之外，还有做市商制度、协议转让制度等。做市商制度又称双边报价制度。做市商是指在证券市场上，具备一定实力和信誉的证券经营法人作为特许交易商，在开市期间，就其负责做市的证券一直保持向公共投资者双向买卖报价，并在该价位上接受公众投资者的买卖要求，以其自有资金和证券与投资者进行交易。做市商通过这种不断买卖来维持市场的流动性，满足公众投资者的投资需求。

为适应社会经济的不断发展，需要逐步丰富交易方式。但为了防止金融风险，保护投资者的合法利益，维护社会经济秩序和社会公共利益，证券交易所采取公开的集中交易方式以外的其他方式进行证券交易，必须经国务院证券监督管理机构批准。

（六）证券交易可以采用现货交易、期货交易、期权交易和信用交易等方式

我国《证券法》规定，证券交易以现货和国务院规定的其他方式进行交易，这里的"其他方式"主要包括期货交易、期权交易、信用交易等方式。证券现货交易，又称即期交易，是指证券交易双方在成交后即时清算交割证券和价款的交易方式。期货交易与现货交易相对应，是一种集中交易标准化远期合约的交易形式，即交易双方在交易所通过买卖期货合约并根据期货合约规定的条款约定在未来某一时间和地点，以某一特定价格买卖某一特定数量和质量商品的交易行为。证券期权交易是当事人为了获得证券市场价格波动带来的利益，约定在一定时间内，在特定价格买进或卖出制定证券，或者放弃买进或卖出制定证券的交易。

证券信用交易，即融资融券交易。融资交易，又称保证金买空交易，是指投资者在缴纳了部分保证金后，由证券经纪商垫付余额并代为买进证券的活动。买进的证券必须寄存在经纪商处，投资者应向经纪商支付全额佣金和贷款利息。融券交易，又称保证金卖空交易，是指投资者在缴纳了部分保证金后，由证券经纪商贷给证券并代为售出的活动。售出证券的价款作为贷款的抵押寄存在经纪商处。信用交易可刺激投资者参与交易的积极性，活跃市场。但投机性强，加剧了市场的风险。因此，我国《证券法》规定，融资融券交易应当按照国务院的规定并经国务院证券监督管理机构批准。

（七）证券交易所、证券公司、证券登记结算机构必须依法为客户所开立的账户保密

为证券交易开立的账户，是投资者进行证券交易的记录，也是证明投资者权益的资料凭据。证券交易所、证券公司、证券登记结算机构必须对客户所开立的账户保密，以防止他人非法利用，损害客户利益。

(八)证券交易的收费必须合理

证券交易费用一般均指证券交易当事人应当缴纳的除税收之外的各项费用。从我国目前来看,证券交易费用主要包括以下三项:(1)发行公司需支付的上市费用;(2)投资者需支付的佣金、开户费、委托手续费等;(3)证券商需支付的入场费,即进入证券交易所从事自营或代理买卖证券业务,应向证券交易所支付的有关费用。由于证券交易的收费直接影响到证券交易人的投资成本,交易费用过高或者过低,都不利于促进证券市场的发展。因此,证券交易所、证券公司不得在规定以外收取任何费用。收费必须合理,并公开收费项目、收费标准和收费办法。证券交易的收费项目、收费标准和管理办法由国务院有关主管部门统一规定。

(九)上市公司董事、监事、高级管理人员、持有上市公司股份百分之五以上的股东限期内买卖股票收益归于公司

上市公司董事、监事、高级管理人员、持有上市公司股份百分之五以上的股东在法定期限内不得进行反向操作,反向操作所得收益归公司所有。所谓反向操作是指上市公司董事、监事、高级管理人员、持有上市公司股份百分之五以上的股东,将其所持有的该公司的股票在买入后六个月内卖出,或者在卖出后六个月内又买入的行为。公司董事会对有这种反向操作行为的公司有关人员,应当行使收益“归入权”。公司董事会不按规定执行,股东有权要求董事会在三十日内执行。公司董事会未在规定期限内执行的,股东有权为了公司的利益以自己的名义直接向人民法院提起诉讼,公司董事会负有责任的董事依法承担连带责任。

三、证券交易的程序

由于我国上市的证券交易主要是通过证券交易所电脑竞价方式进行的,以下着重介绍这种交易方式的程序。

(一)名册登记与开设账户

名册登记是委托人(投资者)在集中市场进行证券买卖的前提。名册登记分为个人和法人两种。个人名册登记应载明登记日期和委托人的基本情况、联系方式,并留存印鉴或签名样卡。如有委托代理人,委托人须留存其书面授权书。法人名册登记应提供法人证明,并载明法定代表人及证券交易执行人的基本情况和留存法定代表人授权证券交易执行人的书面授权书。

根据法律规定,属于下列情况之一者,不予办理个人名册登记:(1)证券从业人员;(2)因违反证券法,经有关机关认定为市场禁入者;(3)未成年人未经法定监护人的代理或允许者。

开设账户是投资者进行证券买卖的基本条件。每个投资者必须开设证券与资金两个账户,证券账户用于存储投资者已经购得的证券;资金账户主要用于存储投资者的存款和卖出股票时的价金。在证券交易完成时，只在两个账户中划拨，即增减证券或资金数额，而不必实际提取证券和现金。

按上海交易所的规定，证券账户由委托人办理名册登记时一并办理，由证券交易所发给统一的磁卡。资金账户由委托人选择有关证券公司的营业部开立，资金账户中的资金由证券公司代为转存银行，利息自动划入该专户，委托人持有资金账户磁卡。

（二）委托

进入证券交易所参与集中竞价交易的，必须是具有证券交易所会员资格的证券公司。一般投资者买卖证券均需通过委托其开户的证券公司，应与证券公司建立委托买卖合同关系。

所谓委托，是指委托人向证券公司发出的表示委托人以某种价格购进或卖出一定数量的某种证券的意思表示(通常称为委托指令)。严格来讲，委托还包括证券公司接受委托。

从委托交易的数额大小划分，证券交易委托可分为大宗交易委托、整批交易委托和零数交易委托。大宗交易买卖要按书面申报方式，限于当日成交；整批交易委托指一手或一手的倍数的交易数量的委托[①]；零数交易委托指零星数量的委托，即不是一手数量的委托。

从委托的价格限制划分，证券交易委托可分为市价委托和限价委托。市价委托是指委托人要求证券公司按交易市场当时的价格买进或卖出证券，证券公司有义务以最有利的价格为委托人成交。市价委托指令必须立即执行。限价委托是指委托人要求证券公司按限定的价格买进或卖出证券，证券公司在执行时，必须按限价或低于限价买进证券，按限价或高于限价卖出证券。

从委托的途径划分，证券交易委托可分为书面方式委托、电话方式委托、电脑方式委托等。书面方式是指由投资者以书面的形式如电报、传真、信函、直接报单等向证券公司写出自已的委托内容和要求，由证券公司代为买卖证券的一种形式；电话方式、电脑方式是指投资者分别通过电话或电脑传递委托指令，由证券公司执行的形式。

订立委托合同的大致程序是：(1)委托人交付保证。委托人办理买卖委托时，必须向证券公司交付足够的证券或现金。(2)委托人提出委托，填写委托单。如果是通过电报、传真等途径委托，则由证券公司填单，将电报传真等凭证附后。(3)证券公司接受委托。证券公司应审查核对委托人登记名册、账户密码、证券或资金数量及委托内容。

证券公司不可接受下列委托：(1)全权交易委托，即由证券公司全权决定买卖的证券种类、数量和价格；(2)保证金交易委托，即仅由少量的资金或证券作为保证，作

---

① “一手”是一个基本的交易单位。实践中每 100 元面额股票或每 1 000 元面额债券作为一个交易单位。

交易量较大的委托。

证券公司接受委托时,合同正式成立。当事人双方均受该委托合同的约束。证券公司受理委托后,应立即通知驻场交易员在场内买卖。

(三) 成交

成交是指证券公司相互间通过交易所内竞价,就买卖证券的价格和数量达成一致的行为,一般均是通过电脑进行和完成的。交易所电脑主机收到买卖申报后,即按证券品种、买卖价格和数量排列,发出已接受的通知,并向证券公司打印"买卖申报回单",确认要约或承诺。电脑将各方买卖申报按规定的顺序原则自动撮合成交。一经成交,即向双方证券公司发出通知。

(四) 结算交割与过户

结算交割是指证券买卖的最后结算行为。证券登记结算机构根据成交结果,按照结算交割规则,进行证券和资金的清算交割。清算交割分为两个阶段:第一阶段是证券公司与证券登记结算公司按"净额交收"的原则进行清算交割。具体做法是,每一证券公司在一个清算期中,对价款的清算,只交收其应收应付相抵销后的净额;对证券的清算,只交收每种证券应收应付相抵销后的净额。第二阶段是证券投资者与证券公司进行清算交割。由于实行无纸化电脑操作,证券集中保管,办理交割时,由清算机构通过证券集中保管库存账户划转完成,从而使清算交割变得非常便捷和容易。我国证券市场(A股)采用T+1交收制度,即对投资者来说,当天进行的证券买卖,最早可于第二天在证券公司打印交割清单,核对其前一天的买卖活动。

证券过户是指证券由证券转让人移转至证券受让人的登记过程。上市的记名证券的过户由证券登记结算公司通过电脑统一办理。

四、禁止的证券交易行为

(一) 禁止内幕交易

内幕交易是指内幕信息的知情人和非法获取内幕信息的人利用内幕信息进行证券交易活动的行为。它属于证券交易中的欺诈行为,不利于保护投资者的合法权益和社会公共利益,必须绝对禁止。

所谓内幕信息的知情人,是指知悉证券交易内幕信息的知情人员。其具体包括:(1)发行人的董事、监事、高级管理人员;(2)持有公司百分之五以上股份的股东及其董事、监事、高级管理人员,公司的实际控制人及其董事、监事、高级管理人员;(3)发行人控股的公司及其董事、监事、高级管理人员;(4)由于所任公司职务可以获取公司有关内幕信息的人员;(5)证券监督管理机构工作人员以及由于法定的职责对证券的发行、交易进行管理的其他人员;(6)保荐人、承销的证券公司、证券交易所、证券登记结算机构、证券服务机构的有关人员;(7)国务院证券监督管理机构规定的其他人。此外,实践中还有一些通过非法手段或非法途径获得内幕信息的人,如窃取、骗取内幕信息的人,他们也属于禁止的主体对象。

所谓内幕信息,是指证券交易活动中,涉及公司的经营、财务或者对该公司证券的市场供求有重大影响的尚未公开的信息。这些信息包括:(1)《证券法》第67条第2款所列重大事件;(2)公司分配股利或者增资的计划;(3)公司股权结构的重大变化;(4)公司债务担保的重大变更;(5)公司营业用主要资产的抵押、出售或者报废一次超过该资产的百分之三十;(6)公司的董事、监事、高级管理人员的行为可能依法承担重大损害赔偿责任;(7)上市公司收购的有关方案;(8)证券监督管理机构认定的对证券交易价格有显著影响的其他重要信息。

证券交易内幕信息的知情人和非法获取内幕信息的人,在内幕信息公开前,不得买卖该公司的证券,或者泄露该信息,或者建议他人买卖该证券。内幕交易行为给投资者造成损失的,责令依法处理非法持有的证券,没收违法所得,并处以违法所得一倍以上五倍以下的罚款;没有违法所得或者违法所得不足三万元的,处以三万元以上六十万元以下的罚款。单位从事内幕交易的,还应当对直接负责的主管人员和其他直接责任人员给予警告,并处以三万元以上三十万元以下的罚款。证券监督管理机构工作人员进行内幕交易的,从重处罚。

(二)禁止操纵证券市场

操纵证券交易市场,主要是通过一定的手段影响证券交易价格或者证券交易量,制造虚假繁荣、虚假价格,诱导或者迫使其他投资者在不了解真相的情况下作出错误的投资决定,使操纵者获利或减少损失的行为。为了保护广大的投资者利益,维持证券交易公正合理的秩序,必须严格禁止操纵证券市场的行为。

违法获取不当利益或者转嫁风险的行为手段主要有:(1)单独或者通过合谋,集中资金优势、持股优势或者利用信息优势联合或者连续买卖,操纵证券交易价格;(2)与他人串通,以事先约定的时间、价格和方式相互进行证券交易,影响证券交易价格或者证券交易量;(3)在自己实际控制的账户之间进行证券交易,影响证券交易价格或者交易量;(4)以其他手段操纵证券市场。操纵证券市场行为给投资者造成损失的,责令依法处理非法持有的证券,没收违法所得,并处以违法所得一倍以上五倍以下的罚款;没有违法所得或者违法所得不足三十万元的,处以三十万元以上三百万元以下的罚款。单位操纵证券市场的,还应当对直接负责的主管人员和其他直接责任人员给予警告,并处以十万元以上六十万元以下的罚款。

(三)禁止编造、传播虚假信息

编造、传播虚假信息是指没有某种情况而进行制造,通过他人或者机构将其进行传播的情形。这种行为与信息公开原则相悖,常常使人信以为真,导致投资判断失误。有的国家称之为“违反信息公开义务”。

我国《证券法》从两个方面的主体行为作了限制:(1)禁止国家工作人员、传播媒介从业人员和有关人员编造、传播虚假信息,严重影响证券交易。(2)禁止证券交易所、证券公司、证券登记结算机构、证券服务机构及其从业人员,证券业协会、证券监督管理机构及其工作人员,在证券交易活动中作出虚假陈述或者信息误导。编造、传播虚假信息,扰乱证券市场的,由证券监督管理机构责令改正,没收违法所得,并处以违法所得一倍以上五倍以下的罚款;没有违法所得或者违法所得不足三万元的,处以三万元以上二十万元以下的罚款。在证券交易活动中作出虚假陈述或者信息误导的,责令改正,处以三万元以上二十万元以下的罚款;属于国家工作人员的,还应当依法给予行政处分。

(四)禁止欺诈客户

欺诈客户是指证券公司及其从业人员在证券交易活动中诱骗投资者买卖证券以及其他违背投资者真实意愿、损害其利益的行为。我国证券法律法规禁止的欺诈行为包括:(1)违背客户的委托为其买卖证券;(2)不在规定时间内向客户提供交易的书面确认文件;(3)挪用客户所委托买卖的证券或者客户账户上的资金;(4)未经客户的委托,擅自为客户买卖证券,或者假借客户的名义买卖证券;(5)为牟取佣金收入,诱使客户进行不必要的证券买卖;(6)利用传播媒介或者通过其他方式提供、传播虚假或者误导投资者的信息;(7)其他违背客户真实意思表示,损害客户利益的行为。证券公司违背客户的委托买卖证券、办理交易事项,或者违背客户真实意思表示,办理交易以外的其他事项,处以一万元以上十万元以下的罚款。证券公司、证券登记结算机构挪用客户的资金或者证券,或者未经客户的委托,擅自为客户买卖证券的,责令改正,没收违法所得,并处以违法所得一倍以上五倍以下的罚款;没有违法所得或者违法所得不足十万元的,处以十万元以上六十万元以下的罚款;情节严重的,责令关闭或者撤销相关业务许可。对直接负责的主管人员和其他直接责任人员给予警告,撤销任职资格或者证券从业资格,并处以三万元以上三十万元以下的罚款。

(五)禁止法人出借账户

法人单位尤其是国有企业和上市公司逃避监管,非法利用他人账户炒作股票,出借自己或者他人的证券账户,扰乱了证券交易秩序,也带来了国有资产流失的风险,给国家和股东的利益造成损害。所以,法律禁止法人非法利用他人账户从事证券交易,禁止法人出借自己或者他人的证券账户。违反者,责令改正,没收违法所得,并处以违法所得一倍以上五倍以下的罚款;没有违法所得或者违法所得不足三万元的,处以三万元以上三十万元以下的罚款。对直接负责的主管人员和其他直接责任人员给予警告,并处以三万元以上十万元以下的罚款。证券公司违法提供自己或者他人的证券交易账户的,撤销直接负责的主管人员和其他直接责任人员的任职资格或者证券从业资格。

（六）禁止挪用公款买卖证券

公款往往是国家或集体单位所有或管理的具有特定用途的资金。任何人不得将公款挪用，为个人买卖证券谋利。

（七）禁止国有企业和国有资产控股企业非法买卖上市交易的股票

作为国有企业以及国有资产控股的企业，其资金主要应用于生产经营活动，如果用于炒股，不仅影响正常生产经营，而且使国有财产置于高风险状态下，时刻有遭受损失的可能，同时又容易造成操纵证券交易市场，损害中小投资者的利益。禁止国有企业和国有资产控股企业非法买卖上市交易的股票是保障国家财产安全、维护广大投资者利益的重要措施之一。

按理说，对待国有企业投资股市，应和对待其他企业一样，不应有特别限制。但由于在前些年的证券交易中，一些国有企业出现重大偏向，造成国家财产的严重损失，有鉴于此，我国《证券法》规定国有企业和国有资产控股企业不得非法买卖上市交易的股票；如果国有企业将来依据有关管理国资的法律规定，有控制的买卖股票，应是可以的。

第三节　持续信息公开

一、持续信息公开的概念及特征

信息公开，也称信息披露，主要是指为股份发行人在发行市场、交易市场依法向证券监督管理机构以及投资者报告自身经营、资产以及财务等状况而设置的一种制度。凡在交易市场的信息公开，称为持续信息公开。持续信息公开是公开原则在交易市场中的反映。与发行市场的信息公开（也称初始信息公开）相比，持续信息公开具有以下几个特点：(1)公开的功能不单是让投资者了解公司，更主要的是为投资者提供证券交易价值判断的依据。(2)信息公开不是一次性完成的，而是要持续不断地进行。上市公司只要继续存在，只要有影响价格形成的因素或情况产生，就需履行公开义务。(3)信息公开的形式和内容在法律上有不同的要求。持续信息公开主要涉及上市公告书、年度报告、中期报告及临时报告等，而初始信息公开主要是招股说明书、配股说明书、募债说明书等。

我国法律规定，发行人、上市公司依法披露的信息，必须真实、准确、完整，不得有虚假记载、误导性陈述或者重大遗漏。信息披露是发行人、上市公司与投资者和社会公众全面沟通信息的桥梁。信息披露制度是证券市场的一项基本性、本源性制度，现代证券法以及证券市场的监管都以信息披露为核心。我国《证券法》中关于“持续信息公开”的内容是持续信息公开的主要法律依据，但其中也包含了初始信息公开的部分内容。中国证监会发布的规章《公开发行股票公司信息披露实施细则》以及《公开发行股票公司信息披露的内容与格式准则》(年度报告的内容和格式、中期报告的内容和格式、公司股份变动报告的内容和格式、上市公告书的内容和格式)等也是持续信息公开的重要依据。

二、持续信息公开的内容

(一)上市公告书

上市公告书,是指已在境内公开发行的证券申请在证券交易所挂牌交易的发行人,在证券经证券监督管理机构核准后,按照要求编制并在上市前进行公告的法律文件。股票上市公告书的内容主要包括:(1)发行企业概况;(2)股票发行及承销;(3)董事、监事及高级管理人员持股情况;(4)公司设立;(5)关联企业及关联交易;(6)股本结构及大股东持股情况;(7)公司财务会计资料;(8)董事会上市承诺;(9)主要事项揭示;(10)上市推荐意见;(11)证券监督管理机构规定的其他事项(参见本章中“证券上市的程序”)。

(二)中期报告

中期报告是依法编制的反映公司上半年生产经营状况及其他各方面基本情况的法律文件。股票或者公司债券上市交易的公司,应当在每一会计年度的上半年结束之日起两个月内,向国务院证券监督管理机构和证券交易所提交中期报告,并予公告。

中期报告的主要内容包括:(1)公司财务会计报告和经营情况;(2)涉及公司的重大诉讼等事项;(3)已发行股票、公司债券变动情况;(4)公司提交股东大会审议的重大事项;(5)证券监督管理机构规定的其他事项。

(三)年度报告

年度报告是依法编制的反映公司整个会计年度生产经营状况及其他各方面基本情况的法律文件。股票或公司债券上市交易的公司应当在每一会计年度结束之日起四个月内向国务院证券监督管理机构和证券交易所提交年度报告,并予公告。

年度报告的主要内容包括:(1)公司概况;(2)公司财务会计报告和经营状况;(3)董事、监事、高级管理人员简介及其持股情况;(4)已发行的股票、公司债券情况,包括持有公司股份最多的前十名股东名单和持股数额;(5)公司的实际控制人;(6)证券监督管理机构规定的其他事项。

(四)临时报告

临时报告是依法编制的反映公司重大事件的法律文件。重大事件是上市公司发生的可能对股票交易价格产生较大影响的事件。上市公司发生重大事件,投资者尚未得知时,应当立即将有关该重大事件的情况向国务院证券监督管理机构和证券交易所报送临时报告,并予以公告,说明事件的起因、目前的状态和可能发生的法律后果。

我国《证券法》对重大事件作了列举。重大事件具体包括:(1)公司的经营方针和经营范围的重大变化;(2)公司的重大投资行为和重大的购置财产的决定;(3)公司订立重要合同,而该合同可能对公司的资产、负债、权益和经营成果产生重要影响;(4)公司发生重大债务和未能清偿到期重大债务的违约情况;(5)公司发生重大亏损或者重大损失;(6)公司生产经营的外部条件发生重大变化;(7)公司的董事、三分之一以上的监事或者经理发生变动;(8)持有公司百分之五以上股份的股东或者实际控制人,其持有股份或者控制公司的情况发生较大变化;(9)公司减资、合并、分立、解散及申请破产的决定;(10)涉及公司的重大诉讼,股东大会、董事会决议被依法撤销或者宣告无效;(11)公司涉嫌犯罪被司法机关立案调查,公司董事、监事、高级管理人员涉嫌犯罪被司法机关采取强制措施;(12)国务院证券监督管理机构规定的其他事项。

三、持续信息公开的操作规程

公开的信息是投资者进行投资交易的判断依据,如果这些信息不真实、不准确、不完整,投资者就有可能遭受意想不到的损失。法律除了规定公司必须公开的信息内容外,还对信息公开的操作提出了具体要求。

1. 公开的文件不得有虚假记载、误导性陈述或者重大遗漏。所谓虚假记载,是指将不真实的情况说成是真实的情况;所谓误导性陈述,是指文件起草人利用夸大事实诱导投资者相信的语言宣传自己的情况;所谓重大遗漏,是指一些与投资者利益密切相关而没有在有关法律文件中反映出来的重大信息。

上市公司董事、高级管理人员应当对公司定期报告签署书面确认意见。上市公司监事会应当对董事会编制的公司定期报告进行审核并提出书面审核意见。上市公司董事、监事、高级管理人员应当保证上市公司所披露的信息真实、准确、完整。

公开的文件如果存在虚假记载、误导性陈述或者有重大遗漏,致使投资者在证券交易中遭受损失的,发行人、承销的证券公司应当承担赔偿责任,发行人、承销的证券公司负有责任的董事、监事、经理应当承担连带赔偿责任。发行人、承销的证券公司及其董事、监事、经理是持续信息公开的责任主体,明确他们的民事赔偿责任,有助于有关公开文件的依法编制和公开,确保公开信息的真实性、准确性和完整性。

2. 公开文件的公告和置备。依法必须披露的信息,应当在国务院证券监督管理机构指定的媒体发布,同时将其置备于公司住所、证券交易所,供社会公众查阅。目前,中国证监会指定的进行有关证券交易信息披露的报刊主要有《中国证券报》、《上海证券报》、《证券时报》以及《证券市场周刊》等。

3. 指定专人负责持续信息公开事务。上市公司应当指定专人负责信息公开事务,包括与证券监督管理机构、证券交易所、有关证券经营机构、新闻机构等的联系,并回答社会公众提出的问题。

4. 对持续信息公开的监督。为保证持续信息公开的顺利进行,保证投资者的权益得到实现,国务院证券监督管理机构要对上市公司的年度报告、中期报告、临时报告以及公告的情况进行监督,对上市公司分派或者配售新股的情况进行监督,对上市公司控股股东和信息披露义务人的行为进行监督。监督工作须按有关法律、行政法规的要求进行。

证券监督管理机构、证券交易所、保荐人、承销的证券公司及有关人员,对公司依照法律、行政法规规定必须作出的公告,在公告前不得泄露其内容。

第四节 上市公司收购

一、上市公司收购的概念及法律特征

上市公司收购是指投资者(收购人)旨在获得特定上市公司(目标公司)股份控制权或将该公司合并所进行的批量股份购买行为。它有以下几个特点:(1)被收购公司是股票公开上市的股份有限公司,因而其股份掌握在众多的投资者手中。(2)收购人可以是企业法人,也可以是自然人。在实践中,企业法人作为收购人为多数。(3)收购人须通过市场向多个投资者批量购买股份。假如仅从个别投资者手中购买股份,一般不应称为收购。(4)收购人收购股份的行为不单纯是投资,更重要的是要在控制股份的基础上控制目标公司的经营管理权,或干脆将目标公司与收购人合并。

上市公司的收购概念易与兼并、合并、股份转让等概念混淆,有必要认真加以区分。

兼并,通常是指一企业通过购买另一企业资产或股份,或者通过其他方式取得另一企业的控制权,或将另一企业合并的行为。收购与兼并相比,目的是相同的,但收购仅是兼并的一种手段或方式。企业兼并除了通过收购股份的方式外,还可以通过其他方式实行,如资产或股份的受让、股权或经营管理权的委托等。上市公司的收购具有一定的复杂性和特殊性。许多国家除了运用反垄断法、公平竞争法控制这一行为外,还在证券法中制定较详细的规范实施控制。人们普遍觉得,收购比其他任何一种兼并行为都更加难以把握。公司兼并的研究者几乎把大部分精力都耗费在收购问题的研究上。因此,人们常常将公司兼并与收购相提并论,有时合称为“并购”或“购并”。

合并,是兼并的一种结果,自然也成为收购行为可以选择的一种结果。收购人通过对上市公司股份的收购,可以控制目标公司的经营管理权,让目标公司继续在法律上独立;也可以将目标公司的各种要素并入收购人,消灭目标公司的法人资格。当然,我们还应当注意,兼并一定是市场行为,实施兼并的一方要遵守市场准则,按照平等互利等价有偿的原则;设法取得对另一企业的经营管理控制权。合并不一定是市场行为,可以是有代价的,可以是没有任何代价的。行政性合并大多是没有任何代价的合并。

股份转让是指股份的持有人和受让人之间达成协议,持有人自愿将自己所持有的股份以一定的价格转让给受让人,受让人支付价金的行为。股份转让也可以成为兼并的一种手段。它与上市公司股份收购的不同点在于:(1)转让的股份可以是上市公司的股份,也可以是非上市公司的股份,收购通常是针对上市公司的股份;(2)股份转让不一定以取得目标公司控制权为目的,而股份收购通常以取得目标公司控制权为目的;(3)股份转让是“一对一”的谈判,不需要在特定的交易市场进行,股份收购是在证券交易所这个公开市场上进行的,收购人是特定的,出售股份的人是不特定的。

确立上市公司收购制度的意义在于,促进上市公司的股票在市场上加速流动,对上市公司的管理层形成经营上的压力,从而保证上市公司的控制权掌握在最有能力的投资者或由投资者委派的人员手中,使资源得到有效的利用。

二、上市公司收购的分类

根据我国《证券法》的规定分析,上市公司股份收购行为包括要约收购、通过证券交易所的集中竞价交易收购(简称“竞价收购”)、协议收购和其他合法收购方式。

要约收购是指收购人为取得或强化对目标公司的控制权,通过向目标公司全体股东公开发出购买该上市公司股份的要约方式,收购该上市公司股份的行为。收购要约应当公告,并规定收购价格、数量及要约期间等收购条件。

竞价收购是指收购人通过证券交易所以集中竞价交易方式依法连续收购上市公司股份并取得相对控股权的行为。这种行为已在我国的证券市场上多次出现过,如1993年10月发生的“宝延事件”,此后发生的“万科控股申华”、“恒通控股棱光”、“康恩贝控股浙凤凰”等事件。这种收购方式易造成市场价格的波动,证券法必须对竞价收购的信息披露作出严格的规定。需要说明的是,我国《证券法》中没有使用“竞价收购”的概念。但从实践来看,以集中竞价交易的方式连续收购,是能够达到控股(相对控股)收购目的的。

协议收购是指收购人与目标公司的股票持有人约定收购股份的价格及其他条件,由股票持有人向收购人转让目标公司股份的收购方式。正如前文所述,股份交易的双方当事人“一对一”的谈判达到一致,实际上是一般的股权(股份)转让,不应称为“协议收购”。然而,考虑到我国上市公司存在大量国有股、法人股不能在证券交易所流通的情况,欲在公开市场上进行收购并达到预期的控股目的有一定的难度,拓展收购的外延成为必需。另外,国有股、法人股的协议转让涉及公有财产,它不同于一般当事人间的协议转让,需要有一定的透明度,将之纳入收购的范畴可受证券法管辖,也便于受到公众的监督。

在理论上,依收购是否成为收购人的法定义务为标准,上市公司收购可分为自愿收购和强制收购。自愿收购是由收购人依其自己的意愿,选定时间并按自行确定的收购计划依法进行的收购。强制收购则是指收购人依法必须进行的收购。强制收购是对收购人受让的强制,而不是对无意出售所持股票的股东的强制。一般说来,强制收购对投资者比较有利,自愿收购对收购人有利。立法者应斟酌公司收购制度的特有价值及对股东利益的保护,同时接受自愿收购和强制收购,并对其设置特定条件,以均衡收购人与股东的利益。①

依预定收购的股份数量,上市公司的收购还可分为部分收购和全面收购。部分收购,是指收购人计划收购上市公司已发行的一定比例或数量的股份。全面收购是指收购人计划收购上市公司已发行的全部股份。收购人是进行全面收购还是部分收购,事前应有周密的计划,必须根据企业的发展目标、人力、财力等基本条件综合考虑。全面收购的结果应能取得对上市公司绝对控股的权利,部分收购的结果应能取得对上市公司相对控股的权利;反之,则为收购不成功。

三、上市公司收购的一般规则

(一) 权益公开规则

任何人通过证券交易所的股票交易持有或者通过协议、其他安排与他人共同持有一个上市公司总股份达到百分之五时,无论其是否具有收购的意图,均需暂停购买且依法定要求公开其持股情况。此谓权益公开规则,也称“百分之五规则”。一般投资者在市场上买卖股票,只要不超过一上市公司总股份百分之五的比例,都不适用这一规则。上市公司流通的股份通常数量大且比较分散,投资者能够通过二级市场购股达到百分之五的比例,说明有一定的经济实力,同时也意味着此投资者在公司决策方面将会产生一定影响。值得注意的是:“投资者通过协议、其他安排与他人共同持有”实际上是确认了“一致行动人”的概念。根据《上市公司收购管理办法》和《上市公司股东持股变动信息披露管理办法》的规定,一致行动人是指通过协议、合作、关联方关系等合法途径扩大其对一个上市公司股份的控制比例,或者巩固其对上市公司的控制地位,在行使上市公司表决权时采取相同意思表示的两个以上的自然人、法人或者其他组织。其中“采取相同意思表示”的情形包括共同提案、共同推荐董事、委托行使未注明投票意向的表决权等情形;但是公开征集投票代理权的除外。“一致行动人”概念的确立主要是为了防止相关的人联合持股超过一定比例,从而操纵市场的行为。

在国外,持股百分之五或百分之五以上的投资者通常被称为“大股东”,法律上均要求其承担一定的附加义务。公开权益则是大股东的主要义务之一。我国《证券法》借鉴西方国家的立法,也规定了“百分之五规则”。这对于限制大股东及一致行动人的行为,保护中小股东的权益是非常必要的。公开大股东及一致行动人的持股情况,有利于防止操纵市场和内幕交易。

---

① 叶林编著:《中国证券法》,中国审计出版社 1999 年版,第 263 页。

（二）“台阶规则”

“台阶规则”要求投资者通过证券交易所的证券交易持有或者通过协议、其他安排与他人共同持有一上市公司已发行股份达到百分之五以后，每增加或者减少持有一定比例时，均须暂停买卖该公司的股票，且须依法定要求公开其持股变化情况。我国《证券法》现规定增加或减少的“一定比例”亦为百分之五。法律设置“台阶规则”的目的在于，控制大股东买卖股票的节奏，让上市公司及其大股东的有关信息作广泛传播和充分的消化，使投资者有时间慎重考虑作出继续持有或立即售出的选择。

（三）强制要约规则

强制要约规则要求，投资者通过证券交易所的证券交易，持有或者通过协议、其他安排与他人共同持有一个上市公司已发行的股份达到百分之三十时，继续进行收购的，应当依法向该上市公司所有股东发出收购上市公司全部或者部分股份的要约。这一规则的理论依据是：在当今上市公司股权日益分散的情况下，持有或者通过协议、其他安排与他人共同持有一个上市公司百分之三十股份的股东，已基本上取得了该公司的控制权。该股东不但可以依据公司章程自由选派高级管理人员，对公司的日常经营、管理作出决定，而且在市场上进一步购买该公司的股票以达到绝对控股地位也并不是一件难事，小股东因此被剥夺了应享有的权利，实际上处于任人支配的地位。从公平的角度说，小股东有权享有将其持有的股票以合理的价格强制卖给大股东的权利。①

（四）终止上市规则

终止上市规则要求，收购要约的期限届满，被收购公司股权分布不符合上市条件的，该上市公司的股票就应当由证券交易所依法终止上市。根据我国《证券法》的规定，股票上市的条件之一是“公开发行的股份达到公司股份总数的百分之二十五以上；公司股本总额超过人民币四亿元的，公开发行股份的比例为百分之十以上”。投资者通过收购掌握了百分之七十五以上的股份，说明目标公司已经失去了维持上市的资格，因而应终止上市。投资者如果收购的最终目标不是合并目标公司，一般应将股份收购的数量控制在百分之七十五以下，以保持目标公司在证券市场上的融资功能。

（五）强制接受规则

强制接受规则要求，收购要约的期限届满，被收购公司股权分布不符合上市条件的，该上市公司的股票就应当由证券交易所依法终止上市。其余仍持有被收购公司股票的股东，有权向收购人以收购要约的同等条件出售其股票，收购人应当无条件地

---

① 全国人大常委会办公厅研究室《中华人民共和国证券法应用指南》编写组：《中华人民共和国证券法应用指南》，改革出版社 1999 年版，第 134—135 页。

受让。结合我国《证券法》关于股票上市的条件规定,收购人如果持有目标公司百分之七十五以上的股份,该公司的股份已经不能在证券市场上流通,其余持股股东的权利已经受到相当程度的限制。为了保障小股东权益的实现,法律赋予小股东向大股东强制出售所持股份的权利。

(六) 同等条件收购规则

采取要约收购方式的,收购人在收购要约期限内,不得卖出被收购公司的股票,也不得采取要约规定以外的形式和超出要约的条件买卖目标公司的股票。竞价收购与协议收购不受此规则约束。

(七) 转让股份限制规则

在上市公司收购中,收购人对所持有的目标公司股票,在收购行为完成后的十二个月内不得转让。

四、上市公司收购的程序

(一) 竞价收购的程序

竞价收购的程序通常包括:(1)通过证券交易所购买目标公司股份达百分之五;(2)按"百分之五规则"报告与公告;(3)继续购买目标公司股份,按"台阶规则"报告与公告;(4)达到相对控股的程度,向国务院证券监督管理机构和证券交易所报告持股情况及收购后的改组计划;(5)依《公司法》的规定请求召开临时股东大会;(6)实施改组计划。这些计划可能涉及组织机构的重组、人员的重组、资产的重组以及业务的重组等。

履行上述程序的关键,是要准确把握相对控股的程度。是持股百分之十还是更多,要视目标公司股权分散程度而定。如果股权十分分散,持股百分之十就可实施收购计划;如果股权相对集中,持股百分之二十、百分之三十也有可能难以实施收购计划。持股超过百分之三十继续收购的,需遵守要约收购的程序。

(二) 要约收购的程序

要约收购的程序通常包括:(1)置备上市公司收购要约书和收购报告书。收购要约书的内容,应反映在收购报告书中。根据《证券法》的规定,收购报告书应载明下列事项:收购人的名称、住所;收购人关于收购的决定;被收购的上市公司名称;收购目的;收购股份的详细名称和预定收购的股份数额;收购期限、收购价格;收购所需资金额及资金保证;报送上市公司收购报告书时持有被收购公司股份数占该公司已发行的股份总数的比例。(2)报告。收购人发出收购要约,必须事先向国务院证券监督管理机构报送上市公司收购报告书。同时,应当将收购报告书提交证券交易所。(3)公告收购要约。收购人在报送上市公司收购报告书之日起十五日后,公告其收购要约。

在上述期限内，国务院证券监督管理机构发现上市公司收购报告书不符合法律、行政法规规定的，应当及时告知收购人，收购人不得公告其收购要约。收购要约约定的收购期限不得少于三十日，并不得超过六十日。在收购要约的有效期限内，收购人不得撤回其收购要约。在收购要约的有效期限内，收购人需要变更收购要约中事项的，必须事先向国务院证券监督管理机构及证券交易所提出报告，经获准后，予以公告。(4)收购。收购要约中提出的各项收购条件，适用于目标公司所有的股东。股东可以根据自己的意愿办理股票预售手续。要约期限届满收购人则可以根据要约规定和股票预售的情况全面收购或按比例部分收购。据现有技术条件，预售及收购均可通过证券交易所的电脑系统进行。如果持股达百分之七十五以上，应遵守前述“终止上市规则”和“强制收购规则”。(5)实施改组或合并计划。目标公司继续存在的，收购人依《公司法》规定行使股东的权利。将目标公司撤销的，属于公司合并，目标公司的原有股票，由收购人依法更换。(6)报告与公告。收购上市公司的行为结束后，收购人应当在十五日内将收购情况报告国务院证券监督管理机构和证券交易所，并予公告。

值得研究的问题是，要约收购能否在收购人持股百分之三十以下或在收购人根本没有持股的情况下进行。《证券法》第 88 条是“强制要约规则”，投资者持有或者通过协议、其他安排与他人共同持有一个上市公司已发行股份的百分之三十时，继续进行收购的，应当依法向该上市公司所有股东发出收购要约。从西方一些国家的实践以及理论来看，收购人持股不到百分之三十或者不持股是可以自愿发出收购要约的。

(三) 协议收购的程序

协议收购的程序通常包括：(1)谈判。收购人与目标公司的股东(尤其是大股东)就股权转让问题进行磋商，拟定协议草案。(2)经协议双方有关机构批准。大宗的股权转让、受让一般均须经买卖各方股东会或者董事会批准。上市公司收购中涉及国家授权投资机构持有的股份，应当按照国务院的规定，须经有关主管部门批准。(3)正式签订收购协议。(4)报告与公告。以协议方式收购上市公司时，达成协议后，收购人必须在三日内将该收购协议向国务院证券监督管理机构及证券交易所作出书面报告，并予公告。在公告前不得履行收购协议。(5)发出要约。采取协议收购方式的，收购人收购或者通过协议、其他安排与他人共同收购一个上市公司已发行的股份达到百分之三十时，继续进行收购的，应当向该上市公司所有股东发出收购上市公司全部或者部分股份的要约。但是，经国务院证券监督管理机构免除发出要约的除外。(6)履行收购协议。上市公司的股票是实行托管的，买卖双方应到证券登记结算公司办理过户手续。(7)实施改组或合并计划。对上市公司实施改组或合并计划的前提是，收购人须持有足够的股份，或是绝对控股，或是相对控股。如果协议收购没有达到控股的程度，则不能实施对上市公司改组计划，更不能实施合并计划。

在协议收购中，前述的“终止上市规则”、“强制接受规则”、“转让股份限制规则”仍然适用，但其余规则不能适用。

第十七章
证券投资基金法律制度

第一节 证券投资基金概述

一、证券投资基金的定义和特征

证券投资基金是一种由众多不确定的投资者将不同的出资份额汇集起来，交由专业机构投资于股票或债券等有价证券，所得的收益由投资者按出资份额分享的投资工具。这种投资工具在国际上有多种称谓：美国称之为“共同基金”或“互惠基金”，英国和我国香港地区称之为“单位信托”，日本和我国台湾地区称之为“证券投资信托基金”。

证券投资基金具有以下特征：(1)集合分散资金用于投资。其集资的方式主要是向投资者发行“基金券”，也称股票或受益凭证，从而将分散的小额资金汇集为一个较大的基金加以投资运用。在我国香港，集合分散资金被表述为“集体投资”，它可以同时达到分散投资风险及减少投资管理成本的目的。[1](2)利用信托关系组织证券投资。信托是指将本人的财产委托给可以信赖的第三者，让其按照本人的要求加以管理和运用的行为。将分散的投资汇集起来委托专业机构操作，是基于对专业机构的完全信任。专业机构通常是指依法设立的保管机构和基金管理公司。(3)证券投资基金只能投资于股票或债券等有价证券。投资基金有多种多样，有的可用于产业投资，有的可用于房地产投资，有的可用于黄金投资等。证券投资基金是专为投资证券设立的，不能投资于证券以外的项目。(4)证券投资收益必须依法分配给投资人。专业机构采取组合投资，投资收益通常会高于普通投资，所得收益按出资者的出资份额进行分配。

证券投资基金的证券形式通常是基金券或基金单位，它和股票、债券一样都是金融投资工具，但又不同于股票和债券。不同点在于：(1)它们所反映的关系不同。股票反映的是股权关系，债券反映的是债权关系，而基金券反映的则是信托关系。(2)资金投向不同。股票和债券是融资工具，其集资主要是投向实业或不动产，而基金券

① 郭琳广、区沛达著：《香港公司证券法》，法律出版社 1999 年版，第 304 页。

是信托工具，主要是投资于股票或债券等有价证券。(3)收益不同。股票的收益取决于公司的经营效益，投资股票有较大的风险。债券的收益一般是事前确定的，其投资风险较小。基金券主要投资于有价证券，投资选择可以灵活多样，从而使基金券的收益有可能高于债券，其投资风险又可能小于股票。

早在1868年，英国就以契约形式率先建立了"国外及殖民地政府信托"；1899年，英国颁布《公司法》，投资信托基金依法脱离了原来的契约形式，发展成为股份有限公司。1921年4月，美国引进了英国的投资基金制度，成立了美国第一家基金组织"美国国际证券信托"。1929年纽约股市大崩溃以后，美国加紧制定证券法，1940年还制定了《投资公司法》。《投资公司法》对投资基金的组建及其管理作了明确规定。我国证券投资基金业起步较晚，始于1991年。首家经批准公开发行的基金是武汉证券投资基金。1992年深圳公布了《深圳市投资信托基金管理暂行条例》，1993年上海公布了《上海市人民币证券投资信托基金管理办法》。1997年国务院批准颁发了《证券投资基金管理暂行办法》。2004年《中华人民共和国证券投资基金法》(以下简称《证券投资基金法》)正式颁行，标志着基金业由此进入了一个以法治业的新时代。与《证券投资基金法》相配套的，还有中国证监会制定推出的六部规章：《证券投资基金管理公司管理办法》、《证券基金行业高级管理人员管理办法》、《证券投资基金运作管理办法》、《证券投资基金销售管理办法》、《证券投资基金信息披露管理办法》、《证券投资基金托管资格管理办法》。这六个管理办法和规则涉及三个层面：一是在机构的准入、资格、资产质量、诚信记录等方面制定规则和要求，让好的机构、有诚信的股东进入市场，更好地为基金持有人服务；二是从信息披露、产品设计、销售行为等层面制定管理办法，规范基金管理者的行为；三是对基金的高管人员制定具体的监管规则。目前，这一部法律、六部规章以及一些规范性文件如《证券投资基金管理公司内部控制指引》等构成了我国证券投资基金的法律体系。

二、证券投资基金的分类

(一) 公司型证券投资基金与契约型证券投资基金

公司型证券投资基金是以股份有限公司形式组成的基金，基金的投资者是股东，基金是法人。公司型证券投资基金实际上是一个专事于有价证券投资的投资公司。在美国，它依据《投资公司法》操作。公司设立董事会，董事会对基金资产负有安全增值的责任。

契约型证券投资基金是基于一定的信托契约组织起来的由信托机构代理证券投资的基金。一般由三方当事人组成，一是投资者(受益人)，二是基金保管公司，三是基金管理公司。投资者是委托人，基金保管公司与基金管理公司是受托人，受托人依据保管与经营分开的原则，分别执行受托业务。保管公司一般由信托公司或银行担任，负责保管信托财产。基金管理公司发起建立投资基金后，将所筹资金交给保管公司管理，自己集中精力专门从事投资营运。

这种分类的依据是组织形态。公司型与契约型证券投资基金的主要区别在于：(1)前者是一个法人，后者不是法人；(2)前者的投资者可以参加股东大会，对公司运作发表意见，而后者的投资者是契约关系的当事人，对资金运用没有发言权；(3)前者可以多种渠道融资，除发行普通股外，还可发行优先股、公司债，也可向银行贷款，但后者只能发行受益凭证；(4)前者活动的依据是公司章程，后者是信托契约。

(二) 开放型投资基金与封闭型投资基金

开放型证券投资基金发行的股票或受益凭证的总数是不固定的，可根据基金发展需要追加发行，投资者也可根据自己的实际情况增加持有或要求基金回购而减少持有。为了应付投资者中途变现，开放型基金应从所筹资金中拨出一部分，以现金形式保持这部分资产。

封闭型证券投资基金发行的股票或受益凭证的总数是固定的，完成发行计划后，不再追加发行。投资者也不得要求基金回购，但可将持有的股票或受益凭证通过证券市场转让。

这种分类的依据是基金券变现或买卖方式。开放型与封闭型证券投资基金的主要区别在于：(1)前者的发行规模是变化的，便于业务扩展，适应发达的金融市场，后者则固定不变，多为不发达市场所采用；(2)前者的定价是依据基金的净资产值，后者则取决于市场供求；(3)前者的投资者可将投资赎回，后者则不可；(4)前者的资金运用成本较高，后者相对较低。

证券投资基金依据投资渠道不同，可分为海外基金和国内基金；依据投资对象不同，可分为债券基金、股票基金、外汇基金等等；依据投资目标不同，可分为收入型基金、成长型基金以及收入—成长混合型基金。

三、证券投资基金的作用

证券投资基金在我国的发展，可以推动证券市场规模的扩大，改善证券市场的投资者结构，促进我国证券市场的不断完善和健康发展；可以为广大民众提供理财服务和投资管理，解决资金的有效利用问题；可以吸引外资，做到既利用外资，降低投资风险，又不被外资所控制。

第二节　基金托管人和基金管理人

一、基金契约当事人及其关系

基金契约当事人是指基金持有人、基金发起人、基金托管人和基金管理人。基金持有人是基金的投资者和受益人,不参与订立基金契约,而是以承认的形式介入的。投资者只要认购了基金,就意味着承认契约,成为基金契约的当事人。基金发起人是组织设立基金并在基金契约上签字的人。其主要义务是:为成立基金做好一系列准备工作;公告招募说明书;在基金设立时认购和存续期间持有符合规定比例的基金单位;基金不能成立时及时退还所募资金本息等。在基金成立后,基金发起人通常成为基金持有人。

根据《证券投资基金法》的规定,基金托管人是受托保管基金资产的人,由商业银行充任。基金管理人是受托管理和运用基金资产的人,由基金管理公司充任。两者在行政上、财务上均需保持独立,其高级管理人员不得在对方兼任任何职务。

由此可见,基金契约当事人之间的关系可以图 17.1 表示。

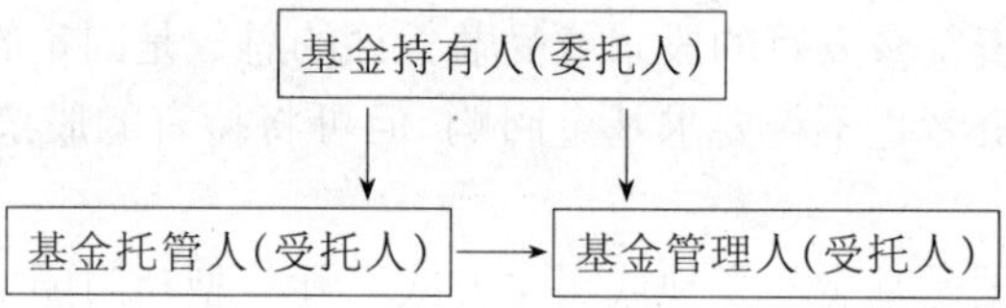

图 17.1

基金托管人与基金管理人同为受托人,分工负责,执行不同的职能。他们之间的关系是既相互配合,又相互制约的关系。对于这个问题,理论上有不同观点,实践中也有不同做法。一种观点认为,基金管理人是委托人,基金托管人是受托人。其理由是,基金管理人通常是基金的发起人和主要募集者,托管人保管的基金资产是基金管理人(经理人)委托的。[1]《上海市人民币证券投资信托基金暂行管理办法》第 42 条规定的基金托管人义务之一,是"受基金管理人的委托,保管基金管理人委托的某一基金或多个基金的所有资产"。另一种观点认为,基金托管人是委托人,基金管理人是受托人。其理由是基金持有人是实质上的基金资产所有人,基金托管人是形式上的基金资产所有人,基金管理人管理经营基金资产是由基金托管人委托的。《深圳市投资信托基金管理暂行规定》第 20 条规定的信托契约所包括的内容之一,是"信托人代表受益凭证的购买者(投资人)在名义上持有信托资产,并由信托人保管和控制信托资产,信托人委托经理人负责信托资产的投资与管理"。

二、基金托管人

(一) 基金托管人的资格与条件

在我国,基金托管人由依法设立并取得基金托管资格的商业银行担任。

基金托管人必须具备以下条件,并经国务院证券监督管理机构和国务院银行业

① 吴弘主编:《证券法论》,世界图书出版公司 1998 年版,第 185 页。

监督管理机构核准:(1)净资产和资本充足率符合有关规定;(2)设有专门的基金托管部门;(3)取得基金从业资格的专职人员达到法定人数;(4)有安全保管基金财产的条件;(5)有安全高效的清算、交割系统;(6)有符合要求的营业场所、安全防范设施和与基金托管业务有关的其他设施;(7)有完善的内部稽核监控制度和风险控制制度;(8)法律、行政法规规定的和经国务院批准的国务院证券监督管理机构、国务院银行业监督管理机构规定的其他条件。

下列人员不得担任基金托管人的专门基金托管部门的从业人员:(1)因犯有贪污贿赂、渎职、侵犯财产罪或者破坏社会主义市场经济秩序罪,被判处刑罚的;(2)对所任职的公司、企业因经营不善破产清算或者因违法被吊销营业执照负有个人责任的董事、监事、厂长、经理及其他高级管理人员,自该公司、企业破产清算终结或者被吊销营业执照之日起未逾五年的;(3)个人所负债务数额较大,到期未清偿的;(4)因违法行为被开除的基金管理人、基金托管人、证券交易所、证券公司、证券登记结算机构、期货交易所、期货经纪公司及其他机构的从业人员和国家机关工作人员;(5)因违法行为被吊销执业证书或者被取消资格的律师、注册会计师和资产评估机构、验证机构的从业人员、投资咨询从业人员;(6)法律、行政法规规定不得从事基金业务的其他人员。基金托管人的董事、监事、经理和其他从业人员,不得担任基金管理人或者其他基金托管人的任何职务,不得从事损害基金财产和基金份额持有人利益的证券交易及其他活动。

基金托管人的专门基金托管部门的经理和其他高级管理人员,应当熟悉证券投资方面的法律、行政法规,具有基金从业资格和三年以上与其所任职务相关的工作经历。其选任或者改任,应当报经国务院证券监督管理机构依照本法和其他有关法律、行政法规规定的任职条件进行审核。

基金托管人与基金管理人不得为同一人,不得相互出资或者持有股份。

(二) 基金托管人的职责

基金托管人应当履行下列职责:(1)安全保管基金财产;(2)按照规定开设基金财产的资金账户和证券账户;(3)对所托管的不同基金财产分别设置账户,确保基金财产的完整与独立;(4)保存基金托管业务活动的记录、账册、报表和其他相关资料;(5)按照基金合同的约定,根据基金管理人的投资指令,及时办理清算、交割事宜;(6)办理与基金托管业务活动有关的信息披露事项;(7)对基金财务会计报告、中期和年度基金报告出具意见;(8)复核、审查基金管理人计算的基金资产净值和基金份额申购、赎回价格;(9)按照规定召集基金份额持有人大会;(10)按照规定监督基金管理人的投资运作;(11)国务院证券监督管理机构规定的其他职责。

基金托管人发现基金管理人的投资指令违反法律、行政法规和其他有关规定,或者违反基金合同约定的,应当拒绝执行,立即通知基金管理人,并及时向国务院证券监督管理机构报告。基金托管人发现基金管理人依据交易程序已经生效的投资指令违反法律、行政法规和其他有关规定,或者违反基金合同约定的,应当立即通知基金管理人,并及时向国务院证券监督管理机构报告。

基金托管人不得有下列行为:(1)将其固有财产或者他人财产混同于基金财产从事证券投资;(2)不公平地对待其管理的不同基金财产;(3)利用基金财产为基金份额持有人以外的第三人牟取利益;(4)向基金份额持有人违规承诺收益或者承担损失。

(三)基金托管人资格的取消与职责的终止

基金托管人有下列情形之一的,国务院证券监督管理机构和国务院银行业监督管理机构依据职权责令整顿,或者取消基金托管资格:(1)有重大违法违规行为;(2)不再具备上述基金托管人的资格;(3)法律、行政法规规定的其他情形。

基金托管人有下列情形之一的,其职责被终止:(1)被依法取消基金托管资格;(2)被基金份额持有人大会解任;(3)依法解散、被依法撤销或者被依法宣告破产;(4)基金合同约定的其他情形。

基金托管人职责终止的,基金份额持有人大会应当在六个月内选任新基金托管人;新基金托管人产生前,由国务院证券监督管理机构指定临时基金托管人。同时应当妥善保管基金财产和基金托管业务资料,及时办理基金财产和基金托管业务的移交手续,新基金托管人或者临时基金托管人应当及时接收。还应当按照规定聘请会计师事务所对基金财产进行审计,并将审计结果予以公告,同时报国务院证券监督管理机构备案。

三、基金管理人

(一)基金管理公司的设立

我国基金管理人必须由基金管理公司充任。申请设立基金管理公司,必须经中国证监会审查批准。未经批准的,属于非法设立或者非法从事基金管理业务,应按照规定予以取缔和处罚。

设立基金管理公司须具备以下条件:(1)有符合《证券投资基金法》和《中华人民共和国公司法》规定的章程;(2)注册资本不低于一亿元人民币,且必须为实缴货币资本;(3)主要股东具有从事证券经营、证券投资咨询、信托资产管理或者其他金融资产管理的较好的经营业绩和良好的社会信誉,最近三年没有违法记录,注册资本不低于三亿元人民币;(4)取得基金从业资格的人员达到法定人数;(5)有符合要求的营业场所、安全防范设施和与基金管理业务有关的其他设施;(6)有完善的内部稽核监控制度和风险控制制度;(7)法律、行政法规规定的和经国务院批准的国务院证券监督管理机构规定的其他条件。

下列人员不得担任基金管理人的基金从业人员:(1)因犯有贪污贿赂、渎职、侵犯财产罪或者破坏社会主义市场经济秩序罪,被判处刑罚的;(2)对所任职的公司、企业因经营不善破产清算或者因违法被吊销营业执照负有个人责任的董事、监事、厂长、经理及其他高级管理人员,自该公司、企业破产清算终结或者被吊销营业执照之日起未逾五年的;(3)个人所负债务数额较大,到期未清偿的;(4)因违法行为被开除的基金管理人、基金托管人、证券交易所、证券公司、证券登记结算机构、期货交易所、期货经纪公司及其他机构的从业人员和国家机关工作人员;(5)因违法行为被吊销执业证书或者被取消资格的律师、注册会计师和资产评估机构、验证机构的从业人员、投资咨询从业人员;(6)法律、行政法规规定不得从事基金业务的其他人员。

基金管理人的经理和其他高级管理人员,应当熟悉证券投资方面的法律、行政法规,具有基金从业资格和三年以上与其所任职务相关的工作经历。其选任或者改任,应当报经国务院证券监督管理机构依照本法和其他有关法律、行政法规规定的任职条件进行审核。另外,基金管理人的董事、监事、经理和其他从业人员,不得担任基金托管人或者其他基金管理人的任何职务,不得从事损害基金财产和基金份额持有人利益的证券交易及其他活动。

(二)基金管理公司的业务范围和职责

基金管理人应当履行下列职责:(1)依法募集基金,办理或者委托经国务院证券监督管理机构认定的其他机构代为办理基金份额的发售、申购、赎回和登记事宜;(2)办理基金备案手续;(3)对所管理的不同基金财产分别管理、分别记账,进行证券投资;(4)按照基金合同的约定确定基金收益分配方案,及时向基金份额持有人分配收益;(5)进行基金会计核算并编制基金财务会计报告;(6)编制中期和年度基金报告;(7)计算并公告基金资产净值,确定基金份额申购、赎回价格;(8)办理与基金财产管理业务活动有关的信息披露事项;(9)召集基金份额持有人大会;(10)保存基金财产管理业务活动的记录、账册、报表和其他相关资料;(11)以基金管理人名义,代表基金份额持有人利益行使诉讼权利或者实施其他法律行为;(12)国务院证券监督管理机构规定的其他职责。

同时,基金管理人不得有下列行为:(1)将其固有财产或者他人财产混同于基金财产从事证券投资;(2)不公平地对待其管理的不同基金财产;(3)利用基金财产为基金份额持有人以外的第三人牟取利益;(4)向基金份额持有人违规承诺收益或者承担损失;(5)依照法律、行政法规有关规定,由国务院证券监督管理机构规定禁止的其他行为。

(三)基金管理人资格的取消与职责的终止

基金管理人有下列情形之一的,国务院证券监督管理机构依据职权责令整顿,或者取消基金管理资格:(1)有重大违法违规行为;(2)不再具备上述基金管理公司的资格;(3)法律、行政法规规定的其他情形。

基金管理人有下列情形之一的,其职责将被终止:(1)被依法取消基金管理资格;(2)被基金份额持有人大会解任;(3)依法解散、被依法撤销或者被依法宣告破产;(4)基金合同约定的其他情形。

基金管理人职责终止的,基金份额持有人大会应当在六个月内选任新基金管理人;新基金管理人产生前,由国务院证券监督管理机构指定临时基金管理人。同时,应当妥善保管基金管理业务资料,及时办理基金管理业务的移交手续,新基金管理人或者临时基金管理人应当及时接收。应当按照规定聘请会计师事务所对基金财产进行审计,并将审计结果予以公告,同时报国务院证券监督管理机构备案。

四、基金份额持有人的权利及其行使

(一) 基金份额持有人的权利

基金份额持有人应享有的权利包括:(1)分享基金财产收益;(2)参与分配清算后的剩余基金财产;(3)依法转让或者申请赎回其持有的基金份额;(4)按照规定要求召开基金份额持有人大会;(5)对基金份额持有人大会审议事项行使表决权;(6)查阅或者复制公开披露的基金信息资料;(7)对基金管理人、基金托管人、基金份额发售机构损害其合法权益的行为依法提起诉讼;(8)基金合同约定的其他权利。

(二) 基金份额持有人权利的行使

基金份额持有人大会是基金份额持有人行使权利的组织形式,是基金的最高权力机构。下列事项应通过召开基金份额持有人大会审议决定:(1)提前终止基金合同;(2)基金扩募或者延长基金合同期限;(3)转换基金运作方式;(4)提高基金管理人、基金托管人的报酬标准;(5)更换基金管理人、基金托管人;(6)基金合同约定的其他事项。

基金份额持有人大会由基金管理人召集;基金管理人未按规定召集或者不能召集时,由基金托管人召集。代表基金份额百分之十以上的基金份额持有人就同一事项要求召开基金份额持有人大会,而基金管理人、基金托管人都不召集的,代表基金份额百分之十以上的基金份额持有人有权自行召集,并报国务院证券监督管理机构备案。

召开基金份额持有人大会,召集人应当至少提前三十日公告基金份额持有人大会的召开时间、会议形式、审议事项、议事程序和表决方式等事项。大会不得就未经公告的事项进行表决。大会可以采取现场方式召开,也可以采取通讯等方式召开。

每一基金份额具有一票表决权,基金份额持有人可以委托代理人出席基金份额持有人大会并行使表决权。基金份额持有人大会应当有代表百分之五十以上基金份额的持有人参加,方可召开;大会就审议事项作出决定,应当经参加大会的基金份额持有人所持表决权的百分之五十以上通过;但是,转换基金运作方式、更换基金管理人或者基金托管人、提前终止基金合同,应当经参加大会的基金份额持有人所持表决权的三分之二以上通过。基金份额持有人大会决定的事项,应当依法报国务院证券监督管理机构核准或者备案,并予以公告。

第三节 基金的募集

证券投资基金的募集方式既可以是公募，也可以是私募。我国《证券投资基金法》只规定了公募方式，这主要是出于基金上市与交易方便的考虑，一方面可向公众开放投资渠道，大规模募集资金，另一方面也便于基金运作受到公众的监督。

基金管理人发售基金份额，募集基金，应当向国务院证券监督管理机构提交下列文件，并经国务院证券监督管理机构核准：(1)申请报告；(2)基金合同草案；(3)基金托管协议草案；(4)招募说明书草案；(5)基金管理人和基金托管人的资格证明文件；(6)经会计师事务所审计的基金管理人和基金托管人最近三年或者成立以来的财务会计报告；(7)律师事务所出具的法律意见书；(8)国务院证券监督管理机构规定提交的其他文件。

基金合同应当包括下列内容：(1)募集基金的目的和基金名称；(2)基金管理人、基金托管人的名称和住所；(3)基金运作方式；(4)封闭式基金的基金份额总额和基金合同期限，或者开放式基金的最低募集份额总额；(5)确定基金份额发售日期、价格和费用的原则；(6)基金份额持有人、基金管理人和基金托管人的权利、义务；(7)基金份额持有人大会召集、议事及表决的程序和规则；(8)基金份额发售、交易、申购、赎回的程序、时间、地点、费用计算方式，以及给付赎回款项的时间和方式；(9)基金收益分配原则、执行方式；(10)作为基金管理人、基金托管人报酬的管理费、托管费的提取、支付方式与比例；(11)与基金财产管理、运用有关的其他费用的提取、支付方式；(12)基金财产的投资方向和投资限制；(13)基金资产净值的计算方法和公告方式；(14)基金募集未达到法定要求的处理方式；(15)基金合同解除和终止的事由、程序以及基金财产清算方式；(16)争议解决方式；(17)当事人约定的其他事项。

基金招募说明书应当包括下列内容：(1)基金募集申请的核准文件名称和核准日期；(2)基金管理人、基金托管人的基本情况；(3)基金合同和基金托管协议的内容摘要；(4)基金份额的发售日期、价格、费用和期限；(5)基金份额的发售方式、发售机构及登记机构名称；(6)出具法律意见书的律师事务所和审计基金财产的会计师事务所的名称和住所；(7)基金管理人、基金托管人报酬及其他有关费用的提取、支付方式与比例；(8)风险警示内容；(9)国务院证券监督管理机构规定的其他内容。

基金募集申请经核准后，方可发售基金份额。基金管理人应当在基金份额发售的三日前公布招募说明书、基金合同及其他有关文件，其材料应当真实、准确、完整。同时，基金管理人应当自收到核准文件之日起六个月内进行基金募集。超过六个月开始募集，原核准的事项未发生实质性变化的，应当报国务院证券监督管理机构备案；发生实质性变化的，应当向国务院证券监督管理机构重新提交申请。

基金募集不得超过国务院证券监督管理机构核准的基金募集期限。基金募集期限自基金份额发售之日起计算，期限届满，封闭式基金募集的基金份额总额达到核准规模的百分之八十以上，开放式基金募集的基金份额总额超过核准的最低募集份额总额，并且基金份额持有人人数符合国务院证券监督管理机构规定的，基金管理人应当自募集期限届满之日起十日内聘请法定验资机构验资，自收到验资报告之日起十日内，向国务院证券监督管理机构提交验资报告，办理基金备案手续，并予以公告。投资人缴纳认购的基金份额的款项时，基金合同成立；基金管理人按照上述规定向国务院证券监督管理机构办理基金备案手续，基金合同生效。

基金募集期限届满，达不到上述条件的，基金管理人应当以其固有财产承担因募集行为而产生的债务和费用，并在基金募集期限届满后三十日内返还投资人已缴纳的款项，并加计银行同期存款利息。

第四节　基金份额的交易、申购与赎回

一、基金份额的交易

封闭式基金的基金份额，经基金管理人申请，国务院证券监督管理机构核准，可以在证券交易所上市交易。基金份额上市交易，应当符合下列条件：(1)基金的募集符合本法规定；(2)基金合同期限为五年以上；(3)基金募集金额不低于二亿元人民币；(4)基金份额持有人不少于一千人；(5)基金份额上市交易规则规定的其他条件。基金份额上市交易规则由证券交易所制定，报国务院证券监督管理机构核准。

基金份额上市交易后，有下列情形之一的，由证券交易所终止其上市交易，并报国务院证券监督管理机构备案：(1)不再具备《证券投资基金法》第48条规定的上市交易条件；(2)基金合同期限届满；(3)基金份额持有人大会决定提前终止上市交易；(4)基金合同约定的或者基金份额上市交易规则规定的终止上市交易的其他情形。

二、基金份额的申购与赎回

开放式基金的基金份额的申购、赎回和登记，由基金管理人负责办理；基金管理人可以委托经国务院证券监督管理机构认定的其他机构代为办理。基金管理人应当按时支付赎回款项，但是下列情形除外：(1)因不可抗力导致基金管理人不能支付赎回款项；(2)证券交易场所依法决定临时停市，导致基金管理人无法计算当日基金资

产净值;(3)基金合同约定的其他特殊情形。发生上述情形之一的,基金管理人应当在当日报国务院证券监督管理机构备案。上述情形消失后,基金管理人应当及时支付赎回款项。

开放式基金应当保持足够的现金或者政府债券,以备支付基金份额持有人的赎回款项。基金财产中应当保持的现金或者政府债券的具体比例,由国务院证券监督管理机构规定。

基金份额的申购、赎回价格,依据申购、赎回日基金份额净值加、减有关费用计算。基金份额净值计价出现错误时,基金管理人应当立即纠正,并采取合理的措施防止损失进一步扩大。计价错误达到基金份额净值百分之零点五时,基金管理人应当公告,并报国务院证券监督管理机构备案。因基金份额净值计价错误造成基金份额持有人损失的,基金份额持有人有权要求基金管理人、基金托管人予以赔偿。

第五节 基金的运作与信息披露

一、证券投资基金的投资组合管理

基金投资能不能给基金的投资者带来较丰厚的回报,关键在于基金管理人能否系统地对国内外的经济形势以及各行业、各公司的资信进行分析研究,讲究投资策略,并进行安全、富有弹性的投资组合选择。所谓投资组合是指投资者根据本身的偏好及对风险的态度,将资金分散投向多种证券或资产,使之形成合理的组合,其目的是要将投资风险降至最低限度,使收益最大化。各国投资基金普遍实行投资组合。为了保护投资者的利益,基金市场的管理当局均有对基金投资组合的明文规定。

我国《证券投资基金法》规定:基金管理人运用基金财产进行证券投资,应当采用资产组合的方式。资产组合的具体方式和投资比例,依照本法和国务院证券监督管理机构的规定在基金合同中约定。

基金财产应当用于下列投资:(1)上市交易的股票、债券;(2)国务院证券监督管理机构规定的其他证券品种。基金财产不得用于下列投资或者活动:(1)承销证券;(2)向他人贷款或者提供担保;(3)从事承担无限责任的投资;(4)买卖其他基金份额,但是国务院另有规定的除外;(5)向其基金管理人、基金托管人出资或者买卖其基金管理人、基金托管人发行的股票或者债券;(6)买卖与其基金管理人、基金托管人有控股关系的股东或者与其基金管理人、基金托管人有其他重大利害关系的公司发行的证券或者承销期内承销的证券;(7)从事内幕交易、操纵证券交易价格及其他不正当的证券交易活动;(8)依照法律、行政法规有关规定,由国务院证券监督管理机构规定禁止的其他活动。

二、证券投资基金的信息披露

基金管理人、基金托管人和其他基金信息披露义务人应当依法披露基金信息,并保证所披露信息的真实性、准确性和完整性;应当确保应予披露的基金信息在国务院证券监督管理机构规定时间内披露,并保证投资人能够按照基金合同约定的时间和方式查阅或者复制公开披露的信息资料。

公开披露的基金信息包括:(1)基金招募说明书、基金合同、基金托管协议;(2)基金募集情况;(3)基金份额上市交易公告书;(4)基金资产净值、基金份额净值;(5)基金份额申购、赎回价格;(6)基金财产的资产组合季度报告、财务会计报告及中期和年度基金报告;(7)临时报告;(8)基金份额持有人大会决议;(9)基金管理人、基金托管人的专门基金托管部门的重大人事变动;(10)涉及基金管理人、基金财产、基金托管业务的诉讼;(11)依照法律、行政法规有关规定,由国务院证券监督管理机构规定应予披露的其他信息。

公开披露基金信息,不得有下列行为:(1)虚假记载、误导性陈述或者重大遗漏;(2)对证券投资业绩进行预测;(3)违规承诺收益或者承担损失;(4)诋毁其他基金管理人、基金托管人或者基金份额发售机构;(5)依照法律、行政法规有关规定,由国务院证券监督管理机构规定禁止的其他行为。

第六节　基金的监督管理

证券投资基金监管的监管机构是国务院证券监督管理机构,国务院证券监督管理机构依法履行下列职责:(1)依法制定有关证券投资基金活动监督管理的规章、规则,并依法行使审批或者核准权;(2)办理基金备案;(3)对基金管理人、基金托管人及其他机构从事证券投资基金活动进行监督管理,对违法行为进行查处,并予以公告;(4)制定基金从业人员的资格标准和行为准则,并监督实施;(5)监督检查基金信息的披露情况;(6)指导和监督基金同业协会的活动;(7)法律、行政法规规定的其他职责。

国务院证券监督管理机构依法履行职责,有权采取下列措施:(1)进入违法行为发生场所调查取证;(2)询问当事人和与被调查事件有关的单位和个人,要求其对与被调查事件有关的事项作出说明;(3)查阅、复制当事人和与被调查事件有关的单位和个人的证券交易记录、登记过户记录、财务会计资料及其他相关文件和资料,对可能被转移或者隐匿的文件和资料予以封存;(4)查询当事人和与被调查事件有关的单位和个人的资金账户、证券账户或者基金账户,对有证据证明有转移或者隐匿违法资金、证券迹象的,可以申请司法机关予以冻结;(5)法律、行政法规规定的其他措施。

国务院证券监督管理机构工作人员应当忠于职守,依法办事,公正廉洁,接受监督,不得利用职务牟取私利,不得在被监管的机构中兼任职务。其依法履行职责时,被调查、检查的单位和个人应当配合,如实提供有关文件和资料,不得拒绝、阻碍和隐瞒。国务院证券监督管理机构依法履行职责,发现违法行为涉嫌犯罪的,应当将案件移送司法机关处理。

第四编

商业银行法

4

第十八章

商业银行与商业银行法概述

第一节 商业银行概述

在我国,调整商业银行的法律规范主要是《中华人民共和国商业银行法》(1995年通过,2003年12月修订)、《中华人民共和国银行业监督管理法》(2003年12月通过)。本编对商业银行的阐述,以这两部法律为基础。

一、商业银行的概念

商业银行是银行体系的主体,它是指以金融资产和负债为经营对象,以利润最大化或股东收益最大化为主要目标,提供多样化服务的综合信用中介机构。"商业银行"一词,由英文"Commercial Bank"意译而成,既表明了这类银行的业务范围,又表明其以商业盈利为追求目标。

最早成立而且具有一定规模的银行,是1171年成立的威尼斯银行(Bank of Venice)。这是一家公立银行,它设立的目的是为战争筹集款项及发行公债。其次则为1609年在荷兰成立的阿姆斯特丹银行(Bank of Amsterdam)。它成立的目的是为统一币制,便利荷兰东印度公司的对外掠夺及商人银钱交易、货币成色的鉴别。①

我国对于"商业银行"这一称谓的确认,经历了一个历史过程。我国的"银行法"从1979年开始起草,中间历经数个版本。在1988年再次讨论草案时,有人提出直接叫"商业银行法",但当时在场的人并没有予以呼应,因为在当时还没有人敢公开使用"商业银行"这一带有"资本主义"意味的概念。②直到1995年5月,第八届全国人大常委会第十三次会议通过《中华人民共和国商业银行法》,才正式使用了"商业银行"这一名称。根据该法第2条规定,本法所称商业银行是指依照本法和《中华人民共和国公司法》设立的吸收公众存款、发放贷款、办理结算等业务的企业法人。

---

① 朱大旗著:《金融法》,中国人民大学出版社2000年版,第76—77页。

② 1988年,中信实业银行董事雷平一先生,在珠海召开的银行法草案讨论会议上提出使用"商业银行法"的名称。转引自吴志攀著:《商业银行法制》,中国金融出版社2005年版,第1页。

商业银行依照其章程规定的业务范围自主经营、自负盈亏,以银行的全部财产独立承担民事责任。在我国,商业银行的章程制定和修改均须经国务院银行业监督管理机构(以下简称"银监会")批准,因而由银监会批准的商业银行的经营业务范围都记载在银行的章程中。

二、我国商业银行组织形式及其改革历程

(一)我国商业银行的组织形式

在管理体制上,我国商业银行一般实行一级法人的总分行制。原来的四大国有独资商业银行是按照政府的行政区划来设立分支机构的。例如,中国工商银行的机构设置分为四级:总行设在北京,在各个省、直辖市和自治区设立省级分行,在地(市)设立二级分行(或中心支行),在县设立县级支行。其他的几家国有独资银行的设置也大体类似。但随着金融体制的改革,我国的商业银行机构设置也发生了变化,改变了原来的设置方法,改为按照经济区划和业务与成本核算来设立分支机构。例如,现在的中国工商银行合并了设在省会城市的省级分行与市分行,部分县级支行也进行了撤并。

商业银行总行与分支行的关系,是总公司与分公司的关系,总行行长是各银行统一的法人代表,各分支行行长在总行授权范围内行使代理经营权,其经营后果(包括经济损益、税收和法律责任)都由总行承担。多年前,我国某国有独资商业银行的一家支行,超越了其授权范围而对外开出了一个巨额的备用信用证,为其支付对价的善意第三人,要求总行承担最后的法律责任。最后法院判令总行承担这一责任。这一例子表明,分支行只能在总行授权范围内经营,而不能够越权经营。分支行的越权经营造成经济损失的,对于不知情的、支付了对价的善意第三方来说,总行也要承担相应的法律后果。这是因为,如果第三方不知道、也不应当知道分支行超越代理权限,即可以援引民法的"表见代理"而起诉总行。

在实际操作中,考虑到诉讼的可行性,中国人民银行与最高人民法院联合发文,同意商业银行各分支机构可以在当地人民法院以特殊授权的原告或者被告出庭。例如,中国工商银行的总行在北京,在全国有数万个分支机构的储蓄网点。如果所有诉讼案件,不分情事,也不论标的大小,都由总行派员到各地去打官司,将会造成人力和财力的极大浪费。

在商业银行的组织结构上,2003年修订后的《商业银行法》第17条仍沿用1995年的规定,即"商业银行的组织形式、组织机构适用《中华人民共和国公司法》的规定。本法实施前设立的商业银行,其组织形式、组织机构不完全符合《中华人民共和国公司法》规定的,可以继续沿用原有的规定,适用前款规定的日期由国务院规定"。

按照《公司法》的规定,公司可分为有限责任公司和股份有限公司,国有独资公司是特殊的有限责任公司。无论是有限责任公司还是股份有限公司,都采取了股东(大)会、董事会、监事会的公司治理模式。但1995年《商业银行法》颁布时,由于历史

原因,许多商业银行的组织形式和组织结构并没有调整至公司制的模式,而是经历了一个发展演变的过程,这也是《商业银行法》为商业银行实行公司制留下过渡期的原因所在。

(二) 我国商业银行的改革历程

从1984年开始,二十多年来,国有商业银行改革大致经历了三个阶段。

1. 1984—1994年的专业化改革阶段。

1984年以前,我国实行的是"大一统"的银行体制。1984年,在中国改革开放的大背景下,从中国人民银行中分设出中国工商银行,加上专营外汇业务的中国银行和原行使财政职能的中国人民建设银行,以及1979年恢复的中国农业银行,这四家银行成为国家专业银行,中国人民银行则专门行使中央银行职能。自此,中国形成了各司其职的二元银行体制。

2. 1994—2003年的国有独资商业银行改革阶段。

1994年,国家成立了国家开发银行、中国农业发展银行和中国进出口银行这三家政策性银行,专门从事政策性贷款业务,从而实现了政策性金融与商业性金融的分离。1995年,我国颁布实施了《中华人民共和国商业银行法》,明确国有商业银行是"自主经营、自担风险、自负盈亏、自我约束"的市场主体。至此,四家专业银行从法律上定位为国有独资商业银行。

1997年,亚洲金融危机爆发,同年11月中央召开了第一次全国金融工作会议,随后陆续出台了一系列国有商业银行改革措施,主要包括:中央财政定向发行2 700亿元特别国债,专门用于补充四家银行资本金;将13 939亿元不良资产剥离给新成立的四家资产管理公司;取消贷款规模,实行资产负债比例管理;强化法人管理、绩效考核等。在这一阶段,开始引入了许多先进的理念和方法,经营绩效和风险内控机制逐步建立,外部行政干预明显弱化。但就总体而言,这一阶段的改革主要在梳理内外部关系、引进先进管理技术、处置不良资产等层面上进行,尚未触及体制等深层次问题。

3. 2004年开始的国家控股的股份制商业银行改革阶段。

2003年底,党中央、国务院决定,选择中国银行、中国建设银行进行股份制改革试点,并动用450亿美元外汇储备注入这两家商业银行,希望藉此从根本上改革国有商业银行体制。此次改革总体上分为三个步骤:一是财务重组,即在国家政策的扶持下消化历史包袱,改善财务状况。财务重组是国有商业银行股份制改革的前提和基础。二是公司治理改革,即根据现代银行制度的要求并借鉴国际先进经验对银行的经营管理体制和内部运行机制进行改造。公司治理改革是国有商业银行股份制改革的核心和关键。三是在资本市场上市,即通过在境内外资本市场上市进一步改善股权结构,真正接受市场的监督和检验。在资本市场上市是国有商业银行股份制改革的深化和升华。

此间,中国人民银行、中国银监会先后发布一系列指引、政策及其他规范性文件,为商业银行的股份制改造提供操作规程。如2002年6月,中国人民银行发布了《股份制商业银行独立董事和外部监事制度指引》及《股份制商业银行公司治理指引》;2005年3月中国银监会发布了《中国银行业监督管理委员会关于中国银行、中国建设银行公司治理改革与监管指引》,该指引要求两家试点银行按有关法律要求设立股份有限公司,公平、公正地选择境内外战略投资者,改变单一的股权结构,实现投资主体多元化,并建立规范的股东大会、董事会、监事会和高级管理层制度。目前,两家试点银行股份制公司均已挂牌成立。中国银行经过批准以独家发起方式成立,中国建设银行除汇金公司和建银集团外,成功引进宝钢集团、长江电力和国家电网为首批候选发起人。2005年10月27日,中国建设银行在香港成功上市,创下了近年来全球资本市场的多项纪录。

2005年10月28日,经过财务重组之后,面貌一新的中国工商银行股份有限公司也正式挂牌成立。至此,除中国农业银行外,原四大国有独资商业银行有三家完成了股份制改造。此外,股份制商业银行还有交通银行、招商银行、中国光大银行、广东发展银行、中信实业银行、深圳发展银行、北京市商业银行、华夏银行股份有限公司、中国民生银行、福建兴业银行、上海浦东发展银行、上海银行等。

第二节　商业银行的设立

商业银行的设立是指银行创办人依照法定程序组建商业银行,并使之取得企业法人资格的法律行为。

一、商业银行的经营特许制

由于商业银行经营的对象是国家发行的货币及与货币有关的债权债务契约,其经营活动对于社会经济生活具有极其重大的影响,因而各国都明确规定了商业银行的设立采取特许制。

在我国,批准设立商业银行的特许权在银行业监督管理委员会。《中华人民共和国银行业监督管理法》第16条规定,"国务院银行业监督管理机构依照法律、行政法规规定的条件和程序,审查批准银行业金融机构的设立、变更、终止以及业务范围"。

具体说来,商业银行的特许制,是以中国银监会批准的《经营金融企业许可证》来体现的。只有少数具有资金、专业人才和管理经验的申请人才能获准经营金融企业。而且,由于中国银监会对商业银行的经营活动实行严格监管,获得银行牌照的经营主体,在市场中也拥有高于一般公司的商誉。为了维护商业银行的信誉和金融安全,任何未经批准的单位和个人都不得擅自经营银行业务,也不得在其名称中使用"银行"

或与银行类似的衍生词。我国《银行业监督管理法》第 19 条也规定，“未经国务院银行业监督管理机构批准，任何单位或者个人不得设立银行业金融机构或者从事银行业金融机构的业务活动”。

二、设立商业银行的条件

根据我国《商业银行法》的规定，设立商业银行的条件如下。

(一) 具有符合商业银行法和公司法规定的章程

章程是商业银行确定其内部组织关系和对外宣示其权利能力的基本规范，也是投资者进入商业银行的协议，它对于商业银行的组织和运作，具有重要的意义。由于我国商业银行是根据商业银行法和公司法的规定设立的，故而其章程也应当符合以上两法的要求。公司法规定的章程必须记载的事项，商业银行在置备章程时不得遗漏，否则将导致章程部分条款失效。

1995 年的《商业银行法》虽然规定了银行必备章程，但当时四大国有商业银行中，除中国银行外，其他三大国有商业银行都没有章程。中国银行之所以具备章程，是因为当初这家银行的海外分支机构在国外注册时，东道国的金融监管部门有此要求。而其他三家国有商业银行虽然没有章程，但似乎也并不影响其经营。其原因在于，这三家国有商业银行投资者只有一人，即政府。投资主体为同一人，无需召开股东会、董事会，也不存在投资者之间的利益分配问题。而且，当时的法律对此还提供了一条解释性条款，即“在本法颁布前存在的银行，符合本法具体条件的时间，由国务院规定”。

时移事异，自国务院决定对国有独资商业银行实行股份制改造，特别是自 2004 年决定推进中国建设银行和中国银行上市的步伐以来，公司章程成为了股改和上市不可或缺的必备法律文件。在短短的数个月内，中国建设银行就制定了公司章程，并且按照章程规定的程序，由董事会选择产生了新任的董事长。2005 年 10 月，中国建设银行在香港上市后，投资者已经多元化，事关投资者利益分配的章程，其重要性更加凸显。

(二) 注册资本符合商业银行法规定的最低限额

商业银行注册资本是指商业银行成立时，记载于银行章程并已经筹足的自有资本额的总和，是其经营的必备条件，也是其对外承担责任的基础。如果注册资本较低，银行必需的经营场所、结算网络和电子设备等都难以符合市场的要求。此外，注册资本还在维护银行的基本信用、保障存款人利益方面发挥作用。

我国《商业银行法》第 13 条规定，设立全国性商业银行的注册资本最低限额为十亿元人民币；设立城市商业银行的注册资本最低限额为一亿元人民币；设立农村商业银行的注册资本最低限额为五千万元人民币。注册资本应当是实缴资本，并且必须有法定验资机构出具验资证明。国务院银行业监督管理机构根据审慎监管的要求可以调整注册资本最低限额,但不得少于前款规定的限额。

就注册资本而言,我国目前最大的商业银行是中国工商银行,其注册资本为一千五百亿元人民币,较小的商业银行如华夏银行,其注册资本仅为十亿元人民币。与其他国家和地区相比,我国的规定明显偏高。美国商业银行的最低注册资本是五百万美元,英国为五百万英镑,德国和法国为五百万欧元(2000 年),日本为十亿日元,新加坡为三百万新元,总行设在境外的最低注册资本为六百万新元。[①]

另外,《巴塞尔协议》关于银行的资本充足率的规定,要求银行的核心资本(主要是注册资本)不低于有风险资产的百分之四,核心资本加上附属资本不低于有风险资本的百分之八。因此,注册资本对于商业银行的经营规模已经具有制约意义,进而成为政府金融监管机关对银行安全经营的一项监测指标。

(三)有具备任职专业知识和业务工作经验的董事、高级管理人员

担任商业银行的高级管理人员,存在学历、资历、工作经验等多方面的要求,以保证他们能够谨慎、勤勉地履行职责。我国《商业银行法》规定,有下列情形之一的,不得担任商业银行的董事、高级管理人员:(1)因犯有贪污、贿赂、侵占财产、挪用财产罪或者破坏社会经济秩序罪,被判处刑罚,或者因犯罪被剥夺政治权利的;(2)担任因经营不善破产清算的公司、企业的董事或者厂长、经理,并对该公司、企业的破产负有个人责任的;(3)担任因违法被吊销营业执照的公司、企业的法定代表人,并负有个人责任的;(4)个人所负数额较大的债务到期未清偿的。以上属于我国商业银行高级管理人员的消极任职资格条件。

值得注意的是,原 1995 年《商业银行法》规定,申请设立银行的条件之一是有具备任职资格的"董事长(行长)、总经理及其他高级管理人员",2003 年立法将该句修订为"有具备任职专业知识和业务工作经验的董事、高级管理人员"。这一修改更合乎逻辑。因为在申请设立银行阶段,还没有选举产生董事,当然无法组成董事会,因而也无法产生董事长,从而也无法聘任总经理等。虽然也可能在实际工作中,这些人事工作都已经预先完成,但法律的表述还是应当遵从逻辑。

商业银行的董事长和高级管理人员要接受中国银监会的管理。《银行业监督管理法》第 20 条规定,"国务院银行业监督管理机构对银行业金融机构的董事和高级管理人员实行任职资格管理。具体办法由国务院银行业监督管理机构制定"。据此,银监会可以对他们的积极任职资格要求作出规定。

(四)有健全的组织机构和管理制度

商业银行必须按照公司法、银行业监督管理法及其他监管规范的要求,建立健全组织机构,完善内部控制制度,以尽可能地减少经营风险。

---

① 吴志攀著:《商业银行法制》,中国金融出版社 2005 年版,第 43—44 页。

在组织机构方面,《公司法》规定有限责任公司和股份有限公司要建立股东(大)会、董事会和监事会制度。另外,我国《商业银行法》规定,国有独资商业银行设立监事会。监事会的产生办法由国务院规定。监事会对国有独资商业银行的信贷资产质量、资产负债比例、国有资产保值增值等情况以及高级管理人员违反法律、行政法规或者章程的行为和损害银行利益的行为进行监督。

商业银行的内部规章,可以分为三大类:其一,关于银行员工的人事管理制度,如银行如何招录员工、辞退员工等。其二,有关银行的日常业务操作规范,如过去的"双人临柜"制度(现在改为"单人临柜制度")以及防范风险的其他制度。举例而言,储户到银行存款时,银行工作人员对这一事项的操作,也凸显了银行对风险的防范意识。储户将存款交给银行工作人员,银行工作人员用验钞机来检验纸币的真实性,然后填写存单,加盖印章,交给储户。其三,有关银行的内部财务管理规定等。这些规章制度在操作过程中,比法律更加具体,也比政策更有针对性。只有商业银行的内部规章能够积极落实法律意图,并将法律在单位内部的执行成本降至最低,法律才能取得积极的效果。

(五) 有符合要求的营业场所、安全防范措施和与业务有关的其他设施

营业场所是商业银行开展业务的地点,设立商业银行应当具有固定的营业场所。营业场所的确定,对于纠纷管辖具有重大的意义。另外,作为经营货币的企业法人,商业银行的营业场所必须置备有防伪、防盗、防抢的安全措施,经营场所设置的银行柜台、交易系统等,都必须尽可能地考虑安全性要求。

在银行完全信息化之前,银行是在营业场所内为客户提供服务的,所以在很大程度上,营业场所就成为主张商业银行必须承担法律责任的一项必要条件。曾经有一个熟人谎称代人存款的案例。有人对其朋友说,因为自己在银行有熟人,可以给其更高的利息,这位朋友就将钱交其办理储蓄。结果这个人没有将钱存入银行,而是伪造了银行的存折,然后将钱挥霍一空。事情败露,骗子被绳之以法后,受害者要求银行赔偿,但银行拒赔,因为案件的所有过程,都是在银行的营业场所之外发生的,与银行没有任何关系。

随着信息社会的到来,金融电子化程度日益加深,除了物理意义上有形的银行之外,还包括非物理意义上的无形银行,如 ATM 机服务、网络银行等,这些都构成了有形的银行服务的延伸,在时间和空间上大大拓宽了银行的服务。网上银行与传统银行相比,具有以下特点:(1)网上银行是以计算机网络与通讯技术为依托,以金融服务业为主导的现代化银行,提供一整套方便、快捷、高效的服务;(2)网上银行提供全新的服务模式,用户只要用一台电脑,一根电话线就可以享受银行超时空的"AAA"服务,即银行在任何时候、任何地方、以任何方式为客户提供每年 365 天、每天 24 小时的全天候金融服务;(3)网上银行所需的成本只是硬件、软件和少量智能成本,从而提高了效益,促进了金融业的发展。传统银行机构虚拟化,改变了银行的结构和运行模式,在对传统银行业产生了全面而深刻影响的同时也带来了许多问题。如 ATM 机

因发生故障多吐钞或者少吐钞时，ATM机器制造商、软件提供商以及银行之间的责任分担问题(具体内容可参见下文“ATM故障中银行与客户的法律关系”)。

设立商业银行，还应当符合其他审慎性条件。银行业监督管理部门在审查银行设立申请时，根据审慎性原则作出决定。

设立商业银行的申请经审查符合商业银行法规定条件的，申请人应当填写正式申请表，并提交下列文件、资料：(1)章程草案；(2)拟任职的董事、高级管理人员的资格证明；(3)法定验资机构出具的验资证明；(4)股东名册及其出资额、股份；(5)持有注册资本百分之五以上的股东的资信证明和有关资料；(6)经营方针和计划；(7)营业场所、安全防范措施和与业务有关的其他设施的资料；(8)国务院银行业监督管理机构规定的其他文件、资料。经批准设立的商业银行，由国务院银行业监督管理机构颁发经营许可证，并凭该许可证向工商行政管理部门办理登记，领取营业执照。

1995年的《商业银行法》第15条则规定，设立商业银行的申请经审查符合本法第14条规定的，申请人应当填写正式申请表，并提交下列文件、资料：(1)章程草案；(2)拟任职的高级管理人员的资格证明；(3)法定验资机构出具的验资证明；(4)股东名册及其出资额、股份；(5)持有注册资本百分之十以上的股东的资信证明和有关资料；(6)经营方针和计划；(7)营业场所、安全防范措施和与业务有关的其他设施的资料；(8)中国人民银行规定的其他文件、资料。

由此可见，法律的修订主要体现为三点：其一，将要审核的人员的资格证明更加具体化，拟任职董事的也要经过资格审查；其二，认定大股东的持股比例标准，由百分之十降低为百分之五，这与目前我国公司的持股结构是相适应的；其三，将审批机关由中国人民银行改为中国银监会，这也是适应新设的中国银监会与中国人民银行分工的需要。

三、设立商业银行分支机构的条件

根据《中华人民共和国商业银行法》规定，商业银行根据业务需要可以在中华人民共和国境内外设立分支机构。设立分支机构必须经国务院银行业监督管理机构审查批准。在中华人民共和国境内的分支机构，不按行政区划设立。商业银行在中华人民共和国境内设立分支机构，应当按照规定拨付与其经营规模相适应的营运资金额。拨付各分支机构营运资金额的总和，不得超过总行资本金总额的百分之六十。经批准设立的商业银行分支机构，由国务院银行业监督管理机构颁发经营许可证，并凭该许可证向工商行政管理部门办理登记，领取营业执照。

商业银行对其分支机构实行全行统一核算，统一调度资金，分级管理的财务制度。商业银行分支机构不具有法人资格，在总行授权范围内依法开展业务，其民事责任由总行承担。经批准设立的商业银行及其分支机构，由国务院银行业监督管理机构予以公告。

设立商业银行分支机构，申请人应当向国务院银行业监督管理机构提交下列文件、资料:(1)申请书,它应当载明拟设立的分支机构的名称、营运资金额、业务范围、总行及分支机构所在地等;(2)申请人最近两年的财务会计报告;(3)拟任职的高级管理人员的资格证明;(4)经营方针和计划;(5)营业场所、安全防范措施和与业务有关的其他设施的资料;(6)国务院银行业监督管理机构规定的其他文件、资料。商业银行及其分支机构自取得营业执照之日起无正当理由超过六个月未开业的,或者开业后自行停业连续六个月以上的,由国务院银行业监督管理机构吊销其经营许可证,并予以公告。

四、商业银行分支机构与地方政府的关系

我国《商业银行法》没有直接规定商业银行分支机构与地方政府的关系,但它间接地限制了包括地方政府在内的任何单位对商业银行的分支机构施加干预。例如,该法第 4 条第 2 款规定,商业银行依法开展业务,不受任何单位和个人的干涉。第 41 条规定,任何单位和个人不得强令商业银行发放贷款或者提供担保,商业银行有权拒绝任何单位和个人强令要求其发放贷款或者提供担保。

但在实践中,商业银行分支机构与地方政府的关系非常微妙。一方面,地方政府希望各商业银行在当地多开设分支机构,这样可以带动本地区就业、改善本地区的产业结构、促进其他行业的发展,这使得地方政府对商业银行在本地区布点,通常抱以欢迎的态度。但另一方面,由于我国目前的地方政府都承担着发展地方经济的任务,而地方企业的发展资金的来源中,银行的间接融资是极为重要的一部分,这使得地方政府存在"说服"、甚至"强令"商业银行的分支机构向地方企业发放贷款的冲动。在若干年前,地方政府甚至会责令商业银行的分支机构向困难企业发放"扶贫贷款",以解决社会稳定问题。

而在这场中央政府(银行是中央的)和地方政府(企业大都是地方的)的利益博弈过程中,由于商业银行分支机构在地方政府管辖的行政区域内运营,水、电、煤气等都由地方相关部门提供,银行员工的子女在当地入托、入学,这种强大的利益相关性,使得商业银行的分支机构对地方政府的行政资源存在极大的"依赖性",这也为地方政府干预商业银行的信贷提供了机会。由于地方政府无需承担这种"关系贷款"所造成的坏账的风险,故会引发极大的道德风险。对于这种不合法的行为,必须在引入外部股东、商业银行产权多元化的情况下,通过引入股东的外部约束机制而加以解决。

第十九章
商业银行的经营原则和业务范围

第一节　商业银行的经营原则

商业银行的经营原则是指对商业银行的经营具有统率和指导作用的根本指针。我国《商业银行法》第4条规定，商业银行以安全性、流动性、效益性为经营原则，实行自主经营，自担风险，自负盈亏，自我约束。

值得注意的是，1995年的《商业银行法》规定，商业银行的经营原则是"效益性、安全性和流动性"。而在国际上，商业银行的"安全性"通常被置于首位，其次才是"效益性"等其他考量因素。当时我国立法将"效益性"置于首位，曾引起不小的猜疑。一种似乎比较合理的解释是，我国商业银行经营的"安全性"有国家信用作保障，应当不存在问题，而"效益性"则需要银行在市场上竞争而获得，故应当放在首位。但1995年以来，许多商业银行、特别是国有商业银行处于亏损状态，骗贷大案频频发生，甚至危及其经营安全，以"效益性"为第一经营原则具有正当性的猜想，并没有得到证实。

2003年修订《商业银行法》时，将安全性放在第一位，流动性位居第二，效益性则排第三。这样的原则排序符合国际惯例，也符合金融企业对经营安全的需要。特别是在我国，中国工商银行、中国农业银行、中国建设银行和中国银行在银行市场中占有很大比例，如此高度集中、高度"垄断"、高度"行政化"的四大银行，一旦有一家出现问题，对整个金融市场的威胁，都是难以承受之重。①

一、安全性原则

安全性原则是指商业银行在经营过程中，首先必须考虑经营风险，保证资金营运的安全。不同于一般工商企业的是，商业银行自有资本金所占比重低，主要靠吸引客户存款用于贷款或投资于国债等。在资金运用过程中，由于存在着不确定的市场风险，如果银行放贷的本息不能足额收回，必然会削弱乃至影响银行的清偿力，甚至会产生流动性危机，酿成金融风波。所以，商业银行的经营，必须首先考虑安全性要求，

① 斯蒂格利茨：《商业银行不能只以商业利益为标准》，http://news.stock888.net，2004年3月28日访问。

这也是国际上的通行做法。

我国《商业银行法》等法律法规设置了许多规定来保证银行经营过程中的安全性。例如,法律规定了存款准备金、备用金、资本充足比例、流动资金比例、银行和证券分业经营、限制银行进入信托业和房地产业等,都是为了确保银行经营的安全,保护存款人的利益,保证金融市场的稳定。

目前我国商业银行市场环境中的一个突出问题是信用观念缺乏、信用资源耗散,这就给以经营信用为主业的银行带来了极大的困难。在发达国家,由于存在完善的个人信用记录体系,每个公民自从贷款入学受教育起的种种借贷情况都被一一记录在案,由专业公司进行数据处理,在全国甚至是在全球范围内提供征信服务。在这种情况下,银行依托这样的数据库资源,可以方便快捷地获取所需资料,并赖以进行妥当的风险评估。反观我国,由于个人信用等级制度的建设刚刚起步,而且在一些中小城市甚至还没有开展,对借款人的资信评估缺乏客观的标准,银行在调查评定贷款申请人的资信时,除了对申请人姓名、年龄、职业等较为清楚以外,对于其持续还款能力没有一个确定的依据,也就埋下了风险的祸根。因此,从长远看,借鉴国外先进经验,建立完善我国的信用记录体制,逐步累积中国金融业的信用资源,对于提升银行运作的安全度,无疑是治本之道。

二、流动性原则

流动性是指银行能够在一定时间内以合理的成本筹集一定数量的资金来满足客户当前资金需求的能力,其着眼于银行的变现能力。商业银行的流动性包括资产的流动性和负债的流动性两个方面:资产的流动性是指银行资产在不受价值损失的情况下迅速变现的能力;负债的流动性是指银行以较低的成本随时获得所需资金的能力。

商业银行之所以存在流动性问题,归根到底是流动性供给与流动性需求不相匹配所致。商业银行日常的现金支出表现为流动性需求,现金收入表现为流动性供给,当流动性需求大于流动性供给,即现金支出超过现金收入时,商业银行就无法满足正常的现金支付,从而引发流动性风险。这时银行必须设法筹集到额外资金满足流动性需求。反之,当流动性供给大于流动性需求即现金供给超过现金需求时,就表现为流动性过剩,银行必须将这些过剩的资金投入到盈利更高的资产项目上。当银行手中持有太多诸如长期贷款、不动产或股票这样变现能力较差或者风险很大的资产时,会使现金存量不足,容易形成支付困难,甚至形成储户的挤兑风潮,最终导致银行破产。1998 年 6 月,海南发展银行被关闭,成为我国第一家被关闭的国有商业银行,其原因正在于流动性危机。

衡量商业银行流动性的指标有备付金比率、资产流动性指标(本外币合并指标)、存贷款比例、拆借资金比例等。其中最常用的指标就是贷款对存款的比例,也就是存贷款比例。这个指标用以测量银行存款中有多大的比例作为贷款贷出,比例越高,商业银行的流动性越低;比例越低,商业银行流动性越高。商业银行存贷差同商业银行存贷比例一样可以作为衡量银行流动性的一个非常直观的指标,存贷差越大流动性越强,反之流动性则越弱。

为保证商业银行的流动性,我国《商业银行法》第 39 条规定,商业银行贷款,应当遵守下列资产负债比例管理的规定:(1)资本充足率不得低于百分之八;(2)贷款余额与存款余额的比例不得超过百分之七十五;(3)流动性资产余额与流动性负债余额的比例不得低于百分之二十五;(4)对同一借款人的贷款余额与商业银行资本余额的比例不得超过百分之十;(5)国务院银行业监督管理机构对资产负债比例管理的其他规定。本法施行前设立的商业银行,在本法施行后,其资产负债比例不符合前款规定的,应当在一定的期限内符合前款规定。具体办法由国务院规定。

三、效益性原则

效益性原则是指商业银行开展经营活动时,盈利指标是其重要考虑因素。政府部门应杜绝对商业银行提出指令性贷款要求,我国商业银行也应减少乃至消灭关系贷款,保证经营效益的实现。

但值得注意的是,对于效益性也存在两种不同的解释:狭义的解释认为,效益性是指商业银行本身的经济效益,而从广义上来解释,效益性则指符合国家宏观经济和产业政策指导的金融业整体效益。[①]我们认为,就单个商业银行而言,它只需考虑狭义的效益,即只需对本银行的经济效益负责;而就中国银监会、国家发改委等部门而论,它就必须考虑广义的效益,即考虑国家宏观经济和产业指导的金融业整体效益。这也正是金融宏观调控的合理性基础。

第二节　商业银行的业务范围

在我国,遵循银行业务和证券业务分离的金融监管架构。商业银行只能从事传统的吸收存款、发放贷款及办理结算等业务。但从国际上看,现代商业银行的发展方向是综合性的、多功能的银行。除开展中长期信贷、消费信贷外,它们还广泛开展了租赁、信托、保险、咨询、信息服务、电子计算服务、证券投资和黄金买卖等,业务范围不断扩大,呈现“金融百货公司”的发展态势,这同时也对银行业的监管提出了相当高的要求。

按照我国《商业银行法》的规定,我国商业银行可以经营下列部分或者全部业务:(1)吸收公众存款;(2)发放短期、中期和长期贷款;(3)办理国内外结算;(4)办理票据

---

① 吴志攀著:《商业银行法制》,中国金融出版社 2005 年版,第 20 页。

承兑与贴现;(5)发行金融债券;(6)代理发行、代理兑付、承销政府债券;(7)买卖政府债券、金融债券;(8)从事同业拆借;(9)买卖、代理买卖外汇;(10)从事银行卡业务;(11)提供信用证服务及担保;(12)代理收付款项及代理保险业务;(13)提供保管箱服务;(14)经国务院银行业监督管理机构批准的其他业务。商业银行的经营范围由商业银行章程规定,报国务院银行业监督管理机构批准。商业银行经中国人民银行批准,可以经营结汇、售汇业务。

从以上规定可知,我国商业银行业务可分为资产业务、负债业务和结算业务三类。

一、商业银行的资产业务

1. 现金资产业务。包括库存现金和中央银行存款准备金。库存现金用于日常业务支付的需要,是不生利资产。而存款准备金则主要用于商业银行系统内资金调度、联行汇差与中央银行现金往来的清算等。

2. 信贷业务。商业银行可以发放短期、中期和长期贷款。

3. 投资业务。这是指商业银行在金融市场买卖有价证券以获得利润的活动。依据我国《商业银行法》的规定,商业银行在我国境内不得从事信托投资和股票业务,不得投资于非自用不动产,不得向非银行金融机构和企业投资。

二、商业银行的负债业务

1. 存款业务。这是指商业银行吸收客户存款的活动,它包括活期存款、定期存款、定活两便存款、同业存款等。

2. 向中国人民银行借款。

3. 同业拆借。这是指商业银行向其他银行以及金融机构的临时借款。按照我国《商业银行法》的规定,同业拆借应当遵守中国人民银行规定的期限,拆借的期限最长不得超过四个月。

三、商业银行的结算业务

(一)国内结算业务

1. 汇兑。这是指付款单位委托商业银行将款项汇给外地收款单位或个人的结算方式。

2. 票据结算。这是指商业银行可以通过汇票、本票和支票的出票、承兑、付款等票据行为,达到为自己、工商业组织和个人结算款项的目的。

3. 异地委托收款。这是指由收款单位向银行提供收款依据,委托银行向异地付款单位收取款项的结算方式。办理委托收款结算,银行不承担审查拒付理由和代收款单位分次扣收款项的责任。

(二) 国际结算业务

许多国际结算业务通过银行进行,银行进行国际结算的基本方式有汇款、托收、信用证和信用卡等。

1. 汇款方式主要包括信汇、电汇和票汇三种。

2. 托收是指出口商委托当地银行转托它在进口商所在的分支机构或代理银行向进口商收款的方式。根据托收所附单据的不同,托收可以分为光票托收和跟单托收两种。

3. 信用卡。信用卡是一种授信凭证。持卡人可以凭卡向发卡单位指定的银行、商店、公司等特约单位签署账单后用来支付货款或提取现金。

4. 信用证。国际贸易结算中通常使用的是跟单信用证,即银行付款是以出口商提交了符合信用证要求的信用证为条件的。跟单信用证是一家银行根据客户的请求和指示作出的一项约定,根据该约定,在满足信用证规定的情况下,银行必须凭规定的单据向第三方(受益人)付款。

四、商业银行的业务创新

除从事以上业务外,《商业银行法》还以"经国务院银行业监督管理机构批准的其他业务"作为一项兜底条款。事实上,随着四大国有独资商业银行历史形成的经营范围界限的打破,竞争态势正在越来越多的领域显现,比如说其他三家银行都已经逐步介入原先由中国银行专营的国际信用证服务。而且,目前各家银行都在忙于拓展存款、贷款、结算三大法定业务之外的其他业务。甚至连一些纯粹的服务职能的业务,也日益受到了各银行的重视。在许多城市,越来越多的缴费项目可以通过银行来完成,除了水、电、煤气、手机通话费用等传统项目外,报名学车都能在一些城市的银行办理。

总之,在银行业竞争态势日趋激烈的背景下,商业银行只有信守服务为本、创新为魂,才能在竞争中立于不败之地。

第三节　商业银行的业务管理

一、对商业银行负债业务的管理

我国商业银行法对商业银行的负债业务管理规范,强调了对债权人利益的保护。商业银行负债业务的管理规范主要有:第一,商业银行应当按照中国人民银行规定的存款上下限确定存款利率，并予以公告。第二，商业银行应当按照中国人民银行的规定，交存存款准备金。第三，商业银行发行金融债券或者到境外借款，应当依法报经批准。第四，商业银行进行同业拆借，应当遵守中国人民银行的规定。拆借的最长期限不得超过四个月。禁止利用拆入资金发放固定资产贷款或者用于投资。拆出资金限于交足存款准备金、留足备付金和归还中国人民银行到期贷款之后的闲置资金。拆入资金用于弥补票据结算、联行汇差头寸的不足和解决临时性周转资金的需要。

二、对商业银行资产业务管理的规定

1. 商业银行根据国民经济和社会发展的需要，在国家产业政策指导下开展贷款业务。特别是在目前我国商业银行绝大多数都为国有控股的情况下，国家产业政策对于其贷款业务的开展，仍有相当大的指导作用。

2. 商业银行贷款，应当对借款人的借款用途、偿还能力、还款方式等情况进行严格审查。商业银行贷款，应当实行审贷分离、分级审批的制度。商业银行贷款，应当与借款人订立书面合同。合同应当约定贷款种类、借款用途、金额、利率、还款期限、还款方式、违约责任和双方认为需要约定的其他事项。

3. 商业银行贷款，借款人应当提供担保。商业银行应当对保证人的偿还能力，抵押物、质物的权属和价值以及实现抵押权、质权的可行性进行严格审查。借款人到期不归还担保贷款的，商业银行依法享有要求保证人归还贷款本金和利息或者就该担保物优先受偿的权利。商业银行因行使抵押权、质权而取得的不动产或者股票，应当自取得之日起一年内处分。经商业银行审查、评估，确认借款人资信良好，确能偿还贷款的，可以不提供担保。

4. 商业银行应当按照中国人民银行规定的贷款利率的上下限，确定贷款利率。商业银行不得向关系人发放信用贷款；向关系人发放担保贷款的条件不得优于其他借款人同类贷款的条件。

5. 商业银行在中华人民共和国境内不得从事信托投资和证券经营业务，不得向非自用不动产投资或者向非银行金融机构和企业投资，但国家另有规定的除外。“国家另有规定的除外”这条表述，为将来我国商业银行开展混业经营提供了一个法律通道，待以后条件成熟时，我国的商业银行将有可能经营投资银行的业务，从而走向“全能银行”。

三、对商业银行资产负债比例管理的规定

（一）商业银行资产负债比例管理监控指标

1. 商业银行资本充足率不得低于百分之八。其含义是指资本总额与加权风险资产的比例不得低于百分之八。资本充足率反映了商业银行在债权人的资产遭到损失之前，该行能够以自有资本承担损失的程度。资本充足率是发达国家通常遵循的

《巴塞尔协议》的核心条款，着眼于维护银行资产的流动性，从而有效保护债权人利益。

根据《巴塞尔协议》，“加权风险资产”是资产负债表上不同类的资产以及静项目资产根据其相对风险进行加权汇总而计算出来的。表内资产在计算时，其风险划分为“无风险”到“十足风险”五级，分别设置0、10%、20%、50%、100%五个权数，如现金资产的风险权数为0，不动产抵押贷款的风险权数为50%等；计算表外项目资产时，需要用本金数额乘以信用转换系数再乘以表内同等性质的资产的风险权数，其中信用转换按照“无风险”到“十足风险”划分为四级，设置为0、20%、50%、100%四个换算系数，如跟单信用证的换算系数是20%。

2. 商业银行贷款余额与存款余额的比例不得超过百分之七十五。商业银行存贷款比例规定的目的在于，只有保证有一定的存款余额，才能发放一定量的贷款。

3. 流动性资产余额与流动性负债余额的比例不得低于百分之二十五。所谓流动性资产，是指在一个月内(含一个月)可变现的资产。规定这一比例的目的在于保证商业银行的短期偿债能力。

4. 对同一借款人的贷款余额与商业银行资本余额的比例不得超过百分之十。这一规定的目的在于防止贷款投放过分集中，以分散风险，即“不要把鸡蛋都放在一个篮子里”。当银行把业务过多地集中在单一客户或单一部门时，一旦这个客户或者部门对银行发生信用危机，其所造成的损失将大于银行将业务分散在多个客户或部门的情形，因而监管的惯例是限制对单一客户或一组客户的贷款总额占资本的比例。

5. 国务院银行业监督管理机构对资产负债比例管理的其他规定。依《监控指标》规定，尚有以下几项：其一为中长期贷款比例指标，一年期(含一年)以上的中长期贷款与一年期以上的存款之比不得超过百分之二十；其二为拆借资金比例指标，拆入资金余额与各项存款余额之比不得超过百分之四，拆出资金余额与各项存款余额之比不得超过百分之八；其三为对股东贷款比例指标，向股东贷款比例指标不得超过该股东已经缴纳股金的百分之一百，贷款条件不得优于其他客户的同类贷款；其四为贷款质量指标，逾期贷款余额与各项贷款余额之比不得超过百分之八，呆滞贷款不得超过百分之五，呆账贷款不得超过百分之二。

（二）商业银行的资本成分和资产风险权数

1. 资本成分和资产的范围。国务院银行业监督管理机构在关于对商业银行实行资产负债比例管理的通知的附件中指出，商业银行的资本和资产，是指银行开办人民币业务的金融资本和金融资产。

2. 风险权数的定义。国务院银行业监督管理机构的相关规定将资产划分为不同的种类，按资产在金融市场中的风险程度风险权数，风险权数划分为0、10%、20%、50%和100%五类。这样，根据风险权数计算的资产称为加权风险资产。这和《巴塞尔协议》对风险权数的划分保持了一致。

3. 资本成分，包括核心资本和附属资本两种。其中核心资本包括实收资本、资本公积、盈余公积和未分配利润;附属资本指银行的呆账准备金。

值得借鉴的是,通过对金融风险的识别与监控实施对银行的监管,美联储采用的CAMELS评价方法已经为世界所公认。其中C代表Capital Adequacy,即资本充足状况;A代表Assets Quality,即资产质量;M代表Management,即管理水平;E代表Earnings,即盈利水平;L代表Liquidity,即流动性;而S则代表Sensitivity,即市场风险的敏感性。

第四节 商业银行的贷款法律制度

我国于1996年8月1日颁布《贷款通则》,从而进一步确立了商业银行的贷款法律制度。①

一、贷款主体

(一) 借款人

借款人是指从经营贷款业务的中资金融机构取得贷款的、经工商行政管理机关(或主管机关)核准登记的企(事)业法人、其他经济组织、个体工商户或具有中华人民共和国国籍的具有完全民事行为能力的自然人。

(二) 贷款人

《贷款通则》所规定的贷款人是指在中国境内依法设立的经营贷款业务的商业银行、信用社、财务公司等中资金融机构,不包括国家政策性银行、外资金融机构(含外资、中外合资、外国金融机构的分支机构等)。贷款人必须经国务院银行业监督管理机构批准经营贷款业务,持有中国银监会颁发的《金融机构法人许可证》或《金融机构营业许可证》,并经工商行政管理部门核准登记,才能经营贷款业务。

二、贷款类型及基本规则

(一) 贷款的种类

1. 自营贷款,系指贷款人以合法方式筹集的资金自主发放的贷款,其风险由贷款人承担,并由贷款人收回本金和利息。

2. 委托贷款,系指由政府部门、企事业单位及个人等委托人提供资金,由贷款人

① 考虑到后来成立的中国银监会及其各地银监局承担了原来中国人民银行履行的银行业监管职责,故本节关于中国人民银行的部分作了调整。

(即受托人)根据委托人确定的贷款对象、用途、金额期限、利率等代为发放、监督使用并协助收回的贷款。贷款人(受托人)只收取手续费,不承担贷款风险。

3. 特定贷款,系指经国务院批准并对贷款可能造成的损失采取相应补救措施后责成国有独资商业银行发放的贷款。

(二) 贷款的期限

1. 短期贷款,系指贷款期限在一年以内(含一年)的贷款。

2. 中期贷款,系指贷款期限在一年以上(不含一年)、五年以下(含五年)的贷款。

3. 长期贷款,系指贷款期限在五年以上(不含五年)的贷款。

(三) 信用贷款、担保贷款和票据贴现

信用贷款,系指以借款人的信誉发放的贷款。

担保贷款,包括保证贷款、抵押贷款、质押贷款三种方式。保证贷款,系指按《中华人民共和国担保法》规定的保证方式以第三人承诺在借款人不能偿还贷款时,按约定承担一般保证责任或者连带责任而发放的贷款;抵押贷款,系指按《中华人民共和国担保法》规定的抵押方式以借款人或第三人的财产作为抵押物发放的贷款;质押贷款,系指按《中华人民共和国担保法》规定的质押方式以借款人或第三人的动产或权利作为质物发放的贷款。

票据贴现,系指贷款人以购买借款人未到期商业票据的方式发放的贷款。

除委托贷款以外,贷款人发放贷款,借款人应当提供担保。贷款人应当对保证人的偿还能力、抵押物、质物的权属和价值以及实现抵押权、质权的可行性进行严格审查。

经贷款审查、评估,确认借款人资信良好,确能偿还贷款的,可以不提供担保。

(四) 贷款期限和贷款展期规则

1. 贷款期限规则。

贷款期限根据借款人的生产经营周期、还款能力和贷款人的资金供给能力由借贷双方共同商议后确定,并在借款合同中载明。其中自营贷款期限最长一般不得超过十年,超过十年应当报银监局备案。票据贴现的贴现期限最长不得超过六个月,贴现期限为从贴现之日起到票据到期日止。

2. 贷款展期规则。

(1) 展期决定。贷款展期的决定权在贷款人。借款人不能按期归还贷款的,应当在贷款到期日之前,向贷款人申请贷款展期。是否展期由贷款人决定。申请保证贷款、抵押贷款、质押贷款展期的,还应当由保证人、抵押人、出质人出具同意的书面证明。已有约定的,按照约定执行。

(2) 展期期限。短期贷款展期期限累计不得超过原贷款期限;中期贷款展期期限累计不得超过原贷款期限的一半;长期贷款展期期限累计不得超过三年。国家另

有规定者除外。借款人未申请展期或申请展期未得到批准,其贷款从到期日次日起,转入逾期贷款账户。

(五) 贷款利率规则

1. 贷款利率的制定与收取。

贷款人应当按照中国人民银行规定的贷款利率的上下限,确定每笔贷款利率,并在借款合同中载明。贷款人和借款人应当按借款合同和中国人民银行有关计息规定按期计收或交付利息。贷款的展期期限加上原期限达到新的利率期限档次时,从展期之日起,贷款利息按新的期限档次利率计收。逾期贷款按规定计收罚息。

2. 贷款的贴息。

根据国家政策,为了促进某些产业和地区经济的发展,有关部门可以对贷款补贴利息。对有关部门贴息的贷款,承办银行应当自主审查发放,并根据本通则有关规定严格管理。

除国务院决定外,任何单位和个人无权决定停息、减息、缓息和免息。贷款人应当依据国务院决定,按照职责权限范围具体办理停息、减息、缓息和免息。

三、贷款流程

(一) 贷款申请

借款人需要贷款,应当向主办银行或者其他银行的经办机构直接申请,填写包括借款金额、借款用途、偿还能力及还款方式等主要内容的《借款申请书》并提供以下资料:(1)借款人及保证人基本情况;(2)财政部门或会计(审计)事务所核准的上年度财务报告,以及申请借款前一期的财务报告;(3)原有不合理占用的贷款的纠正情况;(4)抵押物、质物清单和有处分权人的同意抵押、质押的证明及保证人拟同意保证的有关证明文件;(5)项目建议书和可行性报告;(6)贷款人认为需要提供的其他有关资料。

(二) 对借款人的信用等级评估

贷款人应当根据借款人的领导者素质、经济实力、资金结构、履约情况、经营效益和发展前景等因素,评定借款人的信用等级。评级可由贷款人独立进行,内部掌握,也可由有权部门批准的评估机构进行。

(三) 贷款调查

贷款人受理借款人申请后,应当对借款人的信用等级以及借款的合法性、安全性、盈利性等情况进行调查,核实抵押物、质物、保证人情况,测定贷款的风险度。《商业银行法》第35条也规定,商业银行贷款,应当对借款人的借款用途、偿还能力、还款方式等情况进行严格审查。

（四）贷款审批

贷款人应当建立审贷分离、分级审批的贷款管理制度。审查人员应当对调查人员提供的资料进行核实、评定，复测贷款风险度，提出意见，按规定权限报批。这也为《商业银行法》第35条所确认。

（五）签订借款合同

所有贷款应当由贷款人与借款人签订借款合同。借款合同应当约定借款种类，借款用途、金额、利率，借款期限，还款方式，借贷双方的权利、义务，违约责任和双方认为需要约定的其他事项。

保证贷款应当由保证人与贷款人签订保证合同，或保证人在借款合同上载明与贷款人协商一致的保证条款，加盖保证人的法人公章，并由保证人的法定代表人或其授权代理人签署姓名。抵押贷款、质押贷款应当由抵押人、出质人与贷款人签订抵押合同、质押合同，需要办理登记的，应依法办理登记。

（六）贷款发放

贷款人要按借款合同规定按期发放贷款。贷款人不按合同约定按期发放贷款的，应偿付违约金。借款人不按合同约定用款的，应偿付违约金。

（七）贷后检查

贷款发放后，贷款人应当对借款人执行借款合同情况及借款人的经营情况进行追踪调查和检查。

（八）贷款归还

借款人应当按照借款合同规定按时足额归还贷款本息。贷款人在短期贷款到期一个星期之前、中长期贷款到期一个月之前，应当向借款人发送还本付息通知单；借款人应当及时筹备资金，按时还本付息。

贷款人对逾期的贷款要及时发出催收通知单，做好逾期贷款本息的催收工作。贷款人对不能按借款合同约定期限归还的贷款，应当按规定加罚利息；对不能归还或者不能落实还本付息事宜的，应当督促归还或者依法起诉。借款人提前归还贷款，应当与贷款人协商。

四、对不良贷款的监管

（一）不良贷款的界定

不良贷款系指呆账贷款、呆滞贷款、逾期贷款。

呆账贷款，系指按财政部有关规定列为呆账的贷款。

呆滞贷款，系指按财政部有关规定，逾期(含展期后到期)超过规定年限以上仍未归还的贷款,或虽未逾期或逾期不满规定年限但生产经营已终止、项目已停建的贷款(不含呆账贷款)。

逾期贷款,系指借款合同约定到期(含展期后到期)未归还的贷款(不含呆滞贷款和呆账贷款)。

在美国,采用五级标准对银行的每笔贷款进行评级,以评估银行的资产质量。这五级分别是“正常”、“关注”、“次级”、“可疑”、“损失”。每一级都代表了不同程度的信用风险,以及对借款人还款能力的不同预测和评价。

(二) 不良贷款的监管制度

贷款人应当建立和完善贷款的质量监管制度,对不良贷款进行分类、登记、考核和催收。

1. 不良贷款的登记。不良贷款由会计、信贷部门提供数据,由稽核部门负责审核并按规定权限认定,贷款人应当按季填报不良贷款情况表。在报上级行的同时,应当报当地银监局。

2. 不良贷款的考核。贷款人的呆账贷款、呆滞贷款、逾期贷款不得超过规定的比例。贷款人应当对所属分支机构下达和考核呆账贷款、呆滞贷款和逾期贷款的有关指标。

3. 不良贷款的催收和呆账贷款的冲销。信贷部门负责不良贷款的催收,稽核部门负责对催收情况的检查。贷款人应当按照国家有关规定提取呆账准备金,并按照呆账冲销的条件和程序冲销呆账贷款。

未经国务院批准,贷款人不得豁免贷款。除国务院批准外,任何单位和个人不得强令贷款人豁免贷款。

五、贷款管理规定

(一) 贷款主办行制度

借款人(就目前情况看,主要是国有大中型企业)应按规定与其开立基本账户的贷款人建立贷款主办行关系。借款人发生企业分立、股份制改造、重大项目建设等涉及信贷资金使用和安全的重大经济活动,事先应当征求主办行的意见。一个借款人只能有一个贷款主办行,主办行应当随基本账户的变更而变更。主办行不包资金,但应当按规定有计划地对借款人提供贷款,为借款人提供必要的信息咨询、代理等金融服务。

(二) 银团贷款制度

银团贷款通常运用于需要大额资金支持的项目筹资中。它是指由获准经营贷款业务的数家金融机构,在同一贷款协议下,按商定的期限和条件向同一借款人提供资金的贷款方式。

银团贷款应当确定一个贷款人为牵头行,并签订银团贷款协议,明确各贷款人的权利和义务,共同评审贷款项目。牵头行应当按协议确定的比例监督贷款的偿还。中国人民银行于1997年10月7日公布施行的《银团贷款暂行办法》,就相关问题作了明确规定。

(三) 贷款管理责任制

1. 贷款管理实行行长(经理、主任,下同)负责制。

2. 贷款实行分级经营管理,各级行长应当在授权范围内对贷款的发放和收回负全部责任。行长可以授权副行长或贷款管理部门负责审批贷款,副行长或贷款管理部门负责人应当对行长负责。

3. 贷款人各级机构应当建立有行长或副行长(经理、主任,下同)和有关部门负责人参加的贷款审查委员会(小组),负责贷款的审查。

4. 建立审贷分离制。贷款调查评估人员负责贷款调查评估,承担调查失误和评估失准的责任;贷款审查人员负责贷款风险的审查,承担审查失误的责任;贷款发放人员负责贷款的检查和清收,承担检查失误、清收不力的责任。

5. 建立贷款分级审批制。贷款人应当根据业务量大小、管理水平和贷款风险度确定各级分支机构的审批权限,超过审批权限的贷款,应当报上级审批。各级分支机构应当根据贷款种类、借款人的信用等级和抵押物、质物、保证人等情况确定每一笔贷款的风险度。

6. 建立和健全信贷工作岗位责任制。各级贷款管理部门应将贷款管理的每一个环节的管理责任落实到部门、岗位、个人,严格划分各级信贷工作人员的职责。贷款人对大额借款人建立驻厂信贷员制度。

7. 建立离职审计制。贷款管理人员在调离原工作岗位时,应当对其在任职期间和权限内所发放的贷款风险情况进行审计。

六、贷款债权保全和清偿的管理规定

1. 借款人不得违反法律规定,借兼并、破产或者股份制改造等途径,逃避银行债务,侵吞信贷资金;不得借承包、租赁等途径逃避贷款人的信贷监管以及偿还贷款本息的责任。

2. 贷款人有权参与处于兼并、破产或股份制改造等过程中的借款人的债务重组,应当要求借款人落实贷款还本付息事宜。

3. 贷款人应当要求实行承包、租赁经营的借款人,在承包、租赁合同中明确落实原贷款债务的偿还责任。

4. 贷款人对实行股份制改造的借款人,应当要求其重新签订借款合同,明确原贷款债务的清偿责任。对实行整体股份制改造的借款人,应当明确其所欠贷款债务由改造后公司全部承担;对实行部分股份制改造的借款人,应当要求改造后的股份公司按占用借款人的资本金或资产的比例承担原借款人的贷款债务。

5. 贷款人对联营后组成新的企业法人的借款人，应当要求其依据所占用的资本金或资产的比例将贷款债务落实到新的企业法人。

6. 贷款人对合并(兼并)的借款人，应当要求其在合并(兼并)前清偿贷款债务或提供相应的担保。借款人不清偿贷款债务或未提供相应担保，贷款人应当要求合并(兼并)企业或合并后新成立的企业承担归还原借款人贷款的义务，并与之重新签订有关合同或协议。

7. 贷款人对与外商合资(合作)的借款人，应当要求其继续承担合资(合作)前的贷款归还责任，并要求其将所得收益优先归还贷款。借款人用已作为贷款抵押、质押的财产与外商合资(合作)时必须征求贷款人同意。

8. 贷款人对分立的借款人，应当要求其在分立前清偿贷款债务或提供相应的担保。借款人不清偿贷款债务或未提供相应担保，贷款人应当要求分立后的各企业，按照分立时所占资本或资产比例或协议，对原借款人所欠贷款承担清偿责任。对设立子公司的借款人，应当要求其子公司按所得资本或资产的比例承担和偿还母公司相应的贷款债务。

9. 贷款人对产权有偿转让或申请解散的借款人，应当要求其在产权转让或解散前必须落实贷款债务的清偿。

10. 贷款人应当按照有关法律参与借款人破产财产的认定与债权债务的处置，对于破产借款人已设定财产抵押、质押或其他担保的贷款债权，贷款人依法享有优先受偿权；无财产担保的贷款债权，按法定程序和比例受偿。

第二十章
商业银行与客户的法律关系

第一节 银行账户与银行客户

商业银行通过银行账户与客户发生关系。银行账户是指客户为办理存款、贷款和结算业务而在银行开立的户头。

我国银行供客户使用的账户,主要类型有个人储蓄账户和单位账户。单位账户可分为基本账户、专用账户和辅助账户,以及后来为拓展业务需要而设立的新型账户,如信用卡账户等。无论是哪种账户类型,账户一经开立,开户者即成为银行客户。没有在银行开立账户,且不准备开立账户,而仅仅是得到银行临时性服务的,不能成为客户。

存款人在银行开立账户,只能开立一个基本存款账户,不得多头开户。存款人可以自主选择商业银行开立账户,商业银行也可以自愿选择存款人。任何单位和个人不得干预存款人及银行开立和使用账户。

第二节 银行与客户的权利和义务

商业银行在办理各种业务过程中,与客户建立了平等的、以契约为基础的商事法律关系。银行与客户双方当事人互有权利和义务,而且彼此权利与义务是对等的,一方在享受权利的同时,也必须承担相应的义务。

一、商业银行的权利和义务

(一)商业银行的权利

根据合同法及有关金融业务法律法规和规章制度的规定,商业银行在办理各项业务时,享有以下权利:

1. 收取费用的权利。

银行是提供各种金融服务的企业，在提供服务过程中，支出了一定的人力和费用。因此，银行有权利收取合理的费用，以弥补开支并获取合理的利润。可见，收取费用是银行最基本的权利。

《商业银行法》第50条规定："商业银行办理业务，提供服务，按照规定收取手续费。"银行收取费用的标准，也经历了一个发展演变的过程。1981年1月1日，按照中国人民银行的规定，银行开始对结算业务收费，当时规定的收费标准比较低，为每笔二角。1988年中国人民银行《银行结算办法》规定，银行办理各项结算业务，根据承担的责任和业务成本以及应付给有关方面的结算业务，分别收取邮费、电报费、手续费和凭证工本费，并相应地提供了收费标准。

2003年6月26日，中国银监会发布了[2003]第3号令，颁布了《商业银行服务价格管理暂行办法》(以下简称《办法》)，分别就银行服务定价结构、定价行为监管、储蓄收费管理以及价格的监督处罚等方面进行了规定，但不涉及具体服务项目的收费标准、价格水平或浮动幅度。该《办法》的主要内容如下：

第一，确定了服务价格的一般原则。第5条规定，商业银行制定服务价格、提供银行服务应当遵守国家有关价格法律、法规及规章的规定，应当遵循合理、公开、诚信和质价相符的原则，应以银行客户为中心，增加服务品种，改善服务质量，提升服务水平，禁止利用服务价格进行不正当竞争。

第二，实行两套定价模式。《办法》第6条规定，根据服务的性质、特点和市场竞争状况，商业银行服务价格分别实行政府指导价和市场调节价。第7条规定，实行政府指导价的商业银行服务范围为：(1)人民币基本结算类业务，包括银行汇票、银行承兑汇票、本票、支票、汇兑、委托收款、托收承付；(2)中国银监会、国家发改委根据对个人、企事业的影响程度以及市场竞争状况确定的商业银行服务项目。除前款规定外，商业银行提供的其他服务，实行市场调节价。第8条规定，实行政府指导价的服务价格按照保本微利的原则制定，具体服务项目及其基准价格和浮动幅度，由国家发改委会同中国银监会制定与调整。

第三，关于市场调节服务价格。《办法》第9条规定，实行市场调节价的服务价格，由商业银行总行、外国银行分行(有主报告行的，由其主报告行)自行制定和调整，其他商业银行分支机构不得自行制定和调整价格。商业银行制定和调整价格时应充分考虑个人和企事业的承受能力。

第四，关于收费的限制。《办法》第11条规定，商业银行不得对人民币储蓄开户、销户、同城的同一银行内发生的人民币储蓄存款及大额以下取款业务收费，大额取款业务、零钞清点整理储蓄业务除外。以上"零钞"、"大额"的界定以及相关服务价格的制定和调整由中国银监会负责。

第五，关于服务收费的管理。《办法》第12条规定，商业银行应就实行市场调节价的服务项目制定本系统内统一的定价管理制度，明确定价范围、定价原则、定价方法以及总行和分行的管理职责。第13条规定，商业银行应按照商品和服务实行明码标价的有关规定，在其营业网点公告有关服务项目、服务内容和服务价格标准。第

14 条规定,商业银行依据本办法制定服务价格,应至少于执行前十五个工作日向中国银监会报告,并应至少于执行前十个工作日在相关营业场所公告。商业银行就前款事项报告中国银监会的同时,应抄送中国银行业协会。第 15 条规定,商业银行实行市场调节价的服务项目及服务价格,由中国银行业协会通过适当方式公布,接受社会监督。

第六,关于违规收费的处罚。《办法》第 16 条规定,商业银行有下列行为的,由政府价格主管部门依据《中华人民共和国价格法》、《价格违法行为行政处罚规定》予以处罚:(1)擅自制定属于政府指导价范围内的服务价格的;(2)超出政府指导价浮动幅度的;(3)不按照规定明码标价的;(4)违反本办法规定的其他价格违法、违规行为。

2. 客户资金自主使用权。

客户资金存入银行后,银行与客户之间形成了债权债务关系,银行到期必须向客户支付本息。存入银行的资金被银行占有,在银行资产负债表上反映为银行负债,银行可以使用并取得收益。

然而,虽然商业银行可以自主使用客户资金,但必须按照法律法规的规定,在中国银监会颁发的《经营金融业务许可证》核准的范围内开办各项业务,切实加强对存款人的保护,按规定交存存款准备金。商业银行的资金使用不得影响客户存款本金和利息的支付,不得拖延、拒绝支付存款本金和利息。

3. 抵销权。

抵销是指双方互负债务时,一方的债务与另一方债务相抵而使双方的债务在等额范围内归于消灭。1999 年的《中华人民共和国合同法》第 99 条规定:“当事人互负到期债务,该债务的标的物种类、品质相同的,任何一方可以将自己的债务与对方的债务抵销,但依照法律规定或者按照合同性质不得抵销的除外。当事人主张抵销的,应当通知对方。通知自到达对方时生效,抵销不得附条件或者附期限。”

这一权利在银行实践中体现较多的是扣款还贷以及破产时的抵销权。银行和客户在借款合同中约定,借款到期如客户不及时偿还贷款,而借款人在该银行的存款账户上有余额时,贷款人可以直接从该账户扣收贷款,即通过合同约定的方式将抵销权赋予银行。1996 年的《贷款通则》规定,在贷款到期时,银行可依合同规定从借款人上扣划贷款本金和利息。我国《破产法》第 33 条规定:“债权人对破产企业负有债务的,可以在破产清算前抵销。”这一规定明确,客户如在同一银行既有存款,又有贷款,在客户破产时,银行可行使抵销权,而不需经过客户的同意。

(二)商业银行对客户的义务

在享有各项权利的同时,商业银行也须履行相应的义务。商业银行的一般义务主要包括以下几项:

1. 及时办理各项业务。

这项义务,有的源于法律的规定,有的则源于商业银行与客户的约定。《商业银行法》第 49 条规定:“商业银行的营业时间应当方便客户,并予以公告。商业银行应当在公告的营业时间内营业,不得擅自停止营业或者缩短营业时间。"这是商业银行在营业时间方面的法定义务。第33条规定,商业银行应当保证存款本金和利息的支付,不得拖延、拒绝支付存款本金和利息。这是商业银行保证支付方面的法定义务。另外,作为银行承兑汇票的付款人,按照《票据法》的规定,付款人对向其提示承兑的汇票,应当自收到提示承兑的汇票之日起三日内承兑或拒绝承兑。

而就约定义务而言,商业银行的借款合同一般约定,银行应当及时履行合同,向借款人发放贷款,否则应当承担违约责任。银行在《服务公约》中有服务时间的承诺,如银行必须在受理后的若干时间内为客户办妥业务等。

2. 为客户保密的义务。

为客户保密是银行对客户的一项传统义务。它是指未经客户明确同意,银行不得向任何第三方透露或者提供客户账户的任何情况、客户与银行的任何交易或者从经营客户账户中所获得的任何有关客户的资料。

《商业银行法》第29条规定,商业银行办理个人储蓄存款业务,应当遵循存款自愿、取款自由、存款有息、为存款人保密的原则。对个人储蓄存款,商业银行有权拒绝任何单位或者个人查询、冻结、扣划,但法律另有规定的除外。第30条规定,对单位存款,商业银行有权拒绝任何单位或者个人查询,但法律、行政法规另有规定的除外;有权拒绝任何单位或者个人冻结、扣划,但法律另有规定的除外。

根据《商业银行法》的这些规定,除全国人民代表大会及其常委会通过的法律有专门规定外,其他任何单位都无权查询、冻结和扣划个人储蓄账户。目前法律规定可以查询、冻结、扣划储蓄账户的部门有法院、检察院、公安机关、国家安全机关、海关和税务机关。这些国家机关分别根据我国《民事诉讼法》、《刑事诉讼法》、《关于国家安全机关行使公安机关的侦查、拘留、预审和执行逮捕职权的决定》,可以查询、冻结和扣划个人储蓄账户。除此之外,其他任何部门、机关、单位都无权查询单位存款账户。例如,技术监督局、纪律检查委员会、财政局、企事业单位的保卫部门等。

二、客户的权利和义务

在银行与客户的法律关系中,银行享有一定的权利并承担一定的义务。同样地,作为相对人的客户也享有一定的权利和承担一定的义务。

(一)客户的权利

1. 自主选择服务项目。

客户可以选择服务项目,银行不得干预客户的选择,但可以根据自己的业务品种帮助客户选择较为合理的理财方案。

同时,客户对银行的各项制度具有知情权。如客户在存款时就有权了解各储种的利率、办理方式,存单遗失时如何办理存单挂失手续,如何补领存单或提前支取。在办理贷款业务时就有权了解银行贷款利率、贷款分类、贷款方式以及其他相关的贷款政策等。银行有义务将有关的制度政策告知客户，以便于客户选择。

2. 要求提供安全交易环境和方便交易手段的权利。

客户是银行服务的接受者，银行是经营货币的特殊行业。因此，客户对银行的交易环境和交易手段有着更高的要求。一般来说，为了确保银行和客户生命财产的安全，银行都安装了防盗门、电子监控系统、报警系统等设施，白天有经警巡视，夜间安排专人值班，在银行的自助服务区，更是安装了身份识别装置，以确保客户身份的真实性和办理业务的安全性。《商业银行法》第12条规定，“设立商业银行，应当有符合要求的营业场所、安全防范措施和与业务有关的其他设施”。这里特别将安全防范措施作为开办商业银行的条件之一，而对一般公司的设立则无此特殊要求。

同时，银行也要确保交易的顺利。银行为客户办理结算等业务，如因银行的技术手段落后，线路易出故障等原因迟迟无法办妥而给客户造成损失的，客户有权向银行索赔。因此，银行营业所白天开业的时候停电，电脑无法运行，银行的营业所就应当改为手工操作，而不能让存款人等来电的时候再来，否则就会构成“拖延”。

3. 要求利息和返还本金的权利。

取得利息是客户的一项法定权利，也是《商业银行法》“存款有息”原则的具体落实。目前，我国的利率还没有完全市场化，银行与客户之间不得私下约定存款利息，高息揽储为法律所禁止。而且，按照有关法律规定，从1999年10月1日起，客户利息收入应当纳税。在这种情况下，银行作为代扣代缴人，应在扣除利息税后，将净息付给客户。

除取得利息外，客户还有权要求银行返还与存款本金相等的全部或者部分款项。在活期存款账户中，客户一经提出，银行必须立即返还。在定期存款账户中，在定期的期限届满时返还。而且如果客户放弃固定期利息，有权要求银行立即返还。

（二）客户的义务

1. 诚信义务。

我国《民法通则》在总则第4条中规定：“民事活动应当遵循自愿、公平、等价有偿、诚实信用的原则。”同样地，在银行与客户的商事关系中，客户也必须以诚实信用的态度从事商事行为。例如，在取款时银行工作人员由于工作差错，多向客户支付的款项，构成了客户的不当得利，客户必须本着诚信的原则将其返还给银行。再如，在银行卡得以普遍推广的今天，系统很可能发生各种情况的故障，如客户在ATM机上取款，机器上吐出双倍或更多的钱时，客户也应履行谨慎义务，及时向银行报告，并将额外的钱款退还给银行，否则银行可按不当得利要求客户返还。

在美国，“9·11”事件之后，案发现场的多个提款机遭到了破坏，有人趁机从提款机上窃取了1 500万美元现金。其中一人在“9·11”事件前，信用卡余额仅7.33美元，他利用“9·11”事件造成的自动提款机运作瘫痪，分25次从提款机中提取了5 899美元。另一名嫌疑人的信用卡账户余额只有111美元，提取了7 366美元。这些反面的情形是客户对银行未尽到诚信义务的典型事例。[1]

2. 谨慎义务。

客户的谨慎义务主要体现在两方面：其一，注意对银行各种公告文书的了解和书面文件的认真阅读理解。银行的业务品种极多，业务量极大，不可能将每一项制度规定向每一位客户作详细的解释，而是以店堂公告的方式告知客户，客户应当认真阅读。其二，客户对自己账户应负谨慎义务。如客户发现支票有误或是伪造时，应通知银行。另外，《票据法》还规定了持票人失票时的谨慎义务。《票据法》第 15 条规定："票据丧失，失票人可以及时通知票据的付款人挂失止付，但是，未记载付款人及其代理付款人的票据除外。""收到挂失止付通知的付款人，应当暂停支付。""失票人应当在通知挂失止付后三日内，也可以在票据丧失后，依法向人民法院申请公示催告，或者向人民法院提起诉讼。"这一规定明确，银行客户作为票据的持票人时，要妥善保管票据，如票据被盗、遗失或者灭失，持票人自己应当及时办理挂失止付或申请公示催告，银行收到挂失止付通知或者收到法院停止支付通知书时，应当办理止付手续，暂时冻结该票据涉及的款项。持票人未办挂失止付或未向法院申请公示催告的，付款银行对其付款不承担任何责任。客户的存单、信用卡遗失后，也应当及时向银行办理挂失手续。

（三）格式合同中银行和客户的权利和义务

银行为了提高工作效率，节约交易成本，设计了许多标准化合同。这些合同是为了重复使用而由银行事先拟定，在订立合同时也未能与客户协商，银行认为一旦客户与其建立了存款或其他银行业务合同关系，就视为接受了这些合同约定。因此，这些合同条款被称为标准合同条款，它们的效力经常面临质疑。我国《合同法》第 40 条规定，格式条款一方免除其责任、加重对方责任、排除对方主要权利的，该条款无效。第 41 条规定，对格式条款的理解发生争议的，应当按通常理解予以解释。对格式条款有两种以上解释的，应当作出不利于提供格式条款一方的解释。

举例而言，在信用卡的挂失方面，我国有多家商业银行的信用卡章程均规定，挂失起到挂失后二十四小时内风险由持卡人承担。在我国台湾地区也有类似条款，称为二十四小时约款。但是台湾地区有多起判例，认定这一约款违反平行互惠的原则而被宣告无效。根据美国的法律，挂失是立即生效的，挂失之后的损失由银行来承担。并且，对于挂失前的损失，如果客户在得知信用卡丢失，在二至三个工作日内通知金融机构，持卡人承担的损失不超过五十美元。虽然这种规定容易为人所利用，例如在消费之后谎称信用卡丢失，从而只承担五十美元的责任。但是，一旦被查实则构成欺诈而要承担很重的责任。而且，信用卡经常遗失的人，信用等级会降低，因此人们都非常重视保存信用卡。

信用卡丢失是持卡人的过失，因此持卡人有挂失的义务。从实际情况而言，客户

---

① 《纽约市民借世贸倒塌提款机故障盗取千万》，http://www.yent.com，2004 年 6 月 20 日访问。

挂失和银行止付之间的时间差，只有银行才能消除和缩短。银行以技术条件为借口将这一阶段的损失推到客户身上，显然有失公平。因此，银行应当考虑的，并不是利用格式合同或者章程来排除自己的责任，而应当是提高设备的性能和工作效率，利用终端系统的密码来代替手工操作，做到挂失后止付即时生效。

第三节　ATM故障中银行与客户的法律关系

一、失控的ATM

2002年2月初的京城，春寒料峭，一个IC电话亭前居然排起了长队。外出办事的小张心里十分纳闷：现在，手机这么普及，咋都凑在电话亭前，在干嘛呢？不问不知道，一问之下，可把他乐坏了：原来是电信部门偶发慈悲，指派了这座IC电话提供免费服务呢！不管是谁，操起话筒，市话、长途随便拨，不用付钱。小张看着这些，不由得想，要是有一天，银行的自动柜员机失控，也能不断往外吐钱，挡都挡不住，那该多好！

小张的这种想法，可不纯粹是天方夜谭，以前就有类似的情况发生：1999年，《北京青年报》报道，北京定福大街储蓄所的一台ATM出错，竟将一个存款只有800多元的账户，显示为拥有100万元存款，疯狂吐钞不止；无独有偶，上海一家银行由于工作人员的失误，将100元面额的人民币错放进50元人民币的柜子，致使一台ATM为提款人加倍吐钱，直到有人向银行报告，ATM才被停机。由于ATM失控，银行利益受损的例子并非中国独有，国外关于路人竞相用手机拨打亲友电话，让他们到问题ATM取款的报道也不时见诸报端。

当然，ATM出事，倒霉的不全是银行。据《南方周末》报道，1997年12月16日，一位客户在深圳某银行的自动柜员机上取2 500元，第一个柜员机取不了，换了一个才取出，第二天去打印存折，却打出两笔2 500元的取款记录。客户找银行交涉，银行说，人可能会作假，但机器只是忠实地执行着客户的指令，绝不可能出错。这一纠纷至今未得到妥善解决。

自从1991年上海市工商银行推出我国第一套电子付款系统以来，短短几年间，各大银行的自动柜员机(automatic teller machine，简称ATM)如雨后春笋般地在各大城市开设起来。的确，我们生活在一个机器与信息的时代，机器传递着信息，信息改变着我们的生活，让我们充分地享受着数字化时代的种种便利。但正如硬币的两面，我们在得到方便的同时，也付出了相应的代价，承担了原本不存在的风险。而且，对机器的过分依赖，使我们经常忽略了一个显而易见的事实，机器本身也只不过是人类的产品，它也与生俱来地带有一些致命的缺陷，无法永远地保持稳定。实际上，设计和制造的缺陷终归要暴露出来，或早或晚而已。

其实,这问题说到底,就是两个方面:第一,如何避免或减少机器的故障和人为的差错,减轻 ATM 非正常交易给银行或客户带来的种种风险;第二,在非正常交易发生后,如何弥补受损方的利益损失,或者如何进行风险责任的分配。第一方面问题的解决,有赖于 ATM 制造商或程序软件提供商的技术改进,以及银行工作人员责任心的加强,不纳入本书的讨论范围。以下只就第二个问题展开探讨。

二、银行客户的责任

对于 ATM 机非正常交易所导致的后果,客户的责任主要来自于两方面。

(一) 合同责任

我们知道,客户申请使用信用卡时,在 ATM 上存取现金,并支付手续费,都是基于与发卡银行的合同约定。由于银行与客户一一谈判的成本过于高昂,所以,发卡银行都是事先拟定好合同的标准条款,持卡人在申请领用信用卡时,只能做接受或不接受的选择。一般说来,客户一旦接受这些约定并领用了信用卡,就必须遵守发卡银行的有关规定,并受到其拘束。当然,银行也不可能凭借自己的优势地位,订立霸王条款,因为法律规定,合同当事人必须按照诚实信用和公平交易的原则行事,并不得通过合同的约定排除其适用。否则,这些条款将归于无效。有了以上的认识作为基础,我们接下来分析,客户的合同责任问题。

根据一般发卡银行的规定,在 ATM 交易中,客户承担的合同义务有两项:其一,在 ATM 发生故障时,客户应当通知银行;其二,ATM 交易的结果,如有不一致,应当以银行复核的为准。

第一项义务很好理解。在 ATM 非正常交易的情况下,有可能是银行受损,也有可能是客户受损。因此,客户发现 ATM 交易不正常,通知银行进行维修和核对交易记录,这是十分必要的。从社会利益考察和交易成本考虑,客户往往是 ATM 故障的最先发现者,而且通知银行的成本也很低。即使没有这项约定,银行与客户在交易过程中,也互相负有保护、注意和协力防止损失进一步扩大的附随义务。所以,客户承担通知义务是公平合理的。但问题在于,客户不承担这项义务又当如何?发现 ATM 机交易不正常,但并不通知银行,银行似乎没有办法。对于给银行造成的损失,银行也很难证明,某某发现 ATM 有故障,但并不通知,由此而导致银行损失,某某除退还多提的金额(这并不是由通知义务而派生,而是基于不当得利的返还义务)外,不需要承担其他什么责任。

对于第二项义务,即银行要求客户接受银行的复核结果,这是否符合公平和诚实信用原则,倒很有商榷的余地。在传统的银行柜台服务中,银行坚持两人临柜、复核为准的内部行业规则。但随着金融电子化和其他先进技术的推广和运用,复核这一程序已从柜台服务中消失了。尤其是在 ATM 交易中,银行的复核是在客户不在场的情况下单独进行的,客户并没有、也无法对银行的复核进行监督。这样,就很难排除银行移花接木,将内部差错转嫁给客户的可能性。从这一角度出发,银行这一条款的合法性就受到质疑。但如果换一个角度,银行似乎也能言之成理。ATM 机交易中无人临柜操作,客户面对的是机器,这种设计本身,使得当面复核交易结果变得不可能。但机器故障的存在,又使得银行有必要进行内部复核。而银行是专业机构,具有多年的从业经验,相对于松散的客户个人而言,具有相对完善的内控系统,因而信誉更加可靠。所以,在双方对交易结果有争议的时候,以银行的复核为准,这是两害相权取其轻的结果。

尽管如此,一个值得注意的原则是,根据合同法,如果双方的权利与义务不清或产生争议,应按照不利合同拟定人(即银行)的原则进行解释。现在已有不少国家和地区,在法律上对银行的格式合同条款作出限制。如我国香港同业公会、存款公司公会于 1997 年 7 月 14 日联合发布的《银行营运规则》规定,只有持卡人的欺诈行为或严重疏忽行为引起的损失,持卡人才承担责任。

(二) 不当得利的责任

不当得利是产生债权债务关系的原因之一。根据我国《民法通则》第 92 条规定,没有合法依据,取得不当利益,致使他人损失,应当将取得的不当利益返还给受损失的人。如果 ATM 机因失控而多吐款项,当然构成了不当得利,客户有返还的义务。这在法律上应无异议,但在具体操作中却常因证据问题而困难重重。

由于客户往往不会主动承认自己多提了钱,这样,银行就没有了直接证据,而只能用 ATM 流水号、金额、终端编号以及客户的姓名、信用卡密码等间接证据,来证明 ATM 向客户被告超额付款,但问题是,ATM 向客户吐钱,客户并不一定取到了。举例来说,如果客户计划提款 500 元,ATM 先吐出 500 元,客户急着用钱,取了 500 元就走,把信用卡和第二笔吐出来的 500 元都忘在了脑后,那该如何认定其中的责任?这种情况的确罕见,但不能排除它的可能性。因为从操作流程来看,国内的 ATM 机是先吐钱,再吐卡的(不像外国,至少不像英国,它们的 ATM 是先吐卡、后吐钱的),在这种情况下,客户就有可能忘记取卡。

对于以上的情况,即银行能够证明 ATM 向客户多吐钱了,但无法证明客户多取到了钱。这个问题如何解决?法官能否根据这个不算无懈可击的证据链条,判定客户承担不当得利的返还义务?也许,更好的解决之道,还有赖于技术的发展。正所谓,解铃还须系铃人!

三、ATM 机器制造商和软件供应商的责任边界

关于厂商责任问题,可分为两方面:一是如果 ATM 机器硬件及其使用的软件,都是由银行自行开发使用,那么责任主体合一,自然就没有必要考察厂商的责任问题,但从现实情况看,这种情形非常少见。二是如果银行使用的 ATM 设备都是由厂商提供,软件是由专门的软件公司开发的,那么在这种情况下,讨论厂商与银行的责

任分担问题就很有必要。现实情况是，美国大部分的 ATM 差不多都是由几家著名的专业公司生产，大部分的金融软件也是由专门的软件开发公司开发的。我国的情况与美国有所区别，ATM 硬件设备几乎都是进口的，软件则是由各大商业银行各显其能，分头开发并投入使用的。那么，接下来，我们就谈一谈在 ATM 非正常交易的情况下，银行与厂商的责任问题。

1. 合同法上的责任。银行在购买或者委托开发 ATM 机时，双方将签订买卖合同或加工承揽合同。但不管是哪种合同关系，双方都不可能在合同中约定，如果机器发生故障，造成银行损失，厂商要承担责任。因为 ATM 提供的是具有特殊金融风险的服务，一次故障就足以令厂商从银行获得的利润化为乌有，几次故障则完全有可能将中等规模的制造商推向破产的边缘。所以，如果一旦计算机或其网络传输系统出现问题，就不管三七二十一，要求制造商承担赔偿责任，那恐怕 ATM 制造商将无以为继，只能悄然引退。所以，在一般情况下，如果 ATM 出现故障，厂商只能提供免费的维修，可能还会提供一些小的零部件。当然，也不排除技术过硬、财力雄厚的厂商与银行对责任的分担另有约定。

2. 侵权行为法上的责任。在传统意义上说，产品有缺陷，造成损失的，要承担赔偿责任。但承担责任的前提是产品有缺陷，而要认定 ATM 机存在缺陷问题却尤为困难。ATM 机的运行，有赖于电脑、网络和其他传输设备，这些都是日新月异的高科技产品，很难有什么国标、省标或其他行业标准。而且，轻率地认定产品的缺陷，由此引发对赔偿的恐惧，将极大地影响科技的创新和市场化的进程。因此，相当多的国外立法表明，产品责任只有在涉及人身损害时，才实行严格责任，即受损方不需证明厂商的过错即可获赔。由此看来，厂商的责任问题，基本上是一个各方自愿选择的过程，法律只是作出有利于社会经济利益的适时调整而已。

四、银行责任面临的问题

尽管 ATM 已对银行的服务方式进行了一场革命性的创新，但它并没有改变银行与客户的基本法律关系。对于客户来说，ATM 就是银行，出了问题，也就自然会想到向银行要个说法。

但遗憾的是，我国法律以及所有银行与客户的协议条款，都没有规定在哪种情况下，银行要对 ATM 的非正常交易承担什么责任。相形之下，国外的规定则周详得多。如根据英国的有关法律和《银行惯例守则》，在 ATM 机交易中银行的义务是：银行对持卡人的义务是保证 ATM 正确回应持卡人的指令；保证 ATM 正常工作，保证 ATM 提供充分的信息，以使持卡人的账户能够正确地被记录。

在实践中，英国法院早在 19 世纪的“英国皇家银行诉布鲁克斯案”中就确定了如下原则：银行有义务保持客户账户上数字的正确。银行在客户的存折上多写了数额而多支付之后，假如客户善意地相信记录的正确，并依此行事，银行不得索回多支付的款项。国外一般认为，银行要对下列交易而造成的资金损失，提供补偿或承担责任:银行未能阻止的计算机犯罪;由银行引起的人员或系统错误而导致不正常的交易;由ATM引起的错误支付或未送达支付。

反观我国的银行业,由于金融电子化的历史相对较短,经验明显缺乏,在应对ATM非正常交易方面,技术和制度准备都嫌不足。今后可考虑的思路,首先的,也是治本之道,就是要提高ATM的运行质量,增强安全系数。当然,正如我们无法冀望保险箱能确保万无一失一样,我们也无法期望ATM能永远稳定地执行指令。于是,可考虑的第二种思路是,在银行内部建立ATM非正常交易风险准备金。当然,这种处理方法,只是将风险的解决内化给了银行,对于银行,难免过于严苛。于是又有了第三种方法,就是向保险公司投保非正常交易责任险,以此将风险分散给大众。当然,正如前所述,因为ATM提供的是具有特殊金融风险的服务,这种风险,从根本上而言,来自于人们对舒适、便捷生活的追求,牺牲了部分的安全考虑,所以,一味地抱怨机器制造商或者银行,并试图将责任全归于它们,似乎也不尽合理。社会是互动的,人们选择了方便,同时也就选择了风险。

第二十一章

商业银行的变更和违反商业银行法的法律责任

第一节　商业银行的变更

商业银行设立后在经营过程中，由于某些特殊原因，其登记事项可能会发生变化。另外商业银行的合并与分立，也将导致商业银行组织形态的变更。

一、非因分立与合并导致的商业银行变更

商业银行变更可分为重大变更和一般变更，重大变更必须由股东会代表三分之二以上表决权的多数股东通过，一般变更则只需代表二分之一以上表决权的股东通过。商业银行的变更必须遵守公司法的有关规定。根据我国公司法，商业银行变更注册资本、修改章程、合并和分立为重大变更，其他事项的变更则为一般变更。

另外，根据商业银行法的规定，商业银行有下列变更事项之一的，应当经国务院银行业监督管理机构批准：(1)变更名称；(2)变更注册资本；(3)变更总行或者分支行所在地；(4)调整业务范围；(5)变更持有资本总额或者股份总额百分之五以上的股东；(6)修改章程；(7)国务院银行业监督管理机构规定的其他变更事项。更换董事、高级管理人员时，还应当报经国务院银行业监督管理机构审查其任职资格。

商业银行发生变更，应当向登记主管部门办理登记，未经核准变更登记，不得擅自改变登记事项。商业银行申请变更登记应提交下列文件：(1)法定代表人签署的变更登记申请书；(2)依照《公司法》作出的变更决议或者决定；(3)登记机关要求提交的其他文件。变更登记涉及修改商业银行章程的，应当提交修改后的商业银行章程或者修正案。

商业银行变更后，其权利与义务并不因此而消灭。原商业银行的权利和义务由变更后的商业银行享有和承担。商业银行及其法定代表人不得以商业银行变更为由，拒绝承担债务。

二、合并与分立导致的商业银行变更

我国商业银行的合并与分立必须遵守公司法的有关规定。根据公司法,商业银行的分立与合并属于重大事项,必须符合法定条件,并遵守法定程序。商业银行的合并与分立也将引起公司组织形态的变更。

(一)商业银行的合并

1. 商业银行合并的概念。

商业银行的合并,是指两个或两个以上的商业银行,在经营活动过程中,依法律规定的程序合并为一个商业银行的法律行为。

商业银行合并的原因很多,有的合并可归因于市场自身的优胜劣汰,有的则可归因于银行间为达到网点资源整合、优势互补的效果而自愿合并。

2. 商业银行合并的形式。

根据公司法的规定,商业银行的合并可分为吸收合并和新设合并。吸收合并,是指一个商业银行吸收其他商业银行、被吸收的商业银行解散的法律行为。新设合并又称为创设合并,它是指两个以上的商业银行合并设立为一个新商业银行,合并各方解散的法律行为。对于吸收合并和新设合并,国外有不同的称谓,如美国称吸收合并为兼并(takeover),而新设合并则称为联合(consolidation)。

3. 商业银行合并的程序。

(1) 股东会作出合并决议。商业银行的合并属于重大变更,必须召开股东会对合并进行表决,并经三分之二以上表决权的股东同意,合并决议才发生效力。

(2) 订立合并协议。合并协议不同于合并决议,后者是商业银行内部的法律行为,对商业银行的股东具有拘束力。合并协议则是指合并各方就商业银行合并所产生的权利与义务所达成的协议。该协议是一种外部法律行为,对合并各方有约束力。

(3) 造表。在商业银行合并各方决定合并时,要编制资产负债表财产清单。

(4) 通知及公告。商业银行作出合并决议后,应及时通知各债权人。我国《公司法》第184条对此作出了规定。商业银行应当自作出合并决议之日起十日内通知债权人,并于三十日内在报纸上至少公告三次,债权人自接到通知书之日起三十日内,未接到通知书的自第一次公告之日起九十日内,有权要求清偿债务或提供相应的担保,不清偿债务或者不提供相应的担保的,商业银行不得合并。

(5) 商业银行合并应报经国务院银行业监督管理机构审查批准。

(6) 办理登记。商业银行合并属于重大变更,应当依法向登记主管机关办理变更登记。

4. 商业银行合并的效力

依合并形式的不同,商业银行的合并会产生不同的法律后果。在吸收合并中,被吸收的商业银行法人主体资格消灭;而在新设合并中,合并各方的法人主体资格消灭，新创设的商业银行具有法人主体资格。

另外，不管是吸收合并还是新设合并，合并各方的债权债务不因任何一方主体资格的消灭而灭失，而应当由合并后存续的商业银行或新设商业银行承继。

(二) 商业银行的分立

1. 商业银行分立的概念。

商业银行的分立是指商业银行因经营需要或其他原因而分开设立为两个以上商业银行的法律行为。

2. 商业银行分立的程序。

(1) 股东会作出合并决议。商业银行的分立属于重大变更，必须召开股东会对分立进行表决，并经三分之二以上表决权的股东同意，分立决议才发生效力。

(2) 报经国务院银行业监督管理机构审查批准。

(3) 造表。编制资产负债表和财产清单，对商业银行的财产作相应的分割。

(4) 通知及公告。商业银行的分立直接影响到债权人的利益。因此，商业银行作出分立决议后，应及时通知各债权人。商业银行应当自作出分立决议之日起十日内通知债权人，并于三十日内在报纸上至少公告三次，债权人自接到通知书之日起三十日内，未接到通知书的自第一次公告之日起九十日内，有权要求清偿债务或提供相应的担保，不清偿债务或者不提供相应的担保的，商业银行不得分立。

(5) 办理登记。商业银行分立属于重大变更，应当依法向登记主管机关办理变更登记。因分立而解散的商业银行，应当申请注销登记；因分立而新设的商业银行，应当申请设立登记。商业银行应当自作出分立决议或者决定之日起九十日内申请登记，提交分立决议或者决定以及商业银行在报纸上登载的分立公告至少三次的证明，以及债务清偿或者债务担保的说明和国务院银行业监督管理机构的批准文件。

商业银行分立，其分立前的债务由分立后的商业银行承担。

第二节　商业银行的接管和终止

一、商业银行的接管

(一) 商业银行接管的概念和目的

商业银行接管是指商业银行在经营过程中，因经营不善或者可能发生信用危机，严重影响存款人利益时，由国务院银行业监督管理机构决定成立接管组织行使商业银行的经营管理权力，帮助恢复商业银行的正常经营能力的临时性措施。

接管的目的是对被接管的商业银行采取必要措施，以保护存款人的利益，恢复商业银行的正常经营能力。被接管的商业银行的债权债务关系不因接管而变化。

（二）商业银行的接管决定及其后果

接管由国务院银行业监督管理机构决定，并组织实施。国务院银行业监督管理机构的接管决定应当载明下列内容：(1)被接管的商业银行名称；(2)接管理由；(3)接管组织；(4)接管期限。

接管决定由国务院银行业监督管理机构予以公告。接管自接管决定实施之日起开始。自接管开始之日起，由接管组织行使商业银行的经营管理权力。接管期限届满，国务院银行业监督管理机构可以决定延期，但接管期限最长不得超过两年。

商业银行被接管的，国务院银行业监督管理机构有权要求该银行的董事、高级管理人员和其他工作人员，按照国务院银行业监督管理机构的要求履行职责。

商业银行被接管期间，经国务院银行业监督管理机构负责人批准，对直接负责的董事、高级管理人员和其他直接责任人员，可以采取下列措施：(1)直接负责的董事、高级管理人员和其他直接责任人员出境将对国家利益造成重大损失的，通知出境管理机关依法阻止其出境；(2)申请司法机关禁止其转移、转让财产或者对其财产设定其他权利。

（三）商业银行的接管终止

有下列情形之一的，接管终止：(1)接管决定规定的期限届满或者国务院银行业监督管理机构决定的接管延期届满；(2)接管期限届满前，该商业银行已恢复正常经营能力；(3)接管期限届满前，该商业银行被合并或者被依法宣告破产。

二、商业银行的终止

（一）商业银行的终止事由

根据《商业银行法》第 72 条规定，商业银行因解散、被撤销和被宣告破产而终止。因此，商业银行的终止，可分为因解散而终止、因被撤销而终止、因被宣告破产而终止。不管哪一种情形，商业银行的终止都是其法人资格消灭、民事权利能力和民事行为能力灭失的法律行为。

（二）商业银行终止的程序

1. 商业银行因分立、合并或者出现公司章程规定的解散事由需要解散的，应当向国务院银行业监督管理机构提出申请，并附解散的理由和支付存款的本金和利息等债务清偿计划。经国务院银行业监督管理机构批准后解散。

商业银行解散的，应当依法成立清算组，进行清算，按照清偿计划及时偿还存款本金和利息等债务。国务院银行业监督管理机构监督清算过程。

2. 商业银行因吊销经营许可证被撤销的，国务院银行业监督管理机构应当依法及时组织成立清算组，进行清算，按照清偿计划及时偿还存款本金和利息等债务。

3. 商业银行不能支付到期债务，经国务院银行业监督管理机构同意，由人民法院依法宣告其破产。商业银行被宣告破产的，由人民法院组织国务院银行业监督管理机构等有关部门和有关人员成立清算组，进行清算。商业银行破产清算时，在支付清算费用、所欠职工工资和劳动保险费用后，应当优先支付个人储蓄存款的本金和利息。

第三节 违反商业银行法的法律责任

一、商业银行的法律责任

（一）因损害客户利益而应承担的法律责任

商业银行有下列情形之一，对存款人或者其他客户造成财产损害的，应当承担支付迟延履行的利息以及其他民事责任：(1)无故拖延、拒绝支付存款本金和利息的；(2)违反票据承兑等结算业务规定，不予兑现，不予收付入账，压单、压票或者违反规定退票的；(3)非法查询、冻结、扣划个人储蓄存款或者单位存款的；(4)违反本法规定对存款人或者其他客户造成损害的其他行为。

有前款规定情形的，由国务院银行业监督管理机构责令改正，有违法所得的，没收违法所得，违法所得五万元以上的，并处违法所得一倍以上五倍以下罚款；没有违法所得或者违法所得不足五万元的，处五万元以上五十万元以下罚款。

（二）因违法经营而应承担的法律责任

1. 商业银行有下列情形之一，由国务院银行业监督管理机构责令改正，有违法所得的，没收违法所得，违法所得五十万元以上的，并处违法所得一倍以上五倍以下罚款；没有违法所得或者违法所得不足五十万元的，处五十万元以上二百万元以下罚款；情节特别严重或者逾期不改正的，可以责令停业整顿或者吊销其经营许可证；构成犯罪的，依法追究刑事责任：(1)未经批准设立分支机构的；(2)未经批准分立、合并或者违反规定对变更事项不报批的；(3)违反规定提高或者降低利率以及采用其他不正当手段，吸收存款，发放贷款的；(4)出租、出借经营许可证的；(5)未经批准买卖、代理买卖外汇的；(6)未经批准买卖政府债券或者发行、买卖金融债券的；(7)违反国家规定从事信托投资和证券经营业务、向非自用不动产投资或者向非银行金融机构和企业投资的；(8)向关系人发放信用贷款或者发放担保贷款的条件优于其他借款人同类贷款的条件的。

2. 商业银行有下列情形之一，由国务院银行业监督管理机构责令改正，并处二十万元以上五十万元以下罚款；情节特别严重或者逾期不改正的，可以责令停业整顿或者吊销其经营许可证；构成犯罪的，依法追究刑事责任：(1)拒绝或者阻碍国务院银行业监督管理机构检查监督的；(2)提供虚假的或者隐瞒重要事实的财务会计报告、报表和统计报表的;(3)未遵守资本充足率、存贷比例、资产流动性比例、同一借款人贷款比例和国务院银行业监督管理机构有关资产负债比例管理的其他规定的。

3. 商业银行有下列情形之一,由中国人民银行责令改正,有违法所得的,没收违法所得,违法所得五十万元以上的,并处违法所得一倍以上五倍以下罚款;没有违法所得或者违法所得不足五十万元的,处五十万元以上二百万元以下罚款;情节特别严重或者逾期不改正的,中国人民银行可以建议国务院银行业监督管理机构责令停业整顿或者吊销其经营许可证;构成犯罪的,依法追究刑事责任:(1)未经批准办理结汇、售汇的;(2)未经批准在银行间债券市场发行、买卖金融债券或者到境外借款的;(3)违反规定同业拆借的。

4. 商业银行有下列情形之一,由中国人民银行责令改正,并处二十万元以上五十万元以下罚款;情节特别严重或者逾期不改正的,中国人民银行可以建议国务院银行业监督管理机构责令停业整顿或者吊销其经营许可证;构成犯罪的,依法追究刑事责任:(1)拒绝或者阻碍中国人民银行检查监督的;(2)提供虚假的或者隐瞒重要事实的财务会计报告、报表和统计报表的;(3)未按照中国人民银行规定的比例交存存款准备金的。

(三)因违反银行设立和管理规定而应承担的法律责任

1. 市场主体有下列情形之一,由国务院银行业监督管理机构责令改正,有违法所得的,没收违法所得,违法所得五万元以上的,并处违法所得一倍以上五倍以下罚款;没有违法所得或者违法所得不足五万元的,处五万元以上五十万元以下罚款:(1)未经批准在名称中使用"银行"字样的;(2)未经批准购买商业银行股份总额百分之五以上的;(3)将单位的资金以个人名义开立账户存储的。

2. 商业银行不按照规定向国务院银行业监督管理机构报送有关文件、资料的,由国务院银行业监督管理机构责令改正,逾期不改正的,处十万元以上三十万元以下罚款。商业银行不按照规定向中国人民银行报送有关文件、资料的,由中国人民银行责令改正,逾期不改正的,处十万元以上三十万元以下罚款。

3. 未经国务院银行业监督管理机构批准,擅自设立银行业金融机构或者非法从事银行业金融机构的业务活动的,由国务院银行业监督管理机构予以取缔;构成犯罪的,依法追究刑事责任;尚不构成犯罪的,由国务院银行业监督管理机构没收违法所得,违法所得五十万元以上的,并处违法所得一倍以上五倍以下罚款;没有违法所得或者违法所得不足五十万元的,处五十万元以上二百万元以下罚款。

二、商业银行工作人员的法律责任

1. 商业银行工作人员利用职务上的便利,索取、收受贿赂或者违反国家规定收受各种名义的回扣、手续费,构成犯罪的,依法追究刑事责任;尚不构成犯罪的,应当给予纪律处分。有前款行为,发放贷款或者提供担保造成损失的,应当承担全部或者部分赔偿责任。

2. 商业银行工作人员利用职务上的便利,贪污、挪用、侵占本行或者客户资金,构成犯罪的,依法追究刑事责任;尚不构成犯罪的,应当给予纪律处分。

3. 商业银行工作人员违反本法规定玩忽职守造成损失的,应当给予纪律处分;构成犯罪的,依法追究刑事责任。违反规定徇私向亲属、朋友发放贷款或者提供担保造成损失的,应当承担全部或者部分赔偿责任。

4. 商业银行工作人员泄露在任职期间知悉的国家秘密、商业秘密的,应当给予纪律处分;构成犯罪的,依法追究刑事责任。

5. 单位或者个人强令商业银行发放贷款或者提供担保的,应当对直接负责的主管人员和其他直接责任人员或者个人给予纪律处分;造成损失的,应当承担全部或者部分赔偿责任。

6. 商业银行的工作人员对单位或者个人强令其发放贷款或者提供担保未予拒绝的,应当给予纪律处分;造成损失的,应当承担相应的赔偿责任。

三、市场禁入法律责任

商业银行违反商业银行法规定的,国务院银行业监督管理机构可以区别不同情形,取消其直接负责的董事、高级管理人员一定期限直至终身的任职资格,禁止直接负责的董事、高级管理人员和其他直接责任人员一定期限直至终身从事银行业工作。

商业银行及其工作人员对国务院银行业监督管理机构、中国人民银行的处罚决定不服的,可以依照《中华人民共和国行政诉讼法》的相关规定向人民法院提起诉讼。

第五编

信托法

5

第二十二章

信 托 概 述

第一节 信托的历史演进

一、信托的起源和早期演化

作为一种财产转移和管理的方法,信托历史悠久。有学者认为,现代信托制度起源于古罗马法中的 Fidei Commissum(遗产信托)。依照当时的罗马市民法,并非所有的人都有接受遗赠的资格,如外国人、俘虏、异教徒就被排除在受遗赠人的范围外。但有时遗嘱人希望为不能接受遗产的人留下些财产,于是遗产信托应运而生。作为一种迂回方式,遗嘱人先将遗产归属于法律上有资格承受遗产之人(受托人),同时指示受托人将部分或全部财产转交给第三人。也有学者认为,遗产信托的受托人只不过居于幻象或导管地位,全部遗产实际上仍由遗产信托的受赠人即第三人继承,因此遗产信托实际上只是一种立遗嘱的技术而不是信托。①

另有学者提出,现代信托制度应是起源于古日耳曼法中的 Salman。所谓 Salman,即指受让所有人财产后,再依所有人的指示处分该财产的受托人。由于当时的日耳曼法只承认法定继承,否认遗嘱的效力,于是被继承人为达其加惠于第三人的目的,以法定继承人作为受托人取得遗产所有权,同时指示受托人将遗产交付给第三人。对此种观点,同样有人提出了反对意见,认为 Salman 在法律结构上只是附条件的所有权转移,与其将 Salman 解释为信托制度的起源,还不如将其视为遗嘱执行人制度的萌芽。②

其实,无论是罗马法中的 Fidei Commissum,还是日耳曼法上的 Salman,受托人都要把财产直接转交给第三人,而不是像现代信托制度那样,受托人在取得财产所有权的前提下,对该财产进行管理、处分,并将由此产生的收益支付给第三人。因此上述两种学说自难令人信服。

根据目前通说,信托源于英国封建时代的 Use(用益设计)制度。该制度产生的

---

① 赖源河、王志诚著:《现代信托法论》,中国政法大学出版社 2002 年版,第 1—2 页。

② 同上书,第 2 页。

主要原因及其主要功能，是规避英国封建法律针对土地转让和处分所作的一些不利规定：(1)规避土地转让的税负。在中世纪的英国，土地上的税负非常沉重。当对土地的占有(seisin)或所有权(legal title)转移时(如父死子继)，受让人须向封建领主交纳大笔税金。用益设计通过向受托人转移占有或所有权，规避了土地继承时所需交纳的税费。(2)规避土地转让的限制。11世纪的英国人民由于信奉宗教，有死后将土地捐赠给教会等宗教团体的习惯，这对封建诸侯大为不利：其一，依当时法制，教会土地永久免税，由此阻塞封建诸侯征收租税之途；其二，教会无所谓死亡而可永久占有土地，封建诸侯因之又丧失臣民死后无继承人时取得土地的机会；其三，教会拥有广大土地，势力与日俱增，大有与封建诸侯分庭抗礼之势。因此在13世纪末期，亨利一世和爱德华三世乃颁行"死手法"(Statute of Mortmain)，规定禁止向教会捐赠土地，否则一概没收。为规避该法的适用，教徒们即先将土地让与他人，再由受让人替教会管理土地，所得收益归于教会。①此外，中世纪的英国对土地实行长子继承制，法律禁止长子或独子以外的其他人继承土地，但这往往违背了土地所有者的真实意愿。当土地所有者希望将土地留给长子以外的人时，为不触犯法律，便将土地上的所有权转让给受托人，而土地的收益则归属于土地出让人指定的人。当然，Use制度也并不全为脱法目的而存在。例如，英国封建法律规定，主张自己比土地闯入者对土地享有更优先的占有权的诉讼，必须由成年男性提起。为防止因骑士长期不归或战死国外而导致无法对抗土地闯入者，骑士在参加十字军东征前往往将土地上的权利授予朋友，在骑士回来前，朋友应为骑士、骑士妻子和孩子对土地的使用而持有该土地；或者是在骑士战死时，朋友应为骑士的长子而持有土地。②

然而，在Use产生以后近200年的时间里，英国普通法院并不承认用益权制度。根据当时的普通法，财产受让人对于财产让与人仅负有道义上的责任，无法通过诉讼方式强制受让人履行其义务，即使受让人违背用益权的约定，受益人在法律上也没有任何权利。直至15世纪，衡平法院才基于公平、正义和良心的原则，承认受益人有通过衡平法院程序要求受让人履行让与人指示的权利。

衡平法院对Use的承认，使得用益权制度在英国日益发达，而这严重损害到国王和封建贵族的利益。为遏制当时盛行的用益设计，重新获取被规避的税收以应付战争的庞大开销，亨利八世在1535年不顾国会的反对强行颁布"用益法典"(Statute of Uses)，将受益人享有的衡平法上的权利转变为普通法上的所有权，此即"执行用益"(execute the use)。受益人因承受了法律上所有人的地位，就无法规避所有权变动时应缴纳的税金。不过，用益法案并未否认所有用益设计的效力，而是存在三项例外：(1)动产用益。根据用益法案的表述，其仅适用于不动产，无法规范于动产上设立信托的情形。(2)积极用益。如果受托人负有积极管理处分信托财产的义务，则为法院解释为不在用益法典适用之列，因为委托人既然课以受托人积极任务，其目的就非

① 周小明著：《信托制度比较研究》，法律出版社1996年版，第77页。

② [英]D.J.海顿著，周翼、王昊译：《信托法》，法律出版社2004年版，第11页。

单纯赋予受益人用益权，如果法律剥夺受托人管理处分权而将法律上所有权直接归于受益人，不免有违委托人的内心真意。[①](3)双层用益(use upon use)。为规避用益法典的限制，英国民众又创造出了"双层用益"，其构造为：甲将土地转让给乙，规定乙为丙的利益、丙又为丁的利益而占有土地。根据法院的解释，"用益法典"最多只能使用一次，即只能将丙确认为普通法上的所有权人，至于丁的权利则仍不受普通法规范。为防止用益法案的目的落空，英国普通法院在 1557 年的 Tyrrel 一案中，判决双层用益在普通法上无效。但衡平法院再度出手，以探求当事人真意的解释方法承认双层用益的合法性，从而维系了用益权制度的存在。在 1634 年 Sambach v. Dalston 一案中，衡平法院正式使用信托(trust)一词称呼双层用益中的第二层用益。此后，又将所有不适用"用益法典"的用益权统称为 Trust，而适用"用益法典"规范的用益权仍被称为 Uses。1925 年，英国以"财产法"取代"用益法典"，Use 和 Trust 的区别遂不复存在而统一于 Trust 的概念中，现代信托制度至此最终确立。[②]可以说，用益转化为信托是英国人对世界法律体系所作的最重要的贡献之一。

二、信托制度的现代发展

自 19 世纪初期以来，信托事业即在欧美各国相继兴起，20 世纪以后又逐渐为日、韩等大陆法国家继受，发展成为一项重要的财产管理制度。在这一过程中，信托制度出现了两个显著变化。

(一) 从消极信托到积极信托

消极信托(passive trust)是指受托人仅仅作为信托财产名义上的所有人，对信托财产不负积极管理的义务，此义务由受益人承担。积极信托(active trust)是指受托人不仅是信托财产名义上的所有权人，而且承担了积极管理处分信托财产的义务，如出租信托财产并收取租金。在早期，消极信托更为常见，因为委托人主要是借受托人的"人头"以规避法律的限制，受托人只是消极保守地持有信托财产。随着封建制度的瓦解，土地转让所受限制逐步取消，消极信托的存在价值大大丧失；而法治思想的确立，也使得消极信托这一脱法设计日益丧失其合法性。但是，信托并未因此退出社会经济生活的大舞台，而是通过功能转换得以存续下来。自 19 世纪 60 年代起，因经济发展而手握大笔资金的英国民众急于向海外投资，鉴于自身缺乏国际投资经验，于是广大分散的投资者便将资金集中起来，交由投资经验丰富的受托人代为投资，信托也因此从财富传承的通道转变为财富增值的方法。受托人此时不再是信托财产的消极持有者，而是需要对财产进行积极的管理处分以使其增值。除了英国的单位信托

① Graham Moffat and Michael Chesterman, *Trusts Law Text and Materials*, George Weidenfeld and Nicolson Ltd. 1988, pp. 31—32.

② 周小明著：《信托制度比较研究》，法律出版社 1996 年版，第 82 页。

外,美国、日本等国也相继涌现出投资信托、贷款信托等诸多积极信托,积极信托也就逐渐取代消极信托,成为现代信托的主流形式。

(二)从无偿信托到有偿信托

为了充分实现财富的增值,除了土地之外,诸如资金、股票等其他类型的财产也纷纷涌入信托市场。在现代社会中,随着信托财产类型的日益丰富,信托财产管理的方法也繁多复杂,此时特别强调财产管理者必须具有专门的知识和经验,这就对受托人的技能提出了更高的要求。早期那种以亲友、社会贤达为受托人无偿管理信托财产的情形已不复多见,取而代之的是以某些具有较多经验的专家为受托人来管理财产,并向其支付必要报酬和费用。而自19世纪末期以来,有偿信托从民事领域进一步拓展到商业领域,专以信托为业的高度组织化的信托公司、信托银行等专业投资机构开始出现,此即所谓"营业信托"。在营业信托中,信托公司凭借其专业管理技能、雄厚的资本实力为信托财产的增值提供了一系列的条件和保证。可以这么说,中世纪无偿的传统性信托在今天已经转变成有偿的现代性信托。

第二节 信托的定义、特征和种类

一、信托的定义

(一)英美法系对信托的定义

在现代信托制度发源地的英美,信托的定义通常不是出现在成文法当中,而是由学者们提出,因此就存在各种各样的表述。例如,"信托是一种信任关系,在这种信任关系中,一人作为财产权的持有人在衡平法义务的拘束下为另一人的利益持有或运用财产"。①"信托是受托人取得特定财产的所有权,但其对信托财产没有个人利益,却负有以特定方式处分财产的衡平法义务。"②"信托是一种基于特定财产而发生的信任关系,其中,受托人为他人利益拥有该特定财产法律上的所有权,该他人作为受益人,拥有特定财产衡平法上的所有权。"③

在美国,由美国法学会组织编纂的《信托法重述》(第2版)对信托的定义是:"信托,除慈善信托、结果信托及推定信托外,是指以明示的意思表示所设定的,在当事人之间发生的一种财产信任关系。在这种关系中,一方享有财产上的所有权,并在衡平

① George T. Bogert, *Trusts*, West Publishing Co., 6th ed., 1987, p. 1.

② Simon Gardrer, *An Introduction To The Law of Trusts*, Oxford University Press, 1990, p. 8.

③ Edward C. Halbach, *Jr.*, *Trusts*, Harcourt Brace Jovanovich Legal and Professional Publishings, Inc., 1990, p. 1.

法上负担为另一方的利益管理和处分财产的义务。”

上述定义尽管表述各异，却并不妨碍我们勾画出信托运作的基本图谱：委托人基于对受托人的信任，将财产权转移给受托人。受托人由此享有信托财产法律上的所有权(普通法上的所有权、名义上的所有权)[①]，在法定和约定的范围内管理和处分信托财产。受益人享有信托财产衡平法上的所有权(实质上的所有权)，有权获得信托财产的收益乃至信托财产本身。英美法系信托法的最大特点，即在于承认信托财产上存在着“双重所有权”，此即受托人普通法上的所有权与受益人衡平法上的所有权。

如果以罗马法上的所有权观念来衡量，受托人或受益人其实都不对信托财产拥有所有权，只不过各人对该财产享有不同的权益。[②]就受托人而言，普通法上的所有权首先表现为受托人对信托财产的占有。不过，这种占有显然不如所有权人对所有物的占有，可能会因受益人的因素归于消灭。根据英国1841年Saunders v.Vautier一案确立的规则，如果受益人已经成年且具有行为能力，并且被授权一个人享有信托利益，那么他有权终止信托，自己取得信托财产。信托有数位受益人的，只要每一位受益人都已成年且具有完全行为能力，并且被授权集体地享有全部信托利益，他们就可以一致决定终止信托，要求受托人将信托财产分配给他们。[③]其次，普通法上的所有权还表现为对信托财产的处分权，但此种处分权也并不完整，不能和所有人的处分权相提并论。从处分方式看，受托人只能对信托财产进行法律上的处分，而不得为物理上的处分。即使是法律上处分信托财产，受托人也受到了诸多限制。一方面，如果受托人违背信托文件或法律的规定处分信托财产，则将对受益人承担损害赔偿的责任；另一方面，根据衡平法赋予受益人的追踪权，受托人的处分行为可能因为受益人行使撤销权而归于无效。再次，受托人不能享有收益权。最后，受托人的占有权和处分权实质上是以义务为内容的，受托人有义务为了受益人的利益管理处分信托财产，而不像财产的真正所有人那样，可以自由决定是否对财产进行管理和处分。因此从根本上说，以受托人为信托财产法律上的所有人不过是为了方便受托人以信托财产与第三人从事交易，其和真正的所有权相差甚远。就受益人而言，其衡平法上的所有权主要表现为请求受托人实施信托并向自己支付信托财产的收益。尽管受益人还享有受托人选任权、解任权、信托事务监督权以及受托人违法处分信托财产时对信托财产的追踪权等多项权利，但受益人基本上是一个信托利益的被动享受者。

事实上，信托的本质就在于将委托人对信托财产的原始所有权，分割成受托人的管理权和受益人的收益权，所谓普通法上的所有权和衡平法上的所有权，不过是对管理权和收益权的另一种表述而已。这种表述一方面反映出信托制度孕育于普通法和衡平法互动的二元法律结构之下的历史现实，另一方面也表明英美法从来没有大陆

① 受托人的权利也可能只在衡平法上，例如，受益人对其在信托中的利益可以再设定信托，此时再信托的受托人就只享有衡平法上的权利。参见周小明著：《信托制度比较研究》，法律出版社1996年版，第28页。

② 参见[英]F. H. 劳森、B. 拉登著：《财产法》，中国大百科全书出版社1998年版，第100页。

③ 何宝玉著：《英国信托法原理与判例》，法律出版社2001年版，第47页。

法系那样，形成以物的占有和支配为基础的绝对、单一的所有权概念。“英国习惯上一般将所有权分解成若干组成部分，并使得每一构成部分都形成一种抽象的存在，它们彼此之间，不像物体本身那样，并没有很大的差异。”①虽然在信托财产上不存在一个绝对的所有权，但各项权益的归属却清晰无误，这正是信托的生命力所在。

（二）大陆法系对信托的定义

自20世纪以来，信托独特的价值使得大陆法系国家力图引进和利用这一制度。然而，大陆法系不存在普通法和衡平法对峙的二元法律结构，其在所有权上奉行严格的“一物一权”原则，除了财产共有人以外，在一项财产上不能有两个或两个以上的财产所有人。而在存在共有人的情况下，每个共有人都是整个财产不可分割的一部分的绝对所有人。显然，大陆法系信托法在给信托下定义时，为与本国法律体系衔接和融合，不可能完全照搬英美法系的信托定义。

在大陆法系中，较有代表性的信托定义主要有：(1)《日本信托法》第1条规定，信托是指将财产权转移或为其他处分，使他人依照一定的目的管理或者处分财产。(2)《韩国信托法》第1条规定，信托是指以信托设定人（信托人）和信托接受人（受托人）之间的特别信任关系为基础，信托人将特定财产转移或为其他处分给受托人，使受托人为受益人的利益或特定目的对财产进行管理和处分的法律关系。(3)我国台湾地区“信托法”第2条规定，称信托者，谓委托人将财产权移转或为其他处分，使受托人依信托本旨，为受益人之利益或为特定之目的，管理或处分信托财产之关系。

上述定义基本相同，主要包括三层意思：(1)对信托财产要进行转移或为其他处分。信托财产的转移指财产法律权属上的转移，而不仅指委托人转移信托财产的占有于受托人。所谓其他处分，是指在财产上设定用益物权或担保物权。(2)受托人要对信托财产进行管理和处分。(3)受托人的管理和处分是为了受益人的利益或特定目的。

在财产权转移模式下，受托人取得了信托财产的所有权，受益人则取得享受信托利益的权利即受益权。受托人的所有权和受益人的受益权，就是大陆法系信托法对受托人管理权和受益人收益权的称谓。为符合大陆法系“一元所有权”的传统，大陆法系对信托的界定区分了物权效果和债权效果，即受托人的所有权具有较强的物权性，而受益人的受益权具有较强的债权化倾向，如受益人原则上只能针对受托人行使受益权；受托人违反信托宗旨处分信托财产时，受益人只有撤销该处分的权利。同时，为保留英美法系信托制度的实质，大陆法系信托法对受托人的所有权施加了受益权和信托法上义务的双重制约，对受益权则通过制度设计赋予其部分物权属性。

（三）我国《信托法》的定义

我国《信托法》第2条规定：“本法所称信托，是指委托人基于对受托人的信任，将

① [英]F. H. 劳森、B. 拉登著：《财产法》，中国大百科全书出版社1998年版，第16页。

其财产权委托给受托人，由受托人按委托人的意愿以自己的名义，为受益人的利益或者特定目的，进行管理或者处分的行为。”不同于大陆法系的通行做法，这一定义采取的是“财产权委托”模式，对信托财产是否转移给受托人未予明确。对于这一标新立异的规定，学术界存在两种截然不同的评价。赞同者认为，“此种定义模式，揭示了信托成立的基础——委托人基于信任将自己的财产委托受托人管理、处分，同时又回避了信托财产所有权的归属问题，克服了财产权转移模式的缺陷，体现了很高的立法艺术，具有一定的科学性”。①相反，批评者认为，“‘委托’一词非但没有揭示信托的本质属性，而且混淆了信托与行纪、代理等法律关系的界限，是不科学的”。②另一种反对意见是：“该定义没有强调委托人与受托人之间存在财产所有权的转移，淡化了信托财产作为物权制度的属性，使之主要成了一种债的关系。”③

我们认为，委托不过是委托人和受托人之间的一种基础关系，其可能产生代理、居间、行纪、信托、保管等诸多不同的法律关系，因此，使用“委托”一词并未混淆信托与行纪、代理等关系的区别。我国《信托法》之所以采取较为模糊的“财产权委托”模式，而不采取比较明确的“财产权转移”模式，就是为了回避信托财产所有权的归属问题，因为受托人在“财产权转移”模式下取得的所谓所有权，和大陆法系固有的所有权观念并不一致。结合我国《信托法》的其他规定看，“财产权委托”并不意味着信托财产仍属委托人所有而未转移给受托人。即使认为信托财产没有转移给受托人，基于信托财产的独立性，也不能将信托财产视为委托人的自有财产。无论是“财产权转移”还是“财产权委托”模式，受托人对信托财产都拥有管理处分权，在这种情况下，第三人和受托人的交易行为的效力，以及受益人依据信托取得的信托利益，并不会因信托定义中受托人没有取得信托财产权而受到实质影响。

二、信托的法律特征

（一）信托法律关系有三方主体存在

大多数法律关系中只有双方主体存在，如买卖、赠与、借贷等。而在信托法律关系中有三方主体存在，即委托人、受托人和受益人。将财产转移给他人的人为委托人，委托人是创设信托的人；受让财产并允诺为管理处分的人为受托人；享受信托财产利益的人为受益人。

信托关系原则上必须具备三方主体，即使是宣言信托和自益信托也不例外。宣言信托即委托人宣告本人为受托人而设立的信托，此时委托人兼具受托人的地位；自益信托即委托人兼为受益人的信托。这两种情况并不意味着信托主体减少为两方，而是一人兼有两种信托主体身份，其仍需以不同的身份分别享有权利和承担义务。

① 伍坚：《海峡两岸信托法制之比较研究》，载于《台湾法研究学刊》2002年第2期。
② 邹颐湘：《从中日信托立法差异的比较论我国信托法的不足》，载于《江西社会科学》2003年第3期。
③ 陈大钢：《我国信托立法的困惑与思考》，载于《上海交通大学学报(社科版)》2001年第1期。

(二)所有权与利益分离

信托财产由委托人转移给受托人后,受托人即享有信托财产法律上的所有权,可以管理和处分信托财产。但是受托人的这种所有权是不完整的,受托人不享有受益权而必须将信托财产的收益交给受益人。所有权与利益相分离、信托财产的权利主体与利益主体相分离,正是信托区别于类似财产管理制度的根本特质。①

(三)信托财产的独立性

独立可辨识的信托财产是信托的本质特征。信托一旦有效设立,信托财产即从委托人、受托人以及受益人的自有财产中分离出来,成为一种独立运作的财产。有学者形象地称之为信托的"闭锁效应",即"信托一旦设立信托财产即自行封闭与外界隔绝,委托人、受托人及受益人三者任何一方的债权人都无法主张以信托财产偿还债务"。②对委托人的债权人而言,既然委托人已经把财产所有权转移给受托人,自然不能对不属于委托人的财产为任何主张;对受托人的债权人而言,既然受托人享有的只是信托财产名义上的所有权而非实质上的所有权,因此除因处理信托事务本身而发生的债权外,债权人也无法对信托财产主张权利;对受益人的债权人而言,在信托关系存续期间,受益人仅对信托利益享有所有权,对信托财产无管理处分权,所以受益人的债权人也不能对信托财产主张权利。总的来看,信托财产遂不具有法律上的独立人格,但却经常表现出强烈的人格化倾向。

(四)信托责任的有限性

信托责任的有限性根源于信托财产的独立性。信托中的有限责任是全面的,既体现在信托的内部关系中,也体现在信托的外部关系中。就内部关系而言,受托人对受益人负有支付信托利益的义务,但受托人仅以信托财产为限负有限责任。只要受托人在处理信托事务过程中没有违背信托目的,即使未能取得信托利益或造成了信托财产的损失,受托人也不以自有财产负个人责任。就外部关系而言,受托人对因处理信托事务而对第三人所负的债务,以信托财产为限负有限清偿责任。法律上之所以作出这些安排,是为了防止受托人因其履行职责而受到无谓损害,从而使信托的社会机能得到彻底发挥。

(五)信托管理的连续性

信托是一种具有长期性和稳定性的财产管理制度。在英美法下,信托管理的连续性表现在三个方面:(1)信托不因受托人的欠缺而影响其成立。英美衡平法有句格言:衡平法院不会使信托因受托人缺乏而失效。如果委托人未指定受托人,或者所指定的受托人不能胜任或者不愿意担任受托人,并不影响信托的成立。此时法院会介

① 周小明著:《信托制度比较法研究》,法律出版社 1996 年版,第 12 页。

② 方嘉麟著:《信托法之理论与实务》,中国政法大学出版社 2004 年版,第 3 页。

入进来代当事人选任受托人,这种受托人被称为"司法受托人"(judicial trustee)。(2)已成立的信托不因受托人的更迭而影响其存续。信托设立后,受托人因死亡、丧失行为能力、解散、破产等不得已事由而终止其职务时,信托关系并不因此而当然消灭,此时,可由信托文件中指定的人任命新受托人或由利害关系人申请法院选任新受托人。(3)公益信托中的"近似原则"。在私益信托,如果信托目的不能实现,信托即告终止。当公益信托所指定的公益目的不能实现或实现已无意义时,公益信托并不终止,有关机关将使信托财产运用于与初始信托"尽可能近似"的其他一些公益目的上,从而使公益信托继续存在下去。

三、信托的种类

(一) 意定信托、法定信托和推定信托

根据信托是否依据当事人的意愿而设立,可将信托分为意定信托、法定信托和推定信托。意定信托又称为设定信托、明示信托,是依当事人的意思表示而设立的信托,这是一种最为常见的信托。在我国,根据《信托法》第 8 条,意定信托包括契约信托和遗嘱信托两种形式。法定信托是依照法律规定直接设立的信托。推定信托是基于法院的推定而设立的信托。原则上,是否设立信托及信托的具体内容由当事人自由确定,而在法定信托和推定信托,信托的设立与当事人内心意思无关,因此法定信托和推定信托只在有限的情况下存在。

大陆法系原则上不承认推定信托,法定信托的存在也极为例外。日本《信托法》第 63 条、韩国《信托法》第 61 条、我国《信托法》第 55 条均规定,信托终止后,受托人应当将剩余信托财产转移给信托财产权利归属人。在信托财产转移之前,信托视为存续,信托财产的权利归属人视为受益人。这一规定即属法定信托。而在英美法下,虽然大部分信托也为意定信托,但法定信托的类型要多于大陆法系,主要有土地信托、遗产管理信托和破产信托等。例如,1925 年《英国物业法》第 34 条与 1925 年《英国遗产管理法》第 33 条均规定,如果一个人未立遗嘱而死亡,死者遗产的所有权先转移给该项遗产的管理人,再由该管理人以受托人的身份将该项遗产出售,并将所得价金分给死者的子孙或者法律规定的其他亲属,此即为遗产管理信托。

此外,英美信托法中还有推定信托的存在。一般认为,推定信托包括回复信托(resulting trust)和拟制信托(constructive trust)两种形式。①回复信托亦称结果信托,是法院在委托人意思不明时推定其有成立信托的意思,此时信托财产为委托人利益存在,受托人须将信托财产返还于委托人,"回复"之名因此而来。例如,甲向乙购买土地后,将该土地登记于丙的名下。如果甲没有明确表示他和丙之间的关系,基于出资者应拥有所有权的观念,法院推定甲和丙之间成立信托,丙应向甲返

① 也有观点认为拟制信托应属于法定信托,See Costigan, "The Classification of Trusts as Express, Resulting, and Constructive", 27 *Harvard Law Review*, p. 461。

还该地。[①]拟制信托是法院为达衡平目的,于财产法律上所有权人和真正权利人之间拟制信托关系而成立的信托。例如,欺诈他人财产之人虽在名义上取得该项财产的所有权,但依衡平法其不应享有任何权利,此时法院以真正权利人为受益人成立拟制信托,使其享有财产实质上的所有权。

(二) 自益信托和他益信托

根据信托利益是否归属于委托人本人,可将信托分为自益信托和他益信托。自益信托是委托人以自己为受益人而设定的信托,而他益信托是委托人以他人为受益人设定的信托。自益信托和他益信托在适用信托法上存在些许不同,例如在信托的解除问题上,根据我国《信托法》第50条和第51条,自益信托的委托人或其继承人可以随时解除信托,而他益信托的委托人必须和受益人共同行为方可解除信托。此外,关于受益人的变更,自益信托的委托人可以自由处分其受益权,即可将自益信托变为他益信托;而他益信托的委托人,除信托文件另有保留,或者受益人对委托人或其他共同受益人有重大违法行为,或经受益人同意外,原则上不得变更受益人。

(三) 私益信托和公益信托

根据信托目的是否具有公益性,可将信托分为私益信托和公益信托。私益信托是指委托人为了自己或其指定的特定人的利益而设定的信托;公益信托是指出于公共利益的目的,为使不特定的社会公众受益而设立的信托。严格来说,信托目的除了私益目的、公益目的以外,还可以是非以人类为受益对象的特殊目的(例如供养宠物)。与此相对应,信托实际上可以分为三种类型,即私益信托、公益信托和目的信托。[②]

(四) 营业信托和非营业信托

根据受托人是否以经营信托为业,可将信托分为营业信托和非营业信托。所谓营业信托,又称商事信托,其受托人一般是以营利为目的、专事信托业务的机构。营业信托除应适用信托法的规定外,尚应适用其他相关法的规定。非营业信托又称民事信托,其受托人通常是不以营利为目的的商事信托人以外的人。非营业信托主要适用信托法和民法的规定。

(五) 个别信托和集团信托

根据受托人对信托财产实施的是个别管理还是集团管理,可将信托分为个别信

① Graham Moffat and Michael Chesterman, *Trusts Law Text and Materials*, George Weidenfeld and Nicolson Ltd. 1988, p. 465.

② 将信托划分为私益信托和公益信托是常见的做法。不过,也有一些国家信托法承认目的信托,只不过目的信托不具有法律上的强制力,能否实现根本上取决于受托人的意愿。参见 David B. Parker and Anthony R. Mellows, *The Modern Law of Trusts*, Sweet &Maxell, 3rd. Ed. ,1975, pp. 161-167。

托和集团信托。所谓个别信托，是指受托人就各个委托人所信托的特定财产，分别进行管理的信托，其特点着重于受益人的保护和信托财产的特性。所谓集团信托，是指受托人把所受托的众多委托人的信托财产集中成一个整体予以管理或者处分的信托，其特点则偏重于信托财产的形成方式和受益人的保护。集团信托在某些方面和个别信托存在较大的差异。例如，集团信托的受益人人数众多，事实上很难对受托人的管理行为实施有力监督，因此有专门设置监督人的必要。同样，受托人可能会为照顾特定受益人的利益而牺牲其他受益人的利益，因此有必要强调受托人有公平对待受益人的义务。此外，集团信托的管理方法通常是合并运用各个信托财产，因此不大可能对信托财产进行个别管理。

第二十三章
信托法律制度

第一节　信托的设立、变更和终止

信托的设立即通过一定的行为在相关当事人之间创设信托法律关系。由于法律传统上的差异,两大法系对信托设立的具体要求存在较为显著的区别。从总体上看,英美法的规定较为宽松,而大陆法的规定较为严格。

一、信托的设立

(一) 信托设立的条件、方式和形式

1. 信托设立的条件。

设立信托应当具备一定的条件。英美信托法将设立信托应当具备三个基本条件概括为"三个确定性",即委托人意图的确定性、信托财产的确定性和受益人的确定性。大陆法系的要求基本类似,此外还要求信托目的具有确定性和合法性。

(1) 委托人意图的确定性。信托设立的前提条件,是委托人应有设立信托的意思表示,当然,这一要求仅仅针对意定信托而言。此种意思表示可以是书面的,也可以是口头的,甚至可以通过行为加以体现。

(2) 信托财产的确定性。在各国信托法上,信托财产如不确定,受托人就无从对其实施管理处分,受益人的受益权也无法确定。因此,信托财产不确定的,信托即不能成立。除了确定性外,信托财产还必须合法。所谓合法,一方面是指委托人必须对该财产拥有所有权或处分权,另一方面是指该财产是可以自由流通转让的财产。

(3) 受益人必须确定。委托人设立信托是为了受益人的利益,如果受益人不确定,一方面,受托人不知道该向谁履行义务;另一方面,在英美法中,也无人能够强制实施信托。由于公益信托的受益人是不特定的社会公众,只要受益人的范围明确,信托即可成立,所以受益人确定性的要求只适用于私益信托。在私益信托中,必须有受益人存在,这种有确定的受益人的信托被称为"完全义务信托"(perfect obligation trust)。

(4) 信托目的必须确定、合法。信托目的是委托人确定的,通过受托人管理处分

信托财产所要实现的目的。信托一旦有效成立，信托财产就成为一独立运作的财产，仅服从于信托目的。信托目的不确定的，受托人无从实施信托。根据意思自治原则，信托目的原则上可由委托人自由决定，如赡养老人、救济贫困等，法定信托和默示信托的存在只是信托目的设立自由原则的例外。但在肯定信托目的自由设立原则的前提下，各国信托法也确立了信托目的合法性原则，不允许为违法目的设立信托，否则信托无效。需要特别指出的是，信托目的违法是指违反法律的强制性规定，而非任意性规定。我国台湾地区的"信托法"第5条对此明确规定，信托行为，其目的违反强制或禁止规定者无效。

2. 信托设立的方式。

(1) 英美法系下信托的设立方式。在英美法中，信托设立的方式多样，包括法定信托、推定信托和意定信托。意定信托又可分为生前信托和遗嘱信托，前者以委托人的生前行为设立，后者以遗嘱设立。生前行为又可分为两种：一是委托人基于为自己或他人利益设立信托的意思表示，将财产权转移给受托人，信托即告成立，而不必以契约的方式进行，有学者称其为"单方要物行为"。[①]二是信托宣言(decleration of trust)，即委托人为他人利益而决定以自己为受托人的宣告。这是一种单方的意思行为。由于委托人和受托人合一，因此宣言信托的成立无需财产权的转移。遗嘱信托是委托人以立遗嘱的方式就自己的遗产设立的信托，是一种单方法律行为。并且，遗嘱信托是死因法律行为，只有在遗嘱人死后才发生效力，这就决定了遗嘱信托只能是他益信托。

(2) 大陆法系下信托的设立方式。如前所述，大陆法系下的信托基本上是意定信托。除了承认遗嘱信托外，大陆法系对于生前信托作了不同于英美法的特别规定。这主要表现在两方面：其一，基本否认信托宣言的存在。鉴于宣言信托无需财产权的转移即可成立，和信托的定义不符，且容易被债务人利用来诈害债权人，日、韩信托法不承认宣言信托的存在，只有我国台湾地区的"信托法"第71条有限承认了宣言信托的存在，规定法人为增进公共利益，得经决议对外宣言自为委托人及受托人。其二，规定生前信托需以契约的方式进行。和英美信托法的起源早于契约法不同，大陆法系是在20世纪后方引入信托制度，信托立法深受契约法的影响，要求生前信托必须采用契约方式，受托人由此成为信托契约的一方当事人，这明显有别于英美法下仅委托人单方的意思表示即可设立信托的做法。如此一来，在受托人缺乏行为能力的场合，即使其已经接受信托，信托也因契约不生效而归于无效。但依英美信托法，此时信托有效成立，只是需要指定新受托人以实施信托。

从我国《信托法》第8条的规定看，其调整的是当事人之间通过法律行为设定的明示信托。由于该条只是规定"书面形式包括信托合同、遗嘱或者法律、行政法规规定的其他书面文件等"，没有明确提及信托宣言，导致学术界对我国《信托法》是否承认信托宣言的存在意见不一。有学者认为，我国《信托法》对信托宣言也属于一种设

① 方嘉麟著：《信托法之理论与实务》，中国政法大学出版社2004年版，第171页。

立信托的方式持实际承认态度，并在此基础上规定信托宣言必须采取书面形式。其理由是，由于《信托法》第8条将"其他书面文件"和信托合同这一双方民事行为并列，所以只能被解释为单方民事法律行为的书面文件，此种文件除信托遗嘱外仅限于信托宣言。①我们对此种观点持保留意见。根据第8条，其他书面文件是否属于信托设立的方式，必须取决于法律、行政法规的规定，在没有此种规定的情况下，认为信托宣言是我国《信托法》承认的设立信托的方式显得过于武断。应当说，我国《信托法》承认的设立信托的方式原则上只有信托契约和信托遗嘱两种。

3. 信托设立的形式。

对于生前信托的设立形式，两大法系信托法原则上均采取不要式主义，以口头或书面形式为之皆可。例外的是，宣言信托或以特定财产(如土地)设立的信托通常应采书面形式。遗嘱信托则通常为要式法律行为，必须按照遗嘱的法定方式进行，否则遗嘱无效，信托也因此不发生效力。

我国《信托法》第8条更为强调信托设立的要式性，要求当事人采取书面形式设立信托。

(二) 信托的成立和生效

信托的成立和生效是两个不同的概念。信托的成立解决的是信托当事人意思表示的问题，而信托生效表明当事人设立信托的意思表示符合法律的规定。

1. 信托的成立。

(1) 契约信托的成立。契约信托的成立依赖于信托契约的成立，而这就涉及信托契约的属性认定问题——信托契约是诺成合同还是要物合同？

一种观点认为，信托契约一经订立即在契约当事人之间产生债权债务关系，委托人负依约转移信托财产的义务，受托人则负接受该财产并为受益人利益管理处分的义务。至于信托关系则至信托财产完成转移之刹那形成。②该观点的实质是将信托契约视为诺成合同，此时，信托契约的成立和信托关系的成立，在时间上可能不一致。另一种观点认为，信托契约是一种要物合同。③除了委托人和受托人意思表示一致外，尚需委托人交付信托财产，信托契约方能成立。在信托契约成立的同时，信托关系也告成立。

信托契约是诺成合同还是要物合同，对委托人和受益人的影响极大。两者区别在于，如果委托人和受托人已经签订合同，但信托财产尚未转移，受托人可否请求委托人交付信托财产，从而迫使信托成立。若认定信托契约为要物合同，则在委托人转移信托财产前，信托契约并不成立，受托人自然无从请求委托人交付信托财产。若将信托契约认定为诺成合同，则契约自签订时起便具有强制执行力，受托人可以要求委

---

① 张淳：《我国信托法对英美信托法中特有规则的移植及其评价》，载于《中外法学》2002年第6期。

② 方嘉麟著：《信托法之理论与实务》，中国政法大学出版社2004年版，第247页。

③ 施天涛、余文然著：《信托法论》，人民法院出版社1999年版，第68页。

托人交付信托财产。

根据我国《信托法》第8条，当事人采取信托合同形式设立信托的，信托合同签订时，信托成立。初看起来，该条并未明确信托契约何时成立，但信托的成立既然以信托契约的成立为前提，那么该条实质上意味着信托契约属于诺成合同。在委托人和受托人达成设立信托的合意时，信托契约和信托均告成立。

(2) 遗嘱信托的成立。在英美法系下，遗嘱成立时信托即成立。在大陆法系下，遗嘱信托乃委托人的单方法律行为，遗嘱成立时信托即告成立，并不以受托人承诺管理、处分信托财产为信托的成立要件，这和英美法的做法并无不同。

根据我国《信托法》第8条，采取其他书面形式设立信托的，受托人承诺信托时，信托成立。所谓“其他书面形式”，包括遗嘱或者法律、行政法规规定的其他书面文件。该规定完全突破了传统信托法上遗嘱信托为单方法律行为的法理，存在着明显的缺陷：其一，不利于实现委托人的真意进而保护受益人的利益。在遗嘱信托中，既然委托人有将遗产设立信托并将信托利益给予特定受益人的意愿，如果仅因受托人不作出承诺而使遗嘱信托不成立，致使其遗产仍为其他继承人所得，这样委托人的真实意愿便不能实现；如果委托人的真意不能实现，则其对遗产进行的处分或安排就会落空，而因遗嘱信托中大部分内容都与受益人有关，进而还不利于保护受益人的利益。其二，造成该法的前后矛盾。我国《信托法》第13条第2款规定：“遗嘱指定的人拒绝或者无能力担任受托人的，由受益人另行选任受托人；受益人为无民事行为能力人或者限制民事行为能力的，依法由其监护人代行选任。”既然在第8条中已将受托人的承诺作为遗嘱信托的成立要件，当受托人未承诺时即意味着信托并不成立，那么“受益人”或其监护人另行选任受托人又有何根据？① 我们认为，我国《信托法》应当借鉴国外信托法，规定遗嘱成立时信托即成立，不以受托人的承诺为成立要件。

2. 信托的生效。

原则上，契约信托的生效以信托契约的生效为基础。至于信托契约的生效，则应具备三个基本要求：当事人具有相应的行为能力；意思表示真实；内容不违反法律或社会公共利益。依据我国《信托法》第8条，只要当事人之间达成了设立信托的合意，与有无财产权的转移无关，信托即告成立。换言之，即信托合同的签订是信托的成立要件，而由委托人向受托人转移财产权则是信托的生效要件。②此外，《信托法》第10条规定，设立信托，对于信托财产，有关法律、行政法规规定应当办理登记手续的，应当依法办理信托登记。未依照前款规定办理信托登记的，应当补办登记手续；不补办的，该信托不产生效力。该条表明，以需要办理登记手续的财产设立信托的，信托的生效除了要转移财产权以外，还需办理信托登记。如果以其他财产设立信托，信托的生效要件就只需要财产权的转移。

① 余能斌、文杰：《我国〈信托法〉内容缺陷管窥与补正思考》，载于《法学》2002年第9期。

② 中野正俊、张军建著：《信托法》，中国方正出版社2004年版，第40页。

在遗嘱信托中，一般认为，立遗嘱人死亡时信托生效，遗嘱执行人应将信托财产交给受托人。

（三）信托的无效

信托的无效，是指信托自始不发生法律效力。无效信托依其原因主要可以分为三类：违法信托、欠缺法定要件的信托、诉讼信托。

1. 违法信托。违反信托主要包括以下两种情况：(1)信托目的违法的信托；(2)违反公共秩序或善良风俗的信托。如我国台湾地区的“信托法”第5条规定，信托行为目的违反公共秩序或善良风俗者无效。

2. 欠缺法定要件的信托。在委托人意图不确定、信托财产不确定以及受益人不确定的情况下，信托归于无效。

3. 诉讼信托。委托人以诉讼为目的设立的信托无效，这是各国信托法的一项基本规则。信托法禁止诉讼信托主要有以下几个理由：防止发生以营利为目的而替代律师承揽诉讼的社会滥诉现象；旨在说明当事人的诉讼权利不能作为信托的标的，诉讼信托不属于财产管理活动；一些有特殊背景的个人或组织充当了“讨债公司”的角色，还会引发侵害债务人和债权人权益的其他问题。[①]不过，这项规则也受到很多学者的质疑。如有台湾学者认为，在现代社会，诉讼权为基本人权之一，公民以诉讼方式实现其权利应得到承认和保护。至于公民是选择自己诉讼、委托他人代理诉讼还是信托他人代为诉讼，决定权也应在公民自身，对诉讼信托一概否定是否合理仍有待商榷，真正要禁止的只应限于利用诉讼信托谋求不正当利益的情形。[②]

根据我国《信托法》第11条，导致信托无效的原因主要有：(1)信托目的违反法律、行政法规或者损害社会公共利益；(2)信托财产不能确定；(3)委托人以非法财产或者本法规定不得设立信托的财产设立信托；(4)专以诉讼或者讨债为目的设立信托；(5)受益人或者受益人范围不能确定。

信托无效时，该项信托自始不发生效力。此时，用于设立信托的财产应如何处理？在英美信托法下，此种情形下将成立一项结果信托，以委托人为受益人。在遗嘱信托，财产应视为委托人的遗产。我国《信托法》对此全无规定，因此其法律后果只能依照民法中有关无效民事行为的规定处理，原则上应恢复到信托设立前的原状，受托人应将信托财产返还给委托人或其继承人。

二、信托的变更

信托的变更有广义和狭义之分。广义上的信托变更，包括信托当事人变更和信

① 中野正俊、张军建著：《信托法》，中国方正出版社2004年版，第64页。
② 赖源河、王志诚著：《现代信托法论》，中国政法大学出版社2002年版，第64—65页。

托内容变更;狭义上的信托变更,则仅指信托内容的变更。信托当事人的变更,理论上应当包括委托人、受托人和受益人的变更。但在英美法系下,委托人设立信托后即退出信托关系,并无变更的必要。即使在大陆法系,信托法也不对委托人的变更作出规定。

信托关系一经成立,即对信托当事人发生法律约束力,任何一方当事人不得擅自进行变更;只有在发生特定情况时,方可对信托当事人或者信托内容等进行变更。

(一) 受托人的变更

在信托关系存续期间,出现法定情形致使受托人不能或不适宜继续履行职责时,委托人或受益人可以变更受托人。根据我国《信托法》第 39 条和第 40 条,受托人有下列情形之一的,其职责终止:(1)死亡或者被依法宣告死亡;(2)被依法宣告为无民事行为能力人或者限制民事行为能力人;(3)被依法撤销或者被宣告破产;(4)依法解散或者法定资格丧失;(5)辞任或者被解任;(6)法律、行政法规规定的其他情形。此时,应依照信托文件规定选任新受托人;信托文件未规定的,由委托人选任;委托人不指定或者无能力指定的,由受益人选任;受益人为无民事行为能力人或者限制民事行为能力人的,依法由其监护人代行选任。

(二) 受益人的变更

依据我国《信托法》,在信托关系存续期间,如果受益人对委托人有重大侵权行为或其他共同受益人有重大侵权行为,或是经受益人同意,或是出现信托文件规定的情形时,委托人可以变更受益人或者处分受益人的信托受益权。

(三) 信托内容的变更

从广义上说,信托内容是指信托文件中除信托当事人以外的所有记载事项,包括信托期限、信托财产管理方法等。信托内容可以依照法律规定或信托文件的约定由相关当事人作出变更。

三、信托的终止

(一) 信托终止的事由

基于信托财产的独立性,除信托法或者信托文件另有规定外,信托不因委托人或者受托人的死亡、丧失民事行为能力、依法解散、被依法撤销或者被宣告破产而终止,也不因受托人的辞任而终止。根据各国信托法,信托终止的事由通常包括:

1. 信托文件规定的终止事由发生或信托当事人协商同意。

信托的设立采取意思自治原则,当事人可以在信托文件中约定信托终止的事由。对此种约定,法律通常应保持足够的尊重。一旦约定的事由发生,信托即行终止。例如,信托文件定有期限的,期限届满时信托终止[①];信托文件定有解除条件的,条件成就时信托终止。即使信托文件中没有约定终止事由,因某种特定事由的发生,信托当事人协商一致也可终止信托关系。

2. 信托目的已经实现或者不能实现或者信托的存续违反信托目的。

一切信托行为均应服从信托目的。如果信托目的已经实现,信托自无继续存在的必要;如果信托目的不能实现,信托同样也无须继续存在下去。另外,如果信托继续存在有碍信托目的的实现,信托也应终止。

3. 信托被撤销。

信托成立后,信托财产即独立于委托人未设立信托的其他财产。在实践中,债务人常常将本可用于还债的财产设立信托以诈害债权人。为保护债权人的合法权益,各国信托法通常赋予债权人撤销权,在委托人设立信托损害其债权人利益时,债权人可以申请法院撤销该信托。如我国台湾地区的"信托法"第 6 条规定,信托行为有害于委托人之债权人权利者,债权人可以申请法院撤销。前项撤销,不影响受益人已取得之利益。但受益人取得之利益未届清偿期或取得利益时明知或可得而知有害及债权者,不在此限。我国《信托法》第 12 条对此也有规定。为使社会关系尽早确定,债权人应在知道或者应当知道撤销原因之日起一年内行使申请权,否则该权利归于消灭。和合同法上规定的撤销权不同,即使受托人、受益人是善意的情况下,债权人也可以要求撤销。信托被撤销的,该信托自始不发生效力,但不影响善意受益人已经取得的信托利益,因此债权人的利益还是会受到一定的影响。

4. 信托被解除。

(1) 委托人解除。如果委托人设立信托时在信托文件中保留了解除信托的权利,委托人自然可以依据该项权利解除信托。但即使委托人未保留解除权,也不意味着他就一定不能行使该项权利。例如,大陆法国家普遍规定,当委托人是唯一受益人时,委托人或者其继承人可以解除信托,因为此种信托解除权的行使不会影响第三人的利益。

(2) 受益人解除。英美法国家一般承认受益人也可以解除信托,只要受益人具有民事行为能力或者经过全体受益人同意。大陆法系信托法原则上不承认受益人的解除权。如在日本和韩国,其信托法更强调信托目的的重要性,认为受益人的权利应当服从信托目的,如果允许受益人随意解除信托,难免有悖于信托目的。依据《日本信托法》第 58 条和《韩国信托法》第 57 条的规定,只有在受益人享有全部信托利益,且非以信托财产不足以清偿其债务时,法院才可根据受益人或利害关系人的申请命令解除信托。我国台湾地区的"信托法"第 64 条的规定更为彻底,信托利益非由委托人全部享有者,除信托行为另有订定外,委托人及受益人得随时共同终止信托,这一

---

① 信托的期限是指信托关系的存续期间。对公益信托的期限,各国信托法均无限制性规定。对私益信托的期限,英美信托法确立了"禁止永久权规则",要求委托人设立信托时明确信托期限,以加快财产关系的流转。通常,信托期限不得超过信托设立后八十年或者设立信托时生存的全部受益人死亡后 21 年。而以日、韩等国为代表的大陆法系信托法则无此种限制。

规定实际上剥夺了受益人不经委托人同意解除信托的权利。

(二) 信托终止的法律后果

信托终止意味着信托法律关系的结束。通常,信托终止的效力只对将来发生而不溯及既往,也就是说,在信托终止前,已经通过信托的实施而产生的权利与义务关系以及信托利益仍然有效。但委托人的债权人撤销信托的,应当具有追溯效力。

信托终止的法律后果包括:

1. 信托财产的归属。英美信托法通常规定,信托终止后成立一项结果信托,以委托人为受益人。委托人死亡的,信托财产作为其遗产归属于其继承人。

日、韩信托法区分受益人是否享有全部信托利益,就信托财产的归属作了不同规定:受益人享有全部信托利益的情况下,信托解除后,信托财产归属于受益人;因为其他原因导致信托终止的,如果信托行为没有规定信托财产的归属权利人,信托财产归属于委托人或其继承人。我国台湾地区的"信托法"第 65 条的规定和日、韩相同,除信托行为另有订定外,信托财产的归属依下列顺序确定:享有全部信托利益的受益人;委托人或其继承人。

我国《信托法》第 54 条规定,信托终止时信托财产归属于信托文件规定的人;信托文件未规定的,受益人或者其继承人为第一顺序的权利归属人,委托人或者其继承人为第二顺序的权利归属人。这一规定明显有别于上述各国(地区)的规定。

2. 信托财产的法定信托。信托终止后,受托人即有义务将信托财产转移给权利归属人,但是信托财产的移交、信托财产权利转移的登记以及取消原信托登记等事项的完成需要相当时日。在此期间,信托财产实际上处于无主状态,为保障信托财产权利归属人的利益,使受托人妥当处理信托的善后事务,我国《信托法》第 55 条效仿日、韩和我国台湾地区的立法通例,规定信托财产的归属确定后,在该信托财产转移给权利归属人的过程中,信托视为存续,权利归属人视为受益人。

一个值得探讨的问题是,受托人的权限与信托终止前相比是否会发生变化,学界对此见解不一。一种观点认为,既然法定信托乃原来信托关系的延长,因此理论上应认为与原信托无异,受托人的权限和职务亦应等同于原信托规定的范围。①反对意见则认为,受托人原则上不得像原来一样处分信托财产,否则本来应当转移给权利归属人的信托财产便有缩减的可能。②

3. 信托财产的强制执行。基于法定的原因对信托财产强制执行时,纵使信托于后来终止,信托财产已归属于权利归属人,但为保护债权人的利益,已经开始的强制执行并不因此丧失效力。在此种情形下,依据《信托法》第 56 条,人民法院以权利归属人为被执行人。依法理可知,权利归属人所承担的责任,只能以其接受的信托财产的实际价值为限。

---

① 赖源河、王志诚著:《现代信托法论》,中国政法大学出版社 2002 年版,第 194 页。

② 中野正俊、张军建著:《信托法》,中国方正出版社 2004 年版,第 197 页。

4. 受托人的权利保护。前已述及,受托人享有报酬请求权和费用补偿请求权,可以针对信托财产行使权利。受托人尚未行使上述权利信托即告终止的,即使信托财产已经归属于权利归属人,但受托人的权利仍不受影响,否则即有损公平。根据我国《信托法》第 57 条,受托人可以依据上述权利留置信托财产,或者对信托财产的权利归属人提出请求,但受托人不可像强制执行信托财产一样,出售信托财产来满足自己的债权请求权。[①]而日、韩信托法除了赋予受托人留置权外,还规定受托人可强制执行或拍卖信托财产。

5. 信托事务的清算和承认。信托终止的,受托人应当作出处理信托事务的清算报告,并将其提交给受益人或信托财产的权利归属人。受益人或者信托财产的权利归属人对清算报告无异议的,受托人就清算报告所列事项解除责任,但受托人有不正当行为的除外。

第二节 信 托 财 产

一、信托财产的概念

信托财产的概念,是"英国法的一个基本概念,并且是衡平法的最重要创造"。[②]所谓信托财产,是指委托人通过信托行为转移给受托人,并由受托人按照一定的目的进行管理和处分的财产。信托财产是信托设立的前提条件,是信托赖以存在的物质基础。信托关系设立后,如果信托财产不复存在,受托人的活动和受益人的权利就会失去载体,信托也就终止。

信托财产的范围极其广泛。一般来说,只要是具有金钱价值的东西均可作为信托财产,如动产、不动产、股票、公司债券和其他有价证券、著作权、商标权和专利权等。至于人身权利,如名誉权、姓名权、身份权等因不具有财产价值故不得成为信托财产。信托财产应为积极财产,如果以债务等消极财产设定信托,受益人不但无收益可言,反而负担债务,有违信托制度的本意,应属无效。此外,法律、行政法规禁止流通或限制流通(依法经有关主管部门批准的除外)的财产也不可成为信托财产。

二、信托财产的特征

(一)信托财产的独立性

信托财产在法律上和名义上归属于受托人。但是,信托财产应受信托目的的拘

① 中野正俊、张军建著:《信托法》,中国方正出版社 2004 年版,第 199 页。
② [法]勒内·达维德著,漆竹生译:《当代主要法律体系》,上海译文出版社 1984 年版,第 328 页。

束,在信托存续期间,信托财产独立于委托人、受托人以及受益人的自有财产,此即信托财产的独立性。信托财产最基本的特征就在于其独立性,信托财产的独立性是信托的基本理念之一,两大法系在法律上均承认信托财产具有独立性,以保证信托目的的忠实贯彻。

基于信托财产的独立性,信托财产的存在仅服从于信托目的,是一种“目的财产”而非任何人的财产。信托财产虽不具有独立的法律人格,却表现出强烈的人格化倾向,甚至有日本学者认为,信托财产本身具有法人格,具有法主体性。

信托财产的独立性主要表现在以下几个方面:

1. 信托财产独立于委托人的其他财产。

对委托人来说,一旦将财产交付信托,即丧失对该财产的所有权,而由受托人对该财产进行管理和处分,从而使信托财产完全独立于委托人的其他财产。我国《信托法》第 15 条规定:“信托财产与委托人未设立信托的其他财产相区别。设立信托后,委托人死亡或者依法解散、被依法撤销、被宣告破产时,委托人是唯一受益人的,信托终止,信托财产作为其遗产或者清算财产;委托人不是唯一受益人的,信托存续,信托财产不作为其遗产或者清算财产;但作为共同受益人的委托人死亡或者依法解散、被依法撤销、被宣告破产时,其信托受益权作为其遗产或者清算财产。”

2. 信托财产独立于受托人的固有财产和受托人管理的其他信托财产。

对于受托人来说,虽因信托取得信托财产的所有权,但不能享有因行使信托财产所有权而带来的信托利益,因此必须将信托财产和自己的固有财产相划分,并和其他委托人的信托财产分别管理。我国《信托法》第 16 条规定:“信托财产与属于受托人所有的财产(以下简称固有财产)相区别,不得归入受托人的固有财产或者成为固有财产的一部分。受托人死亡或者依法解散、被依法撤销、被宣告破产而终止,信托财产不属于其遗产或者清算财产。”第 29 条规定:“受托人必须将信托财产与其固有财产分别管理、分别记账,并将不同委托人的信托财产分别管理、分别记账。”

3. 信托财产独立于受益人的财产。

就受益人而言,其虽然享有受益权,但这只是一种利益请求权。在信托法律关系存续期间,受益人并不享有信托财产的所有权。即使信托法律关系终止后,信托财产也应归属于信托文件规定的人,而不一定归属于受益人,只有在信托文件未规定时,受益人或者其继承人才能取得信托财产的所有权。

4. 强制执行的限制。

信托财产与受托人的固有财产相分离,不论是受托人个人固有财产的债权人,还是受托人管理的其他信托财产的债权人,均不能对信托财产申请强制执行。我国台湾地区的“信托法”第 12 条第 1 项对此明文规定:“对信托财产不得强制执行。但基于信托前存在于该财产之权利、因处理信托事务所生之权利或其他法律另有规定者,不在此限。”根据台湾学者的解释,所谓因处理信托事务所生的权利,一般是指受托人因管理、处分信托财产,而由他人取得的权利。如受托人雇人修缮属信托财产的房屋,修缮者因其修缮行为所取得的修缮费债权。所谓其他法律另有规定者,如“所得税法”就税捐债权规定的强制执行程序。[1]《日本信托法》第16条和《韩国信托法》第21条也禁止强制执行信托财产。

我国《信托法》第17条规定,除因下列情形之一外,对信托财产不得强制执行:设立信托前债权人已对该信托财产享有优先受偿的权利,并依法行使该权利的;受托人处理信托事务所产生债务,债权人要求清偿该债务的;信托财产本身应担负的税款。如果违反该规定而强制执行信托财产,委托人、受托人或者受益人有权向人民法院提出异议。该条规定基本借鉴了上述国家(地区)的立法例,但也存在一个明显的差异:在中国台湾和日、韩,只要是信托设立前发生的债权,债权人就可对信托财产强制执行;而根据我国《信托法》,只有在信托设立前就已对信托财产享有优先受偿权利的,债权人方可强制执行。按照通常理解,优先受偿的权利应是指抵押权、质押权等担保物权。那么,其他债权即使是在信托设立前就已存在于信托财产之上,也不得强制执行。

一个值得探讨的问题是,受益人的债权人可否以受益人非以信托财产不能清偿债务为由,申请对信托财产强制执行?从《信托法》第17条以及第47条“受益人不能清偿到期债务的,其信托受益权可以用于清偿债务”的规定看,答案似乎是否定的,但我们以为这仍应区分情况而定:在自益信托,债权人可以受益人非以信托财产不能清偿债务为由,申请对信托财产强制执行;而在他益信托,债权人只能对受益人的受益权申请强制执行,而不得径直执行信托财产。

5. 抵销的禁止。

当受托人对同一相对人,同时享有信托财产上的债权和承担属于其固有财产上的债务时,由于信托财产在名义上属于受托人所有,则在债权、债务种类相同且均届清偿期时,依照大陆法系民法的规定,双方皆可主张抵销。但在实质上,属于信托财产的债权和受托人个人的债务归属于不同的主体,如果允许抵销,无异于受托人以信托财产清偿自己的债务,有违信托制度的本意。为保护受益人的利益,我国台湾地区的“信托法”第13条规定:“属于信托财产之债权与不属于该信托财产之债务不得互相抵销。”根据该条规定,属于信托财产的债权,自不得与受托人固有财产所生的债务相抵销,也不得与其他信托财产所生的债务相抵销。我国《信托法》第18条的规定更为明确:“受托人管理运用、处分信托财产所产生的债权,不得与其固有财产产生的债务相抵销。受托人管理运用、处分不同委托人的信托财产所产生的债权债务,不得相互抵销。”

反面理解我国《信托法》第18条的规定,属于同一信托财产所生的债权与债务,自然可以相互抵销。问题是,属于信托财产的债务和不属于信托财产的债权(如受托人固有财产所生债权),双方当事人是否可以主张抵销?我们认为,第18条的立法宗旨在于避免出现以信托财产清偿受托人个人债务的情形,而此种抵销实际上有利于信托财产及受益人的利益,法律上自无禁止的必要。

---

① 赖源河、王志诚著:《现代信托法论》,中国政法大学出版社2002年版,第83—84页。

6. 混同的排除。

当信托财产是所有权以外的财产权(如抵押权或质押权),而受托人以其个人名义或其他信托财产受托人的身份,因继承或买卖等事由,取得了该权利标的物的所有权时,依大陆法系民法观念,原先的财产权就因混同而消灭。但在信托关系中,受托人虽是信托财产形式上的权利人,却是为受托人的利益而保有该信托财产,信托财产实质上并不归属于受托人。因此,大陆法系信托法特别排除民法混同规则的适用,规定信托财产为所有权以外的权利时,即使受托人取得了作为该权利标的物的财产时,该权利也不因混同而消灭。如我国台湾地区的"信托法"第 14 条规定:"财产为所有权以外之权利时,受托人虽取得该权利标的之财产权,其权利亦不因混同而消灭。"

(二) 信托财产的物上代位性

信托财产的物上代位性也称为信托财产的同一性。在设立信托时,信托财产的范围或内容虽属特定,但在信托成立以后,信托财产常因受托人的管理、处分、灭失、毁损或其他事由的发生,而产生形态变化。信托财产的物上代位性是指信托财产的范围不仅仅限于委托人当初交付的财产,凡信托管理中所取得的一切财产都构成信托财产;必须继续保持独立性。[①]因为信托管理取得的财产一般包括两部分:一是原信托财产的收益,如出租信托财产收取的租金等;二是原信托财产的代位物,如处分信托财产取得的价金,因信托财产毁损灭失取得的赔偿金或保险金等。可见,同一性使信托财产基于信托目的而在内部结合为一个整体,不因其形态变化而丧失信托财产的性质,由此受托人就信托财产的收益和变化了的形态,应继续保持独立性并为受益人利益继续进行管理处分。[②]

三、信托财产公示制度

信托财产公示是指通过一定方式对有关财产已设立信托的事实向社会公布。依据大陆法系信托法,受托人违背信托目的处分信托财产时,受益人有权撤销受托人的处分行为,在一定情况下,受益人还有从第三人处追回信托财产的权利。如果不以一定方式公开信托事实,第三人的利益可能会遭受损害。为使第三人能够明了交易客体是信托财产还是受托人的固有财产,以此维护自己的利益,进而保障交易安全,大陆法系信托法确立了信托财产公示制度。

英美法系信托法倾向于对受益人利益的保护,并未确立该制度。例如,美国信托法只是规定受托人有义务用任何可能方式标志信托财产。在受托人违反此项义务,且违背信托意旨转让信托财产时,受益人依据衡平法对信托财产有追踪权,可从受让人手中取回信托财产。当然,受益人也可选择对受托人处分信托财产所得主张权利。

---

① 何孝元:《信托法之研究》,载于《中兴法学》1987 年第 1 期。

② 周小明著:《信托制度比较研究》,法律出版社 1996 年版,第 148 页。

但是,若因受托人疏于标志导致受让人对信托财产的属性产生错误信赖,并通过支付对价而取得信托财产时,受益人的追踪权就因受到"善意购买者规则"(the bona fide purchaser rule)的限制而无法行使。

与英美法系不同的是,大陆法系信托法普遍规定了信托财产公示制度,彰显出其对第三人利益的重视。《日本信托法》第3条规定,就应登记或注册的财产权所设立的信托,如不进行登记或注册,不得以此对抗第三人。有价证券信托须按敕令的规定,在证券上标明其为信托财产。股票及公司债券如不在股东名簿或公司债券簿上标明其为信托财产的意旨,不得以此对抗第三人。我国台湾地区的"信托法"第4条的规定与其类似,唯一的区别在于,若是以股票或公司债券设立信托,只需通知发行公司即可产生对抗公司的效力,而无须在股东名簿或公司债券存根簿上标明其为信托财产。

依据上述规定可知,大陆法系信托法将公示确定为信托的对抗要件。对于依法应公示也已办理公示的信托财产,如受托人违反信托目的转让给第三人,受益人可以行使撤销权回复信托财产。但如信托财产应公示而未公示,虽不影响信托的有效成立,但在受托人违反信托目的处分信托财产时,善意第三人可取得信托财产的所有权,受益人不得申请撤销受托人的处分行为。除上述特定财产外,对于动产、金钱、一般债权等其他财产,大陆法系信托法并没有规定公示方式。①若以此类财产设立信托,是否可以对抗第三人?对此,我国台湾地区的"信托法"第18条规定,如信托财产属于无须公示的财产类型,只有在相对人及转得人明知或因重大过失不知受托人的处分违反信托本旨时,受益人方可行使撤销权。换句话说,受益人可通过证明第三人为非善意而产生对抗效力。

我国《信托法》第10条规定,设立信托,对于信托财产,有关法律、行政法规规定应当办理登记手续的,应当依法办理信托登记。未依照前款规定办理信托登记的,应当补办登记手续;不补办的,该信托不产生效力。该规定最大的特点是,将公示确定为信托的生效要件。虽然有学者主张,"很难说登记对抗要件与登记生效要件孰优孰劣。《中国信托法》中的信托公示制度……在促成信托当事人办理信托登记方面所能起到的积极作用无疑会显得要大一些,从而在落实对有关信托的国家监督方面所能起到的积极作用也相应地显得要大一些"。②但多数学者还是认为和其他大陆法系立法例相比,我国的规定显然过于苛严。我们认为,信托财产公示的目的是保护善意第三人的利益,采取公示对抗主义已足以实现这一目的。在现行的公示生效主义下,未经公示信托就不能生效,此时信托财产仍归委托人所有,受托人无从取得管理、处分信托财产的权利,受益人也无从取得信托受益权。而且,第三方就信托财产与受托人交易也不能产生相应的法律后果。公示生效主义固然可以督促当事人办理信托登

① 这是考虑到这些财产价值一般不大,且数量、种类很多,若都要予以公示,手续极为繁杂,成本较高。因此,公示的复杂程度及其产生的成本比不公示对第三人的影响和损失要大。

② 张淳:《〈中华人民共和国信托法〉中的创造性规定及其评析》,载于《法律科学》2002年第2期。

记，却极大损害了受托人、受益人和第三人的利益，不利于交易安全的实现，在根本上背离了信托财产公示制度的立法宗旨。因此，我国信托法应以采取公示对抗主义为宜。

信托财产公示的主体。信托财产公示的主体包括公示申请人和公示机构，我国《信托法》对此没有任何规定。(1)公示申请人。从理论上说，信托设立后，委托人原则上便退出信托关系；在遗嘱信托情形下，委托人更是已经不存在。而受益人在很多情形下也不适宜担任申请人：在公益信托中，受益人在信托设立时可能根本无法确定；如果受益人是无民事行为能力人或限制行为能力人，也无法成为适格的申请人。因此，由受托人作为公示申请人最为合适。(2)公示机构。由于需要信托公示的财产，均为依法需要办理财产权变更登记或注册的财产，因此由财产权变更登记机构或注册机构同时担任信托公示机构较为合适。①设置统一的信托财产公示机构，在目前条件下并不现实。

信托财产公示的方法。根据我国《信托法》第 10 条，信托公示的方法仅限于登记一种。但是，对于特定财产权的取得和变动，我国相关法律不仅确立了登记制度，还确立了注册制度，如商标权和专利权。从法律效果上来说，能够发生财产权取得和变动效力的注册制度，与发生相同效力的登记制度并无不同。因此，第 10 条规定的“登记手续”在解释上应当包括“注册”在内方为合理。

信托公示的财产范围。根据我国《信托法》第 10 条，一项财产是否需要办理信托公示，取决于该财产是否依照“有关法律、行政法规规定应当办理登记手续”。在解释上，需要进行信托公示的财产权应当是法律法规要求以公示为财产权取得、变动要件的，这类财产权主要为以下三类：一是属于应当登记的财产权，如房屋、土地使用权等不动产物权、车辆、船舶、民用航空器等动产物权等；二是属于应当注册的财产权，如专利权、商标权等；三是股票、公司债券或其他有价证券，应在股东名册、公司债券簿或其他证券上记载其为信托财产等等。

第三节 信托当事人

一、委托人

(一) 委托人的资格

在信托关系中，委托人是指设立信托的人。在金融信托中，是由相关金融机构设计信托契约并发售信托受益凭证的，但是这并不能改变信托由委托人设立的法律实质。

① 余能斌、文杰：《我国〈信托法〉内容缺陷管窥与补正思考》，载于《法学》2002 年第 9 期。

对于委托人的资格主要有两方面要求:(1)行为能力。如果是自然人充当委托人,因信托的设立需有财产权转移行为,因此其应具备完全民事行为能力,限制民事行为能力人设立信托必须征得法定代理人的同意。如果委托人是法人,在设立他益信托时要受到法人章程的约束,即不得超越法人的经营范围。我国《信托法》第 19 条规定,委托人应当是具有完全民事行为能力的自然人、法人或者依法成立的其他组织。(2)委托人应该对准备设立信托的财产享有所有权或处分权。

(二) 委托人的权利

由于法律传统的不同,两大法系信托法对此的规定存在较大的差异。在英美法国家,除非委托人在信托文件中作了保留,信托设立后,委托人不享有与信托实施有关的任何权利。这是因为英美信托法认为委托人自信托设立后即脱离该信托,因而丧失了对信托财产的权利。然而,信托毕竟是由委托人设立,将委托人排除在信托实施之外的做法,并不符合东方文化传统和社会大众心理。于是,大陆法系信托法明确赋予委托人多项权利。这些权利大多由委托人和受托人共享,除此之外,委托人也独自享有若干权利。

1. 委托人独享的权利。

在大陆法系信托法上,委托人独自享有的权利主要包括:

(1) 受益人变更权。委托人变更受益人的权利是针对他益信托而言的,因自益信托的委托人和受益人为同一人,委托人或其继承人可随时解除信托以使自己的受益权归于消灭,所以不存在委托人变更受益人的问题。受益人的权利虽源于委托人对信托的创设,但信托一经有效成立,受益权就独立于委托人而存在。除非特定情形发生,委托人也不得随意变更受益人或处分其受益权。如我国台湾地区的"信托法"第 3 条规定,委托人与受益人非同一人者,委托人除信托行为另有保留外,于信托成立后不得变更受益人或终止其信托,亦不得处分受益人之权利。但经受益人同意者,不在此限。根据我国《信托法》第 51 条,设立信托后,有下列情形之一的,委托人可以变更受益人或者处分受益人的信托受益权:其一受益人对委托人有重大侵权行为;其二受益人对其他共同受益人有重大侵权行为;其三经受益人同意;其四信托文件规定的其他情形。

(2) 信托解除权。在自益信托中,因委托人享有全部信托利益,所以委托人或者其继承人可以解除信托。在他益信托中,信托设立后,委托人不得随意解除信托。《信托法》第 51 条规定,如果受益人对委托人有重大侵权行为、或者经受益人同意、或者信托文件规定的解除信托的事由发生时,委托人可以解除信托。

2. 委托人和受益人共享的权利。

(1) 知情权。知情权是委托人、受益人最基本的权利,唯有掌握充分的信息,他们才能对受托人实施有力监督。根据我国《信托法》,委托人、受益人有权了解其信托财产的管理运用、处分及收支情况,有权要求受托人作出说明,并有权查阅、抄录或者复制与其信托财产有关的信托账目以及处理信托事务的其他文件。

(2) 信托财产管理方法变更权。信托财产的管理方法,通常由信托文件加以规定,受托人应当遵照执行。不过,因设立信托时未能预见的特别事由,致使信托财产的管理方法不利于实现信托目的或者不符合受益人的利益时,应当允许对信托财产的管理方法作出调整。两大法系信托法通常规定,信托当事人不能直接要求受托人变更信托财产的管理方法,而是应请求法院变更。如《日本信托法》第 23 条规定:“当信托行为进行时,发生了处于不可预见的特殊情况,致使信托财产的管理方法不符合受益者利益的情况,委托人、受益人……可以向法院申请变更管理方法。”而根据我国《信托法》第 21 条,委托人或受益人可以不经法院直接要求受托人变更管理方法。

(3) 信托财产恢复原状请求权和损失补偿请求权。受托人违反信托目的处分信托财产或者因违背管理职责、处理信托事务不当致使信托财产受到损失的,委托人、受益人有权要求受托人恢复信托财产的原状或者予以赔偿。在解释上,信托财产的恢复原状请求权和损失补偿请求权是针对受托人行使的权利。

(4) 对受托人处分行为的撤销权。受托人违反信托目的处分信托财产时,其效果一般应归属于信托财产,而由受托人对受益人承担侵权责任或债务不履行责任,以维护交易安全。但维护交易安全的前提是第三人为善意,在第三人系出于恶意的情况下,如果仅由受托人承担责任,则在其无力承担责任时,受益人的利益就难以得到保护。①为了在保护受益人权益与维护交易安全之间实现合理平衡,英美法系信托法奉行物权模式,即赋予受益人追索权,可直接自受让人处追回信托财产,但善意购买人除外。大陆法系信托法则按照债权模式赋予受益人撤销请求权,受益人可以申请法院撤销该处分行为。

综观大陆法系各国信托法,基本没有将本属于受益人固有权利之一的撤销权赋予委托人的立法例。我国为加强对受托人的监督,在受益人之外,还特别赋予委托人这一权利。

从大陆法各国(地区)的规定看,只要受托人对信托财产的处分行为违背了信托目的,受益人即可行使撤销权,而不论处分行为是否造成了信托财产的损失。我国《信托法》第 22 条规定有所不同,受托人违反信托目的处分信托财产或者因违背管理职责、处理信托事务不当致使信托财产受到损失的,受益人有权申请人民法院撤销该处分行为。该规定一方面扩展了受益人撤销权的适用范围,另一方面又附加了“致使信托财产受到损失”的限制条件。不过尚不清楚的是,这项限制条件是统一适用于两种情形,还是只适用于“违背管理职责、处理信托事务不当”一项情形。

在撤销权的行使方式上,大陆法系的做法也不尽一致。在日本和韩国,受益人可以直接向受托人行使撤销权;而在我国台湾地区,受益人只能申请法院撤销受托人的处分行为。我国《信托法》的规定系借鉴台湾地区立法例。

为维护交易安全和善意第三人的利益,撤销权的行使也受到一定限制。日、韩和我国台湾地区信托法均规定,只有在以下两种情形方得行使撤销权:信托财产为需办

① 何宝玉著:《信托法原理研究》,中国政法大学出版社 2005 年版,第 182 页。

理且已办理信托公示的财产;信托财产为不需办理信托公示的财产,而相对人及转得人明知或因重大过失不知受托人的处分违反信托目的。我国《信托法》第22条规定,该信托财产的受让人明知是违反信托目的而接受该财产的,应当予以返还或者予以赔偿。由此推知,当受让人因重大过失而不知受托人的处分违反信托目的时,即无需返还财产或者赔偿,这实际上缩小了受让人承担责任的范围。有学者认为,我国《信托法》只将受让人明知(不包括应当知道)视为受让人非善意,受让人适用善意取得的范围较宽,在保护受益人和维护交易安全之间,倾向于保护交易安全。[①]从维护交易安全的角度考虑,撤销权的行使应受到一定的限制,否则,和受托人交易的第三人可能会蒙受损失。因为法律没有必要保护恶意的财产取得人。

在受益人有数人时,撤销权的行使不需要采取多数决的方式,可以由一个受益人单独行为。为促使法律关系的尽早稳定,信托法还需要规定撤销权的除斥期间。国外一般采取双重期间:在日本和韩国,撤销权自受益人知有撤销原因时起一个月不行使而消灭,自处分时起经过一年者亦同;在我国台湾地区,撤销权自受益人知有撤销原因时起一年间不行使而消灭,自处分时起逾十年者亦同。而我国《信托法》仅规定,撤销权自受益人知道或者应当知道撤销原因之日起一年内不行使的,归于消灭。

(5) 解任权和解任请求权。解任权即解除受托人职务的权利,这是委托人对受托人的"最后杀招"。依我国台湾地区和日、韩信托法,受托人违背其任务,有渎职或其他重要事由时,法院可以根据委托人或受益人的请求解任受托人。依据我国《信托法》第23条和第49条,受托人违反信托目的处分信托财产或者管理运用、处分信托财产有重大过失的,委托人或受益人有权依照信托文件的规定解任受托人,或者申请人民法院解任受托人。由此可知,如果信托文件赋予了委托人、受益人解任权,他们可依信托文件直接解任受托人,否则,只能申请法院解任受托人。

(6) 受托人辞任许可权。在大陆法系信托法中,除非信托文件另有规定,信托设立后,受托人不得随意辞任,但征得委托人和受益人同意的除外。对此,《日本信托法》第43条、《韩国信托法》第13条以及我国台湾地区的"信托法"第36条均有相同规定。我国《信托法》第38条也规定,设立信托后,经委托人和受益人同意,受托人可以辞任。

(7) 新受托人选任权。当受托人的职责因各种原因终止时,为使信托事务得以继续处理,以达成信托目的,需要选任新的受托人。在大陆法系各国(地区),委托人或受益人应向法院申请选任新受托人,而不能自行选任。依据我国台湾地区的"信托法"第36条和第45条,在此种情形下,除信托行为另有订定外,委托人得指定新受托人,如不能或不为指定者,法院得因利害关系人或检察官之申请选任新受托人。而在遗嘱信托,被指定为受托人的人拒绝或不能接受信托时,也有选任新受托人的必要。但因遗嘱信托为死因行为,委托人因已死亡故而无法指定受托人,因此我国台湾地区的"信托法"规定除遗嘱另有规定外,利害关系人或检察官可以申请法院选任受托人。

---

① 何宝玉著:《信托法原理研究》,中国政法大学出版社2005年版,第184—185页。

而在日、韩,当上述两类情形出现时,利害关系人可向法院申请选任新受托人。

我国《信托法》第 40 条规定,受托人职责终止的,依照信托文件规定选任新受托人;信托文件未规定的,由委托人选任。委托人不指定或者无能力指定的,由受益人选任;受益人为无民事行为能力人或者限制民事行为能力人的,依法由其监护人代行选任。在遗嘱信托,根据《信托法》第 13 条,遗嘱指定的人拒绝或者无能力担任受托人的,由受益人另行选任受托人;受益人为无民事行为能力人或者限制民事行为能力人的,依法由其监护人代行选任。遗嘱对选任受托人另有规定的,从其规定。

(8) 信托事务处理报告认可权。我国《信托法》第 41 条规定,受托人职责终止的,应当作出处理信托事务的报告。报告经委托人或者受益人认可,原受托人就报告中所列事项解除责任。但原受托人有不正当行为的除外。

(9) 就信托财产强制执行向法院提出异议的权利。信托财产是为实现信托目的而独立存在的财产,信托法原则上禁止强制执行信托财产,这体现了信托财产的独立性。当信托财产的强制执行不符合法定条件时,委托人、受益人有权向法院提出异议。就提出异议的方法而言,因为提出异议的内容是主张该财产是信托财产,目的是要求取消债权人的强制执行,所以委托人、受益人应为原告,强制执行信托财产的债权人为被告。①

由于委托人的很多权利都是和受益人共享,这在自益信托固然没有问题,但在他益信托中,如果委托人和受益人分别行使权利,很有可能出现意见不一致的情况。为解决这一问题,《信托法》第 49 条规定,委托人意见不一致时,可以申请人民法院作出裁定。

3. 委托人的义务。

根据各国信托法,委托人的义务主要体现在三个方面:(1)将信托财产转移给受托人,这是委托人最主要的义务。信托的生效必须以财产权的有效转移为要件,因此委托人必须将财产转移给受托人,使其成为信托财产名义上的所有权人。(2)不得违反法律规定或信托文件的约定干预受托人对信托事务的执行。(3)在有偿信托中,委托人应依照法律或者信托文件的规定向受托人支付报酬。

显然,在信托法律关系中委托人的权利多于义务。这种"权大于责"的规定从静态上说是为了保护委托人的利益,保障其设立信托时的预期可以顺利实现;从动态上说是为了鼓励人们创设信托,繁荣整个社会的信托市场。②但也有学者认为,突出委托人的地位,赋予委托人过多的权利干涉受托人管理财产的自由,必然影响信托机能的发挥,降低信托财产的管理效率。③

① 中野正俊、张军建著:《信托法》,中国方正出版社 2004 年版,第 94 页。

② 吴弘、贾希凌、程胜著:《信托法论——中国信托市场发育发展的法律调整》,立信会计出版社 2003 年版,第 81 页。

③ 崔彩虹:《我国信托法的价值取向》,载于《金融理论与实践》2002 年第 11 期。

二、受托人

受托人是以自己的名义,为受益人的利益或特定目的对信托财产进行管理或处分的人。信托一旦设立,信托事务的处理、委托人信托目的的实现以及信托功能的实现均完全依赖于受托人,因此受托人在信托关系中处于核心地位,是最重要的信托当事人。

1. 受托人的资格要求。

受托人可以是自然人,也可以是法人。在不承认宣言信托的国家,受托人不能由委托人担任。此外,受托人也不得是同一信托的唯一受益人。否则,发生信托财产管理权和收益权的合并,所有权归于统一,与信托本质不符;而且基于信托财产的独立性,极易引发诈害债权人的情况。

由于受托人承担着管理和处分信托财产的重任,因此应具备完全行为能力。就自然人而言,无行为能力和限制行为能力人不得担任受托人,如我国台湾地区的"信托法"第 21 条明文规定,未成年人、禁治产人及破产人,不得为受托人,日、韩等国信托法也有类似的规定。如果受托人欠缺行为能力,在契约信托中,因信托契约无效所以信托也不生效;在遗嘱信托中,应视为属于无能力担任受托人的情形,而需另行选任受托人。我国《信托法》第 13 条规定,遗嘱指定的人拒绝或者无能力担任受托人的,由受益人另行选任受托人。

法人担任受托人时,应区分一般法人受托人和营业法人受托人。前者不以经营信托为职业,担任受托人不得和法人目的事业相矛盾,且要受到法人章程的限制;后者是专门以经营信托为职业的信托公司、信托银行等组织,需要取得主管部门的营业许可,否则不得承受信托业务。①

2. 共同受托人。

为充分发挥受托人的能力,同时防止因受托人死亡导致信托事务的处理发生中断,委托人可以指定数人为受托人。基于私法自治的精神,法律对此并不加以禁止。

(1) 共同受托人的法律关系。当受托人为两人以上时,共同受托人均为信托财产的所有权人。民法上的共有分为按份共有和共同共有。一般认为,共同受托人对信托财产是共同共有的关系。我国台湾地区的"信托法"第 28 条对此有明文规定:"同一信托之受托人有数人时,信托财产为其公同所有。"

(2) 共同受托人的行动原则。在原则上,共同受托人对信托财产的管理、处分负有共同行动的义务,而不得以多数决或受托人代表的方式来处理信托事务,此即"共同行动原则"。但如果信托文件规定受托人可以单独处理信托事务,自应尊重当事人的意愿。此外在某些特殊情形,盲目坚持这一原则也有可能造成信托事务难以执行,并不利于信托目的的实现。因此,那些对信托财产的维持不会造成重大影响,以及为

① 施天涛、余文然著:《信托法论》,人民法院出版社 1999 年版,第 78 页。

防止信托财产发生重大损失的行为,应允许受托人单独作出。根据我国台湾地区的"信托法"第28条第2项,"共同行动原则"存在三项例外,即经常事务、保存行为[①]或信托行为另有订立者。

共同受托人既然负有共同行动的义务,如果相互之间意思不尽一致,自然会影响信托事务的执行,此时需要有相应的解决方法。我国台湾地区的"信托法"第28条第2项规定:"受托人意思不一致时,应得受益人全体之同意。受益人意思不一致时,得申请法院裁定之。"我国《信托法》第31条的规定较为独特,出现此种情形时首先应按信托文件的规定处理;信托文件未规定的,由委托人、受益人或者其利害关系人决定。该规定无法解决的问题是,如果委托人、受益人之间也不能取得一致意见时,信托事务如何处理。

此外,共同行动只是受托人应遵守的义务要求,不能拘束第三人。因此,第三人对一名受托人为意思表示,对共同受托人全体发生效力。

(3) 共同受托人的连带责任。为保护受益人的权利,大陆法系信托法一般规定,共同受托人对受益人因信托行为所负担的债务负连带清偿责任。此外,共同受托人对因处理信托事务所负担的债务,也负连带清偿责任。我国《信托法》第32条对此也有规定,共同受托人处理信托事务对第三人所负债务,应当承担连带清偿责任。共同受托人之一违反信托目的处分信托财产或者因违背管理职责、处理信托事务不当致使信托财产受到损失的,其他受托人应当承担连带赔偿责任。

3. 受托人的义务。

为督促受托人正当行使权利,维护委托人、受益人的利益和确保信托目的的实现,各国信托法都对受托人的义务作出了精细设计。以受托人义务的性质为标准,可以将受托人的义务分为积极义务和消极义务。在英美法系国家,受托人的义务是一种有特定含义、特定标准的义务,并成为确定民商事领域中各种基于信赖而接受委托的人(如公司董事)所负义务的参照尺度。

通常,受托人主要承担以下义务:

(1) 给付信托利益的义务。所谓信托利益是信托财产所产生的利益,这一规定常被称为受托人的有限责任原则。委托人设立信托的目的是让受益人享受信托利益,受托人应当承担向受益人给付信托利益的义务,否则信托目的将无从实现。受托人给付信托利益的义务对应于受益人的给付请求权,是受托人最基本的义务。在信托法上,受益人有收益受益人和本金受益人之分,前者是享受信托财产所产生的利益(比如利息、租金或者股票的红利)的受益人,后者是享受信托财产本金的受益人。由此,受托人对于收益受益人,以信托利益为限度;对于本金受益人,则以信托财产为限度承担有限责任。如果受托人不履行此项义务,则属于债的不履行。

(2) 忠实义务(duty of loyalty)。忠实义务的内涵主要包括三个方面:受托人不

① 所谓保存行为,一般是指以防止信托财产灭失、毁损或者其权利丧失、受到限制等为目的,维持信托财产现状的行为,如对信托财产的简易修缮。

得将自己置于和受益人利益相冲突的地位；受托人在处理信托事务时不得获取个人利益；受托人不得将他人利益置于和受益人利益相冲突的地位。受托人的忠实义务应向谁履行，各国的理解并不一致。在美国，《信托法重述》和部分州（如加利福尼亚州和路易斯安那州）的信托法视为是对受益人的义务，这也是日本信托法学界的通说，但是实质性法主体说认为是对信托财产的义务，而限制性权力转移说则认为是对委托人的义务。①

根据我国《信托法》，忠实义务的主要内容有：

第一，受托人不得为自己谋取利益。受托人除依照规定取得报酬外，不得利用信托财产为自己谋取利益。如有违反，所得利益归入信托财产。

第二，受托人不得将信托财产转为其固有财产。从我国《信托法》第28条的规定看，这一要求是指受托人不得以公平交易行为以外的方法将信托财产转为固有财产。受托人将信托财产转为其固有财产的，必须恢复该信托财产的原状；造成信托财产损失的，应当承担赔偿责任。比较而言，日、韩和我国台湾地区的信托法规定，在有不得已事由时，并经法院批准，受托人可以将信托财产转为自有财产，或于该财产上设定或取得权利。

第三，禁止自己信托和双方信托。自己信托是指受托人将其固有财产和信托财产进行交易，双方信托则是指受托人将不同委托人的信托财产进行相互交易。在上述情形下，受托人作为信托财产名义上的所有人，同时处于买方和卖方的地位，这与买卖行为是双方法律行为的观念相抵触。更重要的是，在自己信托中，受托人和受益人之间存在着明显的利益冲突，受托人很可能为自己利益而损害受益人的利益；而在双方信托中，受托人则未必能公平地对待所有受益人。

我国《信托法》第28条规定，受托人不得将其固有财产与信托财产进行交易或者将不同委托人的信托财产进行相互交易，除非是信托文件另有规定或者经委托人或者受益人同意，并以公平的市场价格进行交易。受托人违反此项规定，造成信托财产损失的，应当承担赔偿责任。

（3）注意义务（duty of care）。在大陆法系民法中，通常依债务人是否受有报酬或利益来区分其所承担的注意义务的类型。如债务人受有报酬或利益，就应负较高的注意义务，反之就负较低的注意义务。

大陆法系信托法并未根据受托人是否受有报酬来区分其承担的注意义务，而是直接赋予善良管理人的注意义务。如《日本信托法》第20条规定，受托人须按信托的宗旨，以善良管理者应有的慎重处理信托事务。我国台湾地区的"信托法"第22条规定，受托人应依信托本旨，以善良管理人之注意，处理信托事务。之所以如此，是因为委托人将财产交付信托，是基于对受托人的双重信赖，即不仅信赖其人格，而且信赖其能力。基于此双重信赖，善良管理人的注意程度应高于处理自己事务应有的注意程度，大陆法系学者通常将其解释为必须达到受托人所处职业或阶层所普遍具有的

① 中野正俊、张军建著：《信托法》，中国方正出版社2004年版，第142页。

注意程度。受托人如果疏于履行善良管理人的注意义务,就需要承担过失责任。在大陆法上,一般将行为人的过失区分为三种情况:一是重大过失,指欠缺一般人应有的注意;二是具体的轻微过失,指欠缺与处理自己事务同一的注意;三是抽象的轻微过失,指欠缺善良管理人的注意。可见,善良管理人的注意义务是一种最高的注意义务。

在英美法系中,此项义务往往被表述为"通常谨慎、注意和技能义务",无论受托人有偿还是无偿的履行职责,均应尽到一个通常谨慎之人在处理自己相同或类似事务时所应有的注意,这要低于大陆法系的标准。按照传统观点,即使受托人拥有高于通常谨慎人的技能,其仍依通常谨慎人的标准行事。[①]但该观点已被突破,如果受托人的实际能力高于普通人,或者受托人是因具有较高能力才被委任为受托人,则其在处理信托事务时应当尽到自己的实际能力和注意,否则也构成对义务的违反。正如美国 1959 年《信托法重述》第 174 条规定,受托人对于信托的管理,应尽与一般人处理自己事务之同一义务和能力,但受托人因具有较高之注意和能力而被委任为受托人时,应尽其较高之注意和能力。

善良管理人的注意义务和忠实义务的区别在于:①忠实义务的核心是受托人不得谋求自己的利益,不得为了自己的利益而牺牲受益人的利益或放弃受益人的最佳利益,是受托人在其利益与受益人利益可能出现对立或冲突时的决定基准,可以说是道德义务的法律化。注意义务的核心是受托人在执行信托事务时应勤勉、谨慎,是对受托人能力上的要求。②受托人违反忠实义务时,其法律责任非常明确且不得免除。而受托人违反注意义务的责任可以经受益人、委托人予以免除或限制。③诉讼中涉及违反忠实义务,受托人承担的举证责任较重。在涉及违反注意义务的场合,受托人的行为受商业裁判规则的保护,因而原告承担较重的举证责任。

(4) 直接管理义务(亲自管理义务)。信托的成立源于委托人对受托人的双重信赖,受托人应亲自处理信托事务,而不得将部分或全部事务再行委托第三人代为处理。直接管理义务并不禁止受托人使用辅佐人,所禁止的是受托人将信托事务的全部或一部分,置于他人可"按照自己独立的判断处理"的状态。但是,如果任何事务均需受托人亲自处理的话,很可能会给信托事务的处理带来不便或不利。因此,在信托文件另有规定或者有不得已事由时(如受托人身患重病),受托人可以委托他人代为处理。在此种情形,日本、韩国和我国台湾地区的信托法规定,受托人仅就第三人的选任与监督其职务的执行负责任。换言之,受托人对第三人的选任或监督其职务的执行,如已尽相当的注意义务,则纵使信托财产因第三人的行为遭受损害,受托人也不负赔偿责任。比较而言,我国《信托法》第 30 条的规定更为严格:受托人依法将信托事务委托他人代理的,应当对他人处理信托事务的行为承担责任。此种过于严苛的规定表面上似乎更能维护受益人的利益,但不免导致受托人趋于保守而不愿选任第三人,毕竟,一段时间内的不作为所可能引发的风险在程度上一般要低于第三人的

---

① 张天民著:《失去衡平法的信托》,中信出版社 2004 年版,第 83 页。

行为所可能引致的风险。

(5) 分别管理义务。信托财产分别管理是信托法上的一项重要原则,其目的在于维护信托财产的独立性。基于此项义务,受托人必须将信托财产与其固有财产分别管理,并将不同委托人的信托财产分别管理。受托人执行分别管理的结果,对未规定有公示方法的信托财产而言,具有一定的公示效力。①

但是,何谓分别管理,其方法如何?由于各国信托法对此通常无明文规定,往往难以判断受托人是否履行了分别管理的义务。对土地、房屋等特定物来说,实行分别管理并无问题;但对金钱等不特定物来说,分别管理并不可行。因此,各国信托法通常规定,信托财产是金钱的,允许受托人合并管理,此时采取分别记账的方式即可。

在日本和韩国,受托人对信托财产分别管理是法律的强制性规定,不允许当事人作出相反的约定。而在我国台湾地区,当事人对此有一定的自治空间。我国台湾地区的"信托法"第 24 条规定,不同信托之信托财产间,信托行为订定得不必分别管理者,从其所定。根据该条规定,受托人接受两个以上信托时,当事人可以约定排除分别管理的义务;如果受托人只接受了一个信托,就不得以信托行为约定受托人可以将信托财产和其固有财产混合管理。我国《信托法》第 29 条的规定和日、韩立法例较为接近。

根据我国台湾地区和日、韩信托法,受托人违反分别管理的义务获得利益时,委托人或受益人可以请求将该利益归于信托财产。如果导致信托财产受到损害,受托人虽无过失,也应负损害赔偿责任。但是,如果受托人能够证明即使进行分别管理也无法避免损害的发生,便不负损害赔偿责任。这一立法例要求义务违反与损害后果之间有因果关系,并将举证责任施加于受托人,较好地实现了受托人和受益人间的利益平衡。而从我国《信托法》的相关规定看,其遵循英美法传统实行严格责任,只要受托人未分别管理信托财产,就不问信托财产的损失是否与此有关,受托人即应负赔偿责任,这一规定显然过于严厉。

(6) 簿册设置、保存及保密义务。为保障委托人、受益人的知情权,受托人必须保存处理信托事务的完整记录,并定期将信托财产的管理运用、处分及收支情况,报告委托人和受益人。此外,受托人对委托人、受益人以及处理信托事务的情况和资料负有依法保密的义务。

(7) 损害赔偿义务。我国《信托法》第 36 条规定,受托人违反信托目的处分信托财产或者因违背管理职责、处理信托事务不当致使信托财产受到损失的,在未恢复信托财产的原状或者未予赔偿前,不得请求给付报酬。该条规定虽然是对受托人行使报酬请求权的限制,但也明确了受托人的损害赔偿义务。

(8) 制作清算报告的义务。受托人职责终止或信托终止的,应当作出处理信托事务的报告或者清算报告。

---

① 赖源河、王志诚著:《现代信托法论》,中国政法大学出版社 2002 年版,第 1—2 页。

4. 受托人的权利。

受托人的权利主要包括以下几项：

(1) 管理信托财产和处理信托事务的权利。受托人是管理处分信托财产的人，是信托财产法律上的所有权人，其最重要的权利就是管理信托财产和处理信托事务。

(2) 获得报酬权。受托人处理信托事务，有权依照信托文件的约定取得报酬。信托文件未作事先约定的，经信托当事人协商同意，可以作出补充约定；未作事先约定和补充约定的，不得收取报酬。约定的报酬经信托当事人协商同意，可以增减其数额。在历史上，我国一直存在由关系密切的亲友无偿代管财产的做法，这种做法也得到了《信托法》的肯定，因此不支持没有约定时的报酬给付请求。对于专以信托为业的受托人来说，也不可能不约定报酬。按照各国规定，受托人既可从信托财产获得报酬，也可从受益人处取得报酬，而我国《信托法》对此没有明确。为保护委托人和受益人的利益，受托人的报酬请求权也受到一定的限制，如我国《信托法》第 36 条规定，受托人违反信托目的处分信托财产或者因违背管理职责、处理信托事务不当致使信托财产受到损失的，在未恢复信托财产的原状或者未予赔偿前，不得请求给付报酬。

(3) 费用补偿请求权。对于受托人在处理信托事务中支付的费用，或非因受托人自己过失所遭受的损失，受托人有权获得补偿。关于受托人费用补偿请求权的行使对象，大致有三种不同的立法模式：第一种立法模式是以日、韩信托法为代表的并存主义，即受托人既可就信托财产获偿，也可要求受益人补偿费用和损失，《日本信托法》第 36 条和《韩国信托法》第 42 条对此有明确规定。第二种立法模式是以我国台湾地区的"信托法"为代表的顺序主义，受托人原则上应先从信托财产获得补偿，不足时方可要求受益人补偿。我国台湾地区的"信托法"第 40 条规定，信托财产不足以清偿费用或债务，或针对信托财产行使费用补偿请求权不符合信托目的时，受托人可以向受益人请求补偿或清偿债务或提供相当之担保。如果信托契约规定受托人应先对受益人请求补偿或清偿所负之债务或要求提供担保，从其所定。第三种立法模式以《美国信托法重述》为典型。该法第 249 条特别强调，信托财产不足以补偿受托人因管理信托所为的正当支出的，受托人不得向受益人求偿，受托人和受益人间有特别约定的除外。此种模式更为注重对受益人利益的保护。

在受托人针对信托财产行使费用补偿请求权时，如果信托财产为货币，受托人可以直接扣除；如果信托财产为非货币，受托人可以出售信托财产，就出售所得受偿。为保护受托人的利益，大陆法系信托法普遍赋予受托人优先于其他债权人受偿的权利。如我国台湾地区的"信托法"第 39 条规定："受托人就信托财产或处理信托事务所支出之税捐、费用或负担之债务，得以信托财产充之。前项费用，受托人有优先于无担保债权人受偿之权。"

我国《信托法》第 37 条规定，受托人因处理信托事务所支出的费用、对第三人所负债务，以信托财产承担。受托人以其固有财产先行支付的，对信托财产享有优先受偿的权利。由此可见，在我国，受托人只能对信托财产行使费用补偿请求权，这和《美国信托法重述》的规定较为接近。

(4) 辞任权。基于信托当事人之间所具有的高度信赖关系，受托人原则上不得自行辞任，以免有害于信托事务的顺利执行。出于这一考虑，《日本信托法》第 43 条和我国台湾地区的"信托法"第 36 条规定，受托人除信托行为另有规定外，非经委托人和受益人的同意，不得辞任。但上述规定不是绝对的，在受托人有不得已的事由时（如身患重病、移民等），强制受托人留任并不妥当，应准许受托人辞任。按照《日本信托法》和我国台湾地区的"信托法"的规定，受托人此时经法院许可可以辞任。在公益信托中，基于公益的考虑，受托人辞任的条件应更严格。大陆法系信托法大多规定，公益信托的受托人非有正当理由，并经主管机关批准，不得辞任。为确保信托事务的顺利执行，即使受托人已经辞任，但在新受托人能处理信托事务前，仍应履行受托人的职责。

在我国，经委托人和受益人同意，受托人可以辞任。受托人辞任的，在新受托人选出前仍应履行管理信托事务的职责。在公益信托中，受托人未经公益事业管理机构批准，不得辞任。

三、受益人

（一）受益人的资格

受益人是在信托中享有信托受益权的人，是信托合同的关系人而非当事人。在信托关系中，受益人是纯获利益而无任何负担之人，因此只要是有权利能力的人，包括自然人、法人或者依法成立的其他组织都可以作为受益人。受益人可以是一人，也可以是数人。受益人可以是委托人自己，也可以是委托人以外的第三人。受托人可以是受益人，但不得是同一信托的唯一受益人。

关于受益人的资格，各国规定和学说并无很大差异。但在以下两种情况，认识并不一致。

1. 胎儿。

根据民法理论，自然人的权利能力始于出生，胎儿因不享有权利能力，自不应当成为受益人。但是，很多国家信托法均承认胎儿可以作为受益人。例如，英美信托法只要求受益人必须能够确定，至于设立信托时受益人是否实际存在则并不重要，因此承认胎儿可以为受益人。《日本信托法》第 8 条和《韩国信托法》第 18 条也规定，受益人不特定或尚不存在时，法院可根据利害关系人的请求或依其职权选任信托管理人，由此可知，胎儿可以充当受益人。我国《信托法》对此问题没有明确。

2. 动物等非人类。

在今天，随着对物种保护重要性认识的深化，以保护珍稀动物为目的设立的信托，已被各国信托法普遍承认为公益信托的一种。如果信托目的只是照顾特定的一只或几只动物，在英美信托法上可成立"目的信托"(purpose trust)或称"不完全义务信托"(imperfect obligation trust)。早期英美法并不承认此种信托，到后来逐渐予以认可，但是这类信托在法律上依然不具有强制执行力，只不过当受托人愿意实施时，法院不再予以禁止而已。大陆法系信托法对这种目的信托基本不认可。我国《信托法》第43条规定,受益人可以是自然人、法人或者依法成立的其他组织。由此可知,在我国不允许以特定动物为受益人设立私益信托,但为保护特定物种设立公益信托除外。

(二)受益权

1. 受益权的概念和内容。

受益权即信托设立生效后受益人所取得的权利。在英美信托法,受益人的权利被称为衡平法上的所有权,其具体内容包括取得信托利益的权利、强制实施信托的权利、监督受托人和追踪被受托人不当处分的信托财产的权利、对受托人处理信托事务表示同意的权利等。

在大陆法系国家,对受益权有广义和狭义两种理解。狭义的受益权是指受益人直接享受信托利益的权利,即受益人可请求受托人支付信托财产所生的利益。广义的受益权还包括对受托人管理、处分信托财产的监督权。信托事务的处理和受益人的利益密切相关,为保护受益人的利益,各国信托法普遍赋予信托受益人一定的监督权。其主要内容前文已有介绍,此处不再赘述。

2. 受益权的性质。

受益权的性质是大陆法系信托法学界长期争论不休的一个问题,争论的焦点在于受益权究竟是债权还是物权,由此形成了两大学说。(1)债权说。这种学说认为,设立信托时,信托财产的所有权即归属于受托人,受托人负有按照信托目的为受益人的利益进行管理处分信托财产的义务,受益人只享有请求受托人支付信托利益的权利。受托人若违背信托目的行事,需对受益人承担债务不履行的责任。(2)物权说。这种学说认为,信托受益权的本质并非相对于受托人的债权,而是相对于信托财产的物权。

从大陆法系各国信托法的规定看,受益人对受托人违反信托目的的处分行为,可以行使撤销权,这体现出受益权具有物权的追及性;同时,受益权的内容,也随着信托财产构成物的变动而发生变动,因此受益权具有某种程度的物权效力是不容否认的。同时必须承认的是,受益人只不过对受托人享有作为请求权,对信托财产并无直接的支配力,因此受益权尚未具备物权应有的全部特性。

笔者以为,界定受益权的属性以准确把握其内涵为前提。如果认为受益权就是受益人取得信托利益的权利,似宜将受益权理解为债权;如果认为受益权还包括受益人的监督权,则难以否认受益权的物权性。

3. 受益权的发生和取得。

关于信托受益权的发生和取得时间,各国信托法的规定基本相同。一般来说,信托生效后受益权就当然发生。我国《信托法》第44条奉行各国通行规则,除信托文件另有规定外,受益人自信托生效之日起享有信托受益权。由于受益人不是信托合同的当事人,因此受益权发生时,受益人自动取得受益权,而不以其承诺为要件。

一项信托有多个受益人时,信托文件应对各受益人的受益份额作出规定,以避免受益人之间发生争议。如果未能这样做,衡平法上的格言"均等即公平"(equality is equity)便可用来解决争议,即将信托利益在受益人之间平均分配。我国《信托法》引入了此项规则,第45条规定,共同受益人按照信托文件的规定享受信托利益。信托文件对信托利益的分配比例或者分配方法未作规定的,各受益人按照均等的比例享受信托利益。

4. 受益权的放弃、转让和继承。

(1) 受益权的放弃。受益权是受益人所享有的一种私法上的权利而非义务,受益人自然可以放弃该权利,而无需征得受托人同意。和受益权的取得不同,受益人放弃受益权需要有明确的意思表示。

受益人放弃受益权的,将可能对信托的存续产生一定的影响。如果是全体受益人放弃受益权,可能出现两种结果:其一,如果委托人在信托文件中保留了重新指定受益人的权利,委托人即可重新指定受益人;其二,如果委托人未保留此项权利,在英美法上则成立一种"结果信托",受托人为了委托人的利益而持有财产。而在大陆法系信托将会终止,因为一个缺乏受益人的信托无法实现信托目的。①部分受益人放弃信托受益权的,因有其他受益人的存在,信托的存续不受影响。根据我国《信托法》,被放弃的信托受益权按下列顺序确定归属:信托文件规定的人;其他受益人;委托人或者其继承人。

(2) 受益权的转让和继承。受益权是一种财产权,如果信托文件没有限制性规定,受益权可以依法转让和继承。

5. 受益权用于清偿债务及其强制执行问题。

在受益人不能清偿到期债务时,各国《信托法》都允许受益人以受益权清偿债务。我国《信托法》第47条规定,受益人不能清偿到期债务的,其信托受益权可以用于清偿债务,但法律、行政法规以及信托文件有限制性规定的除外。

对于受益权可否强制执行的问题,我国《信托法》没有明确规定。不过法律既然规定受益权可以转让和继承,可以用于清偿债务,应当认为信托受益权可以被强制执行。

6. 受益人的义务。

在我国,受益人可谓是不承担任何义务的人。但在其他大陆法国家(地区),受益人并非完全不负义务,其需要支付受托人为处理信托事务所生的费用以及对第三人所负的债务。

第四节　公益信托

公益信托(charitable trust),也称为慈善信托,是指出于公共利益的目的,为使

① 施天涛、余文然著:《信托法论》,人民法院出版社1999年版,第135页。

社会公众或者一定范围内的社会公众受益而设立的信托。公益信托通常由委托人捐赠一定的财产作为信托财产，由受托人管理该财产，并将信托财产用于信托文件指定的公益目的。

一、公益信托概述

（一）公益信托的分类

从不同角度看，公益信托可作不同的分类[①]：

1. 根据作为信托财产的基本财产是否动用，公益信托可以分为维系基本财产的公益信托和动用基本财产的公益信托。前者是在信托条款中规定仅得以公益信托的基本财产所剩的孳息或利益从事公益活动，其基本财产不得动用；后者是在信托条款中规定受托人可在信托期间动用基本财产以从事公益。这种区分的实益在于，前者适合于信托财产规模较大，可作为成立财团法人组织的替代方式；后者则适合于规模较小或不适宜成立财团法人的组织，且委托人无意使信托永续的情形。

2. 根据信托财产提供人的不同，公益信托可以分为单独出资公益信托和共同出资公益信托。前者是指信托财产由特定的个人或家族捐资形成，或由企业及民间团体单独捐资成立，在美国被称为家庭基金会或私人基金会（family foundation、private foundation）；后者是由社会大众共同捐资成立的信托，英国的国家信托（national trust）和美国的社区信托（community trust、community foundation）均采此种方式设立。这种区分的实益，主要可能在于管理的宽严及租税上的差别待遇。前者一般应加以严格的管理，以免假公益之名而行私益之实，而且，前者可能被课以较高的税赋。

3. 根据目的的不同，公益信托可以分为一般目的公益信托和特殊目的公益信托。前者并无某种特别具体的公益目的，而是以一般公益目的（general purpose）为其目的；后者的信托目的局限于一项或少数特定公益项目，如资助某个地区的残疾人。这种区分不仅可以明确信托目的，而且在采设立许可主义的国家也有实益。因为公益目的越广，所涉及的主管机关就越多，申请许可就越不容易。而且，如果公益目的过于抽象，在公益性的判定上也存在困难。

4. 根据受托人的给付内容，公益信托可以分为事业经营型公益信托和奖助型公益信托。前者是指直接公益事业的公益信托（operating foundation），后者是指以对受益人给付奖助金为内容的公益信托（granting foundation）。这种区分的实益在于，前者的受托人必须直接负责信托事业的经营，对受托人能力的要求更高；后者的受托人其职责仅为将信托利益分配于合乎资格的受益人，执行难度更低。

（二）公益信托和私益信托的区别

公益信托和私益信托的区别主要体现在以下几个方面：

---

① 赖源河、王志诚著：《现代信托法论》，中国政法大学出版社2002年版，第205—207页。

1. 存续期限不同。私益信托通常有一定的存续期限，基于公共政策的考虑，通常要求私益信托的存续期限不得超过规定的年限，如不超过八十年。公益信托系为社会公益而设立，时间越长对社会公益越有利，因此可以无限期的存在。即使信托目的已经实现，也可适用近似原则，将剩余的信托财产用于类似的信托目的。

2. 确定性的要求不同。私益信托的目的必须明确、具体，其受益人也必须是确定的或者是可以确定的，否则信托无效。公益信托的目的可以是明确的，也可以概括地说明信托的公益目的，而且，公益信托的受益人必须是不确定的社会公众。

3. 对受托人的要求不同。私益信托的受托人由委托人指定，具有民事行为能力的任何人或者依法成立的组织，都可以成为受托人。公益信托涉及社会公共利益，对受托人的资格可能有所限制。例如在英国，法律规定：曾有涉及不诚实或者欺诈的违法行为者，在管理公益信托过程中出现行为不当或者管理不当者，没有资格担任公司董事的人等，不能担任公益信托的受托人。

此外，对于公益信托和私益信托的受托人作出决定的要求也有区别。在私益信托中，除非信托文件另有规定，共同受托人必须达成全体一致才能作出决定并采取相应的行动，多数受托人的意见不能约束少数受托人。在公益信托中，多数受托人作出决定一般适用"少数服从多数"的原则，多数受托人的决定和行动代表委托人，少数受托人必须服从。

4. 监督管理不同。私益信托的受托人管理和运用信托财产，由委托人、受益人等进行监管，营业信托由专门的政府监管部门负责监管。公益信托的受益人是不特定的社会公众，因此公益信托设立信托监察人代表受益人的利益监督受托人，必要时提起诉讼或者采取其他法律行为。而且，相应的公益事业管理机构也有权监督公益信托的实施。

5. 税收优惠不同。为支持和鼓励公益信托活动，促进公益事业发展，各国通常给公益信托享受某些税收优惠待遇。例如，英国对慈善信托的税收优惠政策主要有：(1)慈善信托的经营收入只要用于慈善目的，就可以豁免所得税、资本增益税；(2)慈善信托占用的土地、房屋等不动产，由地方政府给予优惠，减半征收继承税；(3)慈善信托出售他人捐赠的物品，可以免征增值税；(4)个人向慈善信托捐献一定数额的款项，在征收个人所得税时可以扣除；(5)个人通过遗嘱向慈善信托捐献的款物，免征继承税。①

（三）公益信托的目的

在界定公益信托的目的时，各国信托法通常兼采列举式和概括式两种模式。如美国《信托法重述》第368条将慈善目的列为六大种类：救济贫穷、发展教育、发展宗教、增进健康、政府及社会目的、其他有利于社会利益实现的目的。《日本信托法》第66条规定，祭祀、宗教、慈善事业、学术、技艺以及其他以公益为目的的信托为公益信

---

① 何宝玉著：《信托法原理研究》，中国政法大学出版社2005年版，第327页。

托。我国台湾地区的“信托法”第69条规定，称公益信托者，谓以慈善、文化、学术、技艺、宗教、祭祀或其他以公共利益为目的之信托。比较而言，列举式规定明确、具体，有助于对公益性的认定。然而，公益的概念是随着社会、经济环境和时代的变化而变化的，单纯列举式的规定可能因过于僵化而无法适应现实的需要，因此有必要兼采概括式规定。

问题在于，什么是公共利益或公益性。按照台湾学者的见解，公益性的有无应根据其内涵判定，至于捐赠者的主观动机如何在所不问。一般来说，公益性必须具备以下要件：

1. 需有利益的存在。公益信托既以谋求公共利益为目的，则必须有利益的存在。此外，如利益的内容过于抽象，难以具体证明，也不应认为有利益的存在。例如，英国法院在1949年的Gilmour v. Coats一案中，认为协助专事冥修祈祷的修女为目的所为的捐赠不具有公益性，其理由除认为修女的祈祷是否确如修道院所称有助于人类的和平与幸福难以具体证明外，还因为英国在1601年的“公益用益条例”中，已将鼓励女性结婚规定为法定公益项目，因此认为该项捐赠不具有公益性。①

2. 利益必须具有公共性。所谓公共性是指利益的内容有助于社会的安全与文明，也就是说，该利益的存在和提供，对于社会大众具有方便性和实惠性。因此，不仅交通、水电、邮政等公用事业所提供的利益具有公共性，民间举办的文化艺术活动、私立学校、医院和环境保护等事业，其产生的利益也具有公共性。如果受益人限于少数几人，往往被视为信托利益不具有公共性。例如，英国法院在Compton一案中，认为只以三人的子女教育为目的设立的信托不具有公共性。②同样在Oppenheim v. Tobacco Trust Co. Ltd.案中，英国法院也认为仅为母公司或其子公司及其关系企业员工的子女教育而设立的信托不具有公共性。③

3. 受益对象为不特定。公益信托的最大特征是其具有公共性，因此其受益人必须不特定，是按照委托人规定的条件，在委托人指定的范围内，由受托人选择确定，而不是委托人在信托文件中指定。即使受益人的范围可以确定，但最终受益人即最终享受信托利益的人必须为不特定。例如，在一项公益信托中，某人捐赠一笔款项作为教育基金，目的是奖励本地区的学生，虽然受益人的范围是明确的，即本地区的学生，但最终实际享受信托利益的学生是不特定的。在受益人不特定的情况下，委托人可以限定受益人的人数，甚至受益人享受信托利益的份额。

我国《信托法》第60条同样采取了列举式和概括式两种模式。据此，为了下列公共利益目的之一而设立的信托，属于公益信托：(1)救济贫困；(2)救助灾民；(3)扶助残疾人；(4)发展教育、科技、文化、艺术、体育事业；(5)发展医疗卫生事业；(6)发展环境保护事业，维护生态环境；(7)发展其他社会公益事业。我国《信托法》只规定了公

① Gilmour v. Coats(1949)A. C. 426.

② Re Compton [1945] Ch. 123.

③ Oppenheim v. Tobacco Trust Co. Ltd. [1951] A. C. 297.

益信托的目的(性质)认定,并没有规定具体的认定标准,需要进一步的解释。

二、公益信托的设立和监管

(一)公益信托的设立体制

在英美法系国家,虽然有官方机构专门负责监督公益信托,但是公益信托的设立并不需要官方的许可。英美法只课以公益信托受托人申请登记的义务,如果公益信托未经登记,仅构成受托人违背职责,公益信托仍完全成立和生效。[①]此时,登记的功能在于公示及信托公益性的证明。

在大陆法系国家,公益信托的设立采取行政许可制,未经政府部门许可不能成立公益信托,或者受托人不能承受该公益信托。之所以采取许可主义,主要有三方面的考虑:(1)与私益信托不同,公益信托的委托人、受益人难以对受托人的行为进行有力监督;(2)设立公益信托涉及社会公共利益,其影响不限于当事人之间的私人关系;(3)公益信托通常还有一定的税收优惠,可能会有人钻空子,借设立公益信托的名义逃避税收。因此,为防止滥设公益信托,确保社会公共利益,特赋予相关行政部门许可权。

在许可内容上,大陆法系大致存在两种不同的立法例:(1)许可受托人承受信托。如《日本信托法》第68条规定,就公益信托的承受,其受托者须经主管官署批准。《韩国信托法》第66条规定,接受公益信托时,受托人必须得到主管官署的许可。(2)许可公益信托的设立和受托人承受信托。我国台湾地区的"信托法"第70条规定,公益信托之设立及其受托人,应经目的事业主管机关之许可。前项许可之申请,由受托人为之。我国《信托法》第62条规定,公益信托的设立和确定其受托人,应当经有关公益事业的管理机构(以下简称公益事业管理机构)批准。未经公益事业管理机构的批准,不得以公益信托的名义进行活动。此系借鉴我国台湾地区"信托法"的规定。

必须指出的是,大陆法系对公益信托的设立采取许可制,在某种程度上阻碍了公益信托的设立。在一般目的公益信托中,公益事业管理机构该如何确定?如果委托人分别指定了数项公益目的,如发展教育事业、发展环保事业,则公益信托的设立必须分别得到教育主管部门和环保部门的许可。这些问题,客观上不利于鼓励社会公众设立公益信托。正如台湾学者所言,公益信托既有助于公共政策,应使其容易设立,使社会资源用于公益目的。但许可制反而使公益信托的设立不如私益信托容易,这种立法政策是否妥当,值得考虑。[②]

公益信托成立后,如果发现其不符合设立许可条件,或者有其他损害公共利益的行为,公益事业管理机构可以撤销许可。对此,我国台湾地区的"信托法"第77条明确规定,公益信托违反设立许可条件、监督命令或为其他有害公益之行为者,或无正

---

① 方嘉麟著:《信托法之理论与实务》,中国政法大学出版社2004年版,第214页。

② 同上书,第214—220页。

当理由连续三年不为活动者,目的事业主管机关得撤销其许可或为其他必要之处置。

(二) 公益信托的监管

1. 公益信托的监管机构。

公益信托设立的目的是追求公益,其受益人多为社会公众,因此有必要对公益信托的运作实施严密监督。在监督机关的设置上,各国的做法存在较大区别。在英国,由慈善委员会对公益信托和公益组织进行监管,同时,总检察长负责对违反信托的公益受托人提起诉讼。在美国,公益信托由各州检察长负责监督。[①]在日本、韩国和我国台湾地区,公益信托由相应的公益目的事业主管机关负责监管,我国《信托法》也采取这种模式。

2. 公益信托监管的具体内容。

(1) 对受托人的监管。对受托人的监管,主要体现在三个方面:其一,对受托人承受信托的许可。其二,受托人的变更。在英美法国家,受托人的变更主要由法院决定;在大陆法系国家,受托人的变更由公益事业管理机构决定。如我国《信托法》第68条规定,公益信托的受托人违反信托义务或者无能力履行其职责的,由公益事业管理机构变更受托人。其三,受托人的辞任。由于公益信托的受益人是不特定的社会公众,有时甚至连委托人也是不特定的,这就决定了公益信托受托人的辞任不可能像私益信托那样,得到委托人、受益人的同意。日、韩和我国台湾地区等大陆法系国家或地区均规定,公益信托的受托人辞任,必须要有正当理由,并经公益事业管理机构批准。这一要求明显严于私益信托的受托人辞任。我国《信托法》对此的规定是,公益信托的受托人未经公益事业管理机构批准,不得辞任。

(2) 受托人的报告义务。我国《信托法》规定,受托人应当至少每年一次作出信托事务处理情况及财产状况报告,经信托监察人认可后,报公益事业管理机构核准,并由受托人予以公告。

(3) 信托事务检查权和处置权。为确保公益信托目的的实现,大陆法系国家均规定,公益事业管理机构有权随时检查信托事务的处理情况,在必要时(如受托人有发生损害赔偿、财务危机或其他违反义务的行为,情节严重者)可进行必要的处置。如我国台湾地区的"信托法"第72条规定,目的事业主管机关得随时检查信托事务及财产状况;必要时并得命受托人提供相当之担保或为其他处置。我国《信托法》第67条只赋予公益事业管理机构检查权,但没有赋予其处置权。

(4) 信托条款变更权。公益信托成立后,发生设立信托时不能预见的情形,公益事业管理机构可以根据信托目的,变更信托文件中的有关条款。由于公益信托的目的在于促进社会公益,原则上应尽可能使其存续,如果发生设立信托时不能预见的情形影响信托的存续或其目的的实现时,公益事业管理机构可以变更信托条款。这既包括信托财产管理方法,也包括其他条款,如受益人受益权的改变等。而在私益信托

---

① 何宝玉著:《信托法原理研究》,中国政法大学出版社2005年版,第338页。

中，通常只有信托财产的管理方法可以变更。对此，我国《信托法》第69条、我国台湾地区的"信托法"第73条、《日本信托法》第70条以及《韩国信托法》第67条均有类似规定。

三、公益信托的信托监察人

公益信托的监察人，是指代理委托人或受益人专门对受托人的信托行为进行监督检查的公益信托关系人。[①]在私益信托中，受益人的利益应由其自行维护。但在公益信托中，受益人无法或难以维护自己的利益，而委托人往往也无法有效监督受托人的行为，此时，有必要通过信托监察人来维护受益人利益。

（一）信托监察人的设置

英美法系信托法没有确立公益信托监察人制度。在大陆法系，公益信托是否必须设置监察人，也存在不同的做法。日本和韩国采取自愿设立模式，而我国台湾地区的"信托法"则采取强制设立模式。我国台湾地区的"信托法"第75条规定，公益信托应置信托监察人。但在委托人未指定信托监察人时，目的事业主管机关可否依其裁量权不许可公益信托的设立，我国台湾地区的"信托法"并未明确。我国《信托法》第64条也规定，公益信托应当设置信托监察人。

（二）信托监察人的资格和选任

从理论上说，信托监察人系为保护受益人利益而设，需要为受益人进行与信托有关的诉讼上或诉讼外行为，职责重大，法律自应对其资格作出一定的要求。但体现在信托立法上，只有我国台湾"信托法"第53条对信托监察人的消极任职资格作出了规定，未成年人、禁治产人及破产人不得为信托监察人。

信托监察人的选任有两种方式：(1)信托文件选任，即由委托人在信托文件中直接指定信托监察人，或者确定信托监察人的选任方法。(2)公益事业管理机构选任。我国台湾地区的"信托法"第52条规定，受益人不特定、尚未存在或其他为保护受益人之利益认为有必要时，法院得因利害关系人或检察官之申请，选任一人或数人为信托监察人。而日本和韩国信托法均规定，主管机关可依利害关系人的请求或依职权选任信托监察人。我国《信托法》第64条的规定与众不同，即在信托文件未规定时，信托监察人由公益事业管理机构指定。

（三）信托监察人的辞任和解任

为维护受益人利益，公益信托监察人选任后，无正当理由的不得辞任。信托监察人有正当事由时，应经指定或选任之人的同意，或经公益事业管理机构的许可方能辞

---

① 中野正俊、张军建著：《信托法》，中国方正出版社2004年版，第222页。

任。信托监察人怠于执行其职务或有其他重大事由时，指定或选任之人可将其解任；公益事业管理机构也可因利害关系人或检察官的申请将其解任。

信托监察人辞任或解任时，以及信托文件或公益事业管理机构指定的人拒绝或不能担任信托监察人时，除信托文件另有规定外，指定或选任之人可以选任新信托监察人；不能或不为选任的，公益事业管理机构可因利害关系人或检察官的申请选任。

（四）信托监察人的法律地位和职权

(1) 地位。信托监察人虽是为维护受益人的利益而设，但信托监察人在法律上独立于受益人和委托人，而不是他们的代理人，信托监察人有权以自己的名义行使权利。

(2) 职权。根据我国大陆和台湾地区的信托法，信托监察人的职权，主要是为受益人利益进行诉讼上或诉讼外行为。在我国，诉讼外行为主要包括《信托法》第 67 条和第 71 条规定的两种行为。

四、公益信托的终止

（一）公益信托终止的原因

一般而言，公益信托在以下三种原因发生时终止：(1)信托文件规定的终止事由发生；(2)信托目的已经完成或不能完成。(3)公益事业管理机构撤销公益信托的设立许可。我国台湾地区的"信托法"对此有明文规定，公益信托，因目的事业主管机关撤销设立之许可而消灭。

（二）受托人的报告义务

公益信托的终止影响社会公益，因此在终止后应尽快向公益事业管理机构报告，以使其及时了解信息并作出相应处理。按照我国《信托法》第 70 条，公益信托终止的，受托人应当于终止事由发生之日起十五日内，将终止事由和终止日期报告公益事业管理机构。我国台湾地区的"信托法"第 80 条规定，受托人应于公益信托关系消灭一个月内，将消灭之事由及年月日，向目的事业主管机关申报。但在公益信托因目的事业主管机关撤销许可而消灭的场合，因相关情况已为主管机关所了解，所以受托人没有申报义务。

（三）公益信托终止后的清算

公益信托终止后，受托人应作出处理信托事务的清算报告，经信托监察人认可后，报公益事业管理机构核准，并由受托人予以公告。

（四）公益信托的继续

在英美信托法上，有著名的"近似原则"(the cy-pres doctrine)，即指公益信托设立后,信托目的已经实现或者不能实现的,剩余的信托财产应当用于与原信托目的近似的公益目的,不能归属于个人或用于私人目的。①

"近似原则"在日、韩和我国台湾地区的信托法中均有体现。例如,《日本信托法》第 73 条规定,当公益信托结束而信托财产又无归属权利者时,主管官署可根据信托宗旨,继续类似目的的信托。《韩国信托法》第 72 条规定,当公益信托终止而没有信托财产归属权利人时,主管官署可根据信托宗旨,为了类似目的而使信托继续存在。我国台湾地区的"信托法"第 79 条规定,公益信托关系消灭,而无信托行为所订信托财产归属权利人时,目的事业主管机关得为类似之目的,使信托关系存续,或使信托财产移转于有类似目的之公益法人或公益信托。

我国《信托法》第 72 条也采纳了"近似原则"。该条规定,公益信托终止,没有信托财产权利归属人或者信托财产权利归属人是不特定的社会公众的,经公益事业管理机构批准,受托人应当将信托财产用于与原公益目的近似的目的,或者将信托财产转移给具有近似目的的公益组织或者其他公益信托。

稍作比较即可发现,我国关于"近似原则"的规定和日、韩等国存在两点不同:(1)在适用情形上,我国将近似原则适用于两种情形,这要比日、韩等国的规定更为科学。(2)我国《信托法》使用了"批准"一词,可以理解为如果受托人不向公益事业管理机构提出申请,则该机构不得主动使信托延续,这显然不同于日、韩等国的规定,在后者,使信托基于类似目的而延续是主管机关的一项自由裁量权,无需当事人申请即可主动作出。

① 何宝玉著:《信托法原理研究》,中国政法大学出版社 2005 年版,第 346 页。

第二十四章

信托业法律制度

第一节　信托业概述

一、信托业概述

（一）信托业的概念

对信托业可以有三种理解：(1)信托业是指信托业务，即信托机构以收取报酬为目的，以受托人身份接受信托和处理信托事务的经营行为。(2)信托业是指信托行业，在我国，信托业和银行业、证券业、保险业并称为金融业的“四驾马车”。(3)信托业是指以营利为目的，并以经营信托业务为业的信托营业机构，如英国和美国的银行信托部、日本的信托银行及中国的信托投资公司等。在这种理解中，信托业不是一种理财手段或金融业务，而是一个使用该种理财手段或金融业务的组织体。①

（二）信托业的特征

信托业一般具有以下两大基本特征：

1. 信托业中的受托人必须是经过特别许可设立的特定信托营业机构，其基于营利目的从事信托业务。这一特点，使得信托业得以与以个人或非商人充当受托人的民事信托相区分。

2. 经营信托业务的机构一般是具有社会理财职能的金融机构。信托机构的业务是受托为特定目的管理和处分信托财产，而信托财产大多表现为货币形态，这就使信托业必然派生出金融功能，特别是中长期金融功能。作为金融业的一个组成部分，信托业与银行业、保险业、证券业共同构成了现代金融业的四大支柱。

二、中国信托业的发展和沿革

20 世纪初期，我国开始引入英美的信托制度。1919 年，聚兴诚银行上海分行设

---

① 唐波主编：《新编金融法学》，北京大学出版社 2005 年版，第 332 页。

立信托部。这是中国历史上的第一个信托部,标志着中国现代信托业的开端。此后,信托机构纷纷设立,其中著名的有国安信托公司、中国信托公司、新华信托储蓄银行、通汇信托公司和东方信托公司等。除了民营信托机构以外,官营信托机构在1931年以后也开始出现。1935年,国民党政府还设立了中央信托局,以承办政府机关委托事务为主要任务。

新中国成立后,对于官营信托业予以没收和接管,并于1949年11月成立了自己的信托机构——中国人民银行上海市分行信托部,其业务包括房地产、运输、仓库、保管及其他代理业务。在工商业的社会主义改造过程中,信托公司被裁撤,信托业务被停止,信托业在中国的发展告一段落。

1979年,为了适应改革开放后多种经济成分发展和多元投资主体对资金融通的需求,创立一个对外筹资的窗口和平台被纳入领导层视野,我国第一家信托投资机构中国国际信托投资公司宣告成立,从而翻开了现代信托业在中国重新崛起的一页。随后,在国务院的要求、鼓励和政策支持下,上至中央银行,下至各专业银行、各行业主管部门、地方政府都轰轰烈烈地办起了各式各样的信托投资公司,到1988年数量最多时曾达到近1 000家。但是,这些名曰信托投资公司所从事的业务,并非信托意义上的受托理财业务,而是以银行业务为主的混合经营业务,这当中普遍存在着违规操作、管理混乱以及扰乱金融市场秩序的问题。于是,国家分别于1982年、1985年、1988年、1993年、1999年对信托业进行了五次较大规模的清理整顿,停止了信托投资公司的存款、结算业务,剥离了证券经纪与承销业务,使之回归到"受人之托,代人理财"的本业。

经过第五次整顿以后,到2004年,全国只剩下不足60家信托投资公司获准重新登记开展营业。近几年来,这些公司的各项信托业务增长迅速,尤其是资金信托和集合信托计划,更是获得了长足发展,这也为金融创新提供了很好的市场条件。实际情况表明,我国对信托公司的整顿取得了一定的成效。

但是,我国的一些信托投资公司仍然存在不少严重问题。2005年,中国银监会针对违法违规操作的信托投资公司再出重拳,先是撤销了南京市国际信托投资公司,继而责令伊斯兰国际信托、金新信托和庆泰信托停业整顿。监管风暴一直刮到了2005年年底,随着中国银监会浙江监管局12月30日的一纸公告,号称"江南第一猛庄"的金信信托投资股份有限公司也被责令停业整顿。信托投资公司风险频发,表明信托业最致命的内伤——信托投资公司缺乏健全的法人治理机构,并没有因整顿而得到根本的改观。一些信托公司机构设置相当混乱,甚至不设独立的信托部门,将自有财产和信托财产置于一个部门的管理和运作之下,资金和账簿也不按规定分别设立。此外,一些信托公司大股东或关联企业,把信托公司变为自己的融资平台。一旦资金信托中委托人的资金到位,就违背委托人意愿,单方面改变信托合同中资金用途和运用方式等有关条款的约定,擅自挪用信托资金,甚至将信托资金投入到违规用途中,使信托财产承担了极大的政策风险和市场风险,严重损害了委托人的利益。

实践表明,要保持信托业的持续、稳定和健康发展,避免陷入"发展—混乱—整顿—再发展—再混乱—再整顿”的怪圈,必须从根本上摒弃过去那种出事之后方才整顿的做法,取而代之的是要建立起一套完善的制度和规则体系,从各个方面对信托业实行有效的法律监管。纵观信托业务发达的国家,都有比较完备的信托法律体系和健全的信托监管体制,这是有效实施信托监管的前提。

第二节 信托业的法律调整

信托业法是规范信托机构组织及其业务活动的法律规范的总称。其主要内容可分为两个方面,即信托组织法、信托业务法。信托组织法的具体内容包括信托机构的组织形式、组织机构及其设立、变更和终止。信托业务法的具体内容包括信托机构业务范围及经营规则。

在我国,《中华人民共和国信托法》中对受托人有基础规定。2002 年 6 月 5 日,中国人民银行颁布了新修订的《信托投资公司管理办法》,针对信托投资公司的组织和业务作了具体规范;同年 7 月 18 日,中国人民银行颁布的《信托投资公司资金信托管理暂行办法》正式施行,该《暂行办法》专门规范信托投资公司的资金信托业务。上述“一法两规”,搭建起我国信托业的主要法律框架。

一、信托监管体制

(一) 国外的信托监管体制

目前,世界各国的信托监管体制大致有以下几种类型:

1. 英国的单层多头监管体制。英国信托业的监管机构包括法院、英格兰银行和“证券和投资委员会”。其中,法院负责对个人信托的监管,英格兰银行负责监管吸收存款的信托机构,如受托储蓄银行、有限责任受托储蓄银行等,“证券和投资委员会”则负责对经营投资业务的信托机构的监管。英国的监管体系比较重视信托业的自我管理。信托行业协会作为信托业的自律组织负有较重的监管任务。

2. 美国的双层多头监管体制。美国的信托监管机构分为中央和地方两级,每一级又分别设立多家机构来负责信托业的监管。联邦一级的监管机构有财政部的通货管理官、联邦储备银行、联邦存款保险公司;州一级的监管机构是各州的通货管理官、州银行管理机构等。由于法律和政府的监管比较完善,行业自律组织的监管作用相对较弱。

3. 日本的集中监管体制。日本对信托的监管由政府设立的专门机构负责。在 1998 年以前,大藏省根据《信托业法》对各信托机构实施监管,监管的内容包括市场准入以及对信托投资公司业务和财产状况的检查。大藏省还有权对违规操作的信托机构进行处罚,包括责令其停业或改选董事。1998 年 6 月,日本成立金融监管厅,将包括信托监管在内的金融监管职能从大藏省剥离出来。由于立法的完善和监管的高效率,日本信托协会的监管任务相对较轻。

总体上说,在西方各国信托业监管体制中,政府部门的行政监管占据主导地位。但是,行政监管并不能完全取代自律监管,自律监管因其贴近一线市场而具有效率较高、针对性强等行政监管不可比拟的优势。尽管在不同的国家,信托业自律管理组织承担的职能和发挥的作用各不相同,但下列职能是信托业自律组织一般具有的:制定行业规范和行为守则,指导和约束行业成员的行为;组织行业成员进行信息和业务交流,提高从业人员的业务素质;研究行业内存在的问题和对策,并及时向主管机关反馈;在主管机关制定法规政策时提出建议;协调行业内的纠纷;对违规成员实施纪律处分。在今天,自律监管必须成为行政监管必要的补充,早已成为各国的共识。

(二)我国的信托监管体制

我国关于信托监管体制的最早立法,当属国务院于 1986 年 1 月 7 日发布的《中华人民共和国银行管理暂行条例》。该条例明确规定,信托投资公司的业务活动,按照中国人民银行批准的计划进行。申请设立信托投资公司,应当由国务院或者中国人民银行总行或其省级分行批准。大中城市的专业银行设立的信托投资公司在业务上受中国人民银行领导。据此,中国人民银行成为了信托投资公司的监管机构。

其后,信托业虽历经多次整顿,但由中国人民银行来监管信托投资公司的体制却保持了长期稳定。这种状况一直延续到 2004 年 2 月 1 日,随着《中华人民共和国银行业监督管理法》开始施行,中国银监会取代中国人民银行成为信托业的监管机构。不过,这仅仅是对信托业行政监管体制的一种有限变革。就本质而言,当时的信托监管体制仍然只是一种单纯的行政监管体制。可以说,信托业的自律监管根本没有得到应有的重视。2004 年 11 月,中国信托业协会成立,这标志着信托业自律监管体制的正式确立。然而,相比行政监管,自律监管的地位和作用仍有待加强。

就目前的情况看,我国信托业的行政监管体制也需解决以下问题:

1. 信托监管权力分割,“四龙治水”。在我国,并非只有信托投资公司方能从事信托业务,商业银行、基金管理公司、证券公司和保险公司等金融机构实际上都在开展信托业务。其一,商业银行可以从事代客理财业务。根据相关规定,商业银行可以开展人民币理财业务,符合条件的商业银行还可以开办外汇理财业务,即集合客户的外汇资金,投资于境外市场的固定收益产品。2006 年 4 月,“中国人民银行公告(2006)第 5 号”更是允许符合条件的银行集合境内机构和个人的人民币资金,在一定额度内购汇投资于境外固定收益类产品。其二,基金管理公司可以发起设立和管理证券投资基金。由于我国的证券投资基金均属契约型基金,基金成立和运作的法律基础,即为信托关系。其三,证券公司可以开展资产管理业务。根据 2004 年 2 月 1 日中国证监会发布的《证券公司客户资产管理业务试行办法》,证券公司可以从事三种客户资产管理业务形式,包括定向资产管理业务、集合资产管理业务和专项资产管理业务。而央行 5 号公告进一步允许符合条件的基金管理公司等证券经营机构,在一定额度内集合境内机构和个人自有外汇，用于在境外进行的包括股票在内的组合投资。其四，保险公司可以开办“投资连结险”业务。上述业务大多以信托关系为基础，本质上可归属于信托业务。

由于历史原因和目前我国金融行业分业经营、分业监管的现状，除信托投资公司的信托业务由中国银监会监管外，中国银监会还监管银行代客理财业务。对基金管理公司和证券投资基金的监管由中国证监会负责，此外，中国证监会还监管证券公司的资产管理业务。保险公司和“投资连结险”业务则由中国保监会监管，至于产业投资基金的监管，则属于国家发改委的职责。信托市场的监管权力分别由四个独立的部门行使，这显然属于多头监管体制。应当说，多头监管和集中监管各有优劣，但“四龙治水”的架构增加了监管机构之间合作、协调的成本，容易产生监管标准不一致的问题。

2. 信托监管机构地位较低。信托业和银行业、证券业、保险业一起，被称为现代金融的四大支柱。然而，自我国确立金融分业经营、分业监管的体制后，银行、证券和保险行业都相应设立了独立的专门监管机构，唯独信托业一直缺乏一个独立的监管部门。在央行监管时代，具体履行信托监管职能的是非银行金融机构管理司下设的信托处；中国银监会成立后，则相应变为非银行金融机构监管部下设的信托处。在这种安排下，信托监管不过是银行监管的配角而已。信托监管机构的级别过低，不仅影响监管的权威性，而且在现行行政体制下，还直接影响信托监管机构的人员编制，导致监管人才严重不足，这势必损害信托监管的效率。

二、信托组织法

（一）信托机构的组织形式

信托机构的组织形式一般有两种：(1)专业的信托公司；(2)银行附属的信托部。

我国信托机构采取公司的组织形式。根据我国《公司法》的规定，公司仅指有限责任公司和股份有限公司。因此，我国的信托公司也只有有限责任公司或股份有限公司。根据规定，无论具体采取哪种公司形式，在其名称中必须标明“信托”字样。20世纪80年代中期我国信托业恢复之初，由于信托业务主要是货币资金信托业务，因而信托公司绝大部分是由银行投资创办的。1999年《商业银行法》颁布实施之后，法律禁止商业银行投资举办实业，此后信托公司与银行脱离投资关系，改由社会各方投资创办。

（二）信托投资公司的设立

多数国家对信托公司的设立实行许可制，需经信托主管机关审核批准后，方可进行注册登记开展营业活动。

在我国，根据《信托投资公司管理办法》第12条，设立信托投资公司，必须经中国人民银行批准，并领取《信托机构法人许可证》。未经中国人民银行批准，任何单位和个人不得经营信托业务，任何经营单位不得在其名称中使用“信托投资”字样，但法律、行政法规另有规定的除外。

信托公司的设立应具备以下条件：(1)有符合《中华人民共和国公司法》和中国人民银行规定的公司章程。(2)有具备中国人民银行规定的入股资格的股东。(3)有符合规定的最低注册资本。根据《信托投资公司管理办法》，信托投资公司的注册资本不得低于人民币三亿元。经营外汇业务的信托投资公司，其注册资本中应包括不少于等值一千五百万美元的外汇。(4)有具备中国人民银行规定任职资格的高级管理人员和与其业务相适应的信托从业人员。(5)具有健全的组织机构、信托业务操作规则和风险控制制度。(6)有符合要求的营业场所、安全防范措施和与业务有关的其他设施。(7)中国人民银行规定的其他条件。

(三) 信托投资公司的变更

信托投资公司变更下列事项的，应当经中国人民银行批准：(1)变更名称；(2)变更注册资本金；(3)变更公司所在地；(4)改变组织形式；(5)调整业务范围；(6)更换高级管理人员；(7)变更股东或者调整股权结构；但持有上市股份公司流通股份未达到公司总股份百分之十的除外；(8)修改公司章程；(9)合并或者分立；(10)中国人民银行规定的其他变更事项。

(四) 信托投资公司的终止

信托公司可因解散、被撤销和破产而终止。信托投资公司因分立、合并或者公司章程规定的解散的事由出现，申请解散的，经中国人民银行批准后解散，并依法组织清算组进行清算。信托投资公司因违法违规经营、经营管理不善等原因，不能支付到期债务，不撤销将严重损害社会公利益、危害金融秩序的，由中国人民银行根据《金融机构撤销条例》予以撤销。信托投资公司不能支付到期债务，经中国人民银行同意，可向人民法院提出破产申请。应特别指出的是，基于信托财产的独立性，信托财产不属于信托投资公司的清算财产或破产财产之列。

三、信托业法

(一) 信托机构的业务范围

从世界各国信托业的经营实践看，信托机构主要是经营信托业务，同时也兼营一些与信托有关的其他金融业务。因此，信托机构的业务范围可以分为信托业务和兼营业务两大类。

1. 信托业务。

信托机构作为营业信托的受托人，其主营业务就是接受委托人的委托，管理和处分信托财产。在国外，信托机构的信托业务主要有资金信托、有价证券信托、动产信托、不动产信托和其他财产及财产权信托等。在我国，根据《信托投资公司管理办法》

第 20 条，信托投资公司的信托业务主要包括以下几种：(1)受托经营资金信托业务。即委托人将自己合法拥有的资金，委托信托投资公司按照约定的条件和目的，进行管理、运用和处分。(2)受托经营动产、不动产及其他财产的信托业务。即委托人将自己的动产、不动产以及知识产权等财产、财产权，委托信托投资公司按照约定的条件和目的，进行管理、运用和处分。(3)受托经营法律、行政法规允许从事的投资基金业务，作为投资基金或者基金管理公司发起人从事投资基金业务。(4)公益信托业务。信托投资公司可以接受为了下列公益目的而设立的公益信托：救济贫困；救助灾民；扶助残疾人；发展教育、科技、体育、文化、艺术事业；发展医疗卫生事业；发展环境保护事业，维护生态环境；发展其他有利于社会的公共事业。

2. 兼营业务。

为充分发挥信托机构的专业优势和社会职能，各国一般都允许信托机构兼营一些与信托有关的业务，我国也不例外。依据《信托投资公司管理办法》，信托投资公司可以兼营的业务主要有以下几种：(1)经营企业资产的重组、购并及项目融资、公司理财、财务顾问等中介业务；(2)受托经营国务院有关部门批准的国债、政策性银行债权、企业债券等债券的承销业务；(3)代理财产的管理、运用与处分；(4)代保管业务；(5)信用见证、资信调查及经济咨询业务；(6)以固有财产为他人提供担保；(7)中国人民银行批准的其他业务。

(二) 信托机构的经营规则

作为营业信托的受托人，信托机构自应履行信托法上受托人的基本义务。此外，由于营业信托往往涉及众多委托人和受益人，为保障他们的利益，信托机构开展信托业务时还应遵守一定的经营规则，这些规则包括以下几个内容：

1. 风险准备金及其使用规则。

为保护受益人的利益，防止信托机构违反信托目的造成信托财产损失而无法赔偿时，大陆法系国家的信托业法规定了赔偿准备金制度，即信托机构必须提取一定数额的资金，作为赔偿准备金。日本和韩国的信托业法规定，赔偿准备金的提取数额应为信托机构资本金十分之一以上，准备金可以以国债的形式存在。我国《信托投资公司管理办法》规定，信托投资公司每年应当从税后利润提取百分之五作为信托赔偿准备金，但该赔偿准备金累计总额达到公司注册资本的百分之二十时，可不再提取。信托投资公司的赔偿准备金应存放于经营稳健、具有一定实力的境内中资商业银行或者购买国债。

2. 利益冲突的防范规则。

信托投资公司经营信托业务，不得有下列行为：(1)利用受托人地位谋取不当利益；(2)将信托财产挪用于非信托目的的用途；(3)承诺信托财产不受损失或者保证最低收益；(4)以信托财产提供担保；(5)将信托资金投资于自己或者关系人发行的有价证券；(6)将信托资金贷放给自己或者关系人；(7)将不同信托账户下的信托财产进行相互交易；(8)以固有财产与信托财产进行相互交易。信托投资公司依据信托文件的约定,并以公平的市场价格进行交易的,不受上述第(4)至(8)项的限制。根据《信托投资公司管理办法》第32条,关系人是指持有信托投资公司百分之十以上股权的股东;信托投资公司投资控股的企业;信托投资公司的董事、监事、经理、信托业务人员及其近亲属;前项所列人员投资或者担任高级管理人员的公司、企业和其他经济组织。

3. 资金信托业务的特别规则。

根据《信托投资公司资金信托管理暂行办法》,资金信托业务是指委托人基于对信托投资公司的信任,将自己合法拥有的资金委托给信托投资公司,由信托投资公司按委托人的意愿以自己的名义,为受益人的利益或者特定目的管理、运用和处分的行为。

信托投资公司在办理资金信托业务时应遵守下列规定:不得以任何形式吸收或变相吸收存款;不得发行债券,不得以发行委托投资凭证、代理投资凭证、受益凭证、有价证券代保管单和其他方式筹集资金,办理负债业务;不得举借外债;不得承诺信托资金不受损失,也不得承诺信托资金的最低收益;不得通过报刊、电视、广播和其他公共媒体进行营销宣传。信托投资公司违反上述规定,按非法集资处理,造成的资金损失由投资者承担。

信托投资公司办理资金信托业务可以依据信托文件的约定,按照委托人的意愿,单独或者集合管理、运用、处分信托资金。单独管理、运用、处分信托资金是指信托投资公司接受单个委托人委托、依据委托人确定的管理方式单独管理和运用信托资金的行为。集合管理、运用、处分信托资金是指信托投资公司接受两个或两个以上委托人委托、依据委托人确定的管理方式或由信托投资公司代为确定的管理方式管理和运用信托资金的行为。信托投资公司集合管理、运用、处分信托资金时,接受委托人的资金信托合同不得超过二百份(含二百份),每份合同金额不得低于人民币五万元(含五万元)。信托投资公司接受由其代为确定管理方式的信托资金,信托期限不得少于一年,单笔信托资金不得低于人民币五万元。

第六编

期货法

第二十五章 期货交易与期货交易法律制度概述

第一节 期货交易概述

一、期货交易的概念与法律特征

狭义的期货交易,是指在期货交易所进行的期货合约的买卖。其基本内容是:参加期货交易的当事人,依法缴纳保证金以后,委托期货交易经纪人,在期货交易所内集中买卖期货合约,并根据所持合约的规定,在未来某一特定的时间和地点,以某一特定的价格买卖某一特定数量和质量的商品或金融产品的交易方式。广义的期货交易,还可以包括期权交易。

期货交易是商品现货交易发展到一定阶段的产物。现货交易是以货币换取货物的财产流转,成交后实现的是商品所有权的转移,期货交易则不同,期货交易中待合约到期后以实物交割方式履约的只占很小的比例,期货交易者的最终目的一般并不涉及实物所有权的现实转让,而是通过运用期货合约的对冲机制,转嫁与合约商品有关的价格风险,套期保值或是获取风险投资利益。期货交易独特的价格发现和回避风险等功能顺应了社会经济发展的客观需求,成为市场经济体系中的一个不可或缺的重要组成部分。

期货交易具有这样一些法律特征:

1. 交易的集中化。期货交易各方当事人买卖期货合约的地点是有限制的,一般不允许当事人直接交易或在交易所外进行场外交易,必须在期货交易所内以公开竞价的方式,按照时间优先、价格优先的原则进行。

2. 合约的高度标准化。期货交易是通过买卖期货合约进行的。为了便于转手,扩大交易量,期货合约中除了价格条款以外的其他条款都是标准化合约条款,即商品的数量、规格、交割时间、地点和方式、最小变动价位、每日价格最大波动限制、交易时间、最后交易日等等都事先在合约中加以规定,买卖双方只需要对价格进行商议,无须对其他条款另行商定。期货合约条款的标准化,可以大大节省交易成本,提高交易效率。这是期货合约能够多次转手交易的重要条件之一,也是期货合约成为期货法律关系的客体之一的一个重要因素,还是期货合约与一般合同相区别的一个重要标志。

3. 对冲机制。对冲,又称为平仓,是指期货交易当事人通过买入或卖出期货合约,取得一个与交易者最初买卖建仓时所持有的交易头寸数量相同,买卖方向相反的交易部位,从而达到免除交易者在合约到期时进行实物交割的履约责任。通俗地说,就是建仓时买入合约的就通过卖出合约来平仓;反之,建仓时卖出合约的就通过买入合约来平仓。这种独特的交易机制与现货交易的买卖方式不同,决定了期货交易可以"买空卖空"。

4. 期货商品具有特殊性。由于期货合约是标准化合同,其中对商品的规格进行了明确的划分,加之从合约的成交起到实物交割完成要经过相当长一段时间,所以进入期货市场交易的商品具有特殊性。首先,必须是交易量大、价格容易波动的商品;其次,必须是标准化的种类物,易于分级;再次,必须是可以耐久储存,不易变质的商品。随着科技水平的提高,可以成为期货交易商品的品种在扩大。自20世纪70年代起,世界上许多国家和地区相继推出金融期货交易,以减小金融领域的高风险,急剧膨胀的金融期货交易量,快速超越传统的农副产品期货和后起的工业初级原材料期货,成为当今国际期货交易的主流。期货商品的开发要经过主管机构的审核。

5. 保证金制度。期货交易实行的保证金制度,使期货交易具有明显的杠杆效应,交易者只需要缴纳少量保证金,即可进场交易。保证金通常是成交合约价格的百分之五至百分之十左右,还可随着市场的变化需要加以调整。这样交易者就可用较小的资金成本进行较大的投资,杠杆效应十分明显。这种杠杆效应使期货交易具有以小博大的交易特点,从而使得期货交易的高收益与高风险并存。

6. 现代结算制度。期货结算机构的设立标志着适应期货交易市场的现代结算制度的确立。期货交易的结算是结算所和期货经纪机构根据每日交易结算价格对当日所有未平仓期货合约的盈亏进行清算,并调整保证金的过程。其目的是为了保证交易双方都具有充分的履约能力,防止某些客户因过度投机而扩大交易风险。由于期货交易市场是一个公开开放的市场,合约的转手率高,交易容量大,表现出市场的高度流通性。保持交易双方一一对应进行结算的传统方式不适应现代期货交易的需求,期货结算机构基于环行记录方式,成为期货市场风险管理的核心机构之一。

二、期货交易的功能

期货交易的独特功能是由期货价格的特点决定的。期货价格的特点表明期货价格在很大程度上弥补了现货商品市场价格机制的不足,有利于更好地发挥价格机制调节供求,促进商品经济稳定发展的作用。具体分析,期货价格的特点体现在这样几个方面:(1)超前性。期货交易者各方在现货价格的基础上,不断分析供求因素及其他市场指标的变化,基于各自对未来价格走势的预测达成交易。因而,期货价格在反映商品价值和供求情况的时间上具有超前性。这并非指期货价格就是未来某个时间的现货价格，期货价格融合了目前与未来两个时段的价格参数。(2)竞争性。期货价格是在期货交易所通过公开竞价的方法最终确定的，交易各方完全根据价格变化来决定买或卖的行为，保证了期货价格具有高度竞争性。(3)公开性。期货交易所集中公开竞价买卖合约的方式，使得交易迅速频繁，吸引了众多不同的交易参与者，聚集、反馈、扩散大量的信息，增强了期货交易市场的透明度，使期货价格能客观地反映供求关系的变化。(4)统一性。期货交易各方的公开竞价，使期货市场的当日成交价格很快趋于统一。而且，国际商品市场上的价格信息不受国界限制，在经济利益支配下，使各地期货交易所的价格差别缩小，或趋于一致。(5)指标性。集中竞价产生的期货价格，为全世界的期货交易者提供了参考，相关期货商品的生产者、加工商、贸易商均依此改善生产经营管理，努力降低生产或销售成本，提高效益，更好地计划生产和销售。因而，期货价格有极强的宣示效果，具有指标性功能。

正因为期货价格的特殊性，使得期货交易的基本功能比较独特。(1)价格发现功能，这是期货交易所集中交易产生的原始效果。集中在交易所的交易各方通过公开竞价，使期货价格不断更新，随着价格信息不断地广泛传播，使该期货价格成为全国乃至全世界的价格，这一过程称为价格发现。在记录了世界范围内众多影响期货商品的因数后，将其转化为一个统一的交易价格的交易所，起到了价格晴雨表的作用。飞速发展的当代电讯业已将世界各地的期货交易所联为一体，现代电脑科技与传统的叫价方式相结合，使期货交易成为当今世界最行之有效的价格发现机制之一。(2)套期保值功能，也称为对冲效果，是指通过期货市场，利用先买后卖或先卖后买期货合约的方式，转移其现在或将来拥有的商品价格风险的法律行为。基于现货市场价格和期货市场价格在受到同类自然或人为的因数影响下，通常呈现趋同变化的原理，商品生产者、加工商和贸易商为了防止将来出售商品时因价格下跌而引起损失，先在期货市场上售出期货合约，在合约到期前买入合约予以对冲。反之亦然，为防止将来购入商品时因价格上升而引起损失，先在期货市场买进期货合约，然后对冲。这样，期货市场的盈亏弥补或抵销了现货市场的亏盈，从而达到转移价格风险的目的。(3)平衡供求，抑制价格。期货价格在反映供求情况的时间上具有超前性特点，能有效地克服现货市场价格调节滞后的弊端。当某种商品的期货价格上扬，则表明该种商品供不应求，警示生产商增加供应。随着市场潜在供应量的增加，期货市场的供求趋于缓和，期货价格逐渐回落，警示生产商市场供求渐趋饱和，不能再继续增加供应量，否则，将遭受损失。反之亦然，期货价格回落，表明某种商品的供大于求，警示生产商削减生产，待市场供应量收缩，供求缓和后，视期货价格的走势重新组织生产。这样，通过期货价格的指标性作用，平衡供求，抑制价格的剧烈波动，从而合理配置社会资源，提高整个社会资源的利用效率。

期货立法的一个重要的目的是通过确立期货交易规则，保障期货交易者的合法权益，惩治不法行为，从而充分发挥期货市场的独特功能。

第二节　期货交易法律制度概述

一、期货法的概念与调整对象

期货法是有关调整期货交易以及对期货交易进行监督管理的法律规范的总称，是国家对期货市场进行干预和协调的重要法律手段。

法律的调整对象是一定的社会关系，期货法的调整对象就是指期货交易的参与者和监督管理者在期货交易以及对期货交易进行监督管理过程中所发生的各种社会关系。具体来讲，期货法的调整对象包括两大方面。

（一）期货交易的监督管理关系

期货交易的正常运作，离不开政府主管机构的立法监管、期货交易所和期货业同业协会的自律监督管理。

1. 政府主管机构对期货交易市场的监督管理。政府对期货交易的监督管理，主要是通过设立专门机构来负责，如美国的商品期货交易委员会，英国的证券投资管理委员会，中国香港地区的证券及期货事务监察委员会。我国政府监管期货交易市场的主管机构是中国证券监督管理委员会(简称"证监会")。政府主管机关对期货交易的监督管理，主要是从宏观上，通过制定相应的法律、法规和政策，对期货交易所、期货经营机构和期货业从业人员等各个期货市场主体的资格和行为进行审核和监督，维护期货市场的正常秩序，保证期货交易遵循诚实信用的原则，公开、公平、公正地进行。

2. 期货交易所期货交易的一线自律监管。所谓一线监管是指期货交易所作为市场的组织者对期货市场进行管理。所有的期货交易都是集中在期货交易所内进行的，期货交易所为期货交易提供了一个专门化的有组织的交易场所，它的监管主要是通过其日常的业务活动对期货市场进行监管，这种监管多为具体且细致的事务性监管。由于期货交易所是一个自律机构，所以它通过制定和实施自己的章程、期货交易业务规则、期货交易所会员规则等业务规则，监督管理各个期货交易所的会员，确保期货交易公平有序地正常开展。

3. 期货业行业协会对期货交易的自律监管。期货业行业协会是期货交易所、期货结算机构、期货经营机构依法设立的自律组织，各个期货交易所、期货结算机构、期货经纪机构、期货投资咨询机构、期货投资基金管理机构是期货行业协会的会员。期货行业协会通过负责会员的资格审查和登记，监管已注册登记会员的经营情况，按协会章程及有关规定，调解纠纷，协调会员关系，并通过普及宣传期货交易知识和培训从业人员等工作，提高整个期货业的整体素质水平和职业道德水平，期望期货业得以正规、有序、高质量地运行。

(二) 期货交易中的非监督管理关系

期货交易的主体在期货交易活动中还产生出一系列的非监督管理的财产关系或其他关系,包括期货交易关系、期货经纪关系、期货投资咨询服务关系以及期货投资基金委托关系等等。这些关系,因为受期货交易特点的制约,不完全等同于其他部门法律所调整的社会关系,呈现出一定的特殊性,成为期货法调整的对象。

二、期货交易民事责任制度

民事责任是指民事主体因违反合同或不履行其他民事义务,侵害国家的、集体的财产,侵害他人财产、人身权利,而依法应承担的民事法律后果。作为一种特别债,民事责任是民事法律关系的构成要素,它使得民事权利具有法律上的力,借此法律上的力以强制义务人履行义务或为民事赔偿,以确保民事权利的实现。所以说,民事责任是连接民事权利与国家公权力的中介。①期货交易民事责任的产生往往基于侵害财产权的行为,因而,期货交易民事责任制度是指期货法律关系主体因违反期货法律规范、期货交易合同义务或其他义务,侵害期货投资者、期货市场组织者或期货市场中介者的财产,依法承担的损害赔偿等民事法律后果。

(一) 期货交易民事责任的特征

1. 期货交易民事责任是与期货交易有关的行为所产生的民事责任,也就是说,期货交易民事责任与期货投资者买卖期货合约、期货经纪公司代理买卖期货合约、期货交易所组织期货合约的买卖以及与期货合约的履行相关的行为所产生的民事责任。与期货交易无关的行为所产生的民事责任,一般不能认为是期货交易的民事责任。

2. 产生期货交易民事责任的行为是侵害财产权的行为。引起民事责任承担的行为包括侵害财产权的行为和侵害人身权的行为,但期货交易民事责任不因侵害他人人身权而产生。

3. 期货交易民事责任主要是财产责任,但不限于财产责任。虽然期货交易民事责任主要由侵犯财产权的行为引起,但其责任形式却不仅仅体现为损害赔偿财产责任,还可适用其他非财产责任的方式如停止侵害等。

(二) 期货交易民事法律责任的认定

1. 期货交易民事责任主体。期货交易民事责任主体是指因违反期货法律规范、

---

① 王利明著:《民法新论》(上册),中国政法大学出版社 1988 年版,第 443 页;梁慧星著:《民法总论》(第二版),法律出版社 2004 年版,第 84—86 页。

期货交易合同义务或其他义务，依法承担损害赔偿等民事法律后果的主体。可能承担期货交易民事责任的主体有：

(1) 期货交易投资者。这里的期货交易投资者，是指没有期货交易所会员资格而进行期货交易的投资客户。由于该类期货交易投资者进行期货交易需要由期货交易中介，主要是通过期货交易所会员经纪公司代理，因此，期货交易投资者与会员经纪公司之间存在合同关系，双方应遵守合同约定，如果，投资者违反合同义务或法律规定的其他义务，将承担相应的期货交易民事责任。期货交易纠纷实务中，承担民事责任的期货投资客户，主要是不以真实身份从事期货交易的单位或个人。最高人民法院《关于审理期货纠纷案件若干问题的规定》中规定，不以真实身份从事期货交易的单位或者个人，交易行为符合期货交易所交易规则的，交易结果由其自行承担。①

(2) 期货交易中介者，即期货交易经纪公司，分为期货交易所会员经纪公司和非会员经纪公司，是期货投资者进行期货交易的桥梁。期货交易所会员经纪公司与期货交易所之间，期货交易所会员经纪公司与期货投资者客户之间，期货交易所非会员经纪公司与会员经纪公司之间，期货交易所非会员经纪公司与期货交易投资者客户之间均存在合同关系，如果期货交易经纪公司违反相关合同义务，就应承担相应的期货交易民事法律责任。

在认定会员期货经纪公司的民事责任问题上，最高人民法院《关于审理期货纠纷案件若干问题的规定》中规定，期货公司的从业人员在本公司经营范围内从事期货交易行为产生的民事责任，由其所在的期货公司承担。期货公司授权非本公司人员以本公司的名义从事期货交易行为的，期货公司应当承担由此产生的民事责任；非期货公司人员以期货公司名义从事期货交易行为，具备表见代理条件的，期货公司应当承担由此产生的民事责任。

(3) 期货交易所。期货交易所既有组织管理期货交易的功能，又有担保期货合约履约的功能。在期货交易所与期货交易所会员公司之间存在合同关系，如果期货交易所违反合同义务或期货法律规定，就应承担相应的期货交易民事法律责任。最高人民法院《关于审理期货纠纷案件若干问题的规定》中，系统地规定了期货交易所在交易行为、透支交易、强行平仓、实物交割、保证合约履行以及侵权行为等方面的民事责任。

2. 期货交易民事责任行为。期货法律义务可以从性质上分为法定义务和约定义务，相应地，承担期货交易民事责任的行为也可以分为违反期货法律规定义务的行为与违反约定义务的行为。违反期货交易法律规定义务的行为与特定的期货交易市场主体相联系，包括期货交易所违反法律规定义务的行为、期货经纪公司违反对客户的义务、期货经营机构从业人员违反期货法律义务行为、期货交易投资客户的违约行为等。

---

① 2003年6月18日法释[2003]10号。

三、我国期货市场发展及其立法概况

我国期货市场的发展及其立法活动，经过了一个从商品期货市场到金融期货市场的快速发展但颇为曲折的历程。

(一)商品期货市场

1. 期货试点阶段(1990 年至 1993 年)。1990 年 10 月 12 日，中国第一家引入期货交易机制的全国性批发市场——河南郑州粮食批发市场开业，开启了我国期货交易市场建设的序幕。1991 年 6 月 10 日，深圳有色金属交易所成立。1992 年 5 月，上海金属交易所成立，并率先启用计算机自动撮合系统，实行公开竞价买卖。1992 年 8 月，中国首家期货经纪公司——广东万通期货经纪公司宣告成立。1993 年 5 月，郑州粮食批发市场更名为郑州商品交易所，完成由远期合同和现货批发交易向电子化集中式交易的过渡，并推出了 5 个农产品的标准合约，进行了积极有效的期货交易试点。

2. 期货市场治理整顿阶段(1993 年底至 2000 年)。1993 年至 1994 年间，由于对期货市场的经济功能和风险还缺乏认识，期货市场缺乏统一的监管部门和系统的法律法规，各地、各部门受利益的驱使争相发展期货交易，导致一系列问题的出现：期货交易所数量过多，目前全世界商品交易所共有 40 多家，而我国期货市场刚刚起步，在不到两年的时间里，就相继成立了 40 多家交易所；交易品种严重重复，仅铜、铝等有色金属品种就在 9 家交易所上市交易，一些不符合期货特点的商品也被列入期货交易所范畴；部分交易所和经纪公司运作不规范，管理混乱；盲目发展境外期货交易，地下交易盛行，欺诈等违法犯罪活动较为猖獗。①这些问题引起了政府的高度重视，从而开始了对期货市场的长期清理整顿。

1993 年 11 月 4 日，国务院下发了《国务院关于坚决制止期货市场盲目发展的通知》，明确在期货市场试点工作中，必须坚持“规范起步，加强立法，一切经过试验和严格控制”的原则，加强宏观管理，实行统一指导和监管，不得各行其是。1994 年 5 月国务院办公厅下发了《国务院办公厅转发国务院证券委员会关于坚决制止期货市场盲目发展若干意见请示的通知》，从审核已经成立的期货交易所、严格限定期货交易的范围、严格审批各类期货经纪公司、从严控制国有企事业单位参与期货交易、查处非法期货经纪活动、加强监管等六个方面对整顿期货市场提出了意见。

第一，建立统一的期货监管机构，对期货市场试点工作的指导、规划和协调、监管工作由国务院证券委员会负责，具体工作由中国证券监督管理委员会执行。未经证券委员会批准，不得设立期货交易所。

① 1994 年 6 月 28 日《中国证券监督管理委员会关于印发刘鸿儒主席、童赠银副主席在期货市场监管工作座谈会上的讲话的通知》(证监发字[1994]88 号)。

第二，停止了新办期货交易所的审批，并确定试点交易所。1994年10月，经国务院同意，中国证监会批准郑州商品交易所、上海金属交易所等11家交易所作为中国第一批试点期货交易所。同时，对试点交易所的章程和交易规则提出基本要求，并按此进行检查。

第三，继续对期货经纪公司的整顿，一律暂停审批注册新的期货经纪机构，已经成立的各种期货经纪机构，由证监会审核后，按照《期货经纪公司登记暂行条例》在国家工商局重新登记注册；中外合资期货经纪公司暂不重新登记；经重新审核不予登记注册的各种期货经纪机构，一律停办期货经纪业务；对期货经纪业务的经营资格重新确定，实行经营许可证制度。同时，禁止各期货经纪公司的境外期货交易业务，确有境外保值需要的全国性进出口公司，经中国证监会重新审核批准，可为本系统在境外期货市场进行套期保值业务，但必须在中国证监会制定的境外期货交易所进行交易，交易品种和境外交易商必须经证监会认可。

第四，稳定市场秩序。一方面压缩期货交易品种，暂停关系国计民生的大宗品种的上市资格。同时，严格审定期货上市品种，限定交易范围，各交易所一律不得自行决定上市新的期货品种。新品种上市在经过充分的论证后，报中国证券监督管理委员会审批。另一方面取缔非法期货经纪活动，对那些以各种名义从事非法期货经纪业务的机构和个人严肃查处，坚决取缔。对国有企事业单位参与期货交易，从严控制，执法部门及其所属单位不得参与期货交易，严禁用银行贷款从事期货交易。

1995年到1996年在“先试点，后推广，宁肯慢，务求好”的监管方针下，期货市场进一步向规范化道路发展。

在规范期货交易主体方面，1995年9月证监会颁布《关于期货交易所进行会员制改造的意见》要求各交易所不以营利为目的，实行会员制，进行自律管理。1995年11月证监会和国家工商行政管理总局联合发布《关于审核期货经纪公司设立期货营业部的通知》和《关于审核非期货经纪公司会员从事期货经纪业务的通知》，再次对期货经纪公司及其业务管理进行了较为全面的整顿和规范。

在控制市场风险，稳定市场秩序方面，证监会先后发布了《关于对大户持仓及风险管理情况进行一次全面检查的通知》、《关于严格控制风险，从严查处违规行为的紧急通知》、《关于进一步控制期货市场风险、严厉打击操纵市场行为的通知》，要求建立持仓限额制度，取消“T＋0”结算，禁止用仓单抵押作投机交易，禁止未经证监会批准的机构从事二级代理业务。

证监会还发布了《关于对操纵期货市场行为认定和处罚的规定的通知》，规定了对操纵市场行为的认定和处罚标准。

1998年8月，国务院下达了《关于进一步整顿和规范期货市场的通知》，确定了“继续试点，加强监管，依法规范，防范风险”的方针，对中国期货市场实施第二次大的制度结构调整，其主要内容是：对14家期货交易所进行整顿和撤并，只在上海、郑州和大连保留三家期货交易所，期货交易的品种由35个压缩到12个，各交易所品种不再重复设置。铜、铝、大豆等三个品种最低交易保证金比例提高到10%。另外对期货经纪机构进行清理整顿，注册资本金标准提高到 3 000 万元，促进期货公司合并重组，严格控制境外期货交易，加快法制建设，进一步加强对期货市场的监管。

1999 年 6 月 2 日，国务院第 267 号令发布了《期货交易管理暂行条例》，并于 1999 年 9 月 1 日起施行。此后不久，《期货交易所管理办法》、《期货经纪公司管理办法》、《期货经纪公司高级管理人员任职资格管理办法》、《期货从业人员管理办法》也于 1999 年 9 月 1 日正式实施。2002 年，中国证监会先后修订了这四个办法。《期货交易管理暂行条例》和四个管理办法的实施，确立了我国期货市场试点的基本法规体系，标志着中国期货市场试点进入了法制的阶段，标志着期货市场的工作重心从过去的制止期货市场盲目发展转变为如何规范市场，标志着为市场监督管理和交易所依法自律提供了相应的要求和依据。①

2000 年 12 月 29 日中国期货业协会成立，作为"政府—协会—交易所"三级管理体系的重要组成部分，标志着我国期货市场的自律管理取得了重要进展。

3. 规范发展阶段(2001 年至今)。经过长达 7 年的整顿，中国期货市场逐渐走向规范。2001 年期货市场开始复苏，2002 年保持稳步增长的势头，至 2003 年市场出现了加速发展的态势。2003 年 1 月至 10 月全国期货交易总量达到了 8.12 万亿，同比增长 200%以上。

市场规范化发展也表现在期货市场法律法规制度的不断完善上。在经纪机构监管方面，中国证监会于 2001 年 9 月 5 日发布了《证监会关于期货经纪公司营业部监管工作有关问题的通知》，此后又在 2002 年 2 月和 5 月先后修订了《期货经纪公司管理办法》、《期货经纪公司高级管理人员任职资格管理办法》。2003 年 1 月颁布了新的《关于期货经纪公司接受出资有关问题的通知》，允许非银行金融机构和外商投资企业参股期货经纪公司，有利于期货经纪公司建立健全法人治理结构，扩大公司规模，壮大实力。2004 年 3 月 24 日颁布了《期货经纪公司治理准则》，从设立、治理结构、经纪业务规则、日常监管等多方面对期货经纪公司提出了更高的要求。

在从业人员监管方面，中国证监会于 2002 年修订了《期货从业人员管理办法》，中国期货协会也于 2003 年 5 月 23 日发布了《期货从业人员执业行为准则》，对期货从业人员的职业品德、执业纪律、专业胜任能力及职业责任等方面提出了基本要求。

在交易活动监管方面，为了提高交易效率，保证交易安全，证监会于 2000 年 12 月发布了《期货交易所、期货经营机构信息技术管理规范》，对期货交易所、期货经营机构的信息技术管理体系、硬件设施、软件环境、数据管理和技术事故的防范与处理等方面提出了明确要求。为了规范国有企业境外期货套期保值业务，有效防范和化解风险，中国证券监督管理委员会、国家经济贸易委员会、对外经济贸易合作部、国家工商行政管理总局和国家外汇管理局在 2001 年 5 月发布了《国有企业境外期货套期保值业务管理办法》，允许国有企业在符合特定条件的情况下经批准利用境外期货市

① 吴庆宝、江向阳主编:《期货交易民事责任——期货司法解释评述与展开》，中国法制出版社 2003 年版，第 125—138 页。

场为其生产经营活动进行套期保值。证监会将根据企业的进出口商品种类和实际贸易量，确定其交易品种和最大期货交易量，由证监会核准其境外期货经纪机构和境外期货交易所。同年10月，证监会又发布了《国有企业境外期货套期保值业务管理制度指导意见》以具体实施该管理办法。

在交易纠纷处理方面，最高人民法院已先后于1995年和1997年发布了《最高人民法院印发〈关于审理期货纠纷案件座谈会纪要〉的通知》和《最高人民法院关于冻结、划拨证券或期货交易所证券登记结算机构、证券经营或期货经纪机构清算账户资金等问题的通知》。但是随着市场的深入发展，原有的规定已不能适应形势发展的需要。2002年6月18日，最高人民法院发布了《关于审理期货纠纷案件若干问题的规定》，从管辖、承担责任的主体、无效合同责任、交易行为责任、透支交易责任、强行平仓责任、实物交割责任、保证合约履行责任、侵权行为责任、举证责任、保全和执行等多个方面对期货市场的参与主体的民事责任做出了较为具体、明确的规定，具有较强的可操作性。

(二) 金融期货市场

1. 外汇期货。

1992年，上海外汇调剂中心建立了我国第一个合法的外汇期货市场，进行人民币兑美元、日元、德国马克的汇率期货交易。但是交易一直不十分活跃，从开业到1992年底，共交易标准合约10 813张，交易金额21 626万美元。由于过度投机等违反外汇管理办法的现象屡禁不止，严重扰乱了我国外汇市场的正常秩序，上海外汇调剂中心于1993年停止了人民币汇率期货交易。由于各种原因的制约，我国外汇期货试点一年多就受到了比较严格的管制，基本上禁止了外汇投机交易。国家外汇管理局于1993年4月21日，发布了《关于加强外汇(期货)交易管理的通知》，规定：(1)各地外汇管理分局要继续严肃查处辖内的非法交易、机构和非法交易行为，没收非法交易机构的非法经营收入，没收其从事非法交易活动的交易设备。(2)外汇(期货)交易机构只能由中国人民银行设立，经营外汇(期货)业务必须经国家外汇管理局批准，并据批件到工商管理部门注册登记，其他任何部门均无权批准设立。非金融机构和未经国家外汇管理局批准经营外汇业务的金融机构不得擅自代客户办理外汇(期货)交易、充当外汇(期货)交易的中介人(经纪人或经纪公司)。目前条件下，外汇(期货)交易只能由经中国人民银行批准设立，并经国家外汇管理局批准代客户办理外汇买卖业务的金融机构来办理。(3)以前各地设立的外汇(期货)交易机构要立即停止办理外汇(期货)交易并限期进行登记和资格审查。对符合本通知要求，可以进行外汇(期货)交易的机构，要通过分局审查后报国家外汇管理局审批。对不符合本通知要求的外汇(期货)交易机构要限期进行清理。目前情况下，对私办理外汇(期货)交易仅限于在广州市、深圳市金融机构进行试点，其他地区的任何机构一律不得办理。(4)金融机构办理外汇(期货)交易必须按照《金融机构代客户办理即期和远期外汇买卖管理规定》和《关于适当放开金融机构代客户办理外汇买卖业务的通知》及其他有关规定办理，并在业务发展和经营中强化服务意识，要以企业的进出口贸易支付和外汇保值为目的，不得引导企业和个人进行外汇投机交易，企业和个人的外汇(期货)交易必须是现汇交易，严禁以人民币资金为抵押办理外汇(期货)交易，严禁买空卖空的投机行为。1993年6月4日，中国人民银行发布了《外汇期货业务管理试行办法》，对外汇期货经营机构的经营资格、管理、交易等方面作了详细的规定。1993年11月国务院发布的《关于坚决制止期货市场盲目发展的通知》规定："未经中国人民银行和国家外汇管理部门批准，一律不得从事金融期货业务和进行外汇期货交易。"1994年5月《国务院办公厅转发国务院证券委员会关于坚决制止期货市场盲目发展若干意见请示的通知》中也指出："各交易所要以商品期货交易为主。对开办金融期货业务要严格控制；一律不得开展国内股票指数和其他各类指数的期货业务；从事人民币对外币的汇率期货业务的管理办法，由国家外汇管理局商证监会另行规定，规定下发前，任何机构不得开办该项业务。""外汇指定银行和国家外汇管理局批准经营外汇业务的非银行金融机构，经国家外汇管理局和证监会审核批准，可利用境外外汇期货业务进行套期保值，但要接受国家外汇管理局和证监会的监督管理。"

然而一些单位未经中国证监会和国家外汇管理局批准，也未在国家工商行政管理局登记注册，擅自从事外汇期货和外汇按金交易；有的境内单位和个人与境外不法分子相勾结，以期货咨询及培训为名，私自在境内非法经营外汇期货和外汇按金交易；有的以误导下单、私下对冲、对赌、吃点等欺诈手段，骗取客户资金；有的大量进行逃汇套汇活动，甚至卷走客户保证金潜逃。这些非法行为严重扰乱了金融管理秩序，造成了外汇流失，引起了大量经济纠纷。为此，1994年10月中国证监会、国家工商行政管理局、国家外汇管理局、公安部联合发布了《关于严厉查处非法外汇期货和外汇按金交易活动的通知》，规定"凡未经中国证监会和国家外汇管理局批准，且未在国家工商行政管理局登记注册的金融机构、期货经纪公司及其他机构擅自开展外汇期货和外汇按金交易，属于违法行为；客户(单位和个人)委托未经批准登记的机构进行外汇期货和外汇按金交易，无论以外币或人民币作保证金也属违法行为。未经批准，擅自从事外汇期货和外汇按金交易的双方不受法律保护"，"未经批准，任何单位一律不得经营外汇期货和外汇按金交易"。1995年6月中国人民银行针对上海中信、中国石化联合公司等国有企业参与国际外汇期货交易遭受损失的教训，发出通知明令禁止国内金融机构随意开展境外衍生工具交易活动，并规定今后国内金融机构只有在符合外汇管理部门的规定并经国家外汇管理局批准的前提下，才能根据实际需要，适当开展境外避险性衍生工具交易。1996年3月27日，中国人民银行和国家外汇管理局联合宣布《外汇期货业务管理试行办法》废止。

2. 国债期货。

国债期货于1992年12月28日在上海证券交易所首次推出，包括12个品种的期货合约。[①]由于受到国债现货市场及整个资本市场发展的限制，初期交易十分清

---

① 即1991年3年期、1992年3年期、1992年5年期三个国债品种按照3、6、9、12月设置的12个合约。

淡。经过试点阶段后,1993 年 10 月 25 日上交所重新设计了国债期货合约品种、交易机制,此后市场得到逐步发展,到年底,日成交额高达 800 亿元。随着参与期货交易的机构和个人投资者逐渐增加,交易规模逐步扩大,相继有北京、沈阳、武汉、广州、天津、大连、深圳等 13 个证券交易场所先后开办了国债期货交易,并形成了上海、深圳和武汉三足鼎立的格局。①当时,国债期货以现货品种为基础,因而国债期货的发展提高了国债的流动性,普及了国债知识,活跃了整个金融市场,有力地推动了国债的发行。但是由于期货交易法律法规还不健全,监管体制还没有理顺,国债期货的超前发展引发了过度投机、大户操纵、恶性炒作等严重的问题。

1995 年 2 月 23 日,国债期货出现了"327"事件②,对市场造成了巨大的冲击。中国证监会和财政部于当天颁布了《国债期货交易管理暂行办法》。至此,中国证监会才正式作为期货市场的监管机构开始对国债期货市场实施监管。此后,中国证监会和财政部又接连发布《关于加强国债期货交易风险控制的紧急通知》、《关于落实国债期货交易保证金规定的紧急通知》、《关于要求各国债期货交易所进一步加强风险管理的通知》。但是,这些措施并未起到有效防范风险的作用,不久之后,国债期货市场又遭遇了"319"事件。③1995 年 5 月 17 日,中国证监会发布了《关于暂停国债期货交易试点的紧急通知》,决定在全国范围内暂停国债期货交易的试点,曾经火爆一时的国债期货市场暂时画上了一个句号。

3. 股票指数期货。

1993 年 3 月海南证券交易中心推出了深圳股票指数期货。开市之后,由于投资者不了解这一新型的衍生工具,成交清淡。到 9 月,深圳平安保险公司福田证券部在开通了两天海南深圳股票指数期货后,出现了大户联手交易打压股价指数的行为,证监会认为海南证券交易中心未经有关监管部门批准,擅自开展指数期货交易,违反了有关规定,且当时市场发展程度并不适合开展股指期货交易,遂于当年 9 月底全部平仓停止交易。

中国加入世界贸易组织后,我国金融市场将逐步开放。为了有效地规避股市的系统性风险,缓解国内券商的经营压力,提高竞争力,同时也为保险资金、社保基金和企业年金等机构投资者提供有效的避险手段,我国有必要重新审视股票指数期货的

---

① 杨玉川主编:《金融期货期权市场研究与策划》,经济管理出版社 2000 年版,第 238—239 页。

② "327"事件:由于受新债发行消息和国债保值贴息传闻的影响,1995 年 2 月 23 日上海证券交易所国债期货市场价格直线上升。万国证券公司作为上海国债期货市场空方主力,其持有的国债 327 合约(1992 年 3 年期国债,1995 年 6 月交割)在 148.5 元的价位上封盘失控,行情大幅攀升,损失惨重。该公司主要负责人为了扭转巨额亏损,蓄意违规,大量抛出空单以打压价格,造成市场的极度混乱。从 23 日 16 时 22 分开始,万国公司在 327 合约上违规抛出上千万口的巨额空盘,将价格打压到 147.5 元收盘。7 分钟内 327 合约暴跌 3.8 元,致使多头全线爆仓,给市场带来巨大震荡。收市后,上交所认定尾市存在蓄意违规操作,宣布取消 16 时 22 分后 327 合约的成交部分。

③ "319"事件:1995 年 3 月 21 日,在国库券保值贴补率上升的情况下,319 合约(1992 年 5 年期国债,1997 年 12 月交割)出现连续三天的涨停板,少数单位仍然违规卖空。1995 年 5 月 11 日,辽宁国发集团违规联合 9 家空方打压 319 合约的价格,严重扰乱了市场秩序。

积极作用,并在适当的时机重启股票指数期货市场。中国股票市场经过十多年的发展,目前已经粗具规模,市场化程度不断加深,为我国重新推出规范化的股票指数期货交易奠定了基础。

上海期货交易所和上海证券交易所都对股票指数期货的开发方案进行了研究。在瑞士期货与期权协会第25届年会上,上海期货交易所表示正在拓展交易产品的范围,并打算近期内推出金融期货交易,将交易品种扩大至国债期货及股指期货。①上海期货交易所在2000年年初成立股指期货的课题组,并于2002年6月底基本完成对股指期货的研究开发。上海期货交易所在方案设计、合约开发、规则制定、交易系统和人才准备等方面做了大量前期工作,《关于开展股指期货交易的申请》也已经上报中国证监会。上海证券交易所也于1999年推出了股指期货研究报告,在认真分析股指期货推出的政策环境、法律环境、技术环境以及市场环境之后,提出了优先推出指数期货的发展目标,并设计了具体的合约、交易方式、运作模式。2004年11月,上海证券交易所宣布重新启动股票指数期货的开发,并成立由专家组成的项目小组。2006年1月1日开始施行的我国新修订的证券法,将证券交易所的交易范围扩大到证券衍生品种,为我国开发开展新的金融期货交易品种提供了法律保障。

① 陈里:《银行资金入市催生股指期货上市》,载于《投资与证券》2004年第12期。

第二十六章

期货市场监管法律制度

第一节　期货市场监管法律制度概述

对期货及其金融衍生品市场的监管可按照两种标准分类:一种是机构监管,即对涉足于期货市场和中介市场的各类市场主体进行监管;另一种是功能性监管,即按照原生产品的经济功能对金融工具和市场进行监管。较之于传统的金融监管,功能性监管能够有效解决混业经营条件下金融创新产品的监管归属问题,避免监管"真空"和多重监管现象的出现,有利于实施跨产品、跨机构、跨市场的协调,并更具连续性和一致性,能更好地适应金融业在今后发展中可能出现的各种情况。①

一、监管的目标和原则

期货及其金融衍生品市场的监管目标是市场管理者的追求结果,也是指导管理者管理行为的基本准则。其监管目标大致包括三个方面:保护投资者,确保市场公平;确保市场高效、透明;降低市场的系统风险,确保市场安全。

为了有效实现监管目标,各国立法机关和监管机构都根据自身特点提出了监管原则。具有代表性的是国际证监会组织(IOSCO)根据监管理论和各国监管实践提出的证券市场和衍生品市场监管的30条原则,其中适用于金融衍生品市场的监管原则有23条。

(一)涉及监管当局的原则

监管机构的责任必须明确具体;在行使其功能和权力时,监管机构必须具有独立性并承担责任;监管机构必须具有充分的权力、资源以及能力来实施其功能和权力;监管机构必须采用明确连贯的监管程序;监管人员必须遵守最高的职业道德,包括遵守机要守密规则。

---

① 杨迈军主编:《金融衍生品市场的监管》,中国物价出版社2001年版,第6页。

(二) 涉及自律组织的原则

监管体系必须合理利用自律组织来行使某些直接监管职能;自律组织在行使其权力时必须接受监管当局的监督,并应赋予相应的职责。

(三) 监管实施原则

监管当局应当拥有全面的监察、调查和监督能力;监管当局应当拥有综合的实施监管的能力;监管体系应当确保监察、调查、监督和实施等权力的有效运用。

(四) 监管合作的原则

监管当局应当有权与国际其他监管机构分享公共和非公共信息;所有监管者应当建立一套信息共享机制,明确何时及如何与国内外其他监管者分享公共和非公共信息;监管体系应当有一套协助制度,协助外国监管当局在行使其功能和职权时所必需的质询。

(五) 市场中介机构应遵循的原则

应当向市场中介机构提出最低准入标准;市场中介机构应当根据其业务所承担的风险而具有相应规模的初始和营运资本金以及其他审慎措施;市场中介机构应当遵守内部管理和运作行为准则,旨在保护客户利益,确保恰当的风险管理;监管体系中应当有一套处理市场中介机构破产的程序,以尽可能地减少由此对投资者造成的损失和所包含的系统风险。

(六) 交易市场监管原则

交易系统的建立(包括交易所的建立)应当由监管当局授权并受到监督;对交易所和交易系统的监督应旨在维护交易的公正性和平等性,在不同的市场参与者的众多利益中寻求合理平衡;对市场的监管应当促进和提高交易的透明度;监管当局还应当及时发现和阻止操纵市场的行为以及其他不公正的交易行为;监管当局应当确保金融机构对大型风险暴露、违约风险以及市场干扰等风险因素的恰当管理;衍生产品交易的清算结算系统也应受到监督,确保其公正、高效和安全运行,减少系统风险。①

二、监管主体

一般说来,监管者可以分为两类:一类是政府职能部门,其权力由国家赋予,负责制定监管的各种规章制度以及这种规章制度的实施;另一类主体是实施自治管理的民间非官方机构或者私人机构,其权力来源于成员对自身权利的让渡,以及对其决策效力的认可。由于对成员的影响力并非依靠政府的授权,所以该类组织实施的是不

① 郑振龙、张雯著:《各国衍生金融市场监管比较研究》,中国金融出版社 2003 年版,第 51—55 页。

带行政管理色彩的自我约束和制裁。

第二节 期货市场监管模式与我国的监管法律制度

有效的监管是期货交易市场有序运行、健康发展的保证。由于各国的政治、经济、文化、历史传统各有特点,金融衍生品市场的发展历程和发育程度也不尽相同,所以,各国形成了不同的期货市场监管模式。基本可以分为三种类型:集中型监管模式,即政府通过制定专门的法规,设立全国性的监管机构来统一管理全国的期货市场,其中政府监管机构占主导地位,各类自律性组织起协助作用,美国是集中型监管模式的典型代表;自律型监管模式,即政府除了一些必要的国家立法之外,很少干预市场,对市场的监管主要由交易所、行业协会等自律性组织来完成,英国曾是自律型监管模式的代表;中间型监管模式,即是集中型监管模式和自律型监管模式互相结合渗透的产物,在强调集中立法管理的基础上也强调自律管理的重要作用。

一、美国的监管模式

长期的期货交易历史,使美国在市场监管体制和交易法规方面都积累了许多成功经验,并逐渐形成了"三级监管体制",即由政府监管、行业协会自律管理和交易所自我管理有机组成的管理体制。

(一)政府监管

美国政府对期货市场实行专职分离型的多头职能监管模式,即设立专门的商品期货交易委员会和证券交易委员会,分别管理期货市场和证券市场,同时分工管理期权市场。商品期货交易委员会是美国期货交易的监管机构,不受总统和各行政部门的监督,完全独立于一般政府部门之外,享有独立的行政权、准立法权和准司法权。商品期货交易委员会的前身是根据1936年的《商品交易法案》成立的商品交易管理局,隶属于农业部管辖。到了20世纪70年代,随着非农产品期货交易的兴起,原有的监管模式已不能适应发展需求。美国国会于1974年通过了《商品期货交易管理法》,成立了商品期货交易委员会,取代原来的商品交易管理局,并脱离农业部成为一个独立的监管机构。在经历了1929年的股灾之后,美国证券交易委员会于1934年成立,其目的是为了执行证券交易法,保持市场稳定,恢复证券投资者的市场信心,并保护其合法权益。

专职分离型的多头职能监管模式缺陷之一就是各管理机构间分工不明,容易导致重复管理或管理真空。在没有指数衍生品和证券衍生品之前,证监会和期监会的职权并没有什么冲突。但是随着衍生品交易的发展,品种的增加,他们在一些衍生品的监管领域产生了冲突。为了争夺管理权限,美国商品期货交易委员会和证券交易委员会之间曾经出现过旷日持久的夺权斗争。2000 年的《商品期货现代化法》对这两个部门在金融衍生品方面的监管职责进行了划分。证券交易委员会监管所有在全国性证券交易所交易的证券,同时一些交易所交易的衍生工具也被划归为“证券”而受证券交易委员会的监管,包括货币期权、股票期权、股票指数期权。证券交易委员会监管以外的其他期货期权交易均由商品期货交易委员会监管。这两个委员会除了在监管的衍生品品种方面有所区别外,基本职能和手段大致相同。其基本职能是:(1)负责管理、监督和指导各经营期货及金融衍生业务的交易所及行业组织的活动;(2)制定与期货交易有关的各项法规;(3)管理期货市场的各种商业组织、金融机构和个人投资者的交易活动;(4)审批各种交易机构提出的申请;(5)协助发展期货及衍生品交易的教育,使相关交易知识和信息普及于生产者、市场交易者和一般大众;(6)对违反交易法规和国家有关法律的机构和个人进行行政处罚或追究民事、刑事责任。

商品期货交易委员会和证券交易委员会的基本职能主要是通过以下措施实现的:(1)审批可以进入期货及金融衍生品市场的交易品种,决定交易所可以经营的期货及衍生品交易合约的种类;(2)批准交易所的开办以及会员、经纪人资格,批准和确认各交易所的章程和业务行为规范标准细则,并对交易所和经纪人进行严格的监督;(3)分析、检查市场交易秩序,防止垄断、操纵行为,以避免因价格的暴涨暴跌致使市场交易秩序混乱的现象产生。为此,委员会有权随时查阅有关交易的账目、文件及资料,被检查者必须配合,并接受委员会的相关处罚决定。

(二) 行业组织的自律管理

美国行业协调组织主要以“联合体”或者“协会”的形式出现,并以“行业自治,协调和自我管理”为宗旨,具有自治性、广泛性和行业性特点。作为期货行业的自律组织,全国期货业协会于 1974 年在《商品期货交易委员会法》的授权下成立,1981 年 9 月经商品期货交易委员会被正式批准后注册登记,并于 1982 年 10 月开始独立行使自律管理职能。相对应,全国证券商协会则是美国证券市场上的民间自律组织。其主要职能包括:(1)宣传、传达政府监管机构的有关政策法规,为政府监管机构提供各交易所的运行和市场交易情况;(2)强化会员标准,统一职业道德和行为规范,实施客户保护条例;(3)定期审查专业人员的执业资格;(4)审查会员资格;(5)对会员进行财务监察,审计监督其资金账户、财务状况和执行交易法规的情况;(6)对期货及衍生品交易过程中出现的客户与会员、会员与会员之间的问题和纠纷进行调解和仲裁,对不按照仲裁决定行事的会员或会员的雇员给予纪律处罚;(7)普及客户和会员有关期货及衍生品交易的知识、宣传该协会的职能和作用,进行遵纪守法教育。

(三) 交易所的自我监管

在期货交易活动中,交易所一方面是被监管者,另一方面也是自律监管组织,是监管者。其监管对象主要是在交易所从事交易的机构和个人。交易所的自我管理主要是通过制定各种规章制度来实现的。交易所的自我管理是整个期货市场监管的核心内容,对保护市场公开、公平、公正,保持交易的高效性和流动性有极为重要的作用。

交易所的监管职能主要包括:(1)审核批准进行期货交易的会员资格,包括对会员资格的审核、对会员名额的确定、对会员资格转让的管理等方面,监督会员的经营活动是否依法进行,是否存在超范围经营或违法经营现象;(2)监督管理各类期货及金融衍生品合约;(3)制定交易所的章程和业务惯例及实施细则;(4)监督交易法律法规的遵守和执行情况;(5)公开披露期货及金融衍生品市场的价格信息,维护交易的公开性和公平竞争;(6)对会员与客户之间,会员与会员之间的纠纷进行调解和仲裁,对违反法律法规、条例和交易所交易规则的行为进行处罚。

以美国为代表的集中型监管模式具有专门的监管法规和监管者,有利于统一管理尺度,确保交易活动有法可依,加强了管理的权威性,更好地维护了市场的公开、公平和公正,使投资者的利益得到有效保护。但是,该种模式容易导致行政权力过多干预市场交易活动,政府监管机构和自律组织之间配合协调困难。

二、英国的监管模式

英国是较早建立期货市场的国家之一。其对期货交易监管的特点是以自律管理为主,主要依赖于行业自律组织、交易所、清算所以及衍生品交易参与者的自我监管。这种自我监管的核心过去是证券与投资委员会、证券期货管理局等非政府机构,目前则集中到了金融管理局。同时,各交易所也建立了一套比较完整的自我约束机制。近年来,英国加强了政府监管的力度,倾向于建立更加集中有效的监管体系。

金融管理局(全称是金融服务局有限公司)是非政府有限公司。其主席和董事会成员由财政大臣任命,其雇员不是政府公务员。它的前身是于1986年成立的证券与投资委员会。作为英国证券和期货业的统一监管机构,证券与投资委员会并不是政府的职能部门,不属于政府机构序列,是自负盈亏的有限公司,其董事会成员都来自期货行业本身,具有较高的专业知识。财政部根据《金融服务法案》的授权将该委员会指定为法律代理,并将内务大臣的权力移交给该委员会。在1986年《金融服务法案》的授权下,证券与投资委员会具有准法律地位,它通过对结算公司、交易所、行业自律组织的资格审查,以及对从事期货交易活动的企业和个人的资格审查来实现对期货市场的监管。

1997年10月英国政府将证券与投资委员会改组为金融管理局。金融服务局成立后,根据《金融服务法案》吸收了许多原来的行业自律组织和其他监管组织及其监管职能,包括住房协会、互助协会、投资管理监管机构、个人投资局、互助协会注册局、证券期货局。此外,它还接收了英格兰银行的银行监管职能、保险监管职能、证券交易所的上市审查职能等。金融服务局身兼对银行、证券期货和保险的监管职能,是英国唯一的金融监管部门。金融服务局的职能和模式在 2000 年《金融服务和市场法》通过后进一步得到了加强。

除了金融服务局的监管以外，交易所和清算所的自我监管也占有重要地位。2000 年《金融服务和市场法》保留了 1986 年《金融服务法》中对认可投资交易所和清算所的架构设计。交易所和清算所的规则成为影响交易的重要规定。以 1982 年成立的伦敦金融期货交易所(LME)为例，1988 年以前该交易所受英格兰银行管辖，自 1988 年起由证券与投资委员会管理。交易所通过每日的市场监视、交易监视和财务监视来进行管理。市场监视是指根据交易所会员每天早上提供的他们前一日交易及目前选择头寸的报告，对实际交付与结算进行监督和检查；交易监视是指监视部门主要通过审查会员交易时是否遵守交易所的各项规章制度，并调查客户申诉案例及赔偿；财务监视是指市场监视部门要求会员按照季度提交财务报告，并对会员进行现场检查，确保其财务状况的真实性和合规性。

英国曾经是典型的自律型监管模式。在该种监管模式下，行业协会拥有更大的自主权，可以根据实际情况制定相应的规章制度，从而使得该规章制度具备较大的灵活性和针对性，促使监管活动更加切合实际。但是，该种模式的缺点也是显而易见的，主要表现在：(1)自律组织往往将监管重点放在市场的有效运作和保护会员利益之上，对投资者的保护不够充分；(2)作为监管者，自律组织并非处于超脱的地位，各种利益关系使得其监管的公正性受到怀疑；(3)由于缺少强制力作为保障，所以监管的效力有时可能会受到影响；(4)若缺少全局性的自律组织加以协调，各区域市场之间很可能产生相互冲突。

美国是国际期货交易的先行者，最早建立了一套科学的期货交易管理体系和健全的法规体系。英国、中国香港、日本以及新加坡等国家和地区衍生品交易的监管活动中，或多或少地借鉴了美国的成功经验，并结合了本国本地区的实际情况建立了各自的监管体系。所以，这些国家和地区的期货监管制度既有共性，也各具特点。

三、我国的政府期货主管机构与期货业同业协会法律制度

(一) 期货市场政府主管机构法律制度

在市场经济下，政府的主要职能是指导和改进市场机制，以克服市场的盲目性。在市场未成熟的情况下，政府还具有培育市场的责任。期货市场所需要的政府管理者必须是精干的、高效率的、有组织的机构。它不再是市场的垄断者和直接干预者，而应是通过经济调节手段，调节市场运行；运用法律、法规和政策维护公正而稳定的期货市场秩序；充分发挥期货市场功能，保护投资者和社会公众利益；培养和树立公众的投资信心、促进国民经济的发展。为此，政府期货管理机构有如下功能：(1)市场创造功能。在期货市场发育不完全、期货投资者不成熟的国家，政府有义务创造和维持有利的投资环境，促进期货市场健康发展。(2)利益协调功能。在期货市场中，政府是人民利益、公众投资者和国家利益的代表，负有协调国家、企业以及不同地方、不

同部门之间利益关系的责任。政府在缓和期货市场不同主体利益冲突的过程中，应当兼顾各方利益，尤其应当以维护投资者利益为基本出发点。(3)裁决纠纷功能。在产品经济条件下，政府作为经济活动的直接参加者或管理者，直接参与或管理经济活动。市场经济条件下，政府职能应发生根本性转变。政府应处于超然地位，不直接参与期货活动，一旦期货市场发生重大纠纷或矛盾，政府应以裁决者的身份着手解决矛盾，处理纠纷。(4)维护投资者利益与稳定市场功能。期货市场的稳定是一国经济发展的集中表现。不仅能使投资者利益受到保护，而且对于投资者树立期货投资信心，十分必要。因此，政府应当根据法律规定，加强市场监管，维护期货市场的公平、公开性，防止欺诈、操纵与滥用信息，使期货市场沿着健康的轨道发展。

在我国期货市场发展初期，没有统一的监管部门，在经济利益的驱使下，各部门和各个地方政府竞相开办期货交易所和期货经营机构，出资的各个部门和各个地方政府就成为主管部门。由于缺乏外部监管和管理规则，整个期货市场呈现无序状态，产生了许多纠纷。1994 年 5 月国务院办公厅下发了《国务院办公厅转发国务院证券委员会关于坚决制止期货市场盲目发展若干意见请示的通知》，确立了统一的期货监管机构，对期货市场试点工作的指导、规划和协调、监管工作由国务院证券委员会负责，具体工作由中国证券监督管理委员会执行。这样，在期货法没有出台的情况下，通过国务院的授权，全国期货市场有了统一的监管机构，制定并颁布了一系列的规定，期货市场的无序状态得到了初步的清理整顿。1996 年 3 月 21 日，中国证监会发布《关于授权地方证券、期货监管部门行使部分监管职责的决定》，首批授予了北京市证券监督委员会等全国 14 个地方监管部门行使部分监管职责，使地方监管部门对各地期货交易活动进行监管有了依据，界定了地方监管部门的具体职责范围和权限，标志着我国期货市场行政监管体系的初步形成。1999 年 9 月 1 日正式实施的《期货交易管理暂行条例》为我国政府主管机构对期货市场的监管提供了法律依据。

政府主管机构的职责主要包括：(1)审核批准权。依法制定有关期货市场监管的规章、规则，并依法行使审核或者批准权。包括对交易所的设立审批、新期货合约的上市审批、期货经纪公司注册审批等。(2)监管权。依法对期货交易所、期货经纪公司、期货结算机构及其他相关期货业服务机构的期货业务活动进行监管，维护期货交易秩序，维护期货投资者的利益和社会公共利益。(3)检查权。期货交易所和期货经纪公司应当定期向中国证监会报送财务会计报表、有关资料和审计报告。中国证监会可以随时检查期货交易所、期货经纪公司的业务、财务状况，有权要求期货交易所、期货经纪公司提供有关资料，有权要求期货交易所提供会员、期货经纪公司提供客户的有关情况和资料；必要时，可以检查会员和客户与期货交易有关的业务、财务状况。中国证监会在检查中，发现有违法嫌疑的，可以调取、封存有关文件、资料，并应当在规定的期限内及时作出处理决定。中国证监会的工作人员在检查时，应当出示合法证件。(4)询问、调查权。中国证监会对有期货违法嫌疑的单位和个人有权进行询问、调查；对期货交易所、期货经纪公司、会员和客户在商业银行或者其他金融机构开立的单位存款账户可以进行查询;对有证据证明有转移或者隐匿违法资金迹象的,可以申请司法机关予以冻结。有关单位和个人应当给予支持、配合。(5)风险处置权。当期货市场出现异常情况时,中国证监会可以采取必要的风险处置措施。(6)资格认定权。中国证监会对期货交易所和期货经纪公司的高级管理人员和其他期货从业人员实行资格认定制度。(7)指定审计权。期货交易所总经理离任,中国证监会认为必要时,可以指定中介机构进行离任审计。(8)查处权。依法对违反期货市场监督管理法律、行政法规的行为进行查处。(9)跨境监管权。中国证监会可以和其他国家或地区的期货监管机构建立监督管理合作机制,实施跨境监督管理。

(二)期货业同业协会法律制度

期货市场的健康良性运作,离不开政府的统一监管,政府主管机构的宏观监管在本质上是一种来自外部的他律。离开了这种他律,期货市场容易盛行投机,加大风险。但是,仅靠政府的他律是远远不够的,期货市场还必须有自律,期货业同业协会的自我管理、自我服务、自我监督的功能,是保证期货市场良性运作的必不可少的基础条件。期货业同业协会的作用主要体现在两个方面:一方面,可以促进期货业行业管理的规范化。期货业同业协会属民间或半官方性质,在促进全行业标准化管理上具有更大的灵活性和感召力,由其代替政府主管机构实行行业性自律很强的管理,更有利于行业内的规范化建设。另一方面,可以保证交易的公正性和充分的竞争性。同业协会提高了行业内的均质度,有利于交易在公正、合理的基础上进行,保证期货交易中风险的合理转移。行业内差异度的缩小,促进了竞争的充分展开,从而保证期货市场功能的充分实现。

为了贯彻执行国家法律法规和国家有关期货市场的方针政策,发挥政府与行业之间的桥梁和纽带作用,实行行业自律管理,维护会员的合法权益,维护期货市场的公开、公平、公正原则,开展对期货从业人员的职业道德教育、专业技术培训和严格管理,促进中国期货市场规范、健康、稳定地发展,中国期货业协会(以下简称协会)于2000年12月29日成立,协会的注册地和常设机构设在北京。协会最早筹建于1995年,是根据《社会团体登记管理条例》设立的全国期货行业自律性组织,为非营利性的社会团体法人。协会接受中国证监会和国家社会团体登记管理机关的业务指导和管理,并制定有《中国期货业协会会员管理暂行办法》。

会员大会是协会的最高权力机构,每三年举行一次。理事会是会员大会闭会期间的协会常设权力机构,对会员大会负责,理事会每年至少召开一次会议。理事会设二十五到三十名理事,包括会员理事和特别会员理事。理事任期三年,可连选连任。理事会下设研究发展委员会、从业人员行为监察委员会、法律委员会三个专业委员会。协会设会长一名,副会长二至三名,任期三年,会长连选连任不超过两届。协会实行会长办公会制度和理事会领导下的秘书长负责制。办公会成员由会长、副会长、秘书长组成,在理事会闭会期间行使理事会授权的职责,会长办公会至少每季度召开一次。协会秘书长由会长提名,中国证监会核准、理事会聘任,秘书长为协会的当然副会长,专职主持协会的日常工作。目前协会常设机构秘书处已经形成了包括办公室、会员部、培训部、研究部、合规调查部在内的四部一室的内部组织结构。

协会经费来源由会员入会费、年会费、特别会员费、社会捐赠、在核准的业务范围内开展活动或服务的收入等其他合法收入构成。

我国期货业协会会员采强制入会制,期货交易所、期货经纪公司等机构以及取得协会颁发的期货业从业人员资格证书的个人从事期货行业工作后应当加入协会,即协会由以期货经纪机构为主的团体会员、期货交易所特别会员和在期货行业从业的个人会员组成。

团体会员和特别会员的权利包括:享有协会的选举权、被选举权和表决权;请求协会维护其合法权益不受侵犯的权利;通过协会向有关部门反映意见和建议的权利;参加协会举办的活动和获得协会服务的权利;对协会工作的批评建议和监督的权利;对协会给予的纪律处分有听证、陈述的权利;会员大会决议增补的其他权利。

团体会员和特别会员的义务包括:遵守协会制定的章程、准则、规范和规则等;执行协会的决议;积极支持协会工作,维护协会的合法权益;积极参加协会组织的各项活动;向协会反映情况,按协会规定提供有关资料;接受协会的监督与检查,服从协会的管理;会员大会决议增补的其他义务。

当发生下列情形时,团体会员和特别会员的资格解除:(1)两个或两个以上会员合并,会员资格由存续单位或新设单位继承,原有会员资格自动丧失;(2)会员被依法撤销;(3)会员违反协会规定,经理事会三分之二以上理事表决通过,报中国证监会核准;(4)会员申请退会,经理事会批准。①

中国期货业协会成立以来,在行业自律、从业人员管理、服务会员、宣传教育、内部建设等方面做了大量的工作,为建立有效的自律管理体系,推动期货市场的稳步发展作出了积极的努力。

期货业同业协会的主要职能包括:(1)根据国家有关期货业监管的法律法规和规章,制定行业行为准则、职业道德规范和自律性管理规则并监督执行,教育和督促会员贯彻执行国家期货法律、法规和协会制定的准则、规范和规则等。(2)依法维护会员的合法权益,经常收集会员的意见和建议,向中国证监会及国家有关部门反映,为会员开展业务提供积极的帮助。(3)调解会员之间、会员与客户之间发生的有关期货业务的纠纷,受理对会员违法违规问题的举报。(4)负责组织对期货从业人员的业务培训、资格考试、资格证书的发放,以及对期货从业人员的年检工作。提高期货从业人员的业务技能和职业道德水平。(5)积极开展调查研究和期货理论研究,组织会员

---

① http://www.cfachina.org/introduce/index.php?type=中期协简介(中国期货业协会),2006年4月12日访问。

开展经营管理和业务经验交流；就期货市场发展中的情况和问题向立法机关和监管部门反映，提出意见、建议。(6)面向社会进行期货市场的宣传、普及工作，对广大投资者开展期货基础知识培训及风险教育，为期货业发展创造良好的环境。(7)表彰奖励行业内有突出贡献和业绩的会员及从业人员；对违反协会章程及自律规则者，按照协会有关规定给予处分。(8)收集、整理国内外期货市场信息，向会员提供咨询服务；编辑出版期货业务书籍、报刊。(9)积极开展期货业的国际交流活动。(10)会员大会决定的及中国证监会赋予的其他职责。

第二十七章 期货交易所法律制度

第一节 期货交易所法律制度

一、期货交易所的法律地位

期货交易所是为期货交易提供场所、设施和相关服务的自律性管理法人，是期货市场的核心组织。期货交易所通过制定和施行严格的交易规则保证期货交易秩序的稳定，对期货交易市场起着一线管理的作用。期货交易所的设立带动了期货市场其他构成要素的产生和发展，伴随着期货交易制度的完善，相继分化和产生出期货结算所、期货交易经纪公司、期货保证公司、政府期货监管机构以及其他期货业中介机构等期货市场的主要构成组织。正因为期货交易所在期货市场中的重要地位，所以在某种意义上，期货交易所就是有组织的正规化的期货市场本身，期货交易所的健全和完善的程度很大意义上决定了期货交易市场的健全和完善的程度。

期货交易所的产生是现代期货交易市场诞生的标志之一。成立于 1848 年、从事现货买卖的美国芝加哥商品交易(CBOT)所在 1865 年为使用谷物交易的需要推出标准化的期货合约，取代了原来的远期现货合约，揭开了期货交易的序幕，也标志着现代期货交易所的成立。纵观百余年的期货交易所发展历史，期货交易所的产生基本上有两种类型：一种是期货交易形成和发展早期，由从事现货买卖的商品交易场所逐渐过渡演变而成为期货交易所。美国芝加哥交易所就是这种类型的典型代表。另一种是为主动适应商品经济的发展，发挥期货市场的积极作用，由政府出面组织的交易所，或由从事商品交易的商业人士基于共同的商业利益和需要，自愿组织起来且经过政府批准认可的交易所。我国建立的交易所基本上属于这一类型。

考察一个国家期货交易所的组织形式，确定交易所是否是营利性的组织，才能全面认识期货交易所的法律地位。

期货交易所就其组织形式而言，可以分为公司制和会员制两种典型组织形式。公司制期货交易所是以股份有限公司或有限责任公司形式设立的，以营利为目的的企业法人。它的特点是投资者以营利为目的而出资，投资者是交易所的股东，交易所的会员只是交易商。英联邦系统的商品交易所一般采公司制，美国的部分交易所，如美国商品交易所公司、咖啡—糖—可可交易所有限公司、费城交易所有限公司等都是公司制交易所。香港期货交易所有限公司也是公司制交易所。会员制期货交易所是由会员共同出资设立的非营利性社团(企业)法人。其特点是交易所的建设和营运资本由会员以缴纳会费的形式筹集,交易所的收入有结余时,会员不享有回报的权力;当交易所出现亏损时,会员必须以增加会费的形式承担。各个会员享有同等的权利义务。世界上大多数交易所采会员制形式。

会员制和公司制期货交易所两种组织形式,在国际上都有成功的范例。自20世纪七八十年代起,有一些会员制期货交易所改制成公司制,以适应形势变化。我国采何种组织形式的交易所,要充分考虑我国的国情和期货交易发展阶段的实际情况来决定。在我国期货市场发展初期,期货交易所一般由地方或部门审批,由行政机关合股经营。许多交易所在筹建之初,以营利为唯一目的。一些地方或部门将行政权力渗入交易所的经营,这不仅不利于政府职能转换,容易产生条块分割,而且难以保证期货交易按"公开、公平、公正"的原则进行。有的交易所受利益驱动,片面追求交易手续费,忽视交易的风险管理和控制。我国期货市场的发展进程表明:期货交易所选择会员制这一组织形式更适合中国的国情和期货交易的发展阶段,以消除外部的不当的行政干预,由会员投资组建交易所,使交易所的重大事务决策权、管理权在实际上归属于各个会员,实现交易所的自我约束、自我管理。《期货交易管理暂行条例》规定,期货交易所不以营利为目的,按照其章程的规定实行自律管理。取得期货交易所会员资格,应当经过交易所批准,并交纳会员资格费。《期货交易所管理办法》规定,期货交易所的注册资本划分为均等份额,由会员出资认缴。

二、期货交易所的职能

期货交易所作为期货交易组织体系的中心环节,是为期货交易提供场所、设施等服务、指定并执行有关交易规则和规章制度的经济组织。在整个期货交易流程中,发挥重要职能:

(一)提供期货交易的场所、设施、信息等服务

交易所的交易场所一般由三部分组成:供出市代表入场交易的交易厅;结算所;交割仓库。交易厅为交易者公开、集中的竞价提供规范、固定的场所。结算所负责期货合约的清算,担保合约的如实履行,并监管实际货款交割。交割仓库是由交易所指定的,具备法定条件,为买卖双方提供履约交割服务的仓库。除此之外,交易所还应创造公开、公平、公正的市场环境,提供便利条件和先进的设施和设备,如提供完善的通讯设备、价格传递设备以及配备合格的工作人员。交易所同时提供信息服务,如提供其他交易所的上市期货行情以及上市商品的现货行情、栈单、运输等方面的外部信息,促使期货价格的合理形成。从根本上说,交易所将众多的交易者集聚在一起,有助于价格发现,同时降低交易成本,提高交易效率。

(二) 制定并执行各种规章制度和业务规则,规范交易行为

期货交易的高度规范化和标准化,要求交易所通过制定规则、制度等方式,形成规范、稳定的交易秩序。交易所必须推出标准化的期货合约。期货合约在交易单位、合约月份、交易时间、最后交易日、交割等级、交割地点、最小变动价位、每日价格最大波动限制等条款设计上实现统一化、格式化,利于频繁易手和商流与物流的分离。交易所还须制定并执行业务规则,包括交易规则、结算规则、交割规则、纠纷解决规则等等,规范整个交易流程的细微环节,提高交易效率,提供纠纷解决依据。期货市场的风险控制是永恒的主题,为防止价格操纵和市场垄断,交易所必须严格履行一线监管职能。交易所须制定和实施严格的规章制度,如套期保值头寸与投机头寸分开制度、投机头寸绝对量限仓制度、大户报告制度、涨跌幅度限制制度、保证金制度、每日结算制度等一系列制度,保持期货交易安全、稳健地运行。对于期货交易中的价格操纵行为、市场垄断行为、内幕交易行为实施严厉的打击,保护客户的合法权益,维持期货交易按"公开、公平、公正"的原则运作。

(三) 提供履约保障,确保交易安全

交易所作为交易的场所,同时又是保障交易安全的场所。为避免期货交易中的违约、毁约现象,交易所执行保证金制度和"逐日盯市"的结算制度来确保期货交易的如实履约。交易所要求交易者入市时提供"基础保证金"作为开展正常交易活动的信用保证;"初始保证金"的收取可防止买卖双方在发生亏损时拒不履约所造成的经济损失;"追加保证金"的收取可弥补市场价格变化所造成的初始保证金"护仓"的不足。同时,交易所可视市场交易和价格波动的状况,适时调整保证金水平。保证金的收取为如实履约提供可靠的资金保障。另外交易所实行统一结算,即所有成交合约必须由交易所内部的结算部或交易所指定的独立结算机构依照"逐日盯市"的方式集中结算。结算机构每日根据交易状况结算交易盈亏,清算保证金。"逐日盯市"的做法保证了每个交易日每一客户交易账户的财务完好,将客户发生资金亏损而造成违约的可能控制在最低限度以内。

(四) 实现自律管理,排解交易纠纷

期货交易本身可控性弱的特点,要求交易所严格自律。交易所根据法律法规、交易所章程、交易规则的要求,设立专门的监督检查机构,监督全体会员的交易行为,预防并制止违法或违规行为,并对会员的交易记录和财务账目进行稽查,处罚违法或违规者。交易所是为期货交易提供服务的组织,其本身并不参与期货交易。作为中立的规则制定者,交易所还担当着仲裁者的角色。交易所设有专门的仲裁机构,调解处理纠纷,包括交易所各会员间的交易纠纷,会员与非会员间的纠纷,还包括因委托交易者对受托的经纪公司的代理交易状况不满而产生的纠纷。

我国《期货交易管理暂行条例》和《期货交易所管理办法》具体规定了期货交易所的职能,包括提供期货交易的场所、设施和服务;设计期货合约、安排期货合约上市;

组织、监督期货交易、结算和交割；保证期货合约的履行；制定和执行期货交易风险管理规定；制定并实施期货交易所的业务规则；发布市场信息；监管会员期货业务，查处会员违规行为；监管指定交割仓库的期货业务；监督结算银行与交易所的有关期货结算业务；其他中国证监会规定的职能。除此以外，在期货交易过程中，出现地震、水灾、火灾等不可抗力或者计算机系统故障等不可归责于期货交易所的原因导致交易无法正常进行；或者会员出现结算、交割危机，对市场正在产生或者将产生重大影响；或者出现期货价格同方向连续涨跌停板时，期货交易所采用调整涨跌停板幅度、提高交易保证金比例及按一定原则减仓等措施后仍未化解风险；或者期货交易所业务规则中规定的其他情况，期货交易所可以宣布进入异常情况，采取紧急措施化解风险。

三、期货交易所的设立、变更和解散

（一）期货交易所的设立

期货交易所的设立一般都须经过国家期货主管部门的审查批准。《期货交易管理暂行条例》规定，设立期货交易所，由中国证监会审批；未经中国证监会批准，任何单位或者个人不得设立或者变相设立期货交易所。

设立期货交易所应遵循相应的程序。

首先，发起人代表或理事会应当向政府期货主管部门提出申请。根据《期货交易所管理办法》，申请设立期货交易所，应当向中国证监会提交下列文件和材料：申请书；章程和交易规则草案；期货交易所的经营计划；拟加入本交易所的会员名单；理事会成员候选人名单及简历；拟任用高级管理人员的名单及简历；场地、设备、资金证明文件及情况说明；中国证监会要求的其他文件、材料。其中期货交易所章程应当载明设立目的和职能；名称、住所和营业场所；注册资本及其构成；营业期限；会员资格及其管理办法；会员的权利和义务；对会员的纪律处分；会员大会、理事会等组织机构的组成、职权、任期和议事规则；管理人员的产生、任免及其职责；基本业务规则；风险准备金管理制度；财务会计、内部审计制度；变更、终止的条件、程序及清算办法；章程修改程序；需要在章程中规定的其他事项。期货交易所交易规则应当载明期货交易、交割和结算制度；经纪和自营业务规则；风险控制制度和交易异常情况的处理程序；保证金的管理和使用制度；标准仓单的生成、流转、管理以及注销等规则；期货交易信息的发布办法；违规、违约行为及其处理办法；交易纠纷的处理方式；以及需要在交易规则中载明的其他事项。

其次，政府主管部门应当自收到期货交易所设立申请文件之日起在法定期限内作出是否批准的决定，并书面通知申请人。不予批准的应书面说明理由。

最后，经选举产生的理事会或董事会持政府监管机构的批准文件和其他文件向登记机关申请设立登记。根据《关于期货交易所登记注册有关问题的通知》，我国期货交易所统一在国家工商行政管理局办理登记注册。期货交易所应依照《中华人民共和国企业法人登记管理条例》的基本原则，申请企业法人登记。申请登记的，应提交以下文件、证件:国务院批准设立的文件;会员大会决议;期货交易所章程;经批准的期货交易所交易规则及期货合约;法定验资机构出具的验资证明;会员的法人资格证明;载明期货交易所理事、监事、经理的姓名、住所的文件及选举、聘任的文件;期货交易所法定代表人任职文件和身份证明;住所证明;通讯设备、专用设备及通讯线路的证明;企业名称预先核准通知书。

登记机关在申请后的法定期限内作出准予或不予登记的决定。法人登记执照签发之日即为期货交易所成立之日。

(二) 期货交易所的变更和解散

1. 变更。

期货交易所成立以后就一些重大事项的变更,应事先经过政府主管部门的批准。根据《期货交易管理暂行条例》和《期货交易所管理办法》,期货交易所有下列情形之一的,应当经中国证监会批准:(1)制定或者修改章程、业务规则;(2)上市、中止、取消或者恢复期货交易品种;(3)上市、修改或者终止期货合约;(4)变更名称、变更住所或者营业场所;(5)中国证监会规定的其他情形。

期货交易所的合并可采取两种形式:一是吸收合并,即两个以上的交易所合并时,其中一个交易所继续存在,其余交易所消灭的合并;二是新设合并,指两个以上的交易所合并时,设立一个新的期货交易所,原各期货交易所均宣告终止。期货交易所的合并、分立或者联网交易等,由中国证监会审批。期货交易所可以采取吸收合并和新设合并两种方式,合并前各方的债权、债务,由合并后存续或者新设的期货交易所承继。期货交易所分立的,其债权、债务由分立后的期货交易所承继。

2. 解散。

期货交易所的解散是使期货交易所丧失法人资格的法定原因已经产生,而应逐渐终止交易所的权利和义务的行为。《期货交易管理暂行条例》规定,期货交易所因下列情形之一解散:(1)章程规定的营业期限届满,会员大会决定不再延续;(2)会员大会决定解散;(3)中国证监会决定关闭。期货交易所因前述第(1)项、第(2)项情形解散的,由中国证监会审批。期货交易所因解散、合并或者分立而终止的,由中国证监会予以公告。

四、期货交易所的治理结构

(一) 会员大会

会员大会是由全体会员组成的,决定期货交易所一切重大事项的最高权力机构。会员通过会员大会表达自己的意愿,决定交易所的重大事项,实现全体会员的自治自律。根据《期货交易所管理办法》,会员大会行使下列职权:(1)审议通过期货交易所章程和交易规则及其修改草案;(2)选举和更换会员理事;(3)审议批准理事会和总经理的工作报告;(4)审议批准期货交易所的财务预算方案、决算报告;(5)审议期货交易所风险准备金使用情况;(6)决定增加或者减少期货交易所注册资本;(7)决定期货交易所的合并、分立、解散和清算事项;(8)决定期货交易所理事会提交的其他重大事项;(9)期货交易所章程规定的其他职权。

会员大会由理事会召集,一般情况下每年召开一次。有下列情形之一的,应当召开临时会员大会:(1)会员理事不足期货交易所章程所规定人数的三分之二时;(2)三分之一以上会员联名提议时;(3)理事会认为必要时。会员大会由理事长主持,理事长因特殊原因不能履行职权时,由理事长指定的副理事长或者其他理事主持。召开会员大会,应当将会议审议的事项于会议召开十日以前通知各会员。临时会员大会不得对通知中未列明的事项作出决议。会员大会必须有三分之二以上会员参加方为有效。会员大会应当对表决事项制作会议纪要,由出席会议的理事签名。会员大会结束后十日内,期货交易所应当将大会全部文件报中国证监会备案。

(二)理事会

理事会是会员大会的常设管理执行机构,负责执行会员大会的决议,并对一般事项作出决策及组织实施。理事会对会员大会负责。

根据《期货交易所管理办法》的规定理事会行使下列职权:召集会员大会,并向会员大会报告工作;选举理事长、副理事长;通过对理事会成员的不信任案,并提请有关机构审议批准;拟定期货交易所章程、交易规则及其修改草案,提交会员大会通过;审议总经理提出的财务预算方案、决算报告,提交会员大会通过;审议期货交易所合并、分立、解散和清算的方案,提交会员大会通过;决定专门委员会的设置;决定会员的接纳;决定对违规会员的处罚;决定期货交易所的变更事项;审定根据交易规则制定的细则和办法;审定风险准备金的使用和管理办法;审定总经理提出的期货交易所发展规划和年度工作计划;监督总经理组织实施会员大会和理事会决议的情况;监督期货交易所高级管理人员和其他工作人员遵守国家有关法律、法规、规章、政策和期货交易所章程、业务规则的情况;组织期货交易所年度财务会计报告的审计工作,决定会计师事务所的聘用和变更事项;期货交易所章程规定和会员大会授予的其他职权。

理事会由会员理事和非会员理事组成,其中会员理事由会员大会选举产生,非会员理事由中国证监会委派。理事会设理事长一人、副理事长一至二人。理事长、副理事长由中国证监会提名,理事会选举产生。理事长不得兼任总经理。理事长行使下列职权:(1)主持会员大会、理事会会议和理事会日常工作;(2)组织协调专门委员会的工作;(3)检查理事会决议的实施情况并向理事会报告。副理事长协助理事长工作,理事长因故临时不能履行职权时,由理事长指定的副理事长或者理事代其履行职权。理事会可以根据需要设立监察、交易、交割、会员资格审查、调解、财务、技术等专门委员会,其职责由理事会确定,对理事会负责。

理事会会议至少每半年召开一次。每次会议应当于会议召开十日前通知全体理事。有下列情形之一的,应当召开理事会临时会议:(1)中国证监会提议;(2)三分之一以上理事联名提议;(3)期货交易所章程规定的情形。理事会召开临时会议,可以另定召集理事会临时会议的通知方式和通知时限。理事会会议须有三分之二以上理事出席方为有效，其决议须经全体理事二分之一以上表决通过。理事会会议结束后十日内，理事会应当将会议决议及其他会议文件报中国证监会备案。理事会会议，应当由理事本人出席。理事因故不能出席的，应当以书面形式委托其他理事代为出席；委托书中应当载明授权范围。每位理事只能接受一位理事的授权。理事会应当对会议表决事项作成会议记录，由出席会议的理事和记录员在会议记录上签名。

（三）总经理

期货交易所设总经理一人，副总经理若干人。总经理、副总经理由中国证监会任免。总经理每届任期三年，连任不得超过两届。总经理是期货交易所的法定代表人，总经理是当然理事。总经理行使下列职权：(1)组织实施会员大会、理事会通过的制度和决议；(2)主持期货交易所的日常工作；(3)根据章程和交易规则拟定有关细则和办法；(4)拟定并实施经批准的期货交易所发展规划、年度工作计划；(5)拟定期货交易所财务预算方案、决算报告；(6)拟定期货交易所合并、分立、解散和清算的方案；(7)拟定变更事项的方案；(8)决定期货交易所机构设置方案，聘任和解聘工作人员；(9)决定期货交易所员工的工资和奖惩；(10)期货交易所章程规定的或者理事会授予的其他职权。总经理因故临时不能履行职责时，由总经理指定的副总经理代其履行职责。

为保证期货交易所的理事、总经理和其他高级管理人员、财务会计人员能够遵纪守法，忠诚履行其职责，有关法规对上述人员的任职资格做出了规定。根据《期货交易管理暂行条例》和《期货交易所管理办法》的规定，不具备《证券法》规定的证券交易所资格条件的，不得担任期货交易所的高级管理人员、财务会计人员；期货交易所工作人员应当自觉遵守有关法律、法规、规章和政策，恪尽职守，勤勉尽责，诚实信用，具有良好的职业操守；不得从期货交易所的会员、期货投资者处谋取利益，不得直接或者间接从事期货交易，不得泄露内幕信息或者利用内幕信息获得非法利益；期货交易所的工作人员履行职务，遇有与本人或者其亲属有利害关系的情形时，应当回避；期货交易所的工作人员在任职期间或者离开期货交易所未满一年的，不得在该期货交易所的会员单位任职；国家公务员不得在期货交易所任职。

未经中国证监会批准，期货交易所的理事长、总经理、副总经理不得在任何营利性组织中兼职。期货交易所的非会员理事和工作人员不得以任何形式在期货交易所会员单位及其他与期货交易有关的营利性单位兼职。期货交易所中层管理人员的任免须报中国证监会备案。

五、期货交易所的业务制度

（一）保证金制度

保证金制度是指根据期货交易所的规定，期货投资者在交易时必须存入一定数额的保证金，以作为双方履约的担保。是期货市场风险管理的有力措施，也是期货投资者参与期货交易的法定条件之一。

由于期货交易所实行会员制，所以期货交易保证金的收取是分层次进行的。期货交易所向期货交易会员收取“会员保证金”，期货交易会员再向投资者收取“客户保证金”。保证金可以分为基础保证金和交易保证金。交易保证金又可分为初始保证金和追加保证金。基础保证金是会员开展交易的信用保证，一般按规定的数额一次性存入交易所专用账户。当会员违规、违约造成债务，用交易保证金、结算准备金仍不足以弥补时，从基础保证金中支付。交易保证金是期货交易者再买卖成交后，为确保其持仓合约履约的财力担保。交易保证金由交易所确定，一般是成交合约总额的百分之五至百分之十左右。为确保风险控制，交易保证金按照持仓合约总数支付，并且在合约平仓后，或实物交割后，由交易所退还原缴纳方。初始保证金是期货交易者在成交的当日按当日交易保证金的比例缴纳的第一笔交易保证金。追加保证金是交易所为确保成交合约履约，根据市场价格的变动情况要求交易者追加的保证金。

期货交易应当严格执行保证金制度。期货交易所向会员、期货经纪公司向客户收取的保证金，不得低于中国证监会规定的标准，并应当与自有资金分开，专户存放。期货交易所向会员收取的保证金，属于会员所有；期货交易所除用于会员的交易结算外，严禁挪作他用。期货经纪公司向客户收取的保证金，属于客户所有；期货经纪公司除按照中国证监会的规定为客户向期货交易所交存保证金、进行交易结算外，严禁挪作他用。期货经纪公司应当为每一个客户单独开立专门账户、设置交易编码，不得混码交易。

（二）每日价格涨跌幅度限制制度

期货交易所对每天上市的期货品种的最大价格涨跌幅度做出限定，在任一交易日，某种期货合约的交易价格不得超过或低于前一交易日收盘价或统一结算价的最大波动幅度。若超过价格波动幅度的最高限额，就必须暂停交易。交易所可根据市场风险状况调整涨跌幅度。每日价格涨跌幅度限制制度可以有效缓解或抑制由于突发事件或过度投机引发的暴涨暴跌。

（三）交割制度

交割制度指期货合约到期时，交易双方将合约所载的商品所有权或权利进行转移，以了结未平仓合约的制度。期货交易的交割，由期货交易所统一组织进行。期货交易所不得限制实物交割总量。交割仓库由期货交易所指定。期货交易所应当与交割仓库签订协议，明确双方的权利和义务。交割仓库不得有下列行为：出具虚假仓单；违反期货交易所业务规则，限制交割商品的入库、出库；泄露与期货交易有关的商业秘密；参与期货交易；中国证监会规定的其他行为。

（四）强行平仓制度

强行平仓指交易所会员或投资者的保证金不足或出现违规情形时，交易所或经纪公司对有关持仓强制实施平仓。当交易所会员或投资者的结算准备金余额小于零，并未能在规定时间内补足，交易所或会员有权对其持仓进行强制平仓。此外，如果会员或客户的持仓量超过限仓规定，或根据交易所的紧急措施应当强行平仓的，交易所或者会员有权强行平仓。

根据《期货交易管理暂行条例》的规定，期货交易所会员的保证金不足时，该会员必须追加保证金。会员未在期货交易所统一规定的时间内追加保证金的，期货交易所应当将该会员的期货合约强行平仓，强行平仓的有关费用和发生的损失由该会员承担。期货经纪公司在客户保证金不足而客户又未能在期货经纪公司统一规定的时间内及时追加时，应当将该客户的期货合约强行平仓，强行平仓的有关费用和发生的损失由该客户承担。

（五）风险准备金制度

交易所应当从已收取的会员交易手续费中提取一定比例的资金，作为确保交易所担保履约的备付金。风险准备金为期货交易提供担保，用于弥补交易所因不可预见的损失造成的亏损，对于维护期货市场的正常运转具有重要作用。根据《期货交易管理暂行条例》的规定，期货交易所、期货经纪公司应当按照中国证监会、财政部的规定提取、管理和使用风险准备金，不得挪用。会员在期货交易中违约的，先以该会员的保证金承担违约责任；保证金不足的，期货交易所应当以风险准备金和自有资金代为承担违约责任，并由此取得对该会员的相应追偿权。客户在期货交易中违约的，期货经纪公司先以该客户的保证金承担违约责任；保证金不足的，期货经纪公司应当以风险准备金和自有资金代为承担违约责任，并由此取得对该客户的相应追偿权。

第二节　期货交易所会员法律制度

期货交易所实行交易会员制度，只有交易所会员可以在交易所内进行期货交易，非会员单位或个人必须通过交易所会员代理才能进行期货交易。所谓会员是指根据期货交易的有关法规和交易所章程规定，经期货交易所审查批准，在期货交易所进行期货交易活动的企业法人。会员依其业务范围可以分为期货公司会员和非期货公司会员，期货公司会员是指专门从事期货经纪业务的会员，期货公司会员不得从事自营业务；非期货公司会员是指专门从事自营业务的会员，非期货公司会员不得从事经纪业务。根据《期货交易管理暂行条例》的规定，在期货交易所内进行期货交易的，必须是期货交易所会员。期货经纪公司会员只能接受客户委托从事期货经纪业务，非期货经纪公司会员只能从事期货自营业务。

一、期货交易所会员资格的取得和丧失

（一）期货交易所会员资格的取得

期货交易所的会员的素质，有关期货交易各方主体的利益安全，维系着期货交易秩序的规范，法律一般对交易所会员的资格条件作出限定，同时明确期货交易所会员资格的取得方式和程序。我国《期货交易所管理办法》规定期货交易所会员资格的取得应由各个期货交易所确定条件和程序。

1. 期货交易所会员资格取得的条件。

从我国现有的政策、法规和国际上期货交易的惯例分析，期货交易所会员资格包含以下基本条件：

(1) 会员的身份条件。较为成熟的美国期货市场将会员资格仅赋予公民个人拥有，法人或其他经济组织只能以个人名义（如选派代表）取得会员资格。我国的现有政策、法规以及交易所章程均将会员资格的身份限定在法人领域，不得由个人取得，这既遵循了大多数国家相关规定的惯例，也符合我国的现实国情。毕竟目前，个人的经纪实力和风险承受能力还不适宜进入期货市场，社会信用也存在一定程度的危机。

(2) 会员的资产条件。从风险控制角度考虑，必须注重会员资产状况的审查。一般而言，由于各交易所的上市品种不同，各期货市场的风险程度也相异。因而，会员的资产条件应由各交易所自行确定。但我国现行立法及交易所章程对会员资格的资产条件，侧重于"注册资本"的考察。若该会员因经营亏损致使实有资产远远低于"注册资本"数额，交易所仍考察其在工商行政管理部门登记的"注册资本"而将其吸收为会员，未能将风险控制在会员这一层次。较为适当的做法是，交易所在考察入会申请者的资产状况时，应考察其"净资产额"，即资产总额减去负债总额后的余额，以此作为会员资格的资产条件。

(3) 会员的资信条件。期货市场是个风险程度较高的市场。法律、法规只能设置会员的行为规则，规则的遵守以及自律意识的提高尚有赖于会员自身的信誉条件和道德基础。从会员资信的积极条件说，会员必须具备良好的商业信誉。从会员资信的消极条件说，在最近若干年限内有严重违法行为记录的或被期货交易所取消会员资格的或被期货业协会开除会籍的，不得成为交易所会员。交易所严格执行"市场禁止进入制度"，以保持市场参与者的纯洁性。中国证监会有关文件规定，有严重违法行为记录的法人或者曾被期货交易所除名的法人自处罚之日或开除之日起三年内不得成为会员。

2. 期货交易所会员资格取得的方式与程序。

会员资格的取得，有原始取得和继受取得两种方式。具体而言，主要指四种情形：设立时加入交易所；加入已成立的交易所；会员资格的让与；会员资格的承继。

(1) 原始取得。会员资格的原始取得是指直接由交易所赋予，未经过其他会员转让而取得的会员资格。原始取得既包括会员在交易所成立时参与交易所的情形，

还包括交易所扩充会员席位时,申请者交纳会员席位费购买该席位的情形。

(2) 继受取得。会员资格的继受取得可通过交易所会员资格的让与取得。期货交易所原会员在规定的期限内清理持仓期货合约、清偿期货债务后,可将会员资格让与新会员。

法人还可以通过“承继”的方式取得交易所的会员资格。若会员与其他法人兼并或合并,交易所在经过对兼并或合并后的法人进行审查批准后,则可承继交易所的会员资格。

会员资格的取得,要经过申请和批准两个程序。申请程序体现为向期货交易所提供申请书和相应的文件和资料;批准程序体现为交易所收到符合要求的入会申请材料后,应于规定日期内提出办理意见,提交会员资格审查委员会初审。经会员资格审查委员会初审通过,并报理事会批准后,交易所对符合会员条件的申请单位发出入会通知书。

(二) 期货交易所会员资格的丧失

期货交易所会员资格的丧失,主要基于两种原因:

1. 会员资格的放弃。

作为市场发展的高级形式,期货市场应该是个相对进出自由的市场。期货市场的参与者在入市或出市的选择上,应该保留适度的空间,在流动中优化资源的配置。况且,期货交易所安全运行的一个基本点在于会员的严格自律,会员的自律在意识形态上有赖于会员对期货业务的忠实和诚信。在会员自愿放弃会员资格时,对其严加限制是不应该的。在这一问题上,不少国家和地区在要求办理相关手续的前提下,均予以认可。我国的现有政策和法规对此作出原则性认可规定。

2. 会员资格的取消。

出现以下情形时,期货交易所一般可取消会员的资格:

(1) 丧失会员资格条件的合格性。若会员不能保持会员资格的法定条件以及交易所对会员资格的具体要求,将导致会员资格被交易所取消。

(2) 会员将其会员资格转让于他人,经交易所批准而且结清期货交易业务之后,该会员资格即可被取消。

(3) 法人会员解散,个人会员死亡,该会员资格当然被取消。

(4) 会员违反期货交易有关法律、法规及期货交易所章程和业务规则,被交易所取消会员资格。当然,为给违法或违规会员自新的机会,交易所可视情况暂时中止其会员资格。会员被取消会员资格的,应当在期货交易所规定的期限内结清期货交易业务,履行清偿债务和补交所欠费用的义务,并可领取交易所退还的剩余费用。

二、期货交易所会员的权利义务

(一) 期货交易所会员的基本权利

1. 参加会员大会，有选举权和表决权。会员作为交易所的主人，当然拥有参与会员大会的权利，这是交易所会员制的自然延伸。会员可联名提议召开临时会员大会，就交易所的临时重大事项进行讨论和决议。在会员大会上，会员拥有对特定事项的提案权、质询权，并可依据平等原则行使表决权。具备法定资格的会员可在会员大会上通过行使表决权形成决议，修改交易所章程和交易规则，聘任或解聘理事、监事，审批理事会、监事会的工作报告和交易所的财务预算、决算方案等等重大事项。另外，会员还享有理事、监事的选举权和被选举权。

2. 参加交易所场内交易的权利。会员可直接派驻出市代表入市交易，非会员必须通过会员代理方可实现交易。在期货交易法律、法规的许可范围内，经交易所批准后，会员可在自营业务的基础上兼作代理业务，或在代理业务基础上兼作自营业务。作为会员入市交易的基础条件，会员有权使用交易所内的公共设施、设备，获得交易所有关期货交易的信息及其他服务。

3. 参加期货交易所有关专业委员会的权利。会员通过参加交易所的专业委员会，参与交易所的管理，以达到维护自身利益的目的，并可严格律已、规范行为。

4. 放弃、转让会员资格的权利。交易所会员向交易所提出的放弃、转让会员资格的申请被批准之后，即可及时结清期货交易业务，自愿放弃会员资格或让与他人。

除上述基本权利外，会员还有对期货交易所的工作提出意见和建议的权利，对期货交易所的处罚决定提出申诉的权利以及期货交易所章程规定的其他权利。

（二）期货交易所会员的基本义务

规定期货交易所会员的义务，是为了确保期货市场的规范发展，并有效遏止期货交易风险。概括而言，期货交易所会员负有四项基本义务：

1. 遵守规范义务。期货市场带来巨额利润的同时蕴含较高的市场风险，国家通过立法和政府的政策对期货市场进行调控和规范，会员作为期货交易的核心主体，应该严格遵守国家的法律、行政法规及政策。另外，会员的行为还须受到交易所章程和业务规则的约束。这种约束的效力来源于会员的"参加行为"，即市场参与者在申请取得会员资格参加交易所组织之时，实质上已同意按照交易所会员共同制定的章程和业务规则来从事交易行为。

2. 执行决议义务。会员大会作为交易所的权力机构，其法律地位决定了它对于交易所的重大事项具有决策权，会员大会决议对全体会员具有约束力。另外，董事会的权力来源于会员大会，负责交易所的日常管理工作，会员还负有执行董事会决议的义务。

3. 接受监管义务。期货交易所实行严格的自我管理，为防止垄断市场以及价格操纵，规范交易行为，交易所要求会员负有定期向交易所提供本企业情况和财务报表的审查的义务。

4. 缴纳费用义务。被批准取得交易所会员资格的单位，负有缴纳席位费、会费、交易手续费、风险基金等有关资费的义务。

第二十八章
期货经纪机构法律制度

第一节　期货经纪机构法律制度概述

期货经纪机构是指依照国家法律、法规设立的接受客户委托，用自己名义进行期货买卖，以获取佣金为业的期货市场中介组织。其主要特征表现为接受期货投资者委托；以期货经纪服务为业；以自己的名义进行期货买卖。

依照经营业务的专门化程度不同，其可以分为专业期货经纪机构和兼营期货经纪机构；依照是否为期货交易所会员，可分为会员期货经纪机构和非会员期货经纪机构；依照期货经纪机构能否在期货交易所独立进行结算，会员期货经纪机构可分为结算会员和非结算会员。

期货经纪机构在期货市场上处于承上启下的地位，起到了重要的作用。首先扩大了市场参与者的范围和市场规模，提高了交易效率，节约了交易成本，促进了期货交易的发展；其次加速了期货市场信息的传播，有助于提高投资者的交易决策效率；最后通过其实行的客户风险控制制度，有效分散了整个市场的交易风险，保证了期货交易的正常、有序进行。

我国期货经纪业务实行专营制度，设立期货经纪公司必须符合法定条件。《期货交易管理暂行条例》规定，设立期货经纪公司，应当符合公司法的规定，并应当具备下列条件：(1)注册资本最低限额为人民币三千万元；(2)主要管理人员和业务人员必须具有期货从业资格；(3)有固定的经营场所和合格的交易设施；(4)有健全的管理制度；(5)中国证监会规定的其他条件。《期货经纪公司管理办法》规定，设立期货经纪公司，除应当符合《期货交易管理暂行条例》规定的条件外，还应当符合以下要求：有具备任职资格的高级管理人员；有符合现代企业制度的法人治理结构；中国证监会规定的其他条件。

期货经纪公司高级管理人员应当具备以下条件：(1)身体状况良好；(2)诚实信用，勤勉尽责，具有良好的职业道德；(3)有相应的经济或者管理工作经验；(4)取得期货从业人员资格；(5)中国证监会规定的其他条件。总经理、副总经理除符合上述条件外，还应当符合下列条件：从事期货、证券工作三年以上，或者从事其他金融工作五年以上，或者从事其他经济管理工作二十年以上；具有履行高级管理人员职责所必备的经济、金融、期货知识和组织协调能力，熟悉金融、期货等相关法律法规。

下列人员不得担任期货经纪公司高级管理人员：(1)不符合《证券法》规定的证券交易所负责人资格条件的；(2)被中国证监会宣布为证券、期货市场禁止进入者的；(3)被开除的国家公务人员或者事业单位工作人员，自被开除之日起未逾五年的；(4)因违法违规行为或者违纪行为被解除职务的期货交易所、期货经纪公司或者其他金融机构的从业人员、董事、监事，自被解除职务之日起未逾五年的；(5)因失职造成重大经济损失或者导致发生重大案件的直接责任人和负有直接领导责任的人员，受到警告或者警告以上处罚，执行期满未逾五年的；(6)有中国证监会规定的其他情形的。

第二节 期货经纪公司的设立、变更和终止

一、期货经纪公司的设立

各国均对期货经纪公司的资格设定了一定的条件，主要包括资产条件和资信条件。一方面，经纪公司作为法人拥有独立的、必要量的财产是其独立地享有民事权利和承担民事义务的物质基础和保障。另一方面，期货交易独特的发现价格、回避价格风险功能的发挥，以期货经纪公司的诚实信用为基本要件，法律上设立资信条件，就是要求期货经纪公司做到诚实信用。

我国设立期货经纪公司，必须经中国证监会批准，取得中国证监会颁发的期货经纪业务许可证，并在国家工商行政管理局登记注册。未经中国证监会批准，任何单位或者个人不得从事期货经纪业务，不得在其名称中使用"期货经纪"、"期货代理"或者其他类似字样。

依据证监会2003年1月14日发布的《关于期货经纪公司接受出资有关问题的通知》的规定，期货经纪公司的出资人应当符合下列条件：(1)具有中国法人资格；(2)注册资本、净资产的最低限额均为人民币一千万元；(3)连续经营两年以上；注册资本、净资产均超过人民币五千万元的，连续经营一年以上；(4)最近两年连续盈利；注册资本、净资产均超过人民币五千万元的，对盈利不作要求；(5)在最近两年内无重大违法违规行为；(6)出资人的法定代表人、总经理和自然人控股股东不存在《公司法》第57条规定的情形；(7)中国证监会规定的其他审慎性条件。持股比例不满期货经纪公司股权的百分之十且不实际控制该期货经纪公司的出资人，对其注册资本、净资产、盈利和经营年限等不作要求。

未决诉讼标的金额达到净资产百分之三十的组织；党政机关、部队、人民团体和国家核拨经费的事业单位法人；法律、法规禁止向期货经纪公司出资的其他组织不得成为期货经纪公司的出资人。期货经纪公司之间、期货经纪公司与其出资人之间不得相互交叉持股。

依据《期货经纪公司登记管理暂行办法》的规定，期货经纪公司的开业登记，应当由申请人提出申请，并提交下列文件、证件：(1)《中华人民共和国企业法人登记管理条例》所规定的企业法人开业登记应当提交的文件、证件；(2)由人事管理部门或其他有关部门出具的法定代表人及其他高级管理人员符合《企业法人的法定代表人审批条件和登记管理暂行规定》规定的证明；(3)期货经纪人名单及简历；(4)通讯设施和专用设备的自有或租用证明；(5)从事期货业务涉及国家专项规定的，应提交国家有关管理部门的批准文件；(6)从事国际期货业务的，应提交与相应的国际期货交易所会员公司签订的有关期货经纪业务的协议意向书；(7)聘用外籍人员作为公司高级管理人员的，应提交聘用证明和由所在国(地区)公证机构出具的法定代表人及其他高级管理人员符合《企业法人的法定代表人审批条件和登记管理暂行规定》规定的证明；(8)实行股份制的，应依照《股份有限公司规范意见》的规定提交有关文件。国家工商行政管理局在受理开业登记申请后，应于受理之日起三十日内作出核准登记注册或者不予核准登记注册的决定。

期货经纪公司根据业务需要可以申请设立营业部、分公司以及中国证监会许可的其他分支机构。设立营业部应当符合中国证监会规定的条件，经中国证监会批准，取得中国证监会颁发的经营许可证，并在国家工商行政管理局登记注册。营业部在期货经纪公司授权范围内依法开展业务，其民事责任由期货经纪公司承担。期货经纪公司申请设立营业部，应当具备下列条件：(1)申请人前一年度没有重大违法违规记录；(2)拟设营业部的负责人及从业人员具备任职资格；(3)期货经纪公司对拟设营业部有完备的管理制度；(4)拟设营业部有符合经纪业务需要的经营场所和设施；(5)中国证监会根据审慎监管原则要求的其他条件。

期货经纪公司不得以"代表处"、"办事处"等名义变相设立营业部；不得以合资、合作、联营方式设立营业部；不得承包、出租营业部。期货经纪公司对其营业部必须实行"四统一"的管理，即统一结算、统一风险控制、统一调拨资金、统一财务管理和会计核算。

二、期货经纪公司的变更和终止

期货经纪公司的变更是指期货经纪公司在存续期间所发生的法律人格、组织、活动范围等方面的重大变化以及其他登记事项的变化。《期货交易管理暂行条例》规定，期货经纪公司有下列情形之一的，应当经中国证监会批准，并在国家工商行政管理局办理变更登记：(1)变更法定代表人；(2)变更注册资本；(3)变更股东或者股权结构；(4)变更住所或者营业场所；(5)变更或者终止营业部；(6)中国证监会规定的其他情形。《期货经纪公司管理办法》规定期货经纪公司有上述(1)、(2)、(4)、(5)、(6)项变更的，以及变更持有期货经纪公司百分之十以上股权或者拥有实际控制权的股东的，由中国证监会派出机构核准，报中国证监会备案。但变更持有期货经纪公司百分之十以上股权或者拥有实际控制权的股东，该股东资格应当事先经中国证监会核准。期货经纪公司有下列变更事项之一的,在变更发生后十个工作日内应当向中国证监会派出机构备案:修改章程;变更百分之十以下股权;中国证监会规定的其他变更事项。对于上述变更有不符合法律、法规、规章、政策规定的情形,中国证监会派出机构有权要求期货经纪公司纠正。

期货经纪公司的终止是指期货经纪公司丧失民事主体资格,不再具有民事权利能力和行为能力的状态。依据《期货交易管理暂行条例》规定,期货经纪公司因下列情形之一解散的,应当结清受委托的业务,并依法返还客户的保证金:(1)期限届满,股东会决定不再延续;(2)股东会决定解散;(3)因合并或者分立需要解散;(4)破产;(5)中国证监会决定关闭。期货经纪公司因第(1)、(2)、(3)项情形解散的,由中国证监会审批。

期货经纪公司解散的,应当依法成立清算组,进行清算。清算组在清算期间负责制定清算方案,清理财产,编制资产负债表和财产清单,处理债权债务,清结纳税事宜以及处置剩余财产。中国证监会派出机构应当监督清算组处理投资者持仓和保证金。期货经纪公司解散,应当在国家工商行政管理局办理注销登记。

第三节　期货经纪公司的权利义务

一、期货经纪公司的权利

期货经纪公司的权利主要有:

1. 佣金请求权。期货经纪公司的佣金请求权与经纪业务的履行之间有直接或间接的联系。期货经纪公司在经纪行为完成并已经交付或转移经纪行为结果时,就取得向委托人请求佣金给付的权利。

2. 费用补偿请求权。期货经纪公司为委托人的利益,基于期货经纪行为而产生的费用或其他开支享有费用补偿请求权。

3. 冲抵权。在期货交易中,客户有义务向期货经纪公司支付佣金或其他费用。当客户拖欠上述费用时,期货经纪公司有权动用客户账户内的基础保证金或存款来抵销客户所欠的债务。

4. 强制平仓权。当客户保证金不足时,期货经纪公司应当及时通知客户追加保证金。当客户拒绝或者拖延缴纳保证金时,期货经纪公司有权停止该客户的交易或对其保证金不足的头寸强制平仓,产生的后果由客户承担。

二、期货经纪公司的义务

期货经纪公司承担的义务主要有:

1. 遵从客户指令。投资者可以通过书面、电话、计算机、网上委托等方式下达交易指令。期货经纪公司根据客户的交易指令，为其进行期货交易。期货经纪公司不得未经客户委托或者不按照客户委托范围，擅自进行期货交易。交易结果不符合投资者交易指令，或者强行平仓不符合法定或者约定条件，期货经纪公司有过错的，应当在期货经纪合同约定的时间内重新执行投资者交易指令或者恢复被强行平仓的头寸，并赔偿由此产生的直接损失。

2. 向客户报告的义务。期货经纪公司应当向客户提供有关市场信息、行情信息、行情分析以供客户参考。应当及时向客户报告其所委托的事项的进展情况。成交后应当及时将成交结果报告给客户。期货经纪公司向客户提供的期货市场行情应当真实、准确，不得隐瞒重要事项或者使用其他不正当手段诱骗客户发出交易指令。期货经纪公司在每日交易闭市后应当为投资者准备交易结算报告。投资者有权按照期货经纪合同约定的时间和方式知悉交易结算报告的内容。

3. 风险揭示义务。期货经纪公司接受客户委托为其进行期货交易，应当向投资者说明期货交易的风险，即事先向客户出示风险说明书，经客户签字确认后，与客户签订书面合同。

4. 分离账户与保管财产的义务。分离账户是为了保护客户资金及其利益。期货经纪公司应当在期货交易所指定结算银行开立投资者保证金账户专门存放投资者保证金，与自有资金分户存放。期货经纪公司还应将自营业务与受托业务分账处理。期货经纪公司保管客户的财产包括保证金和实物交割的财产。

5. 交付和转移义务。期货经纪公司应当将代理客户买卖期货合约所取得的盈利或实物转交给客户。期货经纪公司不得向客户作获利保证或者与客户约定分享利益或者共担风险。如果客户在履行其自身义务之后，期货经纪公司拒不履行或延迟履行该义务，则客户有权请求损害赔偿或支付延期履行的利息。

6. 诚实信用义务。期货经纪公司应当遵循诚实信用原则，以适当的技能、小心谨慎和勤勉尽责的态度执行投资者的委托，维护投资者合法权益。期货经纪公司应当自觉避免与投资者的利益冲突，当无法避免时，应当确保投资者得到公平对待。

7. 保密义务。期货经纪公司应当建立投资者开户资料档案，除依法接受检查外，应当保密，不得泄漏客户的名称或姓名、买卖单、盈亏以及其他需要保密的资料。

此外根据有关法规的规定，期货经纪公司还应该承担其他一些义务。如应当建立、健全投资者投诉处理制度，并将投资者的投诉及处理结果存档；应当保证期货交易、结算、交割资料的完整和安全，其中开户资料、指令记录、交易结算记录以及其他业务记录应当至少保存五年。

第二十九章

期货交易程序与期货交易结算法律制度

第一节 期货交易法律程序

期货交易是指期货投资者在法定的场所内从事标准化期货合约买卖的行为。期货市场是一种高度组织化和规范化的市场,是严格按照法律、法规和市场交易规则进行交易的市场。而期货交易的程序则是期货市场高度组织化和规范化特征的集中表现,即期货交易必须遵循严格的法律程序。任何违反这些程序的交易,都会造成投资者合法权益的损害。

从期货交易管理角度来看,期货交易程序数要包括交易(即合约的买卖)、交割、结算和信息发布等交易过程。

从期货投资管理角度来看,期货交易程序主要体现在投资者期货市场的进入,其中包括交易者选择期货经纪机构、开户、办理委托交易手续等;期货合约的买卖,即包括交易指令的下达、指令输入、指令的执行等过程;期货交易的了结,即期货合约的平仓和期货交易结算等几个环节。本节从期货投资管理的角度,概述期货交易的法律程序及其行为的法律规范。

一、开户

开户是期货交易投资者进入期货市场的首要程序。从法律意义上讲,开户的目的是为了正式建立期货交易委托法律关系。由于期货交易是一种有组织的、集中的场内交易,任何形式的场外交易,即不通过交易所场内计算机撮合成交的交易都是非法和无效的。而根据期货市场的规定,只有期货交易所的会员才能直接在场内进行期货合约的买卖,其他非期货交易所会员的单位和个人,欲投资期货交易,必须通过期货交易所会员单位,成为他们的客户,在他们经营所在地开户,委托他们进行期货合约的买卖活动。

（一）开户的一般程序

开户本身并非意味着投资者同期货交易所会员之间已经建立了交易委托的法律关系。投资者在选定了会员单位后，该会员单位必须让投资者阅读并签署有关“风险揭示书”，提醒投资者期货交易高度风险性的特征，并明确相应的法律责任。在投资者明白了“风险揭示书”内容并签署后，才同会员进一步签订“期货交易委托合同书”，同时，“交易委托合同书”规定的资金到位后，投资者才可以进行下单交易，会员也才可以代理投资者进行期货交易活动。否则，合同的签订本身并没有实际的意义。因此，只有上述程序完备，交易委托法律关系才正式建立，而资金的到位是这种法律关系建立的最关键的要素。

（二）委托机构的选择

这是投资者开户前的第一步骤。投资者要从事期货交易，首先要选择好开户的地方，即委托代理期货买卖的机构。而对于机构的选择，主要是对机构代理期货交易主体合法与否的鉴别。对于期货经纪公司，若不是特定期货交易所会员，则也可以代理客户从事特定期货交易所上市合约的交易，但必须在该期货交易所会员处开设账户，通过该会员才能进行交易，即市场中所称的“二级代理”。而对于非期货经纪公司的兼营机构，则只能从事其所在期货交易所上市品种的交易，对于其不是会员的其他期货交易所上市品种不得代理客户进行交易。而期货经纪公司则可以代理客户从事任何移交期货交易所上市品种的交易，期货经纪公司若设有营业部的，该营业部也有代理客户交易的资格。而自营会员，则只能就其所在的期货交易所，为自己的账户进行交易。因此，投资者要进行期货交易，选择合法的代理机构，是至关重要的第一步。

（三）签署风险揭示书

风险揭示书，是投资者开户以及交易前必经的法定程序。风险揭示书，主要是为了让客户充分了解期货交易风险特点，并明确该客户从事期货交易是基于自身对期货交易特点有充分的了解并出于自愿，从而为日后期货交易过程中，因市场行情波动或其他客观原因造成客户亏损时，由客户自行承担经济损失责任提供合法的依据。

根据我国有关政策和期货交易所交易规则的规定，《风险说明书》一般应具有以下几方面的内容：

1. 客户在期货市场进行交易，亏损总额可能包括客户寄存在期货经纪机构的全部初始保证金以及追加保证金。加入市场走势对客户不利，期货经纪机构可能会通知客户追加巨额保证金，以便客户能继续持有未平仓合约。一俟通知，客户必须照办；如果客户无法在规定的期限内提供所要求的追加保证金，其持有的未平仓合约就可能在亏损的情况下被强制平仓，而客户对由此导致的一切损失负责。

2. 在某些市场情况下，客户会发现很难或无法将持有的合约平仓。这种情况很可能在市场达到涨跌停板时出现。出现这类情况，客户的损失额可能大大超过已支付的所有保证金总额，客户必须对由此造成的损失承担责任。

3. 当客户下达诸如“止损指令”等变性指令时,该指令可能不一定将损失限制在预期的水平内。这主要是因为可能在某些市场条件下无法执行这类指令。

4. 客户进行“套期保值”交易时,风险不一定比单纯的投机交易风险小。

5. 采用较少的保证金以期获取较高利润这一期货交易方式,使客户既可能获得高额利润,也可能遭受巨大亏损,两者的可能性是一样大的,等等。

(四) 签订期货交易委托合同书

期货交易委托合同书是投资者同期货经纪机构建立交易委托法律关系的重要文件。期货交易委托合同书主要是明确双方权利义务的内容。根据我国期货市场管理实践,一个完整的期货交易委托合同一般应具备以下几项必要条款:

1. 明确合同双方当事人。当事人双方应为客户与期货经纪机构,不得以期货经纪机构内部某从业人员的名义与客户签订合同。

2. 明确指令下达人。合同书应当写明客户的姓名、住址等情况。无论客户是自然人、法人或非法人单位,都必须列明其承办人及授权指令下达人的姓名、性别、年龄、职业、住址、电话和身份证号码。在明确指令下达人的时候,客户必须使用自己的名义,个人不得以单位的名义开户从事期货交易。

3. 委托交易的范围。合同应载明可以委托进行交易的期货交易所名称、交易品种。

4. 明确委托人委托期货经纪机构从事期货交易的方式,主要包括当面委托方式、书面委托方式、电话委托方式等。

5. 期货经纪机构执行委托方式。期货经纪机构接受客户委托进行交易时,应当由客户逐项明确授权,不得接受客户全权委托;并且应在保证金到位的情况下,按照时间优先和在同一条件下客户委托优先于自营业务的原则执行客户委托。

6. 委托人的基本权利。委托人的基本权利包括对期货经纪机构的资信情况及业务情况的了解权、对交易信息的知悉权、对所下指令执行情况了解权、查阅复制原始凭证的权利、按约定提取资金的权利等等。

7. 期货经纪机构对客户账户的管理。客户账户应与期货经纪机构的自有资金账户严格分开,当期货经纪机构破产和因其他原因无法开展业务而发生清算时,客户账户上存放的资金属于客户所有,不得用来抵偿任何期货经纪机构的债务和挪作他用。

8. 保证金及结算条款。包括保证金的收付方式、每日结算制度、保证金存取、追加保证金的收取和强制平仓的情况等。

9. 期货交易手续费及其他相关费用的规定事项。手续费标准应由双方按平等原则协商,但不得与客户私下约定分享利益或者共同承担风险,其他相关费用则由双方约定。

10. 交割条款。写明具体的交割办法。

11. 期货经纪机构应当提供咨询及服务事项的范围。期货经纪机构有义务至少提供以下服务:及时准确地提供市场行情,对客户的指令予以确认、执行,成交后及时将结果通知客户并提供交易报告书及交易月报,回答成交情况查询等。

12. 纠纷处理方式。期货经纪机构与客户之间发生交易纠纷时,如果自行协商不成,双方可以选择以下任一方式处理纠纷:(1)约定仲裁条款向法定的仲裁机构申请仲裁。(2)向人民法院提起诉讼。

(五) 开设交易账户

交易账户可以分为若干种类,按所有权归属可以分为个人账户、公司账户、共同账户、合伙账户等;按管理形式可以分为一般商品账户、托管账户、指导账户、基金账户等;按照交易性质又可以分为套期保值账户、投机账户。不同的交易账户开设的条件不同,操作方式也不同。如个人账户,属于投资者个人所有,其他任何人无权干预,由立户人签名生效;公司账户则是以公司名义开设的,不属于个人所有,但由某个人受权具体经营和管理;共同账户是指账户至少为两人所共同拥有。共同账户又可分为一般共同账户和生存者权利账户。一般共同账户指如果一方死亡,则生存的另一方只能得到其所占的股份,另外一部分股份由死亡者的继承人拥有;生存者权利账户则由生存的一方得到账户的全部股份等。

一般商品账户是开设账户的客户自行运用和管理,客户自主进行交易,自负盈亏,除在交易时支付期货经纪公司佣金外,不再付出其他额外费用。托管账户在客户开户时,客户签署一份授权书,赋予经纪人可以不事先征得客户同意,而根据市场行情自行进行交易的权力。指导账户运用权也掌握在经纪人手中,只不过在进行期货合约的买卖前须事先征得客户的同意,这类账户除交付佣金外,也要付给经纪人一笔额外的报酬。基金账户由金融机构或大的经纪公司开设,个别投资者可以购买基金的股份,并按股份分享利润并分担风险。

就套期保值账户而言,开设该账户,不仅要签署一份"套期保值账户证明书",列明客户已经拥有或希望拥有已经卖出或希望卖出的现货商品的名称、数量等,同时必须提供确实可信的证明材料。

二、下单、审单和报单

(一) 下单

1. 定单的法律性质。

下单是一笔交易具体操作的起点,下单就是下达交易定单,委托者将交易的意向要求以书面方式向代理者交待,代理者依据交易定单的要求执行。因此,定单表达的仅仅是客户交易的意向,在法律上应被视为一种要约,并且这种要约一旦进入市场并为他人所接受,即交易成交后,该要约即产生法律约束力。但是,该定单在执行过程中,若没有为他人所接受,即该意向在交易场内未成交,则下单人随时都可以撤销该定单,即要求将该意向从交易场内的计算机上删去。这是期货交易定单在法律上特有的性质。

2. 定单的主要内容。

定单又称指令，一般由客户填写。定单的具体式样一般都由期货经纪机构自行设计制作，主要包括以下几项内容：账户编号、交易品种、交易合约月份、交易的数量、买入或卖出、开仓或平仓、价格、执行情况、下单人和执行人签字、下单时间和各业务环节受理时间等。

3. 定单的种类。

定单的种类，在实践中形成了多种多样的形式。从时间角度分，有开盘单、收盘单、限时单、当日有效单、多日有效单、长期有效单；从价格角度分，有开盘价单、收盘价单、市价单、限价单、停止价单、只有触及才予执行的市价单；从其他适用角度看，则有执行或作废单、撤销单、组合单等；常用的定单主要有以下几种：

(1) 市价定单，即按照当时最好的价格买入或卖出期货的定单。

(2) 限价定单，对成交的最低价作出具体限定的定单。它要求代理人按限定的价格或更好的价格执行交易指令。如客户要求以某价格为限价买进，则这一价格即为该客户所能接受的最高买入价格，成交价格只能等于或低于这一价格水平；如果要求以某价格为限价卖出，则这一价格为该客户所能接受的最低卖出价格，成交价格只能等于或高于这一价格水平。

(3) 停止价定单，是在市场价格达到一定水平时即以市价执行的定单。这种协议一般用于所持合约的对冲，对于卖出停止价单而言，该指令意味着在价格跌至预定水平时即以市价卖出；对于买入停止价单而言，该指令意味着在价格涨至预定水平时即以市价买入。

(4) 停止限价定单，这是一种要求必须以某一具体价格成交定单。代理人只能在市场价格达到这一具体价格水平或这一具体价格水平再次重现时才能执行委托人的交易指令；如果市场价格未能恢复到这一具体价格水平，则该交易指令不予执行。

(5) 限时定单，即对执行交易指令具有明确时间要求的定单。这种定单要求代理人在规定的时间内以一定的价格成交，按照约定，超出限定时间，该定单自动撤销或作废。

4. 定单的委托方式。

定单的委托，首先要求定单必须由客户自身填写，对于以当面委托方式、书面委托方式进行委托的，客户应当签字；以电话委托方式进行委托的，期货经纪机构应当予以同步录音、事后由客户签字或盖章。

(二) 审单

期货经纪机构在收到客户下达的定单后，必须对定单的有效性和可操作性进行审查。对于不符合规范要求的定单，期货经纪机构可以要求客户修改或重新填写。而对于客户下达的违反有关法律、行政法规、部门规章以及交易所交易规则的指令，期货经纪机构应拒绝执行，否则，造成的损失由期货经纪机构承担。同时，在期货交易中,因定单引起的纠纷占期货交易纠纷相当大的一部分。在我国司法实践中,一般认为,因客户下达定单错误而造成损失的,由客户自己承担。就缺少品种的定单,期货经纪机构擅自进行交易,客户不予认可的,由期货经纪机构承担交易后果;只是缺少数量,以实际交易量为准;只是缺少有效期限的,应视为当日委托有效;只是缺少价格的,应视为按市价交易。因此,期货经纪机构不加审核而草率地付诸执行,容易产生交易纠纷,为期货经纪机构经济利益带来损失,也不利于客户合法权益的保护。

审单的主要内容有以下几个方面:一是审查定单的内容是否完整;二是审查定单下达人是否为开设交易账户的客户本人或者经其授权的其他定单下达人,即定单下达人的主体资格是否合法;三是审查客户账户内存有资金是否能满足执行定单后所需保证金要求,执行定单后成交如增加持仓,其数额与规定的交易部位限额是否有抵触,如果是平仓单,则该客户交易账户内是否有相应的持仓。定单的实践要求与执行定单所需的实践是否相适应等。在审单无误后,期货经纪机构应尽快将交易指令传至交易场所,从而进入报单的程序。

(三)报单

报单就是期货经纪机构通过一定的方式将定单或定单的内容送达到其驻交易所场内的代表,根据交易所采用的交易形式和交易场所设施条件的区别,有的是先将定单和定单内容传到其驻交易所的场外代表,通过场外代表再传到场内交易员;有的则是直接传给场内交易员。

三、交易方式与成交效力

(一)交易方式

1. 交易的基本过程。

交易主要是指场内交易,场内交易是整个合约交易流程中的核心环节。场内经纪人在接到客户的交易指令后,应立即执行,按照客户制定的价格和数量进行特定期货合约的买卖。

场内交易都是通过公开叫价的方式进行。每一笔交易的成交,都要经过买卖双方所有经纪人的公开竞争,按照时间优先和价格优先的原则确定成交的当事人双方,以保证交易的公开、公平和公正。没有经过公开竞争形成的交易,一律被视为非法,以确保期货市场的价格不受个别人的私下操纵。但由于目前期货交易存在着不同的方式,因此,具体的交易过程会因交易采取的方式不同而有所不同。

2. 两种报价形式。

两种报价形式,即目前存在的喊叫式报价方式和电子系统式报价方式。

喊叫式报价主要是由场上交易员以口头喊叫的方式来表达交易意愿的一种交易形式。在采用这一报价形式的交易场所内,一般都设有按交易品种区分的若干交易池,一般为八边形,交易池形成一个外高内低的阶梯式圆形空间,中间低处是一块平地,每一边表示该期货品种不同合约月份的交易区域。场上交易员根据定单的要求选择好相应的交易位置,开盘后,即用口头形式表达交易意愿。在口头喊叫的同时,必须辅以手势的表示。并且这种手势具有一套复杂而准确,并且约定俗成的定势。如手掌心向内表示买进,手掌心向外则表示卖出;竖向的手指表示买进(卖出)的期货合约数量,横向的手指则表示买进(卖出)期货合约的价格等等。在用喊叫价形式进行交易的活动中,买进期货合约的一方总是先喊价格,然后再喊数量;而卖出期货合约的一方则相反,总是先喊数量,后喊价格。

电子系统式报价则是由场内交易员通过电子交易系统输入交易指令的一种交易形式。在采用这种报价方式的交易场所内,都设置了一定数量的交易席位,每个交易席位上都配有电话和电脑设备,而每个交易席位上的电脑都与计算机处理中心相连结,每个场上交易员(即会员的出市代表)都有固定的交易席位。开盘后,场上交易员根据定单的要求,将指令通过键盘输入电子交易系统。计算机处理中心在接收到各交易席位电脑输入的交易指令后,对买进单按价格自高到低序列编排,对卖出单则是按价格自低至高序列编排,根据撮合成交的原则,即价格优先、时间优先原则配对成交。一旦成交,成交信息便通过不同的电子途径向场上交易员和市场公布。与喊叫式不同,电子系统式对于所有成交都自动作了登记记录,无须再用手工作记录,对于未成交的定单,当日交易结束后,即自动撤销。

两种交易方式各有优缺点。喊叫式交易报价方式有利于形成交易活跃的市场气氛,并且交易双方直接见面,容易沟通;但由于所占空间较多,投入的交易人员和管理人员也较多,给管理上带来一定困难。而电子交易系统式交易过程比较简便,容易成交,从客户下达定单到交易完成,再回传给客户通常只需要一分钟,但电子交易系统式不利于形成活跃的市场气氛,交易设施的投资相对较大等。两种交易报价方式,在期货交易发展过程中,将会相互取长补短,并在今后相当长时间里并存发展。

3. 两种定价方式。

两种定价方式,是指市场存在的自由叫价制和集体一价制两种定价方式。

自由叫价制,是指由众多的买方和卖方通过自由的叫价和讨价还价而达成交易的一种价格形成制度。在期货交易中,一个买主的对手是所有的卖主,而一个卖主的对手同样是所有的买主,买主与买主之间又存在着竞买关系,卖主与卖主之间也存在着竞卖关系。自由定价制依据期货交易买卖关系中的这一特点,使众多的买主与卖主之间只要有一个买主和另一个卖主之间的报价处于同一价格水平,那么该笔交易即达成。这个成交价格即被认为是该市场自由形成的,为市场所认可的价格。因此,在一个交易时段中,会有若干笔的成交,因而也会产生若干各价格水平不尽相同的市场价格。

集体一价制,是由众多的买方和卖方通过双方竞争,不断调整价格与数量的关系,使买卖双方能在同一价格水平上共同达成交易的一种市场价格形成制度。在集体一价制,众多的买方被不断地简化为一个买主,众多的卖方也被简化为一个卖主,大量的买卖单也几乎成了一笔交易。而价格的变化由买入数量与卖出数量之间的对比关系来确定。如当市场报价处于某水平时,买入的数量大于卖出数量,则市场报价将会提高价位，从而形成新的报价水平，这时，买入的数量可能会减少，而卖出的数量则可能增加，并且这一过程会随着买入和卖出力量的对比变化而处于不断的调整和变动中，直至在一个价位上出现买入数量与卖出数量相等时，交易得以一次性完成后才会停止。

（二）成交效力

1. 成交的回报。

当定单在场内成交后，场内交易员必须迅速将成交情况记录在定单或交易记录单上，同时通过一定的方式向场外回报。这种交易回报的方式也因交易采取的方式不同而不同。在喊叫式交易形式中，回报的流程正好和报单的流程相反。在电子系统交易中，成交回报来得比较简捷，可以由场内交易员直接通过电脑网络系统自动地直接传给有权期货经纪机构，使该机构能及时地在客户下达的定单上作好成交记录，并及时将已执行的定单送交给客户。

2. 成交的确认。

已执行的定单在传回期货经纪机构和客户后，该笔交易也应以交易记录的形式传到结算所那里予以确认，每一笔期货交易，只有经结算所核定、结算、登记后才能最终得到确认。交易记录和交易定单经结算所核定并结算后予以登记，并向客户发出期货合约成交通知书，一笔期货交易才算最终确定下来。

四、结算

期货交易的结算是结算所和期货经纪机构根据每日结算价格对当日所有未平仓期货合约的盈亏进行清算，并相应调整保证金的过程。其目的是为了保证交易双方都具有充分的财力履约，防止某些客户因过度投机而丧失偿还能力，以致引起交易所风险扩大的连锁反应。

（一）期货交易结算的基本方式

由于期货交易高效率的特点，期货合约在到期前往往交易频繁，合约转手率极高，即市场表现出高度的流动性。因此，如果实行保持买卖双方始终完全一一对应的交易结算方法显然不适应现代期货交易的需要，因此，市场上产生可"环形记录法"，即将一张合约的流转过程及每次交易的双方按时间先后在账目中依次记录下来，这样，就使一张合约的交易全过程变得一目了然，大大方便了结算的循序进行。由于期货交易规则赋予结算所可以行使"对冲合约"的权利，从而大大方便了结算手续，简化了实际货、款的交收事务，既提高了结算的效率，又降低了市场的风险。例如，甲在第一天将一张应于第四天交货的合约以 20 000 元的价格卖给了乙；乙在第二天又将这张合约以 20 500 元的价格卖给了丙；丙在第三天再将这张合约以 21 000 元卖给了丁；而到第四天履行交割时，该合约所代表商品的现货价格为 23 000 元，则交易结算及市场风险情况可以列表如下：

表 29.1

时　间	价　格	交　易　者			
		甲	乙	丙	丁
第一天	20 000 元	卖	买		
第二天	20 500 元	500 元	卖	买	
第三天	21 000 元	500 元		卖	买
第四天	23 000 元	交货、收款			付款、收货
逐日盯市结算		追加保证金	对冲	对冲	

该合约的交易全过程涉及四个交易者，发生过三次合约买卖活动。由于乙和丙两个交易者各进行了一组买进合约和卖出合约的交易，结算所根据规定对其账户的头寸作了对冲处理，而实际发生的货、款交收只有一次。由于采取了逐日盯市的结算制度，及时追加了保证金，既有效地控制了风险，也保证了合约的履行。

（二）结算的基本程序

期货交易所的结算，主要有以下主要程序：

1. 收集和整理成交记录。将当日交易记录集中起来，并对每一笔交易记录进行核对，剔除不相配的买卖成交，对审核无误的成交记录分类整理，并按会员户头打出成交清单。

2. 成交确认。结算所将打印出的成交清单送达有关会员单位，会员单位对成交记录逐一检对，如无异议，则在成交清单上签字盖章，以表示对当日该会员成交活动的书面正式认可，成交有效。

3. 登记。结算所在收到会员已确认的成交清单后，对成交清单所列的合约进行分类，并逐一登记在相关会员交易账户上。至此，成交合约才具有法律效力。

4. 盈亏计算。包括平仓盈亏和持仓盈亏两种。

平仓盈亏是手持未平仓合约经对冲后，该笔交易所发生的最终的实际盈亏。如把先前买入分期货合约，再以市场上一定价格卖出去，这就是所谓合约的对冲，并对这一买进卖出的价格变化进行结算，以确定这一笔交易最终是盈利还是亏损。

但在实际交易过程中，由于合约持有时间有长有短，因此在盈亏计算具体方法上也有所区别。一是对当日开仓，随即又在当日予以平仓的交易所发生的盈亏计算，即当日平仓盈亏计算。计算公式为：

$$(\text{卖出价}-\text{买入价})\times\text{平仓数量}=\pm a$$

当 a 为正值时，表示是盈利；当 a 为负值时，则表示是亏损的数额。二是在当日前已开仓，而在当日交易中平仓的交易所发生的盈亏计算，即隔日平仓盈亏计算。其计算方法可表达为：

$$(\text{当日卖出价}-\text{上一日交易日结算价})\times\text{平仓数量}=\pm a$$

$$(\text{上一日交易结算价}-\text{当日买入价})\times\text{平仓数量}=\pm a$$

持仓盈亏是某一笔交易在交易过程中反映出来的相对盈亏,即浮动盈亏。它是交易者在持有合约而又不想平仓的情况下,按其所持合约期间每天的结算价来计算其持有合约在当天是盈利还是亏损,从而确定该交易者的保证金是否足够担保该合约的履行。由于该合约随时都有可能再进行转让,因此计算的结果并非是最终的。

持仓盈亏的计算同样有两种,一是对当日交易开仓而产生的持仓所发生的盈亏计算,即最新持仓盈亏计算。当开仓价格高于当日结算价时,持仓部位为多头的,则为亏损,空头则为盈利;反之,则多头盈利而空头亏损。二是对原有头寸延续持仓盈亏计算,即持续持仓盈亏计算。这种计算可直接以上一交易日结算价高于当日结算价,持仓部位为多头的,则为亏损,空头则为盈利;如果上一交易日结算价低于当日结算价,持仓部位为多头的,则为盈利,空头则为亏损。

5. 调整保证金账户。根据上述计算结果,将盈利记入保证金账户的贷方,亏损记入保证金账户的借方。然后计算出该账户保证金实际数额比照规定的保证金水平要求的溢余数或损缺数额。对账户溢余的资金,交易者按规定可以提取,而对于损缺资金,结算所必须按规定要求交易者及时如数补齐,即补足保证金。这不仅有利于维护合约的完整性,也有利于有效地控制交易的风险。

五、交割

交割是按合约规定,在交割时间内货、款交换的活动。根据期货交易规则的规定,会员的持仓合约在最后交易日结束时,未对冲平仓的,则以实物交割来履行合约。因此,实物交割是合约履行的一种表现方式。

从实物交割的实质来看,是一种现货交易活动。期货交易虽然主要表现为合约的转让,合约的对冲往往通过现金结算来了结,但实物交割也难以避免,在期货交易中实物交割一般要占合约总数百分之一至百分之三,这是由期货与现货之间的密切关系所决定的。

在期货交易发生实物交割时,一般都采用三日交割法,即依“持盘日”、“通知日”、“交割日”的顺序依次进行,也就是指交割的提出、交割的配对、交割单据的交换三个流程。

(一) 交割的提出

期货交易中的实物交割的发生,可因期货交易规则的规定,合约持有者未能在最后交易日平仓而发生,也会因交易者主动提出而发生。在期货合约进入交割月份时,希望通过实物交割来履行合约的买卖双方会员首先要通知交易所的结算机构,表达客户希望按照合约规定交付实货商品，由交易所的结算机构审核受理。在结算机构受理后，由于该合约离最后交易日还有一段时间，因此，该交易者不得再将其要求履行交割的合约在市场上对冲，而只能保持其持有交易部位的状态。而提出交割要求的当日称为意愿日，又称持盘日。

在期货交易中还有一种期货转现货方式的交割，即交割实物的双方是自己寻找，自愿组合，并向交易所提出备案。但交易所不负责为其办理实物交割的有关手续。因此，这种交割既不受时间条件约束也不受到交易部位的约束。

（二）交割的配对

交割的配对，就是对到期未平仓合约进行组合配对，使合约的双方形成一一对应的买卖关系，从而使具体的交货人和收货人关系得以明确。

由于在期货交易中，期货合约转让频繁，交易者在市场上买入或卖出合约时，是针对于市场上所有的卖方或买方，因此，交易者对于买入谁转让的合约或把所持合约卖给谁是不知道的，也不必知道。期货交易的这一特点，要求在实物交割时，交易所有义务找出合约双方具体的交货人和收货人，使他们一一配对。并且，由于合约的标准化、交割条件也是标准化的，因此，交货人和收货人的确定可以在一定范围内进行选择、组合、配对。

（三）交割票据的交换

在期货交易中，如代表卖方的会员在收到交易所的交割通知后，应将已准备好的销货发票及其副本送到交易结算所，交易结算所将副本留存，而将销货发票转交给代表买方的会员公司。代表买方的会员在收到交易所的交割通知和转来的销货发票后，不得将其所持有的相应的多头部位进行对冲交易。

但在实际交割中，交割票据交换要复杂得多。期货交易实物交割主要体现为票据的交割，而不是当场的实际货物和款项的交换。卖方会员向交易所提交有效的提货凭证，即标准仓单，买方会员向交易所提交收款支票，经交易结算所鉴证登记后进行交换，票据交换结束即表示交割手续办理完毕，也表示交割业务的完成。而通常把办理票据交换手续的日期称为“交割日”。实际上，交割日并非指特定的某一天，而是一段时间，在这段时间内，每一个营业日都可视作为特定交割日。

票据交换手续办妥后买方会员和卖方会员应分别将收到的提货仓单和货款支票转交给自己的客户，卖出货物的客户凭支票到指定银行提取货款；买入货物的客户凭仓单到指定仓库提取货物，如果客户不想立即提取货物，则可在规定的时间内将仓单通过一定程序进行转让。

六、信息的发布

信息发布是期货交易的一项重要的活动。期货市场不仅是交易中心，也是信息的中心。期货市场的一个重要功能便是发现价格功能,而价格一旦发现后,其发布快慢及广泛程度,成为该价格对市场影响大小的关键因素。同时,期货交易又体现为信息的交换过程,每一笔交易都是经过对大量信息的汇集、消化后达成的,因此,信息拥有程度、信息公开程序,对于期货交易的公平、公正进行影响极大。

在期货市场信息中,主要表现为行情信息,包括动态行情和静态行情。市场行情数据主要包括开盘价、买入申报价、卖出申报价、最高成交价、最低成交价、最新成交价、收盘价、成交量、空盘量、结算价等。

而市场对于这些信息的加工处理,需要一个复杂而细致的过程,包括数据的收集,对于交易信息、市场动态等数据加以采集;数据的处理,把收集的信息进行分类、汇总和统计,并按数据的用途输入不同的工作系统;数据的传播,即通过墙式信息告示屏,有线、无线传播系统,书面报告等方式,将交易行情数据予以公布。

第二节　期货交易结算法律制度

一、期货交易结算法律制度概述

期货交易的结算是指结算机构根据期货交易所公布的结算价格对会员持有的头寸的盈亏状况进行资金清算的过程。而期货结算机构则是为期货交易进行资金结算、实物交割、期货合约的履约担保以及对期货保证金、报告交易数据、风险基金的管理部门。①

目前,期货市场上的结算机构有两种类型:独立型的结算机构,即独立于期货交易所之外而成立的专门的结算公司;非独立型结算机构,即由期货交易所在内部设立的一个职能部门,如以结算部、结算中心等形式存在。我国目前期货交易采用的都是后一种类型。

结算机构也采用会员制,即期货结算机构是由结算会员组成。结算会员又是在期货交易所的会员中产生,所以结算机构的会员一定是交易所的会员。结算会员可以分为两类,一类是全权结算会员,其既可以为自己所从事的期货交易进行结算,也可以代理其他无结算会员资格的交易所会员进行结算;另一类是普通结算会员,只能为自己所从事的期货交易进行结算,不能代理其他会员进行结算。但不论是全权结算会员还是普通结算会员,由于期货交易都是通过他们进行结算的,所以其在期货市场的组织体系中处于十分重要的地位。一般而言结算会员应该具备下列条件:是资金实力雄厚、信誉良好的期货交易所会员;有能力缴纳巨额结算保证金;会员在结算机构附近设有办事处。

---

① 徐家力、李京生、吴运浩著:《期货交易法律理论与实务》,中国政法大学出版社 2000 年版,第 58 页。

期货市场实行分级、分层的结算模式。首先是结算机构对其会员进行结算，然后是会员根据结算结果对其客户进行结算。根据《期货交易管理暂行条例》，期货交易的结算，由期货交易所统一组织进行。期货交易所实行每日结算制度。期货交易所应当在当日收市后及时将结算结果通知会员。期货经纪公司根据期货交易所的结算结果对客户进行结算，并应当将结算结果及时通知客户。

二、期货交易结算机构的地位和作用

期货交易结算机构的首要职能是计算期货交易盈亏。期货交易所内的交易由结算机构的会员处理，结算机构对从各结算会员提交的数据资料核对无误后，结算交易，从而根据交易的盈亏调整结算会员的账户。结算机构是期货交易买卖的第三方，在期货合约的结算过程中充当买卖各方的对方。所以，期货交易的买卖双方并不直接发生关系，无须知道与自己交易的真正相对方是谁，他们只需要在期货结算机构进行结算就可以了，因为无论如何，交易结算机构都要为每一笔交易承担责任。通过这种制度设计，任何交易者都可以随时通过其经纪商冲销合约以解除其到期的履约责任，而不必征求其真正的交易对方同意与否，简化了结算手续，提高了交易效率。

由于结算机构在期货交易中以买卖的第三方地位存在，所以对期货合约的履行负有担保的法律责任。结算机构通过对会员保证金的管理和控制，使期货市场的风险限定在一定的范围之内。一旦合约的一方陷于破产或由于其他原因而无法履约时，结算机构就负有履行合约的责任，以保障期货合约持有者的合法利益，从而维护期货交易的正常秩序，保证期货交易的顺利进行。

结算机构的存在还大大简化了期货交易的实物交割。期货合约在到期后未平仓的就必须进行实物交割。合约在到期前，可能已经经过了多次转手，但所有转让过程中的双方都已经通过结算机构抵销了其履约义务，所以最后只剩下最初的卖方和最终的买方来履行合约所规定的义务。此时，最初的卖方和最终的买方只须通过结算机构将货物和货款交给对方，并在结算机构的监督下完成最终的实物交割即可。

三、期货结算机构业务制度

（一）登记结算制度

在期货交易所内成交的每一份期货合约都必须在期货结算机构内进行结算，严格禁止结算会员将其所代理结算客户的合约进行私下对冲。《期货交易管理暂行条例》规定期货交易的结算，由期货交易所统一组织进行。

（二）结算保证金制度

期货结算机构规定每一结算会员都必须在结算机构内存入一笔结算保证金，用以作为结算会员为自己或其他非结算会员代为结算提供担保。每种期货合约的保证金数额由结算机构决定，一般情况下，结算保证金是根据结算会员手中的买入持仓和卖出持仓冲抵后的净持仓来计算的。

（三）逐日盯市、每日无负债结算制度

期货结算机构在每日交易结束后根据当日结算价格计算出每位结算会员当日的持仓盈亏，并调整各结算会员的保证金账户。如果结算会员保证金账户上的保证金金额仍高于最低保证金水平则仍可以进行交易。如果结算会员存在持仓亏损，则该持仓亏损额必须在第二天交易开市前予以补足，否则第二天开市后结算机构有权对该结算会员的在手合约实施强制平仓。同样道理，结算会员对非结算会员、期货经纪公司对客户都实行逐日盯市、每日无负债结算制度。从而保证了客户对期货经纪公司、非结算会员对结算会员、结算会员对期货结算机构在每天交易结束后都不存在负债，使得期货结算机构能够作为买卖双方的第三方，对一切经过其结算后的期货合约的买卖提供担保。《期货交易所管理办法》规定期货交易实行每日无负债结算制度。

（四）最高持仓限额和大户申报制度

为防止由于期货市场上出现操纵或垄断行为导致价格大幅度波动，避免市场风险，各期货结算机构一般都对每一结算会员在一定时间内拥有期货合约的最高数量加以限制，并逐日加以审核。如果结算会员的持有合约数量达到了这一标准必须按照有关规定进行申报，结算机构将通过提高其所持合约的保证金金额等措施加以限制和制约。《期货交易所管理办法》规定，期货交易实行套期保值头寸审批制度和投机头寸限仓制度。期货交易所对会员和投资者在非交割月份和交割月份持有的投机头寸，分别制定最大持仓限制标准。期货交易实行大户报告制度。期货交易所可以根据市场风险状况制定并调整持仓报告标准。

（五）风险处理制度

风险处理制度是指期货交易所制定的，当结算会员破产或无法履约时，结算机构可以采取一些保护性措施，以防止事态的进一步恶化。这些措施通常包括：(1)立即将该结算会员的所有持仓予以平仓或者转让；(2)如果采取上述处理措施后，结算会员仍出现亏损，则动用该结算会员的结算保证金进行抵补；(3)如果动用了该结算会员的结算保证金仍不足以弥补亏损，则动用该结算会员存放在结算机构的担保基金进行抵补；(4)如果仍出现亏损，则动用期货结算机构的自有资金。在必要情况下，期货结算机构可以要求全体结算会员增交结算保证金，以增强整体风险抵抗能力。

第七编

票据法

7

第三十章
票据法概述

第一节 票据概述

一、证券、有价证券与票据

(一) 证券

证券,一般而言,所指的是一种权利凭证。证券是一种权利的体现,证券本身记载权利,但证券通过记载权利后本身也权利化了,它体现了一种权利转变为另一种权利并由持有该证券的人所享有的物化形式。证券和权利关系是:证券权利源于权利,证券通过权利记载本身就体现权利,证券创设了一种新的权利,持券人持有该证券时可以要求证券义务人无条件履行证券义务。证券可分成三类:金额证券、资格证券、有价证券。

(二) 有价证券

有价证券是一种表明一定的财产性权利的证券,该项权利的发生、转移或行使以持有该证券为前提。具体包括四个方面的特征:第一,有价证券是财产性权利的表现,是一定财产价值的物化表现;第二,有价证券为证券和权利的结合体,而不是单纯的权利的证明,证券上的权利具有独立性;第三,权利以有价证券为载体,其存在、交易均依证券才能进行,有证券方能处分证券权利;第四,有价证券具有可自由转让的特征。证券权利的转移具有法律所允许的物权转让的性质,证券转让时无须得到证券上义务人或第三人的同意,也不适用债权转让规则。

有价证券的种类很多,法律上或学理上常给予必要的分类。

1. 依有价证券所表示的权利性质的不同,分为物权证券、债权证券、社员权证券。物权证券是指以物权为证券权利内容的有价证券。债权证券是指以债权作为权利内容的有价证券,依债权内容可分为金钱债权证券和物品债权证券。社员权有价证券是指以社员权作为权利内容的有价证券。

2. 依有价证券上权利人的表示方法不同,分为记名证券、指示证券和无记名证券。证券上记明特定人为权利人的,为记名证券。无记名证券又被称作来人证券,是证券上不指定特定人为权利人,而以持票人或来人作为权利人的证券。这种证券可以以单纯交付的方法进行转让。指示证券是指以证券上所记载的特定人或由该特定人所指示第三人为权利人的有价证券。指示证券通常依背书方式进行转让,故又称为背书证券,如汇票、支票等。

3. 依有价证券上的权利与产生该权利的原因之间是否存在牵连关系,分为有因证券和无因证券。有因证券又称为要因证券,其证券权利受该证券发行的原因因素影响。不受证券本身以外的原因关系存在与否与内容影响的,为无因证券。

4. 依有价证券上权利与证券作成的关系的不同,分为设权证券和非设权证券(证权证券)。设权证券是指证券上的权利须证券依照法定方式作成后方产生的有价证券,在证券作成以前,权利并不存在。证权证券上的证券权利在证券作成前已经存在,证券作成前的权利与证券权利为同种权利。

5. 依有价证券作成方式的不同,分为要式证券和不要式证券。有价证券虽以权利凭证方式出现,且以凭证为权利证明的基本证据,但法律对各类有价证券作成的方式要求并不相同。某些证券,如处于高度流通中的票据,出于安全的需要,为避免发生歧义争执,法律规定其记载的内容、记载的方式,不依法定方式记载时不赋予其证券上的效力,故称为要式证券。法律上未明确规定证券作成方式要求的,为不要式证券。

6. 依有价证券上权利是否以证券上所记载文义确定为标准,分为文义证券和非文义证券。证券上权利的内容的决定因素有二,一为证券文本上所记载的内容,二为证券文本记载以外的凭据。某些流通性强的证券,证券文本记载以外的凭据随证券本身转移多有不便,故要求其权利的全部内容依流通的证券本身记载的文义为唯一依据,我们称之为文义证券,如若允许以其他凭据补正的,则应视为非文义证券。

7. 依有价证券的功能划分,分为资本证券、货币证券、商品证券。资本证券是指代表一定资本收益权与相关权利的有价证券,如股票,作为一种长期投资工具,具有投资功能;货币证券是指代表货币支付请求权的有价证券,作为一种短期信用工具,具有到期支付与提前贴现的功能;商品证券是指代表特定货物或商品所有权的有价证券,如仓单、期货合约等,在期货交易中,具有到期交割的功能。

(三)票据的概念和特征

票据一词的运用十分广泛,股票、货单、发票、债券等等,在日常生活中也常被称为票据。票据法理论上的票据概念要小得多,只是有价证券的一个种类。票据作为"最先产生的有价证券,它使由其所表现的权利彻底地证券化,并先于其他有价证券获得长足的发展,成为一种最重要的有价证券,被誉为'有价证券之父'"。①

由于各国票据制度产生的政治、经济、文化背景不同,对票据一词的理解不一,立法上也有差异。大陆法系采用"分离主义"的立法方法,分别制定《汇票本票法》与《支

① 赵新华著:《票据法》(修订版),吉林人民出版社1996年版,第10页。

票法》，如德国、法国等。英美法系国家的票据立法大多将汇票、本票、支票规定在一起，学者们称之为“概括主义”的立法方法。《中华人民共和国票据法》(以下简称我国《票据法》)也采取了概括主义的立法方法，规定：“本法所称票据，是指汇票、本票、支票。”按照我国票据立法模式，票据是由出票人依照票据法的规定签发的，约定自己或委托第三人于一定日期无条件支付一定金额的流通性有价证券。它包括三层含义：第一，票据是依照票据法的规定作成和发行的。出票人签发的票据从形式到记载事项均需符合票据法，否则导致票据不符合形式要求而无效。第二，票据系约定出票人自己或委托第三人无条件地于一定日期支付一定金额的有价证券，包括已付票据和委付票据。第三，票据是流通证券，票据权利可以依背书转让等方式来进行流通，流通性是票据的最基本的特征。

作为典型的有价证券，票据具有以下特征。

1. 票据为设权证券。票据被视作设权证券是指票据上所记载的票据权利，即持票人可凭票据要求票据债务人给付票据记载金额的权利，完全依出票行为而创设。通过作成票据而创设的票据权利，是一种独立的权利。尽管票据发行原则上要求具有对价关系，但对新创设的票据权利义务关系而言，对价关系只是一种基础关系、原因关系，原因关系和新创设的关系各自独立存在。

2. 票据为无因证券。票据作为无因证券是指持票人只要以其持有该票据事实本身，而不必证明自己因何种原因取得该票据即可完全地主张票据权利。除票据发行上仍要求票据的原因关系或基础关系的存在(绝对无因的票据立法除外)外，票据流通过程中，票据关系与票据原因关系、基础关系相分离，成为独立的票据法律关系，票据持有人的权利一般不因前手与票据其他债务人之间原因关系的瑕疵而受影响。

3. 票据为要式证券。票据作为要式证券，要求票据的作成，包括票据的记载事项、记载方式，要严格依票据法律的规定进行。它有以下三层含义：第一，票据欠缺票据法规定的绝对应记载事项一部分或全部的，票据无效；第二，票据记载非票据法规定的记载事项，不发生票据效力；第三，票据从作成到承兑、背书、保证、参加都要求依票据法规定的方式表示。

4. 票据为文义证券。票据是一种设权证券，其权利的内容即由票据作成时记载为限，故票据上的权利只能依票据上记载的文字为准，而不允许以票据记载以外的证据来变更、推翻票据上的权利，即使票据上的记载事项有错误，也不得以票据外的事项来证明，或加以修正。

5. 票据为金钱债权证券。票据记载的内容即为一定数额的金钱在一定日期的无条件给付，故票据为金钱证券。出票人在票据上记载的金钱给付内容，使自己成为债务人，允诺持票人在一定日期可依票据金额向出票人本人或出票人委托的人收取款项，反映债权凭证性质，持票人可依票据向特定的债务人(出票人或承兑人等)行使金钱给付请求权。

6. 票据为流通证券。票据的产生，就在于金钱的支付、转移的需要。票据作为文义证券、无因证券、设权证券、要式证券等的目的在于发挥其流通的功能。票据作为流通证券,与民法上的债权转让相异,只要依法转让票据本身,就发生票据权利转让的效果。

7. 票据为提示证券。票据作为提示证券是指持票人在行使票据上的权利时,必须作出请求票据债务人付款的提示,票据债务人在票据持有人依法定方式提示票据知晓自己的票据义务后履行票据义务。票据持有人未提示付款,票据债务人不因票据到期未履行而负迟延责任。票据为提示证券还表明,在依票据法规定行使票据追索权时,也必须提示背书连续的票据给票据债务人,包括票据的出票人、背书人、保证人等,否则不得行使追索权。因此,票据提示是票据债务人履行票据义务、承担票据责任的前提,也是票据权利人主张权利的一种方式。

8. 票据为缴回证券。票据作为完全有价证券,持票人有权主张票据权利,也可转让该票据权利,因此债权人受领票据上所记载的给付金额后,票据债权人必须将票据缴回债务人,使票据上权利义务消灭,以免票据落入善意第三人后导致票据债务人再履行票据债务。

二、票据的种类

票据是在商业交易中形成的习惯的法律肯定,基于其在商业交易中的重要性,票据立法具有严格的要求,各国立法明文规定票据的种类,且不允许商品交易者自行创设新的票据种类。但票据仍可依立法和学理上多种方法进行分类。

(一)《票据法》规定的票据种类

各国票据立法的差异,致使各国票据法规定的票据的分类方法各有差异。大陆法系国家大多将汇票、本票汇合成《票据法》,而另行规定《支票法》,支票为一种独立的证券形式,如德国、法国、瑞士、日本等。因在法、德等国家,先行发展起来的是汇票、本票制度,而支票制度产生较晚,从而形成分别立法的结果。英、美票据法体系中,支票制度同汇票、本票制度均较早发生,至制定专门的票据法时,均已成为较成熟的商业制度,故英国在1882年制定《票据法》时,收集整理了历来的票据习惯、特别法令、判例等,将支票作为特别汇票加以规定。美国作为殖民地则长期使用英国的票据制度,至1896年,美国统一州法委员会制定了统一的流通证券(Negotiable Instruments)法,包括汇票、本票、支票三种票据。1952年,该委员会在制定美国统一的商法典时,曾将《统一流通证券法》及其他法律中规定的流通证券汇合而成统一商法典的第三编"Commerical Paper"。到90年代,第三编重新定名为"Negotiable Instruments",内容包括汇票、本票、支票、存款单(certificate of deposit)。我国《票据法》规定了汇票、本票、支票三种票据。

(二)学理上的分类

票据法理论上,票据可作不同的分类。

1. 依票据出票人和付款人的关系而言，可分为委付证券和己付证券。凡出票人同时为付款人的，为己付证券，如本票，因在票据关系中仅为出票人(付款人)和收款人，故又被称作双方证券。凡出票人本身不为票据付款人，而是委托他人支付一定金额的票据，则为委付证券，如汇票、支票。因付款人为出票人以外的第三人，如承兑人、代办支票业务的银行等，票据关系人有三人，有时又被称为三方证券。

2. 根据票据的性能，分为支付证券和信用证券。凡付款人仅限于银行等金融机构的票据为支付证券；凡是限定日期，指定一定日期受款的票据为信用证券。本票、汇票就是基于出票人的信用发行的信用证券(即期汇票和即期本票为见票即付证券，故为支付证券)。部分国家允许发行远期支票，使远期支票也具有信用证券的意义。

3. 根据票据出票人的不同，可分为银行票据和商业票据。出票人为银行的，为银行票据，如银行汇票、银行本票，银行票据以银行信用保证票据的信用。出票人为银行以外的人，如公司、企业等，则为商业票据，如商业汇票。

4. 根据票据记载付款期限的不同，分为即期票据和远期票据。见票即付的票据如支票、即期本票、即期汇票。远期票据是指出票后定期付款、见票后定期付款、定日付款的票据，如远期汇票、远期本票。

5. 根据票据格式完成与否进行划分，分为空白票据、完成票据、不完全票据。空白票据，即空白授权票据，指出票人在票据上签章后将票据的其余全部或一部分应记载事项授权他人补记完成的票据，他人补记后的效力及于出票人。将票据应记载事项记载完成并签章后再予发行的票据，为完成票据。出票人出票时因疏忽或错误等而致票据应记载事项未作记载而发行的，为不完全票据。

三、票据的起源与票据的功能

(一) 票据的起源

多数学者认为，票据起源于 12 世纪意大利的兑换证书。当时，地中海沿岸商业极为发达，意大利成为欧洲的贸易中心，因各国币种的差异和金银输送的诸多不便产生了一种兑换业。兑换商既负责兑换货币，还兼营汇兑业务，于收受货币时发行一种兑换证书，商人可以持该兑换证书向该兑换商或其开设于各地的支店及其委托的代理店请求支付通用货币，这种兑换证书逐渐发展成为后来的本票。而在 12 世纪中期，兑换商在发行异地付款的兑换证书时，附加一种付款委托证书，请求付款时，必须同时提示这两种证书。这种制度随异地贸易和隔地付款的发展而日益增多，开始成为一种独立的付款制度，这种付款委托证书后来发展成为汇票。16 世纪，意大利商人开始在票据的下方记载提示票据人的姓名及其有权受领的票载金额，并签名为证。到 17 世纪，法国商人开始将这种受取文句记载于票据背面，并逐渐使代为受领票款记载演化为转让票款的记载，使票据成为一种可经背书转让的流通证券。1673年，路易十四颁布商事条例，将上述商业交易中的习惯以法律形式肯定下来，使票据所具有的功能成为法定效能，票据规范完成了由惯例向法律规则的演变。

至于支票的起源，有时被溯源至荷兰，乃至意大利、德国，认为其起源是拥有巨额财富的王公贵族在使用现金时签发一种让自己的出纳官为付款人的支付命令书。较广泛的意见是，17世纪，英伦岛的富商将货币存入从事金饰品加工的金匠(后发展为专门从事金银买卖的商人)处，并换取收据，该收据具有见票即付的性质，类似于现在的银行支票。1742年，英立法禁止民间发行纸币和无记名证券。金银经营者改变方式，在收受金银时，交付存折给存款人，并附有指示付款书，存款人填写指示付款书后凭存折取款。这种指示付款书被视作是现行支票前身，故支票制度的起源地一般认为是英国。

(二) 票据的功能

票据、公司、合同并称市场经济运行的三大支柱。被马克思称为"商业货币"的票据在资本主义经济发展中发挥了任何制度都无可替代的作用，有人称之为"商品交易的血管中流动的血液"。从票据的起源看，无论是汇票、本票，都有汇兑、支付的功能，这种汇兑、支付功能中包含的对金银等货币形式的替代效能促进了商业的繁荣，而票据的流通、融资功能则是从票据的本身所拥有的源功能逐渐发展而来的。票据制度在市场经济条件下具有无与伦比的功能。

1. 汇兑功能。这是汇票的源功能之一。现代票据制度中，汇票的汇兑功能仍是一种基础功能，在因商业交易或因其他原因，需将一笔货币从甲地送至乙地时，大可不必将现钞随身携带，否则既不方便，也不安全。票据可以消除货币异地输送障碍，降低异地支付的人力成本和安全风险。中国古代的"飞钱"、"交子"与国外的"汇兑证书"等的出现正是显示了这一功能的需要。我国票据异地汇兑的作用主要是通过银行汇票与银行承兑汇票实现的。

2. 支付功能。票据支付功能也被视为票据的源功能之一。票据中先行发展起来的汇票、本票作为汇兑工具，还可以流通转让，在商业交易中以支付票据代替现金支付的方式便形成和流行起来。由于用票据替代现钞作为支付工具，可以避免点钞时可能发生的错误，又可节约点钞时间，体现了便利支付、简化支付、安全支付的要求，人们在经济交易中广泛使用票据作为支付工具。支票制度产生后，票据支付的方式得到了更广泛的认同。其中使用支票代替付款，因其只需在银行缴存现金、签订支票合同后即可使用，颇为便利。汇票、本票、支票体现了不同的商业交易中对于支付工具的不同要求。

3. 货币替代功能。票据替代货币功能是票据赖以存在的最基本的理由。"商业货币"对货币的替代充分体现了经济原则。货币有金银、纸币，发行与流通成本均很高。犹如在支付功能中所体现的票据替代现金的作用，在商业领域，本需大量的现钞来完成的支付，只要通过一张票据即可完成，国家自可减少货币的发行，节约通货，降低货币的发行成本。

4. 信用功能。票据的汇兑功能、支付功能、货币替代功能都可以被视作票据的源功能，因为票据制度发生之始，就在于要通过货币替代进而完成汇兑便捷、支付安全的目标，而票据之所以能被接受，很重要的是通过惯例、法律的约束，使票据的信用得到保证，票据信用是货币信用的自然延伸和发展，被视为票据的核心功能。

票据的信用功能主要是指以偿付为条件，一方先期交付商品或货币，接受商品或货币的一方按约定在未来的时日以货币形式偿还资金，体现了票据具有使出票人于未来取得资金的信用能力转变为当前支付能力的作用。票据法理论认为，出票人的信用能力包括了其未来的经营性资金能力与筹资性资金能力。多数国家票据法主张，作为票据关系基础的资金关系是出票人与付款人之间的个别信用关系，票据法不要求出票人在签发远期票据时即具有对付款人现实的支付能力。票据作为信用工具，是商业交换及信用制度发展的产物。

5. 结算功能，又称债务抵销功能。它是票据支付功能、汇兑功能、货币替代功能、信用功能发展的必然结果，主要指对经济交往中的货币支付和收受进行清算时，可以以票据作为给付手段来完成相互收付任务。简单的结算功能反映在两个当事人之间以债务抵销方式偿清账目。而在复杂的市场关系中，产生当事人支付的交叉，如果各种支付完成都需每一位当事人亲力亲为，货款结算就会成为十分复杂的难题。以票据清算机构为平台、以银行作为中介、以票据交换的方式进行划转冲抵完成货币收付的清算系统就发挥了票据结算功能。目前，票据交换不仅在国内，在国际间也十分发达，大大方便了经济往来中的结算。

6. 融资功能。票据的融资功能主要是指票据持有人通过对未到期的票据进行买卖、以融通资金的票据贴现行为。票据持有人通过出卖票据而从他人手中获取现款，将远期票据的信用能力贴现为现实的资金能力，完成融资目标。当然，票据收购业务一般只能由商业银行经营，因为它实际上是由银行向虽持有票据而急用资金的人提供银行信用、融通资金。商业银行贴现票据后尚可向中央银行申请再贴现，或向其他银行进行转贴现。

利用持有的票据进行融资是票据的功能，但我国目前对票据发行仍规定，签发和转让票据需以真实的商品交易为基础或有相应的对价，不允许以融资为目的签发票据。以票据原理而论，票据可分为商业票据和融通票据。融通票据是指不以现实的商品交易为基础，专为融通资金而使用的票据。一般由融资人向被融资人签发汇票，或者作为被融资人发出的汇票上所载付款人而进行承兑。从金融市场发展看，以远期票据作为重要交易工具发展短期资金市场对于商业交易与长期资本市场都具有重要的促进作用。但由于融资方与被融资方之间经济关系的不确定性，融通票据信用度较差，且常为投机分子所利用，我国现实生活中的票据纠纷不少就是因融通票据而引发。现行票据法规定仅允许发行商业票据，不得发行融通票据。

第二节 票据法概述

一、票据法的概念和特征

(一)票据法的概念

票据法是以规范票据关系为对象的商事法,是规定票据种类、签发、转让、付款和票据当事人的权利、义务等内容的法律规范的总称。

由于票据法法典内容的有限性,票据制度的运行还有赖于民法、行政法、诉讼法、刑法等的支持,加之票据立法上分采"包括主义"和"分离主义"两种体例,票据法这一概念可以从多个层次上进行概括。一为狭义票据法。狭义的票据法是指以"票据法"作为法规名称的那一部法律,如1995年5月10日,第八届全国人民代表大会常务委员会第十三次会议通过的《中华人民共和国票据法》。在分离主义立法模式下,有时"票据法"概念仅指称规定汇票、本票制度的"票据法",而不包括"支票法"。二为广义票据法。广义票据法指规定票据活动和票据关系的所有法律规范的总称,即除票据法以外,还包括其他法律部门中有关票据的各种规定。诸如民法中适用于票据活动和票据关系的法律规范,如关于法律行为、行为主体、代理等制度;民事诉讼法中关于票据纠纷管辖的规定,票据丧失后补救的"公示催告程序";刑法中关于票据犯罪的规定;公证法律中关于票据拒绝证书的规定等等。对于广义上的票据法,国外票据法又对其作出公票据法和私票据法的划分。公票据法是指公法上有关票据的规定,不适用当事人意思自治的法律规定。例如,刑法上有关伪造有价证券、票据诈骗等的规范;票据法上有关票据业务中玩忽职守的刑事责任的规定;民事诉讼法上有关票据诉讼和票据适用公示催告除权判决的规定;破产法中关于票据当事人受破产宣告的规定;公证法中关于公证机关制作拒绝证书的规定;税法中关于票据印花税的规定。私票据法是指私法上关于票据的规定,除票据法本身的规定外,还包括民法上有关票据的规定,如票据质押、票据资金、票据预约等方面的规定。

(二)票据法的特征

根据票据制度本身的规律,各国票据法坚持采取既要保障票据流通的灵活迅捷,又要确保票据权利人的利益的指导思想。基于票据法规则的共同作用,票据法具有以下一些特征:

1. 票据法具有强行性。票据作为流通证券,既体现出特定的当事人之间的关系,如出票人和收款人之间、付款人和收款人之间、连续背书中背书转让票据的前手和后手之间,但票据与生俱来的流通功能使不特定的当事人之间建立起票据联系,如背书受让的持票人与出票人、与承兑人之间的票据关系,与非直接前手和与非直接后手之间的关系。票据流通转让的内容只能是票据原记载的票据权利。票据支付、汇兑、信用功能均不允许票据当事人以自己认同的方式决定权利义务关系、变更权利义务内容。否则,票据就不能作为安全的货币替代工具被接受。因此,票据法与民法中的契约自由(即使有学者认为票据发行是一种契约行为)和私法中特别强调的意思自治原则相异,实行的是严格的规则法定主义,不依票据法规定作出的票据行为即无票据上的效力。票据法表现强行性的方面主要有二:一是票据的种类法定,票据法规定票据的种类仅为汇票、本票、支票三种,任何人不得创设新形式的票据而投入流通,否则就不受票据法保护。而民法中法律行为对行为的表现方式几无限制。二是票据作为严格的要式证券,在票据上的行为也为要式行为。票据法对于票据的格式、票据记载事项、票据行为方式都有严格规定,行为人不以法定的格式、不记载票据应记载事项一部分或多部分、票据行为不依票据法规定进行均可能导致票据无效或票据行为无效,而民法中的大多数行为,法律并不作要式规定。

票据法具有强行性,但也表现出一定的相对性,一是票据法规定了一些可以由当事人依法决定的事项,如汇票的付款日期记载,可由当事人在"见票即付"、"定日付款"、"出票后定期付款"、"见票后定期付款"中选择,从而发生不同的票据效力;票据出票人也可记载"禁止背书转让"以禁止票据的流通。二是直接当事人对票据所作的约定,虽无票据法效力,对第三人无约束力,一般也不承认这种约定的优先效力,但可以作为双方当事人之间票据抗辩的理由。

2. 票据法具有技术性。票据是商业发展过程中用以替代货币支付、货币汇兑、资金信用而创造出来的一种商业工具,票据法是对这种精巧的商业工具的法律化。票据作为一种复杂的特殊的制度,具有很强的专业性。因为没有严密和精巧的制度设计,就可能发生冲突、矛盾而使票据这一工具缺乏生命力。从票据形式的严格要式性规定,到票据行为的要式性、无因性、文义性规定,以及关于票据背书制度等规定,无不体现出票据法区别于一般法律中强调道德理念、道德判断的价值取向,具有技术性特点。票据规范犹如交通规则一样,目的只是为了维护交通秩序。作为技术性法律的票据法,是由一系列经由严格设计的票据法律具体制度构成的体系完整、结构合理的法律部门。

票据的技术性在德国票据法中体现得最为明显,依其规定,票据为绝对无因证券。这使票据这一商业工具免因任何其他法律关系或道德评判而受到影响。就我国等多数国家而言,票据法仍有一些道德价值判断影响的规范。如我国《票据法》第12条规定:"以欺诈、偷盗或者胁迫等手段取得票据的,或者明知有前列情形,出于恶意取得票据的,不得享有票据权利。"这类规范被用以弥补技术性法律与道德规范的冲突。

3. 票据法具有统一性。票据法的统一性首先体现在各国票据法内容的相似性上。无论票据种类、票据行为及具体运作制度,各国规定大同小异。其原因主要有三个方面:一是票据从其产生而言,本是各国商业交易过程中因原有的支付、汇兑手段的不便而创设的一种工具,为各国商人所接受而成为商业惯例,最后经各国立法而成为成文法。二是票据本身为商业贸易服务。在国际市场上,货物买卖、服务贸易历来就没有封闭的疆界,各国放宽对贸易限制,使国与国之间的经济往来日趋自由化,因而担当国际支付、结算、汇兑职能的票据也要求相互间的互适性,这种商业要求会迫使立法者放弃个性化的主张而向一致性方向发展,否则将损害本国经济同国际经济的交流。三是票据作为商业工具,具有很强的技术性。在关于道德评判、政治评判影响各国立法方向和具体内容时,票据法都可以避免因这些因素而导致的国和国立法的差异。

票据法的统一性还体现在国际统一票据法运动及其成果上。从 19 世纪始的票据法统一运动发展至今,绵延不绝。1930 年制定的日内瓦《汇票和本票统一法公约》中的附件《统一汇票本票法》和 1931 年制定的《支票统一法公约》中的附件《统一支票法》为相当多的国家所借鉴甚至直接采用其基本条款。尽管美、英等国家未加入上述公约,但仍不失为具有普遍意义的国际规约。20 世纪 80 年代,联合国国际贸易法委员会也积极组织拟订了《国际汇票和国际本票统一公约(草案)》。

二、票据法的沿革及发展趋势

票据先于票据法产生。票据法产生之间的票据制度系由民事法律规范来调整。随着票据在商事活动中作用的加强,票据形成一定的商业习惯法的形态,表现为若干商人团体的规约及都市法规[①],由商人法庭、市场法庭作出判例,并随商业的发展而形成广泛的商事习惯法。

(一) 各国票据法的历史沿革

在 20 世纪以前,票据法发达的欧洲形成法、德、英三大法系,各国不同的国情形成了不同的票据发展过程。

1. 法国法系。法国票据法以 1673 年路易十四时期制定《陆上商事条例》中关于票据的规定肇始,是世界上最早进行的票据成文立法。拿破仑时期制定了《法国商法典》,其中第 1 编第 8 章第 110 条到 189 条规定了汇票和本票。1865 年制定了《支票法》。法国票据法注重票据的支付功能和汇兑功能,并将票据作为证明其基础关系的契约,认为票据关系与基础关系不可分离。1935 年,法国以日内瓦统一票据法为参照,重修商法典。比利时、荷兰、葡萄牙、意大利及拉美诸国受法国票据法影响而称为法国法系。

2. 德国法系。德国自 17 世纪始,由各邦自行制定票据法规,种类多达 56 种,且内容相左,适用不便。1846 年,由关税同盟各邦会议倡导统一票据法。1847 年制定普通票据条例,1871 年正式颁布实施德国《票据法》,但限于汇票和本票,1908 年另行制定《支票法》。德国票据法将票据关系和基础关系完全分离,并规定了严格的格式,

---

① 刘家琛主编:《票据法原理与法律适用》,人民法院出版社 1996 年版,第 29 页。

注重票据的信用作用及流通作用，票据成为典型的无因证券。1933 年，根据日内瓦统一票据法制定新票据法。德国票据法因摒弃送金主义，使票据成为无因证券，促进了票据的信用功能和流通功能，适应了市场经济的需要，被认为是先进的立法方式。匈牙利、奥地利、瑞士、丹麦、日本、挪威、土耳其、苏联等受其影响颇深。

3. 英美法系。1882 年，英国国会以票据商事习惯、特别法令、判例总结为基础，通过并颁布了《票据法》，包括本票和汇票两种形式，支票作为即时汇票加以规定。英国票据法也将票据规定为无因证券，只是要式规定上相对自由，规定附息票据和分期付款制度。在手续上也较宽和，追索权行使可以依不可抗力救济。加拿大、印度、美国、澳大利亚等广泛采用英国票据法模式。1957 年，英国另行制定支票法。

英国法系影响下的美国票据法有自己的特点，原由各州并不统一的票据立法在 1896 年形成《统一流通证券法》，1952 年制定的《美国统一商法典》中第三编规定了商业票据，其概念包括存款单。

（二）日内瓦统一票据法的形成

各国票据立法是促进票据制度发展的法律保障。但商业信用和商业流通的国际性带来的对票据工具的国际性要求与票据法国内法属性形成了冲突，并随着经济的发展表现得更为激烈。各方积极呼吁倡导票据法的统一。

1910 年、1912 年，荷兰政府在海牙两次召开国际票据法统一会议。一战以后成立的国际联盟在 1920 年布鲁塞尔国际财政会议上再次讨论了票据法统一问题。1930 年，国际联盟在日内瓦召开国际票据法统一会议，并议定了《统一汇票本票法》及三个公约。1931 年，召开第二次国际票据法统一会议，议定《统一支票法》及三个公约。日内瓦国际统一票据法借鉴了法国法系、德国法系及英国法系三大立法模式，是一个较完整的立法体例，受到了多数国家的重视，多数与会国还以公约文本为楷本对各自的票据立法进行修订。国际票据法统一运动获得了巨大成功，尤其是法、德票据体系由此达成了统一。英、美两国虽参加了会议，但英国仅在《汇票本票印花税公约》、《支票印花税公约》上签字，两国仍沿用本国票据法的原有体系。英、美认为，该项票据统一法主要依据大陆法传统，尤其是德国法传统修订，且其不少规定与本国票据实践相左，顾及英美票据法体系内部的统一，故未签字认可。[①]自此，统一票据法运动发展到 20 世纪 30 年代，票据法体系构成日内瓦统一票据法体系和英美票据法体系的并存格局。

日内瓦统一票据法体系形成过程中，否定了法国法系将票据仅视作输送金钱工具的模式，而将票据作为信用和流通的手段，以票据无因性为本质特征，反映了票据流通的本质规律，适应了票据制度在市场经济发展条件下的进步需要，具有很重要的意义。具体而言：(1)票据债务人不得以基础关系上的瑕疵对抗善意持票人，以促进票据流通，保全票据信誉；(2)强调票据的信用功能，并通过票据的流通转让使票据信

---

① 郭锋、梁英武著：《票据结算与票据法》，北京理工大学出版社 1992 年版，第 51—52 页。

用从狭窄的直接交易人之间的信用扩大为社会信用并使信用程度倍增，从而大大促进了各国市场经济的发展，对国际贸易及其他民商事流转的扩展更具重要作用。这种促进作用的原理可以通俗地加以说明：票据的信用功能可以使将来的钱为现在所用，票据的流通性则可以使这笔将来的钱为现在很多的人多次贸易使用，且使债权人的权利随着"票据流通带来的信用增强而得到更有力的保障"。①此外，由于票据制度在欧洲大陆及其他诸多缔约国的基本统一，有力地促进了票据在全球范围的流通，保障了国际经济一体化的发展。

（三）国际票据制度的发展趋势

客观而言，日内瓦统一票据法也存在一些不足：(1)完全因袭德国法系的严格的形式主义在一定程度上影响了票据的便利流通。日内瓦统一票据法为保证票据流通的安全而采严格形式主义，且不允许签发无记名票据，较英美票据法体系而言，显得规范过于繁琐，程序过于严格，当事人选择余地过小，影响了票据当事人的票据行为，严格形式主义导致不少票据无效，反而影响了票据的流通，造成与鼓励票据流通之旨趣相悖的结果。(2)在一般立法技术上对大陆法系立法传统的因循，过多顾及了欧洲大陆两大票据法系的传统，无论在立法体例上，还是在具体制度的规定上，都轻视英美票据法系的规定。有些方面，英美票据法可能更加符合票据流通规律，更能适应市场经济和国际贸易的需要。这些缺陷成为英美诸国拒绝参加公约的理由，使统一票据法的努力仅取得阶段性成果。

于是，国际票据制度出现了法律和实践的反差。一方面，票据制度尽管面临信用卡、电子资金划拨系统等新的支付机制的冲击，但其功能仍无可替代，在国际贸易中的地位依旧十分重要②；另一方面，原先仅产生的阶段性的票据法统一成果阻碍了不同法系国家之间票据的运用，况且在同一法系内，也因判例法和商业实践中的差异而产生票据法的冲突。国际社会仍表现出对票据法继续走向统一的强烈愿望。联合国国际贸易法委员会根据国际统一私法协会(INIDROIT)的报告并向各国政府、银行、贸易机构征求意见，得出结论是：票据法的国际统一不可能通过推广日内瓦公约文本的方式获取，甚至也不可能仅通过日内瓦公约文本的修改就可促使英美票据法体系国家的加入，唯一可行的办法是拟定一套适用于特别流通票据的新规则，供人们在国际交易中运用。经过努力，联合国大会于 1988 年 12 月 9 日通过了《联合国国际汇票和国际本票公约》，但未能取得各国的认可。

客观而言，票据作为现代市场经济中最主要的结算、支付、信用、资金融通的工具，在市场经济条件下的运作有着共同的规律，应当成为市场经济的促进器。世界贸易组织作用的强化、市场经济的发展、国际经济新秩序的形成都将促进票据的国际统

---

① 王小能：《日内瓦统一票据法律制度及其对我国的借鉴意义》，载于《中外法学》1998 年第 3 期，第 21 页。

② 1968 年，国际贸易法委员会第一届会议决定，国际支付应与国际销售和国际商业仲裁一起，成为建立现代国际法律制度工作的重点。

一性，每一次票据统一法的努力都昭示着国际票据法律制度统一的美好前景。

三、中国票据立法概况

中国票据的萌芽被追溯至唐宪宗时期（公元806年至820年）的“飞钱”，甚至可以追溯到隋末唐初的“帖子”。宋代的“交子”和明末的“票号”作为商业工具则较成气候。至清末，西方银行制度渐渐引入，我国传统票据制度逐渐被取代。

我国票据立法始于清末。1907年，清政府请日本法学家志田钾太郎起草票据法草案，但因清政府不久即被推翻，该草案未及公布。民国政府则参照海牙统一票据规则草案，并参照德国、日本票据法及英、美票据成文法几经草拟、修订，于1929年（民国18年）通过票据法，同年10月30日公布施行，次年7月1日又公布票据实行法，成为我国历史上第一部正式颁布施行的票据法。为了与经济发展相协调，我国台湾地区当局在1954年、1960年、1973年、1977年、1986年先后五次进行修订，现行票据法是1986年6月第五次修正公布实施的票据法。该法采用三票合一的立法体例，票据要式则实行严格的形式主义。我国香港地区则因袭英国法律传统制定了《香港票据条例》，该条例在香港回归后继续施行。澳门回归后则由《澳门商法典》第四卷第二编《特别债权证券》规范票据制度。

中华人民共和国成立以后，包括票据法在内的“六法全书”被彻底废除。随着资本主义工商业的社会主义改造的完成，国民经济转为计划经济体制。国家实行严格的经济管理，信用集中到国家，由银行作为国家信用体现的工具来完成。由于取消了商业信用，票据仅仅作为支付的手段，汇票、本票被禁止使用，支票使用也受到严格限制，根据苏联结算制度经验，形成了托收承付、托收无承付、付款委托书等八大结算制度。票据只是完成行政经济管理的一种工具。

中共十一届三中全会后，随着对内搞活、对外开放政策的实行，经济体制从计划经济逐步走向市场经济，自然产生了对于票据制度的需要，从国家信用一花独放向“国家信用、商业信用、社会信用”并重模式的发展更使票据制度的重建成为必然，中国人民银行先颁布了有关票据适用之规定。1985年，中国人民银行主持起草票据法，但未能进入正式立法程序。1988年6月8日，上海市人民政府参照国际立法经验，制定发布了《上海市票据暂行规定》，共5章86条，规定了汇票、本票和支票制度，成为新中国第一部较完整的票据规章。1988年，中国人民银行改革银行结算制度，经国务院批准，于1988年12月19日颁布《银行结算办法》，并自次年4月1日施行。该办法全面推行银行汇票、商业汇票、银行本票、支票（包括个人支票），成为全国性的票据行政规章。但是《银行结算办法》及其他有关文件都只是银行制度和结算规定，而不能认为是完整的票据法规范。从内容而言，也不能满足现实生活中商业信用发展的需要，对票据的无因性、票据的背书制度、票据的对价制度、票据的追索权制度、票据的抗辩制度等都缺乏明确的规定，从而制约了票据的流通。1990年，全国人大再次强调要完善票据立法。1995年5月10日，第八届全国人大常委会第十三次会议通过《中华人民共和国票据法》，并且1996年1月1日正式施行。2000年11月，最高人民法院发布了《关于审理票据纠纷案件若干问题的规定》。为了适应新的需要，2004年8月，《票据法》进行了修改。

我国《票据法》从1990年正式起草至1995年由全国人大常委会审议通过，历时达六年，期间，深入调查研究、总结实践经验、广泛征求意见，数易其稿。这部法律遵循票据当事人平等的原则，着重调整票据当事人之间的权利义务关系，充分借鉴国外、国际票据立法经验，采用国际通行规则优先，与国际惯例接轨，从我国国情出发，尤其是总结了我国改革后的银行结算制度运作经验及我国地方票据法实施成果；特别明确规范票据行为，保护票据当事人的合法权益，维护社会经济秩序，促进社会主义市场经济发展的宗旨；采取汇票、本票、支票"三票合一"的立法体例，并以票据种类的主体框架，以票据行为为主线、寓权利义务于其中的法律结构。依据上述立法指导思想、立法宗旨、立法体例结构，票据法在票据行为、票据权利的行使、票据义务的履行等方面作了全面、系统的规定，确立了调整票据关系、规范票据活动的各项规则和制度。

我国《票据法》的立法宗旨是"为了规范票据行为，保障票据活动中当事人的合法权益，维护社会秩序，促进社会主义市场经济的发展"。分析我国票据立法思想基础，即在处理票据流通便捷性和票据流通安全性的辩证关系时是何种态度？我们认为，立法者既考虑到我国市场经济发展对票据制度的迫切要求，故借立法之机，促进票据制度的发展，但又充分考虑到在从计划经济体制向社会主义市场经济转轨阶段的特殊情况，如经济信用尚不发达，市场信誉、企业商誉等的重要性也未充分体现出来，经济秩序尚待整顿，作为信用载体之一的票据之关键在于保证经济正常、有效、有序、安全地开展流通，立法规定的各项票据制度和票据规则在体现安全性的宗旨之下表现出严格主义的立法倾向。在立法宗旨上强调规范票据行为，维护社会经济秩序，在具体制度中特别强调要式性，专章规定法律责任，从刑事责任、行政责任、民事责任多方面加以保障，体现出充分考虑我国国情，以票据安全为核心作为推进票据制度的立法思路。

票据法理论主张，票据法的基本任务是保障形式合法的票据具有确定的效力，否则会导致票据权利的不确定性，假使形式合法的票据是否有效都可以被质疑，付款人或者其他票据债务人就可能借口拒绝承担票据责任，从而使票据本身的可接受性降低，最终抹杀票据的基本功能。票据法作为促进票据流通的手段，应当使票据流通简便、灵活、迅速。就促进票据的流通而言，票据法需要通过更有效的强行法与推定法来使票据行为遵循严格的要式规则，对于票据受让人采取善意取得制度与限制抗辩规则，维护交易安全。一旦我们的市场经济体制较为成熟，形成一种诚实信用的交易环境，则应更进一步修订为与国际票据法发展趋势相一致的票据法律制度。

第三十一章

票据法的基本问题

第一节 票据关系与非票据关系

票据是一种文义内容确定、体现特殊的债权债务关系的无因要式证券。构成票据关系的权利义务主体,在票据法学中称为票据当事人。此外,票据上还有一种非因票据行为直接形成债权债务关系,但因在票据上记载而与票据上的债权债务关系发生关联的主体,我们称之为票据关系人。关于票据债权债务关系形成之前所存在的票据基础关系,虽与票据有关,但适用民法规范。

一、票据当事人与票据关系人

(一) 票据当事人

票据是文义证券,票据债权债务关系的内容以票据上所载明的为限,所以票据当事人只能是在票据上为一定票据行为(包括作出一定的票据文义及签章)因而承担票据义务或享有票据权利的人,包括出票人、承兑人、收款人、付款人、背书人、保证人等等。

票据法理论对票据当事人可以进行以下分类:

1. 基本当事人和非基本当事人。票据为流通证券,在票据作成并交付完成时的票据当事人与票据关系因背书转让而发生变化后的当事人可作出必要的区分。票据作成并交付时已存在于票据上的当事人为基本当事人,如汇票的出票人、收款人、付款人。在票据关系成立进入流通领域后再行加入到票据关系中的当事人称为非基本当事人,如票据上的被背书人、票据上的保证人,国外票据法中的参加承兑人、参加付款人等等。票据上的基本当事人构成票据关系必要的主体。基本当事人不存在或不完全,票据关系就不能成立,票据作为权利凭证也就不能成立。也正因为如此,各国票据法对收款人空白的票据要作出特别规定,或规定不记名汇票在完成记名前不得使用,或规定不记名票据在提示付款时以来人作为收款人,以避免票据关系的基本当事人缺位。

2. 票据债权人与票据义务人。票据关系体现债权债务关系,享有票据权利的主体为票据债权人,承担票据义务的人称为票据债务人。票据作为要式有价证券,票据债权人主张权利以持有票据为前提,故在票据法上有“持票人”的概念。在票据上为一定票据行为的人对持票人而言皆为债务人,持票人得凭票据向债务人主张权利。承兑人、支票保付人、支票出票人为票据的主债务人,持票人应首先向其行使付款请求权。其他在票据上为一定行为的票据债务人只是在主债务人没有付款或拒绝承兑时才承担票据责任,故称为次债务人。主债务人和次债务人均为票据债务人,但其权利义务并不完全一致。

3. 前手与后手。票据当事人之间依照其位置关系可分为前手与后手。在本人签章之前为票据行为的人为前手,在本人签章之后签章的人为后手。前手与后手区别的意义在于,票据当事人在行使追索权时,只能是后手向前手追索,前手为债务人,后手为债权人。在票据抗辩规则中,还涉及直接前手与间接前手之间权利义务的差异。

(二) 票据关系人

票据关系人并非直接形成债权债务关系,但因在票据上记载而与票据上的债权债务关系发生关联的主体。如汇票中的担当付款人、质押背书的被背书人、支票的付款银行、委托背书的被背书人。

票据关系人具有以下特征:(1)票据关系人不享有票据关系中的票据权利,也不承担票据关系中的票据义务,不属于票据当事人。我国《票据法》第35条规定:“背书记载‘委托收款’字样的,被背书人有权代背书人行使被委托的汇票权利。但是,被背书人不得再以背书转让汇票权利。”汇票可以设定质押;质押时应当以背书记载“质押”字样。被背书人依法实现其质权时,可以行使汇票权利。(2)票据关系人无权处分票据权利。票据关系人无票据权利的完整处分权。如委托收款中的被背书人只是代票据持有人行使票据权利。委托收款人无权再以背书方式转让票据。(3)票据关系人与票据当事人建立的法律关系本质上是民事法律关系,因而适用民事法律调整,如委托背书中以民事代理法律规范调整,设质背书则同时以担保法律规范加以调整。

二、票据基础关系

发生票据金额转让的票据交付、背书转让行为必然有一定的原因,且与票据授受关系有时间上的先后之分,有原因和目的之别,有前提和结果之异。票据授受之前在两个或两个以上当事人之间业已存在的债权债务关系、受托支付关系、权利转让约定为票据基础关系。票据基础关系主要有三种:票据原因关系、票据资金关系、票据预约关系。

(一) 票据原因关系

票据原因关系又称票据原因,是出票人与收款人之间、背书人与被背书人之间签发、转让票据权利前所存在的经济上和法律上的联系,主要是相对人之间的交易关系和债权债务关系。在交易关系中,票据行为人签发或转让票据以支付货物买卖的价金,交易关系即为票据签发或转让的原因。与票据强调形式、文义、外观不同,票据原因揭示的是一种实质的关系,不受票据法的调整。一份票据在流通转让过程中,每一签发、转让环节的原因各不相同,签发人可为支付货款而交付票据,收款人可为偿付已有债务而转让票据,被背书人又可因赠与而转让票据等,而票据权利则在流通中并无改变。票据法强调票据关系与原因关系相分离,原因关系的瑕疵一般不影响票据的效力。

(二) 票据资金关系

票据资金关系是汇票出票人与付款人之间、支票出票人与银行之间的基础关系。汇票或支票的出票人之所以委托或命令付款人进行付款,付款人接受委托进行承兑并于到期日进行支付或见票即予付款,就是因为出票人与付款人之间存在一定的资金的约定。本票因为属于到期日由出票人本人付款,故不存在资金关系。①

票据资金关系的约定种类主要有:(1)出票人预先已将资金交存于付款人。付款人可以受出票人(也即存款人)的要求为支付行为。此种约定实质上就是支票账户开设时订立的支票合同。(2)出票人与付款人之间订立信用合同,付款人承诺为出票人垫付资金,如支票合同中订有透支条款时即是。(3)付款人对出票人欠有债务,付款人同意以此方式进行清偿。如商业承兑汇票中,承兑人因对出票人有未清偿债务而对出票人签发的票据承兑付款。(4)付款人和出票人之间存在其他合同(如继续供应合同)。(5)付款人愿意为出票人付款。(6)付款人付款后再行向出票人请求补偿。②

票据资金关系同样不记载于票据,存在于票据关系以外。票据关系与资金关系并列存在,不发生交叉关系。票据资金关系存在的法律意义是:票据关系与票据资金关系相分离,持票人并不因出票人与付款人之间的资金关系而享有付款请求权,而是享有向票据付款人取得的独立的付款请求权;资金关系中,供给资金的人是资金义务人,在付款人未受领资金而支付票款时,付款人可以向出票人等资金义务人请求补偿,但只能依民法上的无因管理或委托关系提出;出票人不能以自己已提供资金给付款人为由,对持票人拒绝承担票据义务,在付款人受领资金而不为付款时,出票人可依委托关系要求其赔偿;票据的付款人即使受领了出票人的资金,但在承兑票据前并不当然为票据债务人,而当付款人承兑后,则成为票据债务人;出票人无资金而签发票据时,票据效力不受影响,出票人根据票据法规定承担签发空头票据的法律责任。

(三) 票据预约关系

授受票据的当事人在原因关系产生后,签发票据前,必须就票据的种类、金额、到期日、付款地等事项达成合意,这种合意被称为票据预约。实际上,票据预约是授受

① 依国外广泛存在的本票担当付款人制度,发生出票人与担当付款人的资金关系,当属例外。

② 谢怀栻著:《票据法概论》,法律出版社 1990 年版,第 38—39 页。

票据当事人之间形成的一种民事合同。当事人之间原因关系成立后,即为票据预约,最后为票据行为。票据预约既为民事契约,票据法也就不作规范。票据预约方式为书面或口头,在所不问,当事人或是遵守,或是违反,也无票据上的拘束力。如约定签发票据而未签发,约定签发即期票据但签发为远期票据,票据法本身并不加干预,唯票据作成交付后,才由票据法加以规范。此外,票据背书转让时也有票据预约关系,如背书转让票据的前后手之间,在为票据行为前约定背书方式(正式背书或略式背书)或是否限定再背书转让等。

三、票据关系

凡民事法律行为均发生民事法律关系的变化,或产生、或变更、或消灭。票据关系就是基于票据行为而发生的法律关系,是在票据债权人与票据债务人之间的票据权利义务关系。票据关系受票据法调整。

(一)票据关系的特征

票据关系直接源于出票、背书、承兑、保证等票据行为,是一种特殊的民事法律关系。

第一,票据关系是基于票据行为而发生的票据权利义务关系,如出票、背书、承兑、参加承兑、保证、保付等。票据行为因行为人在票据上表意并签章发生票据上的效力。除票据行为以外的行为,如以不在票据上记载的一般转让方式转让票据权利时,不导致票据关系的产生和变更,票据法当然也不加以调整。

第二,票据关系主体的多极性。作为一种流通有价证券,出票人在签发票据后,持票人可以将票据权利以背书方式进行转让,只要在有效期限内,票据流通转让不受限制。每多一次流通,票据关系就多一个人参加,再加上承兑、保证等票据行为的作用,票据关系的主体就更多。为了保证票据流通的安全,票据法规定每个背书转让的人都要对票据的真实性负责。所以,票据流通以后已不再是特定人之间简单的债权债务关系,而是不特定人之间复杂的债权债务关系,有的学者把票据关系称作“团体权利关系”。①

第三,票据关系的独立性。尽管票据行为都表示于票据上,但票据行为人的行为本身又是独立的,因票据行为而形成的票据关系也是独立的。各个票据关系独立地表现其权利义务内容,即使相关联的其他票据行为存在瑕疵,也不影响其他票据签章的效力。

第四,票据关系的客体为票据记载的货币金额。由于票据是一种金钱有价证券,票据行为指向的均为票据记载的票据金额。至于该类票款所代表的货币种类,一般不加以特别限制,而由当事人在法律允许的范围内自由选择。不过票据关系的客体

---

① 赵新华著:《票据法》,吉林人民出版社 1996 年版,第 27 页。

分割问题因各国对部分付款、分期付款的看法不一而有所不同。在我国,票据款项不能分别为他人享有,不得部分转让票据权利,或分期转让票载金额,因而其行为客体为票据载明的全部金额。

此外,票据关系还具有其他一些法律特征,如票据关系主体角色的相对性、票据权利义务的单向度性等。前者主要指票据转让过程中,背书人相对前手为债权人,而相对背书转让后的被背书人则为债务人。后者指持票人享有付款请求权和追索权,付款人、被追索人为纯粹债务人的特征。持票人票据权利的实现,依赖于债务人履行票据义务。

(二)票据关系的种类

尽管票据关系的客体均为票据上载明的一定数额的货币,但因票据种类的不同和票据行为的差异,票据关系可以作出不同的划分。

1. 票据的发行关系。票据发行关系基于票据的发行而发生,其主体包括出票人和收款人。票据出票人作成票据并将票据发行给收款人后,即向收款人承担担保票据承兑、付款的义务。

2. 票据的承兑、付款关系。这在汇票、本票、支票各自体现不同,其中承兑关系只发生于汇票,付款关系则均存在。汇票承兑关系的主体是持票人和承兑人。在承兑关系中有承兑和拒绝承兑两种情形:持票人应当在规定的有效期限内提示承兑,承兑人予以承兑后,承兑人产生到期无条件支付票载金额的义务,承兑关系的效力及于所有可能持有票据的人(出票人除外);如果付款人拒绝承兑则转变为出票人与持票人、背书人与持票人之间的担保承兑关系,持票人依追索权主张票据权利。票据付款关系的主体为付款人和持票人。在汇票中,以签记承兑并签章的承兑人为付款人;在本票中,出票人为付款人,在支票中,以与出票人有资金信用、资金基础关系的银行为代理付款人。在付款关系中,持票人向付款义务人提示票据并请求付款,付款人向持票人付款并收回票据。

3. 票据的背书转让关系。票据的背书转让关系是票据的背书人与被背书人依票据背书并交付被背书人而发生的票据关系。持有票据而予以转让时,因需在票据背面以签章方式转让,故称为背书人,受让票据人则应由背书人在票据背面载明,故称之为被背书人。因背书顺序的先后,又常被称为前手和后手。因背书转让产生的票据关系的主要内容有:背书人向被背书人交付票据,背书人向被背书人担保票据承兑、付款。

4. 票据保证关系。汇票和本票上载明的债务可以由出票人、背书人以外的第三人保证。被保证人为出票人或背书人。票据保证关系的主体有保证人、被保证人和收款人。票据的保证系在票据上记载“保证”字样并盖章,票据保证人因保证票据付款,故其在票据不获付款时即应承担与其他票据债务人的连带清偿责任。保证人承担保证责任后,保证人可向被保证人及其他前手行使追索权。

5. 票据承兑、付款的参加关系。票据在被拒绝承兑或拒绝付款时,由付款人之外的第三人代替原付款人进行承兑、付款的,为票据的参加承兑、参加付款行为。其中参加承兑见于汇票制度,参加付款见于本票、汇票制度。我国《票据法》未规定票据参加承兑、参加付款制度。日内瓦《统一汇票本票法》第八章专章规定了参加制度。参加关系的主体包括参加人、被参加人、持票人。参加人为票据参加行为时，如票据不获承兑或不获付款时可以参加承兑、付款关系，并在参加承兑、参加付款的票据义务履行后从持票人取得票据，由参加人替代原持票人而成为票据权利的享有者。

四、票据法上的非票据关系

票据的基础关系是票据形成前存在的法律关系，因由民法调整，学者们称之为民法上的非票据关系。票据行为受票据法规范而形成票据法律关系。但票据运作中，尚有一些虽不具备票据行为的特征，但也由票据法加以调整的行为和事实，从而形成一定的法律关系，被称为票据法上的非票据关系。

票据关系与票据法上的非票据关系尽管都受票据法规范，但存在区别。首先，两者产生的原因不同。票据关系是基于票据当事人的票据行为而产生的，票据法上的非票据关系则是因票据法的规定而产生，如票据利益返还请求权产生的法律关系。其次，两者体现的权利义务关系的内容不同。票据关系所体现的权利为票据权利，因而其权利存在与否与是否持有票据相关联，唯持有票据时才能主张票据权利，票据法上的非票据关系权利源于票据法规定，而不是在票据上设定，不必以持有票据为要件，票据不过是一种证据证券而已。

票据法上的非票据关系因各国票据立法考虑不同而表现出一定的差异，归纳起来主要有：(1)因票据时效届满或手续欠缺而丧失票据上权利的持票人对于出票人或承兑人行使利益返还请求权而发生的关系；(2)票据上的正当权利人对于因恶意或重大过失而取得票据的人行使票据返还请求权而发生的关系；(3)汇票持票人请求出票人发给汇票复本而发生的关系；(4)汇票合法持票人请求汇票复本接受人返还复本而发生的关系；(5)汇票或本票的誊本持有人请求原票据持有人返还原票据而发生的关系；(6)付款人付款后请求收款人交还票据而发生的关系；(7)履行票据清偿责任的票据债务人请求追索权行使人交还票据而发生的关系。我国《票据法》中未规定复本、誊本制度，故上述(3)、(4)、(5)三种票据法上的非票据关系不存在，日内瓦统一票据法、台湾地区票据法等则作了规定。

第二节　票据行为

一、票据行为的概念与特征

(一) 票据行为的概念

票据行为是引起票据关系的法律行为。我国《票据法》的立法宗旨就是规范票据行为，但未对票据行为明确定义。

票据法理论采用广义和狭义两种表达方式来界定票据行为。

1. 广义的票据行为。广义的票据行为是指可以引起票据法律关系发生、变更、消灭的一切行为，包括出票、背书、承兑、参加承兑、保证、保付、禁止转让背书、见票、提示、划线、变更、伪造、变造、涂销等等。

广义的票据行为中，有的是票据权利人的行为，有的是票据义务人的行为，有的则可能是任何人的行为，如划线、伪造、变造、涂销等等；有的是基于当事人的意思表示而发生相应法律效力，有的则是基于法律规定而发生相应法律效力，前者如出票、背书、保证、承兑、参加承兑、保付，后者则指上述六种行为以外的其他票据上的行为。由于划线、提示、见票、伪造、变造、涂销、付款等更多是基于法律规定而发生相应效力的，故常被称为准票据行为。

2. 狭义的票据行为。一般票据法上使用狭义的票据行为概念，包括出票、背书、承兑、保证、参加、保付六种，我国《票据法》未规定参加和保付制度，故为四种。这些行为是以行为人在票据上进行必要事项的记载、完成签章并予以交付为要件，以发生或转移票据上的权利、承担票据上债务为目的的要式法律行为。

票据为文义证券、无因证券，故票据行为有其形式上的要求，非此，不足以让他人笃信该票据上承担债务目的的意思表示的真实性和方式的合法性。其形式上要求包括三个方面：(1)票据必须记载事项的记载，具体由法律加以规定；(2)行为人需在票据上完成签章；(3)向相对人为交付行为。上述六种票据行为即属符合该三要件的行为。

（二）票据行为的性质

票据行为究竟属于什么性质，在票据法理论上有很大的争议。

1. 契约说。契约说认为票据债务人承担票据债务的原因在于票据债权人与债务人之间订立的契约。契约的成立，对于债务人而言，应当作成与交付票据，对于债权人而言，应当受领票据。按照契约说，票据作成后被盗或者遗失，由于欠缺交付行为，契约关系不成立，票据签章者不承担票据责任。英国票据法采用契约说。契约行为说又分为单数契约说和复数契约说。(1)单数契约说。主张这一学说的学者认为，票据行为人的出票行为和其他票据行为只形成一个票据契约。至于票据行为人与直接相对人以外的票据当事人之间的权利义务关系的性质，则分别有债权让与说、权利继承说、第三人契约说、提示说四种。(2)复数契约说。主张复数契约说的学者认为，票据出票人之所以对多个票据当事人承担票据债务，是因为其与这些人之间都存在契约关系。至于票据行为人与直接相对人以外的票据权利人之间的契约问题的解释又有不特定人契约说、变更契约说、背书媒介说三种理论。

契约说对于票据债务人最大的保护是维护了债务人只受自己意志约束的规则，但是对于流通中的票据而言，由于后手对于票据是否经由交付而发行、背书难以知晓，如果要求以交付为绝对要件，正当的持票人难以保护自己的权益，从而影响票据的可接受性进而影响票据的流通。所以,英美票据法上存在正当持票人的概念,只要是正当持票人,就推定在其之前的票据当事人之间都进行了合法有效的交付,正当持票人的前手应当承担票据责任。理论上称为修正的契约说。

2. 单方行为说。单方行为说主张票据行为是单方法律行为,仅因债务人的单方行为成立。大陆法系多主张单方行为说。单方行为说又分创造说与发行说。创造说认为,票据是出票人创造出来的支付证券,票据以书面作成为票据行为的构成要件,产生票据债权与债务关系。票据行为的有效与票据效力不以票据交付为必要要件,是否交付属于直接当事人之间的抗辩。此种学说因持票人取得票据的条件不同,分为持票说、占有说、善意说与所有权取得说。发行说则认为,票据行为是针对特定相对人而为的单方行为,作成票据时票据关系尚未成立,只有在意思到达特定相对人时才有效。票据欠缺交付行为的,不发生效力,票据发生遗失或者被盗的,票据债务人可以以欠缺交付为理由进行抗辩。发行说目前在德、法、日,以及中国台湾地区的法律中也都得到肯定。

票据法理论采取契约说或是单方行为说,采取创造说或是发行说,对票据立法技术、司法适用都会产生一定的影响。我国《票据法》采取的是单方行为说中的发行说。

(三)票据行为的特征

票据行为是一种民事法律行为,因此具有一般民事法律行为的特点。但在票据制度中对票据的流通性、安全性、可靠性的要求,使票据行为制度区别于一般民事法律行为规则,其意思表示的方式、意思表示的内容、意思表示之间的关系等都有自己的特点。

1. 票据行为的要式性。

对于一般民事法律行为,法律强调当事人意思自由,包括当事人表达自己意思方式的自由。在当事人为意思表示时,法律所重视的是当事人意思表示的“真实”,在发生错误时允许当事人撤销自己的行为。但在票据制度中,票据债权人、债务人之间关系的流动性和不特定性,使这一法律关系的一方主体难以从票据外去发现票据行为人“真实”的意思。票据关系的相对人只能以票据形式本身去识别法律关系的主体、内容、客体,因此,票据行为者的意思表示要明确无误地到达相对人,就要求票据行为方式的表面化、简单化、统一化,这就是票据的要式性。票据要式性主要体现在以下几个方面:(1)行为人必须在票据文本上相应的栏目中签章。尽管各种票据行为内容并不相同,各国票据法对签章的要求也有所差异,但要求在票据上签章却是绝对的,非经签章而为的票据记载不发生票据上的效力;(2)行为人意思表示须以书面方式表达于票据上。不仅出票,包括以后的背书、保证、承兑,都要求以一定的文字记载票据行为的内容,非在票据上作出的转让、保证、质押等行为,都不发生票据效力;(3)行为人意思表示内容的严格格式化要求。以我国票据制度而言,票据格式依法由中国人民银行制定,票据记载事项、记载文句、记载顺序、记载栏目位置都须依格式进行。如背书转让,都要求在票据背面进行,票据承兑则在票据正面中的承兑栏中进行。正因为票据严格的格式要求，票据才易为大家所认同、识别，法律也可以更有效地加以保护，票据的流通才更有保障。

票据行为的要式不容违反，其要式是否完备直接影响票据行为的效力。根据各国票据法的规定，票据欠缺绝对必要事项的，票据无效；缺乏相对必要事项的，法律推定其应记载事项的内容，记载票据法规定以外的非有害记载事项的，不影响票据效力，也不具有票据效力。

2. 票据行为的无因性。

票据行为的无因性与票据作为不要因证券的特点相一致。其内涵主要有：(1)票据行为的法律效力独立于原因关系存在。票据行为人虽因原因关系而授受票据，但一旦票据行为完成，所形成的票据债权债务关系独立于原因关系而存在，不受原因关系的影响；(2)持票人不负证明给付原因的举证责任。在票据制度中，持有票据的人首先应被视作票据权利人，其主张票据权利时，无须证明自己与前手之间原因关系的有无、原因关系的种类和内容；(3)票据债务人在为抗辩时，不得以原因关系对抗善意持票人。在票据流通过程中，票据债权人与票据主债务人之间经常不是直接前、后手之间的关系，相互间并不存在原因关系。为了保证受让票据的人获取的权利享有充分的法律保障，票据法明确规定票据债务人不得以原因关系对抗善意持票人，强化了票据债务的绝对性。

3. 票据行为的文义性。

票据行为的文义性是指票据行为的内容必须在票据上以文字形式作出，票据行为完成后判断其内容也只能以票据上已记载的文字为依据。即使发生票据上的记载与实际不相符合的情形，法律依然禁止以票据行为以外的其他证明方法来加以变更或补充。其目的在于保护善意持票人的利益，促进票据的安全和流通。票据行为的文义性主要指：(1)票据债权人不得超越票据记载向票据债务人主张权利，债务人也不得以票据上未记载事项进行抗辩；(2)票据行为需以文字记载方式予以表示，非票据文字记载而为的意思表示不发生票据效力；(3)票据行为的理解仅限于根据票据行为的文字记载内容进行解释，解释者既不能以票据记载内容以外的信息去推断票据行为人的意思，也不能以票据记载内容以外的信息去任意补充、变更票据行为人的意思。

但在票据实践中，会发生票据记载内容不明确或记载内容冲突问题，需要票据法对有关问题作出相应的规定，如美国《统一商法典》第 3-28 条关于含义不明条款的解释原则的规定。理论上，对票据文字记载不明和记载冲突提出了一些解释规则：根据票据商事权利外观理论而提出的票据外观解释原则；根据票据行为应尽可能作有效解释观点提出的有效倾向解释原则；票据文义确定与实际情形冲突时的纯文义解释原则等等。

4. 票据行为的独立性。

票据上有数个票据行为时，每一票据行为人都以其记载及其记载时票据内容为依据承担责任，各票据当事人的票据行为效力不影响其他票据当事人的票据行为效力。独立性原则体现在:(1)票据上无行为能力人的签章或限制行为能力人的签章不影响其他签章的效力;(2)无代理权的人以代理人的名义在票据上签章的,应当由签章者自己承担票据责任,代理人逾越代理权限而为票据行为时,其超越权限部分的责任由代理人承担(表见代理例外);(3)票据上有伪造、变造的签章的,不影响票据上其他真实签章的效力。各票据行为人对票据的责任限于其作记载时的票据已有的记载内容及本人的记载内容,对票据行为完成后的变造、伪造内容不承担责任;(4)票据上被保证人的债务即使无效,在票据上为保证行为的保证人仍须对票据债务承担保证责任。

关于票据行为的独立性需要补充两点:一是尽管票据行为各具独立性,但各行为的标的却均为票据债务,且各票据行为均记载于同一票据文本上,故各票据行为之间,就责任而言存在连带性、协同性、团体性;二是票据行为的独立有效须以票据形式具备生效要件为前提,如一份出票行为形式违反规定而无效的票据,如票据金额未填写(允许补记的除外),出票人未签章、票据已作记载"作废"、"样张"等,则各后续的票据行为不再生效。

二、票据行为的构成要件

所谓法律行为的构成要件,是指法律行为须具备一定的要求才能有效成立。票据行为作为一种特殊的民事法律行为,除须具备一般民事法律行为构成要件以外,又须具备票据法特别规定的构成要件。一般而言,其构成要件可分成实质要件和形式要件两个方面。

(一) 票据行为的实质要件

票据行为的实质要件,即票据行为有效成立的实质要求。作为一种特殊的民事法律行为,通常票据法并不作特殊的规定,而是适用民法的有关规定。票据行为的实质要件主要讨论当事人的票据能力与意思表示,其中票据能力包括票据权利能力和票据行为能力。

1. 票据权利能力。

票据权利能力系指票据行为人为票据行为,参加票据关系,享有票据权利和承担票据义务的资格。根据票据行为主体差异,我们从自然人、法人、非法人团体三个类别加以讨论。

(1) 自然人的票据权利能力。依各国民法一般规定,自然人的权利能力始于出生,终于死亡。票据法也认为,自然人的票据权利能力平等,自出生时即享有票据权利能力,至死亡时告消灭,不受年龄、职业、性别的限制。但在票据法律发展史上,因票据行为作为商事行为、票据制度为商事制度,非经登记为商人的自然人因无商事主体资格而不享有票据权利能力。我国自 20 世纪 50 年代以来,无汇票和本票制度,只有企事业单位方可使用支票,实际上自然人无票据权利能力。改革开放后,我国银行结算制度改革过程中,逐步允许个人使用支票、汇票,因而有了积极的票据权利能力,1995年我国《票据法》实施后,自然人才具备了完全的票据权利能力。

(2) 法人的票据权利能力。首先,法人存续期间具有相应的票据权利能力,其票据权利能力始于成立,终于终止;其次,法人的民事权利能力一般认为受法人章程及营业登记的核准范围的限制。但票据为流通证券,其所记载的内容当然不能包括票据行为人之章程和营业登记范围,在一般商业活动中,也逐步形成新的倾向:法人的票据权利能力不受章程和营业登记范围的限制,以保护合法持票人的权利。这与其他商事法的发展倾向相一致。

(3) 非法人团体的票据权利能力。非法人团体十分复杂,有的非法人团体本身也有机关设置,有相对独立的团体财产,在诉讼法上也赋予其诉讼当事人的资格,在法人授权范围内也开展经营和其他业务活动,也需使用票据这一重要工具,因此也需赋予票据权利能力。我国《票据法》第7条就规定了非法人团体和组织的票据权利主体资格。

2. 票据行为能力。

票据行为能力是指当事人以独立的意思进行有效的票据行为的资格。

(1) 自然人的票据行为能力。依民法规定,自然人的民事行为能力分完全民事行为能力、限制民事行为能力、无民事行为能力三种。在票据法上,由于票据行为不仅涉及行为人的利益和行为相对人的利益,且涉及不特定人的利益和社会交易的安全和秩序,故仅赋予完全民事行为能力人票据行为能力。

有人认为,限制行为能力者在事先征得法定代理人同意,并在同意范围内的行为应与完全行为能力者一样,其因年龄等因素而存在的风险、瑕疵已经法定代理人的同意行为补救,因此限制行为能力者经法定代理人同意后可具有票据行为能力。我国票据立法采取的是否定观点。

(2) 法人的票据行为能力。根据法人的民事权利能力和行为能力的一致性原则,法人的票据行为能力被视为与票据权利能力一样,始于成立,终于终止。与票据权利能力不受法人章程限制相一致,票据行为能力也不应受法人章程的限制。不过,法人的票据行为能力实际上是由法人的机关,即法定代表人来完成。法定代表人的行为只要是依法人的名义作出,根据票据行为的文义性原理,法律也就认为不必问其票据行为的背景、目的,一律视为是该法人的票据行为,由法人承担票据责任。

(3) 非法人团体和组织的票据行为能力。根据我国《票据法》规定,非法人团体和组织的票据行为能力与法人的票据行为能力一致。

3. 意思表示。

凡是行为,即应作意思表示,如需法律保护,则应为真实的意思表示。非真实、自由的意思表示或是因为维护相对人的利益而不予以保护,或是因为维护行为人的利益而应提供保护。但票据作为无因证券、文义证券,行为人的意思仅依行为外观判断,尤其是在不特定的非直接当事人之间,只能以票据的行为外观即记载事项判断,需要更加强调意思表示主义。民法中关于意思表示瑕疵所产生的民事行为的效力的影响规则需要根据票据的性质加以调整适用。

(1) 胁迫。胁迫是指以不法加害威胁他人,使其产生恐惧心理,并基于该恐惧心理而为的意思表示。为维护被胁迫人利益,《民法通则》规定因胁迫而为的民事行为无效,《中华人民共和国合同法》第 52 条、第 54 条规定为无效或可撤销两种情况,且行为人可以对抗善意第三人。票据法着重维护善意持票人利益的原则,使利益的天平在善意持票人和被胁迫的票据当事人之间发生冲突,票据法选择了前者。我国《票据法》第 13 条规定:“票据债务人不得以自己与出票人或者与持票人的前手之间的抗辩事由,对抗持票人。”也就是说,因胁迫而作出的票据行为,行为人不得以被胁迫为由对债权人主张抗辩,被胁迫人只能在承担票据责任后向胁迫人通过其他救济方式追究责任。

(2) 欺诈。欺诈是指故意欺骗他人,使其陷于错误判断,并基于此错误判断而为意思表示的行为。民法上规定欺诈导致行为无效或可撤销,但对善意第三人而言不得为抗辩事由。票据法上善意持票人自不会因前手的欺诈行为而使权利受到影响。票据行为以其独立性原则保护善意持票人的合法票据权利。

(3) 重大误解。重大误解主要指意思表示人的错误,即因误认或不知其表示与意思不一致。民法上规定为可撤销,票据行为适用撤销规则将导致对一系列票据关系的影响,故规定重大误解仅仅成为直接当事人之间的抗辩事由,不能成为票据债务人的一般抗辩理由。

(二) 票据行为的形式要件

票据行为是要式法律行为,判断票据行为的意思和票据权利的内容的信息均来自形式、外观,故票据行为的有效要件尤其应注意形式要件要求。我国《票据法》分别规定了出票、背书、保证、承兑等的形式要件。票据行为的形式要件包括书面记载票据事项、票据签章、票据交付三个方面。

1. 书面记载票据事项。

根据票据行为外观主义理论,票据行为成立在形式上要求行为人以书面方式将记载事项在票据格式用纸上表示。考虑到对票据的管理,票据所采用的纸张都由金融机构依规定专门加以印制,其格式上相对统一。我国《票据法》第 109 条规定:“汇票、本票、支票的格式应当统一。”票据凭证的格式和印制管理办法,由中国人民银行规定。《票据管理实施办法》第 35 条规定:票据的格式、联次、颜色、规格及防伪技术要求和印制,由中国人民银行规定。在印制的格式票据纸张上作出符合法律规定的票据记载成为票据作成的基本前提。

票据记载的具体内容被称为票据记载事项;每一记载的内容则称为票据记载文句。不同的票据种类、不同的票据行为,其票据记载事项与票据记载文句也就互有差异。就票据记载事项而言,依其不同性质,被分成必要记载事项、任意记载事项、无益记载事项三类。

(1) 必要记载事项。为使票据行为的意思表示能够完整、清晰地表达出来,且又不能依票据以外的文件证实、补充，票据法作出规定，某些记载事项必须予以记载。依据是否由票据法直接规定必要记载事项未记载时行为人的意思推定方式为标准，又分为绝对必要记载事项和相对必要记载事项。

第一类，绝对必要记载事项。我国《票据法》第22条、第76条、第85条分别规定了汇票、本票、支票的记载事项。各票据种类欠缺所列记载事项的，票据无效。在此仅概言四种绝对必要记载事项：表明票据性质的文字、票据金额、无条件支付文句与付款人名称。

① 表明票据性质的文字。出票人签发汇票、本票或支票，其票据责任及票据权利内容相去甚远，故作成票据时应先表明出票人所签发票据的种类。我国《票据法》规定票据格式统一，只可能产生票据种类选择错误。如票据由商人自己印制，就可能存在该问题。实务中，根据票据的种类已具体标明为"银行汇票"、"银行承兑汇票"、"商业承兑汇票"等。

② 票据金额的记载。票据为金钱证券，其标的即为票据所记载的金额。各国票据法均规定，无金额记载的票据为无效票据。在已为记载时，还需说明四点：第一是货币种类问题，凡是本国流通的货币都可以作出记载，但需注明。我国规定国内可兑换货币可以作出记载，未声明时，则视作本币；第二是票据上要求文字和数字双重记载方式可能出现的冲突。大多数国家规定，文字和数字记载不一的，以文字为准(如美国)，另有国家则规定以金额小的为准(如日本)，我国《票据法》则规定，两者必须一致，如若出现冲突情形，视为不符合票据形式要件而无效，为避免文字难以辨认，还特别规定了记载的具体方法①；第三是某些情形下，票据金额成为授权补记项目，如我国《票据法》第86条、《美国统一商法典》第3-115条的规定；第四，在我国票据实务中，商业银行要求的技术性防伪、防改措施，在某些情形下可能成为银行拒绝为该票据代理业务的理由。

③ 无条件支付或者无条件委托支付的文句。票据是无条件支付证券，无论是本人支付或者委托他人支付，无论票据种类如何，持票人行使的都是无条件受领票据金额的权利。各国票据法都规定出票人对付款人的委托付款是绝对的，无条件的，不能附加任何条件。如果违反此项要求，在票据上记载付款以原因关系或资金关系的成就为前提的，就会导致票据的无效。不过，票据上记载有关原因关系事项而不作为付款条件的，则不影响票据的效力。"凭票即付"、"凭票祈付"、"请于到期日无条件支付"等字样的记载也不影响其效力。

④ 付款人名称。本票是本人付款，没有付款人名称记载的要求，但在汇票与支票中，都需要明确的付款人名称的记载，只有存在确定的付款人，持票人才能向确定的对象提示承兑或者提示付款。

第二类，相对必要记载事项，又称法定记载事项。为了让票据作成后能有效流通，票据法对某些应记载事项未记载而可能导致票据行为意思表示瑕疵的，推定已依

① 参见1997年9月中国人民银行《支付结算办法》附《正确填写票据和结算凭证基本规定》。

法律规定进行了记载。如我国《票据法》第 23 条关于未记载付款日期、付款地、出票地的情况下的推定,第 29 条票据背书日期未记载的推定,第 42 条票据承兑行为时未记载承兑日期时的推定,第 46 条票据保证行为未记载保证日期的推定等等。

(2) 任意记载事项。票据行为人为意思表示时,完全有表示意思超越前述票据应记载事项以外的可能,法律规定某些非必要记载事项可由行为人任意选择加以记载。但该意思表示一经作出,即对行为人产生票据上的约束力。各国对任意记载事项的规定并不一致。如票据上出票人免责文句的记载,英美票据法规定可作记载,而德、法、日票据法则规定出票人可以记载免除担保承兑的责任,但不得免除担保付款的责任。又如"禁止转让"记载,包括我国在内的多数国家都允许记载,并发生票据效力;但在比利时、西班牙等国就禁止有"禁止转让"文句的记载。再如附息记载,英美票据法规定,各种票据得记载利息及利率,奥地利票据法则规定有利息文句的汇票无效,意大利、瑞士等国票据法则规定附息文句记载"视为无记载",德、法、日则规定只有在见票即付或见票后定期付款的汇票上得规定加付利息。

(3) 无益记载事项。票据上的无益记载事项是指票据上不应作出记载或即使作出记载也不发生票据及票据法上效力的记载事项,具体包括有害记载事项、无害记载事项和相对无益记载事项。

第一类,有害记载事项,又称使票据行为无效记载事项、绝对无益记载事项或禁止记载事项。依我国《票据法》规定,票据是到期由本人或委托他人无条件支付的证券,如出票人记载要求具备某种票据外条件时方进行付款,自违反票据制度的本质要求。又如汇票的承兑(即付款人所作出的到期由本人无条件接受出票人委托付款的承诺),如这种承诺是附某种期待条件的,权利人自不能完整地获取票据权利,从而破坏票据的无因、债权证券的性质。票据法因此认为行为人实际上没有作出票据行为的意思表示,认定其票据行为无效。当然,各国票据法规定的有害记载事项的种类并不完全相同,如我国《票据法》禁止记载分期付款、部分承兑、部分转让背书,英美票据法主张票据可作分期付款的约定,法国、瑞士、日本等国票据法及日内瓦《统一汇票本票法》则规定持票人可以接受付款人的部分承兑等等。

第二类,无害记载事项。为了维护票据的效力,票据法规定某些不应记载事项被记载于票据时,视为无记载,从而使票据行为的瑕疵不影响票据的效力。这是票据法理论因主张票据应尽可能作有效解释,而在票据行为意思表示虽有瑕疵但并不影响其基本意思时,法律予以判断其效力的一种技术。在票据立法中一般规定其"记载无效"或"视为无记载",有时则规定为"不影响……责任"。如我国《票据法》第 33 条规定:"背书不得附有条件。背书时附有条件的,所附条件不具有汇票上的效力。"第 91 条规定:"支票限于见票即付,不得另行记载付款日期,另行记载付款日期的,该记载无效。"

第三类,相对无益记载事项。相对无益记载事项是指行为人虽在票据上作出相应记载以表示其意思,但该项记载与票据行为的效力无任何联系,不对票据行为的效力发生影响。如票据上记载的编号、票据相关联的交易合同编号,以及其他在票据上记载的除前述各种记载事项以外的记载。该类记载如符合其他法律规定，可产生票据以外的效力。《支付结算办法》第25条规定："票据上可以记载《票据法》和本办法规定事项以外的其他出票事项，但是该记载事项不具有票据上的效力，银行不负审查责任。"

2. 签章。

票据行为本身表现为票据签章行为，票据签章与票据记载共同构成票据意思表示。票据记载与票据签章的差别在于，签章表明行为主体、记载表明行为内容；记载可以授权他人进行，也可以在事后补记，签章本身就是行为的象征，不能在事后补记。票据签章具有特殊的法律意义：签章表明行为人的主观谨慎性，表明当事人本人为该行为；表明行为人的真实意思，即参加票据关系，愿意受该票据意思表示的约束；确认票据记载的行为人与实际行为人的同一性；可以帮助当事人识别其权利义务关系的相对人。各国票据法均规定，在票据上签名的，负票据责任，未在票据上签名的，不负票据责任。①

签章是所有票据行为有效成立的最基本的条件，各票据行为的意思表示方式不同，但只要签章就可能发生票据行为效力。票据法明确票据行为人以其签章承担票据责任。例如，行为人在票据的格式纸张上或在已发行的票据上为票据记载但未签章，所有记载都不发生票据行为效力。又如，行为人如伪造签章，伪造人和被伪造人均不负票据责任。

由于票据签章所表示的价值在行为人为表明其承担票据债务、参加票据关系，在相对人为确认票据行为人，故票据法学上主张凡足以表现并确认票据行为人的签章，就可为票据法所接受。不少国家的票据法上，一般也不规定行为人必须使用何种名称签章，可以是经正式登记的名称或姓名，也可以是简称、通称、笔名、艺名等，如美国《统一商法典》第3-401条规定，票据上签名得用任何名称，包括商业或通用名称，或用任何文字或记号，以代替书写的签名。我国《票据法》则从严规定："在票据上的签名，应当为该当事人的本名。"关于签章的方式，依我国《票据法》规定有两种：(1)手书式签名。这是票据法上最早的签章方式，因系票据行为人亲力亲为，故是法律上意思表示的最佳方式。但在票据实践中，票据的兑付，包括商业本票和商业汇票，常由发达的银行业代理，如为当事人手书式签名，银行在辨认技术上相对要困难得多，故实践中有所减少。(2)盖章。这是目前票据上最常用的签章方式。由于手书式签章技术上的困难，盖章成了变通适用的方式。但盖章本身因可能导致他人盗盖却无法辨认的情形，故在法律上推定盖章系票据行为人本人所为，因章被盗盖等产生的风险由其本人承担。需要特别提出的是，在票据实践中，当事人签章的样式常由代理银行预留，银行根据印鉴识别票据签章的真伪，尤是在支票账户开设时，使用支票人必须使用与预留印鉴一致的章，否则将会被银行拒付。另一个问题是，依票据理论，如果行为人未使用与预留印鉴一致的章，但所使用的章本身非属伪造，该票据签章仍为有

① 参见《美国统一商法典》第3-118条，《英国票据法》第9条，日内瓦《统一汇票本票法》第1、13、25、57条等。

效。票据预留印鉴的要求只是银行为减少票据业务风险的一种措施，而不是票据法规定的票据签名要求。《关于审理票据纠纷案件的若干规定》明确规定，单位签发与银行预留签章不一致的单位公章签章的，其签章有效，签章人承担票据责任。

为了保证票据签发的安全性，我国《票据法》对于自然人与法人、非法人单位签发票据规定了不同的签章要求。对于自然人签章，或签名，或盖章，或采取签名与盖章相结合的方式。对于法人以及非法人组织的签章，采取双签章规则，规定法人和其他使用票据的单位在票据上签章，为法人或者该单位的签章加其法定代表人或者其授权的代理人的签章。

票据签章直接关乎票据行为的效力，票据签章不符合法律要求的，票据行为无效。出票人签章不符合签章规定而导致签章无效的，票据无效，背书、承兑、保证等票据签章无效的，则不影响其他票据行为的效力。

3. 票据交付。

依我国《票据法》所确立的票据理论，票据行为的成立为票据行为的意思表示记载并完成交付行为，在票据记载完毕、签章，并实现交付以后，票据权利义务方才发生。所以，票据占有的转移被视为票据行为成立的有效要件。

三、票据行为的代理

大凡私法行为，法律尽可能允许当事人委托第三人以其本人名义向他人为意思表示或接受意思表示，票据作为商事制度更不例外。受托人可以在委托人的委托权限内以委托人的名义实施票据行为，该票据行为的法律效力及于委托人，即由委托人承受受托人票据行为的法律后果。

（一）票据行为代理的构成要件

票据行为的代理自当符合民事代理的构成要件，我国《票据法》第 5 条更是具体规定了票据行为代理特殊的构成要件：(1)直接载明本人。票据为文义证券，他人仅得依票据所载文义辨别权利义务内容，所以，票据法要求代理人在代理本人为票据行为时表明本人的名称或姓名。只有在票据上载明本人身份，他人才能识别票据行为意思主体，也可据此识别票据代理行为法律后果的真正承受者。票据行为代理遵循严格显名规则，不承认隐名代理。(2)载明本人与代理人之间的代理关系。如果在票据上仅为本人名称和代理人的签章而不作代理关系说明时，容易引起误解。我国《票据法》明确规定“应当在票据上表明其代理关系”。至于如何在票据上表明，法律上并没有规定，故学者多主张，凡只要依票据上所载明的内容和一般的社会常识认为构成代理情形的即可。(3)代理人在票据上的签章。无论本人行为或是代理行为，所有票据行为均须签章。无签章而在票据上为意思表示时无票据效力。(4)代理人与被代理之间存在代理关系。无论是法定代理或是委托代理，代理人的代理行为发生代理的效力，须为有权代理。

实务中,本人为票据行为时,常将本人之名章交于他人,由他人持本人之名章盖于票据上。票据外观上反映出本人的签章,代行人机械的签章行为和本人亲自在票据上签章行为在外观上并无二致,而真实的意思表示也据此得以实现,票据法理论上认为构成票据行为的代行,视同本人的票据行为。英国《票据法》第25条规定:"委托签名是用于通知该代理人具有有限度的签名权利,如果代理人的签名确系在权限内所为,则主当事人受该项签名的约束。"

(二) 无权代理

票据行为的无权代理是指无代理权而以代理人的名义代本人实施票据行为或有代理权人超越代理权限而实施票据代理行为。我国《票据法》第5条第2款规定:"没有代理权而以代理人名义在票据上签章的,应当由签章人承担票据责任;代理人超越代理权限的,应当就其超越权限的部分承担票据责任。"日内瓦《统一汇票本票法》第8条规定:"无权代理而以代理人名义签名于汇票者,应自负汇票上之责任。无权代理人履行付款责任时,取得与本人同一之权利。此项规定,准用于逾越代理权限之代理人。"

民法上无权代理有追认制度,票据法中能否规定追认制度呢?一般认为,由于票据的流通性,对无权代理行为的追认难于到达票据,追认意思表示也难于到达原已在票据上的票据行为者,故票据法一般不主张无权代理或越权代理行为可被追认。有人建议,持票人有权向无权代理人直接主张权利,但如被代理人予以追认,持票人应有权进行选择,或继续向无权代理人进行追索,或转而向被代理人追索。①在主张票据行为契约说的国家,从保证票据有效性和保障票据的信用角度出发,允许适用追认规则。②

关于无权代理,需要作出几点说明。(1)无权代理只是在实质上无代理权,而其票据行为本身须已具备票据行为的形式要件和票据行为代理的形式要件。不具备票据行为的形式要件的自不发生票据效力,自然也不承担无权代理的责任。(2)无权代理的举证责任。早期票据理论主张由持票人证明无权代理后方允准以无权代理追究代理人的责任,这显然对持票人不利。现在的票据理论主张凡代理人主张本人有代理权的,应承担举证责任,证明代理关系的存在。不能证明的,则推定其为无权代理。(3)无权代理对方当事人的主观恶意与无权代理责任问题。由于各国票据立法及国际票据立法都规定,无代理权人以代理人名义签名于票据者,应自负票据上的责任,典型规定如中国台湾地区《票据法》第9条。故代理人不仅要对善意相对人承担责任,而且要对一般持票人承担绝对的票据责任。(4)无权代理人履行票据责任后的权利问题。我国《票据法》对此未作规定,依各国票据法通行规定,在无权代理人承担票

---

① 郑孟状:《票据代理中的若干法律问题探讨》,载于《中外法学》1999年第3期。

② 《美国统一商法典》第3-404条规定:任何未被授权的签名,为了本章的所有立法宗旨,可以被追认。该种追认不影响追认者对实际签名者的任何权利。

据责任后，应享有与其所欲代理的本人同等的权利，如收回有关的票据，对票据承兑人或本人的前手主张再追索权。当然，被追索者的义务因其对本人另有债权要求抵销时，再追索权就不能满足。(5)代理人越权代理时的责任范围。越权代理人责任问题理论界有金额责任和越权部分责任之分。主张越权代理人承担金额责任，对票据权利和流通有利，但对代理人而言责任较大[①]；主张越权部分责任者，则较为公平，责任也较明晰，但因持票人须分别向本人和代理人主张票据权利，程序较为复杂。我国立法采越权部分责任说。

第三节 票据权利

一、票据权利概述

（一）票据权利的概念

票据权利是一种特殊的民事权利，我国《票据法》规定票据权利是指持票人向票据债务人请求支付票据金额的权利，包括付款请求权和追索权。汇票、本票、支票的根本共同点就是票据文本上记载了一定数额的金钱支付权利。为了强调票据权利与票据本身结合、不可分割的特征，理论上明确为票据权利"是票据债权人凭票据行使的，要求票据债务人支付票据记载金额的权利"。[②]

（二）票据权利的内容

票据权利是双重性权利，其请求权并非一次所能全部发动，而有行使顺序的要求。票据权利内容分三方面。

1. 主票据权利。即付款请求权，是票据债权人向票据主债务人行使的，依票据要求其支付票据金额的权利。持票人主张票据权利时，须先向票据主债务人行使付款请求权。主票据权利主要包括：持票人对本票出票人的付款请求权、对汇票付款人的付款请求权、对保付支票的付款银行的付款请求权。持票人必须首先向汇票的付款人和支票的付款银行行使付款请求权，构成第一次请求权，理论上称为主票据权利。

2. 副票据权利。副票据权利是指在主票据权利未能实现时，票据持有人所享有的依票据请求从债务人偿还票据金额及其他相关金额的权利。由于副票据权利是以

① 谢石松著：《票据法的理论与实务》，中山大学出版社 1995 年版，第 46—48 页。

② 谢怀栻著：《票据法概论》，法律出版社 1990 年版，第 59 页；赵新华著：《票据法》，吉林人民出版社 1996 年版，第 62—63 页；刘家琛主编：《票据法原理的法律适用》，人民法院出版社 1996 年版，第 112 页；赵威：《票据权利研究》，法律出版社 1998 年版，第 56—57 页等。

持票人的第一次付款请求权未能实现为行使的前提条件,因而也被称为从票据权利。副票据权利包括追索权和再追索权,追索权是持票人主票据权利未能实现时对其前手(不限于直接前手)行使的权利;再追索权是已履行被追索义务的背书人,依票据继续向其前手行使的偿还票据金额及其他相关金额的权利。

3. 辅助票据权利。辅助票据权利是指在主票据权利未能实现时发生的,持票人对特定的从债务人所享有的请求支付票据金额及其他相关金额的权利。辅助票据权利与票据的参加承兑、参加付款制度、票据保证制度相联系,是为维护票据信用、保障票据流通而特别设置的,对主票据权利和副票据权利起辅助作用的票据权利。辅助票据权利一般指持票人对票据参加人的付款请求权和对保证人的票据权利。这里所指的参加人既包括参加承兑人,也包括参加付款人,保证人则包括主票据债务人的保证人和从票据债务人的保证人。

主票据权利、副票据权利、辅助票据权利不是绝对对立的权利,而是保证票据信用、保障票据债权、促进票据流通的权利结构体系。付款请求权产生于票据到日期,仅向票据主债务人提出,其请求标的也以票据金额为限。追索权则产生于票据被拒绝承兑日或被拒绝付款日等,可向票据各从债务人提出。因其权利在被拒绝后的时日里已发生新的金额(利息及主张权利的费用),故其权利的标的常有所扩大;在追索权行使后履行被追索义务的背书人取得票据行使再追索权时亦然。辅助票据权利较主票据权利而言,不是第一次的请求权,较副票据权利而言,则其义务人是特定的从票据债务人。

(三) 票据权利的特征

票据权利除具有一般民事债权特征以外,还具有以下特征:

1. 票据权利是证券性权利。作为一种证券性权利,持有证券的人有两项权利,一是持券人对证券本身的物的所有权,又称证券所有权,二是持券人因持有证券这一事实而享有证券所记载的权利。证券权利和证券所有权因证券的特征而具有一体性特点。票据权利作为证券权利的一种,其存在、行使、转移,都以票据的存在为必要,离开票据,原持有票据的人就不能主张票据权利,也不可能对该票据上记载的票据权利享有处分权。

2. 票据权利是无因性权利。票据权利是一种纯粹的金钱债权,债权人主张权利仅以持有票据为前提。至于票据权利发生的原因,权利人无须向义务人作出说明,义务人也不得以此来拒绝履行票据义务。票据权利发生转让时,票据债务人甚至不知晓是谁持有票据,但其仍须对受让票据人承担票据债务,至于后续的票据权利转让的原因,债务人无权过问。

3. 票据权利为单一性权利。票据权利的单一性是指每一份票据上只存在一个票据权利,而不可能同时存在两个或两个以上的票据权利。票据权利的行使、转让也须整体行使、整体转让。即使一份票据上记载的票据权利为两人以上共同拥有时,构成共有票据权利。为保护持票人的利益和社会交易安全,也有例外规定:承兑人虽然已对复本之一付款,但是对已经其承兑而未收回的复本仍需承担付款责任;背书人将复本分别转让于两人以上时,对于经其背书而未收回的复本,仍负票据责任。①

4. 票据权利为双重性权利。票据权利人所享有的权利不以向付款人主张为限,不仅是付款人有付款义务,持票人的其他前手也有义务保证票据能得到兑付。票据债权人首先向付款人行使付款请求权,未能满足时则可行使追索权。规定票据权利的双重请求权,目的就在于保护票据权利人,使票据受让人安全地实现票据权利,从而促进票据的流通。

5. 票据权利为期待性权利。汇票付款人承兑以前,付款请求权尚未存在,表现出期待性权利特点;就追索权而言,如果持票人依法主张票据债权得到实现,追索权就不再发生,因此追索权实际上也是一种期待性权利。

二、票据权利的取得

票据的取得,是票据权利取得的途径。票据权利的取得以占有票据为必要,但存在票据权利和票据占有的冲突。如果持票人非法地取得票据,如盗窃或恶意取得票据,赋予其票据权利必然会使保证票据流通和安全的要旨走向反面。票据取得依其取得的根据来分,可以是依票据行为取得,如出票行为、背书转让行为,也可以依票据行为以外的法律事实和行为取得,如继承、税收、合并、破产、单纯交付行为等。从票据权利的取得与票据权利发生的关系而言,票据权利的取得又可分为原始取得和继受取得。

(一) 票据权利的原始取得

票据权利的原始取得,是指持票人不经由其他前手,最初取得票据权利,包括两种情况:其一为持票人依出票人签发票据而取得票据;其二为持票人从无权处分票据权利的人取得票据。前者为出票取得,后者则被称为善意取得。

1. 出票取得。

出票行为是最初始的创设票据权利的行为,出票人的出票行为完成以后,其相对人即通过票据的交付而实现对票据的占有,从而成为原始取得票据权利的人。出票取得是票据权利其他取得方式的基础和前提,没有票据权利的出票取得,就不可能产生票据权利的其他取得方式。

基于票据权利形式完备的要求和票据法律关系形成要件,出票取得须具备两个要件:(1)票据形式有效。票据发行时,票据应依票据法规定完成票据应记载事项的记载,并完成出票人签章。如票据绝对应记载事项欠缺,或记载有害记载事项时,导

① 参见日内瓦《统一汇票本票法》第 65 条:就复本之一付款时,虽无其他复本因此项付款而失去效力之记载,对付款人仍有免除债务之效力,但付款人对于经其承兑而未取回之复本,应负其责。背书人将复本分别转让于不同之人时,该背书人及其后手,对于经其背书而未取回之复本,应负其责。

致票据自始无效,自不发生票据权利原始取得的效力。(2)须经交付。欠缺票据交付,持票人就不能有效地取得票据权利。

2. 善意取得。

从无处分权或没有合法所有权的人手中,持票人以相当对价取得票据,且持票人取得票据时并无恶意和重大过失的,为票据权利的善意取得。构成善意取得时,对原持票人而言,是因某种原因丧失了对票据的合法占有,对最后持票人而言,则是合法地取得票据,但因转让人无权处分票据而使票据持有存在一定缺陷,由此形成了原票据权利人和最后持票人的权利冲突。票据立法侧重保护的是权利外观信赖利益,认为权利外观是相对人取得权利的重要评判依赖,既然受让者难以对处分人是否有权处分票据进行调查,就不能以票据行为实质要件欠缺而否定票据持有人的权利。当然,这种确认善意持票人取得票据权利的制度毕竟"使原权利人的票据权利丧失(当然并不是丧失其他民事权利),导致原权利人本来享受的合法权益因法律的选择而受到影响。为了维护法律的公正性,合理协调、平衡当事人之间的权利义务,往往要求最后持票人善意取得票据权利需要具备一定的法定要件"。[①]我国《票据法》第 12 条规定:"以欺诈、偷盗或者胁迫等手段取得票据的,或者明知有前列情形,出于恶意取得票据的,不得享有票据权利。持票人因重大过失取得不符合本法规定的票据的,也不得享有票据权利。"剖析我国票据立法规定,善意取得构成要件包括:

第一,受让人系从无处分权人处取得票据。所谓无处分权人主要指以下情形:一为基于盗窃、欺诈、胁迫等法律禁止的非法手段获取并持有票据的人;二为拾得票据而占有票据的人;三是持票人虽有权占有,但无权为票据代理行为,仅为票据的保管人的。后两种情形在我国《票据法》上未明确揭示,但因此项处分也导致原票据权利人与最后持票人的权利冲突,且票据法又无其他制度作出规范,故可作涵盖这两种情形的解释。

第二,受让人须依票据法规定的转让规则取得票据。非依票据法规定的转让规则转让时,如继承取得票据、两个单位合并等,不能适用善意取得制度。

第三,受让人系善意地取得票据,对票据权利瑕疵无重大过失。所谓善意,是指受让人在接受票据时不知道或者不可能知道处分人无权处分的事实,即没有恶意与重大过失。对是否构成恶意的标准,理论上又有共谋说和故意说之分,共谋说认为唯转让方和受让方对无权处分行为存有共谋时方构成恶意,故意说则认为只要受让人明知转让方所为处分为无权处分时即构成恶意。我国《票据法》采故意说。对于重大过失标准的认定与受让人的注意义务有关。我们认为,依一般公众标准不能发现的瑕疵就不应要求受让人承担特别的注意义务。确定受让人恶意或重大过失的时间界限应当认定为受让前或受让时,受让后的知晓不影响票据权利善意取得的构成。最关键的是举证责任的分配问题。票据持有人为合法持票人的推断要求原票据权利人举证证明受让人存在恶意或重大过失,不能举证的,推定为合法持有。

第四,受让人必须是付出对价而取得票据。我国《票据法》第 10 条第 2 款规定:

---

① 吕来明:《票据权利善意取得的适用》,载于《法学研究》1998 年第 5 期。

“票据的取得,必须给付对价,即应当给付票据双方当事人认可的相对应的代价。”第11条第1款规定:“因税收、继承、赠与可以依法无偿取得票据的,不受给付对价的限制,但是,所享有的票据权利不得优于其前手的权利。”善意取得制度着重保护基于权利外观依赖而产生的利益,因而使原票据权利人的权利大受损害,在受让人受让票据无对价时,因其成本不存在或较少,法律自不必以他人利益受损为前提而予以保护。

第五,受让人取得的须是形式完整的票据。票据形式完备是票据权利的基本要求,善意取得仍要求受让的票据形式上的完备性,法律一般并不承认空白票据与背书不连续情形下构成善意取得。

总之,票据权利的善意取得要符合票据权利转让的外在形式要件、受让人无恶意和无重大过失的主观要件以及对价要件。一旦构成票据的善意取得,则善意取得票据者取得票据权利,原持票人的票据权利归于消灭。

(二)票据权利的继受取得

票据权利的继受取得,是指持票人依背书交付受让或依单纯交付受让票据方式,从有权处分票据权利的人处受让票据而取得票据权利的形式。票据权利的继受取得可分为票据法上的继受取得和民法上的继受取得。

1. 票据法上的继受取得。票据法上的继受取得是依票据法规定的方式由有权处分票据权利人依背书转让方式和单纯交付方式转让票据的情形,其中,以背书转让方式为典型形式。此外,票据保证人因履行保证责任而取得票据权利、票据参加付款人因付款而取得票据权利、票据从债务人被追索时因履行票据债务而取得票据权利等也称为票据权利的继受取得。

2. 民法上的继受取得。票据权利系民事权利之一种,除依票据法规定方式转让外,依一般债权方式转让时,也发生票据权利的转让,如继承、公司合并等。但依民法规定而转让票据权利时,应适用民法规定进行调整,受让人不能得到票据法的特别保障。如不能根据票据的无因性而主张抗辩切断,不能根据票据权利的善意取得制度保护票据权利。

三、票据权利的行使、保全和消灭

(一)票据权利的行使

票据权利的行使是指票据权利人请求票据债务人履行票据债务的行为,包括付款请求权的行使、追索权和再追索权的行使。票据权利的行使虽也是根据票据而作出的意思表示,但其目的在于实现票据上记载的权利,而不是为行为人设立票据义务,因而不属于票据行为。由于票据是一种流通证券,出票人或承兑人为自己设定了债务,但是最终向其主张权利的债权人为何人并不知晓,承担担保义务的背书人也不例外,故法律并不依民事普通金钱债的方式规定其为赴偿债务,而是规定债权人往取债权。因为票据经辗转流通,只有持票人才能根据票据记载知晓其权利的相对人。

据此法律规定,债权人在主张票据权利时须以向票据债务人提示方式进行。

票据的提示,即由持票人现实地将票据向票据债务人出示,包括为请求票据记载的付款人进行承兑而为的提示承兑和为请求票据债务人进行付款而为的提示付款。由于票据在承兑以前付款人的付款义务尚未确定,故提示承兑只是票据权利行使的准备,而不是完整意义上的票据权利行使。至于票据的提示应在何时何地进行,法律也有规定。以我国台湾地区《票据法》为例,其 20 条规定:为行使或保全票据上权利,对于票据关系人应为之行为,应在票据上指定之处所为之;无指定之处所者,在其营业所为之;无营业所者,在其住所或居所为之。票据关系人之营业所、住所或居住不明时,因作成拒绝证书得请求法院公证处、商会或其他公共会所调查其人之所在,若仍不明时,得在该法院、公证处、商会或其他公共会所作成之。我国《票据法》第 16 条规定:"持票人对票据债务人行使票据权利,或者保全票据权利,应当在票据当事人的营业场所和营业时间内进行,票据当事人无营业场所的,应当在其住所进行。"

(二)票据权利的保全

票据权利的保全,是指票据权利人为防止票据权利丧失而实施一定的行为。票据权利的丧失,既包括全部丧失,即付款请求权和追索权的丧失,也包括单纯的追索权或再追索权的丧失。票据权利的完全丧失一般是在一定时期不行使票据权利,因时效届满而产生。而追索权或再追索权的丧失也是指票据权利人在一定期间内未为一定行为,而依票据法规定不能依票据再主张追索。[①]和票据债权人有较多的保障相适应,票据权利行使有较短的时效和较严格的规则限制。票据权利保全规则主要有:

1. 提示票据。在法律规定的期间内进行票据的提示,既是票据权利的行使,也是票据权利保全的方式。依照票据法规定,持票人如果未在法律规定的期限内,向票据债务人提示票据,即丧失对前手的追索权。只有经提示后未获付款,其前手才允准被追索承担票据责任。

2. 作成拒绝证书。票据债权人在向票据债务人提示付款或提示承兑遭到拒绝时,必须在规定的时期内,请求公证机关就被拒绝的事实作成拒绝证书,并将此通知其前手,否则可导致对前手追索权的丧失。我国《票据法》第 62 条规定:"持票人行使追索权时,应当提供被拒绝承兑或者被拒绝付款的有关证明。持票人提示承兑或者提示付款被拒绝的,承兑人或者付款人必须出具拒绝证明,或者出具退票理由书。未出具拒绝证明或者退票理由书的,应当承担由此产生的民事责任。"第 63 条规定:"持票人因承兑人或者付款人死亡、逃匿或者其他原因,不能取得拒绝证明的,可以依法取得其他有关证明。"

实务中,票据业务通常由银行代理,所以票据的提示和出具退票理由书多由银行等金融机构办理。如票据的提示由持票人委请其开户银行经由付款人代理银行以票

---

① 有的国家以拒绝证书的通知为再追索权保全的要件。

据交换提示方式进行,退票理由书或未付票款通知书则由付款人代理银行代为作出。在票据为银行承兑汇票时,则由承兑银行作出拒绝付款证明。退票理由书、未付票款通知书均视作拒绝证明。

3. 中断时效。在票据权利有效期内由债权人实施一定行为中断票据权利时效,也是票据权利保全的一种措施,这些行为大都是诉讼上的行为,如提起诉讼、申请支付令、破产宣告等。

票据权利保全的处所和时间,则与提示票据的有关规定相同,具体包括保全的时间以及营业时间的要求均应当满足。至于诉讼方式保全,自应依民事诉讼法规定。

票据权利的保全与票据保全有所不同。在票据发生转移时,票据权利的主张者或者票据义务人可以根据民事诉讼法的规定申请人民法院对特定票据采取保全措施。采取票据保全措施以申请人申请并提供担保为前提,同时必须在规定的条件具备时才能提出,这些条件是:不履行约定义务,与票据债务人有直接债权债务关系的票据当事人所持有的票据;持票人恶意取得票据;应付对价而未付对价的持票人持有的票据;记载"不得转让"字样而用于贴现的票据;记载"不得转让"字样而用于质押的票据;法律或者司法解释规定有其他情形的票据。

(三) 票据权利的消灭

票据权利基于一定法律事实的出现可归于消灭,具体如下:

1. 因付款人的付款而消灭。票据权利如经持票人提示付款后获得付款,需将票据缴回,缴回的票据因其原设定的票据义务已经履行而消灭票据权利。此时,票据的付款请求权实现,追索权也无从产生。但在票据被追索情形下的付款,从债务人因付款而产生再追索权,虽然持票人因获付款而实现票据权利,但履行付款义务的从债务人仍可凭票据向前手主张票据权利。

2. 因票据时效完成而消灭。各国票据法都规定有票据权利的消灭时效,我国《票据法》也不例外。

3. 因票据债权被抵销、混同、提存等,也可导致票据权利的消灭。

第四节　票据时效和利益返还请求权

一、票据时效

票据权利是一种债权,法律上视权利人为本人权利的最佳照料者的假设应能成立。在权利人怠于行使其权利时,则权利人成为"权利上之睡眠者"而不值得保护。[①]

① 郑玉波著:《民法总则》,[台]三民书局 1993 年版,第 357—359 页。

更何况，历时太久，票据本身极易毁损，主张权利者要负担沉重的举证责任。此外，票据作为流通证券，所有为票据行为者，如背书人、保证人、出票人、承兑人等负有严格的票据义务，时间太长将导致票据债务人的义务负担增加，因此，各国票据法也大多规定了票据时效制度。

(一) 民法时效和票据时效

传统的民法理论上包括三种时效制度，即诉讼时效、消灭时效和取得时效。诉讼时效是权利人通过诉讼程序请求人民法院保护其民事权利的有效期间，超过了诉讼时效，权利人就丧失了胜诉权。消灭时效则是在一定期间内，权利人持续地不行使权利，即丧失请求权。我国《票据法》第17条规定了票据时效制度，"票据权利在下列期限内不行使而消灭"被认为是票据权利消灭时效的规定。由于票据为流通证券，其要求对票据权利人和义务人各自的权利义务内容迅速加以确定，义务人与权利人之间发展变化着的关系在期限届满时尽早予以确定，权利人尽早行使权利也可以使票据债务人尽早脱卸责任，因而设计为消灭时效、短期时效。当然，我国民法通则规定的诉讼时效期间也较短，难以体现票据短期时效的特点。国外民法典规定的诉讼时效与票据法规定的消灭时效的期间差异较大，更能体现出票据短期时效的特点。

由上可见，票据权利时效，实际上就是指票据权利的消灭时效。票据权利人在一定的时间内不行使其权利，票据债务人可以票据权利人超过票据时效拒绝履行义务。

(二) 票据时效的期间

尽管多数国家票据法都主张票据短期时效，但在具体立法上各有差异。除英美票据法因主张票据为契约性行为，故对票据时效无特别规定外，法、意、葡等国主张凡主张票据权利，不论主债务人和从债务人的角色差异而采取统一的时效制度，而日内瓦统一票据法、日本票据法、中国台湾地区票据法等考虑票据种类的不同和票据债务人中主债务人、从债务人的地位不同而采取差别时效的立法方式。我国《票据法》也采用了差别时效主义。

1. 汇票、本票持票人对汇票出票人、承兑人、本票出票人的时效。汇票、本票持票人的票据权利首先体现为对票据主债务人，即汇票承兑人、本票出票人的付款请求权。票据主债务人应负绝对付款责任，故在差异时效立法中，都被规定为较长的期间。日内瓦《统一汇票本票法》规定为三年。我国《票据法》规定，持票人对汇票出票人和承兑人的权利，自票据到期日起两年，见票即付的，自出票日起计算。对汇票出票人虽为追索权，其票据时效也规定为两年。

2. 支票持票人对出票人的时效。支票持票人的付款请求权是通过支票出票人的支票业务银行来行使的。出票人在支票未被兑付时成为追索对象。我国《票据法》根据支票作为支付证券的特点，规定支票持票人对出票人的权利为自出票日起六个月。

支票持票人的消灭时效期间计算存在两个问题：一是支票为付款银行保付时，对保付人的时效，一说主张将保付人视同汇票承兑人而依承兑人确定时效，如日内瓦统一票据法中规定对汇票承兑人的时效为三年，对支票保付人的时效也应为三年；另一说则认为保付支票仍为支票，对保付人的时效应同支票的时效，如我国台湾票据法规定支票时效为一年，则对保付人时效也为一年。我国现无支票保付制度，故无此争议。二是支票出票人签发远期支票情形下的期间计算。我国《票据法》规定，出票人不得签发远期支票，但在签发时，仍承认其票据效力。期间的起算就产生以票据记载的出票日还是支票见票日的争议。考虑到远期支票被视为即期而为代理银行办理支付，故在未被提示见票时，出票日期不应具有严格的意义，建议以支票见票日起算为妥。

3. 持票人对前手的追索权时效。持票人对前手的追索权，是对持票人票据权利的一种补偿性权利，前手在票据债务中为偿还义务人或称第二序位债务人，故其消灭时效当短于主债务人。对汇票、本票和支票中的前手追索权，各国规定有所不同。我国《票据法》对追索时效采取单一制，“持票人对前手的追索权，自被拒绝承兑或者被拒绝付款之日起六个月”。

4. 持票人对前手的再追索权时效。背书人因被追索而为清偿或主动清偿票据债务后，对清偿人以前的前手，有权进行再追索。由于为再追索时往往历时已久，故从尽早将票据权利义务链条予以解决的角度出发，应规定为更短的时效。我国《票据法》规定：“持票人对前手的再追索权，自清偿日或被提起诉讼之日起三个月。”

二、利益返还请求权

（一）利益返还请求权的性质

利益返还请求权是票据法上的权利，是由票据法规定而产生的、与票据权利密切关联但又不是因票据行为而发生的权利。由于是因票据法规定而产生的权利，其权利主张时就不完全以票据为凭，也不以现实地持有票据为主张此类权利的前提。由于各国在规定、设计票据制度时的不同考虑，票据法上的权利立法体现的差异比票据权利要大得多。根据各国票据法的规定，票据法上的权利主要有利益返还请求权、票据返还请求权、复本交付请求权、怠于追索通知的损害赔偿请求权。我国《票据法》未规定票据的复本、誊本制度，故无复本交付请求权的规定，而对票据返还请求权，如其他各国一样，也未在票据法上直接规定。

票据法设计利益返还请求权与票据制度有关。票据被设定为严格的要式证券，适用短期时效，当事人若要完整地实现票据权利，不仅要求持有的票据形式完整，还要求权利主张适当、及时。由于票据从发行流通到行使、保全直至票据权利实现时的严格要求，票据持有人很有可能因票据技术不熟练、行使和保全票据权利的手续不健全，抑或是票据行为要式的不完整，导致票据权利的丧失。以提示承兑为例，如票据持有人因请求承兑被拒绝后未能依票据法规定作成拒绝证书,就将导致票据债权人追索权实现的困难。又如提示付款,如票据持有人请求付款而被拒绝时未依票据法规定取得拒绝证书,也未取得退票理由书依法保全票据权利时也会丧失对前手的追索权。再如票据时效,如果持票人未及时在较短的时间内向票据债务人主张权利,持票人就丧失对票据债务人的票据权利。与之相反,票据的出票人或承兑人常常有可能获取额外的利益,从而会导致不公平结果。利益返还请求权是票据法规定的旨在使利益重新获取平衡的制度。

关于利益返还请求权的性质,除德国法律明确为不当得利外,多数国家并未明确。理论上有法定特别请求权说、不当得利请求权说、损害赔偿请求权说、票据上的权利说。法定特别请求权说充分考虑到票据法是以平衡票据当事人之间利益的目的规定此项请求权的,目的在于对因安全流通需要而设计的严格要式和短期时效保护与民法中的权利保护发生冲突时利益的重新调整。利益返还请求权既非票据权利,民法中也无此权利,故认为是一种特别法上规定的特别请求权。该学说在日本票据法学界和我国台湾地区为通说,我国也有较多的学者支持。不当得利请求权说认为利益返还请求权是一种与民法上不当得利请求权相同的权利。权利人所丧失的利益与出票人或承兑人所取得的利益存在因果关系,且义务人取得的利益并无合法根据。这一学说在德国为通说,日本及我国票据法理论界也有人主张为不当得利请求权。该学说的主要不足是,出票人或承兑人所获得的利益并不是没有法律上的原因,而是在基于时效或手续欠缺等法律上的原因的场合发生的,与不当得利学说矛盾。票据上的权利说认为,利益返还请求权是票据权利消灭后票据上残留下来的可以代替票据权利的法定的请求权。此学说源自德国,在日本则进一步形成"票据权利变形物"说。票据权利残留说虽然形式上可解释票据利益返还请求权的本源,但利益返还请求权为票据权利消灭后的产物,两者不是继承关系。损害赔偿请求权说主张利益返还请求权行使的前提是票据债务人未实际履行债务,并导致了对债权人利益的损害。此种学说未考虑票据债权人的求偿债权特性,也不问债权未实现的原因在于何方,故招致广泛的批评。我国鲜有主张此种学说者。票据上的权利说主张从广泛意义上理解票据权利和票据关系,认为与票据债权债务有关系的法律关系都是票据关系,基于票据关系产生的权利则当然为票据上的权利。实际上,利益返还请求权并不是因票据行为引起的,主张该权利时也不要求以持有票据为依据。这一学说与票据特性、票据权利制度等相悖,很少有人主张。

我们认为,利益返还请求权是票据出票人和承兑人在票据债务消灭后民事债务凸现后由持票人主张的一种权利,其目的既在于防止持票人丧失一般的民事利益,权利人不能因某种特别法上的欠缺而丧失依一般法即可享有的权利,也在于防止债务人获取特别的利益。但票据关系既被设定,债的流转中已发生了多次转换关系,自不必要以民法上不当得利作扩张解释,票据法上的特别请求权说更具有解释力。

(二) 利益返还请求权的发生要件

既然票据权利义务关系是与基础关系相关联但又在票据发行后独立存在的法律关系,票据法以时效消灭或手续欠缺而消灭票据权利的规定仅适用于票据本身。另一方面,票据证券所记载权利消灭后,原来的主票债务人(这里主要指出票人和承兑人)的一般债务如何恢复呢? 这就是利益返还请求权法律关系的发生要件问题。

1. 必须是持票人因持有票据而曾经有效地拥有票据权利。票据法根据票据的流转特性授予未能实现票据权利的持票人的利益返还请求权显然不是票据权利,故不以权利人主张权利时现实地持有票据为前提。但有一点仍需确定:持票人曾合法地拥有票据。我们认为,利益返还请求权的义务人只是在其票据义务未履行时才会产生票据利益返还债务,即票据债务未履行时原因债务凸现,法律允许本来拥有权利的人再有一次主张补偿权利的机会。票据法的规定本质上不是要求票据债权人承担特别的义务,在未承担特别的附加义务时,原有的权利仍然可以恢复,只是丧失了其本应承担特别附加义务而可获取的特别权利。据此,这一要件包括以下含义:(1)持票人曾经占有票据。因为其曾占有票据,才能证明其曾拥有票据权利;(2)持票人占有票据的同时拥有票据权利,即持票人的票据权利不能为他人进行有效的恶意抗辩;(3)持票人持有的票据须在形式上有效。

2. 必须是票据权利因票据时效完成或手续欠缺而丧失。在持票人仍然可以主张票据权利时,持票人应当依票据先行主张票据权利,因为票据权利为显性权利,原因债权、基础债权已被覆盖,所以票据权利丧失是利益返还请求权发生的前提条件。不过,只有在票据权利的丧失是纯可归因于票据法技术性的因素时,票据法才加以救济。如我国《票据法》第 18 条、第 65 条规定,票据权利必须是因超过票据权利时效(票据的短期时效技术)或手续欠缺(票据的要式证券技术)而丧失,如果系其他因素导致票据权利丧失,如债务被免除或票据遗失而为他人善意取得时,则不得主张利益返还请求权。

3. 必须是出票人或承兑人因此而受益。一般认为,票据利益返还请求权只是为了使出票人或承兑人不获取特别的利益,且票据债务的未履行仅归因于持票人自己。因而,尽管票据债权人可能受到较大的损失,但损失的原因仍归于本人。出票人、承兑人对持票人的利益补偿也只能在其获取特别的利益范围内。所以,如果只有票据权利的丧失,而没有出票人或承兑人因持票人票据权利的丧失而受得利益,出票人或承兑人就没有返还利益的义务。如果票据权利丧失而受到的损失超过持票人票据权利丧失而使承兑人、出票人得到的利益,其超过的部分也不能主张票据利益返还请求权。我国《票据法》第 18 条规定返还"与未付的票据金额相当的利益"不甚科学。

(三) 利益返还请求权的行使

利益返还请求权是票据法特别规定的一种制度,权利主体、义务主体、实现途径等内容需要明确。

1. 权利主体。依各国对利益返还请求权制度的规定,权利主体为因时效完成或手续欠缺而消灭票据权利的持票人。持票人取得票据的原因在所不问,是原始取得,或是继受取得,都可构成。法律所重视的是,持票人应当为实质上的权利人。只要其能证实自己是实质上的票据权利所有者,即可主张该项请求权。所以,因背书不连续而经证据证明自己为实质权利人、票据丧失后经公示催告作出除权判决后又完成票据消灭时效的持票人、履行被追索义务后取得票据的持票人、因公司合并而取得票据的持票人等均为该请求权的权利主体。形式上具备持票人资格,实质上却不拥有票据权利的人不予保护,票据恶意受让人、委托收款被背书人等不能主张此项权利。

2. 义务主体。我国《票据法》规定利益返还请求权的义务主体为出票人和承兑人。根据前述,须有出票人和承兑人因票据债务未履行而受有实际利益的要件,义务主体应为本票出票人、受有资金而为承兑的承兑人、未与承兑人发生资金往来的汇票出票人、支票的出票人。背书人、保证人是否应当成为利益返还请求权的义务主体存在争议。日本《汇票本票法》第 85 条及《支票法》第 72 条规定持票人可请求出票人、承兑人、背书人、支票中作出付款保证的付款人"在现受利益限度内予以偿还"。我国《票据法》未规定背书人、保证人为义务主体。

3. 利益返还请求权的时效。利益返还权作为票据法上规定的一种权利,不适用票据时效规定,而应适用民法的时效制度。期间的起算点,应是自利益返还请求权人可以主张该项权利时起。

第五节　票据义务与票据抗辩

一、票据义务

(一) 票据义务的概念

票据义务又称票据责任,是指票据债务人依票据上所载文义应当履行的支付票据所载金额及其他必要金额的义务。

票据出票人在票据上为他人设定权利的同时,是为自己或付款人设定票据义务。与票据权利的取得相一致,票据义务的发生也以出票人作成并交付形式完备的票据为前提,票据权利的发生和票据义务的发生都源于出票人的出票行为。

(二) 票据义务的内容

尽管票据义务只是票据付款义务,但不同当事人的票据义务内容仍有区别,包括主票据义务、副票据义务、辅助票据义务。

1. 主票据义务。票据上直接载明的付款人支付票据金额的义务为主票据义务。主票据义务人当为基本付款人。主票据义务消灭时,票据义务即告消灭,票据权利也告实现。主票据义务的发生仍以票据发生为前提。本票出票人、汇票承兑人、支票的保付银行的付款义务为绝对的票据义务。

2. 副票据义务。票据的背书人在持票人的付款请求权未能实现时,将被持票人以行使追索权的方式追索承担票据义务。背书人向持票人承担的担保承兑、担保付款义务在主票据义务人未履行票据义务时产生,是一种补充性的付款责任,理论上称之为副票据义务。副票据义务人在持票人未向主票据义务人主张权利前可以拒绝履行自己的副票据义务。

3. 辅助票据义务。辅助票据义务是与辅助票据权利相对应的一种义务,在持票人主张辅助票据权利时,票据的保证人、票据的参加人即替代被保证人、被参加人履行票据义务。辅助票据义务履行的是一种代偿责任,目的在于维护票据的信用、维护票据被保证人、被参加人的信用,因而被称为辅助票据义务。辅助票据义务同样需以辅助票据行为为前提,在主票据义务得到履行时,辅助票据义务自不会产生,在辅助责任的对象为副票据义务人时,则因票据行为独立性原理而不要求持票人先主张副票据权利,辅助票据义务与被辅助的副票据义务同时发生。

(三) 票据义务的特征

票据义务具有以下特征:

1. 票据义务是单方性义务。由于票据义务人在原因基础关系中获取利益,故在票据上只有义务,即单纯地无条件支付、清偿票款的义务,原因基础关系中获得的利益即是其在票据上为自己设定的票据义务的对价。

2. 票据义务是票据行为人之间的连带义务。持票人为票据权利人,享有付款请求权和追索权,其票据权利指向的义务人包括在其之前签章的所有票据行为人。票据法规定,凡在票据上完成票据记载并签章者,都应当保证票据权利的实现。即使各票据行为人的身份有所不同,也不影响其对票据债务负连带的偿付责任。由于票据连带义务的法定性,法律还不允许票据行为人在票据关系以外的约定方式予以排除。

3. 票据义务是付款义务和担保付款义务的结合性义务。与票据权利为二次性权利相对应,票据义务包括主债务人的付款义务和从债务人的担保付款义务。付款义务人如汇票承兑人、本票出票人、支票保付人,担保付款义务人则如汇票出票人、支票出票人、票据背书人等。

二、票据抗辩

(一) 票据抗辩的概念

所谓抗辩,是指义务人或被他人要求履行义务的人提出相应的理由,从而否定权利人或主张权利的人对自己提出的要求或请求。显然,抗辩、抗辩权是与权利、权利主张、义务、义务履行紧密联系的概念。与民法中抗辩权制度与请求权相对应、以防御他人请求权攻击的特点不同,票据抗辩制度将票据债务人可以提出的抗辩作为一个完整的制度来考虑,无论抗辩事由是事实的或是权利的。票据抗辩被定义为票据债务人对于票据债权人提出的请求,提出某种合法的事由予以拒绝的行为,其抗辩目的除对抗债权人有关权利的行使外,还包括被请求履行票据债务的人以被请求的债务不存在理由所为的抗辩。主张票据抗辩的"票据债务人"只能是票据外观上的债务人,至于是否真正具有债务人的身份则不加考虑。

与一般债权债务关系不同,票据债权人在票据关系中有着明显的优势地位,而票据债务人承受着更多的风险和压力。票据法需要在票据债权人和票据债务人之间寻求平衡的支点,这个支点就是票据抗辩制度。票据法既赋予票据债权人合法权益,限制票据债务人的抗辩事由,又赋予票据债务人一定的抗辩权,即被请求履行票据债务的人可以依法行使对抗付款请求权和追索权的抗辩。

票据抗辩与一般民法中的抗辩的区别主要有:第一,为维护被请求履行票据义务人的权益,法律赋予其抗辩事由包括否认请求权的权利。这种权利不仅仅是防御,而且具有相当的攻击性。而民法上的抗辩仅仅是对相对人给付请求权的行使予以对抗,并非彻底否认给付请求权的存在,即仅为防御,非作攻击。第二,为维护票据流通和票据债权人的权利,将民法中的抗辩延续制度予以废弃。在民法中,行为人在处理财产权利时遇到两个困难,即:(1)每次转让都必须通知责任当事人;(2)每个新的所有人(受让人或过户受让人)都受那些影响前手所有人(转让人或过户转让人)的权益的约束。①也就是说,债权虽经转让,主体亦发生变更,但债的内容未发生丝毫变化。债事制度唯强调其履行要求,而不是债权的转让流通,因而规定抗辩事由具有延续性。抗辩延续的原理中也包含了限制债权债务转让流通的含义。②由于民法抗辩存在延续性,抗辩事由随债权转让次数的增加而增加,新的债权人处于不利地位,反映了债的相对性和限制转让的特点。

如果说票据流通安全需要使票据抗辩不延续成为必需,那么,票据制度中票据关系与基础关系相分离的规则的设定则成为票据抗辩不延续能够实现的保证。在票据制度中,把债权充分简化成"仅在某一时限支付相应票据金额"的内容,使票据债权的延续成为一定金额支付的延续,而在不同的直接当事人之间发生同一的效力。对于导致票据关系发生的原因关系、资金关系、票据预约关系的影响,仅限制在直接当事人之间,从而在票据制度中创造了票据抗辩和票据抗辩限制原理。票据和票据法作为"数百年来商人智慧的结晶和创造,在票据法中,从票据技术的角度和票据技术对票据功能的作用而言,票据抗辩原理和票据背书原理,可以和公司法中的有限责任原理一样,堪称法律的伟大创造"。③

① [英]杜德莱、理查逊著,李广英、马卫英译:《流通票据及票据法规入门》,复旦大学出版社 1990 年版,第 14 页。

② 姜建初、章烈华著:《票据法》,人民法院出版社 1998 年版,第 134 页。

③ 同上书,第 135 页。

(二) 票据抗辩的种类

票据抗辩制度赋予了票据债务被请求履行人抗辩的权利。但实践中可据以提出抗辩的事由即抗辩原因颇为复杂,各国现行票据法都没有采取积极的列举式立法技术。如我国《票据法》第 13 条第 1 款规定:"票据债务人不得以自己与出票人或者与持票人的前手之间的抗辩事由,对抗持票人。但是,持票人明知存在抗辩事由而取得票据的除外。"票据法理论上,依引起抗辩的事由不同将票据抗辩分为人的抗辩和物的抗辩。

1. 物的抗辩。

又称绝对抗辩、对世抗辩、客观抗辩,是基于票据本身或票据行为本身的缺陷而产生的票据债务被请求履行人可以对抗任何票据债权人的抗辩。因为物的抗辩事由产生于票据关系本身,即票据本身存在影响票据效力的因素,即使持票人为善意或无重大过失,被请求人仍可以主张抗辩。依物的抗辩主体的不同,理论上又可分为以下两类:

(1) 一切被请求人可以主张的物的抗辩。此类抗辩类型很多,且依各国对票据形式的要求的不同而有所不同,主要有:

① 因票据欠缺绝对应记载事项而致票据无效的抗辩。如我国《票据法》第 22 条、第 26 条、第 85 条都规定票据绝对应记载事项。任何票据关系人都可以此为理由拒绝承担任何票据责任。

② 因票据付款日期尚未届至而为的抗辩。汇票、本票记载的付款日期,即为票据债权人接受票据时所形成的票据权利义务关系的实现日期,票据债权人在期限未至时主张票据权利,被请求人可以拒绝履行。当然,被请求人在期前支付票据金额,则常被接受。支票为即期票据,无到期日的规定,故不存在此项抗辩权。如支票出票人记载有付款日期的,票据权利人仍可按照即期票据主张权利而债务人不能依此抗辩。

③ 因不符合票据金额记载规则而导致票据无效的抗辩。我国《票据法》对票据金额记载制定了严格的规则,不符合票据金额记载规则的,票据无效,这可构成持票人不能享有票据权利的理由。

④ 因更改票据不可更改事项而致票据无效的抗辩。如我国《票据法》第 9 条规定,票据金额、日期、收款人名称不得更改,更改不得更改记载事项的,票据无效,持票人不能享有票据权利,因而构成票据抗辩事由。

⑤ 不依票据记载的付款地点和付款金额请求付款的抗辩。作为文义证券,票据债务以文义记载为限,如非依票据记载的内容主张权利,票据债务人可依法主张抗辩。

⑥ 票据债权已消灭的抗辩。票据债权消灭,如票据金额已支付并在票据上为付款记载、票据金额被提存、公示催告后由法院作出除权判决,持票人不能再主张票据权利。由于票据的特殊性,在票据已付款但未作付款记载而票据重新进入流通时,善意第三人仍可主张票据权利,票据债务人虽已作过付款,但仍须承担票据责任。

(2) 特定被请求人所能主张的物的抗辩。这类抗辩事由，除欠缺保全手续和票据债务因时效完成而消灭以外，主要是被请求人在票据上为意思表示时的缺陷而形成的，分述如下：

① 欠缺票据行为能力的抗辩。无行为能力人或限制行为能力人在为票据签章时，其签章无效，故无行为能力人、限制行为能力人及其法定代理人可以以票据行为能力欠缺对任何票据债权人行使抗辩。

② 票据行为无权代理或越权代理的抗辩。行为人擅自以本人名义为票据行为时，本人不负票据责任。代理人超越代理权限时，其越权部分，本人也不承担票据责任。

③ 票据伪造的抗辩。票据伪造是假冒他人名义进行票据行为，被伪造人并未在票据上签章因此不承担票据责任，可以签章伪造为理由主张抗辩。

④ 票据变造的抗辩。票据行为人承担的票据债务以其为票据行为时票据文义所确定的内容为限，而在发生票据除签章外其他应记载事项被变造时，仍依此原则确定票据责任。依我国《票据法》第 14 条第 3 款规定，票据上其他记载事项被变造的，在变造之前签章的人，对原记载事项负责；在变造之后签章的人，对变造之后的记载事项负责。也就是说，票据债务被请求履行人对持票人可以依票据变造为由对变造以后的票据债务作拒绝承担的抗辩。

⑤ 票据保全手续欠缺的抗辩。依票据法规定，持票人需依规定日期提示票据，并在被拒绝承兑或拒绝付款后依法作成拒绝证书，才能保全其票据权利。出现保全手续欠缺时，前手在被行使追索权时可以此事由进行抗辩。

⑥ 票据时效完成而致票据债务消灭的抗辩。票据时效为消灭时效，在票据时效完成时，票据债务人的债务依法解除。票据的主债务、副债务、辅助债务各适用不同的票据时效期间，在副票据债务完成时，主票据债务时效往往并未完成，此时所形成的抗辩事由仅为副票据债务人享有，故理论上仍将之纳入特定被请求人所能提出的物的抗辩。

⑦ 承兑撤销的抗辩。撤销承兑须是付款人虽已签记承兑，但在发出承兑通知或交付票据前涂销自己承兑记载的方式所为的行为。承兑撤销的抗辩是指汇票付款人以持票人所持汇票上作出的承兑已被撤销为理由对持票人提出的抗辩。我国《票据法》并没有规定承兑撤销制度，在汇票承兑时，即使发生因付款人判断错误、决定不当，而对不应承兑或不想承兑的汇票记载承兑文句，也不允许承兑人撤销自己的承兑。日内瓦《统一汇票本票法》、我国台湾地区票据法、英国票据法、美国《统一商法典》等法律中作出规定，撤销承兑的汇票付款人可以自己曾有效撤销了承兑而对一切持票人主张抗辩。

2. 人的抗辩。

又名相对抗辩、对人抗辩、主观抗辩。由于人的抗辩是以特定的当事人之间相互关系的内容为基础的抗辩，且这种抗辩事由也不在票据行为和票据文义方面反映出来，故称为主观抗辩，以与物的抗辩基础的客观性相区别。同时，由于人的抗辩不能对不存在直接联系或推定直接联系的持票人提出，特别是不能对善意的对价持票人主张，故其抗辩对象具有相对性，我们也因此称人的抗辩为相对抗辩。票据法理论上从抗辩对象的限定性角度将人的抗辩区分为：一切被请求履行票据债务人或特定被请求履行票据债务人对特定的持票人提出的抗辩。

票据制度中人的抗辩包括两项基本原则：一是人的抗辩的相对性原理。即每一票据债务人所能主张的人的抗辩，都只能用于自己的债务抗辩，而不能利用其他票据债务人可以主张的抗辩事由来对抗票据债权人，相应的，自己所拥有的抗辩事由不能让渡给其他票据债务人，以对抗善意的对价持票人。这种相对性又被称为人的抗辩的个别性、人的抗辩的属人性。二是人的抗辩的不延续例外原理。即人的抗辩的相对性原理具有限定性，票据法规定抗辩的切断只是因为善意持票人无法以票据的外观去判断其前手与其他票据关系人的权利义务内容，如系在票据外观上可以判断的阻碍权利主张的因素，持票人当自负其责。据此，票据法技术性地规定了包含抗辩延续意义的间接恶意抗辩和知情抗辩制度。我国《票据法》第 12 条第 1 款规定："以欺诈、偷盗或者胁迫等手段取得票据的，或者明知有前列情形，出于恶意取得票据的，不得享有票据权利。"第 13 条规定："票据债务人不得以自己与出票人或者与持票人的前手之间的抗辩事由，对抗持票人。但是，持票人明知存在抗辩事由而取得票据的除外。"

根据上述原理，我们把两类人的抗辩具体分述如下：

(1) 一切被请求人所能主张的人的抗辩。一切被请求人所能主张的人的抗辩大致包括以下几种情况：

① 恶意抗辩。又称对恶意持票人的抗辩。票据的取得既有合法受让方式取得，也有非法获取的情形。对于非法获取票据的持票人，法律自不能赋予其票据权利。各国票据法在规定票据债务人不得以自己与出票人或者与持票人的前手之间的抗辩事由对抗持票人的同时，也规定对恶意取得票据的持票人可不受限制地进行抗辩，即直接恶意抗辩。[①]在恶意持票人转让票据时，是否可以对受让票据的人提出抗辩，则较为复杂。恶意持票人无权处分票据的行为导致善意持票人和原票据权利人的利益冲突，依票据权利善意取得原理，原票据债务人也不得主张抗辩。但在受让人与恶意持票人对无权处分票据行为构成共谋或虽无共谋，但有损害原票据权利人的故意或既无共谋，也无损害原票据权利人的故意，但明知行为人无权处分的事实时，如何确定其抗辩权，各国票据法及票据法理论并不一致。有的认为需受让人与恶意持票人有无权处分票据行为的共谋才构成抗辩，有的则认为需要受让人在取得票据时有损害原票据权利人利益的故意时才构成抗辩事由，如德国《票据法》。更多的则主张只要受让人明知恶意持票人无权处分票据而受让票据时，票据债务人即可主张抗辩。[②]我们认为，只要受让人明知他人系无权处分票据权利的恶意持票人，即其明知自己受

① 姜建初、章烈华著：《票据法》，人民法院出版社 1998 年版，第 138 页。
② 刘甲一著：《票据法新论》，[台]五南图书出版公司 1987 年版，第 10 页、第 130 页。

让的利益存在重大缺陷,法律就不必也不应保护。如果在确定间接恶意的原则时,不仅要求受让人"明知",还要附加"共谋"、"故意"的条件,显然对票据权利人过于苛刻,而对受让人则显得过于宽松,不甚公正。

② 票据债权人失去受领能力的抗辩。票据债权人在其为权利主体而缺乏相应的受领行为能力或权利主体身份受到限制时,票据债务人可以进行抗辩。具体如,持票人因经营管理不善而被宣告破产,或因某种决定被撤销、吊销营业执照、注销登记;持票人因违法犯罪行为而被司法机关采取措施,对票据予以扣押和禁止支付等。

③ 持票人形式上欠缺票据金额受领资格的抗辩。票据债权人形式上受领票据债权的资格是由连续的背书来证明的。在记名票据场合,如果背书不连续,则票据债务人有权拒绝支付票据上记载的金额。我国《票据法》第 31 条规定:"以背书转让的汇票,背书应当连续。持票人以背书的连续,证明其票据权利。"由此可见,票据债权人欠缺形式受领资格的,票据债务人可以拒绝付款,行使票据抗辩。

④ 持票人为非票据权利人的抗辩。在票据持有人与票据权利人发生错位时,如票据债务人明知持票人系他人委托其保管,而不是委托收款时,票据债务人有权拒绝付款。

(2) 特定被请求人所能主张的人的抗辩。票据关系中,特定被请求履行票据债务人对特定的债权人所能主张的抗辩事由主要是针对特定的票据当事人之间因原因关系或特别约定关系而产生的抗辩。票据法规定:"票据债务人可以对不履行约定义务的与自己有直接债权债务关系的持票人进行抗辩。"这类抗辩主要有以下几种情况:

① 基于原因关系的抗辩。票据关系与原因关系的相互独立存在一定的限制,在特定的、直接的当事人之间,原因关系的当事人和票据关系的当事人表现出地位的互易性,因而票据法又将无因性在特定的当事人之间予以排除,使民法中的抗辩事由在特定当事人之间予以恢复,以保证当事人互易关系中的公平。具体如原因关系无效的抗辩、原因关系消灭的抗辩、原因关系履行瑕疵的抗辩等。

② 基于对价欠缺的抗辩。票据的取得,应当给付对价。直接当事人之间可以以欠缺对价或对价不足为理由进行抗辩。

③ 基于欠缺交付行为的抗辩。票据行为在作成并为交付后有效。如持票人为盗取人或拾得人时,票据债务人可以依欠缺交付为事由进行抗辩。

④ 特约的抗辩。指票据当事人之间在票据外之间存在一定的特约而进行的抗辩。如票据当事人之间关于延期付款的特别约定,关于约定不负担票据债务或约定单纯的融通关系而签发票据等等。如上述约定在直接当事人之间,也可以作为抗辩事由而主张抗辩。

三、票据抗辩限制

票据抗辩限制,主要是指票据法上为保证票据债权人利益、促进票据安全流通,规定票据债务人对票据债权人进行抗辩时,所受到的区别于民事债流转的抗辩事由的特殊的限制制度。由于票据法强调限制票据债务人的抗辩权,所以,"从一定意义上讲,票据法也是一部限制债务人抗辩权的法律"。①

(一) 票据抗辩限制的理论依据

所谓票据抗辩限制理论依据,主要是指票据制度中限定票据债务人对债权人进行抗辩、拒绝履行票据义务的事由进行限制的理论解释依据。票据抗辩限制原理的理论分析主要有四种:一为所有权取得说,认为票据行为是对不特定多数人的单方法律行为,各持票人分别独立、原始的取得票据权利,因此,持票人不必也不应承受其前手与票据债务人之间的抗辩事由,因此,票据抗辩应予切断;二为政策说,认为票据上的权利与原因债权是各自独立发生的,但与民法中指名债权一样,如承受人在接受权利时,该权利本身存在瑕疵,那么,其接受的权利实质上也是有瑕疵的,也就是说,原则上,票据债务人所能对抗让与人的所有抗辩事由,也成为其对持票人的抗辩事由,但由于票据制度政策上的原因,需要对抗辩进行限制;三为无因性理论,认为票据债权和原因债权各自独立发生,两者之间应互不依赖或冲抵,原因债权中存在的抗辩事由自不能在票据债权中运用,除非原因关系当事人和票据关系当事人发生同位,否则,票据债权人就不必继受票据债务人与其他前手之间的抗辩事由而使自己的权利受到影响;四为票据债权特征说,认为票据债权是一种区别于民事债权的债权,其特征强调流通性。为了实现票据的安全流通,票据债权被赋予无因性和文义性,因此,票据关系是以票据文义而确定的法律关系,票据权利义务也以票据文义记载为准。在票据债权发生让渡时,只要是票据上已记载票据权利,让与人就应保证受让人能安全实现。上述四种主张中,以票据债权特征说最为直接、明了。

应当明确,在票据抗辩中,物的抗辩是客观的、绝对的抗辩,物的抗辩事由可以被票据债务人用以对抗任何票据债权人的权利主张,票据抗辩中的限制实际上就是人的抗辩的限制。因为人的抗辩事由不记载于票据上,当发生票据授受时,受让人无从获得了解权利瑕疵的信息。将票据抗辩中人的抗辩限制在直接当事人之间,就是"不允许将特定的债权债务人之间的抗辩扩大到其他人或整体的票据关系中去,不使个别性风险危及整体票据关系或扩大为全部票据关系的风险"。②这一限制实际上就是人的抗辩的"切断",使抗辩原因和抗辩效力不能延续适用于对抗非直接当事人,票据抗辩的限制原理因此又被称为抗辩切断原理。票据抗辩限制的直接作用在于加强对票据权利人的保护,与票据权利、利益返还请求权等制度共同构成了票据权利人利益保护的三大机制。

(二) 票据抗辩限制的基本规则

票据抗辩限制的基本规则,即票据抗辩切断原理,反映了票据抗辩区别于一般民

① 赵威:《票据抗辩限制研究》,载于《中国法学》1997 年第 4 期。

② 姜建初、章烈华著:《票据法》,人民法院出版社 1998 年版,第 140 页。

事抗辩的最显著的特点。抗辩切断使得票据流通转让不论多少次，债务人的抗辩权也不会增多。我国《票据法》第 13 条第 1 款规定："票据债务人不得以自己与出票人或者持票人的前手之间的抗辩事由，对抗持票人。但是，持票人明知存在抗辩事由而取得票据的除外。"美国《统一商法典》则以不同的立法方式规定票据抗辩的限制，第 3-305 条规定："持票人在正当持票人范围内取得票据，不受下列情况影响：(1)任何人对该票据的所有权利抗辩；(2)持票人没有与之发生关系的任何当事人对该票据的所有抗辩。但下列情况例外：未成年人，在对简单合同进行抗辩范围内；其他无行为能力，或胁迫，或非法交易行为，导致当事人的义务无效的；以虚伪陈述诱使当事人在票据上签名，该当事人对票据的性质或其实质条款既不知情也无合理机会了解的；在破产程序中解除责任的；持票人取得票据时属于知情的任何其他解除责任的情况。"

票据抗辩限制有两大规则：

规则一，票据债务人与出票人之间存在的事由的抗辩排除。票据债务人承担票据债务的原因颇多，如票据债务人与出票人之间存在资金关系、信用关系、债务代偿、债权让与等。但票据签发后，票据债务人以承兑签章等方式承担债务的，仍有可能因与出票人存在资金关系的缺陷，甚至根本不存在资金关系，从而形成票据关系和资金关系的冲突。是否要保护票据债务人的利益而限制票据债权人的利益呢？答案是否定的。因为票据债权人无义务对票据债务人和出票人之间的关系缺陷承担责任。票据债务人与出票人之间存在的另一种情形是票据债务人为保证人。在为出票人进行保证时，一旦为票据保证行为，则保证人就必须完全地承担票据责任，即使出票人和保证人之间的关系存在瑕疵，保证人也不得以其本人与出票人之间所存在的事由进行抗辩。

规则二，票据债务人与持票人的前手之间存在的事由的抗辩排除。票据的无因性不仅使票据的签发和承兑的原因关系与票据签发、承兑行为产生的票据关系相分离，而且体现为票据的流通转让的原因关系和票据的背书转让而产生的票据关系相分离。票据背书转让的，被背书人仅以票据书面记载及其本人与其直接当事人之间因原因关系的瑕疵而承担责任，除此以外，即使有影响票据权利的瑕疵存在，也不负责。各国票据法常常作出规定，只要持票人取得票据不是重大过失或是出于恶意，即使其前手对于票据债务人有欺诈、胁迫、偷盗以及其他不法行为的，也不影响该持票人的票据权利。

正是由于上述抗辩限制，票据流通转让与一般债权流通转让对权利实现和债务人负担有很大的结果差异。在一般债权让与时，每增加一次转让，债务人抗辩机会增多一次，债权人实现权利的成本增大，风险也增加。票据流通转让过程表现为票据债务人风险增加过程，每增加一次流转就多一份风险，而对票据债权人而言，前手越多，保障越多，这也是票据作为流通证券的魅力所在。

(三) 票据抗辩限制规则的例外

票据抗辩限制规则的例外，又称为票据抗辩的延续，票据对人抗辩的不切断，是指在出现法律规定的特别情形时,原仅限于直接当事人之间的抗辩事由被允许在非直接当事人之间主张。由于票据法规定票据抗辩中的人的抗辩以直接当事人之间主张为基本,人的抗辩的延续只能是基于法律特别的规定而在特定情形下适用,故只是"票据抗辩限制规则的例外"。票据法理论将上述两种特别的例外规定分别称为知情抗辩和无对价抗辩。

1. 恶意抗辩。

恶意抗辩在英美票据法中称为知情抗辩。《美国统一商法典》第 3-302 条规定,凡持票人如对票据权利瑕疵或票据权利存在抗辩事由知情,不能受"正当持票人的权利不受抗辩限制"规则的保护,不能取得正当持票人资格。恶意抗辩主要是指票据债务人得对持票人的前手主张对人抗辩的场合,在持票人恶意受让该票据时,票据债务人得以对其前手的对人抗辩事由,对该持票人进行抗辩。依日内瓦统一票据法及法国、日本、德国等国票据法的规定,凡持票人明知对票据债务人有损害而取得票据的,构成恶意,票据债务人可以此为理由进行抗辩。我国《票据法》规定,"持票人明知存在抗辩事由而取得票据的"构成票据抗辩切断例外的原因。有学者认为是我国票据立法中以"知情"作为"恶意"的实质要件。但我国立法与日内瓦统一票据法体系中以明知有损害而构成"恶意"有较大的区别。由于立法中规定只要持票人知晓"存在抗辩事由"便可主张对人抗辩切断规则的例外,而不问持票人在接受票据时的心理状态,更不问持票人是否明知自己接受票据行为会对票据债务人形成损害,故笔者主张,我国《票据法》中规定的"明知存在抗辩事由而取得票据"的例外宜称为"知情抗辩",而不是恶意抗辩。

正如有的学者所称,票据抗辩限制较一般民法抗辩原则而言是一种例外,而知情抗辩则构成票据抗辩限制规则向一般民法上抗辩延续原则的复归。①票据法中规定对人的抗辩切断制度,其意在于保护善意持票人,维护票据的流通和安全。但当事人知情或者明知会对票据债务人构成损害时,仍恶意地受让票据,法律就没有必要给予特别的保护,只有这样,才能"制止恶意取得者利用抗辩切断制度"而取得特别的利益。

2. 无对价抗辩。

无对价抗辩是比知情抗辩更少适用的例外情形。无论是英美票据法体系或是日内瓦统一票据法体系都规定了票据的对价制度,在取得票据时给付对价的持票人,享有完整的票据权利,而在无对价取得票据时,对票据持有人的票据权利作出适当的限制。我国《票据法》第 10 条规定:"票据的取得,必须给付对价。"第 11 条规定:"因税收、继承、赠与可以依法无偿取得票据的,不受给付对价的限制。但是,所享有的票据权利不得优于其前手的权利。"据此,如果票据持有人未给付对价或不以相当对价取得票据的,票据债务人对持票人的前手可主张抗辩事由,也可以对非相当对价持票人

---

① 赵新华著:《票据法》,吉林人民出版社 1996 年版,第 97 页;赵威著:《票据权利研究》,法律出版社 1998 年版,第 194—195 页。

进行抗辩。正是由于对价抗辩限制例外,使票据的对价制度得以维护,并可防止他人利用票据抗辩限制原理损害票据债务人的利益。

(四) 票据抗辩限制规则与票据权利善意取得制度比较

票据抗辩限制、票据善意取得制度与票据抗辩、票据抗辩限制规则的例外、票据时效制度等相对应,前者着重于维护票据债权人的利益,保证票据持有人利益的有效实现,后者着重于维护票据债务人的利益,保证票据债务人不致因票据制度的特殊性造成过多的负担,从而使票据债务人承担过多的风险和责任。票据抗辩限制和票据善意取得制度从不同角度对票据善意取得的票据债权人进行保护。但两者仍有明显的区别。

其一,票据抗辩限制与票据善意取得要解决的关键问题不同。票据抗辩限制规则要解决的是票据债务人与持票人的直接前手有无票据抗辩事由的问题。善意取得制度要解决的是原持票人与现持票人的直接前手之间,谁是真正的票据权利人的问题。

其二,票据抗辩限制与票据善意取得所产生的法律后果不同。在票据抗辩限制的场合,票据债务人不能以原有的抗辩事由对抗给付对价的善意持票人,使票据债务人丧失通过票据基础关系对出票人或持票人的前手进行抗辩的屏障。票据善意取得制度保护了善意持票人的利益,票据的真正权利人无法直接依据票据权利人身份行使票据权利,仅能对侵权者主张权利。获得救济时,其权利实现的成本增加不少,风险增大。两种不同制度导引出的是不同的法律后果,其实质是票据法对票据流通过程中可能产生的利益冲突作出的法律评价,从而使利益平衡和票据技术双重目标都能实现。

其三,票据抗辩限制与票据善意取得的构成要件上的差异。构成票据抗辩限制的要件是,持票人只要不知道票据债务人与出票人或自己的前手之间存在抗辩事由,票据债务人就不能以与出票人或持票人前手之间存在的抗辩事由不履行票据义务。而善意取得的构成要件关键是持票人须无重大过失,不知前手并无转让票据的权利,否则,持票人就不能取得票据权利。

第六节 空白票据和瑕疵票据

一、空白票据

(一) 空白票据的概念

空白票据,也称空白授权票据、未完成票据,是指出票人在签发票据时虽完成签章但不完全记载票据法规定的绝对应记载事项,而是将未记载的事项授权给持票人填充的票据。包括预留收款人的空白票据、预留出票日的空白票据、预留票据到期日的空白票据、预留票据金额的空白票据等。其中授权记载绝对必要记载事项的票据为空白票据,授权记载绝对必要记载事项以外其他事项的票据为准空白票据。

票据产生初期,各国为避免票据流通的不安全,都不承认空白票据的存在。但是在实际生活中,当事人对于票据上部分应记载的事项在签发票据时还暂时不能确定或不想马上确定时,往往由出票人签发欠缺部分票据记载事项的空白票据交付收款人,在票据外或票据上约定由收款人或其指定人在能确定有关事项时进行补记,使票据绝对应记载事项记载完整而成为完全的票据。各国票据立法和司法实践中基于对善意持票人合法权益的保护和对票据交易秩序的维护,在原则上规定欠缺绝对必要记载事项的票据应归于无效的同时,规定或是承认空白票据的效力,从而形成了空白票据制度。

空白票据虽然有利于交易,但也存在一些缺陷:第一,易发生票据纠纷。空白票据在应记载事项未记载完整时即予发行,如持票人不依授权进行补充时,即会增大出票人的票据责任风险,也易形成出票人与收款人、出票人与流通转让后的持票人之间的票据纠纷;第二,票据丧失后票据权利的救济较为困难。在收款人预留的空白票据中,一旦票据遗失,由于在票据外观上无法证明为何人所有,使票据权利的恢复救济在证明上发生困难;第三,票据流通过程中转让人避免了票据责任。在票据收款人、被背书人空白的情形下,受让票据者常以单纯交付方式转让票据,导致转让人未在票据上签章,使持票人的票据权利实际保障有所影响;第四,由于单纯交付方式缺乏充足证据,在票据纠纷中举证成本较高。

(二)空白票据的构成要件

对于空白票据,日内瓦统一票据法体系采取了较为严格的态度,没有积极赋予出票人签发空白票据的权利,只是消极承认空白票据的效力。英美法系各国则对之作了明确规定。参照各国票据立法,空白票据要发生票据效力,必须符合以下构成要件。

1. 票据上已有票据签发人的签章。各国票据法规定,当事人在票据上签章的,才承担票据责任。空白票据实际上是持票人在取得票据后补填票据未记载事项后,原已在票据上签章的人依填充的票据事项确定票据义务的一类票据。票据如无行为人的签章,即不能确定票据关系的权利义务主体,不能发生票据的效力。因此,空白票据的签发可以欠缺票据法上所规定的其他任何绝对必要记载事项,但不能没有出票人的签章。日本票据法的通说认为,有一个票据行为人的签章即可成立空白票据。具体如空白承兑票据,即欠缺全部记载事项而仅由承兑人签章的票据;空白背书票据,即先由背书人在欠缺要件的票据上为背书签章后交付出票人补填的票据;空白保证票据,即保证人在欠缺要件的票据上签章进行保证后交付出票人补填的票据。

2. 必要记载事项的记载欠缺。票据必要记载事项的欠缺,是空白票据的基本特征。由于票据必要记载事项中,只有绝对必要记载事项欠缺,才会构成票据的无效,相对必要记载事项未记载时,票据仍然有效,并且可依票据法规定的规则推定其内容,故欠缺相对必要记载事项的票据为准空白票据。

3. 对已签发但欠缺必要记载事项的票据,附有出票人授予他人对有关记载事项的填充权。票据作为文义证券,要求出票人就票据权利义务内容形成较完整的意思并经票据记载内容反映出来,如果出票人没有形成完整的意思,自不宜使票据产生相应的效力。只是出票人已形成意思,但将其意思的表示授权他人在票据上行使时,法律才尊重出票人的意思而承认其效力。当然填充的内容应是由出票人和其授权相对人之间达成的意思。如果出票人并未授权他人补记而是由于认识的差异或过错遗漏票据的绝对应记载事项,不能构成空白票据。

4. 票据须经交付。既系填充权的授予,只有在出票人以明确的意思或行为当然体现授予相对人以填充权时才发生效力,而且填充权仅以在已作成的票据上行使为限。所以票据理论主张,票据行为人须将符合上述要件的票据交付持票人,该票据方能发生空白票据的效力。

空白票据的上述四个要件都系必要条件,缺一不可。实务中,要注意空白票据与不完全票据、空头票据、空白票据用纸之间的区别。其中,不完全票据是指出票人已经完成出票行为,但欠缺绝对应记载事项而构成无效的票据。空头票据是指出票人签发的票据金额超出其付款时在付款人处实有的存款金额的票据。

(三) 空白票据的填充权

1. 空白票据的填充权。空白票据的填充权是空白票据签发人在发行票据时授予他人的一种填充或补记的权利,仅需相对人一方为填充或补记时,即发生使未完成的票据成为完全票据的效力。对于填充权的认定,有主观说或明示授权说、客观说或默示授权说、折中说或依实际情形说。一般主张:确定填充权的是否存在应依当事人意思为依据,还是依票据空白外观为标准,应视实际情况判断。基于票据安全的考虑,司法实践倾向于客观说。

2. 空白票据填充前的效力。在填充权行使前的空白票据,由于持票人须经补记后才能依据票据记载的文义主张票据权利,故持票人不能以未完成的空白票据提示付款,否则不能产生提示的效力,不能保全付款请求权。票据签章人也可以依票据欠缺应记载事项而进行抗辩。我国《票据法》第 86 条明文规定:"未补记前的支票,不得使用。"需要说明的是,未行使填充权的空白票据仍可能依一般交付方式转让。空白票据转让时,其空白票据的填充权是否也同时转让给受让人,即转让行为是否既包括空白票据的转让,也包括填充权转让,备受争议。司法实践中主张,预留空白的签章人对于他人越权填充的抗辩一般不予支持。至于空白票据在填充完成后再行背书转让的,则发生完全票据背书转让的效力。

3. 填充权行使后发生追溯效力。空白票据持有人根据授权进行补记填充后,未完成票据即成为完全票据。只要是填充权人在有效期内完成,填充权的效力追溯到出票行为有效成立时,和票据发行时就已填充完全的票据有相同的效力。在持票人未依授权而为填充补记时,票据债务人对直接当事人可以举证进行特约的抗辩,但对善意持票人仍负票据责任。也就是说,除非票据债务人能举证证明持票人有恶意或重大过失,否则票据债务人须对填充人超越填充权限或无权填充人的填充承担票据责任。对越权填充行为或无权填充行为,票据债务人可以依一般民事纠纷方式追究其法律责任。

二、票据更改

票据更改是指票据行为人为订正自己在票据上所作的错误记载,依照票据法的规定,对票据上的记载事项进行改写的行为。我国《票据法》第 9 条规定:"票据金额、日期、收款人名称不得更改,更改的票据无效。对票据上的其他记载事项,原记载人可以更改,更改时应当由原记载人签章证明。"

据上,我国的票据更改规则包括以下内容:

1. 对票据进行更改的权限仅属于原记载人。票据的更改,必须由有更改权限的人进行,方能发生更改的效力。也就是说,对某项特定的票据记载事项,原记载人才享有更改的权限。更改权人行使更改权的对象只能是自己原来所记载的内容。出票人只能对自己出票时的记载事项进行更改,背书人只能对自己的背书记载内容进行更改。

2. 更改权人只能更改票据法允许更改的事项。由于票据安全流通的需要,票据法对允许更改事项种类作出限定。我国《票据法》禁止对票据金额、日期、收款人名称进行更改,否则将导致票据无效。

3. 更改权人在更改后须于更改之处签章证明。票据上的记载要发生票据效力,就要求记载人进行签章,票据更改也不例外。只有更改人签章证明,票据文义的表面归责原则方可维护,票据流通的安全方得以保障。故多数国家规定,在为票据更改时,应当由更改人在更改之处签章证明,否则不能发生票据更改的效力,由原记载人以原记载事项的内容承担票据责任。

4. 票据更改应取得持票人和其他签章人的同意。票据更改其实包括两种情形:一种是持票人或出票人在记载完毕交付以前,发现记载有误而作的更改;另一种是票据行为完成后发现记载有误而作出的更改。在前一种情形中,票据记载内容的更改自不必经其他签章人的同意,但在第二种情形中,票据原记载人须经持票人和其他在其票据记载以后已为票据签章的人的同意。

5. 票据更改的法律效力有其特殊性。首先,我国《票据法》明文规定允许票据原记载人进行票据更改,票据更改自然发生相应的法律效力。对持票人而言,其仅能根据票据更改后的记载内容主张权利;对更改人而言,也可主张根据票据记载变更后的内容承担票据责任。其次,未经原签章人同意而作票据更改的效力,票据法没有直接作出规定。一般主张应比照适用票据变造规则。

三、票据涂销

票据涂销,是指将票据上的签章或其他记载事项加以涂抹消除的行为。其方法如浓墨涂抹、橡皮擦拭、纸片糊盖、用化学方法或是用文字记载方式表明消除其背书部分等。票据涂销行为完成后,被涂销的文义既可能仍可识别,也可能无法辨别。我国《票据法》对涂销问题因恐弄虚作假影响票据的流通和安全,在立法上采取排除主义。票据实践中,银行也拒绝受理涂销的票据。原《〈上海市票据暂行规定〉实施细则》规定,字迹擦改或者模糊应作退票。在日内瓦国际统一票据法中,票据涂销制度得到了肯定。

票据涂销作为广义上的票据行为,具有实践价值。首先,票据实务中常见的当事人涂销记载事项可以据此判定其法律性质及相应的法律后果,避免因当事人的票据权益发生争议而难以解决。其次,规定票据涂销可以简化票据关系,简约票据的流通秩序,加快票据流转,方便当事人行使与保全票据权利。如前手再度受票时,只要通过涂销其前一背书后的背书,即重新取得票据权利;在票据被盗或遗失后复得时,权利人仅须涂销其签章后的伪造背书,即可使自己"在形式上重新归位为票据执票人,行使执票人的权利,从而免却了因采取其他救济措施而需履行的繁琐手续"。[①]第三,可以充分体现票据当事人的意思,票据当事人在票据上签章或作出记载后,因客观情事变化,可以采取涂销方式表达其意思。

需要指明的是,尽管票据涂销与票据更改在规则、方式、效力上表现出很大的共同性,从某种意义上说,票据涂销可视为是更改的一种方式、一种工具,但仍有所不同。这也是部分国家、地区既规定票据更改,又规定票据涂销的理由。

日内瓦《统一汇票本票法》规定了法定涂销与任意涂销。法定涂销是指法律明确指明的涂销方式,这些涂销由法律明确规定其法律效力,具体包括票据背书涂销、票据承兑涂销、支票划线涂销。除法律规定的背书涂销、承兑涂销、支票划线涂销以外,其他票据记载事项的涂销为任意涂销。根据其对票据效力的影响,理论上分为保持票据效力的涂销和使票据效力丧失的涂销。

四、票据伪造

(一) 票据伪造的概念

票据伪造,是指假冒他人名义所进行的票据行为。中国人民银行《支付结算办法》明确规定,伪造是指无权限人假冒他人名义所进行的票据行为,签章的变造属于伪造。在票据实践中,票据伪造现象颇为复杂。有假冒其他自然人的伪造,又有假冒其他法人或非法人单位的伪造;有假冒自然人的伪造,又有假冒虚拟的人的伪造;有

① 叶才勇:《票据涂销及其立法比较》,载于《华南师范大学学报》(社科版)1999 年第 1 期。

假冒活着的人的伪造,也有假冒已死亡的人的伪造;有模仿伪造,又有变造、盗用伪造;有对基本票据行为的伪造,也有对附属票据行为的伪造。但属票据伪造,都具有以下要件:票据伪造人实施假冒他人的行为;伪造票据后进行交付;票据伪造者以行使伪造后的票据权利为目的。

在讨论票据伪造时,应注意与无权代理相区别。一般而言,两者有如下差别:(1)形式外观不同。代理行为有严格的形式要件要求,即必须具备被代理人的名称、代理人签章、代理意旨文句等三个要素,票据伪造则在票据上不显示代理关系。如果无权代理人直接以被代理人名义签章并主张自己为无权代理而非票据伪造的,应负举证责任。由于我国广泛以铭章方式签名的实际情况,有的学者认为,凡盗用他人的印章、或趁受托管理他人印章之机滥用他人印章、或滥用他人授权而签名或盖章于有关票据的行为都属票据伪造。[①](2)客观后果不同。即使为无权代理,代理的现实结果也可能有利于被代理人而非代理人,票据伪造的客观结果只能是为了伪造人的利益。(3)特别授权与概括授权。代理如为特定授权的,超越特定授权范围而为的票据行为,可视为票据伪造;代理如系概括授权的,即使为了自己利益,也不应视为票据伪造。

(二) 票据伪造的法律后果

票据伪造当然不能发生票据行为的效力,但伪造的票据进入流通领域后也会产生相应的影响,这就是票据伪造的法律后果。

1. 对伪造人的效力。包括两方面:(1)伪造人不承担票据责任。票据是文义证券,票据上签章的,按照票据上的记载事项承担票据责任,这就是票据法上的"签章人承责"原则。然而,票据伪造系行为人假冒他人名义在票据上签章,从票据外观上看,票据与伪造人无关,自然不应负付款责任和偿还责任。因此,在票据伪造情形下,持票人既不能依票据对伪造人主张付款,也不能依票据对其进行追索。(2)伪造人应当承担民事责任。首先,伪造人应当对因其伪造行为而受到财产损害的人承担赔偿责任。伪造造成财产损害的,一般而言是指接受该伪造票据的持票人(包括被追索进行清偿而取得票据的持票人)的损失,同时也包括被假冒人所受到的财产损失。其次,伪造人的伪造行为还可能造成被伪造人其他民事权利的损害,如名称权等。票据伪造对被伪造人的名称、商誉、信用会带来极大的破坏作用,这种不法行为自应有适当的救济手段予以弥补。因此,对被伪造人名称权、商誉权、信用造成损害的,被伪造人也有权主张赔偿,并请求其他民事救济措施,伪造人应以赔偿、恢复名誉、清除影响、道歉等方式承担相应的民事责任。(3)伪造人还应承担相应的刑事责任,情节轻微的,则依照有关规定承担行政责任。

2. 对被伪造人的效力。伪造人如系虚构方式伪造票据,则无对被假冒人的效力问题。如系假冒真实的他人进行票据伪造,则涉及对被伪造人产生何种法律后果的

---

① 谢石松著:《票据法的理论与实务》,中山大学出版社1995年版,第251页。

问题。根据无签章即无票据责任的原则,被伪造人虽有签章"名义",但无签章行为,故不承担票据责任。相反,还可向伪造人主张赔偿损失或其他方式承担民事责任。

3. 对真实签章人的效力。票据行为具有独立性和无因性,票据上有伪造签章的,不影响真正签章人的效力。也就是说,票据的承兑、背书、保证等不因票据出票行为的伪造而影响其效力,票据的后手不能以前手中的伪造行为进行抗辩。因此,凡是形式上有效的票据,只要有真实的签章,就是有效的票据,每一签章人以其签章时的文义承担票据责任。

4. 对持票人的效力。持票人如系恶意或重大过失取得票据的,自不得享有票据权利,但在持票人善意受让票据时,法律就赋予其相应的权利。这些权利包括:(1)持票人所持票据上不存在真正的签章者,如记载的出票人、承兑人、背书人等的签章均为伪造时,由于无真正的签章人承担票据责任,持票人实际上持有的不是一份票据,不记载有任何票据权利,持票人也就没有票据权利,其只能对伪造票据者主张损害赔偿。由于其损害系各伪造人的行为共同作用而成,故宜由伪造人之间承担连带赔偿责任。(2)持票人依据持有的票据向真实签章人主张票据权利,真实签章人应当承担票据责任。真实签章人在承担票据责任后仍有权向其他真实签章的前手主张再追索权,如果持票人的前手为伪造人,则持票人既有权向作为前手的伪造人主张侵权赔偿,也有权向其他真实签章人主张权利。(3)持票人在一定条件下可对有过错的被伪造人主张票据权利。

5. 签章真伪的举证责任。根据民事诉讼法规定,谁主张谁举证。但在主张被盗用印章时,当由被伪造人就被盗事实承担举证责任。

五、票据变造

(一)票据变造的概念

票据变造是指无票据记载事项变更权的人,以实施票据行为为目的,对票据上除签章以外的记载事项进行变更,从而使票据权利义务关系内容发生改变的行为。如甲签发一份票据给乙,乙受让后即将票据金额从拾万元更改为贰拾万元,然后背书转让给丙,此时乙的更改行为就是票据的变造。

票据变造以无更改权人的更改行为为根本要件,其方法有增加记载变造、删除记载变造、变更记载变造。从变造行为对票据外观形态的改变情况看,有的在外观上没有显示变更情形,有的在外观上显示出明显的变更痕迹。票据法规定,票据变造后的签章以变造后的文义承担票据责任。其根本的思路就在于:变造行为不明显的票据经流通转让后,非直接当事人根本无法判明变造的事实,唯有肯定票据变造的相应效力,才能使票据受让人的合法权益最大限度地得到维护,从而维护票据的交易安全和流通秩序。

票据变造具有以下特点:首先,票据变造的前提,是该票据在变造前须为形式上有效的票据。对欠缺票据形式要件的票据进行增、删、变的,不构成票据伪造。其次,票据变造必须以改变票据权利义务为内容。如果行为人进行变造的内容只是与票据权利义务无关的无害记载事项或是变造后不影响票据权利义务内容的,不能视为票据变造。第三,票据变造的内容系除签章以外的记载事项。第四,票据变造的内容不属于法律禁止变更的记载事项,即变造后的票据仍须为形式上有效的票据。票据变造增记绝对有害记载事项导致票据无效的,则构成票据的毁损而不产生变造的结果。第五,票据变造须是无票据变更权人以行使票据权利为目的的票据行为。有变更权人的变更行为发生票据变更的效力,与票据变造不同。变造票据后不再行使票据权利的,因不发生对票据关系人义务增加的后果,也不会因流通而致票据交易受损,故也不构成票据变造。

(二) 票据变造的法律后果

依各国有关法律规定,票据变造的效力规则包括以下四个方面的内容。

1. 对票据变造人的效力。票据变造人虽在票据上为一定行为,但因其未在票据上签章,不必承担票据责任。但在票据变造构成犯罪时需承担刑事责任;情节轻微,不构成犯罪而需承担行政责任,或是因变造行为给他人造成损害而需承担民事责任时,与票据伪造适用同样的规则。

2. 对票据上真实签章人的效力。根据票据行为独立性原理,票据上真实签章人所应承担的票据责任不因票据被变造而受到影响。各国票据法规定基本一致:(1)在票据变造前签章者,对原记载负责;(2)在票据变造后签章者,依变造后签章时的文义承担票据责任;(3)签章不能辨别在变造之前或是变造之后的,法律推定为变造之前的签章;(4)参与有关票据变造行为的票据关系人,不管其签名在变造前还是在变造后,都依变造后的文义承担票据和票据法上的责任。

3. 对持票人的效力。变造票据对于真实签章人而言并不改变其签章时依其文义确定的责任内容,因此,持票人得以此向真实签章人主张票据权利。此外,持票人也可以向变造人提出债权损害赔偿,尤其是持票人为变造行为发生后的受让人时,其必然会发生变造前后的利益损害,变造人难辞其咎。

4. 付款人对变造票据付款后的法律后果。付款人对变造后的票据付款时,付款人是否应当承担责任,应采取过错责任原则。我国司法实践中倾向于付款人承担较严格的责任。

第七节　票据丧失及救济

规定票据丧失制度有三个理由。首先,票据为完全有价证券,主张权利时须以提示票据、缴回票据为必要,否则就无权受领票据权利。在非因故意丧失票据而使权利面临灭失风险时,法律当注意保护失票人的利益。其次,失票人在丧失票据后,仍有行使票据权利的正当愿望，法律自当予以保护。再次，票据作为个别发行证券，某一特定票据可以与其他票据进行差别比较。票据丧失后可能发生的票据权利人与票据善意取得人之间的利益冲突可以通过法律程序解决，票据丧失后的救济没有不可克服的技术障碍。各国票据法都具体规定了票据丧失救济制度。

一、票据丧失的概念

与抛弃票据不同，票据丧失是指持票人非因自己的本意而丧失对票据的占有，简称失票。在把握这一概念时必须明确以下几点：

1. 只要是非依本意而丧失占有的都构成票据丧失。在票据理论上，一般将票据丧失分成绝对丧失与相对丧失两大类。因票据从物质形态上被毁灭而不再客观存在的，构成绝对丧失，如票据被焚烧、研成纸末、腐烂等；因被盗、被抢、遗失而失去对票据的占有，但票据本身仍在物质形态上存在的，构成相对丧失。两种不同的丧失占有的情形，产生不同的法律后果。在票据绝对丧失时，持票人因丧失票据而不能依正常方式背书转让票据权利、不能向承兑人或付款人提示票据、不能在行使票据权利后向他人缴回票据，但不会发生票据权利被他人侵犯的可能。而在票据相对丧失时，持票人不仅不能及时提示、缴回票据，而且存在票据金额被他人冒领的可能，一旦票据已被兑付，失票人就难以有效地恢复自己的票据权利。

2. 凡票据形式上为票据权利人的失票，都构成票据的丧失。失票人既可能是作成票据而未交付的出票人，也可能是受让票据后的背书人，也可能是质押票据的质押权人，还有可能是委托收款的被背书人。

3. 丧失的票据为合法有效的票据，且丧失事实的发生与权利人意志相背。票据丧失中的票据必然已经出票，并在票据形式上合法有效的票据(包括空白授权票据)。签章未完成的票据、记载绝对有害事项的票据、更改不得更改事项的票据等，即使丧失，也不能发生票据丧失的法律后果。

持票人在失去票据后，不能行使票据权利。发生绝对灭失的，需要解决的问题是恢复持票人的票据权利。发生相对灭失时，因票据被他人占有，就有可能出现付款人无过失而对票据进行兑付、第三人善意取得票据权利，从而发生不利的结果：(1)失票者不得要求无过失的付款人或代理付款人承担责任，而只能依照侵权行为法的规定，要求冒领者退款或返还不当所得或赔偿损失。一旦冒领人无法确认查明，则丧失其利益救济机会。(2)失票者不得请求善意取得人返还票据。善意取得票据构成票据权利的原始取得，持票人享有完全的票据权利。所以，在发生相对灭失时，既要设法恢复持票人的票据权利，更需要防止他人冒领票据金额、防止票据权利为他人善意取得。

二、票据丧失后的救济方法

票据丧失的事实发生后，失票人所采取的救济方法，既要保全自己的票据权利不被损害,又要恢复自己的票据权利。各国票据法都规定了失票人按照法定程序向法定机构和票据当事人如银行、法院、出票人、付款人等提出请求的救济方法。

日内瓦法系国家大致有三种救济措施,即挂失止付、公示催告与请求支付。英美法系国家的救济方法包括通知停止支付票据款项、另行补发票据与提出对丧失票据的诉讼。而从国际票据法公约草案内容来看,更注意平衡失票人的利益和付款人的利益,同时仍努力维护善意取得票据人的利益,肯定了副本请求权、担保提供后的付款请求权、提存票据款项等救济方法。

我国在规定票据丧失救济制度时,非常注意法律的移植和实践经验的总结提升。根据《票据法》、《民事诉讼法》、相关司法解释和《票据管理实施办法》、《支付结算办法》等规范,我国票据立法既保留了我国商事活动的传统习惯,即挂失止付方法,又从日内瓦票据法系国家吸收了公示催告方法,从英美票据法系国家吸收了票据诉讼方法,三种方法共同构成我国的票据丧失救济规则体系。

(一) 挂失止付

挂失止付,是指票据丧失后,失票人以止付通知方式告知付款人票据已丢失的情形,请求付款人在止付有效期内对挂失的票据不予付款,以防止票据款项被人领取的票据权利保全方法。依照传统习惯,权利人在票券丧失后,可以出具证书向出票钱庄请求挂失止付,并在相应报纸上刊登公告,声明作废,同时向有关管理机关备案,过一定时间后,无纠纷发生,失票人可以提供担保要求付款。现行票据法规定了此项制度。

1. 挂失止付的条件。进行挂失止付包括五个要件:(1)必须是票据权利人丧失票据。票据未丧失者,不能挂失。(2)必须是允许进行挂失止付的票据,如实务中对已付款的票据、空白票据不办理挂失止付。根据票据法规定,未记载付款人或者无法确定付款人及其代理付款人的票据不能办理挂失止付。《支付结算办法》第 48 条具体规定,已承兑的商业汇票、支票、填明“现金”字样和代理付款人的银行汇票以及填明“现金”字样的银行汇票丧失,可以由失票人通知付款人或代理付款人挂失止付。未填明“现金”字样和代理付款人的银行汇票以及未填明“现金”字样的银行汇票丧失,不得挂失止付。(3)挂失止付须用书面通知,以防滥用挂失止付权。《支付结算办法》第 49 条规定:允许挂失止付的票据丧失,失票人需要挂失止付的,应填写挂失止付通知书并签章。(4)必须是享有票据权利的失票人实施挂失止付手续。委托收款背书的被背书人、已作成票据的出票人、已完成背书记载的背书人、已基于一定原因持有票据但因尚未记载为收款人或被背书人的持票人等也可申请挂失止付。(5)所失票据的款项尚未被他人领取。

2. 挂失止付的效力。挂失止付是失票人单方作出符合要求的通知,即使票据关系停滞的制度,是一种临时性的预防措施,不可能发生长时间的持续效力。挂失止付需要与其他救济方法联结起来,完成救济的功能,也就是说,挂失止付存在临时性效力和与其他救济措施持续性效力接驳问题。挂失止付的效力,实际上就是挂失止付的效力期限问题。根据我国票据立法和实务，挂失止付有以下三种效力期限：(1)暂停支付效力期限。挂失止付停付通知的暂停支付效力期限为三日，自挂失止付通知的次日起算。(2)挂失止付的延续效力期限。失票人应当在挂失止付后三日内依法向法院申请公示催告或直接向人民法院提起诉讼。由于暂停支付的三日效力期限很短，失票人难以进一步完成某些事项进行补救。中国人民银行规定，失票人需要延续挂失止付有效期限的，应在挂失止付的有效期(三日)内，向付款人或者代理付款人提供已经申请公示催告或提起诉讼的证明，此时止付的效力期限向后延续至十二日。在挂失止付的有效期限内，挂失人应及时请求人民法院签发止付通知书。人民法院不签发的，挂失止付延续期限届满后不再产生止付效力。付款人或者代理付款人自收到挂失止付通知书三日起十二日内没有收到人民法院止付通知书的，自第十三日起，在持票人提示付款并依法向持票人付款的，不再承担责任。(3)挂失止付的效力接续。在挂失止付的有效期内，人民法院受理公示催告申请确权诉讼请求后，应当及时向付款人签发停止支付通知书，付款人或代理付款人应依止付通知书办理止付手续。止付通知书具有接续期限的效力。

挂失止付是一种简便易行但仅为保全票据权利的方法，仅为丧失票据后暂时防止票据款项被人领取而已，而不能发生禁止失票转让的效力，故挂失止付效力期限内善意取得票据的效力不受影响；挂失止付方法不能使票据丧失人真正恢复票据权利；挂失止付效力期限很短，必须与其他救济程序衔接才能有效发挥作用。

（二）公示催告

公示催告程序，是指人民法院根据申请人的申请，将申请人丧失的票据以公示方式催告不明利害关系人在一定期间申报权利，无人申报即导致催告事项除权的法律后果的非讼程序。这是民事诉讼法规定的失票救济特别司法程序。公示催告程序作为一种科学、合理的票据丧失救济制度，对于平衡失票人、付款人、持票人之间的利益，妥善解决票据丧失所带来的问题具有十分重要的价值。

1. 公示催告程序的发动。票据丧失后，失票人无论是否申请挂失止付，都可申请公示催告程序。但公示催告程序应符合相应的条件：(1)申请人须是丧失票据的票据持有人。已完成出票行为的出票人、付款人、非法取得票据者、已合法转让票据者不是票据持有人，不能申请公示催告。(2)必须有丧失票据的事实。不过在票据权利人因受欺诈或胁迫而将票据交付他人的场合，可否进行公示催告，有不同的看法。有人认为，在票据权利人因受欺诈而将票据交付他人时，没有违反票据权利人的意思，不构成票据丧失，票据权利人不能申请公示催告；如系胁迫而交付票据，因明显违反权利人意思，应当构成票据丧失，票据权利人可以申请公示催告。(3)丧失的票据为可以背书转让的票据。“禁止转让”的票据因不涉及持票人的利益损害不能救济，故规定不予公示催告。(4)须为有效票据，包括空白授权票据与超过提示付款期限的票据。(5)须向有管辖权法院提出，即失票人应向票据支付地的基层人民法院提出。具体而言，在银行汇票，为付款人所在地，在银行本票，为出票人所在地，在银行承兑汇票,为承兑银行所在地,在商业承兑汇票,为付款人所在地,在支票,为出票人开户银行所在地。(6)须以书面方式提出。申请公示催告程序必须采取书面形式,即申请人应当向人民法院递交申请书,写明票面金额、出票人、持票人、背书人,已经采取的止付手段、付款人信息等重要内容和申请的理由、事实。

2. 公示催告的程序。失票人申请公示催告程序的,法院应在审查后予以受理。一旦受理,法院依下列程序进行公示催告。(1)发出停止支付通知书。该通知具有裁定保全的效力,付款人或者代理付款人在收到法院通知后,应当立即停止支付。非经发出止付通知的法院许可,不得解付。(2)发布公示催告公告。法院在法定期限内发布公告,将申请公示催告的票据公示于众,催促利害关系人在指定期间、地点申报权利。公告应当发布于全国性报刊,公告的申报权利催告期间由法院确定,国内票据一般为六十日,涉外票据可延长至九十日。(3)申报权利。这是指受公示催告的利害关系人为防止失去票据权利,在公示催告期间向法院主张票据权利。利害关系人未申报即产生丧失票据权利的结果;利害关系人申报时,除应提出申报的请求及理由外,还应向法院提交票据正本。(4)程序的终结。利害关系人在公示期间提出权利申报,人民法院认为符合条件的,应当裁定终结公示催告程序,申请人和申报人之间的权属争议由双方通过普通民事诉讼程序解决。如期满无人提出权利申报,或者虽有人提出权利申报,但其申报被驳回的,申请人可请求作出除权判决。申请人在期满一个月内仍未申请作出除权判决的,也终结公示催告程序。

3. 公示催告程序的效力。公示催告程序的效力包括法院受理申请而为公示催告的效力和法院依申请作出除权判决的效力。公示催告的效力主要有:(1)防止第三人善意取得票据权利。票据丧失后,易发生第三人善意取得而使失票人处于不利境地。失票人申请公示催告后,法院以具有法律约束力的“公示”方式昭示失票情况和有关要求,并以法律规定的“公示催告期间,转让票据的行为无效”规范防止善意取得的发生,从而保护失票人的利益。(2)公示催告后,法院向付款人发出止付通知,付款人停止支付,防止了票据金额被冒领等现象的发生。(3)催促利害关系人向受理申请的法院申报权利。除权判决的效力有:(1)被除权判决的票据归于无效,任何持有该票据的人都不能依票据行使权利,即使是善意持票人也不例外;(2)失票人虽然没有占有票据,但可依除权判决行使票据权利;(3)对获得除权判决的申请人付款,付款义务即告解除;(4)程序终结。

(三)提起诉讼

根据我国《票据法》的规定,失票人可以直接向法院提起诉讼,要求法院判令票据债务人向其支付票据金额,从而使失票人的票据权利得以救济。由于这是失票人采取一般的民事诉讼程序救济其权利,故在票据法学上常称之为普通诉讼、票据权利恢复诉讼。普通诉讼是英美票据法规定的一种救济方法,我国票据立法时因考虑到民事诉讼法规定公示催告程序的某些不足,借鉴英美票据法而在票据法中作了规定。

1. 提起普通诉讼的前提。提起诉讼包括请求出票人补发票据与请求付款两种方式。对于补发票据与请求付款都应当在票据时效届满以前提出;其次,应当提供相应担保。

2. 提起普通诉讼的方式。普通诉讼应当由失票人提出,被告为与失票人有票据债权债务关系的出票人、拒绝付款的票据付款人或者承兑人。诉讼由被告所在地或者票据支付地人民法院管辖。

在票据非法占有人明确的情形下,失票人也可以以行使票据所有权的方式,向非法票据占有人请求返还票据。失票人应当举证证明自己作为合法票据持有人,并提供足额担保。

第八节 涉外票据的法律适用

一、涉外票据概述

作为流通证券,采用当事人国籍或住所为标准的一般涉外民事法律关系界定方法,难以反映各国票据活动的客观现状,也不能涵盖涉外票据的实践范围。只有从票据活动的特质出发,采用行为划分标准才能区别涉外票据与国内票据,从而解决不同性质的票据关系的法律适用问题。按照上述标准,同一票据上的票据行为,出票、承兑、背书、保证、保付等,只要有一个或一个以上票据行为在另一国发生,便构成涉外票据,即使当事人的国籍或住所相一致;如果票据上的票据行为是在同一国发生的,即使当事人的国籍或住所并不一致,也属于国内票据。我国《票据法》规定,涉外票据是出票、背书、承兑、保证、付款等行为中,既有发生在中华人民共和国境内又有发生在中华人民共和国境外的票据。

由于票据具有支付、信用、结算、融通等多种功能,在国际经济活动中具有广泛的国际流通性,表现出其区别于一般涉外民事关系冲突的特性。在票据制度沿革过程中,形成了涉外票据法律适用的三大特点。一是限制乃至排除当事人的意思自治。有关票据法律适用的国际公约和国内立法很少有当事人选择法律的规定。我国《票据法》仅在第98条作了有限制的选择规定:“支票出票时的记载事项,适用出票地法律,经当事人协议,也可以适用付款地法律。”二是采用分割制解决法律适用的冲突,将同一类型或同一性质的涉外民事关系所包括的各个相对独立问题分割开来,分别决定其所应适用的准据法。三是适用国际公约,并可适用国际惯例。

二、涉外票据法律适用的基本原则

我国《票据法》第95、第96条规定了我国涉外票据法律适用的基本原则;包括条约优先适用原则、根据国内票据冲突法确定准据法原则、补充参照国际惯例原则。

1. 条约优先适用原则。凡缔结或参加国际条约的国家,在涉及双边、多边、国际法律冲突时,应采取国际条约优先适用原则,国内法与双边、多边协定和国际条约不一致的,除声明保留的条款外,优先适用条约或协定。根据国家主权原则,对于我国未缔结或未参加的国际条约,自无当然适用的义务,声明保留的条款亦然。所以,《日内瓦票据法公约》在我国并无适用可能。此外,我国缔结和参加的其他国际条约也包含着一些票据活动的规则,如我国与有关国家缔结了外国人法律地位的协定,关于解决民事纠纷适用程序的协定,应优先适用。

2. 根据国内票据冲突法确定适用准据法原则。我国《票据法》规定了部分票据法律冲突的法律适用规定。如果属于涉外票据,则应根据这些规则确定涉外票据的实体法适用。

3. 补充参照国际惯例原则。国际惯例是国际商事法律发展的重要渊源,也是国际商务规则的重要补充。有关票据的国际惯例可用以补充法律的空白,但其适用受到限制。随着票据规则的完善,国际惯例适用将逐步减少。我国《票据法》第 96 条第 2 款规定:"本法和中华人民共和国缔结或者参加的国际条约没有规定的,可以适用国际惯例。"

三、涉外票据法律适用的冲突法规则

我国《票据法》根据通常的法律冲突处理规则,对涉外票据的行为能力、行为方式、行为效力、权利的行使和保全、票据丧失的补救等方面的法律冲突,分别规定了相应的准据法。

(一) 行为能力准据法

票据行为能力是决定票据行为是否能够有效成立的根本性问题。我国《票据法》第 6 条规定,无民事行为能力人或者限制行为能力人在票据上签章的,其签章无效。第 97 条规定:"票据债务人的民事行为能力,适用其本国法律。"票据债务人的民事行为能力,依照其本国法律为无民事行为能力或者为限制民事行为能力而依照行为地法律为完全民事行为能力的,适用行为地法律。这表明我国票据行为能力的准据法是以属人法为主辅以行为地法的票据有效主义。

(二) 票据形式的准据法

票据作为要式证券,除行为人必须具有权利能力和行为能力外,其形式要件也至为重要。我国参照国际票据立法经验,根据场所支配行为原则,规定汇票、本票、支票出票时的记载事项,适用出票地法律。但支票作为例外,支票付款人与出票人,出票行为地和付款行为地可能在两个以上国家和地区,遂规定当事人可以协议以付款地法律作为适用的准据法。

(三) 票据背书、承兑、付款和保证的准据法

对于票据的背书、承兑、付款和保证行为,我国《票据法》亦采用通行的行为地法主义,适用行为地法律。

(四) 票据追索权行使期限的准据法

票据追索权的行使期限即持票人依法行使追索权、保全票据权利的有效期限。各国票据法规定并不一致。为了减少追索纠纷,及时了结票据关系当事人之间的票据关系,保护票据当事人的合法权益,绝大多数国家规定,涉外票据追索权行使期限适用出票地法律。我国《票据法》也作了同样规定。

(五) 票据权利保全的准据法

票据权利的保全,主要涉及的票据权利人常为持票人,因而,票据权利保全的准据法规则要方便持票人行使权利,以利于对票据权利人的保护,同时要统一票据债务人应负的义务,以确保票据权利的行使。基于此,各国都规定以付款地所在国法律为其准据法。我国《票据法》第 101 条规定:“票据的提示期限、有关拒绝证明的方式、出具拒绝证明的期限,适用付款地法律。”

(六) 票据权利丧失救济的准据法

由于涉外票据须考虑到失票人请求保全票据权利离不开付款人和付款人所在地司法机关的协助,恢复救济也同样依赖于付款人所在国司法机关等,故同多数国家规定一样,我国也规定适用付款地法律。

第三十二章
汇　票

第一节　汇票概述

一、汇票的概念和特征

我国《票据法》第19条规定,“汇票是出票人签发的,委托付款人在见票时或者在指定日期无条件支付确定的金额给收款人或持票人的票据。”根据各国票据法对汇票制度的具体规定,汇票具有以下特征:

1. 汇票是票据的一种。汇票作为票据,自有作为完全有价证券的文义性、要式性、无因性、流通性等特点。

2. 汇票是委付证券。作为委付证券,汇票的出票人本人并不直接向收款人承担付款责任,在经背书转让时,也不向持票人直接付款,而是委托付款人进行支付。这就使汇票和作为自付证券的本票区别开来。支票也有委托付款性质,但支票的出票人仅能委托与自己有支票账户关系的银行进行付款,付款人付款仅以出票人所存资金为限,属代理付款。而汇票委托的对象既可以是银行,也可以是一般工商企业等。

作为委付证券,汇票付款人是否付款取决于付款人的意思。由于票据责任的承担以票据签章为前提,因此汇票产生了付款人签章的特殊的制度,即承兑制度。我国《票据法》第40条规定,见票即付的汇票无需提示承兑,定日付款、出票后定期付款、见票后定期付款的汇票,持票人可以或应当向付款人请求承兑。汇票的付款人除非自己在汇票上表明“到期无条件支付”的承诺意思,否则,付款人就没有票据责任。而支票、本票中均无承兑制度。

3. 汇票是信用证券。支票是见票即付的票据,被视为支付证券。本票一般视为信用证券,但我国《票据法》规定本票限于见票即付,付款期限最长不得超过两个月,且出票人限于银行,故其信用功能受到极大的限制。汇票除见票即付的外,多数记载为将来某个日期付款。票据记载期限越长,越能体现出汇票的信用功能。

二、汇票的种类

为了更好地掌握汇票的特征,有效地使用汇票这种信用工具,票据立法和票据理论都对汇票作了一些分类。

（一）银行汇票和商业汇票

这是我国特有的以出票人个体差异为标准所作的分类。我国《票据法》规定："汇票分为银行汇票和商业汇票。"

1. 银行汇票。根据《支付结算办法》第53条规定：银行汇票是出票银行签发的，由其在见票时按照实际结算金额无条件支付给收款人或持票人的票据。银行汇票的出票和付款，全国范围限于中国人民银行和各商业银行参加"全国联行往来"的银行机构办理。跨系统银行签发的转账银行汇票的付款，应通过同城票据交换将银行汇票和解讫通知提交给同城的有关银行审核支付后抵用。代理本系统出票银行或跨系统签约银行审核支付汇票款项的代理付款人只能受理在本行开立存款账户的持票人为单位直接提交的银行汇票(个人为收款人时例外)。

银行汇票具有以下特点：(1)申请人不是汇票上的当事人，他与出票银行存在票据外的关系，而出票银行才是真正的汇票出票人，银行汇票仅限于中国人民银行和各商业银行参加"全国联行往来"的银行机构办理。(2)银行汇票不作付款地记载，也不应填写代理付款行的名称。(3)汇票上载有汇票金额和实际结算金额。前者是申请人交存给签发行的金额，后者是收款人实际结算金额。背书转让银行汇票的，以实际结算金额为准，未填写实际结算金额或实际结算金额超过出票金额的不得背书转让，实际结算金额不得变更。(4)持票人向银行提示付款时，必须同时提交银行汇票和解讫通知，否则，银行不予受理。提示时，持票人应在汇票背面"持票人向银行提示付款签章"处签章，签章须与预留印鉴相同，并将银行汇票和解讫通知、进账单送交开户银行。(5)实际结算金额低于出票金额时的多余金额、申请人因银行汇票超过付款提示期限或其他原因要求退款时，多余金额应直接退还申请人，全额要求退款时须由申请人根据银行汇票和解讫通知办理。

2. 商业汇票。商业汇票是银行以外的人作为出票人签发的，委托付款人在指定日期无条件支付确定的金额给收款人或者持票人的票据。商业汇票又分商业承兑汇票和银行承兑汇票，由银行以外的付款人承兑的为商业承兑汇票，由银行承兑的为银行承兑汇票。

针对我国票据实践，我国《票据法》及《支付结算办法》对商业汇票的出票作了一定的限制：在银行开立存款账户的法人以及其他组织之间，必须具有真实的交易关系或债权债务关系，才能使用商业汇票。其中商业承兑汇票的出票人，为在银行开立存款账户的法人以及其他组织，与付款人具有真实的委托付款关系，具有支付汇票金额的可靠资金来源；银行承兑汇票的出票人，为在承兑银行开立存款账户的法人以及其他组织；与承兑银行具有真实的委托付款关系，资信状况良好，具有支付汇票金额的可靠资金来源。这种对汇票出票人资格的限制的立法，"与其他各国票据法的规定相距甚远"。[①]

---

① 王小能著：《票据法教程》，北京大学出版社1994年版，第139页。

实际上，个人使用汇票对于促进经济、便利生活等都有好处，并可促进个人信用制度的发展。

（二）一般汇票和变式汇票

根据汇票当事人中出票人、收款人、付款人三方是否由一人兼任为标准，汇票分为一般汇票和变式汇票，其中，三种基本当事人身份分别由不同的人充任的，为一般汇票，有一人同时兼具两种身份的汇票为变式汇票。根据变式汇票中兼具身份的情形不同，变式汇票又可分为指己汇票、对己汇票、付受汇票、己受己付汇票。

1. 指己汇票，又称己受汇票，是指出票人以自己为收款人签发的汇票。我国《票据法》中未作明文规定。《支付结算办法》规定，商业承兑汇票可以由收款人签发交由付款人承兑。

2. 对己汇票，又称己付汇票，是由出票人兼付款人的一种汇票，类似于本票。《支付结算办法》规定，商业承兑汇票可以由付款人签发并承兑。

3. 付受汇票。这是由付款人兼充收款人的汇票，在付款人内部结算时可以采用。我国未作规定。

4. 己受己付汇票。即三方当事人资格均由一人兼任的汇票。

（三）即期汇票和远期汇票

汇票根据到期的确定方式不同分为即期汇票和远期汇票。

1. 即期汇票。即见票即付的汇票，具体有载明见票即付字样的汇票、没有记载到期日的汇票、记载的到期日与签发日相同的汇票。即期汇票实际上在履行支付职能，可代替现金流通。

2. 远期汇票。即在汇票上明确记载付款日期，在该日期未到之前，收款人或持票人不得请求付款的汇票。根据付款日期记载方式的不同，又可分为定日汇票、出票后定期付款的汇票、见票后定期付款的汇票以及分期付款汇票。远期汇票真正体现了汇票的信用证券特点。

（四）记名汇票、无记名汇票和指示汇票

这是根据收款人记载方式不同而划分的种类。

1. 记名汇票。即出票人明确记载收款人姓名或商号的汇票，又称抬头汇票。记名汇票因其已记载收款人，故须交付给特定的收款人始为出票完成，在转让票据权利时，需通过背书方式完成。

2. 无记名汇票。即出票人不记载收款人姓名或商号，或仅记载“本人”或“指定人”字样的汇票。无记名汇票可依交付方式转让，也可记载收款人名称后变为记名汇票。

3. 指示汇票。即出票人在记载收款人的姓名或商号的同时又附加记载“或其指定人”字样的汇票。出票人不得禁止持票人以背书方式进行转让，即不得记载“禁止

转让”字样,否则与汇票上记载权利人的方式相矛盾。

(五) 光票和跟单汇票

这是根据票据承兑、付款是否需附有关单据而作的分类。

1. 光票。指不需附具任何单据,仅以汇票本身到期承兑、付款的汇票。

2. 跟单汇票。指必须附具与商务有关的单据才能获得承兑、付款的汇票,又称押汇汇票、信用汇票。跟单汇票的单据大致如提单、仓单、保险单、商业发票、重量证明单、产地证明书、卫生证明文件等。

第二节 汇票的出票

一、汇票出票的格式

出票是指出票人签发票据并将其交付给收款人的票据行为。汇票出票的特点是出票时所记载的内容是委托他人到期无条件付款。汇票作成后须经交付才算完成出票。

汇票作为票据的一种,需要严格依据票据法的规定制作,完成出票时的应记载事项。汇票记载事项对汇票的效力各有不同,或影响汇票出票是否有效,或导致汇票的债权的内容差异。

(一) 绝对必要记载事项

各国票据法对汇票绝对必要记载事项的规定并不相同。日内瓦《统一汇票本票法》第1条规定的汇票应记载事项包括:(1)表明票据为汇票的文句;(2)无条件支付一定金额的委托;(3)付款人姓名;(4)付款日期;(5)付款地;(6)收款人姓名;(7)出票日期及出票地;(8)出票人签名。我国《票据法》第22条规定的汇票必须记载事项有:(1)表明“汇票”的字样;(2)无条件支付的委托;(3)确定的金额;(4)付款人名称;(5)收款人名称;(6)出票日期;(7)出票人签章。

(二) 相对必要记载事项

与绝对必要记载事项一样,各国票据法对此规定也不一致。根据我国《票据法》规定,汇票的相对必要记载事项包括付款日期、付款地、出票地。

1. 付款日期。又称到期日,是依照票据记载票据权利人行使权利和票据义务人履行义务的日期。一般而言,付款日期应载明于票据。汇票上未记载付款日期的,为见票即付。持票人在法定提示付款期限内,可以随时请求付款。

2. 付款地。付款地是票据权利行使和保全的地点,也是确定法院管辖的依据，在国际汇票发生付款法律冲突时，还是确定准据法的依据。为了避免纠纷，票据法规定，票据上未记载付款地的，付款人的营业场所、住所或者经常居住地为付款地。

3. 出票地。出票地是出票人在汇票上记载的出票地点，与实际出票地不一致时，以票据记载的为准。出票时未记载出票地的，以出票人的营业场所、住所或者经常居住地为出票地。

（三）汇票出票时其他可能记载事项

除上述必要记载事项外，还有一些出票时可能记载的事项，如出票人自由选择记载并发生票据上效力的任意记载事项。担当付款人、预备付款人、付款处所、利息及利率等为任意记载事项，我国《票据法》规定："付款人委托的付款银行的责任，限于按照汇票上记载事项以付款人账户支付汇票金额。"付款银行具有担当付款人身份，虽不是票据债务人，但有权作为付款人的代理人付款；虽不是票据当事人，但持票人应向其提示付款；担当付款人的拒绝付款与付款人自己拒绝有相同的效力。出票人记载的事项还可能是不发生票据上的效力，但在其他法律上发生效力的事项，如当事人在票据上约定票据纠纷的管辖法院，在汇票记载违约责任，记载票据的原因关系或资金关系等。在记载绝对有害事项时可使汇票归于无效。

二、汇票出票的效力

汇票系设权证券，出票行为一经完成，即发生票据效力。我国《票据法》第 26 条规定，出票人签发汇票后，即承担保证该汇票承兑和付款的责任。出票人在汇票得不到承兑或者付款时，应当向持票人清偿本法第 70 条、第 71 条规定的金额和费用。具体而言，汇票出票的效力包括三个方面：

1. 出票人须对持票人负保证汇票获得承兑和付款的担保责任。不少国家都规定汇票出票人有担保承兑和担保付款的责任，理由主要是：一是汇票为委付证券，出票人应当与付款人有真实可靠的委托付款关系，如付款人未为票据承兑、付款行为，出票人处于委托第三人履行债务而第三人未履行时的状况，出票人应自负其责；二是汇票是否被承兑、付款，是出票人和付款人之间的约定，这种约定是否会得到遵守，唯有出票人才能负责；三是汇票出票时，出票人获取代价，在其出具的汇票不获承兑、付款时，其所获得对价就失去了占有的依据。也有些国家在票据立法时允许出票时免除出票人的担保承兑责任，如日内瓦《统一汇票本票法》、我国台湾地区票据法等；有的国家甚至允许出票人同时免除担保承兑和担保付款的责任。我国《票据法》禁止出票人作免除担保责任的记载。

2. 收款人取得票据，享有票据权利。需要明确的是，付款人在对汇票承兑之前，不负任何付款义务。持票人在汇票承兑之前的付款请求权，实际上是一种期待权。

3. 授予付款人承兑和付款的资格。出票是出票人单方法律行为，自不能给付款人直接设定义务,因此汇票在承兑之前,付款人不负票据责任,其既可作出承兑,也可以拒绝承兑。因此,出票行为仅仅给付款人以付款的资格,而不是确定的票据债务人的身份。

第三节 汇票的背书

一、权利让渡和背书制度

就普通的商品、凭证而言,权利证券的流通转让制度较为发达。票据作为"商业货币",其流通、转让是票据制度的生命源泉,尤其在经济发展、交易发达的当今社会,票据作为不可缺少的信用和支付工具,其流通性特点更为显著。票据作为完全的有价证券,票据权利和票据相结合,票据权利的转让通过票据转让即可完成。票据权利转让与一般债权的转让有较大的差异:票据转让时,无须通知票据债务人,更不必经票据债务人承诺;票据转让后,转让人并不完全退出票据关系,反而成为担保票据承兑和付款的义务人,并可能成为后来行使追索权的对象;票据受让人可依善意取得制度、抗辩切断制度得到更有利的保护,每多一次转让,票据权利实现就会多一份保障。为了保证票据转让效力,票据法规定票据权利转让应依法定的背书方式,未按法定方式转让票据的效力受到直接影响。实践中最常见的是持票人为转让票据权利而将票据直接交付他人,理论上称为"单纯交付"。这是一种未在票据为记载、签章的票据外的行为,与出票、背书、承兑、保证、付款等票据行为意义不同。如前所述,单纯交付方式虽比背书方式方便,但也存在很多缺陷。我国《票据法》没有像日内瓦统一票据法等一样规定单纯交付制度。

二、背书的概念和特征

(一) 背书的概念

我国《票据法》规定,背书是指在票据背面或者粘单上记载有关事项并签章的票据行为。这一界定不能排斥以背书方式作出的保证行为,因为,除为出票人和承兑人债务保证可能记载于票据正面外,对其他票据背书人的票据债务的保证也大都是"在票据背面或者粘单上记载有关事项并签章"的票据行为。所以,背书应当是指持票人以转让票据权利给他人或授予他人行使一定的汇票权利为目的,在票据背面或者粘单上记载有关事项并签章的附属票据行为。它包括三层含义:第一,背书是以转让票据权利或授予他人行使一定汇票权利为目的的行为;第二,背书是要式法律行为,背书人只有严格按照票据法规定的方式进行才能产出相应的效力;第三,背书是一种附属票据行为。

（二）背书的特征

背书是一种附属票据行为，是一种让渡票据权利的行为，但依背书的行为特质看，背书还是一种有相对人的单方法律行为。背书的法律性历来有债权让与说、保证行为说、所有权取得说、债权及物权契约说及有相对人的单方行为说多种主张。有的学者则综合背书行为的特征，认为背书有多种性质：(1)从背书人角度看，背书有民法上债权让与性质；(2)背书人在担保票据付款方面，与保证人作用相同，在此意义上讲，背书有保证性质；(3)从被背书人角度讲，他经转让背书取得票据，当然取得票据所有权，故背书有所有权取得性质；(4)背书无需被背书人签名承诺，因而有"有相对人的单方行为"性质。背书具有单纯性、不可分性、可禁止性特征。

1. 单纯性。这是指背书行为不得附加条件的特征。背书若被允许附加条件，无论停止条件或解除条件，都会使背书的效力发生影响，使背书的权利担保效力受影响，最终使以背书人本人参加票据信用而组成的票据信赖链条发生变异，影响票据流通。因此，各国票据法禁止背书附条件，如若违反此项规定作附条件的记载，则该附条件的记载不产生效力或视为无记载。我国也作了同样规定。

2. 不可分性。这是指背书人只能将全部票据权利转让给同一人，不能只就汇票金额的一部分为背书转让或将汇票金额分别背书转让给数人，否则背书无效。这是由汇票本身的特点所确定的。但不同国家对不可分性要求不完全相同。我国《票据法》第33条规定："将汇票金额的一部分转让的背书或将汇票金额分别转让给两人以上的背书无效。"不可分性更多地被视为是日内瓦票据法系的要求。日内瓦《统一汇票本票法》第12条第2款规定："就汇票金额之一部分所为之背书，不生效力。"

3. 可禁止性。汇票因背书制度促进了流通，但债务人的责任也随之增加。各国票据法都允许出票人、背书人作出"不得转让"的记载，以缓和出票人和背书人的负担。我国《票据法》吸收其他国家票据立法经验规定背书人在汇票上记载"不得转让"字样，其后手再背书转让的，原背书人对后手的被背书人不承担保证责任。

三、背书的方式：记名背书和不记名背书

背书要求背书人在票据背面或粘单上记载表明背书意旨的事项及签章。背书的方式由票据法加以规定，其必要记载事项为被背书人名称、背书人签章，任意记载事项包括背书日期、禁止转让的文句、背书人的处所、委托收款、免除通知、免除担保承兑、应当请求承兑等记载事项等。在票据法理论上，依背书时是否记载被背书人姓名或名称而分为记名背书和不记名背书两种方式。我国《票据法》第30条规定："汇票以背书转让或者以背书将一定的汇票权利授予他人行使时，必须记载被背书人名称。"

（一）记名背书

记名背书，又名完全背书、正式背书，是指记载了被背书人名称并完成签章的背

书。由于法律推定背书未注明目的即为转让背书，背书日期为任意记载事项，故欠缺明确背书目的和背书日期的仍为记名背书。有学者认为背书日期为完全背书的应记载事项①，其依据在于我国《票据法》规定背书时记载背书日期。但就票据法文义解释而言，背书日期并未明确为应记载事项，未记载日期的，视为在汇票到期日前背书，故应视为任意记载事项。

记名背书作为一种正式背书转让票据的方式，其效力区别于不记名背书。一般而言，其效力包括：(1)权利转移效力。背书成立后，汇票上的权利即转让给被背书人，包括对付款人的付款请求权，对出票人、前手、保证人的追索权，转让票据的权利等。(2)权利担保效力。即背书人应依汇票文义担保承兑及付款。持票人不获承兑或不获付款时，可向背书人行使追索权。这是票据法为加强票据流通的信用而规定的票据背书转让时发生的连带责任效力，也是区别于一般民事债权转让的重要特点。当然，各国票据法对背书权利担保效力的规定并不完全相同。依日内瓦《统一汇票本票法》第15条规定，背书人担保承兑及付款。但有相反之规定者，不在此限。我国《票据法》规定权利担保效力作为绝对的法定效力，不得由当事人约定免除，其意在于尽可能维护票据流通的信用。(3)权利证明效力，又称票据形式的资格授予效力，是指票据背书连续不间断，法律即推定持票人为合法的票据权利人，持票人行使权利不必证明实际的权利转移过程。

背书的连续是指票据上为转让票据权利而为的背书中，转让票据的背书人与受让票据的被背书人在票据上的签章具有不间断性。即在票据上作第一次背书的人应当是票据上记载的收款人，自第二次背书起，每一次背书的背书人必须是前一次背书的被背书人，最后的持票人应是最后一次背书的被背书人。票据在很多主体间流通时，连续背书可以在形式上证明票据流通中没有意外，票据法要求持票人在取得票据与付款人进行付款时必须审查背书在形式上是否连续。背书不连续常常说明票据流通中发生意外，再作转让会使法律关系处于混乱。背书连续性是背书权利证明效力的要求。根据票据法原理，这种权利证明效力在三个方面得到体现：(1)持票人所持票据为背书连续时，即不必负本人系合法取得票据的举证责任；(2)即使票据中存在假背书的情形，持票人如取得背书连续的票据，持票人也可依善意取得而取得完全的票据权利；(3)对付款人的免责效力。票据付款人对背书的审查仅以审查背书是否连续为限，而不必具体审查持票人是否真正的票据权利受让人，也不必审查背书中是否存在无权处分背书的情形，一经付款，即告免责，除非付款人有恶意或重大过失。

(二)无记名背书

无记名背书，又称不完全背书、空白背书、略式背书，是指仅由背书人签章而不记

① 姜建初、章烈华著：《票据法》，人民法院出版社1998年版，第229页；赵新华著：《票据法》，吉林人民出版社1996年版，第134页。

载被背书人的背书。我国《票据法》未规定空白背书,但日内瓦《统一汇票本票法》、英国以及我国香港、台湾地区票据法都规定了空白背书制度。

无记名背书和记名背书各有利弊,反映了安全和效率之间的矛盾。无记名背书记载简便,且在背书人对被背书人全称不甚了解时,也不必因勉强记载而使误写后被背书人行使权利时发生障碍;在为转让时,单纯交付极为便利。但无记名背书的持票人转让票据时可依单纯交付而不参加票据关系,不利于票据流通信用的维护,且在发生遗失、被盗时易被冒名转让票据权利或领取票款,使持票人的权利受到损害。无记名背书是效率高但安全系数低,相反记名背书虽然繁琐、严格,但易于维护票据流通信用或遗失、被盗时的安全,故系安全系数高而灵活度较差。我国票据立法偏于强调安全而限制无记名背书。

四、几种特殊的背书

背书依其目的不同可分为转让背书、委托收款背书、设质背书,后两种因不以转让票据权利为目的,故被称为非转让背书。与一般背书相比较,非转让背书和转让背书中的回头背书、期后背书等均为特殊的背书,下面分述之。

(一) 回头背书

回头背书是指原在票据上签章的票据债务人成为被背书人的背书。与一般债权中债权人与债务人混同即引起债的消灭的原理有所不同,在先前的票据债务人成为被背书人时,票据权利依然存在,回头背书的持票人依然拥有票据权利,也可以再作背书转让。

回头背书使票据流转中的票据权利人和票据债务人发生的重叠的效力,依回头背书的被背书人原在票据上的地位不同,回头背书产生不同的效力。第一,被背书人为出票人。出票人是最终的被追索义务人,出票人为被背书人时无追索权,否则会出现循环追索。但经过承兑的汇票,出票人可以向承兑人主张权利。第二,被背书人为付款人。付款人在未作承兑时,因不属票据债务人,故不属回头背书中的被背书人。付款人承兑后,作为票据债务人应承担付款责任,故不享有追索权。第三,被背书人为背书人。背书人对前手、出票人、承兑人仍享有追索权,对原背书的后手无追索权。第四,被背书人为保证人时,其地位与被保证人相同。为出票人保证的,可以向出票人和承兑人主张权利;为背书人保证的,可以向被保证人及前手主张追索权。

(二) 期后背书

这是指票据在被拒绝承兑、被拒绝付款或超过付款提示期限后进行背书转让的情形,即为在到期后所作的背书。依日本、法国票据法和日内瓦《统一汇票本票法》规定,期后背书是指作成拒绝付款证书后或作成拒绝付款证书期限经过后所为的背书,超过付款提示期限后进行背书的,为期限后背书。

由于期后背书实际上是在票据权利已确定不能行使的票据上的背书,因而票据法不必为促进其流通而赋予受让人特别的保护措施。不过为保护流通安全,票据法还是承认期后背书的受让人依背书而成为权利人,有依票据向票据债务人请求支付的权利。日内瓦《统一汇票本票法》规定期后背书只发生普通债权转让的效力,即对于被背书人,既不承认善意取得,也没有抗辩的限制,债务人可以依对抗背书人的一切抗辩事由,对抗被背书人,即被背书人权利不优于前手。我国《票据法》第 36 条规定:"汇票被拒绝承兑、被拒绝付款或者超过付款期限的,不得背书转让;背书转让的,背书人应当承担汇票责任。"①

(三) 委任背书

委任背书是以委托他人代替自己行使票据权利为目的的背书。委任背书的目的不是实质上的票据权利转让,而是一种以背书形式所进行的委托。其委托的目的一般是委托被背书人代替自己收取票据金额,故又名委托收款背书。委托背书反映了票据的文义性和背书制度的特殊性,持票人以一种简明的背书方式授权他人行使票据权利,操作简单、代理范围明确,有利于委托功能的完成。

在委任背书中,背书实质上不是转让票据权利,因此,根据背书的规则,委任的意思应当在票据上载明,即背书人在背书中载明"委托收款"、"为取款"、"为收款"等字样。被背书人行使权利时以受托收款为限,所取得的金额也应归于背书人即委托人。

委任背书的效力包括以下三个方面:一是形式上的权利转移效力。委任背书表现为委托收款背书的被背书人基于背书而取得代替背书人行使权利的效力,即委任背书产生代理权的授予效力。被背书人进行诉讼的,仅以主张票据权利为限。二是形式上的资格授予效力,在背书连续时,被背书人即具有代替背书人收款的代理人资格而无须另外提供证明证实自己的代理权,票据债务人也可依该记载而履行票据债务。三是委托收款背书中被背书人只是代行票据权利,背书人与被背书人之间不存在担保效力,背书人不必向被背书人承担保证票据付款的责任。

(四) 设质背书

设质背书又名质权背书、质押背书、质背书,是指背书人以在票据上设定质权、提供债务担保为目的所为的背书。设质背书使被背书人取得质权,而不直接转移票据权利,是区别于转让背书、委任背书的一种特殊形式的背书。

设质背书要设定质权,自需在票据上作质押文句的记载,如背书人记载"质押"、"担保"、"为设质"、"为设定质权"等字样。日内瓦《统一汇票本票法》第 19 条规定:背书记有"担保"、"质押"或其他表明质押之记载者,持票人得行使汇票上之

---

① 《票据法》文字表现出立法者矛盾心态,因而也受到理论界的批评。有学者指出,《票据法》第 36 条一面规定期后票据"不得背书转让",进行限制,一面又规定"背书转让的,背书人应当承担汇票责任"。进行有条件认可,显为矛盾。参见刘心稳著:《票据法》,中国政法大学出版社 1997 年版,第 197 页。

一切权利。

与委任背书中被背书人仅具受托人资格的效果不同，设质背书在依法实现质权时，成为真实的票据权利人，可直接由其本人为票据权利人请求支付票据金额。同时，因其系经质押背书而受让票据，背书是连续的，其权利人主体资格也无须其他证据证明。

(五) 禁止转让背书

禁止转让背书是持票人在背书转让票据时同时记载“不得转让”字样，禁止被背书人再背书转让票据的背书方式。禁止转让背书产生两大效力：一是限制被背书人转让票据，包括申请贴现、设定质押，但该限制的效力不及于出票人、承兑人与前手。被背书人再转让、质押的，仍为有效背书。二是背书人仅限于对直接后手承担担保承兑与担保付款的责任。需要说明的是，禁止转让背书与出票人作出“不得转让”记载的禁止转让票据不同：(1)禁止转让背书由出票人作出，可使票据丧失可背书转让的性质，出票人可以依对抗收款人的一切抗辩事由对抗所有其他可能出现的持票人，票据权利转让效力与一般民事指名债权转让相同，而背书人作出的“不得转让”记载不能改变票据的可背书性，而只是将自己的担保承兑和担保付款责任，限定在直接被背书人范围内。(2)禁止转让票据的受让人即使经让与人背书交付而取得票据，也不承认其当然具有票据权利，也不承认善意取得。

第四节　汇票的承兑

一、承兑的概念、特征

(一) 承兑的概念

汇票是一种委托支付证券，是出票人委托付款人支付票据金额给收款人或持票人的票据。出票行为本身不能当然地产生付款人付款的义务，需要一种使付款人明确表明自己是否接受委托承担付款义务、使持票人确定权利的制度，这就是汇票的承兑制度。

承兑，即“承诺兑付汇票金额”的简化，是指汇票付款人承诺在汇票到日期支付汇票金额的票据行为。

(二) 承兑的特征

根据承兑的定义，我们可以分析出承诺的特征。

1. 承兑是一种附属票据行为。承兑以出票为前提，是在已出票的汇票上依票据法规定的格式作出的以承担票据债务为意思内容的一种行为。

2. 承兑是由付款人实施的票据行为。本票为已付证券,不必经承兑程序,支票为见票即付证券,且银行在支票存款账户内向持票人支付款项,这种支付是无条件的,故也不必经承兑程序。而汇票中因付款人在承兑之前尚未以本人意思在票据上表示,不负汇票义务,经由承兑,付款人则被确定为汇票第一债务人。

3. 承兑是对出票人付款委托的无条件承诺。除见票即付汇票外,汇票在付款前的承兑是指付款人所作出的在汇票到期日无条件支付汇票金额的承诺。付款人的义务内容已经确定,付款人只有同意和拒绝两种选择。如我国《票据法》第 43 条规定:“付款人承兑汇票,不得附有条件;承兑附有条件的,视为拒绝承兑。”英美国家推崇票据行为契约说,故有附条件的承兑制度。

二、承兑的基本原则

(一) 承兑自由原则

承兑自由原则,是指汇票上所载付款人可以依自己的意思决定是否承兑,而不受出票人指定其为付款人的限制。需要说明的是,承兑自由原则是票据法的原则,因为实际生活中,出票人与付款人存在的资金关系、委托关系在票据外仍对付款人是否承兑给予约束。因此,承兑自由是由票据法规范设定的票据行为特殊性原理决定的。首先,票据行为是无因的,原因关系对票据行为的约束没有票据上的意义,票据行为的意义只源于票据行为人在票据上的记载和签章,故在票据法上,票据行为被视作是行为人自由意志的体现;其次,票据行为是独立的,出票行为并不能对付款人产生约束力,只有付款人在自由的状态下为自由的票据表意行为才是其承担票据责任的基础。

(二) 全额承兑原则

全额承兑原则,是指承兑人对票据进行承兑时,须对全部票载金额进行承兑,又称完全承兑原则。全额承兑原则要求承兑人在进行承兑时,以记载“承担付款”、“照兑”、“承兑”、“到期无条件支付”等不对票载金额作出限制为必要,否则就不能发生承兑的法律后果,应视为拒绝承兑。不过,部分承兑虽不能使持票人的票据权利获得全部保障,但因获得部分承兑后,未获承兑的部分可另行追索,从而减轻追索负担,故部分承兑的方式也是符合票据流通安全、保护持票人利益的要旨。日内瓦《统一汇票本票法》规定,付款人承兑时得就汇票金额一部分为之。

(三) 单纯承兑原则

单纯承兑原则,又称无条件承兑原则,是指付款人在进行承兑时,仅以记载相应的承兑文句为限,不得对承兑附加其他条件或变更已记载事项。我国《票据法》规定,付款人承兑汇票,不得附有条件;承兑附有条件的,视为拒绝承兑。日内瓦《统一汇票本票法》也规定承兑应为无条件。实务中违反单纯承兑原则的情形有记载“出票人交货后付款"、"分期付款"、"提单交付后付款"等或者在承兑时变更到期日、变更付款地等。违反单纯承兑原则进行承兑后,持票人得向前手背书人及其他票据债务人行使追索权。日内瓦《统一汇票本票法》则考虑到承兑人不单纯承兑的约定,仍可以使持票人获取相应的票据权利,持票人接受后可以减轻追索风险,主张作出不单纯承兑的承兑人必须依所附条件承担责任。

三、承兑的程序

承兑程序是付款人对出票人向其委托的债务作出表示、持票人确定自己权利的程序,是确立完善的票据关系的重要步骤,因此,承兑的程序在票据立法中得到了广泛的重视。

(一) 应当承兑的汇票的确定

承兑是汇票中的重要制度,但并不是所有的汇票都要经过承兑。承兑程序前,首先要确定汇票是否需要承兑。

1. 需要提示承兑的汇票。在汇票未经承兑前不能确定地行使票据权利的情形下,承兑即为必要。如见票后定期付款的汇票未经承兑即无法确定见票日,从而也无法确定到期日,使汇票权利无法确定。根据日内瓦《统一汇票本票法》的规定,出票人、背书人也得作出"必须提示承兑"文句的记载,该类汇票的持票人也应及时进行提示承兑,以便及早确定付款人能否承担付款责任。如果上述两种汇票未经提示承兑,将会导致持票人对前手追索权的丧失。

2. 可以提示承兑的汇票。定日付款、出票后定期付款的汇票,是否请求承兑,得依持票人自由选择。即使未经承兑,也不影响汇票的效力。可以提示承兑的汇票的不提示承兑自由主要是指持票人可以于到日期直接请求付款。

《上海市票据暂行规定》第 34 条第 1 款规定:汇票的持票人应当在汇票到期日前向付款人提示承兑。票据法借鉴了这一规定:"定日付款或者出票后定期付款的汇票,持票人应当在汇票到期日前向付款人提示承兑。"这一规定引起了争议。依票据法原理解释,此条文旨在规定这两种汇票应当在"到期日前"请求承兑。但依文义理解,不仅应当是在"到期日前"提示承兑,而且应当"提示承兑"。当然,也有学者认为该条是规定两种汇票均属法定必须承兑的汇票。[①]如若依文义理解成立,持票人提示承兑确定为一种法律义务,显然于法理无据。

3. 无须提示承兑的汇票。无须提示承兑的汇票分两种情形。一种为见票即付的即期汇票。另一种是变式汇票,如已付汇票,由出票人自己承诺支付的汇票,如我国票据实务中广泛使用的银行汇票,出票人出票同时又由本人作为付款人的汇票。此外,实务中,商业汇票的出票人为加强自己签发票据行为的信用,在出票

---

① 姜建初、章烈华著:《票据法》,人民法院出版社 1998 年版,第 252 页。

时向付款人提示承兑后使用,此时,持票人收到已经承兑的汇票,自不必再作承兑提示。

4. 禁止提示承兑的汇票。有的国家规定出票人可以记载“禁止请求承兑”,实际上允许出票人免除担保承兑责任。持票人提示承兑的,不发生提示承兑的效力。

(二) 提示承兑

汇票出票人出票后,付款人因不能知晓出票人为其在何份汇票上设定其为付款人,也因不持有票据无法主动进行承兑,因此在承兑制度中需要一种特殊的让付款人知晓本人所受委托内容并在相应票据上完成票据行为的制度,这就是提示承兑制度。

1. 提示承兑的性质。提示承兑是指汇票的持票人向付款人出示票据,并要求付款人承诺付款的行为。尽管提示承兑时应当出示票据,但提示承兑不是票据行为,其效力在于行使和保全票据权利。持票人为提示承兑人,汇票人记载的付款人是接受提示承兑的人。汇票上记载的付款人开户银行,作为代理付款人,与付款人身份不同,不能作为被提示人。提示承兑的地点,则为票据上载明的付款地,票据上未载明的,则以付款人的营业场所、住所或居所为提示承兑地。

2. 提示承兑的期限。汇票提示承兑期限一般有法定提示期限和指定提示期限两种,我国《票据法》对可以进行提示和应当进行提示的期限都作了规定,故仅为法定提示期限。根据付款日期记载方式的不同,法定提示期限包括两种情况。第一,定日付款或出票后定期付款的汇票,到期日即为提示承兑的期限;第二,见票后定期付款的汇票,提示承兑的期限,为自出票日起一个月。多数国家票据法主张,可在法定最长期限内由出票人记载应该提示承兑的期限。

3. 承兑过程。汇票被提示承兑,自应将汇票交付款人验看,然后在一定的期限内作出承兑或拒绝承诺的表示,这就是承兑的过程。一般而言,承兑过程需要明确以下问题:

(1) 回单。汇票提示承兑时,由持票人将汇票交由付款人验看,否则,付款人无法判断汇票的真实性,也无法作承兑记载。但汇票作为完全有价证券,持票人占有汇票是其行使权利的前提。因此,需要一种制度来解决提示承兑过程中持票人临时丧失对汇票的占有、付款人临时占有汇票这一权利和证券相分离的问题,这就是回单产生的原因。票据法规定,付款人收到持票人提示承兑的汇票时,应当向持票人签发收到汇票的回单,回单上应当记明汇票提示承兑日期并签章。这就使回单有了两方面的效力:一是证明汇票的权利人是持票人而不是付款人,双方只是为承兑而临时改变对票据的占有状态;二是证明持票人已向付款人作出了承兑的提示行为和提示的日期。

(2) 付款人的考虑时间。一般情况下,付款人在收到提示承兑的汇票时,即可很快地作出是否承兑的决定。但是,有时付款人需要一定的时间审查所提示承兑的汇票的真实性,考虑是否作出承兑。因此票据法规定,付款人在被提示承兑时,有一定时间进行审验和权衡。当然,这个期限不宜太长也不宜太短,各国票据法规定以一日到三日、五日不等。

(3)作出承兑或拒绝承兑。付款人在考虑后作出承兑的,应当根据票据法的规定记载承兑应当记载的事项并签章。作为一项有效的承兑,必须满足下列要件:①承兑须在票据上进行,票据外的承兑、口头的承兑都不产生承兑的效果;②承兑须在汇票正本上进行,与背书、保证等不同,承兑行为只能在正本上进行,复本、誊本、粘单上的承兑都受到排斥;③承兑应在汇票正面进行,在格式汇票中,则由承兑人在相应栏目中记载签章;④记载"照兑"、"兑付"、"承付"等文字,但不得进行部分承兑或附条件承兑;⑤签章;⑥交还已承兑的汇票,持票人则向承兑人交还回单。

付款人一经完成有效承兑,即产生绝对的付款责任效力。第一,付款人从可能债务人成为现实的汇票第一债务人,对汇票债权人的债务是绝对的,即使付款人和出票人的资金关系未能实现,也不能免除其付款责任;第二,承兑人承担到期无条件支付汇票金额的责任,承兑一经完成,即无撤销可能①;第三,即使持票人因超过票据权利时效或票据记载事项欠缺而丧失票据权利时,承兑人仍需满足持票人依利益返还请求权提出的利益请求。在付款人作部分承兑、附条件承兑时,依我国《票据法》规定,视为拒绝承兑,持票人可行使追索权。但在付款人直接作出拒绝承兑时,则由付款人作拒绝证明,并将汇票及拒绝证明交付持票人,由持票人向票据出票人、背书人行使追索权。

(三)参加承兑

参加承兑是指票据债务人以外的第三人因汇票不获承兑,而可能发生期前追索时,为防止发生追索以保护特定票据债务人而在票据上签名,对汇票参加承兑,从而参加票据关系的制度。我国考虑到该制度虽为各国票据法肯定,但实践中很少利用而没有规定。

参加承兑须在汇票不获承兑之后、到期日之前进行。因为在追索权尚未发生或追索权已经行使时,不能防止追索权的行使,也就失去了其意义。至于不获承兑,既包括拒绝承兑,也包括付款人死亡、逃匿、破产、被终止或解散而不获承兑。

参加承兑作为一种附属票据行为,自然要求参加承兑人为参加承兑的记载,包括被参加人名称、参加承兑文句、参加日期及参加人签章。参加承兑行为完成后,即产生相应的票据效力。对持票人而言,产生了对参加承兑人的付款请求权,但是,他不能以原不获承兑的事实主张期前追索。对参加承兑人而言,则成为票据债务人,取得与被参加的票据债务人地位一样的身份。被参加人对其后的背书人以及持票人承担什么范围、什么形式的义务,参加承兑人也应承担同样范围、同样形式的义务。而且,根据票据行为的独立性原理,即使被参加人的票据债务实质上存在瑕疵,也不影响参加承兑的效力。不过,参加承兑为支付后,享有向被参加承兑

① 日内瓦《统一汇票本票法》规定汇票在已为承兑记载而未交付前,付款人得撤销自己的承兑。

人及其前手追索的权利。

第五节 汇票的保证

一、信用添增和汇票保证

凡是债务,法律都保护其清偿,因为清偿才使原来设定债权债务关系的目的得以有效实现。因此,以保证等方式增添债务履行可能性、增加债务人信用的制度都会被法律所保护。在票据制度中,法律规定票据债务由票据行为人承担连带的保证责任,票据每多一次流转,就会多一份信用,所以,一个人要为票据增加信用,一个有效的方式就是在票据上作背书转让的记载,在未出票时,甚至可能以出票方式将信用增添到票据上。这些信用添增方式在票据法理论上称为隐存的保证。同时,汇票信用添增也可以依普通民事担保方式进行,如保证、质押、抵押。此外,票据制度还借鉴了民事保证制度而发展了特殊的票据保证制度,即由票据保证人直接在票据上为保证行为的方式增添票据信用。票据理论中讨论的票据保证即指此种保证。

二、汇票保证的概念、特征和分类

(一) 汇票保证的概念

汇票保证是指票据债务人以外的人为担保票据债务的履行,以负担同一内容的汇票债务为目的所为的一种附属票据行为。

日内瓦统一票据法、国际票据公约草案规定保证既适用于本票、汇票,也适用于支票。在票据理论中,多数认为汇票保证的规定适用于本票、支票。我国《票据法》仅规定了汇票和本票的票据保证,支票无保证规定。

根据不同的标准,票据保证可以作如下分类:

1. 部分保证和全部保证。部分保证是指就票据金额的一部分所为的保证,全部保证则是指就汇票金额全部所为的保证。我国《票据法》没有规定部分保证。

2. 单独保证和共同保证。保证人为一人的为单独保证,保证人为两人以上的,为共同保证。共同保证的保证人承担连带责任。

3. 正式保证和略式保证。记载保证文句并由保证人签章的保证是正式保证;无保证文句而仅作签章的,为略式保证。日内瓦《统一汇票本票法》规定:票据保证人仅在票面上签名者,视为保证成立。实践中,略式承兑、略式保证、空白背书都是仅有签章而无票载文句记载的票据行为方式,易引混淆,故一般主张在为票据行为时,当避免上述简便方式,一旦出现略式票据行为时,如系付款人签章的,推定为略式承兑,除出票人、付款人以外的人在汇票正面上签章的，推定为略式保证[①]，在票据背面签章的，视为背书转让票据行为。

4. 附条件保证和不附条件保证。依票据保证人在记载保证文句中是否附加条件划分，票据保证可分为附条件保证和不附条件的保证。日内瓦统一票据法等都未规定附条件的保证。我国《票据法》确立了票据保证是无条件保证的原则，“保证不得附有条件；附有条件的，不影响对汇票的保证责任”。保证人无权以其所附条件对抗持票人。

（二）汇票保证的特征

根据票据原理，票据保证具有以下特征：

1. 票据保证是单方法律行为。票据的保证作为信用的增添不必经由债权人的同意，同其他票据行为一样，票据保证仅由保证人单方的意思即可成立。

2. 票据保证是一种独立的法律行为。票据保证一经成立，并不因被保证人的票据债务的实质缺陷而无效，即票据保证作为一种票据行为独立于被保证的债务而存在。从效力上看，票据保证与被保证债务存在着如下关系：(1)票据保证须以被保证债务在形式上有效为前提，如果在被保证债务非因形式上的欠缺而无效时，即使票据保证具备应记载事项且经保证人签名，也不能产生保证的效力；(2)票据保证发生前，原有的被保证债务因时效完成而消灭的，票据保证不发生效力。但是，票据保证成立后票据债务因时效完成而消灭的，不影响票据保证的效力。

3. 票据保证是要式法律行为。票据保证必须具备法定要求，保证人应依票据法规定的记载方式载明于票据上，才发生票据保证的效力。

4. 票据保证的抗辩受到限制。民事保证的债务从属性决定了保证人享有债务人的抗辩权，债务人放弃抗辩权的，保证人仍有权抗辩。票据保证中，基于票据保证行为独立性特点，被保证人向债权人可以提出的抗辩，如以自己受欺诈、被伪造签章等抗辩事由向其后手行使抗辩权时，保证人不得借以主张抗辩。此外，票据保证无先诉抗辩权的存在，债权人可以直接向票据保证人请求履行偿还义务。

5. 票据保证的保证人在清偿债务后可行使追索权。民事保证的保证人享有对被保证人的求偿权。票据保证的保证人享有对被保证人及其前手的追索权。

6. 票据保证人为两人以上时，保证人承担连带责任，在被保证人记载不明时依法定方式推定。此与民事保证有连带保证和一般保证两种方式的制度不同，在被保证人未被确定时，也视为保证成立。《票据法》第47条规定，未承兑的汇票，出票人为被保证人；已承兑的汇票，承兑人为被保证人。

三、汇票保证的方式

（一）汇票保证记载的处所

各国票据法规定，票据保证应记载于票据上，不过，票据粘单上的记载当然被视

---

① 参见德国《票据法》第31条，日内瓦《统一汇票本票法》第31条。

为票据上的记载。在规定誊本制度的票据法中,也允许在誊本上作出保证记载。依惯例,保证常被记载于被保证人签章旁。

(二) 票据保证的记载事项

我国《票据法》第 46 条规定,保证人必须在汇票或者粘单上记载下列事项:(1)表明“保证”的字样;(2)保证人名称和住所;(3)被保证人的名称;(4)保证日期;(5)保证人签章。其中“保证”文句、保证人签章是绝对必要记载事项,保证人名称和住所、被保证人名称、保证日期为相对必要记载事项。下面分述之。

1. “保证”文句。依各国票据法规定,保证人应记载表明“保证”意思的文句。不过,文字并不以“保证”为限,“担保”、“为担保”、“保证人”等记载均可视作保证文句。

2. 保证人签章。首先要明确的是保证人的身份资格。我国《票据法》第 45 条规定:“保证人由汇票债务人以外的他人担当。”我国台湾地区“票据法”第 58 条规定:前项保证人,除票据债务人以外,不问何人均得为之。但日内瓦《统一汇票本票法》第 30 条作了更广泛的规定:“前项保证,第三者或已在汇票上签章的当事人均得为之。”其次,作为票据行为,保证人必须在票据上签章。

3. 被保证人名称。票据法未对被保证人作出限制,因为在票据上签章的人都是票据债务人,对债务人信用的增添都得到允许,因此,只要是票据上签章的债务人,都可以作为被保证人。如果票据保证所指向的被保证人并非票据债务人,如承兑前的付款人、付款人的代理付款人、期后背书的背书人、委任背书的背书人等,该保证则归于无效。

4. 保证人的名称和地址。保证人的名称和地址的记载,是否为绝对必要记载事项,有一定争议。我国《票据法》规定签章与名称一致的要求,在保证人为签章时已完成了保证人名称的记载,故不必以保证人名称为绝对必要记载事项,如果规定允许其他签章方式,名称的记载将为必要。住所的记载仅在于便利持票人求偿。

5. 保证日期。保证日期未作记载时,出票日期为保证日期,在为背书人等保证时,以背书日期为保证日期。

四、汇票保证的效力

票据保证是一种附属票据行为。票据保证一经完成,保证人就应当保证被保证债务的履行。履行保证责任后,保证人享有票据权利。

(一) 保证人的责任及性质

根据我国《票据法》的规定,保证人对合法取得票据的持票人所享有的票据权利承担保证责任,但被保证人的债务因票据记载事项欠缺而无效的除外。同时还规定,保证人应当与被保证人承担连带责任。汇票到期后得不到付款的,持票人有权向保证人请求付款,保证人应当足额付款。据此,票据保证人承担的责任及性质可作如下分析。

1. 保证人承担与被保证人同一的责任。在被保证人的债务实质上有效时，保证人所承担的责任与被保证人的责任存在从属的性质和完全同一的性质。这种同一性不仅表现为保证人承担与被保证人同样性质、同样种类、同样数量的责任，而且，两者承担责任的方式也完全一致。如被保证人为承兑人时，票据保证人承担付款责任，被保证人为背书人时，票据保证人承担被追索时的偿还义务。

2. 保证人承担独立的票据责任。这种独立性主要表现在票据保证责任不因被保证的票据债务实质上的瑕疵而导致保证人不承担保证责任的后果，这也是持票人权利保护的需要。因此，在票据保证中，保证人不承担票据保证责任仅限于以下四种情况：其一，被保证的债务自始不存在，亦即票据保证的被保证人并非票据债务人，如未承兑的付款人；其二，被保证的票据债务因其赖以发生的票据行为形式上的欠缺而无效，使保证行为归于无效；其三，被保证人的债务已完成时效而再为保证；其四，票据保证行为自身在形式上的瑕疵而致无效。如依我国《票据法》规定的保证人未签章，或签章不符合生效要求等。

3. 保证人与被保证人承担连带责任。保证责任和被保证人的责任在票据上是两个分别成立分别履行的债务。尽管保证人履行债务行为可以消灭被保证人对后手的票据责任，但在未履行前，两者在承担责任过程中是同位的，票据债权人可依自己的意志，选择向被保证人请求履行债务，也可以直接向保证人请求履行债务，保证人和被保证人处于同一地位的结果时，双方都不享有先诉抗辩权。

（二）保证人的权利

保证人履行票据债务后，其保证债务、被保证人对后手的票据债务、被保证人的后手对持票人的票据债务告于消灭，保证人取得持票人的地位，并由此享有对被保证人的追索权和对被保证人前手的追索权。保证人的再追索权是依法律规定独立取得的，因此与民事保证中的求偿权不同，被保证人及前手不得以其对抗原持票人的抗辩事由对抗保证人，也不得以对抗被保证人前手的抗辩事由对抗保证人。

第六节　汇票的付款

票据的付款既是票据权利实现的体现，又是票据功能最终实现的标志。付款制度在票据制度中具有重要价值。

一、汇票付款的概念

就汇票的付款而言实际上有两种情况。首先是票据到期时，由付款人（承兑人）向持票人支付票据金额，这是持票人行使第一次请求权而由付款人所为的支付。但在特殊情况下,票据金额在第一次请求支付时未能满足,持票人根据票据的二次请求权即追索权请求付款时,由出票人或背书人向持票人支付票据金额,一般也称票据偿还。相应地,票据的付款有广义、狭义的区分。广义的付款是指一切票据债务人向票据债权人支付票据金额的行为。狭义的付款则仅指付款人或担当付款人向票据债权人支付票据金额的行为。由于追索时的付款在票据法中有追索权规定加以规范,故在票据立法中所设立的付款章节中的付款一般专指狭义的付款。

二、汇票付款的程序

在票据制度中,付款有一定的程序。其程序一般包括四个环节,提示票据、支付票据、缴回票据、参加付款。

(一) 提示票据

1. 提示付款的意义。

就票据本身的特点而言,提示付款是必不可少的程序。首先,只有通过提示票据,才能确认真正的票据权利人。这是因为,第一,票据是一种流通证券,持票人可以依背书方式转让票据权利,因此付款人无以知晓现实的票据权利人为何人,通过提示程序,付款人即可确定现实的持票人为何人;第二,票据是提示证券、完全的有价证券,主张权利人应以其持有票据为必要。票据债务为求偿债务,票据债权为往取债权;第三,提示付款成为追索权保全的程序性要件。付款人、承兑人是持票人行使付款请求权的对象,不获满足时,才产生第二次请求权。

在某些情形下,持票人可免于提示付款,例如:(1)持票人丧失票据。丧失票据后,持票人无法提示票据,只能依公示催告程序经除权判决后或提起诉讼后获取的确权判决主张权利;(2)承兑人、付款人死亡、逃匿、受破产宣告、被终止业务活动的,持票人无法作付款提示;(3)持票人提示承兑时被拒绝承兑而取得拒绝证书等等。英国《汇票本票法》第46条对提示付款的免除作了明确规定:①尽合理的注意后,本法所要求的提示仍不能有效作出的。但汇票持有人即使有理由相信汇票提示时将遭受拒付,此一事实并不能免除提示的必要性;②付款人是虚构之人;③对发票人而言,发票人与付款人或承兑人之间并无义务约束付款人或承兑人对汇票作承兑或付款,同时发票人并无理由相信汇票经提示可获付款;④对背书人而言,为汇票承兑或背书的该融通背书人并无理由期望该汇票经提示可获付款;⑤明示或默示抛弃提示。

2. 提示付款的当事人。

提示付款的提示人,应是持有票据的形式上的票据权利人,即票据上的收款人或能以背书连续证明自己为合法持票人的被背书人,包括设质背书的被背书人和委托收款的被背书人。在委托代理人提示付款时,发生提示人提示付款的效力。实务中,常由代理收款人的收款银行通过票据交换系统提示付款。

提示付款的被提示人,则为票据上记载的付款人或承兑人。付款人丧失行为能力时，可向其法定代理人提示；付款人死亡时，则向其继承人或遗产管理人提示；付款人破产时，可向破产管理人提示。除此以外的被提示人有：(1)担当付款人，包括付款人委托支付票据的开户银行和票据上付款人明示记载的代理付款人；(2)票据交换所。依日内瓦《统一汇票本票法》第38条第2款规定，向票据交换所提示者，与付款之提示，有同一效力。我国台湾地区"票据法"第69条第3款规定：为交换票据，向票据交换所提示者，与付款之提示，有同一效力。在票据法理论中，票据交换一般不属讨论范围，但票据交换和清算在票据实务中却是一个十分重要的问题，各国票据法或相应的票据规范中大都有票据交换、票据交换系统的规定。票据交换的基本做法就是，参加票据交换的银行，在规定的时间，将自己接受的、应由参加票据交换的其他银行付款的票据，带到专门设定的票据交换场所，交付各有关的银行，同时将其他银行接受的、应由自己付款的票据，带回自己的银行，完成票据支付。参加交换的银行，通过票据交换所，根据当日应收入的票据金额总额和应支付的票据金额总额之间的差额进行清算。票据交换所大都由中央银行牵头组织，或由银行同业公会设立。我国原由中国人民银行主办，各商业银行和其他金融机构参加，在各城市设立票据交换中心来完成票据交换，此外还有电子联行往来系统等手段。作为实务中的票据交换制度，同票据法有关制度的衔接主要表现在如下两个方面：

第一，票据交换和票据提示的关系。由于现实中票据清算大都是通过银行完成的，票据的提示付款主要表现为由银行在票据交换所进行。票据法规定，持票人在规定的提示付款期限内，通过银行在票据交换所进行交换提示时，即为依法进行提示付款，发生提示付款的法律效果。国际上还根据票据交换的特点，将票据交换所视为付款人的代理人列入付款提示的受提示人，使提示付款制度更显简便。

第二，票据交换与拒绝证明的取得。拒绝证明的取得为持票人保全票据权利的必要程序。持票人通过银行进行票据提示付款时，依票据交换的具体程序，仅通过交换票据、清算差额，所以不能在票据交换提示的当时，即对某一特定的票据表示付款或拒付，只能由参加交换的银行将所接受的票据带回自己的银行，根据付款人的银行账户资金，对票据上的记载进行必要的审查核对，发现存款不足时，才能决定拒绝付款，并通过逆交换程序，将拒付票据返还原来的委托收款银行，依当日的交换差额结算收回票据金额，或者直接将其退还委托收款银行收回该票据款项，从而形成拒付，又名退票。基于这种情况，我国《票据法》规定，在持票人提示承兑或者提示付款被拒绝时，承兑人或者付款人必须出具拒绝证明，或者出具退票理由书；持票人在进行追索时，必须提供拒绝证明或者退票理由书，否则丧失对前手的追索权。这里所说的退票理由书，实际上是由代理付款银行代替承兑人或者付款人出具的拒绝付款证明，连同票据一起退回委托收款银行移交委托人即持票人。

3. 提示付款的期限、时间、场所。

在提示付款制度，还需讨论提示付款的期限和场所问题。提示付款的期限是持票人向付款人出示票据请求付款的法定期限。根据票据到期日记载的不同情况及票据的不同种类，我国《票据法》规定，见票即付的汇票，自出票日起一个月内向付款人提示付款；银行本票，自出票日起，付款期限最长不得超过两个月；支票，自出票日起十日内提示付款。远期汇票，包括定期付款、出票后定期付款、见票后定期付款的汇票，自提示付款前已确定的到期日起十日内，向承兑人提示付款。提示付款的时间，即持票人法定提示付款期限内提示付款的具体时间，应在付款人营业日内的营业时间进行。提示付款的场所。提示付款应在票据承兑人、付款人的营业场所进行，无营业场所的，应当在其住所进行。实务中，具体有以下几种情形：票据记载付款地的，在付款地处所提示付款；未载明付款地的，视付款人的营业场所、经常居住地、住所为付款地；票据未记载付款地，营业场所、住所不明的，可以请求公证机构出具拒绝证明；付款人迁移时，持票人应到新营业地或住所提示，无法确定时，也可作成拒绝证明；付款人已被合并的，以合并后单位为付款人确定提示付款地；未记载付款人的，作为已付汇票向出票人提示付款。

（二）支付票据

付款是指付款人在持票人提示付款时经审查无误，依票载金额足额支付票款，并依法解除票据责任的行为。付款具体包括审查和支付两个步骤。

1. 付款人的审查义务。付款人的审查义务一般是指付款人对票据的形式审查义务。在票据流通中，对持票人是否为真实的权利人、是否依真实背书受让票据需依票据外的事实证明，故法律根据票据特性依法免除付款人的实质审查义务，即付款人不必对持票人是否为真实权利人进行票据记载以外的审查；各背书人的签章是否真实，也无须审查。正因为如此，一般认为，付款人也没有实质审查的权利，付款人在不能确认提示付款持票人为无权利人时，不得以实质上的原因提出抗辩而拒绝履行票据债务。

付款人的形式审查义务，系付款人仅以票据即可进行审查的特点而决定的，这也是对于保证票据安全流通、使用的最低限度的要求。其主要内容有：(1)背书连续的审查。这是形式上对持票人资格审查的要求。根据票据法规定，持票人形式资格主要表现为持票人应是背书连续票据的最后被背书人。付款人审查的重要内容是确认每一背书的被背书人是否与后一背书的背书人同一，并且相互连续没有中断；(2)对票据形式的审查。这是对票据记载事项进行的审查，其审查的重要内容有：①法律规定的必要记载事项是否完备；②票据金额等记载事项是否被伪造或变造；③是否存在危及票据效力的绝对有害记载事项；④出票人委托的付款人和已经承兑的承兑人是否即为被提示的付款人本人。在代理付款时，付款银行审查付款人的签章是否与银行预留印鉴样式或签名相符。

需要说明的是，我国《票据法》在规定付款人的形式审查义务和实质审查问题外，还有附带审查责任问题，即对提示付款人合法身份证明和有效证件的审查，其目的在于防止或发现不法分子假冒他人名义，利用票据骗取票据款项的违法犯罪行为。这种审查不仅对不法分子票据诈骗行为起到技术防范效果，而且在被冒领的场合，由于对提示付款人的身份证明或有效证件的审查而使假冒人易被查获。不过,这种审查不是票据上的责任。在付款人未进行附带审查或未认真进行附带审查时可被认为付款人过失,相应地向真正票据权利人承担票据外的赔偿责任。

2. 付款人的善意支付与免责。付款人仅为形式审查承担责任,在提示付款人非真实权利人即会产生错付。但是根据票据作为完全有价证券的特点,在付款人已履行付款,且系善意支付、无重大过失时,即使发生错付,也不能被要求再次付款,持票人因未妥善保障自己的票据而产生的损失由本人负责。

善意支付中的善意是指付款人在付款时无恶意或重大过失。所谓恶意付款,是指付款时,付款人明知持票人为无权利人仍然付款。付款人无从了解或虽有所了解,但因无法证明,不能拒绝付款的,不能构成恶意。重大过失则是指付款人应该知道持票人为无权利人,但因过失而未知道。《票据案件若干规定》规定,付款人或者代理付款人未能识别出伪造、编造的票据或者身份证件而错误付款的,均被认为是重大过失。付款人及其代理付款人未依票据法第57条的规定对提示付款人的合法身份证明或者有效证件以及汇票背书的连续性履行审查义务而错误付款的、公示催告期间对公示催告的票据付款的、收到人民法院的止付通知后付款的,都由付款人或代理付款人自行承担责任。汇票、支票的付款通常是委托付款银行为代理付款人进行付款,一般依付款人与开户银行之间的交易特约或者有关的结算办法决定免责条件。银行要求汇票的付款人在开户银行预留印鉴,当代理票据付款时,在对票据形式审查的同时,以相当的注意进行印鉴相对,因此发生错付的,代理付款银行应承担相应的责任。

3. 期前付款、期后付款与提存支付。在一般情形下,付款是在到期日进行支付的。到期日未至或提示付款期届满后付款人付款情形,则作为特别的付款。

期前付款,即票据到期日未至时的付款。汇票未到期时,付款人享有相应的期限利益。由于付款人放弃的是自己的利益,故法律一般予以认同。我国《票据法》规定,付款人在到期日前付款的,由付款人自行承担所产生的责任。这个责任包括:第一,对持票人的资格有实质审查义务,发生错付时,对真实权利人仍需付款;第二,在到期前发生出票人撤销支付委托、停止支付等情况时,已进行期前付款的付款人必须承担相应的损失。

期后付款,即在法定提示付款期间届满后进行的付款。本票出票人和已作承兑的付款人在消灭时效完成前都有付款义务,故期后付款为有效支付且受善意支付制度的保护;而对未承兑的付款人、代理付款人而言,其期后支付行为超过票据法规定的范畴,仅发生民法上的代偿债务效力。

4. 提存支付。提示付款期限届满始,票据债务人可以提存方法履行债务。

(三) 缴回票据

票据为缴回证券,付款时,持票人应签记收款并将票据缴回付款人,该票据退出流通。

(四) 参加付款

与参加承兑制度一样,日内瓦《统一汇票本票法》规定,在汇票或本票发生期前追索或期后追索时,为防止对特定的票据债务人发生追索,原在票据上记载的预备付款人、参加承兑或任意第三人可以代替票据承兑人或付款人,参加票据关系,承担票据付款的责任。参加付款虽然也使持票人获得付款,但与一般付款不同。在一般付款中,付款可使一切票据权利义务关系消灭,而参加付款人的付款仅使被参加人及其后手的票据义务消灭,参加付款完成后,参加付款人有权对被参加付款人及其前手行使再追索权。

我国《票据法》为简化票据技术,没有规定参加付款制度。日内瓦统一票据法对参加付款的时间、参加付款的提出、参加付款的方式、效果等作了具体规定。

第七节　汇票的追索权

一、追索权的概念和种类

(一) 追索权的概念

追索权是持票人在票据到期前不获承兑、到期不获付款或因其他法律规定的原因出现时,在采取票据权利保全手续后,能够请求前手或其他票据债务人偿还票据金额、利息及其他费用的权利。

票据追索权制度,是票据法对持票人权利的一种特别保障措施。作为偿还请求权,追索权和付款请求权共同构成票据权利。这种权利的特征是:

1. 追索权是票据上的一种权利,是为补充付款请求权不足的第二次请求权。付款请求权使持票人可以向承兑人或付款人请求支付票据金额,该权利实现时,票据关系消灭,自无追索权的必要。但在付款请求权受阻时,持票人根据追索权的规定可以向有关票据债务人追索票据金额、利息及有关费用,使付款目的得以实现。这体现了追索权的补救性功能。不过追索权的行使,不以恢复和保护付款请求权权利本身为目的,而是独立地发生效能。这种类似于民法中的瑕疵担保制度的特别设计保障了票据的信用。

2. 追索权是票据不获承兑、不获付款或其他法定原因出现时才能行使的权利。在付款请求权能满足持票人权利时,追索权不必发动即能完成票据功能。付款请求权在下列三种情形下不能完成目的,而由追索权制度来完成。即票据到期不获承兑,到期不获付款,承兑人或付款人死亡、逃匿、被依法宣告破产、因违法被终止业务活动等。

3. 追索权是持票人履行了票据保全手续后才能行使的权利。追索权是一种后续的权利。在付款请求权得以实现时,作为背书人、保证人等的票据义务人的义务当然解除,故票据追索义务也是再付款请求权不能实现时才产生的。持票人只有在法定期限内行使票据权利但未能实现,并且这种未实现的事实依法律规定的方式被证实时,背书人等的票据追索义务才告成立,否则,持票人不能行使追索权。

4. 追索权行使的对象是持票人前手和其他有关票据债务人。持票人行使追索权,得以向直接前手、任何前手、出票人、保证人等提出。所谓追索,一方面为追寻索要之义,另一方面又有穷追遍索之力。按照在票据上签名者按票据文义负责的法则,一切在票据上签章者,都属于被追索人范围。

5. 追索权的请求标的,包括票据金额、利息和追索费用,体现追索权偿还请求权的特点。

(二) 追索权行使的特殊性

根据票据责任的连带性原理,我国《票据法》明确规定,汇票出票人、背书人、承兑人和保证人对持票人负连带责任;持票人可以不按照汇票债务人的先后顺序,对其中任何一人、数人或者全体行使追索权;持票人对汇票债务人中的一人或者数人已经开始追索的,对其他汇票债务人仍可行使追索权;被追索人清偿债务后,与持票人享有同一权利。据此,追索权行使时具有特殊性。

1. 选择性,又称飞越性。即持票人可以不按汇票债务人债务形成的先后顺序主张权利。

2. 变更性。即持票人在进行追索过程中对其他未被追索的债务人仍有权追索。

3. 移转性,又称代位性。即被追索人清偿后,与持票人享有同一权利,可向前手再行追索。

(三) 追索权的种类

1. 期后追索权与期前追索权。这是以行使追索权的时间为标准所作的分类。期前追索是指票据记载到期日之前,因发生到期付款不能实现而进行的追索。显然,这是因情势变化而废弃债务期限利益的制度,因此,票据法往往明确规定进行期前追索的原由,如我国《票据法》规定的付款人拒绝承兑,承兑人或者付款人死亡、逃匿,承兑人或者付款人被依法宣告破产或者因违法被责令停止业务活动,日内瓦《统一汇票本票法》规定的付款人资金状况恶化、未获承兑的汇票出票人破产。期后追索是指票据到期后,持票人因不获付款而发生的追索,这也是常见的追索现象。期后追索既可能是经提示付款,票据的付款人、承兑人、代理付款人拒绝支付所致,也可能是持票人提示付款时,因票据记载付款场所不存在、付款人不存在或下落不明而无法完成提示所致。

2. 最初追索权与再追索权。最初追索权是持票人所行使的追索权,再追索权则是被追索义务人偿还追偿金额后,再向前手追索所行使的追索权。两者的区别主要在于消灭时效的差异,同时,再追索权的请求偿还金额比最初追索权的请求偿还金额要大,包括利息的增加和追偿费用的增加。

二、追索权行使的要件

追索权是维护持票人利益的制度,与付款请求权不同,除追索权人须为现实的持票人外,还必须具备一定的前提条件才能行使。在票据法理论上,追索权行使的要件经常被分为实质要件和形式要件。

(一) 追索权行使的实质要件

追索权行使的实质要件,又称追索原因,是指追索权人能够进行追索的客观事实前提。包括:(1)持票人依法提示承兑却因种种原因未获承兑,如付款人拒绝等;(2)承兑人或付款人死亡或逃匿;(3)现实的状态明确表明付款人在资金上发生障碍,如承兑人或付款人被依法宣告破产或因违法而被责令停止业务活动;(4)再追索权人已经履行票据义务而获得票据。

(二) 追索权行使的形式要件

无论是期前追索还是期后追索,持票人在具备实质要件的同时,还应同时具备形式要件,即必须作成拒绝证书以证明其不获付款或不获承兑的事实。作成拒绝证书是保全追索权的必要手续,否则将会丧失追索权。根据我国《票据法》有关规定,这种作为形式要件合法的证明主要有四大类。

1. 承兑人、付款人出具的拒绝证明或退票理由书。承兑人、付款人出具的拒绝证明,是对拒绝承兑、拒绝付款事实最直接的证明。在拒绝承兑、拒绝付款的场合,付款人必须出具拒绝证明。根据《支付结算办法》规定,商业承兑汇票付款人存在合法抗辩事由拒绝支付的,应自接到通知日的次日起三日内,作成拒绝付款证明交开户银行,银行将拒绝付款证明和商业承兑汇票邮寄持票人开户银行转交持票人。银行承兑汇票承兑银行存在合法抗辩事由拒绝支付的,应自接到汇票的次日起三日内,作成拒绝付款证明,连同汇票邮寄持票人开户银行转交持票人。拒绝证明应当载明被拒绝的票据的具体事项,包括持票人、票据种类、票据金额、到期日、提示承兑或提示付款日,出具拒绝证明日期,然后由出具人签章证明。

2. 有关机构出具的合法证明。在持票人因承兑人、付款人死亡、逃匿或处所不明而无法向承兑人、付款人获取拒绝证明时,可由有关机构出具持票人不能获得承兑或付款的事实的证明,这主要是由公证机关作成的拒绝证明。在公证机关出具的拒绝证明上,一般要求载明被拒绝人和拒绝人的名称、票据内容、提示日期、拒绝事由或无法提示的原因、拒绝证书作成日期。在承兑人、付款人死亡的场合,也可由公安机关出具死亡证明的方式。

3. 司法机关的司法文书。如承兑人或付款人被宣告破产的破产裁定书。

4. 行政机关的停业处罚决定书。承兑人或付款人停止业务活动的处罚是由相应的行政机关作出的,持票人取得决定书后,即具有和取得拒绝证书同样的效力。

三、票据追索的程序

票据追索程序是考虑到票据权利需要特别救济而制定的程序,体现了简明、便捷、高效的特点。

(一) 追索权人、被追索人和追索金额的确定

1. 追索权人。依法享有追索权的人称为追索权人,包括最初追索权人和再追索权人。最初追索权人,即在追索权最初发生时的持票人,故票据最后被背书人为行使最初追索权的主体。但在回头背书的场合,追索权受到限制。

再追索权人,即因清偿取得票据者。被追索人清偿票据债务后,便取得了持票人的权利,可再向其前手进行追索。再追索权人可能为背书人、保证人、参加付款人。我国《票据法》第71条、第52条分别规定了背书人的再追索权和保证人的再追索权。日内瓦《统一汇票本票法》第63条规定了参加付款人的再追索权。

2. 被追索人。被追索人是票据的偿还义务人。根据票据签章者依票据文义承担责任的规则,被追索对象十分广泛,包括以下几类主体:(1)出票人。出票人签发汇票后,即承担保证汇票承兑和付款的责任。我国《票据法》第26条规定,出票人在汇票得不到承兑或付款时,应向持票人清偿法定的金额和费用。(2)背书人。转让背书的背书人应当承担保证其后手所持汇票承兑和付款的责任,故背书人为被追索人,但委任背书、质押背书与禁止转让背书的背书人不承担此项责任。(3)保证人。保证人因与被保证人负同一责任,同样负有偿还义务,故亦应为被追索的对象。(4)承兑人。承兑人是否应成为被追索人,票据法理论上很不统一。一种观点认为汇票承兑人作为汇票的主债务人,不能成为追索对象,另一种观点则认为,承兑人作为汇票中的主债务人,本不应该作为普通的被追索人,但在票据实务中,要求其承担被追索义务,而请求其清偿追索金额,不仅不影响原有的票据关系,而且只有这样才符合票据交易中的公平原则。如果汇票的承兑人不能成为追索对象,不对有关的追索金额作出清偿,势必会给有关的票据权利人造成不合理的损害。我们认为,汇票的承兑人、本票的出票人作为票据的主债务人,对持票人承担付款义务,这是持票人享有的请求付款的权利。作为付款请求权,第一,它在票据消灭时效完成以前,都是绝对的权利,即使到期日已过,也不受票据权利保全手续的限制,故与追索权不同;第二,从本质上看,汇票承兑人、本票出票人在被追索时的支付,实际上仍为履行其付款的义务,而不属于票据的偿还。当然,这并不排斥票据法上为方便起见而将承兑人作为追索权和再追索权行使的对象。《票据法》第71条规定的其他汇票债务人显然包括承兑人,即承兑人是追索权行使的对象。《关于审理票据纠纷案件若干问题的规定》明确,持票人对票据出票人和承兑人的权利,包括付款请求权和追索权。

3. 追索金额的确定。追索金额分为最初追索权的请求金额和再追索权的请求金额。我国《票据法》同其他各国票据法规定类似,其中最初追索权的追索金额包括:

(1)被拒绝付款的金额;(2)汇票金额自到期日或者提示付款日起至清偿日,按照中国人民银行规定的利率计算的利息;(3)取得有关拒绝证明和发出通知书的费用。在行使再追索权时,追索金额包括:(1)已清偿的全部金额;(2)前项金额自清偿日起至再追索清偿日止,按照中国人民银行规定的利率计算的利息;(3)发出通知书的费用。在发生期前追索时,应扣除未到期部分的利息。

(二)追索的开始与追索通知

在持票人以有效的票据提示承兑或提示付款而未获得承兑或未获得付款时,追索权实际上已经发生,但追索的开始应自作成拒绝证明或相关证明开始。

1. 作成拒绝证明。持票人为保全追索权,并着手进入追索程序,应当在法律规定的期间内,取得有关拒绝证明。只有取得拒绝证明,才能行使追索权。不能取得的,丧失对前手的追索权。

2. 向前手通知拒绝事由。根据我国《票据法》第 66 条规定,持票人应当自收到拒绝证明之日起三日内通知其前手;其前手应当自收到通知之日起三日内通知其再前手。持票人也可以同时向各汇票债务人发出书面通知。

拒绝事由的通知,一方面是使被追索人做好资金的准备和再追索的准备,另一方面也可以此程序调动在票据流通链条中的每一环节共同来维护票据的信用。英美票据法甚至将追索通知规定为追索权成立的要件,未为追索通知时会发生丧失追索权的严重后果。我国虽然规定追索通知并非追索权的成立要件,但如使前手追索义务人或出票人受到损失的,通知义务人应在票据金额范围内承担赔偿责任。

(三)追索权的行使和追索义务的履行

根据追索权的性质,追索权人在法律规定的追索金额范围内向被追索人进行追索。其追索权的行使,仍以提示票据及拒绝证明为必要,唯在选择被追索人上可依选择性、变更性、连带性特点进行确定或变更。被追索人则应履行其被追索义务,向追索权人偿还票据金额及相关费用。当然,追索义务人为偿付时产生与票据主债务人付款不同的效果,被追索义务人有权取得票据、拒绝证明,有权要求追索权人出具收到追索金额的凭证,也有权行使再追索权。不过,被追索义务人在未被追索时主动偿还票据金额的,同样使持票人的权利得到实现,故也为法律所允许和鼓励。

第三十三章
本　票

第一节　本票概述

一、本票的概念和特征

本票,即“本人付款票据”,是出票人签发的、承诺自己在见票时无条件支付确定的金额给收款人或者持票人的票据。

本票具有以下特征:

1. 本票是自付证券。本票出票人将本人设定为票据的主债务人,承担绝对的付款责任。作为自付证券,出票人给持票人设定的权利不是追索权,而是付款请求权;作为自付证券,不像汇票一样设计承兑制度,法律关系只涉及出票人和收款人,也简单得多。持票人只需向出票人提示付款,不必像汇票持票人那样担心付款人是否同意支付。

2. 本票系出票人无条件支付的预约证券。本票付款源于出票人的支付承诺。出票作为单方付款承诺,事实上是预先作出的支付一定金额的约定,对出票人有绝对的约束力,因而被称为无条件支付的预约证券。

3. 本票系信用证券。在票据制度中,本票常作为信用证券使用。在多数国家票据法中,本票是出票人在到期日无条件支付票据金额的票据,故不以见票即付为限。我国《票据法》规定本票限于银行签发,又限于见票即付票据,因而极大地限制了本票作为信用证券的功能。因此,本票应定义为出票人签发的、承诺自己在确定的到期日或见票时无条件支付确定的金额给收款人或持票人的票据。

二、本票的种类

(一) 本票的一般分类

基于我国《票据法》对本票种类有较大的限制,我们先从票据理论上对本票进行分类。

1. 记名本票、指示本票、无记名本票。这是依本票上记载权利人方式为标准所作的分类。我国《票据法》仅规定了记名本票一种,但我国台湾地区和香港地区的票据法则承认无记名本票。

2. 即期本票、远期本票。这是依本票到期日记载方式为标准所作的分类。我国仅规定了即期本票,远期本票又分为见票后定期付款的注期本票、定日付款的定期本票、出票后定期付款的计期本票和分期付款的本票。

3. 银行本票、商业本票。企业、事业、机关、团体等单位签发的本票称商业本票;银行签发的本票称银行本票。我国未规定商业本票。

(二) 银行本票

我国《票据法》第 73 条规定:本法所称本票,是指银行本票。所以,我国实际上只存在银行本票。根据《支付结算办法》规定,银行本票是银行签发的、承诺自己在见票时无条件支付确定的金额给收款人或者持票人的票据。银行本票是银行以自己的信用签发的票据,信用极高。而且,银行本票的出票人还受特别的限制,即须是由中国人民银行当地分支行批准办理银行本票业务的银行机构,符合准入标准的城市信用合作社、农村信用合作社可以代理方式办理银行本票业务。银行本票除可分为定额本票和不定额本票外,还可分为现金银行本票和转账银行本票。其中,申请人、收款人均为个人的,可以签发现金银行本票,持票人因未在银行开立存款账户,故可凭注明“现金”字样的银行本票及本人身份证向出票银行支取现金。持票人对注明“现金”字样的银行本票也可委托他人向出票银行提示付款,但应先为委托收款背书。申请人或收款人为单位的,银行仅给予办理转账银行汇票,由持票人向开户银行提示付款,银行审查无误后办理转账手续。实践中,银行本票的使用颇为严格。在使用时,先由申请人向银行填写银行本票申请书,填明收款人名称、申请人名称、支付金额、申请日期并签章,银行在收受款项后再签发银行本票,不定额银行本票还须用压数机压印出票金额,出票完成后交给申请人。

与商业汇票中持票人超过提示付款期限提示付款时,持票人开户银行可不予受理不同,银行本票持票人在超过提示付款期限不获付款时,在票据权利时效内向出票银行作出说明,并提供本人身份证件或单位证明,可持银行本票向出票银行请求付款。银行本票超过提示付款期限或其他原因发生时,申请人可以持银行本票向出票银行要求退款。本票丧失时,则可凭人民法院出具的其享有票据权利的证明,向出票银行请求付款或退款。

第二节 本票的出票

一、本票出票的格式

本票的出票是指出票人签发承诺由自己无条件向持票人或收款人支付一定金额

的票据给收款人的票据行为。与汇票出票行为一样,本票的出票也属单方法律行为、要式行为、无因行为等。

从理论上说,本票的出票格式仅是指根据票据法规定的应记载事项记载完毕。但是,如支票、汇票一样,实务中的票据既不允许任意选用纸张作成票据,也不允许出票人自己印刷票据格式签发票据。在我国,由于仅由中国人民银行批准的银行才能签发本票,故本票实际上由各银行根据中国人民银行规定的统一样式印制。各银行为了便于票据发行,在印制票据时将本票的必备事项栏目印好,包括本票文句、支付文句、支付地点、背书文句等,甚至出票银行都已印就,出票人只要在相应栏目记载即可。

(一) 绝对必要记载事项

我国《票据法》第 76 条规定,本票必须记载下列事项:(1)表明"本票"的字样;(2)无条件支付的承诺;(3)确定的金额;(4)收款人名称;(5)出票日期;(6)出票人签章。该六项记载事项的一项或数项欠缺的,构成本票无效。

(二) 相对必要记载事项

根据《票据法》第 77 条规定,本票相对必要记载事项包括付款地、出票地。

1. 付款地。出票人在签发本票时,应当明确记载付款地,本票上未记载付款地的,推定出票人的营业场所为付款地。我国票据实务中因商业银行实行总分行制而常不记载付款地,一般也无代理付款人的记载,故票据上记载的是出票银行分支行的本票专用章。依《支付结算办法》规定,持票人应向开户银行提示付款。但在本票被拒绝付款场合,如何适用票据纠纷案件由支付地法院管辖规则确定管辖地需要讨论。我们认为,由于商业银行的各分支行所在地都是签发本票银行的营业场所,故持票人可依提示付款被拒绝地确定管辖法院而提起诉讼。

2. 出票地。根据票据法规定,出票地记载应清楚、明确,本票上未记载出票地,出票人的营业场所为出票地。由于出票银行是确定的,故应依出票银行(具体的分支行)营业场所决定出票地。

此外,付款日期在日内瓦《统一汇票本票法》、我国台湾地区票据法等法律中为相对必要记载事项,在定期付款、出票后定期付款、见票后定期付款、分期付款本票中,付款日期的记载对于票据权利义务关系的确定具有很大的意义。我国《票据法》规定本票为见票即付票据,故无付款日期记载的可能。

二、本票出票的效力

出票行为给收款人创设票据权利,其效力包括对出票人的效力和对持票人的效力。

(一) 对出票人的效力

本票为自付证券,出票行为完成后,出票人就应向收款人或持票人承担绝对付款责任,故其责任与汇票承兑人的付款责任相同。(1)该付款责任是对应第一次请求权的责任,持票人可以直接向出票人行使付款请求权,而不必以其他请求步骤为前提。(2)该付款责任是无条件的。付款附加条件的,将导致本票无效。(3)该付款责任是绝对责任。出票人对持票人的义务不因持票人行使、保全票据权利手续的瑕疵而免除,除非票据时效完成。(4)该付款责任是最终责任。出票人付款后,票据关系即告消灭。

为了保证本票的信用,我国对出票人作了很多要求,除前述的出票人须为中国人民银行批准从事银行本票业务的银行外,还规定,"本票的出票人必须具有本票金额的可靠资金来源,并保证支付"。此条规定被有的学者批评为违反了票据行为无因性原理。对出票人的具体付款责任同汇票承兑人一样作了规定:"票据的付款人对见票即付或到期的票据,故意压票,拖延支付的,由金融行政管理部门处以罚款,对直接责任人员给予处分。票据的付款人故意压票、拖延支付,给持票人造成损失的,依法承担赔偿责任。"对可能导致出票人付款责任无法履行的票据欺诈,即签发无可靠资金来源的汇票、本票,骗取资金的,出票人在出票时作虚假记载,骗取财物的,依法追究刑事责任。我国对出票人出票行为的限制似与票据关系与资金关系相分离的基本原则相左,规定过于严厉。在各国票据法上,滥发票据的行政责任、刑事责任主要体现于支票,而不是本票、汇票。

(二) 对收款人、持票人的效力

收款人从出票人处取得本票后,即取得本票上的权利,经背书转让后的持票人也取得本票上的权利。持票人、收款人取得的权利包括付款请求权和追索权。其中,付款请求权与汇票中的付款请求权作为期待权有所不同。首先,本票的出票完成后,付款义务人已经确定,故收款人取得的是现实的付款请求权。其次,本票中仍规定有和汇票类似的追索权制度。但本票持票人因未按规定期限见票请求付款而丧失对出票人以外的前手的追索权,而汇票持票人丧失对前手的追索权的原因是未按期提示承兑或提示付款。最后,本票持票人在某些票据法律制度中还直接享有申请强制执行的权利,汇票制度中无此项权利。

第三节 本票的见票

一、见票的概念

见票制度是本票中的特殊制度。见票是在见票后定期付款的本票中,本票出票人因持票人提示见票而在本票上记载见票字样、见票日期并签章的行为。我国《票据法》规定本票为见票即付票据,故无见票制度的规定。《上海市票据暂行规定》曾规定了见票后定期付款的远期本票,故其第67、68条规定了见票制度。日内瓦《统一汇票本票法》、《英国汇票本票法》、美国《统一商法典》、中国台湾地区票据法、中国香港地区《票据条例》都规定了见票后定期付款的本票,故均有见票制度的规定。

在见票后定日付款的汇票和本票中,都存在票据到期日不确定的情况,因此,这两种票据的到期日都需要一种制度来加以确定。前面已论及,见票后定期付款的汇票必须经过提示承兑,票据到期日的确定是一个重要原因。见票后定期付款的本票必须经过见票,其主要原因也在于票据到期日的确定。同样,两种制度都有保全追索权的功能。不过两种制度还是存在重大差异:首先是功能的差异。承兑制度的主要功能在于确定付款人的付款义务,所以除见票即付的汇票外,其余三种汇票都要求承兑,见票后定期付款的汇票其提示承兑兼有确定汇票到期日的功能;而在本票制度中,见票无确定付款人付款义务的意义,其主要功能就是确定到期日。其次是行为主体的差异。本票持票人提示见票后由出票人见票,提示的对象是出票人;汇票持票人提示的对象是付款人,由付款人为承兑行为。最后,行为性质不同。承兑以承担票据债务为目的,是一种票据行为,见票没有承担票据债务的意思,不是严格意义上的票据行为,虽均为签章,但两种签章的性质和效力迥异。

尽管我国因限制本票的票据立法思路而没有规定本票见票制度,但随着经济的发展与票据信用的发达,本票的信用功能也将被进一步重视,本票见票将成为实践中活的制度。

二、见票的程序和效力

本票见票的程序,是指见票后定期付款的本票持票人在法律规定的期间内向出票人提示票据,请求其签章、记载见票字样、见票日期,以确定本票到期日的起算日期的过程。见票程序分为两阶段:一是持票人的提示见票,即持票人向出票人提示本票,请求签见;二是签见,即出票人验看本票,认为无误时在本票上记载见票字样并签章。拒绝见票的,持票人应作成拒绝证明。

(一)提示见票

关于提示见票的期限,日内瓦《统一汇票本票法》规定为一年,但出票人可以延长或缩短;我国台湾地区票据法规定为六个月,但可延长六个月;英美票据法系国家规定为"合理期限"。未遵期提示见票的,丧失除对出票人以外的一切前手的追索权。

(二)签见或拒见

持票人提示见票后,被提示人即应作出签见或拒见的意思表示。在这一程序中的主要问题有:

1. 见票期间。持票人提示见票的,被提示人应在一定期间内作出签见或拒见的意思表示,这一期间即被提示人的审查期间。由于见票时被提示人主要是审查票据本身,故常简称为见票期间。不少国家的票据法对此未作规定。我国《上海市票据暂行规定》第 70 条规定,本票出票人的见票期间准用汇票提示承兑后付款人的考虑时间,即在被提示后三日内完成见票。这种立法方式充分考虑了汇票为承兑的提示和本票为见票时的提示的共同特征,应视为是一种合理的规则。

2. 见票日。见票日就是持票人提示见票时,出票人在本票上所记载的见票日期。见票日是确定见票后定期付款本票到期日的前提,故为见票行为的应记载事项之一,否则难以确定本票的到期日。不过,见票日可能因疏忽而未记载,或发生错误记载,票据法仍需对相应的效力作出规定。如我国台湾地区"票据法"第 122 条规定:"未载见票日期者,应以所定提示见票期限之末日为见票日。"发生记载错误的,只要不会致使票据无效,持票人于到期日请求付款,仍为有效。收款人也可以要求改签。

3. 见票行为的格式。本票见票应在票据上记载,故法律也明确规定其格式,通常包括三项:(1)"见票"字样或其他同义文句;(2)见票日期;(3)出票人签章。未记载见票日期的可作推定,故见票日期应视为相对必要记载事项。有的国家法律规定,仅有付款人签章也视为见票。

4. 拒绝见票。持票人提示见票后,也有可能被提示人拒绝见票。此时,持票人应当作出拒绝证书,根据此事实即可不再为付款提示而直接向前手行使追索权。在未作成拒绝证书时,持票人会丧失相应的追索权。

(三) 缴还本票

本票为权利证券,无论签见或拒见,被提示人都应将本票缴还持票人,同时收回因暂时占有本票而开具的回单。持票人凭票提示付款或进行追索。

三、见票的效力

提示人或遵期提示见票,或未遵期提示见票,或作成拒绝证书或未作成拒绝证书,付款人或签见本票或拒绝签见本票,均产生相应的效力:第一,持票人遵期提示见票,出票人或担当付款人接受见票,则产生本票到期日确定的效力,持票人可于本票到期日请求出票人或担当付款人付款;第二,持票人遵期提示见票,被提示人拒绝见票,持票人在法定期限内作成拒绝证书的,可以直接向前手行使追索权;第三,持票人虽遵期提示见票,但在被提示人拒绝见票时未依法作成拒绝证书的,或者持票人未遵期提示见票的,持票人丧失除对出票人外的前手的追索权。

第四节 本票的强制执行

在票据权利维护保障的实践中,产生了一种旨在更有效地维护票据流通秩序、保障票据关系人合法权益的新的制度，即本票的强制执行制度。我国台湾地区票据法在1950年修订时增加这一制度："执票人向本票发票人行使追索权时，得申请法院裁定后强制执行。"

一、本票强制执行制度的意义

票据权利人在主张票据追索权时，如果票据债务人不为自愿清偿，持票人就只能经过民事诉讼程序，取得法院裁判文书后再申请法院强制执行，程序复杂而漫长。在中国台湾，空头支票泛滥，"有不可遏止之势，已成为严重之社会问题，而支票之成为空头，又多因远期支票之签发，到期资金调度不及所致"。故在修订票据法时，"为减少远期支票之发行，乃加强本票之求偿性，以利本票之流通"。特别增加本票强制执行制度的规定，以保证票据权利救济手段的迅捷和便利。

二、本票强制执行的基本程序

（一）强制执行申请的提出

1. 强制执行的成立要件。我国台湾地区票据法规定，申请本票强制执行需满足两个要件：其一，必须是持票人行使追索权，即只能是在持票人提示见票或提示付款遭到拒绝时才能主张。如果票据权利主张没有被拒绝，则不得申请强制执行，而应依法主张付款请求权；其二，必须是向出票人行使追索权，即裁定的对象以出票人为限。如果持票人以背书人为追偿对象行使追索权时，则不能认为有申请强制执行的权利。

2. 管辖法院。本票的强制执行申请系非讼事件，故应适用非讼事件法有关程序规定，其管辖法院为票据付款地法院。

3. 强制执行申请的提起。本票强制执行程序基于本票持票人申请而发动，持票人根据本票持有、本票提示见票或提示付款被拒绝的事实证明，依法请求出票人给付本票所载金额和利息以及为保全票据权利而支出的费用。

（二）强制执行案件的审查和裁定

1. 审查。本票强制执行案件属非讼案件，我国台湾地区"非讼事件处理法"规定，不属于确定私权的程序，管辖法院只能就本票作形式上的审查，即审查申请人提出申请的程序是否合法，提出申请时所附具的材料是否齐全；审查有关本票形式上是否有效成立，是否存在欠缺绝对必要记载事项的情形；是否存在影响本票效力的有害记载事项；审查有关背书是否连续和持票人其他的权利资格证明；审查有关持票人是否已依法实施了票据权利的保全行为。票据形式上无欠缺且可行使追索权时，法院即作出强制执行裁定。

2. 实质权利与形式权利冲突的救济。本票强制执行的裁定显然限制了本票出票人的抗辩权，可能导致不公正的结果。法律规定有救济对策：(1)管辖法院作出许可强制执行裁定后，就实体上权利有争议的相对人可以另行起诉，确定系争本票实体上权利的归属。该项诉讼系确权诉讼，不受非讼事件裁定约束。(2)出票人主张本票系伪造、变造的，在接到许可强制执行裁定后规定时间内，对持票人向作出裁定的法院提起确认之诉。此时，执行法院应停止强制执行。持票人要求继续强制执行的，则应提供相当担保。提供担保后的强制执行非经出票人提供再担保要求停止强制执行的，执行继续。

第五节 本票准用汇票的规定

一、本票与汇票的比较

在我国，因本票限于见票即付的银行本票，本票的功能收到了极大的限制。实际上，本票作为一种特殊的证券，在票据发达国家得到很大的利用。例如，本票作为一种自付证券，在借贷关系中被债务人签发而形成借贷本票制度。由于把一般的贷款凭据证券化，债权人就可以对其权利及时予以转让，从而克服了一般债权转让所受到的限制。

汇票与本票毕竟是两种不同的票据，不同之处很多：(1)汇票是委托证券和信用证券，而本票则是自付证券和支付证券（指我国《票据法》中的本票）。(2)汇票有三方基本当事人（出票人、付款人、收款人），本票只有两方基本当事人（出票人、收款人）。(3)汇票的主债务人是承兑人，本票的主债务人是出票人。(4)汇票的出票人负担保承兑及付款的责任，本票的出票人则负绝对的付款责任。(5)汇票的付款日期有四种，即见票即付、定日付款、出票日后定期付款，见票后定期付款。在我国，本票仅限于见票即付。(6)对见票后定期付款的汇票，设有承兑制度以确定到期日和付款人的付款义务，对见票后定期付款的本票，没有承兑制度，但设有见票制度以确定其到期日，因本票的出票人自出票行为完成即负付款责任，无须再确定付款责任。(7)汇票中有参加承兑制度以阻止持票人以不获承兑为理由行使期前追索权，本票没有参加承兑制度。(8)汇票除可发行誊本外，还可以发行复本以防止票据丧失，本票只能发行誊本供背书和保证用，不得发行复本。(9)汇票的拒绝证书包括拒绝承兑证书、拒绝付款证书、拒绝交还复本证书、拒绝交还原本证书，本票只有拒绝交还原本证书、拒绝付款证书。(10)根据我国《票据法》，允许发行商业汇票，但不允许发行商业本票，等等。

二、本票准用汇票的规范分析

我国本票立法时，对本票适用汇票规范适用了概括式和列举式相结合的立法方

式。其主要内容有:

(一) 关于背书

《票据法》第三章中无背书规定,根据第 81 条规定,本票背书应完全适用第二章规定。但基于汇票特殊性规定的条款无法适用,如被拒绝承兑的规定、担保承兑责任的规定等。

(二) 关于保证

根据本票无承兑制度的特性,汇票中未记载被保证人时,以承兑人为被保证人的规定不适用。

(三) 关于追索权

汇票制度凡涉及承兑的规范不适用于本票,如第 61—66 条、第 68 条中的部分内容。两种票据获得期前追索权的前提也有所差异。

(四) 关于出票

对出票有所规定仅准用汇票中第 24 条规定。

(五) 关于拒绝证书

因为本票无承兑制度,本票的拒绝证书仅限于拒绝付款证书。

(六) 关于付款

我国《票据法》中第 78 条、第 79 条、第 80 条分别涉及付款责任、付款期限及未按期提示付款的效力。需要说明的是,付款期限最长不得超过两个月的规定非属票据时效规定。根据《支付结算办法规定》,超过两个月的,可由持票人说明原因后向出票银行请求付款或由申请人依规定凭票退款。

第三十四章
支　　票

第一节　支票概述

一、支票的概念和特征

我国《票据法》规定，支票是出票人签发的，委托办理支票存款业务的银行或者其他金融机构在见票时无条件支付确定的金额给收款人或者持票人的票据。除具有一般票据共有的特征外，支票具有以下特征。

1. 支票的付款人仅限于银行或其他法定金融机构。支票制度的功能设计主要在于其支付性，因此，特别重视资金关系，以期支票金额能得到现实的支付，签发空头支票则应承担严格的法律责任。将支票的付款人限制为金融机构，可以使支票金额的支付在资金上和技术上得到更多的保障。

2. 支票的签发以出票人与付款人存在资金关系为前提。支票为支付证券，其功能在于代替现金进行流通，避免因大量货币的流通所形成的安全风险和成本代价，故要求现实地得到支付。因此，支票除要求由银行等金融机构担任付款人外，还要求出票人与银行等有资金关系为前提。《票据法》第 83 条规定："开立支票存款账户和领用支票，应当有可靠的资信，并存入一定的资金。"实践中，出票人事先将一定数额的资金存入银行，并与银行签订支票存款协议，由存款人向存款银行购买支票用纸，并据以签发支票，存款银行根据存款人支票委托事项向支票的收款人或持票人进行支付。票据理论认为，如果付款人允许出票人进行一定限额内的透支，也构成资金关系，付款银行在该限额内支付。

3. 支票是一种见票即付的票据。与汇票的当事人注重票据的信用不同，支票在于保证付款人能否无条件支付，因而被设计为见票即付的票据。

二、支票的种类

（一）记名支票、指示支票、无记名支票

这是依权利人记载方式为标准进行的分类，其价值与汇票、本票依相同标准所作

的分类相同。记名支票记载收款人姓名和名称,故称为抬头支票。指示支票须有指示文句的记载,故亦要求依背书方式转让。无记名支票则是指不记载收款人姓名或名称或仅在收款人栏中记载"来人"等字样的支票,故也被称为"来人支票"。在支票制度中,除意大利、瑞士等少数国家否认无记名支票外,日内瓦统一票据法及该法系国家、英美国家票据法及中国台湾地区票据法都允许发行无记名支票。其立法理由主要是:支票为支付证券,贵在支付,现实交易中则广泛以支票付款作为支付方式,无记名支票既可以简单交付方式为转移,极为简便、迅捷,同时对支付功能又无大碍。我国也采用了许可主义的立法方式。

(二)一般支票与变式支票

与汇票一样,根据票据当事人资格是否兼任为标准,支票可分为一般支票和变式支票。一般支票为出票人、付款人、收款人各不兼任的支票。变式支票,即为有兼任情形的支票。

1. 指己支票,即出票人以自己为收款人所签发的支票。实践中,这种支票经常被出票人用来向存款银行提取自己的存款。我国《票据法》第 87 条第 4 款规定,"出票人可以在支票上记载自己为收款人",其他各国也有类似规定。

2. 对己支票,即出票人以自己为付款人所签发的支票。由于支票的付款仅限于银行或其他金融机构,故对己支票的出票人只能是银行或其他金融机构。这种支票在功能上可以被用来在同一法人的银行各分支行间进行支票往来。

3. 付受支票。即出票人以付款人为收款人所签发的支票。同对己支票一样,付受支票的收款人只能是银行或其他金融机构,其功能在于将存款从一个分支机构转移到另一分支机构。

(三)普通支票、转账支票、现金支票

这是依票据金额支付方式为标准所作的分类。一般而言,支票既可用于支付现金,也可以用来转账,故称为普通支票。与普通支票相对应,我国《票据法》又将支票分为转账支票和现金支票。现金支票则是指出票人签发的委托银行等金融机构支付给收款人确定金额的现金的票据。转账支票是出票人签发的给收款人凭以办理转账结算或委托银行等金融机构支付给收款人确定金额的票据,转账支票不能用于支取现金,只能由银行收入存入银行账户。转账支票起源于德国旧支票法,其起因也在于以结账代替票据金额,使付款更为简便迅捷安全,并且可以减少现金的流通。在发生遗失或被盗时,转账付款的规则使持票人只能经过银行办理,使查找取款人变得方便,也易使出票人和付款人的利益得到维护。

(四)划线支票、保付支票

这是支票制度中对付款赋予特别保障的两类票据。与一般支票相比,这类有特殊保障措施的支票又被称为特殊支票。

1. 划线支票,又名平行线支票、横线支票。由于普通支票签发后,一旦发生被窃或丢失,除非马上进行止付通知保全,否则,付款人根据持票人提示付款后,提款人的查究极不方便,从而使真正权利人发生损失且难以追偿。故设计划线制度,支票划线后成为转账支票,不能提取现金。

2. 保付支票。支票出票后,可由支票的付款人在支票上作"保付"的意思表示,保付人因而承担无条件的绝对付款义务。这种付款人因出票人或收款人的请求,在支票上记载保付文句并签章后应负与汇票承兑人相同付款责任的特殊支票被称为保付支票。

此外,支票中还存在旅行支票等种类。所谓旅行支票是由特定银行签发给旅行者支取款项的金额支票,是为满足旅游事业发展而产生的一种支票。其特点是,旅行支票只能由办理旅行支票业务的特定银行办理,不存在被拒绝付款的情况,支票票面金额确定并事先在支票上填妥,持票人在支票有效期内随时可以向银行请求兑现,不受票据法上提示期间的限制,也不存在保付、划线等制度。

第二节 支票的出票

一、支票出票的条件

支票的出票,是指在银行或其他金融机构开立支票存款账户的人,依票据法规定作成支票并交付给收款人的票据行为。

支票的出票有两个条件:

1. 出票人须在办理支票存款业务的银行或者其他金融机构开立支票存款账户,这是支票出票的形式前提。由于支票的付款人是办理支票存款业务的银行或其他金融机构,故出票人必须在付款人处开立支票存款账户。

由于支票付款期限很短,又无付款人的承兑制度,所以银行对于非合法占有支票的持票人的提款行为很难防止,对于利用开立账户弄虚作假,诈人钱财的违法活动也难以防范。故《票据法》对支票存款账户的开立作了严格的规定:(1)申请人必须使用本名。个人申请开立支票存款账户的,应使用身份证上记载的姓名,不得使用别名、艺名、假名,并应提交自己的合法身份证明;单位应使用真实的单位名称和单位法定代表人或代理人的本名并提交单位和个人的证明。(2)资信与一定的资金。申请人开立支票存款账户后,向开户银行领取统一格式的支票用纸,又称支票簿。申请人在票据用纸上签发支票由付款人付款。(3)预留签章样式。预留签章样式的根本目的不在于认清出票人的名称、姓名,而在于通过签名样式的个性化特征来防范他人模仿而出现被骗取存款的意外。预留签章样式并要求印鉴一致的目的是为了保障申请人的利益,付款人对签名样式与预留印鉴不符的可以拒绝付款。这种以付款银行履行与出票人所定约定的合同行为限制收款人或持票人利益的做法与票据行为的独立性有所差异。当然,基于支票安全流通的需要,收款人和持票人作为票据的取得者要求其承担出票人签章真假的责任是合乎原理的。①

2. 出票人与付款人之间有资金关系。签发支票要求事先由出票人将用于支付支票票款的资金存于支票存款账户,出票人存款是付款人代其付款的前提,否则所签发的支票就成为不能获得兑现的"空头支票"。我国《票据法》第88条规定:"支票的出票人所签发的支票金额不得超过其付款时在付款人处实有的存款金额。出票人签发的支票金额超过其付款时在付款人处实有的存款金额的,为空头支票。禁止签发空头支票。"第90条规定:"出票人必须按照签发的支票金额承担保证向该持票人付款的责任。出票人在付款人处的存款足以支付支票金额时,付款人应当在当日足额付款。"票据法将资金关系作为出票人签发支票的前提条件,表明资金关系对支票的重要性。各国票据法都对签发空头支票规定有处罚措施,依我国《票据法》、《刑法》、《支付结算办法》等规定,其责任包括刑事责任、行政责任、民事责任等。但是,空头支票仍具有支票效力。

开立支票存款账户为形式前提,具有资金关系为实质前提,账户关系和资金关系实质上反映了一个合同问题,即支票合同。支票合同蕴含的法律关系包括支票存款法律关系、付款委托法律关系、结算法律关系,特定情形下还可能存在支票透支法律关系。由此可见,支票合同实质上反映了支票资金关系,支票合同的订立和存在成为支票出票人签发支票、银行予以付款的依据。由于支票合同存在存款、委托、结算等多重内容,学理上对支票合同的法律性质存在着不同看法,有的认为支票合同包括支票存款契约、付款委托契约,有的认为支票合同就是付款委托契约,还有的认为包括了支票存款契约、付款委托契约、交互计算契约的混合契约,其中以混合契约说为主。

二、支票出票的格式

支票的出票要求出票人在支票用纸上记载应记载事项。实务中,商业银行事先印制好支票用纸,并将一定数量的支票用纸装订成支票簿,存款人从银行购得该类支票用纸签发的支票,银行才予受理。为了防止票据欺诈,银行还不断变更支票版本,一经变更,原有的支票用纸也不得被用作签发支票,否则也不会被接受。

(一) 绝对必要记载事项

我国《票据法》明文规定了支票的绝对必要记载事项第85条为:"支票必须记载下列事项:(1)表明'支票'的字样;(2)无条件支付的委托;(3)确定的金额;(4)付款人名称;(5)出票日期;(6)出票人签章。支票上未记载前款规定事项之一的,支票无效。"

---

① 黄赤东、梁书文主编:《票据法及配套规定新释新解》,中国民主法制出版社1999年版,第745—748页。

1. 支票文句。即表明“支票”的字样。未载明“支票”字样的票据，即使具备支票的其他应记载事项，也不能发生支票的效力。至于记载的方式，英美法系国家对票据文句未作强制性要求；日内瓦《统一支票法》规定以支票二字为限；我国台湾地区票据法则不以支票二字为限，其他客观上可以认定表明支票性质的文字也因可被判明为支票而有效，如被记载“凭票”、“凭票祈付”等；我国《票据法》明确规定为表明“支票”的字样。

2. 确定的金额。各国票据法都规定确定的金额为支票的绝对必要记载事项。但支票作为支付证券，在签发时常有金额不能确定或不能完全确定的情形，同时支票金额又属不可更改事项，为避免应付数额与支票金额发生差异，出现多退少补的结算不便，故支票制度中广泛承认支票金额可以采用授权补记方式来完成记载。理论上认为，出票人签发金额空白的支票时使支票附有填充权，该填充权随票据的流通转让而转让。

3. 付款人名称。该记载事项的内容、方法、记载处所等与汇票、本票相同。但有以下特点：(1)付款人以银行业为限，非以银行业者为付款人的，不发生支票效力。不过，日内瓦《统一支票法》第 3 条规定：“发票人不遵守此项规定时，其所发票据仍发生支票之效力。”日本《支票法》第 59 条作了完全相同的规定。(2)虽被记载为银行业者，但系与其无资金关系的银行。该类情形虽因支票用纸使用前已被记载支票付款银行而不多见，但仍有发生。由于支票形式上没有瑕疵，理论上仍主张支票有效，持票人得向出票人和背书人主张追索权。(3)支票付款人未作记载的，作为欠缺绝对必要记载事项的支票，构成支票无效。

4. 出票日期。我国《票据法》规定，支票的持票人应当自出票日起十日内提示付款。出票日期因此被视为绝对必要记载事项。未作记载时出票的，则视为赋予持票人填充权。[①]其记载的形式、内容则同汇票、本票相一致。支票记载日期在实际出票日期以前的，称“期前支票”，票据记载日期在实际出票日期以后的，为“远期支票”、“预开支票”。在期前支票，只要票载出票日期并未超过支票提示付款期限的，持票人仍享有票据权利，可向付款人提示付款。如果票载出票日期已超过了提示付款期限，持票人提示付款时会因超过提示期限而被拒付。在远期支票场合，因票据记载付款日尚未到期，支票应视为有效，付款人在提示付款时，应视作到期，予以付款。

（二）相对必要记载事项

根据我国《票据法》第 87 条的规定，支票有两个相对必要记载事项，即付款地和出票地。

1. 付款地。付款地既是支付支票款项之地，也是决定支票提示期限的依据。我国《票据法》第 92 条规定，同城支票的提示付款期限为十日，异地使用的支票由中国人民银行规定。付款地未记载时，以付款人的营业场所为付款地。

---

① 英国《汇票本票法》第 12 条、第 73 条，美国《统一商法典》第 3-114 条。

2. 出票地。出票地是出票人在支票上所记载的发行支票的地点。支票上未记载出票地点的，出票人的营业场所、住所或者经常居住地为出票地。

(三) 任意记载事项

支票的任意记载事项分为两大类。一类是支票与汇票、本票共有的，如禁止背书文句、免除拒绝事由的通知、免除作成拒绝证书、禁止以付款地通用货币支付的约定等。另一类是支票中特有的，如收款人姓名和名称、平行线。共有的任意记载事项准用汇票的规定，此处不作赘述。平行线记载实为划线支票问题。收款人姓名和名称在支票出票时可以不记载，而由出票人授权补记。未补记时，支票效力不受影响，由持票人作为收款人主张支票款项，故收款人姓名、名称应为任意记载事项。①

三、支票出票的效力

支票出票的效力是指支票出票行为一旦完成后，支票出票人、付款人和收款人应承担的义务或享有的权利。

(一) 对出票人的效力

我国《票据法》第 90 条规定："出票人必须按照签发的支票金额承担保证向该持票人付款的责任。"我国台湾地区"票据法"第 126 条规定："发票人应照支票文义担保支票之支付。"日内瓦《统一支票法》第 12 条规定："发票人应担保支票之支付。任何免除其担保之记载，应视为无记载。"支票出票对出票人的效力即担保付款的责任，但比汇票出票人的责任更重：(1)出票人对收款人及后手承担担保付款责任，此项担保责任不以出票行为不满足前提条件而解除，支票出票人仅可因付款人的保付行为而免除担保责任。(2)在空白支票中，出票人不能对善意持票人提出补记金额与授权金额不一致的抗辩。(3)出票人使用预留印鉴外的签名、印章签发支票的，仍应承担支票责任。(4)超过提示付款期限后，付款人可以不予付款，但出票人仍需承担票据义务。(5)付款提示期间，出票人不可撤回付款委托。(6)签发空头支票的，要承担严格的刑事、行政、民事责任。

(二) 对付款人的效力

支票的出票行为具有授权付款人对持票人付款的效力，主要体现在：(1)付款人

---

① 部分票据法学著作主张收款人姓名和名称为任意记载事项。如刘家琛著：《票据法原理与法律适用》，人民法院出版社 1996 年版，第 550 页；姜建初、章烈华著：《票据法》，人民法院出版社 1998 年版，第 367—368 页；王小能编著：《票据法教程》，北京大学出版社 1994 年版，第 401 页。另有部分学者则主张为相对必要记载事项。如刘心稳著：《票据法》，中国政法大学出版社 1997 年版，第 288 页。我们认为，从立法条文分析，支票金额补记是绝对的，而收款人补记是任意的。持票人未补记前，也"得使用"提示付款，故应为任意记载事项。

没有票据上的当然付款义务,出票行为对付款人的付款没有票据上的强制性效力。(2)出票人与付款人存在资金关系时,付款人应当足额付款。由于《票据法》第 90 条规定了付款人在法定条件具备时的付款义务,持票人得向付款银行行使直接诉权。

(三) 对收款人的效力

支票收款人在出票完成后取得的也是完全的票据权利,包括付款请求权和追索权。不过,支票付款人义务的相对性使收款人虽取得支票但无法判明付款人是否与出票人有资金关系,自己能否获得付款,因此,收款人取得的请求付款权利是一种期待性权利,只有在其提示付款并受领支票金额时,才成为现实性权利。此外,收款人在被拒付时,可在依法保全票据权利后行使追索权。

第三节 支票的付款

一、支票付款的意义

支票是支付证券,尤为重视付款的现实性和迅捷性。支票制度中规定付款人以金融机构为限、强调出票以出票人与付款人存在资金关系为前提、要求见票即付、确立付款提示的短期限等,目的均在于维护支票的支付功能。在立法上,汇票付款一节中除第 55 条、第 56 条外,票据法从便捷角度出发,对付款提示的期限规定为短期限,即十日,异地使用的支票规定为稍长时间。支票提示付款期限由法律直接规定,不允许任意延长或缩短,持票人应遵期提示。

支票遵期提示可以使持票人的权利得到充分保障,除可保全追索权以外,遵期提示产生付款人根据第 90 条第 2 款规定的法定付款义务,付款人违反该法定付款义务的,持票人可行使直接诉权。提示期限的规定意义还在于:(1)在提示期限内,出票人不得撤销付款委托,出票人撤销委托的,付款人仍应付款,但在出票人受破产宣告、死亡时,不得付款。(2)超过期限提示付款的,在票据权利消灭时效完成以前,付款人仍可付款,当然也可以拒绝付款。但在出票人已撤回付款委托或支票时效完成的,则付款人不得付款,否则须向出票人(即存款人)承担损害赔偿责任。(3)持票人因怠于提示,致使出票人蒙受损失的,持票人应承担相应的责任。

二、支票金额的支付

(一) 支票付款人责任的特殊性

在一般支票中,付款人未作保付行为时,自非票据责任的直接承担者,但在出票人的存款足以支付支票金额时,付款人应负当日足额付款的责任。付款人承担付款责任的基础有三种理论：一种是支票资金义务说，认为支票的资金所有权因支票的转移而转移于持票人，付款人应当对支票的资金所有人承担付款义务，所以在支票资金足以支付支票金额时，付款人应对持票人承担付款义务，法国支票法即持此主张。另一种是利他合同义务说，认为付款人与出票人在签订支票合同时所订立的委托付款的条款是一种受益人有待确定的利他条款，一旦出票行为完成，付款人就须依支票合同规定的条款，在支票资金范围内对受益第三人履行债务。因此，在有足额存款时，受益第三人依法主张权利的，付款人应根据合同的条件进行支付。第三种是法定义务说，认为付款人的付款义务是一种法定义务，但支票付款人所承担的是相对的附条件的责任，因为：(1)付款人付款以现实的资金关系为前提。付款人根据出票人委托付款，不仅要求双方有支票合同，还要求出票人的支票存款账户中有足以支付支票金额的款项，无款或不足支付时，付款人即可拒绝付款。(2)付款人仅在持票人遵期提示时有法定的付款责任。持票人于提示付款期限经过后提示付款的，付款人可以付款，也可以拒绝付款，是否付款，付款人可自由决定。此时，持票人仅有不完全的付款请求权和受领票据金额的权利。(3)付款人根据出票人的撤销付款委托或票据时效完成而完全解除付款义务。

（二）付款人的审查义务和善意支付免责

支票是委托付款票据，且付款人本人非票据直接的债务人，故票据法规定付款人在进行付款之前，首先应对支票加以审查。日内瓦《统一支票法》第 35 条规定：付款人支付可背书之支票时，应负责查核背书之连续，但对背书人之签名不负认定之责。我国《票据法》第 57 条也作了审查义务的规定，其内容主要是，付款人对支票上背书签名的真伪不负认定责任；支票出票人预留签名样式或印鉴，付款人付款前必须核验出票人在支票上的签名或盖章是否与预留的本名的签名样式或印鉴相符，对不相符的支票，付款人不得付款；付款人应审查背书是否连续；付款人应对提示付款人的合法身份证明或有效证件进行核验。付款人出于恶意对无票据权利人进行付款的，应当自行承担责任；违反审查义务要求，对签章或印鉴不符的支票、背书不连续的支票、持票人欠缺合法身份证明支票提示付款时予以支付的，也应自行承担责任。在无恶意或无重大过失进行审查仍发生错付的，则视为不可归责于付款人而作为善意支付免责。

（三）付款规则

1. 付款日期。支票为见票即付，在提示付款当日足额付款，不得延期，否则要承担相应的法律责任。

2. 付款标的。根据我国《票据法》的规定，付款人的付款为支票金额的全部，不得为部分付款。货币的种类则准用汇票的规定，金额为外币的，按照付款日的市场汇价，以人民币支付。当事人另有约定的，从其约定。

3. 付款方式。支票付款分为三种方式：一是现金式付款，这是支票付款的基本方式。二是转账式支付,即当事人之间凭借支票的交付用以调整银行账务的数目;三是抵销式支付,即出票人签发以付款人为收款人的支票用来抵销其所欠收款人的债务。

三、持票人的直接诉权

付款人不是直接的票据债务人,票据法根据支票制度的特殊性在法律中将付款人的付款义务作为一种特殊义务加以规定,持票人据此享有对付款人的付款请求权。付款人不是票据债务人,持票人又对其享有付款请求权,依票据本身而言,两者构成了不对应性,这种不对应性可因付款人依法支付票款而加以消除。不过,在付款人拒绝支付的场合,持票人又如何获取救济呢?这就是需要一种特别的权利救济方式,在票据法学中,这种方式被称为支票持票人对付款人的直接诉权。即在具备相应要求时,持票人处于一种类似于出票人和付款人的委托付款契约中受益人的地位,对不履行付款义务的债务人直接请求付款及赔偿损失。这种权利是由票据法规定的,但其行使方式依民法的一般规则,由持票人在规定的时间内提起诉讼,并承担举证责任。其举证范围包括:(1)以付款提示日为准,出票人在付款人的存款足以支付;(2)持票人系在法定期限内提示付款;(3)付款人拒绝支付无正当理由。

第四节　支票准用汇票的规定

一、支票与汇票、本票比较

根据我国《票据法》的规定,支票、本票与汇票可作如下比较,见表 34.1:

表 34.1　汇票、本票、支票的主要区别

	汇　票	本票(银行本票)	支　票
主要用途	支付手段,信用手段	信用手段,支付手段	支付手段
支付的性质	无条件支付的委托	无条件支付的承诺	无条件支付的委托
基本当事人	出票人,付款人,收款人	出票人,收款人	出票人,付款人,收款人
主债务人	承兑前无主债务人,承兑后付款人是主债务人	出票人是主债务人	没有主债务人,出票人承担更重要的责任
出票人的责任	担保承兑并担保付款	承担付款的责任	担保付款
对出票人资金关系的要求	出票人必须具有支付汇票金额的可靠资金来源	出票人必须具有支付本票金额的可靠资金来源	出票人必须具有足以支付支票金额的资金

（续表）

	汇　　票	本票(银行本票)	支　　票
付款人的资格限制	无限制	付款人即出票人,只能是经批准的银行	只能是办理支票存款业务的银行或其他金融机构
付款人的付款义务	承兑前无付款义务,承兑后负绝对付款义务	出票人负绝对的付款义务	在一定条件下有付款的义务
到期日的记载方式	见票即付,定日付款,见票后定期付款,出票后定期付款	见票即付	见票即付
票据金额的记载	出票时必须载明汇票金额	出票时必须载明本票金额	支票金额可在出票后由出票人授权补记,补记前不得使用
承兑制度	一般需按期提示承兑	先承兑制度	无承兑制度
保证制度	有保证制度	有保证制度	无保证制度,有保付制度
追索权的丧失	未按期提示承兑或提示付款,丧失所有前手的追索权	未按期提示付款,丧失对出票人以外的前手的追索权	未按期提示付款,丧失对所有前手的追索权
特殊制度	承兑制度	见票制度	保付,划线制度

二、支票准用汇票的规范分析

支票与本票、汇票立法有分立主义和合并主义之别,我国采用合并主义立法方法,以减少立法的重复问题。作为票据的一种,汇票的不少规范可直接准用于支票。《票据法》第 94 条规定:“支票的背书、付款行为和追索权的行使,除本章规定外,适用本法第二章有关汇票的规定。支票的出票行为,除本章规定外,适用本法第 24 条、第 26 条关于汇票的规定。”简述如下。

(一) 关于出票

支票出票准用汇票规定的有两个条文,一为第 24 条,一为第 26 条。第 24 条是指“可以记载本法规定事项以外的其他出票事项”但不生票据效力的规定,第 26 条为出票人担保付款的责任。

(二) 关于背书

支票中无背书制度的特别规定,故应全部准用汇票之规定。基于票据性质不一,有关到期日、记名票据、承兑有关的规定不能准用,包括第 27 条第 3 款、第 29 条、第

36 条、第 37 条。在国外票据制度中有关汇票预备付款人记载、复本与誊本的背书也不适用于支票。

（三）关于付款

支票限于见票即付，故没有汇票中的期前付款制度，也没有票据债务人提存票据金额以消灭票据债务的规定。此外，支票中没有担当付款人制度，故汇票中有关条款也不适用于支票。

（四）关于追索权

1. 追索原因。持票人因提示付款遭到拒绝，付款人被依法宣告破产、因违法被责令终止业务活动等原因既为汇票追索原因，也为支票追索原因。但因支票中无承兑制度，付款人为银行等法定金融机构等特点，汇票中拒绝承兑、付款人死亡、逃匿等追索原因一般也不适用于支票。

2. 追索权的保全。汇票中如持票人未遵期提示承兑、提示付款以保全票据权利时，将丧失对前手的追索权。但在支票制度中，持票人超过提示期限提示付款的，出票人仍应承担票据责任。

3. 汇票中，存在拒绝承兑证明以及付款人死亡、逃匿证明等拒绝证明形式，而支票中无此类拒绝证书。

第八编

破产法

8

第三十五章

破 产 法 概 述

第一节　破产和破产制度

一、破产的概念和法律特征

(一) 破产的概念

破产(bankruptcy)一词源于16世纪意大利语"Banca Rotta",意思为"砸烂的板凳"。根据中世纪意大利商业城市的习惯,商人在市中心交易市场各有自己的板凳,当某个商人不能偿付债务时,其债权人就砸烂他的板凳,从而使其丧失经营资格。[①]另一说认为破产一词源于拉丁语"Falletux",意思为失败。[②]最近,我国学者对Bankruptcy与Insolvency还作了更为精确的区分,指出"在英语中,虽然Bankrupt与Insolvency都有破产之意,可是在英国历史上,这两个词的使用对象却是明显不同的。16世纪至19世纪,英国破产法对不能清偿债务的商人,使用Bankrupt,该词含有惩罚和蔑视之意;而对律师、医生、神职人员等绅士,则使用Insolvency,该词则不含任何贬义之意。1986年,英国破产法不再沿用过去的Bankrupt Act的表述方法,而改用Insolvency Act。这表明英国的破产立法,已不再简单地以强制清算还债来解决不能偿还债务的问题,而是采用更为灵活的方式来处理无力偿还债务的情况"。[③]

从以上破产的词源考证以及人们日常生活角度理解中可以得出以下结论,破产通常是指因为经营失败而不能偿还债务的一种事实状态。从经济学角度来看,破产是指经营失败导致经济主体解体的一种客观状态,是经济主体消亡的一种方式。从法律角度来看,破产一词具有特定的含义。英国《牛津法律大辞典》将破产定义为"政府通过其为此目的而任命的官员取得债务人的财产,从而将其变卖,并且通过优先请求及优先顺序把债务人的财产按一定比例分配给债权人"的"一种程序"。[④]日本《法

① 王卫国:《论重整制度》,载于《法学研究》1996年第1期。

② 郑远民著:《破产法律制度比较研究》,湖南大学出版社2002年版,第1页。

③ 沈贵明主编:《破产法学》,郑州大学出版社2004年版,第1页。

④ 《牛津法律大辞典》,光明日报出版社1988年版,第81页。

律学小辞典》将破产定义为:"当债务人出现不能清偿到期债务的场合,以将债务人的全部破产财产公平分配给所有债权人为目的的审判上的程序。"①我国的《法学大辞典》中将破产定义为:"债务人不能清偿到期债务或负债超过资产时,由法院强制执行其全部财产,公平清偿全体债权人,或者在法院的主持下,由债务人与债权人会议达成和解协议,避免倒闭清算的法律制度。"②

我国破产法的"破产"作为法律上的用语,含有实体和程序两重意义。③前者指债务人不能清偿到期债务时所处的财务状态。④该状态既可指资不抵债即"债务超过",也可指虽然资产大于负债,但因资金周转不灵,以致陷于停止支付的境地。后者是指债务人不能清偿到期债务时,为满足债权人正当合理的要求,就债务人总财产进行的以清算分配为目的的审判程序。⑤

基于以上理解,有学者认为,破产作为一种法律制度,既具有程序法的性质,也具有实体法的性质,是两者兼具的一种特殊的法律制度。所以,破产的含义应该是:债务人不能清偿到期债务,法院根据有关当事人的申请,将债务人的破产财产依法分配给债权人的特定的法律程序。⑥

(二)破产的法律特征

破产,是市场经济倡导优胜劣汰原则下的必然产物。根据以上破产的概念,破产主要具有下列特征:

1. 破产是清偿债务的特殊手段。破产是债务人不能清偿到期债务时,依法将债务人的全部财产一次性分配给全体债权人,从而了结债权债务关系的一种程序。从这个意义上讲,破产与民事诉讼中的强制执行都是清偿债务的手段。但破产是一种特殊的偿债手段,与一般的强制执行相比较,其不同之处表现为:(1)破产程序的开始,是以债务人不能清偿到期债务这一事实为前提,而一般强制执行不需要以此为前提,只要债务人依法应向债权人履行义务而未履行时,即可提起强制执行的请求。(2)破产以债务人的全部财产作为清偿债务的基础,债务人以其全部资产一次性偿债,并因此而丧失其主体资格,这是破产最直观的特征。一般强制执行只以债务人的部分财产作为清偿对象,它不产生债务人主体资格的消灭这样的法律后果。(3)破产的主要目的是公平地清偿债务,是一个自成体系的司法程序,而一般强制执行仅是民事诉讼程序中的一个环节而已。

2. 破产以不能清偿到期债务为前提。各国破产法都规定了破产条件或破产原

① [日]《法律学小辞典》,有斐阁 1982 年版,第 76 页。

② 《法律大辞典》,中国政法大学出版社 1991 年版,第 1295 页。

③ 齐树洁主编:《破产法研究》,厦门大学出版社 2004 年版,第 1 页。

④ The fact of being financially unable to pay one's debts and one's obligations. 参见 *Black's Law Dictionary*, West Group, 1999, p. 141。

⑤ 齐树洁主编:《破产法研究》,厦门大学出版社 2004 年版,第 1 页。

⑥ 谢俊林著:《中国破产法律制度专论》,人民法院出版社 2005 年版,第 3 页。

因,有的以到期债务已超过债务人的全部资产为法定条件,有的以资不抵债为法定条件,有的以无力清偿到期债务为法定条件。①尽管各国规定不同,但归根到底,破产程序的开始是源于债务人不能履行到期债务。因为在这种情况下,债务人的支付不能不仅严重损害了债权人的利益,而且阻碍了社会效益秩序的正常运行,只有通过破坏程序,及时、公平地清偿债务,才能消除交易秩序中的障碍,从而保障社会经济的正常发展。

3. 破产是公平清偿债务的程序。在破产程序中,一般有两个或两个以上的债权人,并且债务人的全部资产不足以偿付已到期的债务,因此,公平清偿债务成为破产程序的主要目的和基本原则。公平清偿不同于平均清偿,而是指对不同类型的债务分别对待并且对相同类型的债务依照一定的比例进行清偿。公平清偿债务不仅体现为债权人与债权人之间的公平受偿,也体现为债权人与债务人之间的公平清偿,因为破产法作为一个协调利益的法律,在保护债权人利益的同时,兼有保护债务人合法利益的任务,进而实现维护社会利益的目的。

4. 破产是由法院实施的清偿程序。在整个破产程序中,从破产案件的受理到破产宣告、破产终结,自始至终都是由法院主持的。其原因在于,一方面破产不是双方当事人自由意志选择的结果,而是依照法律规定进行的强制性程序;另一方面破产直接导致债务人法律主体资格的消失,因此,法院的介入是必然的而且是必要的。破产这一特征使其区别于一般的债务清偿行为。

二、破产制度的概念与性质

(一) 破产制度的概念与性质

破产制度是指债务人不能清偿到期债务时,法院根据当事人的申请通过破产程序使债权人获得公平清偿的法律制度。

关于破产制度的性质,即破产制度属于程序法、实体法还是综合性法律,有不同的学说和立法模式。从各国立法情况来看,大致有四种情况:(1)归入民事诉讼法。葡萄牙即属此例。(2)归入民法或商法。在民商分立的国家中,实行商人破产主义的国家将破产法纳入商法,如法国、意大利的商法典中规定有“破产编”;而有的国家将破产法分别纳入民法、商法中,如西班牙 1885 年的商法第四编中规定了商业破产的实体内容,1889 年的民法中规定了破产债务免除的内容。在民商合一的国家中,多将破产法作为民事特别法。(3)单独立法。英国、美国、日本及德国都把破产法列为不属于其他法律的独立部门。(4)归类为综合性法律。即认为破产制度既属实体法又属程序法。②

关于破产制度性质的认定,在我国法学界主要存在以下四种学说。第一种学说

---

① 柴发邦主编:《民事诉讼法学新编》,法律出版社 1992 年版,第 484 页。

② 顾培东主编:《破产法教程》,法律出版社 1995 年版,第 6 页。

主张破产制度是经济法的一个分支;第二种学说则主张破产制度应归入民商法范畴;第三种学说认为破产制度属于程序法的范畴;第四种学说则坚持认为破产制度是一种既包括实体法又包括程序法的特殊法律制度。

另外,对于破产制度属于哪种类型的程序法,也存在着较大的分歧。有人认为破产制度是诉讼制度,是民事诉讼法的组成部分;有人认为破产制度是非讼制度,是在法院指挥监督下,债权人与债务人之间进行的一种强制清算程序;有人认为破产程序是民事诉讼法中的特别诉讼程序;有人认为破产制度既不是诉讼制度,也不是非讼制度,而是兼有诉讼程序、非讼程序、特别程序和执行程序的某些特点,又独立于这些制度之外的一种独特的程序制度。①

(二)破产制度的三种目标模式

纵观世界破产制度的发展历史可以知道,破产制度的每一次变革、每一次飞跃都是顺应了社会发展的客观需要,反映着立法者的价值取向,这种价值取向就是破产法律制度的目标模式。破产法律制度的目标模式,是立法者通过破产法律制度的实施所期待达到的一种理想状态。目标模式与具体制度之间反映了内容与形式的关系。目标模式是具体制度的内容,通过具体制度的安排而得以体现;具体制度是目标模式的形式,通过体现目标模式而存在。②

对于破产法律制度的目标模式,我国学者认为可以划分为以下三个种类。③

1. 债权保护模式。对债权人实行充分的保护,是《破产法》得以产生的最初原因。破产法的全部原则、制度和程序,均围绕债权人利益这一主轴而设计安排的,债权人的利益高于一切。与此相对,债务人的利益则被置于次要的、从属性地位。

2. 债务救济模式。债务救济模式实行破产有罪主义、破产免责主义、自由财产制度、破产和解主义、复权主义。这种目标模式认为,《破产法》完全是债务人的救济手段,因为在破产案件中的大多数,都是起动于寻求司法救济的债务人的自愿行为。概言之,《破产法》就是债务人的救济法。

3. 社会本位模式。社会本位模式是在债务救济模式的基础上发展起来的,前者是后者的合理延伸,后者包含在前者当中,两者相辅相成,并不绝对排斥。其标志因素有三:一是国家极力全面渗透和干预破产过程,法院在破产程序中的能动地位空前地强化;二是破产职工的善后安置被纳于破产程序的制度构造当中;三是破产重整制度的创设和运用。其中,以第三点最富意义。

以上三大模式的变化和更迭,构成了破产法历史发展的主要轨迹。不同的国家,根据本国的政治、经济、文化特点以及民主科学和文明程度的不同,对三大模式作出不同的选择。

---

① 柴发邦主编:《民事诉讼法学新编》,法律出版社 1992 年版,第 485 页。

② 谢俊林著:《中国破产法律制度专论》,人民法院出版社 2005 年版,第 7 页。

③ 同上书,第 7—8 页。

第二节 破产法的概念和历史发展

一、破产法的概念

破产法主要由破产程序法和破产实体法两部分组成。破产程序法主要包括破产申请与受理、破产宣告、债权人会议、破产和解、破产整顿、破产清算等内容;破产实体主要包括破产原因、破产财产、破产债权、撤销权、取回权、抵销权、别除权等内容。概言之,破产法是规范破产程序中法院、债权人、债务人和其他参与人的行为和权利义务关系的法律规范的总称。破产法有广义和狭义之分。狭义的破产法仅指直接以破产法命名的法律文件。广义的破产法指包括狭义破产法在内的、有关破产程序和破产实体的一切法律规范的总称。

我国破产法主要包括 2006 年《中华人民共和国企业破产法》和国务院制定的与破产相关的行政法规。如国务院分别在 1994 年和 1997 年发布的《关于在若干城市试行国有企业破产有关问题的通知》、《关于在若干城市试行国有企业兼并和职工再就业有关问题的补充通知》。此外,还有一些省、市制定的地方条例。如 1993 年《广东省公司破产条例》,1993 年《深圳经济特区企业破产条例》。

二、外国破产法的历史发展

回顾外国破产法的发展历史,我们应该从大陆法系国家和英美法系国家这两大不同的对象分别予以考察。

(一) 大陆法系国家的破产法

破产制度发源于古罗马的财产执行制度。罗马的债务执行制度经历了对人执行到对物执行,私力救济到公力救济的不同阶段。最早当债务人不能清偿债务时,根据《十二铜表法》的规定,债权人可以拘禁债务人迫使其清偿债务,甚至可以出卖或杀死债务人以代替债务的履行。①随着社会的发展,债权人认识到将债务人处死于己不利,因此便强制债务人以终身或定期劳役代替债务清偿。罗马帝国时期,随着商品经济的快速发展,罗马私法得到了空前的繁荣,成为反映简单商品生产者社会较完备的法律形式。与此相适应,原来债权法中对债务人实行人身执行的制度也为财产管理令状制度所取代。②

---

① 王欣新主编:《破产法》,中国人民大学出版社 2005 年版,第 14—15 页。

② 郑远民著:《破产法律制度比较研究》,湖南大学出版社 2002 年版,第 13 页。

债务执行从对人的执行转变为对物的强制执行，财产执行制度便是在对物强制执行基础上产生的，这种制度的核心内容就是财产扣押制度，即当债务人不能履行债务时，债权人可以将其财产扣押以清偿债务。这种私力救济的扣押制度后来又进化为法院介入的诉讼上的假扣押制度。虽然罗马时期的这种财产执行制度不同于现代破产制度，但在这种制度下，债务人不能偿还债务是将其全部财产强制用于清偿债务，清偿过程由法院主持进行，并且可由债权人选出一定的管理人参与分配过程，在债权人为多人的情况下，变卖的财产所得按比例清偿。因此可以说，罗马法上的财产执行制度是现代破产制度的雏形。

13世纪后，意大利商业中心城市的发展，繁荣的商业贸易以及古罗马的法律文化传统，促使了破产制度的形成。具体而言，由于商业的发达，必然产生了大量的商业借贷关系和债权债务关系，那么调整债权债务关系的破产制度也就应运而生。为此，地中海的商业中心威尼斯于1244年制定了第一部比较详细的规定商人破产处理措施的《威尼斯条例》，1341年米兰制定了类似的《米兰条例》，1415年佛罗伦萨也以《威尼斯条例》为蓝本制定了《佛罗伦萨条例》。这些条例都比较详细地规定了商人破产问题的处理。[①]这些破产条例制定的意义在于，奠定了破产制度的基础，并成为世界各国破产制度的先驱。

不过，在制定破产法方面作出了巨大贡献的国家当数法国和德国。自19世纪中叶后，欧洲大陆各国均以法国、德国破产法为蓝本制定了具有本国特色的破产法，并且法、德破产法也随着法、德两国殖民地的扩张，漂洋过海进一步影响到欧洲以外的很多国家，最终形成了庞大的大陆法系破产法。如果对大陆法系破产法进行梳理，可以归纳出以下主要特点：(1)各项具体制度以民商法典为基础，并且使用抽象的法律术语；(2)债权人本位主义色彩浓厚，对债务人保护不充分；(3)法院过多地干预破产程序，债权人自治地位相对较弱；(4)破产法的适用范围因各国历史传统的差异而有一般破产主义与商人破产主义之别。

(二) 英美法系国家的破产法

英美法系国家破产法的诞生，略晚于欧洲大陆国家的破产法。可是需要强调的是，英美法系国家的破产法是以英国破产法为基础发展、演变而来。有趣的是，虽然英美法系具有不成文的传统，但破产法却从其产生之日即以成文法的形式存在。

与欧洲大陆国家的破产法相同，最初的英国破产法也同样没能摆脱“债权人利益优先”这一主旋律的影响，并表现出与欧陆各国大致相似的发展轨迹。英国在亨利八世统治时代制定了第一部破产法。其主要内容在于保障债权人利益的实现。当一个商人不能全额清偿其债务时，债权人可以占有其全部财产。法律不但允许债权人对债务人的财产进行清算，而且允许债权人将债务人投入监狱直到其将剩余债务还清

---

① 谢俊林著：《中国破产法律制度专论》，人民法院出版社2005年版，第5页。

为止。18 世纪早期，免除债务人刑事责任，并免除其对剩余债务的清偿责任的理念逐步体现到英国成文法中。①

虽然美国的破产立法较晚，但却没有影响其完整地经历他国破产法发展历史上所经历的不同破产立法理念的演变。1800 年美国的第一部破产法，旨在保护债权人的利益，债务人不能申请破产，等到破产程序开始，债务人常常已经身陷囹圄，财产也所剩无几。1841 年的第二部破产法，将破产法的债务救济功能和债权保护功能融为一体。立法者终于认识到，对那些不幸的债务人允许其摆脱过去的债务重压，不将其投入监狱，这对社会经济发展有着十分积极的意义。②

由于英国奉行殖民扩张主义，所以其破产法还对加拿大、澳大利亚等国家的破产法产生了深远的影响，并形成了英美法系破产法。概括英美法系国家破产法的特点，主要表现在：(1)破产法为程序法，破产实体规范则主要散见于其他法律或判例中；(2)实行破产程序受理开始主义，破产程序开始于法院受理破产申请之时；(3)保障债权人的自治地位；(4)普遍推行破产免责主义。③

不论是英美法系还是大陆法系，破产法在发展中呈现出以下共同趋势：(1)从商人破产到一般破产。最初的破产立法只适用于商人，因为当时商人是市场经济中最活跃的主体。随着资本主义工业革命的产生，工业企业迅速崛起，并不可避免地出现倒闭现象，因此，迫使立法者将破产人的范围扩大到非商人，如英国、法国、德国、日本均采取了一般破产主义。但从商人破产到一般破产仅代表了一般趋势，至今仍有不少国家采用商人破产主义，如意大利、比利时等国。(2)从有罪破产到无罪破产。早期破产立法大多采取有罪破产原则，随着社会文明的进步，多数国家现在实行无罪破产，但这不排除少数一些国家如玻利维亚、哥伦比亚仍然采取破产有罪推定的立法态度。(3)从保护债权人利益到公平保护债权人和债务人利益。破产制度的产生根源是对于债权人利益的保护，因此早期立法主要侧重于债权人利益的保护。近现代的破产立法者充分意识到法律的利益平衡功能，创设了和解、免责、重整等制度，从而更加公平地保护债权人和债务人的利益。

三、我国破产法的历史发展

(一) 旧中国的破产法律制度

在我国法律传统上奉行“父债子还”这种伦理观念，这种观念统治了中国二千多年，所以中国的封建社会根本不可能产生破产制度，也不可能产生债权人平等的自然法观念。随着资本主义萌芽的产生，国内外商务贸易活动的增加，清末光绪年间，由修订法律大臣沈家本于 1906 年起草了我国历史上第一部破产法——《破产律》，计 9

---

① 王欣新主编：《破产法》，中国人民大学出版社 2005 年版，第 19 页。

② 同上书，第 21 页。

③ 邹海林著：《破产程序和破产法实体制度比较研究》，法律出版社 1995 年版，第 35 页。

节共 69 条。该法只适用于商人。当时的户部和商界对“债权人平等原则”的意见不能一致,违反和打破了当时“先洋款、后官款、后华商分摊”的债务清偿程序和惯例而遭到强烈反对,最终于 1908 年 11 月被明令废止。①

1911 年辛亥革命以后,国民党政府重新制定各种法律。1915 年由北京法律修订馆起草了破产法草案,内容分为实体法、程序法、罚则三编,共 337 条。由于该法完全参照德国和日本的破产法,脱离了中国的实际情况,存有不少错误之处,故一直未能成为一部真正的法律得以公布。1935 年 4 月,国民政府立法院民法委员会起草破产法。当时农村经济面临衰落的危机,工商业倒闭事件频频发生,个人无力偿债者比比皆是。为了适应社会对破产清算程序的需求,破产法采用一般破产主义,并将破产清算程序与破产和解程序同时规定,对破产人实行非惩戒主义和免责主义。②该法由总则、和解、破产、罚则共 4 章,计 159 条组成,于 1935 年 10 月 1 日施行。

从该《破产法》的内容来看,其突出特点表现为与当时的世界立法趋势相吻合。该法不仅规定了当时世界各国流行的和解制度,还规定了债务人或破产人财产采用属地主义、破产宣告的申请主义原则。该法较之以前各部破产法,在借鉴、比较、吸收国外先进、成熟制度方面跨出了非常成功的一步。③

(二) 新中国的破产法律制度

新中国成立后,废除了包括破产法在内的国民党制定的所有法律。在建国初期,由于存在一部分私营企业、公私合营、合作社、摊贩、小作坊的破产问题,最高人民法院对这些私营企业的破产还债程序曾作出了一系列的司法解释,如 1956 年 1 月 26 日最高人民法院《关于私营企业破产还债中的问题的批复》,1957 年 1 月最高人民法院《关于破产清偿的几个问题的复函》等。

随着社会主义改造的完成,中国推行公有制下的高度集中的计划经济政策。在这种背景下,破产制度只能淡出中国的历史舞台,因为在公有制计划经济制度下既没有破产的必要,也没有实施破产的可能。

1979 年我国实行改革开放政策。以前二十多年实施的传统的高度集中的计划经济模式,整个社会经济都是围绕“政府本位”展开的,企业成为政府的附属物,没有独立的经营自主权,也没有自己的利益存在,所以所有的国有企业既没有活力也没有效率。针对这一现状,1979 年国务院出台了“扩大国营工业企业经营自主权,实行利润留成”等改革方案,希望通过这些“扩权让利”的政策,激活企业的活力,提高企业的效率。鼓励企业自主经营、自负盈亏,营造一个既有内部动力又有外部压力的企业生存环境,以促进商品经济的发展和市场体系的建立。

---

① 郑远民著:《破产法律制度比较研究》,湖南大学出版社 2002 年版,第 15 页;王欣新主编:《破产法》,中国人民大学出版社 2005 年版,第 25 页。

② 王欣新主编:《破产法》,中国人民大学出版社 2005 年版,第 25 页。

③ 谢俊林著:《中国破产法律制度专论》,人民法院出版社 2005 年版,第 27 页。

另一方面，我国实行经济体制改革后，在法学理论界开始着手研究和筹划建立破产制度这项工作。我国学者普遍认为，推行商品经济后，企业的盈利和亏损是无法避免的，那么将一些经营不良、严重亏损的企业纳入破产队伍，建立一套亏损企业离开市场的退出机制就很有必要，因此制定一部新中国成立以来的新破产法已成为一种客观必要。

1983年9月，国务院经济技术社会发展研究中心率先起草了《关于"企业破产整顿法"的方案设想》。同时沈阳、广东、重庆、武汉等部分地区先后进行地方性破产个案的尝试。1985年，经济改革的试点城市沈阳市颁布了《沈阳市关于城市集体所有制工业企业破产倒闭处理的试行规定》，该法规是中华人民共和国第一个地方性破产法规，是一种积极探索的结果，在新中国的破产制度发展史中具有里程碑的意义。该法规的制定、先行试验所积累的经验以及实施后产生的积极的社会效果，对于下一步的全国性破产立法具有重要的借鉴意义。

该法规制定半年后的1985年8月，沈阳市工商行政管理部门分别向亏损严重的沈阳防爆器材厂、沈阳五金铸造厂和沈阳农机厂发出破产警戒通知，经过一年的整顿，五金铸造厂和农机厂开始复苏，摆脱了困境，而防爆器材厂整治无效，1986年8月3日被正式宣布破产倒闭，从而成为新中国历史上第一例破产案件，具有十分深远的意义。这一试点实践，对我国破产制度框架的建立无疑产生了一定的启示作用。

经过20世纪80年代初的理论讨论和初步实践，1986年12月2日，第六届全国人大常委会第十八次全会通过了新中国第一部破产法《中华人民共和国企业破产法(试行)》(以下简称《破产法(试行)》)。《破产法(试行)》调整的对象限定为全民所有制企业。对于非全民所有制法人型企业破产的适用，则通过补充立法归入1991年新民事诉讼法第十九章的"企业法人破产还债程序"之中。

我国《破产法(试行)》比较注重破产的预防和拯救以及企业职工权益的维护，因此特地建立了破产和解与整顿制度，明确规定企业整顿应当经过企业职工代表大会。除此之外，该法在严格追究破产责任、实行破产救济方面也作了明确的规定。作为新中国的第一部破产法，发挥了一定的积极作用。但是，我们应该看到，由于《破产法(试行)》产生于20世纪80年代中期我国实行有计划的商品经济的特殊背景之下，因此，不可避免地受制于当时立法者的认识水平和经济制度，经过二十余年经济体制改革的不断深化和法律体系的逐步完善，时过境迁、沧桑巨变，该法已经不能完全适应当今社会经济生活的需要。其主要体现在:(1)适用范围过窄。《破产法(试行)》仅限于全民所有制企业，为弥补破产法这一缺陷，民事诉讼中"企业法人破产还债程序"适用于全民所有制企业以外的企业法人，从而造成了企业按不同的所有制形式分别适用不同法律的立法模式，而这一做法有悖于市场经济中主体平等的原则。(2)行政干预色彩浓厚。《破产法(试行)》在破产的提起、破产清算组的组成等方面都规定了行政机关的介入，容易产生政企不分的弊端。(3)法律条文过于笼统。《破产法(试行)》有总则、破产申请的提出和受理、债权人会议、和解和整顿、破产宣告和破产清算、附则等6章组成,共43条。由于立法结构和立法技术简单,法律术语不规范,因此实践中难以依法操作。基于上述几点,《破产法(试行)》的修改已无可避免。

2006年8月27日,《中华人民共和国企业破产法》(以下简称新《破产法》)在第十届全国人大常委会第二十三次会议上审议通过,这是中国转型时期的标志性事件。这部我国市场经济体制改革进程中备受关注的法律,从1994年起草,历经12年多次修改,终于"破茧而出",从立法上确立了真正意义上的企业破产制度。该法由总则、申请和受理、管理人、债务人财产、破产费用和共益债务、债权申报、债权人会议、重整、和解、破产清算、法律责任和附则共12章,计136条组成,于2007年6月1日施行。

新《破产法》是中国一部新的经济宪法,对于市场经济主体而言,它是关乎"死"与再生的法律,解决的是市场退出与重整的问题。新《破产法》填补了市场经济规则体系中关于退出法和再生法的一大缺口,是一个历史性的进步。另外,该法在理念与制度方面有诸多的突破。如适用范围的扩大、管理人制度和重整制度的引入、债权人自治的重视、破产不当行为的规制以及破产责任的强化等等。①

四、破产法的基本原则

破产法的基本原则是贯穿于整部破产法的具有指导作用的最一般规则。不过,我国学者对破产法基本原则的理解,可谓是智者见智,仁者见仁。有的把国家干预作为破产法基本原则②;有的将公正原则视为破产法基本原则③;还有的将民主原则当作破产法基本原则加以阐述④;更有学者将债权人公平受偿、破产债权保障、破产程序保障、破产救济、破产豁免、破产司法干预等统统归结为破产法基本原则。⑤

纵观各国破产法立法实践并结合我国破产法的实际运作情况,我们认为破产法应遵循以下两个基本原则:一是公平原则,二是效率原则。

(一)公平原则

公平原则是破产法的一项基本原则。破产制度的主要目的有两个:一是使债权人在企业现有破产财产范围内平等地按比例受偿;二是使债务人摆脱沉重的债务负担。这就决定了破产法的公平原则的具体内容和要求。

1. 债权人之间的法律地位平等。债权人在破产过程中,不论其是国有企业、集

---

① 李曙光:《九大制度创新与突破——新企业破产法解读》,载于《法制日报》2006年9月5日。

② 柴发邦主编:《破产法教程》,法律出版社1990年版,第45页;郑远民著:《破产法律制度比较研究》,湖南大学出版社2002年版,第24页。

③ 郑远民:《破产法律制度比较研究》,湖南大学出版社2002年版,第25页。

④ 柴发邦主编:《破产法教程》,法律出版社1990年版,第49页。

⑤ 齐树洁主编:《破产法研究》,厦门大学出版社2004年版,第67页。

体企业还是私营企业，不论其是大型企业、小型企业、中央企业或地方企业，不论其债权数额大小，都应享有平等的程序权利和实体权利。

2. 债权人和债务人的法律地位平等。这一点是现代法制文明的要求。在早期的破产立法中，不论是将债务人杀死作为债务偿还的对人执行方式，还是将债务人沦为债权人奴隶的债务奴役制度或判处债务人一定刑罚的以刑代偿制度，都是遵循“破产有罪”的观念，在这种观念上债务人很难获得诉讼上的权利。随着现代文明的进步，对破产人的立法态度逐步趋于宽松、宽容，大多数国家立法采取了破产无罪的原则，并保证债权人与债务人在诉讼中的平等地位，债务人享有提起破产请求权、答辩权、异议权，并可通过重整、和解、免责等制度维护其合法权益。公平原则既是破产法的立法出发点，也是破产立法的归宿。

（二）效率原则

每一部法律都要追求效率，破产法也概莫能外。对于破产法而言，效率原则意味着破产法应是一部着眼于企业复兴的法律，同时破产程序的设计也应简易可行。

破产法律制度的设计应符合经济效率的原则。破产法最初是为了保障债权人利益而分配破产企业财产、结束破产企业的一种清算制度。但这种清算型破产制度的缺陷是，造成大量的工人失业，并且企业财产在单独出售时的价值可能远远低于其作为整体的运营价值，另外由于企业的破产还会影响到国家的税收收入、社区经济发展，而且债权人并不能从破产财产中获得全部的债务清偿，因此，传统的清算型破产制度从经济的角度看是低效率的。

20 世纪 70 年代以来，在世界范围内出现了一场改革破产法的运动，这场改革的一个重要内容便是建立重整型的破产制度，即在企业资不抵债或濒临资不抵债的情况下，依照法律规定的特别程序，维持企业经营，并进行债务整理和企业整顿，从而摆脱经营困境走向复兴的再建型债务清理制度。重整制度的目的不仅仅在于直接地进行债务清理，而是通过维持企业的方式来间接地实现债务清理，这既能保证企业的持续运营和社会秩序的稳定，又能在更大程度上偿还债权人的债务。我国新《破产法》已经建立了清算型和再建型的两种债务清理制度(第 2 条)。

破产法中的破产程序设计也应符合效率原则。因为破产程序过长不仅会加重法院的负担，而且还会增加破产财产有形损耗、无形损耗的风险，这显然不利于债权人和债务人利益的保护。另外，并非所有的破产企业都要千篇一律地按照正常法定程序进行破产，有的企业破产财产比较少，对其规定简易的破产程序更有利于加速企业的结束。例如，日本破产法中专门规定了“小破产”的处理程序(也称简易破产程序)，法院认为属于破产财团的财产数额不满 100 万日元时，必须作出小破产的决定，小破产实行比通常的破产更简便的程序，从而提高破产案件的办案效率。这点颇值得我国破产立法时借鉴。①

① ［日］石川明著，何勤华、周桂秋译：《日本破产法》，中国法制出版社 2000 年版，第 242 页。

五、破产法的作用

(一)保护债权人的合法权益

破产制度的产生源于保护债权人利益这一动机与目的。破产法对债权人的保护虽然在不同的历史时期采取了不同的手段,从杀戮、肢解债务人、奴役债务人到分配债务人财产,但目的是不变的,即保护债权人利益。这个作用主要体现为:(1)破产结束了债务的拖延,使债务得到了现实的清偿。如果债务人已经深陷于财务危机,不能偿还到期债务而继续苟延残喘下去,只会导致债务人的财务状况进一步恶化,资产进一步亏损直至耗尽。在这种情况下,债权人将一无所获,而且这种久而不决的债务将会导致债务链的形成,从而影响到整个社会交易秩序的安全。所以在债务人不能偿还到期债务时及时地宣告破产,是保护债权人的一个必要的途径。(2)破产保证了债务人以其最大偿债能力公平地满足债权人的债权。破产不同于一般的债务清偿,从其开始到结束都受法律的干预与监督,并且法律上也作出了详细的规定,例如,债务人不能任意处分破产财产,不能将财产私自赠送、转移或擅自向部分债权人进行清偿,从而使得有限的财产能够在债权人之间,依债权人性质的不同依照法定程序获得清偿。

(二)保护债务人的合法权益

以保护债务人的合法权益为目的,这是随着经济的发展、人类文明的进步而从破产法中逐渐衍生出来的。在早期破产法立法中,债务人若不能清偿债务,则被杀戮、肢解、奴役或投入监牢,债务人连自己基本的人身权利都得不到保障,更不用奢望其他权益的保护了。随着近代破产立法观念的变化,人们渐渐认识到前述做法不仅野蛮且于事无补,因此改为用分配债务人财产、宣告其法律实体结束作为偿还债务的方式。另一方面,法律对于债务人的态度也日趋宽容,从破产有罪主义发展到破产无罪主义,并且将对债务人合法权益的保护明文规定在法律中。其中,破产免责就是一种最为典型的保护制度,即破产程序终结后,对于债务人未能依破产程序清偿的债务,在法定范围内免除其继续清偿的责任。这样,通过破产程序,债务人可以走出债台高筑的阴影,也为诚实的债务人提供一个再生机会,体现了现代破产法新的价值取向。

(三)促进市场经济的正常运行

竞争是市场经济中的一个重要特征。众所周知,竞争有利于促进资源的优化配置,并且有助于加强企业及其职工的责任感,而实现这一目标的有效途径之一便是破产。破产制度对市场经济的作用主要体现在以下几方面:

1. 扫除经济运行的障碍。作为市场主体,每一个企业都是市场的一分子,而企业经营不善濒临破产时,不能进行正常的生产和交易,不能清理其债务关系,势必影响到企业的供货商、贷款人及其他关联企业,从而影响到社会经济秩序的正常运行。

依照法定的破产程序结束此种企业,有利于理顺企业之间的债权债务关系,从而扫除经济运行的障碍。

2. 促进资源的优化配置。竞争的结果是优胜劣汰,劣汰的极端表现即企业破产。从资源配置这个角度看,企业破产即资源(包括人力资源、资本资源)从破产的企业转移到其他正常运营的企业中去,从而发挥资源的最大效用。如果没有破产制度,企业即使经营亏损仍继续维护现状,则意味着投入的人力资源、资本资源没有相应的产出从而造成资源的浪费。

3. 加强企业及职工的责任感。破产是任何企业力图避免的一种结局,而法律上规定了这样一种制度,恰好可以对企业管理层以及职工起到鞭策作用,促使其更加兢兢业业地经营企业,从而提高企业的效率,促进经济的发展。

六、破产法的效力

破产法的效力,是指破产法的适用范围,即破产法对人的效力和它的时间、空间效力。

(一) 对人的效力

对人的效力,是指破产法对哪些主体适用的问题。各国破产法对此有不同的规定。采取商人破产主义的国家,破产法仅适用于商人,对非商人不发生约束力;采取一般破产主义的国家,破产法适用于自然人、法人,不仅对商人适用,对非商人也适用;还有的国家,破产法仅适用于法人。1986 年制定的我国《破产法(试行)》只适用于全民所有制企业,其效力范围过于狭窄,为弥补这一不足,1991 年《民事诉讼法》专章规定"企业法人破产还债程序"适用于全民所有制以外的企业法人。显然,这种不同所有制企业分别适用不同法律的立法技术,只能是一种过渡性的做法。

2006 年制定的新《破产法》的适用范围已经扩大到所有的企业法人,包括国有企业与法人型私营企业、三资企业,上市公司与非上市公司,有限责任公司与股份有限公司,甚至金融机构。破产已不再是国有企业的"专利"。①

破产法对人的效力所涉及的另一个问题是:破产法是否适用于外国法人和外国自然人。现代各国破产法大多采用对等主义,即将本国破产法扩大适用于外国自然人和外国法人,在实施破产时,外国人与本国人具有相同的地位。例如日本《破产法》第 2 条规定,外国人或外国法人在适用破产法时同日本人或日本法人享有同等地位,但只限于依其本国法律日本人或日本法人有同一地位情形。也有的国家采用报复主

---

① 李曙光:《九大制度创新与突破——新企业破产法解读》,载于《法制日报》2006 年 9 月 5 日。另外,改革开放以来,为了提高农民的生产积极性,政府推行生产承包责任制的政策。那么农民可以根据自己的特长,成立农民合作社,大家合理分工,或专于种田、或从事养殖、或负责运输,走合作化道路。有学者认为,农民合作社也是企业,同样应该适用破产法。

义，在破产法中规定可在外国法律限制本国人权利时享有报复权，例如德国《破产法》第5条规定，国家元首经联邦议会的同意可以命令对外国国家、国民及其继承人实施报复。[①]

(二) 破产法的地域效力

破产法的地域效力，即破产制度的空间效力，指破产法效力所及的空间范围。具体言之，即债务人在何地的财产受破产法约束的问题。

关于破产法适用的地域问题，在各国立法例中有三种模式，即普及主义、属地主义和折中主义。(1)采取普及主义的国家，包括法国、意大利、比利时等国。根据这些国家的法律规定一旦国内法院对债务人作出破产宣告，其效力当然及于债务人在国内外的财产。换言之，不论破产人的财产是在国内还是国外，均属于破产财团的组成部分。这种立法体例称为"理想型"的立法，在实践中通常难以操作，因为财产所在国往往不太愿意接受外国法院宣告债务人破产的约束。(2)采取属地主义的国家，如美、日、德等国，其国内法院对债务人作出的破产宣告的效力仅及于债务人在本国的财产，不及于债务人在外国的财产。日本《破产法》第3条第1项规定："在日本宣告的破产，只对破产人在日本的财产有效。"这种立法体例建立在国家领土主权原则的基础上，重视国际交往的实际情况，比较现实，因此被称为"现实型"的立法模式。(3)采取折中主义的国家，如英国的特点是兼采普及主义和属地主义原则。折中主义的特点是根据财产性质的不同，灵活适用普及主义和属地主义。首先对债务人的财产按动产、不动产区别对待。对于债务人的动产则适用普及主义原则，即英国法院对债务人作出破产宣告的效力及于债务人在国内外的动产，所以国外的动产当然也就成为破产财团的组成部分；至于债务人的不动产则适用属地主义原则，即英国法院宣告债务人破产的效力只能及于英国的不动产，国外的不动产不能作为破产财团的组成部分。

在中国开始的破产程序在中华人民共和国领域外是否发生效力，反之，在外国开始的破产程序在中国是否发生效力，对于这一问题，在我国的《破产法(试行)》和《民事诉讼法》的有关企业法人破产还债程序中均未作规定。那么对于发生这类跨国破产案件的，我国一般采取属地主义原则，我国法院宣告债务人破产，其效力不及于企业法人在外国的财产。

可是随着改革开放的不断深入、对外贸易关系的不断发展，跨国破产案件已经越来越多，基于这一客观需要，新《破产法》第5条规定："依照本法开始的破产程序，对债务人在中华人民共和国领域外的财产发生效力。"(第1款)"对外国法院作出的发生法律效力的破产案件的判决、裁定、涉及债务人在中华人民共和国领域内的财产，申请或者请求法院承认和执行的，在互惠、有司法协助或国际公约的条件下，法院也裁定承认和执行。除外国法院开始的破产程序违反我国法律的基本原则、损害国家

① 顾培东主编:《破产法教程》，法律出版社1995年版，第24页。

主权、安全和社会公共利益、损害国内债权人合法利益的，法院裁定不发生效力。”（第2款）

（三）破产法的时间效力

破产法的时间效力，即破产法发生法律约束力的期间。一般是从权力机关制定，国家主席明令公布实施之日起生效，至有关机关明令废止之日失效。我国新《破产法》的生效时间是2007年6月1日，《中华人民共和国企业破产法（试行）》同时废止。

第三节　跨国破产

跨国破产（transnational bankruptcy），也称为国际破产（international bankruptcy）、越界破产（cross-border insolvency），是指含有涉外因素或国际因素的破产。在这种破产案件中，债权人、债务人或破产财产位于两个或两个以上的国家。对于跨国破产，各国学者有不同的界定。日本学者认为，跨国破产涉及日本和外国因素的破产或其他无力偿债程序。美国学者认为，当债务人的财产或债权人位于两个以上的国家时，就会产生跨国破产问题。

由于世界经济的一体化趋势，国际贸易、投资活动日益频繁，因此，不可避免地产生大量的跨越国境的债权债务关系，而债权人、债务人或破产财产位于不同国家的破产案件越来越多，跨国破产成为现代商业生活中的一个重要现象，跨国破产由于含有涉外因素，必然导致法律冲突和产生法律选择的问题。相对而言，这一领域中法律发展尚属迟缓，迄今为止，国际社会中尚无一部统一的跨国破产法典。由于跨国破产法有其特定的调整对象，这些案件既涉及不同国家的破产法和其他法律的适用，又包含了对外国破产程序的承认与协助等问题。因此，跨国破产法已成为国际法领域中的一个重要部门。

跨国破产法的历史可以追溯至1764年英国法院判决的所罗门诉罗思案（Solomons v. Ross），该案在英国确立了跨国破产的普遍性原则。美国法院在19世纪的一些判例中，已经开始根据国际礼让原则，允许外国的破产管理人对未被国内债权人扣押的财产主张权利。一些拉丁美洲国家，如阿根廷，在其1859年的《破产法》中也规定了有关跨国破产的内容。到了20世纪，两次海牙国际私法会议的召开，为跨国破产法律的发展起了重大的推动作用。20世纪70年代，国际上发生了几起著名的跨国破产案件，如赫斯泰特银行破产案、以色列一不列颠银行破产案等。这些案件涉及美国、英国、瑞士、法国等一些法律制度相对比较完善的国家，这些国家意识到制定或完善跨国破产法律制度的重要性，在世界范围内掀起了一场改革破产法的运动。①

① 石静遐著：《跨国破产的法律问题研究》，武汉大学出版社1999年版，第6—13页。

首先是美国于1978年颁布了新的《联邦破产法》，取代了业经多次修订的1898年《破产法》。接着，法国于1985年制定了《困境企业司法重整及清算法》，基本上取代了原有的1967年的破产法。英国于1986年制定了新《破产法》，由此带动了英联邦成员破产法的立法改革。德国于1994年也颁布了新《破产法》。这场世界范围的破产法改革运动，其主要课题是顺应市场国际化的趋势，创设跨国破产程序和推动破产领域的国际合作，因此具有十分重要的价值和意义。①

正如前文所述，跨国破产法的发展相对较慢，相关的制度还不够完善，但应该看到，在过去的一百多年里，欧洲以及世界其他地区都进行了国际统一破产立法的尝试，目前已积累了一定的经验。各国或在本国的破产法典、单行破产法规或国际私法典中规定跨国破产的法律规范，或通过双边或多边条约对跨国破产问题作了专条规定。最为明显的是，欧洲国家最早采用双边或多边条约的方式进行国际破产统一立法。例如，作为一种尝试，斯堪的纳维亚半岛的5个国家构筑了一个较为完备的多边条约体系。在南美洲，一些国家先后分别签署了1889年、1940年制定的国际破产条约，这些条约并称为《蒙德维地条约》。除此之外，1997年5月联合国国际贸易法委员会颁布了《跨国破产示范法》、2000年5月29日欧盟委员会通过了《欧洲统一破产规则》以及2000年5月美国法律研究所提交了"'北美自由贸易协议'成员国之间就国际破产案件进行协作的原则"等。②这些原则和条约，是对国际破产立法的有益探索，为国际破产法律制度的最终形成积累了一些宝贵的经验。

近年来，随着中国贸易和投资在全球范围内不断发展，尤其是在加入WTO后的经济全球化背景下，跨国破产案件的发生与日俱增。例如，1998年的广东国际信托投资公司破产案和2000年的广东控股集团公司破产案，涉及了许多国际和海外的债权人，引来全世界对中国破产制度的瞩目。③

现在国际上正在进行一系列的破产法改革，除了上述的联合国国际贸易法委员会推出《跨国破产示范法》以外，国际破产协会和世界银行又共同推出了全球债权人应共同遵守的十八项准则。为了符合国际破产法改革和发展的潮流、有效解决在国内日益增多的跨国破产案件，在我国新《破产法》第5条中，首次对跨国破产问题作了专条规定，即"依照本法开始的破产程序，对债务人在中华人民共和国领域外的财产发生效力"(第1款)。同时对于外国法院的破产裁定，在互惠、有司法协助或国际公约的条件下，中国法院也裁定承认和执行(第2款)。显见，这样的规定，采取的是一种有限的和有弹性、有张力的跨国破产原则，也为下一步与世界各国破产法接轨作了铺垫。④

---

① 郑远民著：《破产法律制度比较研究》，湖南大学出版社2002年版，第157页。

② 齐树洁主编：《破产法研究》，厦门大学出版社2004年版，第557—559页。

③ 谢俊林著：《中国破产法律制度专论》，人民法院出版社2005年版，第180页；李曙光：《九大制度创新与突破——新企业破产法解读》，载于《法制日报》2006年9月5日。

④ 李曙光：《九大制度创新与突破——新企业破产法解读》，载于《法制日报》2006年9月5日。

第三十六章

破 产 程 序 法

第一节　破 产 要 件

一、破产要件概述

破产程序是债务人不能清偿到期债务,法院根据债权人或债务人的申请,将债务人的破产财产依法分配给债权人的特定程序。破产程序实际上是在法院主持、监督下,由全体债权人参加的,对债务人财产进行分配的一种特别程序。

破产程序开始的要件,是开始破产程序所应当具备的条件,可以分为程序性要件和实体性要件。程序性要件,指开始破产程序必须满足的程序上的条件,如提出破产申请、缴纳费用、法院的管辖权等。程序性要件不具备或不完全具备时,法院可以要求申请人补救,补救后符合程序性要件的仍可开始破产程序。理论上,一般将破产程序的程序要件和实体要件看作是广义上的破产程序开始要件。狭义上的破产程序开始要件,仅指破产程序的实体要件。

破产程序开始的实体要件,即开始破产程序的根本原因,不具备这些条件就不能开始破产程序。关于破产程序开始的实体要件,国内外理论界有不同的看法:第一种,二要件说。该学说认为,破产开始的实质要件只有两个,即破产能力和破产原因。只要具备这两个要件,破产程序即可开始。第二种,三要件说。该学说认为,除破产能力和破产原因外,破产开始的要件还应包括"无破产障碍"。第三种,四要件说。该学说认为,除了前述三要件外,还应满足"复数债权人"的条件,即只有在债权人人数超过两人时才可以开始破产程序。[①]除此之外,还有五要件说。该学说认为破产程序开始的要件,在满足四要件说的条件基础上,还应满足"经济能力"这个条件,即要求被宣告破产的人应拥有一定的积极财产以供债权人之间的分配,否则破产程序没有开始的必要。

上述诸学说中,较为广泛的是二要件说。破产能力和破产原因作为破产程序开始的实体要件是各种学说所认同的。至于其他三个事项是否应该构成破产要件,有

① 王欣新主编:《破产法》,中国人民大学出版社 2005 年版,第 32 页。

必要展开一定的探讨。首先,"不存在破产障碍"是否应为破产程序开始的实体要件?回答这个问题,先要搞清楚破产程序始于何时。关于破产程序的开始,有不同的见解,有认为始于案件受理的,也有认为始于破产宣告的。如果认为破产程序始于破产宣告,那么无破产障碍当然构成破产开始的实体要件。因为诸如重整、和解之类的破产障碍的存在势必导致不能宣告破产,所以,破产程序无法开始。如果认为破产程序始于破产案件受理,那么无破产障碍并不影响案件的受理和破产程序的开始,所以无破产障碍不构成破产程序开始的实体要件。

我国的破产法理论中,普遍认为破产程序始于破产案件的受理,我们同意这种观点。因为我国的破产概念涵盖范围较大,既包括清算型的破产,也包括重整性的破产,也就是说破产并不仅仅限于清算,还包括重整、和解等程序,因此,不能将破产程序看作是从破产宣告之日起开始。在这个意义上讲,无破产障碍不构成破产程序开始的实体要件。

关于复数债权人。主张复数债权人是破产程序开始的要件之学者认为,破产的目的在于使各个债权人公平受偿,如果只有一个债权人,就不存在公平受偿的问题,因此无需适用破产程序,适用普通民事程序即可。我们认为,虽然保证债权人公平受偿是破产法的目的,但不是唯一的目的。破产法发展到今天,除了有保证债权人公平受偿这一作用外,还设计了撤销权等制度以防止债务人不正当转移财产损害债权人的合法利益。另外,破产法中的免责制度保证债务人在破产程序终结后不再为其债务负责,也保护了债务人的合法权益。这些作用是一般民事执行程序所不能代替的。因此,即使在只有一个债权人的情况下,开始破产程序也是有必要的。所以,复数债权人不应是破产程序开始的要件。

关于经济能力。债务人是否拥有可分配给债权人的积极财产,只有在破产程序开始后经由法院调查才得知,而且即使在破产宣告时没有积极财产,只要在破产终结前取得的财产就可以用于分配,因此,经济能力是破产程序开始后需要查明的内容,而不应是破产程序开始的要件。

由上可见,我国的破产程序开始的实体要件应定为破产能力和破产原因这两项,其余不应视为破产程序开始的要件。

二、破产能力

破产能力是指民事主体能够被宣告破产成为破产者的资格。破产能力是法院宣告破产的必要条件,没有破产能力的债务人,法院不得宣告其破产。至于哪一类民事主体具有破产能力,由法律加以规定。民事主体主要分为自然人和法人两种,各国法律对这两种主体的破产能力的规定有所不同。

(一) 自然人

各国立法例对自然人的破产能力,大致采取以下两种态度:

1. 一般破产主义立法例，即自然人一律具有破产能力，而不论其是商人或者非商人，有行为能力还是无行为能力。英国、美国、德国、日本等国家属于这种立法例。一般破产主义还适用于这些国家的外国人的破产。例如，英国破产法规定，在英国从事贸易或者居住于英国的外国自然人或者其代理人，受英国法院的管辖，应被宣告破产，但享有外交豁免权者除外。日本破产法虽未直接规定外国自然人具有破产能力，但根据破产法第2条的对等主义条款，如果某国采用商人破产主义，则该国的国民在日本也不能申请破产宣告。这种对等主义的立法规定在实际操作中对日本国民带来了不利后果，因此大多数日本学者主张不应采用对等主义原则，即使是非商人的外国人，也应赋予其破产能力。①

2. 商人破产主义立法例，即只有依据商法规定从事商行为的自然人才具有破产能力。1807年法国商法典是这一立法例的代表。商人破产主义立法例在20世纪后发生了很大的变化，破产法的适用开始向非商人扩展，如1967年法国对破产制度进行了全面的修改，由商人破产主义改为一般破产主义，破产人可以是商人，也可以是非商人。

一般而言，自然人具有民事行为能力时即可获得破产能力。自然人死亡后，破产能力终结。但是为了保证债权人的债权获得公平的受偿，在破产申请后或破产宣告后破产者死亡的情况下，破产程序继续进行，不因破产者的死亡而终止。如日本《破产法》第130条规定："在破产申请后或破产宣告后破产者死亡之场合，破产程序作为对继承财产而继续进行。"此外，法律还承认自然人死亡后对继承财产的破产申请。英国破产法规定，死亡债务人的任何债权人，于债务人生前足以对其提出破产申请的，得依破产法的规定申请破产法院对遗产适用破产程序。

我国新《破产法》第2条把适用范围扩大到所有企业法人，这与1986年的《破产法(试行)》只适用于全民所有制企业进行相比，显然适用范围扩大了许多。其具体表现在，在破产适用范围中除国有企业外，还包括法人型私人企业、三资企业、有限责任公司与股份有限公司，甚至金融机构等等。关于自然人破产问题，新《破产法》没有规定，这是因为新《破产法》依旧是一部"企业破产法"，故对此未有涉及。

可是，随着这些年普通百姓购房、买车等个人消费信贷的快速增长，以及个人投资经营的迅猛发展，自然人破产问题已经浮出水面。围绕自然人破产是否应该写入这部新企业破产法中这一议题，立法者和专家们存在着较大的争议。有些专家认为，自然人破产是一个谈论已久的老问题。尽管我国目前的住房、汽车等消费贷款的债务人和个人经营投资者多属中高收入阶层，但其中的一些人收入和经营并不稳定，一旦出现经济波动，很可能会引发资不抵债现象，所以，如果我们不能把自然人破产纳入破产法的调整范围，那么很容易引发社会的不稳定。所以企业破产法不能只适用于企业法人，还可以扩大到非企业法人，如私人企业、合伙企业，以及个体工商户和自

① [日]石川明著，何勤华、周桂秋译：《日本破产法》，中国法制出版社2000年版，第29页。

然人。

然而,许多专家则认为,我国的个人破产制度的建立和实施,还面临着相当多的法律障碍和欠缺制度上必要的配套。因为个人破产需要有完善的物权制度,即如何界定破产财产和破产债权的范围,然而我国现在的物权制度还不完备。此外,由于我国个人信用体制尚不健全,个人财产的登记公示制度也未建立,将自然人纳入破产法调整范围的时机尚不成熟,所以立法部门担心有人会利用破产程序实施逃债欺诈行为,反而影响社会秩序。

不过,从市场经济的发展和健全市场经济法制的需要来看,自然人的破产问题迟早要纳入破产法的调整范围,这是一个不争的事实。虽然目前还有一些专家对个人破产持谨慎态度,但问题不是要不要建立个人破产制度,而是什么时候建立比较合适。也就是说,与自然人破产密切相关的各个问题能够得到一定程度的解决之后,自然人破产制度才能出台。为此,有专家提出:"自然人的购房、买车等消费信贷中的负债情况如何,财产结构如何,不履行债务时债权人债权的破产外救济状况如何,以及自然人财产状况的透明程度、个人信用征集和监督状况,还有个人破产中债权保护与债务救济目标平衡,甚至一般自然人破产是否会引发更为严重的诚信问题等等,这些课题都是需要深入研究、亟待解决的。"①

美国、日本、德国等国家都在比较完备的征信体系、物权制度的基础上建立了自然人破产制度,他们的立法演变过程和积淀下来的理论成果值得我们尊重。可是,有学者强调,如果说企业的破产在各国立法上的公共政策基础相对雷同的话,那么,自然人破产在国与国之间则可能变化万端。在操作层面上构建我国的自然人破产制度时,我们必须充分考虑甚至应完全立足于我国的社会经济条件,必须注重其可行性,而不是盲目向先进国家的立法模式照抄照搬。所以,如果我们不能在破产法新旧交替之时立足于国情对我国的自然人破产制度进行深入的研究,那么新破产法在营养不良的基础上硬性和强制出台仍将会使该法的实施举步维艰。②所以,从新《破产法》没有涉及自然人破产这一问题可知,现阶段我国建立自然人破产制度的条件尚不具备,时机也不够成熟。我们认为,一俟自然人破产的各个问题得到妥善解决后,自然人破产就能和法人破产一起列为破产主体。

(二) 法人

法人是具有民事权利能力和民事行为能力,依法独立享有民事权利和承担民事义务的组织。法人的一个重要特征是独立承担民事责任,因此,当事人资不抵债时,只能宣告破产。

关于法人的破产能力,许多国家立法对不同的法人有不同的规定。根据法人设立所依据法律的不同,法人可分为私法人和公法人。依法人成立的基础可以将私法

---

① 谢俊林著:《中国破产法律制度专论》,人民法院出版社 2005 年版,第 216 页。

② 韩长印:《中国破产法的发展状况及法学论题》,载于《法学杂志》2004 年第 5 期。

人分为社团法人和财团法人。依法人设立目的为标准，可将私法人分为公益法人和营利法人。①

对于私法人，原则上不管是公益法人还是营利法人，都具有破产能力。根据一些国家的法律，如《日本破产法》第 128 条规定："即使是解散了的法人，在其残余财产交付或分配尚未完结期间，仍可提出破产申请。"但是，私法人的破产能力不是绝对的。各国通过立法，在不同程度上限制或排除公益法人和特种行业企业法人破产能力。公益法人属非营利性的社会组织，其宗旨多与社会公共福利有关，因此，一些国家法律对其破产能力加以限制。如政治党团、工会、消费者协会、慈善组织等不以营利为目的公益法人，一般不通过破产程序而适用自愿解散原则，这是由这些公益法人本身的性质决定的。不过，随着我国社会经济的发展，原来不以营利为目的活动的公益法人也出现了分化，以营利为目的设立的私立学校、医院以及社会中介机构等非企业社会组织日益增多，我国的部分学者认为，这些社会组织也应纳入破产法的调整范围。②

在营利法人中，有一些特别行业，如银行、信托、公用事业、铁路交通、邮政通讯等，与国计民生乃至整个国家的经济秩序有重大关系，为此，一些国家，如美国虽承认上述特种行业企业法人的破产能力，但是限制上述企业法人自行提出破产申请。还有一些国家，如加拿大则否认上述企业具有破产能力，只能依据特别法的规定清理债务而不能宣告破产。③

公法人是实现公共福利和行使社会管理职能的公共团体，如国家、地方政府机关，其特征是在全国或某一范围内担负管理职责的特别部门，如果允许其破产，则会产生社会管理主体缺位的危机，导致社会管理职能的瘫痪、社会秩序的混乱，严重时还有可能引发政治危机和社会动荡。因此，各国破产法一般都排除了破产程序对公法人的适用。不过也有个别国家，如美国，由于一些地方如市、县一级的政府是按照公司法的有关规定设定的，因此，法律也赋予它们破产能力。④在日本一些公共性弱的公法人，如公共组合中的农业协同组合、森林组合以及土地改良区组织，则具有破产能力，这是日本学界的一般观点。⑤

我国《民法通则》将法人分为企业法人、机关法人、事业单位法人和社会团体法人。根据新《破产法》第 2 条的规定，所有的企业法人都具有破产能力，除此之外的法人不具有破产能力。

三、破产原因

破产原因，又称破产界限，是指法院宣告债务人破产依据的事实和理由。破产原

①④ 沈贵明主编：《破产法学》，郑州大学出版社 2004 年版，第 48 页。

② 王欣新主编：《破产法》，中国人民大学出版社 2005 年版，第 35 页。

③ 邹海林著：《破产程序和破产法实体制度比较研究》，法律出版社 1995 年版，第 50 页。

⑤ [日]石川明著，何勤华、周桂秋译：《日本破产法》，中国法制出版社 2000 年版，第 33—34 页。

因是来源于德国破产法理论的一个概念,是破产开始和破产宣告的必备要件之一。各国关于破产原因的规定,主要有两种立法例。

(一) 列举主义模式

这一立法模式主要为英美法系国家所采纳。在这种立法体例下,并未直接使用破产原因这一术语,而是在立法上详细列举"破产行为"(acts of bankruptcy),凡实施这些破产行为之一者便认定发生破产原因。如1914年英国《破产法》第1条规定了以下八种破产行为:(1)债务人为债权人的一般利益而向其转让全部财产的行为;(2)债务人欺诈性转让财产的行为;(3)债务人偏颇转让财产的行为;(4)债务人隐匿躲债的行为;(5)债务人的财产被强制执行;(6)债务人向债权人明确表示无力清偿债务或向法院申请破产;(7)债务人有破产犯罪行为;(8)债务人的其他足以构成无力清偿债务的行为。①在债务人具有上述行为时,债权人可以据此向法院申请宣告债务人破产,但是上述破产行为并不绝对导致法院宣告破产。因此,破产行为是申请破产的原因,而不是宣告破产的原因,这与大陆法系的破产原因有所区别。

列举主义在立法形式上受早期破产犯罪立法思想的影响,将着眼点放在债务人具体实施的不当行为上,故采用列举方式逐项加以规定。这种立法形式其优点在于法律条文具体明确,便于操作,即便于当事人举证和法院认定。其缺点是执行起来比较僵化,缺乏灵活性,有时难免会发生挂一漏万的情况,故现在一些英美法系的国家已改采用概括主义,如美国1978年修订后的破产法就是一例。②

(二) 概括主义立法体例

1. 概括主义立法体例的特点。

这一立法模式主要为大陆法系国家所采取。在这种立法体系下,法律对破产原因只做原则性的规定,对破产宣告的事实进行抽象的概括。这种立法例的优点在于适用范围广,法院的自由裁量权较大,比较灵活,但由于比较原则、抽象,在实践中又会带来难以操作的问题。因此,在大陆法系国家,大多以"不能清偿"、"停止支付"和"债务超过"等术语来明确界定破产宣告的原因。③有些大陆法系国家将破产原因概括为不能清偿债务,并对何谓"不能清偿债务"作了进一步的解释。比利时将"停止支付"作为唯一的破产原因。停止支付,即债务人向债权人表示已不再清偿到期债务的行为,具体指:(1)债务须是已到期的,并不存在争议的;(2)债务人表示对所有债务不予支付;(3)债务人作出不予支付的明示或默示的意思表示;(4)停止支付的客观状态已持续一段时间。日本、德国等国家将"支付不能"作为破产原因,同时将支付停止推定为支付不能。另外,有些国家的破产法把"资不

---

①② 王欣新主编:《破产法》,中国人民大学出版社2005年版,第38页。

③ 郑远民著:《破产法律制度比较研究》,湖南大学出版社2002年版,第28页。

抵债”作为法人的破产原因。资不抵债，又称债务超过，指全部资产少于负债总额的财产状况。虽然资不抵债并不绝对意味着不能偿付债务，但各国法律考虑到若资不抵债的法人只能依靠信用维持，必然导致债务的进一步增加，危害债权人的利益，因此，将资不抵债作为法人的破产原因。由于资不抵债是只适用于法人破产，又称之为特殊破产原因。与此相对，支付停止或支付不能既适用于自然人，又适用于法人，则被称为一般破产原因。①

2. 我国现行立法规定。

关于破产原因，目前我国破产法律制度的主要规定有：

1991年《民事诉讼法》第199条规定：“企业法人因严重亏损，无力清偿到期债务的，债权人可以向法院申请宣告债务人破产还债。”

2005年10月27日修改的《公司法》第188条规定：“清算组在清理公司财产、编制资产负债表和财产清单后，发现公司财产不足清偿债务的，应当依法向法院申请宣告破产。公司经法院裁定宣告破产后，清算组应当将清算事务移交给法院。”

2006年新《破产法》第2条第1款规定：“企业法人不能清偿到期债务，并且资产不足以清偿全部债务或者明显缺乏清偿能力的，依照本法规定清理债务。”

从现行破产法律制度对破产原因的规定，可知我国基本上采用了概括主义立法模式。1986年的《破产法(试行)》对破产原因的规定是：“经营管理不善造成严重亏损，不能清偿到期债务。”这一规定在司法实践中很难认定和操作，暴露出很多问题，故有学者建议在破产原因中增加“资不抵债”的内容。为此，新《破产法》第2条以“不能清偿到期债务”和“资产不足以清偿全部债务或者明显缺乏清偿能力”并列作为破产原因。

之所以作出这样的规定的另一个原因是，部分立法者认为，仅以债务人不能清偿到期债务作为破产原因，可能会使破产企业大量增加，所以他们希望对新破产法的破产原因加以限制，增加资不抵债作为并列适用的破产原因，以限制企业的破产。②

可是，有学者提出，把“不能清偿到期债务”和“资不抵债”并列作为破产原因是值得商榷的。因为当债权人提出破产申请，需要举证证明债务人“不能清偿到期债务”，并且债务人已“资不抵债”。然而，债务人的财务情况外人难以获悉，因而要求债权人举证证明债务人“资不抵债”有强人所难之嫌。③对于这一点，新《破产法》第7条第2款规定，债务人不能清偿到期债务，债权人可以向法院提出对债务人进行重整或者破产清算的申请。那么根据这条规定我们可以理解为，当债权人向法院提出对债务人进行破产申请时，只要符合“债务人不能清偿到期债务”这一条件即可，法院也仅对“债务人不能清偿到期债务”这项事实进行审查。至于“资产不足以清偿全部债务或者明显缺乏清偿能力”的事实和主张，则不需要由债权人举证证明，而是实行举证责任倒置办法，由债务人承担举证责任，故不会发生债权人举证困难的情况。因此上述

---

① 郑远民著：《破产法律制度比较研究》，湖南大学出版社2002年版，第28页。

②③ 谢俊林著：《中国破产法律制度专论》，人民法院出版社2005年版，第215页。

见解所持的这种担心是完全没有必要的。

第二节　破产申请与受理

破产申请是申请人依法向法院提出宣告债务人破产的请求。破产申请是破产程序开始的一项形式条件，但是否为必要条件，各国立法规定并不一致，主要有两种不同的立法例，即申请主义和职权主义。所谓职权主义，是指法院在没有利害关系人申请的情况下，主动依照职权开始破产程序。在早期破产制度中，破产被视为一种犯罪行为，因此多采用职权主义。

随着破产制度的发展，破产制度的宗旨不再局限于对债权人的保护，而且也力图保护债务人的合法利益，破产也由犯罪行为变为商品经济中不可避免的经济现象，立法在一定程度上放宽了国家的强力干预，在破产程序开始方面，各国一般都采用了申请主义。申请主义，是指破产程序依据利害关系人的申请而开始，一般情况下，若没有申请人的申请，法院不得主动启动破产的程序。但是，破产对于债权人、债务人及其他利害关系人影响较大，而且对整个社会经济也有着不容忽视的影响，所以，各国在采取申请主义的同时，并未完全排除职权主义。一般来讲，在现代破产立法中，法院依职权开始破产程序的情形主要发生在普通民事诉讼或民事执行程序中发现债务人有破产原因的场合。

依照我国新《破产法》第 7 条规定，债务人有本法第 2 条规定的情形，可以向法院提出重整、和解或者破产清算申请(第 1 款)。债务人不能清偿到期债务，债权人可以向法院提出对债务人进行重整或者破产清算的申请(第 2 款)。企业法人已解散但未清算或者未清算完毕，资产不足以清偿债务的，依法负有清算责任的人应当向法院申请破产清算(第 3 款)。这一规定表明，没有债务人、债权人或者清算责任人向有管辖权的法院提出申请的，不得开始破产程序。法院在民事诉讼程序或者民事执行程序中发现债务人不能清偿到期债务时，应当告知债务人可以向其所在地法院申请破产。债务人申请破产的，债务人所在地的法院应当依法宣告债务人破产。债务人不申请破产的，法院不依职权宣告债务人破产，原诉讼程序或执行程序可继续进行。

不难看出，我国新《破产法》采用了申请主义立法例，破产申请是破产程序开始的唯一依据。不过，依破产申请启动破产程序，并不意味着我国法院就完全放弃对整个破产程序的干预，事实恰恰相反，由于企业破产事关重大，所以破产程序的最大特点便体现在法院的强力干预之上。例如，在重整期间，当出现(1)债务人的经营状况和财务状况继续恶化，缺乏挽救的可能性；(2)债务人有欺诈、恶意减少债务人财产或者其他显著不利于债权人的行为；(3)由于债务人的行为致使管理人无法执行职务等情形之一的，经管理人或者利害关系人请求，法院应当裁定终止重整程序，并可依职权宣告债务人破产(第 78 条)。

一、破产申请人

破产申请人是指有权向法院提出破产申请的人。哪些主体可以成为破产申请人，各国的立法规定不尽一致。部分国家规定只有债务人和债权人才能成为破产申请人。例如，在美国，法院无权应债务人和债权人以外的第三人要求进入破产程序。也有部分国家规定，除了债务人和债权人之外，某些国家公职人员、某些政府部门、债务人公司的股东可以成为破产申请人。例如，1942 年的意大利《破产法》规定，检察官有权申请破产。

根据我国新《破产法》第 7 条的规定，债务人和债权人以及依法负有清算责任的人享有破产申请权。原来的《破产法(试行)》规定只有债务人和债权人享有破产申请权。为了制止"回避破产，逃避债务"，损害债权人和职工利益的行为，新破产法突破了破产申请人资格的限制，在原来的债务人和债权人的基础上，再增添了清算责任人。即规定，当企业法人已经解散但未清算或者未清算完毕，资不抵债的，要求企业的董事、监事或者高级管理人员依法向法院申请破产清算，以杜绝有些清算责任人在破产程序中采用故意拖拉、不问不闻，放任企业财产持续恶化而不申请破产的方式，实现恶意逃债目的的不法行为。

根据破产申请人的不同，可以将破产分为自愿破产和强制破产。自愿破产，是指由债务人主动提出的破产；强制破产，是指由债权人提出的破产，又称非自愿破产。在立法上，自愿破产和强制破产的程序略有不同，以下分别阐述。

(一) 债权人提出的破产申请

保护债权人利益虽然不是破产法的唯一宗旨，但却是自破产制度产生以来各国破产法律遵循的一项基本原则，因此，债权人自然有权提出破产申请，作为维护自身利益的一种救济方法。债权人提出破产申请，应当向法院提供下列材料：债权发生事实及有关证据；债权性质、数额；债权有无财产担保，有财产担保的，应当提供证据；债务人不能清偿到期债务的有关证据。

我国新《破产法》第 8 条第 1 款明确规定，债权人向法院提出破产申请的，应当提交破产申请书和有关证据。申请书应当载明下列事项：(1)申请人、被申请人的基本情况；(2)申请目的；(3)申请事实和理由；(4)法院认为应当载明的其他事项。

(二) 债务人提出的破产申请

在民事诉讼程序中，债务人不能由自己对自己提起诉讼，而在破产程序中，债务人可以对自己提起破产申请，这是破产程序的特别之处，体现了破产法在保护债权人利益同时保护债务人利益的宗旨。当债务人债台高筑无力偿还时，可以选择提出破产申请办法结束企业的失败经营。而一旦宣告破产，债务人可以获得破产清偿后的免责利益，由此从沉重的债务负担中解脱出来。

债务人的破产申请，受债务人破产能力的限制。也就是说，并非所有的债务人均有权提出破产申请,只有法律赋予有破产能力的债务人才能在出现破产原因后提起破产申请。例如,依据我国破产法律规定,只有企业法人才可以提起破产申请,而非法人和非企业法人尚无法律依据提起破产申请。

根据我国新《破产法》第 8 条第 2 款规定,债务人提出申请的,除应当向法院提交破产申请书和有关证据以外,还应当向法院提交财产状况说明、债权清册和债务清册、有关财务会计报告、职工安置预案以及职工工资的支付和社会保险费用的缴纳情况。

二、破产申请的提出

在债务人出现破产原因的情况下,依法享有破产申请权的人即可向法院提起破产申请。在一般民事诉讼程序中,当事人提起诉讼须受诉讼时效的限制。在破产程序中,利害关系人提起破产申请是否受诉讼时效的限制,我国新《破产法》没有对破产申请提出的期限作出明确规定。只要债务人存在破产原因,破产申请人随时可以向法院提出破产申请。但在理论上,有学者主张应对破产申请加以时效限制。其理由如下:破产申请权是实现债权的一种方式且以债务人到期不能偿还债务为前提,故应遵守《民法通则》关于诉讼时效的规定。①所以,对于没有在诉讼时效内提出破产申请的,债权人就丧失了依法求得司法救济的胜诉权,法院可以驳回其申请。如果是债务人提出破产请求的,也应加以诉讼时效的限制,因为放任债务人财产持续恶化而不申请破产,势必危害债权人利益和社会的利益。②

与此相对,持反对观点的学者认为,破产申请根本不应有时间限制。其依据为:当债务人陷入了不能清偿债务的经济困境,只要债权人按时要求进行清偿,即使不申请破产,也不能产生超过诉讼时效的法律后果。因为此时债权人完全可以与债务人达成延期清偿或者对债务适当减免的新协议,用这一方法以期待债务人摆脱困境。如果破产申请准用诉讼时效的规定,无疑堵住了债权人与债务人进行合意的通道,人为迫使债务企业及早破产,其结果显与现代破产法中和解与重整的立法精神不相吻合。③

可是,在西欧等国也有对破产申请加以期间限制的立法例。例如,英国破产法规定,债权人只有在债务人为破产行为后三个月内,才可以向法院提出破产申请。德国有限责任公司法规定,如果公司已经支付不能,在发生不能支付后的三周内,管理董事应即申请宣告破产或者进行诉讼中的和解。

三、破产案件的管辖

(一) 破产案件的地域管辖

破产案件的地域管辖,是指按照法院的辖区与破产案件的隶属关系所划分的诉

① 韩长印著:《公司法通论》,中国法制出版社 1996 年版,第 263 页。

② 郭星亚主编:《破产清算中的律师实务》,人民法院出版社 1996 年版,第 20 页。

③ 沈贵明主编:《破产法学》,郑州大学出版社 2004 年版,第 61 页。

讼管辖。各国立法例一般规定,破产案件由债务人所在地法院或者债务人主营业所在地法院管辖。我国新《破产法》第3条规定,破产案件由债务人住所地法院管辖。

(二)破产案件的级别管辖

破产案件的级别管辖,是指划分上下级法院之间管辖破产案件的分工和权限。关于破产案件的级别管辖,各国有不同的规定。在日本,破产条件一般由地方法院管辖;在英国,破产由郡法院管辖。上述国家的破产案件均由普通法院管辖,但是,美国却成立了联邦地区破产法院、破产上诉法院,专门负责审理破产案件。

我国的破产案件由普通法院管辖。目前根据最高人民法院的司法解释,破产案件的级别管辖依破产企业的工商登记情况确定。基层法院一般管辖县、县级市或区的工商行政管理机关核准登记企业的破产案件;中级法院一般管辖地区、地级市以上工商行政管理机关核准登记企业的破产案件。个别破产案件可以依照《民事诉讼法》第39条规定办理,即上级法院有权审理下级法院管辖的第一审民事案件,也可以把本院管辖的第一审民事案件交下级法院审理。下级法院对它所管辖的第一审民事案件,认为需要由上级法院审理的,可以报请上级法院审理。

四、破产案件的受理

债权人或债务人提出破产申请后,法院对破产申请进行审查,确认符合法定条件的,予以立案。一般理论认为,债权人或债务人提出破产申请,并不是程序开始的标志,而仅是为破产程序的开始提供了条件,只有经法院审查认可并予以受理后,破产程序才开始。法院对破产申请的审理通常包括以下几个方面:(1)破产的申请人是否具有法定资格,即申请人是否有申请权。如果提出破产申请者不是债权人、债务人或者清算责任人,法院不予受理。(2)法院是否有管辖权。接受申请的法院经审查认为,本法院无管辖权的,应当告知申请人向有管辖权的法院提出申请,或者移送有管辖权的法院管辖。(3)破产申请是否符合形式要件。例如,申请书的内容是否齐备;由债权人或债务人的代理人代理申请破产的,代理人是否具有被代理人的授权委托书。(4)申请人是否具有法定的破产能力和破产原因。

上述条件中,前三种属于形式条件,后一种属于实质条件。通过对形式条件和实质条件的审查,法院在应当收到破产申请之日起十五日内作出受理或不受理的裁定(第10条第2款)。如果申请人的申请符合条件的,应当立案受理。不符合条件和要求的,要根据不同情况分别处理:对不具备形式要件的申请,裁定不予受理;对不符合实质要件的申请,裁定驳回。申请人不服法院驳回破产申请裁定的,有权向上一级法院提起上诉,上诉期限为自裁定送达之日起十日内(第12条第1款)。法院受理破产申请后至破产宣告前,经审查发现债务人不符合本法第2条规定情形的,可以裁定驳回申请。申请人不服法院裁定的,可以自裁定送达之日起十日内向上一级法院提起上诉(同条第2款)。

法院受理破产申请,标志着破产程序的开始,根据我国新《破产法》第 11 条至第 15 条规定,法院即着手以下各项工作:(1)法院应当自裁定作出之日起五日内送达申请人。债权人提出申请的,法院应当自裁定作出之日起五日内送达债务人。债务人应当自裁定送达之日起十五日内,向法院提交财产状况说明、债务清册、债权清册、有关财务会计报告以及职工工资的支付和社会保险费用的缴纳情况。(2)法院裁定受理破产申请的,应当同时指定管理人。(3)通知和公告。法院应当自裁定受理破产申请之日起二十五日内通知已知债权人,并予以公告。公告除在法院公告栏张贴、在法院报上登载以外,还应视具体情况,在债权人分布的区域、破产财产所在区域张贴,以及地方或全国性报刊上登载。通知和公告应当载明下列事项:申请人、被申请人的名称或者姓名;法院受理破产申请的时间;申报债权的期限、地点和注意事项;管理人的名称或者姓名及其处理事务的地址;债务人的债务人或者财产持有人应当向管理人清偿债务或者交付财产的要求;第一次债权人会议召开的时间和地点;法院认为应当通知和公告的其他事项。(4)债务人的有关人员的义务。自法院受理破产申请的裁定送达债务人之日起至破产程序终结之日,债务人的有关人员承担下列义务:妥善保管其占有和管理的财产、印章和账簿、文书等资料;根据法院、管理人的要求进行工作,并如实回答询问;列席债权人会议并如实回答债权人的询问;未经法院许可,不得离开住所地;不得新任其他企业的董事、监事、高级管理人员。

为保护全体债权人能够获得公平受偿,破产案件受理后会产生以下法律效力,以保全破产人的财产、防止发生流失现象。

1. 对债务人的行为产生限制。法院受理破产申请后,债务人对个别债权人的债务清偿无效(新《破产法》第 16 条)。法院受理破产案件后,债务人不能对个别债权人进行清偿。因为破产程序的宗旨在于对一切债权人的公平清偿,而债务人对个别债权人的清偿行为,显然会侵害同一顺序其他债权人的合法权益,故法律规定,法院受理破产案件后债务人对个别债权人的清偿无效。

2. 清偿的债务或财产的交付。法院受理破产申请后,债务人的债务人或者财产持有人应当向管理人清偿债务或者交付财产。债务人的债务人或者财产持有人故意违反前款规定向债务人清偿债务或者交付财产,使债权人受到损失的,不免除其清偿债务或者交付财产的义务(新《破产法》第 17 条)。

3. 合同的解除或继续履行。法院受理破产申请后,管理人对破产申请受理前成立而债务人和对方当事人均未履行完毕的合同有权决定解除或者继续履行,并通知对方当事人。管理人自破产申请受理之日起两个月内未通知对方当事人,或者自收到对方当事人催告之日起三十日内未答复的,视为解除合同。管理人决定继续履行合同的,对方当事人应当履行;但是,对方当事人有权要求管理人提供担保。管理人不提供担保的,视为解除合同(新《破产法》第 18 条)。

4. 保全措施的解除。法院受理破产申请后,有关债务人财产的保全措施应当解除,执行程序应当中止(新《破产法》第 19 条)。

5. 其他民事执行程序的中止。法院受理破产申请后,已经开始而尚未终结的有关债务人的民事诉讼或者仲裁应当中止;在管理人接管债务人的财产后,该诉讼或者仲裁继续进行(新《破产法》第 20 条)。破产程序的目的在于通过清算程序将破产财产公平分配给各个债权人,因此,在法院受理破产案件后,对债务人财产的其他民事程序应当中止。这里所指的其他民事程序的中止,并不是执行程序的终结,因为管理人接管债务人的财产后,中止了的执行程序可以继续进行。

6. 对债务人的民事诉讼的影响。法院受理破产申请后,有关债务人的民事诉讼,只能向受理破产申请的法院提起。破产受理的这一效力,有利于简化破产程序,避免破产程序与其他诉讼程序发生不必要的冲突。

第三节 债权人会议

一、债权人会议概念、意义和作用

债权人会议是在破产程序进行中,为便于全体债权人实现其破产程序的参与权,维护全体债权人的共同利益而由债权人依照破产法的规定组成的意思表示的议事机构。

如果某一企业负债累累但没有进入破产程序,该企业的全体债权人可以召开会议讨论债权安排的问题,但这不是法律意义上的债权人会议。破产的目的是对多数债权人实现公平清偿,因此,参加破产程序的债权人不可能像在一般民事诉讼程序中一样单独要求清偿其债权。为了破产程序的顺利进行,有必要设立一种既能使所有债权人充分发表个人意见,又能作出统一的意思表示,保证破产财产的分配能够充分考虑大多数破产债权人利益的专门机构——债权人会议。

因此,设置债权人会议的意义,概括起来有两点:(1)是破产程序的本质所需,也是统一全体债权人的意志,保证破产程序有序化、正常化的需要。一般情况下,破产程序中债权人人数较多,各债权人之间的意志和利益存在彼此消长的差异甚至冲突,为使破产程序顺利进行,需要把各债权人的意志、利益统一起来,所以破产程序中必须设立债权人会议。(2)是公平保护全体债权人利益的需要。债务人和债权人之间的关系是整个破产制度基础的因素之一,为了合理协调破产程序中相关主体的关系,需将众多分散的债权人的各自利益形成一种“利益集合”。债权人会议正是为保证这一利益集合得以实现、有效保护全体债权人共同利益而成立的议事机构。[①]

债权人会议在破产法中主要发挥议决作用。债权人会议是代表多数债权人利益进行意思表示的机构,并对债权人的利益诉求和意思表示通过表决方式形成决议,例

① 王欣新主编:《破产法》,中国人民大学出版社 2005 年版,第 67—68 页;沈贵明主编:《破产法学》,郑州大学出版社 2004 年版,第 105 页。

如通过和解协议,通过重整计划,通过债务人财产分配管理方案,通过破产财产的变价方案,通过破产财产的分配方案等等。由此可见,债权人会议是一个议决机关,行使着监督管理人、决定继续或者停止债务人的营业、通过重整计划和通过破产财产的分配方案等重要职权。但债权人会议作为债权人的意思表示机关,仅仅是法院监督下的自治机关,不具有执行职能。

由于债权人会议为非常设机构,无法对破产程序进行日常监督,故有必要成立一个常设机构。为此,新《破产法》在这方面进行了积极有益的尝试,确立了债权人委员会制度。按照该法第67条的规定:"债权人会议可以决定设立债权人委员会。债权人委员会由债权人会议选任的债权人代表和一名债务人的职工代表或者工会代表组成。债权人委员会成员不得超过九人。"债权人委员会主要对破产程序发挥监督作用,具体内容是:(1)监督债务人财产的管理和处分;(2)监督破产财产分配;(3)提议召开债权人会议;(4)债权人会议委托的其他职权。债权人委员会执行职务时,有权要求管理人、债务人的有关人员对其职权范围内的事务作出说明或者提供有关文件。这就为保护债权人利益提供了重要保障。管理人、债务人的有关人员违反本法规定拒绝接受监督的,债权人委员会有权就监督事项请求法院作出决定;法院应当在五日内作出决定(新《破产法》第68条)。

二、债权申报

债权申报是债权人在法院受理破产申请后的法定期间内,向法院或管理人登记债权的行为。债权申报是债权人参加破产程序行使权利的基础。若债权人未能在法定期间内申报债权,便不能依据破产法享有在破产程序中的权利,但债权申报并非债权的确认,只有在对债权人申报的债权进行调查、核实后,才能确定债权人是否能够成为破产程序的当事人。

(一)债权申报期限和逾期申报的效力

破产程序开始后,所有债权人应在一定期间内向法院或破产管理人申报债权。各国立法例对债权申报期限的规定主要分为两大类:(1)法院酌定主义,即债权申报期限由受案法院根据破产案件的具体情况加以确定。如美国联邦破产法典规定,债权人或债权人的受托人,在破产程序开始后应尽快申报债权,联邦地区法院有权给债权人申报债权确定一个适当的期限。德国、英国、日本等国也属于此种立法例。这种由法院酌定的债权申报期限,法院有权予以决定,也有权予以变更。(2)法定主义,即债权申报期限由法律明文规定。法国属于此种立法例,我国破产法也采用这种立法例。根据我国新《破产法》第45条的规定,"债权申报期限自法院发布受理破产申请公告之日起计算,最短不得少于三十日,最长不得超过三个月"。

比较上述两种立法例,法院酌定主义能够根据具体的破产条件确定相应的申报期限,既符合破产程序的效率性要求,又具有灵活性的特点。而法定主义不论破产案件的复杂、难易程度而作一刀切的规定，难免会产生与各个案件的具体情况相脱节的问题。

其实，我国的一些地方立法已经注意到这个问题，在法律条文中作了一些弹性的规定，如《深圳经济特区企业破产案例》作出如下的规定，法院审理事实清楚、债权债务关系明确、破产财产和债务额在五十万元以下的小额破产案件时，收到通知的债权人应在十五日内申报债权，未收到通知的债权人应在三十日内申报债权。

对于债权人逾期未申报债权的法律后果，大部分国家的破产立法允许补报债权，例如德国破产法规定，债权人在债权申报期内未申报债权的，可以追补申报债权，债权人追补申报取得同已申报债权相同之权利，但是债权人应当负担因追补申报而产生的特别审查费用。英国、美国、日本等国的立法例也规定，逾期未申报债权的，债权人在破产分配前可以追补申报债权，依破产程序接受清偿。

与此相对，我国《破产法（试行）》规定，逾期未申报债权的，视为放弃债权。由于我国原来的破产法规定得过于刚性，明显不利于债权人利益的保护，因此，新《破产法》在立法上导入了先进国家这种柔性的做法，即在法院确定的债权申报期限内，债权人未申报债权的，可以在破产财产最后分配前补充申报；但是，此前已进行的分配，不再对其补充分配。为审查和确认补充申报债权的费用，由补充申报人承担（第 56 条）。

（二）债权申报的机关

各国立法例对债权人申报机关也有不同的规定。有的国家，如英国、法国、荷兰等国规定债权人申报机关为破产管理人，即债权人应在破产程序开始后向破产管理人申报债权。有的国家，如美国、比利时、德国、日本等国规定破产债权人应向法院申报债权。我国属于前者。我国新《破产法》第 48 条第 1 款规定：“债权人应当在法院确定的债权申报期限内向管理人申报债权。”对债权人申报的债权，管理人应当登记造册，对申报的债权进行审查，并编制债权表（第 57 条第 1 款）。债权表和债权申报材料由管理人保存，供利害关系人查阅（同条第 2 款）。

管理人编制的债权表，应当提交第一次债权人会议核查（第 58 条第 1 款）。债务人、债权人对债权表记载的债权无异议的，由法院裁定确认（同条第 2 款）。债务人、债权人对债权表记载的债权有异议的，可以向受理破产申请的法院提起诉讼（同条第 3 款）。

可见，新破产法债权的申报方法，改变了《破产法（试行）》中规定债权人直接向法院申报的做法，确立了先由管理人审查，再由债权人会议核查，最后由法院裁定确认的三个步骤，充分体现了合理、有序、效率的原则。

（三）债权申报形式和范围

债权申报是债权人参加破产程序行使权利的基础。在通常情况下债权的申报形式无特别要求，只要债权人书面提出即可，而无须提出相应的证据材料。可是，我国新《破产法》与《破产法(试行)》一样,对申报形式依然规定了一定的条件。根据新《破产法》第 49 条规定,债权人申报债权时,应当书面说明债权的数额和有无财产担保,并提交有关证据。可见,债权人向管理人申报债权时,不仅要有书面的说明行为,还要承担一定的举证义务。

关于债权申报的范围,各国立法一般不作具体的限制。由于通过债权申报参加破产程序是债权人实现权利的最重要的手段,只要是符合破产债权的一般要件都可以进行申报,所以我国新破产法中规定申报债权的范围也是比较宽泛的。新《破产法》在第 50 条至第 55 条则对部分特殊的债权申报分别作了一些具体的规定:

1. 连带债权人可以由其中一人代表全体连带债权人申报债权,也可以共同申报债权(第 50 条)。

2. 债务人的保证人或者其他连带债务人已经代替债务人清偿债务的,以其对债务人的求偿权申报债权(第 51 条第 1 款)。债务人的保证人或者其他连带债务人尚未代替债务人清偿债务的,以其对债务人的将来求偿权申报债权。但是,债权人已经向管理人申报全部债权的除外(同条第 2 款)。

3. 连带债务人数人被裁定适用本法规定的程序的,其债权人有权就全部债权分别在各破产案件中申报债权(第 52 条)。

4. 管理人或者债务人依照本法规定解除合同的,对方当事人以因合同解除所产生的损害赔偿请求权申报债权(第 53 条)。

5. 债务人是委托合同的委托人,被裁定适用本法规定的程序,受托人不知该事实,继续处理委托事务的,受托人以由此产生的请求权申报债权(第 54 条)。

6. 债务人是票据的出票人,被裁定适用本法规定的程序,该票据的付款人继续付款或者承兑的,付款人以由此产生的请求权申报债权(第 55 条)。

三、债权人会议的组成

债权人会议由全体债权人组成。债权人不论其债权性质、债权额多寡,都能成为债权人会议的成员。我国新《破产法》第 59 条规定,依法申报债权的债权人为债权人会议的成员,有权参加债权人会议,享有表决权(第 1 款)。债权尚未确定的债权人,除法院能够为其行使表决权而临时确定债权额的外,不得行使表决权(第 2 款)。对债务人的特定财产享有担保权的债权人,未放弃优先受偿权利的,对于本法第 61 条第 1 款第 7 项(通过重整计划)、第 10 项(通过破产财产的分配方案)规定的事项不享有表决权(第 3 款)。

四、债权人会议的职权

债权人会议的职权是债权人依法具有的职责,是债权人从事各种活动的法律依据。在债权人会议的职权方面,较之《破产法(试行)》,新《破产法》赋予了债权人会议相当广泛的职权。根据新《破产法》第61条的规定，债权人会议可以行使的职权主要包括：(1)核查债权；(2)申请法院更换管理人，审查管理人的费用和报酬；(3)监督管理人；(4)选任和更换债权人委员会成员；(5)决定继续或者停止债务人的营业；(6)通过重整计划；(7)通过和解协议；(8)通过债务人财产的管理方案；(9)通过破产财产的变价方案；(10)通过破产财产的分配方案；(11)法院认为应当由债权人会议行使的其他职权。

由此可见，新破产法中债权人的地位得到前所未有的重视，破产程序中的许多重大事项，例如选任和监督管理人，决定继续或者停止债务人的营业，通过重整计划，通过破产财产的变价方案，通过破产财产的分配方案等，都由债权人会议作出决定，债权人自治发挥着十分重要的作用。

不仅如此，体现债权人自治的内容还贯穿于新破产法的其他条文中，若对之进行梳理，可概括为：(1)当债务人不能清偿到期债务，债权人可以向法院提出对债务人进行重整或者破产清算的申请(第7条第2款)；(2)在债权人会议期间，债务人有义务列席债权人会议并如实回答债权人的询问(第15条第1款第3项)；(3)法院受理破产申请后，债务人对个别债权人的债务清偿无效(第16条)；(4)债权人会议认为管理人不能依法、公正执行职务或者有其他不能胜任职务情形的，可以申请法院予以更换(第22条第1款)；(5)管理人应当列席债权人会议，向债权人会议报告职务执行情况，并回答询问(第23条第2款)。

可见，在整个破产程序过程中，债权人意思自治得到充分发挥，同时从另外一个侧面也反映了我国立法者对决定债权人利益部分的保护越来越予以重视。

五、债权人会议的召集

(一) 债权人会议的召集时间

债权人会议分为两种情形，一种是法律规定必须召开的债权人会议，即第一次债权人会议，也称为法定债权人会议；另一种是在必要时召开的债权人会议。第一次债权人会议是破产程序开始后法定期间内必须由法院召集的债权人会议。根据我国新《破产法》第62条第1款的规定，第一次债权人会议由法院召集，应当在债权申报期限届满之日起十五日内召开。

以后召开的债权人会议，主要包括下列两种情形：(1)法院认为有必要召开的时候；(2)管理人、债权人委员会、占债权总额四分之一以上的债权人向债权人会议主席提议召开的时候(第62条第2款)。管理人应当提前十五日将债权人会议召开的时间和地点，通知已知的债权人(第63条)。

(二) 债权人会议主席

债权人会议的主持人是债权人会议主席(第一次债权人会议除外)(第60条第2款)。对于债权人会议主席的设立，各国立法有所不同。一些国家规定，债权人会议由法院召集和主持，所以不设专门主持会议的主席；另外一些国家的立法则规定债权人会议应当由主席负责主持。我国新《破产法》采用了后一种立场。即规定债权人会议主席由法院从有表决权的债权人中指定(第60条第1款)。据此可知，担任债权人会议主席必须符合以下两项条件：(1)必须是有表决权的债权人。无表决权的债权人，如未放弃优先受偿权的有财产担保债权，不得担任债权人会议主席；(2)债权人会议主席必须由法院指定，债权人会议则无权选任。

不过，英国《破产法》却规定了债权人会议主席可由债权人会议选任，且成为债权人会议主席的对象也较宽泛，政府官员、法官、律师和会计师以及债务人以外的第三人均可以被选为债权人会议主席，而不以参加破产程序的债权人为限。

(三) 债权人会议的出席

所有依法申报债权的债权人为债权人会议的成员，均有权出席债权人会议，享有表决权(新《破产法》第59条第1款)。债权人可以亲自参加会议，也可以委托代理人出席会议，行使表决权。代理人出席债权人会议，应当向法院或者债权人会议主席提交债权人的授权委托书(同条第4款)。债权人出席会议与否，是其法定的权利，所以，债权人可以选择不出席债权人会议，法院不得强制要求其出席，也不能视其为放弃债权，但未出席债权人会议的债权人同样应受会议决议的约束。

对于出席债权人会议的最低人数，我国新《破产法》没有明文规定。为了确保债权人会议能够真正成为债权人的意思表示机关和利益代表机关，防止债权人会议被少数债权人所控制，出席债权人会议的最低人数应予以明确为宜。各国立法一般都规定出席会议的债权人必须达到一定的法定人数，才可以召开债权人会议。例如，加拿大《破产法》规定，召开债权人会议，须有三人以上的债权人出席；债权人不足三人的，须全体出席。

除了债权人可以出席债权人会议外，其他一些非债权人也可以或必须列席债权人会议。根据我国有关法律规定，这些非债权人包括：(1)债务人的出资人代表。债务人的出资人代表可以列席讨论重整计划草案的债权人会议(第85条第1款)。(2)债务人的有关人员。有义务列席债权人会议的债务人的有关人员，经法院传唤，无正当理由拒不列席债权人会议的，法院可以拘传，并依法处以罚款(第126条)。(3)管理人。管理人是依照破产法规定，在重整、和解和破产程序中负责债务人财产管理、处分和其他事项的组织、机构和个人。管理人在破产程序中的活动直接影响债权人利益，因此，管理人应当列席债权人会议，向债权人会议报告职务执行情况，并回答询问(第23条第2款)，接受债权人会议和债权人委员会的监督。

(四) 债权人会议的决议

债权人会议的决议是债权人会议依法对职责范围内的事项通过表决达成的决定。有关债权人会议的决议的规则，各国立法规定各不相同，大体可以分为以下三种：第一，债权人会议的决议，由同意的债权人所代表的债权额的多数或者绝对多数决定。第二，以人数和债权额双重多数为标准。第三，债权人会议的决议以出席会议的债权人人数的多数同意通过。[1]我国则采用了人数和债权额的双重标准，取上述三者中的第二立场。采用这样双重标准的长处在于，可以兼顾多数小额债权人和少数大额债权人等各种不同对象的债权人之利益。

我国新《破产法》第 64 条第 1 款规定，“债权人会议的决议，由出席会议的有表决权的债权人过半数通过，并且其所代表的债权额占无财产担保债权总额的二分之一以上。但是，本法另有规定的除外。”根据同条规定，债权人会议的决议由出席会议的有表决权的债权人过半数通过，并且其所代表的债权额，必须占无财产担保债权总额的半数以上，但是法律有特别规定的，例如通过和解协议草案的决议必须占全部无财产担保债权总额的三分之二以上。

债权人会议通过的决议，对全体债权人均具有法律约束力(第 64 条第 3 款)。无论债权人是否出席债权人会议，无论债权人赞成决议还是反对决议，均受债权人会议的约束。但是，有财产担保的债权人是否受该决议的约束，我国法律没有作出具体的特别规定，理论上一般主张债权人会议的决议对有财产担保的债权人不发生效力。

不过，债权人认为债权人会议的决议违反法律规定，损害其利益的，可以自债权人会议作出决议之日起十五日内，请求法院裁定撤销该决议，责令债权人会议依法重新作出决议(第 64 条第 2 款)。

第四节 重　　整

一、重整的概念与特征

重整是指不对无偿付能力债务人的财产立即进行清算，而是在法院的主持下由债务人与债权人达成协议，制定重整计划，规定在一定的期限内，债务人按一定的方式全部或者部分地清偿债务，同时债务人可以继续经营其业务的制度。[2]重整制度是我国新破产法从国外引入的一项新制度。

重整是企业为了恢复清偿债务能力，依照法律规定的程序进行债务调整和企业整理的一种再建型破产制度，这种制度在国外称为重整或更生。破产制度从古罗马时代发展到今天，经历了从自力救济到国家执行、从对人执行到对物执行、从惩罚主义到非惩罚主义的发展阶段，其意义在于使债务人从困境中走出来，同时使债权人从破产财产中公平地获得补偿。但在现代社会中，企业间纵向联系和横向联系日趋紧密，一个企业的倒闭往往会产生多米诺骨牌的效应，引发相关企业的连锁反应，同时

---

① 王欣新主编：《破产法》，中国人民大学出版社 2005 年版，第 75 页。
② 李曙光：《九大制度创新与突破——新企业破产法解读》，载于《法制日报》2006 年 9 月 5 日。

还会造成税收减少、职工失业等一系列经济、社会问题。

20世纪70年代以来,世界范围内出现了一场改革破产法的运动,其中一个主要的课题便是适应社会化生产的发展,建立和完善以企业复兴为目标的再建型债务清理制度。例如,美国1978年颁布的《破产法》第十一章开创了现代破产重整制度;英国1986年公布的《无力偿债法》规定了"公司管理程序"和"公司任意整理程序",用于预防公司破产,实现公司再建;法国1985年公布的《困境企业司法重整及清算法》,将破产法的任务明确地规定为挽救破产企业、维护就业和处理债务。[①]除此之外,澳大利亚、加拿大和爱尔兰等发达国家也先后建立了相应的重整制度。

(一)重整制度的作用

重整作为企业整理的一种再建型的破产制度,之所以成为当代破产法改革的一个主题,成为世界发展的一个潮流,其原因在于重整制度具有其他破产制度所不具有的重要作用。

1. 重整制度使企业获得再生机会,提高企业自身的经营管理水平。其实亏损企业中,并非所有不能支付到期债务的企业都无可救药,重整制度正是给有复兴可能性的企业提供了一次重要的再生机会,促使该企业查明经营失败的原因并从中吸取教训,同时在各种利害关系人的监督之下,提高经营管理水平。

2. 减少社会财富的浪费。依照"营业价值理论",企业的营运价值(企业在持续营业状态下的价值)大于它的清算价值(即净资产通过清算变价所能获得的价值),因为一个企业是由有形资产和无形资产组成的,而在清算过程中,企业资产的零售显然不能实现其全部价值,从而低于破产企业作为营运企业整体出售的价值或企业整顿后的盈利价值,导致社会资源的浪费。而重整制度通过对企业的整体出让、合并与分离、追加投资、租赁经营等灵活多变的方式,避免资源的巨大浪费。

3. 促进社会稳定性,有利于建立和谐共荣社会。企业重整的成功不仅避免了破产带来的损失,而且保护了诸多方面的利益,如企业资产增值、债权人收到应得款项、职工保留了就业机会、政府获得了税收收入等,这一切均有助于社会秩序的稳定。可见,不论从个人本位出发还是从社会本位出发,重整制度都是立法上的一个必要选择。

(二)重整制度的特点

由于重整制度的目的在于对濒临破产的企业进行再建,因此,在法律制度安排上应有特殊的考虑,以保证该目的得以实现。简而言之,在法律上精心设计这些特殊制度时,尽可能做到宽严相济、灵活多变。重整制度的特点可概括在以下几个方面:

1. 重整对象的特定化。由于重整制度立足于社会本位对债务人进行再建,因此费用较高,所以,除美国、法国等少数国家在适用重整对象上较为宽泛以外,其他国家

---

① 付翠英编著:《破产法比较研究》,中国人民公安大学出版社2004年版,第39、54、76页。

和地区通常将重整对象限定为股份有限公司。

2. 重整原因宽松化。根据各国法律规定，重整的提起并不一定以企业已经不能偿还到期债务为前提，只要企业发生了财务困难，有不能清偿之虞，债务人提出申请即可视为已具备重整原因。在这一点上，最为突出的代表是美国。美国《破产法》第十一章的立法宗旨是侧重企业再建而非破产清算。所以，当企业债务人一旦出现财务恶化，就可以根据美国《破产法》第十一章规定向破产法庭提交重整方案。负债公司就重整问题与债权人进行和解、谈判，然后由债权人投票表决是否接受债务人提出的重整方案。①

3. 程序启动主体的多元化。重整的申请可由债权人提出，也可以由债务人或股东提出。

4. 措施的多样化。重整计划中采取的复兴措施形式多样、灵活多变，它不仅包括债权人对债务人的妥协与让步，还包括企业的整体出让、合并与分离、追加投资、租赁经营等。

5. 程序优先化。重整程序不仅优先于一般民事执行程序，而且也优先于破产清算程序和和解程序。

6. 担保物权的非优先化。在重整程序中，担保物权为非优先权，因此它的行使受到限制。

7. 参与主体的广泛化。重整程序中的自治机关是债权人会议，由债权人和股东组成，因此，参与重整程序的主体应包括债务人、债权人和股东。②

（三）破产重整与破产清算之间区别

破产清算是债务人不能清偿到期债务时，为了使债权人获得公平清偿，在法院的监督下对债务人破产财产进行分配的一种强制执行程序。破产清算制度是破产法中最基本、产生最早的一项制度。虽然破产清算制度与破产重整制度都是破产法中的内容，并且都是在债务人发生财务困难时对债务人的财产进行处分的一种制度，但两者之间却存在着很多相异之处。

1. 原因不同。各国对于重整原因的规定虽不尽一致，但总体来说，较之破产原因的要求来讲，构成重整原因的要件相对宽松，它无须达到支付不能、停止支付或资不抵债这样严重程度，就可以提出重整申请。换言之，债务人有明显丧失清偿能力可能的，就可以提出重整申请。

2. 目的不同。破产清算的目的是公平分配债务人财产从而结束债务人的营业资格，而破产重整的目的在于拯救困难企业使之能够避免破产并且获得新生。

3. 具体程序不同。因为破产清算制度与破产重整制度的目的不同，因此在立法上对两者制度的设计也不可能相同。(1)在破产清算中，有权申请提起破产清算程序

① 付翠英编著：《破产法比较研究》，中国人民公安大学出版社 2004 年版，第 36 页。

② 李永军著：《破产重整制度研究》，中国人民公安大学出版社 1996 年版，第 8 页。

的人包括债权人、债务人以及清算责任人,有时甚至包括检察长等国家公务员在内。在一些情况下法院还可以依职权宣告破产,进入清算程序。在破产重整中,有权申请者除债权人、债务人之外,还包括股东。(2)在破产清算中,意思机关为由所有债权人组成的债权人会议。有担保债权人没有表决权,因为有担保债权的属于别除权,应在破产程序外独立行使。在破产重整中,意思机关为债权人会议(关系人会议),由与公司继续生存的利益相关者组成,包括所有债权人、公司本身、股东及其他利害关系人。由于有担保债权受破产重整程序的约束,因此它们也享有表决权。

二、重整制度的立法模式

破产重整制度的立法模式,一般分为三种,即专门制定单行法规、在破产法中专章规定或者在公司法中专章规定。

(一) 专门制定单行法规

取这一立法例的典型代表是日本。在日本破产法中的所谓倒产,是指债务人对已到清偿期的债务一般地无法清偿的状态,即指决定性的经济破绽之状态。其表现为:签出的有效票据无法兑现;债务人受到了银行(银行协会)发出的停止交易处分;破产以及其他倒产程序的提出等等。①现行的日本倒产法体系由破产法(破产清算)、公司更生法、民事再生法和商法的部分内容(特别清算和公司整理)等四部分组成。日本法律不仅对清算型程序和再建型程序分别立法,而且对每一类型程序中的具体制度制定了专门的立法,所以说,日本的破产制度颇具特色。

就重整制度而言,1938年日本修改商法时,参照英美法,在商法第二编“公司”第四章“股份有限公司”中规定了“公司整理与特别清算制度”。1952年,日本又以美国《联邦破产法》第十章为蓝本单独制定了公司更生法。②这种立法技术非常独特,而且两套程序之间存在一定的兼容性。

(二) 在破产法中专章规定

这一立法例首创于美国,并以其为代表。1898年美国国会颁布的第四部破产法,该法特别创建了公司重整程序,从而成为在美国破产法历史上具有里程碑意义的变革。1978年,美国国会又重新制定《破产改革法》。该法强调了公司重整程序,并完善了破产免责和财产豁免等保护债务人的制度。③

美国的破产法几经修订,目前重整型破产制度,主要规定在现行的《破产法》第十一章“重整”中。其特点是申请手续简便,适用范围较广,程序之间的转换较为灵活,

---

① [日]石川明著,何勤华、周桂秋译:《日本破产法》,中国法制出版社2000年版,第242页。

② 同上书,第2、8、9页。

③ 付翠英编著:《破产法比较研究》,中国人民公安大学出版社2004年版,第32、33页。

是当代比较完整、成熟的重整制度。美国《破产法》第十一章中的重整规定，已成为其他各国破产立法的典范。

（三）公司法中专章规定

这一立法例首创于英国。以前，英国破产法一直采用个人破产程序与公司破产程序相分立的体制，即破产法只适用于自然人，而公司破产程序在公司法中专章规定。1986 年英国国会颁布了《1986 年无力偿还法》，该法将 1985 年公司法的有关条文合并在一起，并作了一些修改和补充，成为既适用于企业又适用于个人的统一破产法，其中涉及企业再建的是第一章“公司自愿偿债安排”和第二章“管理命令”。

1986 年的英国破产法，一改传统破产法债权人利益之上的立法目标，而以救济债务人、以法律的形式使破产的债务人实现再生目标。该法结束了一百多年来自然人和公司分别使用不同破产法的历史，使之统一在一个破产法之中。[①] 目前，我国台湾地区破产立法仍采用此种立法例，在公司法中专门规定了“公司重整制度”。

三、重整制度的适用范围

重整的目的在于避免因企业破产而造成企业职工失业及企业间破产的连锁反应，减少社会震荡。因此，重整制度一般适用于企业法人而不适用于自然人。我国台湾地区、日本及英国的重整制度仅适用股份有限公司，其中台湾地区更是将重整制度限于以公开发行股票、公司债的股份有限公司。其立法理由是，如果公司重整范围定得过宽，则债务人有可能会借重整为名，行规避破产或拖延债务履行之实，从而容易产生各种流弊。

重整制度重在谋求保障社会整体利益，而不是适应每个企业个体的需要，因此，非公开发行股票或公司债的股份有限公司、无限公司以及两合公司，对社会大众利益影响相对较小，故无适用重整程序的必要。此外，将重整制度限于股份有限公司的另一个立法上的考虑是，重整程序的费用远远高于破产清算程序和破产和解程序，而小公司往往难以负担，故不宜适用重整程序。

但是，也有少数一些国家将重整制度的适用范围规定得较宽。例如美国《破产法》规定，个人、合伙、公司都可援引第十一章重整程序。在法国《困境企业公司法重整与清算法》第 2 条中规定，重整程序适用于所有的商人、手工业者、农业经营者及私法人。

我国《破产法(试行)》的破产整顿制度仅限于全民所有制企业法人。这一规定与我国正在进行的、以建立市场经济为目标的经济改革是不相吻合的。因为市场经济的本质，就是要求市场主体平等地按照市场的游戏规则进行公平竞争，那么这就客观要求法律不能因为市场主体的所有者身份的不同而实行区别对待的做法。为此，新

---

① 付翠英编著：《破产法比较研究》，中国人民公安大学出版社 2004 年版，第 47 页。

《破产法》第 2 条中明确规定重整制度适用于一切企业法人。这样的规定迎合了市场经济发展的客观需要,值得称赞。

四、破产重整程序

(一) 重整原因

重整原因是重整开始的事由或当事人提出重整申请的条件。对于重整原因,各国规定大致相同,即当债务人不能支付到期债务,或有不能支付之虞时,便可启动重整程序。但在具体立法表述上各国的规定是互有区别的。

例如,日本公司更生法规定:"事业的继续发生显著障碍而不能偿还到期债务时,公司得向法院提出公司更生程序的申请。"美国《破产法》把重整分为自愿性重整和非自愿性重整两种。自愿性重整不以债务人无清偿能力为重整原因,只要债务人提出重整申请的,即可视为重整原因成立。但非自愿性重整必须证明债务人的无清偿能力。英国《破产法》把公司已成为或很可能成为无清偿能力者作为重整原因。而加拿大《破产法》规定,当资不抵债的负债总额达到一千美元以上且不能清偿到期债务时,构成重整原因。由此可见,构成重整原因比破产原因来得更为宽松。我国新《破产法》规定,企业法人不能清偿到期债务,或者有明显丧失清偿能力可能的,可以依照本法规定进行重整(第 2 条第 2 款)。

(二) 重整的申请

重整申请是债务人、债权人或股东等请求法院对债务人开始重整程序的意思表示,是法院裁定对债务人适用重整程序的重要依据。世界上大多数国家均将重整申请作为重整程序开始的唯一依据,即除非有申请,法院不得依职权对债务人裁定开始重整程序,如日本、美国等。不过法国是个例外,法院可以依职权直接宣告对债务人以及责任人开始司法重整程序。①

1. 重整申请人。

根据各国破产法规定,有权提出重整申请的人主要包括债务人、股东和债权人。各国法律均允许债务人提出重整申请,因为债务人最了解自己的财产状况和经营状况,由其提出重整申请,有利于及时发现问题并及时解决问题,从而容易达到重整的目的。鉴于此,有的国家,例如法国,将申请重整程序作为债务人的一项义务,规定债务人应在停止支付后的十五日内申请开始该程序。

但大多数国家是将申请重整作为债权人的一项权利来规定的。债权人可以提起对债务人的重整申请,但很多国家又规定了债权人提起重整申请必须具备的一些资格要求。例如日本公司更生法规定,有相当于资本十分之一以上债权的债权人,可提出重整申请。与其他破产程序不同,在重整程序中,股东也可以提出重整申请,这是

① 李永军著:《破产法律制度》,中国法律出版社 2000 年版,第 429 页。

由重整程序自身的特点所决定的。在其他破产程序中,其主要目的在于公平清偿债权人的债权,所以股东与债权人之间的利益是相对立的,而且在顺序上股东的权利要后于债权人。因此,股东对于破产财产的清偿没有参与的必要和可能。

与此相对,与其他破产程序区别之处在于,重整程序是破产债务人再建和再生的过程,在这个过程中,股东与债权人的利益是统一的,他们都与企业的命运息息相关,而且企业的再建过程中,不仅需要债权人在利益上作出一定的让步,还需要股东在资金面上援以臂力。因此,股东有必要介入重整程序,而且这一点也为各国法律所接受。不过,各国法律也同样规定了在提出重整申请的股东,必须具备一定资格的附带条件。例如,日本公司更生法规定,持有相当于已发行股票的十分之一以上的股东可以提出重整申请;我国台湾地区也规定,连续六个月以上持有已发行股份总额的百分之十以上的股东可提出重整申请。

我国新《破产法》第 70 条规定,债务人或者债权人可以依照本法规定,直接向法院申请对债务人进行重整(第 1 款)。债权人申请对债务人进行破产清算的,在法院受理破产申请后、宣告债务人破产前,债务人或者出资额占债务人注册资本十分之一以上的出资人,可以向法院申请重整(第 2 款)。

2. 申请方式。

重整申请是一种要式法律行为。通常,各国破产法都规定重整申请应该采用书面形式。例如,日本公司更生法规定,更生手续开始的申请,必须以书面提出。我国台湾地区破产法也要求申请人应以书状连同副本三份向管辖法院提出重整申请。

一般而言,重整申请应记载以下内容:(1)申请人和法定代理人的姓名、住所或居所以及申请资格;(2)公司的商号、总公司的所在地、法定代表人的姓名、住所;(3)申请的目的;(4)重整程序的开始原因;(5)公司业务状况;(6)公司已发行的股票总数、资本总额和资产、负债及其他财产状况;(7)申请人知道的关于公司财产已进行的其他程序或处分情况;(8)对于公司重整计划的建议和意见。如果申请由债权人或股东提出,以上(5)、(6)项可以免于记载。

3. 受理。

有管辖权的法院收到重整申请后,应在法律规定的期限内,对重整申请进行审查,以作出同意或不同意的决定。法院对重整申请的审查分为形式审查与实质审查。形式审查是指对是否具备申请的形式要件进行审查,主要包括法院有无管辖权、申请人是否合格以及申请形式是否符合法律规定等形式要件。实质审查主要是指对重整原因及债务人是否属于重整程序适用对象等实质要件进行审查。法院在对重整申请进行审查时,可依职权作必要的调查。调查的方式主要是征求各方面意见或选任检查人直接对债务人进行调查。

法院对重整申请进行审查或调查后,应在法律规定的期限内,作出驳回或批准重整申请的裁定。法院裁定许可重整,标志着重整程序进入重整观察期间。重整观察期间是重整程序开始后的一个法定期间,目的在于防止债权人在重整管理期间对债务人及其他财产采取诉讼或其他行动,以便保护企业的营运价值。

我国新《破产法》规定，法院经审查认为重整申请符合本法规定的，应当裁定债务人重整，并予以公告（第71条）。

4. 重整期间。

关于重整期限，新《破产法》规定，自法院裁定债务人重整之日起，至重整程序终止为重整期间（第72条）。从本规定的内容来看，新破产法的重整期限是不确定的期限，其主要取决于重整计划的提出和批准的时间，以及重整计划的执行时间。①

在重整期间，经债务人申请，法院批准，债务人可以在管理人的监督下自行管理财产和营业事务（第72条第1款）。有前款规定情形的，依照本法规定已接管债务人财产和营业事务的管理人应当向债务人移交财产和营业事务，本法规定的管理人的职权由债务人行使（同条第2款）。管理人负责管理财产和营业事务的，可以聘任债务人的经营管理人员负责营业事务（第74条）。

在重整期间，对债务人的特定财产享有的担保权暂停行使。但是，担保物有损坏或者价值明显减少的可能，足以危害担保权人权利的，担保权人可以向法院请求恢复行使担保权（第75条第1款）。在重整期间，债务人或者管理人为继续营业而借款的，可以为该借款设定担保（同条第2款）。

债务人合法占有的他人财产，该财产的权利人在重整期间要求取回的，应当符合事先约定的条件（第76条）。在重整期间，债务人的出资人不得请求投资收益分配（第77条第1款）。在重整期间，债务人的董事、监事、高级管理人员不得向第三人转让其持有的债务人的股权。但是，经法院同意的除外（同条第2款）。在重整期间，有下列情形之一的，经管理人或者利害关系人请求，法院应当裁定终止重整程序，并宣告债务人破产：(1)债务人的经营状况和财产状况继续恶化，缺乏挽救的可能性；(2)债务人有欺诈、恶意减少债务人财产或者其他显著不利于债权人的行为；(3)由于债务人的行为致使管理人无法执行职务（第78条）。

（三）重整计划

重整计划是债务人、债权人和其他利害关系人拟订的，以清理债务、拯救企业为内容的，并经债权人会议表决和法院认可的法律文书。重整计划一般应当包括下列内容：(1)重整企业的经营方案；(2)债权调整方案；(3)债权清偿方案；(4)重整计划的执行等等。我国新《破产法》第81条规定重整计划草案的内容包括：(1)债务人的经营方案；(2)债权分类；(3)债权调整方案；(4)债权受偿方案；(5)重整计划的执行期限；(6)重整计划执行的监督期限；(7)有利于债务人重整的其他方案。

1. 重整计划的制定和决议。

关于重整计划的制定，由于各国（地区）法律不同，所以对重整计划制作人的要求也不尽相同。目前，有关重整计划的制定主要有三种立法例：(1)重整计划由重整人制定。我国台湾地区破产法属于这种立法例。(2)重整计划通常由重整人制定，但也

---

① 谢俊林著：《中国破产法律制度专论》，人民法院出版社2005年版，第211页。

可以由其他利害关系人负责制定。日本破产法采用这种立法例。根据日本《公司更生法》规定,重整计划应由财产管理人在更生债权和更生担保权申报期间届满后,法院规定的期间内制作并提交法院,同时债务人公司、已进行申报的更生债权人和更生担保权人及股东,也可向法院提出重整计划。(3)重整计划一般由债务人制定,但在特殊情况下,也可由其他人制定。美国破产法选择此种立法例。

根据负责管理财产和营业事务的对象不同,我国新《破产法》规定了两种重整计划的制定人。一种情况是债务人自行管理财产和营业事务的,由债务人制作重整计划草案(第 80 条第 1 款)。另一种情况是,管理人负责管理财产和营业事务的,由管理人制作重整计划草案(同条 2 款)。

根据美国《破产法》规定,债务人可以在自愿申请的同时或在非自愿申请之后的任何时候提出重整计划;在法院发布重整救济命令后的一百二十天内,只有债务人才能提出重整计划。但是如果债务人在上述一百二十天的法定期间内未能提出重整计划,或者提出的重整计划在法院发布的重整救济命令后的一百八十天内未被债权人或股东接受,或者依法选任了重整受托人,那么任何利害关系人,包括债务人、破产受托人、债权人委员会、股东委员会、股东均可提出重整计划。

我国新《破产法》明确规定,债务人或者管理人应当自法院裁定债务人重整之日起六个月内,同时向法院和债权人会议提交重整计划草案(第 79 条第 1 款)。重整计划中的债权分为:(1)有财产担保的债权;(2)劳动债权;(3)债务人所欠税款;(4)普通债权。

前款规定的期限届满,经债务人或者管理人请求,有正当理由的,法院可以裁定延期三个月(第 79 条第 2 款)。债务人或者管理人未按期提出重整计划草案的,法院应当裁定终止重整程序,并宣告债务人破产(同条第 3 款)。

重整计划草案提出后,应交由债权人会议讨论通过。对于重整计划的表决,一般先将债权人会议的组成人员按债权分类,分成若干小组,再以小组为单位分别进行表决。对于表决条件的要求,各国破产法的规定可谓宽严不一。美国《破产法》规定,必须获得每类债权申请人人数的过半数、且持有的债权数额占该组债权额三分之二以上的多数通过,而股东组必须经过该组持股三分之二以上的多数股东同意。美国法的这一规定比较合理,我国新《破产法》借鉴了这一经验,规定法院应当自收到重整计划草案之日起三十日内召开债权人会议,对重整计划草案进行表决(第 84 条第 1 款)。出席会议的同一表决组的债权人过半数同意重整计划草案,并且其所代表的债权额占该组债权总额的三分之二以上的,即为该组通过重整计划草案(同条第 2 款)。债务人或者管理人应当向债权人会议就重整计划草案作出说明,并回答询问(同条第 3 款)。

债务人的出资人代表可以列席讨论重整计划草案的债权人会议(第 85 条第 1 款)。重整计划草案涉及出资人权益调整事项的,应当设出资人组,对该事项进行表决(同条第 2 款)。各表决组均通过重整计划草案时,重整计划即为通过(第 86 条第 1 款)。自重整计划通过之日起十日内,债务人或者管理人应当向法院提出批准重整计划的申请。法院经审查认为符合本法规定的,应当自收到申请之日起三十日内裁定批准,终止重整程序,并予以公告(同条第2款)。

部分表决组未通过重整计划草案的,债务人或者管理人可以同未通过重整计划草案的表决组协商。该表决组可以在协商后再表决一次。双方协商的结果不得损害其他表决组的利益(第87条第1款)。未通过重整计划草案的表决组拒绝再次表决或者再次表决仍未通过重整计划草案,但重整计划草案符合一定条件的,债务人或者管理人可以申请法院批准重整计划草案(同条第2款)。法院经审查认为重整计划草案符合规定的,应当自收到申请之日起三十日内裁定批准,终止重整程序,并予以公告(同条第3款)。

2. 重整计划的执行。

重整计划由债务人负责执行(第89条第1款)。法院裁定批准重整计划后,已接管财产和营业事务的管理人应当向债务人移交财产和营业事务(同条第2款)。自法院裁定批准重整计划之日起,在重整计划规定的监督期内,由管理人监督重整计划的执行(第90条第1款)。在监督期内,债务人应当向管理人报告重整计划执行情况和债务人财务状况(同条第2款)。

监督期届满时,管理人应当向法院提交监督报告。自监督报告提交之日起,管理人的监督职责终止(第91条第1款)。管理人应向法院提交的监督报告,重整计划的利害关系人有权查阅(同条第2款)。经管理人申请,法院可以裁定延长重整计划执行的监督期限(同条第3款)。经法院裁定批准的重整计划,对债务人和全体债权人均有约束力(第92条第1款)。债权人未依照本法规定申报债权的,在重整计划执行期间不得行使权利;在重整计划执行完毕后,可以按照重整计划规定的同类债权的清偿条件行使权利(同条第2款)。债权人对债务人的保证人和其他连带债务人所享有的权利,不受重整计划的影响(同条第3款)。

(四)重整程序的终止

我国新《破产法》第93条第1款规定:"债务人不能执行或者不执行重整计划的,法院经管理人或者利害关系人请求,应当裁定终止重整计划的执行,并宣告债务人破产。"

我们认为,在重整期间债务人有:(1)不能执行或者不执行重整计划的;(2)债务状况继续恶化,管理人或者利害关系人申请终结重整的;(3)《破产法》第31条规定的一些行为,严重损害债权人利益的,经法院裁定,终结重整,宣告其破产。以下对终止重整计划的原因逐一进行分析。

1. 经法院裁定批准的重整计划发生法律效力,债权人和债务人均应受其约束。债务人在重整期间应该严格履行重整计划,否则就应裁定终结重整,恢复已被中止的破产程序。不执行重整计划包括完全没有执行和部分没有执行。对于前者,应当终结重整计划的执行;对于后者,如果债务人基本上履行了重整计划,法院不必作出终结重整计划的决定,而是督促该债务人继续履行重整计划。

2. 重整期间,债务人应当改善经营管理,扭转亏损局面。如果在重整期间,企业经营状况徘徊不前,甚至不见好转,反而更加恶化,表明债务人的重整毫无成效、重整计划实现无望。在这种场合一旦管理人或者利害关系人要求终结重整,法院应当终结重整程序,宣告进入实质性破产程序。

3. 重整的直接目的就是为了使债权人获得最大的利益,这是不言而明的。可是,如果债务人在重整期间,发生了《破产法》第 31 条规定的,即无偿转让财产、以明显不合理的价格进行交易、对没有财产担保的债务提供财产担保、对未到期的债务提前清偿、放弃债权之情形,那么管理人有权请求法院予以撤销、追回财产。因为以上所指的几种情形都属于严重损害债权人权益的行为,法院应当裁定终结重整程序。

法院裁定终止重整计划执行的,债权人在重整计划中作出的债权调整的承诺失去效力。债权人因执行重整计划所受的清偿仍然有效,债权未受清偿的部分作为破产债权(第 93 条第 2 款)。前款规定的债权人,只有在其他同顺位债权人同自己所受的清偿达到同一比例时,才能继续接受分配(同条第 3 款)。有本条第一款规定情形的,为重整计划的执行提供的担保继续有效(同条第 4 款)。按照重整计划减免的债务,自重整计划执行完毕时起,债务人不再承担清偿责任(第 94 条)。

(五) 重整制度的评价

重整制度及程序代表了现代国际破产法发展的主要潮流,也是各国破产法近年来纷纷修改和制定的重点。许多国家的破产法都把重整制度作为其主要内容。[①]重整制度作为国际上的先进经验,首次引入我国新破产法,不仅在破产清算外,为债务人解决经营困难提出了另一条途径,而且通过重整可使面临困境但有挽救希望的债务人避免破产清算,恢复生机。债务人一旦重整成功,能够有效避免破产清算带来的企业解体、工人失业以及其他经济主体受到连锁反应倒闭等各种消极的社会和经济问题,所以说,新破产法中重整制度的引入填补了中国市场经济法律的一个空白,其意义十分深远。

但是,我们应该承认,我国新破产法的重整制度还有很多方面有待于进一步充实和完善,特别在重整制度的适用范围、重整的原因、重整的期限等方面亟须予以确定。另外,在重整程序的可操作性方面也存在一些问题。例如新《破产法》第 86 条规定:"各表决组均通过重整计划草案时,重整计划即为通过。"重整计划要获得所有债权人分类组的通过,这种要求显然过于严苛,使得重整程序难以启动,特别是如果选用清算程序就能够更直接、更快捷地实现其担保权益的话,担保债权人将会反对选择重整程序,容易使这一制度空洞化。[②]

考虑到重整历时较长,程序比较复杂,社会成本过高,所以我国新破产法确定重整制度仅适用于企业法人。可是,且先不说操作这样一项制度的难度大小,即便从先

---

① 谢俊林著:《中国破产法律制度专论》,人民法院出版社 2005 年版,第 210 页。

② 同上书,第 222 页。

进国家移植的该程序能够克服“水土”问题,在实际操作中,企业法人能否承担高昂的成本和获得满意的成效,也是需要进一步研究的。美国的《破产法》中的“重整程序”在实践中利用率非常低,原因就是适用该程序非常复杂、费用太高。此外,使用重整程序引发出来的许多社会和经济问题,如对污染环境者进行处理,保护侵权行为的受害者的权利,对零售业、石油和天然气业、航空业和钢铁工业等基础工业中的重要公司进行重整重建,以及掺杂其间的社会保险等等问题,往往会超过《破产法》的承受能力,这也是重整程序利用率很低的原因之一。①

尽管如此,作为一种再建型的债务清偿程序,在“促进债务人复兴”的立法目的指导下构建的重整制度,是一个国际化的潮流,它使得破产法不仅仅是一个市场退出法、死亡法、淘汰法,还是一个企业更生法、恢复生机法、拯救法。②它的经济、法律功能不可低估。我国立法者在制定新破产法时,能够坚持洋为中用、兼收并蓄的立场,以主动积极的姿态引入重整制度,使我国的破产立法尽快能够融入到国际化的潮流中,这一点值得称道。至于重整制度存在的一些问题,我们可以在今后的司法实践中积累经验,通过修改、补充的办法逐步得到解决,并加以完善。

第五节　和　　解

一、和解的概念及其意义

和解是债务人为了避免破产宣告,在法院的监督下与债权人就债务人延期还债、减少债务、免除债务等问题达成协议,以中止破产程序、防止破产的一种制度。债权人与债务人达成的这种协议称之为和解协议。和解协议是破产程序中的一种特殊的双方法律行为,主要体现在:第一,协议的达成以债权人会议讨论通过和解协议草案的形式体现出来,和解协议的要约方是债务人,而承诺人是债权人会议。第二,破产和解是强制和解,破产和解并非需要每一个债权人的同意,而是由债权人会议以多数表决,通过债务人所提出的和解条件,实际上是债务人与债权人会议的和解。③第三,债权人会议通过的和解协议以提请法院裁决认可为成立要件,没有法院的认可,和解协议即使体现了债权人会议与债务人的一致意思表示,和解协议也不能成立。

破产和解不同于普通的民事和解。虽然破产和解与民事和解都是双方当事人对民事权利义务重新安排的行为,但两者有着重大的区别:(1)目的不同。破产和解旨在预防破产,而民事和解旨在友好解决当事人之间的纠纷。(2)程序不同。

① 谢俊林著:《中国破产法律制度专论》,人民法院出版社 2005 年版,第 222 页。
② 李曙光:《九大制度创新与突破——新企业破产法解读》,载于《法制日报》2006 年 9 月 5 日。
③ 沈贵明主编:《破产法学》,郑州大学出版社 2004 年版,第 256 页。

破产和解以债务人向法院提出和解申请为前提，而民事和解可以由双方当事人中的任何一方提出，而且不以经法院认可为必要条件。(3)内容不同。破产和解一般包括延期还债、减少债务、免除债务等内容，以债务的重新安排为核心；而民事和解内容不限于债务的重新安排，可以涉及当事人有关各种争议的纠纷。(4)成立条件不同。破产和解应经出席债权人会议的有表决权的债权人过半数同意，且其所代表的债权额应当占无财产担保债权总额的三分之二以上，而且破产和解协议只有在经法院认可并公告后才能生效。民事和解只要双方当事人依法达成一致的意思表示即可成立、生效。

破产法旨在公平清偿债权人，并且通过让效益差的企业破产以达到优化资源配置、保障经济正常运行的目的。但是，不可否认的是，单纯清算型的破产法本身也有着与生俱来的无法克服的弊端，例如，为了清偿债务，破产企业解散后的破产财产变卖的价值通常远远低于其营运价值，导致了资源浪费；企业因破产还会出现大量职工失业，带来一系列社会问题，影响经济的发展，等等。因此，破产制度的本身固有的弊端使得预防破产发生的和解、重整制度应运而生。破产和解制度使债务人求得了公法和私法上的宽松，缓解了清偿债务的压力，创造了产生再建和重生的机遇，这样既有利于拯救债务人，也有利于保障社会经济秩序的稳定。①

针对清算型破产法产生的种种弊端，立法者在近代商事法规中特意辟出新路，当债务人不能清偿债务时，则允许其与债权人达成关于延期、分期偿债甚至减免债务的协议，从而不经清算就可以尽快了结债务。1883 年英国将和解制度引入破产程序，规定债务人在破产程序中同债权人会议达成和解后，可免受破产宣告。英国法的和解制度对美国、澳大利亚、加拿大等英美法系国家产生了很大的影响。1933 年美国《联邦破产法》即规定了较为完善的和解制度。1886 年比利时颁布了以预防破产为目的的和解法，开创了和解分立主义立法例，对各国破产法产生了空前的影响。法国、德国、巴西、日本、韩国等国家相继制定了单独的以预防破产为目的的和解法，另外在破产法中还设立了以终结破产程序为目的的和解制度，作为和解法的重要补充。可见，建立科学合理的和解制度，是现代破产立法追求的目标，也是现代社会文明的一种体现。和解制度，其本身的作用和意义自不必说。

从和解制度发展历史看，各国的和解制度不尽相同。从各国范围来看，和解制度可以分为破产程序开始前的和解与破产程序开始后的和解。

1. 破产程序开始前的和解，指债务人有破产原因时，在有破产申请之前即可向法院申请适用和解制度，经法院许可后开始和解程序。这种破产程序开始前的和解程序是独立于破产程序之外进行的。1922 年日本制定的《和议法》被称为和解分立主义的典型立法例。

日本采用了双和解制度，即在《破产法》程序编第九章中规定强制和解程序，在此之外又专门制定了和议法，其主要目的都是为了减少破产案件的发生。从本质上看，

① 沈贵明主编：《破产法学》，郑州大学出版社 2004 年版，第 255 页。

日本破产法上的和解与和议法上的和解均为强制和解，且程序构造和实质内容也是一致的，唯一不同的是申请开始的条件有所不同。①需要补充说明的是，为了弥补和议法的不足，1999年12月22日，日本重新制定了《民事再生法》。它替代了使用七十余年的和议法，可以说它是建立在公司整理制度、公司更生法制度以及和议法基础之上制定，故其内容独具特色。民事再生法是为取代传统的和解程序而制定的规范再建型倒产处理程序的一部基本法。该法颁布后，在日本社会各界引起强烈反响，各界人士都热切期盼该法的实施能够为日本不景气的经济"燃起一把火"。②

2. 破产程序开始后的和解，是指法院开始破产程序后，债务人同债权人会议达成和解协议并经法院认可，从而中止或终结破产程序的制度。根据各国立法例，破产程序开始后的和解主要包括以下三种：

第一种，破产程序开始后至破产宣告前进行的和解。破产程序开始后，债权人和债务人必须尝试和解。只有在和解方案不成立的情况下，才可适用破产清算程序。英国等国家采用了这种称为和解前置主义的立法例。③

第二种，破产宣告后进行的和解。法院宣告债务人破产后，债务人为了避免破产清算，可以向法院提出和解申请，从而按照债权人会议与债务人达成的和解协议分配破产财产。这种破产法上的和解不同于以避免因破产宣告而开始的破产程序为目的的和议法上的和解，它是以预防和回避破产宣告引起的破产性清算的和解。④德国、日本等破产法中的和解制度即属此例。

第三种，破产程序开始后法定期限内进行的和解。这种和解必须在法院开始破产程序后的法定期限内提出。我国《破产法(试行)》中的和解制度即采用这种体例。换言之，我国原来的破产和解制度既不同于英美法系国家的和解前置主义，也不同于大陆法系的和解分立主义，而是采用了第三种立法体例，即债务人和解的申请必须在法院受理破产申请后的三个月内。可见，进行破产和解的实质要件之一，是法院认定债务人已发生破产原因。法院尚未受理的案件，当事人自然就不能适用破产和解程序。而新《破产法》第95条在破产和解申请上作了灵活的变动，改为，"债务人可以依照本法规定，直接向法院申请和解；也可以在法院受理破产申请后、宣告债务人破产前，向法院申请和解"。若进一步分析我国新《破产法》第95条内容之特点，可归纳为以下两点：(1)吸收了日本的经验，引入了破产程序开始前的和解。当债务人有破产原因时，债务人可以在破产申请之前直接向法院申请适用和解制度，经法院审查认为和解申请符合本法规定的，应当裁定和解。和解程序置于破产程序之外的优点在于，尽管法院尚未受理，当事人就能提前选择适用破产和解程序，其结果，能够有效地减少破产案件的发生。(2)借鉴和移植了英美法的和解前置主义中的合理部分。即新

① 齐树洁主编：《破产法研究》，厦门大学出版社2004年版，第684页。

② 付翠英编著：《破产法比较研究》，中国人民公安大学出版社2004年版，第36、62页。

③ 沈贵明主编：《破产法学》，郑州大学出版社2004年版，第255页。

④ [日]石川明著，何勤华、周桂秋译：《日本破产法》，中国法制出版社2000年版，第242页。

破产法没有像英美法那样十分机械地规定破产程序开始后，债权人和债务人必须尝试和解的做法，而是采用比较柔性方式，规定债务人也可以在破产程序开始后选择适用破产和解程序。同时在和解提出的时间上则采用了英美法的合理规定，只要在破产程序开始后宣告破产前的这段时间里，债务人随时都可以向法院提出申请和解，从而改变了旧破产法中和解申请必须在法院受理后的三个月内提出的这种刚性的时间限制，给债务人选择适用破产和解程序增加了更多的机会。不管是债务人还是债权人提出破产申请，只要在宣告破产之前发现债务人有财产或者债权，债务人就可以向法院提出和解申请，毫无疑问，这对于有效抑制破产案件的大量发生产生了积极的作用。

通过以上分析可知，我国立法者在设计以预防破产为目的的和解制度方面，既积极采用了像日本这样大陆法系国家的一些先进的做法，也充分吸取了英美法系国家的和解前置主义中的合理部分。这一做法，主动积极，可圈可点。

二、破产和解程序

(一) 提出破产和解申请

破产和解申请由债务人提出。债务人即可以在破产程序开始前提出和解，也可以在破产程序开始后提出和解。和解申请书的内容一般应包括提出和解的理由、承诺的条件和通过和解解决哪些问题等等。债务人在申请和解时，应当向法院提出和解协议草案(新《破产法》第 95 条)。通常，和解协议草案应包括以下内容：清偿债务的财产来源、清偿债务的办法和清偿债务的期限等。如果债务人要求减少债务的，应写明请求减少的数额。

对于和解申请提出后，是否需要法院的审查、认可作为和解开始的条件，各国立法例对这个问题的态度各不相同。在和解分立主义立法例中，债务人在破产程序开始前提出的和解申请必须经过法院的裁定许可，否则和解程序不得开始。在和解前置主义立法例中，债务人在破产程序开始后提出的和解申请，不必经过法院的裁定许可，但法院要对和解申请进行审查。如果法院审查认定和解申请合乎法律规定，和解程序当然开始。而我国新《破产法》对此也作出了明确的规定，即不管债务人在破产程序开始前提出的和解申请，还是在在破产程序开始后提出的和解申请，都必须经过法院的审查。法院认为和解申请符合本法规定的，裁定和解，予以公告，并召集债权人会议讨论和解协议草案(第 96 条)。

(二) 达成和解协议

债权人会议对债务人提出的和解协议草案进行讨论和议决。会议上，首先由债务人法定代表人或授权代理人，就其财产状况、负债情况、减免或延期清偿债务、免除利息的要求向债权人会议作详细说明。然后由出席会议的债权人就和解协议草案的内容逐项进行讨论，提出增加和修改意见，双方经讨论达成一致意见后，对和解协议草案进行表决。如果该和解协议草案获得超过出席会议的有表决权的债权人的半数同意,并且所代表的债权总额应当占无财产担保债权总额的三分之二以上的,和解协议即告成立(第 97 条)。和解协议应当形成书面文件,并报请法院裁定认可。法院经过审查认为和解协议符合法律规定,内容是可行的,就应裁定认可,终止和解程序,并发布公告(第 98 条)。和解协议自公告之日起具有法律效力。法院将和解协议草案交债权人会议讨论。同时,管理人应当向债务人移交财产和营业事务,并向法院提交执行职务的报告。

如果债权人会议不能表决通过和解协议草案,或者法院依法不认可债权人会议已经通过的和解协议,那么法院应当裁定终止和解程序,并宣告债务人破产(第 99 条)。

三、和解协议的效力

和解协议生效,即发生中止破产程序、约束债务人以及债权人的各项效力。

(一) 中止破产程序

和解协议生效后,破产程序中止。破产程序的中止,只是暂时停止,而不是终结。只有在债务人按照和解协议清偿债务后,破产程序才告终结。如果债务人违反和解协议或到期不能按照和解协议清偿债务,法院应及时宣告其破产。

在一些国家,和解协议生效意味着破产程序的终结。例如,德国、日本、英国、韩国等国破产法规定,和解协议经法院认可后,已开始的破产程序应当终结。法院认可和解协议终结破产程序,应当另行裁定,并予以公告。

(二) 和解协议对债务人的约束力

和解协议生效标志着破产程序的中止,因此,债务人仍然可以占有、使用、正常处分其财产,可以进行正常的生产经营活动,所以管理人应当向债务人移交财产和营业事务。但这不表明债务人完全不受破产程序的约束。在达成和解协议后,一方面,债务人应当按照和解协议规定的条件清偿债务(第 102 条)。另一方面,因债务人的欺诈或者其他违法行为而成立的和解协议,法院应当裁定无效,并宣告债务人破产。有前款规定情形的,和解债权人因执行和解协议所受的清偿,在其他债权人所受清偿同等比例的范围内,不予返还(第 103 条)。除此之外,债务人还必须遵守破产法中的规定,如不得隐匿、私分或者无偿转让财产,不得非正常压价出售财产,不得对原来没有财产担保的债务提供财产担保,不得提前清偿未到期债务,不得放弃自己的债权。

经法院裁定认可的和解协议,对债务人和全体和解债权人均有约束力(第 100 条)。债务人不能执行或者不执行和解协议的,法院经和解债权人请求,应当裁定终止和解协议的执行,并宣告债务人破产(第 104 条第 1 款)。法院裁定终止和解协议执行的,和解债权人在和解协议中作出的债权调整的承诺失去效力。不过,和解债权人因执行和解协议所受的清偿仍然有效、无须退回,和解债权未受清偿的部分作为破产债权(同条第 2 款)。前款规定的债权人,只有在其他债权人同自己所受的清偿达到同一比例时,才能继续接受分配(同条第 3 款)。有本条第一款规定情形的,为和解协议的执行提供的担保继续有效(同条第 4 款)。

法院受理破产申请后,债务人与全体债权人就债权债务的处理自行达成协议的,可以请求法院裁定认可,并终结破产程序(第 105 条)。债务人与全体债权人之间就债权债务的处理达成一致意见的,法律应予以尊重。这一规定也从一个侧面高度体现了的当事人之间意思自治的原则。另外,按照和解协议减免的债务,自和解协议执行完毕时起,债务人不再承担清偿责任(第 106 条)。

(三) 和解协议对和解债权人的约束力

法院裁定认可的和解协议对全体和解债权人具有约束效力。也就是说,不论债权人是否出席债权人会议,是否同意和解协议,均受和解协议的约束。所谓的和解债权人,是指法院受理破产申请时对债务人享有无财产担保债权的人(第 100 条第 1、2 款)。和解债权是大陆法系国家破产法理论中的一个概念。它是基于和解程序开始前的原因产生的,应当参加和解并且在和解生效后只能按照和解协议受偿的一种债权。

和解债权人未依照本法规定申报债权的,在和解协议执行期间不得行使权利;在和解协议执行完毕后,可以按照和解协议规定的清偿条件行使权利(第 100 条第 3 款)。和解债权人对债务人的保证人和其他连带债务人所享有的权利,不受和解协议的影响(第 101 条)。一些国家的破产法也有此类的规定,即和解债权人对债务人的保证人和其他连带债务人行使债权的,不受和解协议规定的条件的限制。

(四) 和解与重整的区别

破产重整与破产和解都属于再建型债务清理制度,但两者却有着明显的不同之处。

1. 手段不同。尽管两种制度都旨在避免破产宣告,但实现这一目的所采取的手段不同。破产和解通过债权债务的再调整来避免债务人的破产,但这种制度往往以债务人人格终止为结局,因此,破产和解是一种消极的预防破产制度。破产重整则是通过各种有效途径,使债务人企业重获生产经营能力从而避免破产,因此,破产重整是一种积极的预防破产制度。

2. 适用对象不同。破产和解的适用对象与破产清算的范围一致,包括企业、合伙与个人,而破产重整的适用对象,除美、法等少数国家外,一般限定为公司。

3. 程序规则不同。(1)在和解程序中,提起该程序的原因与破产程序开始的原因相同,即不能清偿到期债务或债务超过,而重整程序开始则无须达到破产原因的这一界限。和解程序的申请人仅限于债务人,其意思机关为债权人会议,而重整程序的申请可以由债权人、公司股东或者董事会提出,其意思机关为债权人会议,也称关系人会议。(2)在和解程序中,担保债权不受约束,债权人可以直接行使担保权,而重整程序中，所有担保债权人均受到约束，有担保债权人必须依法申报债权并参加重整程序，担保权的行使或债权的受偿必须遵守重整计划的规定。①

（五）对新旧破产法中有关和解制度的评价

如前已述，构建一套科学、合理、操作性强的破产和解制度，是现代破产立法的标志，更是现代社会文明进步的反映。1986 年的《破产法（试行）》在制定过程中，主动学习和借鉴发达国家的先进做法，采纳了和解制度。可是，在实践中该制度并未发挥应有作用，其原因在于，我国原来的计划经济体制下造成国有企业大面积亏损，使得许多积重难返的亏损企业虽有拯救价值也不可能一下子全适用和解制度进行逐一挽救得到治理。除了这一原因以外，我国原来的破产和解制度在立法中也存在一些明显的缺陷和不足。我国学者提出了不少批判意见，在此择其主要部分予以介绍。

1. 政府行政干预严重。旧破产法中，从企业的和解申请到实施整顿，无不借助政府的行政力进行，破产企业的上级主管部门成为企业和解的最终决定人，显然，这与政府职能的定位和企业的市场主体地位是矛盾的，这是对企业自主经营权的侵害，也为公法对私法的干预开了方便之门。②

2. 立法规定过于原则化，不具有可操作性。原来的立法对和解程序中债务人的权利义务、和解协议的内容、和解协议的法律效力等均未作出明确规定。由于立法规定过于原则化、显得比较粗糙，使法院在审理破产案件过程中无法可循。③同时，对债权人的利益保护不够周全。债权人会议闭会期间没有常设机构或和解监督人代表其利益，对债务人活动进行监督。④

3. 和解与整顿混为一谈。我国旧破产法将和解与整顿纳入同一章中，且将和解与整顿视为内容与形式、手段与目的之关系。实际上和解与整顿为两种不同的程序，其适用条件与范围均有较大区别。可是我国立法中却将外国法上的重整与和解混为一谈，在没有完全理解清楚的情况下，误将行政整顿引入破产法中，无疑为司法实践制造了颇多障碍。⑤

4. 债务人迂回的和解做法，徒增诉讼成本。我国旧破产法规定债务人不能直接申请和解。可是，当债务人欲与债权人和解的时候，只能由债务人与债权人商定：先由债权人提出破产申请，然后再由债务人的上级主管部门提出整顿，最后达到和解目的。这种迂回的做法，其结果只会提高诉讼成本，拖延破产程序时间。⑥

对于旧破产法中存在的上述问题，我国立法当局认真研究，对于外国的先进经

---

① 梁慧星主编：《民商法论丛》第 5 卷，法律出版社 1996 年版，第 140 页。

② 王欣新主编：《破产法》，中国人民大学出版社 2005 年版，第 93 页；沈贵明主编：《破产法学》，郑州大学出版社 2004 年版，第 268 页。

③⑤ 沈贵明主编：《破产法学》，郑州大学出版社 2004 年版，第 268 页。

④ 王欣新主编：《破产法》，中国人民大学出版社 2005 年版，第 93 页。

⑥ 李永军著：《破产法律制度》，中国法律出版社 2000 年版，第 385 页。

验,在充分学习、深刻理解、正确把握的基础上加以吸收,使我国的破产和解制度由此进入一个崭新的历史阶段。对于新破产法中的和解制度,我们认为,在以下三方面具有积极意义。

第一,破产和解从申请的提起、和解协议的通过到贯彻实施,已经没有一点政府行政干预的影子。破产和解如何彻底摆脱政府的行政力,是一个长期以来一直困扰着我国破产法制进程的老问题,而新破产法却很好地解决了这个问题。仅此一点,意义深远,值得称道。

第二,新破产法明确规定了和解程序中债务人和解债权人的权利义务、和解协议的法律效力,使破产和解程序具有较强的可操作性。同时,债权人会议闭会期间,由债权人委员会这一常设机构对债务人活动进行监督,以切实保护债权人利益。

第三,新破产法将和解与重整分章单立,并且在设计和解制度时,坚持博取众长,为我所用的原则,在与国际接轨方面也迈出了重要的一步。和解申请的提出借鉴了大陆法系和英美法系的各个长处,这样债务人既可以在破产程序开始前提出,也可以在破产程序开始后提出,使和解的提出更具灵活性,从而真正达到了预防破产案件大量发生的目的。

第六节 破产宣告

一、破产宣告的意义

债权人或者债务人向法院提出破产申请,并不必然导致债务人的破产。申请破产只是申请人向法院行使破产请求权,要求宣告债务人破产,以维护自己的合法权益,至于是否宣告破产,必须由法院依法决定。当法院对债务人不能清偿到期债务的事实作出法律上的判定后,依据当事人的申请裁定宣布债务人破产以清偿债务的活动,这就是破产宣告。

可见破产宣告是由法院根据当事人的申请或法定职权宣布债务人破产以清偿债务的活动。破产宣告是法院的司法行为,其他任何机关、组织均无权作出破产宣告的决定。从此意义上讲,破产宣告的法律性质与法院裁判非常相近。在传统的破产法中,破产宣告始终居于核心环节,破产清算则成为破产制度的唯一价值目标。然而,在以价值多元化为基本特征的现代破产法中,破产清算并非破产制度的唯一目标,破产宣告也不再被视为不可或缺的必经程序,而只被当作破产案件的一种发展趋势而已,并不能包含破产制度的全部价值和终极意义。①

① 沈贵明主编:《破产法学》,郑州大学出版社 2004 年版,第 77 页。

破产宣告的意义虽然发生了如此巨大的变化，但其程序意义仍然不可低估，破产受理标志着破产程序的启动，但破产宣告，则意味着破产案件才真正进入实质性阶段，并且从此不再发生破产程序的中止或者回复等情形。在破产程序的通常状态中，破产宣告在破产预防程序和破产清算程序之间起着中介性和转折性的桥梁作用。[①]这是因为破产宣告不是破产程序的起点，它必须是破产案件受理以后，在经过一定的程序以后得以宣布，但它又不是破产程序的终点，紧接在破产宣告后面，则是一套严密的破产清算程序(如清算、破产财产、破产变价、分配等)，可见只有经过破产宣告，破产清算的程序功能才得以逐步实现。

二、破产宣告的条件

破产宣告的条件是指法院宣告债务人破产应当符合的基本条件，包括实质条件和程序条件。实质条件是指债务人具备破产能力和破产原因。程序条件是指破产程序已经进行至宣告破产阶段并仍在继续进行之中。如果破产申请未被法院受理的，或者债务人、债权人、出资人提出重整申请获得法院认可的，或者债务人提出和解申请获得法院认可的，那么因不符合程序条件法院不能作出破产宣告。

根据我国新《破产法》的相关规定，法院宣告破产的具体情形可归纳为以下几种：(1)债务人有不能清偿到期债务并且资不抵债，向法院提出破产清算申请的、或者债务人不能清偿到期债务，债权人向法院提出对债务人进行破产清算申请的，由法院宣告破产。企业法人已解散但未清算或者未清算完毕，资产不足以清偿债务，依法负有清算责任的人向法院申请破产清算的，由法院宣告破产。(2)在重整期间，债务人的经营状况和财产状况继续恶化，缺乏挽救的可能性；债务人有欺诈、恶意减少债务人财产或者其他显著不利于债权人的行为；由于债务人的行为致使管理人无法执行职务。有上列情形之一的，经管理人或者利害关系人请求，法院应当裁定终止重整程序，并宣告债务人破产。(3)重整计划草案未获得通过且未依照本法第 87 条的规定获得批准，或者已通过的重整计划未获得批准的，法院应当裁定终止重整程序，并宣告债务人破产。(4)债务人不能执行或者不执行重整计划的，法院经管理人或者利害关系人请求，应当裁定终止重整计划的执行，并宣告债务人破产。(5)和解协议草案经债权人会议表决未获得通过，或者已经债权人会议通过的和解协议未获得法院认可的，法院应当裁定终止和解程序，并宣告债务人破产。(6)债务人不能执行或者不执行和解协议的，法院经和解债权人请求，应当裁定终止和解协议的执行，并宣告债务人破产。

我国破产法还规定了破产宣告的两种除外情形。根据我国新《破产法》第 108 条规定，有下述情形之一的不予宣告破产：(1)第三人为债务人提供足额担保或者为债务人清偿全部到期债务的。(2)债务人已清偿全部到期债务的。

---

① 沈贵明主编：《破产法学》，郑州大学出版社 2004 年版，第 78 页。

三、破产宣告程序

(一) 破产宣告条件的审查

法院作出破产宣告之前,首先要对破产宣告的条件进行审查。审查的内容根据宣告破产的不同情形而有所不同。在破产程序未因重整、和解而中止的情形下,法院应审查债务人企业是否具有破产能力和破产原因以及是否出现宣告破产的除外的情形。在破产程序因重整、和解而中止的情形下,法院主要审查破产程序是否应恢复。

(二) 破产宣告的裁定

破产宣告的裁定,是法院依法宣告债务人破产并开始清算程序的司法文书。破产宣告的裁定必须采用书面方式。其内容主要包括:(1)破产受理法院的名称、案号。(2)申请人、被申请人的名称、住所、营业地址、性质、法定代表人。(3)宣告企业破产原因、理由和法律依据,如企业亏损、资产负债状况,法院查明债务人不能清偿到期债务的事实,法院确认债务人破产还债的结论和法律依据。(4)相关事项,如重新登记债权,宣告破产后的破产企业的财产、账册、文书、资料和印章等的保护,不允许上诉等各种事项。(5)作出破产宣告决定的法院及审判组织,破产宣告裁定的日期。

(三) 破产宣告的宣布和公告

根据我国新《破产法》第 107 条第 1 款之规定:“法院依照本法规定宣告债务人破产的,应当自裁定作出之日起五日内送达债务人和管理人,自裁定作出之日起十日内通知已知债权人,并予以公告。”

法院宣告债务人破产,应当公开进行,即应通知债权人、债务人到庭,当庭宣布裁定。破产宣告还应当允许公众旁听和新闻报道。法院宣告企业破产的裁定自宣告之日起发生法律效力。债务人或债权人不到庭的,不影响裁定的效力。

法院宣告债务人破产后,应当将裁定书及时送达管理人、债务人、债权人和其他利害关系人。即法院应当自裁定作出之日起五日内送达债务人和管理人,自裁定作出之日起十日内通知已知债权人。同时,为使社会各界、各部门及时了解债务人的破产状况,应当通过适当新闻媒介进行公告,并在法院公告栏内进行张贴。公告一般应具有下列内容:(1)企业亏损、资产负债状况。(2)宣告企业破产的理由和法律依据。(3)宣告企业破产的日期。(4)宣告企业破产后破产企业的财产、账册、文书、资料和印章等的保护。公告应加盖法院印章。

四、破产宣告的效力

破产宣告的效力,指破产宣告对破产人、债权人以及第三人所产生的法律后果。法院破产宣告裁定生效后,即产生相应的法律效力。按照我国新《破产法》的规定,破产的裁定自宣告之日起发生以下法律效力。

(一) 对债务人的效力

债务人被宣告破产后,会产生一系列法律地位的变化。

1. 对破产人身份上的效力。

破产宣告后,债务人成为破产人(第 107 条第 2 款)。对于企业来讲,企业成为破产人,意味着企业进入清算阶段。在清算期间,破产企业只能从事清算范围内的活动,破产清算终结后,管理人办理注销登记,企业即告终止。根据其他国家的法律规定,自然人成为破产人后,会受到诸如限制居住、不能自由通信以及不得出境旅游等方面的人身限制,并且会丧失某些法律规定的资格或权利,例如不得担任公司董事、监事、经理,不得成为执业律师等等。

2. 对破产人财产上的效力。

破产宣告后,破产人的财产成为破产财产(第 107 条第 2 款)。对于企业而言,破产企业在宣告破产时经营管理的全部财产以及在破产宣告后至破产程序终结前所取得的全部财产都属于破产财产,破产企业在破产宣告后应将破产财产的管理、处分权移交管理人行使。根据其他国家的法律规定,自然人破产宣告后并不使破产自然人的全部财产移转给破产管理人,而是应给破产自然人留下一些日常生活用品、职业工具、与人身权不可分割的权利。对于这些保留财产,既不由破产管理人接管,也不得在清算程序中分配。

(二) 对债权人和对第三人的效力

破产宣告后,一般债权人成为破产债权人,其债权只能依照破产分配程序获得清偿,不得在破产分配程序之外行使权利,即不得单独接受破产人的清偿。

破产宣告对与破产债务人有利害关系的第三人也产生一些法律后果,主要体现在以下几个方面:

1. 企业债务人和财产持有人的效力。破产宣告后,破产企业的债务人和财产持有人只能向管理人清偿债务或交付财产。

2. 行使取回权对第三人发生的效力。破产宣告后,破产人占有的属于他人的财产,其权利人有权取回,但只能向管理人提出权利主张。

3. 对破产企业相关人员的效力。破产宣告后,曾经担任因经营管理不善破产清算的公司、企业的董事或厂长、经理,并对该公司、企业的破产负有个人责任的,自该公司、企业破产清算完结之日起未满三年的,不得担任公司的董事、监事或经理。

第七节 破 产 清 算

破产清算是作出宣告破产后,由管理人依法对破产财产进行分配从而终结破产程序的一项破产制度。尽管随着社会不断发展，我国的破产制度的内容日益丰富，引进了重整、和解等旨在振兴企业、维持企业事业的继续、防止已陷入困境的企业经济状况进一步恶化的先进制度，但破产清算制度仍不失为破产制度中的一项基本制度，因为当一个企业既无力偿债又无望振兴时，只能通过清算程序，将破产财产公平地分配给各债权人，并由此结束破产企业的经营、让其退出市场。

另一方面，我国新《破产法》规定，法院裁定受理破产申请的，应当同时指定管理人(第13条)。也就是说，我国破产法把整个破产运作交给由专业人士组成的管理人来处理，使得破产程序更符合我国市场经济的发展要求。由此可见，管理人在破产制度中的地位和作用是十分重要的。在破产清算中，管理人同样也扮演着重要的角色。为此，本节将先对管理人的概念、性质、职责和义务进行分析，在此基础上研究由管理人拟定的破产财产的变价、分配方案问题。

一、管理人

(一) 管理人的概念和特点

管理人制度是我国新破产法引入的又一项新的制度，新破产法将管理人制度放到了一个相当重要的地位，并专设一章予以规定。所谓管理人，是指依照破产法的规定，在重整、和解和破产清理程序中负责债务人财产管理和其他事项的组织机构和个人。①在其他国家的破产法中又称之为破产管理人、受托管理人、破产受托人等等。

根据我国新《破产法》第24条的规定，管理人组成包括：(1)由有关部门、机构的人员组成的清算组；(2)依法设立的律师事务所、会计师事务所、破产清算事务所等社会中介机构担任；(3)法院根据债务人的实际情况，可以在征询有关社会中介机构的意见后，指定该机构具备相关专业知识并取得执业资格的人员担任管理人。可见，我国破产法对管理人有严格的资格要求，以保证清算工作的公正性、专业性。旧破产法主要由政府组成的清算组来承担各种破产事宜，这种机制既不市场化，也不专业化，还带有明显的政府干预色彩。新破产法引入国际通行的管理人制度，从而使由政府官员主导破产清算的现象得到根本性的改变，这对防止行政干预和地方保护主义具有重要意义。②

(二) 管理人的性质

围绕管理人的性质认定问题，理论上是有一些争议的。这些不同的观点中，概括起来主要有以下四种不同的学说。

---

① 谢俊林著：《中国破产法律制度专论》，人民法院出版社2005年版，第205页。

② 李曙光：《九大制度创新与突破——新企业破产法解读》，载于《法制日报》2006年9月5日；谢俊林著：《中国破产法律制度专论》，人民法院出版社2005年版，第205页。

1. 代理说。

这种学说认为管理人是以他人名义行使破产程序中的职务权限的,是一种代理行为。代理说的主要依据是,破产程序本质上属于清偿程序,重在解决破产人和破产债权人之间的债权债务关系。在这一阶段破产人并未丧失所有人的地位,因此可以将自己的某些事物委托他人代为行使,破产债权人是破产程序中的重要主体,也具有委托他人从事民事行为的能力。所以管理人是破产人或破产债权人的法定或委托代理人。但是,这一学说,与法律规定管理人以自己的名义进行民事行为,以及管理人对破产人恶意行为拥有否认权这两点是相矛盾的。

2. 职务说。

该学说认为破产程序在法律性质上是全体债权人对破产人进行的强制执行程序,可视为国家强制执行机关对破产人与破产债权人之间的公法关系。因此,应把管理人视为强制执行机关的公务员,其进行的一切行为当属于职务行为。可是这与各国关于管理人的规定也是相悖的。

3. 代表说。

这一学说还可以进一步细分为"财团代表说"和"社团代表说"两种。财团代表说,将破产财产视为因破产宣告而成为破产财团的独立财产,这种财产具有独立的法律人格,管理人就是这种人格化财产的代表。美国联邦破产法采用了这一立场。与此相对,社团代表说认为,破产人和破产债权人都是以调整相互之间的财产关系为其共同目的的,因此,破产人和破产债权人事实上共同构成一个具有权利能力的社团,而管理人就是这个社团的代表机构。但是,由于这种社团仅仅是理论上的一种虚拟,故该学说也很难获得大多数学者的支持。

4. 清算机构说。

该种学说认为破产宣告前的企业与破产宣告后的企业为同一人格,但是企业被宣告破产后,其权利范围和组织机构均发生变化,管理人代替原有的管理机构接管破产企业,成为破产企业在清算阶段中的代表机构。相对而言,这一学说,比较符合我国的立法,也较接近我国的司法实践。

(三) 管理人的职权和义务

1. 管理人的职权。

根据我国新《破产法》第25条、第28条管理人的职权主要包括:(1)接管债务人的财产、印章和账簿、文书等资料。(2)调查债务人财产状况,制作财产状况报告。(3)决定债务人的内部管理事务。(4)决定债务人的日常开支和其他必要开支。(5)在第一次债权人会议召开之前,决定继续或者停止债务人的营业。(6)管理和处分债务人的财产。(7)代表债务人参加诉讼、仲裁或者其他法律程序。(8)提议召开债权人会议。(9)法院认为管理人应当履行的其他职责。(10)管理人经法院许可,可以聘用必要的工作人员。管理人的报酬由法院确定。债权人会议对管理人的报酬有异议的,有权向法院提出。

2. 管理人的义务。

管理人是负责债务人财产管理和其他事项的机构，所以，根据我国新《破产法》第23条、第26条、第27条、第29条、第69条规定，管理人的义务如下：(1)管理人依照本法规定执行职务，向法院报告工作，并接受债权人会议和债权人委员会的监督。管理人应当列席债权人会议，向债权人会议报告职务执行情况，并回答询问。(2)在第一次债权人会议召开之前，管理人决定继续或者停止债务人的营业的，应当经法院许可。(3)管理人实施下列行为，应当及时报告债权人委员会：①涉及土地、房屋等不动产权益的转让；②探矿权、采矿权、知识产权等财产权的转让；③全部库存或者营业的转让；④借款；⑤设定财产担保；⑥债权和有价证券的转让；⑦履行债务人和对方当事人均未履行完毕的合同；⑧放弃权利；⑨担保物的取回；⑩对债权人利益有重大影响的其他财产处分行为。(4)管理人应当勤勉尽责，忠实执行职务。管理人应当忠实履行职责，妥善保管破产财产，正确行使职权不使破产财产毁损、遗失，不得侵占或非法转让破产财产。(5)管理人没有正当理由不得辞去职务。管理人辞去职务应当经法院许可。

二、变价和分配

破产清算程序进行的最终目的，在于使债务人有限的破产财产公平地分配给破产债权人。而在破产进行中，能否对破产财产实施妥善的管理、变价，避免由于各种主、客观因素的影响而使破产财产遭受毁损和灭失，并尽快进行分配，对上述目的的实现就显得至关重要。①

(一) 破产财产的变价

破产财产包括金钱财产和非金钱财产两类，非金钱财产基于其本身所具有的价值容易损耗，不易分割等特性，不经过变卖将其折合为金钱，很难直接分配给各个破产债权人。因此，管理人在完成对破产财产的收集和清理后，应于一定期间内对破产财产进行变卖。②

根据我国新《破产法》的规定，法院依照本法规定宣告债务人破产的，应当自裁定作出之日起五日内送达债务人和管理人。管理人受到破产裁定书后应当及时拟订破产财产变价方案，提交债权人会议讨论。管理人应当按照债权人会议通过的破产财产变价方案，适时变价出售破产财产。变价出售破产财产应当通过委托中介的拍卖组织，依法以拍卖的方式，将破产财产售予出价最高的买受人。不过，按照国家规定不能拍卖或者限制转让的财产，应当按照国家规定的方式处理。

破产企业可以全部或者部分变价出售。企业变价出售时，可以将其中的无形资

---

① 王欣新主编：《破产法》，中国人民大学出版社2005年版，第222页。

② 同上书，第225页。

产和其他财产单独变价出售。

(二) 职工劳动债权与抵押债权的破产清算顺序

我国新《破产法》第 113 条规定,破产财产在优先清偿破产费用和共益债务后,依照下列顺序清偿:(1)破产人所欠职工的工资和医疗、伤残补助、抚恤费用,所欠的应当划入职工个人账户的基本养老保险、基本医疗保险费用,以及法律、行政法规规定应当支付给职工的补偿金;(2)破产人欠缴的除前项规定以外的社会保险费用和破产人所欠税款;(3)普通破产债权。破产财产不足以清偿同一顺序的清偿要求的,按照比例分配。破产企业的董事、监事和高级管理人员的工资按照该企业职工的平均工资计算。

在管理人实施破产财产分配方案前,应当先从破产财产中拨付破产费用和共益费用。破产费用包括财产的管理、变价和分配债务人财产所需的费用、管理人执行职务的费用、报酬和聘用工作人员的费用。公益费用包括因债务人不当得利所产生的债务、管理人或者相关人员执行职务致人损害所产生的债务、债务人财产致人损害所产生的债务。

拨付破产费用和共益费用后破产财产有剩余的,按破产企业所欠职工工资和劳动保险费用、其他的社会保险费用和破产企业所欠税款、普通破产债权的顺序依次分配。破产财产不能满足同一顺序的清偿要求的,按比例分配。

为了充分保护破产人的职工利益,破产财产在清偿破产费用和共益债务后,把职工的劳动债权,即债务人所欠职工的工资和医疗、伤残补助、抚恤费用,所欠的应当划入职工个人账户的基本养老保险、基本医疗保险费用,以及法律、行政法规规定应当支付给职工的补偿金(如国有企业破产场合下,职工安置费,非国有企业破产场合下,因劳动合同不履行造成职工损失而给予的经济弥补),作为第一顺序清偿(第 113 条)。

作为新破产法的一项重要指导思想,维护和保障破产企业职工合法权益内容,除第 113 条以外,还贯穿在破产法的其他各个条文中。例如,(1)法院审理破产案件,应当依法保障企业职工的合法权益(第 6 条)。(2)债务人所欠职工的工资和医疗、伤残补助、抚恤费用,所欠的应当划入职工个人账户的基本养老保险、基本医疗保险费用,以及法律、行政法规规定应当支付给职工的补偿金,不必申报,由管理人调查后列出清单并予以公示(第 48 条第 2 款)。(3)债权人会议应当有债务人的职工和工会的代表参加,对有关事项发表意见(第 59 条第 6 款)。(4)债权人委员会由债权人会议选任的债权人代表和一名债务人的职工代表或者工会代表组成(第 67 条第 1 款)。(5)重整计划表决时,劳动债权作为债权分类之一进行表决(第 82 条第 1 款第 2 项)。这些规定,无不一一体现了加强企业职工合法利益保护的这一指导思想,以全面保证企业职工在破产程序中的知情权、参与权和表决权。

此外,对于破产人所欠董事、监事和高级管理人员的工资应该放在哪一个顺序支付的问题,在草案讨论阶段一直是个争议的焦点。有些学者认为破产企业本已债务累累，董事、监事和高级管理人员的工资高于普通职工好几倍，如果再按原来标准支付给他们工资，既不合理、也不公平，所以不应放在第一顺序清偿。可是，与此持相反意见的学者认为，除非企业董事、监事或者高级管理人员违反忠实义务、勤勉义务，致使所在企业破产的，依法承担民事责任外，破产企业的高级管理人员也是职工，也应享受一般职工权利，他们的劳动债权理应受到保护。为此，新破产法明确规定破产企业高级管理人员的工资，按照该企业职工的平均工资计算。也就是说，对于破产企业的高级管理人员的工资可以划分两个部分支付，第一部分按照该企业职工的平均工资纳入第一清偿顺序予以支付，超过平均工资的部分则纳入第三清算程序的普通债权中。

（三）破产财产的分配

破产财产分配应该本着公平的原则，由债权人之间按各债权人的应受偿顺序和应受偿比例对破产财产进行清偿。按照我国新《破产法》第 115 条规定，管理人应当及时拟订破产财产分配方案，提交债权人会议讨论。破产财产分配方案应当载明下列事项：(1)参加破产财产分配的债权人名称或者姓名、住所；(2)参加破产财产分配的债权额；(3)可供分配的破产财产数额；(4)破产财产分配的顺序、比例及数额；(5)实施破产财产分配的方法。债权人会议通过破产财产分配方案后，由管理人将该方案提请法院裁定认可。除债权人会议另有决议以外，管理人分配破产财产时，应当以货币分配方式进行。破产财产分配方案经法院裁定认可后，由管理人执行。管理人按照破产财产分配方案实施多次分配的，应当公告本次分配的财产额和债权额。

债权人未受领的破产财产分配额，管理人应当提存。债权人自最后分配公告之日起满两个月仍不领取的，视为放弃受领分配的权利，管理人或者法院应当将提存的分配额分配给其他债权人。破产财产分配时，对于诉讼或者仲裁未决的债权，管理人应当将其分配额提存。自破产程序终结之日起满两年仍不能受领分配的，法院应当将提存的分配额分配给其他债权人。

第八节　破产程序的终结

破产程序的终结，分正常终结和非正常终结两种情况。债权人的债权通过破产程序的实施获得全部或部分清偿，从而达到了实施破产程序目的的，为正常终结。与此相对，由于某种特殊原因的发生，使破产程序的继续进行失去意义从而终结破产程序的，为非正常终结。

破产程序的终结不同于破产程序的中止和破产程序的撤销。破产程序的中止，是指破产程序在进行中因出现法定事由而暂时停止。被中止的破产程序在法定事由消失或出现新的法定事由时，还可能继续进行。而破产程序在终结后，破产程序不可能再重新开始或继续进行下去。破产程序的撤销,指破产程序在开始后,因发现不具备破产开始的要件而予以撤销。因此,破产程序的撤销是基于破产程序不符合开始的要件,而破产程序的终结是基于破产程序已经完全终了或已无法继续进行这一原因。

根据我国新《破产法》第120条的规定,破产人无财产可供分配的,管理人应当请求法院裁定终结破产程序。管理人在最后分配完结后,应当及时向法院提交破产财产分配报告,并提请法院裁定终结破产程序。法院应当自收到管理人终结破产程序的请求之日起十五日内作出是否终结破产程序的裁定。裁定终结的,应当予以公告。

破产程序终结后,管理人应当自破产程序终结之日起十日内,持法院终结破产程序的裁定,向破产人的原登记机关办理注销登记。管理人于办理注销登记完毕的次日终止执行职务。

破产程序终结后,破产人是否免除未能通过破产财产获偿的债务,或者破产债务人权利是否受到法律限制,各国法律规定各不相同。现在,许多发达国家的破产法采用了免责制度,即免除破产人在破产程序终结后清偿未偿债务的责任。但是享有这种免责优惠一般是附条件或有一定限制的。例如,美国《破产法》规定,下列债务不会因为免责而免除:(1)在破产之前三年内欠下的税款;(2)因欺诈、挪用、贪污、盗窃等违法行为欠下的债务;(3)抚养费引起的债务;(4)因故意侵权行为引起的债务;(5)不受免除的税收所附带的罚款;(6)欠期不超过五年的学费贷款;(7)前次破产前欠下的在前次破产中未予免除的债务。同时美国《破产法》还规定了破产人有法律规定的行为时,不予免责,例如犯有破产罪、在破产程序中拒不遵守命令等。虽然我国原则上也采取免责主义,却未能规定免责制度适用的条件和相应的限制。

早期破产法实行有罪破产主义,因此,破产人的公权利和私权利在破产后会受到法律的剥夺或限制,这种现象称之为“失格”。虽然现在发达国家大多数采用了非惩戒主义,但仍会在法律中对破产人的权利作出一定的限制,例如破产人不得担任监护人、律师、公司监事、董事等等。

与失格制度相对应的是复权制度的诞生。即解除破产人因破产宣告而在权利或资格上受到的各种限制。例如英国《破产法》规定,破产人可以通过撤销破产宣告、获准免责、获得不幸证书这三种方式进行复权。

我国新破产法也首次引入了失格制度。根据我国新《破产法》第125条规定:“企业董事、监事或者高级管理人员违反忠实义务、勤勉义务,致使所在企业破产的,自破产程序终结之日起三年内不得担任任何企业的董事、监事、高级管理人员。”

第三十七章

破 产 实 体 法

第一节 破 产 财 产

一、破产财产的概念

破产财产是破产宣告后,依法律规定可以按照破产程序对债权人的债权进行公平清偿的债务人的财产。在大陆法系国家破产法中,通常不使用破产财产的概念,而是使用“破产财团”这一术语。破产财团,是指提供破产债权人分配的破产财产的集合体,它与破产财产的区别在于,破产财产强调的是债务人用于偿还债权人的每一个财产,不具有法律上赋予的任何独立地位,仅作为债务偿还的客体存在;而破产财团强调的是整体意义上的破产财产,将破产财产看作统一的、不可分离的集合体,并且在企业被宣告破产后可以有条件地作为破产关系的主体。采用破产财产概念的多为英美法系国家,而破产财团概念多为大陆法系国家使用。①我国新破产法采用“破产财产”的概念。

在外国法学理论中,破产财团可以分为现实财团、法定财团和分配财团。现实财团又称为现有财团,是指法院宣告债务人破产后,由破产管理人事实上占有、管理的破产人的全部财产。现实财团是不考虑该财产是否属于破产人所有或是否属于破产人的自由财产或豁免财产的。而法定财团是依照破产法的规定,应当由破产管理人占有、支配的属于破产人的可供破产分配的一切财产。法定财团的范围因各国立法规定不同而有所差异。例如日本破产法认为法定财团包括别除权财产。至于分配财团,是指破产管理人依破产程序公平分配给债权人的财产,即在法定财团中优先清偿完财团债务和财团费用后剩下的、可以用于清偿破产债权的破产财产。分配财团是最具债权清偿意义的财产。

企业破产后,并非破产企业的所有财产都可以成为破产财产。只有符合法律规定的财产,才能确定为破产财产。根据我国新破产法的有关规定,债务人财产是指破产申请受理时属于债务人的全部财产,以及破产申请受理后至破产程序终结前债务

① 齐树洁主编:《破产法研究》,厦门大学出版社 2004 年版,第 343 页。

人取得的财产。债务人被宣告破产后，债务人财产称为破产财产。由此可见，成为破产财产应具备以下几个要件：

第一，必须是破产申请受理时属于债务人的全部财产。这一规定表明，破产申请受理时债务人依法经营管理的所有财产，都属于债务人独立支配的财产，一旦企业破产，原则上都可纳入破产财产的范围。作为破产财产，必须以破产申请受理时属于破产人为限，原属破产企业所有财产，如果在破产申请受理时归属权已合法转移，则不能列入破产财产的范围。另外，不在债务人独立支配范围内财产，所有者有权将之取回，如经营性租赁，借入的设备可由出租人取回。

第二，必须是破产程序终结前属于债务人的财产。根据我国新《破产法》第30条、第107条第2款规定，债务人财产还包括破产申请受理后至破产程序终结前债务人取得的财产。当债务人被宣告破产后，这部分的债务人财产也成为破产财产。破产企业在破产申请受理后至破产程序终结前所取得的财产被称为新得财产。所谓新得财产，是指破产企业在破产申请受理时并不享有，而在破产程序过程进行中新取得的财产或财产权利，包括破产企业债务人清偿的债务、受赠的财产、获得的投资收益(年终分红)、自然或者法定孳息、新得到的专利权和著作权等权利。

第三，必须是可以依破产程序强制清偿的财产。破产财产必须是可以依破产程序强制清偿的财产。这一要件包括两层含义：一是作为破产财产的财产，是在破产清算中可以按破产法规定的清偿顺序对债权人进行清偿的财产，不经破产程序清偿的财产，不属于破产财产。例如债务人向有担保债权人提供的担保物，不经破产程序而直接向债权人清偿，不能作为破产财产。二是指作为破产财产的财产，必须是可供强制执行的财产，即由法院按执行程序可供扣押、查封、冻结、变卖、拍卖的财产，对于国家明确规定不得变卖、拍卖的财产以及有人身性质的劳动或服务等债权，不应列入破产财产。

上述三个要件，互相关联、彼此制约，缺少其中任何一个条件，都不能构成破产财产。

二、破产财产的范围

各国立法关于破产财产范围的规定有较大的差异，但归纳起来主要有“固定主义”和“膨胀主义”这两种立法例。“固定主义”主张，破产财产应以破产人在破产宣告时拥有的全部财产为限。这种立法例为德国破产法首创，又称为“德国法主义”。这种立法例旨在帮助破产人振兴，并有利于破产程序的迅速进行和结束，符合破产程序公平清偿新旧债权人的原则。

“膨胀主义”主张，破产财产不以破产宣告时破产人拥有的财产为限，而是应该既包括破产宣告时破产人拥有的财产，也包括破产宣告后至破产程序终结时破产人取得的财产。这一立法例，以法国破产法为代表，因此也称之为“法国法主义”。这一立法例旨在通过增加破产债权人的受偿分配额的方法加强对债权人的保护,防止破产人滥用破产宣告后取得的财产。

上述两种立法例各有所长。我国新破产法采取的是膨胀主义立法例。例如,我国新《破产法》第 30 条规定:债务人财产由两个部分的财产构成:(1)破产申请受理时破产企业经营管理的财产;(2)破产企业在破产申请受理后至破产程序终结前,所取得的财产。新《破产法》第 107 条第 2 款规定:"债务人被宣告破产后,债务人称为破产人,债务人财产称为破产财产……"

根据这两条规定,破产财产的范围应该包括以下四项:

1. 破产申请受理时,由破产企业经营管理的全部财产。这项财产作为破产财产,应当具备三个条件:(1)该财产由破产企业实际控制;(2)财产归企业所有或支配;(3)由破产企业经营管理的全部财产。这些财产不论是流动资产还是固定资产,都可以作为破产财产。

2. 破产申请受理后至破产程序终结前所取得的财产。这部分财产主要包括:(1)因破产企业的债务人清偿债务而取得的财产;(2)因破产管理人决定继续履行破产企业未履行的合同所取得的财产;(3)因破产申请受理前的投资行为而取得的收益;(4)因破产财产本身所产生的法定孳息;(5)因破产管理人决定企业为清算目的而进行的营业活动所取得的收入;(6)被第三人占有的破产企业财产而在破产宣告后返还给破产企业的;(7)因其他原因而合法取得的财产,如受赠财产。

3. 作为担保物的财产,其价额超过所担保债务数额,对于超过部分,应当列入破产财产范围。

4. 应当由破产企业行使的其他财产权利。一般包括破产企业拥有的债权、股权、专利权、商标权等可以向第三方行使的、具有财产价值的权利。

有些财产尽管归破产企业经营管理,但不计入破产财产,这部分财产在理论上称为破产财产的例外。依照我国法律、法规规定,破产财产的例外主要包括:

1. 国家专有的财产,如矿藏、水流、军事设施、土地等,这些财产的特征是其所有权专属于国家,国家以外的任何民事主体只能依法行使使用权,而不得擅自处分。

2. 企业员工个人的财产。员工不对破产企业的债务负有以个人财产偿还的责任。

3. 债务人为债权人提供担保的财产。作为债权担保物的财产,担保债权人对该财产享有排他性的受偿权,因而不能把担保财产列入破产财产。

4. 债务人处存放的他人财产。他人置放于债务人处的财产,是他人所有的财产,不是破产企业享有支配权的财产,因此不能列入破产财产范围。

5. 国有破产企业兴办的社会公益事业,例如国有企业投资举办的非营利性的托儿所、学校、医院、养老院等社会公益事业。这些社会公益事业,有的是由国家以划拨方式兴建的,有的即使由企业出资兴办,但大多享受了国家直接或间接的优惠扶持,而且这些社会公益事业关系到职工的切身利益和社会秩序的稳定,因此这部分财产不宜列为破产财产。

6. 破产企业内的社团经费及其拥有的财产。破产企业内的社团,主要指企业的党团组织和工会组织。社团财产虽有来源于企业的拨款,但也有社团成员缴纳的党、团费或会费,因此该项财产不宜列为破产财产。

7. 依法禁止扣押执行的财产,如涉及国家机密的文件档案不属于破产财产。

8. 企业职工的宿舍不宜列为破产财产。

第二节 破产取回权

一、取回权的概念与特征

(一)概念

取回权是指对破产管理人接管的不属于破产财产的他人财产,该财产权利人不依破产程序而直接可以向破产管理人请求取回该财产的权利。破产取回权是为了清除或纠正破产管理人占有管理的现实财产与法定分配财产之间的不一致而设立的一项制度。在实践中,破产管理人在破产宣告后接管的破产企业的财产并不一定全部属于破产企业所有,其中一部分可能是破产人在破产宣告前,基于承揽、租赁、委托加工等合同或无因管理等原因占有的他人财产。

为了保护财产所有人的权益,各国破产法中均规定了取回权制度,允许财产所有人依照一定程序将其财产取回。如日本《破产法》第 87 条规定:"破产宣告不影响从破产财团取回不属于破产人的财产权利。"德国《破产法》第 47 条规定:"某人能够根据某项物权或者人身权主张某物不属于破产财产的,其不属于破产债权人,其取回该物权利的依据是破产程序以外的法律规定。"我国新《破产法》第 38 条也规定:"法院受理破产申请后,债务人占有的不属于债务人的财产,该财产的权利人可以通过管理人取回。"

(二)特征

取回权的法律特征如下:

1. 取回权的标的物不是破产财产,不属破产人所有,而是为破产管理人所占有。这是取回权与别除权的区别所在。别除权的标的物属于破产人所有,只是因为破产人在破产程序开始前为担保债的履行而在其某一特定物上设定担保权,因此,破产人破产宣告后,有担保债权人可以不依破产程序优先从担保物中受偿。

2. 取回权据以存在的实体法上的权利,必须在破产宣告前已经存在。取回权产生的依据必须是破产宣告前权利人依据法律获得对取回权标的物所有权以及其他物权。

3. 取回权以所有权及其他物权为基础,是实体法上的请求权。取回权不是破产法中创设的权利,而是对权利人在破产程序开始前,依据民法或者其他实体法上业已存在的权利的承认与保护。至于破产取回权是诉讼上的异议权还是实体法的请求权,在学理上存在争议。有学者主张取回权是诉讼上的异议权。[①]该学说认为,破产程序的实质是强制执行程序,破产管理人将他人财产纳入破产财产,以致侵害了第三人的权利,因此,第三人可以通过诉讼方式行使其取回财产的权利。

与该学说持反对立场的学者主张,取回权是实体法上的请求权,认为取回权是财产权利人在实体法上自始享有的权利,权利人在实体法上请求权的性质不受破产宣告的影响,权利人可以以实体法上请求返还财产的一切方式行使权利,只不过权利行使的相对人由向破产人主张变为向破产管理人主张。[②]我国破产法采纳了后一种立场,认为取回权是实体法的请求权。

4. 取回权是不依破产程序行使的权利。取回权的实质是实体法上的物的返还请求权,不依破产程序可直接行使。但破产宣告后,取回权的标的物为破产管理人所占有,取回权人行使权利,必须直接向破产管理人主张。如果破产管理人提出异议,不愿返还标的物,取回权人可以破产管理人为被告,提起诉讼。[③]

二、取回权的分类

破产取回权的种类很多。如果按照成立的根据不同,可以将取回权分为一般取回权和特别取回权。一般取回权是财产权利人依据民法上物的返还请求权从破产管理人处取回财产的权利。一般取回权是取回权体系中最为典型、最常见的一种形式,也是其他取回权得以形成的前提和基础。

特别取回权是财产权利人依据破产法或者商事法的专门规定,请求由破产管理人占有管理的财产中,取回其财产的权利,主要包括异地买卖中出卖人取回权、行纪取回权和代偿取回权。

(一) 一般取回权

1. 一般取回权的构成要件。

第三人的财产因借贷、租赁、无因管理等原因被破产人占有,并被破产管理人接管后,财产权利人有权从破产管理人处取回自己的财产,这种权利就是一般取回权。构成一般取回权,应具备以下条件:(1)形成取回权的原因必须发生在破产宣告之前一直接续到破产宣告之后。(2)取回权的标的物必须为现实存在的财产。(3)取回权人必须对应取回的财产享有完全的、排他性的权利。

2. 一般取回权的权利基础。

破产法上的一般取回权以实体法上的权利为基础,主要包括所有权和他物权。

(1) 所有权。这是最常见的取回权的权利基础。第三人的所有物,由于租赁、借

---

① [日]齐藤秀夫著:《破产法讲义》,青林书院 1982 年版,第 92 页。

② 陈荣宗著:《破产法》,三民书局 1986 年版,第 219 页以下。

③ 沈贵明主编:《破产法学》,郑州大学出版社 2004 年版,第 190 页。

贷、使用等原因而被破产人占有,该第三人可以以所有者的身份,依据民法上物的请求权原理,请求破产管理人返还财产。这是最典型的取回权。

但在实践中,有特殊情形需要加以注意:一种是所有权保留,即买卖双方在签订合同时,约定买方向卖方支付全部的价金前可以占有标的物,但卖方保留所有权。在这种情况下,若买方破产,其占有的标的物不是破产财产,破产管理人有权选择继续履行合同、支付全部的价金,从而获得标的物所有权,也有权选择排除合同,要求卖方返还价金。若卖方破产,卖方破产管理人可以选择返还价金取回标的物,也可以要求买方继续支付全部的价金。在后一种情形下,买方取得标的物可以行使破产取回权。另一种特殊情况是信托。信托是信托人为使受托人完成特定任务而对受托人转移财产的行为。信托关系中,信托人是财产的实际上的所有权人,而受托人是财产的名义所有权人。信托财产不属于受托人的破产财产,信托人对信托财产有取回权。

(2) 他物权。他物权是所有权以外的物权,是非所有人直接支配物的权利,包括占有权、用益物权和担保物权。当破产管理人没有合法根据占有他人财产时,不仅该物的所有权人可以行使取回权,他物权人也有权为所有权人的利益和自身的利益行使取回权。

3. 一般取回权的行使。

取回权无须依据破产程序以破产财产分配的方式行使,取回权人可以直接向破产管理人主张。为了限制破产管理人滥用权利、保护破产债权人的利益,许多国家的破产法规定,破产管理人承认取回权人的权利时,应经监查人同意。如果破产管理人或监查人对取回权有异议的,可以依普通的诉讼方式请求法院确定。在破产宣告前,如果物的返还请求权因可归责于债务人的原因而不能行使时,权利人不再享有取回权,只能主张损害赔偿。例如标的物在破产宣告前因债务人的故意或过失而毁损、灭失的,权利人可以向债务人请求损害赔偿,并作为一般破产债权从破产财产中获偿。

如果物的返还请求权由于破产管理人的原因不能行使的,权利人依法享有的取回权,也转化为损害赔偿请求权,但是该损害赔偿请求权不是作为破产债权,而是作为破产费用从破产财产中优先受偿。因破产管理人执行职务以外的情形,造成权利人不能行使取回权的,由此产生的损害赔偿责任由破产管理人本人承担。在某些情形中,财产权人能否行使取回权,需根据以下不同的情形而定。

(1) 债务人在破产宣告前,或破产管理人在破产宣告后,将取回权标的物转让给善意第三人的场合。根据所有权的一般原则,该标的物的权利人可以根据所有权的追及效力对第三人行使追索权,但出于对善意第三人的保护,如善意人已给付相应对价的,该标的物权利人不得对该善意人行使取回权。这是出于对交易安全实施动态保护的需要。为此,德国、日本破产法特地规定了“代偿取回权”制度,即在取回权标的物不当转让给善意第三人的情况下,取回权人可以要求卖方转让对买方的受偿权利。例如德国《破产法》规定:“可要求取回的财产,在破产程序开始前被债务人,或者在破产程序开始后被破产管理人不当出售的,取回权人可要求卖方转让对买方的受偿的权利。如果卖方已经受偿的，可以要求从破产财产中取回此项给付。”

(2) 标的物因意外事件灭失的场合。取回权的标的物因毁损灭失，取回权不能行使，那么，取回权人的权利能否转化为破产债权。根据两种不同的风险转移原则，其结论截然相反。按“物主承担风险”的原则，取回权人的标的物灭失的责任由取回权人负担，其权利不能转化为破产债权；而按“交付转移风险”的原则，在相对人被裁定破产而标的物灭失的，取回权人的取回权可转化为破产债权。①

（二）特别取回权

特别取回权主要包括出卖人取回权、行纪取回权和代偿取回权。

1. 出卖人取回权。

出卖人取回权，是指异地买卖成立后，尚未收取全部价款的卖方，在发送货物后，买方在尚未收到货物时被宣告破产的，有取回该货物的权利。该制度起源于英国衡平法上的“途中停止权”，后被普通法承认。②后来，大陆法系国家将途中停止权进行吸收和改良，发展成为破产法上的出卖人取回权制度，现已被大陆法系国家广泛采用。③该制度的理论依据是基于这样的考虑。即在异地买卖中，通常卖方很难及时了解买方的经营状况，出卖人在将货物发送后即丧失对该货物的控制力，如果这个时候买方被宣告破产，且又不准出卖人解除合同、取回在途货物的话，将来出卖人只能作为一般破产债权人从破产财产中按比例受偿，这对于出卖人来讲是明显不公平的，其结果等同于买方以卖方的财产为自己偿债。考虑到此，有必要允许卖方在这种特殊的情形下行使取回权，体现公平原则。

出卖人取回权的行使，必须具备一定的条件：(1)买卖双方须居于异地；(2)出卖人已将货物发送而买受人尚未收到时，即货物处于脱离出卖人和买受人两者占有的状态之中，买受人受破产宣告；(3)必须是买受人未付清全部价金；(4)必须是由出卖人提出解除买卖合同。我国新破产法也引入了出卖人取回权制度。新《破产法》第39条规定“法院受理破产申请时，出卖人已将买卖标的物向作为买受人的债务人发运，债务人尚未收到且未付清全部价款的，出卖人可以取回在运途中的标的物。但是，管理人可以支付全部价款，请求出卖人交付标的物”。

2. 行纪取回权。

行纪取回权，是指行纪人为委托人的利益发送货物后，在货物已发送时委托人被宣告破产，行纪人可以取回已发送货物的权利。行纪是行纪人以自己的名义，为委托人的利益从事贸易活动，接受报酬的合同。在行纪关系中，行纪人为委托人的利益，以自己的名义与第三方签订买卖合同。根据该买卖合同购得的货物所有权属于委托人，行纪人只是享有占有权(或名义所有权)。如果在货物已发送时委托人被宣告破

---

① 沈贵明主编：《破产法学》，郑州大学出版社 2004 年版，第 197 页。

② 何宝玉著：《英国合同法》，中国政法大学出版社 1999 年版，第 765 页。

③ 邹海林著：《破产程序和破产法实体制度比较研究》，法律出版社 1995 年版，第 293 页。

产，委托人难以支付合同价款及行纪佣金，为了维护行纪人的合法权益，允许行纪人对已发送的货物行使取回权。日本《破产法》规定："出卖人取回权的规定准用于受物品买入委托的行纪人向委托人发送物品的情形。"德国《破产法》规定："自某地向破产人发送的货物，若未由破产人付清全部价款，且货物在宣告破产后才到达交货地，在破产人或他人对货物妥当保管的情况下，卖方或买方代理人可要求退还。"可见，德国破产法将行纪取回权视为代理人的取回权。

3. 代偿取回权。

参见本节"一般取回权的行使"中的内容。

第三节 破产债权

一、破产债权与一般债权的区别

破产债权，是基于破产宣告前的原因而产生的，在破产宣告后可以通过破产分配从破产财产中公平受偿的债权。破产债权的要件有实质与形式之分。从形式上看，破产债权必须通过破产程序才能实现，即债权人只有在破产程序中申报债权，并按破产财产的清偿顺序与分配比例才能受到清偿，它揭示了破产债权的外部特征，是对破产债权的动态反映。从实质上看，破产债权是在破产宣告前成立的债权人对债务人享有的无财产担保的债权，这是破产债权的实质要件，它揭示了破产债权的内在特征，是对破产债权的静态反映。①

民法意义上一般债权是指依据民商法上的规定所产生的债权。破产债权在实质上仍是民法上的一般债权，都是基于合同、侵权、无因管理或不当得利等原因产生的当事人一方要求他方为一定给付的请求。但破产债权与民法上的一般债权在产生的法律事实、权利实现的方式、产生原因、主体、内容及结果等方面有着重大的区别。

1. 从债权产生法律事实来看，一般债权是基于合同、侵权、无因管理或不当得利产生。破产债权是以一般债权为基础的，破产债权产生，除了一般债权产生的依据外，再加上一个法律事实，即破产宣告。由于破产宣告，使一般债权转化为破产债权。

2. 从债权实现的方式来看，民法上的一般债权可以单独向债务人主张，也可以向法院提起诉讼。与此相对，破产债权必须依据破产程序从破产财产中公平获偿，而不能在法院受理破产案件后对债务人提起有关债务清偿的民事诉讼或者要求法院个别执行债务人的财产。

3. 从债权产生原因来看，一般债权产生的原因是合同的约定、侵权行为、无因管理和不当得利。而破产债权产生的直接原因是企业无力清偿到期债务而被宣告

---

① 沈贵明主编：《破产法学》，郑州大学出版社 2004 年版，第 127 页。

破产。

4. 从债权的主体来看，一般债权的双方当事人为民商法上的债权人与债务人。而破产债权的双方主体是无财产担保的债权人与已被法院宣告破产的债务人即破产人。

5. 从债权的内容看，一般债权既包括有财产担保的债权，也包括无财产担保的债权。而破产债权仅指无财产担保的债权。

6. 从债权实现的结果来看，民法上的一般债权只有在依法得到债务人的全部清偿后才归于消灭。而破产债权一般只能从破产财产中获得部分清偿甚至得不到清偿。无论破产债权是否得到满足，该债权便归于消灭，债务人对未能清偿的债权不再负有清偿义务。各国破产法均对破产债权作了立法上的界定。日本《破产法》第 15 条规定："对破产人的基于破产宣告前的原因而发生的财产请求权，为破产债权。"我国新《破产法》第 107 条第 2 款也规定："债务人被宣告破产后，债务人称为破产人，债务人财产称为破产财产，法院受理破产申请时对债务人享有的债权称为破产债权。"通过对以上这些规定的分析，可知破产债权人必须满足下述条件：(1)破产债权是以财产给付为内容的请求权。(2)破产债权原则上必须成立于破产申请之前，但作为例外，在法院受理破产申请后，因破产管理人解除破产申请受理前成立而债务人和对方当事人均未履行完毕的合同而产生的相对人的损害赔偿请求权，是破产债权的一部分。(3)破产债权必须是不享有优先受偿权的债权。(4)破产债权是可以强制执行的债权。(5)破产债权是依照破产程序行使的债权。

二、破产债权的范围

根据我国破产法的规定，破产债权主要包括以下各项。

(一) 破产申请前成立的无财产担保债权

无财产担保债权相对于有财产担保债权而言。有财产担保债权是债务人或第三人确保债权获得清偿而向债权人提供特定财产作为保证的债权，包括抵押权、质权、定金和留置。有财产担保的债权人可以从担保物中优先受偿，因此，无须参与破产财产的分配，不属于破产债权。

无财产担保债权只能从破产财产的分配中获偿，因此是最主要的一种破产债权。凡是破产申请前成立的无财产担保的债权，不论该债权是否已到期、是否附条件、是否附期限、是否有连带债务人，也不论该债权发生的原因如何，均为破产债权。无财产担保债权由于其性质不同，因此，其破产债权的具体行使方式也有所不同。

1. 附期限债权。

附期限债权是指对债权的效力约定期限的一种债权，分为附始期债权和附终期债权。附始期债权，自始期届至时生效；附终期债权，自终期届满时失效。附终期债权，不论所附期限在破产申请时是否届至，只要该债权仍然对债务人有效地存在，该债权即为破产债权。附始期债权,不论所附期限在破产申请时是否届至,都是有效成立的破产债权。①

2. 附条件债权。

附条件债权,是以特定条件的实现作为效力发生或终止根据的一种债权,包括附生效条件的合同和附解除条件的合同。附生效条件的合同,自条件成立时生效;附解除条件的合同,自条件成立时失效。不论债权附有何种条件,在破产宣告时,除非解除条件成立,都可以作为破产债权参加破产程序。不过债权人能否最终行使权利,取决于破产清算期间条件是否成立。如果附生效条件的债权在破产清算期间条件未成就、或者附解除条件的债权已成立,债权人不得参与破产财产分配。

3. 连带债务人中一人破产时的破产债权。

如果连带债务人中的一人破产,债权人是就其全部债权额,还是部分债权额向该破产人申报债权,各国的法律规定各不相同。瑞士破产法规定,债权人在自己的债权未受全部清偿之前,即使已得到其他债务人的部分清偿,仍可以以自己的债权总额作为破产债权。德国破产法规定,如果债务人已部分清偿债务,则仅以破产宣告时现存的债权数额作为破产债权数额。

(二) 有财产担保而未能受优先清偿

有财产担保的债权人,享有从担保物中优先受偿的权利,因此,其债权不纳入破产债权。但是也会发生一些例外情况,使得有财产担保的债权因其他原因而未能优先受偿,在这种情况下,有财产担保的债权和无财产担保的债权就没有任何区别,应当将之纳入破产债权范围。其情形有以下两种:

1. 放弃优先受偿权的有财产担保的债权。有财产担保的债权人,是兼有两种法律关系的主体:一是债权债务关系中的债权人,另一是担保法律关系中的担保物权人。是否行使担保权是债权人的权利,如果债权人选择行使担保权,那么由于担保物权不构成破产债权的基础,该债权不能作为破产债权;如果有财产担保债权人放弃了从担保物中优先受偿的权利,其地位与一般债权人无异,因此,其放弃的优先受偿范围内的债权可以作为破产债权。

2. 担保财产不足以清偿的债权部分。当有财产担保的债权额高于担保物的清偿价值额,那么未能从担保物中获偿的部分即无财产担保的一般债权,应纳入破产债权,参与破产财产的分配。如果担保物因不能归责于债务人的原因灭失,有财产担保债权人只能以普通债权人身份从破产财产中受偿。如果担保物因他人的责任而灭失的,该债权人可以从赔偿金中优先受偿。

(三) 连带债务人或保证人的求偿权

破产人的保证人和其他连带债务人在代替破产人向债权人清偿债务后,取得对

---

① 顾培东主编:《破产法教程》,法律出版社 1995 年版,第 177 页。

破产财产的求偿权。根据我国新《破产法》第 51 条第 1 款规定:“债务人的保证人或者其他连带债务人已经代替债务人清偿债务的,以其对债务人的求偿权申报债权。”同样日本破产法也有类似的规定,根据日本《破产法》第 24 条规定:“于数人各自负全部履行义务情形,其全体、或其中数人受破产宣告时,债权人以破产宣告时所有债权的全额,作为破产债权人可以对各破产财团行使其权利。”

(四)破产管理人对解除合同所产生的损害赔偿请求权

依据我国新《破产法》第 53 条规定,“管理人或者债务人依照本法规定解除合同的,对方当事人以因合同解除所产生的损害赔偿请求权申报债权。”破产管理人决定解除合同,另一方当事人因合同解除受到损害的,其损害赔偿额作为破产债权。

(五)票据追索权

票据是出票人签发的、约定由自己或者自己委托的人在票据到期后无条件支付确定的金额给持票人的有价证券。我国新《破产法》第 55 条规定:“债务人是票据的出票人,被裁定适用本法规定的程序,该票据的付款人继续付款或者承兑的,付款人以由此产生的请求权申报债权。”

票据是一种流通证券。票据的无因性是票据的本质特征。付款人在支付款项或承兑人作出承兑的时候,只对票据的外观进行审查,而没有必要也不可能事前对出票人或背书人是否处于被宣告破产这类票据以外的情况进行审查。否则的话,票据根本无法迅速流通,其结果必然会影响票据交易的安全。所以在这种情况下,各国立法中均承认付款人或承兑人的追偿权为破产债权。

但是,付款人或承兑人的票据追索权转化为破产债权必须满足两个前提:(1)出票人或背书人被宣告破产;(2)付款人或承兑人不知道出票人或背书人破产的事实而进行付款或承兑的。也就是说,付款人或承兑人是善意的,他们进行票据行为时对于出票人或背书人的破产事实是不知道的。如何认定付款人或承兑人是否知晓出票人或背书人的破产事实?对于这一问题,日本破产法作了明确的界定。日本《破产法》第 58 条规定:“付款人或承兑人在破产宣告公告前,为付款或者承兑行为的,推定为不知其事实;在破产宣告的公告后,为付款或者承兑行为的,则推定为知其事实。”

(六)其他债权

破产债权还包括其他合法债权,如在破产宣告时已审结但尚未全部执行的债权,因债务人的责任导致取回权标的物的毁损灭失而产生的损害赔偿请求权等。

某些债权虽然符合法律关于破产债权构成要件的规定,但因法律的特别规定而被排除在破产债权之外,或者劣后于一般破产债权清偿。前一种情况称之为除斥债权,例如我国台湾地区破产法规定下列各项债权不得作为破产债权:(1)破产宣告后的利息;(2)参加破产程序所支出的费用;(3)因破产宣告后的不履行所产生的损害赔偿及违约金;(4)罚金、罚款及追征金。

后一种情况称之为劣后债权,例如日本《破产法》第 46 条规定:以下请求权后于其他破产债权:(1)破产宣告后的利息;(2)因破产宣告后的不履行而产生的损害赔偿及违约金;(3)参加破产程序的费用;(4)罚金、罚款、刑事诉讼费、追征金……除斥债权和劣后债权的区别在于,劣后债权仍属于破产债权,只是受偿顺序劣后于一般破产债权,而排斥债权则根本排斥在破产债权之外。

我国新破产法并没有表明采用劣后债权还是除斥债权的立场。不过,根据最高人民法院《关于审理企业破产案件若干问题的规定》第 61 条的规定,下列债权不属于破产债权。

1. 行政、司法机关对于破产企业的罚款、罚金以及其他有关费用。在企业生产经营过程中,对企业处以罚款、罚金和没收财产,本是对企业经济上的惩罚行为,但企业一旦因不能清偿到期债务被宣告破产,如果继续追缴罚款、罚金,不但达不到经济上处罚债务人的目的,还会因追缴而进一步损害债权人的利益,使债权人因破产受到的第一次损害加重,这无疑是雪上加霜。

2. 债权人因参加破产程序而支出的费用。包括债权人为参加破产程序而支出的债权申报费用、通讯费用、交通费用、食宿费用等。因为此类费用是各债权人为了实现自己的利益而单独支出的,不予清偿一般不会给债权人造成特别不利的后果。此外债务人在破产时已资不抵债,原有债权已不能如数归还,再给债务人增加负担,实际受损的还是各债权人。

3. 破产宣告后的利息。

4. 法院破产案件受理后的债务人未支付应付款的滞纳金。

5. 破产企业的股权、股票上的权利。

6. 破产财产分配后开始向破产管理人申报的债权。

7. 债务人开办单位对债务人未收取的管理费、承包费。

第四节　别　除　权

一、别除权的概念和特征

别除权,是指有财产担保的债权人在债务人宣告破产后,不依破产程序直接从担保物中优先受偿的权利。别除权是世界各国破产法中普遍采用的一种制度。例如日本《破产法》第 92 条规定:“对破产财团所属财产上有特别先取特权、质权或者抵押权者,对其标的财产有别除权。”我国台湾地区破产法也有类似的规定。即在破产宣告前,对于破产人的财产有质权、抵押权或者留置权者,就其财产有别除权;有别除权的债权人,不依破产程序行使权利。

我国新破产法中,并未直接使用“别除权”这一概念,但新《破产法》第109条也对别除权作了特别规定:“对破产人的特定财产享有担保权的权利人,对该特定财产享有优先受偿的权利。”从上述规定中可以看出,别除权并非破产法中新创设的权利,仅是担保权制度在破产法上的具体运用。

别除权具有以下几个特征:(1)别除权以担保权为基础权利,即破产法上的别除权以民法中担保权的有效存在为前提。(2)别除权是权利人对破产人的特定财产所享有的权利。别除权权利人不能对破产人的任意财产行使别除权,即对于企业成员的财产、自由财产等不能行使别除权,而只能对属于破产人所有的、向别除权权利提供担保的财产行使别除权。(3)与破产费用、破产债权不同的是,别除权不是通过参与破产财产的分配获得实现的,而是从别除权标的物中单独受偿。

别除权不依破产程序行使,并不意味着别除权与破产程序无关。在别除权标的物为破产管理人占有的情况下,别除权人向破产管理人主张权利。抵押权人或者其他担保物权人在破产还债案件受理后至破产宣告前请求优先受偿的,应经法院准许。

二、别除权的权利基础

别除权是民法中担保物权制度在破产法中的体现,是以民法中的担保物权为基础的。对于别除权赖以产生的具体的民法中的担保物权制度,外国破产法大多作了具体明确的规定。大陆法系国家一般将担保物权中的抵押权、质权作为别除权产生的主要依据,有些国家将商法上的留置权和特别优先权等也规定为别除权产生的基础。

我国新破产法只规定对破产人特定财产享有担保权的权利人可以行使优先受偿权,但没有具体界定有财产担保债权的范围。根据担保法原理,担保分为人的担保和物的担保。其中人的担保,是指以人的信用担保债务人履行债务的一种方式,主要指保证。物的担保是指以一定的财物担保债务人履行债务的方式,主要包括抵押、质押、留置和定金。有财产担保的债权应指物的担保,而不包括保证,因为保证中没有可供优先受偿的财产。

(一)基于抵押权而产生的别除权

抵押权是债务人或者第三人不转移担保财产的占有,而将该财产作为债权的担保,在债务人不履行债务时,债权人依照法律的规定以该财产折价或者从拍卖、变卖该财产的价款中优先受偿的权利。如果抵押人被宣告破产,抵押权人享有的对担保物的优先受偿权即转化为破产法上的别除权。由于抵押物为抵押人占有,因此抵押权人须向破产人或破产管理人主张行使别除权。

(二)基于质权而产生的别除权

质权是债务人或者第三人将财产移交债权人占有作为债权的担保,是在债务人不履行债务时,债权人依法以其占有的债务人或第三人提供的质物价值优先受偿的权利。如果出质人被宣告破产,质权人享有的对质物的优先受偿权即转化为破产法上的别除权。由于质权人已经占有质物,因此可以不经债务人或其他债权人同意直接从质物价值中优先受偿。

(三) 基于留置权而产生的别除权

留置权是债权人按照合同约定占有债务人的动产,债务人不按照合同约定的期限履行债务的,债权人依法留置该财产,以该财产折价或者以拍卖、变卖该财产的价款优先受偿的权利。留置权可否成为别除权的基础,各国法律规定不尽相同,有些国家的破产法明确规定不可以,有些国家的破产法则允许商法上的留置权可以成为别除权的基础。我国对留置权没有民事与商事之分,一般理论上认为既然留置权是一种以财产为内容的担保权利,在法律无相反规定的情况下,可以形成别除权。

(四) 基于定金而产生的别除权

定金,是以实现担保债权为目的,依据法律规定或双方当事人约定,由一方在合同订立时或订立后至合同债务履行之前,按照合同标的额的一定比例,预先给付对方的一定数额的货币。债务人履行债务后,定金应当抵押作价款或者收回。给付定金的一方不履行约定的债务的,无权要求返还定金;收受定金的一方不履行约定的债务的,应当双倍返还定金。至于定金能否成为别除权的基础,在理论上有不同看法。有些学者认为既然定金是一种财产担保形式,定金可以作为别除权的基础。如果破产人是给付定金一方,收受定金的债权人无须经破产人或破产管理人的同意即可单方扣押未履行义务的破产人已交付的定金。如果破产人是收受定金一方,在破产人未履行义务的情况下,对债权人已经付给的定金,应当优先按原值从破产财产中扣除,其他损失则可按照一般破产债权加以追偿。有些学者认为,定金担保不具有以特定物为标的的担保物权的优先受偿效力,不能作为别除权基础。

除了上述别除权的权利基础外,国外破产法上还规定了一些其他的权利基础。(1)日本破产法中的特别先取特权,又称特别法定优先权,是债权人依照法律对债务人的特别财产具有优先受偿的权利,包括动产先取特权和不动产先取特权。(2)共有人别除权,即当共有人中一人或数人破产时,其他共有人对因分割共有债权而应当归于破产人的共有财产部分,有别除权。德国破产法就有与此类似的规定,即“与破产人有共有、合伙或其他共有关系者,得对该关系所生债权,对破产人分割或其他财产分离确定应得部分请求别除求偿”。

三、别除权的行使

债权人在破产程序中享有和行使别除权时,必须符合以下条件:(1)有财产担保的债权和担保权在破产宣告前合法成立,债权和担保权的有效成立不仅要符合民法通则、合同法和担保法的有关规定,还不得违反破产法的规定。例如新《破产法》第31条规定,破产企业在法院受理破产案件前一年内不得对原来没有财产担保的债务提供财产担保。(2)债权已依法申报并获得确认。债权人应当在法院确定的债权申报期限内向管理人申报债权。按照我国新《破产法》第45条规定,申报期限应当自发布受理破产申请公告之日起计算,最短不得少于三十日,最长不得超过三个月。债权人向法院申报债权时,应当书面说明债权的数额和有无财产担保,并且提供有关证据。已申报的债权,无论有无财产担保,均应接受债权人会议的审查。只有经过债权人会议确认的债权,才可以依照破产法的有关规定行使权利。

别除权人不依照破产程序行使别除权,而是在经破产管理人承认的前提下,依照一般民事程序行使。很多国家破产法规定,破产管理人承认别除权,必须经监查人同意。如果破产管理人或监查人对别除权有争议的,可以通过诉讼方式由法院确认。如果债权人的债权额高于担保物的价值,未能清偿的债权只能作为破产债权参与破产财产的分配。如果担保物的价值高于债权人的债权额,那么清偿别除权人债权后的剩余价值,列入破产财产。

四、别除权标的物的回赎

别除权标的物的回赎,是指在别除权标的物为破产企业继续营业或破产财产的整体变价必需时,破产管理人在被担保债权从该标的物中获偿额度内,提供相同数额的清偿或者替代担保从而收回该标的物。我国新《破产法》第37条对此作了规定:"管理人可以通过清偿债务或者提供为债权人接受的担保,收回质物或者留置物。债务清偿或者替代担保,在质物或者留置物的价值低于被担保的债权额时,以该质物或者留置物当时的市场价值为限。"

第五节 抵 销 权

一、破产抵销权的概念

债权人对破产负有债务的,可以在破产清算前抵销。这就是破产法上的抵销权。也就说,破产债权人在破产宣告时,对破产人负有债务,可以不按破产程序,以自己的破产债权与自己所负债务的相应数额相互抵销的权利。我国新《破产法》第40条规定,债权人在破产申请受理前对债务人负有债务的,可以向管理人主张抵销。破产抵销权的意义在于公平地保护破产债权人的利益,避免债权债务关系的复杂化,迅速结束破产程序。抵销权的意义在于:当破产债权人与破产人互相负有债务时,如果没有抵销权的法律规定,在管理上必然是破产债务人要求相对的破产债权人就所负债务全额进行清偿,相对的破产债权人只能作为破产债权人参与破产清偿,而破产清偿很可能造成相对的破产债权人不能受偿和部分受偿,这对相对的破产债权人来讲失去了公平性与合理性。

另外抵销权行使有助于减少双方互相履行债务的费用。因此,基于抵销权具有公平性、合理性和便利性之特点,很多国家破产法中都规定了抵销权制度。例如日本《破产法》第 98 条规定:“破产债权人在破产宣告时,对于破产人负有债务者,可不依破产程序而实行抵销。”

但是依破产法行使抵销权与依民法行使抵销权的结果并非一致。行使民法上的抵销权,双方同时免除各自债务,是互相受益的,与双方分别向对方履行给付的结果是一致的。但行使破产法上的抵销权,与双方分别向对方履行给付的结果是不一致的。若双方行使抵销权,各自免除债务,债权人不再向破产人履行债务,破产人也不再向债权人履行债务。但若双方分别向对方履行给付,则债权人应按照合同全部履行,而破产人对债权人的债务只能以破产财产按比例清偿。由于破产抵销减少了破产人所有的财产,虽保护了抵销权人的利益,但不利于全体破产债权人的一般受偿权,因此,少数国家,例如法国的破产立法不允许破产抵销。

破产抵销权不是破产法上创设的新权利,而是民法上的抵销权制度在破产法中的运用,或者说,破产法上的抵销权源于民法上的抵销权制度。但是两者之间仍有区别的:(1)破产法上的抵销权享有人仅限于破产债权人,即只有破产债权人才能主张抵销权的行使,破产人或破产管理人均不得提出抵销申请;而民法上的抵销权,双方当事人均可主张行使。这种差别主要源于破产制度的特征,破产制度的目的是对全体债权人以破产财产进行清偿,如果允许破产人或破产管理人主动提出抵销权,势必会减少破产财产,从而损害其他债权人的利益。因此,破产法不允许破产或破产管理人行使抵销权。(2)破产抵销权不受债务种类和履行期限的限制,即不论破产人和债权人间互负的债务是否属于同一种类,也不论是否已到期,均可行使抵销权,因为在破产宣告后,所有债务视为已到期,所有债务也都必须以金钱计算。而民法上的抵销权行使,必须以双方债务属于同一种类的给付和双方债务均已届履行期限为前提。(3)破产抵销权中,双方当事人互相负有的债务应成立于破产宣告前,而民法上抵销权双方当事人互负债务没有成立时间上的限制。

并非破产过程中发生的任何抵销权都属于破产法上的抵销权。破产过程中发生的有些抵销行为属于民法上的抵销:(1)非破产债权与不从破产财产中偿还的债权进行的抵销。例如破产宣告后产生的债权与基于破产人的自由财产所产生的债权之间进行的抵销。(2)破产债权与不从破产财产中偿还的债权进行的抵销。例如破产债权与基于破产人的自由财产所产生的债权之间进行的抵销。这些抵销行为由于不会减少破产财产,因此,不必适用破产法的规定,而是依照民法进行。(3)破产费用的抵销。破产费用是基于破产财产的管理、处分及其他原因而发生的费用,这一部分费用可以优先从破产财产中受偿,不受破产清算程序的制约,因此可以抵销,而且这种抵销属于民法上的一般抵销,不适用破产抵销权的规定。

二、破产抵销权的适用范围

关于抵销权的适用范围，我国新破产法只作了原则性的规定，债权人在破产申请受理前对债务人负有债务的，可以向管理人主张抵销，但哪些债权可以抵销，哪些债权不可以抵销，破产法未作具体的规定。由于破产抵销权具有优先权的性质，能够使破产债权人得到优于清算分配的清偿结果，因此，可能被破产债权人利用从而逃避自己应对破产人履行的债务。为此，各国立法为了维护破产债权人的共同利益，一般对破产抵销权的使用加以一定的限制。

例如日本《破产法》第104条规定："在下列场合不得抵销：(1)破产债权人在破产宣告后，对破产财团负担债务时；(2)破产债权人知有停止支付或者破产申请而对破产人负担债务时。但是其负担系基于法定原因时，基于破产债权人得知停止支付或破产申请以前所生的原因、或基于自破产宣告一年前所生的原因时，不在此限；(3)破产人的债务人在破产宣告之后取得他人的破产债权的；(4)破产人的债务人明知已有停止支付或者破产申请而取得债权的；但是其取得系基于法定原因时，基于破产债权人得知停止支付或破产申请以前所生的原因时，或基于自破产宣告之时一年前所生原因时，不在此限。"德国破产法、美国联邦破产法也对抵销权作了一定的限制。

一般认为，破产抵销权受到限制的情形主要有以下四种：

1. 破产债权人在破产宣告后对破产人负担的债务不能抵销。破产债权人在破产宣告后产生的对破产人的债务，应纳入破产财产，由破产债权人全体受偿。如果允许债权人抵销其在破产宣告后对破产财产所负的债务，不仅减少了破产财产，还可能导致债权人故意在破产宣告后对破产人形成债务从而变相地使其全部债权获得清偿。破产债权人在破产宣告后产生的破产人的债务，包括因合同、债权、不当得利、无因管理而产生的债务。

2. 破产人的债务人在破产宣告后取得的他人对破产人债权的，不得抵销。他人对破产人的破产债权应从破产财产中公平受偿，因此一般实际价值不高。如果允许该破产债权在破产宣告后转让给破产人的债务人并进行抵销，不仅减少了破产财产，而且可能导致对破产财产负有债务的人低价收购破产债权并通过抵销不正当地免除其对破产财产的债务。

3. 破产债权人已知破产人有停止或者破产申请的事实，而对破产人负担的债务，不得抵销。但是，债权人因为法律规定或者有破产申请一年前所发生的原因而负担债务的，不在此限。这种情形下，对抵销进行禁止，主要是防止破产债权人在得知破产有停止支付或者破产申请的事实后以对债务人产生的债务方式取得债务人的财产，从而抢先使自己的债权获得个别清偿。而这个时期的个别清偿一般为大多数国家法律所禁止。

4. 破产人的债务人在破产宣告前，已知破产人有停止支付或者破产申请的事实，而对破产人取得的债权，不得抵销。但是，债权人因为法律规定或者有破产申请一年前所发生的原因而取得债权的,不在此限。这种情形下对抵销权的禁止主要是防止破产债务人在破产宣告前恶意地设立对破产人的债权从而以抵销方式达到逃避自己对破产人所负的债务。如果破产人的债务人在破产宣告前,已知破产人有停止支付或者破产申请的事实,而与破产人恶意串通、显失公平地达成交易或因其他无效或可撤销事由达成交易而取得债权,该债权不仅不适用破产抵销,而且该债权应是无效的或可撤销的,不应计入破产债权。

除了上述四种限制抵销的情形外,如果破产债权有民法上禁止抵销的情形的,破产债权人也不得主张抵销,这主要是:(1)依债务的性质不能抵销的,不适用抵销。(2)因故意侵权行为负担的债务。例如破产债权人故意侵害破产人的权利而负担的债务,不能主张同其破产债权相抵销。(3)诉讼时效已完成的债权,债权人不得主张抵销。

三、破产抵销权的行使

由于抵销权的行使会减少破产财产,从而影响到全体破产债权人的利益,因此各国法律都对抵销权的行使作了特别规定。

(一)必须由破产债权人向破产管理人提出

这一规定包含两方面的含义:一方面破产抵销权只能由破产债权人提出,另一方面破产抵销权只能向破产管理人提出,而不是向破产人提出。破产抵销权的主张只有在被破产管理人承认后,才发生抵销的效力。另外,很多国家法律还要求破产管理人对抵销权的同意须经监查人的同意。破产管理人或监查人与破产债权人对抵销权有争议的,可以以诉讼的方式由法院裁决。

(二)必须在法定期限内行使

原则上,破产债权人应在破产宣告后、破产程序终结前行使。破产宣告前,企业债权人可以将自己的债权与对破产人的债务进行抵销,这种抵销属于民法上的抵销。破产程序终结后,破产人的全部财产被分配完毕,再提出抵销权的请求,不具有实际意义。所以,破产抵销权应在破产宣告后、破产终结前提出。

(三)应以破产债权的申报为必要

破产债权人行使破产抵销权,是否必须向破产管理人申报债权并经债权人会议审查,法律上和理论上并无一致的看法,主要有积极说、消极说和折中说三种主张。

积极说主张,破产债权人行使抵销权,必须经过债权申报程序和债权审查程序。理由是,申报程序是破产债权清偿的先决条件,抵销权是破产债权实现方式之一,因此,当然应进行申报并得到确认。此外抵销权与别除权都是不依破产清算程序而优先受偿的权利,别除权的行使必须首先向法院申报债权,抵销权亦应如此。

消极说主张,破产债权人在行使抵销权时,无须经过债权的申报程序。如果破产债权人与破产管理人就债权的抵销问题发生争议，应通过诉讼解决。主要理由是破产债权人是否参加破产程序，是否将破产债权用作抵销，这是债权人的权利而非义务，因此，这种权利的行使应由权利人自己决定，法律没有强制此种特定债权人申报债权的理由。此外，别除权人申报自己的债权只限于担保物不足以清偿的部分，如果担保物的价值完全足以清偿自己的债权或债权人自愿放弃担保物不足以清偿的债务的，债权人可以不申报债权，因此，别除权人申报债权的事实不足以说明抵销权人申报债权的必要性。

折中说认为，只有在破产管理人对破产债权人所主张抵销的债权存有异议的情况下，破产债权人才有义务申报债权。如果破产管理人对破产债权人行使抵销权无异议，则没有申报债权的必要。①

我国学者一般主张，破产抵销权的行使以破产债权的申报为必要。认为破产抵销是破产债权人行使权利的一种方式，而我国破产法规定债权人必须申报债权并经债权人会议确认，因此抵销权人也不例外。这样既有利于保护全体破产债权人的利益，也有助于保护抵销权人的合法权益。

在破产抵销权行使中，还有一种特殊的情形，即附条件债权。附条件债权包括附生效条件债权和附解除条件债权。

1. 附生效条件债权。该债权在条件成就时生效，否则不生效，因此，该债权属于效力不确定的合同，一般法律上不允许其直接进行抵销，破产债权人可以请求破产管理人将与该项债权数额相当的清偿额进行提存，在破产财产最后分配前，视条件成立与否作出不同的处理。如果条件成立，债权人可请求以提存的清偿额作为破产债权的抵销。如果条件没有成立，债权未生效，自然不能进行抵销，已提存的用作抵销的财产纳入破产财产。

2. 附解除条件债权。该债权在条件成就时解除，反之则继续有效。如果这种债权在破产宣告时仍然有效，原则上可以与破产人对债权人的债务进行抵销，但由于这种债权可能因为条件的成立而消灭，因此，债权人在行使抵销权时应提供充分的财产担保或将可供抵销的财产进行提存。如果解除条件成立，破产债权人必须用担保财产加以抵偿或不得对提存的财产进行抵销，这部分抵销财产纳入破产财产。如果在最终分配期限届满前所附的解除条件没有成立，债权人为抵销权提供的担保应予以解除或者可以对提存财产进行抵销。

第六节　否　认　权

一、否认权的概念

否认权是对破产人在破产宣告前一定期限内损害破产债权人的行为进行否认，

① 顾培东主编：《破产法教程》，法律出版社1995年版，第257页。

使之无效的权利。破产人在陷入不能支付到期债务状态后到被宣告破产期间内,仍然享有对企业财产的占有、使用、收益和处分的权利,因此,可能会采取隐匿、贱卖等手段损害债权人的利益,或者对部分债权人提供担保或进行清偿从而侵犯其他债权人的公平清偿。鉴于此,很多国家在破产法中规定了否认权制度,对破产人的上述行为予以禁止,从而保护债权人的共同利益。例如,日本《破产法》规定,下列行为可以否认:(1)破产人明知有害于债权人而实施的行为。(2)破产人于停止支付或者申请破产后实施的提供担保、消灭债务的行为及其他有害破产债权人的行为。(3)前项行为且系以破产人的亲属或同居人为相对者。(4)破产人于停止支付或申请破产后或于其前三十日内所实施的提供担保、消灭债务的行为,且其行为不属于破产人义务,或其方法与时期不属于破产人义务者。(5)破产人于停止支付、申请破产后,或于其前六个月内实施的无偿行为及可视同无偿行为的有偿行为。在前四种情形下,相对人为善意时,不得行使否认权。

关于否认权的性质,各国理论界和立法者的观点并不一致。以德国法为代表的大陆法系国家奉行"破产非溯及主义"立法原则,认为破产宣告剥夺破产人管理和处分破产财产的效力只及于破产宣告后,而对破产宣告前的破产人不发生效力。英、美破产法则采用了"破产宣告的溯及力原则",认为破产宣告剥夺破产人管理和处分权的效力,不仅及于破产宣告后的行为,而且及于破产宣告前特定期间内的处分行为。不同的立法原则产生不同的立法规定,破产非溯及主义原则派生出撤销权制度,因此在大陆法系国家,否认权又称为撤销权、废置诉权(第一种情形)。破产溯及主义原则派生出破产行为无效制度(第二种情形)。我国新破产法同时采纳了大陆法系和英美法系的两大做法,即根据我国新《破产法》第 31 条规定:法院受理破产申请前一年内,涉及债务人财产的下列行为,管理人有权请求法院予以撤销:(1)无偿转让财产的;(2)以明显不合理的价格进行交易的;(3)对没有财产担保的债务提供财产担保的;(4)对未到期的债务提前清偿的;(5)放弃债权的。该条对应于第一种情形。根据新《破产法》第 33 条之规定,涉及债务人财产的下列行为无效:为逃避债务而隐匿、转移财产的以及虚构债务或者承认不真实的债务的。该条显然属于第二种情形。

我国的学者认为民法上的撤销权不同于破产法的撤销权。首先,行使主体不同。民法上的撤销权由利益受害方行使,而破产法上的撤销权由管理人组成债权人会议行使。其次,时效不同。民法中撤销权应在知道或应知道合法权益之日起两年内行使,否认权的行使时效期限法律未作明确规定,一般而言,权利人可以在破产终结前行使,在破产程序终结后一年内查出破产人实施了可以行使否认权的行为的,法院可依法追回财产。第三,行为的受害人不同。民法中可撤销行为的受害人是行为当事人一方,而且是可以行使撤销权的人,而可以行使否认权的行为受害人从表面上看是作为行为当事人一方的破产人,但由于破产人即将破产,因此,实际利益受害方是只能从破产财产中获得清偿的破产债权人。

二、否认权的行使

（一）否认权的适用范围

关于否认权的适用范围，各国破产法在具体立法例上主要有两种：概括式和列举式。我国新破产法属于后一种立法例。如上所见，我国新《破产法》第 31 条就是采用典型的列举式，把适用否认权的五种情形一一罗列。而新《破产法》第 33 条则把适用否认权的两种情形一一罗列。

（二）否认权的行使人

否认权一般由破产管理人或债权人会议行使。根据我国新《破产法》的规定，否认权由管理人行使。至于管理人在行使否认权时所依据的身份和代表的利益，在学理上有三种观点，即破产管理人权利说、破产人权利说和破产债权人团体权利说。破产管理人权利说认为，否认权是基于法律的规定而赋予破产管理人的权利，破产管理人在行使权利时既非行使破产人的权利，也非行使破产债权人团体的权利，而是作为国家公职人员行使法律所赋予的权利。破产人权利说认为，破产管理人行使否认权的直接结果是扩大破产财产，而破产财产即使在破产宣告后也归破产人所有，因此，破产管理人是作为破产人的代表人而行使权利的。破产债权人团体权利说认为，否认权的行使主要在于保护债权人的利益，防止破产人不当处分其财产，因此，破产管理人是作为债权人团体的机关来行使否认权的。

（三）否认权的行使期间

关于否认权的行使期间，大多数国家的破产法未作特别规定。就我国实践而言，一般否认权应在破产终结前行使，因为行使否认权的主要目的是追回被破产人不当处分的财产，用于对债权人的债权清偿。破产终结后，破产财产分配完毕，破产人法律地位终止，因此一般没有行使否认权的必要。但在破产程序终结之日起一年内查出有可否认行为的，由法院追回财产，并按债权人会议讨论通过的破产财产分配方案进行清偿。也有的国家在破产法中对否认权的消灭期限作了明文规定，例如日本破产法规定，否认权的消灭期限为自破产宣告之日起两年。

（四）否认权的行使方式

关于否认权的行使方式，大陆法系国家一般规定应以诉讼的方式进行。诉讼的被告视可否认行为的性质而定。如果可否认行为属于破产人的单方行为，则以破产人为被告；如果可否认行为属于破产人的双方行为，则以行为的相对人为被告；如果在否认破产人行为同时要求返还利益的，则以受益人为被告。我国新《破产法》第 34 条规定，因本法第 31 条、第 33 条规定的行为而取得债务人的财产，管理人有权追回财产。

（五）否认权行使的效力

否认权行使的法律后果是，破产企业违反破产法规定处分其财产的行为归于无效，原则上已被破产人处分的财产依法追回并纳入破产财产。但根据民法中保护善意第三人的原则，如果破产人处分财产行为的相对人出于善意，即不知道破产人有支付不能或申请破产的事实，并且交付相当的对价的，该善意人的权利应予以保护，不得要求其返还善意取得的财产。

第七节　破产费用

一、破产费用的概念和特征

破产费用是为了破产债权人的共同利益发生的，先从破产财产中支付的费用。破产费用在各国立法上的称谓不尽相同。英美破产法和我国使用“破产费用”这一术语，日本破产法称之为“财团债权”或“共益债权”，从而与破产债权相区别。德国和我国台湾地区则将部分费用分为财团费用和财团债务两部分。财团债务主要包括破产管理人因履行破产人的未履行合同或继续其营业而发生的债务，以及破产财产上的无因管理或不当得利之债。财团费用主要包括管理破产财产的费用、审理破产案件及与破产案件相关的其他诉讼案件的诉讼费用，以及破产管理人及其聘任人员的工作报酬等。有关破产费用的具体范围，合同规定也不完全一致。

破产费用具有以下特征：(1)破产费用发生于破产程序期间，即在破产程序开始后，终结前发生的费用。例如破产案件的费用，只能是法院在受理破产案件后至破产程序终结前这一段期间所支出的与破产案件有关的费用。有些国家的破产费用还包括破产程序开始前的债务。例如，日本破产法规定的财团债务包括破产人所欠的国家税收。德国破产法规定的财团债务包括破产宣告前六个月内破产人欠付的各种薪金、工资、养老金、补偿金、社会保险费用和联邦税收。(2)破产费用是为了全体债权人的共同利益而发生的。只有为债权人的共同利益而支出的费用，例如处分破产财产及继续破产企业的经营等费用，才能够成为破产费用。为单个债权人或部分债权人的利益而发生的费用，例如债权人参加破产程序的差旅费、别除权人行使别除权的费用等，不能计为破产费用。(3)破产费用从破产财产中优先支付。破产费用优先于破产债权清偿，类似于别除权。但是破产费用以全部破产财产作为受偿保障，而别除权仅能以破产人的特定财产为目的。(4)破产费用由债务人财产随时清偿。破产费用是为了破产程序的顺利进行，为债权人全体利益而支出的费用，因此，破产费用是随破产程序进行的需要及时结清的，所以对于破产费用，管理人应随时清偿，否则破产程序无法继续进行下去。如果在向破产债权人进行分配之时还有破产费用未支付，管理人应将等额的破产财产予以提存，从而保证破产费用的支付。根据新《破产法》第 43 条第 4 款规定，如果破产财产不足以支付破产费用，管理人应当提请法院终结破产程序。

二、破产费用的债务人

破产费用是为了全体债权人的共同利益而产生的费用，这些费用对于受偿人而言是债权，有债权人必然有债务人与之相对应。破产费用的债务人是谁，在理论上有较大的争议，主要有破产人说、破产债权人团体说、破产财团说和破产管理人说。破产人说认为破产人受破产宣告而丧失对其财产的处分管理权，但破产人仍然为破产财团的财产所有人，破产费用的清偿是从破产人所有的财产中支付的，因此破产费用的债务人应为破产人。破产债权人团体说认为破产费用是为债权人的共同利益而发生的，破产财团的最终受益人也是债权人团体，所以破产费用的清偿实际体现了破产费用受偿人与破产债权人团体间的利益关系，因此，破产债权人团体是破产费用的债务人。破产财团说认为破产财团是一种人格化了的财产，是基于破产宣告这一特定的法定事实产生的、以破产管理人为代表机关的特殊权利义务主体，因此，破产费用应当由破产团体作为债务人来承担。破产管理人说认为债务人被宣告破产后，破产管理人与破产人之间形成一种信托关系，破产管理人作为受托人，对破产财产享有管理、处分的权利，因此，破产费用的清偿只能由破产管理人以债务人的身份清偿。我国理论界一般认为，破产企业在被破产宣告后，虽然丧失对破产财产的处分、管理权，但其法人资格并未终止，管理人代替破产企业的原有代表机构，在破产宣告后作为破产企业的代表机构对破产财产依法占有、处分和进行管理，因此，破产人仍然是破产财产的所有人，也是破产债权、破产费用的债务人。

三、破产费用的范围

各国对破产费用的范围规定不尽相同。根据英国破产法的规定，破产费用包括：(1)保管、变价和收取债务人的财产所产生的费用；(2)临时财产接管人执行职务产生的实际费用；(3)应付和已付的破产程序费用；(4)债权人预交的破产申请费用；(5)临时财产管理人预交的保证金；(6)特别经理的薪水；(7)受任协助债务人准备财务报告的人员的报酬和费用；(8)破产管理人聘用的人员的报酬和费用；(9)破产管理人的报酬；(10)债权人委员会支付的费用。日本《破产法》第 47 条规定："下列请求权为财团债权：(1)为破产债权人的共同利益而支出的裁判上的费用；(2)依国税征收法及国税征收条例可以征收的请求权。但是，基于破产宣告后的原因而产生的请求权，应限于就破产财团所发生者；(3)破产财团的管理、变价及分配费用；(4)因破产管理人就破产财团实施的行为而产生的请求权，应限于就破产财团所发生者；(5)因无因管理、不当得利而对破产财团产生的请求权；(6)于委任终止或代理权消灭后，因急迫的必要行为而对破产财团产生的请求权；(7)破产管理人解除或履行破产宣告时未履行的双方合同,相对人所有的请求权;(8)因破产宣告而有双务契约的解约申告时,至其终止期间所产生的请求权;(9)破产人及其所扶养人的补助费。"另外,德国破产法还将破产宣告前或破产人死亡前六个月内延迟给付的雇员的工资、竞业禁止补偿金、商业佣金、养老金及社会保险费等请求权,列入共益债务受偿。

相对于上述各国破产立法例,我国新破产法规定的破产费用范围较狭窄,有一些被列为优先权,例如破产企业职工的工资和养老金;有一些则没有规定,例如因无因管理、不当得利对破产财团产生的请求权等。我国新《破产法》第41条规定的破产费用主要包括下列各项:(1)破产案件的诉讼费用。与破产案件无关的其他案件的诉讼费用不得列入破产费用。与破产案件有关的其他案件(例如债权确认案件)的诉讼费用,尽管根据司法解释的规定由受理破产案件的法院合并管辖,但这些案件的费用也不得列入破产费用。(2)破产财产的管理、变卖和分配债务人财产所需要的费用。(3)管理人执行职务的费用、报酬和聘用工作人员的费用。

第八节 法律责任

对于一般企业来说,它首先是市场经济中的债务人,应该强调企业,尤其是董事、监事或者高级管理人员的破产责任,否则将导致企业信用丧失。以前破产法不完善的情况下,有的企业破产后,职工失业下岗、生活艰难,巨额债务无法清偿,而企业的负责人却无须承担任何法律责任。针对这种情况,新破产法对破产责任作出了规定,并且和新《公司法》、新《证券法》规定的董事、监事或者高级管理人员应尽的注意义务、勤勉尽责义务,《刑法修正案(六)》规定的虚假破产罪,都实现了对应。[①]董事、监事或者高级管理人员因为失职致使企业破产的,将被追究刑事责任、民事责任、行政责任。此外,对于债务人妨碍破产程序的行为和管理人的失职行为,也作出了追究法律责任的具体规定。新破产法对破产责任制度重大修改体现在以下两个方面:[②]

(一)确立了破产企业高级管理人员的法律责任

首先,新《破产法》第6条明确规定:"法院审理破产案件,应当依法保障企业职工的合法权益,依法追究破产企业经营管理人员的法律责任。"紧接着在第125条又规定:"企业董事、监事或者高级管理人员违反忠实义务、勤勉义务,致使所在企业破产的,依法承担民事责任。此外,有前款规定情形的人员,自破产程序终结之日起三年内不得担任任何企业的董事、监事、高级管理人员。"这些规定犹如一种无时不在的无形压力,对于有效制止破产企业董事、监事或者高级管理人员的违法行为具有重要的作用。

---

① 李曙光:《九大制度创新与突破——新企业破产法解读》,载于《法制日报》2006年9月5日。

② 参照谢俊林著:《中国破产法律制度专论》,人民法院出版社2005年版,第212—213页。

(二) 确立了债务人、管理人及债权人委员会成员等妨碍破产程序行为的法律责任

第一,就债务人而言,新《破产法》第 126 条、第 127 条、第 128 条、129 条之规定,有义务列席债权人会议的债务人的有关人员,经法院传唤,无正当理由拒不列席债权人会议的,法院可以拘传,并依法处以罚款。债务人的有关人员违反本法规定,拒不陈述、回答,或者作虚假陈述、回答的,法院可以依法处以罚款。债务人违反本法规定,拒不向法院提交或者提交不真实的财产状况说明、债务清册、债权清册、有关财务会计报告以及职工工资的支付情况和社会保险费用的缴纳情况的,法院可以对直接责任人员依法处以罚款。

债务人违反本法规定,拒不向管理人移交财产、印章和账簿、文书等资料的,或者伪造、销毁有关财产证据材料而使财产状况不明的,法院可以对直接责任人员依法处以罚款。债务人有本法第 31 条、第 32 条、第 33 条规定的行为,损害债权人利益的,债务人的法定代表人和其他直接责任人员依法承担赔偿责任。债务人的有关人员违反本法规定,擅自离开住所地的,法院可以予以训诫、拘留,可以依法并处罚款。

第二,就管理人而言,按照新《破产法》第 130 条规定,管理人未依照本法规定勤勉尽责,忠实执行职务的,法院可以依法处以罚款;给债权人、债务人或者第三人造成损失的,依法承担赔偿责任。

最后,新《破产法》第 131 条规定,违反本法规定,构成犯罪的,依法追究刑事责任。

第九节 附 则

一、担保债权优先职工债权

对于担保债权和职工债权的清偿顺序问题,新破产法采取了“新老划段”的做法,非常技巧化地解决了这一难题。在新破产法草案制定过程中,最激烈的争论集中在清算顺序,这也是整个新破产法最难以抉择的难题,即担保债权和职工债权在破产清偿顺序中孰先孰后的问题。[①]围绕这个问题的争议,甚至上升到了“是要维护经济市场的秩序,还是要坚持以人为本原则”这样一个政治高度。对于政府来说,这也是一个两难的决定,职工债权优先,担保债权人——银行(因为大部分情况下,银行对企业资产拥有抵押债权)权益受损,经济活力受挫,社会将付出长期成本;担保债权优先,目前国家财政难以独立支付巨额成本,破产企业职工无法安置,将会直接带来社会不

① 谢俊林著:《中国破产法律制度专论》,人民法院出版社 2005 年版,第 226 页。

稳定的威胁。①

为此,立法者根据中国的具体国情,作出了具有独创性的规定,即“本法施行后,破产人在本法公布之日前所欠职工的工资和医疗、伤残补助、抚恤费用,所欠的应当划入职工个人账户的基本养老保险、基本医疗保险费用,以及法律、行政法规规定应当支付给职工的补偿金,依照本法第113条的规定清偿后不足以清偿的部分,以本法第109条规定的特定财产优先于对该特定财产享有担保权的权利人受偿”(第132条)。也就是按照新老划段的办法,规定在新法公布之前出现的破产,职工债权优先于担保债权,破产人无担保财产不足清偿职工工资的,要从担保的财产中清偿。在新破产法公布后,将优先清偿担保债权,职工债权从未担保财产中清偿。

如此技术性、独创性的规定,既和中国国情密切相连,又主要考虑了以下三方面的因素:第一,破产法与担保法的衔接关系,按照我国担保法规定,担保抵押资产并不纳入到破产清偿程序中,而是独立于破产之外的资产;第二,市场经济转型过程中,法律制度安排必须具有处理中国特色问题的智慧,对于复杂的职工债权问题的处理,既要考虑中国的现实情况,又要把它纳入到市场经济法律的整体框架来考虑,职工的社会保障问题在今后应更多地依靠完善社会保障制度来解决;第三,金融机构与债权人风险的考虑,如果担保债权不能依法实现的话,对于金融机构等债权人将是一个巨大的打击,金融机构与债权人自身也有可能破产,那涉及的人群会更大,对社会稳定带来冲击。新破产法的规定既考虑了中国历史遗留问题的解决,又考虑了与国际惯例接轨。下一步要抓紧建立与此条文配套的破产保障基金,以保护职工的合法权益。②

二、金融机构破产程序

《破产法(试行)》对于金融机构的破产问题未有涉及。可是,随着经济与资本市场的发展,近几年,银行与非银行金融机构的破产问题提上了议事日程。许多金融机构经营不善,亏损严重,极大地侵害了广大投资者和储户的合法利益。目前,中国的一些商业银行和金融机构每年新增的不良资产还在大量发生,如果没有一个很好的破产机制的话,中央政府将会为这些金融机构背上沉重的财政包袱。可是,另一方面,金融机构倒闭或者破产将会涉及千千万万普通民众的家庭和生活,涉及市场经济的金融秩序和稳定。因此,对于金融机构的破产,需要作出特殊的规定。③按照新《破产法》第134条的规定:“商业银行、证券公司、保险公司等金融机构有本法第2条资不抵债等破产情形的,国务院金融监督管理机构可以向法院提出对该金融机构进行重整或者破产清算的申请。国务院金融监督管理机构依法对出现重大经营风险的金融机构采取接管、托管等措施的,可以向法院申请中止以该金融机构为被告或者被执

① 谢俊林著:《中国破产法律制度专论》,人民法院出版社2005年版,第227页。

②③ 本段内容参照李曙光:《九大制度创新与突破——新企业破产法解读》,载于《法制日报》2006年9月5日。

行人的民事诉讼程序或者执行程序。”

三、其他组织的清算

如前所述，一方面，我国新破产法的适用范围已经涵盖所有企业法人。另一方面，由于目前我国现在的物权制度不完备，个人信用体制不健全等原因，新破产法中没有规定自然人破产问题。可是对于那些既非企业法人又非自然人，而是处于中间段的其他组织发生的破产情形应该如何进行对应？为此，我国新破产法制定了积极、灵活的变通办法，从而弥补了这一领域的空白。根据第135条规定：“其他法律规定企业法人以外的组织的清算，属于破产清算的，参照适用本法规定的程序。”这样，其他组织，如民办合作学校、律师事务所、合作医疗所、私人企业、合伙企业、个人企业，以及个体工商户等一旦发生资不抵债的，就可以参照适用新破产法规定的程序进行清算。

第八编

保险法

9

第三十八章
保险和保险法概述

第一节 保 险 概 述

一、保险的概念和特点

(一) 保险的概念

在界定保险的概念时,我们应当从广义和狭义的角度来考察。

1. 广义的保险。

广义的保险,是指以集中起来的保险费(或其他形式)建立保险基金,用于补偿因自然灾害或意外事故所造成的经济损失,或对个人因死亡、疾病、伤残等而给付保险金的一种方法,包括合作保险、商业保险和社会保险等多种保险形式。

2. 狭义的保险。

狭义的保险,又称商业保险,是指投保人根据保险合同约定,向保险人支付保险费,保险人对于合同约定的可能发生的事故因其发生所造成的财产损失承担赔偿保险金责任,或者当被保险人死亡、伤残、疾病或者达到合同约定的年龄、期限时承担给付保险金责任的商业保险行为。本书所称保险,均指狭义的保险。

(二) 商业保险的特点

1. 合同保险。

商业保险完全建立在合同基础上,保险人与投保人因订立保险合同而建立保险关系。保险合同生效后,双方当事人均以合同规定的权利和义务为限,享有权利或承担义务。其合同保险的特点主要表现在:(1)订立保险合同是自愿的。是否订立合同,订立怎样的合同,完全建立在双方当事人自愿协商的基础上。(2)保险保障是合同约定的。其保障的对象、程度、期限、危险事故都是约定的。

2. 特殊的商事活动。

商业保险作为一种商事活动,与一般的商事活动相比,具有不少特殊性:(1)经营商品的特殊性。保险人经营的商品,既不是物品,也不是服务,而是危险。投保人通过投保将危险转嫁给保险人,保险人通过承保将危险集于一身。(2)交易的特殊性。

就交易时点而言,保险人向投保人提供的,仅是给予经济保障的一纸承诺,投保人则花钱买了承诺。(3)交换形式的特殊性。保险交易在每个投保人和保险人之间,都只是对价而不是等价,只有在所有投保人和保险人之间,才体现出一种等价关系。

3. 危险的集中与分散。

保险的整个过程,实质上是危险从集中到分散的过程。首先,保险人通过承保,将投保人转嫁的危险集中起来,同时,根据危险可能发生的概率,向投保人收取保费建立保险基金。其次,当发生保险责任范围内的危险事故时,保险人动用保险基金实施赔付,从而将少数人的危险损失,最终分摊给了全体投保人。

4. 互助共济。

在商业保险中,投保人缴纳保费组成保险基金,少数被保险人遭遇特定的财产或人身危险时,保险基金负责赔付保险金,而大多数平安无事的参保人员,则以支付保费形式,帮助了遭遇特定危险的被保险人,体现了参保人员之间的互助共济。从这一角度考虑,保险人仅是这种互助共济制度的组织者和管理者。

(三) 商业保险与社会保险的异同

虽然商业保险与社会保险都属于广义的保险,但两者的区别是根本性的。

1. 任意性和强制性。商业保险是双方当事人协商一致的自愿行为,而社会保险是强制的,在法律规定的范围内,不管当事人愿意与否,都必须加入。

2. 营利性和公益性。商业保险是一种商事行为,保险公司经营保险的目的是营利,不营利的保险公司无法在保险市场中生存。社会保险完全是公益性的,不以营利为目的,积存的社会保险基金取之于民又完全用之于民。

3. 保险功能上的差异。社会保险的功能在于保障公民的基本生活需要,使公民不至于因遭遇风险而陷入贫困状态,具有防贫的性质。商业保险是公民基本生活需要满足后产生的一种需要,否则就不可能有余力投保。从这一角度讲,商业保险的功能是保障基本生活以上的需要,两者具有功能互补的关系。

4. 权利和义务的性质不同。商业保险是一种合同保险,双方当事人的权利和义务由保险合同规定,并受合同保护。社会保险的权利和义务是法定的,当事人的权利受相关法律保护,义务则必须依法履行。

5. 保险人属性不同。商业保险的保险人是保险公司,这是依法设立的公司法人。社会保险的保险人是经国家授权主管社会保险的行政部门,这是一种行政主体。

二、保险的产生和发展

(一) 保险的雏形

人类从诞生之日起,就面临着天灾人祸、猛兽袭击等种种生活危险,如何避免和消除各种危险,或者是在危险发生后,如何消解和分散危险造成的损失,成为人类活动中的一项重要内容,保险的萌芽,就在人类的这些活动中逐渐产生。

公元前3000年,中国长江流域有一种船帮组织,为避免同一货物载于同一船上可能出现的全部损失,采取彼此互换分装的办法以分散危险,体现了分散风险的保险意识。公元前2500年,巴比伦国王命令官员、僧侣对辖区内居民征收取赋金,作为救济火灾损失的后备基金,可谓现代火灾保险的雏形。公元前2000年,地中海一带的航海商人们,建立了"一人为众,众人为一"的制度,由大家共同缴费建立基金,用以弥补遭遇海难而被抛弃货物的商人的损失,与现代的海上保险制度十分相似。公元前1792年,巴比伦第六代国王汉谟拉比建立了对外贸易的商队,并规定了商队马匹死亡的保障,这无疑是最早的货物运输保险。古埃及石匠中有一种互助会组织,用参加者缴纳的会费,支付会员死亡的丧葬费;古罗马军队中有一种士兵组织,向士兵收取会费,用于支付牺牲士兵家属的抚恤费用,这种制度与现代的人身保险十分相近。公元前11世纪,我国的周朝开始设"遗人"一职,专司储备事务,并建立各级后备仓储制度,家族之储备为养老,乡里的储备为抚恤遭意外伤害之民,县都之储备为防止灾荒,类似于现代的农业保险。

上述例子无非说明,保险的历史源远流长,从最初的萌芽开始,至今已有五千余年历史。而且,萌芽状态下的保险,已经具有现代保险的最基本特点:集合多数人的力量,帮助少数遭遇风险者。

(二)保险业的产生

1. 海上保险业的产生。

1310年,在当时汉萨同盟的商业中心——勃鲁治,成立了世界最初的保险商会,协调海上保险的承保条件和保险费率。1347年,热那亚商人乔治·勒克维伦所开立的海上保险保单,是世界上现存最古老的保险单。现代意义上的保险,始于海上保险。

2. 财产保险业的产生。

1666年伦敦发生火灾,全城烧毁一半以上,事后出现了专营房屋火险的商会,如1680年,英国人巴蓬建立了经营火灾保险的股份制公司。1702年,英国创设了"主人损失保险公司",揭开了保证保险的序幕;1858年,英国保险公司开始经营锅炉保险,揭开了工程保险的序幕;1875年,英国保险公司开始经营第三者责任保险,揭开了责任保险的序幕;1888年,美国保险公司开始经营汽车保险,揭开了机动车辆保险的序幕。至此,财产保险已经羽毛丰满。

3. 人身保险业的产生。

15世纪末,奴隶贩子将奴隶作为海上货物投保,以后又发展成旅客遭海盗绑架所需赎金的保险,人身保险业开始发展。1662年,英国人格郎脱编制了以100个同时出生的人为基数的世界上第一张死亡表,意味着人寿保险技术有了突破性进展。1705年,英国的友谊保险会社获特许经营人寿保险业务,至1720年,英国已有20家兼营人寿保险的公司。1762年,英国出现第一家专营人寿保险的公司——"老公平",首次将死亡表运用到人寿保险费率的计算上。

如果说萌芽状态下的保险,是一种面临共同危险者的自发行为或政府组织的行为，那么，经过漫长的历史演变，保险逐渐变成一种商事行为，出现了针对社会上的保险需要而专门经营保险的组织。

(三) 现代保险的发展

1. 现代保险业的规模。

目前世界上共有保险公司1万余家，遍布世界各国和地区，越是经济发达国家和地区，保险业也越发达。美国有保险公司5 000余家，伦敦一地有500多家保险机构，香港地区也有300余家。1970年，世界保费收入为1 124亿美元；1979年为3 920亿美元；1986年为8 585亿美元；1996年为21 434亿美元；1997年为21 315亿美元；1998年为21 553亿美元。1997年，世界保费总收入占世界生产总值的7.28%；1998年为7.44%，人均保费为271美元。其中南非、瑞士等国在保险深度和密度上位居世界前位。

2. 现代保险公司的规模。

1998年世界排名前三位的保险公司分别为：(1)法国安盛集团，总资产4 995.66亿美元，保险费净收入526.83亿美元。(2)德国安联保险，总资产4 014.06亿美元，保险费净收入468.05亿美元。(3)日本人寿保险公司，总资产3 748.01亿美元，保险费净收入511.28亿美元。

3. 中国保险业的飞速发展。

中国保险业自1980年恢复以来，发展非常迅速。以保费收入为例，1980年仅为4.6亿元，2000年猛增至1 430亿元，2001年为2 109亿元，2002年为3 053亿元，2003年为3 880亿元，2004年为4 318亿元，2005年达到4927亿元。1980年全国仅1家保险公司，没有任何保险中介公司，至2006年，保险市场已有人身保险公司52家，财产保险公司39家，再保险公司5家，保险代理公司1 501家，保险经纪公司294家，保险公估公司236家。

4. 现代保险的发展趋势。

随着经济全球化、金融自由化的潮流，现代保险也日益国际化，其发展趋势是：危险越来越集中；承保力量过剩；保险业向集团化发展；各国对保险经营的规制趋向于缓和；保险功能发生重大变化；责任保险、保证保险和信用保险等所谓的另类保险发展迅速；再保险业务越来越重要，促进了保险业的国际化。

三、保险的基本要素

保险的基本要素，即保险得以产生、存在和发展的基本条件。

(一) 前提要素

前提要素是保险之所以产生的前提条件。从保险的历史演变看，社会生活中存在的各种危险，是保险产生的最基本条件。但并非所有危险都可以保险，只有具备一

定要件的可保危险,才能成为保险对象,可保危险的要件是:

1. 纯粹性。纯粹危险是一种只会给当事人带来灾难和损失的危险。

2. 偶然性。危险的偶然性主要包含以下几层含义:危险发生与否无法预料;危险何时、何地发生无法预料;危险发生的原因与结果无法预料。

3. 普遍性。只有普遍存在的危险,才会产生普遍的保险需求,从而实现集合多数人力量互助共济的保险功能。

4. 可转嫁性。保险是危险集中与分散的过程,其基础是危险可以或可能转嫁。有些危险,如行政处罚、刑事责任,重在惩罚当事人,当然不可以转嫁。有些危险,也可能因保险技术上的问题而不能转嫁,如现金、有价证券的灭失危险。

(二)基础要素

基础要素是得以维持、运营的基本条件。保险建立在众人协力基础上,互助共济便是其基础要素。这里的众人协力,是经济上的协力;这里的互助共济,也仅限于金钱上的赔付。保险的基础要素,是有科学依据的,概率论中的"大数法则"①和数学中的"平均数法则"②,是保险精算和保险经营的基础,构成了支持基础要素成立的数理原理。这些数理原理要求保险人必须研究危险发生的概率和社会上的保险需求,设计出为大多数人所需要并能承受的险种,从而集合最广大的投保主体;同时,也要求保险人必须保证保费收入与赔付总额的大体平衡,以维持赔付能力。

(三)职能要素

职能要素是保险得以存在、发展的功能条件。从社会演变看,任何事物只有具备不可替代的功能和作用,才能经久不衰、不断发展。保险源远流长,伴随人类社会走过了漫长的历程,其原因是危险始终存在;其基础是互助共济;其职能是为危险事故提供经济保障。保险的这种职能,应当从三个层面来考察:事先管理,防止危险发生;事中抢险,防止损失扩大;事后补偿,消除危险事故的影响。从客观上看,保险并不能保证危险事故不发生,其主要功能是危险发生后的经济补偿制度,好比亡羊补牢。

(四)经济要素

经济要素是保险得以产生和发展的经济条件。从这一角度看,保险是一种财务

---

① 大数法则是概率论的主要法则之一,指某种随机现象的大量重复出现,几乎保持同一数值比率的规律。如抛钱币游戏中,每次出现正面或反面是偶然的,但随着抛币动作的大量重复,出现正面或反面的概率,必然接近于总次数的二分之一。按照大数法则,只有在相当广的范围内,以相当数量的人群为对象,才能统计出以往保险事故发生的确切概率,预测危险损失,从而制定适当的费率,确定保险费。同时,为了使危险分散达到最大程度的均衡,也必须按照大数法则大量重复的要求,集合大多数人的力量,来共同承担少数人遭遇的危险。

② 平均数是数学中的概念,包括算术平均数、几何平均数、调和平均数等,把平均数原理运用到保险中,即意味着集合的人群越众,其分摊的危险越少,越能达到把危险化整为零的目的。

安排，即扣除一部分即期收入，预备远期遭遇危险事故时需要的支出，因此，即期收入的充足和剩余，是不可或缺的要件。经济社会的发展，社会剩余价值大幅度增加，为商业保险的产生和发展，提供了坚实的经济基础。

四、保险的种类

(一) 财产保险和人身保险

这是依据保险合同标的的不同进行的分类。

1. 财产保险。财产保险以财产及其相关利益为保险标的，主要包括财产损失保险、责任保险、保证保险和信用保险。财产损失保险的保险标的主要是有形财产，同时包含一些预期利益，通常包括企业财产保险、家庭财产保险、运输工具保险、运输货物保险、工程保险、海上保险和农业保险。责任保险、保证保险和信用保险的保险标的，通常是是无形的利益，包括积极利益和消极利益两种。积极利益是一种预期可以得到的利益；而消极利益则是"不受损失"的利益，即把当事人被免于民事赔偿责任视为一种利益。

2. 人身保险。人身保险以人的身体和寿命为保险标的，主要有人寿保险、人身意外伤害保险和健康保险三种。人寿保险的保险标的是人的寿命，而人身意外伤害保险和健康保险的保险标的主要是人的身体。当然，由于保险技术的进步和被保险人的需要，现在销售的人身保险，大都呈现兼保各种人身危险的综合性保险特征。

(二) 原保险和再保险

这是以保险事故发生后，保险人承担赔付保险金责任的方式来分类，按保险人是直接承担责任还是间接承担责任，可以分为原保险和再保险。

1. 原保险。原保险又称第一次保险，是投保人和保险人通过订立保险合同建立的原始保险关系，保险人承担直接的、原始的赔付保险金责任。

2. 再保险。再保险又称第二次保险，是原保险人将自己承担的原保险责任，分出一部分转移给其他保险人以分散危险的行为，所以，再保险是保险的保险，其合同双方当事人都是保险人。在再保险合同中，原保险人依然承担直接的赔付责任，而再保险人则承担间接的赔付责任。

(三) 单保险和复保险

这是依据承担保险责任之保险人的人数进行的分类。

1. 单保险。单保险是指投保人就同一保险标的、保险利益、保险事故，与一个保险人订立合同的保险。大多数保险都是单保险。

2. 复保险。复保险又称重复保险，是指投保人就同一保险标的、保险利益、保险事故，与两个以上保险人订立合同的保险，并具有保险期间重合的情况。重复保险主要出现在财产保险中，具有补偿性的人身保险合同，也存在复保险情况。

（四）定值保险和不定值保险

这是以保险标的的保险价值在投保时是否确定为标准进行的分类，适用于财产保险。

1. 定值保险。是指缔约时双方当事人约定保险标的的保险价值，并载明于合同中的保险。一旦发生保险事故，保险人即按当初约定的保险价值赔偿。若保险标的全损，保险人按确定的保险价值赔偿；若保险标的部分损失，则按实际损失赔偿。海上保险、陆上运输保险通常采用定值保险合同。

2. 不定值保险。是指订立保险合同时，双方当事人未约定保险标的的保险价值，并在合同中载明：发生保险事故后，以保险标的实际价值确定损失额，进行赔偿的保险。这里的实际价值，即出险时保险标的以市场价格参考确定的价值。如一台彩电，投保时市价为 8 000 元，出险时市价跌至 6 000 元，就只能按 6 000 元市价确定实际价值。一般的财产保险均为不定值保险合同。

（五）足额保险、不足额保险和超额保险

这种分类以保险金额与保险价值的关系为标准，适用于财产保险。

1. 足额保险。保险金额应该以保险标的的实际价值，即保险价值来确定，足额保险即保险金额等于或大体上等于保险价值的保险。订立足额保险合同，被保险人可以获得充分的经济保障。

2. 不足额保险。不足额保险，是指保险金额小于保险价值的保险。导致保险金额小于保险价值的原因主要有：保险人希望被保险人也承担部分危险；投保人为节省保险费而不愿足额投保；保险标的的市场价格上升，导致保险价值增加。订立不足额保险合同，被保险人只能获得投保部分的经济保障。

3. 超额保险。超额保险，是指保险金额大于保险价值的保险。导致保险金额大于保险价值的原因主要有：(1)投保人恶意超额投保，企图在发生保险事故时获得超过保险价值的赔偿。(2)投保人不了解保险标的的市场价格，或者过高估计了保险价值。(3)保险标的市价下跌，导致保险价值小于保险金额。后两种情况可谓善意的超额投保。对于恶意的超额保险，国外许多国家的保险法规定，一经发现，保险人有权解除保险合同。同时，各国保险法都规定，即使是善意的超额保险，保险金额超过保险价值的部分也无效。我国《保险法》没有区分投保人的主观状态，只规定保险金额超过保险价值的部分无效。

（六）补偿性保险与给付性保险

这种分类以订立保险合同的目的为标准。

1. 补偿性保险。补偿性保险，是指以保险标的的损失补偿为目的的保险。财产保险都属于补偿性保险；人身保险中的健康保险和意外伤害保险，由于具有医疗费用补偿和收入补偿等内容，也具有一定补偿性。

2. 给付性保险。给付性保险，是指以帮助遇险而受损害的被保险人或受益人为

目的的保险。绝大多数人身保险合同均属给付性保险,其原因是人身的价值无法估量,保险人给付的保险金只是一种经济帮助。

(七)单一危险保险、多种危险保险和综合危险保险

这是按保险人承担危险事故的范围来分类。

1. 单一危险保险。这是指保险人只承保特定的一种或相关的数种危险事故的保险,如地震保险,保险人只承保地震灾害造成的损失。最初的保险,都是单一危险保险。

2. 多种危险保险。这是指保险人承保合同列明的多种危险事故的保险。这类保险中,不管保险人承保多少危险,只要合同中列举(或排除式列举)了危险事故的名称,就属于多种危险保险。如货物运输保险的保险责任为火灾、爆炸、雷电、冰雹、暴风、暴雨、洪水、地震、海啸、地陷、崖崩、滑坡、泥石流。

3. 综合危险保险。这是指保险人承保责任免除以外的任何危险事故的保险,又称一切危险保险。这类保险中,保险责任通常以"一切"加"除外"的形式拟订。如国内钻井平台保险规定:本保险负责赔偿被保险财产的一切直接物质损失或损坏,但对被保险人、财产所有人或管理人未尽职责造成的损失不负责任。

第二节　保险法概述

一、保险法的概念

(一)保险法的定义

根据商业保险的概念,我们可以简单地把保险法定义为:调整商业保险关系的法律规范的总称。从这一定义可以看出,保险法的调整对象是商业保险法律关系,这种保险法律关系,因保险合同的订立而产生,随保险合同的终止而消灭。

(二)保险法律关系的内涵

保险法律关系简称保险关系,其内涵可以简单明了地用图 38.1 来表示:

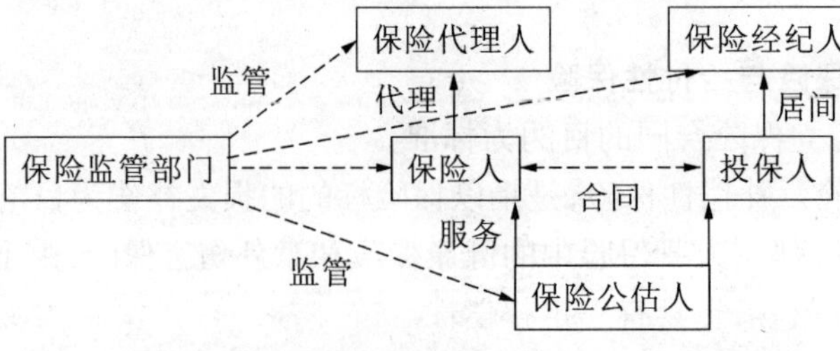

图 38.1

从图 38.1 中可以看出,保险法律关系的范围包括:(1)保险监督管理关系。包括保险监管部门与保险人之间形成的保险监管与被监管关系、与保险中介人之间形成的保险监管与被监管关系。(2)保险合同关系,保险人与投保人通过订立保险合同而形成的权利和义务关系。(3)保险代理关系,即代理人与保险人之间形成的代理与被代理关系。(4)保险经纪关系,即保险经纪人与投保人之间形成的委托居间关系。(5)保险服务关系,即保险公估人与保险人或投保人之间形成的保险服务与被服务关系。

二、保险法的产生

(一) 国外的保险立法

保险的历史虽然源远流长,但是,当保险处于自发状态时,不可能出现相应的法律规范,保险业诞生后,也存在一段相当长的法律真空时期。只到保险业发展出现种种问题,呼唤法律规范时,保险法律才应运而生。

1. 海上保险立法。

1369 年,意大利热那亚共和国颁布了《热那亚法令》,其中有关保险的规定,被认为是最早的海上保险立法。1435 年西班牙制定的《巴塞罗那法令》,规定了海上保险承保规则和损害赔偿的手续,被称为"世界上最古老的海上保险法典",其影响深远,为各国的海上保险立法所继承。如 1523 年佛罗伦萨的《海上保险法令》;1563 年比利时的《安特卫普法令》;1681 年法国的《海上敕令》。

2. 财产保险立法。

1701 年,德意志皇帝费里德里克二世以法律形式规定:各城市都应当联合组织火灾保险合作社。其后,普鲁士制定了强制火灾保险的特别条例。1882 年,意大利在公布的商法中,对陆上保险作了全面规定。1893 年,日本在公布的公司法中,对火灾保险、震灾保险、土地产物保险和运输货物保险等作了规定。

3. 人身保险立法。

人身保险的法律规范出现较晚,1774 年,英国议会通过了《人寿保险法》,明确规定投保人必须对被保险人具有保险利益,否则保险合同无效。1876 年,英国制定了《保险单法》,进一步明确了人寿保险合同的一些规则。1923 年,英国颁布了《简易保险法》,规定了简易人身保险的有关事项。

4. 保险业法的出现。

1862 年英国制定的《保险公司法》,是世界上最初的保险业法。其原因是 1844—1867 年间,有 230 家人寿保险公司宣告破产或合并,保险秩序一片混乱,使保险业在公众中失去了信誉,亟需制定法律规范保险经营。1900 年,日本制定了单独的《保险业法》。1905 年,法国颁布了《人寿保险事业监督法》。

5. 现代保险立法。

现代意义上的保险法,始于 20 世纪初,并在立法中逐步形成了三大法系:(1)法国法系,其特点是强制法色彩浓厚。法国于1930年公布实施的《保险合同法》,被称为是一部体例完整的保险法典,对火灾保险、雹灾保险、牲畜保险、责任保险等陆上保险,以及人身保险都作了相当具体的规定。该法强制法色彩浓厚,在4章86条中,强制性条款达64条,而任意性条款只有22条,被许多学者认为是保险法强制法化的开端。属于法国法系的国家主要有比利时、意大利、西班牙、葡萄牙等。(2)德国法系。其特点是保险业监管比较完善。德国于1901年制定了《民营保险业法》、1930年又颁布了《民营保险企业及建筑银行法》和《再保险监督条例》,形成了较为严密的保险监管体系。属于德国法系的国家主要有瑞士、瑞典、奥地利、丹麦和日本等,上述国家由于长期以来对保险业监管有力,相对而言,较少发生保险公司破产等事件。(3)英美法系。英国于1906年颁布的《海上保险法》,由于体例完整、内容详尽,对现代海上保险立法产生了巨大影响,成为世界各国海上保险立法的蓝本。此外,英国在当代颁布了一系列保险业监管方面的法律。美国的保险立法虽然受英国影响,但国内没有统一的保险法,而是由各州酌情制定。属于英美法系的主要是英联邦国家。英美法系的主要特点是:在保险合同法领域,通常没有统一的法律,他们认为订立保险合同是双方当事人自愿协商的行为,政府对此不该多加干预。

(二)国内的保险立法

我国的保险业,最初是从国外引进的。1805年,英商洋行在广州设立了中国第一家保险公司"谏当保险行"。1865年,上海出现了第一家由民族资本创办的"义和公司保险行"。在清朝和国民党统治时期,都有过保险立法活动,下面重点介绍新中国的保险立法。

1. 建国初期的保险立法。

新中国成立后,当时的政务院于1951年通过了《关于实行国家机关、国营企业、合作社财产强制保险及旅客强制保险的决定》,为了贯彻落实这一决定,政务院财政经济委员会于同年4月公布了《财产强制保险条例》、《船舶强制保险条例》、《铁路车辆强制保险条例》和《轮船、铁路、飞机三方面旅客意外伤害强制保险条例》。1957年,财政部公布了《公民财产自愿保险保险办法》。同时,在对外保险方面,政府对进出口保险、货物运输保险、远洋船舶保险、国际航线保险以及再保险等作出了规定。上述立法活动,完成了我国保险业的社会主义改造,奠定了建国初期新中国保险事业的格局。但从1958年开始,我国停止了国内保险业务,对外保险业务也在十年动乱中受到严重影响。

2. 改革开放后的保险立法。

改革开放后的1980年,我国恢复了国内保险业务,保险业迎来了大发展的机遇。1981年颁布的《经济合同法》,对财产保险合同作了原则规定;国务院于1983年颁发了《中华人民共和国财产保险合同条例》;1985年,国务院又发布了《保险企业管理暂行条例》。1992年,第7届全国人大常委会第28次会议通过了《中华人民共和国海商法》,其中第十二章"海上保险合同",对海上保险合同的一般内容,合同的订立、解除和转让，被保险人和保险人的义务，保险标的的损失和委付，保险赔偿的支付等，作了具体规定。

3. 保险基本法的制定和修改。

随着保险业的迅速发展，保险立法经验和技术日益成熟。1995 年 6 月，第 8 届全国人大常委会第 14 次会议通过了《中华人民共和国保险法》（以下简称《保险法》），这是建国以来，我国制定的第一部保险基本法，采取了保险合同法与保险业法合为一体的立法体例，对于促进我国保险业的健康、稳定发展，具有十分重要的意义。《保险法》自 1995 年 10 月 1 日起实施。《保险法》实施七年后，由于我国加入 WTO、保险市场格局发生重大变化等原因，《保险法》进行了修改。2002 年 10 月，第九届全国人大常委会第 30 次会议通过了保险法修正案，修改后的《保险法》，自 2003 年 1 月 1 日起实施。本次修改侧重于保险业法的内容，对于加强保险业监管具有重要意义。

4. 配套法规、规章的制定。

为了保证《保险法》的贯彻和施行，国务院先后颁布了《外资保险公司管理条例》（2001 年 12 月）和《机动车交通事故责任强制保险条例》（2006 年）。保险监管部门先后发布了《保险公司投资证券基金管理办法》（1999 年）；《保险公估机构管理规定》（2001 年）；《保险机构高级管理人员任职资格管理暂行规定》（2002 年）；《保险公司偿付能力额度及监管指标管理》（2003 年）；《保险公司管理规定》、《保险代理机构管理规定》、《保险经纪机构管理规定》、《保险机构投资者股票投资管理暂行办法》、《外资保险公司管理条例实施细则》、《外资保险机构驻华代表机构管理规定》、《保险保障基金管理办法》、《人身保险产品审批和备案管理办法》（以上为 2004 年发布）；《再保险业务管理规定》、《保险资产管理公司管理暂行规定》、《财产保险公司保险条款和保险费率管理办法》（以上为 2005 年发布）；《保险营销员管理规定》《保险资金间接投资基础设施项目试点管理办法》（以上为 2006 年发布）等一批重要规章。

三、保险法的构成

保险法是调整商业保险关系的各种法律规范的总称，由保险合同法、保险业法和保险特别法构成。

（一）保险合同法

商业保险是一种合同保险，保险合同在保险法律关系中占据极其重要的地位，因此，保险合同法是保险法中的核心内容，是调整保险合同双方当事人权利和义务关系的法律规范。具体而言，保险合同法调整双方当事人在订立、变更、终止保险合同中所产生的各种权利和义务关系，规范双方当事人的保险合同行为，从而达到保护双方当事人合法权益；维护保险业安定、稳健发展的目的。

（二）保险业法

保险业法被称为保险公法，是调整保险监管关系、规范保险人经营行为的法律规范。其调整对象包括：国家在监管保险业过程中所发生的关系；保险公司之间因合作、竞争而发生的关系；保险公司在内部管理过程中所发生的关系。与保险合同法相比，其主要调整不平等主体间的关系，即保险监管部门与保险人、保险代理人、保险经纪人和保险公估人之间所形成的管理与被管理、监督与被监督的关系。由于保险业在国民经济中的特殊地位，世界各国都通过立法加强对保险业的监督管理，从而使保险业法的作用越来越重要。

虽然从法理上说，保险合同法与保险业法是性质完全不同的保险法，但立法实践中，有时出现两法合一的情况，我国的《保险法》就是如此。

（三）保险特别法

保险特别法是指保险合同法之外，民商法中有关保险合同的规定，最典型的如各国《海商法》中有关海上保险的规定。此外，有的国家把保险合同法作为民法债编中的一章，如《意大利民法典》；有的国家则把其列入商法典中，如《法国商法典》、《德国商法典》、《日本商法》和《韩国商法》等。

四、保险法的特征

采取民商合一制度的国家中，保险法被视为民法特别法；而在民商分立的国家中，保险法被视为商法特别法。不管采取哪种标准，保险法，特别是保险合同法，显然具有民商法的最一般特点，其涉及的许多内容，都受民法和商法的调整。但是，保险法作为部门法，也有其本身的一些特点：

1. 保险法律关系中具有特定的主体。在各种保险法律关系中，保险人始终是主体之一，具体即为保险合同关系中的一方当事人；保险监管关系中的被监管主体；保险代理关系中的被代理主体。

2. 调整的法律关系具有复杂性。由于保险法包括保险合同法和保险业法，其调整的对象就呈现出复杂的状况。保险合同法被称为保险私法，主要调整平等主体间的法律关系，即保险合同双方当事人之间形成的横向关系。保险业法被称为保险公法，主要调整不平等主体间的法律关系，即保险监管过程中形成的纵向关系。这种复杂状况体现了私法公法化的倾向。

3. 法律关系主体履行义务的必然性和偶然性。在保险法律关系中，投保人履行缴纳保险费义务是必然的、确定的，但保险合同约定的危险事故的发生具有偶然性，保险事故造成的损失程度具有不确定性，因此，就个别保险关系而言，保险人履行赔付义务具有偶然性，履行义务的多少具有不确定性。

4. 强调社会公共利益。由于现代保险业已经渗透到社会的各个领域，关系到国计民生，因此，保险法强调保险经营必须尊重社会公共利益，保证健康、稳定发展。由于保险合同的格式化、专业化,投保方在这方面通常处于弱势地位,各国的保险立法都有保护被保险人或受益人的利益的倾向。

5. 具有特定的立法技术。保险立法具有特定的立法技术,必须以数理计算为基础,涉及保险实务中的许多具体问题。我国《保险法》规定,主要险种的基本条款和保险费率,由保险监督管理部门制定。这些基本条款和保险费率,一旦推出,即成为保险法规的重要组成部分,其中必然涉及许多保险技术问题。

五、保险法的基本原则

保险法的基本原则,即集中体现保险法本质和精神的基本准则,它既是保险立法的依据,又是保险活动中必须遵循的准则。保险法的基本原则是比较抽象的概念,它通过保险法的具体规定来实现,而保险法的具体规定,必须符合基本原则的要求。

(一) 保险与防灾减损相结合的原则

保险从根本上说,是一种危险管理制度,目的是通过危险管理来防止或减少危险事故,把危险事故造成的损失缩小到最低程度,由此产生了保险与防灾减损相结合的原则。

1. 保险与防灾相结合的原则。

这一原则主要适用于保险事故发生前的事先预防。根据这一原则,保险方应对承保的危险责任进行管理,其具体内容包括:(1)调查和分析承保的保险标的之危险情况,据此向投保方提出合理建议,促使投保方采取防范措施,并进行监督检查;(2)向投保方提供必要的技术支援,共同完善防范措施和设备;(3)与社会有关各方相互配合,采取各种措施防止和减少危险事故的发生;(4)必要时,经被保险人同意,由保险方采取安全预防措施;(5)对不同的投保方采取差别费率制,以促使投保方加强对危险事故的管理。遵循这一原则,投保方应遵守国家有关消防、安全、生产操作、劳动保护等方面的规定,主动维护保险标的之安全,履行一个善意所有人、管理人应尽的义务,同时按照保险合同规定,履行危险增加通知义务,即当保险标的出现保险合同约定以外的危险情况时,投保方必须及时通知保险方。

2. 保险与减损相结合的原则。

这一原则主要适用于保险事故发生时及事后的减损。根据这一原则,如果发生保险事故,投保方应尽最大努力积极抢险,避免事故蔓延、损失扩大,并保护出险现场,及时向保险人报案。而保险方则通过承担施救及其他合理费用,承担投保方因施救等而产生的费用。

(二) 最大诚信原则

诚信原则是民法中的基本原则之一,由于保险法律关系具有特殊性,双方当事人客观上处于互有强弱地位,故要求合同双方当事人最大程度地遵守这一原则。具体而言,保险人在标的信息和控制上处于绝对弱势,缔约意思建筑在投保人诚信告知上,风险控制建筑在其善意管理和诚信通报上;投保人在保险信息、附和合同上处于弱势,缔约意思建筑在保险人诚信说明上。因此,道德规范中的诚信、原则范畴中的诚信,在《保险法》中成为必须履行的法定诚信义务,其主要表现为以下几个方面:

1. 履行如实告知义务。

这是对投保人的诚信要求。由于保险人面对形形色色的投保人,全靠投保人提供的资料或陈述决定承保与否,因此,投保人在投保时,必须实事求是告知保险标的之情况。(1)告知范围:足以影响保险人决定是否承保;足以影响保险人确定保险费率或增加特别条款的重要情况。(2)告知方式:询问告知,即保险人询问的内容,投保人必须如实告知。(3)违反的法律后果:保险人得以解约或拒绝承担保险责任。

2. 履行说明义务。

这是对保险人的诚信要求。由于保险合同由保险人事先制定,而且充满了各种保险专用术语,投保人通常又缺乏各种保险知识和经验。因此在订立保险合同时,保险人应当向投保人说明保险合同的条款内容,特别是责任免除条款,保险人应当履行明确说明义务,未明确说明的,责任免除条款不发生效力。

3. 履行保证义务。

这里的保证,是指投保人向保险人作出承诺,保证在保险期间遵守作为或不作为的某些规则,或保证某一事项的真实性,分为明示保证和默示保证两种。明示保证以保险合同条款的形式出现,是保险合同的内容之一。如机动车辆保险中有遵守交通规则、安全驾驶、做好车辆维修和保养工作等条款;仓储保险中有不堆放危险品的条款;人身保险中有被保险人在一定期限内不出国的条款等。保险合同一旦生效,即构成投保人对保险人的保证,对投保人具有作为或不作为的约束力。默示保证通常以社会上普遍存在或认可的某些行为规范为准则,并将此视作投保人保证作为或不作为的承诺。如盗窃险合同中,虽然没有明文规定被保险人外出时应该关闭门窗,但这是一般常识下应该做的行为,这种社会公认的常识,即构成默示保证,也成为保险人承保的基础。

4. 履行通知义务。

保险合同期间,虽然保险人承担着风险,但保险标的却完全由投保方控制,标的物发生任何变故,均可能影响保险人利益,因此,在一般合同中作为随附义务的通知,在保险合同中却成为投保方的一项诚信义务。其义务包括危险增加通知、保险标的流转通知变更、出险及时通知等。投保方未履行通知义务,可能导致因各种变故造成的危险损失,保险人不承担责任的不利后果。

5. 弃权和禁止抗辩。

弃权与禁止抗辩,是与如实告知义务相关的一项制度,是对保险人处理违反告知义务时的诚信要求。投保人告知不实,保险人得以解约或拒赔来抗辩,但是,如果对保险人抗辩权不作任何限制的话,双方之间的利益可能由此而失衡。由此,许多国家的保险法都规定了保险人的抗辩期(一般为两年),超过抗辩期,即视为弃权,保险人不得再以告知不实要求解约或拒赔。我国《保险法》也规定:投保人申报的被保险人年龄不真实并且真实年龄不符合合同约定的年龄限制的,保险人可以解除合同,并在扣除手续费后,向投保人退还保险费,但是自合同成立之日起逾两年的除外。

(三) 保险利益原则

保险利益是指投保人对保险标的具有法律上承认的利益。投保人在投保时,必须对保险标的具有保险利益,否则,保险就可能成为一种赌博,丧失其经济保障的基本功能。有否有保险利益,是判断保险合同有效或无效的根本依据,缺乏保险利益要件的保险合同,自然而确定地不发生法律效力。保险利益在财产保险和人身保险中有不同的表现形式。

1. 财产保险的保险利益。

财产保险的保险标的是财产及其相关利益,其保险利益是指投保人对保险标的具有法律上承认的经济利益。财产保险的保险利益应当具备三个要素:(1)必须是法律认可并予以保护的合法利益。从源泉上看,《物权法》规定的物权,依法订立的民商事合同,法律规定应当承担的民事赔偿责任,均可以成为具有保险利益的法律依据。(2)必须是经济上的利益。即应当是可以用金钱估价的利益,财产保险的根本目的是补偿经济损失,如果损失难以用金钱估计,补偿就无从谈起。(3)必须是能够确定的经济利益。有些财物,虽然具有经济上的利益,但其价值难以确定,也不能构成保险利益。如货币和有价证券,其烧毁后难以确定损失的价值,保险人自然也难以补偿。

2. 人身保险的保险利益。

人身保险的保险标的是寿命和身体,其保险利益是指投保人对被保险人的寿命和身体所具有的经济利害关系,其通常由保险法规定,如我国《保险法》规定:投保人对下列人员具有保险利益:本人;配偶、子女、父母;与投保人有赡养或抚养关系的家庭其他成员、近亲属。此外,被保险人同意为其投保的,视为投保人具有保险利益。

3. 违反保险利益原则的法律后果。

投保人对保险标的不具有保险利益,将导致保险合同无效;如果发生保险事故,保险人将拒绝赔偿或给付。

(四) 损失补偿原则

损失补偿原则,是指保险事故发生后,保险人在其责任范围内,对被保险人遭受的实际损失进行补偿的原则。这一原则的关键所在,是防止被保险人从保险上不当得利。一般而言,损失补偿原则适用于财产保险,但人身保险中的健康保险和意外伤害保险,也有类似问题。其内涵主要有以下几点:

1. 在责任范围内按实际损失进行补偿。

保险人只有在保险合同规定的期限内,以约定的保额为限,对合同中约定的危险事故所致损失进行补偿。保险期限、保额和保险责任,构成损失补偿不可或缺的要件。而保险人补偿的金额,只能是保险标的实际损失的价额。换言之,保险人的补偿,应当恰好使保险标的恢复到保险事故发生前的状态。同时,由于保额是静态的,而保险价值在保险期间却是动态的,除合同约定的定值保险外,其他不定值保险均按出险时的保险标的实际价值进行补偿,即使投保时是足额保险,保险期间若市价下跌而形成超额保险,超过部分依然无效;若市价上涨形成不足额保险,保险人只能按比例承担补偿责任。

2. 被保险人不能从保险上额外得利。

有些保险事故,是第三者侵权行为造成,由于第三者的出现,事实上形成了被保险人既可以依据保险合同向保险人索赔,又可以依据侵权行为法向第三者索赔的局面,若允许其同时向双方索赔,势必产生双重获利的问题。为此,保险法设定了代位求偿制度。代位是各国民法所公认的债权转移制度,它是指按照法律规定,一人处于他人的法律地位,代位行使他人权利的行为。保险上的代位,包括代位求偿和物上代位两种。代位求偿,是指由第三者造成的保险事故,被保险人取得保险人赔偿后,将向第三者索赔的权利转让给保险人,由其依法向第三者追偿的法律行为。因此,代位求偿是一种权利代位。

保险上的物上代位,是指保险人赔偿后,应当对保险标的(即使是残值)享有相应的所有权,否则,被保险人可能从中额外得利。其包括两种制度:(1)委付。这是指当保险标的处在推定全损状态时,被保险人要求保险人按照实际全损进行赔偿,并承诺将保险标的的所有权,以及由此产生的一切权利和义务,全部转移给保险人的赔偿制度。(2)实际全损或部分损失的处理。即保险人按实际全损或部分损失赔偿后,取得与赔偿金额相应的保险标的残值之所有权,并折价给被保险人,在保险赔款中扣除。

(五) 近因原则

保险上的近因,是指造成保险标的损害结果的最有效、最直接、起决定因素的原因,而非时间或空间上最近的原因。保险法上的近因原则,是指在分析、判断危险事故与损害结果之间因果关系的基础上,决定是否承担保险责任的原则。具体而言,首先应当确定导致损害结果的近因是什么,进而审核该近因是否属于保险责任,并据此决定赔付与否。

1. 近因的确定方法。

(1)损害后果的产生,可能是单因造成,也可能是多因造成,因此,首先应当确定究竟有几个原因。(2)若是单因,只要该单因与损害后果有因果关系,该单因即近因。(3)若原因有多个,则应当进一步确定其是同时发生还是先后发生。多因同时发生,意味着多因之间无因果关系,每一原因都单独对损害后果产生作用,就都是近因。(4)若多因先后发生,应当将其按发生的时间顺序一一排列,然后分析多因之间是否存在因果关系。先后发生的多因,若不存在因果关系,可谓多因间断发生,间断发生的原因都对损害后果产生作用，就都是近因。(5)相反，多因之间有前因后果关系，可谓多因连续发生，此时，无论从结果往前追溯，还是从最初发生的原因往后推移，结论都一样，最初发生的危险事故，就是近因。

2. 近因确定后的理赔。

(1)单因的理赔比较简单，只要依据保险合同，审核该单因是否属于保险责任，并据此决定赔付与否。(2)多因同时发生时的理赔，与单因相似，保险人按同时发生的原因是否属于保险事故而决定赔付与否。若同时发生的原因都属于保险事故，则承担所有损害后果；若其中既有保险事故，也有责任免除事项，保险人只承担保险事故造成的损失。(3)多因间断发生时的理赔，与多因同时发生时的理赔完全一样。(4)多因连续发生时，由于最初的原因是近因，只要把初因作为单因对待即可。若初因不属于保险责任，即便其引起的危险事故属于保险责任，保险人也不承担赔付责任，反之，若初因属于保险责任，即便其引起的危险事故属于除外责任，保险人也要承担赔付责任。如皮革和烟叶都投保了水渍险，皮革遭海水浸泡后腐烂，烟叶未遭浸泡，但吸附了腐烂皮革的恶臭后变质，虽然吸附恶臭变质不是水渍险的保险责任，但由于海难是近因，属于保险责任，保险人承担赔偿责任。当然，若初因和连续发生的原因均属保险事故，保险人将承担所有损害赔偿责任。

第三十九章
保 险 合 同

第一节 保险合同概述

一、保险合同的概念

所谓保险合同,即保险合同双方当事人约定保险权利和义务的协议。概括而言,保险合同设定的投保人义务主要有:按期、足额地缴付保险费;善管保险标的,维护标的之安全;保险标的危险程度增加时及时通知保险人;出险后尽力施救,及时向保险人报案。而保险合同设定的保险人义务主要是:对危险进行管理;承担赔偿或给付保险金责任;承担施救及其他合理费用。由于保险合同是双务有偿合同,一方当事人的义务,即构成另一方当事人的权利。

二、保险合同的特征

(一) 保险合同是诺成合同

诺成合同相对于实践合同而言。实践合同的成立,除双方当事人意思表示一致外,还需交付标的物;而诺成合同,只要双方当事人意思表示一致,合同即可成立。保险合同的诺成性,是指保险合同的成立,不以保费的实际缴付为要件。依我国《保险法》第13条,只要投保人提出保险要求,经保险人同意承保,并就保险合同的条款达成协议,保险合同即告成立。换言之,缴费是投保人的保险合同义务,而非成立条件。当然,保险合同的诺成性是就一般意义而言,如果保险合同中明确约定:本合同以投保人缴费为成立要件,此时,保险合同因该项有效约定而转化为实践合同。

(二) 保险合同是附和合同

附和合同与商议合同相对。商议性合同是经过缔约双方充分协商始订立的合同;而附和性合同,通常由一方当事人事先制定并提供合同条款,另一方当事人只能就合同条款作出订立或不订立的选择,少有协商余地。保险合同的附和性,是指订立保险合同时，由保险人事先制定并提供合同条款，投保人如要求投保，通常只能接受这些条款，少有协商、选择的余地。

保险合同的附和性，在以格式合同为主的险种上，表现得最为明显，投保人完全没有协商订约的余地，即使提出修改条款的要求，也只能在保险人预先准备的附加条款范围内选择。但是，在一些除基本条款外，通常有特约条款的险种上，投保人可以就特约条款提出协商要求，并在双方达成一致条件下订立保险合同。这种情况下，保险合同也就具备了商议合同的特征。

(三) 保险合同是双务、有偿合同

双务合同与单务合同、有偿合同与无偿合同相对。单务合同是当事人一方只享有权利、另一方只负担义务的合同；无偿合同是指当事人一方取得权利无须付出相应代价的合同。双务、有偿合同的特点，是双方当事人的权利和义务彼此关联，当事人一方的权利，即意味着另一方当事人的义务，对双方当事人来说，享受权利的对价是承担相应的义务。保险合同具有双务、有偿合同的一般特点，保险人承担危险的前提是投保人支付保险费；投保人支付保险费的原因，是保险人承诺发生危险事故时承担赔付责任。当然，保险合同的双务、有偿具有特殊性，保险费和保险赔付金之间，并非等价而是对价。

(四) 保险合同是射幸合同

射幸合同相对于实定合同而言，实定合同是合同订立时法律效果已确定不移的合同；而射幸合同则是法律效果取决于偶然事件发生的合同。保险合同的射幸性，是指保险合同成立后，保险人赔付责任的产生，取决于保险事故的发生，而保险事故会否发生或何时发生，具有偶然性。保险合同的射幸性，决定了保险合同成立后，被保险人能否获得保险赔付完全是不确定的；也决定了一旦发生保险事故，赔付的保险金与缴纳的保费之间，存在着巨大差额，这种差额，使保险自身产生一种危险：即以获取差额为目的的道德危险。

保险合同的射幸性，在人寿保险与非寿险中存在较大差异。非寿险合同完全是射幸合同，而寿险合同中，储蓄性与射幸性此长彼消，储蓄性越强，射幸性越弱，被保险人受付保险金几乎是确定的。此外，保险合同的射幸性，只是就单个保险合同而言，从保险合同整体上说，双方当事人的权利和义务是对等的。

(五) 保险合同是要式合同

要式合同与非要式合同相对，即法律规定应当履行一定方式的合同。为了保证保险合同的严肃性和切实履行，避免空口无凭，许多国家的保险法规定，保险合同必须以书面方式订立，其合同形式有投保单、暂保单、保险单、保险凭证等几种。

第二节　保险合同的主体、客体和内容

一、保险合同的主体

保险合同的主体，即保险合同的当事人和参与者，包括当事人、关系人和辅助人。主体是保险合同不可缺少的要素，没有主体即没有保险合同。

（一）保险合同当事人

所谓保险合同当事人，是指保险合同的双方缔约人，即保险人和投保人。

1. 保险人。

保险人是指与投保人订立保险合同，享有收取保险费权利，并承担赔偿或者给付保险金责任的保险公司。其法律特征是：(1)保险人必须是依法成立的经营保险业务的公司法人，任何自然人、未经特别许可的法人，都不得擅自经营保险业务。(2)保险公司必须采取法定的组织形式，在我国，保险公司必须是股份有限公司和国有独资公司。(3)保险人是保险合同的一方当事人，与另一方当事人构成平等主体间的合同关系。(4)保险人在保险合同中享有收取保险费权利，承担赔偿或给付保险金义务。

2. 投保人。

投保人是指与保险人订立保险合同，并负有支付保险费义务的人。其法律特征是：(1)投保人可以是自然人，也可以是法人。投保人为自然人时，须具有民事行为能力；投保人为法人时，须具有权利能力。(2)投保人在投保时必须对保险标的具有保险利益。(3)投保人在保险合同中承担缴纳保险费义务。

（二）保险合同关系人

所谓保险合同关系人，是指虽然不是保险合同缔约人，却享有保险合同权利或承担保险合同义务的人。保险合同的关系人包括被保险人和受益人。

1. 被保险人。

被保险人是指其财产或人身受保险合同保障，享有保险金请求权的人。其法律特征是：(1)受保险合同保障之人，亦即保险事故发生时，实际受损之人。(2)财产保险中，被保险人应当在发生保险事故时对保险标的具有保险利益。(3)享有保险金请求权。(4)以死亡为给付保险金条件的保险合同，投保人为被保险人投保时，必须经被保险人同意，亦即被保险人享有合同订立的同意权。同时，该类保险合同的被保险人，不能是无民事行为能力人，但未成年子女除外。

2. 受益人。

受益人是指人身保险合同中由被保险人或者投保人指定的、享有保险金请求权的人。其法律特征是:(1)由被保险人或投保人指定,投保人指定受益人时,必须经被保险人同意。被保险人为无民事行为能力人或限制民事行为能力人时,可以由其监护人指定受益人;(2)不承担保险上的义务而享有保险上的利益。(3)没有主体资格限制,可以是任何自然人或法人。(4)可以是一人,也可以是数人,在数人情况下,被保险人或投保人可以指定受益顺序或份额,未指定顺序或份额的,由数个受益人均等分割保险金。(5)只有在被保险人死后才享有保险金请求权,其受领的保险金归受益人独享,不作为被保险人遗产。(5)出现未指定受益人、受益人先于被保险人死亡、受益人依法丧失受益权或放弃受益权而又没有其他受益人等情况时,由被保险人的法定继承人受领保险金。(6)被保险人或投保人有权变更受益人,投保人变更受益人应当经被保险人同意;变更受益人应当书面通知保险人,但无须经保险人同意。(7)受益人与被保险人在危险事故中同时死亡时,推定受益人先死,保险金由被保险人的法定继承人受领。

(三)保险合同辅助人

保险合同辅助人,是指为订立、履行保险合同充当中介人或提供服务,并收取中介服务费的人,包括保险代理人、保险经纪人和保险公证人。

1. 保险代理人。

保险代理人是指根据保险人委托,向保险人收取代理手续费,并在保险人授权范围内办理保险业务的单位或者个人。其法律特征是:(1)从事保险代理须取得权利能力和行为能力。(2)以保险人名义办理保险业务,个人保险代理人只能为一家人身保险公司代理。(3)在法律上与保险人视为同一人。在授权范围内以保险人名义所为的意思表示,直接对保险人发生效力。代理人所知视作保险人所知,保险人必须对其代理活动承担法律后果。(4)保险人必须以书面代理合同或授权书确定其代理权限。

2. 保险经纪人。

保险经纪人是基于投保人的利益,为投保人与保险人订立保险合同提供中介服务,并依法收取佣金的单位。其法律特征是:(1)从事保险经纪,须取得权利能力和行为能力。(2)保险经纪本质上是一种居间活动,但这并不妨碍其成为投保人甚至保险人的代理人,但不得双方代理。(3)主要向保险人收取佣金,但其向投保人提供保险咨询等活动时,也可向投保人收费。(4)是独立的保险中介主体,其收取保险费等业务行为,对保险人没有约束力。其因过错造成投保人、被保险人或受益人损失的,自己承担赔偿责任。(5)我国的保险经纪人,必须以经纪公司的形式出现,个人不得从事保险经纪业务。

3. 保险公估人。

保险公估人是指办理保险标的查勘、鉴定、估价,赔偿额的核算、洽商,并予以证明的人。其法律特征是:(1)保险公估人从事保险公估须取得权利能力和行为能力。(2)保险公估人是具有特殊资质的法人组织。(3)保险公估人向委托方收取费用,但在提供服务时,不能唯委托方利益是重,应当以科学、客观、公正为宗旨。(4)保险公估人出具的公估报告不具有法律效力。

二、保险合同的客体

保险合同的客体,即保险标的,是保险合同双方当事人权利和义务共同指向的对象。保险合同如果没有客体,便成了无的放矢,也就丧失了存在的意义。

财产保险合同和人身保险合同的客体是各不相同的,财产保险合同的客体是财产及其相关利益;人身保险合同的客体是人的寿命和身体。

三、保险合同的内容

保险合同的内容,即保险合同双方当事人的权利和义务。由于保险合同一般都根据保险人事先制定的合同条款订立,双方当事人的权利和义务,主要体现在保险合同条款上。保险合同条款有基本条款和特约条款两种。基本条款是法律规定保险合同必须列入的事项或条款,包括保险合同当事人和关系人的名称和住所;保险标的;保险责任和责任免除;保险期间和保险责任开始时间;保险价值和保险金额;保险费及其支付办法;赔偿或给付保险金办法;违约责任和争议处理;订立保险合同的时间。特约条款是允许当事人自由协商约定的事项或条款,主要有扩大或限制保险责任的条款、约束投保人或被保险人行为的条款等。后一种条款通常称为"保证条款",要求投保人或被保险人保证遵守作为或不作为的某些规则,或保证某种事实状态的存在或不存在。保证条款一经约定就必须严格遵守,否则将导致保险合同被解除或保险人拒绝承担责任的法律后果。以下择要介绍保险合同的基本条款。

(一)保险标的

保险标的是保险的对象(客体),包括财产及其相关利益、人的寿命和身体。保险标的是保险合同成立的依据,没有保险标的,保险合同就丧失了存在的意义。保险标的又是判断投保人或被保险人有无保险利益的根本依据,没有保险标的,保险利益就无从谈起。保险标的还是确定保险价值、保险金额、保险费率以及保险责任范围的重要依据。因此,保险标的是保险合同中不可或缺的条款。在保险合同中,保险标的条款通常包括标的名称、数量、坐落地点和状况等事项。

(二)保险责任和责任免除

1. 保险责任。

保险责任是指保险合同约定的,保险人承担赔付保险金责任的范围,亦即保险事故的范围。保险责任通常由保险人根据不同种类的保险事先制定,载明于保险合同中,供投保人根据保险标的性质和自身需要进行选择。其文字形式通常有定义式和列举式两种。定义式即通过下定义来明确保险责任的一种条款形式,通常适用一切险合同。列举式即通过列举保险事故的种类来明确保险责任。

2. 责任免除。

责任免除指保险合同约定的,不属于保险责任的范围,通常由保险人根据不同险种事先制定并载明于保险合同中。对于保险合同中的责任免除条款,保险人必须向投保人明确说明,否则不发生效力。同时载明保险责任和责任免除的原因,主要是两者可能处于交叉状态。如火灾、爆炸造成的财产损失属于保险责任,而战争、军事行动等引起的火灾、爆炸,则不属于保险责任,必须在责任免除中剔除;被保险人遭遇意外伤害属于保险责任,但被保险人犯罪导致的意外伤害,却必须把它排除在保险责任之外。

(三) 保险期间和保险责任开始时间

1. 保险期间。

保险期间是指保险合同从生效到失效所持续的时期。其确定方式有两种:一是直接约定生效日和期限,如约定保险合同自某年某月某日零点起保,期限为一年。二是按某一事件的起始和终止日确定,如约定保险合同期间为工程开工至竣工;从驶入高速公路起至驶离高速公路止等。

2. 保险责任开始时间。

保险责任开始时间,是指保险人开始承担保险责任的某一确定时刻。就多数保险合同而言,其生效日就是保险责任开始时间,但也有保险责任晚于甚至早于生效日开始的特殊情况。如健康保险合同有免责期的约定,免责期内发生的保险事故,保险人不承担保险责任。有些责任保险有追溯期约定,保险人承担责任的期限,可能追溯至合同生效前三至五年。还有些保险合同,其保险责任开始时间是附条件而不确定的,如高速公路乘客意外伤害保险,只有车辆驶入高速公路收费口这一条件成就了,保险人才开始承担保险责任。

(四) 保险费及其支付办法

1. 保险费。

保险费是订立保险合同后,投保人缴付给保险人的费用,作为保险人提供保障的代价。保险费一般包括纯保费、附加保费和安全加成三部分:(1)纯保费是保费中最基本的部分,是保险人准备赔偿或给付保险金的部分,换言之,即被保险人获得保险保障的部分。保险人应当将纯保费提存起来,准备承担赔付责任,所以又称责任准备金。(2)附加保费。这是保险人经营保险业所需要的费用,可以说是附加在纯保费上的营业费用。(3)安全加成。其是在纯保费上增加的安全系数,主要是应对危险事故可能超常发生的情况。因此,保费的计算公式为:保费=纯保费(1+安全系数)+附加保险费。

在保险合同中,保险费是根据保险金额和保险费率的乘积来确定的,从时间顺序上说,是先有保险费率,才能进一步计算保险费。如保险金额为10万元,保险费率为

5‰,保费＝10 万×5‰＝500 元。保险费率通常用百分率或千分率来表示,由纯保费率(净费率)和附加保费率两部分组成。(1)纯保费率的确定。在财产保险中,纯保费率主要根据保险标的损失率确定,损失率＝(同一险种一定期间)赔偿总额÷保险金额总和。如某险种某一期间共赔偿 30 万,而保险金额总计为 6 000 万,损失率是 5‰,据此可以确定纯保费率是 5‰。在人身保险中,纯保费率根据人的死亡率、生存率、平均余命、利率等因素确定。平均余命是指某年龄段人群的平均生存年数,如 10 岁的平均余命为 64.48 年,即意味着处在该年龄段的人群,平均寿命为 74.48 岁,扣除已生存年数,平均还有 64.48 年的余命。反映死亡率、生存率和平均余命的是生命表,生命表是通过对特定人群的研究而制定、反映生命规律的一种经验数据,内容包括各年龄段对应的人群基数、生存数、死亡人数、生存率、死亡率和平均余命。由于不同年龄段的生存率、死亡率或平均余命不尽相同,不同年龄段的保险费率也就有所差异。利率之所以成为重要因素,主要是因为寿险中缴费与给付的时间间隔性,这种间隔有时会达到几十年,不计息对被保险人不公平,而且会使保险费变得很贵。由于保险合同的利率一旦确定就不能随意调整,而市场利率却总是上下波动,期限越长,不确定因素越多,因此,保险人必须根据以往利率长期波动的规律,制定适当、合理的寿险合同利率,并结合生命规律最终确定保险费率。(2)附加保费率的确定。附加费率的确定比较简单,只要把所有营业费用相加,除以该保险公司承保的保险金额总和,即可算出。其计算公式为:附加费率＝营业费用÷保险金额×100%。综上所述,人身保险费费率＝纯保费率(1＋安全系数)＋附加保费率。

2. 保险费支付办法。

确定保险费后,双方当事人仍需在合同中约定保费支付办法。就保险期限较短的财产保险、意外伤害保险和健康保险合同而言,保费往往是一次性缴清的,而且,缴费通常成为保险合同生效的要件之一。当然,保费数额较大的情况下,投保人也可以要求分期缴付。人寿保险合同由于期限较长,保费一般分期缴付,投保人可以选择按月、季、半年、年缴付,或集中趸缴,并确定缴付日期。

(五)赔偿或给付保险金办法

不同种类的保险,有不同的赔付保险金办法。财产保险通常有第一危险、比例责任、限额责任和定值保险等赔偿方式,人身保险采取定额给付方式。

1. 第一危险赔偿方式。

这是指发生保险事故时,只要保险标的实际价值大于或等于保额,则保额限度内的损失均为“第一危险”,由保险人承担全部赔偿责任的一种赔偿方式。采取这种赔偿方式时,由投保人根据保险价值自行确定保额,只要出险时的保险价值大于或等于保额,保额限度内的损失,保险人均予以赔偿,而超过保额限度内的损失则视为“第二危险”,由被保险人自行承担责任。这种方式对被保险人比较有利,保险人对促销的产品或信誉较好的客户采用这种赔偿方式。

2. 比例责任赔偿方式。

这是指发生保险事故后,保险人按保额与保险标的出险时实际价值的比例赔偿财产损失的一种赔偿方式。这种赔偿方式因不足额保险而产生,计算公式为:赔偿金额=保险金额÷出险时保险标的实际价值×损失金额。

3. 限额责任赔偿方式。

这是指双方当事人事先约定一个保额为被保险人的预期收益,如果因灾害等而收益达不到保额时,保险人即补偿差额的一种赔偿方式。这种方式主要适用于农业保险。由于保险人采取差额补足的方式,为防止消极不作为造成的差额,通常要求被保险人自身也承担一定比例的危险责任。

4. 定值保险赔偿方式。

这是指双方当事人订立合同时即约定保险价值并载明于保险合同中,发生保险事故时,保险人即按当初约定的保险价值确定赔偿额的一种赔偿方式。这种方式主要适用于海上保险、货物运输保险以及无市场价格参考的保险标的,保险标的全损时,按约定的保险价值全部赔偿,部分损失时按损失额赔偿。

5. 人身保险的给付办法。

人身保险通常采取定额赔偿方式,即按保险合同约定的保额确定给付金额。在人身意外伤害保险中,给付金额通常按伤害所致劳动能力或身体机能的丧失程度确定;在健康保险中,给付金额通常按约定的给付项目和标准确定;在人寿保险中,给付金额通常按约定的年金或一次性给付的标准确定。

第三节 保险合同的订立

一、保险合同的订立和生效

(一) 保险合同的订立

保险合同的订立,是指投保人和保险人在意思表示一致的情况下,设立保险合同的行为。合同订立是一个过程,通常包括要约邀请、要约、承诺、成立等各个阶段,从行为性质看,订立保险合同属于当事人意思自治的领域,是否订立保险合同,订立怎样的保险合同,完全由当事人自主决定。

1. 保险上的要约邀请。保险上的要约邀请,是指保险人通过各种媒介,向社会公众宣传保险商品的行为。包括各种媒体广告、网上发布保险信息、保险产品发布会、散发保险产品说明书等各种形式。

2. 保险上的要约。保险上的要约,一般是指投保人向保险人提出保险要求的意思表示,通常表现为填写并递交投保单。保险人审核投保单后,若不能完全接受投保人的保险要求,并向投保人提出新的承保条件,从而实质性变更了投保人要约内容的,该行为构成保险上的要约,只有经投保人承诺后,保险合同才能成立。因此,不能排除双方当事人经过几次要约，经一方当事人最后承诺而订立保险合同的情况。

3. 保险上的承诺。保险上的承诺，一般是指保险人同意投保人保险要求的意思表示。在保险人实质性变更了要约内容，向投保人提出承保新条件的情况下，亦指投保人同意承保新条件的意思表示。值得注意的是，承诺应当与要约内容一致，无论是保险人还是投保人，只要对要约内容作出实质性变更的，就不是承诺，而是反要约。

4. 保险合同的成立。保险合同的成立，是指投保人和保险人经过要约、承诺而达成了保险协议。其应当同时具备以下要件：有投保人和保险人；有作为一份保险合同必不可少的内容；经过保险上的要约和承诺，双方达成了保险协议。保险合同成立所具备的要件，是一种形式要件，表明形式上有了一份区别于其他合同的保险合同。

(二) 保险合同的生效

保险合同成立与生效是两个既有联系又有区别的概念，成立并不意味着生效。保险合同的生效，是指有效保险合同，开始对缔约当事人产生法律拘束力。除上述形式要件外，还必须具备一些实质要件。如缔约双方当事人的资格合格；与保险法律、法规无抵触；合同内容符合公序良俗等。这些实质要件不可或缺，只要不具备其中之一条，即使形式上成立了，保险合同也是无效合同。

二、保险合同订立的凭证

保险合同订立的凭证，是指能够证明双方当事人已经达成保险协议的书面文件，主要有投保单、暂保单、保险单和保险凭证等。

(一) 投保单

投保单是投保人要求与保险人订立保险合同的书面申请，一旦保险关系成立，即成为保险合同的重要组成部分。投保单由保险人事先制定，主要内容为保险人需要询问的各种事项，投保人必须如实填写，填写的内容是否属实，关系到投保人是否履行了如实告知义务。保险人根据投保人填写的投保单内容，决定是否承保及适用的保险费率。

(二) 暂保单

暂保单是正式保险凭证签发前，保险人或保险代理人签发的临时保险凭证。其内容比较简单，一般只载明重要事项，但与正式保险凭证具有同等效力，只是有效期限比较短，一般为三十天。正式保险凭证签发后，暂保单即自动失效。签发暂保单的原因，主要是为了拉住客户，争取业务。由于保险代理人或保险公司营业部无签发正式凭证的权限，在保险事项与投保人达成一致意见后，可能因无权出立正式凭证而失去缔约机会，暂保单则弥补了这一缺陷。此外，双方已就保险合同基本达成一致，尚有一些细节问题需要协商时，保险人也会先开立暂保单以资证明。

（三）保险单

保险单是证明投保人与保险人订立保险合同的正式书面文件，由保险人签发并交付投保人。保险单应当载明保险合同的全部内容。

（四）保险凭证

保险凭证是证明投保人与保险人订立保险合同的正式凭证。这是一种简化的保险单，内容高度简约，样式便于携带和保存，以适应某些特殊险种的需要。如需要反复启运货物的货物运输保险；需接受检查的机动车辆第三者责任险；有众多被保险人的团体人身保险等。保险凭证与保险单具有同等法律效力，但由于简约而没有载明或不详的内容，或者出现与保单内容不一致的情况，则以同一险种的保单内容为准。根据险种的需要，保险人可能单独签发保险凭证，也可能签发保险单的同时又签发保险凭证。

（五）批单或批注

批单或批注不是订立保险合同的凭证，而是变更保险合同的单证，但一经签发，自然就成为保险合同的有机组成部分。批单或批注上应当列明变更条款的内容，其效力要高于相关的保险条款。

三、保险合同的解释

保险合同生效后，双方当事人在主张权利和履行义务时，往往会涉及对保险合同条款，乃至条款中语言文字的理解，不同的理解会产生保险纠纷，甚至引起仲裁或诉讼。因此，为了正确判明当事人的真实意图、保护当事人的合法权利，准确处理保险纠纷，有必要确立保险合同的解释原则。

（一）有利于被保险人或受益人的解释原则

法律之所以确立这样的倾斜解释原则，主要是因为保险人提供格式合同条款，投保人只能表示接受与否。为平衡由此产生的利益失衡问题，应当要求制定格式合同的保险人，在条款上做到公平合理、准确严密，否则，其必须承担疏于制定的法律后果。

1. 解释的基础是通常理解。对于《保险法》确立的有利解释原则，不能机械地理解为只要有争议，就应当向被保险人倾斜，因为争议中保险人固然可能有错，被保险人亦可能理解有误。为此，有必要确立通常理解的前提。

2. 解释的主体是法院或仲裁机关。有权对保险合同条款进行解释的主体，是人民法院或仲裁机关。当保险合同条款按照通常理解有两种以上解释，双方当事人各执一词时，人民法院或仲裁机关应当支持被保险人和受益人的解释，作出有利于其的判决。

(二) 专业解释原则

保险合同十分专业，尤其是保险责任或责任免除条款中，充满专业术语，对于这些术语，只能按其所属专业的专门解释来理解。如暴风、暴雨，应当按气象学专业的解释；核辐射和污染，只能按核物理学专业的解释；战争、暴乱等政治术语，应当按政治学专业的解释。

第四节　保险合同的履行

保险合同的履行，是指保险合同成立后，双方当事人完成各自承担的义务，保证对方权利实现的整个行为过程，分投保方履行和保险方履行两种。

一、投保方的合同履行

(一) 按期、足额缴纳保险费

缴纳保费是投保人的主合同义务，投保人必须按照保险合同约定的缴费期限(含宽限期)、缴费数额和缴费方式履行缴费义务。在长期人身保险合同中，投保人在保险合同成立时应缴付首期保费，其余则分期按时缴付。如期缴费成为保险合同持续有效的最根本条件，但保险人不得用诉讼方式要求投保人支付保费。投保人未履行义务时，保险人可以拒绝承担保险责任，或中止乃至终止保险合同。

(二) 维护保险标的安全

保险合同生效后，投保方应当尽一个善意行为人的职责，遵守有关规则，正常使用、管理保险标的，维护保险标的的安全。同时，合同有效期间，保险人可以对保险标的安全状况进行检查，向投保方提出消除不安全因素和隐患的建议，投保人方应当接受检查，对合理建议采取切实有效的整改措施。

(三) 履行危险增加通知义务

当保险标的出现缔约时双方未曾估计到的危险情况，如住房改作仓库、市内运输改为长途运输、被保险人改为从事危险性强的职业等时，投保方应当履行危险增加通知义务。保险人接到通知后，根据保险标的变化后的情况，有权要求增加保费或解除合同。

(四) 履行出险报案义务

保险事故发生后，投保方应当及时通知保险人，以便于保险人或及时采取措施避免事故蔓延，或保护事故现场，进行实地勘察，核定损失和事故责任。投保方未履行出险报案义务，保险人可以拒绝承担相应的保险责任。

（五）履行施救义务

保险事故发生时，投保方应当尽善意所有人或管理人的职责，积极采取抢险措施，阻止危险事故的继续和蔓延，尽量避免财产损失或减少财产损失。否则，由此扩大的损失，保险人有权拒绝承担赔偿责任。

二、保险人的合同履行

（一）承担赔付保险金责任

承担赔付保险金责任，是保险方的主合同义务。保险事故一经确认，保险人应及时、迅速、准确、合理地履行赔付保险金责任，不得无故拖延。否则，由此造成投保方损失的，保险人要承担相应的损失赔偿责任。

（二）承担施救及其他合理费用

投保方在保险事故中发生的施救等合理费用，应当由保险人承担。这些费用应当在赔付款之外支付，以不超过保险金额为限。

三、索赔和理赔

（一）索赔

1. 索赔的提出。

索赔是保险事故发生后，被保险人或受益人根据保险合同约定，向保险人提出支付保险金要求的行为。索赔是被保险人或受益人主张保险合同权利的行为，其中被保险人享有原始的索赔权，而人身保险中，若被保险人死亡，其索赔权将转移给受益人。被保险人或受益人为无民事行为能力或限制民事行为能力人时，可以由其法定代理人提出索赔要求。

2. 索赔时效。

索赔时效，是指被保险人或受益人向保险人提出支付保险金请求的最长期限。索赔应当注意时效，寿险的索赔权，自其知道保险事故发生之日起五年不行使而消灭；寿险以外保险的索赔权，自其知道保险事故发生之日起两年不行使而消灭。

3. 索赔程序。

其程序一般包括：(1)出险报案。(2)提出索赔请求。(3)接受保险人或有关部门检验，取得其出具的检验报告。(4)提供索赔单证。如保险单或保险凭证正本；已支付保费的凭证；账册等有关保险标的的原始单据；身份证等有关被保险人情况的证件；检验报告等有关保险事故及其损害结果的证明。(5)领取保险金。

（二）理赔

理赔是指保险人因被保险人或受益人的请求，依据保险合同，审核保险责任并处理保险赔付的行为。理赔是保险人履行保险合同义务的行为，应当遵循重合同、守信用；实事求是的原则，做到主动、迅速、准确、合理地理赔。

1. 理赔的程序。理赔的一般程序是：(1)编号立案；(2)审核检验；(3)核定保险责任；(4)支付保险金或发出拒赔通知书。

2. 理赔的期限。理赔中，保险人应对索赔请求及时作出核定，对属于保险责任的，应当在与被保险人或受益人达成赔付协议后十日内，履行赔付义务；保险合同对赔付期限有约定的，保险人应当按照约定的期限履行赔付义务。保险人未及时履行上述义务时，除支付保险金外，应当赔偿被保险人或受益人因此而受到的损失。保险人自收到索赔请求和有关单证后六十天之内，如果一时不能确定赔付金额的，应当根据已有的证明或资料，对可以确定的最低数额先予支付，最终确定赔付金额后，再补足差额。保险人经审核认定不属于保险责任的，应当向被保险人或受益人发出拒绝赔付通知书。

第五节　保险合同的变更和终止

一、保险合同的变更

保险合同的变更，是指在保险合同有效期限内，由于订立保险合同所依据的主客观情况发生变化，双方当事人按照法定或合同规定的程序，对原保险合同的某些条款进行修改或补充的行为。

（一）主体变更

保险合同主体的变更，即保险合同当事人、关系人的变更。

1. 保险人变更。当出现保险人破产整顿、被责令停业、被撤销经营保险业许可等情况时，为保护被保险人或受益人的利益，各国保险法都规定保险人必须将持有的有效保险合同转移给其他保险人，从而导致保险人的变更。此外，保险公司的分立或合并，也可能导致保险人变更。

2. 被保险人变更。财产保险合同中，保险标的因继承、让与和买卖等情况，都可能导致被保险人变更。人身保险合同的被保险人一般不可能变更，但团体人身保险中的被保险人，由于投保单位人员流动等特殊性，可能出现个别被保险人变更的情况。

3. 投保人变更。人身保险合同中，出现投保人死亡；投保人因婚变而不愿继续缴费；以债务人为被保险人的寿险合同，投保人（债权人）将债权转移给他人后，债权的受让人接替原债权人等情况时，将导致投保人变更。

4．受益人变更。人身保险合同中，被保险人或投保人可以变更受益人（投保人变更受益人时应得到被保险人的同意），变更时应当书面通知保险人。

（二）客体变更

财产保险合同中，保险标的种类变化、数量增减、用途改变、危险程度增加、保险价值明显增加或减少；人身保险合同中，被保险人职业发生变化等，将导致客体变更。

（三）内容变更

当投保人提出增减保险费、改变保费支付方式；扩大或缩小保险责任、责任免除的范围和条件；延长或缩短保险期限等要求时，将导致合同内容变更。

（四）保险合同变更的程序

保险合同变更的一般程序是：(1)投保人提出变更保险合同的书面申请；(2)保险人审核变更请求后，作出相应决定；(3)保险人签发批单或批注，变更行为生效。

二、保险合同的解除

保险合同的解除，是指双方当事人依法或依合同约定而提前终止保险合同的行为。

（一）投保人解除合同

由于保险合同是建筑在自愿基础上的，所以，各国保险法都规定：除非法律另有规定或合同另有约定，保险合同成立后，投保人可以随时解除保险合同。这说明，投保人享有广泛的合同解除权，如果不考虑经济损失的因素，保险合同成立后，投保人实际上可以在任何时间不用说明理由就解除保险合同。投保人不能解除合同的情况，主要出现在特殊的险种上，如货物运输保险合同和运输工具航程保险合同。

（二）保险人解除合同

与投保人享有的合同解除权相比，保险人解除合同的行为受到各国保险法的严格限制，除非法律有规定或合同有约定，保险合同成立后，保险人不得解除保险合同。从法律规定看，保险人得以解除合同的前提，主要是投保人、被保险人或受益人有违约或违法行为。

1．投保人未履行如实告知义务。投保人故意隐瞒事实，不履行如实告知义务，或者因过失而未履行如实告知义务，足以影响保险人决定是否同意承保或提高保险费率的，保险人有权解除保险合同。

2．投保方未履行安全责任。投保人或被保险人未按照约定履行其维护保险标的安全应尽的责任的，保险人有权要求增加保险费或解除合同。

3. 危险程度增加。合同有效期限内，保险标的危险程度增加，保险人认为难以继续承保的，可以解除合同。

4. 被保险人或受益人谎称发生保险事故骗保。被保险人或受益人在未发生保险事故的情况下，谎称发生保险事故，向保险人提出赔付保险金请求的，保险人有权解除保险合同。

5. 投保方故意制造保险事故。投保人、被保险人或受益人故意制造保险事故的，保险人有权解除保险合同。

6. 被保险人年龄不实并超过年龄限制。投保人申报的被保险人年龄不真实，且真实年龄不符合合同约定的年龄限制的，在合同成立两年内，保险人可以解除保险合同。

7. 人身保险合同中止后未能复效。人身保险合同效力中止后两年内，双方未达成复效协议的，保险人有权解除合同。

（三）保险合同解除的程序

解除保险合同应当采取书面形式，由解约方向对方发出书面通知，经双方协商一致后解除。即使协商不能达成一致，只要解约方依法或依合同解除合同，其行为就是有效的。

三、保险合同的终止

保险合同终止，是指双方当事人消灭合同确定的权利和义务的行为。

（一）自然终止

保险合同因合同期限届满而终止。这是保险合同终止最普遍、最基本的原因。保险期间未发生保险事故，合同期满自然终止。保险期间发生保险事故，保险人赔付部分保险金后，合同继续有效，直至期满而自然终止。

（二）义务履行而终止

保险事故发生后，保险人履行了赔付保险金的全部责任，导致合同终止。这里的全部责任，是指发生了保险人应当按保额全部赔付的保险事故，保险人赔付后即承担了全部责任。

（三）当事人行使终止权而终止

这是指保险标的发生部分受损，保险人部分赔付后，双方当事人都可以终止合同的情况。投保人终止合同，应当在保险人赔偿后三十日内提出；保险人终止合同，应当提前十五日通知被保险人。

(四) 解除合同而终止

投保人或保险人提前解除保险合同,当然导致保险合同终止。

四、无效保险合同

(一) 无效保险合同的概念

无效保险合同是法律不予承认或保护的保险合同,该保险合同因法定或约定的原因,自然而确定地不发生效力。无效保险合同有全部无效和部分无效两种:全部无效是指保险合同的全部内容自始不发生效力;部分无效是指保险合同的一部分内容无效,而其他部分继续有效的情况。

(二) 保险合同无效的事由

我国《保险法》规定出现下列情况时,将导致保险合同全部或部分无效:

1. 投保人对保险标的没有保险利益。无论是财产保险还是人身保险,都要求投保人在投保时对保险标的具有法律承认的利益,而财产保险还要求被保险人在出险时具有保险利益,否则保险合同无效。

2. 超额投保。保险金额不得超过保险价值,超过保险价值的,超过的部分无效。在财产保险中,无论是故意的超额投保,还是因过失或不可抗力而超额投保,都将导致超过部分无效。此外,在复保险中,也可能出现各保险人承保的保险金额总和超过保险价值的情况,超过的部分同样无效。

3. 保险人未明确说明"责任免除"条款。保险合同中的责任免除条款,保险人在缔约时应当向投保人明确说明,未明确说明的,该条款不产生效力。

4. 未经被保险人书面同意并认可保险金额。以死亡为给付保险金条件的人身保险合同,未经被保险人书面同意并认可保险金额的,合同无效。

除上述法律明文规定的无效情况外,还存在依《保险法》相关规定,可以推定其为无效的情况。如:(1)保险合同内容与法律、行政法规相抵触。(2)保险人及其代理人采取强迫、欺骗、引诱、误导等手段与投保人订立保险合同。(3)缔约主体不合格,如缔约一方未取得经营保险业务资格;缔约一方为未进入国内市场的境外保险公司等。(4)为无民事行为能力人投保以死亡为给付保险金条件的人身保险,死亡给付保额总和超过金融监督管理部门规定的限额。(5)保险公司超出核准的业务范围所订立的保险合同。

此外,订立保险合同时,双方当事人对无效情况有约定的,当其出现时,自然会导致合同无效。如保险合同约定,合同自投保人缴纳保费之日起生效,投保人逾期未缴纳保费,致使保险合同自始不能生效。

(三) 无效保险合同的法律后果

无效合同从订立时起就不发生法律效力。但是,这并不表明无效合同没有法律

意义,保险合同一旦被认定为无效,同样会产生一定的法律后果。其法律后果主要有:

1. 返还财产。保险合同被确定为无效保险合同后,保险人依据合同取得的保险费,应当退还投保人。若发生危险事故,保险人已经赔付保险金的,被保险人应如数退还。

2. 赔偿损失。保险合同被确定为无效保险合同后,有过错一方,应赔偿对方因此而受到的损失;若双方都有责任的,各自承担相应的赔偿责任。

3. 行政处罚、上缴国库。无效合同系一方或双方当事人故意行为所致,则故意方将受到相应的行政处罚,如没收、追缴非法所得等。具体而言,无效合同若系双方故意所为,则双方已经取得的对方财产,将被追缴收归国库。

第六节 再保险合同

一、再保险合同概述

(一)再保险合同的概念

再保险合同,是指原保险人为转移其所承担的部分保险责任,与其他保险人订立的保险合同。再保险是保险人分散风险,实现经营稳定的一种有效方法,也是各国保险监管部门确保保险人偿付能力的一种手段。

(二)再保险合同的特点

1. 以原保险合同存在为前提。这主要表现在:再保险人的责任,以原保险人的责任为限。原保险合同变更、失效时,再保险合同也相应变更、同时失效。订立再保险合同时,原保险人应遵循最大诚信原则,将自负责任及原保险合同的有关情况如实告知再保险人。

2. 是独立的保险合同。再保险合同的独立性主要表现在:(1)再保险合同有独立的当事人。其中将保险责任转移出去的是分出人;接受部分保险责任的是接受人,两者都是合法经营的保险人。(2)合同履行的独立性。接受人与原投保人之间不发生权利义务关系。分出人不得以原投保人的事由拒绝或延迟履行再保险合同义务,也不得以接受人的事由拒绝或延迟履行原保险合同义务。接受人履行再保险赔付义务,不以分出人履行原保险赔付义务为前提,即发生保险事故后,分出人是否已经赔付,与接受人履行赔付义务无关。

3. 性质是财产保险中的责任保险。再保险合同的客体是原保险合同的保险责任,目的是填补分出人赔付保险金而发生的损失,因此,即使原保险合同是人身保险合同,在此基础上成立的再保险合同,依然是以填补损失为目的的财产保险合同。

二、再保险合同的种类

(一) 按再保险方式分类

再保险方式是指分出人用什么方式把保险责任转移给接受人。

1. 临时再保险合同。临时再保险是指分出人根据保险业务需要,与接受人达成临时再保险协议的方式。这种方式下,分出人可以自由选择接受人,接受人也可以自由选择接受与否,但分出人和接受人必须逐笔订立再保险合同,手续繁琐、工作量大。

2. 固定再保险合同。固定再保险是指分出人根据业务需要,与接受人订立固定分保协议,规定双方有分出和接受义务的方式。在这种方式下,凡属再保险合同范围内的保险业务,分出人必须根据合同规定的条件,向接受人办理分保,而接受人则必须接受分保。即使有一笔应分出的再保险业务,由于分出人的疏忽而漏报,发生保险事故时,分出人仍可按照再保险合同,向接受人请求其应承担的赔款。

3. 预约再保险合同。预约再保险是一种介于临时再保险和固定再保险合同之间的再保险合同,其对于分出人是临时的,对于接受人则是固定的,即分出人可以把再保险合同范围内的业务,分给与之订立固定分保协议的接受人,也可以分给其他接受人,而订立固定分保协议的接受人,则有义务接受分出人分给的业务。

(二) 根据责任分配方式分类

责任分配方式是指再保险分出人和接受人之间,用什么方式分配保险责任。根据这一标准,可以把再保险合同分为比例再保险和非比例再保险合同。

1. 比例再保险合同。

这是指分出人按每一危险单位保险金额的一定比例向接受人分保的再保险合同,其再保险责任、再保险费和赔偿额均按上述相应比例计算。分出人自身承担的责任限额,称为自留额,转让给接受人的责任限额,称为分保额。自留额和分保额都有最高限额,超过部分或安排临时再保险,或由分出人自己承担。比例再保险合同有两种方式:(1)成数再保险。即无论每一危险单位的保额是多少,分出人都按合同约定的比例分保。(2)溢额再保险。即分出人先确定每一危险单位保额的自留额,超过部分,接受人以自留额的一定倍数约定分保最高限额,这种倍数称之为线,如自留额为十万元,约定 5 线为最高限额,即接受人分保的限额是五十万。分出人还可以根据业务需要,设置多层次溢额,以适应高额承保后的分保需要。

2. 非比例再保险合同。

这是指以保险赔款额来确定分出人和接受人保险责任的方式。其先规定分出人的赔款限额,即自留责任额,超过自留责任额的部分,由接受人承担赔偿责任,称为分保责任额。非比例再保险合同有三种方式:(1)危险单位超额赔款再保险合同。即按每一危险单位所发生的赔款额确定自留责任额和分保责任额的再保险方式。(2)事故超额赔款再保险。即以一次巨灾事故所发生的赔款总额,来计算自留责任额和分保责任额的再保险方式,由于巨灾事故影响巨大,通常安排多层次再保险。(3)累积超额赔款再保险。即以一定时期的累积赔款来计算自留责任额和分保责任额的再保险方式。

三、再保险合同的内容

再保险合同并无标准格式,通常根据双方当事人需要而制定,但其中一些主要条款,在国际上通用,基本上是固定的。

(一) 共同命运条款

这是确认分出人和接受人在保险权利和义务上具有共同命运的条款。简而言之,即有利共享、有赔共摊。其内容包括承保对象的选择、费率制定、保费收取、赔偿处理、向第三者追偿、申请仲裁或诉讼等事宜,授权原保险人单独处理,由此产生的一切权利和义务,双方共同分享和分担。

(二) 过失或疏忽条款

该条款通常规定:因分出人的过失或疏忽而漏报的再保险合同范围内的业务,当其发生赔款时,接受人仍需按照合同约定承担分保责任。

(三) 确认双方权利的条款

这是以合同条款的形式,确认分出人和接受人基本权利的条款。如接受人有查核分出人账册、保险单、保险费、报表及赔案卷宗的权利;分出人有选择承保标的、制定费率和处理赔偿的权利等。

(四) 其他条款

其他条款主要有:执行条款(规定再保险方式、业务种类、地理区域、合同限额等事项);责任免除条款;保险费条款;手续费条款;赔款条款;账务条款(规定账单寄送及账务结算等事项);货币条款(规定保险费及赔款使用何种货币,结算时的汇率等事项);仲裁条款;合同终止条款等。

(五) 比例再保险合同的特殊条款

其特殊条款主要有:再保险范围条款(包括业务范围、地区范围和保险责任范围等);保费准备金条款(规定接受人应将再保险费的一部分作为履行未满期责任的保证金);未满期保险费和未决赔款的处理条款(规定再保险合同终止时,对于未满期保险费和未决赔款,应当留待一定时期后结清)。

(六) 非比例再保险合同的特殊条款

其特殊条款主要有:最后赔款净额条款(规定最后赔款净额的计算方式);每一次事故条款(规定每一次事故的范围);自留赔款条款;最高责任额条款;责任恢复条款(赔款后分保责任减少时,如何将分保责任恢复到原定额度)。

四、再保险合同的订立、履行和终止

(一) 再保险合同的订立

1. 再保险合同的形式。

再保险合同的正式文件包括分保条、合同文本和附约。分保条是分出人出具给接受人的一种简明扼要的记述分保业务项目的表格或文件,包括险种、合同方式、合同限额、分保条件、再保险费率、准备金等内容。分保条由分出人编制,接受人接到分保条后,若以函电表示接受,再保险合同即告成立。分出人根据接受人函电,向接受人发送再保险合同文本,经接受人签署后即告成立生效。

2. 再保险合同的订立。

再保险合同订立时的特殊要求是:(1)分出人应当履行如实告知义务。即原投保人声明的保险标的危险情况及保证事宜以及分出人自己承担的责任情况,应当如实告知接受人,告知范围以接受人提出要求为限。(2)接受人应当履行再保险随附义务,无论合同是否成立,凡在缔约过程中知晓的分出人业务或财产情况,接受人都负有保密义务,更不能利用其进行不正当竞争。

(二) 再保险合同的履行

在履行再保险合同过程中,双方的权利和义务主要有:

1. 分出人全权处理原保险事务。分出人在订立原保险合同时,不受接受人的任何影响,接受人无权干预分出人履行原保险合同。

2. 再保险费、再保险佣金和赔付责任保证。分出人负有向接受人缴纳再保险费的义务,接受人则应当向分出人支付再保险佣金。接受人应当向分出人提供履行赔偿责任的保证,担保方式可以由双方协商,一般采用信用证方式。

3. 施救及有关费用。保险事故发生时,分出人有义务采取措施防止损失扩大,其所支付的有关费用,接受人应给予补偿。

4. 检查再保险业务。合同履行期间,接受人有权检查分出人的再保险业务,分出人应当予以配合。

(三) 再保险合同的终止

再保险合同的终止,主要有以下几种形式:

1. 期满终止。这种终止方式主要适用于非比例再保险合同,其合同期限一般是一年,若分出人在期满前无续约之表示,合同在期满之日终止。

2. 通知终止。这种终止方式主要适用于固定再保险合同,其一般不规定合同期限,双方当事人以书面通知的形式终止合同。欲终止合同的一方应提前三个月通知对方。

3. 特殊终止。再保险合同有效期间,若出现特殊情况,再保险合同可以立即终止。如一方濒临破产、丧失信用或宣告停业;一方丧失全部或部分已缴资本金;一方被其他公司收购、合并或被其他公司控制经营权;一方未履行合同规定的义务等。再保险合同终止后,接受人原则上应继续承担份内的未决赔款责任。

第四十章

财 产 保 险

第一节 财产保险概述

一、财产保险的概念和特征

（一）财产保险的概念和特点

财产保险是以财产及其有关利益为保险标的的保险。具有以下特点：

1. 财产保险的自然和社会属性。财产保险的自然属性是为财产及其相关经济利益提供经济保障。这里的财产，是指一切可以用货币衡量价值的物资；所谓经济利益，是指由于财产价值的变化，对于财产所有人的经济生活产生的影响，以及人们的社会活动，对于他人经济生活产生的影响。

财产保险的社会属性表现在保险利益的合法性。非法占有的财产、与当事人无经济利益的财产，不能成为保险标的。归属国家所有的土地、矿藏、森林、河流（未经开发），自然人和法人均不能为其投保。

2. 财产保险的价值性。这是指财产保险合同订立和履行的基础是保险标的之实际价值。订立合同时，投保人应当按照保险标的之实际价值来确定或约定保额，否则将导致超过保险价值部分无效的法律后果；出险理赔时，保险人应当按照保险标的之实际价值确定损失额，并在保额限度内，赔偿保险标的之实际损失。

3. 财产保险的补偿性。这是指其以补偿保险标的之损失为目的。由于财险合同的保障对象是财产及其有关利益，因此，一旦财产及其有关利益在保险事故中受损，保险人的责任就是通过赔偿保险金，使受损财产得以恢复原状，受损利益得以弥补，使被保险人摆脱危险事故的影响。

二、财产保险的特殊内容

保险合同的基本条款，是财产保险与人身保险共有的内容，但由于保险标的截然不同，财产保险与人身保险都有一些特殊的内容。

(一) 超额保险

超额保险,是指投保人确定的保险金额,在订立保险合同或出险时,超过保险标的之保险价值的保险。

1. 缔约时的超额保险。

订立保险合同时,投保人过高估计保险标的的保险价值,或故意高估保险价值,试图从保险上额外得利,就会产生超额保险。但是,由于大多数财产保险都采用不定值保险,保险人核保时并不审核保险价值,且保险期间,若不发生保险事故,任何高估保险价值的行为,除投保人多缴保费外,并不产生具体后果,因此,是否超额保险,事实上将留待出险这一要件具备后再予确定。尽管如此,故意高估保险价值的行为,本身构成一种道德危险,有些国家的保险法规定,投保人故意超额投保的,保险人有权解除保险合同。值得注意的是保险人允许超额投保的情况。如允许投保人按重置重建价投保,这种方式排除了财产折旧等减值因素,却考虑了通货膨胀等增值因素,缔约时投保人确定的保额,有可能超过保险标的之实际价值。此外,在定值保险中,双方当事人确定的保险价值,有可能出现高估情况,但只要不是当事人之间恶意串通,法律一般予以默认。

2. 出险时的超额保险。

不定值保险在出险时,经保险人对标的物实际价值的评估,若出现保额超过保险价值的情况,可以确定超额保险的性质。造成超额保险的原因主要是:超额投保;虽未超额投保,但保险期间标的物市价下跌,导致保额超过保险价值。

保险人在出险而不是缔约时审核标的物实际价值,主要是保险成本问题,订约时审核,势必审核所有保险合同,而出险的保险合同只是少数,花费的人力、财力要少得多,而且,只要把住出险这一关,便可有效遏制不当得利的企图。

(二) 重复保险

重复保险本身不存在法律问题,产生问题的根源依然在超额保险,即分别订立的保险合同之保额总和,若超过保险价值,超过部分无效。为防止利用复保险谋求不当得利的道德危险,法律除规定投保人须将复保险情况通知各个保险人之外,还通过规定具体的赔偿方式来杜绝道德危险。

1. 顺序分摊方式。

这是指按照保险人签发保单的顺序,由签发顺序在前的保险人首先履行赔偿责任的方式。在这种方式下,只有前一个保险人的赔偿未能补偿实际损失时,后一个保险人才承担赔偿责任,直至实际损失全部补偿为止。

2. 比例分摊方式。

比例分摊方式,是指按各保险人承保保额与保额总和的比例来分摊赔偿责任的方式。其计算公式为:赔偿额 = 保额 ÷ 保额总和 × 损失额。如投保人与A、B、C三个保险人分别订立了保额为6万元、4万元和10万元的保险合同,保险事故中标的物损失8万元,则A保险人按照 6 ÷ 20 × 8 的比例;B保险人按照 4 ÷ 20 × 8 的比例;

C 保险人按照 10 ÷ 20 × 8 的比例，分别承担赔偿责任。

3. 限额分摊方式。

限额分摊方式，是指按照各保险人单独承保时应承担的赔偿责任与保险人赔偿责任总和的比例分摊赔偿责任的方式。其计算公式为：赔偿额 = 单独赔偿责任 ÷ 赔偿责任总和 × 损失额。如投保人与 A、B、C 三个保险人分别订立了保额为 6 万元、4 万元和 10 万元的保险合同，保险事故中标的物损失 8 万元，则 A、B、C 三个保险人单独承保时的赔偿责任分别是 6 万元、4 万元和 8 万元，因此，A 保险人按照 6 ÷ 18 × 8 的比例；B 保险人按照 4 ÷ 18 × 8 的比例；C 保险人按照 8 ÷ 18 × 8 的比例，分别承担赔偿责任。

（三）保险代位

保险代位，是指保险人赔偿保险金后，就出险标的物上尚存的权利，依法律规定或合同约定，取代被保险人法律地位而得以行使或享有的一种法律制度，分为权利代位和物上代位两类。

1. 权利代位——代位求偿。

在第三者造成的保险事故中，要达到避免被保险人不当得利、第三者承担侵权或违约责任、保险人承担保险责任的目标，代位求偿可谓相对最合理的制度。其理由是：(1)被保险人只能在第三者与保险人之间，择其一而索赔。一般而言，选择向保险人索赔比较明智，因为其理赔迅速、合理、准确，被保险人的经济损失可以得到及时补偿。(2)第三者没有被免除侵权或违约责任。因为被保险人将向第三者索赔的权利，转让给了保险人。(3)保险人履行了合同义务。首先，由于保险人及时补偿，被保险人得以迅速恢复正常的生产或生活；其次，保险人承担了一定的理赔费用；第三，保险人承揽了与第三者交涉乃至诉讼的麻烦事；第四，保险人可能因第三者无力偿债而承担全部或部分损害赔偿。

代位求偿制度解决了双重获利的问题，但具体操作时，仍有不少法律问题需要注意：(1)保险人不得无故推诿。被保险人以保险合同为依据向保险人索赔，保险人不得无故推诿，要求其向第三者索赔。(2)保险人有参与权和知情权。保险人赔偿前，被保险人依然可以与第三者交涉，但保险人有参与交涉、获知交涉进展的权利。(3)被保险人豁免第三者责任的问题。由于涉及保险人利益，被保险人的豁免行为将受到严格限制。订立保险合同前的豁免，投保人在缔约时应当如实告知；订立保险合同后出险前的豁免，投保人应当履行危险增加通知义务；保险人赔偿前的豁免，将导致保险人拒赔的后果；保险人赔偿后的豁免行为无效。(4)保险事故发生后，被保险人已经取得第三者赔偿的，保险人赔偿时，理应扣除相应的金额。(5)保险人赔偿后，被保险人理应将追偿权转移给保险人，并履行必要的协助义务，协助保险人行使追偿权。(6)共诉权。受保额等的限制，可能出现保险赔偿难以补偿损失的局面，与此相应，被保险人依然持有向第三者索赔的部分权利。在共同追诉中，被保险人享有优先债权，若第三者的赔偿能力不足，被保险人得以优先受偿。保险人追偿到的金额，高于其赔偿金额时，理应将超过部分返还被保险人，这是其未得到充分补偿的部分。(7)不得代位求偿的情况。被保险人的家庭成员或组成成员造成的保险事故，除非是故意行为，保险人赔偿后不得向其代位求偿。

2. 物上代位——委付。

委付是指当保险标的处在推定全损状态时，被保险人提出申请，要求保险人按照实际全损进行赔偿，并承诺将保险标的的所有权以及由此产生的一切权利和义务，全部转移给保险人的赔偿制度。其制度特征是：(1)委付成立的前提条件是推定全损。所谓推定全损，是一种主观上推想的全损，而不是保险标的的实际全损。产生推定全损的原因主要有：保险标的损失严重，与全损已相差无几；修复、打捞等费用，将超过保险标的的价值；保险标的不在被保险人控制之中，推想已经全损，如船货被敌国掳去、被海盗劫走。(2)被保险人必须就全部保险标的提出委付请求。(3)不能附加其他条件。被保险人必须将保险标的的所有权，以及由此产生的一切权利和义务，无条件全部转移给保险人。(4)委付经保险人同意后成立。保险人接受后，委付自委付原因发生之日起成立，双方当事人均不得以其他原因反悔。(5)委付得以法院判决而成立。保险人拒绝接受委付，被保险人可以通过诉讼，要求保险人接受委付。(6)保险人接受委付后，保险标的所有权自委付原因发生之日起转移，其后产生的一切权利由保险人享有，一切义务由保险人承担。

3. 物上代位——损余处理。

保险人按实际全损或部分损失赔偿后，理应取得与赔偿金额相应的保险标的残值之所有权。(1)实际全损。保险人按保额全部赔偿，若保额等于保险价值，保险人取得该保险标的残值之所有权；若保额低于保险价值，保险人取得保险标的残值之共有权。(2)部分损失。保险人赔偿后，取得相应部分残值的共有权。(3)损余处理。保险实务中，保险人通常将自己所有或共有的残值，折价给被保险人，在保险赔款中扣除。

(四) 单一总保额制和分项总保额制

财产保险合同的保险标的，可能比较单一，也可能种类繁多，危险内容及程度不尽相同，因此，其投保方式通常有单一总保额制和分项总保额制两种。

1. 单一总保额制。

在保险标的比较单一的情况下，采取单一总保额制，其特点是保单只载明保险财产的总保额，保险标的按统一费率计算保费。

2. 分项总保额制。

在保险标的种类繁多，危险内容及程度不尽相同的情况下，通常采取分项总保额制。其特点是：(1)保单上分项目列明各类财产及其保额。如企业财产保险合同通常分为房屋建筑、装置及家具、机器设备、仓储物、其他物品等项目。建筑工程保险通常分为建筑安装工程；安装工程；场地清理费；在工地上的其他财产；建筑、安装用机器、设备及装置等项目。家庭财产保险通常分为房屋及附属设备、家用电器、大中型家具、衣服和床上用品等项目，每个项目都有分项保额。(2)各项目的财产，适用不同类别财产的保险费率，分别计算保费。(3)保单既有分项保额，又有总保额，总保额即各项目保额的总和。(4)发生保险责任内的保险事故，各项目内财产损失的最高赔偿额，以该项目的保额为限，一项目之保额不能移作他项目的赔偿。

(五) 免赔额(率)

免赔额(率)是保险人不承担赔偿责任的损失额或损失比例。免赔额直接用金额表示;免赔率以损失额占保额的比例来表示。设定免赔额(率)的意义在于:减少小额损失而引起的索赔，节约保险成本;督促被保险人加强对保险标的的管理，避免不必要损失。当然，免赔额(率)的厘定应当合理，要控制在被保险人能够承受的额度内。免赔额(率)主要采用两种方式:

1. 绝对免赔额(率)。这是指保险合同约定的免赔额(率)，为保险人绝对不赔的金额。即损失额在免赔额(率)之内的，保险人不予赔偿;损失额超过免赔额(率)时，保险人扣除免赔额(率)后赔偿。

2. 相对免赔额(率)。这是指保险合同约定的免赔额或免赔率，为保险人相对不赔的金额。即损失额在免赔额(率)之内的，保险人不予赔偿;损失额超过免赔额(率)时，保险人赔偿全部损失。

第二节 财产保险的主要险种

一、企业财产保险

(一) 概念

企业财产保险，是指以企事业单位、国家机关、社会团体具有保险利益、且处于固定地点的财产为保险标的的财产保险。所谓处于固定地点，是指企业财产保险的保险标的，应相对静止地处于保险合同约定的固定地点。以固定地点的财产为保险标的之保险，在很多国家称为火灾保险，我国保险业则因其承保的危险事故不限于火灾，采取按投保人不同而冠名的方式。

(二) 保险标的和保额

1. 保险标的。

分为基本保险财产和特约保险财产。基本保险财产是无须经特约即可投保的财产，包括房屋、建筑物及其附属装修设备;机器和设备;交通运输工具及其设备;原材料、半成品、在产品、成品、库存商品和特种储备商品等。企业的有些财产，或无市价参考，或价值容易发生变化，或非常贵重，这类财产经与保险人特约，在合同上载明后，保险人才承担保险责任。保险人拒绝承保的财产主要有:属国家所有的财产;难以鉴定价值的财产;违章建筑物、非法占用的财产;处于危险状态下的财产;运输过程中的财产等。

2. 保险金额。

企业财产保险的保额,按不同类别的财产,分别采取不同的方法确定。固定资产投保时,投保人可选择以下方式确定保额:按账面原值;按账面原值加成;按重置重建价值。流动资产投保时,投保人可选择以下方式确定保额:按最近十二个月平均账面余额,即按最近十二个月账面余额的平均数来确定保额;按最近账面余额确定保额。

(三)保险费率和保费

保险费率根据一定时期内(一般为一年)不同行业的保险标的损失率(总赔款额与总保额之比)计算。我国现行的保险费率比较复杂,分为工业险费率、仓储险费率和普通险费率三大类,每类中又根据行业的危险程度分若干号次,总共有16个号次,费率在0.5‰—7‰之间。

按照我国现行保险条款的规定,投保人应当在起保后十五日内,一次缴清保费。若保费数额较大,一次缴清确有困难的,可以允许分期支付,但每年最多不能超过四期。

(四)保险责任与责任免除

1. 保险责任。

保险责任包括:(1)不可预料和不可抗力的事故所致损失。如火灾、爆炸;雷电、暴风、龙卷风、暴雨、洪水、海啸、地震、地陷、崖崩、雹灾、冰凌、泥石流、火山爆发、突发性滑坡、雪灾;空中运行物的坠落等。(2)停水、停电、停气所致损失。值得注意的是,只有被保险人自己的三供设备,因意外事故或自然灾害三停所致损失,保险人才承担责任。供水、供电、供气部门三停所致损失,保险人不承担责任。(3)施救、整理等合理费用。

2. 责任免除。

责任免除包括:(1)战争、军事行动或暴力行为所致损失;(2)核辐射、核污染所致损失;(3)被保险人故意行为;(4)堆放在露天或罩棚下的财产遭受损失;(5)因遭受危险事故引起的一切间接损失;(6)因产品本身缺陷或保管不善所致损失;(7)保险标的因质变、受潮、霉变、虫咬所致损失;(8)自然磨损以及按制度规定的正常损耗;(9)因政令而造成保险财产被没收、征用、销毁和毁坏等。

(五)赔偿处理

1. 固定资产的赔偿。

固定资产全损时,若保额等于或高于出险时的重置重建价值,其赔偿金额以不超过重置重建价值为限;若保额低于出险时重置重建价值时,其赔偿金额以保额为限。固定资产部分损失时,不同的投保方式有不同的赔偿处理。(1)按账面原值投保的固定资产,若出险时保额低于重置重建价值的,按保额与重置重建价值的比例计算赔偿额;若出险时保额等于或高于重置重建价值的,按保险标的实际损失赔偿。(2)按账面原值加成或重置重建价值投保的固定资产,发生部分损失时,均按实际损失计算赔偿额。

2. 流动资产的赔偿。

(1)按最近十二个月账面余额投保的,流动资产全损时,按出险当时的账面余额赔偿,以不超过保额为限。流动资产部分损毁时,按实际损失计算赔偿额。(2)按最近账面余额投保的,流动资产全损时,账面余额等于或高于保额的,按保额赔偿;账面余额低于保额的,按出险当时账面余额赔偿。流动资产部分损失,出险时保额低于账面余额的,按保额与账面余额比例计算赔偿额;出险时保额等于或高于账面余额的,按实际损失赔偿。

二、家庭财产保险

(一) 概念

家庭财产保险,是指以城乡居民家庭的生活资料、简单的生产资料为保险标的的财产保险。这里的简单生产资料,是指农村家庭个人所有的农具、已收获的农副产品以及个体劳动者的营业用器具等。

(二) 种类

1. 一般家庭财产保险。

一般家庭财产保险,是家庭财产保险的基本险种,保险期限为一年,期满续保。保险期间发生保险财产部分损失的,保险人赔偿后合同继续有效,但双方也可以选择终止合同;发生保险财产全损的,保险人赔偿全额保险金后,保险合同终止。没有发生保险事故,保险人不退还保费。

2. 家庭财产两全保险。

家庭财产两全保险,在保险标的、保险责任、除外责任和赔偿处理等方面,几乎与一般家庭财产保险没有任何区别。其特点是具有损失补偿和期满还本的两全性质。所谓期满还本,是指投保人像参加储蓄一样,按规定费率缴纳保险储金,保险储金的利息作为保费,保险期间,无论有无发生保险赔款,合同期满时,保险人都返还保险储金的承保方式,其保险期限为三至五年。

3. 家庭财产长效保险。

家庭财产长效保险,是在两全保险基础上发展起来的,两者区别在于保险期限。该类合同只规定保险期间开始时间而不规定终止时间,只要被保险人不提出终止合同,合同持续有效。保险合同生效满一年后,被保险人可随时请求终止合同,保险人则退还缴纳的保险储金;被保险人不请求合同终止,则合同持续有效。即使发生保险事故,保险人赔偿后,只要被保险人不要求退还保险储金,保险人自动为其开立一份新保险合同。

4. 家庭财产分红保险。

家庭财产分红保险，是在两全保险基础上发展起来的，投保人缴纳保险储金，保险期限三至五年。其特点在于具有保险保障和分享利润的双重功能，订立保险合同时，保险人通常承诺分红率，期满退还保险储金，支付约定的红利。

5. 附加盗窃险。

投保上述家庭财产保险时，投保人经与保险人协商，可附加投保家庭财产盗窃险，并按保额和盗窃险费率另外缴纳保费。盗窃险的保险责任是：存放于保险地址室内的保险财产，因遭受外来的、有明显痕迹的盗窃损失（因被保险人疏忽所致盗窃损失不在其内）。其除外责任是：被保险人及其家庭成员、服务人员、寄居人员盗窃所致保险财产损失，纵容他人盗窃所致保险财产损失。

（三）家庭财产保险的其他条款

1. 保险标的。

凡是存放或坐落在保单上载明的地点，属于被保险人自有、使用的家庭财产，均可以成为保险标的。具体包括：房屋及其附属物；日常生活资料；农村家庭的简单生产资料；个体劳动者的生产资料。被保险人代他人保管、与他人共有的上述财产，经特约后，保险人可以承保。其不保财产包括：损失后无法确定价值的财产；日用消耗品；法律不允许个人收藏、保管和持有的财产；处于危险状态下的财产。

2. 保额的确定。

家庭财产保险的保额，通常由投保人根据投保财产的实际价值自行填报。保险实务中，保险人事先制定保单，在保单中分项列明财产项目，由投保人按项分别作价后如实填报，确定分项保额和总保额。

3. 保险费率。

一般家庭财产保险的保险费率，按保险财产坐落地址的房屋建筑等级来核定。其中砖瓦结构为一等建筑，年费率千分之一；砖木结构为二等建筑，年费率千分之二；草木结构为三等建筑，年费率千分之三。家庭财产两全保险的保险储金，按城镇家庭和农村家庭分别核定。由于保险期间有三年和五年两种，每种又按建筑物等级分为三档，因此，其保险费率实际上有十二个档次。

4. 赔偿处理。

家庭财产保险的保险责任和责任免除，与企业财产保险基本相同。在赔偿处理时，我国保险公司均采用比较优惠的第一危险责任赔偿方式，并按分项总保额制进行赔偿。

三、运输工具保险

（一）运输工具保险概述

运输工具保险，是指以载人、载物或从事某种特殊作业的运输工具为保险标的之财产保险，其保险标的通常包括汽车、拖拉机、摩托车、铁路车辆、船舶、飞机和卫星等。运输工具保险不仅承保各类运输工具遭受自然灾害和意外事故造成的损失，施救、保护措施支付的合理费用，而且承保运输工具造成第三者人身伤害和财产损失的赔偿责任，从而将运输工具保险与责任保险结合在一起。由于运输工具价值较高，在使用过程中容易遭遇危险事故，一旦遇险，不但自身损失惨重，还会造成他人人身伤害或财产损失，所以，世界上大多数国家都实行强制保险。

与企业财产保险、家庭财产保险的固定性相比，运输工具保险与后述之运输货物保险的最大特点，就是保险标的的移动性。运输工具出险时，除非出现保险标的全损、推定全损、修理费用达到或超过保额的情况，一般均以修复为主，使之恢复原状，保险人则承担置换残损部件等修理费用。同时，当互相碰撞的运输工具均投保了损失险和第三者责任险时，保险人如果按实际损失和第三者责任赔偿，可能会出现被保险人额外获利的情况，因此，赔偿处理中，保险人通常按照比例分摊的原则，承担赔偿责任。此外，运输工具保险要求保险标的必须符合一定条件，即所谓的适航能力。如要求船舶、飞机具有适航能力和配备合格的驾驶人员；要求汽车具有交通管理部门的检验合格证明和行驶证，配备持有驾驶执照的驾驶员。

（二）机动车辆保险

机动车辆保险承保的保险标的，包括汽车、电车、电瓶车、摩托车、拖拉机、各种专用机械车和特种车等，其中以各类汽车为主。保险人通常以统一的保险条款，承保各种不同种类的机动车辆，基本险种为车辆损失险和第三者责任险，其中第三者责任险在我国属于强制保险，由国务院颁布条例统一实施。此外，还有各种附加险。其特点是：保险期间为一年；通常采取不定值保险；以修复、恢复原状为原则；采用绝对免赔额（率）方式；采用无赔款安全优待方式。

1. 车辆损失险。

这是指以保险车辆自身损失为保险事故的机动车辆保险。(1)保险责任。被保险人或其允许的合格的驾驶员在使用保险车辆过程中，因碰撞或非碰撞（火灾、雷击、暴风、暴雨等自然灾害；车辆倾覆、外界物体倒塌、行驶中平行坠落等意外事故）事故造成保险车辆损失时，保险人负责赔偿。此外，保险人还承担施救、保护等合理费用。(2)责任免除。包括战争、军事冲突、暴乱；被扣押、罚没；竞赛、测试、进厂修理；驾驶员饮酒、吸毒、药物麻醉驾驶；无有效驾证驾驶；被保险人或驾驶员故意行为；车辆与本车货物撞击；人工直接供油、自燃、明火烘烤所致损失。以及保险事故引起的任何有关精神损害的赔偿；发生保险事故后未经必要修理而继续使用，致使损失扩大的部分；车辆本身故障、轮胎爆裂、自然磨损、锈蚀所致损失。(3)保险费率、保额和保费。保险人确定费率时，首先分营业和非营业两大类，再根据车辆种类、座位、吨位、用途、国产还是进口等因素制定不同费率。投保人可选择以下方式确定保额：按新车购置价确定；按投保时的实际价值。其保费按基本保费＋保额×保险费率确定，其中基本保险费是事先规定的固定金额，目的在于平衡新车与旧车之间的反差，因为新车价值高、出险机会少;旧车价值低、出险机会多。

2. 机动车辆第三者责任险。

(1)保险责任。保险人对于被保险人允许的合格驾驶员使用保险车辆时发生意外事故,致使第三者遭受人身伤亡或财产的直接损失,承担被保险人依法应承担的经济赔偿责任。所谓被保险人允许的合格驾驶员,包括被保险人本人、雇员、借用的驾驶员。被保险人将保险车辆借给他人使用时,该驾驶员必须持有效驾证,并与驾证规定的准驾车辆相符。除此之外,任何人使用保险车辆发生的意外事故,均不属于保险责任范围。(2)责任免除。包括被保险人故意制造交通事故所致第三人损失;本车上的一切人员的人身伤亡或财产损失;私有、个人承包车辆的被保险人及其家庭成员的伤亡及财产损失;保险车辆所造成的第三者间接损失等。(3)赔偿处理。通常采用每次事故赔偿限额制,赔偿限额由保险人事先制定,供投保人投保时选择。(4)我国强制三者险的实施。2006 年,国务院发布《机动车交通事故责任强制保险条例》,规定从 7 月 1 日起在全国实施统一的强制三者险。根据条例,责任限额分死亡伤残、医疗费用、财产损失和被保险人无责任等四种,其中无责任赔偿限额的规定,确立了强制三者险的无过错责任原则。

3. 各种附加险。

机动车辆保险有种类繁多的附加险,供投保人自愿选择。投保车辆损失险后,可加保全车盗窃险、玻璃单独破碎险、车辆停驶损失险、自燃损失险、新增设备损失险。投保第三者责任险后,可加保车上责任险、车载货物掉落责任险。投保车辆损失险和第三者责任险后,可加保不计免赔特约险。

(三)国内船舶保险

1. 保险标的。

国内船舶保险,是指以我国沿海和内河航运的船舶为保险标的,以船舶遭遇自然灾害或意外事故所致损失为保险责任的运输工具保险。其标的范围包括船体;船上的机器、仪器和设备;特别约定的船舶附属设备。船上的燃料;水、盐等给养品;零星工具;备用材料;船员的财产等则不属于保险标的范围。载运客货船舶、渔船、油轮、海上钻井平台、水上仓库等。其投保人应当是对保险船舶具有保险利益的所有人或经营管理人。

2. 保险责任与责任免除。

其保险责任为:(1)八级(含八级)以上大风、洪水、海啸、地震、崖崩、滑坡、泥石流、冰凌、雷击所致损失。(2)因火灾、爆炸所致损失。(3)因碰撞、搁浅、触礁、沉没造成的损失。(4)船舶航行中失踪六个月以上。(5)碰撞责任。这是指两船碰撞所致他船损失或人员伤亡,被保险人依法应承担的经济赔偿责任。(6)保险责任范围内的共同海损和救助费用。共同海损,是指在同一海上航程中,船舶、货物和其他财产遭遇共同危险,为共同安全,有意地、合理地采取措施所直接造成的特殊牺牲、支付的特殊费用。

其责任免除为:(1)战争、军事行为和政府征用所致损失。(2)保险船舶不适航。(3)被保险人及其代表的故意行为。(4)超载、浪损、搁浅所致损失。(5)船舶的正常维修、油漆、自身磨损、朽蚀。(6)因保险事故导致停航、停业的损失;对第三者的一切间接损失;清理航道、清除污染费用;木船、水泥船的锚、锚链、子船的单独损失。

3. 保险费率。

国内船舶保险的保险费率,通常按船质结构和用途、船舶的吨位和使用年限、船舶的新旧程度、船舶种类和船龄、航行水域、船舶所有人的经营管理素质和技术水平等因素厘定。

(四) 飞机保险

1. 概述。

这是指以飞机为保险标的之运输工具保险。其承保范围包括机身、所载货物和乘客、对第三人财产损失和人身伤亡的赔偿责任。由于飞机价值高,发生保险事故时损失巨大,保险人通常采取再保险、几个保险人组成保险集团共同承保的方式。其特殊规定主要有:(1)停航退费。飞机进行修理或连续停航十天时,该期间的保费可以按日计算退回百分之五十。(2)安全奖励。保险飞机全年无赔款的,年终可退回全年保费的百分之二十五,虽发生赔款,但赔款低于保费百分之三十的,退回全年保费的百分之十五。(3)声明价值附加费。保险飞机上载运的货物或行李,托运人向航空公司声明价值的,航空公司应将所收声明价值附加保费,按百分之八十的比例交付保险人,附加保费每年结算一次。

2. 机身险。

机身险主要有三个险种:包括飞行、滑行、地面和停航四个阶段的一切险;不包括飞行在内的一切险;不包括飞行和滑行在内的一切险。这里的机身,包括机壳及其设备、推进器、仪器和特别安装的附件等。保险人根据保单明细表中规定的损失原因,承担被保险人因此而遭受到的直接损失。其责任免除为:飞机不适航;被保险人及其代理人的故意行为;飞机任何部件的磨损、腐蚀和缺陷;停航、停运的间接损失;战争、罢工、劫持所致损失;参加竞赛等危险飞行;在规定航线以外的不合格机场降落(迫降除外);被保险人以非法目的使用飞机。按一切险的特点,保险人承担除责任免除以外任何原因造成的飞机直接损失。

3. 飞机第三者责任险。

这是指被保险人在使用飞机过程中,由于过失、疏忽或意外事故造成公众人身伤亡或财产损失,依法应承担的经济赔偿责任,由保险人承担的飞机保险。其责任范围主要包括:空中碰撞造成他机的人身伤亡或财产损失;飞机在地面时对任何其他设备、人员、飞机等造成的损失;飞机坠落或飞机上坠人、坠物造成地面第三者的人身伤亡和财产损失。

4. 飞机旅客法定责任险。

这是指被保险人在经营过程中造成旅客人身伤亡或财产损失,依法应承担的经济赔偿责任,由保险人承担的飞机保险。其保险责任为:乘客乘坐或上下飞机时发生意外事故而受到的人身伤害;乘客携带和经登记交运的行李、物件的损失;乘客、行李物件在运输过程中因延迟造成的损失。其采用限额赔偿方式,分为每一旅客赔偿限额、每次事故赔偿限额和每一飞机赔偿限额。目前,世界上大多数航空公司对于旅客、行李和货物的赔偿限额,是根据1929年10月21日在华沙签订的《统一国际航空运输某些规则公约》,以及1955年9月在海牙修订的议定书来确定的。具体限额为:每一旅客二十五万金法郎;托运的行李或货物每公斤二百五十金法郎;旅客自己保管的物件,每一旅客五千金法郎。

5. 航空旅客人身意外伤害险。

简称航意险,是对飞机旅客法定责任险的补充,属于自愿保险。它以购买保单的飞机乘客为被保险人,保险责任从被保险人踏入保单指定的航班班机开始,至被保险人从该飞机飞抵目的地,走出舱门时终止。其间,被保险人因意外事故产生伤亡后果的,保险人按伤害程度或死亡一次性赔付,但被保险人的故意行为属于除外责任。

四、运输货物保险

(一) 运输货物保险的概念

这是指以水上、陆上和航空运输中的货物为保险标的的财产保险。这里的运输,包括使用各种运输工具的运输,以及国内和国际运输。运输中的货物,容易遭遇各种自然灾害或意外事故而受损,运输货物保险就是对这种损失给予经济补偿的财产损失保险。

(二) 运输货物保险的特点

1. 保险标的具有很大的流动性。普通财产保险的标的基本处于相对静止状态,保单上必须载明保险地址,而运输货物保险的保险标的,从一地运往另一地,处于流动状态。

2. 保险期间以货物运输途程为准。普通财产保险的保险期间按约定时点和一定期间确定,而运输货物保险属于运程保险,保险责任从保险货物运离发货人在起运地的仓库或储存处所开始,至运达收货人在目的地(保单载明的目的地)的最后仓库或储存处所为止,即采用所谓的“仓至仓条款”,承担“仓至仓”责任。

3. 保险保障的范围广泛。由于运输中的货物,通常面对比较险恶的环境,所以,运输货物保险中的保险责任,较普通财产保险要广泛。其除了承担自然灾害或意外事故所致损失外,还承保运输工具碰撞所致保险货物损失;因运输过程中震动等所致货物的破碎、渗漏、包装破裂;以及货物被盗、整件货物提货不着而造成的经济损失等。此外,保险人除承担施救等合理费用外,根据法律规定或一般惯例,还承担货物项下的共同海损和救助费用分摊额。

4. 被保险人无法直接控制保险标的。普通财产保险的标的始终处于被保险人控制之下，而运程中的货物，由承运人运送，被保险人与保险标的分离，根本无法控制，一旦发生保险事故，既不能立刻知悉，也不能有所作为。

5. 投保人、被保险人比较复杂。货物运输涉及买方、卖方、发货人、承运人、收货人以及其他运输参加人，这些人对保险标的均具有保险利益，都可以投保，因此，有些险种特别规定了投保人的资格。此外，货物在运输过程中可能发生所有权转移的情况，导致被保险人变更，为了适应这种特殊情况，保险人通常允许保单背书转让，而无须履行书面通知义务，若发生保险事故，保险人则向保单持有人履行赔偿义务。

（三）运输货物保险的分类

1. 按运输方式分类。

可分为：(1)直运运输货物保险。即只使用一种运输工具，即使途中中转，仍然使用前一种运输工具的方式。(2)联运运输货物保险。即使用两种以上不同运输工具运输的方式，如水陆联运、江海联运、陆空联运等，其保险费率要高于直运。(3)集装箱运输保险。由于其可以简化装运、避免多次装卸，将零散货物集中装运，保险费率要低于前两者。

2. 按运输工具分类。

可分为：(1)水上运输货物保险。其保险标的是利用水上运输工具承运的货物，货物损失通常与水上航行的特定风险相关。(2)陆上运输货物保险。其保险标的是除水上和飞机以外的所有运输工具或手段(机动的、人力的、畜力的)承运的货物。(3)航空运输货物保险，其保险标的是利用飞机运输的货物。

（四）保险责任和责任免除

1. 保险责任。

其共同的保险责任主要有：(1)运输工具之外的自然灾害或意外事故所造成的货物损失；(2)运输工具自身的意外事故所造成的货物损失；(3)装货、卸货、转运时的意外事故所造成的货物损失；(4)按照法律规定或一般惯例应分摊的共同海损和救助费用；(5)施救或保护货物所支付的直接合理费用。

2. 责任免除。

其共同的责任免除事项有：(1)战争、军事行动、罢工、核事件等造成的货物损失；(2)发货人违反有关规定或合同的行为(如包装不善、装卸人员违反操作规程等)造成的货物损失；(3)保险货物本身的缺陷、自然损耗、数量短缺、市价跌落等；(4)被保险人的故意行为和过失。

（五）保险费率、保额

1. 保险费率。

运输货物保险的保险标的种类繁多，危险程度不一，保险人通常把运输货物分成几大类，以方便费率确定。我国按运输货物危险程度，基本分成七大类。除不同货物的费率因素外,决定费率的因素还包括:运输方式(直运、联运或集装箱运输)、运输工具(水上、陆上或航空)、运输途程的长短、具体险种等。

2. 保险金额。

保险金额的确定方式主要有:(1)按货物发票价确定。这是以货物成本价确定保额的一种方式。(2)按货物离岸价确定。离岸价即货物发票价加装上运输工具前的一切费用,如包装费和运杂费等,这是按起运地货物的成本价确定保额的一种方式。(3)按货物到岸价确定。到岸价比较复杂,包括货物发票价+到岸时的一切费用,如包装费、运杂费和保费等;还可包括货物到岸后的预期利润,预期利润一般采取加成方法,在到岸价格上加成百分之十。这是按货物到达目的地时的成本价加预期利润来确定保额的一种方式。

五、工程保险

(一)工程保险概述

1. 概念。

工程保险,是指以自然灾害和意外事故对建筑工程、安装工程各种机器设备造成的损失,以及各种工程在建造过程中对第三者的赔偿责任为保险标的之财产保险。其承保的危险事故范围比较广泛,既有财产损失危险,又包括工程和机器设备所有人或承包人对第三者的损害赔偿责任。

2. 工程保险的特点。

工程保险的特点主要有:(1)保险利益的综合性。包括工程所有人、承包人、各种技术人员及相关利益方,对该工程都具有保险利益。(2)危险的综合性。不仅工程可能遭遇危险,与工程有关的机器设备及其他财产可能遭受损失,甚至还会造成第三者的人身伤亡或财产损失。(3)危险的集中性。现代工程的规模越来越大,其先进的工艺、精密的设计、科学的施工方式、昂贵的建筑材料和施工设备,使得工程造价越来越高,因此,工程保险往往成为巨额保险。(4)危险的技术性。由于现代工程专业性极强、技术性极高,往往涉及许多尖端科学技术,因此,在工程保险中,技术性往往成为重要因素。单就其技术性而言,保险人承保的工程危险,要大大高于一般财产的危险。(5)危险的期限性。工程保险的保险期限,由工程决定,从工程开工之日起,至全部完工之日止,保险期间即整个工期。(6)保险标的价值的递增性。其保险标的价值在投保时几乎为零,随着工程进展,价值不断增加,而其他财产保险的保险标的,投保时价值已经完全形成。

(二)建筑工程保险

1. 概念。

以各类民用、工业用和公用事业用的建筑工程项目为保险标的之工程保险。其适用范围包括各种利用银行贷款、项目集资、各种外资的国内建筑工程;我国对外承包工程、经济援助工程。其保险标的包括住宅、旅馆、工厂、商店、学校、娱乐场所、道路、水坝、桥梁、港埠码头等各种土木建筑工程。

工程的建设,通常由工程所有人通过招标等方式将工程发包给工程承包人,有的大型工程承包人不止一个,有的承包人还可能将工程再转承包给其他工程承包人,他们对该工程都具有保险利益,因此,工程保险的被保险人比较复杂。为了适应这种复杂情况,保险人在工程保险中,通常采用一张保单下可以有多个被保险人的投保方式,这是工程保险区别于其他财产保险的特点之一。其被保险人一般包括:工程所有人、承包人、分承包人、技术顾问、其他关系各方(如发放工程贷款的银行等)。

2. 保险项目、保额和费率。

建筑工程保险采用分项总保额制,其保险项目通常有:建筑工程;安装工程;建筑用机器;工地内的建筑物;工程所有人或承包人在土地上的其他财产;清理费用等项目。保险期间,由于保额根据预先估计的工程造价确定,随着工程的进展,通常要进行保额的调整,被保险人在调整、确定保额时,应当及时通知保险人。其保险费率通常根据保险责任范围、工程本身的危险程度、承包人和其他有关各方的资信情况、同类工程以往的损失记录、工程免赔额的高低等因素确定。

3. 保险责任和责任免除。

其保险责任主要有:(1)洪水、潮水、地震、海啸、暴雨、雪崩等自然灾害所致损失;(2)雷电、火灾、爆炸所致损失;(3)飞机坠落等意外事故所致损失;(4)偷盗或暴力抢劫行为所致损失;(5)施工人员缺乏经验、疏忽、过失、恶意行为等所致损失;(6)原材料缺陷或工艺不善所引起的事故;(7)现场清理费用。

其责任免除主要有:(1)被保险人及其代表的故意行为和重大过失所致损失;(2)战争、敌对行为、武装冲突、国家征用或没收、罢工、暴动引起的损失;(3)核事故引起的损失;(4)机器设备和材料的自然磨损、氧化、锈蚀等;(5)事故引起的间接损失;(6)货物盘点时的盘亏损失;(7)错误设计所致损失;(8)任何机器设备本身缺陷所致损失;(9)具有公共运输执照的车辆、船舶、飞机的损失。

4. 附加建筑工程第三者责任险。

建筑工程保险的第三者,是指除保险人和被保险人(包括工程所有人、承包人雇用的现场施工人员)以外的任何单位或个人。如果一张保险单上有两个以上被保险人,为了避免被保险人之间互相追究第三者责任的情况发生,经被保险人申请,保险人同意,可加保"交叉责任",如此,则保单上的每一被保险人,均视为单独被保险人,对他们之间因互相责任引起的索赔,保险人均视为第三者责任赔偿,并不向有责被保险人追偿。

(三) 安装工程保险

以机器设备或钢结构建筑物在安装、调试期间发生的危险事故所致损失为保险责任的工程保险。其责任范围包括工程安装、调试期间造成的保险财产直接损失、间接费用、危险事故造成的第三者人身伤亡或财产损失。安装工程保险主要适用工厂、矿山新建、扩建或改造的机器设备、钢结构建筑物和包含机械工程因素的建造工程。其保险标的包括生产线上新建的成套设备;组装的发电机组、锅炉、巨型吊车和起重机等;各种钢结构建筑物,如储油罐、桥梁、电视发射塔等。其共同被保险人包括安装工程的所有人、承包人、分承包人、安装机器设备的供货人、安装机器设备的制造人、技术顾问和其他关系方。

安装工程保险在分项总保额制、保险费率、保险责任与责任免除、保险期限等方面,与建筑工程保险基本相同。

(四)机器损坏保险

1. 概念。

以机器本身固有危险为保险责任的工程保险。其保险标的包括各类机器、工厂设备;机械装置、电力输送设备和锅炉系统等,一般要求整个工厂或整个车间的机器设备全部投保。在机器损坏保险中,保险人用于防损的费用,往往超过赔款,而机器设备修理费用和第三者责任,也通常由保险人承保。

2. 特点。

机器损坏保险的特点主要有:(1)保险标的限于各类安装完毕、已投入运行使用、被列入固定资产科目的机器设备。(2)其保险责任,基本上是企业财产保险的除外责任,两者提供的保险保障具有互补性。(3)不论投保机器设备的新旧程度,均按重置价值来确定保额。(4)停机退费。保险锅炉、气轮机、蒸汽机、发电机或柴油机等,连续停工超过三个月时,停工期间的保费,由保险人按一定比例退还给被保险人。

3. 保险责任和责任免除。

其保险责任主要有:(1)由于设计、制造、安装、铸造错误或原材料缺陷造成的保险财产损失;(2)由于工人或技术人员操作错误、缺乏经验、疏忽、过失、恶意行为造成的损失;(3)由离心力引起的断裂,造成机器本身及其他财产的损失;(4)由于电气短路及其他电气原因,造成电器本身及其他财产的损失;(5)因错误操作、锅炉加水系统失灵、断水、水质不适用或报警系统失灵等原因,引起锅炉缺水造成的损失;(6)因容器受到超过其外壳强度的压力产生物理性爆炸所致损失;(7)裸装机器遭受暴风雨、严寒引起的损失;(8)其他不可预料的意外事故。

其责任免除主要有:(1)企业财产保险中所承保的各种保险责任;(2)战争、敌对行为、武装冲突、被征用没收、罢工、暴动、核事故引起的损失;(3)被保险人及其代表的故意行为或重大过失;(4)被保险人及其代表在保险合同生效时,已经知道保险财产存在缺陷;(5)根据合同或法律规定,应该由供货商或制造商负责的损失;(6)机器设备使用后必然会产生的自然磨损、氧化、腐蚀、锈蚀、孔蚀、锅垢等;(7)机器设备使用时所需消耗品的消耗。如各种传送带、缆绳、金属线、链条、轮胎、印模、可调换工具等;(8)由于发生保险事故而引起的间接损失或责任。

4. 保险金额。

保额按各类机器设备的重置价确定,重置价通常包括:机器设备的出厂价、运费、保险费、税款、安装费和物价波动因素。

六、农业保险

(一) 农业保险概述

1. 概念。

农业保险,是指以生长期和收获期的农作物、经济作物;畜禽和水产养殖物为保险标的,以种植业、养殖业遭受自然灾害或意外事故引起的损失为保险事故的财产保险。

2. 农业保险的特点。

其特点主要有:(1)价值递增型保险。其保险标的与完整意义上的财产有很大区别:首先,其尚未完成生产过程,正处于种植或养殖之中;其次,其价值不断增加,不同时期有不同的价值。所以,保险赔偿时甚至采取按日计算价值的方式。(2)采用低额承保方式。如保险小麦标准亩产量为800斤,单价1元1斤,该亩小麦的保险价值为800元,保险人要求按保险价值乘以承保成数(百分之五十至百分之八十)的方式确定保额,与被保险人共保。这是为了防止被保险人参加保险后,疏于防范管理、坐等补偿的道德危险。(3)采取限额责任赔偿方式。如上述保险小麦,保险人按百分之七十确定保额为560元,若保险期间小麦遇灾受损,亩产收益达不到560元时,保险人补足至560元。(4)政策性保险的色彩浓厚。与其他保险相比,农业保险风险性极大,赔付率高、盈利性差、业务分散而不易管理,经营成本明显高于其他险种。但农业生产的重要性,决定了其必然是国家的重点保护对象,国家希望通过保险来分散和化解农业风险,所以,农业保险几乎无一例外,受到各国政府的支持和补贴。

(二) 生长期农作物保险

1. 概念。

以生长期的各类粮食作物、经济作物和园艺作物为保险标的之农业保险合同。其范围通常包括水稻、小麦等谷类作物;甘薯、马铃薯等薯类作物;大豆、豌豆等豆类作物;棉花、亚麻等纤维作物;花生、油菜等油类作物;甘蔗、甜菜等糖类作物;人参、黄连等药用作物;玫瑰、茉莉等芳香作物;烟、茶等嗜好性作物;蔬菜、瓜果等园艺作物。

2. 保险责任、责任免除和保险期间。

其保险责任有单一责任和混合责任两种。单一责任根据某地区普遍种植的农作物和多发的危险事故确定,如北京郊区的西瓜雹灾保险、河北地区的棉花雹灾保险和小麦冻灾保险。混合责任以列举方式承保一种以上的危险,如黑龙江的烤烟种植保险,华北地区的棉花种植保险等,其承保冰雹、洪水、暴风暴雨、雷击、龙卷风等危险事故。其责任免除主要有:战争、军事行动、征用造成的损失;被保险人经营管理不善、故意行为或欺骗行为所致损失;间作、套种的非保险标的之损失,毁种复播农作物的损失;遭盗窃、他人毁坏或畜禽啃食引起的损失;未采取必要的防范和救灾措施造成的损失;保险责任以外的灾害所致损失。其保险期限根据农作物的生长期来确定。生长期是指农作物从播种、出苗到成熟所经历的时间。不同农作物有不同的生长期,因此,保险期限也不尽相同,一般从出土定苗后起保,到成熟收割时止。

3. 赔偿处理。

赔偿原则主要有:保险期间发生数次责任范围内的灾害损失,累计赔偿额不超过保额,保单继续有效,但保额将减去已赔额;保险亩数低于实际种植亩数时,按保险亩数与实际种植亩数的比例赔偿;农作物损余残值折价给被保险人,从赔款中扣除。赔偿方式按不同投保方式确定:保成本方式投保的,有逐日、分阶段确定最高赔偿额两种赔偿方式;保产量方式投保的,无法改种的,补偿全部保额,可以改种的,补偿改种成本并对改种后的农作物继续承担保险责任。

(三) 收获期农作物保险合同

1. 概念。

以收获加工期农产品为保险标的之农业保险合同。农作物收获后,即成为农产品,但该时期的农产品,需经过一系列加工后,才能储藏或入库,如小麦必须晾晒、脱粒;烟叶必须烘烤等,农产品一旦储藏或入库,即成为一般财产损失保险的保险标的。因此,其保险期间比较短暂,一般为一个月左右。我国目前开办的险种,主要有粮食作物收获保险、麦场火灾保险、稻麦场火灾保险、茶叶加工保险、烤烟和烤烟火灾保险等。

2. 保险责任和责任免除。

其保险责任有单项责任和混合责任之分,单项责任只承保火灾一项责任。混合责任除火灾外,还承保农产品在加工期遭受洪水、雹灾、暴风雨、龙卷风、地震、地陷、雷击等灾害造成的损失,以及施救、整理所支付的合理费用,有的还负责保险事故造成人员烧伤的部分医疗费用。其责任免除主要有:被保险人及其家庭成员的故意行为;在公路上碾打农作物引起的损失;场院内除保险农作物之外的其他财产损失;被保险人违反公安、消防、气象、保险等有关部门的规定而造成的保险农作物损失;发生灾害事故时,被保险人不采取必要保护或施救措施造成的损失。

3. 保险金额和保险费率。

其保险金额,通常按测定的当年平均亩产量×政府收购价确定。承保单项责任的,一般按测定的当年平均亩产量×政府收购价足额承保;承保混合责任的,一般只能以测定平均亩产量的五六成确定保额,余下的为被保险人自保。由于是短期保险,为了便于业务展开,通常以定额保费代替保险费率。

4. 赔偿处理。

单项责任的赔偿,通常以村为单位进行,该村测定的平均亩产量即为每亩的保额;保险亩数低于该村实际种植亩数时,保险人按保险亩数与实际种植亩数的比例赔偿。此外,施救、整理和保护保险财产所支付的费用,另外计算。混合责任的赔偿,也以村为单位进行。如果发生全损,按保额赔偿;如果发生部分损失,则在保额限度内,按实际损失赔偿,损余部分由保险人和被保险人协商作价,保险人在赔款中作相应扣除;施救、整理和保护费用另外计算。

(四) 牲畜保险合同

1. 概念。

以提供畜力、食物和繁殖用的牲畜为保险标的之农业保险合同。其保险标的通常包括役用畜(如牛、马、骡、驴和骆驼等)、乳用畜(如奶牛等)、食用畜(如肉牛等)和种用畜(如种牛、种马等)。保险人在承保时,往往对投保人、投保牲畜及管理条件有一定的条件限制。如投保人必须是牲畜的所有人或单位;牲畜必须是有使役价值的牲畜,幼畜或理应淘汰的老畜和病残畜不承保;牲畜的管理条件必须是正常的。

2. 保险责任、责任免除和保险期限。

其保险责任有三类:一为疾病类,包括一般疾病、传染病、胎产和阉割引起的损失;二为自然灾害类,包括火灾、洪灾、淹溺、暴风雪、地震、地陷、崖崩、雹灾和雷击造成的损失;三为意外事故类,包括触电、摔跌、互斗、碰撞、窒息、野兽伤害、建筑物或其他物体倒塌引起的损失。其责任免除主要有:被保险人及其家庭成员的故意行为;对牲畜进行不合理的使役,致使其劳累而死;不按兽医部门的要求对牲畜进行防疫或治疗;由于第三者责任而造成的牲畜伤亡。牲畜保险的保险期限一般为一年,也有半年期的。但是,保险责任通常自保险单签发十天至二十天后开始,因为保险牲畜通常要验体检疫,保险检疫期间牲畜生病死亡,保险人不承担保险责任(续保的除外)。

3. 保险金额和保险费率。

确定保额的方法主要有:按账面价值与承保成数确定保额;逐头协商评定保额;根据市价和畜龄分档规定保额。为加强被保险人的责任心,避免引起“养牲畜不如死牲畜”的道德危险,牲畜保险通常承保成数在实际价值的百分之七十以下,让被保险人至少承担百分之三十以上的责任。普通牲畜按实际价值的四至六成承保;种畜按实际价值的五成承保。其保险费率根据不同种类的牲畜,以及该类牲畜的损失率等因素厘定,为稳定保险业务,通常在以往损失率上增加安全加成(一般加成百分之十至百分之二十)。保险实务中,牛的年费率一般在百分之三至百分之六之间;马、骡、驴等一般为百分之五至百分之八。

4. 赔偿处理。

出险时,由于保险人要立即进行现场查勘;牲畜的残值可以利用等特点,保险人要求被保险人及时(24 小时内)出险报案。理赔中,保险人按以下方法处理赔偿:(1)按账面价值与承保成数确定保额的,以保额为限,扣除残值后赔偿。(2)按逐头协商评定价值确定保额的,以保额为限扣除残值后赔偿。(3)按规定保额承保的,根据档次给予相应的定额赔偿,不扣除残值。(4)对于因传染病而被命令捕杀掩埋的牲畜,赔偿中不扣除残值,有关部门给予补偿的,在赔款中扣除。

(五) 水产养殖业保险

1. 概念。

以商业性养殖的各种水产品为保险标的之农业保险。其保险标的包括鱼、虾、对虾、螃蟹、扇贝、蚌珠、海带等。由于水产品养殖有特殊的环境和技术要求，保险人承保时难度较大。

2. 保险责任与责任免除。

其保险责任主要有死亡责任和流失责任。其责任免除主要有：放养过程中的自然死亡或流失；放养过程中由于天敌侵害所致损失；被保险人及其家庭成员、养殖人员故意或重大过失行为所致损失。

3. 保险金额和保险期限。

其确定保额的方法有：以保成本方式确定保额；以保产值方式确定保额，无论按何种方式，保险人最高只承担保险价值的七成责任。其保险期限是水产品的整个生长期。如鱼、虾的保险期限，从春、初夏放苗时起，至秋天捕捞时止；海带从八月放苗时起，到次年六月收获止；扇贝从六月放苗时起，至次年八至九月捕捞时止。蚌珠的生长期为三年，保险期限为一年，可续保二次至三年。

4. 赔偿处理。

以保成本方式承保的，保险人通常按不同生长期的投入成本规定不同的赔偿限额，出险时，以相应生长期赔偿限额与保额的比例计算赔款，扣除残值。以保产值方式承保的，全损按保额扣除残值赔偿；部分损失时，最后产值等于或高于保额的，不予赔偿，低于保险保额的，补足差额。

（六）森林保险

1. 概念。

以生长着的各种森林、砍伐后尚未集中存放的圆木、竹林等为保险标的之农业保险。我国的森林保险，目前有人工杉木林保险、用材林保险、混交林保险、防护林保险等险种。

2. 保险责任和责任免除。

其保险责任主要有：火灾、病虫害、风灾、雪冻和洪水。其保险责任属于列举式责任，凡没有列举的危险事故，均为责任免除项目。

3. 保险金额。

其保险金额的确定方法主要有：按蓄积量（森林单位面积产值）和承保成数确定保额；按成本确定保额；按造林费用定额承保。

4. 赔偿处理。

（1）按蓄积量承保的，保险人除查勘损失程度外，还要查清是否足数投保。足数投保的，按损失程度全额赔偿；不足数投保的，按投保比例赔偿，林木残值归保险人。（2）按成本承保的，若发生全损，按林木相应档次的保额赔偿；若只是部分损失，按实际损失成本赔偿。（3）按造林费用承保的，由于其赔款目的在于更新造林，只要受灾林木失去生机，需要更新，保险人即按保额予以赔偿，对于损失程度和残值都不考虑。而且，采取谁能重新造林，赔款即由谁受领的方式。

七、海上保险

（一）海上保险概述

1. 概念。

海上保险，是指以海上财产及其利益、运费和对第三者赔偿责任为保险标的，以海难事故为保险责任的财产损失保险。其保险标的一般包括：船舶、货物和其他动产等海上财产；船舶营运收入、船舶租金、船员工资和其他报酬、运费、货物预期利润、旅客票款、保险费等海上利益；保险财产造成第三者人身伤亡或财产损失应承担的赔偿责任；海上作业、海洋资源开发和勘探等其他海上财产及其利益和责任。

2. 特点。

其特点主要有：(1)风险的综合性。海上环境比陆上、内河环境要危险复杂得多，一旦遇难，损失是多方面的，因此，海上保险往往呈现出综合性特点，将各种风险一揽子承保，并由此导致保险责任的广泛性。(2)保险标的之流动性。船舶和货物从一个港口驶往另一港口，经常处于流动状态，保险标的的价格在不同地点可能出现差异，因此，海上保险习惯上都采用定值保险方式，保险期限则以约定的航程为准，按"仓至仓条款"承担保险责任。(3)被保险人的多变性。由于贸易的需要，海上保险的保险权益，往往随物权单据(货运提单)的转移而转让，导致了被保险人的多变性。除非保单上注明不可转让，被保险人背书转让货运提单和保单时，无须经保险人同意。但是，海上船舶转让所导致的保险合同转让，必须取得保险人同意。(4)国际性。海上保险主要适用于国际贸易、远洋运输和对外经济活动，与国际经济和法律关系密切，往往适用有关的国际法和国际惯例，特别在海难处理中，必然涉及管辖权、国际诉讼和仲裁等一系列法律问题。

3. 海上保险的法律适用。

海上保险由于其内容丰富、关系复杂、国际性强等特点，世界各国都把它作为单独的保险项目实施，并由《海商法》或单独立法进行规范。此外，海上保险还有涉外关系的法律适用问题，根据我国《海商法》规定，其法律适用应当遵循以下原则：(1)中国缔结或参加的国际条约与《海商法》有不同规定的，适用国际条约的规定，但中国声明保留的条款除外。中国法律、中国缔结或参加的国际条约没有规定的，可以适用国际惯例。(2)合同当事人可以选择合同适用的法律，法律另有规定的除外；当事人没有选择的，适用与合同有最密切联系的国家的法律。(3)船舶所有权的取得、转让和消灭；船舶抵押权，适用船旗国法律。船舶碰撞的损害赔偿，适用侵权地法律。船舶在公海上发生碰撞的损害赔偿，适用受理案件法院的所在地法律。(4)共同海损的理算，适用理算地法律；海事赔偿责任限制，适用受理案件法院的所在地法律。

（二）海上运输货物保险

1. 概念。

以远洋航行船舶所运输的货物为保险标的,以货物在远洋运输中的海难损失为保险事故的海上保险合同。与其他运输货物保险相比,海上运输货物保险最早产生和发达起来,是其他货运险的基础,货运险的基本原则,都由海上保险奠定。

2. 投保人和被保险人。

在海上运输货物保险中,投保人的确立取决于相应的国际货物买卖合同规定的价格术语。以FOB(装运港船上交货价格)和CFR(成本加运费价格)条件成交的,通常由买方负责投保,买方是投保人。以CIF(成本加保险费加运费价格)条件成交的,通常由卖方负责投保,卖方是投保人。其被保险人的确立,取决于货物所有权归属及风险责任的承担。货物装运前,发货人为被保险人;货物装船后,收货人为被保险人;货物所有权在运输过程中发生转让,受让人为被保险人,直至保单的最后持有人为止。

3. 险种、保险责任和责任免除。

其险种主要有:(1)平安险(英文缩写F. P. A),意为"单独海损不赔"。其保险责任包括:因自然灾害(恶劣气候、雷电、海啸、地震和洪水)造成整批货物全损;因运输工具的意外事故(搁浅、触礁、沉没、互撞、与流冰或其他物体碰撞、失火、爆炸)所致货物全部或部分损失;运输工具发生意外事故后又遭自然灾害所致货物部分损失;在装卸或转运中货物落海所致全部或部分损失;对危险中的货物采取抢救、防止或减少货损支付的费用;遇海难后,在避难港卸货所致损失,以及在中途港或避难港卸货、存仓、运送所支付的费用;共同海损及救助费用。运输合同中订有"船舶互撞责任"条款的,根据该条款规定由供货方赔偿船方的损失。(2)水渍险(英文缩写W. P. A),意为"单独海损也赔"。其除了承担平安险规定的各项保险责任外,还承担上述自然灾害所致货物部分损失。(3)一切险(all risk)。其除了承担平安险、水渍险的保险责任外,还负责运输途中由于外来原因所致货物全部或部分损失。所谓外来原因,在我国海上保险实务中,主要是指十一种附加险:偷盗提货不着险;淡水雨淋险;短量险;混杂玷污险;渗漏险;碰损破碎险;串味险;受潮受热险;钩损险;包装破裂险;锈损险。(4)我国的其他附加险。包括特种附加险(交货不到险;进口关税险;舱面险;拒收险;黄曲霉素险等);附加战争险和附加罢工险。

海上运输货物保险的责任免除,与运输货物保险基本相同。

4. 责任期限。

海上运输货物保险采用"仓至仓条款",如遇特殊情况,则按以下方法处理:(1)货物未抵达收货人仓库,保险责任至保险货物在最后卸载港全部卸离远洋船舶后满六十天终止。(2)货物转运至非目的地,在上述规定的六十天期限内,保险责任至保险货物开始转运时终止。(3)保险货物运抵非目的地时,在被保险人及时通知保险人,必要时追缴保险费的条件下,保险责任继续有效。若保险货物在该地出售,保险责任至交货时终止;若保险货物滞留该地,则无论如何以全部卸离远洋船舶后满六十天终止;若保险货物在六十天期限内继续运往保单载明之目的地或其他目的地,则保险责任仍按"仓至仓条款"终止。

（三）涉外船舶保险

1. 概念。

指以各类远海航行的船舶为保险标的，以船舶的海难损失为保险事故的海上保险。其保险标的包括：(1)有形的物资，包括船壳、船体；引擎、发动机、锅炉、燃料、物料和船员给养；导航装置、通讯等船舶属具；特殊船舶的特殊设备；(2)与船舶有关的无形利益，包括运费、船舶租金、船员工资和其他报酬、营运费用、保险费、船舶增值、船舶抵押支付的贷款等。

2. 险种、保险责任与责任免除。

其险种主要有：(1)全损险，承保由海上灾难（恶劣气候、雷电、海啸、地震、洪水、搁浅、触礁、沉没、失踪、船舶互撞、与其他物体碰撞等）；火灾、爆炸；来自船舶外的暴力或海盗行为；因抛弃货物引起的火灾、爆炸；船舶失去稳定性而倾覆沉没；船舶重心转移而折断；核装置、核反应堆发生故障或意外事故；装卸或移动货物、燃料时不慎引起的意外事故；船舶潜在缺陷；船长、船员等相关人员疏忽、过失或故意行为；政府当局为防止或减轻保险船舶损坏引起的污染，所采取的任何行为造成的船舶全损。(2)一切险。除船舶全损外，还承担上述危险事故造成的船舶部分损失，以及碰撞责任、共同海损和救助、施救费用。其责任免除主要有：(1)不适航。包括人员配备不当、装备或装载不妥，以被保险人在开航时知道或应当知道为限。(2)被保险人及其代表的故意或疏忽行为。(3)被保险人恪尽职责应予发现的危险。如正常磨损、锈蚀、腐烂、保养不周、材料缺陷、不良状态部件的修理和更换。

3. 保险期限。

其保险期限的种类包括：(1)定期船舶保险，一年期，最短不少于三个月。若合同到期时保险船舶尚在航行中、处于危险中、在避难港或中途港停靠，经被保险人事先通知并按日加付保费后，保险期限可延长至抵达目的港。(2)航次船舶保险，以保险合同载明的航次为准，起讫时间按以下方式确定：不载货船舶自起运港解缆或起锚时开始，至目的港抛锚或系缆完毕时终止；载货船舶自起运港装货时开始，至目的港卸货完毕时终止。

（四）运费保险

1. 概念。

以船东为货主承运货物的报酬、租船人出租船舶而收取的租船费（运费的一种转化形式）为保险标的的海上保险。

2. 保险利益。

运费保险的投保人，应当对运费具有保险利益，按照国际惯例，其保险利益与运费的付款方式有密切关系。(1)预付运费。无论货物是否到达目的地，承运人都不予退还，因此，托运人才有损失运费的风险。(2)保付运费。不管货物安全与否，只要不是承运人责任，托运人都有支付义务。上述两种运费支付方法，只有托运人保险利益，但托运人在投保海上货物运输保险时，通常已将运费包含其中，无须单独投保。

(3)到付运费。如货物受到损失或没有安全到达目的港,托运人可以拒付运费,其损失风险在于承运人,可以将其作为保险利益,投保运费保险。(4)预期运费。在订立保险合同时,承运人可能并未与任何人签订运输合同,但收取运费的可能性依然存在,承运人对于这类预期的运费收入,经与保险人协商后,也可以投保,但其金额不能超过船舶保险价值的一定比例。

八、责任保险

(一)责任保险概述

1. 概念。

责任保险,是指以被保险人依法应当向第三人承担的民事赔偿责任为保险标的之财产保险。在日常工作和生活中,无论是单位法人还是公民个人,都可能因过失、疏忽而造成他人财产损失或人身伤害,其法律后果是依法承担损害赔偿责任,加入责任保险后,这种损害赔偿责任就转嫁给了保险人,由保险人对受害者进行经济赔偿。财产保险以财产及其相关利益为保险标的,相关利益包括积极利益和消极利益,民事赔偿责任就是一种消极利益,即不损失利益,所以责任保险属于财产保险。

在现代保险中,责任保险随着民事责任的不断增加而迅速发展,已经成为民事责任制度中不可或缺的组成部分,责任保险由此也成为保险市场上的一项重要业务,其发达与否,成为衡量一国保险业水平的重要标志。

2. 保险标的的构成要件。

责任保险的保险标的,必须具备以下要件:(1)必须是法律责任。保险人一般承保被保险人依法应承担的损害赔偿责任,即侵权责任;若是合同或协议规定的违约责任,这种责任必须构成法律责任,即合同没有约定,根据法律规定,当事人也要承担的责任,而不是合同当事人任意约定的合同责任。(2)必须是民事责任。保险人只承保被保险人违反民事法律的经济赔偿责任,追究民事赔偿责任的目的在于补偿受害人而不是惩罚加害人,这与追究行政责任或刑事责任有本质上区别。(3)必须是过失责任或法定无过失责任。即使是民事责任,若系被保险人故意行为造成,保险人也不承担责任;同时,由于无过失责任原则的出现,法律规定被保险人必须承担的无过失责任,可以由保险人承保。(4)必须有直接因果关系。对第三者造成的损害事实,必须与被保险人违反民事法律的行为有直接因果关系,否则,保险人不承担保险责任。

3. 赔偿限额和费率。

责任保险承保被保险人的民事赔偿责任,而不是有价值的财产,无论何种责任保险,均无保额的规定,合同约定的是保险人承担的赔偿限额,超过赔偿限额的赔偿责任,由被保险人自己承担。其约定的赔偿限额通常是两项:(1)事故赔偿限额。即每次责任事故或同一原因引起的一系列责任事故的赔偿限额,包括财产损失赔偿限额和人身伤亡赔偿限额。(2)累积赔偿限额。即保险期限内保险人承担的总赔偿限额,包括财产损失累积赔偿限额和人身伤亡累积赔偿限额。

其保险费率通常根据以下因素确定：被保险人业务和产品的性质、种类及产生民事赔偿责任可能性的大小；赔偿限额和免赔额的高低；法律对各种损害赔偿的规定；同类责任事故的历史资料；保险人承保区域或被保险人业务范围的大小；该保险业务量的大小。

4. 赔偿处理。

责任保险以被保险人对第三者的赔偿责任为保险标的，发生赔偿责任后，若第三者不向被保险人请求赔偿，被保险人便无损失发生，保险人也无须承担赔偿责任；保险人只有在第三者向被保险人请求赔偿时，才开始负保险责任。责任保险中，保险金最终落到受害人手中，可谓直接保障被保险人利益，间接保障不特定第三者利益，两者同时并存。一般而言，被保险人享有保险金请求权，而第三者没有直接请求权，保险人应当向被保险人支付保险金。但是，若法律有规定或合同有约定，保险人也可以直接向第三者赔偿。此外，保险责任发生后，对于被保险人与受害第三者之间进行的赔偿协商，保险人有参与的权利；未经保险人同意，被保险人不得在诉讼中或诉讼外与第三者达成和解协议，也不得依此类协议对第三者进行赔偿，否则，保险人不受此类协议的约束，有权按保险合同规定的责任范围对被保险人承担赔偿责任；保险人支付保险金后，若被保险人对他人有损害赔偿请求权的，保险人可以行使代位求偿权。

（二）产品责任保险

1. 概念。

以制造商、修理商或销售商的产品责任为保险标的的责任保险。所谓产品责任，是指其在生产、修理、销售过程中所提供的产品存在缺陷，该缺陷致使第三人人身伤亡或财产损失而依法应承担的民事赔偿责任。

2. 产品责任的构成要件。

其构成要件是：(1)制造商、修理商或销售商在产品设计、制造、修理或销售过程中存在缺陷，这种缺陷在产品责任事故发生时依然存在；(2)存在造成他人人身伤害或财产损失的事实，他人是指产品生产、销售或修理者以外的第三人，可以是产品购买者、产品购买者以外的使用者，受害人对于这种缺陷的存在和产生是无知的；(3)受害人对于产品的使用，与产品规定的用途相一致；(4)产品缺陷与损害事实之间存在着因果关系。产品缺陷可能因过失而产生，即预见可能造成损害结果却自信不会发生，或应当预见而没有预见到的缺陷；也可能因无过失而产生，即按照目前的科学技术水平，在正常生产、修理和销售条件下难以预见到的缺陷。《产品质量法》规定：将产品投入流通时的科学技术水平尚不能发现缺陷存在的，生产者不承担赔偿责任，表明我国采取消极的缺陷责任制，排除了无过失责任。国外发达国家往往采取积极的缺陷责任制，即不管产品缺陷成因如何，不管当事人有无过失，只要产品造成了损害后果，就必须承担赔偿责任。

3. 保险责任与责任免除。

产品责任险合同中，通常约定承担保险责任的区域范围。若产品仅在某一国家或地区销售或使用,则以该国家或地区为承保区域;若产品通过贸易转口可能在世界各地销售或使用,则承保区域可以扩大至全世界,并应当在保单中列明司法管辖权。其保险责任是:被保险产品造成任何第三者人身伤害或财产损失而应承担的经济赔偿责任。责任构成要件为:产品的所有权或使用权已经转移,是在制造、修理和销售场所之外造成损害结果。此外,保险人对因赔偿纠纷引起的诉讼等合理费用,也承担责任。

其责任免除项目有:(1)根据销售等合同或协议,被保险人应承担的责任;(2)产品本身的损失;(3)收回缺陷产品的费用和损失;(4)根据劳动法或劳动合同,被保险人对其雇员及有关人员应承担的责任;(5)被保险人所有、照管或控制财产的损失;(6)被保险人违法生产、修理或销售产品所致损失;(7)保险产品造成大气、土地、水等污染引起的责任;(8)保险产品造成对飞机或轮船的损害责任。

4. 责任期限和方式。

产品责任保险的责任期限通常为一年,其承担责任的方式主要有两种:(1)期内发生式。这种承保方式要求产品责任事故必须在保险期限内发生,但肇事产品是否在保险期限内生产或销售则无关紧要;而且,保险期限内发生的保险事故,若受害者在合同终止后提出索赔,保险人也承担赔偿责任。(2)期内索赔式。采用这种承保方式时,保险人只对保险期限内提出索赔的责任事故承担赔偿责任,但保险事故是否在保险期限内发生则无关紧要;即使保险合同订立前发生的责任事故,只要受害人在保险期限内提出索赔要求,保险人均承担责任。为此,合同中通常约定三至五年的追溯期,以限定保险人承担责任的期限。

(三) 公众责任保险

1. 概念。

以被保险人在公众活动场所由于疏忽或过失行为,造成第三者人身伤害或财产损失,依法应承担的经济赔偿责任为保险标的责任保险。公众责任是一种与场所相关的侵权责任,表现为被保险人因过失而违反了对社会公众的安全义务,侵害了他人人身或财产权利,依法应当承担民事赔偿责任。因此,公众责任采取过失责任原则。公众责任风险普遍存在,工厂、商店、旅馆、展览馆、医院、学校、影剧院、运动场、公园等公众场所,都可能在生产经营过程中发生意外事故,造成他人人身或财产的损害,公众责任险即承保由此产生的损害赔偿责任。

2. 种类。

其种类包括:(1)场所责任险。广泛适用于工厂、商店、办公楼、旅馆、公共娱乐场所等,主要承保被保险场所因结构上的缺陷或管理不善,以及因生产经营时的疏忽、过失造成第三者人身或财产损害的赔偿责任。(2)电梯责任险。主要承保电梯运行期间造成乘客人身或财产损害的赔偿责任。(3)承包人责任险。适用于各种建筑工程、装卸作业、修理行业等,主要承保被保险人在进行合同项目下的工程或其他作业时造成他人人身或财产损害的赔偿责任。(4)承运人责任险。适用于所有各种运输工具的运输行业，主要承保承运人在客货运输过程中造成他人人身或财产损害的赔偿责任。(5)个人责任险。适用于公民及其家庭，主要承保个人及其家庭成员在日常生活中造成他人人身或财产损害的赔偿责任。

3. 保险责任与责任免除。

其保险责任是：保单列明的区域、地点内发生责任事故，造成第三者人身伤害或财产损失，被保险人依法应承担的经济赔偿责任；因发生损害事故而支付的诉讼费用和其他合理费用。

保险人的除外责任主要有：(1)被保险人根据合同或协议应承担的责任。(2)被保险人对于正在为其提供服务的任何人(如雇员)所遭受的伤害所应承担的责任。(3)被保险人及其雇用人员、代理人所有的财产；由其保管或控制的财产；因经营活动而一直使用和占用的任何物品、土地、房屋或建筑物，上述财产的任何损失。(4)由于震动、移动或减弱支撑引起任何土地、财产或建筑物的损坏责任。(5)罚款、罚金或惩罚性赔款。(6)未列入保单项目而属于被保险人所有、占有或使用的任何牲畜、车辆、火车头、各类船只、飞机、电梯、升降机、起重机、其他升降装置等财产造成的他人损害。(7)火灾、地震、爆炸、洪水、烟熏；大气、土地、水污染及其他污染等造成的他人损害。(8)有缺陷的卫生装置、任何类型的中毒、任何不洁或有害食物及饮料所致损害赔偿责任等。

(四) 雇主责任保险

1. 概念。

以雇员在工作或受雇期间，发生意外事故或职业病而造成人身伤亡时，雇主根据有关法律或劳动合同应承担的经济赔偿责任为保险标的之责任保险。

2. 雇主责任的性质。

雇主责任是一种法定无过失责任，即使劳动合同中未约定雇主责任，根据劳动法律、行政法规的规定，雇主依然要对雇员的伤亡事故承担损害赔偿责任。其法律特性是：(1)是雇主对其雇员依法应承担的法律责任。(2)责任范围限于对人身伤亡的赔偿，包括雇员的伤残、死亡或患职业病，不负责财产损失。(3)产生雇主责任的损害事故，应当发生在雇员受雇期间；工伤事故应当发生在合同列明地点，并从事与其业务有关的工作。

3. 保险责任与责任免除。

其保险责任包括：工伤责任，包括上下班途中的意外伤害；职业病责任；雇主与雇员发生保险责任范围内的索赔纠纷时，雇主支付的诉讼及其他合理费用。在认定保险责任时，雇员从事的必须是保单列明的或与列明工种有关的工种，如果雇员从事非雇主授意的、非保单列明或与列明工种毫无关系的工作而遭受伤害，保险人不承担赔偿责任；而职业病，必须是经医生确诊，与职业有关的疾病。

其除外责任主要有：(1)雇员由于疾病、传染病、分娩、流产，或因这些疾病而施行内外科治疗手术所致伤残或死亡；(2)雇员自残、自杀、犯罪行为、酗酒及无照驾驶各种机动车辆所致伤残或死亡;(3)被保险人对其承包商雇用员工的责任。(4)被保险人故意或重大过失行为所致雇员伤亡。(5)战争、暴乱、核事件等所致雇员伤亡。

4. 赔偿处理。

雇员死亡的,按保险合同约定的赔偿限额赔偿;雇员伤残时,按伤残程度与赔偿限额确定赔偿额:永久性丧失劳动能力的,按保险合同约定的赔偿限额赔偿;永久性丧失部分劳动能力的,根据受伤部位及致残程度,按照合同约定的相应比例乘以赔偿限额予以赔偿;暂时丧失劳动能力超过五天,经医生证明后,按雇员伤残前的工资给予赔偿,五天为相对免赔的界限,超过五天的全部赔偿。保险人一般以"期内索赔式"承保。

(五)职业责任保险

1. 概念。

以医师、药剂师、设计师、律师、会计师和工程师等特种职业者,在工作中因过失造成他人人身、财产损害而依法应当承担的民事赔偿责任为保险标的之责任保险。职业责任险是发展最为迅速的责任保险,其种类在国外已达百余种。

2. 特点。

其特点主要有:(1)通常由提供服务的单位投保,如医院、设计院、律师事务所、会计事务所等。(2)无统一条款和格式保单,保险人提供基础条款,作为单位投保时协商的基础。(3)被保险人众多。职业责任险的保单上通常有众多被保险人,保险期间,投保单位可以与保险人协商增加或减少被保险人。

3. 保险责任与责任免除。

其保险责任主要是:被保险人及其前任、被保险人的雇员及雇员的前任,因疏忽、错误或失职行为造成职业事故应承担的赔偿责任;因索赔纠纷引起的诉讼及其他保险人同意的费用。

其责任免除主要有:(1)被保险人及其前任、被保险人的雇员及雇员的前任,因不诚实、欺骗、犯罪或恶意行为所引起的任何索赔;(2)因文件灭失或损失引起的任何索赔;(3)被保险人在投保或保险期间不如实报告应报告情况而引起的任何责任;(4)被保险人被指控诽谤或恶意中伤他人所引起的任何索赔;(5)被保险人家属及其雇员的人身伤害或财产损失;(6)被保险人的合同责任(无该合同时被保险人仍应依法承担的除外);(7)被保险人所有、照管、控制财产的损失。

4. 责任期限。

其责任期限通常为一年,但是,考虑到职业事故的发生与受害方提出索赔,可能有相当长的间隔期,所以合同中通常在责任期限外又规定责任追溯期,对于责任追溯期或责任期限内发生、在责任期限内提出索赔的职业事故,保险人均承担赔偿责任。

九、保证保险

(一) 保证保险概述

1. 概念。

保证保险,是指以被保证人履行合同义务或忠于职守为保证内容,当权利人因被保证人未履行义务或不诚实行为而蒙受经济损失时,由保险人予以赔偿的财产保险。与财产损失保险的危险事故具有客观性相比,保证保险的危险事故显然具有主观性,即被保证人主观上有不履行债务或实施不诚实行为的故意。

2. 特点。

其特点主要有:(1)保证保险合同是从合同,以主合同的合法有效存在为前提条件。(2)保险人充当保证人,提供人保,承担类似于连带责任的保险责任,只要债务人不履行主合同义务,即意味着保险事故发生,保险人承担赔偿责任。(3)投保人通常是主合同债务人。(4)保险人通常要求投保人提供反担保。(5)保险人赔偿后即取得代位求偿权,即获得主合同债权人的一切权利。(6)保险人资格的特许性,经营保证保险业务,必须经保监会审核批准。

(二) 确实保证保险

以被保证人有履行合同义务的意愿和能力为保证内容,当被保证人不履行或不能履行义务而造成权利人利益损失时,由保险人承担赔偿责任的保证保险。

1. 产品保证保险。

以被保证人生产、销售产品的质量为保证内容,当保险产品因质量问题而造成权利人利益损失时,由保险人承担赔偿责任的确实保证保险。与产品责任保险相比,两者的区别主要在于:保证险的保险人承担产品本身的赔偿责任;责任险的赔偿范围不包括产品本身损失,保险人只承担保险产品造成他人人身、财产损害的赔偿责任。

2. 合同保证保险。

以被保证人履行合同义务为保证内容,当被保证人不履行或不能履行合同义务而给权利人造成经济损失时,由保险人承担赔偿责任的确实保证保险。合同保证保险主要适用于工程建设项目,其险种包括:(1)投标保证保险,以投标人中标后继续履行合同为保证内容。(2)履约保证保险,以工程承包人按约交付工程为保证内容。(3)预付款保证保险,以工程承包人如期清偿工程预付款为保证内容。(4)维修保证保险,以工程承包人履行维修合同义务为保证内容。(5)供应保证保险,以供应商按约提供工程建筑材料为保证内容。

3. 行政保证保险。

以国家公务员或行政机关忠实履行职责为保证内容,当公务员或行政机关因违法或疏于职守,给国家或他人(法人或自然人)造成经济损失时,由保险人承担赔偿责任的确实保证保险。可谓国家赔偿风险的一种转嫁。

4. 特许保证保险。

为某些特殊行业申领营业许可证而提供保证，当被保证人利用特许的优势地位，违反国家法令或公共利益而致使国家或第三人经济损失时，由保险人承担赔偿责任的确实保证保险。国外保险市场上，保险人一般对美容院、加油站、娱乐业、经营汽油、酒类、烟草业务的厂商或销售商提供这类保险。

5. 司法保证保险。

以被保证人履行司法活动中产生的义务为保证内容，当被保证人不履行司法义务而影响司法机关正常工作秩序时，由保险人承担责任的确实保证保险。其种类主要有：(1)保释保证保险，以诉讼中的被保释人在规定时间出庭受审为保证内容。(2)诉讼保证保险，以被保证人(以法院决定采取诉讼保全措施为前提)不变卖、挥霍、隐匿其财产或有争议标的物为保证内容。(3)受托保证保险，以被保证人(法院指定的财产保管人、破产管理人、遗嘱执行人或遗产管理人)能忠实管理受托财产为保证内容。

(三) 诚实保证保险

以被保证人能忠实履行职责为保证内容，当权利人因被保证人的不诚实行为而蒙受经济损失时，由保险人承担赔偿责任的保证保险。在诚实保证保险中，被保证人是雇员，保险人以保证人身份担保其能忠诚履行职务；而权利人是雇主，当雇主因雇员的不忠诚行为而遭受经济损失，而雇员又不能完全赔偿或无法赔偿时，保险人即承担经济赔偿责任。这里的不诚实行为，通常包括盗窃、欺骗、贪污、挪用、侵占、故意误用、伪造票据或证件、失职等行为。投保这类保险时，权利人也必须承担一些重要义务，如对被保证人受雇前的情况进行查询，并保存查询资料，以备发生保险事故时提供给保险人；完善组织内部的监督管理制度，不给雇员渎职提供诱因；保证公平待遇，做到忠诚服务有相应报酬等。

1. 指名保证保险。

以特定的雇员为被保证人，以其不诚实行为给雇主带来的经济损失为责任事故的诚实保证保险。在指名保证保险中，若被保证人是特定的某个人，称为个人保证保险；若被保证人为特定的多数人，则为表定保证保险；但无论如何，被保证人均需在保险合同中逐一指名登记方为有效。

2. 职位保证保险。

以特定职位作为确定被保证人的依据，权利人因担任该职位雇员的不诚实行为而蒙受经济损失时，由保险人承担赔偿责任的诚实保证保险。在职位保证保险中，若保险合同中确定的被保证职位只有一个，称为单一职位保证保险；若确定的被保证职位有几个，则为职位表定保证保险；但无论如何，确定的职位均应在保险合同中列明。一旦确定被保证职位，凡担任该职位的雇员，即成为被保证人；如果因工作需要，被保证人工作发生变动，权利人无须通知保险人，担任被保证职位的新雇员自动成为被保证人。但是，职位本身或被保证人人数发生变化时，权利人应及时通知保险人。

3. 总括保证保险。

以权利人的全体正式雇员为被保证人的诚实保证保险。这种保险无须具体指名或指定职位,发生保险事故时,无论是雇员一人所为还是数人共谋,保险人均在赔偿限额内承担赔偿责任。根据赔偿限额不同,其可以分为商业总括保证保险和职位总括保证保险。前者按每一危险事故确定赔偿限额;后者按每个职位雇员确定每一危险事故的赔偿限额。

十、信用保险

(一)信用保险概述

1. 概念和特点。

信用保险,是指保险人根据投保人(权利人)的要求,担保被保证人信用的财产保险。在这种保险中,当权利人因被保证人不履行或不能履行债务而蒙受经济损失时,保险人即予以赔偿。信用保险广泛用于国际贸易、国际投资或国内赊销等领域。信用保险的特点主要有:(1)承保危险的独特性,除承保经济因素造成的信用危险外,更进一步承保社会乃至政治因素造成的信用风险;(2)承保危险的无规律性,信用保险承保的危险,无稳定规律可循,受主观因素乃至社会、政治因素的影响颇大,而危险具有较稳定规律性,乃是其他保险承保的基础;(3)保险人主体的特许性,通常由政府有关部门或政府指定的国有保险公司经营;(4)政策性保险的特征明显,通常体现政府的各种经济政策,其出发点不在于营利而在于公共目标,这也是商业保险中绝无仅有的。

2. 信用保险与保证保险的异同。

两者的共同点是:保险标的都是无形的经济利益;保险合同都是从合同,以主合同的合法有效存在为前提;都是由保险人作为保证人,担保被保证人的信用和行为;保险关系成立后,危险均没有发生实质性的转移,履行主合同义务的依然是被保证人;保险人赔偿后,即获得主合同债权人的地位,取得向被保证人追偿的权利。

两者的区别主要在于:保证保险的投保人,通常是主合同中的债务人,为保证自己履行债务而向保险人提出保险要求;信用保险的投保人,通常是主合同中的债权人,为实现自己的债权向保险人提出保险要求。保证保险中的权利人,通常不是投保人;信用保险中的投保人与权利人是一致的。

3. 保险责任和责任免除。

其保险责任有政治危险责任和商业信用危险责任两大类。前者包括:(1)所在国发生战争、暴动、罢工、叛乱、革命等,致使权利人财产或利益受损。(2)出口货物或投资项目被所在国政府征用或没收。(3)因所在国外贸管理制度发生变化所致损失。(4)须经第三国的贸易、汇兑,因第三国原因导致的被禁止、被抵制、被增加关税、货物被中止运输、被延期付款等。后者包括:债务人因破产等原因无力偿还债务;债务人收货后,超过付款期限六个月以上仍未付款;债务人拒收货物并拒付货款(并非权利人违约)。

其责任免除有权利人过失造成的损失和财产损失保险承保的损失两大类。前者包括:(1)货物交付承运人前,由于买方违反合同或预期违反合同,权利人已有权解除或中止合同,却仍向其出口货物所引起的损失。(2)在交款交单条件下的出口贸易中,债务人未交款前已将货物交付对方,致使货款难以收回的损失。(3)海外投资中,因违反所在国法律引起的被没收或征用。(4)海外投资中的合法外汇收益,没有在当地政府明确规定的期限内汇出而造成的损失。后者包括财产损失保险中列为保险责任的所有项目。

(二) 出口信用保险

1. 概念。

以出口贸易中的买方为被保证人,当买方不履行或不能履行合同义务而给出口商造成经济损失时,由保险人承担赔偿责任的信用保险。2001 年 12 月,我国成立了专门的“中国出口信用保险公司”。

2. 特点。

其特点主要有:(1)保险标的是外汇价金。其承保的不是出口货物在运输过程中的损毁,而是买方收到货物后不予偿还价金的信用危险,保护的是本国出口商和出口融资银行的利益。(2)风险的特殊性。其风险主要是买方信用和财力,因此,其保险费率通常与贸易合同的付款期限、合同金额和买方所在国的基本情况成正相关关系。如美国的出口信用保险机构,将买方所在国风险按由小到大分为 A、B、C、D 四类;将短期出口信用保险的费率定为 0.5%,中期定为 0.75%。(3)必须全部投保,不能选择投保。保险关系一旦建立,权利人应当定期将其适用范围内的出口业务,全部向保险人申报投保。(4)保险人资格的特殊性。通常是政府设立的专门保险机构,或政府扶持的保险公司。

3. 责任限额。

其责任限额主要有:(1)买方信用限额,即保险人对某一买方所承担的责任限额。(2)自行掌握的信用限额,即在保单上确定,供权利人自己掌握的信用额度。(3)每一保单的信用限额,即每一保单的累积赔偿限额。

4. 承保比例和保险费率。

对于商业信用危险,保险人一般承保合同金额的百分之九十;对于政治危险,承保比例一般为合同金额的百分之九十至百分之九十五。保险人在厘定费率时,通常考虑以下一些因素:合同规定的付款条件;出口商的资信、经营规模和出口贸易的历史记录;买方所在国的政治、经济及外汇收支状况;买方的资信、经营规模和进口贸易的历史记录;该出口贸易合同的金额及货物种类。

(三) 投资保险

1. 概念。

以投资者为被保险人，当投资者因所在国政局动荡、政府行为变化而蒙受损失时，保险人承担赔偿责任的信用保险。我国的改革开放，吸引了大量的海外投资者，为了配合引进外资的政策，适应海外投资者要求获得投资保障的需要，我国于 1979 年开始开办(国内)投资保险。

2. 投资保险的险种。

其主要险种包括：(1)征用险。以投资项目被所在国政府、地方政府征用没收或国有化时，保险人承担赔偿责任的投资保险。保险责任一般包括被征收危险；被没收危险；被征用危险和国有化危险。(2)外汇险。以投资所在国实行汇兑管制、禁止外汇等，致使投资者不能按投资合同规定汇出应得外汇时，保险人承担赔偿责任的投资保险。(3)战争险。以投资所在国发生战争、革命、内乱、罢工、暴动等异常情况，致使投资项目遭受损失时，保险人承担赔偿责任的投资保险。但战争风险中都排除核武器造成的损失。(4)(国内)投资保险。中国人民保险公司于 1979 年起，开办了(国内)投资保险业务，承保的是中国的政治风险，即外国投资者因中国的政治风险可能遭受的损失。

3. 保险期限、责任限额和保险费率。

其保险期限有短期和长期两种：短期险的保险期限为一年，期满后可以续转；长期险的保险期限为三至十五年，期限满三年后，投保人可随时终止合同。由于长期险中的投资项目，并非一次性全部投资，而是每年投资一部分，所以，其责任限额通常有两种，一是每年的责任限额，按每年投资金额的百分之九十计算；二是最高责任限额，按投资项目总金额的百分之九十确定。其保险费率按年计算，征用险的基准年费率为 0.6%；外汇险的基准年费率是 0.3%；战争险的基准年费率是 0.6%，并根据不同情况调整基准费率。

(四) 国内商业信用保险

1. 概念。

以买卖、借贷、租赁等合同中的债务人为被保证人，当被保证人不履行或不能履行合同义务而给权利人造成经济损失时，由保险人承担赔偿责任的信用保险。商业信用保险随着商业赊销方式的产生而发展起来，赊销方式既加速了商品流通，但也使商家面临购买者的信用危险，国内商业信用保险由此应运而生。

2. 国内商业信用保险的险种。

其主要险种包括：(1)放款信用保险。当被保证人(借款人)不能或不偿还本金及其利息而给权利人(贷款人)造成损失时，由保险人承担赔偿责任的国内商业信用保险。(2)消费信用保险。以赊销售货中的买方为被保证人，当权利人(卖方)因被保证人赊账后不能或不按约如期支付货款而蒙受损失时，由保险人承担赔偿责任的商业信用保险。其责任限额往往根据延期付款的特点，采取变额保险方式，随被保证人的每次付款行为而递减。此外，保险人通常还采取共保的方式，要求权利人承担一部分危险责任。

第四十一章

人 身 保 险

第一节　人身保险合同概述

一、人身保险合同的概念和特点

人身保险合同，是指以人的寿命和身体为保险标的，以被保险人的生存、死亡、残废或疾病为保险事故的保险合同。其特点主要有：

(一) 定额保险

人身的价值无法估量，人身保险不存在保险价值问题，保额完全由双方当事人自由约定，是一种典型的定额保险，这与财产保险根据保险价值确定保额的特点形成鲜明的对比。所以，人身保险一般不存在超额保险和重复保险的情况，发生保险事故时，保险人按保险合同约定的保险金额给付。至于保额多少，原则上不受限制，只要被保险人需要，投保人有支付保费能力。但是，以被保险人死亡为给付保险金条件的险种，为了防止道德危险，法律对保额往往有限制规定。

(二) 给付性

由于人身的价值无法估量，补偿人身损失就无从谈起，发生保险事故时，保险人支付的保险金只能是一种经济帮助和抚慰，解决因人身保险事故造成的经济困境。为了区别保险金的不同性质，财产保险上的保险金通常叫补偿金，而人身保险则称为给付金。这种给付性典型地表现在向第三者追偿的处理上，由第三者造成的人身保险事故，保险人给付保险金后，不存在代位求偿问题，被保险人依然可以向加害方追偿。

(三) 危险不断增加

人身保险的保险标的是人身，而人身的体质按照自然规律，达到一定年龄后，逐渐向坏的方向发展，尤其是疾病和死亡率，随着年龄增长而增加，如此，根据费率与风险成正比的原则，保险费率势必不断调整，形成越是年老保费负担越重的状况。为了改变这种不利于被保险人的状况，人身保险往往采取长期保险和均衡费率的方式，以年轻时较高的保险费率来平衡整个年龄段的保费负担。如21—40岁的平均费率为1%，41—60岁的平均费率是2%，保险人就采取终身1.5%的均衡费率，使保费终身不变。

（四）保险事故的必然性和偶然性

财产保险的保险事故强调偶然性，凡是必然发生的事故，都被排除在保险责任之外。人身保险的保险事故却具有客观必然性，即人的生老病死都必然要发生。但是，就其何时、何地、何种情况下发生，发生后预后如何而言，又具有偶然性。人身风险的必然性一面，使人身保险成为社会公众的广泛需要；而偶然性一面，又使其成为可保危险。

（五）长期性和储蓄性

人身保险中的人寿保险，保险期限往往持续几年、几十年，甚至终身，其原因主要是人身风险往往集中于老年，为了切实保障老年时的生活，减少老年时的保费负担，需要长期的保费积累。这种经年累月、积少成多的方式，与储蓄十分相似；而另一方面，投保人缴纳的保费，保险人最终都以各种形式返还给被保险人或受益人。所以，有人把人身保险称之为强制性储蓄。

二、人身保险合同的特殊条款

（一）年龄误告条款

这是关于投保人申报的被保险人年龄不真实的处理条款。若申报年龄不真实，致使投保人少付保险费的，保险人有权更正并要求投保人补交保险费，或者在给付保险金时按照实付保险费与应付保险费的比例支付；相反，致使投保人多付保险费的，保险人应当退还。

（二）宽限期条款

这是分期缴付保费的人身保险，允许投保人在一定期限内延缓缴纳当期保费的条款。按照法律规定，宽限期为六十日，宽限期内发生保险事故，保险人承担责任。法律设定的是最低期限，若保险合同另有约定，宽限期不得少于六十日。

（三）中止和复效条款

这是有关保险合同暂时失效及之后如何复效的条款。投保人超过宽限期仍未缴费时，保险合同效力中止；中止期间发生保险事故，保险人不负给付责任；合同效力中止之日起两年内双方未达成协议的，保险人有权解除合同。中止期间，投保人与保险人达成复效协议时，合同效力重生。复效的条件是：被保险人依然符合原承保条件；

保险人同意投保人的复效请求;投保人补足欠缴保费及其利息。

保险合同复效,不是重新投保,当事人的权利义务从原保险合同的规定,例外的情况是,需要重新设置健康观察期。

(四) 不丧失价值条款

长期人身保险中,投保人已缴纳了一定时期(两年)的保费(含利息),在扣除手续费和风险准备金后,积存于保单上,被称为现金价值。不丧失价值条款,即确认投保人有权在合同有效期限内,选择有利于自己的方式,处置保单现金价值的条款。

1. 退保取回现金价值。投保人享有解约退保,取回现金价值的权利。按照惯例,已缴足两年以上保费而要求退保的,保险人在扣除解约费后,退保金不得少于现金价值的四分之三,须以现金支付。

2. 减额一次缴清保费。投保人因各种原因无法继续缴费,又希望被保险人的保险保障得以维持时,可以利用保单现金价值,作为一次缴清的保费,要求在不改变保险期限和保险责任的条件下,重新确定保额。改保后,投保人无须再缴费,保险保障程度降低。

3. 缩期一次缴清保费。除减额一次缴清保费的方案外,投保人还可要求保险人在不改变保额和保险责任条件下,缩短保险期限,改为定期保险。

(五) 保单质押贷款条款

这是指在保单具有现金价值的情况下,投保人得以现金价值为担保,向保险人申请贷款,以满足经济上一时需要的合同条款。

1. 保单质押贷款。保险人向投保人提供保单质押贷款,是保险资金运作的重要方式之一。投保人若有经济上需求,可以凭保单向保险人申请贷款。贷款期限一般为六个月,贷款利率由双方协商确定,贷款本息以不超过保单现金价值(一般为现金价值的百分之九十)为限。投保人应当按期偿还贷款本息,若逾期不还,保险人将发出催告通知,投保人除归还本息外,还应承担违约金和逾期利息;若投保人在催告下依然没有还贷,而贷款本息已达到现金价值时,保险人将发出限期归还通知,投保人在期限内不还,将导致保险人解除合同的后果。贷款期间,保险合同为有效合同,期内发生保险事故,保险人给付保险金,但要扣除贷款本息。

2. 自动垫付保费贷款。自动垫付保费,是指投保人未在宽限期内缴付当期保费时,保险人得以在保单现金价值范围内,自动向投保人提供贷款以抵缴保费,从而使合同继续有效的行为。保险人垫付的保费,性质上是向投保人提供贷款,属于保单质押贷款的一种。保险人的自动垫付行为,可以依约持续进行,直至累计垫付的贷款本息,达到保单现金价值为止。届时,若投保人仍不缴费,将导致保险人解除合同的后果,此时,该保单已无任何现金价值。自动垫付保费贷款期间,保险合同继续有效,若发生保险事故,保险人给付保险金,但要扣除垫付的保费及其利息。

（六）保单转让条款

具有现金价值的保单，与有价证券类似，本条款就是根据这一特点，允许保单持有人在需要时转让保单，兑现现金价值的条款。保单转让后，受让人享有保险金请求权，所以，实际上是变更受益人。根据变更受益人须经被保险人同意的原则，保单转让实际上都须经被保险人同意。此外，保单转让时须书面通知保险人，否则对保险人不发生拘束力。保单转让有两种形式：绝对转让，即受让人获得保单全部现金价值；相对转让，即受让人获得保单部分现金价值。

（七）自杀条款

这是指以死亡为给付保险金条件的保险合同，被保险人在保险期间故意自杀身亡的，保险人是否承担保险责任的合同条款。保险合同成立之日起两年内，被保险人自杀的，保险人不承担保险责任；成立之日起满两年的，保险人可以按约给付保险金。

（八）意外死亡条款

这是指投保人或被保险人意外死亡时，保险人给予被保险人或受益人以特殊优遇的合同条款。

1. 投保人在缴费期间死亡条款。这一条款主要适用于父母为未成年子女投保的情况。缴费期间，作为投保人的父母，若一方或双方不幸死亡，保险人将相应免除待缴的半额或全额保费，以保证未成年被保险人，能够继续得到保险保障。

2. 被保险人意外死亡条款。这是指保险期间，被保险人因意外事故死亡，受益人可以获得加倍保险金的条款。其构成要件主要有：必须是纯粹的意外事故所致；死亡必须发生在意外事故发生之日起的九十日内；一般只限于六十岁以下的被保险人。

（九）共同灾难条款

共同灾难，是指被保险人与受益人同死于共同意外事故的情况，共同灾难条款，是以合同条款的形式约定：发生共同灾难时，无论出现何种情况，都认定受益人先死，被保险人后死，保险金由被保险人的法定继承人领取。

（十）其他特殊条款

1. 以死亡为给付保险金条件的保险。投保人不得为无民事行为能力人投保该类保险，保险人也不得承保。父母虽然可以为未成年子女投保该类保险，但保额总和不得超过保险监管部门规定的限额。同时，订立该类合同时，须经被保险人同意并认可保额（父母为子女投保的除外）。保单转让或质押时，须经被保险人书面同意。

2. 故意伤害被保险人。投保人、受益人故意造成被保险人死亡、伤残或疾病的，保险人不承担给付保险金责任。投保人已交足两年以上保险费的，保险人按照合同约定向其他享有权利的受益人退还保险单的现金价值。

3. 故意犯罪。被保险人故意犯罪导致其自身伤残或死亡的，保险人不负给付保险金责任。

第二节　人身保险的主要险种

一、人身意外伤害保险

（一）概念

人身意外伤害保险，是指以被保险人的身体为保险标的，以被保险人遭受意外伤害及其致残致死为保险事故的人身保险。这里的意外伤害，须具备以下要素：

1. 伤害。这是指外来致害物以一定方式破坏性地接触身体，致使身体受到伤害的客观事实。意外伤害险中的伤害由四个要素组成，缺一不可。(1)外来。即伤害来自于外界，由被害人身体之外的因素造成。这里的外界伤害应作广义理解，包括通过X光透视、CT检查等发现的内伤。(2)致害物。即直接造成被保险人伤害的、其身体以外的物质或物体，一般为物理和化学性质。(3)致害对象。即致害的客体，只有致害物侵害的对象是被保险人身体，才构成伤害。(4)致害事实。即致害物以一定方式破坏性地与身体接触的事实，如碰撞、击打、淹溺、灼烫、中毒等。

2. 意外。意外是就被保险人的主观状态而言，是指伤害事故完全是当事人不可预料、非本意的，由不可抗力造成的。(1)不可预见。这是指伤害事件的发生，事先无法预见，或虽能预见，由于疏忽却没有预见到的，其性质是偶然、突发事件。(2)非本意的。这是指伤害事故的发生，违背被保险人的主观意愿。表现为：被保险人预见到伤害即将发生时，在技术上已不能采取措施避免，如瞬间发生、无法躲避的事故；被保险人已预见到伤害即将发生，技术上也可以避免，但由于法律或职责上的规定，不能躲避。

（二）特点

1. 风险度与职业相关。遭受意外伤害的风险度，与年龄无关，却与被保险人的职业密切相关。因此，保险人通常按不同职业厘定不同的保险费率。

2. 保险给付兼具给付性和补偿性。意外伤害保险主要承保意外致残致死的危险，由于残废和死亡无法用金钱补偿的，给付性是其本质特征。但是，保险人还承担因意外伤害引起的医疗费、误工费等，显然具有补偿性。

3. 规定保险责任期限。这是指保险人对被保险人遭受伤害之日起一定期限内的后果承担责任，对超过期限后产生的后果则不承担责任。如规定责任期限为一百八十天，被保险人遭受伤害后一百八十天内死亡，保险人承担责任，超过一百八十天后死亡，则不承担责任。至于伤害致残，如果责任期限结束时，被保险人的治疗过程尚未终结,则推定为永久性残废,并据以给付残废保险金。

(三)人身意外伤害保险的种类

1. 普通意外伤害保险。这是专为个人日常生活中的意外伤害提供保险保障的意外伤害保险。保险期限最长为一年,也可以投保一年以下的短期保险。投保人可以采取缴纳保费或保险储金的形式投保。

2. 团体意外伤害保险。这是以各种社会组织为投保人,以该团体所有成员为被保险人的意外伤害保险。保险期限为一年,保险人通常根据投保单位的行业确定保险费率。投保人可以采取缴纳保费或保险储金的方式投保。

3. 特种意外伤害保险。这是指保险责任仅限于某种特殊原因所致伤害的意外伤害保险。包括旅行意外伤害保险;交通事故意外伤害保险;电梯意外伤害保险。

4. 附加意外伤害保险。这是附加在寿险上的意外伤害险。该险种往往有特殊规定,如对全残的被保险人,免除其全残后分期缴付的保费;半残则减收一半保费;对于因意外伤害致死的被保险人,给付加倍保险金。其保险期限与寿险合同一致,属于长期保险。

5. 意外伤害与健康保险合一的综合险。其根据意外伤害险与健康险的功能互补性而设计。以意外伤害和健康利益为保险责任,既有意外伤害给付,又有疾病给付,提供综合性保险保障。

(四)保险责任和责任免除

1. 保险责任。其保险责任包括:(1)意外伤害致残。所谓致残,在时间上可以分为暂时和永久,在程度上可以分为全残、半残和部分残废,其保险责任只承担永久性的全残、半残和部分残废。其中全残包括两肢完全丧失、两目完全失明、一目完全失明同时一肢完全残废、完全丧失劳动能力或身体机能;半残包括一目完全失明或一肢完全残废;部分残废是指丧失部分劳动能力或身体技能、丧失手指和脚趾等。(2)意外伤害致死。其认定标准为:死亡与意外伤害有必然的因果关系;被保险人在责任期限内死亡。(3)意外伤害所致医疗费用或收入损失。

2. 责任免除。其责任免除主要有:(1)被保险人故意自残、自杀所致残废或死亡;(2)被保险人因疾病或分娩所致伤残或身故;(3)被保险人因犯罪行为致残致死;(4)被保险人进行不必要的冒险行为致残致死;(5)被保险人服用毒品致残致死;(6)被保险人因煤气中毒致残致死;(7)因酗酒行为致残致死;(8)投保人或受益人故意造成的被保险人致残致死;(9)战争、叛乱、罢工、暴动、核子辐射所致伤害。

二、健康保险概述

(一)健康保险的概念

健康保险,是指以被保险人的身体为保险标的,以被保险人疾病、分娩及其所致残废或死亡为保险责任的人身保险合同。其承保范围与意外伤害保险正好相反,以身体内部原因引起的肉体或精神伤害、经济损失为保险责任。健康保险所承保的疾病应符合以下构成要件:

1. 由非外来因素造成。健康保险所承保的疾病,是人体内在原因所致精神或肉体上的病痛或不健全。某些疾病可能由外界原因诱发,但这些外来因素,作用往往是缓慢的、长期的,只有引起身体内部的变化才会致病,起决定作用的是身体内部。

2. 非合同成立前已经形成。疾病是指身体由健康状态转变为不健康状态,这种转变须发生在保险期间,保险人才承担责任。遗传因素或潜伏较深的病症,合同订立前并未显现,合同成立后才由潜伏转为明显的疾病,可列入保险范围。为此,对于家族遗传病史,投保人应当在订立合同时如实告知。此外,并非有病就不能投保,保险人采取弱体承保方式,将已患疾病及其可能引起的相关病症,排除在保险责任之外。

3. 由非自然原因造成。人的生命周期都要经历成长和衰老的过程。趋于衰老期间的一些病态是必然的生理现象,这些生理现象属于自然现象,不能成为健康保险中的疾病。此外,也不能将增强体质、延缓衰老的保健费用纳入健康保险的范围。

(二)健康保险的特点

1. 保险给付兼具补偿性和给付性。健康保险的这一特点,与意外伤害险有所不同。意外伤害险承保的主要危险是伤害致残致死,健康保险承保的主要危险是因疾病、分娩所致医疗费用或收入损失,因此,医疗给付和收入补偿是主要部分,具有补偿性。当然,疾病或分娩造成被保险人残疾或死亡时,其保险金具有给付性。

2. 健康保险中的重复保险和代位求偿。由于上述原因,健康保险实质上是损失补偿保险,适用财产保险的损失补偿原则,存在重复保险和代位求偿的问题。①

3. 风险程度与年龄、职业和身体状况都有关系。健康保险的风险度,与被保险人的年龄、职业和身体状况都有关系。其风险程度随年龄的增长而增加;由于职业关系,被保险人患某种职业性疾病的危险大大增加;而体质的好坏,与疾病的发生也有密切联系。因此,健康保险在厘定保险费率时,要综合考虑上述因素。

4. 承保技术复杂。承保技术的复杂性主要表现为:(1)溯及既往。健康保险通常溯及既往,对于曾经患过已经痊愈的疾病、家属的遗传病史、已患慢性疾病等,投保人在投保时必须如实告知。(2)承保审查严格。由于疾病有个演变过程,甚至患了病也不知道,而疾病产生的因素又相当复杂,所以,承保时需要进行相当严格的审查,接受身体检查,通常是被保险人的义务。(3)需要防止道德危险的特殊措施。带病投保,可谓健康保险的特殊道德危险,需要特殊的防范措施,因此,保险合同成立后,必须设定合理的免责观察期。(4)需要弱体承保技术。对于已患有某些疾病,或体检中不能达到标准健康状况的被保险人,需要采取弱体承保的技术,或提高保费,或重新

---

① 孙积禄等编著:《保险法原理》,中国政法大学出版社 1993 年版,第 304 页;韦生琼等编著:《人身保险》,西南财经大学出版社 1997 年版,第 103 页。

约定保险责任和责任免除。

5. 续保方式多样。健康保险合同，多为一年期合同，期满续保。但续保的性质是重新订立一份新合同，保险人和投保人都有权决定是否续保。其续保方式多样：(1)一般期满续保。只要保险期间无赔案发生，投保人得以按原保险合同的条件续保，保险人则给予免体检、免观察期的优惠。(2)按约定期限或年龄续保。这是订立保险合同时，当事人约定可续保的期限或年龄，保险人必须按约定的条件续保，直至达到约定期限或年龄的。(3)保证可续保。这是保险人保证按期续保，直至被保险人达到法定退休年龄。但每次续保时，保险人可根据其健康状况调整费率或变更保险责任。

（三）健康保险的种类

1. 按承保对象分类，可分为：(1)个人健康保险。以单个自然人为承保对象，比较流行的险种有：普通健康保险；简易健康保险；不可撤销的健康保险（保险人在合同成立后无权解约、修改保险责任范围或调整费率，而被保险人在达到退休年龄之前有权解约或变更合同内容）；不可更新的健康保险（特殊对象）；有条件更新的健康保险（对续保要求规定限制条件）；特种健康保险（特种疾病保险、特种风险保险和旅行风险保险等）。(2)团体健康保险。以团体成员为承保对象，险种有普通团体健康保险；集团健康保险（承保对象仅限于存在劳动关系的社会团体）；综合健康保险（以从事同一活动的团体成员为保险对象）。

2. 按给付内容分类，可分为：(1)医疗费用保险。通常包括住院费、检查费、诊疗费、手术费、护理费和医药费等。(2)收入损失保险。保险给付通常以暂时或永久丧失劳动能力为条件，并规定给付期限和限额。(3)残废和死亡保险。其残废给付具有收入损失补偿性质；死亡给付的性质是丧葬费和抚恤费，通常是定额给付。

（四）健康保险的特殊条款

1. 观察期条款。这是为了防止被保险人带病投保而设计的条款。观察期一般为九十天至一百八十天。在观察期内，被保险人如果因疾病住院，保险人不承担任何保险责任。

2. 共保条款。这是规定保险人和被保险人各自承担的责任比例的条款。共保比例通常采用反比方式，即医疗费用发生少的保险人承担比例高，发生多的保险人承担比例少。

3. 免赔额条款。为避免经常性的小额医疗费用给付，健康保险一般都有绝对免赔额的规定，只有一次医疗费用超过免赔额的部分，保险人才承担保险责任。

4. 给付限额条款。给付限额的种类主要有：保单给付总限额；各种单项医疗费用的给付限额，如住院费用给付限额、外科手术费用给付限额、每次门诊费用给付限额、每种疾病医疗费用给付限额等，各种单项给付限额不能串用。

5. 责任免除条款。其责任免除项目包括：(1)投保前患有的疾病。包括正在接受治疗的疾病;应该接受治疗的疾病;曾经患过而已治愈的疾病;投保时已怀孕。(2)自杀未遂引起的疾病。(3)非法堕胎所致疾病、残废、死亡。(4)特殊治疗、特殊费用。(5)各种社会医疗保险支付的费用。

三、人寿保险

(一)人寿保险的概念

人寿保险是以人的生命为保险标的,以一定期限内被保险人死亡或期满生存为保险事故的人身保险。人寿保险中的死亡,包括自然死亡和宣告死亡;期满生存,是指保险合同期满时,被保险人依然具有独立生命的活体。

(二)人寿保险的特征

1. 典型的定额保险。人的生命无价,不存在保险价值问题,投保人可以同时订立几种人寿保险合同,并与保险人约定保险金额。但出于道德危险的考虑,法律对以死亡为给付内容的险种,通常有保额限制的规定。

2. 兼具各种功能。其功能包括:(1)保障性。无论是死亡保险、生存保险还是生死两全保险,核心目的都是为人的未来提供保障。(2)储蓄性。寿险的保险期限长,通过缴费积累保单现金价值,与储蓄十分类似。从财务角度考虑,寿险是一种个人的财务安排,控制即时消费而安排将来消费。(3)分红和投资性。已成为寿险市场主流产品的分红型寿险和投资连接型寿险,将分红和投资理财功能导入了保险。

3. 积聚巨额保险资金。与其他保险相比,寿险的缴费与给付之间,存在很长的时间差,寿险公司从长期、稳定的保费收入中,得以积聚巨额保险资金。保险资金的有效运用,成为寿险公司生存、发展的重要手段,寿险公司成为资本市场的重要资金供应者。

(三)人寿保险的种类

1. 按不同的保险事故划分,可以分为:(1)死亡保险。包括定期死亡保险和终身死亡保险。(2)生存保险。(3)生死两全保险。

2. 按不同的给付方式划分,可以分为:(1)资金保险。保险事故发生时,保险人将全部保险金一次性给付于被保险人或受益人,死亡保险都是资金保险。(2)年金保险。被保险人生存至合同期满或规定年龄时,保险人按照合同约定的方式和期限,有规则地定期、定额给付保险金。

3. 按参加保险的人数划分,可以分为:(1)单独人寿保险。(2)联合人寿保险。这是将有一定利害关系的两人或两人以上视为一个被保险人整体,以其中一人死亡或全体生存至期满为保险事故的人寿保险。(3)团体人寿保险。

4. 按承保技术划分,可以分为:(1)普通人寿保险,按一般的承保技术承保。(2)简易人寿保险,以简便易行的承保技术承保。(3)弱体人寿保险,使用特殊技术承保。

保险人通常采取以下技术:增龄法,以超过被保险人实际年龄的标准收取保费;增费法,在标准保费上增收特别保费;减额法,在标准费率下减少其保单的保额。

5. 按保险功能划分,可以分为:(1)传统寿险,只提供保险保障。(2)非传统寿险,除保险保障功能外,还具有分红和投资理财功能。主要有分红寿险、投资连结型寿险和万能寿险等险种。分红寿险的保户,可分享保险人经营该险种所产生的可分配赢余。投资连结型寿险的保户,可委托保险公司专业投资人员进行投资操作。万能寿险性质上属于投资连结型寿险,但其在缴费方式、保额变化、权益转换等方面,十分灵活,投保人可根据需要自主选择、调整。

第四十二章

保 险 业 法

第一节　保险业与保险业法概述

一、保险业概述

(一) 保险业的概念

关于保险业的概念,日本《保险业法》的解释是:从事各种保险活动,并以此为经营业务的组织。[①]我国《保险法》只对保险作了解释,但根据该解释,可以诠释保险业为:依法从事各种商业保险活动,并以此为经营业务的组织。

(二) 保险业的组织形式

保险业的组织形式,是指依法设立登记,并以经营商业保险为业的机构采取怎样的治理结构来经营保险业务。我国《保险法》规定,保险公司应当采取下列组织形式:股份有限公司;国有独资公司。国外保险业的组织形式,还包括合作保险组织(相互保险公司、相互保险社)和个人保险组织。

(三) 保险业的特点

保险业的特点主要有:(1)商业性。保险组织向被保险人赔偿或给付保险金的代价,是被保险人必须缴纳险费,充分体现了等价交换的商业原则,其以不特定者为对象的特点,也体现了商业活动的特征。(2)金融性。保险具有的分散风险、补偿经济损失和储蓄等功能,使保险业成为一国金融体系中不可缺少的组成部分。同时,保险业集中保费建立保险基金,与银行吸收存款十分相似,保险基金可以在金融市场发挥其大资金的优势,广泛进行各种投融资活动。(3)营利性。保险组织经营保险业务的目的是营利,其在向被保险人提供各种保障的前提下,自身从保险业务中获取一定的利润。(4)社会性。由于保险业务的广泛性和特殊性,对国民经济和人民生活都影响很大,保险组织必须充分考虑社会和公众利益,保证其经营的公正、合理、稳健和安

---

① 日本《保险业法》第2条。

全,世界各国的保险法,都强调保险业应该以社会公共利益为重。(5)特许性。由于保险业的特殊性质,其除了符合一般公司法人的条件外,还必须经过政府主管部门的特许,才能从事保险活动。(6)禁止兼营和兼业。所谓禁止兼营,即同一保险组织不得同时兼营财产保险业务和人身保险业务。所谓禁止兼业,即除了核定的保险经营业务,保险组织不得从事保险以外的任何其他业务,而其他非保险组织,则不得经营保险业务。

二、保险业法概述

(一) 概念

保险业法,是指对保险业进行监督管理、规范保险经营行为的法律。包括保险企业法律制度、保险经营规则、保险监管法律制度和保险中介人法律制度。由于保险业在国民经济中的重要地位,几乎所有国家都通过制定保险业法来加强对保险业的监督管理。

(二) 保险业法的调整对象

保险业法的调整对象包括:国家在监督管理保险业过程中发生的各种关系;保险企业互相间因合作、竞争而发生的关系;国家在监督管理保险中介人过程中发生的关系;保险企业在内部管理过程中发生的各种关系。

三、保险公司的特别规定

(一) 保险公司及其分支机构的设立

1. 保险公司设立的原则。

根据我国《保险法》和《保险公司管理规定》的规定:保险公司设立的原则主要有:(1)许可主义。即设立必须经保监会批准。非经批准,任何单位、个人不得经营或变相经营商业保险业务。这是保险公司设立的总原则。(2)依法设立。即设立保险公司必须遵守法律、行政法规。(3)全局性原则。即设立保险公司应当符合国家宏观经济政策和保险业发展战略。(4)稳定原则。即设立保险公司应当有利于保险业的公平竞争和健康发展。(5)分业原则。即设立的保险公司必须与银行、证券分业;经营财产保险业务的公司和经营人寿业务的保险公司应当分开。

2. 设立保险公司的条件。

设立保险公司,必须具备比一般公司设立更为严格的条件,这是世界各国保险法的普遍规定。在我国,设立保险公司,必须同时具备以下条件:(1)具有合格的投资者,股权结构合理。企业法人投资保险公司,应当具备符合法律、行政法规的规定,投资资金来源合法,且经营状况良好等条件。单个企业法人或者其他组织(包括其关联方)投资保险公司的,持有的股份不得超过保险公司股份总额的百分之二十。(2)有符合法律规定的公司章程。即公司章程必须符合《保险法》和《公司法》的规定。(3)符合注册资本的最低限额。根据相关规定,注册资本最低限额为人民币二亿元,注册资本应当为实缴货币资本。(4)有资格合格的高级管理人员。保险公司的高级管理人员,是指保险机构的法定代表人;其他对重大经营管理活动具有决策权的主要负责人,包括董事长、副董事长、执行董事、监事长、总经理、副总经理、总经理助理,分支机构的经理、副经理、经理助理、主任、副主任。其应当具备任职专业知识和业务工作经验,符合任职资格。(5)有健全的组织机构和管理制度。国有保险公司不设股东会,但应当设董事会和监事会;股份保险公司应当设立股东会、董事会和监事会。(6)具有与业务发展相适应的营业场所、办公设备。保险公司的营业场所,应当与其业务规模和人员数量相匹配;同时,为了保证正常经营,必须具备办公设备、电脑系统等各种必要设施。

3. 保险公司设立的程序。

其设立程序主要有:(1)申请筹建。申请人向保监会提出筹建保险公司的书面申请,书面材料包括:设立申请书;可行性报告;筹建方案;投资人股份认购协议书及其董事会或者主管机关同意其投资的证明材料;投资人的营业执照或者其他背景资料,上年度经注册会计师审计的资产负债表、损益表;投资人认可的筹备组负责人和拟任公司董事长、总经理名单及本人认可证明等。保监会收到申请后,在六个月内作出批准与否的决定;不批准的,书面通知并向申请人说明理由。(2)完成筹建。经保监会批准筹建保险公司的,应在一年内完成筹建,逾期未完成的,原批准文件自动失效;但有正当理由,经筹建人申请、保监会批准,筹建期可延长三个月;筹建机构不得从事任何保险经营活动。(3)开业申请。保险公司完成筹建后,向保监会提出开业申请,并提交下列文件:开业申请报告;创立大会会议记录;公司章程;股东名称及持股比例,资信良好验资机构出具的验资证明,资本金入账原始凭证复印件;股东营业执照或其他背景资料,上一年度的资产负债表、损益表;拟任该公司高级管理人员简历及证明材料,公司部门设置及人员基本构成情况,公司精算师的简历及证明材料;营业场所所有权或者使用权的证明文件;三年经营规划和再保险计划;拟经营保险险种的计划书;计算机设备配置和网络建设情况的报告。(4)核准许可。保监会自收到开业申请之日起六十日内,作出核准与否的决定。决定核准的,颁发《经营保险业务许可证》;决定不予核准的,书面通知申请人并说明理由。(5)注册登记。经核准的保险公司,持核准文件及许可证,向工商部门办理注册登记,领取营业执照后方可营业。

4. 保险公司分支机构的设立。

保险公司可以根据展业需要申请设立分支机构。(1)形式:分支机构应采取分公司、中心支公司、支公司、营业部或营销服务部的形式。(2)设立条件:保险公司偿付能力额度符合有关规定;内控制度健全,无受处罚的记录;经营期限超过两年的,最近两年内无受处罚的记录;具有符合任职资格的分支机构高级管理人员。(3)资本金条件:每申请设立一家分公司,至少应当增加资本金二千万元。但注册资本已达到增资后额度的,注册资本金达到五亿元的,在偿付能力充足的情况下,可不再增加资本金。

(4)设立程序:与设立保险公司大致相同,包括申请设立、完成筹建、开业申请、核准许可和注册登记五个阶段。申请设立时须递交设立申请书;上年度末和最近季度末经审计的偿付能力状况报告;拟设机构三年业务发展规划和市场分析;拟设机构筹建负责人的简历及相关证明材料等文件。保监会收到申请后,二十天内作出批准与否的决定。开业申请时须递交开业申请书;筹建工作完成情况报告;拟任高级管理人员简历及有关证明;拟设机构办公场所所有权或者使用权的有关证明,电脑设备配置及网络建设情况,内部机构设置及从业人员情况等文件。保监会收到申请后,二十天内作出核准与否的决定。

(二) 保险公司的变更

保险公司的变更,是指保险公司存续期间,依法对公司重要事项进行修改变动的法律行为。根据相关法律规定,保险公司变更注册资本;分立、合并;变更出资人或者持有公司股份百分之十以上(含百分之十)的股东;撤销分支机构,须经保监会批准。变更公司名称;修改章程;调整业务范围;变更住所,须经保监会核准。变更持有公司股份百分之十以下的股东(上市保险公司除外);分支机构变更营业场所,须报保监会备案。保险公司的股东变更名称(上市保险公司除外);保险公司分支机构合并、变更名称,须在发生之日起十五日内向保监会报告。保险公司撤销分支机构,应当向保监会说明理由,并提交该机构业务后续处理方案。

(三) 保险公司的解散、撤销、破产与清算

1. 保险公司的解散。

这是指保险公司因章程或股东会决议而丧失其法人资格的情况。其解散的事由通常有:公司合并或分立;公司章程规定的营业期限届满;公司已完成或不能完成其使命;公司具有显著困难或严重亏损;全体或大多数股东同意解散。根据相关法律规定,保险公司解散时,应当向保监会提出申请,报送以下文件:解散申请书、股东会决议、清算组织及其负责人、清算程序、债权债务安排方案、资产分配计划和资产处分方案等。同时,其应当立即停止接受新业务,上缴许可证。资产处分应当采取公开拍卖、协议转让等方式。此外,经营有人寿保险业务的保险公司,除分立或合并外,不得解散。

保险公司解散应按以下程序进行:(1)董事会提议解散并提出解散方案;(2)股东大会以特别决议通过解散提案;(3)董事长在解散提案上签名;(4)向保监会提出解散申请报告,请求批准;(5)保监会批准后,进行必要的清算程序;(6)清算终结后,到原登记机关办理解散登记并公告。

2. 保险公司的撤销。

这是指保险公司因违反法律、行政法规规定,被保监会吊销《经营保险业务许可证》的情况。保险公司被吊销许可证后,就丧失了经营保险业务的资格。保险公司被撤销的原因是多种多样的,如超出核定业务范围从事保险活动,被责令改正后逾期不

改正或造成严重后果;未按规定提存保证金或违法动用保证金;未按规定提取未决赔款准备金或转结未到期责任准备金;未按规定办理分保业务;违反规定运用保险资金等。保险公司被撤销后,应当立即停止接受新业务,依法上缴许可证,并由保监会组织股东、有关部门及专业人士成立清算组进行清算。经营有人寿保险业务的保险公司,被依法撤销或宣告破产的,其持有的人寿保险合同及准备金,必须转移给其他经营有人寿保险业务的保险公司;不能同其他保险公司达成转让协议的,由保监会指定保险公司接受。

3. 保险公司的破产。

这是指保险公司不能清偿到期债务,经保监会同意,由法院依法宣告破产的情况。保险公司破产是保险公司解散的一种特殊形式,必须具备两个条件:不能清偿到期债务;保监会同意。其破产程序与一般经济组织的破产无原则区别,适用《破产法》、《公司法》和《民事诉讼法》的有关规定。但是,其在清偿顺序上与一般经济组织有些不同,按照下列顺序进行:支付所欠职工工资和社会保险费用;赔偿或给付保险金;支付所欠税款;清偿公司债务。保险公司被宣告破产后,便丧失了经营能力,并成为法人资格丧失的依据。

4. 保险公司的清算。

这是指保险公司终止时,为了明确其债权债务关系,处理其剩余财产,保护各方面当事人的利益,对保险公司的资产、债权债务进行清理处分的行为。清算是终结被清算保险公司的各种法律关系,消灭其法人资格的必经程序。清算期间,保险公司的一切事务由依法成立的清算组负责,但其法人资格并不消灭,只是丧失了继续经营保险业务的资格,清算组仍可以保险公司的名义进行清算活动。有关保险公司清算的特别规定主要有:保险公司任意解散时,依法自行成立清算组,进行清算;保险公司被依法撤销时,保监会组织清算组进行清算;保险公司被宣告破产时,由法院组织清算组,进行清算。其清算程序与一般经济组织的清算无原则区别,非破产清算适用《公司法》规定,破产清算适用《破产法》和《民事诉讼法》的规定。

(四)外资保险公司的特别规定

1992 年 9 月,美国国际集团旗下的友邦保险,拉开了外资保险公司进入中国保险市场的序幕。此后短短十余年间,尤其是中国加入 WTO 后,外资保险公司蜂拥而入,在数量上已经超过了民族保险公司。外资保险进入中国市场,带来了新的保险理念和营销方式,推动了保险产品的研发和供给,催生了国内保险市场的竞争局面,从而促进了民族保险业的发展;提升了中国保险业的整体水平。但是,外资保险抢占中国保险市场是为了营利赚钱,其对中国民族保险业的冲击是显而易见的,而且,既然其融入了中国保险业,经营的成败得失就会对中国的保险、金融,乃至经济、社会产生一定的影响。此外,由于外资保险公司的国外资本背景,对其监管就具有一定特殊性。鉴于上述种种原因,国务院专门制定了《外资保险公司管理条例》,加强对外资保险公司的监管。

1. 外资保险公司的类型。

外资保险公司主要有三种类型:中外合资经营的保险公司(以下简称合资保险)、外国资本保险公司(以下简称独资保险)和外国保险公司在中国境内的分公司(以下简称外资分公司)。其中合资保险和独资保险具有中国法人资格,而外资分公司则没有法人资格。

2. 资本要求。

合资保险和独资保险的注册资本,最低限额为二亿元人民币或等值的自由兑换货币,须为实缴货币资本;外国保险公司的出资应为可自由兑换货币。外资分公司,应当由其总公司无偿拨给至少二亿元人民币等值的自由兑换货币,作为营运资金。同时,根据外资保险公司业务范围、经营规模,保监会可以提高上述注册资本或营运资金的最低限额。

3. 申请设立外资保险公司的条件。

申请设立的条件主要有:(1)经营保险业务三十年以上;(2)在中国境内设立代表机构两年以上;(3)提出申请前一年年末总资产不少于五十亿美元;(4)所在国家或地区有完善的保险监管制度,并且该外国保险公司已经受到所在国家或地区主管当局的有效监管;(5)符合所在国家或地区的偿付能力标准;(6)所在国家或地区主管当局同意其申请;(7)保监会规定的其他审慎性条件。外资保险公司的设立程序,与内资保险公司的设立程序相同。

第二节 保险业监督管理

一、保险业监督管理概述

由于保险业在国民经济和金融体系中占有重要地位,保险经营的社会效益和经济效益,直接关系到社会、经济、金融的稳定,关系到广大被保险人的生活安定,因此,如何保证保险业的健康稳定发展,成为各国对保险业监管的首要任务,其目的是建立完善的监管体系和严格的监管机制,确保保险业的社会效益和经济效益。

(一) 保险业监督管理的内涵

1. 广义的保险业监管。

广义的保险业监管,包括保险业的国家管理、行业自律和内控机制三个层面。其中国家对保险业的监管属于宏观层次,其作用是从总体上规范、发展保险市场,确保保险经营的健康稳健。保险组织的内部控制机制属于微观层次,其作用是通过企业内设机构的管理、监督,保证公司合法经营,杜绝违法违规行为。而保险业的自律管理则属于中观层次,其主要作用是将分散的市场主体组织起来,通过共同协调、自我约束的手段，促使市场主体规范市场行为，进行公平、有序的竞争。三个层面相辅相成、互相补充，构成了完整的保险业监管系统。

2．狭义的保险业监管。

狭义的保险业监管，是指保险业的国家管理。其特点主要有：通过设立保险业主管部门实行监管，是一种外在的、调控型的管理。形式上通过立法确定保险业经营规则和相关制度，由主管部门监督执行，并对违法违规行为实施法律或行政制裁。监管具有普遍约束力，一国中的所有保险组织，包括保险中介机构，都要接受主管部门的监管。监管内容广泛，涉及保险组织的设立、变更、终止；保险经营；偿付能力和市场行为的监管等。本节内容主要涉及狭义的监管。

3．保险业监督管理的作用。

保险业监督管理的作用主要体现在以下方面：(1)保护被保险人的利益。保险业是风险行业，面对保险业的经营和偿付能力风险，被保险人事实上处于无能为力状态，只能依靠国家对保险业的监管，可以说，保险业监管的主要目的，就是保护被保险人利益；对保险业的有效监管，最直接的受益者就是被保险人。(2)保证稳健经营，防止经营失败。保险经营的最大特点是负债经营，其收取保费建立的保险基金，是对投保人的一种负债，若保险经营不善甚至失败，势必损害广大被保险人的利益，进而影响社会经济生活的稳定。强化保险监管，有利于保证保险业的稳健经营，防止经营失败。(3)维护竞争秩序，促进保险业发展。保险市场若缺少强有力的监管，往往会出现垄断、不正当竞争、保险欺诈等各种不良行为，从而影响保险业的正常发展。相反，通过法律、行政等监管手段，可以维护保险市场的竞争秩序，促进保险业的稳定发展。(4)提高保险业的社会效益。保险业不但具有商业性，而且具有较强的公共性和社会性。但就其本身而言，利润最大化是保险经营的首要和本原目标，因此，保险监管的目的之一，是促使其关注和提高社会效益，防止其不顾甚至牺牲社会效益而片面追求经济效益。

（二）保险业监督管理的范围和方式

1．保险业监管的对象。

保险业监管的对象包括：各类商业保险公司、保险中介机构（保险代理人和保险经纪人）、保险服务机构（保险公估人、保险精算人）。

2．保险业监管的范围。

保险业监管的范围包括：对保险组织合法性、资本充足性（偿付能力）、市场行为和业务合规性的监管；对保险经营安全性的监管；对保险组织从业人员行为规范、资格合格性的监管。

3．保险业监管的方式。

综观世界各国对保险业的监管，大致可分为以下三种方式：(1)公示监管方式。这是保险业国家管理中最为宽松的一种方式，其特点是国家对保险业不进行任何实体性的直接管理，仅将保险业的有关事项，如资产负债、经营成果等予以公布，其优劣由公众自己评判，而保险业的组织形式、保险合同的设计、保险基金的运行等事项，由保险组织自主决定，国家一般不加干预。这种方式的最大优点是保险经营环境十分宽松，保险业可以自由发展，其缺点是缺少强有力的监督管理，容易出现损害被保险人利益、不正当竞争等不良倾向。(2)原则监管方式。这是国家通过立法，制定保险业经营管理的基本准则，要求保险组织共同遵守，并从形式上进行审查的一种监管方式。这种方式虽然比公示方式前进了一步，但国家只是进行形式上审查，往往难以触及保险经营的实体，监管容易于流于形式，甚至出现形式上合法、实质上不合法的现象。(3)实体监管方式。这是指国家设置保险监管机构，由该机构对保险企业的设立、经营、财务、人事乃至倒闭清算等，均实行实质性监管的方式。实体监管既未放弃形式上的审查，又追求实质有效的监管效果，是保险业监管中最为严格的一种。世界上大多数国家，目前均采用实体监管方式，我国亦如此。

(三) 保险业监管的部门及其职责

1. 中国的保险业监管部门。

长期以来，随着保险业的大起大落，我国保险业的行政归属也是几经周折。建国初期，保险监管部门是中国人民银行。1958 年基本停办国内保险业务后，改由财政部监管。80 年代恢复国内保险业务后，重新确定中国人民银行为监管部门。1998 年，为深化金融保险体制改革，切实加强保险业监管，防范和化解保险业风险，经国务院批准，决定成立中国保险监督管理委员会，实施专门监管。保监会自 1999 年 1 月起，行使保险监督职责。

2. 保监会的主要职责。

保监会的主要职责是：拟定有关商业保险的政策法规和行业发展规划；依法对保险企业的经营活动进行监督管理和业务指导，维护保险市场秩序，依法查处保险企业违法违规行为，保护被保险人利益；培育和发展保险市场，推进保险业改革，完善保险市场体系，促进保险企业公平竞争；建立保险业风险的评价与预警系统，防范和化解保险业风险，促进保险企业稳健经营与业务的健康发展。

3. 保监会的内设机构。

保监会的内设机构，本着精简、统一、效能的原则，设立了办公室、发展改革部、政策研究室、财务会计部、产险监管部、人身险监管部、保险中介监管部、保险资金运用管理部、国际部、法规部、统计信息部、派出机构管理部、监察局、人事教育部等职能部门。保监会成立后，根据保险业发展状况，在省、市、自治区和计划单列市设立了 35 个派出机构，派出机构由保监会垂直领导。

二、保险经营的监督管理

(一) 核定保险公司的业务范围

根据《保险法》规定，保险公司的业务范围由金融监督管理部门核定。其审核的内容有:是否遵循分业经营原则;业务范围与保险公司的经济实力、技术力量是否相适应;有否超越法律规定,经营非保险业务;有否违法经营法律规定专营的保险业务等。

1. 专营和分业原则。

所谓专营原则,是指经营商业保险业务,必须是依照《保险法》设立的保险公司,其他单位和个人不得经营商业保险业务,保险公司不得兼营《保险法》及其他法律、行政法规规定以外的业务。所谓分业原则,是指同一保险人不得同时兼营财产保险业务和人身保险业务。但是,经营财产保险业务的保险公司,经保监会核定,可以经营短期健康保险和意外伤害保险业务。

2. 业务范围的核定。

《保险法》第 91 条规定,财产保险业务包括财产损失保险、责任保险、信用保险等保险业务;人身保险业务包括人寿保险、健康保险、意外伤害保险等保险业务。在上述规定基础上,《保险公司管理规定》更具体划分为:(1)财产保险公司可以经营下列全部或者部分保险业务:财产损失保险;责任保险;法定责任保险;信用保险和保证保险;农业保险;其他财产保险业务;短期健康保险和意外伤害保险;上述保险业务的再保险业务。(2)人寿保险公司可以经营下列全部或者部分保险业务:意外伤害保险;健康保险;传统人寿保险;人寿保险新型产品;传统年金保险;年金新型产品;其他人身保险业务;上述保险业务的再保险业务。(3)业务范围监管的其他规则。保险公司申请扩大业务经营范围的,其注册资本、偿付能力等应当符合保监会的有关规定;经营外汇保险业务,应当遵守保监会和外汇管理部门有关规定;保险公司分支机构不得跨省、自治区、直辖市经营保险业务;参与共保、经营大型商业保险或者统括保单业务以及通过互联网等方式跨省、自治区、直辖市承保业务,应当符合保监会的有关规定。

(二) 保险合同条款及费率的监管

1. 须经保监会审批的险种。

凡是关系社会公众利益的保险险种、依法实行强制保险的险种和新开发的人寿保险险种等的保险条款和保险费率,应当报保险监督管理机构审批。保险监督管理机构审批时,遵循保护社会公众利益和防止不正当竞争的原则。此外,保监会可以根据需要,扩大审批的范围。

2. 报保监会备案的险种。

除上述险种外,其他险种的保险条款和保险费率,应当报保险监督管理机构备案。保险公司报备的条款和费率,有(1)违反法律、法规或行政规章的禁止性规定;(2)违反国家有关财政金融政策;(3)损害社会公共利益;(4)内容显失公平或者形成价格垄断,侵害投保人、被保险人或者受益人的合法权益;(5)条款设计或厘定费率、预定利率不当,可能危及保险公司偿付能力等情况时,保监会可以要求保险公司对其进行修改,也可以要求保险公司停止使用。

3. 条款和费率的变更。

保险公司对已获得批准或备案的保险条款和费率进行变更的,应当按照规定重新申报审批或者备案。

(三) 保险经营活动的监督管理

1. 保险宣传活动的监督管理。

保险业务宣传资料应当客观、完整、真实;不得预测公司的盈利以及保单分红、利差返还等不确定的保单利益;不得利用广告宣传或者其他方式,对其保险条款内容、服务质量等做引人误解的宣传。

2. 不正当竞争行为的禁止性规定。

保险机构不得捏造、散布虚伪事实,损害其他保险机构的信誉;不得劝说诱导投保人或者被保险人解除与其他保险机构的保险合同;不得利用政府及其所属部门、垄断性企业或者组织,排挤、阻碍其他保险机构开展保险业务;不得向投保人、被保险人、受益人或者其利害关系人提供或者承诺提供保险费回扣或者违法、违规的其他利益;不得将其保险条款、保险费率与其他保险公司的类似保险条款、保险费率或者金融机构的存款利率等进行片面比较。

3. 对于关联交易的规制。

保险公司进行再保险分出或者分入业务;资产管理、担保和代理业务;固定资产买卖或者债权债务转移等重大重大关联交易,应当于发生后十五日内向保监会报告,保险公司应当建立控制和管理关联交易的相关制度。与保险公司在股份、出资方面存在控制关系;在股份、出资方面同为第三人所控制;为保险公司高级管理人员或者与其关系密切的家庭成员直接控制的,视为关联关系。

三、保险公司偿付能力的监督管理

所谓偿付能力,是指保险组织履行赔付保险金责任的能力,是保险公司资金力量与自身所承担的危险赔付责任的比较。保险公司必须具备最低偿付能力,因为保险经营是一种风险经营、负债经营,必须备有足够的资金积累和责任准备金,以应付随时可能发生的保险事故,否则,不但会危及保险公司的稳定性,而且会严重损害被保险人或受益人的利益,进而影响社会经济稳定和公民生活安定。

(一) 最低偿付能力的确保

最低偿付能力,是指保险公司承担赔付责任的最低能力,通常表现为实际资产减去实际负债后的差额,其差额不能低于法律或主管部门规定的最低数额。《保险法》规定:保险公司应当具有与其业务规模相适应的最低偿付能力;保险公司的实际资产减去实际负债的差额不得低于保险监督管理机构规定的数额,低于规定数额的,应当增加资本金,补足差额。根据这一规定,《保险公司偿付能力额度及监管指标管理规定》作了以下具体规定:

1. 财产保险公司的最低偿付能力。

财产保险公司的最低偿付能力额度,为下述两项中较大的一项:(1)本会计年度自留净保费(自留保费减去营业税及附加)一亿元以下部分的百分之十八;一亿元以上部分的百分之十六。(2)最近三年平均综合赔款金额七千万元以下部分的百分之二十六;七千万元以上部分的百分之二十三。经营期间不满三年的保险公司,采用第一项标准。

2. 人寿保险公司的最低偿付能力。

人寿保险公司的最低偿付能力额度,为长期人身险最低偿付能力额度和短期人身险最低偿付能力额度之和。长期人身险是指保险期间超过一年的业务;短期人身险是指保险期间为一年或一年以内的业务。长期人身险最低偿付能力额度为下述两项之和:(1)投资连结类产品期末寿险责任准备金的1%和其他寿险产品期末寿险责任准备金的4%。(2)保险期间小于三年的定期死亡保险风险保额(有效保额减去期末责任准备金)的0.1%,保险期间为三年到五年的定期死亡保险风险保额的0.15%,保险期间超过五年的定期死亡保险和其他险种风险保额的0.3%。在统计中未对定期死亡保险区分保险期间的,统一按风险保额的0.3%计算。短期人身险业务最低偿付能力额度的计算,适用财产保险公司的规定。

再保险公司最低偿付能力额度,等于财产保险业务和人身保险业务最低偿付能力额度之和。

3. 实际偿付能力低于标准者的处理。

保险公司实际偿付能力额度低于最低偿付能力额度的,应当采取有效措施,改善偿付能力状况,并将其有关整改方案、具体措施和到期成效等情况向中国保监会报告。对偿付能力充足率小于百分之百的保险公司,保监会可以将其列为重点监管对象,根据具体情况采取下列监管措施:(1)对偿付能力充足率在百分之七十以上的,保监会可以要求公司提出整改方案并限期达到最低偿付能力额度要求;逾期仍未达到要求的,可以采取要求公司增加资本,责令办理再保险、限制业务范围、限制向股东分红、限制固定资产购置、限制经营费用规模、限制增设分支机构等监管措施,直至其达到最低偿付能力额度要求。(2)对偿付能力充足率在百分之三十到百分之七十之间的,保监会除采取前项措施外,可以责令其拍卖不良资产、转让保险业务、限制高级管理人员薪酬水平和在职消费水平、限制公司商业性广告、调整资金运用、停止开展新业务等监管措施。(3)对偿付能力充足率在百分之三十以下的,保监会除采取前项措施外,可以对该保险公司依法实行接管。

(二) 保险责任准备金的提取

保险责任准备金,是指保险公司为承担未到期责任、处理未决赔款而从保费收入中提取的资金准备。责任准备金代表保险公司将来对被保险人承担赔付责任的现值,是保险公司的负债,责任准备金提取适当,才能确保其将来履行赔付责任,因此,这是保证偿付能力的重要措施。

1. 未到期责任准备金。

未到期责任准备金,是指保险公司在会计年度决算时,对未满期保单提存的一种资金准备。由于会计年度通常与保单的保险期限并不一致,在会计年度决算时,对来年依然有效的保单,必须从当年保费收入中提取一部分结转下一会计年度,提存的这部分保费收入,即未到期责任准备金,其相当于当年收取,而来年依然有效之保单的保费总和。经营人寿保险业务的保险公司,应当按照有效保单的全部净值提取未到期责任准备金;经营其他保险业务的保险公司,应当从当年自留保费中提取和结转百分之五十的未到期责任准备金。

2. 未决赔款准备金。

未决赔款准备金,是指保险公司在会计年度决算时,对被保险人已经提出索赔的保险赔付金额、或已经发生保险事故而被保险人尚未提出索赔的保险赔付金额,所提存的资金准备。发生上述两种情况时,保险公司必须从当年收取的保费中提取未决赔款准备金。

3. 保险保障基金。

保险保障基金,是指保险公司为了应付可能发生的巨额赔款而提存的一种资金准备。与前几种保险准备金不同,保险保障基金是保险公司的资本,而不是负债。保险公司虽然提存了各种保险准备金,但如果发生巨灾事故,仍有可能出现不堪赔付的情况,为此,世界各国均要求保险公司另外提存保险保障基金。其提存方法有事先提存和事后提存两种,前者是尚未发生不堪赔付情况时,即要求各保险公司按规定提存,逐年积累的方法;后者是出现不堪赔付情况时,再要求各保险公司按比例提交的方法。我国采取事先提存方法,并要求保险保障基金集中管理,统筹使用。根据《保险管理规定》,保险公司按当年保费收入的百分之一提取保险保障基金,该基金提取金额达到保险公司总资产百分之十时,停止提取;保险保障基金应单独提取,并存入保监会指定的商业银行专户。

4. 保险保证金的提取。

保险保证金,是指保险公司设立时依法向国家交纳的保证金。国家通过保证金,掌握了保险公司的一部分货币资本,是控制保险公司偿付能力的有效方法。《保险法》规定,保险公司成立后应当按照其注册资本总额的百分之二十提取保证金,存入保险监管机构指定的银行,除保险公司清算时用于清偿债务外,不得动用。

(三) 对保险公司承保额度的限制

保险公司是经营风险的特殊企业,其对风险的承保能力,受到本身资金实力的制约,限制保险公司的承保额度,是从源头上防止偿付能力出现问题。

1. 自留保费额的限制。

财产保险公司的自留保费,不是其资产而是负债,自留保费额即其负债总额。自留保费额又仅是表面,其内里是成百上千倍扩大的保额,若保险事故发生的概率,超出精算时依据的经验概率,保险公司必须依靠自身的资金实力,弥补超额赔偿出现的亏损,资金实力不足必然导致偿付能力危机。因此,其承保额度必须与资金实力相匹配,《保险法》规定,财产保险公司当年自留保险费,不得超过其实有资本金加公积金总和的四倍。这是从总量上限制保险公司的承保额度。

2. 每一危险单位承保责任的限制。

自留保费额的限制,是对保险公司承保总额度的控制,但保险公司一张保单承保的保额过大,一旦其出险,同样会危及偿付能力,因此,必须对每一危险单位的承保责任进行限制。《保险法》规定,保险公司对每一危险单位,即对一次保险事故可能造成的最大损失范围所承担的责任,不得超过其实有资本金加公积金总和的百分之十;超过部分,应当办理再保险。

3. 危险单位计算方法和巨灾风险安排计划的核准。

保险公司对危险单位的计算方法,是承保额度管理的基础,计算方法科学、合理,才能对承保风险作出准确估计,并正确分保。巨灾事故,是指台风、地震、洪水等灾害范围广、损失面积大,可能造成保险公司巨额赔款的危险事故,若事先不对此类可能发生的巨灾事故作出合理安排,一旦发生巨额赔付,可能危急其经营稳定乃至偿付能力。《保险法》规定,保险公司对危险单位的计算办法和巨灾风险安排计划,应当报保险监督管理机构核准。

四、保险资金运用的监督管理

保险资金运用,是指保险公司在经营过程中,将积聚的部分保险资金用于投资或融资,使资金增值的活动。保险资金之所以能够运用,是因为资金形成与保险赔付之间,存在着时间差,特别是长期人身保险业务,积存的保险资金有很长的闲置时间。保险公司通过资金运用,可以增强其偿付能力和竞争能力。一般而言,保险资金包括资本金、受托理财资金、各种责任准备金、公积金、公益金、未分配盈余和其他暂时闲置的资金。

(一)保险资金运用的原则

1. 安全性原则。

保险资金运用的安全性,事关保险公司的偿付能力,是保护广大被保险人利益的根本需要,为资金运用的首要原则。《保险法》规定,保险公司的资金运用必须稳健,遵循安全性原则,并保证资产的保值增值。根据上述规定,保险资金的运用应当做到:(1)避免高风险投资。(2)对投资项目进行可行性分析和研究,保证投资能如期收回。(3)进行投资组合,避免在某一领域投入过多资金。

2. 效益性原则。

虽然安全性第一位,但过于拘泥安全,则保险资金将难以运用,或运用了也收益不高。运用资金的目的是为了取得高于银行利息的收益,所以保险公司应尽量选择投资效益高的项目,努力追求最大投资效益。可以说,资金保值是安全性要求,而增值才是资金运用的目的，保险公司应当处理好安全性与效益性之间的关系，在安全第一基础上，确保保险资金运用的效益，使保险资金增值。

(二) 保险资金运用的范围和形式

保险资金的运用必然伴随一定风险，所以各国保险法对资金运用的范围和形式，都作了非常具体的规定。如英国规定资金运用的范围和限度为：购买土地占5%；以土地为抵押的贷款占5%；保单贷款占5%；购买公司债券和上市股票占5%；购买不上市股票占1%；购买期货债券和股票占0.1%等，其他风险较小的则不作规定。日本规定资金运用只能限于下列范围：购买政府债券、地方债券、公司债券和股票；购买外国的政府债券、地方债券、公司债券和股票；以上述有价证券为抵押的贷款；购买不动产；以不动产或依法设立的财团为担保的贷款；以船舶为担保的贷款；保险单贷款；邮政储蓄和银行储蓄；委托信托公司进行投资等。

我国《保险法》规定，保险公司的资金运用，限于银行存款、买卖政府债券、金融债券和国务院规定的其他资金运用形式；保险公司的资金不得用于设立证券经营机构，不得用于设立保险业以外的企业。而作为实施细则的《保险公司管理规定》，在上述范围基础，增加了买卖企业债券和证券投资基金。随着保险市场的飞跃发展，保险资金呈现急剧扩大的趋势，上述运用范围，显然已经严重不适应保险资金运用的需要，为此，保监会先后制定了《保险机构投资者股票投资管理暂行办法》、《保险资金间接投资基础设施项目试点管理办法》、《保险资产管理公司管理暂行规定》等规章，允许保险资金直接购买股票，间接投资国家重点基础设施项目，并可以设立资产管理公司，委托资产管理公司运用保险资金。此外，保险公司在境外的资金运用，也已经开闸。

五、对保险公司的监督检查

对于保险经营、偿付能力、保险资金运用等方面的监督管理，重点体现在对保险公司的监督检查上，《保险法》规定，保险监督管理机构有权检查保险公司的业务状况、财务状况及资金运用状况，有权要求保险公司在规定的期限内提供有关的书面报告和资料。保险公司依法接受监督检查。保险监督管理机构有权查询保险公司在金融机构的存款。

(一) 监督检查的原则、方式和内容

1. 监管的原则和方式。

根据《保险公司管理规定》的规定，保监会对保险公司的监督管理，遵循偿付能力监管和市场行为监管相结合的原则；采取现场监管与非现场监管相结合的方式。所谓现场监督，即保监会派员或委托会计师事务所等社会中介机构亲临保险公司，当场对其经营状况进行的检查。所谓非现场检查，即保监会要求保险公司限期报送有关

材料,并对报送材料进行书面审查的检查方式。从时间上说,现场检查和非现场检查都是一种日常检查,在每一保险会计年度结束时,保险公司还必须接受年度检查。

2. 现场监管的内容。

保监会现场监管的内容主要有:(1)机构设立或者变更事项的审批或者报备手续是否完备;(2)申报材料的内容与实际情况是否相符;(3)资本金、各项准备金是否真实、充足;(4)偿付能力是否充足;(5)资金运用是否合法;(6)业务经营和财务情况是否良好,报表是否齐全、真实;(7)是否按规定对使用的保险条款和保险费率报请审批或者备案;(8)与保险中介的业务往来是否合法合规;(9)高级管理人员的任用或者变更手续是否完备;(10)需要事后报告的事项是否及时报告等。

3. 重点检查对象的确定。

保险机构若存在严重违法、违规;偿付能力不足;财务状况异常;提供虚假的报告、报表、文件和资料等情况时,保监会可以将其列为重点检查对象:

4. 年度检查。

年检即年度总检查,《保险法》规定,保险公司应当于每一会计年度终了后三个月内,将上一年度的营业报告、财务会计报告及有关报表报送保险监督管理机构。具体而言,保险公司应当在接到保监会年检通知后十五日内,向保监会提交各种法定文件,接受年度检查。年检合格的,由保监会在许可证副本上加盖公章;不合格的,保监会将责令其限期改正。

5. 监督检查不合格后的措施。

无论是现场、非现场检查;年度检查还是重点检查,若保险公司出现检查不合格的情况,保监会将视情况采取相应的行政措施,如限期改正、罚款、责令停办保险业务、对保险公司实施整顿或接管、吊销经营保险业务许可证、建议监察部门追究有关领导人、责任人的法律责任等。

(二) 对保险公司的整顿

对保险公司的整顿,是指保险公司存在严重违法问题而被责令限期改正后,未能在限期内予以改正,保监会通过选派整顿组织,对其进行整治的行为。

1. 整顿的发生。

《保险法》规定:保险监督管理机构作出限期改正的决定后,保险公司在限期内未予改正的,由保险监督管理机构决定选派保险专业人员和指定该保险公司的有关人员,组成整顿组织,对该保险公司进行整顿。保险公司被责令限期改正的主要事由有:未按规定提取或转结各项准备金;未按规定办理再保险;严重违反资金运用的规定等。当保险公司在限期内未对上述严重问题予以改正时,保监会将决定对其进行整顿。

2. 整顿的程序。

保监会对保险公司的整顿,按照以下程序进行:(1)作出整顿决定,并予以公告。整顿决定应当载明被整顿保险公司的名称、整顿理由、整顿组织和整顿期限。(2)组成整顿组织。整顿组织由保监会选派和指定,成员为保险专业人员、被整顿保险公司的有关人员。(3)进行整顿。整顿组织针对保险公司存在的严重违法问题,相应采取依法提取或转结各项准备金;依法办理再保险;纠正违法运用资金行为;调整负责人及有关管理人员等措施。整顿期间,整顿组织有权监督保险公司日常业务,其负责人及有关管理人员,应当在整顿组织监督下行使职权;保险公司的原有业务继续进行,但在必要情况下,保监会有权命令该公司停止开展新业务或停止部分业务,调整资金运用。(4)整顿结束。整顿期间,被整顿保险公司纠正了违法行为,恢复正常经营状况时,可以由整顿组织提出报告,经保监会批准后,结束整顿。

(三)对保险公司的接管

对保险公司的接管,是指保险公司违反保险法规定,损害社会公共利益,可能严重危及或已经危及该公司偿付能力时,保监会依法采取强制措施,对该公司进行整顿改组的行为。

1. 接管的发生。

《保险法》规定:保险公司违反本法规定,损害社会公共利益,可能严重危及或已经危及保险公司的偿付能力的,保险监督管理机构可以对该保险公司实行接管。

2. 接管的程序。

保监会对保险公司的接管,按照以下程序进行:(1)作出接管决定,并予以公告。接管决定应当载明被接管保险公司的名称、接管理由、接管组织和接管期限。(2)组成接管组织。接管组织由保监会负责组成,成员为保监会的工作人员、保险专业人员等。(3)进行接管。接管组织针对保险公司存在的严重问题,相应采取排除损害公共利益的行为;改善和增强偿付能力等措施。接管期间,被接管保险公司的债权债务关系不因接管而变化,其债务应当照常履行,其债权理应按期实现。接管期限届满时,保监会可以决定延期,但接管期限最长不得超过两年。(4)接管终止。接管期限届满,被接管公司已恢复正常经营能力的,保监会可以决定接管终止。(5)申请宣告破产。接管期限届满,接管组织认为被接管公司的财产,已经不足清偿所负债务的,经保监会批准,依法向法院申请宣告该保险公司破产。

六、保险中介的监督管理

保险代理人、保险经纪人和保险公估人,作为保险市场上的中介人和专业技术人员,在扩展保险业务、密切与客户联系、降低保险公司营业费用等方面,发挥着极其重要的作用,在发达国家的保险市场上,大量保险业务都通过中介人办理,因此,保险监管中的一项重要内容,就是对中介人的监督管理。我国《保险法》设有“保险代理人和保险经纪人”的专章,对其资格条件、法律地位、代理或经纪规则等作了规定。根据《保险法》,保险监管部门先后颁布了《保险代理机构管理规定》、《保险营销员管理规定》、《保险经纪机构管理规定》和《保险公估机构管理规定》,对保险代理、经纪和公估行为作了具体规范。

(一)对保险代理人的监督管理

1. 保险代理人的资格规定。

保险代理,包括专业代理、兼业代理和个人代理。从事保险代理业务,必须参加代理人资格考试,取得《保险代理从业人员资格证书》(以下简称《资格证书》)。资格考试由保监会统一组织实施,具有初中以上文化程度的均可参加。资格考试成绩合格,且具有完全民事行为能力、品行良好的人员,由保监会颁发《资格证书》。有下列情形之一的人员,不予颁发《资格证书》:因故意犯罪被判处刑罚,执行期满未逾五年的;因欺诈等不诚信行为受行政处罚未逾三年的;被金融监管机构宣布在一定期限内为行业禁入者,禁入期限仍未届满的。《资格证书》有效期为三年,持有人可以在有效期届满三十日前向保监会申请换发。

2. 保险代理机构(专业代理)的监督管理。

(1) 概念。保险代理机构,是指经保监会批准取得《经营保险代理业务许可证》(以下简称《许可证》),根据保险公司的委托,向保险公司收取保险代理手续费,在保险公司授权的范围内专门代为办理保险业务的单位。

(2) 组织形式。保险代理机构可采取合伙企业;有限责任公司;股份有限公司的形式。

(3) 设立保险代理机构,应当具备下列条件:注册资本或者出资达到本规定的最低金额,其中合伙企业、有限责任公司为五十万元,股份有限公司为一百万元;公司章程或者合伙协议符合法律规定;高级管理人员符合本规定的任职资格条件;持有《资格证书》的员工在两人以上,并不得低于员工总数的二分之一;具备健全的组织机构和管理制度;有固定的、与业务规模相适应的住所或者经营场所;有与开展业务相适应的计算机软硬件设施;至少取得一家保险公司出具的委托代理意向书。

(4) 保险代理机构的设立。其设立经筹建和开业两个阶段,申请设立应当递交的文件有:全体股东、发起人或合伙人签署的《保险代理机构设立申请表》;《保险代理机构设立申请委托书》;公司章程或者合伙协议;自然人股东、发起人或者合伙人的身份证明复印件和简历,非自然人股东、发起人的营业执照副本复印件及加盖财务印章的最近一年财务报表;具有法定资格的验资机构出具的验资证明,资本金入账原始凭证复印件;可行性报告,包括市场情况分析、近三年的业务发展计划等;企业名称预先核准通知书复印件;内部管理制度,包括组织框架、决策程序、业务、财务和人事制度等;本机构业务服务标准;拟任高级管理人员任职资格的申请材料,业务人员的《资格证书》复印件;保险公司出具的委托代理意向书;住所或者经营场所证明文件;计算机软硬件配备情况说明。保监会审核批准后,即取得《经营保险代理业务许可证》(有效期为三年,可申请换发),经向工商行政部门登记后,即可营业。

(5) 分支机构的设立。保险代理机构设立一年内,可以设立三家保险代理分支机构。申请设立保险代理分支机构应当具备下列条件:申请前一年内无严重违法、违规行为;内控制度健全;拟任主要负责人符合本规定的任职资格条件;现有的保险代理分支机构运转正常;注册资本或者出资达到本规定的要求。

(6) 高级管理人员应具备的条件有:大学专科以上学历;持有《资格证书》;从事经济工作二年以上;品行良好。

(7) 保证金与投保。保险代理机构应当缴存保证金或者投保职业责任保险,缴存保证金的,应当自办理工商登记之日起二十日内,按注册资本或者出资的百分之二十缴存。

(8) 经营范围。保险代理机构及其分支机构可以经营下列的保险代理业务有:代理销售保险产品;代理收取保险费;代理相关保险业务的损失勘查和理赔。

(9) 经营规则。保险代理机构、分支机构及其业务人员在开展业务过程中,不得有欺骗保险公司、投保人等的行为:隐瞒与保险合同有关的重要情况;以本机构名义销售保险产品或者进行保险产品宣传;阻碍投保人履行如实告知义务或者诱导其不履行如实告知义务;泄露在经营过程中知悉的被代理保险公司、投保人、被保险人或者受益人的业务和财产情况及个人隐私;挪用、截留保险费、保险金或者保险赔款;串通投保人、被保险人或者受益人骗取保险金。

(10) 变更和终止。代理机构设立分支机构;申请歇业、破产、解散时,必须经保监会批准;代理公司被收购或兼并、破产、解散或被责令关闭时,必须在保监会监督下进行清算。

3. 兼业代理人的监督管理。

兼业代理人,是指受保险人委托,在从事自身业务同时,指定专人为保险人代办保险业务的单位。兼业代理人必须符合以下条件:具有所在单位法人授权书;有专人从事保险代理业务;有符合规定的营业场所。兼业代理人代理保险业务,必须由被代理保险公司为其申请办理《许可证》,申请时须呈报的文件主要有:申请报告、保险代理合同意向书、兼业代理人资信证明及有关资料、保险代理业务负责人简历及《资格证书》。兼业代理人的业务范围是代理销售保单和代理收取保费,其只能代理与本业务直接相关,且能为被保险人提供便利的保险业务。

4. 保险营销员(个人代理)的监督管理。

(1) 概念。保险营销员,是指取得保监会颁发的《资格证书》,为保险公司销售保险产品及提供相关服务,并收取手续费或者佣金的个人。根据保险人委托,在其授权范围内代办保险业务,并向其收取代理佣金的个人。

(2) 取得行为能力。《资格证书》持有人应当取得所属保险公司发放的《保险营销员展业证》(以下简称《展业证》),方可从事保险营销活动。《展业证》包括下列内容:姓名、性别、身份证明及号码;《资格证书》编号;《展业证》编号;业务范围和销售区域;保险公司名称;保险营销员编号;保险公司、保险行业协会投诉电话;发证日期和有效期。保险公司在发放《展业证》前,应当向当地保险行业协会办理登记注册。保险营销员从事保险营销活动,应当出示《展业证》。

(3) 营销规则。保险营销员应当在所属保险公司授权范围内从事保险营销活动,自觉接受所属保险公司的管理,履行委托协议约定的义务;应当客观、全面、准确地向客户披露有关保险产品与服务的信息,应当向客户明确说明保险合同中责任免除、犹豫期、健康保险产品等待期、退保等重要信息;销售分红保险、投资连结保险、万能保险等保险新型产品的,应当明确告知客户此类产品的费用扣除情况,并提示购买此类产品的投资风险;应当将保险单据等重要文件交由投保人或者被保险人本人签名确认;不得同时与两家或者两家以上保险公司签订委托协议。

(4) 禁止性规定。保险营销员从事保险营销活动,不得有下列行为:做虚假或误导性说明、宣传;擅自印制、发放、传播产品宣传材料;对不同保险产品做不公平或者不完全比较;隐瞒与保险合同有关的重要情况;对红利、盈余分配或不确定收益作超出合同保证的承诺;对保险公司状况作出虚假或者误导性陈述;诋毁其他保险公司、保险中介机构或个人的信誉;强迫、引诱或者限制投保人订立保险合同;给予或者承诺给予保险合同规定以外的其他利益;向投保人收取保险费以外的费用;阻碍投保人履行如实告知义务或诱导其不履行;擅自变更保险条款和保险费率;擅自代填写保单、更改保险合同及其文件内容;未经同意代替或者唆使他人代替投保人签署保险单证及相关重要文件;诱导、唆使投保人终止、放弃有效的保险合同,购买新的保险产品;泄露投保人、保险公司等的商业秘密或者个人隐私;超出《展业证》载明的业务范围、销售区域从事保险营销活动;挪用、截留、侵占保险费、保险赔款或者保险金;串通投保人等骗取保险金;伪造、变造、转让《资格证书》或《展业证》;私自印制、伪造、变造、倒买倒卖、隐匿、销毁保险单证。

(二) 对保险经纪机构的监督管理

1. 保险经纪机构及其业务员的资格规定。

保险经纪包括直接保险经纪和再保险经纪。直接保险经纪是指保险经纪机构基于投保人或者被保险人的利益,为投保人与保险公司订立保险合同提供中介服务的行为。再保险经纪是指保险经纪机构基于原保险公司的利益,为原保险公司与再保险公司安排再保险业务提供中介服务的行为。

(1) 概念。保险经纪机构,是指符合保监会规定的资格条件,经保监会批准取得《经营保险经纪业务许可证》(以下简称《许可证》),经营保险经纪业务的单位。

(2) 保险经纪业务人员的资格取得。其应当通过保监会组织的保险经纪从业人员资格考试,取得《保险经纪从业人员资格证书》,(以下简称《资格证书》)。参加资格考试的人员,应当具有高中以上文化程度,其他规定与保险代理基本相同。

(3) 行为能力的取得。保险经纪机构应向本机构业务员发放《保险经纪从业人员执业证书》,其内容包括业务员姓名、身份证名称及号码;《资格证书》编号;执业证书编号;业务人员行为规范;业务员职责、权限;保险经纪机构或分支机构名称、住所或经营场所;监督及举报电话;执业证书有效期。《执业证书》只能向持有《资格证书》

的人发放。

2. 保险经纪机构的设立。

(1) 组织形式。保险经纪机构可以采取的组织形式有:合伙企业;有限责任公司;股份有限公司。合伙或有限责任公司的注册资本或出资不得少于人民币五百万元;股份有限公司的注册资本不得少于人民币一千万元。

(2) 设立条件。设立保险经纪机构,应当具备的条件有:注册资本或者出资达到本规定的最低金额;公司章程或者合伙协议符合法律规定;高级管理人员符合任职资格条件;持有《资格证书》的员工在两人以上,并不得低于员工总数的二分之一;具备健全的组织机构和管理制度;有固定的、与业务规模相适应的住所或者经营场所;有与开展业务相适应的计算机软硬件设施。

(3) 保险经纪机构的设立。其须递交的申请文件和设立程序;分支机构的设立等,与保险代理机构基本相同。

3. 对保险经纪业务的监督管理。

(1) 经营范围。其范围包括:为投保人拟订投保方案、选择保险公司以及办理投保手续;协助被保险人或者受益人进行索赔;再保险经纪业务;为委托人提供防灾、防损或者风险评估、风险管理咨询服务等。

(2) 专用账户、账簿、业务档案的建立。其应当开设独立的客户资金专用账户,专门存放代缴的保险费和代领的保险金。其应当建立专门账簿,记载保险经纪业务收支情况。其应当建立完整规范的业务档案,记载下列内容:投保人的姓名或者名称;经纪险种;代缴保险费和交付保险公司的时间;佣金金额和收取时间;保险金的代领时间和交付被保险人的时间;其他重要业务信息。业务档案应当妥善保管、各种原始凭证及有关资料,保管期限自保险合同终止之日起计算,不得少于十年。

(3) 禁止性规定。保险经纪机构及其业务员在开展经纪业务过程中,不得有下列行为:隐瞒与保险合同有关的重要情况;以本机构名义销售保险产品或者进行宣传;阻碍投保人履行如实告知义务或者诱导其不履行;泄露在经营过程中知悉的保险公司、投保人、被保险人或受益人的业务和财产情况及个人隐私;挪用、截留保险费、保险金;串通投保人、被保险人或受益人骗取保险金;虚假广告、虚假宣传;捏造、散布虚假事实,损害其他保险中介机构的商业信誉;强迫、引诱或者限制投保人订立保险合同或者限制其他保险中介机构正当的经营活动;给予或者承诺给予投保人等保险合同规定以外的其他利益;超出许可证载明的业务范围从事保险经纪业务;向保险公司及其工作人员支付回扣或者其他非法利益。

(三) 保险公估机构的监督管理

保险公估机构,是指经保监会批准设立,取得《经营保险公估业务许可证》,接受保险当事人委托,专门从事保险标的的评估、勘验、鉴定、估损、理算等业务的单位。保险公估机构可以以合伙企业、有限责任公司或股份有限公司形式设立,其中合伙和有限责任公司的注册资本为五十万元；股份有限公司的注册资本为一千万元。保险公估机构从业人员应当通过保监会统一组织的保险资格考试，具有大学本科以上学历的人员可报名参加。通过资格考试者，可向保监会申请领取《保险公估从业人员资格证书》。保险公估机构，应当向持有资格证书的员工颁发《保险公估从业人员执业证书》。其他监督管理规定，与保险代理机构、保险经纪机构大致相同。

图书在版编目（CIP）数据

商法教程/ 顾功耘主编. —2 版.
—上海：上海人民出版社,2006(2007.7 重印)
新世纪法学教材
ISBN 978 -7 -208 -06502 -4

Ⅰ. 商… Ⅱ. 顾… Ⅲ. 商法一中国一高等
学校一教材 Ⅳ. D923.99

中国版本图书馆 CIP 数据核字(2006)第 104666 号

责任编辑 王舒娟　邱盈华
封面装帧 王小阳

·新世纪法学教材·
商法教程
（第二版）
顾功耘 主编

出　版	上海人民出版社　北京大学出版社 (200001　上海福建中路 193 号)
发　行	上海人民出版社发行中心
印　刷	上海商务联西印刷有限公司
开　本	787×1092　1/16
印　张	48
插　页	4
字　数	984,000
版　次	2006 年 12 月第 1 版
印　次	2018 年 9 月第 11 次印刷

ISBN 978 -7 -208 -06502 -4/D·1128
定　价 118.00 元